景宁畲族自治县地名志

景宁畲族自治县地名志编纂委员会　编

方志出版社
Publishing House of Local Records

图书在版编目（CIP）数据

景宁畲族自治县地名志 / 景宁畲族自治县地名志编纂委员会编. -- 北京 : 方志出版社，2020.12
ISBN 978-7-5144-4485-8

Ⅰ. ①景… Ⅱ. ①景… Ⅲ. ①地名—景宁畲族自治县 Ⅳ. ①K925.44

中国版本图书馆 CIP 数据核字（2020）第 247141 号

景宁畲族自治县地名志

编　　者：景宁畲族自治县地名志编纂委员会
责任编辑：刘方圆

出 版 者：方志出版社
地址　北京市朝阳区潘家园东里 9 号（国家方志馆 4 层）
邮编　100021
网址　http://www.fzph.org
发　　行：方志出版社图书经销中心
电话（010）67110500
经　　销：各地新华书店
印　　刷：丽水市旺盛印刷有限公司

开　　本：889 × 1194　　1/16
印　　张：53
字　　数：1190 千字
版　　次：2020 年 12 月第 1 版　　2020 年 12 月第 1 次印刷
印　　数：0001~1000 册

ISBN 978-7-5144-4485-8　　**定价**：350.00 元

《景宁畲族自治县地名志》编撰委员会

名誉主任： 李光松　陈丽成　朱剑兵　李晓荣

主　　任： 雷洁畅

副 主 任： 杨晓丽　周利民　梁一春　何慧丰
雷华锋　雷进东

委　　员： 夏　骏　吴先礼　雷逸飞　雷献敏
陈定河　蓝启彬　赵　凯　张国东
杨卫平　李雷坤

《景宁畲族自治县地名志》
编　辑　部

主　编： 陈定河

副主编： 吴先礼　柳良望　钟林芳

成　员： 雷逸飞　地名委员会成员单位　各乡镇(街道)民政办

景宁中学

景宁民族中学

景宁县第一实验小学

景宁县实验幼儿园

景宁县人民医院

城区街景

外舍新区

高速路口

千峡湖

九龙山地质公园

望东垟高山湿地省级自然保护区

敕木山

雪花漈

景宁·中共第一党支部党史陈列馆（位于梅岐乡桂远村）

寨山革命烈士墓

李振彪烈士墓（位于九龙乡后斜村）

李宝畲族村

全国重点文物保护单位——时思寺（位于大漈乡西岸底）

大漈冷水茭白

香菇

惠明茶生态园

毛竹

溪口道路交通网

云寿线S228（52省道）景宁汇田公路段

鹤溪廊桥

大赤坑廊桥

章坑接龙桥

鹤溪

畲乡绿道

2010年4月16日，举办“中国畲乡 三月三”大联欢活动期间，举行“畲乡集体婚礼大典暨行嫁踩街活动”

畲乡鸿宾大酒店

菇民拳

畲乡菇民戏

序

大千世界，万物皆有名。海洋、江河、山脉各有其名，国家、地区、社会团体均有其名，人类个体和组织的生产社会活动都以其名加以区分，可谓名正才能言顺。其中，地名则是重中之重，它是人群集聚活动地的旗帜，有很强的实用性和丰富的文化性。

地名不是一个简单的符号和标签，它包涵着一个区域的社会、经济，特别是文化等无形的内容。许多地方凭着历经长期的沉淀和积累，致力打造地名品牌，产生了深远的影响。所以每个地名都有着鲜明的学术性和文化性以及地域特征。如浮丘、大漈、渤海等地名都蕴含着历史文化和地域性的内涵，东塘、西垟、南排、北溪等地名则具有地域方位内涵。我们已经进入中国特色社会主义新时代、社会经济快速发展阶段，如不理性地将一些陈旧地名进行废弃更改，简单地固守沿用地名冷僻字，将会影响人们的生活和对外交流活动，特别是城镇的不断扩展，新的道路名不断涌现，这些新的道路名无不显现出时代烙印的特征，因此，新时期的地名工作应朝着恪守唯一性、突出民族性、继承历史性、增强实用性、提高科学性、丰富文化性的综合要求而努力。

编纂地名志的宗旨，在于提供一个区域全面、准确、完整、系统的地名资料，为后人了解、认识、发展这个区域提供借鉴。景宁畲族自治县设立以来，地名工作在历届政府的高度重视和一批老同志的热心参与下，经历了几个阶段。1989年12月，组织人员广泛开展调查摸底、搜集资料，着手编纂第一部《景宁畲族自治县地名志》。该志由柳意城任主编，共收录地名2472条，地名图41幅，近60万字，1990年12月出版。1994年5月，成立景宁畲族自治县地名委员会。2001年10月，开展地名补查和资料更新，制作各类成果表2649张。其中，行政区划和居民点名称1838条，各类专业名称38条，名胜古迹和游览地名14条，人工建筑名称210条。2010年3月，与丽水学院共同编制《景宁畲族自治县区域地名总体规划（2007—2020）》，以加强地名整体性与科学性，强化地名功能，突出景宁自然地理、历史文化、民俗民情。由于撤区、并乡、扩镇，中心城镇建设、水电站及重点工程建设，景宁的行政区划经过多次调整，新的地名不断涌现，一些旧地名在消失，新编一部新的地名志显得十分必要。鉴此，县民政局研究决定，从 2015 年 3 月起，抽调人员成立编辑部，着手搜集、整理资料、开展鉴别考证工作，并将收集到的资料反复修改审核，最后完稿付梓。

这是一次严谨的科学文字工程过程，在这个过程中，不仅要通过社会调查，挖掘抢救珍贵资料，还要集众人智慧，字斟句酌，认真推敲，精心撰写，反复修改方能完成。可以说，《景宁畲族自治县地名志》成稿，是县地名委员会、县民政局领导及编纂人员肩负县委、县政府和全县人民的重托，辛苦笔耕的结晶。相信新编的《景宁畲族自治县地名志》，在景宁今后的社会经济发展中将发挥其应有的作用，必定能起到存史、资政和教化之功效。

编　者

凡　例

一、本志以马克思列宁主义、毛泽东思想、邓小平理论、“三个代表”重要思想、科学发展观、习近平新时代中国特色社会主义思想为指导，坚持辩证唯物主义和历史唯物主义的立场、观点和方法，按照国务院颁发的《地名管理条例》精神编辑，旨在立足当代、统合古今、详今明古、详近略远、实事求是反映景宁畲族自治县地名的历史与现状，为国民经济和社会事业全面发展服务。

二、本志以景宁现行行政区划为记述范围，力求贯穿古今，与1990年版《景宁畲族自治县地名志》相衔接，时间上限尽量追溯事物发端；下限止于2014年年底。

三、本志是景宁县地名资料，采用章、节、目结构，首设概况，末置附录。按地名门类分别设景宁概况、政区、部门单位、建筑物、旅游景点、地理实体、地名总览、地名艺文、附录共九章，记述各类地名情况。

四、本志采用文、图、表、录、照片等题材，以文为主，图文结合，正文主要由条目释文表述，对每个标准地名阐明标准书写形式，准确的汉语拼音，地理位置，行政归属，地名的由来、含义、演变以及有关自然、人文环境的历史和现状信息，体现时代和地方特色。

五、本志地名所用底、湖、坑、排、垣、垟、畈等词，取之方言词义。底，指里、内、深处；湖，多指沼泽、泥泞之地；坑，指山涧、小溪流；排，指沿山头或山腰延伸较长且平坦的山径；垣，指露出地面的大石块、石坡；垟，指平畴，畈，指梯田。

六、纪年。凡清以前的朝代，采用历史纪年，用汉字书写，并括注相应的公元纪年；民国时期采用民国纪年，用阿拉伯数字书写，并括注相应的公元纪年；中华人民共和国成立后，采用公元纪年。

七、使用文字、标准地名的汉语拼音、计量单位执行国家统一规定，海拔高度用1985年国家基准高程。所指方位距离，是在县人民政府驻地或乡镇（街道）驻地XX方向XX千米（保留一位小数）。

八、特定名称使用约定俗成的简称：初级、高级农业生产合作社简称“初（高）

级社”,农村人民公社简称“公社”,生产大队简称“大队”,村民委员会简称“村委会”,居民委员会简称“居委会”,社区居民委员会简称“社区”,县、乡、镇人民政府简称“县政府”“乡政府”“镇政府”,浙江省简称“省”。

九、对具有全局性、影响深远且地方特色突出的重要内容,如街路、弄巷、名胜古迹、非物质文化遗产和地方冠名的农特产品、地名艺文等均予收录。

十、专业部门章节所载单位是具有地名意义和有代表性的单位,其中工业企业、政府机构业均按2014年的情况予收录。

十一、本志所用资料,源于历代旧县志、1990年版《景宁畲族自治县地名志》、《中国政区大典》(景宁篇)。地名普查资料和有关部门提供的资料,经调查核实后采用。

十二、本志地名为标准地名,今后使用以此为准。如需更改或另行命名,须经政府或相关部门审核批准后方可使用。

1. 本志书的居民点以2014年年底统计情况为准,特殊数据适当顺延。

2. 社会状态和采用的经济数据,以2014年年底为下限,特殊数据适当顺延。

3. 历史事件记当时行政区名称,必要时加注现名。

4. 村民委员会人口数据来自2014年年底乡镇(街道)地名普查数据库;乡镇(街道)人口数据来自档案局编纂的《景宁畲族自治县年鉴(2015)》。

5. 所插地图沿用2015年4月出版的《景宁畲族自治县行政区划图》。

十三、历史地名,指过去曾经使用过,但目前已不在使用或现无人居住的地名。

十四、本志地图仅示意地势、地形和行政区划,其界线不作为山林、山地权属依据。

十五、按景地〔1995〕1号《关于大均坑头等自然村予以更名的通知》要求,村名中的“埄”字全部改用“岗”字。

十六、乡镇(街道)区域面积采用1990版地名志数据。

十七、部分文件附件内容资料过多未列入本志。

十八、景宁畲族自治县简称景宁县。

目　　录

第一章　景宁概况

第一节　景宁综述 ……3
政区概述 ……3
自然条件 ……5
经济社会 ……6
基础设施 ……10
名胜旅游 ……11
风情畲乡 ……11
重大事件 ……12
著名人物 ……17
第二节　建制沿革 ……22
建制沿革一览 ……22
历代至明清时期 ……24
中华民国时期 ……36
民国二十年(1931)乡镇设置一览 ……37
中华人民共和国成立后至2014年区、乡镇(街道)设置情况 ……42
第三节　县　　署 ……78
县境 ……78
县界 ……79

第二章　政　　区

第一节　红星街道 ……89
第二节　鹤溪街道 ……104
第三节　渤海镇 ……118
第四节　东坑镇 ……129
第五节　英川镇 ……141
第六节　沙湾镇 ……157
第七节　大均乡 ……175

第八节　澄照乡……187
第九节　梅岐乡……199
第十节　郑坑乡……207
第十一节　大漈乡……214
第十二节　景南乡……221
第十三节　雁溪乡……228
第十四节　鸬鹚乡……234
第十五节　梧桐乡……245
第十六节　标溪乡……255
第十七节　毛垟乡……263
第十八节　秋炉乡……269
第十九节　大地乡……276
第二十节　家地乡……285
第二十一节　九龙乡……290
第二十二节　城镇居民点……306

第三章　部门单位

第一节　机关单位……311
第二节　文化体育……316
第三节　教育机构……318
第四节　医疗卫生……328
第五节　新闻机构……333
第六节　园区　市场……334
第七节　企业单位……336
第八节　金融机构……341
第九节　民政机构……344
第十节　其他单位……346

第四章　建筑物

第一节　城镇道路……353
鹤溪老城……353
外舍新城……361
东坑……362
英川……363

沙湾 ……363
九龙 ……365
第二节　道路　公路 ……365
古道 ……365
公路(高速公路、省道、县道、乡道) ……366
通村公路(康庄工程、专用道路) ……370
第三节　桥梁　隧道 ……377
第四节　车站　码头 ……388
第五节　水库　山塘 ……394
第六节　水电站 ……403

第五章　旅游景点

第一节　风景名胜 ……419
第二节　文物非遗 ……430
第三节　寺庵　亭祠 ……456

第六章　地理实体

第一节　山峰 ……477
第二节　地片　山口 ……485
第三节　瀑布　湖 ……490
第四节　盆地　山洞 ……490
第五节　河流　山谷 ……491

第七章　地名总览

第一节　地名工作 ……501
第二节　行政区划调整 ……514
第三节　历史地名 ……576
区公所 ……576
乡镇 ……579
居民委员会 ……585
村民委员会 ……585
自然村 ……596
第四节　革命老区 ……635

第八章　地名艺文

第一节　历代地名诗词 ……639
第二节　地名碑文 ……677

第九章　附　　录

第一节　主要畲族村简介 ……685
第二节　法规文件选编 ……689

后记 ……788

第一章 景宁概况

JINGNINGGAIKUANG

第一节　景宁综述

景宁是全国唯一的畲族自治县，也是华东地区唯一的民族自治地方，是浙江省革命老根据地县、省级生态县、中国农村水电之乡、中国香菇之乡、中国名茶之乡。

政区概述

名称来历　明景泰三年（1452）析青田县鸣鹤乡和柔远乡之仙上里、仙下里置县，取景泰辑宁之义，故名景宁。

地理位置　景宁位于北纬27°39′04.72″~28°10′43.29″，东经119°13′50.73″~119°58′22.97″。地处浙江省南部，丽水市南部。东邻青田、文成县，南接泰顺县、福建省寿宁县，西枕庆元县、龙泉市，北连云和县、莲都区。县人民政府驻红星街道府前西路19号。距省会杭州259千米。电话区号0578，邮政编码323500。

政区沿革　景宁，夏、商、周时属古扬州。春秋属越地。战国属楚。秦属闽中郡。西汉惠帝三年（前192年）属东瓯国，隶会稽郡；元封五年（前106年）属扬州刺史部会稽郡。昭帝始元二年（公元前85年）属回浦县。东汉章和元年（公元87年）属章安县；建安八年（203年）析置松阳县后，属松阳县。历三国（吴）、东晋、南朝四百年未变。隋开皇九年（589年）置处州及括苍县后，属括苍县。唐景云二年（711年）置青田县后，属青田县。历五代、宋、元未变。明景泰三年（1452年）兵部尚书孙元贞以“青田县西南五佰余里，山谷险远，矿徒啸聚”为由，奏析青田县柔远乡之仙上里、仙下里、连云里及鸣鹤乡曳练里、真固里、在下里、在上里、升天东里、升天西里置景宁县。属处州府，隶浙江承宣布政使司。清沿其制。辛亥革命（1911年）后，属处州军政分府。1912年，直属浙江省都督府。1914年，属瓯海道。1927年，直属省政府。1932年6月，属第十二县政督察区；10月改为第三特区。1935年9月，属省第九行政督察区。1948年4月，属省第六行政督察区；7月属省第七行政督察区，均隶浙江省。

1949年5月12日，景宁县城解放，21日建立景宁县人民民主政府，6月15日浙南行政公署一号令正式批复，7月8日改名县人民政府，驻鹤溪镇。属丽水专区，隶浙江省。1950年7月，辖4个区，1个镇，20个乡。1951年2月，增设大漈、大地2个区，辖6个区，1个镇，52个乡。1952年1月，改属温州专区。10月增设英川区，辖7个区，1个镇，73个乡。1954年3月，吴坑乡划属庆元县。1956年3月，撤销城区、沙溪、大漈3个区；同年5月，云和县云东区新四乡高沈、王埼、高岭、长汀4村划归景宁县渤海区新四乡；云东区包山乡潘坑、杨坑2村划归渤海区金钟乡。年末设4个区、32个乡（镇）。1957年3月，复设沙溪区，辖沙溪、标溪、七里、梧桐、鸬鹚5个乡；黄湖乡析黄湖、茶园2个乡，时辖6个区，1个镇，37个乡。1958年3月，外舍乡改外舍民族乡；5月学田、张村

2个乡改设民族乡；9月城区改红星公社，渤海区分设渤海、大顺公社，东坑区分设东坑、大漈公社，沙溪、大地、英川3个区改公社；年末辖8个公社，41个管理区。1959年7月，鹤溪管理区改县属镇。1960年1月撤县，并入丽水县，属温州专区。1961年9月，恢复区级建制，改管理区为公社，境内设4个区，1个镇，28个公社。1962年6月，划丽水县原云和、景宁2个县辖地置云和县，仍属温州专区。1963年5月，复设丽水专区，辖云和县。1965年3月，鸬鹚公社改路兹公社，芎岱公社改春岱公社。1968年5月至1969年9月，4个区革命领导小组、29个公社（镇）革命委员会取代区、公社（镇）职能；1968年11月，丽水专区改称地区，属丽水地区。1977年11月，将沙溪区春岱公社划归东坑区。1978年9月，区革命领导小组改区公所。1980年冬，恢复人民公社管理委员会、镇人民政府。1981年9月，析沙溪区英川、鸬鹚（路兹改）、葛山、隆川、黄湖5个公社置英川区；10月张村、北溪、春岱公社分别改张春、白鹤、家地公社；12月红星区改景宁区；沙溪区改沙湾区。沙湾区毛垟公社析置秋炉公社；渤海区大都公社析置郑坑公社。辖区设1个镇、5个区、30个公社。

1984年3月，政社分设，澄照公社分设澄照乡、漈头畲族乡；外舍公社分设外舍畲族乡、白岸乡；张春公社改建张春畲族乡；大均公社改建大均畲族乡；莲川公社分设莲川乡、叶桥乡；陈村公社分设陈村乡、顺利乡；郑坑公社改建郑坑畲族乡；白鹤公社分设白鹤乡、北溪畲族乡。同年6月30日，国务院批准以原景宁县地域建立景宁畲族自治县，县人民政府驻鹤溪镇，隶属丽水地区。同月析景南乡东垟、西垟、下垟3个村和雁溪乡鱼漈村置上渔乡；12月改景宁区为城郊区。年末辖5个区、1个镇、36个乡。1986年11月，沙湾乡改置沙湾镇，属沙湾区；取消漈头、外舍、大均、张春、北溪、郑坑6个畲族乡名称，恢复原乡名。1988年5月，省人民政府批准景宁为革命老根据地县。1990年9月，东坑乡改建东坑镇，属东坑区；年末辖5个区，1个县属镇、2个区属镇，34个乡。1992年6月，撤销城郊、沙湾、渤海、英川、东坑5个区；黄湖乡、隆川乡、英川乡合并，建英川镇；沙湾镇、莲川乡、叶桥乡合并，建沙湾镇；大都乡、渤海乡合并，建渤海镇；北溪乡、白鹤乡、东坑镇合并建东坑镇；张春乡并入鹤溪镇；漈头乡、澄照乡合并，建澄照乡；顺利乡、陈村乡合并，建陈村乡；新四乡、大顺乡合并，建大顺乡；白岸乡、外舍乡合并，建外舍乡；上渔乡、景南乡合并，建景南乡。年末辖5个镇，19个乡。2007年6月撤外舍、金钟2个乡，并入鹤溪镇（外舍、金钟区域暂设外舍管理区）；撤大顺、陈村2个乡，设九龙乡。年末辖5个镇、16个乡。2011年12月，撤销鹤溪镇（外舍管理区），设立红星、鹤溪2个街道办事处。2013年5月，撤销葛山乡，将岭头、岗头、粗垄3个村民委员会划英川镇；葛山、坳根、印章、金岱、林胡、西山6个村民委员会划鸬鹚乡。

政区划分　2014年末，辖红星、鹤溪2个街道办事处，渤海、东坑、英川、沙湾4个镇，大均、澄照、梅岐、大漈、景南、雁溪、鸬鹚、梧桐、标溪、毛垟、秋炉、大地、家地、九龙、郑坑、15个乡，共21个乡级政区；辖11个居民委员会、254个村民委员会；下设84个居民小组、1723个村民小组。

人口面积　2014年末，辖区总户数6.08万户，总人口17.33万人，其中，常住人口10.63万人，人口密度为88.8人/平方千米，城镇化率47.2%。总人口中，男性9.12万人，占52.63%；女性8.21万人，占47.37%。18岁以下3. 68万人，占21.23%；18~60岁10.81万人，占62.38%；60岁以上2.84万人，占16.39%。民族以汉族为主，15.38万人，占88.75%；有畲族、水族、布依族、拉祜族、佤族、土家族、苗族、侗族、哈尼族、彝族、壮族、蒙古族、傣族、满族、仫佬族、瑶族、白族、回族、黎族、藏族、纳西族、维吾尔族、朝鲜族、傈僳族、羌族、布朗族、京族、高山族等28个少数民族，共1.95万人，占11.25%，其中，畲族18210人，占少数民族人口的93.35%。2014年，人口出生率14.3‰，人口死亡率8.1‰，人口自然增长率6.2‰。辖区东西最大距离71.33千米，南北最大距离58.53千米，总面积1949.98平方千米。其中，陆地1640.48平方千米，占84.1%；水域309.5平方千米，占15.9%。

畲族族称　汉字中“畲”为畲族简称。畲族主要分布在福建、浙江、广东、江西、安徽等省。“畲”字被用于称呼一个民族群体始于公元12世纪中期。宋、明、清代及建国前对他们都以“畲民”、“畲客”称呼。畲民自称“山哈”，表明是外地迁往山里的客户，称汉族为“民家人”、“本地人”。中华人民共和国成立后，民族平等政策得以贯彻执行，浙江、福建等省畲民迫切要求中央人民政府确认畲民为单一民族。1953年8月，中央民族事务委员会派出畲民识别调查小组，分赴浙江省景宁县东弄村，福建省罗源县八井村、漳平县山羊隔村等畲族村进行民族识别调查。1955年，中央民族事务委员会再次派出畲民识别调查组到广东省凤凰山区、莲花山区进行民族识别调查。1956年8月11日，中共中央统战部认为畲民可以确认为是一个少数民族。1956年12月8日，中共中央统战部正式电告浙江、广东、福建、江西4省，确认畲族为单一少数民族，称为“畲族”。1984年6月30日，国务院批准以原景宁县地域建立景宁畲族自治县，为我国第一个畲族区域自治地方。

自然条件

地形地貌　地处洞宫山脉中段，地势西南高东北低，由西南台地向东北渐倾。地形分为山地、谷地及台地3种。主要山脉有洞宫山脉。境内最高峰上山头，位于大漈乡东南部，海拔1689.1米。

气　候　属中亚热带季风气候，其特点是温暖湿润，雨量充沛，四季分明，冬夏长，春秋短，热量资源丰富。多年平均气温17.9℃，1月平均气温6.6 ℃，极端最低气温-8.3℃（1968年1月29日）；7月平均气温27.7℃，极端最高气温40.7℃（1988年7月21日）。最低月均气温6.1℃（1968年1月），最高月均气温28.6℃（1988年7月）。平均气温年较差22.1℃，最大日较差20.5℃（1974年9月25日）。生长期年平均316.2天，无霜期年平均241天，最长达259天，最短为230天。年均日照时数1728.5小时，年总辐射量102.2千卡/平方厘米。0℃以上持续期350.4天（一般为1月22日~次年1月8日）。年平均降水量1661.2毫米，年平均降雨日数为140.5天，最多达169天（1983年），最少为103天（1979年）。极端年最大雨量2143.2毫米（1959年），极端年最少雨量981毫米（1967年）。降雨集中在每年6月至9月，6月最多。

水　文　境内河道属瓯江小溪、飞云江2大流域，其中，瓯江小溪流域面积1725.58平方千米，占88.5%；飞云江流域面积224.4平方千米，占11.5%。主要河道有一级河瓯江小溪、飞云江2条，总长156.5千米；二级河10条，总长243.8千米；三级河25条，总长512.4千米，四级河213条，总长2418.2千米。河流总长度3330.9千米，河网密度1.7千米/平方千米，径流总量7.4亿立方米。境内最大的河流为瓯江小溪，从英川镇岱根坑和秋炉乡交溪口至鹤溪街道注入千峡湖（滩坑水库),流经英川、沙湾2个镇,秋炉、毛垟、鸬鹚、标溪、梧桐、大均6个乡,长124.6千米,流域面积1725.58平方千米,年均流量23.6立方米/秒。主要支流有毛垟港、英川港、标溪、梧桐坑、鹤溪、炉西坑等。

矿藏及其他自然资源 境内已探明地下矿藏35种,包括金属矿产9种,非金属矿产8种,建材矿产18种。其中铁矿储量188.1万吨,叶腊石矿储量108.5万吨,铜矿储量89万吨,萤石矿储量53万吨。有野生动物500余种,其中,国家一类保护动物有黄腹角雉、白颈长尾雉、云豹、金雕、白鹳等10种,国家二类保护动物有猕猴、短尾猴、豺、大灵猫、穿山甲、苏门羚等34种;植物资源主要有木本植物1552种,常见的有松木、杉木和毛竹等。其中大漈时思寺柳杉高47米,胸径4.7米,冠名"柳杉王"。有望东垟(懵懂垟)、大仰湖、仰天湖3个高山湿地群,总面积1200余亩。县内水力资源极为丰富,水能资源理论蕴藏量66.6万千瓦,可开发装机容量53万千瓦,占全省可开发量的十分之一。滩坑水库(千峡湖)面积70.93平方千米。

自然灾害 主要自然灾害有台风、梅汛期洪涝、暴雨、强对流天气和干旱等。台风灾害年均发生2.2次,主要发生在7至9月。1994年8月21日,第17号台风,持续大风、暴雨,降水量320毫米,山洪暴发,死亡24人,直接经济损失1.65亿元。梅汛期洪涝年均发生0.3次,主要发生在6至7月。1998年6月下旬,受梅汛期天气影响,连降暴雨,毛垟乡新建垟村发生容量达5.5万立方米的泥石流灾害,造成19人死亡,失踪4人,重伤23人,轻伤31人。全县受灾12.6万人,农作物受灾7.9万亩,倒塌房屋5820间,损坏房屋4500间,直接经济损失1.36亿元。

经济社会

2014年,全县实现生产总值42.0亿元,比上年增长5.6%;固定资产投资39.7亿元,同比增长17.9%;财政总收入9.75亿元,同比增长2.4%;城镇常住居民人均可支配收入26152元,比上年增长8.1%;农村常住居民人均可支配收入12432元,比上年增长11.7%。

农　业　耕地面积9.45万亩,人均0.54亩。农业总产值从1949年的935万元,增加到1978年的3127万元,2014年,达到10.07亿元,比上年增长4.18%,农业增加值占国内生产总值的比重16.3%。

粮食作物以水稻为主,2014年,生产粮食4.34万吨,人均250千克,其中,水稻3.24万吨,玉米0.11万吨,豆类0.22万吨,马铃薯0.31万吨,番薯0.42万吨。主要经济作物有茶叶、食用菌、药材、蔬菜、干果及大豆。茶叶种植面积5.38万亩,产量0.24万吨;香菇产量0.25万吨。蔬菜种植面积6.26万亩,产量7.85万吨,主要品种有四季豆、茭白、食用百合等,其中,四季豆2.12万吨,茭白2.32万吨,食用百合0.14万吨。

畜牧业以生猪、家禽养殖为主,2014年,生猪饲养量8.21万头,牛0.51万头,羊2.98万只,家禽54.4万只,兔11.89万只。畜禽肉类产量0.59万吨,其中,猪肉0.45万吨。畜牧业总产值1.26亿元,占农业总产值的12.52%。

景宁县是全省8个重点林业县之一,林地面积239万亩,其中,生态公益林129万亩。截止

2014年末，累计造林175.56万亩，其中，防护林66.87万亩，经济林57.74万亩，竹林25.11万亩，农民住宅四旁树木212.5万株，林木覆盖率77.9%，活立木蓄积量768万立方米。水果种植面积2.21万亩，总产量1.14万吨，主要品种有柑桔、梨、桃子、瓜果等，其中，柑桔0.34万吨，梨0.07万吨，桃子0.04万吨，瓜果0.52万吨。

渔业以淡水养殖为主，可用于水产养殖的淡水面积70.5平方千米，2014年，水产品总产量0.16万吨，渔业总产值1317万元，占农业总产值的1.31%。

名优特农产品有惠明茶、大漈雪松茭白、英川百合等；绿色环保农产品有奇尔茶、原木香菇、原木花菇等。

工　业　初步形成以水电、医药、竹木加工、食品加工等为主的工业体系。工业总产值从1949年的25万元，增加到1978年的917万元，2014年达到40.01亿元，比上年增长2.8%。全年实现工业销售产值16.0亿元，现价产品销售率为94.3%，实现利税总额2.01亿元。其中，实现利润总额1.53亿元；从业人员平均人数2478人。2014年建筑业增加值5亿元，增长17.5%，实现利润总额0.63亿元；从业人员平均人数4161人。

内外贸易　2014年，社会商品销售总额22.3亿元，比上年增长12.4%。其中，城镇实现消费品零售总额17.6亿元，增长13.1%；乡村实现消费品零售额4.7亿元，增长10.1%。分行业看，批发贸易业零售总额2.5亿元，增长13.4%；零售贸易业零售额17.3亿元，增长11.9%，其中，限额以上企业零售额1.1亿元，下降16.9%；住宿和餐饮业零售额2.5亿元，增长15.4%。全年外贸进出口7558万美元，比上年增长120.8%。其中：自营出口7257亿元，增长124%。

财政金融　2014年末，全县金融机构各项存款余额76.88亿元，比年初增加12.16亿元，增长18.8%。其中，个人存款余额31.34亿元，比年初增加4.58亿元，增长17.1%。年末全县金融机构各项贷款余额56.88亿元，比年初增加9.29亿元，增长19.5%。其中，短期贷款余额31.69亿元，比年初增加5.15亿元，增长19.1%；中长期贷款余额25.16亿元，比年初增加4.15亿元，增长19.8%。全年保险业保费收入1.06亿元，比上年增长27%，其中，财产险0.57亿元，人身险0.49亿元。保险业理赔、给付0.32亿元，增长2.9%，其中，财产险2644万元，人身险518万元。

文化艺术　畲族文化源远流长，畲族歌舞、服饰、语言、习俗别具特色，菇民戏、花灯、木偶戏、花鼓戏、畲族武术，民间艺术生动活泼；境内留存有古色古香的木拱廊桥41座，是畲乡引人注目的标志性建筑；一年一度的“中国畲乡三月三”系列节庆活动，品牌知名度和影响力不断扩大。2014年末，有文化馆1个，乡镇文化站19个；公共图书馆1个，藏书103千册。有文化艺术团体265个，会员2869人，其中，个人会员2798个，创作完成文化艺术作品有原创畲族题材音乐剧《畲娘》、大型畲族史诗剧《印象山哈》，民族舞蹈《畲娃球梦》《山哈布妮崽》《畲寨夏夜》《木拍灵刀舞》，歌曲《畲乡惠明茶》《锦绣畲乡》《敬酒歌》《山窝窝里飘着畲家的歌》《畲家有支歌》《畲族敬酒歌》《畲民和党最亲热》，小品《彩带歌》等；剧院（场）3座，座位2250个，每万人拥有129.9个，年演出32场（次），观众1.61万人（次）；电影公司1个，电影放映单位1个，电影院2座，座位1620个，每万人拥有93.5个，年放映1033场（次），观众1.85万人（次）；畲族民俗博物馆3家，建筑面积4182

平方米；图书馆、文化馆、中国畲族博物馆三馆合一畲族文化中心 1 个、占地面积 26500 平方米。文化行业从业人员 101 人，占全市社会从业人员的 0.2%，其中，事业单位从业人员 83 人；实现增加值 1179.1 万元，比上年增长 58.7%，占国内生产总值的 0.4%，比上年提高 0.21 个百分点。主要文化艺术团体有浙江畲族歌舞团，演职人员 86 人，年演出 55 场，演出剧目有《畲山风》《诗画·畲山》《印象山哈》《畲娘》等。地方特色民间艺术有英川“菇民戏”、大漈“抢猪节”、东坑“尝新节”、雁溪“摄影节”等。中国畲乡“三月三”节已被列入第一批国家级非物质文化遗产扩展项目名录。2008 年，获“中国民间文化艺术之乡（畲族山歌之乡）”和“省非物质文化遗产原生态保护区”称号。

教　育　2014 年，全县普通高中 1 所，在校生 1566 人，专任教师 135 人，教职员工 189 人；职业高中 1 所，在校生 1286 人；普通初中 5 所，在校生 3904 人，专任教师 298 人，初中入学率 100%，巩固率 100%，初中毕业升高中比例为 98%。小学 19 所，在校生 9118 人，专任教师 636 人，小学学龄儿童入学率 100%，巩固率 100%。有幼儿园 32 所，在园幼儿 3589 人，专任教师 246 人，教职员工 1822 人。全县各级各类民办学校和教育机构 21 所。主要学校有景宁中学、景宁职业高中、景宁民族中学、景宁城北中学、沙湾中学、东坑中学等。其中，景宁中学为省一级重点中学。

科　技　2014 年末，拥有独立科研与技术开发机构 25 个，各类科技人才 0.9 万人，其中，专业技术人才 0.3 万人，经营管理人才 0.1 万人，技能人才 0.1 万人，农村实用人才 0.4 万人。主要科研机构有景宁博士园生物技术研究中心、景宁天堂湖茶叶研究所、景宁畲草堂畲药发展有限公司、景宁华丰生态研究开发中心、景宁畲山凤民族服饰研发中心等。其中，景宁博士园生物技术研究中心有科研人员 9 人，高级职称 3 人，中级职称 6 人，主要科研成果有灵芝复合茶、北冬虫夏草等。2014 年，实施部省级科技项目共 34 项，验收省级项目 23 项，县级科技项目 32 项。其中，“景宁县古树名木动态变化及主要病虫害防治关键技术研究” 获市级科技进步二等奖；“滩坑库区生态农业关键技术建成与示范”“惠明白茶系列品种选育与产业化关键技术研究”两个项目获市级科技进步三等奖。

医疗卫生　2014 年末，各级各类医疗卫生机构 106 个，其中，综合医院 2 个；基层医疗机构有社区卫生服务中心 2 个，社区卫生站 1 个，乡镇卫生院 23 个，村卫生室 54 个，诊所、卫生所、医务室 18 个；专业公共卫生机构有疾病预防控制中心 1 个，妇幼保健所 1 个，卫生监督所 1 个，计划生育技术服务机构 1 个；其他机构 2 个。病床 497 张。专业卫生技术人员 695 人，其中，执业（助理）医师 269 人，注册护士 209 人，药师（士）49 人，技师（士）26 人，其他 24 人；其他技术人员 53 人，管理人员 18 人，工勤技能人员 56 人。参加农村新型合作医疗人数 136263 人。卫生机构医疗服务水平逐步提高，卫生状况明显好转。

体　育　2014 年末，体育场地 78 处，体育社团 9 个，各级社会体育指导员 139 人。体育事业稳步发展，积极开展各种体育健身活动。2014 年，开展篮球、乒乓球、门球、羽毛球及田径等多种比赛。举办 2014 年中国畲乡三月三传统体育一条街活动，参加人数 3000 人。参加浙江省第五届少数民族传统体育运动会，获得4金10银13铜；参加丽水市中小学生田径运动会，获得团体第四名；参加第三届丽水市青少年排球赛，获得男子团体第四名，女子团体第五名。开展畲族传统体育项目有武术、赶野猪、打尺寸、摇锅、操石磉等。

广播电视　1956年5月，开通景宁有线广播站，到乡镇326杆千米，乡镇到村2010杆千米；1984年10月，设立县广播电视局；1985年10月，开通景宁县人民广播电台。现有广播喇叭1.33万只，入户率47.5%，通响率100%。1992年12月，开通调频转播台。1996年10月，迁入广播电视综合大楼。2005年11月，建立县广播电视台。2014年末，广播入户覆盖率100%，广播电台有4套调频广播节目，与中央广播电台合作转播中央人民广播电台新闻节目，广播综合覆盖率98.7%，全年公共广播节目播出时间2995小时。

1980年，在敕木山顶建第一座电视差转台；1986年11月，在县城石印山建第一座电视卫星地面接收站，发射（转播）塔高35米，覆盖半径43.9千米。1993年，县城开通有线电视。2005年，开始传送有线数字电视。2006年7月，推出40集乡土文化电视纪录片《魅力畲乡》。2014年末，景宁电视台开通1个频道，另有中央电视台、浙江电视台等32套电视节目。数字电视用户3.45万户，电视入户覆盖率100%，有线电视入户覆盖率58.5%。全年公共电视节目播出时间7020小时。

新闻出版　2014年末，全县有新闻出版单位1家，其中，报社1家，从业人员18人；出版物发行机构（网点）1个，其中，集团和出版社网点1个，集体、个体网点22个，其他网点2个，从业人员共29人；各类印刷复制企业35家，包装装潢印刷企业1家，从业人员共196人；复制单位12家，从业人员共56人。出版物发行机构（网店）销售收入5200万元，其中，新华书店系统销售1136万元，其他32.6万元。出版物印刷企业完成总印量0.3亿印张，销售收入510万元。全行业完成增加值1667.5万元，占国内生产总值的0.5%，实现利税195.6万元。畲乡报社创办于1995年2月，2014年，每周出版3期12版，从业人员18人，全年总印数75万份，定价总金额22.5万元，总收入62万元，其中，广告收入33万元。

社会保障　2014年末，失业保险参保人11344人，城镇基本养老保险参保人29788人，工伤保险参保人20685人，城镇职工基本医疗保险参保人19879人。新型农村合作医疗参保人136263人，新型农村社会养老保险参保人59740人。

2014年末，全县城乡最低生活保障家庭4476户，8157人，其中，城镇最低生活保障家庭333户，575人；农村最低生活保障对象4143户，7582人。城镇低保标准由每人每月432元提高到每人每月488元，农村由每人每月295元提高到每人每月352元。城乡低保标准年增幅分别为12.96%和19.32%。社会福利院8个，社会福利院床位783张，社区服务设施16个。

环境生态　县城烟控区面积2.48平方千米，环境噪声达标区2.48平方千米，一般工业固体废物综合利用率100%，年城区空气质量优良以上天数330天，城镇主流污水集中处理率80%，生活垃圾无害化处理率100%。全年降水量2012毫米，日照时数1540小时。城区环境卫生进一步改善，建成区绿化覆盖面积112公顷。境内有海拔千米以上山峰779座，98%的地表水是二类以上水质，森林覆盖率77.9%，栖息着500多种珍稀动植物和40多种国家一级、二级保护动物。县级以上自然保护区2个，面积4131公顷。有望东垟、大仰湖、仰天湖3个湿地，面积约1200多亩，最为突出的是望东垟高山湿地，海拔1230米，面积600多亩。生态环境质量稳居全国前五、全省前三，是国家级生态示范区、省级生态县。生态农业、生态林业、生态工业、畲乡旅游建设良好。农业产业化步伐不断加快，惠明茶、高山蔬菜、食用菌、笋竹、中药材、油茶等无公害、绿色产品的品牌基本形成。合力兴工成效明显，初步形成小水电、竹木制品、绿色食品等特色工业。以畲乡旅游业为龙头的第三产业发展迅速。生态效益经济的发展取得初步成效。

基础设施

交通运输　已形成由公路、水路运输方式构成的交通运输网络。2014年，客运量168万人，公路客运量165万人。各种运输方式完成旅客周转量9164万人·千米，其中，公路运输方式完成旅客周转量9117万人·千米；货运量139万吨，公路货运量129万吨。各种运输方式完成货物周转量12942万吨·千米，其中，公路货物周转量12885万吨·千米。县内公路总里程(等级公路)1896千米，其中，高速12千米，省道72千米，县道366千米，乡道195千米，村道1251千米。

云寿线(S228)、瑞东线(S330)省道过境。其中，云寿线境内长50.4千米，通往云和县，福建省寿宁县；瑞东线境内长21.8千米，从东坑镇通往瑞安市。有县乡(镇)级公路27条，总长560.9千米。景宁汽车站为3级客运站，日均发送客车135辆，日客运量3500人次。2014年，运输企业拥有货运汽车65辆，933吨位；客运汽车135辆、2122座位；货运量115万吨，货运周转量12440万吨·千米，客运量210万人次，客运周转量10283万人·千米。

境内滩坑电站库区航道1条，支线航道3条，航道总里程为132.7千米，其中，岭根(鹤口)至白马寮大桥为六级通航航道，最大通航能力为100吨级船舶；桃园支线航道、黄寮支线航道、炉西峡支线航道最大通航能力均为100吨级船舶。定期航班有门潭至温州寮、九龙至鹤口。2014年，客运量3.2万人次，客运周转量74.7万人·千米，货运量1.4万吨，货运周转量6万吨·千米。运输企业拥有货运船舶9艘，257吨位；客运船舶6艘，205座位。

邮政电信　2014年末，有邮政网点22个，投递路线单程总长度1740千米，投递点2165个，乡村通邮率87.6%；全年投递国内函件45.3万件，国内汇票业务完成3.6万笔，国内异地特快专递信件完成1.3万件，征订报纸18500份、杂志9300册。全年完成邮政业务收入2838万元，比上年增142.98长%。

电信企业3家，服务网点45个；全县固定电话用户16731户，比上年减少2944户，其中，城市电话用户11515户；农村电话用户4390户。年末全县移动电话用户15.5万户，移动电话普及率为89.4户/百人，固定电话普及率为9.65线/百人。254个行政村全部通电话。固定互联网宽带用户数2.33万户，移动互联网用户数6.51万户。全年完成电信业务收入7945万元，比上年下降3%。

电力能源　境内水力资源极为丰富，溪流急，落差大，理论蕴藏量66.6万千瓦时，可开发装机容量53万千瓦时，占全省可开发量的十分之一。至2014年，已开发水电站160余座，总装机容量36.8万千瓦时，年发电量10亿千瓦时。其中，10千伏高压输电线路270条，总长度5000千米，用电负荷12万千瓦。年售电量累计完成1.2亿千瓦时，综合电压合格率99.92%，供电可靠率99.75%。2004年，被国家水利部授予“中国农村水电之乡”称号。

名胜旅游

旅游业概况　境内有五级旅游单体2处，四级10处，有“华东第一峡”炉西峡、溪源湿地典型代表望东垟、地质公园九龙湾遗址、国家AAAA景区“中国畲乡之窗”“云中大漈”，以及千峡湖、九重漈、古廊桥等自然人文景观。草鱼塘森林公园为省级森林公园，鹤溪镇为国家历史文化名镇。时思寺、处州廊桥(包括东坑上桥，东坑下桥，章坑接龙桥，莲川大地桥，大漈护关桥，高演环胜桥，大赤坑桥，梅岐桥合为一处)为国家级重点文物保护单位。潘家大屋、敕木山畲族民居为省级文物保护单位。全国科普教育基地3处，爱国主义教育基地6处。有国内旅行社6家；星级饭店4家(其中四星、三星级各1家)，床位332张；其它宾馆、旅社、招待所136家，床位2751张；有一定规模和接待能力的旅游定点车辆33辆。

2014年，共接待海外游客0.66万人次，收入293万美元，分别比上年增长24%和22.3%；接待国内游客555.84万人次，收入23.7亿元，分别比上年增长27.8%和29.6%，增加值占国内生产总值的34.67%。

主要风景区　中国畲乡之窗景区　国家AAAA级旅游景区，位于大均乡，距县城12千米，面积3.8平方千米，由畲乡风情演艺中心、大均古村落历史文化区、梅花圩皮筏漂流线和大均竹筏漂流线、伏叶田园风光区、垟坑猕猴观光区、大赤坑山地经济旅游区等组成。景区属山区峡谷地貌，森林覆盖率达85%。2014年，接待游客58万人次，比上年增长17.5%，旅游收入2.2亿元，比上年增长32.3%。

云中大漈省级风景名胜区　国家AAAA级旅游景区，位于大漈乡，距县城18.5千米，面积17平方千米。主要景点有时思寺、雪花漈、千年柳杉王、千亩杜鹃林、小佐古村、阳岚寨及古廊桥等；民俗活动有“抢猪节”、大漈花鼓和茭白节等；体验场所有大漈陶艺馆、中国乡村电影博物馆等。2014年，接待游客57万人次，比上年增长15.6%，旅游收入1.6亿元，比上年增长31.6%。

景宁畲族风情旅游度假区　省级旅游度假区，位于县城周边，面积57.8平方千米。主要景点有草鱼塘森林公园、封金山综合开发区、敕木山景区、惠明寺旅游区等。区内建有接待中心、停车场、游步道、景观游憩、民族古村等。2014年，接待游客52万人次，比上年增长14.4%，旅游收入1.4亿元，比上年增长22.1%。

风情畲乡

风土人情　三月三又名“乌饭节”，是畲族民间传统节日，已列入国家非物质文化遗产保护名录。农历三月初三，畲民穿戴首饰、服饰，举行民族大联欢。主要有“踏青”“吃乌米饭”“对畲歌”及篝火晚会等。畲民热情好客，好酒喜茶，善热食，逢贵客到，要做“糯米粑(麻糍)”、做豆腐、杀鸡鸭，买猪肉，磨“豆腐娘”，自酿红酒待客。“三月三”是畲乡展示民俗、文化旅游之盛会。中国畲乡三月三活动紧紧围绕“打造中国畲乡，建设和谐景宁”总体要求，以建设“全国畲族文化发展基地”为目标，挖掘完善畲族文化新亮点，营造热烈、欢快、和谐节日氛围，充分展示独具特色的畲族文化和充满活力的新畲乡。畲族三月三文化活动已成为景宁对外交流及宣传主要载体和窗口，品牌效应和文化传播作用日益凸显。

畲族婚嫁　畲族特色习俗，已列入省非物质文化遗产保护名录。畲族奉行族内通婚，婚配有女嫁男、男嫁女、做两头家等形式。结婚要经过相亲、定亲、送彩礼、拦路、脱草鞋、劝酒、对歌对盏、行嫁，到合卺（交杯酒）、称嫁妆等一系列程序与仪式。现大多婚礼普遍随俗，主要为男方迎亲队伍出发，女方拦路对歌，进女方家后相互作揖、奉茶、赤郎借锅杀鸡罚酒抹乌（黑）脸、双方对歌、新娘留箸、吃千金饭，留风水，行嫁、传代、合卺、传火种等习俗。

境内土特产品主要有惠明茶、香菇、黑木耳、畲医畲药、畲乡红米及畲家米酒等。

惠明茶　产于海拔500至700米间，敕木山北麓惠明寺一带，此处常年云雾缭绕，雨量充沛，土壤以黄壤土、香灰土为主，具有优越的生态环境；惠明茶色泽翠绿，茶水清澈明净，滋味甘鲜爽口，形色香味俱佳，1915年，获巴拿马万国博览会金奖。

香菇　栽培始于宋代末期。含有氨基酸、谷氨酸和各种糖类18种成份，是具有固有清香和特殊风味的重要干果食品。1996年，景宁畲族自治县被国务院命名为“中国香菇之乡”。

黑木耳　又称云耳、光木耳。1977年，梅岐、景南等公社引进黑木耳人工栽培新技术，所产黑木耳朵大、肉厚、色素深，是山珍中营养丰富，食用便利之干果食品。

畲医畲药　境内流传的畲家草药和畲医祖传秘方，具有独特的医疗方法、用药习惯和独到的疗效。畲药种类繁多，资源丰富，类型齐全，常用畲药有9类，118科，308种。

畲家米酒　畲民自产山哈酒、畲情酒、糯米酒、蛋喜酒等。其中，山哈酒、畲情酒是酿制的白酒，以自种稻米，取清冽山泉水，经发酵、蒸馏，精酿而成。该酒香醇入口、回味怡畅，具有天然纯正风味。以竹筒包装，是馈赠亲友之佳品。

重大事件

清道光十九年（1839）由龙泉、庆元、景宁3县菇民集资在英川镇包坑口村合建菇神庙，以祭祀菇神吴三公，是菇民集会议事重要场所。境内是香菇人工栽培的发源地，茹民对栽培法发明者吴三公十分崇敬、爱戴。每年农历七月间，演戏十余日；三县菇民共商大事。

1984年6月，国务院批准以原景宁县域，设立景宁畲族自治县。2014年末，全县总人口17.33万人，其中，少数民族1.95万人（畲族18210人），占少数民族人口的93.35%。全县国内生产总值41.99亿元，比2000年增长403.48%。

1992年8月30日，连日暴雨，倒塌房屋1150间，死亡31人，重伤74人，经济损失9200多万元。其中，澄照乡岩下村发生泥石流，毁没房屋40幢，死亡13人。

1993年4月29日，省委副书记、省长万学远率省级机关有关部门负责人17人莅景现场办公，解决鹤溪水毁工程修复资金、物资；工业生产贷款；农副产品收购资金；旱粮开发；低产田改造;惠明茶开发等 11 件事。

1994 年 1 月 24 日,省委副书记、省长万学远莅景视察,为景宁山珍市场题词:兴市场,促流通,求发展,利山民。

3 月 30 日,省政府批准,在宁波市鄞县梅墟建“浙江景宁梅墟扶贫经济开发区”,12 月 31 日,更名为“浙江景鄞扶贫经济开发区”。1995 年 6 月 20 日,国家民族事务委员会批准为“国家民族事务委员会扶贫经济开发试验区”。

6 月,全国人大副委员长陈慕华为建县十周年题词:景宁物华天宝 畲乡人杰地灵。

8 月 21 日,景宁受 17 号台风袭击,降水量 320 毫米,山洪暴发,死亡 24 人,直接经济损失 1.65 亿元。其中,澄照乡仙山村发生山体滑坡,冲毁民房 7 座,死亡 10 人,受伤 8 人。

9 月 5 日,省委副书记、省长万学远为建县十周年题词:增团结兴畲乡 创新业奔小康。

10 月,省委书记李泽民题词:增强畲汉民族团结 促进景宁发展繁荣。

1995 年 4 月 14 日,召开县第四届人民代表大会第三次会议,审议通过修改《浙江省景宁畲族自治县自治条例》的决定。29 日,经省第八届人民代表大会常务委员会第十八次会议批准,并于 5 月 30 日公布实施。

4 月 16—17 日,景宁连续两次普降冰雹,14 个乡镇,89 个行政村,5.6 万人受灾,直接经济损失 4250 万元。

12 月 20—21 日,省委副书记、省长万学远莅景考察农业林业综合开发、扶贫建校访贫问苦。

1996 年 3 月,景宁被国务院发展研究中心、农村发展研究部、中国农学会特产经济专业委员会、中国特产报社授予“中国香菇之乡”称号。

8 月 14 日 10 时,在景寿线 29 千米处,一辆从县城开往大漈的农用面包车载满 18 人坠落 20 米,当场 4 人死亡,2 人因伤势过重抢救无效死亡,3 人重伤,9 人轻伤。

9 月 21 日,省委书记李泽民带领省委常委吕祖善、省长助理李长江及林业、农业、水利等 13 个厅局负责人莅景农村调查指导农业开发。

1997 年 6 月 13 日,国务委员、国家民委主任司马义.艾买提视察景鄞扶贫经济开发区。

11 月 9 日,省委副书记、代省长柴松岳莅景调查研究,视察通天门水果基地,景泰公路改建工程。

1998 年 6 月 22 日,毛垟乡新建垟村发生特大泥石流,造成 36 户,128 人受灾,19 人死亡,4 人失踪,54 人受伤。

6 月 22—30 日,全县遭遇历史罕见的特大梅汛洪灾,直接经济损失 1.36 亿元,24 个乡镇,283 个行政村,12.6 万人不同程度受灾,其中,8.9 万人受灾严重。

7 月 1 日,省委副书记、省长柴松岳、副省长章猛进一行莅景了解毛垟乡新建垟村灾情,慰问灾民和干部群众,指导抗灾救灾工作。

9 月,原中央军委委员、上将萧克为大地乡张坑村公路建设题词:红军路。

1999 年 1 月 29 日,省委书记张德江、副省长李长江到景宁鹤溪镇旱塔村和敬老院访贫慰问,指导工作。

4月17日，“1999年浙江景宁三月三畲乡风情旅游节” 开幕仪式暨迎宾文艺晚会在影城举行。省委原书记铁瑛参加开幕式。

6月，景宁通天门殡仪馆投入使用，占地面积6800平方米，建筑面积1200平方米，总投资300万元。

2000年8月22日，景宁遭第10号强台风“碧利斯”袭击，倒塌房屋385间，受灾5.7万人，直接经济损失2132万元。

2001年12月27日，省委书记张德江和省委常委、省委秘书长张曦到鹤溪镇、鸬鹚乡、澄照乡指导欠发达地区发展途径。

2002年8月31日至9月8日，景南乡东塘村发生一起持枪抢劫案，4名犯罪嫌疑人打伤泰顺县出租车司机后，逃往深山，县公安局迅速组织警力赶赴现场，经过连续9天8夜围捕，抓获行凶的犯罪嫌疑人3人，另1嫌疑人到福建省南平市公安局投案自首，缴获美式9毫米口径手枪1支，子弹5发及炸药等物，摧毁1个专门从事盗窃和抢劫的犯罪团伙，深挖该团伙持刀持枪抢劫、盗窃等重要案件30起。县公安局被浙江省公安厅荣记集体二等功1次，景南乡党委、政府受到通报表扬。

11月25—26日，省委书记、省人大常委会主任习近平带领常务副省长吕祖善、副省长章猛进到景宁视察滩坑电站库区、县城拓展工程和双后岗畲族村建设情况。

2003年7月，景宁出现50年一遇大旱，连续35天平均气温38.7摄氏度，最高气温41.6摄氏度，降雨量44.7毫米，河流干涸，农田龟裂，庄稼枯死，人兽饮用水困难，直接经济损失1.4亿元。

2004年9月3日，景宁被国家水利部农村水电及电气发展局授予“中国农村水电之乡”称号。

9月8日，英川镇古廊桥—“茶堂桥”修建于清朝康熙三十五年(1696)，因英川一级电站建设，迁建北京中华民族博物院畲族博物分馆，恢复保护。

2005年1月1日，景宁从即日起免征农业税。

6月18—22日，景宁连续强降雨，山塘水库蓄水暴涨，沙湾水文站最高水位229.56米，是1960年来最高水位，全县冲毁房屋339间，受灾8.5万人，失踪1人，死亡1人，直接经济损失6110万元。

8月10—11日，省委书记、省人大常委会主任习近平到景宁调研中信实业发展有限公司、东坑镇平桥村地质灾害点，强调以科学发展观为指导，推动欠发达地区更快更好发展。

9月1日，景宁受13号台风“泰利”袭击，持续暴雨，百年一遇，县城29小时降雨267毫米，东坑杨斜监测站实测降雨量385.9毫米，全县受灾13.9万人，公路塌方670处，受灾学校25所，直接经济损失6.17亿元。

2006年9月10日，省委书记习近平，就9月8日省人大常委会副主任孙优贤反映景宁目前在经济社会中遇到的问题，提出加快景宁发展步伐建议的来信批示：“孙优贤同志建议值得重视。在全面建设小康进程中，景宁做为全省唯一的少数民族自治县如何跟上时代的步伐，应重点研究并采取进一步的举措，予以支持。请猛进同志和省委政研室同志一起研究提出建议，并加以协调解决”。

10月18日，省委常委、常务副省长张猛进主持召开省委、省政府扶持景宁加快发展专题协调会。省委和省政府办公厅、省委和省政府政策研究室、省农办、省人大法工委和民侨委、省发改委、教育厅、民宗委、移民办、财政厅、国土厅、建设厅、交通厅、水利厅、文化厅、国资委、旅游局、法制办、电力公司、铁投集团等省直部门单位负责人参加会议。

2007年3月22日，景宁畲族自治县第七届人民代表大会第一次会议，审议通过修改《浙江省景宁畲族自治县自治条例》的决定。5月25日，浙江省第十届人民代表大会常务委员会第三十二次会议批准，第二次修正后的条例从6月5日公布实施。

8月6日，省委书记赵洪祝确定景宁为工作联系点。

8月9—10日，省委书记赵洪祝和省委常委、秘书长李强及副省长茅临生到景宁专题调研推进少数民族地区和欠发达地区加快发展工作。

8月17—20日，景宁受9号强台风“圣帕”袭击，平均降雨量209.5毫米，最大雨量点上标枫水垟实测降雨量513毫米，受灾5.6万人，直接经济损失5026万元。

2008年1月27日起，景宁遇历史罕见连续低温雨雪天气，高山冰雪封冻，乡镇（管理区）22个、行政村260个、自然村958个、供电受影响39169户，受灾145693人，电力、交通、农林等部门受灾严重，直接经济损失1.4亿元。2月28日，全面恢复供电。

3月20日，龙丽温（泰）高速公路云和至景宁段开工兴建，全长12.15千米，总投资14.61亿元。

4月9日，省委书记赵洪祝专题听取景宁工作汇报时强调，不断加大扶贫力度，坚持自力更生，使景宁畲族自治县走在全国民族自治县前列。

5月16日，省委、省政府出台《关于扶持景宁畲族自治县加快发展的若干意见》。

2009年4月27日，中共中央政治局常委、中央书记处书记、国家副主席习近平对景宁县委、县政府汇报近年工作情况的来信复信。复信对景宁近年来工作给予充分肯定，对未来发展提出殷切希望：希望你们继续深入贯彻落实科学发展观，立足当前、放眼长远，大力发展县城经济，切实为人民办实事、做好事、解难事，努力在推动科学发展、促进社会和谐、增进民族团结上走在全国民族自治县前列。

8月9—10日，景宁受台风“莫拉克”袭击，受灾6.5万人，农田受损2966公顷（其中绝收733公顷），损坏房屋675间，企业停工停产30家，公路、水利堤渠毁坏70处11.2千米，直接经济损失1.03亿元。

8月27日，丽水市政府出台《关于设立丽水经济开发区景宁民族工业园区的决定》。

9月8日，鹤溪镇被省政府批准为“浙江省历史文化名镇”。2010年7月22日，国家住房和城乡建设部、国家文物局公布鹤溪镇为第五批“中国历史文化名镇”。

2010年3月24日，省委书记、省人大常委会主任赵洪祝，省委常委、秘书长李强、省委常委、副省长葛慧君等到鹤溪镇惠明白茶基地、惠明寺、景宁中学、中国畲族博物馆、鹤溪镇卫生服务中心、中国“畲乡之窗”景区、大均水碓垟生态移民小区、外舍管理区岗石村等地调研。

8 月 23 日，滩坑水库(人工湖)通过征名活动，定名“千峡湖”。

9 月，景宁被中国国际茶文化研究会授予“中国茶文化之乡”。

2011 年 1 月 30 日，大地乡余公岱村发生火灾，烧毁民房 12 幢，过火面积 1500 多平方米，206 人受灾。

3 月 13 日，国务院扶贫办国际合作和社会扶贫司司长李春光一行到景宁调研指导扶贫工作。

7 月 5—6 日，中共浙江省委书记、省人大常委会主任赵洪祝一行到景宁深入企业农村调查研究。

8 月 22 日，2011 年海峡两岸山区经济发展研讨会在景宁召开。

11 月 7 日，澳大利亚悉尼大学医学院教授 nicholasking 和包士三一行到景宁考察畲医畲药资源。

11 月 22—23 日，全国政协副主席张怀西到景宁考察畲族风情文化。

2012 年 2 月 6 日，中共浙江省书记、省人大常委会主任赵洪祝到景宁“进村入企”大走访活动。

5 月 8 日，以色列驻上海总领事艾雅克一行来景宁参观考察。

6 月 26 日，景宁大型畲族风情舞蹈诗《千年山哈》节目，代表浙江省参加第四届全国少数民族文艺会演，在北京梅兰芳剧院首演成功。

10 月 25 日，韩国全罗南道顺天金堂高等学校校长尹汪烈到景宁职业高中进行访问交流。

11 月 17—18 日，来自英国、印度、美国、西班牙、保加利亚、瑞士、捷克等国家及国内部分高校和台湾地区的专家学者分别到鹤溪镇周湖、敕木山村、中国畲族博物馆及中国畲乡之窗(大均)国家 AAAA 级景区考察畲族文化。

2013 年 4 月 10 日，云景高速公路正式通车。

5 月 23 日，中共浙江省委书记夏宝龙到澄照乡金丘村视察特色林业项目。

7 月 4 日，省长李强到景宁调研指导。

9 月 23 日，景宁与墨西哥阿帕斯科市签署《景宁畲族自治县与墨西哥阿帕斯科市友好城市意向书》，结为友好城市。

12 月 15 日，日本三岛市市长丰冈武士率三岛市议长、议员到景宁考察。

2014 年 3 月 6 日，希腊爱琴娜岛市市长塞奥朵塞奥斯.塞基奥蒂斯率领议会议长尼古拉奥斯.吉安努利斯和商贸协会会员、旅游委员会成员一行 5 人到景宁考察。

6 月 12—13 日，全国人大常委会委员、全国人大民族委员会主任委员李景田率全国人大常委会民族地区经济社会发展情况专题调研组到景宁作专题调研。

6 月 13 日，全国政协副主席、国家民委主任王正伟一行到景宁调研民族工作。

9 月 5 日，省长李强到景宁调研生态建设工作。

10 月 14 日，韩国丽水市副市长李承玉一行到景宁考察中国畲乡之窗——国家 AAAA 级景区。

11 月 19—21 日，日本三岛市交流团到景宁开展为期 3 天的教学交流活动。

12 月 24 日，温州、丽水两市交通局及景宁、泰顺及文成 3 县人民政府领导，在景宁就溧阳至宁德高速公路景宁至泰顺段前期项目进行研讨。

著名人物

本辖区内著名人物有鹤溪潘特竦、汤思退，大均乡李琮；名医有鹤溪陈言；学者有鹤溪潘琴，大漈乡严用光，沙湾镇柳景元；民主革命志士有九龙乡叶仰高等。

陈　言(1126~1190)，字无择，鹤溪人，南宋名医。聪敏好学，善医理、方脉，创“三因极一”学说。编《依源指治》，注《脉精》等，撰《三因极一病症方论》18卷，24万字，载入《宋史》，1957年8月，此书被选为中医名著出版，1984年再版。

潘　琴(1424~1514)，字舜弦，号竹轩，鹤溪人。明天顺元年(1457)进士，授南京吏部稽勋司主事、兵部武库职方员外郎等，后任福建省兴化知府，在官29年，居家守孝38年。著有《招鹤辞》《竹轩集》《山居录咏》等。《四库全书》称潘琴“文学齿德，隐然为东南望”。

李　琮(1435~？)，字义方，大均乡大均人。明天顺六年(1462)中举，八年进士。授南京吏部主事，任山西平阳知府。历任湖广布政司左参议、山西按察使，福建左布政使等。弟李璋，弘治十五年(1502)进士；子李錞，嘉靖二年(1523)进士。被誉为“大均三进士”。

叶仰高(1880~1911)，字芝峰，号高鹰，九龙乡黄寮人。清光绪三十一年(1905)留学日本宪兵学校，曾入光复会、同盟会。1911年参加武昌起义，任江浙沪攻宁支队敢死队队长，战斗中壮烈殉国，时年32岁。1981年，省政府移金陵阵亡将士墓于杭州南天竺，英名位列攻宁阵亡将士之首。

柳景元(1884~1959)，字会贞，沙湾镇沙湾人。清光绪三十一年(1905)留学日本早稻田大学，入光复会；三十四年(1908)与族人创办沙溪小学；1918年为省议员。1933年，撰《景宁县续志》。曾执教于省十一中、稽山中学等学校。勤于书法，在大均、小地等村及仙姑圩柳景陶墓等地尚存手迹。

陈　典(1912~2000)，又名茂森，字隐农，渤海镇渤海人。自幼爱好绘画，年长赴上海美院专攻西画，后师从黄君璧先生习山水画，兼蓄中西画艺之长，师古而画，自成一家，任台北艺术大学教授。

抗日期间，投笔从戎，在军政部、国防部任职。1949年后，在台湾经济部、石门水库、铁路局等部门任职，兼任中兴大学、铭传管理学院客座教授。

作品以山水人物为主，尤爱画像。历时二载，于1968年绘成高四尺，长二百四十尺的《万象回春》图，获台湾中山文艺创作奖。1972年，《万象回春》图在美国费城、纽约、芝加哥、檀香山等地展出。1969年与1974年先后两次创作绘制群象图《和平、奋斗、新气象》和《自由、平等、博爱》，赠送美国总统尼克松。1978年应邀在新加坡、菲律宾、香港、韩国庆熙大学等地举办画展，并赠韩国总统朴正熙山水画《和平统一》。

1982年，其画作再度在美国旧金山、纽约、洛杉矶，加拿大的温哥华等地展出。八十高龄仍完成巨幅《宇宙永恒》图，在中正纪念堂怀恩艺廊展出。1992年9月，应邀与大陆画家在北京、上海等地举行联展，为推动海峡两岸文化交流，促进民族团结发挥积极作用。

夏廷烈(1918~1998)，曾用名，夏世臣，又名夏冠甫，澄照乡水碓头人。天资聪慧，曾就读于水碓头私塾、鹤溪小学、处州初中，初中毕业会考获七县一市第一名。

1937年，学校遭日军轰炸而停学。回乡后，在大均乡公所、徐坪村小学任职。

1938年，在景宁县自卫中队工作，后升任县自卫队第二队少尉指导员。同年，黄埔军校在金华招生，经考试录取入编黄埔军校西安七分校十六期十五总队二大队四队步兵科受训。

1941年军校毕业，分配甘肃天水四四师补训处一团任排长，后升为中尉、连长。1946年升少校团副，兼拟教育计划，协助团长处理日常事务。

1948年升任第三营营长，担任新疆玛纳斯河守备任务时，带兵起义。

1950年，夏廷烈担任农业生产合作社主任，1951年在新疆绥来廿六师辎重营任营长，1952年后任新疆绥来廿六师财务处供销科长、财务处副处长、新疆生产建设兵团农八师145团副团长，行政15级。文化大革命期间，惨遭迫害。1972年平反恢复工作，负责团场的经济管理和畜牧业建设，被兵团副司令员李廷智赞誉为兵团的经济管理专家、多次被新疆大学邀请为学生讲授“企业经济管理”课程，并被新疆“农垦经济报”聘为特邀评论员。

梅　林（1918~2010），乳名枝繁，字雪峰，大漈乡大漈人。解放前，曾任大漈小学校长、大漈乡乡长、县合作联社总务股长、县政府教育指导员、县政府县党部秘书、省政府人事处人事助理员。解放后，参加浙江省干部学校学习班学习，期间，主动向组织交代了自己的历史，学习结束后留校任教育干事。1952年因当地有人告状被处理。1970年被遣送回乡务农。1975年至1980年以画画、油漆为生。1982年应邀参与云和县县志编写工作，1985年参与《景宁畲族自治县地名志》编写。1986年9月，景宁县人民政府为梅林先生纠错。1988年被县政协邀为第三届特邀委员，1993年当选为景宁县第四届人大代表，大漈乡历届人大特邀代表，1993年12月被浙江省书画研究会聘为会员。2009年9月，被浙江省文化厅评定为第三批浙江省非物质文化遗产代表性传承人。

1980~2010年，为大漈景区雪花漈、柳杉王、时思寺、护关桥的保护、维修、开发，践行了自己的诺言：一诚，诚心诚意；二不，不计时，不计酬；三勤，口勤、笔勤、足勤。他废寝忘食，不计报酬，为家乡的文物保护事业做出了卓著贡献，赢得社会各界高度的评价。

严　律（1925~2004），澄照乡东畔人。景宁、云和两县知名教育工作者。1946年毕业于杭州师范，同年回景宁县鹤溪小学任教。1950年起，历任鹤溪小学、金丘农中、渤海中学校长（期间牵头创办金丘农中、渤海中学）。1960年起，任景宁县教育局副局长主持工作、景宁中学校长、沙湾中学校长、云和中学校长、云和师校党支部书记、校长（校革委会主任）。他推崇“有教无类”的教育理念，积极执行“德、智、体全面发展”的教育方针，主张“教学相长”“学以致用”的教学方法。认为改变山区落后面貌的根本出路在发展教育，始终把抓教学质量放在重中之重。他丰富的国学、哲学知识在云和、景宁教育界享有盛誉。

46年教学生涯中，任中、小学校长40年，为山区教育奉献了毕生精力。淡泊名利，为人师表，1950年9月，当选为景宁县第一次各届人民代表会议常务委员会副主任，1952年9月，被温州专区授予“优秀人民教师”称号，1958年，荣获“浙江省文教战线社会主义建设积极分子”称号，终身享受省级劳模待遇。文化大革命中受到极左思潮的冲击。

傅宗元（1925~2010），大均乡大均人。中学高级教师，中共党员。1947年9月，进国立英士大学农业经济系就读，1949 年 5 月肄业。1949 年 7 月，入景宁中学任教，历任景宁中学教导主任、代理主委、校长、党支部书记等职。曾任云和、丽水、景宁等县人民政府委员，景宁畲族自治县第一届人大常委会副主任。

傅宗元古文学功底深厚，擅格律诗；精正、草、隶、篆诸体书法，仿毛体书法惟妙惟肖，原景宁“人民大会堂”题额出自其手(书)。数十年来，因工作需要曾任教初中、高中生物、初中英语、高中语文，教学成绩突出，深受学生爱戴。

退休后，继续发挥余热，积极为景宁中学的发展奔走出力。历任县关工委副主任、县老年大学古典诗词课老师、县退(离)休教师协会主席等职，撰写多篇教育论文发表于省级刊物。

赖冠成(1926~2004)，秋炉乡下圩人。出生医学世家，毕业于浙江中医学院师资班，1955 年继承医业，二度赴浙江省中医院校深造，长期的临床工作积累了丰富的经验，擅长儿妇内科兼治其他科，天花麻疹专技闻名遐尔。其著写《中医药在儿科防治天花、麻疹中的应用》《3560 例麻疹症治》《内科急症》《十八与十九畏之探讨》《留邪强体和除邪务尽之我见》等 20 多篇论文先后在国家级、省级刊物上发表。《中医药治疗儿妇内急腹症》获“医杰杯”三等奖和“金杯奖”；《儿科吐泻辩证施治》获“国际马来西亚学术成果奖”。

严　瑜(1932~2003)，大漈乡小佐人。1955 年，参加省水利干部学校培训后，历任景宁县农业水利局水利股长、丽水农业水利局水利股长、云和县农业水利局水利股长，云和农业水利局副局长、党委副书记等职。当选为云和县第二届人民代表大会代表。在他献身水利事业 36 年之际，中华人民共和国水利部为他颁发荣誉证书，中共云和县委、县人民政府授于他“人民不会忘记你，共和国的奠基者、建设者”的光荣称号。1992 年离休后，任云和县农业水利局老干部支部书记、县老年书画研究会会长、县诗词学会会长等职。

为山区水利事业的发展，他转战景宁、云和、丽水山水 40 年，始终坚持工作在第一线，亲自参与上标电站等工程的前期勘测工作，人称他为水利“活地图”。

潘欣坤(1933~1997)，县城大众街人。毕业于松阳中学，历任渤海梅坑初小教师，沙溪区中心小学教导主任，东坑区中心小学校长，景宁县文教局视导教研组长、秘书，丽水县囿山小学校长兼支部书记，景宁县鹤溪小学校长，景宁县城郊区校(教办)协理员。曾在处州师范小教研究班、浙江教师进修学院、杭州大学政治系学习进修。

注重教学研究和教坛新秀的培养，在 20 世纪 60 年代，鹤溪小学低段语文教师开展学习辽宁省黑山小学教改经验，开设集中识字、三算、俄语实验班，语文、俄语成绩名列全县第一；100 以内的数学加减乘除口算学生能脱口而出，达到大纲“正确、迅速”的要求；同时，还开展语文阅读教学研究、数学应用题研究，教学质量名列全县(原云和县)前茅。1978 年，县教育局进行“双基”落实检查，一年级数学、五年级语文名列全县(原云和县)第一。

在抓教育管理的同时，仍致力于小学语文、数学等学科的教学与研究，精细到各学科的具体课时的重点、难点和关键作反复推敲，并逐一地作出合理化的分析，落实到课堂中。在担任教育行政管理期间，仍一直担任语文或数学学科的教学工作，深入教研组、深入课堂。通过传、帮、带，为景宁培养了一批地区级教坛新秀。

张　彦(1934~2010),英川镇木耳口人。县第一、二、三、六、七届政协委员。

1953年8月参加工作,1963年在新疆建设兵团农场劳动,1978年起在景宁中学任教。1984年,利用校园空地建立简易"动物苑",带领学生抢救、饲养一些受伤的野生动物和制作动物标本。此举得到社会各界人士的大力支持,1987年,团省委机关捐助兴建了景宁中学生物馆。"动物苑"创建以来,把它作为生物教学资源,开展野生动物救助、科普等宣传活动,提高公众保护生态的意识。

坚持教学与科研相结合,初步掌握域内脊椎动物资源,新发现了黑叉尾海燕、白腰雨燕、南草蜥、福建后棱蛇等浙江省动物新种。发表科普文章1000余篇,撰写论文90余篇。其中,《树立生态安全观念·着力改善生态环境》《创造科学环境·培养科技人才》《望东垟高山盘谷湿地环境特征及可持续发展策略》等在国内都具较大影响。

退休后,继续从事生态保护与宣传工作,为景宁乃至丽水的生态保护和建设建言献策。1997年开始,10多次赴高山湿地考察,与相关部门紧密联系,为望东垟自然保护区的建立发挥作用。通过调查"豹"资源,2004年11月,争取到金钱豹特种邮票在景宁发行。2002年开始,连续编著出版《浙江省科普教育基地——景中生物馆》等4本科普读物。

先后获得"畲乡建设十大标兵""浙江省优秀教师""浙江省劳动模范""全国保护野生动物先进个人""全国环境教育先进个人""景宁县科技贡献奖""浙江省环保绿色志愿者""全国绿色家庭""丽水市十大环保标兵"等荣誉称号。

柳育泉(1934~2010),沙湾镇沙湾人。中共党员,出生书香之家,丽水农校毕业,历任东坑区完小教导主任、教育局教研室负责人、县机关干部学校负责人。1957年,蒙冤革职后,为谋生,曾在江西、福建的深山老林伐竹、烧炭、开路。之后,应聘到兰州市电车公司设计室工作,后辗转到新疆生产建设兵团,在戈壁荒滩严寒作业,冻坏膝关节,无奈之下,回乡立志学医自救。

1979年,落实政策,被安排沙湾中学任教,后改任校医。日诊夜读,博学勤思,苦学数十载,终于学有所成,求诊者纷至沓来。勤于临床经验积累,笔耕不辍,对诊治成功的、典型的疑难病例,撰成论文,付诸刊端,以资交流,先后在国家级、省级医刊发表论文32篇。曾多次受邀参加全国性医学学术交流会,业绩入编中国世纪专家等辞书。2004年,将自己的临床经验辑成《柳育泉医案医话集》。后又受中华医药10万字医案的约稿,以惊人的毅力撰写了《中医临床思辨录》,于2009年底由中医古籍出版社出版。中国著名书法家布尔固德曾为他挥毫题词"杏林仙掌"。

雷喜庆(1935~2016),畲族,东坑镇大张坑人。原高小毕业,1981年,北京中央民族学院干训部法律专业中专毕业。1954年4月,加入中国共产党。1951年3月始,历任景宁县公安武警中队战士、中国人民银行景宁县支行经济警察、出纳股副股长兼保卫干事、县公安局沙溪区特派员、县公安局治安股副股长、县公安局政保股股长、县公安局政治协理员、局党组成员、局机关党支部书记。1960年2月,任丽水县公安局景宁分局副局长、党支部书记,1962年6月始,历任原云和县公安局治安股股长、云和县公安局副局长、党支部书记、云和县公安局局长、局党组书记、中共原云和县委常委、云和县委政法委书记。1983 年 9 月，调丽水地区公安局任处长、党委书记，兼丽水武警支队党委书记、政委。1984 年 9 月，任中共景宁畲族自治县委副书记兼政法委书记，县人大常委会主任。1990 年 7 月，任丽水地委政法委专职委员，主持日常工作。

1987 年 11 月 1 日，光荣出席中国共产党第十三次全国人民代表大会。12 月，当选为浙江省第七届人大代表，1993 年 1 月，当选为浙江省第八届人大代表，在省第七届、第八届人民代表大会上连任省人大常委会委员，省人大民族宗教华侨委员会委员。

1964 年、1978 年两次被推荐参加全国少数民族参观团，分别参加中华人民共和国成立 15 周年、29 周年国庆观礼，受到毛泽东、刘少奇、朱德、周恩来以及邓小平等党和国家领导人的接见并合影留念。

先后被评为县级先进工作者 5 次、地区级先进工作者 3 次、省级先进工作者 2 次。荣获公安部二等功 1 次，1980 年 4 月 24 日，参加公安部召开的全国公安战线英模表彰大会。

1998 年退休后，担任丽水市政法系统老年体协主席和市公安局老干部党支部副书记，1999 年和 2005 年被评为“浙江省老年体育先进工作者”。

潘景浩（1936~2007），乳名法印，澄照乡金丘人。1961 年毕业于南开大学，山西大学化学系博士、教授。历任山西大学化学系副主任、主任；美国访问学者；中国化学会第 25 届常务理事；山西省化学会理事长；《化学教育》编委；《化学感器》编委。从事分析化学教学、科研工作 46 年，曾主持国家自然科学基金、山西省自然科学基金、山西省归国留学人员基金会等 10 余项工作。2 次获山西省科技进步理论二等奖、4 次获三等奖，培养博士生 2 人、硕士生 21 人。在国内外学术刊物上发表论文 300 余篇，出版著作二部。1986 年获山西省劳动模范称号。

蓝钱根（1957~2009），畲族，澄照乡金丘人。1980 年 1 月起，历任金丘村村委主任、景宁县林业总场草鱼塘分场护林员、大仰分场党支部副书记、草鱼塘分场副场长、场长。1996 年 3 月起，任县林业总场场长助理、林业总场副场长、林业局党组成员、林业总场党总支书记。

历任第一、二、三、四、五、六届县人大代表，第三、四、五、六届县人大常委会委员。先后曾被评为“八五”建功功臣，“十佳公仆”，省民族团结一家人先进工作者；2001 年，被县委确定为“三个代表”学教活动先进典型，2005 年，被丽水市林业局确认为先进教育先进典型。2003 年，当选第十届全国人大代表，第十四届全国工会代表大会代表。2004 年，荣获浙江省劳动模范称号和全国五一劳动奖章。

第二节　建制沿革

景宁县建制沿革一览

表 1-1

朝　代（年）			公　元（年）	建　置　沿　革		
				一　级	二　级	三　级
夏			前 21 世纪至前 16 世纪			
商			前 16 世纪至前 11 世纪	越		
周	西周		前 11 世纪至前 771	越		
	东周	春秋	前 770 至前 476	越		
		战国	前 475 至前 221	越国、楚国		东　瓯
秦			前 221 至前 206	闽　中　郡		东　瓯
汉	西汉	惠帝三年	前 192	会　稽　郡		东瓯国
		元封五年	前 106	扬州刺史部	扬会稽郡	东瓯国
		始元二年	前 85	扬州刺史部	扬会稽郡	回　浦
	东汉	章和元年	87	扬州刺史部	扬会稽郡	章　安
		建安八年	203	扬州刺史部	扬会稽郡	松　阳（章安析置）
三国	吴	太平二年	257	扬州	临海郡	松　阳
晋		太宁元年	323	扬州	永嘉郡	松　阳
南朝	宋	孝建元年	454	东扬州	永嘉郡	松　阳
		大明三年	459	扬州	永嘉郡	松　阳
		大明八年	464	东扬州	永嘉郡	松　阳
		永光元年	465	扬州	永嘉郡	松　阳
	齐		479 至 502	扬州	永嘉郡	松　阳
	梁	普通五年	524	东扬州	永嘉郡	松　阳
		太平元年	556	扬州	永嘉郡	松　阳
	陈	天嘉三年	562	东扬州	永嘉郡	松　阳
隋		开皇九年	589		处州（置）	括苍（松阳析置）
		开皇十二年	592		括州（处州改）	括　苍
		大业三年	607		永嘉郡（括州改）	括　苍

续表 1-1

朝　代（年）		公　元（年）	建　置　沿　革		
			一　级	二　级	三　级
唐	武德四年	621		置括州、置总管府（管松、嘉、台三州）	（领括苍、丽水二县）
	武德七年	624		都督府（总管府改）	
	武德八年	625		括　州	省丽水县入括苍
	贞观元年	627	江南道	都督府（废）	
			江南道	括　州	括　　苍
	景云二年	711	江南道	括　州	括苍（析置青田）
	开元二十年	733	江南东道	括　州	青　田
	天宝元年	742	江南东道	缙云郡（括州改）	青　田
	乾元元年	758	浙江东道	括　州（复）	青　田
	大历十四年	779	浙江西道	处州（括州改）	青　田
	建中元年	780	浙江东道	处　州	青　田
	建中二年	781	浙江西道	处　州	青　田
	贞元三年	787	浙江东道	处　州	青　田
五代十国	吴越	907至979		处　州	青　田
宋	至道三年	997	两　浙　路	处　州	青　田
	熙宁七年	1074	两浙东路	处　州	青　田
	熙宁七年九月	1074	两　浙　路	处　州	青　田
	熙宁九年	1076	两浙东路	处　州	青　田
	熙宁十年	1077	两　浙　路	处　州	青　田
	绍兴二年	1132	两浙东路	处　州	青　田
元	至元十三年	1276	江淮行省	处　州	青　田
	至元廿一年	1284	江浙行省	处　州	青　田
	至正十九年	1359	江浙行省	处　州	青　田
	至正廿六年	1366	江浙行省	处　州	青　田

续表 1-1

朝代(年)		公元(年)	建置沿革		
			一级	二级	三级
明	洪武九年	1376	浙江承宣布政使司	处州府	青田
	景泰三年	1452	浙江承宣布政使司	处州府	景宁(青田析置)
清	顺治元年	1644	浙江省	处州府	景宁
	宣统三年	1911	浙江军政府	处州军政府	景宁
中华民国		1912	浙江省都督府		景宁(省辖)
		1914	浙江省	瓯海道(置)	景宁
		1927	浙江省	瓯海道(废)	景宁(省辖)
		1935.9	浙江省	第九行政督察区	景宁
		1948.4	浙江省	第六行政督察区	景宁
		1948.7	浙江省	第七行政督察区	景宁
中华人民共和国		1949.5	浙江省	第七专区	景宁解放
		1949.10	浙江省	第七专区更名为丽水专区	景宁
		1952.1	浙江省	温州专区(丽水撤销)	景宁
		1960.2	浙江省	温州专区	景宁县撤销并入丽水县
		1962.6	浙江省	温州专区	云和(复)
		1963.5	浙江省	丽水专区(复)	云和
		1968.11	浙江省	丽水地区(革命委员会)	云和
		1978.9	浙江省	丽水地区(行政公署)	云和
		1984.6	浙江省	丽水地区(行政公署)	景宁畲族自治县(建)
		2000.5	浙江省	撤销丽水地区设丽水市	景宁畲族自治县

历代至明清时期

景宁县地域，夏、商、周时属古扬州。春秋时属越。战国时属楚。秦时属闽中郡。西汉惠帝三年(前 192)属东瓯国，隶会稽郡；元封五年(前 106)属扬州刺史部会稽郡。始元二年(前 85)属回浦县。东汉章和元年(87)属章安县;建安八年(203)属松阳县。隋开皇九年(589)属括苍县。唐景云二年(711)属青田县。青田县含景宁地域历五代、宋、元及明初未变,隶属代有变更。

明景泰三年(1452),兵部侍郎、浙江巡抚孙原贞以“青田县西南五百余里,山谷险远、矿徒啸聚”之由,奏析青田之柔远乡之仙上里、仙下里、连云里和鸣鹤乡(含曳练里、真固里、在下里、在上里、升天东里、升天西里)置县,编 56 里。地名无考。成化《处州府志》仅记载鸣鹤乡一地。

清顺治元年(1644)属处州府,隶浙江省。

同治十一年(1872)设七都,领十八图、四坊。

一都。在县东北,小溪下游、北界云和、丽水县,东南界青田县。编三图。

二都。在县北、县西,小溪中上游一带,北界云和县。编二图。

三都。在县西北,小溪上游,北界云和县,西界龙泉、庆元县。编四图。

四都。在县西南,小溪上游,西界庆元县,南界福建省寿宁县。编三图。

五都。在县南,南界南界福建省寿宁县,东南界泰顺县。编四图。

六都。在县东南,东界青田(今文成县)。编二图。

七都。在城隅内。领四坊。

同治年间都图设置

表 1-2

都	图	领庄
一都	一图	芦栖峡　石龟潭
		下陔
		大顺　朱岸
		龟背　半圩　交塘　杨山
		岭里(小桃源)　底岸　外垟　毛村　翁坑
		桂根　西墺　陈乳坑
		毛山　叶山垟　横山头
		官圩　朱山　乌坭
		小顺　官路头
		金田
		黄寮
		隘头
		库平
		沙坑

续表 1–2

都	图	领庄
一都	一图	平盘　马后坑
		蔡鲍岸　雁齿
		金山　东寮　朱岭头
		陈村　后垟　朱村
		松潭
		朱坑
		井边　五坑底　徐墺
		鹤口　大垟山　唐堡
	二图	大潴　底垟
		何山　寺埠山　羊冈
		鲍山头　湖场
		石柱　东坑　朱山冈　天堂冈　寨坳
		柳山　布袋后　半岭
		郑山头
		冷水塆(旧名桃园)
		吴村
		垄头　横坑
		羊角冈　毛桐岗　茅窠
		洞背　湖潭
		郑坑　叶山头
		张坑下　项山　山垟
		安亭　梅源　北山　项坑下
		西山
		田寮
		干坑　东山
		芦栖坑　湖坵　朱岭下　地乌巢
		门潭
		林圩
		丁埠头　官田源

续表 1-2

都	图	领庄
一都	二图	湖坑
		大圩 小圩
		徐垟 朱岭头 高畲
		田坑
		韩山
		后砻 安坪 水井头
		外湾 下垟
		坦根
	三图	菉草 夏山 水碓底 东岸
		岭根 黄石
		杨山 大畈
		徐山
		上畲
		李坑
		湖边
		大粗 耳朵坑 陈源头
		小粗
		田埠 平头冈
		石塘口
		石塘山 岭后 陈坳 张坑
		北岸 大冈后 竹山 井头汇
		渤海（旧名包岸）
		鲍岸 王处 东畔 叶处 梅坑 上元口 高山 畲窠 石笋坪 渤海坑 西山 寺木底
		旦水 垟水头 垟潭
二都	一图	外卸 溪口 石垟
		油田 金岱垟 杨柳棚 坑底 王畈 金村
		麦山
		扫口

续表 1–2

都	图	领　　　　　庄
二都	一图	下场 包山 俞山 北岸　北岸坑 汇头 汇边　椒园 汇下 汇下坑　后山 陈坑 白岸　圩头　大坟 岚下　岚头　西坑 石埠坑　香冈　麻坑 大常　天塘 古传 官渡　半垟　独杉 林村　库坑 金钟　高畔垟　后斜 毛山根 包山　下斜　上湖　潘处 西坑 陶州
	二图	蒋岸 梅山　甬背　吴山冈 东冈 扫坑源　紫坑　芭蕉坑　香菇厂　坑头 大赤坑　白锄　小赤 大均　伏坑　叶坑　口吉　畔灶　半岭　水碓垟　大均坑　黄寮　泉岱　坑头 梅山　李婆坑　三宝石 湖坪

续表 1–2

都	图	领庄
二都	二图	柳水濛　派庄　坌下　黄八坑　前岗
		新亭　沙罗坑　梅花圩　底圩
		金竹口　张寮
		梧桐　岚头圩　梧桐坑
		标溪　柘岚口　梅坦头　云程口　角坦
		豫章
		半岭
		黄山头
		张山　桥底　处基　回坪　白露岗
		严坑　徐山
		仙姑　平坦　潘庄　垟头　水碓垟　下坪　田塆　倪岱
		林斜
		古楼
		季庄
		张庄
		马栏坦　夹耳塆　山前　金处　蔡湖　蔡湖垟
		沙湾　葭溪　吴畈　毛公坑　岱头垟　毛山头　处下坑
		七里　七里汇　水井　杨山头　麻地　花香坳
		七里坑头　后塘
三都	一图	芦山　下村　驮派　南山　桑塆　罗岗头　外衕
		黄山　山下　曹球
		夏山头
		徐崇
		印章　花桥头　半岭　南坑下　人字坑
		雁湖　陈坑　塔后　坟坳
		黄垟口
	二图	坌下　黄山头　白坦　黄垟　内垟　外垟　上坞　蒲苏
		梅崇　乌饭恰
		西山　西山下　吴处　岱头

续表 1–2

都	图	领庄
三都	二图	葛山　坳根　毛坑口　上垟　山枣坑
		冈头　岭头　山隖　梅花冈
		坑下
		垄上
		粗垄　大塆　处后冈
	三图	英村　大坑头　后坑
		王宅
		下垟 坑头
		东岱
		叶坪头
		湖坪头　半岭
		黄谢圩　麻糍坑　岭根
		石崇
		郑源
		梨树突
		柳八漈
		鲍岱 茶园
		榅堆
		黄茅岭　木岱根
		洪源
		周占
		木耳口　木耳山　香炉山
	四图	寨后
		张坑　塘里
		黄万
		李处　何处　后村　吴寮　田寮
		叶桥　中堡　下坑　林坑　刘坑
		黄水　半岱　岱根垟
		新庄

续表 1–2

都	图	领　　　　　庄
三都	四图	道化　上垟　天堂冈　严坳　陈司坑　金柜下
四都	一图	小地　小垟　澄湖垟　赤岩
		大地　半垟　垟头　陈坑　曲坑　漈下林
		大垟　吴澳
		郑公垟　西坑　东家坪　黄坑　岭头　水溪
		安奉　蔡放　梅山头
		余公岱
		叶坑下　柳山头　羊白岱
		桃垟　净水
		张坑　孙湖　胡庄
		葛家地　谢坑
		芎岱
		石壁
		平坑　深渡
		漈坑　下漈坑
	二图	莲埠头　芦西岘
		库下　麻竹坪
		库头　大枝　牛岱　谷坞　黄寮
		上沙湾
		低垟
		毛垟　半岱
		下坑头
		芦西
		大坪　章州坪　章州粗　伏岩　下圩　湖后　伏岩口
		秋炉　派坦　坳根　坑口　茅岱坑　第一坑　第二坑　第三坑　第四坑
		第五坑　第六坑　沈堂垟
		后坑　山下突
		半山　岱头
	三图	苏山头
		澄湖

续表 1–2

都	图	领庄
四都	三图	徐下坪 吴坑　上吴坑 张村 田头 中村　小中村 库山　坳后　澳头 金狮岱 洗矿岚 后溪
五都	一图	滃边 三石 金丘　漈上　坑头　四格 毛风 叶八衕 佃源 竹园下　杨山　小俞山 叶源 叶皎 黄山　高山 溪下 东畔 东岱　小东岱 坦坑　漈根 行者寮　白沙岱 大漈　东岸　西岸　下垟　后斜　漈头　潘宅　梅方坪　彭村　垟头　茶园 林源排　口莽　郎奇 小岭坑　半山 高演　叶枨　东源　坑底垟　张司洞　下庄　安路山 何庄　下村　下坪　驮岩下 小左 底章 龙头 半岭 坳头

续表 1-2

都	图	领庄
五都	二图	东车
		上章
		叶谢
		枫林 枫林口
		马山 桃树 天堂
		箬要
		柘湾 石仁 梅山头 金坳
		郑山头
		梅坞 漈头 仓坦 大丘田 高宅 谢宅 半溪
		石梯 坑下 梯头
		黄桐
		蒲绳冈
		何山头
		缪坑
		雁溪
		马岭
		程田 八漈垟
	三图	鱼漈 岭头 下庄 坑下 中处 坑底
		粗坑
		上标 炼石 吴家洞 后垄坑 垟心 垟头 西垟 南垟 企山
		东山
		石笠 山后
		东溪 坑底 王处 梅处 前垟 下村 仁杏树下
		东塘 奥底 垟头
	四图	罗山 罗山后
		东坑 马坑 前坑 后坑 玉溪 吴桥头 松树下
		何村
		山斜
		沙湾

续表 1–2

都	图	领　　庄
五都	四图	竹埠
		章坑
		徐垄 林山 苏庄垟 赞架 叶山 严澳
		底堡
		杨斜
		大仰
六都	附郭	张村(张春) 双井头 门前山 墓垟湖 敉木山 惠岭 水亭 粗滩 乌铁岩
		半垟
		岱根
		东衕
		三枝树 岭脚
	一图	汤坑 北溪 林口 大张坑 吴山头 碗窑
		龙潭背 大冈
		白鹤
		桂树根
		林沅 黄碧岘 坑底
		桃源
		深垟
		叶源垟 叶源头
		黄山头
		芦西岭
		东岸
		半山
		漈头 上村 下村 张山 后山 上寮 坭山 大畈垟
		岩下
		坦头岭
		大赤垟
		朱坑 郑公垄 朱坪
		毛坑
		林山

续表 1–2

都	图	领庄
六都	二图	独山后　坑头　严村　坑下 大吴山　小吴山 妙坑 鼓楼 王木坑 徐山后 白坦 下庄 竹山 横坪　潘山 贵苑　张山 梅岐　栋头　水井垄 绿桐 李山头　高山 内闩 茗源 孙山 交牙　木杓寮 方泗坑 徐公垟
隅内为七都	行春坊	百岁门　下牌坊　台门底　桥儿底
	锦衣坊	楷条树下　塔头街　后坑　上桥　砖街底
	西河坊	下桥　司前　西村　叶府前　下叶
	统政坊	城门头 唐衕街 学前 田垟 三角塘头 钱山 莘田

宣统二年(1910)设城镇乡自治,将旧有七都划 13 个自治区:

城区　辖旧七都领庄并六都二图之附郭二十九庄。

顺济乡区　辖旧一都一图领庄并二图之韩山、田坑、徐垟、大圩、湖坑、丁埠头、门潭、芦西坑。

渤海乡区　辖旧一都三图领庄之外增加二图之一部:外湾、后砻、坦根、干坑、西山、安亭、张坑下、郑坑、羊角岗、砻头、吴村、冷水湾、郑山头、柳山、田寮、桐背、石柱、鲍山头、何山、大渚。

大祥乡区　辖旧二都一图全部领庄。

大均乡区　辖旧二都二图之一部：蒋岸、梅山岭、东岗、扫坑源、大赤坑、大均、梅山、湖坪、柳水濛、新亭、金处、梧桐、马欄坦、夹耳墻。

沙湾乡区　辖旧二都二图之一部：标溪、预章、半岭、黄山头、张山、严坑、仙姑、林斜、古楼、沙湾、季庄、张庄、蔡湖、蔡湖垟、七里、七里坑头。

英川乡区　辖旧三都一至四图领庄。

南安乡区　辖旧五都一图、二图领庄。

南康乡区　辖旧五都三图、四图领庄。

景和乡区　辖旧六都一图领庄。

景顺乡区　辖旧六都二图领庄。

宣德乡区　辖旧四都一图领庄。

统治乡区　辖旧四都二图、三图领庄。

宣统三年(1911)属处州军政分府，隶浙江军政府。

中华民国时期

民国十七年(1928)施行村里制。全县划为5个区，146里。

第一区　东南里、西北里、城东、三岱、米水、粗岭、塔惠、周东、赤墓、金丘、翁边、余山、三石、四格、下扫、石溪、城西、北郭、金岱垟、外油石、北岸、大均、东北西乡、南左、南右、梧桐、辅进、东岗、漈头、后山、大畈垟、炉西岭、东山、深垟、黄山头、毛坑、桃源、根底岘、汤坑、岩坦垟、东畔、溪山、林山、朱坑西南、朱坑东北、梅岐、李山头、茗源、孙山、王木坑、坑头、古楼、竹山、横坪、栋头、绿桐。计56里。

第二区　渤海、鲍岸、柳山、郑坑、安亭、张坑下、绿草、石塘山、杨山、徐山、后砻、石塘口、大渚、鹤溪口、陈村、黄金顺、蔡鲍岸、小桃源、爱卢、门潭、湖坑、田坑、石印东西、金钟环觉、白石岚、三星鼎立。计26里。

第三区　鸬鹚、徐崇、黄垟口、山下、印章、砻下、东梅、葛山、岗头、黄谢圩、茶园、湖坪头、英川、榅岗、寨后、叶桥、道化、沙仙、标溪、季庄、林楼、蔡张、七里、处基、黄山头、角回、坑头、毛山头。计28里。

第四区　统文、统行、统忠、统信、宣东、宣南、宣西、宣北、宣中、莲川、大垟。计11里。

第五区　大漈、彭村、半山、东岱、黄坦坑、高演、叶马枫、小左、柘湾、程田、梅坞、雁缪山、石桐、何庄、鱼漈、上标、东溪、白石塘、东坑、沙埠、忡和、徐砻、章坑、北堡、大杨。计25里。

民国二十年(1931)，改编乡镇，设5区，1镇、67乡，编981闾，4828邻。

第一区　城镇、北郭、北舍、均山、大均、梧桐、朱坑、澄照、西山、金丘、漈头、深垟、桃源、北溪、茗源、梅岐、岭岱、城东、严石，计19乡（镇），编247闾，1222邻。

第二区　汇金、包山、绿草、杨徐、石塘、渤海、后砻、鲍岸、柳山、安亭、张坑下、郑坑、大都、门潭、石灵、大顺、鲍金、鹤陈，计18乡，编207闾，976邻。

第三区　季庄、标溪、黄湖、英川、榅茶、鸬鹚、隆川、葛山、沙溪、道里、叶桥，计11乡，编230闾，1144邻。

第四区　库头、毛垟、半山、吴坑、澳头、桃垟、张坑、大地、小地、莲川，计10乡，编151闾，743邻。

第五区　大漈、高演、小枫、景南、上鱼、忠石、东坑、协和、儒砻、杨坑，计10乡，编146闾，743邻。

民国二十年（1931）乡镇设置情况一览

表1-3

区名	乡镇	领庄
第一区	城镇	百岁门 下牌坊 台门底 桥底 鱼塘岸 南门 后坑 塔頭街 上桥 司前 县前 后街 官仓前 童衖街 半垟
	北郭乡	溪口 石垟 扫坑 岗頭 下场 扫口 学前 三角碴头 玄壇殿 莘田 东清源 瓦窑 山后 吴宅岗 老鸦尖 驮垟圩
	北舍乡	外舍 油田 石圩 金岱垟 坳丘 山脚 杨柳柈 坑底 半岭 王畈 驮澳头 北岸 鸡塆 菖蒲塆 北岸坑 双坑 泗洲岭脚 泗洲半岭 碴皮寮 金钟后 驮毛塆 横子岭 坑底塆头 梅山 坳丘岗 雷报后 金大四 齐岱 石尖 下坑 毛坑 清墺 吴山岗 驮坟 炭窑基 蒋岸 张毛岭 油田坳
	均山乡	东岗 判寮 牛草湖 坑头 香菇厂 东岱湖 马鞍笑 车坳 牛路 田寮 十二锅 黄泥田 白水 南林 东岗村头 叶坑 小尺 伏坑 半山 黄泥岗 驮坑 岗后 口尺 白锄 草塆 渡船寮
	大均乡	大均 大赤坑 梅山岭 岗后 上湖 大溪 小尺 湖坪 十五秤 长大后 阔坳 处下坑 梅山 耀坑头 黄长炎 下坑頭 奶垟 徐桶 吴山头 毛岗 李婆坑 老鹰岩 梅花圩 长修 碴门坑 过路廊 派岩 平岗 大丘田 水碓垟 白银岗 柘湾 茶子柈 埠头 石门楼 岩背 大源岗 枫树梢 蒋公坟 大路口 项片后 田寮岭 桑赖坑 岩皮塔 底圩 蔴寮 蒋公坑 新亭 李庄塆 何八坑 岗头丘 前岗 三格 坑头 田寮 横坪 驮坟 湖坑 泉岱 大均坑 黄寮坑 张荒岱 野猪湖 垟屺 黄寮 大北坑 畔灶 半岭 伏坑

续表 1-3

区名	乡镇	领　　　　庄
第一区	梧桐乡	梧桐 半坑 金竹口 茶树岗 米老窟 外湾 龙塆头 山岗头 处基 旁岸 外坑 驮塆头 金昌岗 长田 柳水濛 砻下 李庄 仙人岸 岚头圩 张寮 夹耳塆 发洪焦 大岗 蔡长岗 马兰礌 面丘岗 江山 山后寮 山前 金处 石竹岗 月丘
	朱坑乡	朱坑 朱坑排 黄岱坑、蟮塘圩 林山 毛坑 郑公砻
	澄照乡	东畔 溪下 叶缴 礌头岭 高山 杉树塆 大赤垟 竹岗 黄湖 岩下 双港 山后 内垟 望牛岗 平礌 黄山
	西山乡	余山 包山 台湖 驮地 豸顶 半岭 雷公岩 包凤 叶府前 鱼衕 石牛山
	金丘乡	漈上 坑头 大畈 驮平头 金丘 佃源 四格 叶源 毛衕 外冢 叶八衕 杨山 竹园下 驮砻 仙草塆 塔树岭 石灰炉 大毛岗 漈背 樟树塆 小余山 山外 叶源头 庙后垟 翁边 高冢 小翁边 三石 马鞍丘 潘山
	漈头乡	漈头 炉西岭 梅树坳 后砻 叶源头 仓溪垟 炉西坑 坑底 东岸 后寮 上岭岗 半山 张山 后山 坭山 十八漈 上垟 大畈垟
	深垟乡	深垟 叶源垟 黄山头
	桃源乡	桃源 黄碧岘 坑底 株树根 库下 茶树塆 山坑 白鹤 青坳 驮岗 龙潭背 庵基
	北溪乡	北溪 汤坑 吴山头 梅山岭 徐公垟 木杓寮 包罗山 旁山湖 方泗坑 交牙驮砻 林口 大张坑 碗窑
	茗源乡	茗源 孙山
	梅岐乡	梅岐 潘庄 梁驮伯 水井砻 栋头 黄茅岭 柿树砻 李山头 石闩 高山 郑公坪 绿桐 山前 底山 垟坑 彩自岩 徐山后 葛婆 新田 乌岩 山后 竹山 半岭 潘公坪 潘山 横坪 大柿树 后圩 吴西山 田寮 下庄 梅树圩 贵苑 乌坑 张山 汤寮 吴坳头 周坑 进士畔 鼓楼 张寮 庙坑 黄茅坪 窑岗 黄泥丘 长岗 小吴山 处基坪 解板坪 龙水礌 吴泗桥 大吴山
	岭岱乡	三枝树 粗滩 水亭 岭脚 王木坑 米老窟 岱根
	城东乡	张村 后垟圩 双港 驮岗 旱岗 惠明寺 土珠岗 水碓坑 塔勘 惠山头 敕木山 驮垟岗 香炉丘 墓垟湖 东衕 周坑
	严石乡	坑下 严村 土珠坑 坑头 麦山 礌头背 汇下坑 葫芦丘
	汇金乡	汇边 汇头 驮塆 东背 犁头岗 岚顶 岚下 西坑 后坪 平头地 夫人宫 香菇山 焦园 官山 半岭 驮坟 白岸 田头 姜帽尖 高垄 枫岗 大坪 汇下 圩头 大常 香岗 蕨坑 石砖头 石埠坑 百乌坟 天堂 陈坑 官渡 林村 牛头礌

续表 1-3

区名	乡镇	领庄
第一区	汇金乡	金钟 高畔垟 石门楼 毛山根 下坑 金钟亭 独山 半垟 坟山 干坑 新寮 外田头 田坑 古传
第二区	包山乡	包山 下斜 上湖 库坑 西坑 梅椎岗 水磨砻 底山 陶州 小粗
	绿草乡	湖边 大粗 陈源头 耳朵坑 吴山岗 上园 郑山 绿草
	杨徐乡	杨山 大畈 岭根 桥头 黄石 李坑 徐山 上斜
	石塘乡	石塘口 田埠 岭后 石塘山 陈坳 张坑 沈庄 塘底塆 北岸 竹山 驮岗后 隔溪
	渤海乡	渤海 雪水 垟水头 寺木底 乌壇 坪头 龙蟠窠 犁斜坑 横岩寨 官山 外垟 垟潭
	后砻乡	金潭 山前 黄山头 牛头山 仰天窟 坳头 红硃岗 鳗段 突头 外湾 后砻 礵岱 安坪 中漈 外山垟 白石垟 东山岗 西坑底 礵根 水牛餍
	鲍岸乡	鲍岸 石步山 鲍山头 五里奥 朱山岗 上源 东坑 王处 梅坑 寨后 高山 西山 坟前 蘸岭寨 渤海坑 东畔 恩岗 叶处
	柳山乡	柳山 半岭 石筍坪 冷水塆 石柱 天堂 郑山头 叶山头 洞坳
	安亭乡	梅源 北山 安亭 上寮 黄坑下 漈下 岗后
	张坑下乡	张坑下 山垟 项山 徐坑 洞背 外山 项山岭根
	郑坑乡	郑坑 塘塆 胡车 马路山 砻头坳 翁坑 横坑 茅窠 沙潭 南排 张鹤岗 毛桐岗 桃山 垄头 旱岗 吴村
	大都乡	大都 干坑 布岱后 何山 半岭 田寮 垟岗 水井头 隔溪
	门潭乡	坳头 官田 东山 驮圩 小圩 湖坑 朱鸟窠 门潭 西山 林圩 朱垟 底车 毛窠 丁埠头
	石灵乡	徐垟 外垟 岭头 湖坑头 驮山 马坳 岗背 上胡 朱岭头 朱岭下 水头 石寮 官岩圩 白水漈 庐西坑 胡丘 庐西峡 石潭 驮汇 岩头背 外岗 叶山垟 田坑
	大顺乡	大顺 桂根 毛山 横山头 下垓 圭背 黄村 岭里底垟 翁坑 岭里外垟 官圩 包山
	鲍金乡	鲍岸 金山 东寮 主东 茶坪 乌泥 罗埠垟 朱山 横坑 金田 王寮 库坪 沙坑 坪盘 垊翁 驮沙
	鹤陈乡	洞桥汇 佛堂根 陈村 下塆 松潭 朱村 塘堡 徐沃 鹤口 五里坑 蒋村塆 井边 朱坑 下朱 上坪 高山 石水缸 石桥头 后坪 高斜 菊花山 杨梅砻 驮垟山 金山 石柱

续表 1–3

区名	乡镇	领庄
第三区	季庄乡	季庄 张庄 林斜 田塆 蔡湖 蔡湖垟 古楼 岱头垟
	标溪乡	标溪 处后 预章 窍岩 云程口 王山头 柘岚坑 坪石 潘庄 严坑 处基 张山 回坪 黄山头 倪岱 角壇
	黄湖乡	黄谢圩 石崇 毛师坑 驮坑头 五架 驮畔 后坑 湖坪头 半岭 郑源 田寮
	英川乡	英川 下垟 乌饭恰 梅库 梅漈 黄八漈 处后岗 坑下 上村垟 东岱 皇五岱 水架湾 叶坪头 西坑 岭根 王宅 木耳山 岱头岗 香炉山 坑头
	榅茶乡	鲍岱 黄礓 梨树突 木岱根 柳八漈 榅堆 黄蕨岭 洪源 木耳口 茶园 周占 后寮
	鸬鹚乡	鸬鹚 岭后 坑底 何畔垟 驮戥 外衕 茶亭 山下 曹求 黄水 驮坪 塔后 茶湾 黄山 南山 上户 瑶长 金湾 南坑下 吴山 刘坑塆 樵坑 茶亭外村 对村垟 企岩头 后寮 夏山头 黄衕 垟灯 牛皮山 罗岗头 坟坳 驮悟
	隆川乡	黄垟口 外垟 黄垟 砻下 底垟 上垟 白礓 里坑 漈下 驮塆 季罗 寨后 张坑 凤垟 黄万 箬寮 砻上 蒲丝 后圩 陈坑 雁湖
	葛山乡	葛山 山吴 山茶坑 毛窠 印章 岱头 坳根 岗头 粗砻 岭头 林卯 梅花岗 西山 胡处 西山下 铁汤塆 包坑口 半岭 底寮 人字坑 安倖
	沙溪乡	沙湾 鳗段 仙姑 吴畈 平礓砻 旁寮 坑头 后堂 金柱下 严坳 毛山头
	道里乡	道化 交溪口 大湾 陈司坑 木岱后 上处垟 本岱 岱根垟 新庄 七里 七里汇 上坪 天头岗 水井 杨山头 徐山 砻耳尖
	叶桥乡	叶桥 东堡 峡桥 后砻 林坑 流坑 李处 坑圩 后村 何处 田寮 毛坑头 毛坑下 林谢
第四区	库头乡	库头 上沙湾 本岱 下坑头 黄寮 横衕坪 金竹坳 谷坞 大支 牛岱 库下
	毛垟乡	毛垟 底垟 下圩 湖后 伏岩 伏岩口 大坪 黄秀 西山 竹水 水牛寮 坐石 新坑 漈头 火烧岩 章洲坪 章洲粗 炉西 上坳 坳根 南排 庙岗
	半山乡	半山 秋炉 岱头 第一坑 山下突 水影 派礓 大香漈 田岸赤 师古林 后坑 鱼公林 梅花岗 百家丘 沈堂垟 第二坑 第三坑 第四坑 万代坑
	吴坑乡	吴坑 后溪 百管岚 金丝岱 澄湖 黄垓坪 山头 银剪岗 第五坑 上吴坑
	澳头乡	澳头 中村 田头 库山 坳后 张村 道堂基
	桃垟乡	桃垟 大坪 净水 叶坑下礓坑 金坑 粗赛 暗坑 杨白岱 柳山头 曲斗 大杨 吴澳

续表 1–3

区名	乡镇	领庄
第四区	张坑乡	芎岱 上漈坑 下漈坑 石壁 下村 冷亭下 上后坑 百子丘 平坑 水溪 深渡 后处 旧处 葛家地 大坑源 下圩 冷呈 泗溪 余公岱 何庄 谢家斗 旁岚岗 岭尾 石竹坑 长滩 木杓丘 孙湖 上孙湖
	大地乡	垟头 半垟 陈坑 大地 漈下林 玉林庵 太公丘 曲坑 郑公垟 蔡放 东瓜坪 岭头 梅山头 西坑 安俸
	小地乡	小垟 澄湖垟 岗头岩 源底 小地 七庆 乌衙坑 桥前 山后 大地桥 桂下寮 赤岩 山刺坳 麻竹坪 黄坑
	莲川乡	莲埠头 火夹岭 庐西岘 黄水坑 岭尾
第五区	大漈乡	大漈 西岸底 漈头 潘宅 梅方坪 彭村 垟头 茶园 林源排 口莽 何庄 岩下 小岭坑 半山 白沙岱 上寮 行者寮 黄礓坑 半路 半坑 小东岱 东岱 漈根 深塆
	高演乡	高演 东源 下庄 叶振 张师洞 坑底垟 建塘圩
	小枫乡	小左 小左仓 底章 银泉 蒲绳岗 石柱口 白岩下 泷头 磨石坪 岱头 坳头 东车 叶谢 上章 马山 天堂 桃树 若要 枫林 枫林口
	景南乡	石银 柘湾 金坳 梅山头 郑山头 梅坞 坳头 谢坑 仓礓 大丘田 高宅 谢宅 半溪 石梯 坑下 梯头 何山头 缪坑 雁溪 马岭 程田 八漈垟
	上鱼乡	上标 炼石 吴家洞 垟心 垟头 南垟 西垟 鱼漈 岭头 坑下 下庄 中处 坑底 粗坑 东山 企山
	忠石乡	石笠 东溪 坑底 王处 梅处 前垟 黄桐 东塘 澳底 垟头 白溪
	东坑乡	东坑 前坑 马坑 后坑 松树下 黄茅垟 平桥 驮山 罗山 罗山后
	协和乡	何村 山斜 沙湾 竹埠 石排 周胡岭 承天丘 杉树坳 中央排
	儒砻乡	徐垄 林山 严澳 罗坑 叶山 山外
	杨坑乡	章坑 高峰尖 底塘 陈山 干演 阿交斜 北山 内堡 大仰 杨斜 排头 石竹坳 半岭 蜂桶丘

二十三年(1934)6月,废除闾邻,施行保甲制;设1镇、22乡、266保、2652甲。

二十五年(1936)1月,撤大都、梧桐、库头、景南4乡,设1镇、18乡、238保、2300甲。

中华人民共和国成立后

1949年5月12日，景宁县解放，属浙江省第七专区。至11月，全县废除保甲制度，相继建立乡、村级人民政权；1949年10月第七专区更名为丽水专区，属丽水专区。

1950年7月，仍设4区、1镇、20乡。同月，梅岐乡改称梅溪乡。

1950年7月区、镇、乡设置情况一览

表1-4

区 名	镇名	乡 名
城 区	鹤 溪	城西、外舍、大均、澄照、梅溪
渤 海		渤海、金钟、大都、大顺、小顺
东 坑		东坑、北溪、上标、大漈、景南
沙 溪		沙溪、鸬鹚、英川、大地、隆川

1951年2月增设大漈、大地2区。同年秋，析隆川乡，置张坑乡。年末设6区，1镇，53乡。

1951年2月区、镇、乡设置情况一览

表1-5

区 名	镇名	乡 名
城 区	鹤 溪	城东、城西、外舍、汇田、西汇、大均、新亭、朱坑、澄照、漈头10乡
渤 海		渤海、梅坑、金钟、包山、大都、郑坑、门潭、大顺、小顺、景边10乡
东 坑		东坑、章坑、北溪、深垟、梅溪、竹山6乡
大 漈		大漈、景南、上标、梅坞、高演、叶谢、东岱7乡
沙 溪		沙溪、梧桐、标溪、季庄、鸬鹚、茶亭、英川、葛山、隆川、张坑、叶桥、黄湖、茶园13乡
大 地		大地、莲川、桃叶、库头、秋炉、吴坑、苎岱7乡

1952年1月，丽水专区撤销，改属温州专区。同年10月，增设英川区，设7区，1镇，73乡。

1952 年 10 月区、镇、乡设置情况一览

表 1–6

区　名	镇 名	乡　　名
城　区	鹤 溪	学田、外舍、汇田、西汇、金钟、张村、三枝树、城西、大均、伏叶、泉坑、澄照、金丘 13 乡
渤　海		渤海、梅坑、旦水、包山、大都、郑坑、柳山、门潭、大顺、田坑、小顺、金田、陈村、井边 14 乡
东　坑		东坑、章坑、北溪、深垟、杨斜、梅溪、竹山 7 乡
大　漈		大漈、上标、东岱 、漈头、景南、梅坞、雁溪、高演、叶谢 9 乡
沙　溪		沙溪、标溪、季庄、七里、梧桐、山前、鸬鹚、茶亭、朱坑、新亭 10 乡
大　地		大地、毛垟、吴坑、莲川、苎岱、桃叶、张坑、库头、西坑、秋炉、下圩 11 乡
英　川		英川、茶园、黄湖、隆川、张坑、葛山、梅濛、岭头、叶桥 9 乡

1954 年 3 月，吴坑乡划归庆元县。

1956 年 3 月，小乡并大乡，撤城区、沙溪、大漈 3 区，原 1 镇 73 乡并为 31 乡（镇），其中，鹤溪镇及外舍、学田、大均、澄照、张村、沙溪、梧桐 7 乡为县直属乡；大地区辖毛垟、莲川、大地、秋炉、苎岱 5 乡；英川区辖英川、隆川、黄湖、葛山、鸬鹚 5 乡；渤海区辖渤海、金钟、大都、大顺、小顺、陈村 6 乡；东坑区辖东坑、梅竹、深北、大漈、何庄、景南、雁溪 7 乡。

同年 6 月，云和县云东区新四乡高沈、王塆、高岭、长汀 4 村划归景宁县渤海区新四乡；云东区包山乡潘坑、杨坑 2 村划归渤海区金钟乡。年末设 4 区、32 乡（镇）。

1956 年 12 月政区设置情况一览

表 1–7

区　名	镇 名	乡　　名
县　直	鹤　溪	外舍、学田、大均、张村、澄照、沙溪、梧桐 7 乡
渤　海		渤海、金钟、大都、大顺、小顺、新四、陈村 7 乡
东　坑		东坑、梅竹、深北、大漈、何庄、景南、雁溪 7 乡
大　地		大地、毛垟、莲川、苎岱、秋炉 5 乡
英　川		英川、黄湖、隆川、葛山、鸬鹚 5 乡

1957 年 3 月，复设沙溪区，辖沙溪、标溪、七里、梧桐、鸬鹚 5 个乡；梅岐、竹山 2 个乡合并，复设梅岐乡，划归城区；黄湖乡析黄湖、茶园 2 个乡。年末设 6 区，1 镇，37 乡。

1957 年末区、镇、乡设置情况一览

表 1-8

区　名	镇 名	乡　　名
城　区	鹤　溪	学田、外舍、汇田、大均、澄照、张村、梅岐 7 乡
渤　海		渤海、金钟、大都、郑坑、大顺、新四、小顺、陈村 8 乡
东　坑		东坑、北溪、深垟、大漈、何庄、景南、雁溪 7 乡
沙　溪		沙溪、梧桐、标溪、季庄、鸬鹚 5 乡
大　地		大地、毛垟、莲川、秋炉、苎岱 5 乡
英　川		英川、隆川、葛山、黄湖、茶园 5 乡

1958 年 3 月，外舍乡改外舍民族乡。5 月，学田、张村 2 个乡，改设 2 个民族乡。9 月，撤销区、乡、镇建制，以原来的区为基础建立政社合一的人民公社；以原来的乡为基础建立管理区；管理区以下设生产队。城区改红星公社，渤海区分设渤海、大顺公社，东坑区分设东坑、大漈公社，沙溪、大地、英川 3 个区改公社。称为“大公社”。全县设 8 个公社，41 个管理区。

1958 年公社、管理区设置情况一览

表 1-9

公 社 名 称	管 理 区 名 称
红　星	鹤溪、学田、外舍、汇田、澄照、漈头、大均、张村、梅岐
渤　海	渤海、金钟、包山、大都、郑坑
大　顺	大顺、新四、小顺、陈村
东　坑	东坑、章坑、北溪、深垟
大　漈	大漈、何庄、景南、雁溪、苎岱
沙　溪	沙溪、季庄、标溪、梧桐、鸬鹚
毛　垟	毛垟、莲川、大地、秋炉
英　川	英川、隆川、葛山、黄湖、茶园

1959 年 7 月，鹤溪管理区改县直属鹤溪镇。

1960 年 1 月 7 日，国务院批准撤销景宁县，并入丽水县；仍属温州专区。

1961 年 9 月，全面贯彻中央《农村人民公社工作条例（修正草案）》。恢复红星、沙溪、东坑、渤海区级建制，改管理区为公社。一般称“小公社”。全县设 4 区，1 镇，28 公社，下设 234 个生产大队，1284 个生产队。

1961年区、镇、公社设置情况一览

表1–10

区 名	镇名	公社名称
红 星	鹤 溪	张村、梅岐、澄照、大均、外舍
渤 海		渤海、新四、大顺、陈村、金钟、大都
东 坑		东坑、北溪、大漈、雁溪、景南
沙 溪		沙溪、梧桐、标溪、大地、莲川、毛垟、芎岱、英川、葛山、鸬鹚、黄湖、隆川

1962年4月，划丽水县，原景宁、云和2个县辖地域置云和县；仍属温州专区。1963年5月复属丽水专区。

1965年3月，鸬鹚公社改名路兹公社，芎岱公社改名春岱公社。

1968年5月至1969年9月，4个区革命领导小组、29个公社（镇）革命委员会取代区、公社（镇）职能；11月，丽水专区改称地区，属丽水地区。

1977年11月，沙溪区春岱公社划归东坑区。1978年9月，区革命领导小组改名区公所。1980年冬，恢复人民公社管理委员会、镇人民政府。

1981年9月析沙溪区英川、鸬鹚（路兹改）、葛山、隆川、黄湖5个公社置英川区；10月张村、北溪、春岱公社分别改称张春、白鹤、家地公社；12月红星区改称景宁区，沙溪区改称沙湾区；毛垟公社析置秋炉公社，大都公社析置郑坑公社。辖区设1个镇、5个区、30个公社。

1981年区、镇、公社设置情况一览

表1–11

区 名	镇名	公社名称
景宁区	鹤溪镇	张春、梅岐、澄照、大均、外舍
渤海区		渤海、新四、大顺、陈村、金钟、大都、郑坑
沙湾区		沙湾、梧桐、标溪、大地、莲川、毛垟、秋炉
英川区		英川、葛山、鸬鹚、黄湖、隆川
东坑区		东坑、白鹤、大漈、雁溪、景南、家地

1984年3月，政社分设，实行乡、村制，以原公社建乡，原生产大队建村民委员会。景宁区澄照公社分设澄照乡、漈头畲族乡；外舍公社分设外舍畲族乡、白岸乡；张春公社改建张春畲族乡；大均公社改建大均畲族乡；沙湾区莲川公社分设莲川乡、叶桥乡；渤海区陈村公社分设陈村乡、顺利乡，郑坑公社改建郑坑畲族乡；东坑区白鹤公社分设白鹤乡、北溪畲族乡。

同年6月30日，国务院批准以原景宁县区域设立景宁畲族自治县，县人民政府驻地鹤溪镇。同

月，又析景南乡东垟、西垟、下垟 3 个村和雁溪乡鱼漈村置上渔乡；12 月景宁区改名城郊区。年末全县设 5 区、1 镇、36 乡，6 个居民委员会、269 个村民委员会。

1984 年区、镇、乡设置情况一览

表 1–12

区 名	镇 名	乡 名
城郊区	鹤溪镇	澄照、梅岐、白岸、大均畲族、外舍畲族、张春畲族、漈头畲族
渤海区		渤海、新四、大顺、陈村、顺利、金钟、大都、郑坑畲族
沙湾区		沙湾、梧桐、标溪、大地、莲川、叶桥、毛垟、秋炉
英川区		英川、葛山、鸬鹚、黄湖、隆川
东坑区		东坑、白鹤、大漈、雁溪、景南、上渔、家地、北溪畲族

1986 年 5 月 24 日、6 月 24 日，县人民政府分别批准 124 个村民委员会，3 个自然村为革命老根据地村；7 月 29 日，经丽水地区民政局批准，梅岐、郑坑、新四、渤海、大顺、顺利、大都、东坑、景南、雁溪、陈村、秋炉、毛垟、大地、家地 15 个乡为第二次国内革命战争时期老区乡；标溪、外舍、白岸、漈头、金钟、白鹤、北溪 7 个乡为抗日战争时期老区乡。同年 11 月，沙湾乡改置沙湾镇，属沙湾区；取消漈头、外舍、大均、张春、北溪、郑坑 6 个畲族乡名称，恢复原乡名称。

1988 年 5 月 13 日，经省人民政府批准景宁畲族自治县为革命老根据地县。

1989 年 12 月，全县设 5 区、2 镇、35 乡，8 个居民委员会、273 个村民委员会。

1989 年区、乡镇、居民委员会、村民委员会设置一览

表 1–13

区	乡 镇	驻 地	居民委员会、村民委员会		自然村（个）
			名 称	个数	
	鹤溪镇	鹤溪村	新城、仙童、百岁、百塔、金仙寺、城郊、垟后、浮丘 8 个居民委员会；鹤溪、学田、岭脚、溪口、扫口、浮丘、包凤、余山	8	38
渤海区	渤海乡	渤海村	渤海、石塘山、石塘口、沈坑、旦水、叶处、鲍山头、梅坑、安亭	9	71
	新四乡	高演村	长汀、高沈、王塆、半岭、高岩	5	22
	大顺乡	大顺村	大顺、岭里、圭背、桂根、炉西坑、田坑、徐垟	7	69
	陈村乡	陈村村	陈村、后坪、井边、鹤口、塘堡	5	54
	顺利乡	顺利村	顺利、鲍岸、金山、金田、黄寮、库坪	6	55
	金钟乡	上圩村	金钟、潘坑、徐山、杨山、岭根、菉草、小粗、陶州、金包山、大吴山	10	68

续表 1-13

区	乡镇	驻地	居民委员会、村民委员会		自然村（个）
			名称	个数	
渤海区	大都乡	隔溪村	大都、外塆、后垄、鳗段、门潭、湖坑、东山	7	46
	郑坑乡	郑坑村	郑坑、吴布、柳山、张坑下、羊角岗	5	38
城郊区	外舍乡	北岸村	外舍、坑山后、金村、岗石、岭北、王金垟	6	62
	白岸乡	白岸村	白岸、新华、岚头、石龙、大常、西汇、汇田	7	44
	张春乡	张村村	张村、严村、惠明寺、三枝树、东弄、王木坑、滩岭、敕木山	8	30
	大均乡	大均村	大均、垟坑、伏叶、泉坑、赤梅、三格、新庄、李宝	8	84
	澄照乡	澄照村	三石、大东岱、东升、东畔、四格、金丘、朱坑、朱排、梅枫	9	46
	漈头乡	漈头村	漈头、米岩山、张山后、仙山、炉西岭	5	18
	梅岐乡	梅岐村	梅岐、竹山、桂远、栋头、岗楼、潘坪、留钱、鹤崇	8	40
英川区	英川乡	英川村	英川、坑垟、董川、底垟、梅漈、叶坪头、耀垟、王宅、金林、新村	10	23
	葛山乡	葛山村	葛山、粗垄、岗头、坳根、印章、岭头、林胡、西山、金岱	9	23
	鸬鹚乡	鸬鹚村	鸬鹚、仁字坑、南坑下、夏山头、徐崇、茶亭、黄桑南、山下、驮戬	9	54
	黄湖乡	黄湖村	鲍岱、黄谢圩、外处坳、石漈、湖后、木耳口、茶园、榅堆	8	31
	隆川乡	隆川村	隆川、黄垟口、白坦、隆上、张川、寨后、凤垟	7	32
沙湾区	沙湾镇	沙湾村	沙湾、坑头、蔡湖、张庄、季庄、林斜、毛山头、七里、仙姑、陈司坑、道化、水井、严坑	13	63
	梧桐乡	梧桐村	梧桐、李庄、梧桐坑、角耳塆、山前、金兰、林进、王山头、东源、丘兰、高演	11	60
	标溪乡	标溪村	标溪、预章、处基、枫林口、何庄、叶谢、东车、马山、岱头	9	40
	莲川乡	岱根垟村	莲川、旺水、小地、上处垟	4	22
	叶桥乡	叶桥村	叶桥、林坑、何处、李处、流坑、东堡	6	15
	大地乡	大地村	大地、驮垟、柳山头、叶坑下、桃垟、净水、董岭、张坑、郑公垟、余公岱、蔡放、水溪	12	42
	毛垟乡	毛垟村	毛垟、库头、燕安、上坑头、沙垟、炉西、陈坪 7 个村民委员会	7	30
	秋炉乡	秋炉村	秋炉、半山、后坑、第一坑、新塘垟、下圩、山头	7	31
东坑区	东坑乡	东坑村	东坑、杨斜、北山、竹埠、章坑、徐砻、何村、马坑、罗山	9	53
	白鹤乡	白鹤村	白鹤、深垟、桃源、根底岘	4	12

续表 1-13

区	乡镇	驻地	居民委员会、村民委员会		自然村（个）
			名称	个数	
东坑区	北溪乡	北溪村	汤北、茗源、吴山头、大张坑、方徐	5	15
	大漈乡	西岸底村	西一、西二、琴山、彭村、潘宅、茶林、小佐、垟心	8	19
	景南乡	忠溪村	忠溪、缪坑、程田、东塘	4	19
	上渔乡	北垟村	西垟、上标垟、东垟、鱼漈	4	14
	雁溪乡	雁溪村	雁溪、黄桐、石梯、柘湾、大丘田、梅坞、浮亭岗、上东山	8	24
	家地乡	家地村	家地、梅山头、谢坑、石碧、坪坑、芎岱	6	17
1989 年底，全县设 5 区、2 镇、35 乡，8 个居民委员会、273 个村民委员会。				273	1386

1990 年 9 月，东坑乡改建东坑镇，属东坑区。

1992 年 5 月，撤区、扩镇、并乡。撤城郊、沙湾、渤海、英川、东坑 5 个区；黄湖乡、隆川乡、英川乡合并，建英川镇；沙湾镇、莲川乡、叶桥乡合并，建沙湾镇；大都乡、渤海乡合并，建渤海镇；北溪乡、白鹤乡、东坑镇合并建东坑镇；张春乡并入鹤溪镇；漈头乡、澄照乡合并，建澄照乡；顺利乡、陈村乡合并，建陈村乡；新四乡、大顺乡合并，建大顺乡；白岸乡、外舍乡合并，建外舍乡；上渔乡、景南乡合并，建景南乡。年末设 5 个镇，19 个乡，11 个居民委员会、283 个村民委员会、1863 个村民小组。

1992 年撤区、扩镇、并乡行政区划一览

表 1-14

乡（镇）名称	居民委员会	村民委员会	自然村
鹤溪镇	新城	鹤溪	横岸、半垟、后坑、油田坳
	仙童	学田	学田、鸭卵坑、山后、新田、玄坛殿、三角塘头、仙童
	百岁	岭脚	岭脚、栋底
	百塔	溪口	溪口、坑底、掌岸、石垟
	金仙寺	扫口	扫口、下场
	城郊	浮丘	叶府前、钓台岗、雷公岩、金平弄、鱼弄、包山、石牛山
	垟后	包凤	包凤、潘山岭、山外、叶山头
	浮丘	余山	余山
	南门	张村	张村、下张村、双后岗、双港、旱岗、塔墈、对门山、周湖
	后山	严村	严村、坑头
		惠明寺	惠明寺、小坟山、岗尾、惠山头、水碓坑

续表 1–14

乡(镇)名称	居民委员会	村民委员会	自然村
鹤溪镇		三枝树	三枝树、金山垟、水亭
		东弄	东弄、周坑、岗头
		王木坑	王木坑、上村、下村、坑底、陈圩、滩岭
		滩岭	粗滩、外塆、岭脚
		敕木山	敕木山、九重垟
沙湾镇	沙湾	沙湾	沙湾、寨坳、七里汇、对面岗
		坑头	坑头、后塘、后堆、坑头源、新处、苦槠岗
		蔡湖	蔡湖、蔡湖垟、处后
		张庄	张庄、毛凤岘、佃坪、岱头垟、毛凤坑、岘后、胡水林
		季庄	季庄、古楼、水塔
		林斜	林斜、田塆、叶处，山林岘、鳗段
		毛山头	毛山头、上周岱、金珠下、坪坦、七里坳、双隔潭、水竹塆、严坳
		七里	七里、白岩下、瓦窑岗
		仙姑	仙姑、隔溪、平坦砻、水碓垟、下垟
		道化	道化、新庄、鸬鹚口、双坑、交见圩、天头岗
		陈司坑	陈司坑、木岱后
		水井	水井、上坪、杨山头、徐山、火烧坳、水大下
		严坑	严坑、潘庄、外山头、良岗、朱岱
		莲川	莲川、岱根垟、外处、底处、牛路后、大地桥、朝前、七庆、炉西岘、麻竹坪、横砻坪
		旺水	旺水、驮砻塆
		上处垟	上处垟、岱头、水坪
		本岱	本岱、杨梅突、龙耳尖
		赤岩	赤岩、山后、下村
		小地	小地、漈胡垟
		叶桥	叶桥、峡桥、林谢
		林坑	林坑、后隆
		何处	何处、底处
		李处	李处、坑圩
		流坑	流坑

续表 1–14

乡（镇）名称	居民委员会	村民委员会	自然村
沙湾镇		东堡	东堡、后村
		陈田	陈村、金昌坳、铁卜岭尾
东坑镇		东坑	东坑、黄家寮、蛤蟆垟、瓦窑坪、驮岩岭
		杨斜	杨斜、石竹岙、排头、半岭、隆下
		北山	北山、北山寮、雷桶库、牛尾丘、底堡、桥下坑
		竹埠	竹埠、马塆、沙湾、石排
		章坑	章坑、溪尾、傍岸、石大柱、白岩、交椅手
		徐砻	徐砻、石亭、源后、罗坑
		何村	何村、罗步、杉树坳、周湖岭、柴林脚、沙湾岭头、平桥、山斜、林山、包罗山、庵基、白沙
		马坑	马坑、岭后、基隆坑、竹后、前坑、后坑、驮坪、瓦窑岗
		罗山	罗山、山田、罗山后
		白鹤	白鹤、龙潭背、驮岗
		深垟	深垟、黄山头、叶源垟、汤庄垟
		桃源	桃源
		根底岘	朱树根、坑底、黄碧岘
		汤北	北溪、汤坑、大垄
		大张坑	大张坑、岭口、草鱼塘
		茗源	茗源、孙山
		吴山头	吴山头
		方徐	方泗坑、交芽、徐公垟、木杓寮
英川镇		英川	英川、岭根
		坑垟	坑垟、大塆、处后岗
		董川	董川、上村垟、东岱岗、黄伍岱、黄八漈
		底垟	底垟、外垟、包坑口、下间垟
		梅漈	梅漈
		新村	新村、梅库、新堂垟
		叶坪头	叶坪头
		耀垟	耀垟
		王宅	王宅、坳丘

续表 1-14

乡(镇)名称	居民委员会	村民委员会	自然村
英川镇		金林	金林、西坑
		鲍岱	鲍岱、黄坦、黄湖
		黄谢圩	黄谢圩、毛师坑
		外处坳	外处坳、大坑头、大畔
		石漈	石漈
		湖后	后坑、大坑下、湖坪头、半岭、五架
		木耳口	木耳口、茶堂、岱头岗、西坑口、木耳山、洪山场
		茶园	茶园、梨树突、木岱根、扒窟、金竹坪
		榅堆	榅堆、洪源、后寮、柳八漈、黄茅岭、周占
		隆川	隆川
		黄垟口	黄垟口、瓦窑塆、雁湖、水碓坑、仙后、陈坑、黄山头、黄垟、后圩、驮突、道堂基、樟表坑、竹棚
		白坦	白坦、棕坪、隆下坳、里坳
		隆上	隆上、箬寮
		张川	张川、白坦坳
		寨后	寨后、大塆、漈下、里坑
		凤垟	凤垟、水竹塆、黄万、垄岗、亭下、毛坑头
渤海镇		渤海	渤海
		石塘口	石塘口、田埠、瓦寮、隔溪
		石塘山	石塘山、陈岙、岭后
		安亭	安亭、北山、上寮、黄坑下、梅源、双叶湾
		沈坑	沈坑、樟树丘、张坑、磨石塆、沈坑岭、山茶塆、塘底塆、北岸
		旦水	旦水、官山、横岩寨、下斜坪、横路后、垟潭、乌坦、外头岭、外垟、黄狗盘窝、垟水头、柿木底、犁斜坑、水牛慎、坪头
		叶处	叶处、金头会、驮岗后、渤海坑、竹山、太界基、四十箩、庵岗、东畈、横岗、坦门、岩头背
		鲍山头	鲍山头、金潭后、石步山、鲍岸、凸头、水马、何山、上岗垄、钥匙坑、五里坳、金鸡岩
		梅坑	梅坑、东坑、上朱山岗、下朱山岗、高山、上西山、下西山、坟前、寨坳、马里赛、王处

续表 1–14

乡（镇）名 称	居 民 委员会	村 民 委员会	自 然 村
渤海镇		大都	大都、隔溪、温州寮、底湾、水井头、白水漈、岗头、山后、隔山、小均、外山、干坑、瓦窑岗
		外塆	外塆、牛角塆、小罗山
		后垄	后垄、安坪、外山垟、凸头、中漈
		鳗段	鳗段、山前、西坑底、坦根、坳头、黄山头、牛山头
		门潭	门潭、朱鸟窝、田青寮、底车、西山
		湖坑	湖坑、牛栏塆、坑口、林圩
		东山	上东山、下东山、驮圩、小圩、岭脚、官田、包岗、坳头寮
大均乡		大均	大均
		垟坑	大北坑、黄寮、垟屺、黄寮坑、大北坳、中铺、野猪湖
		三格	三格、坑头、过坑、前岗
		伏叶	伏坑、坑头、水碓垟坑、香菇厂、潘寮、东岗、白锄渡船头、十二锅、黄泥田、南林、叶坑、白锄、口赤、半山、白岩下、外小赤、里小赤、伏坑渡
		泉坑	船头、南塆水碓垟、畔灶、张荒岱、半岭、白泥岗、泉岱、埠头、茶子柈、田寮岭、中央岗、毛桐岗、岩背、田寮、横岗、横片后
		赤梅	大赤坑、大赤坑口、梅山岭脚、十五坪、梅山岭、梅山、阔坳、湖坪、溪
		新庄	下坑新亭、沙罗坑、梅花圩、派庄、黄八坑、底圩、砻下、麻寮、齐桶、新寮、张寮口、张寮、张寮坑、后窟、处基、江滚漈
		李宝	李婆坑、长大后、大门坑、下寮、长泗、三宝石、外砻、树岗、跃坑头、吴山头、毛桐岗、老鹰岩、处骨岗
外舍乡		外舍	外舍、油田、苦竹垟
		坑山后	梅山、半岭、岭脚、坦皮寮、金钟后、横子岭、三丘田、新处、田寮、牛路、白云坦、坳丘岗、芭蕉坑、坑底
		岗石	石圩、鸦鹊岗、汇头、竹桥坑、金大四、汇头岗、驮塆、杉树塆、齐岱、和尚垟、犁头岗、潘澳、岭脚、坦头背
		金村	金村
		岭北	北岸、底官山、官山、源头、排路、排头、十二渡、松树岗、门前塆、塆轭岭、半岭、枫树山、双坑、菖蒲塆、雷宝后、鸡塆
		王金垟	王畈、齐垄、杨柳柈、江边、金岱垟、山脚、坑底、东岗、麦山、坳丘、石梯、山后、半岭

续表 1-14

乡(镇)名称	居民委员会	村民委员会	自然村
外舍乡		白岸	白岸、圩头、元头
		石龙	水碓后、田村、外村、石埠坑
		大常	大常
		西汇	西汇、汇边、后坪、西坑、香椹山、苦槠岭、蕉园、平头地
		汇田	汇下、田头、陈坑、大坪、峰岗、天堂、葫芦丘、汇下坑、外田垄、土珠坑
		新华	外田头、半岭、石尖头、干坑、岭脚、麻坑、新寮、坟山、古传坑
		岚头	岚头、岚下、外村、杨梅岗、猫岗、杨广、杨赛、驮坟、香岗
澄照乡		三石	三石、叶源、石灰炉、樟树垮、小余山、翁边、小翁边、竹园下、高家、杨山、叶八弄
		金丘	水尾、水碓头、坑头、大畈、黄坳
		四格	四格
		东畔	东畔、佃源、溪下、黄山、高山、叶缴、坪坦、滩树岭
		东升	大赤垟、双港、底垟、岩下、溪下库、坦头岭、山后
		朱坑	朱排、坦门、庙坳后、外福岗、朱垮头、郑公隆
		朱排	朱坑
		大东岱	大东岱、浅垮、小东岱、行者寮、漈根、竹桥坑
		梅枫	梅枫、白沙岱
		漈头	漈头、底垟、上坭山
		米岩山	米岩山、石瓦垄、上垟、十八垟、下坭山
		张山后	外垟、后山
		炉西岭	炉西坑、梅树垮、后垄
		仙山	东岸、半山、上寮、后寮、黄坦坑
梅岐乡		梅岐	梅岐、水井隆、塘亭、潘庄、石马、进公坪、梁驮伯
		竹山	竹山、山后、乌岩、潘公坪
		鹤崇	鹤崇、山前、底山
		桂远	桂远、张山、湖坑
		岗楼	古楼、三丘、古楼岭根、瑶岗、黄泥丘、黄毛坪
		潘坪	横坪、潘山、驮柿树、吴西山
		栋头	栋头、善寮、梅树圩、木排、五坳头、垟坑、下庄、汤寮
		留钱	李山头、外山、太山顶、石闩、高山

续表 1-14

乡(镇)名称	居民委员会	村民委员会	自然村
梧桐乡		梧桐	梧桐、下渡、上渡
		李庄	李水洪、白沙岗
		角耳塆	角耳塆、底湖、马兰坦、反项焦
		梧桐坑	处基圩、大塆头、长田、八条颂、金昌岗、处基后、榜岸、处前、庙圩、车前、山岗头
		山前	山前、金处、驮岗、月丘、面丘岗、江山、山后寮
		金兰	金竹口、兰头圩、处后、半坑
		林进	林进、白岩头、苦竹坪、林山下
		王山头	王山头、龙塆头、外塆、坦坑、叶振、柘赖坑、松树坳
		高演	高演、坑底垟、蟮堂圩、下庄、马里坪、吴太山
		东源	东源、上寮、张司洞、新建、突石下、金水坪
		丘兰	丘兰口、梅坦头、上坑、茶树岗、枇杷岗、大丘田
标溪乡		标溪	标溪、万圩、标溪亭
		预章	预章、半岭、运程口、梅坦岗、窍岩、门楼口
		处基	处基、高坪、大角坦、细角坦、泥岱、黄山头、桥头、回坪、白露岗、张山
		枫林口	枫林口、黄山潭、驮塆、隔溪、枫林、中前潭
		何庄	何庄
		叶谢	叶谢、上章
		东车	东车、马地垟
		马山	马山、丁埠头、天堂、桃树
		岱头	岱头、坳头、箬要、上圩、坳下、砻头
大地乡		大地	大地、陈坑、半垟、垟头
		驮垟	驮垟、吴澳、小垟
		柳山头	柳山头、粗赛、窟斗、金坑、垟白岱
		桃垟	桃垟、余主坑、大坪
		叶坑下	叶坑下、坦坑、外岗
		净水	净水、孙湖
		董岭	岭头、黄坑、董家坪、曲坑、潦下岭、太公丘
		张坑	张坑、爬拿岗、石竹坑
		郑公垟	郑公垟、西坑

续表 1–14

乡(镇)名称	居民委员会	村民委员会	自然村
大地乡		余公岱	余公岱、牛坪
		蔡放	蔡放、安倖、梅山头
		水溪	水溪、何庄、新处、下圩、后处、山后坑
毛垟乡		毛垟	毛垟、漈头、南排、仓基、章舟垟、仙岩、章舟坪、章舟粗
		库头	库头、库下、大支
		燕安	燕安、库头岭、水涵
		上坑头	上坑头、半岱、黄泥寮、谷坞、牛岱
		炉西	炉西、滴水、黄秀、新坑、水牛寮、坐石、上塘堀
		沙垟	底垟、上沙湾
		陈坪	陈坪、西山
秋炉乡		秋炉	秋炉、交塆寮
		半山	半山、苏古林、岭后
		第一坑	第一坑、山下突、大香漈、坑下
		后坑	后坑、梅花岗、坑口
		新塘垟	新塘垟、第三坑、第四坑、万岱坑、第四岱
		山头	山头
		下圩	下圩、派坦、桥局、五大垟、凤口、驮奔
		伏岩	火烧岩、伏岩上处、伏岩下处、伏岩口
		坑边	坑边、湖后、田寮
鸬鹚乡		鸬鹚	鸬鹚、垟细丘、下周岱、库桥
		仁字坑	仁字坑、榅枫、小榅枫
		南坑下	南坑下、底寮、花桥头、底岗、吾山、岭边、油坑塆、驮吾、包齐、玉尚庵、毛窠、后龙
		夏山头	夏山头、黄弄、坑根、苦枝林、企岩头、桃园基
		徐崇	徐崇、焦坑
		茶亭	茶亭、过路丘、罗坑头、双坑、垟登、驮派、罗坑口、牛皮山、牛迹库、罗岗头、隔溪对村、对村、山刺塆、地坤
		山下	山下、曹球、文坳、塔后、驮坪
		驮戥	驮戥、外弄、坑底、大路后
		黄桑南	黄山、桑塆、南山、坳下

续表 1–14

乡（镇）名 称	居 民 委员会	村 民 委员会	自 然 村
葛山乡		葛山	葛山、坳头
		粗垄	粗砻
		岗头	岗头、山楂坑
		坳根	坳根
		印章	印章、半岭
		岭头	岭头、山后、黄场、大坪、地棚坑
		林胡	梅花岗、林茆、胡处
		西山	西山、西山下、铁汤塆
		金岱	金榜、岱头、瑶长、上坞
大漈乡		西一	西岸底
		西二	西岸底、漈头
		潘宅	潘宅、黄泥槽、北山、梅方坪、十八接
		彭村	彭村、垟头
		茶林	茶林、林源排、库莽、田共
		小佐	小佐、小佐仓
		琴山	琴山、坑下、小岭坑
		垟心	垟心
景南乡		忠溪	忠溪、坑底、上店、白溪、王处
		东塘	缪坑、何山头、桥头塆、桥头底
		程田	程田、何寮岗、八漈垟、驮砻、马岭
		缪坑	东塘、垟头、垟尾、坳底、石立、砻下庵
		西垟	西垟、南垟、北垟
		东垟	东垟、垟上
		上标垟	下垟、吴家洞、炼石、垟心、后垄坑、垟头底
		鱼漈	岭头、下庄、中屋、坑底
雁溪乡		雁溪	雁溪
		黄桐	黄桐、庵下、高坪
		石梯	石梯、梯头、半溪、半溪头
		柘湾	柘塆、石仁、梨树坪
		大丘田	大丘田、高宅、谢宅、石柱、山塘、仓坦、山寮坪

续表 1-14

乡(镇)名称	居民委员会	村民委员会	自然村
雁溪乡		上东山	上东山
		梅坞	梅坞、坳头、里南山、外南山
		浮亭岗	浮亭岗
家地乡		家地	家地、凉亭下、深度、谢家斗
		梅山头	梅山头、金坳
		谢坑	谢坑、郑山头
		石碧	石碧
		坪坑	坪坑、上漈坑、下漈坑、漈下寮、旧处、苎岱栏、沙潭溪
		苎岱	苎岱
郑坑乡		郑坑	郑坑、塘丘、叶山头、桃山、胡车、龙头
		吴布	龙头宫、布袋后、林西山、田寮、半岭、郑山头、冷水垮、通天坳、梨壁漈、马寮山、吴村
		柳山	柳山、天堂、石柱、门前山、梅岭、外山、石笋坪、洞坳、半岭、山垟
		张坑下	山垟坳、徐坑、漈下、黄山、黄山岭根
		羊角岗	羊角岗、横坑、毛桐岗、毛窠、南排
金钟乡		金钟	上圩、金钟、湖边、古传、古传口、金钟亭、高畔垟、毛山根、官渡、独山、畔垟、石门楼、毛坑口、毛坑、林村、库坑
		潘坑	潘坑、李坑、杨坑、西山垮
		徐山	徐山、上斜
		岭根	岭根、黄石、桥头
		杨山	杨山、大畈
		菉草	菉草、陈源头、上炉、笋山、上园、吴山岗、耳朵坑、吴山前、大粗、大粗口、夏山、东岸、汇头、郑山
		小粗	小粗、岗头寮、外址、八罗
		陶州	陶州、甲头岗、菖蒲垟、岗头、上西山、下西山、坳头、靛青寮
		金包山	金包山、下斜、竹园垄、上湖、西坑、山丘、梅丁岗、主垟、铁铺、箬岱
		大吴山	大吴山、小吴山、龙须坦、吴四、吴四桥、张寮
大顺乡		大顺	大顺、大顺圩、活岱、上垮、天堂、上山头、下爱、下爱山头
		岭里	底岸、外垟、后垄顶、门前山、翁坑
		圭背	圭背、外桃源、底桃源、上桃源、大顺底、蟹壳背、半圩、官圩、高塘

续表 1–14

乡(镇)名称	居民委员会	村民委员会	自然村
大顺乡		炉西坑	坑口、八角岭头、岩头背、驮汇、炉西峡、外岗、渡船头、湖丘、水头、隔溪寮、朱岭下、官岩圩、石寮
		桂根	桂根、陈树坑口、包山、陈树坑、西沃、上桂根、万田塆、棋盘格、毛山、桂根岭头、外山头、百步岭
		田坑	田坑、叶山垟、半岭、横岗、朱岭头、垟头、上湖
		徐垟	外村、驮田坪、竹垟、方寮排、北山岗、底村、北山岭、下斜、石门前、上沈、外垟、五坑头、岭头、葛山、处基底
		新长汀	新长汀、高演、畚斗塆、汇角、朱山、黄村
		高沈	高沈、斜坑、垟佑
		王塆	王塆、高滐、西峰坑、麻地沿、老处、后斜、黄竹山、坑潭、高岩下
		半岭	半岭、高燕
		高岩	高岩、召山
陈村乡		陈村	陈村、村头、牛塘、东寮、竹园下、松潭、下塆、三条坑、蛤蟆头、下沫、朱岐、驮岙
		后坪	下后坪、上后坪、大路下、垄口、大坟前、石水缸、山头、桃树塆、底塆、高斜、安塘、胡田、双格、李坑、石柱
		塘堡	塘堡、朱村、菊花井、菊花山、渡船头、台头、滩头
		井边	井边、下村、四面屋、竹园、方寮、水碓坑、樟树塆、坑心岗、徐沃
		鹤口	上鹤口、下鹤口、下杨梅垄、上杨梅垄、下徐沃、大垟山、五坑底、金山、乌岩、石岭、金山岗、葛坑
		顺利	顺利、双山、横坑、萍田、白银亭、下朱、下朱塆、上朱岗、隔坑、下塘、下坪、上坪、官路头、洞桥汇、坦垄、高山、佛堂根
		库坪	库坪、庙斜、平盆、沙坑、上库坪、驮沙
		黄寮	黄寮、满头垒、下竹坑、上竹坑
		金山	外村、底村、朱岭头、坟塆、茶坪、坦头、茶园
		金田	金田、上后坑、下后坑、底樟、泥翁、半岭源、松山底、外山、乌岗、洪念、黄山源、宋寮、茅洪坑
		鲍岸	鲍岸、黄柏头、上朱山、下朱山、罗埠垟、乌泥、岩齿、草岸圩

1995年3月17日，经丽水地区民政局丽地民〔1995〕9号批准英川镇温堆等14个村为革命根据地村。

1996年12月10日，经丽水地区民政局丽地民〔1996〕81号批准何村、徐砻、东坑村为革命根据地村。

2000年末，全县辖5个镇、19个乡，11个居民委员会、283个村民委员会；1864个村民小组；总户数49477户，总人口176837人。

2000年乡（镇）、村民委员会设置情况一览

表1-15

乡镇	村民委员会		村民小组（个）
	名称	合计（个）	
鹤溪镇	鹤溪、城北、扫口、城西、包凤、浮丘、周湖、双后岗、张村、旱塔、惠明寺、敕木山、三枝树、东弄、滩岭、王木坑、严村	17	90
渤海镇	渤海、石塘山、石塘口、沈坑、旦水、叶处、鲍山头、梅坑、安亭、大都、外塆、后垄、鳗段、门潭、湖坑、东山	16	118
东坑镇	东坑、杨斜、北山、竹埠、章坑、徐砻、何村、马坑、罗山、白鹤、深垟、桃源、根底岘、汤北、茗源、吴山头、大张坑、方徐	18	91
英川镇	英川、坑垟、董川、底垟、梅漈、叶坪头、耀垟、王宅、金林、新村、鲍岱、黄谢圩、外处坳、石漈、湖后、木耳口、茶园、榅堆、隆川、黄垟口、白坦、隆上、张川、寨后、凤垟	25	192
沙湾镇	沙湾、坑头、蔡湖、张庄、季庄、林斜、毛山头、七里、仙姑、陈司坑、道化、水井、严坑、赤岩、莲川、旺水、小地、本岱、上处垟、叶桥、林坑、陈田、何处、李处、流坑、东堡	26	177
外舍乡	外舍、坑山后、金村、岗石、岭北、王金垟、白岸、新华、岚头、石龙、大常、西汇、汇田	13	94
大均乡	大均、垟坑、伏叶、泉坑、大赤坑、梅山、三格、新庄、李宝	9	70
澄照乡	三石、大东岱、东升、东畔、四格、金丘、朱坑、朱排、梅枫、白沙岱、漈头、米岩山、张山后、仙山、炉西岭	15	96
梅岐乡	梅岐、潘坪、鹤崇、竹山、桂远、栋头、高门、岗楼、留钱	9	49
金钟乡	金钟、潘坑、徐山、杨山、岭根、蒜草、小粗、陶州、金包山、大吴山	10	83
郑坑乡	郑坑、吴布、柳山、张坑下、羊角岗	5	45
大顺乡	大顺、岭里、圭背、桂根、炉西坑、田坑、徐垟、长汀、高沈、王塆、半岭、高岩	12	76
陈村乡	陈村、后坪、井边、鹤口、塘堡、顺利、鲍岸、金山、金田、黄寮、库坪	11	87

续表 1-15

乡镇	村民委员会		村民小组（个）
	名称	合计（个）	
大漈乡	西一、西二、琴山、彭村、潘宅、茶林、小佐、垟心	8	34
景南乡	忠溪、缪坑、程田、东塘、西垟、上标垟、东垟、鱼漈	8	53
雁溪乡	雁溪、黄桐、石梯、柘湾、大丘田、梅坞、浮亭岗、上东山	8	43
葛山乡	葛山、粗垄、岗头、坳根、印章、岭头、林胡、西山、金岱	9	59
鸬鹚乡	鸬鹚、仁字坑、南坑下、夏山头、徐崇、茶亭、黄桑南、山下、驮戥	9	74
梧桐乡	梧桐、李庄、梧桐坑、角耳塆、山前、金兰、林进、王山头、东源、丘兰、高演	11	80
标溪乡	标溪、预章、处基、枫林口、何庄、叶谢、东车、马山、岱头	9	48
毛垟乡	毛垟、库头、燕安、上坑头、沙垟、炉西、陈坪	7	57
秋炉乡	秋炉、半山、后坑、第一坑、新塘垟、坑边、下圩、伏岩、山头	9	50
大地乡	大地、驮垟、柳山头、粗垟、叶坑下、桃垟、净水、董岭、张坑、郑公垟、余公岱、蔡放、水溪	13	70
家地乡	家地、梅山头、谢坑、石碧、坪坑、苎岱	6	25
大仰			3
合计		283	1864

2002 年 9 月，将原来新城、仙童、百岁、百塔、金仙寺、城郊、垟后、浮丘、南门、后山 10 个居民委员会合并设置为仙童、红星、城南、城西 4 个社区居委会。

2007 年 6 月，因滩坑水电站建设，库区行政区划调整。撤外舍、金钟 2 个乡，并入鹤溪镇，设立外舍管理区（县人民政府设立的临时机构），村民委员会由 40 个减至 28 个；撤大顺、陈村 2 个乡，设立九龙乡，村民委员会由 23 个减至 14 个；渤海镇村民委员会由 16 个减至 8 个。年末全县辖 5 个镇、1 个管理区、16 个乡，8 个社区居委会、254 个村民委员会。

2007 年乡镇（管理区）、村民委员会、社区居委会设置情况一览

表 1-16

乡镇名称（管理区）	社区居委会、村民委员会		村民小组
	名称	个数	
鹤溪镇	仙童、红星、城西、城南 4 个社区；鹤溪、城北、扫口、城西、包凤、浮丘、周湖、双后岗、张村、旱塔、惠明寺、敕木山、三枝树、东弄、滩岭、王木坑、严坑	17	92
外舍管理区	王金垟、岗石、岭北、坑山后、岚头、杨绿湖、岭根源、潘坑、小金州、金包山、大吴山	11	177

续表 1–16

乡镇名称（管理区）	社区居委会、村民委员会		村民小组
	名　　称	个数	
沙湾镇	沙湾 1 个居委会；沙湾、坑头、蔡湖、张庄、季庄、林斜、毛山头、七里、仙姑、陈司坑、道化、水井、严坑、赤岩、莲川、旺水、小地、本岱、上处垟、叶桥、林坑、陈田、何处、李处、流坑、东堡	26	178
渤海镇	渤海 1 个居委会；鲍山头、梅坑、安亭、石塘山、旦水、后垄、大都、东湖	8	70
英川镇	英川 1 个居委会；英川、坑垟、董川、底垟、梅漈、叶坪头、耀垟、王宅、金林、新村、鲍岱、黄谢圩、外处坳、石漈、湖后、木耳口、茶园、榅堆、隆川、黄垟口、白坦、隆上、张川、寨后、凤垟	25	190
东坑镇	东坑 1 个居委会；东坑、杨斜、北山、竹埠、章坑、徐砻、何村、马坑、罗山、白鹤、深垟、桃源、根底岘、汤北、茗源、吴山头、大张坑、方徐	18	91
澄照乡	三石、大东岱、东升、东畔、四格、金丘、朱坑、朱排、梅枫、白沙岱、漈头、米岩山、张山后、仙山、炉西岭	15	98
大均乡	大均、垟坑、伏叶、泉坑、大赤坑、梅山、三格、新庄、李宝	9	70
梅岐乡	梅岐、潘坪、鹤崇、竹山、桂远、栋头、高门、岗楼、留钱	9	49
郑坑乡	郑坑、吴布、柳山、张坑下、羊角岗	5	45
大漈乡	西一、西二、琴山、彭村、潘宅、茶林、小佐、垟心	8	35
景南乡	忠溪、缪坑、程田、东塘、西垟、上标垟、东垟、鱼漈	8	53
雁溪乡	雁溪、黄桐、石梯、柘湾、大丘田、梅坞、浮亭岗、上东山	8	43
鸬鹚乡	鸬鹚、仁字坑、南坑下、夏山头、徐崇、茶亭、黄桑南、山下、驮戥	9	74
葛山乡	葛山、粗垄、岗头、坳根、印章、岭头、林胡、西山、金岱	9	59
梧桐乡	梧桐、李庄、梧桐坑、角耳塆、山前、金兰、林进、王山头、东源、丘兰、高演	11	80
标溪乡	标溪、预章、处基、枫林口、何庄、叶谢、东车、马山、岱头	9	48
毛垟乡	毛垟、库头、燕安、上坑头、沙垟、炉西、陈坪	7	57
秋炉乡	秋炉、半山、后坑、第一坑、新塘垟、坑边、下圩、伏岩、山头	9	50
大地乡	大地、驮垟、柳山头、粗垟、叶坑下、桃垟、净水、董岭、张坑、郑公垟、余公岱、蔡放、水溪	13	70
家地乡	家地、梅山头、谢坑、石碧、坪坑、苎岱	6	24
九龙乡	王塆、高沈、半岭、高岩、岭里、库坪、鲍岸、顺利、后坪、鹤口、金山、大顺、田坑、徐垟	14	102
直　属			2
2007 年底，全县辖 5 镇、1 管理区、16 乡，8 个社区居委会、254 个村民委员会。		254	1757

2010 年末，辖 5 个镇，16 个乡，10 个社区（居委会），254 个村民委员会。

2010年全县行政区划一览

表1-17

乡镇名称	社区居委会	村民委员会	自然村
鹤溪镇	城南	城北	玄坛殿、仙童、新田、山后、岭脚、栋底、坑底
	城西	鹤溪	百岁门、后坑、半垟、横岸、枫车塆
	仙童	扫口	扫口、下场
	红星	城西	城西
		包凤	叶山头、山外、包凤
		浮丘	叶府前、钓台岗、石牛山、包山新村
		周湖	周湖、黄山、香炉丘、汤塆、驮垟岗
		双后岗	双后岗、双后岗新村、双港新村
		张村	上张村、下张村、枫树砻
		严村	严村、坑头
		旱塔	旱岗、塔塴、旱塔新村
		惠明寺	惠明寺、惠山头、小坟山、岗尾、水碓坑
		敕木山	敕木山、九重垟
		三枝树	三枝树、金山垟
		东弄	东弄、周坑、东弄新村、岗头
		滩岭	外塆、底塆、
		王木坑	上村、下村
沙湾镇	沙湾	沙湾	沙湾、七里汇、洪畈
		坑头	坑头、后塘、坑头源、新处、苦槠岗
		蔡湖	蔡湖、蔡湖垟、处后
		张庄	张庄、毛凤岘、佃坪、岱头垟、毛凤坑、岘后、胡水林
		季庄	季庄、岸田、古楼、水塔
		林斜	林斜、田湾、叶处，山林岘、鳗段
		毛山头	毛山头、坪坦、严坳、双隔潭
		七里	七里、白岩下
		仙姑	仙姑、隔溪、平坦砻、水碓垟、下垟
		道化	道化、新庄、鸬鹚口、交见圩
		陈司坑	陈司坑、木岱后
		水井	水井、上坪、杨山头、徐山、火烧坳

续表 1-17

乡镇名称	社区居委会	村民委员会	自然村
沙湾镇		严坑	严坑、潘庄
		莲川	莲川、岱根垟、黄水坑、牛路后、炉西岘、大地桥、七庆、麻竹坪、横砻坪、朝前、竹基圩
		旺水	旺水
		上处垟	上处垟、岱头、水坪
		本岱	本岱
		赤岩	赤岩、山后
		小地	小地
		叶桥	叶桥、峡桥、林谢
		林坑	林坑、后隆
		何处	何处
		李处	李处、坑圩
		流坑	流坑
		东堡	东堡、后村
		陈田	陈村、底处、金昌坳、铁卜岭尾
东坑镇	东坑	东坑	东坑、蛤蟆垟、垟桥头
		罗山	罗山
		马坑	马坑、基隆坑、前坑、后坑、驮坪
		何村	何村、林山、平桥、周胡岭、杉树坳
		竹埠	竹埠、马塆
		章坑	章坑、溪尾、傍岸
		徐砻	徐砻、石亭、源后
		北山	北山、底堡、北山寮
		杨斜	杨斜、排头、半岭、隆下
		深垟	深垟、黄山头、叶源垟、汤庄垟
		桃源	桃源
		白鹤	白鹤
		根底岘	朱树根、坑底
		汤北	北溪、汤坑
		方徐	方泗坑、徐公垟、交芽

续表 1-17

乡镇名称	社区居委会	村民委员会	自然村
东坑镇		吴山头	吴山头、西山
		大张坑	大张坑、岭口、草鱼塘
		茗源	茗源、孙山
英川镇	英川	英川	英川、岭根
		王宅	王宅
		耀垟	耀垟
		叶坪头	叶坪头
		董川	董川、上村垟、东岱岗、黄伍岱、黄八漈
		坑垟	坑垟、大湾、处后岗
		梅漈	梅漈
		新村	新村、梅库、新堂垟
		底垟	底垟、外垟、包坑口、下间垟
		黄垟口	黄垟口、仙后、黄山头、驮突、后圩、樟表坑、陈坑、水堆坑、竹棚、雁湖、瓦窑塆
		隆川	隆川
		白坦	白坦、隆下坳、里坳
		隆上	隆上、箬寮
		凤垟	凤垟、水竹塆、黄万、垄岗、亭下、毛坑头
		张川	张川、白坦岙
		寨后	寨后、大塆、漈下
		金林	金林
		木岱口	岱头岗、西坑口、木耳山、洪山场
		茶园	茶园、梨树突、木岱根
		榅堆	榅堆、洪源、后寮、柳八漈、黄茅岭、周占
		鲍岱	鲍岱、黄坦、郑源
		石漈	石漈
		黄谢圩	黄谢圩、毛师坑
		湖后	后坑、湖坪头、半岭、五架、大坑下
		外处坳	外处坳、大坑头、大畔
渤海镇	渤海	鲍山头	鲍山头、石步山、何山、上岗隆、五里坳、水马

续表 1–17

乡镇名称	社区居委会	村民委员会	自然村
渤海镇		梅坑	梅坑、坟前、东坑、上朱山岗、下朱山岗、上西山、下西山、高山、寨坳、马里赛、叶处
		安亭	安亭、北山、上寮、底梅源、外梅源、双叶塆、黄坑下
		石塘山	石塘山、陈坳、岭后
		旦水	沈坑、张坑、山茶塆、乌坦、柿木底、垟水头、山前、水牛慎、外塆、鳗段、黄山头、乌珠龙、坦根、坪头、沈坑岭、樟树丘、小罗山、牛头山
		后垄	后垄、安坪、外山垟、凸头、中漈、下垟
		大都	水井头、岗头、山后、隔山、干坑、瓦窑岗
		东湖	湖坑、驮圩、小圩、上东山、下东山、岭脚、官田、包岗
外舍管理区	外舍	王金垟	王畈、齐垄、杨柳桦、金岱垟、山脚、江边、东岗、麦山、山后
		岗石	石圩、犁头岗、驮塆、鸦鹊岗、和尚垟、金大四、汇下坑、金村 葫芦丘
		岭北	半岭、焦园、菖蒲塆、雷宝后
		坑山后	梅山、芭蕉坑、金钟后、坦皮寮、横子岭、田寮、坳丘岗、坑底
		岚头	岚头、岚下、岚下外村、杨梅岗、驮坟、香岗
		杨绿湖	杨山、大畈、新菉草
		岭根源	岭根、徐山、上斜、黄石
		潘坑	潘坑、李坑、杨坑、西山塆
		小金州	小粗、林村、陶州、下西山、菖蒲垟、坳头、毛坑、库坑
		金包山	金包山、下斜、上湖、西坑、竹园垄
		大吴山	大吴山、龙须坦、吴四、张寮
澄照乡		三石	三石、叶源、叶八弄、小翁边、高家、翁边、小余山、杨山、樟树塆、石灰炉、竹园下、朝阳小区
		金丘	金丘、水尾、水碓头、坑头、大畈
		四格	四格
		东畔	东畔、佃源、溪下、黄山、高山、叶缴、滩树岭
		东升	大赤垟、双港、底垟、岩下、溪下库、坦头岭
		米岩山	米岩山、石瓦垄、上垟、大园底、下坭山
		漈头	漈头、底垟、上泥山
		张山后	张山、后山
		炉西岭	梅树塆、后垄

续表 1–17

乡镇名称	社区居委会	村民委员会	自然村
澄照乡		仙山	东岸、半山、上寮、黄坦坑
		大东岱	大东岱、小东岱、行者寮、漈根
		白沙岱	白沙岱
		梅枫	梅枫
		朱坑	朱坑
		朱排	坦门、外福岗、郑公隆
梅岐乡		梅岐	梅岐、进公坪、塘亭、水井隆、潘庄、梁驮伯
		竹山	竹山、山后、乌岩、潘公坪
		栋头	栋头、五坳头、汤寮、垟坑、梅树圩、善寮、下庄
		岗楼	瑶岗、古楼、黄毛坪、黄泥丘
		高门	高山、石门
		潘坪	横坪、潘山、吴西山
		留钱	李山头、外山、太山顶
		鹤崇	鹤崇、山前、底山
		桂远	桂远、张山、湖坑
梧桐乡		梧桐	梧桐、下渡、上渡
		金兰	金竹口、兰头圩、处后、半坑
		林进	林进、苦竹坪、林山下
		高演	高演、坑底垟、下庄、吴太山
		东源	东源、上寮、张司洞、突石下、金水坪、新建
		王山头	王山头、外塆、坦坑、柘赖坑、松树坳
		丘兰	丘兰口、梅坦头、上坑、茶树岗、枇杷岗、大丘田
		山前	山前、金处、驮岗、月丘、面丘岗、江山
		角耳塆	角耳塆、底湖、马兰坦、反项焦
		梧桐坑	山岗头、庙圩、处基圩、榜岸、车前
		李庄	李水洪、白沙岗
标溪乡		标溪	标溪、万圩、标溪亭
		预章	预章、门楼口、半岭、运程口、志坊、砻头
		处基	处基、黄山头、回坪、白露岗、大角坦、高坪、泥岱、桥头、细角坦、张山
		枫林口	枫林口、驮湾、隔溪、枫林、中前潭

续表 1-17

乡镇名称	社区居委会	村民委员会	自然村
标溪乡		何庄	何庄
		叶谢	叶谢
		东车	东车、马地垟
		马山	马山、天堂、桃树、丁埠头
		岱头	岱头、坳头、箬要、上圩、底处、砻头
大地乡		大地	大地、陈坑、半垟、垟头
		驮垟	驮垟、吴澳
		柳山头	柳山头
		粗垟	粗赛、窟斗、金坑、垟白岱
		桃垟	桃垟、大坪
		叶坑下	叶坑下、外岗
		净水	净水、孙胡
		董岭	岭头、黄坑、董家坪、曲坑、漈下岭、太公丘
		张坑	张坑、爬拿岗、石竹坑
		郑公垟	郑公垟、西坑
		余公岱	余公岱
		蔡放	蔡放、安俸、梅山头
		水溪	水溪、何庄、新处、下圩、后处、山后坑
毛垟乡		毛垟	毛垟、白象、章舟垟、仙岩垟、桥局垟
		沙垟	底垟、上沙湾、新建垟
		库头	库头、库下、大支
		燕安	燕安
		陈坪	陈坪
		炉西	炉西、坐石、上塘堀、水牛寮
		上坑头	上坑头、半岱、黄泥寮、谷坞、牛岱
秋炉乡		秋炉	秋炉、交塆寮
		半山	半山、苏古林、岭后
		第一坑	第一坑、山下突、大香漈
		后坑	后坑、梅花岗、坑口
		新塘垟	新塘垟、第三坑、第四坑、万岱坑、第四岱

续表 1–17

乡镇名称	社区居委会	村民委员会	自然村
秋炉乡		山头	山头
		下圩	下圩、桥局、五大垟、凤口
		伏岩	火烧岩、伏岩上处、伏岩下处、伏岩口
		坑边	坑边、湖后
鸬鹚乡		鸬鹚	鸬鹚、下周岱、库桥、垟细丘
		仁字坑	仁字坑、榅枫、小榅枫
		南坑下	南坑下、底岗、花桥头、底寮、油坑湾、驮吾、岭边、吾山、包齐、玉尚庵、毛窠、后龙
		夏山头	夏山头、黄弄、坑根、苦枝林、企岩头、桃园基
		徐崇	徐崇、焦坑
		茶亭	茶亭、牛皮山、罗岗头、驮派、对村、隔溪对村、山刺湾、地坤、罗坑、垟登、罗坑头、牛迹库、双坑
		黄桑南	黄山、桑湾、南山
		山下	山下、曹球、文坳、塔后、驮坪
		驮戥	驮戥、外弄、坑底、大路后
大漈乡		西一	西一、漈头、坦下、梅坞隆坳
		西二	西岸底
		潘宅	潘宅、北山、梅坊坪、十八接
		彭村	彭村、垟头
		茶林	茶林、桥上垟、库莽、叶村
		小佐	小佐
		琴山	琴山、坑下、小岭坑、犁头尖
		垟心	垟心
景南乡		忠溪	忠溪、坑底、上店、白溪、王处
		东塘	垟头、垟尾、坳底、石立、砻下庵
		程田	程田、何寮岗、八漈垟、驮砻、马岭
		缪坑	缪坑、何山头、桥头塆、高隆
		西垟	西垟、南垟、北垟
		东垟	东垟、垟上
		上标垟	吴家洞、炼石、垟心、后垄坑、垟头底

续表 1-17

乡镇名称	社区居委会	村民委员会	自然村
景南乡		鱼漈	岭头、中屋
大均乡		大均	大均
		垟坑	大北坑、黄寮坑
		三格	三格、坑头、过坑、前岗
		伏叶	伏坑、叶坑、潘寮、东岗、南林、十二锅、白锄、黄泥田、口赤、半山、白岩下
		泉坑	水碓垟、畔灶、张荒岱、半岭、白坭岗、泉岱、茶子柈、埠头、田寮岭、岩背、中央岗、中央外岗、田寮、横岗、横片后
		新庄	新亭、派庄、砻下、梅花圩、沙罗坑、底圩、新寮、麻寮、张寮口、齐桶、张寮、张寮坑、后窟、处基、江滚漈
		李宝	李婆坑、三宝石、外砻、树垟、跃坑头、长大后、长泗、大门坑、吴山头、毛桐岗、下寮
		大赤坑	大赤坑、大赤坑口、梅山岭脚
		梅山	梅山、阔坳、十五坪、湖坪、溪下坑
家地乡		家地	家地、凉亭下、深度、谢家斗
		梅山头	梅山头、金坳
		谢坑	谢坑、郑山头
		石碧	石碧
		坪坑	坪坑、上漈坑、下漈坑、漈下寮、旧处、芎岱栏
		芎岱	芎岱
葛山乡		葛山	葛山、坳头
		粗垄	粗砻
		岗头	岗头、山楂坑
		坳根	坳根
		印章	印章、半岭
		岭头	岭头、山后、黄场、大坪、地棚坑
		林胡	梅花岗、林茆、胡处
		西山	西山、西山下、铁汤塆
		金岱	金榜、岱头、瑶长、上坞
郑坑乡		郑坑	郑坑、塘丘、龙头、叶山头、桃山、胡车、马湾

续表 1–17

乡镇名称	社区居委会	村民委员会	自然村
郑坑乡		吴布	吴村、布岱后、龙头宫、林西山、半岭、郑山头、冷水塆、通天坳、梨壁漈、马寮山
		柳山	柳山、石柱、天堂、门前山、柳山岭、山垟、外山、洞坳、石笋坪
		张坑下	张坑下、山垟坳、徐坑、黄山、漈下
		羊角岗	羊角岗、横坑、毛桐岗、毛窠、南排
九龙乡	龙塆	王塆	王塆、高漈、西峰坑、后斜、坑潭、高岩下、朱山
		高沈	高沈、斜坑、垟佑
		半岭	半岭、高燕
		高岩	高岩、召山
		岭里	底岸、翁坑、外垟、后砻顶
		库坪	库坪、上库坪、庙斜、平盆、沙坑、驮沙
		鲍岸	下朱山、上朱山、黄柏头、外山、桃源、松山底
		顺利	下朱、上朱岗、下朱湾、白银亭、上坪、下坪、横坑
		后坪	下后坪、上后坪、大路下、垄口、大坟前、石水缸、山头、桃树塆、底塆、高斜、安塘、胡田、双格、李坑、石柱
		鹤口	五坑底、下杨梅垄、上杨梅垄、金山、菊花井、菊花山、朱岐、台头
		金山	外村、底村、朱岭头、坟塆、茶坪、坦头、茶园、牛塘、东寮
		大顺	西岙、包山、棋盘格、桂根岭头、外山头、毛山
		田坑	田坑、叶山垟、横岗、垟头、朱岭头、上湖
		徐垟	外村、驮田坪、竹垟、北山岗、方寮排、底村、北山岭、下斜、石门前、上沈、外垟、五坑头、岭头、处基底、葛山
雁溪乡		雁溪	雁溪
		黄桐	黄桐、庵下
		石梯	石梯、梯头、半溪、半溪头
		柘塆	柘塆、石仁
		大丘田	大丘田、高宅、谢宅、石柱、山塘、仓坦
		上东山	上东山
		梅坞	梅坞、坳头、里南山、外南山
		浮亭岗	浮亭岗

2011 年 10 月，撤鹤溪镇，设立红星、鹤溪 2 个街道。

2012 年 12 月，析城西社区居委会分设金仙寺社区居委会。

2012年景宁畲族自治县行政区划一览

表1-18

乡镇(街道)名称	面积	乡村人口	村民委员会	社区居委会	村民小组	社区居委会、村民委员会名称
红星街道	194.85	7653	12	4	164	红星、仙童、外舍、金仙寺4个社区;城北、王金垟、岗石、岭北、坑山后、岚头、杨绿湖、岭根源、潘坑、小金州、金包山、大吴山12个行政村。
鹤溪街道	98.05	8479	16	2	76	城西、城南2个社区;鹤溪、扫口、城西、包凤、浮丘、周湖、双后岗、张村、严村、旱塔、惠明寺、敕木山、三枝树、东弄、滩岭、王木坑16个行政村。
渤海镇	103.25	5152	8	1	70	渤海1个居委会;鲍山头、梅坑、安亭、石塘山、旦水、后垄、大都、东湖8个行政村。
东坑镇	183.75	6445	18	1	91	东坑1个居委会;罗山、马坑、东坑、何村、竹埠、章坑、徐砻、北山、杨斜、深垟、桃源、白鹤、根底岘、汤北、方徐、吴山头、大张坑、茗源18个村民委员会。
英川镇	120.5	7800	25	1	190	英川1个居委会;英川、王宅、耀垟、叶坪头、董川、坑垟、梅漈、新村、底垟、黄垟口、隆川、白坦、隆上、凤垟、张川、寨后、金林、木岱口、茶园、温堆、鲍岱、石漈、黄谢圩、湖后、外处坳25个村民委员会。
沙湾镇	119.74	12740	26	1	178	沙湾1个居委会;沙湾、坑头、蔡湖、张庄、季庄、林斜、毛山头、七里、仙姑、陈司坑、道化、水井、严坑、莲川、旺水、小地、上处垟、赤岩、本岱、叶桥、林坑、何处、李处、流坑、东堡、陈田26个村民委员会。
大均乡	97.75	2619	9		70	大均、伏叶、泉坑、垟坑、李宝、梅山、新庄、三格、大赤坑9个村民委员会。
澄照乡	76.75	5738	15		98	三石、金丘、四格、东畔、东升、米岩山、漈头、张后山、炉西岭、仙山、白沙岱、大东岱、梅枫、朱坑、朱排15个村民委员会。

续表 1–18

乡镇（街道）名称	面积	乡村人口	村民委员会	社区居委会	村民小组	社区居委会、村民委员会名称
梅岐乡	75	1217	9		49	梅岐、竹山、栋头、岗楼、高门、潘坪、留钱、鹤崇、桂远 9 个村民委员会。
郑坑乡	39	3400	5		45	郑坑、柳山、吴布、张坑下、羊角岗 5 个村民委员会。
大漈乡	59.25	2801	8		35	西一、西二、潘宅、彭村、垟心、茶林、小佐、琴山 8 个村民委员会。
景南乡	98	4095	8		53	忠溪、东塘、程田、缪坑、东垟、西垟、上标垟、鱼漈 8 个村民委员会。
雁溪乡	54.5	1910	8		43	雁溪、上东山、黄桐、浮亭岗、石梯、大丘田、梅坞、柘塆 8 个村民委员会。
葛山乡	25.5	1195	9		59	葛山、印章、坳根、林胡、西山、金岱、岭头、粗垄、岗头 9 个村民委员会。
鸬鹚乡	42.5	3213	9		74	鸬鹚、仁字坑、南坑下、夏山头、徐崇、茶亭、黄桑南、山下、驮戥 9 个村民委员会。
梧桐乡	65	3693	11		80	梧桐、丘兰、金兰、李庄、角耳塆、山前、梧桐坑、高演、东源、王山头、林进 11 个村民委员会。
标溪乡	49.75	2252	9		48	标溪、预章、枫林口、何庄、东车、叶谢、马山、岱头、处基 9 个村民委员会。
毛垟乡	53.5	2392	7		57	毛垟、库头、燕安、上坑头、沙垟、炉西、陈坪 7 个村民委员会。
秋炉乡	52.5	2952	9		50	秋炉、半山、后坑、第一坑、新塘垟、下圩、伏岩、坑边、山头 9 个村民委员会。
大地乡	105	2421	13		70	大地、驮垟、柳山头、粗垟、叶坑下、桃垟、净水、董岭、张坑、郑公垟、余公岱、蔡放、水溪 13 个村民委员会。
家地乡	52.5	1230	6		25	家地、梅山头、谢坑、石碧、坪坑、苎岱 6 个村民委员会。
九龙乡	217.75	6927	14	1	98	龙塆 1 个居委会；王塆、高沈、半岭、高岩、岭里、库坪、鲍岸、顺利、后坪、鹤口、金山、大顺、田坑、徐垟 14 个村民委员会。

2013 年 5 月撤葛山乡建制，原岭头、岗头、粗垄 3 村民委员会划英川镇；葛山、坳根、印章、金岱、林胡、西山 6 村民委员会划鸬鹚乡。

2014 年末全县辖红星、鹤溪 2 个街道，渤海、东坑、英川、沙湾 4 个镇，大均、澄照、梅岐、郑坑、大漈、景南、雁溪、鸬鹚、梧桐、标溪、毛垟、秋炉、大地、家地、九龙 15 个乡，共 21 个乡级政区；有 11 个居民委员会、254 个村民委员会；下设 84 个居民小组、1724 个村民小组。

2014 年景宁畲族自治县行政区划一览

表 1–19

乡镇（街道）名称	面积	人口	村民委员会	社区居委会	村民小组	社区居委会、村民委员会名称
红星街道	194.85	14890	12	4	164	红星、仙童、外舍、金仙寺 4 个社区；城北、王金垟、岗石、岭北、坑山后、岚头、杨绿湖、岭根源、潘坑、小金州、金包山、大吴山 12 个行政村。
鹤溪街道	98.05	7639	16	2	76	城西、城南 2 个社区；鹤溪、扫口、城西、包凤、浮丘、周湖、双后岗、张村、严村、旱塔、惠明寺、敕木山、三枝树、东弄、滩岭、王木坑 16 个行政村。
渤海镇	103.25	6469	8	1	70	渤海 1 个居委会；鲍山头、梅坑、安亭、石塘山、旦水、后垄、大都、东湖 8 个行政村。
东坑镇	183.75	8943	18	1	91	东坑 1 个居委会；罗山、马坑、东坑、何村、竹埠、章坑、徐砻、北山、杨斜、深垟、桃源、白鹤、根底岘、汤北、方徐、吴山头、大张坑、茗源 18 个村民委员会。
英川镇	134.6	17062	28	1	210	英川 1 个居委会；英川、王宅、耀垟、叶坪头、董川、坑垟、梅漴、新村、底垟、黄垟口、隆川、白坦、隆上、凤垟、张川、寨后、金林、木岱口、茶园、温堆、鲍岱、石漴、黄谢圩、湖后、外处坳、岭头、粗垄、岗头 28 个村民委员会。
沙湾镇	119.74	17145	26	1	178	沙湾 1 个居委会；沙湾、坑头、蔡湖、张庄、季庄、林斜、毛山头、七里、仙姑、陈司坑、道化、水井、严坑、莲川、旺水、小地、上处垟、赤岩、本岱、叶桥、林坑、何处、李处、流坑、东堡、陈田 26 个村民委员会。

续表 1–19

乡镇（街道）名称	面积	人口	村民委员会	社区居委会	村民小组	社区居委会、村民委员会名称
大均乡	97.75	4388	9		70	大均、伏叶、泉坑、垟坑、李宝、梅山、新庄、三格、大赤坑 9 个村民委员会。
澄照乡	76.75	7311	15		98	三石、金丘、四格、东畔、东升、米岩山、漈头、张后山、炉西岭、仙山、白沙岱、大东岱、梅枫、朱坑、朱排 15 个村民委员会。
梅岐乡	75	4301	9		49	梅岐、竹山、栋头、岗楼、高门、潘坪、留钱、鹤崇、桂远 9 个村民委员会。
郑坑乡	39	3388	5		45	郑坑、柳山、吴布、张坑下、羊角岗 5 个村民委员会。
大漈乡	59.25	3350	8		35	西一、西二、潘宅、彭村、垟心、茶林、小佐、琴山 8 个村民委员会。
景南乡	98	4588	8		53	忠溪、东塘、程田、缪坑、东垟、西垟、上标垟、鱼漈 8 个村民委员会。
雁溪乡	54.5	3167	8		43	雁溪、上东山、黄桐、浮亭岗、石梯、大丘田、梅坞、柘塆 8 个村民委员会。
鸬鹚乡	59.79	9816	15		113	鸬鹚、仁字坑、南坑下、夏山头、徐崇、茶亭、黄桑南、山下、驮戥、葛山、印章、坳根、林胡、西山、金岱 15 个村民委员会。
梧桐乡	65	6094	11		80	梧桐、丘兰、金兰、李庄、角耳塆、山前、梧桐坑、高演、东源、王山头、林进 11 个村民委员会。
标溪乡	49.75	4712	9		48	标溪、预章、枫林口、何庄、东车、叶谢、马山、岱头、处基 9 个村民委员会。
毛垟乡	53.5	4894	7		57	毛垟、库头、燕安、上坑头、沙垟、炉西、陈坪 7 个村民委员会。
秋炉乡	52.5	5069	9		50	秋炉、半山、后坑、第一坑、新塘垟、下圩、伏岩、坑边、山头 9 个村民委员会。
大地乡	105	6977	13		70	大地、驮垟、柳山头、粗垟、叶坑下、桃垟、净水、董岭、张坑、郑公垟、余公岱、蔡放、水溪 13 个村民委员会。

续表 1-19

乡镇（街道）名称	面积	人口	村民委员会	社区居委会	村民小组	社区居委会、村民委员会名称
家地乡	52.5	2473	6		25	家地、梅山头、谢坑、石碧、坪坑、苎岱 6 个村民委员会。
九龙乡	217.75	8841	14	1	98	龙㙦 1 个居委会；王㙦、高沈、半岭、高岩、岭里、库坪、鲍岸、顺利、后坪、鹤口、金山、大顺、田坑、徐垟 14 个村民委员会。

2014 年景宁畲族自治县乡镇（街道）名称沿革一览

表 1-20

2014 年乡级单位 21 个	乡镇建制时期			人民公社时期			1984 年乡镇 37 个	1992 年乡镇 24 个	2007 年乡镇 22 个	备　注
	1950 年 21 个	1952 年 74 个	1956 年 31 个	1958 年管理区 41 个	1961 年公社 29 个	1981 年公社 31 个				
鹤溪街道	鹤溪镇 城西	鹤溪镇 张村 城西 三枝树	鹤溪镇 张村	鹤溪镇 张村	鹤溪镇 张村	鹤溪镇 张春	鹤溪镇 张春	鹤溪镇	鹤溪镇	1981 年 10 月，张村公社改张春公社。
红星街道	外舍 金钟	学田 外舍 汇田 西汇 金钟 包山	学田 外舍 金钟	学田 外舍 汇田 金钟 包山	外舍 金钟	外舍 金钟	外舍 白岸 金钟	外舍 金钟	外舍 管理区	1956 年 6 月，云和县包山乡杨坑、潘坑 2 村划归金钟乡。
大均乡	大均	大均 伏叶 泉岱 新亭	大均	大均	大均	大均	大均	大均	大均	
澄照乡	澄照	澄照 金丘 东岱 朱坑 漈头	澄照	澄照 漈头	澄照	澄照	澄照 漈头	澄照	澄照	

续表 1–20

2014年乡级单位21个	乡镇建制时期			人民公社时期			1984年乡镇37个	1992年乡镇24个	2007年乡镇22个	备 注
	1950年21个	1952年74个	1956年31个	1958年管理区41个	1961年公社29个	1981年公社31个				
梅岐乡	梅溪	梅溪 竹山	梅竹	梅岐	梅岐	梅岐	梅岐	梅岐	梅岐	
渤海镇	渤海 大都	渤海 梅坑 旦水 大都 门潭	渤海 大都	渤海 大都	渤海 大都	渤海 大都	渤海 大都	渤海镇	渤海镇	
郑坑乡		郑坑 柳山		郑坑		郑坑	郑坑	郑坑	郑坑	
九龙乡	大顺 小顺	大顺 田坑 小顺 金田 陈村 井边	大顺 小顺 陈村	新四 大顺 小顺 陈村	大顺 新四 陈村	大顺 新四 陈村	大顺 新四 顺利 陈村	大顺 陈村	九龙	1956年6月，云和县新四乡划归渤海区。
英川镇	英川 隆川	英川 梅漈 黄湖 茶园 隆川 张坑 葛山 岭头	英川 隆川 黄湖 葛山	英川 隆川 黄湖 茶园 葛山	英川 黄湖 隆川	英川 黄湖 隆川	英川 黄湖 隆川	英川镇	英川镇	
鸬鹚乡	鸬鹚	鸬鹚 茶亭	鸬鹚	鸬鹚	鸬鹚 葛山	鸬鹚 葛山	鸬鹚 葛山	鸬鹚 葛山	鸬鹚 葛山	1965年3月至1981年9月称路兹公社。
东坑镇	东坑 北溪	东坑 章坑 北溪 深垟 杨斜	东坑 深北	东坑 章坑 北溪 深垟	东坑 北溪	东坑 白鹤	东坑 白鹤 北溪	东坑镇	东坑镇	1981年10月，北溪公社改白鹤公社。

续表 1-20

2014年乡级单位21个	乡镇建制时期			人民公社时期			1984年乡镇37个	1992年乡镇24个	2007年乡镇22个	备注
	1950年21个	1952年74个	1956年31个	1958年管理区41个	1961年公社29个	1981年公社31个				
大漈乡	大漈	大漈	大漈	大漈	大漈	大漈	大漈	大漈	大漈	
景南乡	景南 上标	景南 上标	景南	景南	景南	景南	景南 上渔	景南	景南	
雁溪乡		雁溪 梅坞	雁溪	雁溪	雁溪	雁溪	雁溪	雁溪	雁溪	
沙湾镇	沙溪	沙溪 七里 季庄 莲川 叶桥	沙溪 莲川	沙溪 季庄 莲川	沙溪 莲川	沙湾 莲川	沙湾 莲川 叶桥	沙湾镇	沙湾镇	1981年12月，沙溪公社改沙湾公社。
梧桐乡		梧桐 高演 山前	梧桐	梧桐	梧桐	梧桐	梧桐	梧桐	梧桐	
标溪乡		标溪 叶谢	何庄	标溪 何庄	标溪	标溪	标溪	标溪	标溪	
毛垟乡		毛垟 库头	毛垟	毛垟	毛垟	毛垟	毛垟	毛垟	毛垟	1981年12月，毛垟公社析置秋炉公社。
秋炉乡		秋炉 下圩 吴坑	秋炉	秋炉		秋炉	秋炉	秋炉	秋炉	1954年3月吴坑乡划归庆元县。
大地乡	大地	大地 西坑 张坑 桃叶	大地	大地	大地	大地	大地	大地	大地	
家地乡		苪岱	苪岱	苪岱	苪岱	家地	家地	家地	家地	1965年3月至1981年10月称春岱公社。

第三节　县　署

旧时县衙在石印山南麓，即石印山小区中心部位。《景宁县志》(同治版）载，明景泰三年(1452)设县时，知县杨殖宗草创县衙，原址在石印山下潘氏宅地，丈量其积五千四百余步，约合8370平方米。顺治年间几度损毁，至康熙二十一年(1682)又遭风火，知县刘宗沛建公堂并衙宇、皂隶亭、仪门、樵楼、大门等，后倾废。乾隆三十八年(1773)知县张九华以公田换民房捐资重建。同治元年(1862)两次被匪毁。同治十年(1871)冬，知县周杰捐资修建。建国后，为景宁县人民政府驻所。1960年1月，景宁撤县并入丽水县，后成为红星人民公社、红星区公所、鹤溪镇政府办公场所。期间，部分建筑被多次拆除改建。

旧县衙为三进式官宇，由大门、仪门、公堂、科房、后堂楼、后堂厢房组成。中为大堂，东土地祠，西大有库；东西廊为科房；前为皂隶亭和甬道；西傍班房；右前戒石亭。前为仪门、大门、樵楼；东为客厅，西为内库房，左右为厢房；二堂内宅，左右为轩房，左轩外为东厢房，右轩后为西书房。房侧庖厨房、庋阁、监狱等设施。附属公共建筑有炮台、硐堡、木棚城及军用设施。其他公共建筑有文庙、武庙、城隍庙、玄礓殿、东岳庙、马仙宫、敬山宫、演武场、金仙寺等。因年久失修及人为破坏，至今大多无踪迹。

明代，县衙设知县1人，县丞2人，主簿、典史各1人。后增教谕1人，训导2人。还设有防弁署、沐溪巡检司、庐山巡检司、大漈巡检司、布政分司、按察分司、督矿局、医学、阴阳学等。

清代，县衙设知县、县丞、典史、教谕、训导各1员；康熙十五年(1676)，设阴阳学训术、医学训科、僧会司、道会司等各1员。

民国初时，地方行政长官称知事；县政府在旧衙办公；部门大都租用民房，仅卫生院、师范讲习所、抗日阵亡将士纪念碑等少数公共建筑部分作军用设施。民国十六年(1927)，改称县长；县公署改称县政府。设民政科、财政科、教育科、建设科、警察局、秘书室、司法处。三十七年(1948)，增设兵役科、社会科、粮食科、地政科、户政科。科设科长1人，科员2至3人，雇员若干人，共61人。曾设县党部、县议会等机构。1984年6月30日，经国务院批准设立景宁畲族自治县，10月1日正式对外办公。县政府机关办公地点在鹤溪镇敬山宫(原钢铁厂)，1987年12月，迁至鹤溪镇府前西路19号。

县　境

民国二十二年柳景元纂《景宁县续志》载：县境东距西178千米，南距北87千米，东南距西北162千米，东北距西南167千米。东至青田县界鹤口并长山岭(上山岭)86千米，至青田县治149千米；西至庆元县界黄茅岭98千米，至庆元县治138千米；南至福建省寿宁县界青草隘69千米，至寿宁县治 104 千米；又南至泰顺县蜂桶隘 47 千米，至泰顺县治 92 千米；北至云和县界泗洲岭 17 千米，至云和县治 29 千米；东北至丽水县界平盘后 69 千米，至丽水县治 132 千米；西北至龙泉县界 75 千米，至龙泉县治 127 千米；由治至省会 536 千米。自明、清迄民国未变。

1954 年 3 月，吴坑乡划归庆元县。

1956 年 5 月，云和县云东区新四乡高沈、王塆、高岭、长汀 4 个村和包山乡潘坑、杨坑 2 个村划归景宁县渤海区。

县　界

界线勘定工作从 1997 年 8 月开始，至 2000 年 10 月，历时三年，行程 12280 千米。期间与福建省寿宁县，温州市泰顺县、文成县及市内龙泉、庆元、云和、青田、莲都共 8 县（市、区），涉及 45 个乡村联合踏勘，取证 126 件，协商 38 次，共勘定界线长度 409.63 千米。其中，共同设立两面界桩 11 个，交会点界桩 3 个；境内设置不锈钢界桩警示牌 6 块。并协商签订《边界线协议书》，标绘《边界协议书附图》。2006 年 5 月，因滩坑库区淹没，对原埋设在陈村乡鹤口村青景线 1 号界桩进行迁移。2008 年，开展第二轮行政区域界线联合检查工作。2009 年 11 月，对每个界桩周围进行水泥硬化。2012 年，开展第三轮行政区域界线联合检查工作。举办界线界桩管理员培训班 5 期。

浙闽线：景宁—寿宁段

浙闽线景寿段从 3335014 号界桩到 3335015 号界桩的中段起出牛颈溪转向东偏东北 G-50-23-(8)开始至 3335015 号界桩。此段界线长度为 22020 米。3335015 号界桩为单立双面型花岗岩界桩。位于浙江省景宁县上标林场与福建省寿宁县坑底乡李家洋村交界处。3335015 号界桩在磁偏角 41 度 54 分，距离 510 米处为公路涵洞；磁偏角 213 度 06 分，距离 430 米处为道路拐弯；磁偏角 323 度 06 分，距离 1250 米处为山垟尖三角点。

边界线自 3335015 号界桩起向东 80 米，转向东偏北 110 米，转向东偏东南 350 米 G-50-12-(58)，转向东南 210 米 G-50-12-(59)，转向东 90 米，转向东北 200 米，转向南偏东南 130 米，转向南偏东南 80 米，转向东 70 米，转向东南 110 米，转向东 80 米到达 3335016 号界桩。此段界线长度为 1510 米。

3335016 号界桩为单立双面型花岗岩界桩。位于浙江省泰顺县罗阳镇马联村马子坑，浙江省景宁县上标林场与福建省寿宁县坑底乡李家洋村交界处，3335016 号界桩在磁偏角 34 度 30 分，距离 1530 米处为防火带交叉处；磁偏角 84 度 06 分，距离 2300 米处为黄家岱（居民地）；磁偏角 305 度 18 分，距离 390 米处为防火带交叉处。浙闽线景寿段界线长度为 23.53 千米。

温丽线：泰顺—景宁段

泰顺、景宁两县边界线南起（浙江省侧给局 87 版 1:1 万地形图［图号为 G—50—12(59)］）1493.0 高地，北至泰顺县司前镇黄桥村联盟（炉西）以东约 2800 米处的米筛潭头，全长 34.92 千米，埋设 1 颗界桩。

自浙江省泰顺县、景宁县和福建省寿宁县两省三县交会点（1493.0 高地）起，至 1157.6 高地东北方 250 米处、折北再沿山脊线经 1098.5 高地、过云寿公路至 3303001 号界桩（2120 米）。本段界线长 12.45 千米。

330311001 号界桩为单立双面青石界桩，位于泰顺县司前镇榅垟村、景宁县景南乡东塘村童岭头检查站东南方向 450 米处山坡上，在磁方位角 79 度 48 分，距离 485 米处为 1053.7 高地；在磁方位角 253 度 33 分，距离 420 米处为 1028.0 高地；在磁方位角 347 度 33 分，距离 270 米处为 1068.1 高地。

从 330311001 号界桩起，至文成、泰顺、景宁三县交会点（米筛潭头）（830 米）。本段界线长 21.47 千米。泰顺、景宁两县边界线总长为 33.92 千米。

温丽线：文成—景宁段

文成、景宁两县边界线南起（浙江省测绘局 87 版 1:1 万地形图[图号为 G—50—12—（37）]）米筛潭头，北至文成南田镇黄山村茶寮坳门。全长 43.11 千米，共埋设 2 颗界桩。该界线起自文成县、景宁县、泰顺县三县交界点的米筛潭头（猪糟坑、三插溪两溪坑交汇处）至 330311002 界桩。这段界线长为 8.75 千米。330311002 界桩为单立双面花岗岩界桩。位于文成县铜岭山镇下垟村，景宁县东坑镇杨斜村，高程 830 米的小溪坑边上。在磁方位角 101 度 16 分，距 220 米处为丁步坑房屋左边墙；在磁方位角 145 度 09 分，距离 579 米处为白岩下的 963.0 高地；在磁方位角 282 度 10 分，距离 245 米处为 1055.2 高地。

从 330311002 号界桩起至铁炉湾坳，即 330311003 号界桩。这段界线长 17.78 千米。330311003 号界桩为单立双面花岗岩界桩。位于文成县石垟林场石角林区，景宁县梅岐乡桂远村东南的山脊上，高程 935.2 米的火路边上。在磁方位角 114 度 52 分，距离 315 米处为 933.8 高地；在磁方位角 216 度 51 分，距离 210 米处为 986.7 离地，在磁方位角 323 度 23 分，距离 322 米处为 816.0 高程点。

从330311003 号界桩起至 893.5 高地；转北偏东北经 885.0 高地东南 30 米处，863.0 高地至 784.5 高地；转东跨山间小路至 861.6 高地；折北偏东北经 876.0、855.0 高地至茶寮坳门鞍部，即文成、景宁、青田三县交界点。这段界线长 16.46 千米。文成县、景宁县边界线全长 43.11 千米。

县际线：庆元—景宁段

庆元、景宁两县边界线西起龙泉、庆元、景宁三县（市）边界交会点，东至浙闽线上庆景线东止点（与福建省寿宁县相接），涉及庆元县所辖左溪、百山祖、张村、官塘和景宁县所辖家地、大地、毛垟、秋炉、英川等乡镇，全长 88.55 千米，共埋设 2 颗界桩。

龙泉、庆元、景宁三县（市）边界线交会点界桩为单立三面型青石界桩，界桩号为 3311022529S，X=3082385 米，Y=40424855 米，H=670 米；位于龙泉市龙南乡岱根村西南，庆元县百山祖镇龙岩村东北，景宁县英川镇茶园村扒窟北偏东北方约 1050 米之岱根溪边上，在磁方位角 39 度 00 分，距离 1110 米处为岱根村；在磁方位角 187 度 00 分，距离 1130 米处为木岱根村；在磁方位角 231 度 09 分，距离 1250 米处为扒窟自然村。从龙泉、庆元、景宁三县（市）边界线交会点起，至3311262701 号界桩。此段界线长为 28.82 千米。

3311262701 号界桩为单立双面青石界桩，X=3072600 米，Y=40432135 米，H=800 米，位于庆元县百山祖镇黄水村以东，景宁县秋炉乡第一坑村山下突西北约 950 米的黄水坑边，在磁方位角 88 度 40 分，距离 140 米处为岩峰；在磁方位角 286 度 55 分，距离 130 米处为小山包；在磁方位角 318 度 55 分，距离 280 米处为小路与田头交点。从 3311262701 号界桩起，至 3311262702 号界桩。这段边界线长度为 29.48 千米。

3311262702 号界桩为单立双面型青石界桩，X=3062670 米，Y=40437800 米，H=410 米，位于景宁县秋炉乡伏岩村南面，庆元县左溪镇湖边村西偏西北方约 1130 米的银章坑上，在磁方位角 149 度 10 分，距离 180 米处为公路和小路交点。从 3311262702 号界桩起，至牛颈溪与处下坑交会点（即寿宁、庆元、景宁三县边界交会点）。这段边界在线长为 30.25 千米。

庆景线西起龙泉、庆元、景宁三县（市）边界线交会点，东至寿宁、庆元、景宁三县边界交会点全长 88.55 千米。

龙泉—景宁段

龙泉、景宁两县（市）边界线西起龙泉、云和、景宁三县（市）边界交会点，西至龙泉、庆元、景宁三县（市）边界交会点，涉及龙泉市辖龙南乡和景宁县所辖鸬鹚、英川等乡镇，全长 36.47 千米，共埋设 1 颗界桩。

龙泉、庆元、景宁三县（市）边界线交会点界桩为单立双面型青石界桩，界桩号为3311262781S03，坐标为：X=3082385 米，Y=40424855 米，H=670 米。界桩位于龙泉市龙南乡岱根村西南，庆元县百山祖镇龙岩村东北，景宁县英川镇茶园村扒窟北偏东北方约 1050 米之岱根溪边上，在磁方位角 39 度 00 分，距离 1110 米处为岱根村，在磁方位角 187 度 00 分，距离 1130 米处为木岱根村；在磁方位角 231 度 00 分，距离 1250 米处为扒窟自然村。从龙泉、庆元、景宁三县（市）边界线交会点起，至 33112781001 号界桩。这段边界线长度为 10.85 千米。

33112781001 号界桩为单立两面型青石界桩，坐标为：X=3086665 米，Y=40427772，H=660 米；位于龙泉市龙南乡大庄村以南，景宁县英川镇黄谢圩村西北约 1700 米的公路旁，在磁方位角 0 度 24 分，距离 270 米处为 792.0 高地；在磁方位角 186 度 09 分，距离 240 米处为 788.0 高地；在磁方位角 271 度 24 分为烂梅岘。从 33112781001 界桩起，至龙泉、云和、景宁三县（市）边界线交会处。这段边界线长度为 25.62 千米。

龙泉、云和、景宁三县（市）边界线交汇点界桩为单立三面型青石界桩，界桩号为 3311252781S–1，坐标为：X=3089281 米，Y=40439900 米，H=955 米；位于龙泉市龙南乡黄万岱村东南，云和县崇头镇后洋村西面，景宁县鸬鹚乡仁字坑村东偏东北约 1500 米处，在磁方位角 28 度 39 分，距离 205 米处为峰桶岩岘；在磁方位角 124 度 24 分，距离 260 米处为 1018.6 高地；在磁方位角 307 度 24 分，距离 1215 米处为 836.2 高地。

龙景线西从龙泉，庆元，景宁三县（市）边界线交会点起，东至龙泉，云和，景宁三县（市）边界线交会点，全长 36.47 千米。

云和—景宁段

云和、景宁两县边界西起龙泉、云和、景宁三县(市)边界交会点,东至莲都、云和、景宁三县(区)边界交会点,涉及云和县所辖区、元和、安溪、雾溪、崇头和景宁县所辖红星、大均、梧桐、沙湾、鸬鹚等乡镇(街道),全长82.25千米,共埋设1颗界桩。

龙泉、云和、景宁三县(市)边界线交会点界桩为单立三面型青石界桩,界桩号为3311252781S–1,坐标为:X=3089281,Y=40439900,H=955。界桩位于龙泉市龙南乡黄万岱村东南,云和县崇头镇后洋村西面,景宁县鸬鹚乡仁字坑村东偏东北方约1500米处,在磁方位角28度39分,距离205米处为峰桶岩岘;在磁方位角124度24分,距离260米处为1018.6高地。从龙泉、云和、景宁三县(市)边界交会点起,至33112527001号界桩。这段边界线长度为66.61千米。

33112527001号界桩为单立双面型青石界桩,位于云和县安溪乡黄家地村东偏东北方,景宁县红星街道岚头村背面200米的小路旁,X=3104990,Y=40463840,H=560;在磁方位角55度54分,距离143米处为586.0高地;在磁方位角211度54分,距离355米处为655.8高地;在磁方位角264度30分,距离290米处为679.0高地。从33112527001号界桩起,至张师坑之莲都、云和、景宁三县(区)边界线交会点。这段边界线长度为15.64千米。

莲都、云和、景宁三县(区)边界线交会点(实地未埋设界桩),坐标为:X=3112500,Y=40471980,H=700;位于莲都区峰源乡上洋村,云和县元和街道包山村,景宁县红星街道潘坑村交界处693.2高程点北偏西北30米处;在磁方位角8度29分,距离375米处为大毛窝与高垟坑的水沟交汇处;在磁方位角66度29分,距离430米处为山岱头村后山顶940.1高地;在磁方位角232度29分,距离395米处为940.1米高的无名高地。

云景线西起龙泉、云和、景宁三县(市)边界线交会点,东至莲都、云和、景宁三县(区)边界线交会点,全长82.25千米。

莲都—景宁段

莲都、景宁两县(区)边界线(以下简称莲景线)走向西起莲都、云和、景宁三县(区)边界线交会点,东至莲都、青田、景宁三县(区)边界线交会点止,全长51.43千米,设置1颗界桩,实地埋设界桩1颗。

莲都、云和、景宁三县(区)边界线交会点(实地未埋设界桩),坐标为:X=3112500,Y=40471980,H=700;位于莲都区峰源乡上洋村,云和县元和街道包山村,景宁县红星街道潘坑村交界处693.2高程点向北偏西北30米处。在磁方位角8度29分,距离375米处为大毛窝与高垟坑的水沟交汇处;在磁方位角66度29分,距离430米处为山岱头村后山顶940.1高地;在磁方位角232度29分,距离395米处为940.1米高的无名山岗突。界线自莲云景交会处界桩起,到达1号界桩止,这段边界线长度为13.30千米。

莲景线1号界桩为单立双面型花岗岩界桩,X=3110820米,Y=40476583米,H=1043.5米。位于莲都区峰源林场鸡赛坑林区与景宁县九龙乡高沈村斜坑交界处。在磁方位角45度50分,距离340米处为小山包,高程1043.7米;在磁方位角145度0分,距离100米处为防火线1068.4高地,在磁方位角285度30分,距离165米处为小山包,高程1090.1米。界线自1号界桩起,到达莲都、青田、景宁三县(区)边界线交会点。这段边界线长度为38.13千米。

莲青景三县(区)边界线交会点界桩为单立三面型花岗岩界桩,代号为3311022127s-1。位于莲都区峰源乡小岭根村、青田县祯旺乡昌其村、景宁县九龙乡库坪村庙斜交界处。边界线交会点在担水坳东偏东南50米处的山顶上,坐标为:X=3117668;Y=40489430;H=890米,实地未埋界桩。界桩埋设在交会点位向西北50米处的小路旁。界桩坐标为:X=3117700,Y=40489410;H=866米。在磁方位角46度20分,距离345米处为小山包;在磁方位角140度35分,距离50米处为小山包;在磁方位角263度50分,距离215米处为上井屋东南角。

莲景线西从莲都、云和、景宁三县(区)边界线交会点起,东至莲都、青田、景宁三县(区)边界线交会点止,全长51.43千米。

青田—景宁段

青田、景宁两县边界线走向北起莲都、青田、景宁三县(区)交会点,南至33112127001号界桩,为单立双面型花岗岩界桩,浙江省测绘局90版1:10000地形图[图号为G-50-12-(6)]的东南边881.6高地,全长49.37千米,共埋设1颗界桩。

莲(都)青(田)景(宁)三县(区)边界线交会点界桩为三面型花岗岩界桩,代号为3311022127s-1,位于莲都区峰源乡金坑村,青田县祯旺乡谷甫村昌其、景宁县九龙乡库坪村庙斜交会点的担水坳山脊线上,在磁方位角46度20分,距345米处为小山包;在磁方位角140度35分,距50米处为小山包;在磁方位角263度50分,距215米处为上井屋角。从莲青景交会点起至33112127001号界桩。这段界线长度为32.94千米。33112127001号界桩为单立双面型花岗岩界桩,在景宁县九龙乡下鹤口村南面河堤上,在磁方位角103度39分,距离315米处为河堤头;在磁方位角121度15分,距离330米处为小路交点;在磁方位角322度45分,距离40米处为屋角,因该界桩被滩坑电站库水淹没,于2010年迁移至景宁县鹤口村,青田县北山镇马坳村,在磁方位角65度26分,距离110米处小路交会点;在磁方位角173度26分,距离110米处马坳村屋角;在磁方位角228度56分,距离545米处为狮子岩。从33112127001号界桩起至1016.5高地(景宁、青田、文成三县交会点),此段界线长度为16.43千米。青景线北起莲青景三县(区)交会点,南至青、景、文三县交会点,界线长度为49.37千米。

景宁畲族自治县界线界桩一览

表 1-21

序号	界线名称 界线代码	界线长度 （千米）	界桩所在地	纵坐标	横坐标	高程 （米）	界桩材质	所在图幅号	界桩代码 界桩号	备注
1	云景线 33112527	82.25	红星街道岚头村 云和县安溪畲族乡黄家地村	3104990	40463840	560	青石	H–50–144–（51）	33112527001	共管
2	庆景线 33112627	88.55	秋炉乡第一坑村山下突 庆元县百山祖镇黄水村	3072600	40437800	800	青石	G–50–11–（45）	3311262701	庆管
			秋炉乡伏岩村 庆元县左溪镇湖边村	3062670	40437800	410	花岗岩	G–50–10–（62）	3311262702	景管
			英川镇茶园村木岱根 庆元县百山祖镇龙岩村 龙泉市龙南乡岱根村	3082385M	4024855	670	青石	G–50–11–（28）	3311262781S03	龙庆景 交会点
3	龙景线 33112781	36.47	英川镇黄谢圩村 龙泉市龙南乡大庄村	3086665	40427772	660	花岗岩	G–50–11–（21）	33112781001	景管
			鸬鹚乡仁字坑村 龙泉市龙南乡黄万岱村 云和县崇头镇后垟村	30389281	40439900	955	花岗岩	G–50–11–（15） G–50–11–（23）	331125278lS–1	龙云景 交会点
4	莲景线 33110227	51.43	九龙乡高沈村斜坑 莲都区峰源林场鸡赛坑林区	3110820	40476583	1043.5	花岗岩	H–50–144–（31）	3311022701	共管
			九龙乡库坪村庙斜 莲都区峰源乡金坑村 青田县祯旺乡谷甫村昌其	3117700	40489410	866	青石	H–50–144–931	3311022127s–1	莲青景 交会点
5	青景线 33112127	49.37	九龙乡鹤口村 青田县北山镇驮山村马坳	3099540	40492840	349.3	花岗岩	H–50–144–（63）	33112127001	青管

续表 1-21

序号	界线名称 界线代码	界线长度（千米）	界桩所在地	纵坐标	横坐标	高程（米）	界桩材质	所在图幅号	界桩代码 界桩号	备注
6	温丽线（文景段） 330311	43.11	东坑镇杨斜村 文成县铜铃山镇下垟村	3082972.7	40478629.3	871.7	花岗岩	G-50-12（29）	330311002	景管
			梅岐乡桂远村 文成县石垟林场石角林区	3090261.0	40483625.0	936.3	花岗岩	G-50-12（14）	330311003	文管
7	温丽线（泰景段） 330311	34.92	景南乡东塘村 泰顺县司前畲族镇榅垟村	3070299.4	40467872.7	994.2	花岗岩	G-50-12（51）	330311001	共管
8	浙闽线（景寿段） 3335	23.53	上标林场 寿宁县坑底乡李家洋村	3062320.38	462444.20	1246.1	花岗岩	G-50-12-（58）	3335015	景管
			上标林场 泰顺县罗阳镇马联村马子坑 寿宁县坑底乡李家洋村	3062109.49	463571.05	1491.9	花岗岩	G-50-12-（59）	3335016	寿管

第二章 政区

ZHENGQU

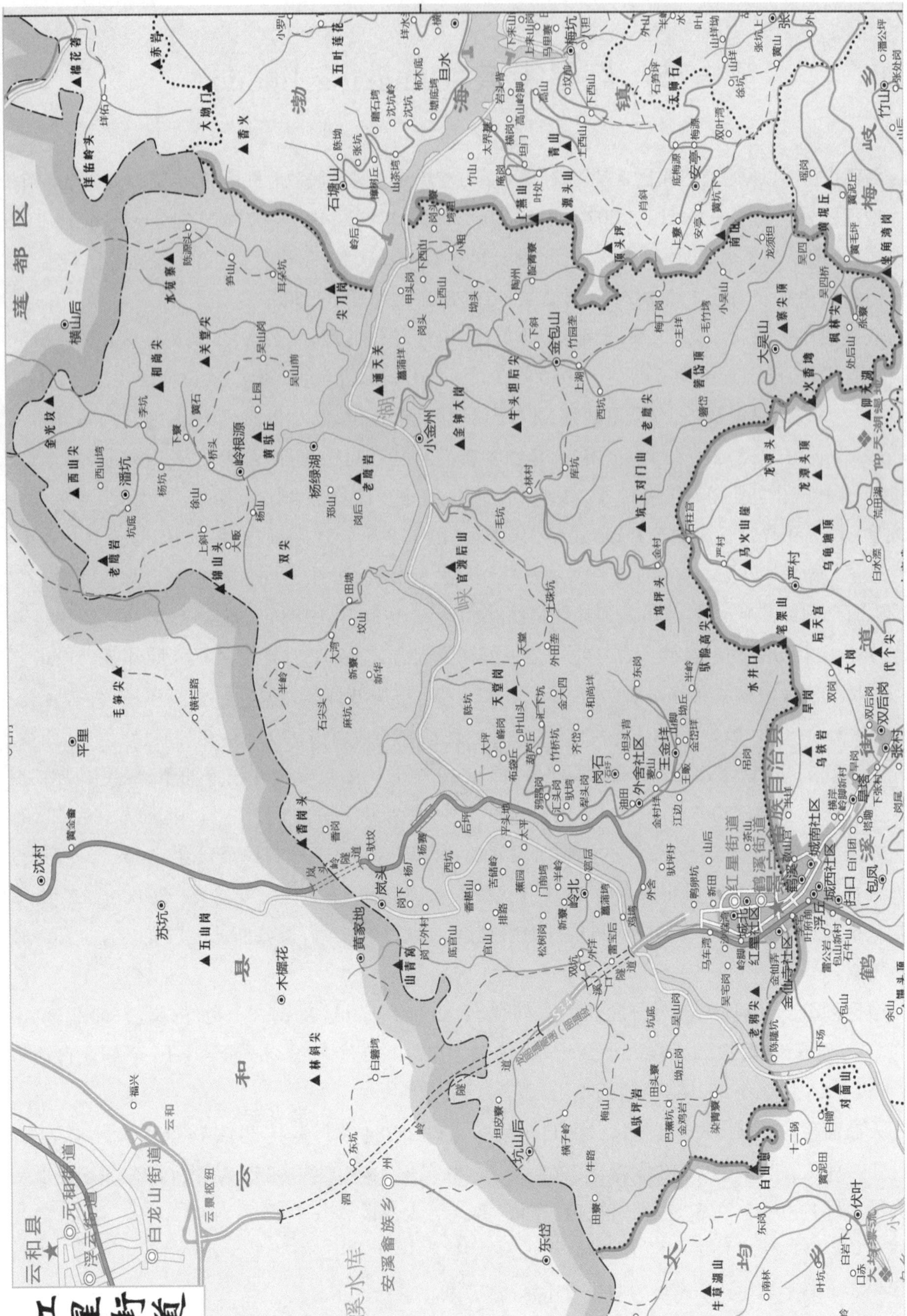

红星街道

地图审核号:浙S(2015)46号

第一节 红星街道(Hóngxīng Jiēdào)

名称来历 以原驻地红星区、红星公社得名。红星街道是县人民政府驻地,为全国历史文化名镇。

地理位置 位于东经 119°34′07″~119°46′06″,北纬 27°58′24″~28°07′46″。地处县城东北部,东接渤海镇、南倚鹤溪街道,西靠大均乡,北界云和县安溪畲族乡、元和街道,东北邻莲都区峰源乡。红星街道办事处驻人民中路 282 号,电话区号 0578,邮政编码 323500。

政区沿革 清属一都、二都、七都(统政坊)。1931 年设北郭、北舍 2 乡,属第一区;设汇金、严石、包山、绿草、扬徐 5 乡,属第二区。1950 年 7 月,设鹤溪镇、外舍乡,属城区;设金钟乡,属渤海区。1951 年 2 月设鹤溪镇及外舍、汇田、西汇 3 乡,属城区;设金钟、包山 2 乡,属渤海区。1956 年 3 月撤城区,设学田、外舍 2 乡,划县直属乡;金钟乡属渤海区。同年 6 月,云和县云东区包山乡潘坑、杨坑 2 村划归景宁县渤海区金钟乡。1958 年 3 月,外舍乡改称外舍民族乡;5 月学田乡改称学田民族乡;同年 9 月实行人民公社制,设学田、外舍、汇田 3 个管理区,属红星公社;设金钟、包山 2 个管理区,属渤海公社。1960 年 2 月属丽水县红星公社、渤海公社。1961 年 9 月,改属丽水县红星区、渤海区。1962 年 6 月,改属云和县红星区、渤海区。1981 年 12 月,属景宁区、渤海区。1984 年 3 月,外舍公社分设外舍畲族乡、白岸乡;金钟公社复建金钟乡;12 月景宁区复称城郊区。1986 年 11 月,取消外舍畲族乡名称,复称外舍乡。1992 年 5 月,撤城郊区、渤海区;设鹤溪镇、外舍乡、金钟乡。1996 年 1 月,金仙寺、牛栏岗自然村搬迁至县良种场鱼塘边。2002 年 9 月,将原新城、仙童、南门、后山、百岁、百塔、金仙寺、城郊、垟后、浮丘 10 个居民委员会合并设置仙童、红星、城南、城西 4 个社区居委会。2007 年 6 月,撤外舍、金钟 2 乡,并入鹤溪镇,10 月 12 日,因滩坑电站库区移民工作需要,将原外舍、金钟 2 乡区域临时设立外舍管理区,辖 11 个村民委员会。2008 年 7 月,设立外舍社区居委会;12 月,将原有的 23 个村民委员会调整为 11 个村民委员会。2011 年 12 月,设立红星街道办事处,同时撤销临时机构外舍管理区。2012 年 12 月,析城西社区居委会置金仙寺社区居委会。

政区划分 2014 年末,辖红星、仙童、外舍、金仙寺 4 个社区,城北、王金垟、岗石、岭北、坑山后、岚头、杨绿湖、岭根源、潘坑、小金州、金包山、大吴山 12 个村民委员会,共 16 个群众自治组织;下设 59 个居民小组、164 个村民小组。

人口面积 2014 年末,辖区总户数 11407 户,人口 28784 人。其中,男性 14890 人,占 51.73%;女性 13894 人,占 48.27%;18 岁以下 5965 人,占 20.72%;18~60 岁 19055 人,占 66.2%;60 岁以上 3764 人,占 13.08%。有畲、拉祜、佤、苗、布依、彝族等少数民族共 3656 人,占 12.7%。其中,畲族 3515 人,人口自然增长率 3.82‰。辖区东西最大距离 19.2 千米,南北最大距离 17.33 千米,总面积194.85 平方千米。人口密度为每平方千米 147.7人。

自然条件 地处洞宫山脉右支中段北部,以低山丘陵为主。地势由东南和西北向中轴千峡湖倾斜，千峡湖自西南流贯全境。境内主要山峰有东南部箬岱顶海拔1240米，为境内最高峰；东部驮原顶海拔1173米，与鹤溪街道界；西北部铁沙岗海拔1139米，与云和县接壤；东北部鸡头尖，海拔1128米，为景宁、云和、莲都三县（区）界地。主要溪涧千峡湖南部有鹤溪、油田坑、汇下坑、石门楼坑、陶州坑等；千峡湖北部有北岸坑、十二渡、白岸坑、大坑、石埠坑、古传坑、岭根坑、大粗坑等，诸水直接汇入千峡湖，水域面积宽阔。年均降水量为1708毫米，降水日数160天。年均气温17.5℃。年无霜期270天。境内森林资源丰富，建有三重漈、大粗、双坑、古传等水电站。云景高速由泗洲岭隧道入境在鸭蛋坑设出口。外舍新区在建畲乡古城及酒店、学校和大型商场。新建汇头码头。地理位置得天独厚，基础设施完备，旅游资源丰富，是境内经济、政治、文化与休闲中心。

经济状况　耕地面积8131亩；林地面积275617亩。年产粮食2422吨，其中，水稻1851吨，薯类386吨，玉米50吨，豆类35吨。茶叶种植面积2655亩，产量339.7吨；厚朴336亩，产量207吨；竹笋1760亩，产量880吨。生猪饲养量6761头，牛饲养量577头，羊饲养量1723只，家禽饲养量57690只，兔饲养量7203只。畜禽肉类产量548吨，其中猪肉产量411吨。累计造林12.7万亩，林木覆盖率85.2%，活立木蓄积量32.9万立方米。种植毛竹2.4万亩，其中竹笋1770亩，产量880吨。水果种植面积2482亩，产量1409吨，其中，柑桔831吨，梨子92吨，瓜用果134吨。2014年，农业总产值5395万元，工业总产值159800万元。

社会发展　各村通电、公路、程控电话、有线电视、自来水。有文化站1个，村文化活动室12个，各类文化专业户8户；公共图书室12个，藏书18000册。有幼儿园7所，小学2所，初中1所。各级各类医疗卫生机构14个。2010年12月13日，鹤溪镇被国家住房和城乡建设部、国家文物局荣膺第五批“中国历史文化名镇”。

境内风景名胜地有石印山、外舍畲乡古城、千峡湖景区等。千峡湖是人们垂钓、休闲与旅游首选地。旅游景点有畲乡绿道、鹤溪廊桥、步行街、景宁入城口公园、徐山永镇桥、杨山古民居等；溪口畲乡绿道连接国家AAAA级大均中国畲乡之窗景区。主要畲族村寨有岗石、王金垟、城北、岭北、大吴山、小金洲6个村。1986年7月，经丽水地区民政局批准原外舍、白岸、金钟3个乡为抗日战争时期革命老区乡，岭北、坑山后、金村、白岸、新华、岚头、石龙、西汇、汇田、潘坑、徐山、杨山、岭根、小粗、陶州、金包山、大吴山村及古传自然村为革命老区村。

红星街道社区居委会一览

表2-1

标准名称	居民小组	2014年人口	
		户数	人数
红星社区	25	4339	8976
仙童社区	10	3345	9063
外舍社区	16	857	1766
金仙寺社区	8	1632	4051

红星街道村民委员会一览

表 2-2

标准名称	村民小组	自然村		2014 年		海拔（米）
		村数	标准名称	户数	人数	
城北	16	7	玄坦殿	84	194	175
			仙童	37	143	195
			栋底	83	191	175
			新田	76	168	170
			山后	52	116	250
			岭脚	61	103	185
			坑底	13	34	500
王金垟	9	9	王畈	43	157	178
			齐垄	22	93	189
			杨柳枰	29	101	165
			金岱垟	75	207	155
			山脚	46	155	165
			江边	55	146	198
			东岗	12	55	155
			麦山	45	159	189
			山后	1	5	170
岗石	15	9	石圩	67	136	250
			犁头岗	34	68	220
			驮塆	8	24	310
			金大四	21	58	630
			和尚垟	12	32	650
			喜鹊岗	9	28	300
			汇下坑	19	57	430
			胡芦坵	31	69	380
			金村	67	223	220
小金州	14	8	小粗	59	165	300
			林村	23	63	190
			陶州	118	343	190

续表 2-2

标准名称	村民小组	自然村		2014 年		海 拔（米）
		村数	标准名称	户数	人数	
小金州	14	8	库坑	17	44	290
			下西山	9	33	310
			菖蒲垟	16	37	330
			坳头	6	18	340
			毛坑	15	41	360
金包山	13	5	金包山	187	615	540
			下斜	35	126	620
			上湖	95	303	560
			西坑	98	312	560
			竹园垄	14	49	610
大吴山	6	4	大吴山	65	221	1100
			龙须坦	15	52	900
			吴四	21	69	900
			张寮	25	97	800
岭北	20	4	半岭	10	46	450
			焦园	19	43	230
			菖蒲塆	52	133	320
			雷宝后	56	155	300
坑山后	9	9	梅山	23	62	650
			芭蕉坑	12	25	550
			金钟后	39	109	680
			坳丘岗	21	49	420
			坑底	11	28	420
			坦皮寮	20	74	550
			横子岭	9	22	500
			田寮	36	83	730
			田寮外村	1	6	630
岚头	6	5	岚头	39	98	550
			岚下	22	53	450

续表 2-2

标准名称	村民小组	自然村		2014 年		海 拔（米）
		村数	标准名称	户数	人数	
岚头	6	5	岚下外村	26	51	420
			驮坟	43	96	400
			香岗	31	84	500
杨绿湖	9	3	杨山	103	241	280
			大畈	59	178	520
			新菉草	77	210	190
岭根源	13	4	岭根	115	296	180
			黄石	74	234	280
			徐山	97	278	260
			上斜	85	233	290
潘坑	9	4	潘坑	98	293	280
			西山塆	21	47	320
			李坑	69	189	230
			杨坑	64	165	220

社区、村民委员会、居民点

仙童社区 Xiāntóng Shèqū 位于红星街道府前东路 15 号。辖区范围东至石印山，南至钟楼路，西至鹤溪中路，北至复兴路。总面积 0.3 平方千米。2014 年，辖 10 个居民小组，3125 户，9063 人，其中，畲族 601 人；流动人口 795 人。2002 年 9 月，将原来新城、仙童、百岁、百塔、金仙寺、城郊、垟后、浮丘、南门、后山 10 个居民委员会合并设置为仙童、红星、城南、城西 4 个社区居委会。社区内有县委、政府行政大楼、人力资源和社会保障局、交通局、经商局、畲乡报社、建设局、残疾人联合会、民宗局、工商联、县人民医院、县老年活动中心、中国人寿保险景宁分公司、烟草专卖局、司法局、林业总场、广播电视台、影城、科技局，水利局、林业局、国土资源局、农村信用合作联社、老干部局、文化遗产保护中心、总工会、安全生产监督管理局、就业管理服务处、风景旅游局、县教育局、职业高级中学、县体育馆、石印山广场、体育广场、民族大酒店、中国人民银行景宁支行、中国银行景宁支行、中国工商银行景宁支行、中国建设银行景宁支行、银座村镇银行、万家鸿超市、万福大酒店、莲花超市、供销超市、新华书店等党政机关、企事业单位，是全县政治、经济、文化中心。社区配备有警务室，各类组织健全完善，设有治保调解、联防队、帮教组织、妇女禁毒队、义务消防队、老年巡逻队等形成较为完善的群防群治体系；成立老年人协会。

红星社区 Hóngxīng Shèqū 位于红星街道惠明路 137 号。辖区范围东至环城东路，南至复兴路，西至鹤溪中路，北至鸭蛋坑。总面积0.8平方千米。是全县经济、文化、交通中心。2014年，辖25个居民小组，4376户，8976人，其中畲族675人；流动人口8481人。2002年9月，将原来新城、仙童、南门、后山、百岁、百塔、金仙寺、城郊、垟后、浮丘等10个居民委员会合并设置为仙童、红星、城南、城西4个社区居委会。社区内有红星街道办事处、鹤溪街道办事处、鹤溪社区卫生服务中心、县环境卫生管理所、民政局、婚姻登记处、光荣院、福利院、地名办公室、移民办公室、发展和改革局、国有资产投资经营有限公司、农业局、畜牧兽医局、种子管理站、供销合作社联合社、公安局、财政地税局、国税局、实验二小、实验幼儿园、中心幼儿园、城北中学、市场监督管理局、电力局、社会保险事业管理处、邮政局、邮政储蓄银行景宁支行、移动公司、电信局、联通公司、县政府行政审批中心、中国农业银行景宁支行、山珍市场、绿色市场、上标水力发电有限公司、晓琴畲族民间陈列馆、利德医院、汽车客运中心、城北农贸市场、新金鹤大酒店、稠州银行景宁支行、畲乡鸿宾大酒店、中信实业有限公司、大自然食品有限公司、畲乡民俗博物馆、景宁顺达物流有限公司、浙江景宁畲乡物流有限公司、三川水电有限公司、等机关、企事业单位。社区成立老年人协会；配备有警务室，设有治保调解、义务消防队等。

外舍社区　Wàishè Shèqū　位于红星街道王金垟金都小区A区16幢。辖区范围东至王金垟村，南至通天门，西至滨湖路，北至汇头码头。总面积2.6平方千米。2014年，辖16个居民小组，784户，1766人，其中，畲族141人；流动人口1100人。2002年9月，将原新城、仙童、南门、后山、百岁、百塔、金仙寺、城郊、垟后、浮丘等10个居民委员会合并设置为仙童、红星、城南、城西4个社区居委会。2008年7月，滩坑库区行政区划调整，设立外舍社区居委会。社区内有天元名都大酒店、三月三广场、山哈大剧院等建筑。社区成立老年协会组织机构；配备有警务室，设有治保调解、义务消防队等。

金仙寺社区　Jīnxiānsì Shèqū　位于红星街道环城西路151号。辖区范围东至环城西路，南至寨山桥，西至水果队，北至栋底村。总面积0.4平方千米。2014年，辖8个居民小组，1587户，4051人，其中，畲族415人；流动人口2433人。2002年9月，将原新城、仙童、南门、后山、百岁、百塔、金仙寺、城郊、垟后、浮丘等10个居民委员会合并设置为仙童、红星、城南、城西4个社区居委会。2012年12月，县部分行政区划调整，析城西社区居委会置金仙寺社区居委会。社区内有寨山革命烈士陵园、县良种场、景农宾馆、小天鹅幼儿园、县汽车站、城西小区、气象局、道路运输管理局、农机管理站、畲乡滨水休闲绿道等单位及景点。社区成立老年协会组织机构；配备有警务室，设有治保调解、义务消防队等。

城北　Chéngběi　村民委员会　位于红星街道北部，辖仙童、新田、玄壇殿、栋底、岭脚、坑底、山后7个自然村。县民族村。村民委员会驻地新田村。以地处县城北部而得名。总面积8.44平方千米，海拔170米。16个村民小组，369户，806人，其中，畲族449人。耕地面积206亩；林地面积6185亩，产松、杉、杂木、毛竹。通电、公路、程控电话、有线电视、自来水。清属七都。1931年，属第一区北郭乡。1950年7月，属城区鹤溪镇。1956年3月，为县直属鹤溪镇。1957年12月，复属城区鹤溪镇。1958年9月，属红星人民公社学田管理区。1959年7月，改为县直属鹤溪镇。1961年

9月，属红星区鹤溪镇。1962年6月改属云和县红星区鹤溪镇。1981年，改属景宁区鹤溪镇。1984年12月，改属城郊区鹤溪镇。1992年5月，撤销学田、岭脚、溪口3个村民委员会，合并为城北村民委员会，属鹤溪镇。2007年6月，因滩坑电站建设，其中，溪口、掌岸、石垟、鸭蛋坑4村涉淹。2011年12月，划属红星街道至今。

【仙童】Xiāntóng　位于红星街道南0.5千米。处县城最繁华路段，东至环城东路，南至钟楼路，西至鹤溪中路，北至复兴路。52年入社时，将村辖域内建筑物睡仙桥、童弄街各取一字，故名仙童村。37户，143人，其中，畲族28人，原属鹤溪镇红星大队。1984年红星大队分设仙童、学田、溪口、岭脚、金仙寺5个村民委员会。分设景宁县后，仙童村民委员会三个村民小组土地被征用，大部分村民农转非安排工作。其余村民于1987年并入学田村民委员会，1992年行政区划调整改属城北村民委员会至今。今为县城政治、经济、文化中心地段。

【玄壇殿】Xuántàndiàn　位于红星街道东北0.2千米，为城中村。84户，194人，多周姓，其中，畲族22人。昔日村旁建玄壇殿，村以殿名。村南为县城北中学。村东为环城东路。通电、程控电话、有线电视、自来水、公路。

【新田】Xīntián　位于红星街道北0.5千米。76户，168人，其中，畲族66人。村民委员会驻地。昔有孔庙，庙前为书院，有田数亩，田间村落，旧称学前村。84年，政社分设，原红星大队分设仙童、学田、溪口、岭脚、金仙寺5个村民委员会。学前村与新田村合并，设立学田村民委员会。92年，学田、溪口、岭脚合并设立城北村民委员会。有云景高速出口、县客运中心、景宁入城口公园、凤凰大厦等主要建筑。人民北路穿越全境，交通便利，基础设施齐全。因城北区块大面积开发，建新田小区。通电、程控电话、有线电视、自来水、公路。

【栋底】Dòngdǐ　位于红星街道西0.6千米。83户，191人，其中，畲族8人。地处红星街道西侧，与新田村隔溪相望，故名。村前环城西路。鹤溪廊桥连接对岸。通电、程控电话、有线电视、自来水、公路。

【山后】Shānhòu　位于红星街道东北0.8千米。52户，116人，其中，畲族75人。村处莘岭山后，故名。村后通机耕路，开发水干果基地。通电、程控电话、有线电视、自来水、公路。

【岭脚】Lǐngjiǎo　位于红星街道西0.8千米。61户，103人，其中，畲族85人。村建吴宅岗村岭脚，故名。村前通环城西路。连接永安桥，对岸为畲乡鸿宾大酒店。通电、程控电话、有线电视、自来水、公路。

【坑底】Kēngdǐ　位于红星街道西北2.6千米。13户，34人，其中，畲族29人。村处千峡湖西北岸，小坑源头，故名。西邻大均乡。

王金垟 Wángjīnyáng 村民委员会　位于红星街道东北部。辖王畈、齐砻、杨柳样、江边、金岱垟、山脚、东岗、麦山、山后9个自然村。村民委员会驻王畈村。取王畈、金岱垟两村首字加地形组合成村名。总面积6.4平方千米，海拔180米。9个村民小组，328户，1078人，其中，畲族307人。耕地面积763亩；林地面积5040亩，产松、杉、杂木、毛竹。王金垟为昔日新安江移民至景宁主要安置村，又为滩坑库区移民县内安置点之一，移民迁入2067人。通电、公路、程控电话、有线电视、自来水。清属二都。1931年，属第一区北舍乡。1950年7月，属城区外舍乡。1956年3月，为县直属外舍乡。1957年12月，复属城区外舍乡。1958年9月，属红星人民公社外舍管理区。1961年9月，属红星区外舍公社。1962年6月，改属云和县红星区外舍公社。1981年，改属景宁区外舍公社。1984年3月，改属城郊区外舍畲族乡。1986年11月，恢复外舍乡。1992年5月，属外舍乡。2007年6月，撤销外舍乡，属鹤溪镇(外舍管理区)。2011年12月，属红星街道至今。2015年，评为丽水市生态文明村。

【王金垟】Wángjīnyáng　位于红星街道东北2.3千米。驻地王畈，取王畈、金岱二村首字加地形名词组合得名，片村，包括王畈、齐砻、杨柳蓬、港边、金岱垟、山脚村。早为新安江移民主要安置地。2007年6月，列入滩坑电站库区移民安置点。为红星街道东部经济、文化重镇。通电、程控电话、有线电视、自来水、公路。

【王畈】Wángfàn　位于红星街道东北2.3千米。村民委员会驻地。43户，157人，其中，畲族107人。王姓开基，村边多田畈，故名。通电、程控电话、有线电视、自来水、公路。

【齐垄】Qílóng　位于红星街道东北2.7千米。22户，93人，其中，畲族41人。据传南北朝齐人后裔逃难南迁在此山垄垦荒种田，故名。通电、程控电话、有线电视、自来水、公路。

【杨柳袢】Yángliǔbàn　位于红星街道东北2.6千米。29户，101人，其中，畲族36人。村处油田坑畔，杨柳成荫连片，故名。通电、程控电话、有线电视、自来水、公路。

【金岱垟】Jīndàiyáng　位于红星街道东北2.5千米。75户，207人，其中，畲族102人。金姓开基，建村田垟旁，故名。通电、程控电话、有线电视、自来水、公路。

【山脚】Shānjiǎo　位于红星街道东北2.4千米。46户，155人，其中，畲族12人。1972年，邻近石梯、半岭部分村民徙居此，建村坳丘脚，故名。通电、程控电话、有线电视、自来水、公路。

【江边】Jiāngbiān　位于红星街道东北2千米。55户，146人。1970年，新安江移民迁此安居，村建溪涧边，故名。通电、程控电话、有线电视、自来水、公路。

【麦山】Màishān　位于红星街道东北2.6千米。45户，159人。原名末山，曾被洪水冲没。后石姓先民徙此辟村，以谐音演变为麦山。通电、程控电话、有线电视、自来水、公路。

【山后】Shānhòu　位于红星街道东北2.7千米。1户，5人，其中，畲族3人。村处外舍后山，故名。原为公社林场基地，后为自然村。通电、机耕路。

【东岗】Dōnggǎng　位于红星街道东北4.2千米。12户，55人，其中，畲族6人。以山岗方位得名。邻黄岱岗林区。通公路。

岗石 Gǎngshí 村民委员会　位于红星街道东北部。辖石圩、犁头岗、驮塆、金大四、和尚垟、鸦鹊岗、汇下坑、葫芦丘、金村9个自然村。县民族村。村民委员会驻石圩村。取"犁头岗""石圩"两村名各一字组合成名。总面积23.48平方千米，海拔250米。26个村民小组，268户，695人，其中，畲族285人。耕地面积1376.5亩；林地面积28990亩，产松、杉、杂木、毛竹。通电、公路、程控电话、有线电视、自来水。清属二都。1931年属第一区北舍乡。1950年7月，属城区外舍乡。1956年3月为县直属外舍乡。1957年12月，复属城区外舍乡。1958年9月，属红星人民公社外舍管理区。

1961年9月，属红星区外舍公社。1962年6月，改属云和县红星区外舍公社。1981年，改属景宁区外舍公社。1984年3月，改属城郊区外舍畲族乡。1986年11月，恢复外舍乡。1992年5月，属外舍乡。2007年6月，撤销外舍乡，属鹤溪镇(外舍管理区)。2008年12月，大常、汇田、金村3个村民委员会并入岗石村。共有移民30户，111人。其中，县内安置4户，11人；移居莲都区18户，66人；移居诸暨市2户，6人，奉化市3户，14人，义乌市3户，14人。2011年10月，属红星街道。

【石圩】Shíxū　位于红星街道东北3.2千米。村民委员会驻地。67户，136人，其中，畲族121人。初为乱石荒地，畲族先民垦圩开基，故名。是境内畲民比例高、民族风情保留完好的古村落。据明清族谱载，明万历四十四年(1616年)、清康熙四十二年(1703年)，先后有两支畲族祖先迁徙石圩村居住，村庄格局与畲族民俗基本保持原貌，人居环境良好。通电、程控电话、有线电视、自来水、公路。

【犁头岗】Líóugǎng　位于红星街道东北3.6千米。34户，68人，其中，畲族53人。以山岗形似犁头，山因之名，村以山名。通电、程控电话、有线电视、自来水、公路。

【驮垮】Tuówān　位于红星街道东北4.1千米。8户，24人，其中，畲族5人。以地形得名。通电、程控电话、有线电视、自来水、公路。

【金大四】Jīndàsì　位于红星街道东北4.5千米。21户，58人，其中，畲族50人。昔日有山林猎神庙，猎神名陈大四。方言"陈"与"金"为谐音，村为猎户开基，遂以神名为村名。

【和尚垟】Héshàngyáng　位于红星街道东北4.4千米。12户，32人，其中，畲族16人。古代有寺田数亩供和尚给养，故名。1966年，造水库，曾出土古瓷香炉、茶具及其他器皿，后散落民间。

【鸦鹊岗】Yāquègǎng　位于红星街道东北4.3千米。9户，28人，其中，畲族22人。昔日山岗多枫林，鸦鹊成群常栖于此，故名。通公路。

【汇下坑】Huìxiàkēng　位于红星街道东北5.1千米。19户，57人。村前小坑，流经汇下村，山坑名汇下坑，村以坑名。原属汇田村民委员会，2008年12月，并入岗石村民委员会。通公路。

【葫芦丘】Húlúqiū　位于红星街道东北4.9千米。31户，69人。村后有一丘山田，形状似葫芦，故名。原属汇田村民委员会，2008年12月，并入岗石村民委员会。通电、公路。

【金村】Jīncūn　位于红星街道东北6.6千米。67户，223人。四面环山，村前石门楼坑水流过，上游有村名坑头，该村原名坑下。1981年，因重名，以村前有金字山，故更名金村。为革命老区村。原属金村村民委员会，2008年12月，并入岗石村民委员会。通电、程控电话、有线电视、自来水、公路。

岭北 Lǐngběi 村民委员会　位于红星街道北部。辖半岭、蕉园、菖蒲垮、雷宝后4个自然村。村民委员会驻地双坑口村。1951年，土地改革时建村，取半岭、北岸两村名各一字组成村名。总面积29.74平方千米，海拔150米。24个村民小组，137户，377人，其中，畲族243人。耕地面积1186亩；林地面积74080亩，村处千峡湖北岸，森林资源丰富，产松、杉、毛竹、杂木。通电、公路、程控电话、有线电视、自来水。清属二都。1931年属第一区北舍乡。1950年7月，属城区外舍乡。1956年3月，为县直属外舍乡。1957年12月，复属城区外舍乡。1958年9月，属红星人民公社外舍管理区。1961年9月，属红星区外舍公社。1962年6月，改属云和县红星区外舍公社。1981年，改属景宁区外舍公社。1984 年 3 月，改属城郊区外舍畲族乡。1986 年 11 月，恢复外舍乡。1992 年 5 月，属外舍乡。2007 年，滩坑库区涉淹有半岭、北岸、双坑等自然村，全村共有移民 62 户，209 人。其中，4 户，10 人移居县内澄照乡；26 户，85 人移居市内莲都区；15 户，55 人移居奉化市；6 户，17 人移居诸暨市；11 户，42 人移居义乌市；2008 年 12 月，因滩坑库区行政区划调整，由原岭北、新华、石龙、白岸、西汇 5 个村民委员会合并而成。2011 年 12 月，属红星街道。经县人民政府批准为革命老区村。

【半岭】Bànlǐng　位于红星街道北 3.3 千米。10 户，46 人，其中，畲族 15 人。村处景宁至处州府古道官山岭中部，故名。通电、自来水、公路。

【蕉园】Jiāoyuán　位于红星街道北 3.5 千米。19 户，43 人。昔日野生芭蕉茂盛，故名。原属西汇村民委员会。通公路。

【菖蒲塆】Chāngpúwān　位于红星街道北 3 千米。52 户，133 人，其中，畲族 114 人。村处山塆地，水足土肥，菖蒲丛生，故名。东朝千峡湖，远眺外舍新城；西邻雷宝后村。通电、自来水、公路。

【雷宝后】Léibǎohòu　位于红星街道北 2.8 千米。56 户，155 人，其中，畲族 112 人。雷姓开基建村山后，此地水土丰肥誉以宝地，故名。通电、公路。

坑山后　Kēngshānhòu　村民委员会　位于红星街道西北部。辖梅山、芭蕉坑、金钟后、坳丘岗、坑底、坦皮寮、横子岭、田寮、田寮外村 9 个自然村。村民委员会驻地梅山村。取芭蕉坑、梅山、金钟后三村末字组合成村名。总面积 13.02 平方千米，海拔 730 米。9 个村民小组，172 户，458 人，其中，畲族 22 人。耕地面积 331 亩；林地面积 25717 亩，产松、杉、杂木、毛竹。通电、公路、程控电话、有线电视、自来水。清属二都。1931 年，属第一区北舍乡。1950 年 7 月，属城区外舍乡。1956 年 3 月，为县直属外舍乡。1957 年 12 月，复属城区外舍乡。1958 年 9 月，属红星人民公社外舍管理区。1961 年 9 月，属红星区外舍公社。1962 年 6 月，改属云和县红星区外舍公社。1981 年，改属景宁区外舍公社。1984 年 3 月，改属城郊区外舍畲族乡。1986 年 11 月，恢复外舍乡名。1992 年 5 月，属外舍乡。2007 年 6 月，因滩坑电站库区移民，撤销外舍乡并入鹤溪镇，属外舍管理区。2011 年 12 月，属红星街道。经县人民政府批准为革命老区村。

【梅山】Méishān　位于红星街道西北 4.3 千米。村民委员会驻地。23 户，62 人。梅姓开基，故名梅山。西北与云和县接壤。山区偏僻交通不便。通电、程控电话、有线电视、自来水、公路。

【芭蕉坑】Bājiāokēng　位于红星街道西北 4 千米。12 户，25 人。村南有山坑，多长野芭蕉，故名。西与大均乡接壤。山区偏僻交通不便。

【金钟后】Jīnzhōnghòu　位于红星街道西北 6.5 千米。39 户，109 人。村前有山，形似金钟，故名。西与云和县连接。通公路。

【坳丘岗】àoqiūgǎng　位于红星街道西北 3.1 千米。21 户，49 人。以地形得名。山区交通不便。

【坑底】Kēngdǐ　位于红星街道西北 3.2 千米。11 户，28 人，其中，畲族 18 人。南连白云坦北接坑山后。通公路。

【坦皮寮】Tǎnpíliáo　位于红星街道西北 6.4 千米。20 户，74 人。坦皮指岩皮，即山坡裸露的大块岩石。搭寮时以坦皮为基石，故名。通公路。

【横子岭】Héngzǐlǐng 位于红星街道西北5.3千米。9户，22人。深谷野村山岭纵横，俗称横直岭，以方言演变今名。

【田寮】Tiánliáo 位于红星街道西北6.3千米。36户，83人。田边搭寮，后为村落，故名。

【田寮外村】Tiánliáowàicūn 位于红星街道西北6.4千米。1户，6人。地处田寮村之外，故名。

岚头 Lántóu 村民委员会 位于红星街道北部。辖岚头、岚下、外村、驮坟、香岗5个自然村，以驻地村岚头得名。村民委员会驻地岚头村。总面积4.31平方千米，海拔550米。6个村民小组，161户，382人，其中，畲族8人。耕地面积321亩；林地面积7215亩，产松、杉、杂木、毛竹。通电、公路、程控电话、有线电视、自来水。清属二都。1931年，属第二区汇金乡。1950年7月，属城区外舍乡。1951年2月，属城区汇田乡。1956年3月，为县直属外舍乡。1957年12月，复属城区汇田乡。1958年9月，属红星人民公社汇田管理区。1961年9月，属红星区外舍公社。1962年6月，改属云和县红星区外舍公社。1981年，改属景宁区外舍公社。1984年3月，改属城郊区白岸乡。1992年5月，属外舍乡。2007年6月，并入鹤溪镇，属外舍管理区。2011年12月，属红星街道。经县人民政府批准为革命老区村。

【岚头】Lántóu 位于红星街道北7.7千米。村民委员会驻地。39户，98人，其中，畲族5人。村建九里岭头，五里横岚北端，故名。北与云和界，沈庄至北岸公路经此。通电、程控电话、有线电视、自来水、公路。

【岚下】Lán xià 位于红星街道北7.6千米。22户，53人。地处岚头村下，故名。通公路。

【外村】Wàicūn 位于红星街道北7.5千米。26户，51人。村建岚下外侧，以方位得名。通公路。

【驮坟】Tuófén 位于红星街道北7.8千米。43户，96人。村处一座大古坟旁，故名。通公路。

【香岗】Xiānggǎng 位于红星街道北7.9千米。31户，84人。原为单家独户之村，后因土肥水足适宜人居迁居者骤增，故名。

杨绿湖 Yánglùhú 村民委员会 位于红星街道东北部。辖杨山、大畈、新菉草3个自然村。村民委员会驻地新菉草村。取原杨山、菉草两村名各一字，又因地处千峡湖畔，故名杨绿湖。总面积24.66平方千米，海拔280米。19个村民小组，239户，629人，其中，畲族6人。耕地面积870亩；林地面积19250亩，森林资源丰富，产松、杉、毛竹、杂木。通电、公路、程控电话、有线电视、自来水。清属二都。1931年，属第二区绿草乡。1950年7月，属渤海区金钟乡。1958年9月，属渤海人民公社金钟管理区。1961年9月，属渤海区金钟公社。1962年6月，改属云和县渤海区金钟公社。1984年3月，改属渤海区金钟乡。1992年5月，属金钟乡。2007年6月，撤销金钟乡，属鹤溪镇（外舍管理区）。2008年12月，因滩坑库区行政区划调整，由原杨山、菉草2个村民委员会合并而成。2011年12月，属红星街道。经县人民政府批准为抗日战争时期革命老区村。

【新菉草】Xīnlùcǎo 位于红星街道东北12.5千米。村民委员会驻地。77户，210人，其中，畲族5人。在原菉草村址后，千峡湖北岸码头旁建新村，故名。村建移民安置点，面积88公顷，11幢，91直。主要安置陈原头、笋山、耳朵坑、郑山、上园等村。建金钟卫生院。通电、程控电话、有线电视、自来水、公路。

【杨山】Yángshān 位于红星街道东北13.1千米。103户，241人。明代杨姓从青田徙此开基建村，以姓得名。至今保留有古代民居。清代景邑诗人陈之东有诗："地缘杨氏号杨山，秀石为城境最闲。聚族同居尘不染，桃源胜迹寓其间。"通电、程控电话、有线电视、自来水、公路。

【大畈】Dà fàn 位于红星街道东北13.3千米。59户，178人。杨姓开基，建村上斜岩缓坡地，以地形得名。通公路。

岭根源 Lǐnggēnyuán 村民委员会 位于红星街道东北部。辖岭根、黄石、徐山、上斜4个自然村。村民委员会驻地岭根村。以处地原金钟乡岭根坑源两岸而得名。总面积6.14平方千米，海拔190米。13个村民小组，371户，1041人。耕地面积698亩；林地面积13160亩，森林资源丰富，产松、杉、杂木、毛竹。通电、公路、程控电话、有线电视、自来水。清属二都。1931年属第二区杨徐乡。1950年7月，属渤海区金钟乡。1958年9月，属渤海人民公社金钟管理区。1961年9月，属渤海区金钟公社。1962年6月，改属云和县渤海区金钟公社。1984年3月，改属渤海区金钟乡。1992年5月属金钟乡。2007年6月，撤销金钟乡，属鹤溪镇(外舍管理区)。2008年12月，因滩坑库区行政区划调整，由原岭根、徐山2个村民委员会合并而成。2011年12月，属红星街道。经县人民政府批准为革命老区村。

【岭根】lǐnggēn 位于红星街道东北13.5千米。村民委员会驻地。115户，296人。地处关堂尖西麓杨山岭脚，故名。通电、程控电话、有线电视、自来水、公路。

【黄石】Huángshí 位于红星街道东北14.6千米。74户，234人。地处关堂尖西北坡地，村后山崖呈黄色，故名。通公路。

【徐山】Xú shān 位于红星街道东北14.1千米。97户，278人，严、吴姓。明代徐姓从福建徙此山间开基，故名。村东1.4千米有古建筑永镇廊桥。通电、程控电话、有线电视、自来水、公路。

【上斜】Shàng xié 位于红星街道东北14千米。85户，233人。金姓开基，村建上斜岩东麓峡谷，故名上斜。昔日渤海至云和古道经此出境。西与云和县接壤。

潘坑 Pānkēng 村民委员会 位于红星街道东北部。辖潘坑、西山塆、李坑、杨坑4个自然村。村民委员会驻地潘坑村。以驻地村潘坑得名。总面积11.83平方千米，海拔365米。9个村民小组，252户，694人，汉族。耕地面积505亩；林地面积16835亩，森林资源丰富，产松、杉、杂木、毛竹。通电、公路、程控电话、有线电视、自来水。建国前为云和县地域。1956年6月，析云和县包山乡潘坑、杨坑2村划归景宁县，属渤海区金钟乡。1958年9月，属渤海人民公社金钟管理区。1961年9月，属渤海区金钟公社。1962年6月，改属云和县渤海区金钟公社。1984年3月，改金钟公社为金钟乡，属渤海区。1992年5月，仍属金钟乡。2007年6月，撤销金钟乡，属鹤溪镇(外舍管理区)。2011年12月，属红星街道。经县人民政府批准为革命老区村。

【潘坑】Pānkēng 位于红星街道东北15.5千米。村民委员会驻地。98户，293人。村坐落西山尖南麓山塆谷地，潘姓开基，以姓得名。通电、程控电话、有线电视、自来水、公路。

【杨坑】Yángkēng 位于红星街道东北15.6千米。64户，165人。杨姓开基，村建岭根坑源头坑边，故名。通公路。

【李坑】Lǐkēng　位于红星街道东北 15.5 千米。69 户，189 人。村建岭根坑源头，故名里坑，以同音演变今名。通电、自来水、公路。

【西山塆】Xīshānwān　位于红星街道东北 15.4 千米。21 户，47 人。村处西山尖南麓山坳，故名。

小金州 Xiǎojīnzhōu 村民委员会　位于红星街道东北部。辖小粗、林村、陶州、库坑、下西山、菖蒲垟、坳头、毛坑 8 个自然村。县民族村。村民委员会驻地陶州村。取原小粗、金钟、陶州三村名各一字组合成村民委员会名。总面积 26.48 平方千米，海拔 300 米。14 个村民小组，263 户，744 人，其中畲族 208 人。耕地面积 919 亩；林地面积 45400 亩，产松、杉、杂木、毛竹。通电、公路、程控电话、有线电视、自来水。清属二都。1931 年属第二区包山乡。1950 年 7 月属渤海区金钟乡。1951 年 2 月，属渤海区包山乡。1956 年 3 月，复属渤海区金钟乡。1958 年 9 月，属渤海人民公社包山管理区。1961 年 9 月，属渤海区金钟公社。1962 年 6 月，改属云和县渤海区金钟公社。1984 年 3 月，改属渤海区金钟乡。1992 年 5 月，属金钟乡。2007 年 6 月，撤销金钟乡，属鹤溪镇(外舍管理区)。2008 年 12 月，因滩坑库区行政区划调整，由原小粗、金钟、陶州 3 个村民委员会合并而成。2011 年 12 月，属红星街道。经县人民政府批准为革命老区村。

【陶州】Táozhōu　位于红星街道东北 12.3 千米。村民委员会驻地。118 户，343 人，其中，畲族 21 人。村处仰天湖北麓，清代陶姓开基，故名。原属陶州村民委员会，2008 年 12 月，新组成小金州村民委员会。通电、程控电话、有线电视、自来水、公路。为革命老区村。

【小粗】Xiǎocū　位于红星街道东北 13.8 千米。59 户，165 人，其中，畲族 136 人。地处小溪南岸，沿岸巨石岩砻偏小，故名小粗。原属小粗村民委员会，2008 年 12 月，新组成小金州村民委员会。通电、程控电话、有线电视、自来水、公路。为革命老区村。

【林村】Líncūn　位于红星街道东北 8.8 千米。23 户，63 人。林姓开基，以姓得名。原金钟属村民委员会，2008 年 12 月，新组成小金州村民委员会。通电、自来水、公路。

【库坑】Kùkēng　位于红星街道东北 8.7 千米。17 户，44 人。陈姓开基，建村坑边，山场竹、木资源丰富，故称“库坑”。原属金钟村民委员会，2008 年 12 月，属小金州村民委员会。

【下西山】Xiàxīshān　位于红星街道东北 13.5 千米。9 户，33 人，其中，畲族 27 人。建村西山之下，以山得名。原属陶州村民委员会，2008 年 12 月新组成小金州村民委员会。

【菖蒲垟】Chāngpúyáng　位于红星街道东北 12.9 千米。16 户，37 人，畲族。钟姓开基，建村于菖蒲丛生之地，故名。原属陶州村民委员会，2008 年 12 月，属小金州村民委员会。

【坳头】àotóu　位于红星街道东北 12.8 千米。6 户，18 人，钟姓开基，村建陶州岭坳头，故名。原属陶州村民委员会，2008 年 12 月，属小金州村民委员会。

【毛坑】Máokēng　位于红星街道东北 8.5 千米。15 户，41 人。地处毛坑岭头，昔日村舍多茅草寮，故名茅坑，以同音演变今名。原属金钟村民委员会，2008 年 12 月，新组成小金州村民委员会。

金包山 Jīnbāoshān 村民委员会　位于红星街道东北部。辖金包山、下斜、上湖、西坑、竹园垄 5 个自然村。村民委员会驻地金包山村。以驻地村金包山得名。总面积 17.61 平方千米，海拔 530 米。13 个村民小组，429 户，1405 人，其中，畲族 19 人。耕地面积 668 亩；林地面积 21058 亩，产松、杉、杂木、毛竹。通电、公路、程控电话、有线电视、自来水。清属二都。1931 年，属第二区包山乡。1950 年 7 月，属渤海区金钟乡。1951 年 2 月，属渤海区包山乡。1956 年 3 月，复属渤海区金钟乡。1958 年 9 月，属渤海人民公社包山管理区。1961 年 9 月，属渤海区金钟公社。1962 年 6 月，改属云和县渤海区金钟公社。1984 年 3 月，改属渤海区金钟乡。1992 年 5 月属金钟乡。2007 年 6 月，撤销金钟乡，属鹤溪镇（外舍管理区）。2011 年 12 月，后属红星街道至今。经县人民政府批准为革命老区村。

【金包山】Jīnbāoshān　位于红星街道东北 10.7 千米。村民委员会驻地。187 户，615 人，其中，畲族 8 人。地处仰天湖西坡山涧谷地，金姓开基，故名。因与鹤溪包山重名，取金钟包山之意，改名金包山。通电、程控电话、有线电视、自来水、公路。

【下斜】Xiàxié　位于红星街道东北 10.8 千米。35 户，126 人。通公路。

【上湖】Shànghú　位于红星街道东北 10.5 千米。95 户，303 人，其中，畲族 6 人。地处仰天湖西麓，昔日有东、西湖之分，村建西湖地势较高，又名上湖。通电、公路。

【西坑】Xīkēng　位于红星街道东北 9.6 千米。98 户，312 人。村建仰天湖西侧坑边，故名。通公路。

【竹园垄】Zhúyuánlǒng　位于红星街道东北 9.7 千米。14 户，49 人。村建仰天湖西麓垄谷坳地，两侧毛竹茂盛，故名。通公路。

大吴山 Dàwúshān 村民委员会　位于红星街道东南部。辖大吴山、张寮、龙须坦、吴四 4 个自然村。为县民族村。村民委员会驻地大吴山村。以驻地村大吴山得名。总面积 10.43 平方千米，海拔 920 米。6 个村民小组，126 户，439 人，其中，畲族 136 人。耕地面积 289 亩；林地面积 12200 亩，产松、杉、杂木、毛竹。通电、公路、程控电话、有线电视、自来水。清属六都。1931 年，属第一区梅岐乡。1950 年 7 月，属渤海区金钟乡。1951 年 2 月，属渤海区包山乡。1956 年 3 月，复属渤海区金钟乡。1958 年 9 月，属渤海人民公社包山管理区。1961 年 9 月，属渤海区金钟公社。1962 年 6 月，改属云和县渤海区金钟公社。1984 年 3 月，改属渤海区金钟乡。1992 年 5 月，属金钟乡。2007 年 6 月，撤销金钟乡，属鹤溪镇（外舍管理区）。2011 年 12 月，属红星街道。经县人民政府批准为革命老区村。

【大吴山】Dàwúshān　位于红星街道东南 10.2 千米。村民委员会驻地。65 户，221 人，其中，畲族 32 人。吴姓开基，地处箬岱顶南坡，故名。通电、程控电话、有线电视、自来水、公路。

【张寮】Zhāngliáo　位于红星街道东南 11.3 千米。25 户，97 人。张姓开基，在仰天湖东麓山坡搭寮建村，故名。通电、公路。

【龙须坦】Lóngxūtǎn　位于红星街道东南 12.1 千米。15 户，52 人，其中，畲族 47 人。以山岗岩层形似龙须而得名。东与渤海镇接壤。交通不便。

【吴四】Wúsì　位于红星街道东南 11.8 千米。21 户，69 人，其中，畲族 56 人。东与梅岐乡接壤。山区偏僻交通不便。

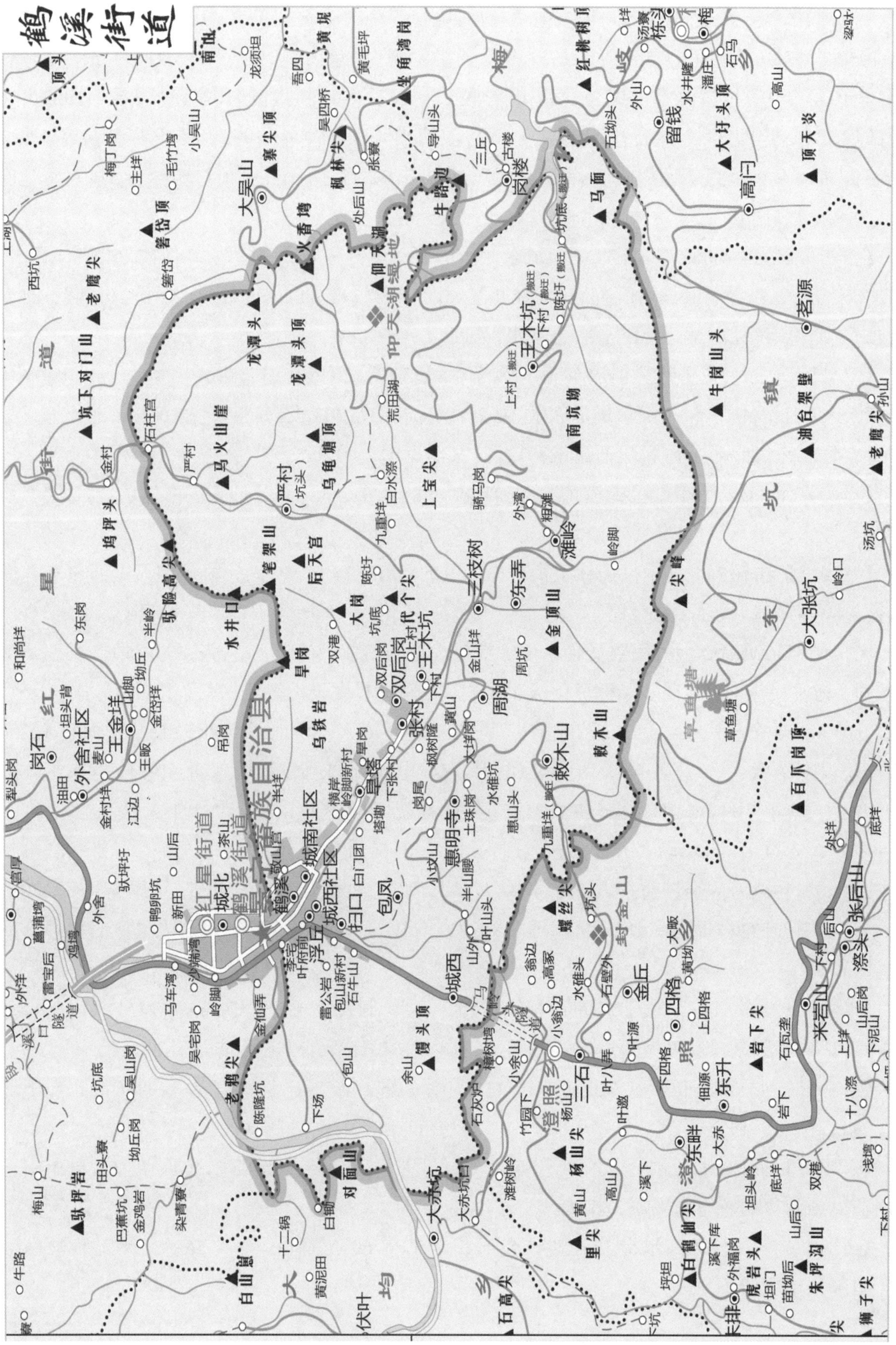

地图审核号：浙S(2015)46号

第二节 鹤溪街道(Hèxī Jiēdào)

名称来历 中国历史文化名镇。汉初,浮丘伯携双鹤隐居此间,筑台垂钓,沐鹤于溪,故名鹤溪。历为景宁县政治、经济、文化中心。

地理位置 位于东经119°35′41″~119°45′33″,北纬27°53′45″~27°59′09″。地处县城南部,东邻梅岐乡,南与东坑镇接壤、西与澄照乡毗连、北与红星街道相邻。办事处驻复兴东路47号。

政区沿革 明景泰三年(1452年)置县,为县治。清分属二都、六都、七都(行春、锦衣、西河3坊)。1931年设城镇及城东、西山、岭岱3乡,属第一区。1950年7月设鹤溪镇并城西乡,属城区。1951年2月,析鹤溪镇置城东乡。1952年10月,析鹤溪镇置学田乡。1952年10月,撤城东乡,置张村、三枝树2乡。1956年3月,撤城区,三枝树乡并入张村乡;为县直属鹤溪镇、张村乡。1957年3月,复属城区。1958年3月,张村乡改设张村民族乡;9月实行人民公社制,设立鹤溪、张村2个管理区,属红星公社。1959年7月,鹤溪管理区改设县直属鹤溪镇。1960年1月,改属丽水县红星公社。1961年9月,张村管理区改为张村公社。1962年6月,改属云和县红星区。1974年11月,析敕木山大队置惠明寺大队。1981年10月,张村公社改名张春公社;12月,红星区改称景宁区。1984年3月,张春公社改建张春畲族乡;6月30日,设立景宁畲族自治县,复为县治;12月改属城郊区。1986年11月,张春乡取消畲族乡名。1992年5月,撤销张春乡,并入鹤溪镇,面积由28平方千米扩大到108.6平方千米;辖8个居民委员会,16个村民委员会,68个自然村。1999年1月,余山村民委员会更名为城西村民委员会。2002年9月,将原10个居民委员会合并设置仙童、红星、城南、城西4个社区居委会。2011年12月,撤销鹤溪镇,设立鹤溪街道办事处。

政区划分 2014年末辖城南、城西2个社区,鹤溪、扫口、城西、包凤、浮丘、周湖、双后岗、张村、严村、旱塔、惠明寺、敕木山、三枝树、东弄、滩岭、王木坑16个村民委员会,共18个群众自治组织;下设20个居民小组、76个村民小组。

人口面积 2014年末辖区总户数5848户,总人口15089人。其中,男性7639人,占50.63%;女性7450人,占49.37%;18岁以下3097人,占20.52%;18~60岁9835人,占65.18%;60岁以上2157人,占14.3%。有畲、苗、佤、布依、彝族、拉祜等少数民族共3790人,占25.12%。其中,畲族3658人,占少数民族人口96.52%。人口自然增长率4.04‰。辖区东西最大距离15.8千米,南北最大距离9.99千米,总面积98.05平方千米。人口密度为每平方千米153.8人。

自然条件 地处洞宫山脉右支中段北部,以低山丘陵为主。境内敕木山海拔1519米,系县中主峰,乃邑之镇山,山间多雾,宜茶叶生长,是金奖惠明茶主要产地。周围有千米以上高山28座,已经成为人们养生、度假和休闲胜地。鹤溪、张村为山峡谷地,旧称“鹤溪洞天”。境内溪涧西注鹤溪，北入红星街道石门楼坑，东归梅岐乡龙潭坑，诸水汇入千峡湖。境内属亚热带季风气候，四季分明，适宜多种植物生长。年均降水量为1708毫米，降水日数160天。年日照时数1800小时。年均气温17.5℃。年无霜期241天。境内自然资源丰富，矿产资源以铁、铜、铅锌、银、花岗岩等为主；东南部有仰天湖、芥菜圩、荒田湖、桃树浦、蒲垟、草鱼塘等林区，森林资源丰富，溪涧河流众多，水电资源充足，有三支树，白水际1级、二级，张村等水电站。

经济状况　耕地面积4078亩；林地面积67396亩年产粮食1660吨，其中，水稻1040.3吨，薯类371吨，玉米61吨，豆类187.7吨。茶叶种植面积14062亩，产量598.1吨；竹笋种植面积1600亩，产量1280吨；厚朴种植面积366亩，产量181吨。生猪饲养量11370头，牛饲养量291头，羊饲养量805只，家禽饲养量116400只，兔饲养量4570只。畜禽肉类产量709吨，其中猪肉产量551吨。森林覆盖率75.6%。水果种植面积1683亩，产量620吨，其中柑桔182吨，梨子20吨，瓜用果298吨。2014年，农业总产值8624万元，工业总产值148600万元。

社会发展　各村民委员会都通电、公路、程控电话、有线电视、自来水。有文化站1个，公共图书馆1个，藏书21000册。有幼儿园15所；小学3所；初中4所。各级各类医疗卫生机构16个。2010年12月13日，鹤溪镇被国家住房和城乡建设部、国家文物局荣膺第五批“中国历史文化名镇”。

境内风景名胜地有敕木山、石印山、孔庙、惠明寺、浮丘钓台遗址等。旅游景点有中国畲族博物馆、县城市展览馆、鹤溪南路步行街、环敕木山风情旅游度假区等，游步道连接惠明寺、敕木山、草鱼塘、封金山等景区，直达敕木山顶峰。主要畲族村寨有敕木山、惠明寺、叶山头、周湖、东弄、包凤、双后岗、三枝树、塔堋、半垟10个村。是畲族最集中的居住地，其中，叶山头村是畲族先民1200年前最早入迁景宁之落脚点之一。县政府批准东弄、敕木山、王木坑村及双后岗自然村为革命老区村。

鹤溪街道社区居委会一览

表2–3

标准名称	居民小组	2014年人口	
		户数	人数
城南社区	15	1978	4832
城西社区	5	883	2175

鹤溪街道村民委员会一览

表2–4

标准名称	村民小组	自然村		2014年		海拔（米）
		村数	标准名称	户数	人数	
鹤溪	10	5	半垟	97	312	265
			横岸	75	196	226

续表 2–4

标准名称	村民小组	自然村		2014 年		海 拔（米）
		村数	标准名称	户数	人数	
鹤溪	10	5	后坑	218	695	220
			枫车塆	69	112	240
			百岁门	363	758	215
浮丘	4	4	叶府前	81	217	201
			钓台岗	74	219	238
			石牛山	41	125	244
			包山新村	45	116	230
扫口	3	2	扫口	56	146	220
			下场	17	39	220
城西	3	1	城西	145	446	360
包凤	4	3	山外	15	36	560
			叶山头	24	89	512
			包凤	102	285	243
旱塔	4	3	旱岗	39	131	257
			塔塴	45	134	261
			旱岗新村	49	108	258
张村	4	3	上张村	79	196	280
			下张村	102	252	259
			枫树隆	5	23	323
双后岗	4	2	双后岗	118	342	310
			双港	11	43	289
三枝树	4	2	三枝树	107	287	330
			金山垟	50	116	310
周湖	4	5	周湖	57	201	347
			香炉丘	6	15	347
			汤湾	11	34	367
			驮垟岗	2	7	347
			黄山岗	2	8	330
惠明寺	5	5	惠明寺	19	72	633

续表 2-4

标准名称	村民小组	自然村		2014 年		海拔（米）
		村数	标准名称	户数	人数	
惠明寺	5	5	小坟山	22	93	620
			岗尾	9	36	590
			水碓坑	15	49	605
			惠山头	24	82	700
敕木山	4	2	敕木山	45	191	770
			九重垟	31	88	810
东弄	6	3	东弄	65	194	437
			东弄新村	62	182	335
			周坑	16	47	321
滩岭	6	3	外塆	33	110	600
			里塆	98	234	545
			枫车塆	36	132	240
严村	6	2	严村	47	153	420
			坑头	105	298	602
王木坑	7	2	上村	92	281	740
			下村	51	126	710

社区、村民委员会、居民点

城南社区　Chéngnán Shèqū　位于鹤溪街道人民南路 398 号。辖区范围东至半垟村，南至下张村，西至鹤溪南路，北至钟楼路。总面积 1.2 平方千米。2014 年，辖 15 个居民小组，853 户，4832 人，其中，畲族 308 人；流动人口 8051 人。2002 年 9 月，将原来新城、仙童、南门、后山、百岁、百塔、金仙寺、城郊、垟后、浮丘等 10 个居民委员会合并设置为仙童、红星、城南、城西 4 个社区居委会。社区内有景宁中学、实达液化气有限公司、自来水厂、金园丽景小区、鹤溪小区、鹤川小区、鑫景商城、石印山小区、城市建设发展有限公司、城市展览馆、中国畲族博物馆、图书馆、畲族文化中心、文化广电新闻出版（体育）局、人民法院、检察院、蓝天幼儿园、卫生局、妇幼保健所，广播电视大学景宁分校、县委党校、县老年体育活动基地、县残疾人康复中心、疾病控制中心、景宁基督教堂、放心超市、万客源商场、实验一小、民族小学、民族中学、孔庙、泰隆银行景宁支行等企事业单位。社区成立老年人协会；配备有警务室，设有治保调解、义务消防队等。

城西社区 Chéngxī Shèqū 位于鹤溪街道环城西路108号。辖区范围东至浮丘路，南至石牛山村，西至环城西路，北至寨山桥。总面积0.5平方千米。2014年辖5个居民小组，1936户，2175人，其中，畲族126人；流动人口1877人。2002年9月，将原来新城、仙童、南门、后山、百岁、百塔、金仙寺、城郊、垟后、浮丘等10个居民委员会合并设置为仙童、红星、城南、城西4个社区居委会。2012年10月，因县城行政区划调整，析城西社区居委会置金仙寺社区居委会。社区内有县盐业有限公司、商业小区、鹤溪花园小区、花园购物中心、景宁洁净钢管有限公司、浙江名龙医药包装有限公司等企业单位。社区成立老年人协会；配备有警务室，设有治保调解、义务消防队等。

鹤溪 Hèxī 村民委员会 位于县城南部。辖百岁门、半垟、横岸、后坑、枫车塆5个自然村。村民委员会驻地百岁门村。地处鹤溪之畔，村以溪名。总面积4.54平方千米，海拔200米。10个村民小组，822户，2073人，其中，畲族335人。耕地面积615亩；林地面积1183亩，产松、杉、杂木、毛竹。通电、公路、程控电话、有线电视、自来水。清属七都(行春、锦衣2坊)。1931年，属第一区城镇。1950年7月，属城区鹤溪镇。1956年3月，为县直属鹤溪镇。1957年3月复属城区。1958年9月，属红星公社鹤溪管理区。1959年7月，鹤溪管理区改县直属鹤溪镇。1960年1月，改属丽水县红星公社。1962年6月，改属云和县红星区。1981年12月，改称景宁区。1984年12月改属城郊区。1992年5月，仍属鹤溪镇。2011年12月，撤鹤溪镇后属鹤溪街道。

【百岁门】Bǎisuìmén 位于鹤溪街道东0.5千米。村民委员会驻地。363户，758人。昔日里人在此建牌坊，名百岁门，村以牌坊门名。是鹤溪古镇保护中心地段，为城中村，附近主要建筑物有中国畲族博物馆、县实验一小、县人民法院、县检察院、县民族小学、新蓝天幼儿园、县残疾人康复中心、鹤溪村综合办公楼等。通电、程控电话、有线电视、自来水、公路。

【半垟】Bànyáng 位于鹤溪街道东1.5千米。97户，312人，其中，畲族243人。村处鹤溪东侧田垟，曾称溪后半垟，故名。东倚乌铁岩，此为鹤溪八景之一。村前建县民族小学、鹤溪变电所。通电、程控电话、有线电视、自来水、村道公路。

【后坑】Hòukēng 位于鹤溪街道东0.7千米。218户，695人，其中，畲族51人。村处鹤溪东侧，傍山小坑名后坑边，村以坑名。为县城旧城区。通电、程控电话、有线电视、自来水、公路。

【横岸】Héngàn 位于鹤溪街道东南1.6千米。75户，196人，其中，畲族12人。村处乌铁岩山脚鹤溪东侧，昔日邻近人稀，田岸为路横卧屋前连百岁门村，故名。通电、程控电话、有线电视、自来水、公路。

【枫车塆】Fēngchēwān 位于鹤溪街道东南2.2千米。69户，112人，其中，畲族68人，为原滩岭村委岭脚村民迁入。村处乌铁岩西麓，人民南路东侧，西连金园丽景小区，南为亲亲家园小区，北接鹤溪小区B区。通电、程控电话、有线电视、自来水、公路。

浮丘 Fúqiū 村民委员会 位于鹤溪街道西部。辖叶府前、钓台岗、石牛山、包山新村4个自然村。村民委员会驻叶府前村。相传汉代隐士浮丘伯在此沫鹤垂钓，故名。总面积3.14平方千米，海拔200米。4个村民小组，241户，677人，其中，畲族408人。耕地面积356亩；林地面积2933亩，产松、杉、杂木、毛竹。通电、公路、程控电话、有线电视、自来水。清属七都西河坊。1931年，属第一区城镇。1950年7月，属城区城西乡。1956年3月，为县直属鹤溪镇。1957年3月，复属城区。1958年9月，属红星公社鹤溪管理区。1959年7月，鹤溪管理区改县直属鹤溪镇。1960年1月，改属丽水县红星公社。1962年6月，改属云和县红星区。1981年12月，改属景宁区鹤溪镇。1984年12月改属城郊区。1992年5月，仍属鹤溪镇。2011年12月，撤鹤溪镇属鹤溪街道。

【叶府前】Yèfǔqián　位于鹤溪街道西南1.2千米。村民委员会驻地。81户，217人，其中，畲族96人。昔日村旁有叶氏古民居，故名。通电、程控电话、有线电视、自来水、公路。

【钓台岗】Diàotáigǎng　位于鹤溪街道西南1.5千米。74户，219人，其中，畲族128人。以浮丘钓台古迹得名。通电、程控电话、有线电视、自来水、公路。

【石牛山】Shíniúshān　位于鹤溪街道西南1.9千米。41户，125人，其中，畲族99人。村后山顶有巨石，形状如蹲伏之石牛，故名石牛山。清代列入鹤溪八景之一，村以山名。省道云寿线过境。村建多处农家乐。通电、程控电话、有线电视、自来水。

【包凤新村】Bāofèngxīncūn　位于鹤溪街道西南1.6千米。45户，116人，其中，畲族85人。在包凤村北0.5千米建村，故名。村前鹤溪支流小坑，原潘山岭迁入此村。通电、程控电话、有线电视、自来水、公路。

扫口 Sǎokǒu 村民委员会　位于鹤溪街道西部。辖扫口、下场2个自然村。村民委员会驻地扫口村。以驻地村扫口得名。总面积6.72平方千米，海拔220米。3个村民小组，73户，185人。耕地面积41亩；林地面积795亩。通电、公路、程控电话、有线电视、自来水。清属二都。1931年，属第一区北郭乡。1950年7月，属城区城西乡。1956年3月，为县直属鹤溪镇。1957年12月，复属城区鹤溪镇。1958年9月，属红星人民公社鹤溪管理区。1959年7月，改为县直属鹤溪镇。1961年9月，属红星区鹤溪镇。1962年6月，改属云和县红星区鹤溪镇。1981年12月，改属景宁区鹤溪镇。1984年12月，改属城郊区鹤溪镇。1992年5月，属鹤溪镇。2007年6月，因滩坑库区涉淹村，移民安置鹤溪镇金惠、鹤川小区。2011年12月，后属鹤溪街道。

【扫口】Sǎokǒu　位于鹤溪街道西3.2千米。村民委员会驻地。56户，146人。村处老鸦尖西麓，村坊依山傍水，村后山岗形似扫帚，村前为通往大均白锄、黄泥田等村小溪渡口，故名。2007年6月，因滩坑库区涉淹，移民安置在金惠、鹤川小区。通电、程控电话、有线电视、自来水、公路。

【下场】Xiàchǎng　位于鹤溪街道西3千米。17户，39人。村处石牛山西北麓，宋代为开采铁矿工场，分上、下两处，村建下工场，故名。2007年6月，因滩坑库区涉淹，移民安置在金惠、鹤川小区。通电、程控电话、有线电视、自来水、公路。

城西 Chéngxī 村民委员会　位于鹤溪街道西南部。原名余山村民委员会。辖城西1个自然村。村民委员会驻地城西村。以驻地村城西得名。总面积4.75平方千米，海拔360米。3个村民小组，145户，446人，其中，畲族19人。耕地面积318亩；林地面积2525亩。通电、公路、程控电话、有线电视、自来水。清属二都。1931年，属第一区西山乡。1950年7月，属城区城西乡。1956年3月，为县直属鹤溪镇。1957年12月，复属城区鹤溪镇。1958年9月，属红星人民公社鹤溪管理区。1959年7月，改为县直属鹤溪镇。1961年9月，属红星区鹤溪镇。1962年6月，改属云和县红星区鹤溪镇。1981 年 12 月,改属景宁区鹤溪镇。1984 年 12 月,改属城郊区鹤溪镇。1992 年 5 月,属鹤溪镇。1999 年 1 月,经县政府批准,余山村民委员会更名为城西村民委员会。2011 年 12 月,属鹤溪街道。

【城西】Chéngxī 位于鹤溪街道西南 3.3 千米。村民委员会驻地。145 户,446 人。其中,畲族 19 人。以地处县城西部,故名城西村。原为余山村,由于交通不便,1998 年 9 月,景泰公路马岭头隧道开通后,迁至隧道口北侧。通电、程控电话、有线电视、自来水。

包凤 Bāofèng 村民委员会 位于鹤溪街道南部。辖包凤、叶山头、山外 3 个自然村。村民委员会驻地包凤村。以驻地村包凤得名。总面积 3.71 平方千米,海拔 230 米。4 个村民小组,141 户,410 人,其中,畲族 376 人。耕地面积 687 亩;林地面积 1918 亩。通电、公路、程控电话、有线电视、自来水。清属七都。1931 年,属第一区西山乡。1950 年 7 月,属城区城西乡。1956 年 3 月,为县直属鹤溪镇。1957 年 12 月,复属城区鹤溪镇。1958 年 9 月,属红星人民公社鹤溪管理区。1959 年 7 月,改为县直属鹤溪镇。1961 年 9 月,属红星区鹤溪镇。1962 年 6 月,改属云和县红星区鹤溪镇。1981 年 12 月,改属景宁区鹤溪镇。1984 年 12 月,改属城郊区鹤溪镇。1992 年 5 月,属鹤溪镇。2011 年 12 月,属鹤溪街道。

【包凤】Bāofèng 位于鹤溪街道南 2.4 千米。102 户,285 人,其中,畲族 262 人。村址地形似上山凤凰,故名。村民委员会驻地。原老村在半山腰,2000 年,下山脱贫陆续搬迁至山脚和金惠小区 B 区,是县境内畲族主要集聚地。新建特色石门楼,铺设鹅卵石观光道 4000 余平方米,修鹅卵石挡墙,街道水泥路面硬化。屋顶装饰近 40 幢,新装路灯,增加绿化面积。为“畲族雷氏特色村”。通电、程控电话、有线电视、自来水、公路。

【叶山头】Yèshāntóu 位于鹤溪街道南 3.5 千米。24 户,89 人,其中,畲族 81 人。原为叶姓山场,故名。唐代永泰二年(766 年)畲族先祖雷氏进裕公自福州罗源南坑村徙居于此。为畲民迁入景宁第一村落。通电、程控电话、有线电视、自来水、公路。

【山外】Shānwài 位于鹤溪街道南 3 千米。15 户,36 人,其中,畲族 33 人。村处叶山头村外侧,故名山外。有钟氏始迁祖古墓遗址。通电、自来水、公路。

旱塔 Hàntǎ 村民委员会 位于鹤溪街道东南部。辖旱岗、塔堋、旱塔新村 3 个自然村。村民委员会驻地旱岗村。取旱岗、塔堋两村首字而得名。总面积 2.06 平方千米,海拔 250 米。4 个村民小组,133 户,373 人,其中,畲族 267 人。耕地面积 127 亩;林地面积 2371 亩,产松、杉、杂木、毛竹。通电、公路、程控电话、有线电视、自来水。清属六都。1931 年,属第一区城东乡。1950 年 7 月,属城区鹤溪镇。1951 年 2 月,属城区城东乡。1952 年 10 月,属城区张村乡。1956 年 3 月,为县直属张村乡。1957 年 12 月,复属城区张村乡。1958 年 5 月,改属张村民族乡。同年 9 月属红星人民公社张村管理区。1961 年 9 月,属红星区张村公社。1962 年 6 月,改属云和县红星区张村公社。1981 年 10 月,改名张春公社,12 月,改属景宁区。1984 年 3 月,张春公社改建张春畲族乡,12 月改属城郊区。1986 年 11 月,复属城郊区张春乡。1991 年 4 月,从张村村民委员会析出,置旱塔村民委员会。1992 年 5 月,撤销张春乡,并入鹤溪镇。2011 年 12 月,属鹤溪街道。经县人民政府批准为第二次国内革命战争时期革命老区村。

【旱岗】Hàngǎng　位于鹤溪街道东南 2.5 千米。村民委员会驻地。39 户，131 人，其中，畲族 93 人。处地山岗，常年干旱缺水，故名。通电、程控电话、有线电视、自来水、公路。

【塔塆】Tǎkàn　位于鹤溪街道东南 2.4 千米。45 户，134 人，其中，畲族 99 人。昔日村后有古塔，塔址旁为石砌岩堪，村傍石塆而建，故名。村前建民族桥，连接人民南路。村后游步道通往惠明寺村。通电、程控电话、有线电视、自来水。

【旱塔新村】Hàntǎxīncūn　位于鹤溪街道东南 2.5 千米。49 户，108 人，其中，畲族 75 人。村民委员会驻地。县城南部扩建后，旱岗与塔塆村民在旱岗村附近，人民南路东侧建新村安居，故名。通电、程控电话、有线电视、自来水、公路。

张村 Zhāngcūn 村民委员会　位于鹤溪街道东南部。辖上张村、下张村、枫树隆 3 个自然村。村民委员会驻地上张村。上、下两村统称张村。总面积 2.76 平方千米，海拔 270 米。4 个村民小组，186 户，471 人，其中，畲族 33 人。耕地面积 212 亩；林地面积 2163 亩，产松、杉、杂木、毛竹。通电、公路、程控电话、有线电视、自来水。清属六都。1931 年，属第一区城东乡。1950 年 7 月，属城区鹤溪镇。1951 年 2 月，属城区城东乡。1952 年 10 月，改名张村乡；仍属城区。1956 年 3 月，为县直属张村乡。1957 年 12 月，复属城区张村乡。1958 年 5 月，改属张村民族乡。9 月，属红星人民公社张村管理区。1961 年 9 月，属红星区张村公社。1962 年 6 月，改属云和县红星区张村公社。1981 年 10 月，改名张春公社；12 月改属景宁区。1984 年 3 月，张春公社改建张春畲族乡；12 月，改属城郊区。1986 年 11 月，复属城郊区张春乡。1991 年 4 月，张村村民委员会析置为周湖、双后岗、旱塔、张村 4 个村民委员会。1992 年 5 月，撤销张春乡，并入鹤溪镇。2011 年 12 月，属鹤溪街道。经县人民政府批准为第二次国内革命战争时期革命老区村。

【上张村】Shàngzhāngcūn　位于鹤溪街道东南 3.1 千米。原乡人民政府、村民委员会驻地。79 户，196 人，其中，畲族 21 人。明代张姓开基，又名张春，以姓得名。村处鹤溪源分上、下两村，居上游为上村，故名。建大仙宫古殿，列入县级重点文物保护单位。鹤溪东岸新建鹤溪小学，为标准省一级寄宿制学校。新建鹤溪大桥，连接对岸枫树砻、周湖等村。通电、程控电话、有线电视、自来水、公路。

【下张村】Xiàzhāngcūn　位于鹤溪街道东南 3 千米。102 户，252 人，其中，畲族 12 人。村处上张村下游，故名。村建马塔宫殿，属县级重点文物保护单位。村尾新建景宁中学，连接人民南路。通电、程控电话、有线电视、自来水。

【枫树砻】Fēngshùlóng　位于鹤溪街道东南 3 千米。5 户，23 人。村处上张村对岸山砻地，昔日有枫树林，故名。村边成片惠明茶园，步道全部硬化，宛如进入公园。通电、公路。

双后岗 Shuānghòugǎng 村民委员会　位于鹤溪街道东南部。辖双后岗、双港 2 个自然村。村民委员会驻地双后岗村。以驻地村得名。总面积 2.57 平方千米，海拔 290 米。4 个村民小组，129 户，385 人，其中，畲族 311 人。耕地面积 185 亩；林地面积 1257 亩，产松、杉、杂木、毛竹。通电、公路、程控电话、有线电视、自来水。清属六都。1931 年，属第一区城东乡。1950 年 7 月，属城区鹤溪镇。1951年2月，属城区城东乡。1952年10月，属城区张村乡。1956年3月，为县直属张村乡。1957年12月，复属城区张村乡。1958年5月，改属张村民族乡。同年9月，属红星人民公社张村管理区。1961年9月，属红星区张村公社。1962年6月，改属云和县红星区张村公社。1981年10月，改名张春公社；12月改属景宁区。1984年3月，张春公社改建张春畲族乡；同年12月改属城郊区。1986年11月，复属城郊区张春乡。1991年4月，从张村村民委员会析出，置双后岗村民委员会。1992年5月，撤销张春乡，并入鹤溪镇。2011年12月，属鹤溪街道。

【双后岗】Shuānghòugǎng 位于鹤溪街道东南3千米。118户，342人，其中，畲族303人。村民委员会驻地。旧名后垟圩，解放初土改时双港、后垟圩、旱岗三村成立农会驻此，故取各村一字为村名。村内有红豆杉、廊桥和畲族彩带作坊等，畲族文化氛围浓郁，基础设施齐全，旅游资源丰富。为革命老区村。村前连接下山移民安置点沐鹤小区。通电、程控电话、有线电视、自来水、公路。

【双港】Shuānggǎng 位于鹤溪街道东南3.2千米。11户，43人，其中,畲族8人。村处两条小坑交汇处，故名。通电、自来水、公路。

三枝树 Sānzhīshù 村民委员会 位于鹤溪街道东南部。辖三枝树、金山垟2个自然村。村民委员会驻地三枝树村。以驻地村三枝树得名。总面积3.66平方千米，海拔330米。4个村民小组，157户，403人，其中，畲族157人。耕地面积198亩；林地面积3155亩。通电、公路、程控电话、有线电视、自来水。清属六都。1931年，属第一区岭岱乡。1950年7月，属城区鹤溪镇。1951年2月，属城区城东乡。1952年10月，属城区三支树乡。1956年3月为县直属张村乡。1957年12月，复属城区张村乡。1958年5月，改属张村民族乡，9月属红星人民公社张村管理区。1961年9月，属红星区张村公社。1962年6月，改属云和县红星区张村公社。1981年10月，改名张春公社；同年12月改属景宁区。1984年3月，张春公社改建张春畲族乡；同年12月，改属城郊区。1986年11月，复属城郊区张春乡。1992年5月，撤销张春乡，并入鹤溪镇。2011年12月，属鹤溪街道。

【三枝树】Sānzhīshù 位于鹤溪街道东南5.1千米。107户，287人，其中，畲族89人。村民委员会驻地。村舍处于鹤溪上游东岸，昔日岸边有三株古松树，故名。对岸为东弄新村。景宁至梅岐公路过境。通电、程控电话、有线电视、自来水。

【金山垟】Jīnshānyáng 位于鹤溪街道东南4.1千米。50户，116人，其中，畲族68人。村处金山北麓田垟，故名。景宁至惠明寺、敕木山村公路过境。通电、程控电话、有线电视、自来水。

周湖 Zhōuhú 村民委员会 位于鹤溪街道东南部。辖周湖、香炉丘、汤塆、驮垟岗、黄山岗5个自然村。村民委员会驻地周湖村。以驻地村得名。总面积2.06平方千米，海拔340米。4个村民小组，78户，265人，其中，畲族196人。耕地面积161亩；林地面积1139亩，产松、杉、杂木、毛竹。通电、公路、程控电话、有线电视、自来水。清属六都。1931年，属第一区岭岱乡。1950年7月，属城区鹤溪镇。1951年2月，属城区城东乡。1952年10月，属城区三支树乡。1956年3月，为县直属张村乡。1957年12月，复属城区张村乡。1958年5月，改属张村民族乡。9月属红星人民公社张村管理区。1961年9月，属红星区张村公社。1962年6月，改属云和县红星区张村公社。1981

年10月，改名张春公社；12月改属景宁区。1984年3月，张春公社改建张春畲族乡；12月改属城郊区。1986年11月，复属城郊区张春乡。1991年4月，从张村村民委员会析出，置周湖村民委员会。1992年5月，撤销张春乡，并入鹤溪镇。2011年12月，属鹤溪街道。

【周湖】Zhōuhú　位于鹤溪街道东南4.4千米。57户，201人，其中，畲族159人。村民委员会驻地。村处山砻地，田多为沼泽辟成，方言称烂湖田。早时古墓多，称墓垟湖。后以村四周多湖田，故名周湖。村庄民房外墙绘制彩带和龙凤吉祥图，部分畲民修建庭院式民居，并开办农家乐。游步道连接惠明寺、敕木山等村，通达敕木山顶。通电、程控电话、有线电视、自来水、公路。

【香炉丘】Xiānglúqiū　位于鹤溪街道东南4.3千米。6户，15人，其中，畲族11人。村旁山形似香炉，以地形得名。通电、自来水、公路。

【汤塆】Tāngwān　位于鹤溪街道东南4.4.千米。11户，24人，其中，畲族23人。以地形得名。通电、自来水、公路。

【驮垟岗】Tuóyánggǎng　位于鹤溪街道东南4.3千米。2户，7人。通电、自来水、公路。

【黄山岗】Huángshāngǎng　位于鹤溪街道东南4.1千米。2户，8人。通电、公路。

惠明寺 Huìmíngsì 村民委员会　位于鹤溪街道东南部。辖惠明寺、小坟山、岗尾、水碓坑、惠山头5个自然村。村民委员会驻地惠明寺村。以驻地村惠明寺得名。总面积3.17平方千米，海拔630米。5个村民小组，89户，332人，其中，畲族253人。耕地面积310亩；林地面积5086亩，产茶、杉、松、毛竹。通电、公路、程控电话、有线电视、自来水。清属六都。1931年，属第一区城东乡。1950年7月，属城区鹤溪镇。1951年2月，属城区城东乡。1952年10月，属城区张村乡。1956年3月，为县直属张村乡。1957年12月，复属城区张村乡。1958年5月，改属张村民族乡。9月，属红星人民公社张村管理区。1961年9月，属红星区张村公社。1962年6月，改属云和县红星区张村公社。1974年11月，从敕木山村民委员会析出惠山头、水碓坑、底村及坟山4个自然村，置惠明寺村民委员会。1981年10月，改名张春公社；12月改属景宁区。1984年3月，张春公社改建张春畲族乡；12月，改属城郊区。1986年11月，复属城郊区张春乡。1992年5月，撤销张春乡，并入鹤溪镇。2011年12月，属鹤溪街道。

【惠明寺】Huìmíngsì　位于鹤溪街道东南3.1千米。19户，72人，其中，畲族44人。村民委员会驻地。唐咸通二年（861年）惠明和尚缘资建寺，建铁香炉二只，铁钟一只，寺以僧名，村因寺名。此地产之茶曾获1915年巴拿马万国博览会金奖。今为“金奖惠明茶”主要产地。2001年10月修缮一新，又成为佛教重要场所。新建塔堪至惠明寺村游步道，连接周边村落，直达敕木山顶。该村为景宁畲族风情旅游度假区中供人们修心、度假、观光之畲寨。通电、程控电话、有线电视、自来水、公路。

【小坟山】Xiǎofénshān　位于鹤溪街道东南3千米。22户，93人，其中，畲族65人。处地惠明寺西北侧，古为寺僧圆寂解脱之所，故称小坟山。通电、自来水、公路。

【岗尾】Gǎngwěi　位于鹤溪街道东南3千米。9户，36人，其中，畲族13人。村处土珠岗脚，故名。原名竹契。通电、自来水、公路。

【水碓坑】Shuǐduìkēng 位于鹤溪街道东南3.5千米。15户,49人,其中,畲族35人。村舍傍坑,坑建水碓,故名。通电、来水、公路。

【惠山头】Huìshāntóu 位于鹤溪街道东南3.8千米。24户,82人,其中,畲族96人。村建惠明寺后山头,故名。东接敕木山、九重垟等村。通电、程控电话、有线电视、自来水、公路。

敕木山 Chìmùshān 村民委员会 位于鹤溪街道东南部。辖敕木山、九重垟2个自然村。村民委员会驻地敕木山村。以驻地村得名。总面积3平方千米,海拔750米。4个村民小组,76户,279人,其中,畲族209人。耕地面积233亩;林地面积6196亩,产松、杉、杂木、毛竹。通电、公路、程控电话、有线电视、自来水。清属六都。1931年,属第一区城东乡。1950年7月,属城区鹤溪镇。1951年2月,属城区城东乡。1952年10月,属城区张村乡。1956年3月,为县直属张村乡。1957年12月,复属城区张村乡。1958年5月,改属张村民族乡。9月属红星人民公社张村管理区。1961年9月,属红星区张村公社。1962年6月,改属云和县红星区张村公社。1974年11月,析置惠明寺行政村。1981年10月,改名张春公社;同年12月,改属景宁区。1984年3月,改建张春畲族乡;同年12月,改属城郊区。1986年11月,属城郊区张春乡。1992年5月,撤销张春乡,并入鹤溪镇。2011年12月,属鹤溪街道。经县人民政府批准为第二次国内革命战争时期革命老区村。

【敕木山】Chìmùshān 位于鹤溪街道东南4.3千米。45户,191人,其中,畲族124人。村民委员会驻地。传宋高宗年间,汤氏仙女显厥灵异,运木于朝廷以资用,高宗降敕褒封此地为敕木山,山因之名,村以山名。1929年,德国学者哈·史图博与其学生李化民在该村作畲民调查,著《浙江景宁敕木山畲民调查记》一书。新建特色石门楼游步道通至敕木山顶。通电、程控电话、有线电视、自来水、公路。

【九重垟】Jiǔzhòngyáng 位于鹤溪街道东南4.1千米。31户,88人,其中,畲族85人。村处敕木山北坡,处地有九层山砻田,故名九重垟,村因之名。村后通环敕木山公路。

东弄 Dōnglòng 村民委员会 位于鹤溪街道东南部。辖东弄、周坑、东弄新村3个自然村。村民委员会驻地东弄村。以驻地村得名。总面积3.06平方千米,海拔430米。6个村民小组,143户,423人,其中,畲族333人。耕地面积151亩;林地面积2933亩。通电、公路、程控电话、有线电视、自来水。清属六都。1931年,属第一区城东乡。1950年7月,属城区鹤溪镇。1951年2月,属城区城东乡。1952年10月,属城区三支树乡。1956年3月,为县直属张村乡。1957年12月,复属城区张村乡。1958年5月,改属张村民族乡。同年9月,属红星人民公社张村管理区。1961年9月,属红星区张村公社。1962年6月,改属云和县红星区张村公社。1981年10月,改名张春公社;同年12月,改属景宁区。1984年3月,张春公社改建张春畲族乡;同年12月,改属城郊区。1986年11月,属城郊区张春乡。1992年5月,撤销张春乡,并入鹤溪镇。2011年12月,属鹤溪街道。被列入"十二五"时期全国少数民族特色村寨保护与发展村。经县人民政府批准为第二次国内革命战争时期革命老区村。

【东弄】Dōnglòng　位于鹤溪街道5.3千米。65户，194人，其中，畲族123人。村民委员会驻地。村处敕木山东侧峡谷地，谷深如弄，故名。该村邻近县城，交通方便，又是境内畲族历史文化保存最完好古村落，有原始畲族建筑、名木古树。明代在此建千工堰，长五里。村内保留有蓝氏宗祠、汤三公庙等古建筑。建畲族文化陈列馆、蓝延兰彩带工作室。每年举办“三月三”畲族对歌活动。成功举办“首届畲族文化艺术展示会”。是省级非遗旅游景区。景宁至梅岐公路过村境。通电、程控电话、有线电视、自来水。

【周坑】Zhōukēng　位于鹤溪街道东南5千米。16户，47人，其中，畲族33人。通电、程控电话、有线电视、自来水、公路。

【东弄新村】Dōnglòngxīncūn　位于鹤溪街道东南5.2千米。62户，182人，其中，畲族177人。东弄新村，在三枝树村对岸，景宁至梅岐公路边建新村，故名。通电、程控电话、有线电视、自来水。

滩岭 Tānlǐng 村民委员会　位于鹤溪街道东南部。辖粗滩、外塆、枫车塆3个自然村。村民委员会驻地粗滩村。取原粗滩、岭脚两村名首字而得名。总面积5.79平方千米，海拔550米。6个村民小组，167户，476人，其中，畲族327人。耕地面积122亩；林地面积5328亩，产松、杉、杂木、毛竹。通电、公路、程控电话、有线电视、自来水。清属六都。1931年，属第一区岭岱乡。1950年7月，属城区鹤溪镇。1951年2月，属城区城东乡。1952年10月，属城区三支树乡。1956年3月，为县直属张村乡。1957年12月，复属城区张村乡。1958年5月，改属张村民族乡。同年9月，属红星人民公社张村管理区。1961年9月，属红星区张村公社。1962年6月，改属云和县红星区张村公社。1981年10月，改名张春公社；同年12月，改属景宁区。1984年3月，张春公社改建张春畲族乡；同年12月，改属城郊区。1986年11月，属城郊区张春乡。1992年5月，撤销张春乡，并入鹤溪镇。2011年12月，属鹤溪街道。

【粗滩】Cūtān　位于鹤溪街道东南5.8千米。98户，243人，其中,畲族172人。村民委员会驻地。景宁至东坑、泰顺古道经此。涧水绕村流注鹤溪，常遇洪水，河床粗石裸露，故名粗滩。景宁至梅岐公路过境。通电、程控电话、有线电视、自来水。

【外塆】Wàiwān　位于鹤溪街道东南5.9千米。33户，110人，其中,畲族87人。村建粗滩水口山塆，故名。通电、自来水、公路。

严村 Yáncūn 村民委员会　位于鹤溪街道东部。辖严村、坑头2个自然村。村民委员会驻地坑头村。原名严坑，取严村，坑头村名首字成名。1981年，因重名，更名严村。总面积12.88平方千米，海拔600米。耕地面积235亩；林地面积18530亩，产松、杉、杂木、毛竹。6个村民小组，152户，451人。通电、公路、程控电话、有线电视、自来水。清属六都。1931年，属第一区严石乡。1950年7月，属城区鹤溪镇。1951年2月，属城区城东乡。1952年10月，属城区三支树乡。1956年3月，为县直属张村乡。1957年12月，复属城区张村乡。1958年5月，改属张村民族乡。同年9月，属红星人民公社张村管理区。1961年9月，属红星区张村公社。1962年6月，改属云和县红星区张村公社。1981年10月，改名张春公社；同年12月，改属景宁区。1984年3月，张春公社改建张春畲族乡；12月，改属城郊区。1986年11月，复属城郊区张春乡。1992年5月，撤销张春乡，并入鹤溪镇。2011 年 12 月，属鹤溪街道。

【坑头】Kēngtóu 位于鹤溪街道东 5.4 千米。村民委员会驻地。105 户，298 人。村处笔架山东麓。以地处石门楼坑源头而得名。通电、程控电话、有线电视、自来水、公路。

【严村】Yáncūn 位于鹤溪街道东 5.9 千米。47 户，153 人。严姓开基，以姓得名。通电、程控电话、有线电视、自来水、公路。

王木坑 Wángmùkēng 村民委员会 位于鹤溪街道东南部。辖上村、下村 2 个自然村。村民委员会驻上村。以驻地村片村得名。总面积 10.12 平方千米，海拔 730 米。耕地面积 193 亩；林地面积 9396 亩，产松、杉、杂木、毛竹。7 个村民小组，143 户，407 人，汉族。通电、公路、程控电话、有线电视、自来水。清属六都。1931 年，属第一区岭岱乡。1950 年 7 月，属城区鹤溪镇。1951 年 2 月，属城区城东乡。1952 年 10 月，属城区三支树乡。1956 年 3 月，为县直属张村乡。1957 年 12 月,复属城区张村乡。1958 年 5 月，改属张村民族乡。同年 9 月，属红星人民公社张村管理区。1961 年 9 月，属红星区张村公社。1962 年 6 月，改属云和县红星区张村公社。1981 年 10 月，改名张春公社；同年 12 月，改属景宁区。1984 年 3 月，张春公社改建张春畲族乡；同年 12 月，改属城郊区。1986 年 11 月，属城郊区张春乡。1992 年 5 月，撤张春乡，并入鹤溪镇。2011 年 12 月，属鹤溪街道。经县人民政府批准为第二次国内革命战争时期革命老区村。

【王木坑】Wángmùkēng 片村。包括上、下两村。王姓开基。传宋高宗南迁建都临安，王氏先人献木朝廷，皇帝降谕“王木苍苍，坑水洋洋”，故有其名。景宁至梅岐公路过境。

【上村】Shàngcūn 位于鹤溪街道东南 8.5 千米。92 户，281 人。村民委员会驻地。1982 年,地名普查命名。通电、程控电话、有线电视、自来水、公路。

【下村】Xiàcūn 位于鹤溪街道东南 9 千米。51 户，126 人。通电、自来水、公路。

地图审核号：浙S（2015）46号

第三节　渤海镇(Bóhǎi Zhèn)

名称来历　镇以驻地渤海村得名。

地理位置　位于东经 119°44′30″~119°53′23″，北纬 27°57′08″~28°05′58″。地处县城东北部，东与青田县北山镇、温州市文成县南田镇交界，南邻郑坑、梅岐二乡，西靠红星街道，北连九龙乡。镇人民政府驻地鲍山头村渤海路 1 号，距县城 28 千米。

政区沿革　清属一都。1931 年，设渤海、石塘、鲍岸、安亭、后垄、大都、门潭 7 乡，属第二区。1950 年 7 月，设渤海、大都 2 乡，属渤海区。1951 年 2 月，析渤海乡置梅坑乡；析大都乡置门潭乡。1952 年 10 月，析渤海乡置旦水乡；渤海区辖渤海、梅坑、旦水、包山、大都、郑坑、柳山、门潭、大顺、田坑、小顺、金田、陈村、井边 14 乡。1956 年 3 月，旦水、梅坑 2 乡并入渤海乡；门潭乡并入大都乡；仍属渤海区。1958 年 9 月撤区，设渤海公社，辖渤海、金钟、包山、大都、郑坑 5 个管理区。1961 年 9 月，复设渤海区，辖渤海、金钟、大都、大顺、新四、陈村 6 个公社。1962 年 6 月，改属云和县渤海区。1981 年 12 月，大都公社析置郑坑公社。1984 年 3 月，复建渤海、大都 2 乡。1986 年 7 月，经丽水地区民政局批准原渤海、大都 2 乡为第二次国内革命战争时期革命老区乡。1992 年 5 月，撤区并乡；渤海、大都 2 乡合并置渤海镇。1996 年 8 月，设立渤海镇居民委员会。2008 年 12 月，因滩坑库区行政区划调整，村民委员会由 16 个减至 8 个。

政区划分　2014 年末，辖渤海 1 个居民委员会，鲍山头、梅坑、安亭、石塘山、旦水、后垄、大都、东湖 8 个村民委员会，共 9 个群众自治组织；下设 1 个居民小组、67 个村民小组。

人口面积　2014 年末，辖区总户数 2255 户，总人口 6469 人。其中，男性 3509 人，占 54.24%；女性 2960 人，占 45.76%；18 岁以下 1559 人，占 24.10%；18~60 岁 3714 人，占 57.41%；60 岁以上 1196 人，占 18.49%。有畲、佤、苗、哈尼、侗族等少数民族共 937 人，占 14.48%。其中，畲族 899 人。人口自然增长率 7.12‰。辖区东西最大距离 14.23 千米，南北最大距离 16.34 千米，总面积 103.25 平方千米。人口密度为每平方千米 59.7 人。

自然条件　属低山丘陵地带，地势由南北向千峡湖倾斜。主要山峰东南部天师台海拔 1010 米，西北部圣塘岗海拔 1176 米，北部仰天湖岗背海拔 109 米。境内北部有石塘山、旦水、外湾、后垄等坑；南部有著名景区炉西峡溪流，有渤海坑、上源坑(梅坑)等山涧，诸水汇入千峡湖。境内千峡湖长 11.2 千米，水域面积 26.5 平方千米，生态环境优美，是休闲旅游首选地。庆景青复建公路贯穿全境，各村民委员会通康庄公路。

经济状况　耕地面积 5465 亩；林地面积 107882 亩。年产粮食 1582 吨，其中，水稻 1331 吨，薯类 125 吨，玉米 15 吨，豆类 111 吨。茶叶种植面积 1571 亩，产量 23 吨。生猪饲养量 840 头，羊饲养量 1910 只，牛饲养量 375 头，家禽饲养量 7200 羽，家兔饲养量 2230 只。畜禽肉类产量 130 吨，其中猪肉产量71吨。生态公益林7.95万亩，经济林0.22万亩，毛竹2.08万亩，林木覆盖率76.8%，活立木蓄积量24.99万立方米。水果种植面积208亩，产量217吨，其中，柑桔45吨，梨子53吨。2014年，农业总产值3025万元，工业总产值690万元。

社会发展 各村民委员会通电、公路、程控电话、有线电视、自来水。有文化中心1个，村文化活动中心3个；公共图书馆1个；村图书室3个，藏书11000册。有幼儿园1，医疗卫生机构3个。2006年2月17日，镇复建工程动工兴建。2007年11月29日，镇政府迁至新址鲍山头办公。

境内有刘基母富氏夫人墓、石牛山神庙、陈坦庵墓、金灵殿与观音阁等古迹；有中国畲乡三月三"千峡情•渤海垂钓节"主题文化活动。安亭村是县级主要畲族村。安亭村非物质文化遗产畲族民俗"传师学师"、畲族山歌、畲族彩带编织、古传织布工艺、畲语教学等系列内容，向外人展示畲族历史文化与民俗民风。批准原渤海、大都为革命老区乡；批准渤海、石塘山、石塘口、沈坑、旦水、叶处、鲍山头、梅坑、安亭、大都、外塆、后垄、鳗段、门潭、湖坑、东山为革命老区村。

渤海镇村民委员会一览

表2-5

标准名称	村民小组	自然村		2014年		海拔（米）
		村数	标准名称	户数	人数	
鲍山头	5	6	鲍山头	43	138	370
			石步山	44	107	
			水马	3	13	
			何山	48	136	
			上岗隆	9	33	
			五里坳	6	24	
梅坑	16	11	梅坑	43	121	165
			东坑	36	106	
			上朱山岗	12	32	
			下朱山岗	6	13	
			上西山	32	83	
			下西山	35	91	
			高山	26	62	
			坟前	51	151	
			紫岙	19	44	
			马里赛	25	55	
			叶处	171	422	

续表 2–5

标准名称	村民小组	自然村		2014 年		海拔（米）
		村数	标准名称	户数	人数	
安亭	14	7	安亭	79	295	523
			北山	53	186	546
			上寮	81	345	572
			底梅源	22	88	570
			外梅源	71	224	540
			双叶湾	14	66	560
			黄坑下	4	13	520
石塘山	6	3	石塘山	89	284	350
			陈坳	38	96	
			岭后	41	115	
旦水	14	18	沈坑	29	55	230
			张坑	51	171	
			山茶塆	25	89	
			乌坦	3	8	
			柿木底	19	41	
			垟水头	13	25	
			水牛慎	2	5	
			外湾	83	248	570
			黄山头	25	68	
			鳗段	36	92	430
			乌珠龙	5	17	
			坦根	2	6	
			沈坑岭	16	31	
			樟树丘	12	23	
			坪头	2	2	
			小罗山	6	21	
			山前	11	28	
			牛头山	3	8	

续表 2-5

标准名称	村民小组	自然村		2014 年		海 拔（米）
		村数	标准名称	户数	人数	
后垄	8	6	后垄	112	378	630
			安坪	22	46	
			外山垟	6	17	
			中祭	3	9	
			凸头	8	24	
			下垟	1	5	
大都	7	6	水井头	1	1	
			岗头	34	108	
			山后	12	36	
			隔山	17	47	
			干坑	48	116	185
			瓦窑岗	13	39	
东湖	11	8	湖坑	69	211	200
			驮圩	61	179	
			小圩	17	43	
			上东山	65	167	480
			下东山	59	171	
			岭脚	43	104	
			官田	32	69	
			包岗	8	22	

村民委员会、居民点

鲍山头 Bàoshāntóu 村民委员会 位于渤海镇东北部。辖上岗隆、鲍山头、石步山、何山、水马、五里坳 6 个自然村。镇人民政府驻地。以驻地村鲍山头得名。有卫生院、文化站、广播电视站。总面积 5.07 平方千米，海拔 370 米。5 个村民小组，153 户，451 人，其中，畲族 65 人。耕地面积 416 亩；林地面积 6645 亩，产松、杉、杂木、毛竹。通电、公路、程控电话、有线电视、自来水。清属一都。1931 年，属第二区鲍岸乡。1950 年 7 月，属渤海区渤海乡。1951 年 2 月，属渤海区梅坑乡。1956 年，属渤海区渤海乡。1958 年 9 月，属渤海公社渤海管理区。1961 年 9 月，属渤海区渤海公社。1962 年 6 月，改属云和县渤海区。1984 年 3 月，属渤海区渤海乡。1992 年 5 月，属渤海镇。2007 年 6 月，滩坑库区涉淹，共有移民109户,334人。其中13户,35人县内安置;75户,33人移居莲都区;9户,37人移居松阳县;11户,38人移居缙云县;2户,9人移居东阳市;13户,47人移居鄞州区;19户,57人移居诸暨市;18户,29人无土安置。经县人民政府批准为第二次国内革命战争时期革命老区村。

【鲍山头】Bàoshāntóu 位于渤海镇政府东南0.8千米。村民委员会驻地。43户,138人,其中,畲族29人。明代鲍姓开基,村处山头,故名。2007年,镇政府迁鲍山头。景宁至郑坑公路过村境。通电、程控电话、有线电视、自来水。

【上岗隆】Shànggǎnglóng 又名垟岗,位于渤海镇政府东北1千米。9户,33人。蓝姓开基建村,处石步山上岗山垄地,故名。镇社区卫生服务中心建此。通电、程控电话、有线电视、自来水、公路。

【石步山】Shíbùshān 位于渤海镇政府西1千米。44户,107人,其中,畲族24人。村建千峡湖南岸山坡,与旦水村隔水相望,昔日小溪水浅滩平,两岸来往经过石砌矴步,故名。2008年4月,建成石步山码头,通公路。

【水马】Shuǐmǎ 位于渤海镇政府西1千米。3户,13人,其中,畲族8人。村建石步山村水马坳旁,以山坳得名。通公路。

【何山】Héshān 位于渤海镇政府东南1千米。48户,136人。何姓开基,村建鲍山头村邻近,故名。通电、公路。

【五里坳】Wǔlǐào 位于渤海镇政府西南1.2千米。6户,24人。建村时,村后坳门有水圳长约五里,故名。东邻鲍山头村。通公路。

梅坑 Méikēng 村民委员会 位于渤海镇政府西南部。辖梅坑、东坑、上朱山岗、下朱山岗、上西山、下西山、高山、坟前、寨坳、马里赛、叶处11个自然村。村民委员会驻梅坑村。以驻地村梅坑得名。总面积15.08平方千米,海拔165米。16个村民小组,456户,1180人,其中,畲族241人。耕地面积783亩;林地面积11530亩,产松、杉、杂木、毛竹。通电、公路、程控电话、有线电视、自来水。清属一都。1931年,属第二区鲍岸乡。1950年7月,属渤海区渤海乡。1951年2月,属渤海区梅坑乡。1956年,属渤海区渤海乡。1958年9月,属渤海公社渤海管理区。1961年9月,属渤海区渤海公社。1962年6月,改属云和县渤海区。1984年3月,属渤海区渤海乡。1992年5月,属渤海镇。2007年6月,滩坑库区涉淹,共有移民83户,260人。其中1户,1人县内安置;10户,32人移居龙泉市;31户,99人移居莲都区;16户,49人移居松阳县;15户,56人移居东阳市;5户,17人移居奉化市;5户,6人无土安置。2008年12月,撤销叶处村民委员会,并梅坑村民委员会。经县人民政府批准为第二次国内革命战争时期革命老区村。

【梅坑】Méikēng 位于渤海镇政府西南2.3千米。村民委员会驻地。43户,121人,其中,畲族32人。明代梅姓开基,村建小溪南岸上源坑旁,故名。为滩坑库区移民县内主要安置点之一。新建老年活动中心、客货运一体战、梅坑卫生服务中心、村民委员会办公楼等。景宁至青田复建公路过村境。成为渤海地域政治、经济和文化中心。2008年7月,建成梅坑码头。通电、程控电话、有线电视、自来水。

【东坑】Dōngkēng 位于渤海镇政府西南1.5千米。36户,106人。上源坑中段梅坑村以上分东、西两支坑,以坑得名。

【下朱山岗】Xiàzhūshāngǎng　位于渤海镇政府西 2.1 千米。6 户，13 人。村建朱山岗下侧，故名。通公路。

【上朱山岗】Shàngzhūshāngǎng　位于渤海镇政府西 2 千米。12 户，32 人，其中，畲族 27 人。村建下朱山岗上首，故名。

【上西山】Shàngxīshān　位于渤海镇政府西南 2.8 千米。32 户，83 人。村建上源坑西侧山谷，分上、下两村，居上位，故名上西山。

【下西山】Xiàxīshān　位于渤海镇政府西南 2.9 千米。35 户，91 人。张姓开基，搭寮种植靛青为主，原称靛青寮。因村建于上西山村下，后改名下西山。通公路。

【高山】Gāoshān　位于渤海镇政府西 2.4 千米。26 户，62 人，其中，畲族 24 人。村处山势陡峻之高山上，故名。通公路。

【坟前】Fénqián　位于渤海镇政府西南 2.4 千米。51 户，151 人。林姓开基，村后山旁建有祖先古坟墓，故名。

【寨坳】Zhàiào　位于渤海镇政府西南 2.3 千米。19 户，44 人。传清代中期曾在村后山坳立寨，后林姓迁入建村，故名寨坳。

【马里赛】Mǎlǐsài　位于渤海镇政府西南 1.9 千米。25 户，55 人，其中，畲族 54 人。祖先建村初，以种植苎麻为业，原称麻林赛，以谐音演变今名。

【叶处】Yèchù　位于渤海镇政府西 3.2 千米。171 户，422 人，其中，畲族 98 人。叶姓开基于渤海坑旁，原称叶坑，后改称叶处。昔日陈鎏故道由渤海坑起始，经大蟹岭往西出村境至包山砻，为渤海至县城又一通道。2008 年 12 月滩坑库区区划调整，撤销叶处村民委员会，并入梅坑村民委员会。通电、自来水、公路。

安亭 āntíng 村民委员会　位于渤海镇政府西南部。辖安亭、北山、上寮、底梅源、外梅源、双叶塆、黄坑下 7 个自然村。村民委员会驻安亭村。以驻地村安亭得名。总面积 9.98 平方千米，海拔 700 米。14 个村民小组，324 户，1217 人，其中，畲族 473 人。耕地面积 739 亩；林地面积 8589 亩，产松、杉、杂木、毛竹。通电、公路、程控电话、有线电视、自来水。清属一都。1931 年，属第二区安亭乡。1950 年 7 月，属渤海区渤海乡。1951 年 2 月，属渤海区梅坑乡。1956 年，属渤海区渤海乡。1958 年 9 月，属渤海公社渤海管理区。1961 年 9 月，属渤海区渤海公社。1962 年 6 月，改属云和县渤海区。1984 年 3 月，属渤海区渤海乡。1992 年 5 月，属渤海镇。经县人民政府批准为第二次国内革命战争时期革命老区村。

【安亭】āntíng　位于渤海镇政府西南 6.8 千米。村民委员会驻地。79 户，295 人。炉西峡龙潭桥坑发源地之一。村建山涧两侧，木桥连接两岸。地肥水足，安居乐业，曾名安定。谐音演变今名。金灵殿处凤凰山脚，建于清代，五直两厢房，四周柳杉茂密；殿前山坑筑廊桥。通电、程控电话、有线电视、自来水、公路。

【北山】Běishān　位于渤海镇政府西南 6.6 千米。53 户，186 人。西侧公路连安亭村。通电、公路。

【上寮】Shàngliáo　位于渤海镇政府西南 6.6 千米。81 户，345 人，其中，畲族 335 人。雷姓开基，搭寮建村安亭村上首，故名。较好保留畲族流传民俗，部分已列入非遗文化保护项目。

【底梅源】Dǐméiyuán 位于渤海镇政府西南 6.5 千米。22 户，88 人。村处外梅源村源头，故名。通电、公路。

【外梅源】Wàiméiyuán 位于渤海镇政府西南 6.5 千米。71 户，224 人，其中，畲族 96 人。梅姓开基，村处龙潭桥坑源头，故名。通公路。

【双叶垮】Shuāngyèwān 位于渤海镇政府西南 6.7 千米。14 户，66 人，其中，畲族 31 人。雷姓先祖建村龙潭桥坑旁，地处山垮，形似双叶，故名。

【黄坑下】Huángkēngxià 位于渤海镇政府西南 6.7 千米。4 户，13 人。刘姓开基，处安亭村尾黄坑下游，故名。通公路。

石塘山 Shítángshān 村民委员会 位于渤海镇政府西北部。辖石塘山、陈坳、岭后 3 个自然村。村民委员会驻石塘山村。以驻地村石塘山得名。总面积 7.58 平方千米，海拔 350 米。6 个村民小组，168 户，495 人。耕地面积 534 亩；林地面积 5251 亩，产松、杉、杂木、毛竹。通电、公路、程控电话、有线电视、自来水。清属一都。1931 年，属第二区石塘乡。1950 年 7 月，属渤海区渤海乡。1958 年 9 月，属渤海公社渤海管理区。1961 年 9 月，属渤海区渤海公社。1962 年 6 月，改属云和县渤海区。1984 年 3 月，属渤海区渤海乡。1992 年 5 月，属渤海镇。经县人民政府批准为第二次国内革命战争时期革命老区村。

【石塘山】Shítángshān 位于渤海镇政府西北 6 千米。村民委员会驻地。89 户，284 人。传为福建石姓徙此开基，村建山岗，旁有池塘山谷，故名。村东建生态公墓。通电、程控电话、有线电视、自来水、公路。

【陈坳】Chénào 位于渤海镇政府西北 5.8 千米。38 户，96 人。村处深谷山坳地，故称深坳，谐音演变为陈坳。通电、自来水、公路。

【岭后】Lǐnghòu 位于渤海镇政府西北 6 千米。41 户，115 人。村建昔日田埠岭后山坳地，故名。通公路。

旦水 Dànshuǐ 村民委员会 位于渤海镇政府北部。辖沈坑、张坑、山茶垮、乌坦、柿木底、垟水头、山前、水牛慎、外垮、黄山头、鳗段、乌珠龙、坦根、坪头、沈坑岭、樟树丘、小罗山、牛头山 18 个自然村。村民委员会驻山茶垮村。保留原村民委员会名称。总面积 25.12 平方千米，海拔 230 米。14 个村民小组，343 户，938 人，其中，畲族 67 人。耕地面积 1059 亩；林地面积 26322 亩，产松、杉、杂木、毛竹。通电、公路、程控电话、有线电视、自来水。清属一都。1931 年，属第二区渤海乡。1950 年 7 月，属渤海区渤海乡。1958 年 9 月，属渤海公社渤海管理区。1961 年 9 月，属渤海区渤海公社。1962 年 6 月，改属云和县渤海区。1984 年 3 月，属渤海区渤海乡。1992 年 5 月，属渤海镇。2007 年 6 月，滩坑库区涉淹，共有移民 242 户，803 人。其中 18 户，35 人县内安置；87 户，344 人移居龙泉市；59 户，199 人移居莲都区；21 户，52 人移居遂昌县；14 户，55 人移居东阳市；17 户，57 人移居鄞州区；7 户，25 人移居奉化市；1 户，3 人移居义乌市；2 户，7 人移居诸暨市；16 户，26 人无土安置。2008 年 12 月，撤销沈坑、外垮、鳗段 3 个村民委员会，并入旦水村民委员会。经县人民政府批准为第二次国内革命战争时期革命老区村。

【山茶塆】Shānchάwān　位于渤海镇政府西北5.2千米。村民委员会驻地。25户，89人，其中，畲族34人。村建山塆，此地盛产油茶树，故名。通电、程控电话、有线电视、自来水、公路。

【沈坑】Shěnkēng　位于渤海镇政府西北4.5千米。29户，55人。沈姓先祖开基，村建坑边，故名。通电、自来水、公路。

【张坑】Zhāngkēng　位于渤海镇政府西北5.7千米。51户，171人。张姓开基，村建小坑边，故名张坑。

【乌坦】Wūtǎn　位于渤海镇政府西北2.5千米。3户，8人，其中，畲族7人。村后山有大乌岩，故名。通公路。

【柿木底】Shìmùdǐ　位于渤海镇政府西北3.2千米。19户，41人。村前田垟，屋后山岗，昔日漫山柿子树，故名。通公路。

【垟水头】Yάngshuǐtóu　位于渤海镇政府西北3千米。13户，25人。村建岩漈头，村旁成片田垟，故名。

【水牛慎】Shuǐniúshèn　位于渤海镇政府北2.4千米。2户，5人。原称水牛肾，谐音演变成今名。通公路。

【黄山头】Huάngshāntóu　位于渤海镇政府北2.2千米。25户，68人。黄姓开基，建村山头，故名黄山头。通电、公路。

【鳗段】Mάnduàn　位于渤海镇政府东北3.4千米。36户，92人。村处山岗，山形似鳗鱼，故名。通电、程控电话、有线电视、自来水、公路。

【乌珠龙】Wūzhūlóng　位于渤海镇政府东北3.3千米。5户，17人。北邻鳗段村。通公路。

【坦根】Tǎngēn　位于渤海镇政府东北4千米。2户，6人。郑姓开基，村建石崖脚旁，故名。2008年因滩坑库区涉淹，部分村民迁至龙泉、松阳、诸暨等地。通公路。

【沈坑岭】Shěnkēnglǐng　位于渤海镇政府西北4.6千米。16户，31人。地处沈坑村北面，村建山岭旁，故名沈坑岭。

【樟树丘】Zhāngshùqiū　位于渤海镇政府西北5.5千米。12户，23人。村处丘峦地，昔日多古樟，故名。通公路。

【坪头】Píngtóu　位于渤海镇政府西北2.8千米。2户，2人，其中，畲族2人。

【小罗山】Xiǎoluóshān　位于渤海镇政府西北5.5千米。6户，21人。

【山前】Shānqiάn　位于渤海镇政府北3.5千米。11户，28人，其中，畲族21人。村处后垄山前田垟旁，故名。通电、公路。

【牛头山】Niútóushān　位于渤海镇政府东北2.5千米。3户，8人。村处山岗，山形似牛头，故名。通公路。

【外塆】Wàiwān　位于渤海镇政府北5.6千米。83户，248人。明代夏、李两姓迁居仰天湖岗背西北坡里、外两处山塆地，以地形得名。2008年12月，撤销外塆村民委员会，并入旦水村民委员会。通电、程控电话、有线电视、自来水、公路。

后垄 Hòulóng 村民委员会 位于渤海镇政府东北部。辖后垄、安坪、外山垟、凸头、中漈、下垟6个自然村。村民委员会驻后垄村。以驻地村后垄得名。总面积10.12平方千米，海拔630米。8个村民小组，152户，479人。耕地面积385亩；林地面积10526亩，产松、杉、杂木、毛竹。通电、公路、程控电话、有线电视、自来水。清属一都。1931年，属第二区后砻乡。1950年7月，属渤海区大都乡。1958年9月，属渤海公社大都管理区。1961年9月，属渤海区大都公社。1962年6月，改属云和县渤海区大都公社。1984年3月，属渤海区大都乡。1992年5月，属渤海镇。2007年，因滩坑库区涉淹，全村共有移民6户，17人。其中，3户，10人移居市内莲都区；3户，7人无土安置。经县人民政府批准为第二次国内革命战争时期革命老区村。

【后垄】Hòulóng 位于渤海镇政府北4.8千米。村民委员会驻地。112户，378人。村处山后垄地，故名。通电、程控电话、有线电视、自来水、公路。

【安坪】ānpíng 位于渤海镇政府北5.7千米。22户，46人。昔日为荒坪，先祖迁来垦荒种地，祈愿此地可安居，遂取名安坪。

【外山垟】Wàishānyáng 位于渤海镇政府东北4.5千米。6户，17人。以处地土名外山垟取村名。2008年，因滩坑库区涉淹，部分村民迁至莲都等地。

【中漈】Zhōngjì 位于渤海镇政府东北5千米。3户，9人。坦根坑源有上、中、下三漈，村建中间漈边，故名。通公路。

【凸头】Tūtóu 位于渤海镇政府北3.5千米。8户，24人。村前山岗凸起，故名。通电、程控电话、有线电视、自来水、公路。

【下垟】Xiàyáng 位于渤海镇政府北4千米。1户，5人。通电、公路。

大都 Dàdōu 村民委员会 位于渤海镇政府东部。辖水井头、岗头、山后、隔山、干坑、瓦窑岗6个自然村。村民委员会驻干坑村。保留原村民委员会名称。总面积21.83平方千米，海拔185米。7个村民小组，125户，347人，其中，畲族41人。耕地面积795亩；林地面积25330亩，产松、杉、杂木、毛竹。通电、公路、程控电话、有线电视、自来水。清属一都。1931年，属第二区大都乡。1950年7月，属渤海区大都乡。1958年9月，属渤海公社大都管理区。1961年9月，属渤海区大都公社。1962年6月，改属云和县渤海区大都公社。1984年3月，属渤海区大都乡。1992年5月，改属渤海镇。2007年6月，滩坑库区涉淹，共有移民386户，1082人。其中48户，83人县内安置；23户，87人移居龙泉市；47户，143人移居莲都区；32户，86人移居缙云县；46户，169人移居松阳县；16户，65人移居遂昌县；14户，54人移居东阳市；29户，97人移居鄞州区；7户，25人移居奉化市；12户，41人移居义乌市；42户，129人移居诸暨市；70户，103人无土安置。2008年12月，撤销门潭村民委员会，并入大都村民委员会。经县人民政府批准为第二次国内革命战争时期革命老区村。

【干坑】Gànkēng 位于渤海镇政府东南2.7千米。村民委员会驻地。48户，116人。地处大都坑支流源头，坑源不长且易干涸，故名干坑。通电、程控电话、有线电视、自来水、公路。

【水井头】Shuǐjǐngtóu 位于渤海镇政府东北3千米。1户，1人。沈姓开基，村旁有泉似井，清澈见底，故名水井头。通公路。

【岗头】Gǎngtóu 位于渤海镇政府东 4.4 千米。34 户，108 人。朱姓建村于山岗之上，故名。东与九龙乡接壤。

【隔山】Géshān 位于渤海镇政府东 4.3 千米。17 户，47 人。刘姓开基，与山后村仅一山之隔，故名隔山。

【山后】Shānhòu 位于渤海镇政府东 3.8 千米。12 户，36 人。朱姓开基，地处隔山村之后，故名。通电、公路。

【白水漈】Báishuǐjì 片村，包括岗头、山后、隔山等村。

【瓦窑岗】Wǎyáogǎng 位于渤海镇政府东南 2.6 千米。13 户，39 人，其中，畲族 36 人。在山岗上建村，旁有瓦窑基，故名。

东湖 Dōnghú 村民委员会 位于渤海镇政府东南部。辖湖坑、驮圩、小圩、上东山、下东山、岭脚、官田、包岗 8 个自然村。村民委员会驻上东山村。以原东山、湖坑两个村民委员会首字组合得名。总面积 16.35 平方千米，海拔 210 米。11 个村民小组，354 户，966 人。耕地面积 754 亩；林地面积 13689 亩，产松、杉、杂木、毛竹。通电、公路、程控电话、有线电视、自来水。清属一都。1931 年，属第二区门潭乡。1950 年 7 月，属渤海区大都乡。1952 年 10 月，属渤海区门潭乡。1956 年，属渤海区大都乡。1958 年 9 月，属渤海公社大都管理区。1961 年 9 月，复属渤海区大都公社。1962 年 6 月，改属云和县渤海区大都公社。1984 年 3 月，属渤海区大都乡。1992 年 5 月，属渤海镇。2008 年 12 月，撤销东山、湖坑 2 个村民委员会，两村合并更名为东湖村民委员会。经县人民政府批准为第二次国内革命战争时期革命老区村。

【上东山】Shàngdōngshān 位于渤海镇政府东南 6.9 千米。村民委员会驻地。65 户，167 人。村处东山坡地，有上、下两村，以山得名。通电、程控电话、有线电视、自来水、公路。

【湖坑】Húkēng 位于渤海镇政府东南 6 千米。69 户，211 人。原湖坑村民委员会驻地。旧名湖溪。2008 年 7 月建成湖坑码头。通电、自来水、公路。

【驮圩】Tuóxū 位于渤海镇政府东南 6.7 千米。61 户，179 人。地处坑边圩地，分大、小两村。通公路。

【小圩】Xiǎoxū 位于渤海东南 6.6 千米。17 户，43 人。通公路。

【下东山】Xiàdōngshān 位于渤海镇政府东南 7.2 千米。59 户，171 人。朱姓开基，建村上东山村之下，故名。通公路。

【岭脚】Lǐngjiǎo 位于渤海镇政府东南 7.4 千米。43 户，104 人。村处东山村东侧，在东山岭脚，故名。通公路。

【官田】Guāntián 位于渤海镇政府东南 7.4 千米。32 户，69 人。村处青田县边界，据传请乾隆年间，曾发生边界田地之争，经官府调和平息，后取村名为“官田”。通电、公路。

【包岗】Bāogǎng 位于渤海镇政府东南 7.3 千米。8 户，22 人。村建山岗僻地，外形似山包，故名。通公路。

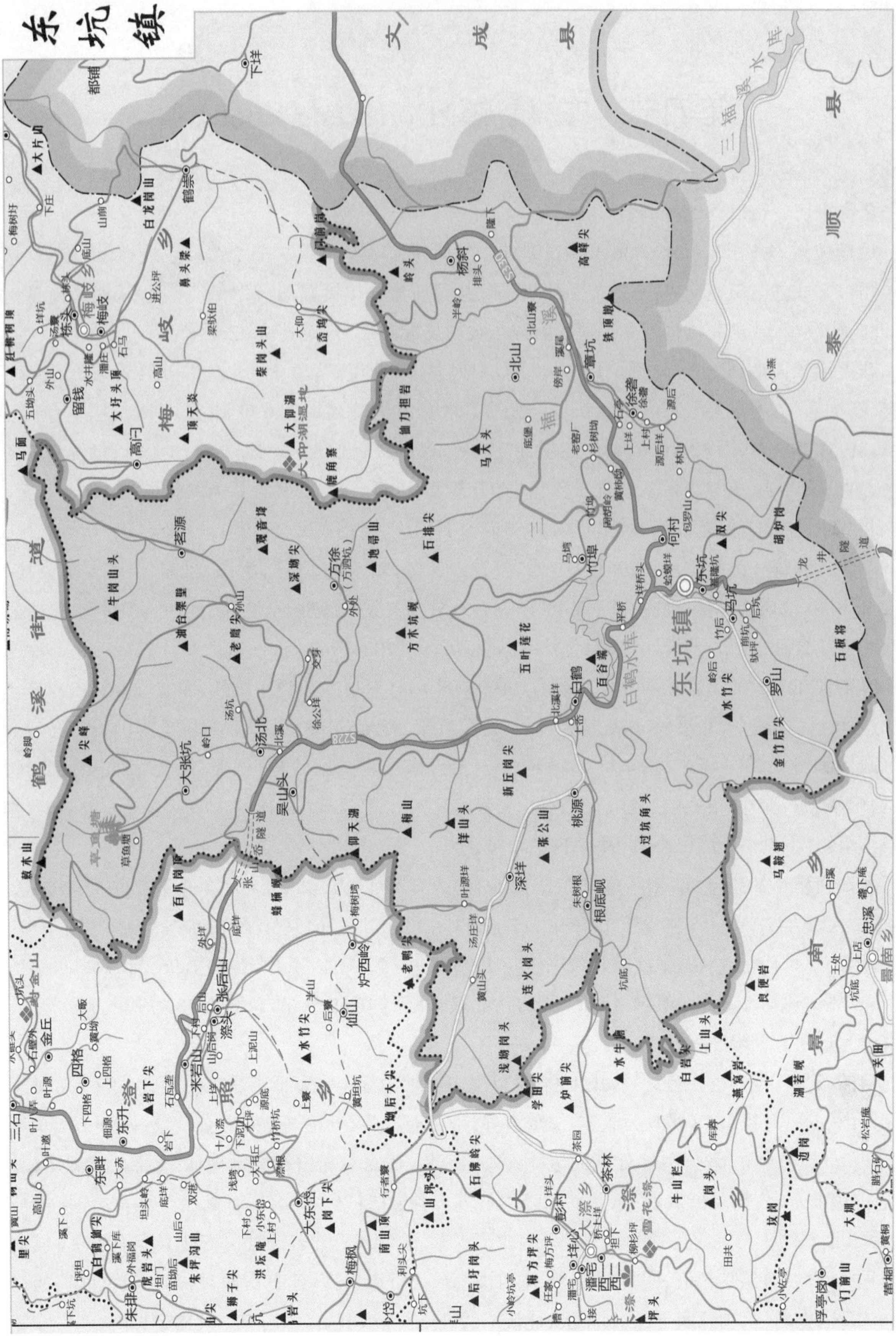

地图审核号：浙 S（2015）46 号

第四节　东 坑 镇(Dōngkēng Zhèn)

名称来历　镇以驻地村得名。

地理位置　位于东经119°36′40″~119°47′21″,北纬27°45′22″~27°55′25″。地处县城东南部,东和温州市文成县南田镇交界,东南与温州市泰顺县司前畲族镇接壤,西邻大漈、澄照乡,西南倚景南乡,北连鹤溪街道,东北接梅岐乡。镇政府驻东坑村文化路2号,距县城32千米。

政区沿革　清属五都、六都。1931年,置深垟、桃源、北溪、茗源4乡,属第一区;置东坑、协和、儒砻、扬坑4乡,属第五区。1950年7月,设东坑、北溪2乡;东坑区辖东坑、北溪、上标、大漈、景南5个乡。1951年2月,析东坑乡置章坑乡;析北溪乡置深垟乡,属东坑区。1952年10月,析章坑乡置杨斜乡。1956年3月,东坑、杨斜、章坑3乡合并为东坑乡;北溪、深垟2乡合并为深北乡。1957年3月,撤深北乡改设深垟、北溪2乡,属东坑区。1958年9月撤区,实行人民公社制,设立东坑公社,辖东坑、章坑、北溪、深垟4个管理区。1961年9月,复设东坑区,辖东坑、北溪、大漈、景南、雁溪5个公社。1962年6月,改属云和县东坑区。1977年11月,沙溪区春岱公社划归东坑区。1981年10月,北溪公社改名白鹤公社;春岱公社改名家地公社;均属东坑区。1984年3月,设东坑乡、白鹤乡、北溪畲族乡。1986年11月,北溪畲族乡复称北溪乡。1990年9月,东坑乡改设东坑镇,属东坑区。1992年5月,撤东坑区,白鹤乡、北溪乡、东坑镇合并,扩建东坑镇。1996年8月,设立东坑镇居民委员会。

政区划分　2014年末,辖东坑1个居民委员会,东坑、马坑、何村、竹埠、徐砻、章坑、北山、杨斜、白鹤、桃源、深垟、根底岘、吴山头、汤北、大张坑、方徐、茗源、罗山18个村民委员会,共19个群众自治组织;下设1个居民小组、91个村民小组。

人口面积　2014年末,辖区总户数3092户,总人口8943人。其中,男性4691人,占52.45%;女性4252人,占47.55%;18岁以下1752人,占19.59%;18~60岁5614人,占62.78%;60岁以上1577人,占17.63%。有畲、拉祜、佤族等少数民族共1995人,占22.31%。其中,畲族1896人。人口自然增长率4.26‰。辖区东西最大距离17.11千米,南北最大距离18.59千米,总面积183.75平方千米。人口密度为每平方千米51.6人。

自然条件　境内群山延绵,海拔1000米以上山峰近100座。东部老昌岗头海拔1336米,延至鸡冠花山主峰(海拔1178米),为景宁、文成县界;南部石板将、五龟湖与泰顺县接壤;西部上山头海拔1689.1米,为全县最高峰,地处东坑、景南、大漈三界,山之东麓留有原始森林;北部山峰敕木山,海拔1519.1米,与鹤溪街道界;东北部山峰大仰湖,海拔1556.9米,山顶有高山湿地群,连接梅岐乡。西部诸水注大白坑,至白鹤汇入北溪;南北诸水东注飞云江;北茗源坑出梅岐汇至炉西峡。属亚热带季风气候区,温暖湿润,四季分明,无霜期长。水利资源丰富,建有白鹤、白鹤二级、仙姑、西垟坑、桥银坑、大白坑、桃源库下、北溪一级、北溪二级、陈潭等水电站。境内S228公路自北向南贯穿镇区，直达泰顺、福建寿宁等地；S330 公路东至文成、瑞安等地。

经济状况　耕地面积 6092 亩；林地面积 193888 亩。年产粮食 2825 吨，其中水稻 2239 吨，薯类 507 吨，玉米 18 吨，豆类 61 吨。蔬菜种植面积 4057 亩，产量 6140 吨；茶叶种植面积 1740 亩，产量 130 吨。生猪饲养量 9702 头，牛饲养量 513 头，羊饲养量 2791 只，家禽饲养量 63258 只，兔饲养量 32120 只。畜禽肉类产量 752 吨，其中猪肉产量 583 吨。累计造林 2.36 万亩，毛竹 2.8 万亩，林木覆盖率 81.9%，活立木蓄积量 98.8 万立方米。水果种植面积 630 亩，产量 534 吨，其中，梨子 80 吨。2014 年，农业总产值 8132 万元，工业总产值 14600 万元。

社会发展　各村民委员会通电、公路、程控电话、有线电视、自来水。有文化站 1 个；公共图书室 1 个，藏书 13000 册；村文化娱乐场所 18 个。幼儿园 1 所；小学 1 所；初中 1 所。医疗卫生机构 13 个。

境内有草鱼塘森林公园，大张坑青花窑址等。素称"廊桥之乡"，有东坑下桥、庆安桥、章坑接龙桥、平桥、白鹤龙潭桥、深垟畲桥等旅游景点，其中，国家级重点文物保护单位 3 处。有汤北汤氏文化节，章坑尝新节、马坑"爱在心田"文化节、深垟畲族药膳养生节等地方特色文化活动。主要畲族村寨有深垟、马坑、吴山头、大张坑、桃源、竹埠、何村 7 个村。1986 年 7 月，经丽水地区民政局批准原东坑乡为第二次国内革命战争时期革命老区乡；原白鹤、北溪 2 乡为革命老区乡；竹埠、章坑、杨斜、北山、马坑、罗山、东坑、何村、徐砻、吴山头、大张坑、方徐、白鹤、深垟、桃源为革命老区村。茗源村为省历史文化村落保护利用重点村。深垟村为市级摄影基地。

东坑镇村民委员会一览

表 2-6

标准名称	村民小组	自然村		2014 年		海拔（米）
		村数	标准名称	户数	人数	
东坑	5	3	东坑	217	557	500
			蛤蟆垟	29	76	
			垟桥头	105	312	
马坑	7	5	马坑	101	220	630
			基隆坑	21	65	
			前坑	55	153	
			后坑	32	72	
			驮坪	17	28	
何村	7	5	何村	121	341	600
			杉树坳	39	106	
			周胡岭	36	105	
			平桥	45	121	
			林山	52	203	

续表 2–6

标准名称	村民小组	自然村		2014 年		海 拔（米）
		村数	标准名称	户数	人数	
竹埠	4	2	竹埠	22	56	530
			马塆	26	65	
徐砻	4	3	徐砻	104	279	430
			石亭	22	79	
			源后	28	148	
章坑	4	3	章坑	163	537	400
			傍岸	19	41	
			溪尾	15	25	
北山	4	3	北山	44	117	660
			北山寮	11	26	
			底堡	63	195	
杨斜	6	4	杨斜	139	374	650
			排头	24	53	
			隆下	15	68	
			半岭	45	112	
白鹤	5	1	白鹤	161	473	570
桃源	3	1	桃源	152	375	580
根底岘	3	2	朱树根	43	112	640
			坑底	52	135	
深垟	7	4	深垟	92	296	700
			黄山头	96	251	
			叶源垟	79	247	
			汤庄垟	12	39	
吴山头	4	2	吴山头	39	105	850
			西山	43	123	
汤北	6	2	北溪	65	272	700
			汤坑	43	138	
大张坑	4	3	大张坑	74	197	930
			岭口	8	21	

续表 2-6

标准名称	村民小组	自然村		2014 年		海拔（米）
		村数	标准名称	户数	人数	
大张坑	4	3	草鱼塘	3	7	
方徐	4	3	方泗坑	57	151	830
			徐公垟	26	67	
			交芽	11	23	
茗源	8	2	茗源	147	431	1050
			孙山	49	158	
罗山	4	1	罗山	91	303	840

村民委员会、居民点

东坑 Dōngkēng 村民委员会 位于县城东南部。辖东坑、哈蟆垟、垟桥头 3 个自然村。村民委员会驻东坑村。以驻地村东坑得名。有农村信用社、中心卫生院、文化站、广播电视站。总面积 4.53 平方千米，海拔 500 米。5 个村民小组，351 户，945 人，其中，畲族 104 人。耕地面积 410 亩；林地面积 4378 亩，产松、杉、杂木、毛竹。通电、公路、程控电话、有线电视、自来水。清属五都。1931 年，属第五区东坑乡。1950 年 7 月，属东坑区东坑乡。1958 年 9 月，属东坑公社东坑管理区。1961 年 9 月，属东坑区东坑公社。1962 年 6 月，改属云和县东坑区东坑公社。1984 年 3 月，属东坑区东坑乡。1990 年 9 月，属东坑区东坑镇。1992 年 5 月，属东坑镇。为革命老区村。

【东坑】Dōngkēng 位于县城东南 32 千米。镇人民政府、村民委员会驻地。217 户，557 人，其中，畲族 15 人。村处山垄坡地旁，北溪支流东坑贯穿村境。因坑在大漈台地东面，故称东川，村以名之。后改称东坑。为县城南部边陲政治、经济、文化中心集镇，村有商业服务网点、幼儿园、医务室、文化活动中心、体育健身场所，基础设施齐全。东坑素有“廊桥之乡”美誉，古廊桥至今保护完好。省道云寿线、瑞东线过境，交通较方便。通电、程控电话、有线电视、自来水。

【蛤蟆垟】Hámáyáng 又名后垟岭。位于东坑镇政府东北 0.5 千米。29 户，76 人，其中，畲族 62 人。村建田垟旁，以地形似蛤蟆而得名。通电、自来水、公路。

【垟桥头】Yángqiáotóu 位于东坑镇政府北 1 千米。105 户，312 人，其中，畲族 27 人。村建田垟旁，地处省道瑞东公路桥头，故名垟桥头。通公路。

马坑 Mǎkēng 村民委员会 位于东坑镇政府南部。辖马坑、基隆坑、前坑、后坑、驮坪 5 个自然村。县民族村，村民委员会驻马坑村。以驻地村马坑得名。总面积 7.9 平方千米，海拔 630 米。7 个村民小组，226 户，638 人，其中，畲族 268 人。耕地面积 309 亩；林地面积 9655 亩，产松、杉、杂木、毛竹。通电、公路、程控电话、有线电视、自来水。清属五都。1931 年，属第五区东坑乡。1950 年 7 月，属东坑区东坑乡。1958 年 9 月，属东坑公社东坑管理区。1961 年 9 月，属东坑区东坑公社。1962 年

6月，改属云和县东坑区东坑公社。1984年3月，属东坑区东坑乡。1990年9月，属东坑区东坑镇。1992年5月，属东坑镇。被列入“十二五”时期全国少数民族特色村寨保护与发展名录。经县人民政府批准为第二次国内革命战争时期革命老区村。

【马坑】Mǎkēng　位于东坑镇政府南1.5千米。村民委员会驻地。101户，220人，其中，畲族82人。原名上村，1981年，以地形似马鞍，改名马坑。在村旁有一处自然形成的爱心形梯田，推出马坑村“爱在心田”文化节。村口新建廊桥，取畲汉团结一心，同建美丽畲乡，故名同心桥。通电、程控电话、有线电视、自来水、公路。

【基隆坑】Jīlóngkēng　位于东坑镇政府南1.2千米。21户，65人，其中，畲族17人。村庄三面环山，一面朝坑，似鸡笼，以谐音演变成今名。通电、程控电话、有线电视、自来水、公路。

【前坑】Qiánkēng　位于东坑镇政府西南1.5千米。55户，153人，其中，畲族129人。在后坑村之前，西连坑，以坑得名。

【后坑】Hòukēng　位于东坑镇政府南1.8千米。32户，72人。以坑得名。西邻小坑，东接省道云寿线。

【驮坪】Tuópíng　位于东坑镇政府南2.6千米。17户，其中，畲族28人。地处牛担山峰北麓，村建山间较大坪地，故名。

何村　Hécūn　村民委员会　位于东坑镇政府东北部。辖何村、杉树坳、周胡岭、平桥、林山5个自然村。村民委员会驻何村村。以驻地村得名。总面积10.46平方千米，海拔600米。7个村民小组，193户，876人，其中，畲族423人。耕地面积613亩；林地面积10868亩，产松、杉、杂木、毛竹。通电、公路、程控电话、有线电视、自来水。清属五都。1931年，属第五区协和乡。1950年7月，属东坑区东坑乡。1951年2月，属东坑区章坑乡。1956年3月，属东坑区东坑乡。1958年9月，属东坑公社章坑管理区。1961年9月，属东坑区东坑公社。1962年6月，改属云和县东坑区东坑公社。1990年9月，属东坑区东坑镇。1992年5月，属东坑镇。经县人民政府批准为第二次国内革命战争时期革命老区村。

【何村】Hécūn　位于东坑镇政府东北1千米。村民委员会驻地。121户，341人，其中，畲族21人。以姓得名。景宁至文成公路过村境。通电、程控电话、有线电视、自来水。

【杉树坳】Shānshùào　位于东坑镇政府东北3.3千米。39户，106人，其中，畲族74人。村后山坳旁，古杉树茂密，故名。通电、程控电话、有线电视、自来水、公路。

【周胡岭】Zhōuhúlǐng　位于东坑镇政府东北3.1千米。36户，105人，其中，畲族67人。通公路。

【平桥】Píngqiáo　位于东坑镇政府西北1.5千米。45户，121人，其中，畲族81人。以桥得名。村处省道云寿线一侧，交通方便。

【林山】Línshān　位于东坑镇政府东2千米。52户，203人，其中，畲族178人。通公路。

竹埠　Zhúbù　村民委员会　位于东坑镇政府北部。辖竹埠、马塆2个自然村。村民委员会驻竹埠村，以驻地村竹埠得名。总面积10.14平方千米，海拔530米。4个村民小组，48户，121人。耕地面积181亩；林地面积12505亩，产松、杉、杂木、毛竹。通电、公路、程控电话、有线电视、自来水。清属五都。1931 年，属第五区协和乡。1950 年 7 月，属东坑区东坑乡。1951 年 2 月，属东坑区章坑乡。1956 年 3 月，属东坑区东坑乡。1958 年 9 月，属东坑公社章坑管理区。1961 年 9 月，属东坑区东坑公社。1962 年 6 月，改属云和县东坑区东坑公社。1990 年 9 月，属东坑区东坑镇。1992 年 5 月，属东坑镇。经县人民政府批准为第二次国内革命战争时期革命老区村。

【竹埠】Zhúbù 位于东坑镇政府北 2.3 千米。村民委员会驻地。22 户，56 人，其中，畲族 13 人。村建竹埠坑西岸，以坑得名。西邻白鹤水库。通电、程控电话、有线电视、自来水、公路。

【马塆】Mǎwān 位于东坑镇政府北 2.3 千米。26 户，65 人，其中，畲族 62 人。雷姓建村马鞍形山塆，故名马塆。邻白鹤水库边。通公路。

徐砻 Xúlóng 村民委员会 位于东坑镇政府东部。辖徐砻、石亭、源后 3 个自然村。村民委员会驻徐砻村。以驻地村徐砻得名。总面积 4.85 平方千米，海拔 430 米。4 个村民小组，154 户，506 人，其中，畲族 154 人。耕地面积 396 亩；林地面积 4795 亩，产松、杉、杂木、毛竹。通电、公路、程控电话、有线电视、自来水。清属五都。1931 年，属第五区儒砻乡。1950 年 7 月，属东坑区东坑乡。1951 年 2 月，属东坑区章坑乡。1956 年 3 月，属东坑区东坑乡。1958 年 9 月，属东坑公社章坑管理区。1961 年 9 月，属东坑区东坑公社。1962 年 6 月，改属云和县东坑区东坑公社。1990 年 9 月，属东坑区东坑镇。1992 年 5 月，属东坑镇。经县人民政府批准为第二次国内革命战争时期革命老区村。

【徐砻】Xúlóng 位于东坑镇政府东 3.2 千米。村民委员会驻地。104 户，279 人，其中，畲族 8 人。徐姓开基，村建山垄地，以姓和地貌特征地貌。通电、程控电话、有线电视、自来水、公路。

【石亭】Shítíng 位于东坑镇政府东北 3.3 千米。22 户，79 人，其中，畲族 25 人。村旁建有石亭，故名。北接省道瑞东线。通电、自来水、公路。

【源后】Yuánhòu 位于东坑镇政府东 3 千米。28 户，148 人，其中，畲族 121 人。村后有两条小坑在此汇合，故名源后。西邻罗坑。通电、公路。

章坑 Zhāngkēng 村民委员会 位于东坑镇政府东北部。辖章坑、傍岸、溪尾 3 个自然村。村民委员会驻章坑村。以驻地村得章坑名。总面积 9.54 平方千米，海拔 400 米。4 个村民小组，197 户，603 人。耕地面积 322 亩；林地面积 10373 亩，产松、杉、杂木、毛竹。通电、公路、程控电话、有线电视、自来水。清属五都。1931 年，属第五区扬坑乡。1950 年 7 月，属东坑区东坑乡。1951 年 2 月，属东坑区章坑乡。1956 年 3 月，属东坑区东坑乡。1958 年 9 月，属东坑公社章坑管理区。1961 年 9 月，属东坑区东坑公社。1962 年 6 月，改属云和县东坑区东坑公社。1990 年 9 月，属东坑区东坑镇。1992 年 5 月，属东坑镇。经县人民政府批准为第二次国内革命战争时期革命老区村。

【章坑】Zhāngkēng 位于东坑镇政府东北 4.5 千米。村民委员会驻地。163 户，537 人。据《章氏宗谱》载：宋代称“樟溪”。村西昔日有大樟树，小坑穿过村中，故又名“樟坑”。明代樟树被砍无存，章姓先祖迁此，旋改章坑。境内有多座古廊桥，其中，2013 年 3 月，接龙桥公布为国家级重点文物保护单位。景宁至文成公路过境。通电、程控电话、有线电视、自来水。

【傍岸】Bàngàn 位于东坑镇政府东北 4.7 千米。19 户，41 人。村傍北溪岸，故名傍岸。通公路。

【溪尾】Xīwěi 位于东坑镇政府东北 5 千米。15 户，25 人。陈姓建村北溪边，处章坑村尾，故名。通公路。

北山 Běishān 村民委员会 位于东坑镇政府东北部。辖北山、北山寮、底堡3个自然村。村民委员会驻北山村。以驻地村北山得名。总面积11.91平方千米，海拔660米。4个村民小组，118户，338人，其中，畲族69人。耕地面积345亩；林地面积14097亩，产松、杉、杂木、毛竹。通电、公路、程控电话、有线电视、自来水。清属五都。1931年，属第五区扬坑乡。1950年7月，属东坑区东坑乡。1951年2月，属东坑区章坑乡。1956年3月，属东坑区东坑乡。1958年9月，属东坑公社章坑管理区。1961年9月，属东坑区东坑公社。1962年6月，改属云和县东坑区东坑公社。1990年9月，属东坑区东坑镇。1992年5月，属东坑镇。经县人民政府批准为第二次国内革命战争时期革命老区村。

【北山】Běishān 位于东坑镇政府东北5.1千米。村民委员会驻地。44户，117人。以山得名。通电、程控电话、有线电视、自来水、公路。

【北山寮】Běishānliáo 位于东坑镇政府东北5.2千米。11户，26人，其中，畲族21人。赵姓在北山村东1千米处搭寮建村，故名。通电、公路。

【底堡】Dǐbǎo 位于东坑镇政府东北4.7千米。63户，195人，其中，畲族43人。村建北山底，以地理位置得名。通公路。

杨斜 Yángxié 村民委员会 位于东坑镇政府东北部。辖杨斜、排头、隆下、半岭4个自然村。村民委员会驻杨斜村。以驻地村杨斜得名。总面积8.87平方千米，海拔650米。6个村民小组，223户，607人，其中，畲族11人。耕地面积271亩；林地面积11526亩，产松、杉、杂木、毛竹。通电、公路、程控电话、有线电视、自来水。清属五都。1931年，属第五区扬坑乡。1950年7月，属东坑区东坑乡。1951年2月，属东坑区章坑乡。1952年10月，属东坑区杨斜乡。1956年3月，属东坑区东坑乡。1958年9月，属东坑公社章坑管理区。1961年9月，属东坑区东坑公社。1962年6月，改属云和县东坑区东坑公社。1990年9月，属东坑区东坑镇。1992年5月，属东坑镇。经县人民政府批准为第二次国内革命战争时期革命老区村。

【杨斜】Yángxié 位于东坑镇政府东北7.8千米。村民委员会驻地。139户，374人。杨姓开基，村处鸡冠花山西侧斜坡山地，故名。通电、程控电话、有线电视、自来水、公路。

【排头】Páitóu 位于东坑镇政府东北7.5千米。24户，53人。方言称沿山腰伸展的平路为排路。村处排路一端，故名排头。通公路。

【隆下】Lóngxià 位于东坑镇政府东北7.6千米。15户，68人。村建山垄之下，故名垄下，谐音演变成隆下。

【半岭】Bànlǐng 位于东坑镇政府东7.5千米。45户，112人，其中，畲族9人。村建通往北山的山岭中段，故名。通公路。

白鹤 Báihè 村民委员会 位于东坑镇政府西北部。辖白鹤1个自然村。村民委员会驻白鹤村，以驻地村得白鹤名。总面积10.32平方千米，海拔570米。5个村民小组，161户，473人，其中，畲族18人。耕地面积263亩；林地面积12685亩，产松、杉、杂木、毛竹。通电、公路、程控电话、有线电视、自来水。清属六都。1931年，属第一区桃源乡。1950年7月，属东坑区北溪乡。1951年2月，属东坑区深垟乡。1956年3月，属东坑区深北乡。1957年3月，属东坑区深垟乡。1958年9月，属东坑公社深垟管理区。1961年9月，属东坑区北溪公社。1962年6月，改属云和县东坑区北溪公社。1981年10月，改属东坑区白鹤公社。1984年3月，属东坑区白鹤乡。1990年9月，属东坑区东坑镇。1992年5月，撤白鹤乡并东坑镇。经县人民政府批准为抗日战争时期革命老区村。

【白鹤】Báihè 位于东坑镇政府西北3.8千米。村民委员会驻地。161户，473人，其中，畲族18人。地处大白坑与北溪汇合处，据传开基之初有白鹤群栖此，村民视为风水地，故名。原白鹤公社所在地。景宁至泰顺、文成公路过村境。村前建白鹤水库。通电、程控电话、有线电视、自来水。

桃源 Táoyuán 村民委员会 位于东坑镇政府西北部。辖桃源1个自然村。村民委员会驻桃源村。以驻地村桃源得名。总面积11.81平方千米，海拔580米。3个村民小组，152户，375人，其中，畲族138人。耕地面积274亩；林地面积17309亩，产松、杉、杂木、毛竹。通电、公路、程控电话、有线电视、自来水。清属六都。1931年，属第一区桃源乡。1950年7月，属东坑区北溪乡。1951年2月，属东坑区深垟乡。1956年3月，属东坑区深北乡。1957年3月，属东坑区深垟乡。1958年9月，属东坑公社深垟管理区。1961年9月，属东坑区北溪公社。1962年6月改属云和县东坑区北溪公社。1981年10月改属东坑区白鹤公社。1984年3月属东坑区白鹤乡。1990年9月属东坑区东坑镇。1992年5月，撤白鹤乡并东坑镇。经县人民政府批准为抗日战争时期革命老区村。

【桃源】Táoyuán 位于东坑镇政府西北5.1千米。村民委员会驻地。152户，375人，其中，畲族138人。有吴、雷、林、陈、李、周、赵、董、梅、彭、潘、任、刘、徐、叶、朱、蓝、钟等姓。昔日此地桃树漫山，村处源口，故名。景宁至大漈、朱树根公路过村境。通电、程控电话、有线电视、自来水、公路。

根底岘 Gēndǐxiàn 村民委员会 位于东坑镇政府西北部。辖朱树根、坑底2个自然村。村民委员会驻地朱树根村。以朱树根、坑底、黄碧岘三村尾字组合得名。总面积8.91平方千米，海拔640米。3个村民小组，95户，247人。耕地面积235亩；林地面积14395亩，产松、杉、杂木、毛竹。通电、公路、程控电话、有线电视、自来水。清属六都。1931年，属第一区桃源乡。1950年7月，属东坑区北溪乡。1951年2月，属东坑区深垟乡。1956年3月，属东坑区深北乡。1957年3月，属东坑区深垟乡。1958年9月，属东坑公社深垟管理区。1961年9月，属东坑区北溪公社。1962年6月，改属云和县东坑区北溪公社。1981年10月，改属东坑区白鹤公社。1984年3月，属东坑区白鹤乡。1990年9月，属东坑区东坑镇。1992年5月，撤白鹤乡并东坑镇。

【朱树根】Zhūshùgēn 位于东坑镇政府西北6.5千米。村民委员会驻地。43户，112人。村建小坑两侧，昔日苦槠树林成片，后伐林建村，故名。建农家乐。通电、程控电话、有线电视、自来水、公路。

【坑底】Kēngdǐ 位于东坑镇政府西北，7.2千米。52户，135人。村建山坑谷地，故名。建农家乐。村尾建廊桥。美丽乡村建设示范村。通电、程控电话、有线电视、自来水、机耕路。

深垟 Shēnyáng 村民委员会 位于东坑镇政府西北部。辖深垟、黄山头、叶源垟、汤庄垟4个自然村。村民委员会驻深垟村。以驻地村深垟得名。总面积14.58平方千米，海拔700米。7个村民小组，267户，833人，其中，畲族216人。耕地面积679亩；林地面积15378亩，产松、杉、杂木、毛竹。

通电、公路、程控电话、有线电视、自来水。清属六都。1931年，属第一区桃源乡。1950年7月，属东坑区北溪乡。1951年2月，属东坑区深垟乡。1956年3月，属东坑区深北乡。1957年3月，属东坑区深垟乡。1958年9月，属东坑公社深垟管理区。1961年9月，属东坑区北溪公社。1962年6月，改属云和县东坑区北溪公社。1981年10月，改属东坑区白鹤公社。1984年3月，属东坑区白鹤乡。1990年9月，属东坑区东坑镇。1992年5月，撤白鹤乡并东坑镇。被列入“十二五”时期全国少数民族特色村寨保护与发展名录。经县人民政府批准为抗日战争时期革命老区村。

【深垟】Shēnyáng 位于东坑镇政府西北7千米。村民委员会驻地。92户，296人，其中，畲族14人。孙姓于宋代建村溪谷旁，因田垟土浅，旧名“浅垟”。后经村民以石筑堤，垒墈造田深耕细作，反其意而名之，故名深垟。深垟石巷、石路、石墙、石屋，形成一道靓丽的村景。建有深垟美术摄影创作基地。村尾建孙姓宗祠。村口1千米建木拱廊桥，名畲桥。景宁至大漈公路过村境。通电、程控电话、有线电视、自来水。

【黄山头】Huángshāntóu 位于东坑镇政府西北9千米。96户，251人，其中，畲族195人。黄姓开基建村山头上，故名。后黄姓衰落，雷、陈两姓迁入，村名沿用。景宁至大漈公路过村境。建廊桥、畲医畲药展示馆。通电、程控电话、有线电视、自来水。

【叶源垟】Yèyuányáng 位于东坑镇政府西北7.9坑千米。79户，247人。叶姓村民迁居田垟旁，故名。村尾古树成林，水口建廊桥。通电、自来水、公路。

【汤庄垟】Tāngzhuāngyáng 又名中心垟，位于东坑镇政府西北8千米。12户，39人。系1985年上标库区移民安置村，以田垟得名。景宁通往大漈公路过村境。通电、自来水。

吴山头 Wúshāntóu 村民委员会 位于东坑镇政府西北部。辖吴山头、西山2个自然村。村民委员会驻吴山头村。以驻地村吴山头得名。总面积6.46平方千米，海拔850米。4个村民小组，82户，228人，其中，畲族185人。耕地面积145亩；林地面积8255亩，产松、杉、杂木、毛竹。通电、公路、程控电话、有线电视、自来水。清属六都。1931年，属第一区北溪乡。1950年7月，属东坑区北溪乡。1956年3月，属东坑区深北乡。1957年3月，属东坑区北溪乡。1958年9月，属东坑公社北溪管理区。1961年9月，属东坑区北溪公社。1962年6月改属云和县东坑区。1981年10月，改属东坑区白鹤公社。1984年3月，属东坑区北溪畲族乡。1986年11月，北溪畲族乡复称北溪乡。1990年9月，属东坑区东坑镇。1992年5月，撤北溪乡并东坑镇。经县人民政府批准为抗日战争时期革命老区村。

【吴山头】Wúshāntóu 位于东坑镇政府西北9.8千米。村民委员会驻地。39户，105人，其中，畲族89人。据《吴氏宗谱》载：吴姓开基，建村山头上，故名。景宁至文成、泰顺公路过村境。通电、程控电话、有线电视、自来水。

【西山】Xīshān 位于东坑镇政府西北9.7千米。43户，123人，其中，畲族96人。新建畲族村，原土名为西山，故名。省道云寿线过村境。通电、程控电话、有线电视、自来水。

汤北 Tāngběi 村民委员会 位于东坑镇政府西北部。辖北溪、汤坑2个自然村。村民委员会驻北溪村，取汤坑、北溪两村首字而得名。总面积7.6平方千米，海拔700米。6个村民小组，108户，410人，其中，畲族10人。耕地面积343亩；林地面积7608亩，产松、杉、杂木、毛竹。通电、公路、程控电话、有线电视、自来水。清属六都。1931年，属第一区北溪乡。1950年7月，属东坑区北溪乡。1956年3月，属东坑区深北乡。1957年3月，属东坑区北溪乡。1958年9月，属东坑公社北溪管理区。1961年9月，属东坑区北溪公社。1962年6月，改属云和县东坑区。1981年10月，改属东坑区白鹤公社。1984年3月，属东坑区北溪畲族乡。1986年11月，北溪畲族乡复称北溪乡。1990年9月，属东坑区东坑镇。1992年5月撤北溪乡并东坑镇。

【北溪】Běixī 位于东坑镇政府西北10千米。村民委员会驻地。65户，272人，其中，畲族9人。地处北溪两岸，以溪得名。景宁至梅岐公路过村境。村建古廊桥。村尾建北溪中心敬老院。通电、程控电话、有线电视、自来水、公路。

【汤坑】Tāngkēng 位于东坑镇政府西北10.5千米。43户，138人，其中，畲族1人。汤姓开基，村建坑边，故名。村后建汤夫人殿，公路边建马天仙殿。景宁至梅岐公路过村境。通电、程控电话、有线电视、自来水。

大张坑 Dàzhāngkēng 村民委员会 位于东坑镇政府西北部。辖大张坑、岭口、草鱼塘3个自然村。村民委员会驻大张坑村。以驻地村大张坑得名。总面积5.16平方千米，海拔930米。4个村民小组，85户，225人，其中，畲族177人。耕地面积205亩；林地面积5345亩，产松、杉、杂木、毛竹。通电、公路、程控电话、有线电视、自来水。清属六都。1931年，属第一区北溪乡。1950年7月，属东坑区北溪乡。1956年3月，属东坑区深北乡。1957年3月，属东坑区北溪乡。1958年9月，属东坑公社北溪管理区。1961年9月，属东坑区北溪公社。1962年6月，改属云和县东坑区。1981年10月，改属东坑区白鹤公社。1984年3月，属东坑区北溪畲族乡。1986年11月，北溪畲族乡复称北溪乡。1990年9月，属东坑区东坑镇。1992年5月撤北溪乡并东坑镇。经县人民政府批准为抗日战争时期革命老区村。

【大张坑】Dàzhāngkēng 位于东坑镇政府西北12.1千米。村民委员会驻地。74户，197人，其中，畲族172人。张姓开基，建村北溪源头，故名。后张姓迁移，畲民继居，村名沿用之。通电、程控电话、有线电视、自来水、公路。

【岭口】Lǐngkǒu 位于东坑镇政府西北11.5千米。8户，21人。村处景宁至泰顺古道梨树岭南侧岭脚坑口，故名。通电、公路。

【草鱼塘】Cǎoyútáng 位于东坑镇政府西北13.5千米。3户，7人。吴姓先祖迁居在此，筑塘养殖草鱼，故名。昔日县属草鱼塘林场建此，已辟为草鱼塘森林公园；境内新建宾馆、环敕木山公路、游步道、观光台、亭等，基础设施齐全。游步道通敕木山顶，供人们休闲、旅游与摄影。通电、程控电话、有线电视、自来水。

方徐 Fāngxú 村民委员会 位于东坑镇政府北部。辖方泗坑、交芽、徐公垟3个自然村。村民委员会驻方泗坑村。取方泗坑、徐公垟两村首字得名。总面积9.68平方千米，海拔830米。耕地面积294亩；林地面积12395亩，产松、杉、杂木、毛竹。4个村民小组，94户，241人。通电、公路、程控电话、有线电视、自来水。清属六都。1931年，属第一区北溪乡。1950年7月，属东坑区北溪乡。1956年3月，属东坑区深北乡。1957年3月，属东坑区北溪乡。1958年9月，属东坑公社北溪管理区。1961年9月，属东坑区北溪公社。1962年6月，改属云和县东坑区。1981年10月，改属东坑区白鹤公社。1984年3月，属东坑区北溪畲族乡。1986年11月，北溪畲族乡复称北溪乡。1990年9月，属东坑区东坑镇。1992年5月，撤北溪乡并东坑镇。经县人民政府批准为抗日战争时期革命老区村。

【方泗坑】Fāngsìkēng 位于东坑镇政府北8.2千米。村民委员会驻地。57户，151人。地处深坳尖南坡，村后四条小坑汇于此，故名。通电、程控电话、有线电视、自来水、公路。

【徐公垟】Xúgōngyáng 位于东坑镇政府北9千米。26户，67人。徐姓先祖建村田垟旁，故名。通电、自来水、公路。

【交芽】Jiāoyá 位于东坑镇政府北8.8千米。11户，23人。村建两山交错之处，以地形得名。村北邻大垄村。通公路。

茗源 Míngyuán 村民委员会 位于东坑镇政府北部。辖茗源、孙山2个自然村。村民委员会驻茗源村。以驻地村茗源得名。总面积12.72平方千米，海拔1050米。耕地面积668亩；林地面积14065亩，产松、杉、杂木、毛竹。8个村民小组，196户，589人。通电、公路、程控电话、有线电视、自来水。清属六都。1931年，属第一区北溪乡。1950年7月，属东坑区北溪乡。1956年3月，属东坑区深北乡。1957年3月，属东坑区北溪乡。1958年9月，属东坑公社北溪管理区。1961年9月，属东坑区北溪公社。1962年6月，改属云和县东坑区。1981年10月，改属东坑区白鹤公社。1984年3月，属东坑区北溪畲族乡。1986年11月，北溪畲族乡复称北溪乡。1990年9月，属东坑区东坑镇。1992年5月，撤北溪乡并东坑镇。

【茗源】Míngyuán 位于东坑镇政府北11.8千米。列入省历史文化村落保护利用重点村。村民委员会驻地。147户，431人。据传为南宋建炎年间吴氏先祖徙此建村，盛产茶叶，谷米充足，有“米源”之称。村中多古树，树龄有200年余。古村环境优美，茗源《吴氏家谱》载：“三溪汇庙前，远望莲湖大。宫岭环傍下，镜台护外边。风随曲水去，雾结横山颠。马鞍高峰耸，茗源八景全。”故又有“美源”之誉。东南连大仰湖湿地保护区。公路东北入梅岐乡境，西南至孙山、北溪村。

【孙山】Sūnshān 位于东坑镇政府北10.6千米。49户，158人。孙姓开基，依山建村，故名。景宁至梅岐公路过村境，村尾建古廊桥，通电、自来水。

罗山 Luóshān 村民委员会 位于东坑镇政府西南部。辖1个自然村。村民委员会驻罗山村。以驻地村罗山得名。总面积6.72平方千米，海拔840米。耕地面积139亩；林地面积8256亩，产松、杉、杂木、毛竹。4个村民小组，91户，303人。通电、公路、程控电话、有线电视、自来水。清属五都。1931年，属第五区东坑乡。1950年7月，属东坑区东坑乡。1958年9月，属东坑公社东坑管理区。1961年9月，属东坑区东坑公社。1962年6月，改属云和县东坑区东坑公社。1984年3月，属东坑区东坑乡。1990年9月，属东坑区东坑镇。经县人民政府批准为第二次国内革命战争时期革命老区村。

【罗山】Luóshān 位于东坑镇政府西南2.5千米。村民委员会驻地。91户，303人。罗姓开基，以姓得名。村前小坑穿越，水口森林茂密，四周翠竹环绕，环境生态良好。景宁至福建寿宁以及景南、雁溪公路过村境。

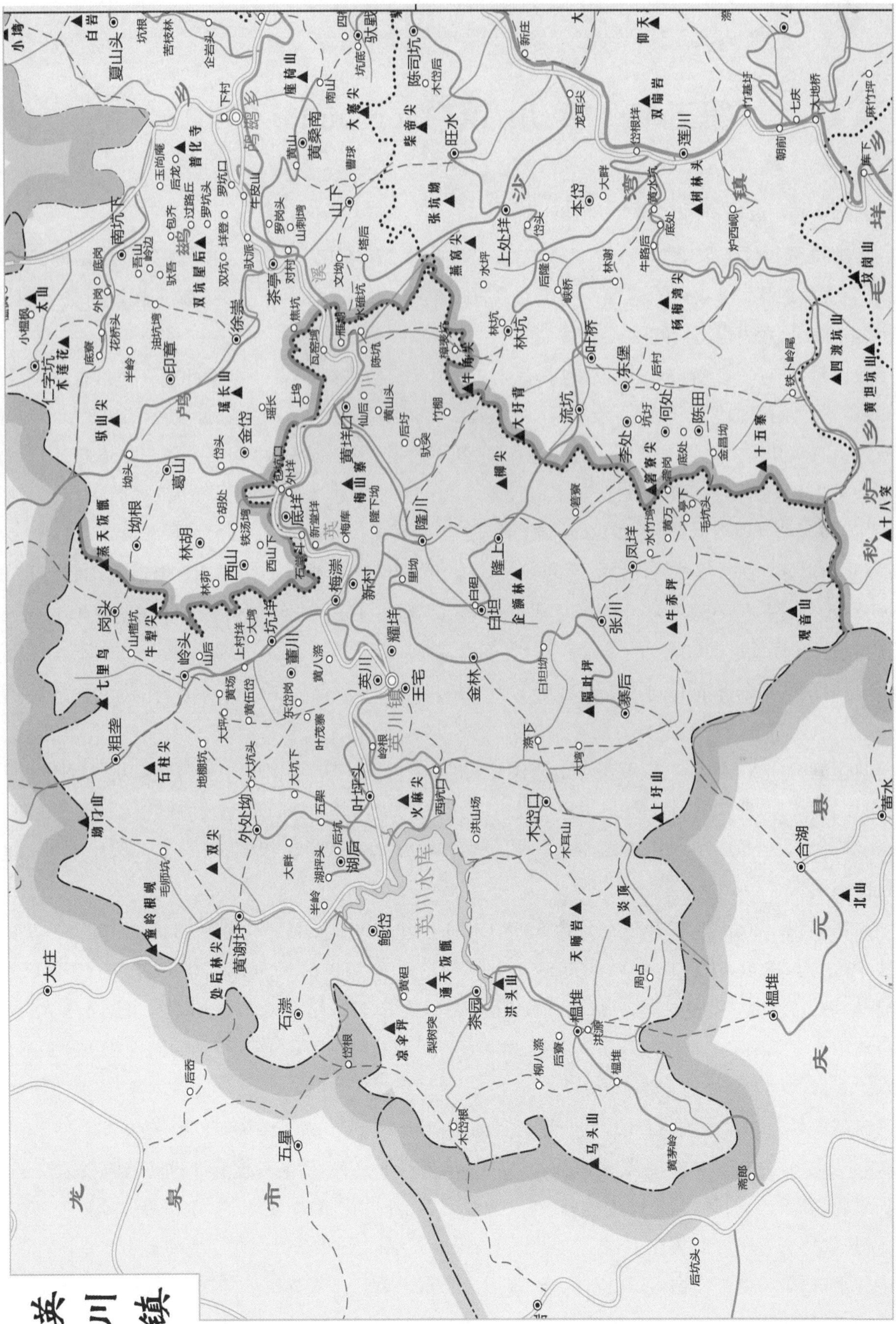

地图审核号：浙S(2015)46号

第五节　英川镇(Yīngchuān Zhèn)

名称来历　镇以驻地村得名。

地理位置　位于东经 119°13′51″~119°22′53″,北纬 27°46′14″~27°54′49″。地处县城西南部,东接鸬鹚乡,南连秋炉乡、沙湾镇,西南邻庆元县百山祖镇,北界龙泉市龙南乡。镇人民政府驻英川村双桥街 109 号,距县城 64 千米。

政区沿革　清属三都。民国设英川、黄湖、隆川、榅茶 4 乡,属第三区。1950 年 7 月,设英川、隆川 2 乡,属沙溪区。1951 年 2 月,设增黄湖、茶园 2 乡。同年秋,析隆川乡置张坑乡。1952 年 10 月,沙溪区析置英川区,辖英川、梅漈、茶园、黄湖、叶桥、隆川、张坑、葛山、岭头 9 个乡。1956 年 3 月,梅漈乡并英川乡;茶园乡并黄湖乡;张坑乡并隆川乡。1957 年 3 月,黄湖乡析置茶园乡。1958 年 9 月撤区,设英川公社,辖英川、隆川、葛山、黄湖、茶园 5 个管理区。1961 年 9 月,设英川、隆川、黄湖 3 公社,复属沙溪区。1962 年 6 月,改属云和县沙溪区。1981 年 9 月,析沙溪区英川、鸬鹚、葛山、隆川、黄湖 5 公社,复置英川区。1984 年 3 月,复建英川、黄湖、隆川 3 乡,属英川区;12 月析梅漈村民委员会置新村村民委员会。1992 年 5 月,撤区并乡,英川、黄湖、隆川 3 乡合并,设英川镇。2002 年 6 月,因英川电站库区移民,木耳口村民委员会更名为木岱口村民委员会。2013 年 5 月,撤葛山乡建制,原岭头、岗头、粗垄 3 个村民委员会划属英川镇。

政区划分　2014 年末,辖英川 1 个居民委员会,英川、王宅、耀垟、叶坪头、董川、坑垟、梅漈、新村、底垟、黄垟口、隆川、白坦、隆上、凤垟、张川、寨后、金林、木岱口、茶园、温堆、鲍岱、石漈、黄谢圩、湖后、外处坳、岭头、岗头、粗垄 28 个村民委员会,共 29 个群众自治组织;下设 1 个居民小组、209 个村民小组。

人口面积　2014 年末,辖区总户数 5655 户,总人口 17062 人。其中,男性 9110 人,占 53。39%;女性 7952 人,占 46.61%;18 岁以下 3459 人,占 20.27%;18~60 岁 10540 人,占 61.78%;60 岁以上 3063 人,占 17.95%。有畲、拉祜、佤、苗、侗族等少数民族共 472 人,占 2.77%。其中,畲族 413 人。人口自然增长率 7.24‰。辖区东西最大距离 14.47 千米,南北最大距离 15.87 千米,总面积 134.6 平方千米。人口密度为每平方千米 126.7 人。

自然条件　境内属高山丘陵地区,地势自西南向东北倾斜。山峦叠嶂、群峰林立、高耸入云。主要山峰马头山海拔 1610 米,香炉尖海拔 1507 米,均与庆元县界;横岘圩海拔 1295 米,与龙泉交界。馒头坛岘、寨后山、天师岩、箬寮尖等海拔在 1400 米以上;隔叶坪、横岘圩、牛赤坪、天井坳、企额林、驮洋岘、铁尊岩等山峰海拔在 1000 米以上。主要山口合湖隘通往庆元县境。境内多山多水,与庆元县境分水,南部一侧汇集白坦、箬寮、凤垟、张川诸水东出黄垟口入英川港;南部另一部分汇集金坑、毛坑、木耳坑之水经黄水坑东侧入毛垟港。西北发源于庆元县百山祖黄谢圩坑、木耳口坑水汇入英川港。北部源出龙泉汇集粗砻、岗头、岭头诸水注入英川港。气候属中亚热带季风气候，温暖湿润，雨量充沛，四季分明。年平均气温 18℃，极端最高气温为 41.4℃，极端最低气温为-5.3℃。年平均降雨量为 1900 毫米，降雨分布不均匀，春季多雨高湿，夏秋多干旱。小溪两岸低海拔地区为典型中亚热带气候。因季风活动不稳定性，时有暴雨、冰雹、大风和"倒春寒""五月寒"等灾害性天气出现。境内水利资源丰富，已建有茶园、洪水岭、洪源、华发、华发二级、粗垄一级、粗垄二级、岭头、桥头垟、坑下、新村、雁湖、英川等水电站。

经济状况 耕地面积 8661 亩；林地面积 140464 万亩。年产粮食 4020 吨，其中，水稻 3248.7 吨，玉米 51.3 吨，薯类 572 吨，豆类 148 吨。建英川食用百合精品园，产品获得"省农博会新产品金奖"，食用百合种植面积 1956 亩，产量 702 吨；茶叶种植面积 2600 亩，产量 58.4 吨。生猪饲养量 5360 头，牛饲养量 268 头，羊饲养量 2346 只，家禽饲养量 13150 只，兔饲养量 4313 吨。畜禽肉类产量 370 吨，其中，猪肉产量 317 吨。累计造林 2380 亩，经济林 477 亩，农民住宅四旁树木 5.5 万株，林木覆盖率 73.4%，活立木蓄积量 33.5 万立方米。水果种植面积 2991 亩，产量 760 吨，其中，板栗 350 吨，柑桔 150.8 吨，梨 33 吨，桃子 11.2 吨，瓜用果 51.1 吨。2014 年，农业总产值 8603 万元，工业总产值 13100 万元。

社会发展 各村民委员会都通电、公路、程控电话、有线电视、自来水。有文化站 1 个，公共图书室 25 个。幼儿园 2 所，小学 1 所，医疗卫生机构 8 个。

地方特色民间艺术有英川菇民戏、木偶戏、龙灯庙会等。其中，菇民戏（英川乱弹）被列入省第二批非物质文化遗产项目。境内有休闲、驴行之圣地香炉山林区，有五显灵官大帝殿、梅漈廊桥遗址、英村古堰、长滩楼桥、梨树突红军标语等旅游景点。1995 年 3 月，经丽水地区民政局批准，境内茶园、温堆、黄谢圩、木耳口、鲍岱、石漈、外处坳、寨后、张坑、凤垟、隆上、叶坪头、董川（东岱）、后坑 14 村为革命老区村。

英川镇村民委员会一览

表 2–7

标准名称	村民小组	自然村		2014 年		海 拔（米）
		村数	标准名称	户数	人数	
英川	10	2	英川	233	665	430
			岭根	65	162	
坑垟	5	3	坑垟	97	309	470
			大塆	31	78	
			处后岗	26	69	
董川	12	5	董川	132	441	720
			上村垟	39	131	
			黄伍岱	38	116	

续表 2–7

标准名称	村民小组	自然村		2014 年		海 拔（米）
		村数	标准名称	户数	人数	
董川	12	5	东岱岗	46	143	
			黄八漈	3	7	
梅漴	4	1	梅漴	83	248	410
底垟	5	3	底垟	109	323	380
			外垟	25	69	
			包坑头	31	75	
新村	4	3	新村	56	171	420
			梅库	18	58	
			新堂垟	5	15	
叶坪头	4	1	叶坪头	115	346	700
耀垟	3	1	耀垟	109	321	500
王宅	10	1	王宅	157	502	465
金林	5	1	金林	96	292	785
隆川	13	1	隆川	251	805	720
黄垟口	14	11	黄垟口	180	551	350
			仙后	2	8	
			黄山头	15	57	
			后圩	17	80	
			驮突	13	45	
			竹棚	16	46	
			樟表坑	18	58	
			陈坑	51	116	
			水碓坑	6	23	
			雁湖	33	121	
			瓦窑塆	7	25	
白坦	7	3	白坦	110	323	780
			隆下坳	26	95	
			里坳	3	11	
隆上	8	2	隆上	145	452	935
			箬寮	106	324	

续表 2-7

标准名称	村民小组	自然村		2014 年		海 拔（米）
		村数	标准名称	户数	人数	
张川	9	2	张川	158	388	1050
			白坦坳	20	49	
寨后	8	3	寨后	137	309	1050
			大塆	48	159	
			漈下	40	152	
凤垟	7	6	凤垟	84	279	1000
			水竹塆	15	47	
			黄万	70	220	
			亭下	24	92	
			毛坑头	52	147	
			坴岗	4	12	
湖后	11	5	后坑	136	397	780
			湖坪头	60	201	
			五架	58	222	
			半岭	56	173	
			大坑下	15	40	
外处坳	5	3	外处坳	70	229	1120
			大坑头	41	171	
			大畔	23	77	
石漈	3	1	石漈	85	290	970
鲍岱	6	3	鲍岱	64	150	820
			黄坦	23	85	
			郑源	2	7	
茶园	11	3	茶园	142	396	740
			梨树突	145	407	
			木岱根	76	203	
黄谢圩	9	2	黄谢圩	238	661	620
			毛师坑	60	187	

续表 2-7

标准名称	村民小组	自然村		2014 年		海拔（米）
		村数	标准名称	户数	人数	
木岱口	4	4	木耳山	34	90	
			岱头岗	37	85	540
			洪山场	17	44	
			西坑口	18	63	
榅堆	14	6	榅堆	103	293	1000
			柳八漈	97	290	
			后寮	31	92	
			洪源	81	243	
			周占	77	231	
			黄茅岭	36	110	
岭头	9	4	岭头	127	385	715
			大坪	34	115	
			地棚坑	11	34	
			山后	43	139	
岗头	5	2	岗头	103	285	1160
			山楂坑	19	65	
粗垄	5	1	粗砻	143	443	850

村民委员会、居民点

英川 Yīngchuān 村民委员会 位于县城西南部。辖英川、岭根 2 个自然村。村民委员会驻英川村。以驻地村英川得名。有中心学校、农村信用社、中心卫生院、文化站、广播电视站。总面积 2.7 平方千米，海拔 430 米。10 个村民小组，298 户，827 人，其中，畲族 14 人。耕地面积 265 亩，林地面积 1745 亩，产松、杉、杂木、毛竹。通电、程控电话、有线电视、宽带、自来水、公路。清属三都。1931 年，属第三区英川乡。1950 年 7 月，属沙溪区英川乡。1952 年 10 月，属英川区英川乡。1958 年 9 月，属英川公社英川管理区。1961 年 9 月，属沙溪区英川公社。1981 年 9 月，属英川区英川公社。1984 年 3 月，属英川区英川乡。1992 年 5 月，属英川镇。

【英川】Yīngchuān 又名英村。位于县城西南部 64 千米。镇人民政府、村民委员会驻地。原英川区公所驻地。233 户，665 人，其中，畲族 11 人，村民多吴姓。据《吴氏宗谱》载：村建于元初，距今近 700 年。村坊三面临水，背倚岗峦，取钟英毓秀之义而取名英川。村头建英川古堰。通电、有线电视、自来水、公路。

【岭根】Lǐnggēn 位于英川镇政府西 1.2 千米。65 户，162 人。村建叶坪头岭脚，故名。通电、公路。

坑垟 Kēngyáng 村民委员会 位于英川镇政府北部。辖坑垟、大湾、处后岗 3 个自然村。村民委员会驻坑垟村。以驻地村坑垟得名。总面积 1.36 平方千米，海拔 470 米。5 个村民小组，154 户，456 人。耕地面积 232 亩，林地面积 765 亩。通电、程控电话、有线电视、宽带、自来水、公路。清属三都。1931 年，属第三区英川乡。1950 年 7 月，属沙溪区英川乡。1952 年 10 月，属英川区梅漴乡。1956 年 3 月，属英川区英川乡。1958 年 9 月，属英川公社英川管理区。1961 年 9 月，属沙溪区英川公社。1981 年 9 月，属英川区英川公社。1984 年 3 月，属英川区英川乡。1992 年 5 月，属英川镇。

【坑垟】Kēngyáng 位于英川镇政府北 2.3 千米。村民委员会驻地。97 户，309 人。原名坑下，因小坑环绕村舍田垟，故名坑垟。通电、有线电视、自来水、公路。

【大塆】Dàwān 又名驮塆。位于英川镇政府北 2.9 千米。31 户，78 人。以地形得名。东邻西山村。

【处后岗】Chùhòugǎng 位于英川镇政府 2.5 千米。26 户，69 人。村处坑垟村后山岗，以山得名。

董川 Dǒngchuān 村民委员会 位于英川镇政府北部。辖董川、上村垟、东岱岗、黄伍岱、黄八漈 5 个自然村。村民委员会驻董川村。以驻地村董川得名。总面积 2.92 平方千米，海拔 720 米。12 个村民小组，258 户，838 人，其中，畲族 138 人。耕地面积 472 亩，林地面积 2755 亩，产松、杉、杂木、毛竹。通电、程控电话、有线电视、宽带、自来水、公路。清属三都。1931 年，属第三区英川乡。1950 年 7 月，属沙溪区英川乡。1952 年 10 月，属英川区英川乡。1958 年 9 月，属英川公社英川管理区。1961 年 9 月，属沙溪区英川公社。1981 年 9 月，属英川区英川公社。1984 年 3 月，属英川区英川乡。1992 年 5 月，属英川镇。经县人民政府批准为第二次国内革命战争时期革命老区村。

【董川】Dǒngchuān 位于英川镇政府北 2 千米。村民委员会驻地。132 户，441 人，其中，畲族 3 人。张氏先祖从龙泉徙此建村。村旁多木芙蓉，村人取“董蕖苒苒”之义名董川。曾名东岱，1981 年复名董川。通电、有线电视、自来水、公路。

【上村垟】Shàngcūnyáng 位于英川镇政府北 2.8 千米。39 户，131 人，其中，畲族 120 人。据传清乾隆初年，钟姓先祖自鹤溪镇山外村迁至东岱岗村居住。若干年后建村上村垟，处地一畈田垟，故名上村垟。八十年代建新村于公路旁，土名处下垟，原村名沿用。梅漴至岭头、粗砻公路过村境。通电、有线电视、自来水。

【黄伍岱】Huángwǔdài 位于英川镇政府北 3.8 千米。38 户，116 人。东邻上村垟。

【东岱岗】Dōngdàigǎng 位于英川镇政府北 1.7 千米。46 户，143 人，其中，畲族 2 人。以山岗得名。

【黄八漈】Huángbājì 位于英川镇政府北 1.1 千米。3 户，7 人。村旁有漈，两侧呈八字，山多黄土，故名。

梅漴 Méichóng 村民委员会 位于英川镇政府东北部。辖梅漴 1 个自然村。村民委员会驻梅漴村。以驻地村梅漴得名。总面积 0.98 平方千米，海拔 410 米。4 个村民小组，83 户，248 人，汉族。耕地面积 133 亩，林地面积 1261 亩。通电、程控电话、有线电视、宽带、自来水、公路。清属三都。1931

年，属第三区英川乡。1950 年 7 月，属沙溪区英川乡。1952 年 10 月，属英川区梅漴乡。1956 年 3 月，属英川区英川乡。1958 年 9 月，属英川公社英川管理区。1961 年 9，月属沙溪区英川公社。1981 年 9 月，属英川区英川公社。1984 年 3 月，属英川区英川乡；12 月析梅漴村民委员会置新村村民委员会。1992 年 5 月，属英川镇。

【梅漴】Méichóng　位于英川镇政府东北 1.5 千米。村民委员会驻地。83 户，248 人。村旁建水电站。沙湾至英川公路过村境。通电、有线电视、自来水。

底垟 Dǐyáng 村民委员会　位于英川镇政府东北部。辖底垟、外垟、包坑口 3 个自然村。村民委员会驻底垟村。以驻地村底垟得名。总面积 2.24 平方千米，海拔 380 米。5 个村民小组，165 户，467 人。耕地面积 188 亩，林地面积 1895 亩。通电、程控电话、有线电视、宽带、自来水、公路。清属三都。1931 年，属第三区英川乡。1950 年 7 月，属沙溪区英川乡。1952 年 10 月，属英川区梅漴乡。1956 年 3 月，属英川区英川乡。1958 年 9 月，属英川公社英川管理区。1961 年 9 月，属沙溪区英川公社。1981 年 9 月，属英川区英川公社。1984 年 3 月，属英川区英川乡。1992 年 5 月，属英川镇。

【底垟】Dǐyáng　位于英川镇政府东北 3.2 千米。村民委员会驻地。109 户，323 人。通电、机耕路。

【外垟】Wàiyáng　位于英川东北 3.5 千米。25 户，69 人。村建溪谷旁，地分两片垟，处下游为外垟，故名。通电、机耕路。

【包坑口】Bāokēngkǒu　位于英川镇政府东北 3.7 千米。31 户，75 人。村处英川港北岸，以坑得名。清代龙、庆、景三县菇民在村旁合建五显灵官大帝殿，昔日香火旺盛。通电、自来水、公路。

新村 Xīncūn 村民委员会　位于英川镇政府东北部。辖新村、梅库、新堂垟 3 个自然村。村民委员会驻新村村。以驻地村新村得名。总面积 0.81 平方千米，海拔 420 米。4 个村民小组，79 户，244 人，其中，畲族 202 人。耕地面积 106 亩，林地面积 1033 亩。通电、程控电话、有线电视、宽带、自来水、公路。清属三都。1931 年，属第三区英川乡。1950 年 7 月，属沙溪区英川乡。1952 年 10 月，属英川区梅漴乡。1956 年 3 月，属英川区英川乡。1958 年 9 月，属英川公社英川管理区。1961 年 9 月，属沙溪区英川公社。1981 年 9 月，属英川区英川公社。1984 年 3 月，属英川区英川乡；12 月析梅漴村民委员会新村、梅库、新塘垟 3 个自然村置新村村民委员会。1992 年 5 月，属英川镇。

【新村】Xīncūn　原名乌饭恰。位于英川镇政府东北 1.6 千米。村民委员会驻地。56 户，171 人，其中，畲族 168 人。畲民有三月三做乌饭习俗。先民徙居时，恰逢畲民节庆三月三，故名。1981 年，地名更名。通电、有线电视、自来水、公路。

【梅库】méikù　位于英川镇政府东北 2.4 千米。18 户，58 人，其中，畲族 31 人。村建梅山脚下溪边汇角。洪水后沙石成堆，如谷屯库，故名。

【新堂垟】Xīntángyáng　位于英川镇政府东北 1.9 千米。5 户，15 人。

叶坪头 Yèpíngtóu 村民委员会　位于英川镇政府东部。辖叶坪头 1 个自然村。村民委员会驻叶坪头村。以驻地村叶坪头得名。总面积 2 平方千米，海拔 700 米。4 个村民小组，115 户，346 人。耕地面积 177 亩，林地面积 1312 亩。通电、程控电话、有线电视、宽带、自来水、公路。清属三都。1931 年，属第三区英川乡。1950 年 7 月，属沙溪区英川乡。1952 年 10 月，属英川区英川乡。1958 年 9 月，属英川公社英川管理区。1961年9月，属沙溪区英川公社。1981年9月，属英川区英川公社。1984年3月，属英川区英川乡。1992年5月，属英川镇。经县人民政府批准为第二次国内革命战争时期革命老区村。

【叶坪头】Yèpíngtóu 位于英川镇政府东2千米。村民委员会驻地。115户，346人。因地形似树叶儿得名。通电、有线电视、自来水、公路。

耀垟 Yàoyáng 村民委员会 位于英川镇政府东。辖耀垟1个自然村。村民委员会驻耀垟村。以驻地村耀垟得名。总面积1.98平方千米，海拔500米。3个村民小组，109户，321人。耕地面积175亩，林地面积989亩。通电、程控电话、有线电视、宽带、自来水、公路。清属三都。1931年，属第三区英川乡。1950年7月，属沙溪区英川乡。1952年10月，属英川区英川乡。1958年9月，属英川公社英川管理区。1961年9月，属沙溪区英川公社。1981年9月，属英川区英川公社。1984年3月，属英川区英川乡。1992年5月，属英川镇。

【耀垟】Yàoyáng 位于英川镇政府东0.4千米。村民委员会驻地。109户，321人。与英川、王宅三村互成鼎足之势。原称下垟，后因重名改耀垟。通电、有线电视、自来水、公路。

王宅 Wángzhái 村民委员会 位于英川镇政府南。辖王宅1个自然村。村民委员会驻王宅村。以驻地村王宅得名。总面积2.29平方千米，海拔465米。10个村民小组，157户，502人，其中，畲族3人。耕地面积123亩，林地面积3635亩，产松、杉、杂木、毛竹。通电、程控电话、有线电视、宽带、自来水、公路。清属三都。1931年，属第三区英川乡。1950年7月，属沙溪区英川乡。1952年10月，属英川区英川乡。1958年9月，属英川公社英川管理区。1961年9月，属沙溪区英川公社。1981年9月，属英川区英川公社。1984年3月，属英川区英川乡。1992年5月，属英川镇。

【王宅】Wángzhái 位于英川镇政府南0.3千米。村民委员会驻地。157户，502人，其中，畲族3人。南宋绍定二年(1229年)云和漈头村王姓徙此僻地为居，以姓得名。通电、有线电视、自来水、公路。

金林 Jīnlín 村民委员会 位于英川镇政府南部。辖金林1个自然村。村民委员会驻金林村。以驻地村金林得名。总面积2平方千米，海拔785米。5个村民小组，96户，292人。耕地面积206亩，林地面积1074亩。通电、程控电话、有线电视、宽带、自来水、公路。清属三都。1931年，属第三区英川乡。1950年7月，属沙溪区英川乡。1952年10月，属英川区英川乡。1958年9月，属英川公社英川管理区。1961年9月，属沙溪区英川公社。1981年9月，属英川区英川公社。1984年3月，属英川区英川乡。1992年5月，属英川镇。

【金林】Jīnlín 原名坑头。位于英川镇政府南1.7千米。村民委员会驻地。96户，292人。村周树林连片，森林资源丰富，故名。通电、有线电视、自来水、公路。

隆川 Lóngchuān 村民委员会 位于英川镇政府东南。辖隆川1个自然村。村民委员会驻隆川村。以驻地村隆川得名。总面积6.64平方千米，海拔720米。13个村民小组，251户，805人，其中，畲族5人。耕地面积422亩，产水稻、香菇；林地面积5515亩，产松、杉、茶叶。通电、程控电话、有线电视、宽带、自来水、公路。清属三都。1931年，属第三区隆川乡。1950年7月，属沙溪区隆川乡。1952年10月，属英川区隆川乡。1958年9月，属英川公社隆川管理区。1961年9月，属沙溪区隆川公社。

1981年9月,属英川区隆川公社。1984年3月,属英川区隆川乡。1992年5月,属英川镇。

【隆川】Lóngchuān　位于英川镇政府东南2.4千米。村民委员会驻地。原隆川乡政府驻地。251户,805人,其中,畲族5人。村后山石如砻,初名砻下。清代改隆下。据隆下《林氏家谱》载:洪武四年(1371),林氏太公从青田官桥迁徙到隆下。因村傍坑水,1981年,改名隆川。通电、有线电视、自来水、公路。

黄垟口　Huángyángkǒu　村民委员会　位于镇政府英川东部。辖黄垟口、仙后、黄山头、驮突、后圩、樟表坑、陈坑、水堆坑、竹棚、雁湖、瓦窑塆11个自然村。村民委员会驻黄垟口村。以驻地村黄垟口得名。总面积6.36平方千米,海拔350米。14个村民小组,358户,1130人,其中,畲族34人。耕地面积462亩,林地面积7298亩,产松、杉、杂木、毛竹。通电、程控电话、有线电视、宽带、自来水、公路。清属三都。1931年,属第三区隆川乡。1950年7月,属沙溪区隆川乡。1952年10月,属英川区隆川乡。1958年9月,属英川公社隆川管理区。1961年9月,属沙溪区隆川公社。1981年9月,属英川区隆川公社。1984年3月,属英川区隆川乡。1992年5月,属英川镇。

【黄垟口】Huángyángkǒu　位于英川镇政府东4.4千米。村民委员会驻地。180户,551人,其中,畲族30人。村建坑口圩地,昔日黄杨树遍布,故名黄杨口,以同音演变今名。光绪年间在村尾建万安桥,下石上屋,桥头建黄垟口茶堂,1949年,均遭洪水冲毁。英川电站建在村境。黄垟口大桥连接对岸公路。通电、程控电话、有线电视、自来水。

【仙后】Xiānhòu　位于英川镇政府东4.5千米。2户,8人,畲族。东邻陈坑村。

【黄山头】Huángshāntóu　位于英川镇政府东3.8千米。15户,57。村处黄泥山岗,故名。西邻黄垟村。

【后圩】Hòuxū　位于英川镇政府东3.5千米。17户,80人。以地形得名。北接黄山头村。

【驮突】Tuótū　位于英川镇政府东3.4千米。13户,45人。村建大山墩旁,土名为大凸,方言同音为驮突,故名。

【竹棚】Zhúpéng　位于英川镇政府东南4.3千米。16户,46人,其中,畲族2人。村周毛竹成荫,故名。东南与沙湾镇接壤。

【樟标坑】Zhāngbiāokēng　位于英川镇政府东南4.5千米。18户,58人。村傍山坑,沿坑山路通林坑叶桥,沿路多杜鹃花(方言称樟标花),故名。南与沙湾镇界。

【陈坑】Chénkēng　位于英川东4.6千米。51户,116人。昔日小坑沿岸林木茂盛,坑隐其中,沉入林海,故名沉坑,以同音演变今名。

【水碓坑】Shuǐduìkēng　位于英川镇政府东4.7千米。6户,23人。村前建水碓,村傍坑边,故名。

【雁湖】Yànhú　位于英川镇政府东4.7千米。33户,121人。昔日村旁有湖,雁群常集此,故名雁湖。通电、自来水、公路。

【瓦窑塆】Wǎyáowān　位于英川镇政府东4.7千米。7户,25人。村建山塆瓦窑基,故名。通电、有线电视、自来水、公路。

白坦　Báitǎn　村民委员会　位于英川镇政府东南部。辖白坦、隆下坳、里坳3个自然村。村民委员会驻白坦村。以驻地村白坦得名。总面积1.86平方千米,海拔780米。7个村民小组,139户,429人。耕地面积241亩,林地面积1995亩。通电、程控电话、有线电视、宽带、自来水、公路。清属三都。1931 年,属第三区隆川乡。1950 年 7 月,属沙溪区隆川乡。1952 年 10 月,属英川区隆川乡。1958 年 9 月,属英川公社隆川管理区。1961 年 9 月属沙溪区隆川公社。1981 年 9 月,属英川区隆川公社。1984 年 3 月,属英川区隆川乡。1992 年 5 月,属英川镇。

【白坦】Báitǎn 位于英川镇政府东南 2.3 千米。村民委员会驻地。110 户,323 人。山谷中村建,故名。通电、有线电视、自来水、公路、机耕路。

【隆下坳】Lóngxiàào 位于英川镇政府东 2.1 千米。26 户,95 人。村处隆下村北面山坳,故名。通电、公路。

【里坳】Lǐào 位于英川镇政府东南 2.1 千米。3 户,11 人。村建隆下坳内,故名里坳。通公路。

隆上 Lóngshàng 村民委员会 位于英川镇政府东南部。辖隆上、箬寮 2 个自然村。村民委员会驻隆上村。以驻地村隆上得名。总面积 4.53 平方千米,海拔 935 米。8 个村民小组,246 户,776 人。耕地面积 393 亩,林地面积 5345 亩,产松、杉、杂木、毛竹。通电、程控电话、有线电视、宽带、自来水、公路。清属三都。1931 年,属第三区隆川乡。1950 年 7 月,属沙溪区隆川乡。1952 年 10 月,属英川区隆川乡。1958 年 9 月,属英川公社隆川管理区。1961 年 9 月,属沙溪区隆川公社。1981 年 9 月,属英川区隆川公社。1984 年 3 月,属英川区隆川乡。1992 年 5 月,属英川镇。经县人民政府批准为第二次国内革命战争时期革命老区村。

【隆上】Lóngshàng 位于英川镇政府东南 3.2 千米。村民委员会驻地。145 户,452 人。村建隆下村后石崖(方言称岩砻),初名砻上,后改隆上。通电、有线电视、自来水、公路。

【箬寮】Ruòliáo 位于英川镇政府东南 3.4 千米。106 户,324 人。村建箬寮尖北麓,以山得名。村东通流坑、李处村。通机耕路。

张川 Zhāngchuān 村民委员会 位于英川镇政府南部。辖张川、白坦坳 2 个自然村。村民委员会驻张川村。以驻地村张川得名。总面积 3.15 平方千米,海拔 1050 米。9 个村民小组,178 户,437 人。耕地面积 319 亩,林地面积 8533 亩,产松、杉、杂木、毛竹。通电、程控电话、有线电视、宽带、自来水、公路。清属三都。1931 年,属第三区隆川乡。1950 年 7 月,属沙溪区隆川乡。1952 年 10 月,属英川区张坑乡。1956 年 3 月,属英川区隆川乡。1958 年 9 月,属英川公社隆川管理区。1961 年 9 月,属沙溪区隆川公社。1981 年 9 月,属英川区隆川公社。1984 年 3 月,属英川区隆川乡。1992 年 5 月,属英川镇。经县人民政府批准为第二次国内革命战争时期革命老区村。

【张川】Zhāngchuān 位于英川镇政府南 4.5 千米。村民委员会驻地。158 户,388 人。明代以来一直称张坑,后周姓迁入。1981 年,因重名改为张川。村建周氏宗祠。通电、有线电视、自来水、公路。

【白坦坳】Báitǎnào 位于英川镇政府南 4.2 千米。20 户,49 人。以山坳得名。通电、公路。

寨后 Zhàihòu 村民委员会 位于英川镇政府南部。辖寨后、大塆、漈下 3 个自然村。村民委员会驻寨后村。以驻地村寨后得名。总面积 6.84 平方千米,海拔 1050 米。8 个村民小组,225 户,620 人。耕地面积 313 亩,林地面积 8216 亩,产松、杉、杂木、毛竹。通电、程控电话、有线电视、宽带、自来水、公路。清属三都。1931 年,属第三区隆川乡。1950 年 7 月,属沙溪区隆川乡。1952 年 10 月,属英川区张坑乡。1956 年 3 月,属英川区隆川乡。1958 年 9 月,属英川公社隆川管理区。1961 年 9 月,属沙溪区隆川公社。1981 年 9 月，属英川区隆川公社。1984 年 3 月，属英川区隆川乡。1992 年 5 月，属英川镇。经县人民政府批准为第二次国内革命战争时期革命老区村。

【寨后】Zhàihòu　位于英川镇政府南 4.8 千米。村民委员会驻地。137 户，309 人。清咸丰年间，太平天国义军曾在景宁与庆元界地奶亭边插花岗立寨，村建其后，故名。通电、有线电视、自来水、公路。

【大塆】Dàwān　位于英川镇政府南 4.5 千米。48 户，159 人。村处隔叶坪东麓，以地形得名。

【漈下】Jìxià　位于英川镇政府南 4.3 千米。40 户，152 人。村处岩漈之下，故名。北邻大塆村。

凤垟 Fèngyáng 村民委员会　位于英川镇政府东南部。辖凤垟、水竹湾、黄万、垄岗、亭下、毛坑头 6 个自然村。村委会驻凤垟村。以驻地村凤垟得名。总面积 11.8 平方千米，海拔 1000 米。7 个村民小组，249 户，797 人。耕地面积 381 亩，林地面积 9612 亩，产松、杉、杂木、毛竹。通电、程控电话、有线电视、宽带、自来水、公路。清属三都。1931 年，属第三区隆川乡。1950 年 7 月，属沙溪区隆川乡。1952 年 10 月，属英川区张坑乡。1956 年 3 月，属英川区隆川乡。1958 年 9 月，属英川公社隆川管理区。1961 年 9 月，属沙溪区隆川公社。1981 年 9 月，属英川区隆川公社。1984 年 3 月，属英川区隆川乡。1992 年 5 月，属英川镇。经县人民政府批准为第二次国内革命战争时期革命老区村。

【凤垟】Fèngyáng　位于英川镇政府东南 5.1 千米。村民委员会驻地。84 户，279 人。因村形似凤凰，村建田垟旁，故名。通电、有线电视、自来水、公路。

【水竹塆】Shuǐzhúwān　位于英川镇政府东南 5.2 千米。15 户，47 人。村处水竹坪山塆地，故名。通电、公路。

【黄万】Huángwàn　位于英川镇政府东南 5.4 千米。70 户，220 人。村处箬寮尖西麓，遇雨天，山坑水急涨四泻，遥看似万条河流，故名河万。后谐音演变今名。村中刘姓清朝年间从庆元合湖徙此安居。村西于 1964 年建企岩水库。通公路。

【亭下】Tíngxià　位于英川镇政府 5 千米。24 户，92 人。村建凉亭下，故名。通电、公路。

【毛坑头】Máokēngtóu　位于英川镇政府 5.6 千米。52 户，147 人。昔日为一片茅草地，旁有小坑称茅坑，村建山头上，故名茅坑头，近音演变今名。东连何处村。通公路。

【垄岗】Lǒnggǎng　位于英川镇政府东南 5.3 千米。4 户，12 人。以地理位置得名。通电、公路。

湖后 Húhòu 村民委员会　位于英川镇政府西北部。辖后坑、湖坪头、五架、半岭、大坑下 5 个自然村。村民委员会驻后坑村。取湖坪头、后坑两村首字得名。总面积 3.78 平方千米，海拔 780 米。11 个村民小组，325 户，1033 人。耕地面积 651 亩，林地面积 4405 亩，产松、杉、杂木、毛竹。通电、程控电话、有线电视、宽带、自来水、公路。清属三都。1931 年，属第三区黄湖乡。1950 年 7 月，属沙溪区英川乡。1952 年 10 月，属英川区黄湖乡。1958 年 9 月，属英川公社黄湖管理区。1961 年 9 月，属沙溪区黄湖公社。1981 年 9 月，属英川区黄湖公社。1984 年 3 月，属英川区黄湖乡。1992 年 5 月，属英川镇。

【后坑】Hòukēng　位于英川镇政府西北 3.3 千米。村民委员会驻地。136 户，397 人。村建馒头坛岘南谷小坑畔，与大坑隔山，故名后坑。通电、有线电视、自来水、公路。经县人民政府批准为第二次国内革命战争时期革命老区村。

【湖坪头】Húpíngtóu 位于英川镇政府西北3.4千米。60户，201人。先民开垦沼泽地为田，方言称烂糊田，建村于田头坪地，故名。

【五架】Wǔjià 位于英川镇政府西北3.3千米。58户，222人。清代后坑村五户先民徙此架寮安居，故名。通公路。

【半岭】Bànlǐng 位于英川镇政府西北3.6千米。56户，173人。以地理位置得名。

【大坑下】Dàkēngxià 位于英川镇政府西北3.2千米。15户，40人。以坑得名。通电、公路。

外处坳 Wàichùào 村民委员会 位于英川镇政府西北部。辖外处坳、大坑头、大畔3个自然村。村民委员会驻外处坳村。以驻地村外处坳得名。总面积2.51平方千米，海拔1120米。5个村民小组，134户，477人。耕地面积222亩，林地面积2121亩，产松、杉、杂木、毛竹。通电、程控电话、有线电视、宽带、自来水、公路。清属三都。1931年，属第三区黄湖乡。1950年7月，属沙溪区英川乡。1952年10月，属英川区黄湖乡。1958年9月，属英川公社黄湖管理区。1961年9月，属沙溪区黄湖公社。1981年9月，属英川区黄湖公社。1984年3月，属英川区黄湖乡。1992年5月，属英川镇。经县人民政府批准为第二次国内革命战争时期革命老区村。

【外处坳】Wàichùào 位于英川镇政府西北3.5千米。村民委员会驻地。70户，229人。村址原处馒头坛岘南2千米坳地，1903年向坳外扩建村坊，故名外处坳。通电、有线电视、自来水、公路。

【大坑头】Dàkēngtóu 位于英川镇政府西北3.3千米。41户，171人。村建大坑源头，故名。

【大畔】Dàpàn 位于英川镇政府西北3.6千米。23户，77人。村旁为大畔田垟，故名。昔日黄湖至外处坳村古道经过此地。

石漴 Shízhuàng 村民委员会 位于英川镇政府西北部。辖石漴1个自然村。村民委员会驻石漴村。以驻地村石漴得名。总面积2.66平方千米，海拔970米。3个村民小组，85户，290人。耕地面积219亩，林地面积1643亩。通电、程控电话、有线电视、宽带、自来水、公路。清属三都。1931年，属第三区黄湖乡。1950年7月，属沙溪区英川乡。1952年10月，属英川区黄湖乡。1958年9月，属英川公社黄湖管理区。1961年9月，属沙溪区黄湖公社。1981年9月，属英川区黄湖公社。1984年3月，属英川区黄湖乡。1992年5月，属英川镇。经县人民政府批准为第二次国内革命战争时期革命老区村。

【石漴】Shízhuàng 位于英川镇政府西北5.5千米。村民委员会驻地。85户，290人。村建山间谷地，村下一岩漈高30丈余，流水淙淙，故名石漴。通电、有线电视、自来水、公路。

鲍岱 Bàodài 村民委员会 位于英川镇政府西部。辖鲍岱、黄坦、郑源3个自然村。村民委员会驻鲍岱村。以驻地村鲍岱得名。总面积3.56平方千米，海拔820米。6个村民小组，89户，242人。耕地面积282亩，林地面积4115亩，产松、杉、杂木、黑木耳。通电、程控电话、有线电视、宽带、自来水、公路。清属三都。1931年，属第三区榅茶乡。1950年7月，属沙溪区英川乡。1952年10月，属英川区茶园乡。1956年3月，属英川区黄湖乡。1958年9月，属英川公社茶园管理区。1961年9月，属沙溪区黄湖公社。1981年9月，属英川区黄湖公社。1984年3月，属英川区黄湖乡。1992年5月，属英川镇。经县人民政府批准为第二次国内革命战争时期革命老区村。

【鲍岱】Bàodài　位于英川镇政府西 4.2 千米。村民委员会驻地。64 户，150 人。村处山间凹地，三面峰峦环列，原名包岱，后演变成今名。通电、有线电视、自来水、公路。

【黄坦】Huángtǎn　位于英川镇政府西 5.2 千米。23 户，85 人。村后有黄色岩石，故名。通公路。

【郑源】Zhèngyuán　位于英川镇政府西 3.8 千米。原黄湖乡人民政府驻地。2 户，7 人。清代郑姓开基，村舍依山傍水，故名。1951 年，建黄湖乡，为使乡政府名称与驻地一致，取黄谢圩、湖后两村名首字，故名为黄湖。2001 年 10 月，因英川电站库区涉淹迁往县城鹤川小区。通电、有线电视、自来水、公路。

茶园 Cháyuán 村民委员会　位于英川镇政府西南部。辖茶园、梨树突、木岱根 3 个自然村。村民委员会驻茶园村。以驻地村得名。总面积 6.96 平方千米，海拔 740 米。11 个村民小组，363 户，1006 人，其中，畲族 2 人。耕地面积 329 亩，林地面积 7325 亩，产松、杉、杂木、毛竹。通电、程控电话、有线电视、宽带、自来水、公路。清属三都。1931 年，属第三区榅茶乡。1950 年 7 月，属沙溪区英川乡。1952 年 10 月，属英川区茶园乡。1956 年 3 月，属英川区黄湖乡。1957 年 3 月，属英川区茶园乡。1958 年 9 月，属英川公社茶园管理区。1961 年 9 月，属沙溪区黄湖公社。1981 年 9 月，属英川区黄湖公社。1984 年 3 月，属英川区黄湖乡。1992 年 5 月，属英川镇。经县人民政府批准为第二次国内革命战争时期革命老区村。

【茶园】Cháyuán　位于英川镇政府西南 5.5 千米。村民委员会驻地。142 户，396 人。清代先民在茶园旁建村，故名。曾建茶园乡，为乡政府驻地。通电、有线电视、自来水、公路。

【梨树突】Líshùtū　位于英川镇政府西南 5.3 千米。145 户，407 人。村旁有山墩突立，上种梨树，故名。村头马天仙殿及村尾古民居两处外墙尚存红军标语。村西为龙泉、庆元、景宁三地交界。

【木岱根】Mùdàigēn　位于英川镇政府西南 5.7 千米。76 户，203 人，其中，畲族 2 人。

黄谢圩 Huángxièxū 村民委员会　位于英川镇政府西北部。辖黄谢圩、毛师坑 2 个自然村。村民委员会驻黄谢圩村。以驻地村黄谢圩得名。总面积 8.28 平方千米，海拔 620 米。9 个村民小组，298 户，848 人，其中，畲族 4 人。耕地面积 539 亩，林地面积 12057 亩，为县境内林木资源最多村，产松、杉、杂木。通电、程控电话、有线电视、宽带、自来水、公路。清属三都。1931 年，属第三区黄湖乡。1950 年 7 月，属沙溪区英川乡。1952 年 10 月，属英川区黄湖乡。1958 年 9 月，属英川公社黄湖管理区。1961 年 9 月，属沙溪区黄湖公社。1981 年 9 月，属英川区黄湖公社。1984 年 3，月属英川区黄湖乡。1992 年 5 月，属英川镇。经县人民政府批准为第二次国内革命战争时期革命老区村。

【黄谢圩】Huángxièxū　位于英川镇政府西北 5.6 千米。村民委员会驻地。238 户，661 人，其中，畲族 4 人。先民建村黄沙圩地，初名黄沙圩，因方言演变成今名。村北建黄谢圩电站。西北与龙泉市界。通电、有线电视、自来水、公路。

【毛师坑】Máoshīkēng　位于英川镇政府西北 5.8 千米。60 户，187 人。建村于坑畔；始祖为道士先生，故名毛师坑。

木岱口 Mùdàikǒu 村民委员会　位于英川镇政府西南部。辖木耳山、岱头岗、西坑口、洪山场 4 个自然村。村民委员会驻岱头岗村。原为木耳口村民委员会，因英川电站库区行政区划调整更名为木岱口村，取木耳山、岱头岗、西坑口三村各一字得名。总面积 12.11 平方千米，海拔 540 米。4 个村民小组，106 户，282 人。耕地面积 416 亩，林地面积 10227 亩，产松、杉、杂木、毛竹。通电、程控电话、有线电视、宽带、自来水、公路。清属三都。1931 年，属第三区榅茶乡。1950 年 7 月，属沙溪区英川乡。1952 年 10 月，属英川区茶园乡。1956 年 3 月，属英川区黄湖乡。1957 年 3 月，属英川区茶园乡。1958 年 9 月，属英川公社茶园管理区。1961 年 9 月，属沙溪区黄湖公社。1981 年 9 月，属英川区黄湖公社。1984 年 3 月，属英川区黄湖乡。1992 年 5 月，属英川镇。经县人民政府批准为第二次国内革命战争时期革命老区村。2002 年 6 月，木耳口村民委员会更名为木岱口村民委员会。

【岱头岗】Dàitóugǎng 位于英川镇政府西南 4.5 千米。村民委员会驻地。37 户，85 人。以山得名。通电、有线电视、自来水、公路。

【木耳山】Mùěrshān 位于英川镇政府西南 4.6 千米。34 户，90 人。昔日山中自然生长黑木耳，山因之名，村以山名。

【洪山场】Hóngshānchǎng 位于英川镇政府西南 3.9 千米。17 户，44 人。村舍建洪姓山场地域，故名。通电、公路。

【西坑口】Xīkēngkǒu 位于英川镇政府 2.1 千米。18 户，63 人。以坑和地理位置得名。通电、自来水、公路。

榅堆 Wēnduī 村民委员会 位于英川镇政府西南部。辖榅堆、柳八漈、后寮、洪源、周占、黄茅岭 6 个自然村。村民委员会驻榅堆村。以驻地村得榅堆名。总面积 14.33 平方千米，海拔 1000 米。14 个村民小组，425 户，1259 人。耕地面积 411 亩，林地面积 23610 亩，产松、杉、杂木、毛竹。通电、程控电话、有线电视、宽带、自来水、公路。清属三都。1931 年，属第三区榅茶乡。1950 年 7 月，属沙溪区英川乡。1952 年 10 月，属英川区茶园乡。1956 年 3 月，属英川区黄湖乡。1957 年 3 月，属英川区茶园乡。1958 年 9 月，属英川公社茶园管理区。1961 年 9 月，属沙溪区黄湖公社。1981 年 9 月，属英川区黄湖公社。1984 年 3 月，属英川区黄湖乡。1992 年 5 月，属英川镇。经县人民政府批准为第二次国内革命战争时期革命老区村。

【榅堆】Wēnduī 位于英川镇政府西南 6.3 千米。村民委员会驻地。103 户，293 人。村处马头山东南 1.3 千米谷地。境内柳杉习称榅树。据乾隆 56 年（1792 年）《柳氏宗谱》载："四周榅杉茂密"，故名。村西为马头山，与庆元县交界。通电、有线电视、自来水、公路。

【柳八漈】Liǔbājì 位于英川镇政府西南 6.1 千米。97 户，290 人。柳姓开基，建村八字形岩漈旁，故名。

【洪源】Hóngyuán 位于英川镇政府西南 6.1 千米。81 户，243 人。村建涧谷地，山洪多发，故名。通公路。

【后寮】Hòuliáo 位于英川镇政府西南 6 千米。31 户，92 人。先民在洪源村后搭寮暂居，故名。

【周占】Zhōuzhàn 位于英川镇政府西南 6.3 千米。77 户，231 人。周姓占卜定基建宅，故名。村东南部为香炉尖。与庆元县界。

【黄茅岭】Huángmáolǐng 位于英川镇政府西南 6.6 千米。36 户，110 人。清同治《景宁县志》载：

“马头山有黄茅岭，界连龙(泉)庆(元)，山高可达20里，昂起若马首状，势甚峻嶒，多麂鹿，不可捕”。村以岭得名。又因形似蛤蟆，俗称蛤蟆岭。昔日古道通庆元斋郎村。

岗头 Gǎngtóu 村民委员会 位于英川镇政府东北部。辖个岗头、山楂坑2个自然村。村民委员会驻岗头村。以驻地村岗头得名。总面积4.76平方千米，海拔1160米。5个村民小组，122户，350人，其中，畲族2人。耕地面积241亩，林地面积4933亩，产松、杉、杂木、毛竹。通电、程控电话、有线电视、宽带、自来水、公路。清属三都。1931年，属第三区葛山乡。1950年7月，属沙溪区英川乡。1952年10月，属英川区岭头乡。1958年9月，属英川公社葛山管理区。1961年9月，属沙溪区葛山公社。1981年9月，属英川区葛山公社。1984年3月，属英川区葛山乡。1992年5月，属葛山乡。2013年5月，属英川镇。

【岗头】Gǎngtóu 位于英川镇政府东北6.1千米。村民委员驻地。103户，285人，其中，畲族2人。村处炊天饭甑西麓，建村山岗，故名。通电、有线电视、自来水、公路。

【山楂坑】Shānzhākēng 位于英川镇政府东北5.9千米。19户，65人。村建山楂丛生小坑旁，故名。据传为葛山刘氏始迁地。

粗垄 Cūlóng 村民委员会 位于英川镇政府北部。辖粗砻1个自然村。村民委员会驻粗砻村，以驻地村粗砻得名。总面积5.01平方千米，海拔850米。5个村民小组，143户，443人。耕地面积305亩，主产水稻;林地面积4569亩，产松、杉、茶叶、黑木耳。通电、程控电话、有线电视、宽带、自来水、公路。清属三都。1931年，属第三区葛山乡。1950年7月，属沙溪区英川乡。1952年10月，属英川区岭头乡。1958年9月，属英川公社葛山管理区。1961年9月，属沙溪区葛山公社。1981年9月，属英川区葛山公社。1984年3月，属英川区葛山乡。1992年5月，属葛山乡。2013年5月，属英川镇。

【粗砻】Cūlóng 位于英川镇政府北部6.1千米。村民委员会驻地。143户，443人。村前坑涧，粗大石头成砻，有如房间、方桌大小，坑水潜流于石下，故名。通电、有线电视、自来水、公路。

岭头 Lǐngtóu 村民委员会 位于英川镇政府北部。辖岭头、大坪、地棚坑、山后4个自然村。村民委员会驻岭头村。以驻地村岭头得名。总面积2.83平方千米，海拔715米。9个村民小组，215户，763人，其中，畲族3人。耕地面积438亩，林地面积2481亩。通电、程控电话、有线电视、宽带、自来水、公路。清属三都。1931年，属第三区葛山乡。1950年7月，属沙溪区英川乡。1952年10月，属英川区岭头乡。1958年9月，属英川公社葛山管理区。1961年9月，属沙溪区葛山公社。1981年9月，属英川区葛山公社。1984年3月，属英川区葛山乡。1992年5月，属葛山乡。2013年5月，属英川镇。

【岭头】Lǐngtóu 位于英川镇政府北4.6千米。村民委员会驻地。127户，385人。村处梅漈至龙泉蛟垟村古道边，村下数里石阶岭，村建岭上，故名。通电、有线电视、自来水、公路。

【大坪】Dàpíng 位于英川镇政府北4.3千米。34户，115人。

【地棚坑】Dìpéngkēng 位于英川镇政府西北4.7千米。11户，34人。以坑得名。

【山后】Shānhòu 位于英川镇政府北4.5千米。43户，139人。以地理位置得名。通公路。

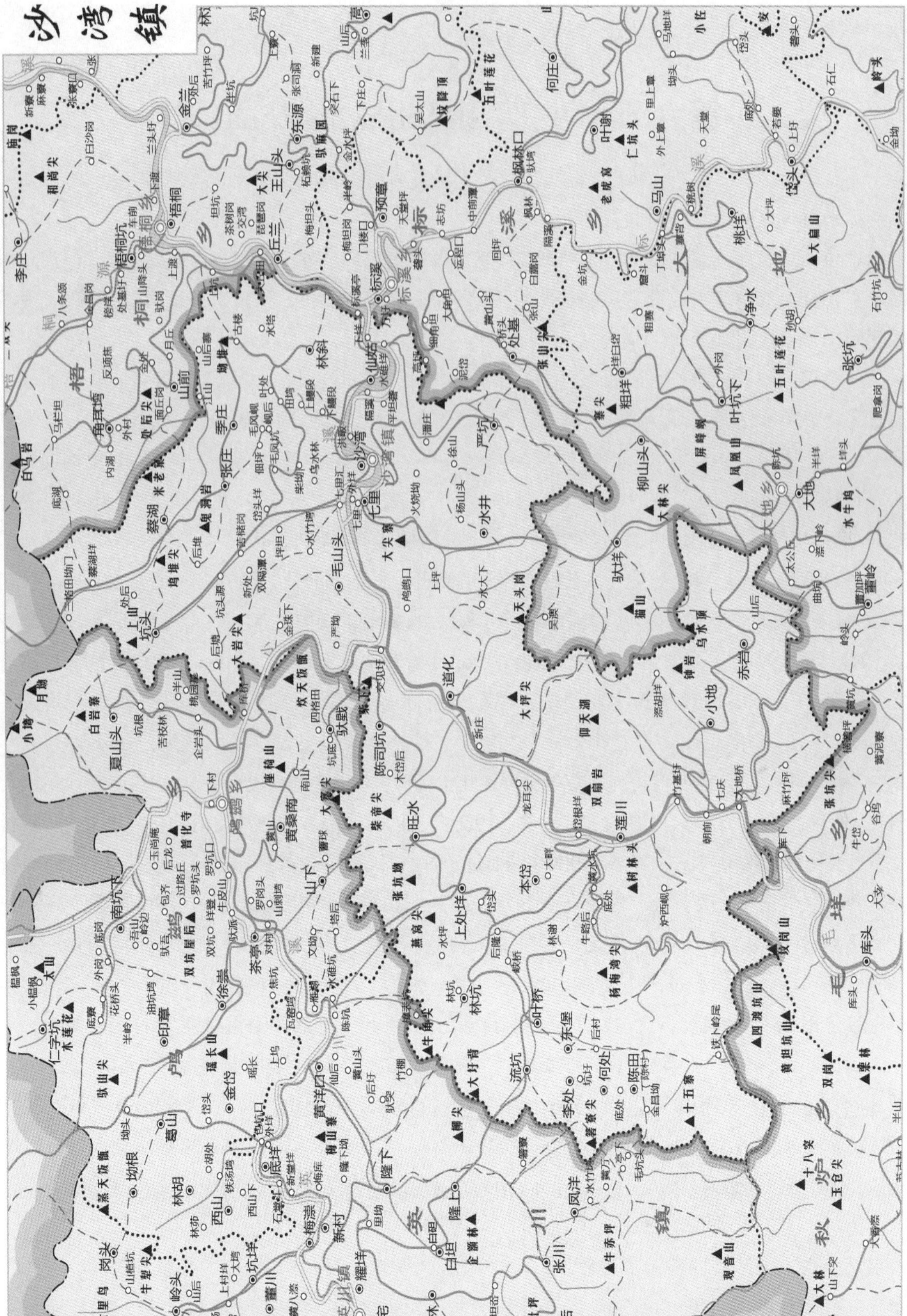

地图审核号：浙S（2015）46号

第六节　沙 湾 镇(Shāwān Zhèn)

名称来历　以驻地沙湾村而得名。

地理位置　位于东经 119°20′33″~119°30′08″，北纬 27°45′34″~27°54′51″。地处县城西南部，东邻标溪乡、梧桐乡，南接大地乡、毛垟乡，西邻鸬鹚乡，北连英川镇和云和县崇头镇。镇人民政府驻沙湾村朝阳街 40 号，距县城 37 千米。

政区沿革　清属二都、三都、四都。民国设沙溪、季庄、道里、叶桥 4 乡属第三区；莲川、小地 2 乡属第四区。1950 年 7 月，称沙溪乡；沙溪区辖沙溪、鸬鹚、英川、大地、隆川 5 乡。1951 年 2 月，沙溪乡析季庄乡，属沙溪区。1952 年 10 月，析沙溪区置英川区；沙溪区辖沙湾、标溪、季庄、七里、梧桐、山前、鸬鹚、茶亭、朱坑、新亭 10 个乡。1956 年 3 月，撤沙溪区；撤七里、季庄 2 乡，并入沙湾乡，为县直属乡。1957 年 3 月，析沙溪乡置季庄乡；复设沙溪区，辖沙溪、梧桐、标溪、季庄、鸬鹚 5 乡。1958 年 9 月，撤沙溪区；设沙溪管理区、季庄管理区，属沙溪公社；设莲川管理区，属毛垟公社。1961 年 9 月，复设沙溪区，辖沙溪、梧桐、标溪、苪岱、大地、莲川、毛垟、鸬鹚、英川、葛山、黄湖、隆川 12 个公社；合并沙溪、季庄 2 个管理区，改建沙溪公社；莲川管理区改建莲川公社。1962 年 6 月改属云和县沙溪区。1977 年 11 月，沙溪区春岱公社划归东坑区。1981 年 9 月，析沙溪区置英川区；同年 12 月，沙溪区改名沙湾区；沙湾区辖沙湾、梧桐、标溪、大地、莲川、毛垟、秋炉 7 个公社。1984 年 3 月，沙湾公社复设沙湾乡；莲川公社分设莲川、叶桥 2 乡，属沙湾区；同年 7 月，叶桥村民委员会析置叶桥、流坑、东堡 3 个村民委员会；沙湾区辖沙湾镇及梧桐、标溪、莲川、叶桥、毛垟、秋炉、大地 7 个乡。1986 年 11 月，沙湾乡改建沙湾镇。1989 年 12 月，陈村村民委员会更名为陈田村民委员会。1990 年 11 月，小地村民委员会析置赤岩村民委员会；上处垟村民委员会析置半岱村民委员会。1992 年 5 月，撤沙湾区；沙湾镇、莲川乡、叶桥乡合并，扩建沙湾镇。

政区划分　2014 年末，辖沙湾 1 个居民委员会，沙湾、坑头、蔡湖、张庄、季庄、林斜、毛山头、七里、仙姑、陈司坑、道化、水井、严坑、莲川、旺水、小地、上处垟、赤岩、本岱、叶桥、林坑、何处、李处、流坑、东堡、陈田 26 个村民委员会，共 27 个群众自治组织；下设 1 个居民小组、178 个村民小组。

人口面积　2014 年末，辖区总户数 5907 户，总人口 17145 人。其中，男性 9080 人，占 52.96%；女性 8065 人，占 47%.04；18 岁以下 3516 人，占 20.5%；18~60 岁 10594 人，占 61.8%；60 岁以上3035 人，占 17.7%。有畲、苗、哈尼、彝族等少数民族共 973 人，占 5.67%。其中，畲族 895 人。人口自然增长率 8.34‰。辖区东西最大距离 15.35 千米，南北最大距离 17.17 千米，总面积 119.74 平方千米。人口密度为每平方千米 139.7 人。

自然条件　地势自西南向东北渐倾。山峦峰叠，群峰林立。南部麻竹坪尖海拔 1132 米，与毛垟乡交界；西部若寮尖，海拔 1465.7 米，与英川镇分水；北部水巢岘，海拔 1302.2 米，与云和县崇头镇接壤。主要山峰有黄淡坑、大圩背、乌岩寨、钟岩、天头岗、牛座尖、大尖寨、毛凤岘、鬼洞岩、大坪垟等。大地西部黄坑、曲坑、西坑等水汇入大地桥坑；黄水坑汇入莲川；鱼仓坑、陈司坑、七里坑、七里汇坑、水碓垟坑诸水汇入小溪。属亚热带季风区，温暖湿润，雨量充沛，四季分明。由于地形、海拔差异，垂直气候变化明显。有暴雨、冰雹、大风和“倒春寒”、“五月寒”等灾害性天气出现。水利资源丰富，装机容量达 10 万千瓦，建有鸬鹚、仙姑、新桥、黄水坑、峡桥、景润、金锋等水电站。境内庆景青公路自东向西贯穿全境，沿小溪东达县城连丽水、青田、泰顺、文成等地，西南沿毛垟港入庆元县，在交见圩西至英川镇、龙泉市，北至云和县。

经济状况 耕地面积 8748 亩，其中，水田 7220 亩，旱地 1518 亩；林地面积 143022 亩。年产粮食 4452 吨，其中，水稻 3316 吨，薯类 637 吨，玉米 163 吨，豆类 336 吨。茶叶种植面积 5100 亩，产量 219.7 吨；蔬菜种植面积 3570 亩，产量 3580 吨。生猪饲养量 6163 头，牛饲养量 355 头，羊饲养量 1477 头，家禽饲养量 23791 只，兔饲养量 12330 只。畜禽肉类产量 388 吨，其中，猪肉产量 334 吨。累计造林 5.18 万亩，其中，防护林 3.7 万亩，经济林 2753 亩，油茶林 1.08 万亩，药材 0.17 万亩，林木覆盖率 72.5%。水果种植面积 3802 亩，产量 577.5 吨，其中，柑桔 320 吨，梨子 40 吨，瓜用果 98.5 吨。2014 年，农业总产值 9118 万元，工业总产值 11600 万元。

社会发展 各村民委员会通电、公路、程控电话、有线电视、自来水。有乡文化中心 1 个，幼儿园 1 所，小学 1 所，初中 1 所，医疗卫生机构 9 个。2002 年 5 月，东信沙湾大桥建成通车。为第二批省级中心镇。2007 年 3 月，被评为“丽水十佳魅力乡镇”。

境内有箬寮尖、黄水坑大峡谷、沙川八景、小地古民居、道化八景、七里杨氏宗祠、小地原始生态林、洞宫宝殿、鱼仓坑原始林区等景区景点；有莲川大地桥、峡桥五显庙、沙湾文昌阁、道化仙碓、芦庆庵遗址、仙姑庵遗址、蔡湖银坑洞等文物保护单位。有新庄村举办的“醉美桂花·相约新庄”桂花节。还有张庄县级主要畲族村寨和季庄省级历史文化村落保护利用村。

沙湾镇村民委员会一览

表 2-8

标准名称	村民小组	自然村		2014 年		海 拔（米）
		村数	标准名称	户数	人数	
张庄	9	5	张庄	85	343	780
			岱头垟	36	152	
			佃坪	15	48	
			毛凤坑	8	30	
			毛凤岘	20	68	
季庄	10	4	季庄	135	439	700
			古楼	68	241	
			水塔	15	45	
			岸田	16	48	

续表 2-8

标准名称	村民小组	自然村		2014 年		海 拔（米）
		村数	标准名称	户数	人数	
莲川	12	12	莲川	71	253	270
			岱根垟	68	188	
			黄水坑	77	196	
			牛路后	4	18	
			炉西岘	20	50	
			朝前	8	33	
			七庆	7	30	
			大地桥	34	88	
			麻竹坪	72	191	
			横砻坪	26	43	
			竹基圩	5	14	
			学寮	25	73	
东堡	3	2	东堡	93	242	840
			后村	48	149	
叶桥	6	4	叶桥	203	602	735
			林谢	35	114	
			峡桥	25	83	
			新村	7	22	
李处	5	2	李处	129	327	1040
			坑圩	17	90	
何处	5	1	何处	121	359	1030
陈田	4	4	陈村	96	256	1050
			底处	21	79	
			金昌坳	15	39	
			铁卜岭尾	4	16	
流坑	6	1	流坑	181	553	840
林坑	5	2	林坑	166	524	780
			后隆	13	41	
沙湾	10	3	沙湾	681	1902	225

续表 2-8

标准名称	村民小组	自然村		2014年		海拔（米）
		村数	标准名称	户数	人数	
沙湾	10	3	洪畈	93	312	
			七里汇	39	91	
七里	5	1	七里	133	371	230
赤岩	4	3	赤岩	76	343	710
			山后	15	48	
			下村	18	56	
小地	7	1	小地	199	656	600
本岱	2	1	本岱	97	308	650
上处垟	6	3	上处垟	43	213	900
			岱头	31	99	
			水坪	8	23	
旺水	6	1	旺水	245	725	790
仙姑	6	5	仙姑	61	176	220
			隔溪	32	103	
			平坦垄	25	70	
			水碓垟	28	81	
			下垟	17	46	
严坑	11	2	严坑	173	576	650
			潘庄	38	58	
水井	10	5	水井	71	226	710
			火烧坳	11	28	
			上坪	59	182	
			徐山	64	131	
			杨山头	33	104	
道化	8	4	道化	195	675	250
			新庄	110	278	
			鸬鹚口	44	89	
			交见圩	12	34	
陈司坑	4	2	陈司坑	73	234	530
			木岱后	45	147	

续表 2-8

标准名称	村民小组	自然村		2014 年		海拔（米）
		村数	标准名称	户数	人数	
毛山头	7	4	毛山头	65	202	580
			坪坦	24	81	
			严坳	18	67	
			双隔潭	3	10	
坑头	10	5	坑头	123	465	735
			后塘	53	179	
			坑头源	13	28	
			新处	12	27	
			苦槠岗	1	5	
蔡湖	7	2	蔡湖	89	259	840
			蔡湖垟	36	113	
林斜	7	4	林斜	66	202	500
			田塆	39	120	
			叶处	12	38	
			山林岘	3	9	

村民委员会、居民点

沙湾 Shāwān 村民委员会 位于县城西南部。辖沙湾、洪畈、七里汇 3 个自然村。村民委员会驻沙湾村。以驻地村沙湾得名。有中心学校、沙湾中学、农村信用社、中心卫生院、文化站、广播电视站。总面积 3.13 平方千米，海拔 225 米。10 个村民小组，813 户，2305 人，其中，畲族 55 人。耕地面积 218 亩，林地面积 2552 亩，产杉、松、毛竹、油茶。通电、公路、程控电话、宽带、有线电视、自来水。清属二都。民国属第三区沙溪乡。1950 年 7 月，属沙溪区沙溪乡。1951 年 2 月，属沙溪区沙溪乡。1956 年 3 月，改县直属沙湾乡。1957 年 3 月，属沙溪区沙溪乡。1958 年 9 月，属沙溪公社沙溪管理区。1961 年 9 月，属沙溪区沙溪公社。1962 年 6 月，改属云和县沙溪区。1981 年 12 月，改属沙湾区沙湾公社。1984 年 3 月，属沙湾区沙湾乡。1986 年 11 月，改属沙湾区沙湾镇。1992 年 5 月，属沙湾镇。

【沙湾】Shāwān 位于县城西南 37 千米。镇人民政府驻地、村民委员会驻地，原沙湾区公所驻地。681 户，1902 人，其中，畲族 35 人。据《柳氏宗谱》载：先祖于康熙 18 年（1679）迁徙沙湾。建村沙湾溪圩，地呈月牙形，素有“半弯村傍月，一曲水鸣雷”之喻，故名。昔日有双凤朝阳、伏狮耸案、三星拱照、半月澄光、带水潆洄、雷滩鼓浪、石佛点头、奎阁凌霄之“沙川八景”。清代青田诗人端木国瑚有

《沙湾放船》诗。村中心文化广场西侧建朝阳台，旁有参天古樟、河东柳氏祖坟及抗美援朝烈士墓。村旁沿溪建沙湾大桥、长潭大桥及东信沙湾大桥，四村连一体，沙川换新颜。新建沿溪防洪堤坝、垟尾安置新区等。沙湾为县城西南部重要集散地和经济、文化与交通中心。1991 年 12 月，成立村老年人协会。景宁至庆元、龙泉公路过村境。2002 年 5 月 21 日，东信沙湾大桥建成通车。通电、有线电视、程控电话、宽带、自来水。

【洪畈】Hóngfàn 位于沙湾镇政府东 1 千米。93 户，312 人，其中，畲族 16 人。吴姓开基，建村田畈边，原称吴畈，吴与洪谐音，演变今名。建有沙湾大桥。沙湾中心医院、沙湾车站建此。鳗段、对面岗等村迁此。通电、有线电视、自来水、公路。

【七里汇】Qīlǐhuì 位于沙湾镇政府西北 1.3 千米。39 户，91 人。昔日青田先人来此经商，村建七里潭汇角圩地，故名。水竹垮村民迁入。通电、有线电视、自来水、公路。

七里 Qīlǐ 村民委员会 位于沙湾镇政府西部。辖七里 1 个自然村。村民委员会驻七里村。以驻地村七里得名。总面积 2.8 平方千米，海拔 230 米。5 个村民小组，133 户，371 人，其中，畲族 26 人。耕地面积 102 亩，林地面积 3215 亩，产杉、松、毛竹、杂木。通公路、程控电话、有线电视、自来水。清属二都。民国属第三区道里乡。1950 年 7 月，属沙溪区沙溪乡。1952 年 10 月，属沙溪区七里乡。1956 年 3 月，为县直属沙湾乡。1957 年 3 月，属沙溪区沙溪乡。1958 年 9 月，分属沙溪管理区。1961 年 9 月，属沙溪区沙溪公社。1962 年 6 月，改属云和县沙溪区。1981 年 12 月，改属沙湾区沙湾公社。1984 年 3 月，属沙湾区沙湾乡。1986 年 11 月，属沙湾区沙湾镇。1992 年 5 月，属沙湾镇。

【七里】Qīlǐ 位于沙湾镇政府西，与沙湾村一溪之隔。村民委员会驻地。133 户，371 人，其中，畲族 26 人。明代由水碓后、水碓弄、上垟、下垮、外村、上畈、底垟等 7 个小村组成，旧称七堡，后演变成七里。村尾溪边仍保留七里渡旧址，昔日为景宁至毛垟、庆元等地重要渡口。村旁建七里垟古堰。杨氏宗祠修缮一新。溪边新建防洪堤坝，邻近山村移入，村容村貌大为改观。村尾 1 千米处修建文昌阁。沙湾大桥至沙湾二桥新建公路过村境。通电、有线电视、宽带、自来水。

张庄 Zhāngzhuāng 村民委员会 位于沙湾镇政府北部。辖张庄、岱头垟、佃坪、毛凤坑、毛凤岘 5 个自然村。村民委员会驻张庄村。以驻地村张庄得名。总面积 3.49 平方千米，海拔 780 米。9 个村民小组，164 户，641 人，其中，畲族 277 人。耕地面积 425 亩，林地面积 3265 亩，产杉、松、毛竹、油茶。通电、公路、程控电话、有线电视、宽带、自来水。清属二都。民国属第三区季庄乡。1950 年 7 月，属沙溪区沙溪乡。1951 年 2 月，属沙溪区季庄乡。1956 年 3 月，为县直属沙湾乡。1957 年 3 月，复属沙溪区季庄乡。1958 年 9 月，属沙溪公社季庄管理区。1961 年 9 月，属沙溪区沙溪公社。1962 年 6 月，改属云和县沙溪区。1981 年 12 月，改属沙湾区沙湾公社。1984 年 3 月，属沙湾区沙湾乡。1986 年 11 月，改属沙湾区沙湾镇。1992 年 5 月，属沙湾镇。

【张庄】Zh ā ngzhu ā ng 位于沙湾镇政府北 3 千米。村民委员会驻地。85 户，343 人，其中，畲族 252 人。是境内畲民集居住地之一。张姓开基，故名张庄。后畲民徙此居住，村名沿用。通电、有线电视、自来水、公路。

【岱头垟】Dàitóuyáng 位于沙湾镇政府西北 2.4 千米。36 户，152 人，其中，畲族 16 人。建村半山腰，村口有垟畈，以山形得名。通电、有线电视、自来水、公路。

【佃坪】Diànpíng　位于沙湾镇政府北 2.3 千米。15 户，48 人。村建田头坪，故名。通电、公路。

【毛凤岘】Máofèngxiàn　位于沙湾镇政府北 2.3 千米。20 户，68 人。翁姓从古楼村迁入，在毛凤岘山坳建村，故名。

【毛凤坑】Máofèngkēng　位于沙湾镇政府北 2 千米。8 户，30 人。在毛凤岘山岗小坑边建村，故名。通电、机耕路。

季庄 Jìzhuāng 村民委员会　位于沙湾镇政府北部。辖季庄、古楼、水塔、岸田 4 个自然村。村民委员会驻季庄村。以驻地村季庄得名。总面积 5.1 平方千米，海拔 700 米。10 个村民小组，234 户，773 人，其中，畲族 175 人。耕地面积 476 亩，林地面积 5105 亩，产杉、松、毛竹、油茶。通公路、程控电话、有线电视、宽带、自来水。清属二都。民国属第三区季庄乡。1950 年 7 月，属沙溪区沙溪乡。1951 年 2 月，属沙溪区季庄乡。1956 年 3 月，为县直属沙湾乡。1957 年 3 月，复属沙溪区季庄乡。1958 年 9 月，属季庄管理区。1961 年 9 月，属沙溪区沙溪公社。1962 年 6 月，改属云和县沙溪区。1981 年 12 月，改属沙湾区沙湾公社。1984 年 3 月，属沙湾区沙湾乡。1986 年 11 月，改属沙湾区沙湾镇。1992 年 5 月，属沙湾镇。

【季庄】Jìzhuāng　位于沙湾镇政府北 3 千米。村民委员会驻地，原季庄乡政府驻地。列入省级历史文化村落保护利用村。135 户，439 人，其中，畲族 163 人。季姓开基，故名。村头大部为畲民居住。东通古楼村，西连张庄村，西北方至蔡湖村，北与梧桐乡山前村接壤。通电、有线电视、自来水、公路。

【古楼】Gŭlóu　位于沙湾镇政府北 3.5 千米。68 户，241 人。村前有座小山，形似鼓状，故名。翁姓先祖从寿宁坑底徙此居住。据传村东鼠山，村西猫山，鼠遇猫伏地，岁岁保平安。村北建陈武帝殿、村南建马天仙殿。村旁建翁氏宗祠。沙湾至季庄公路经过村境。东下古楼岭，过上坑溪涧万安石拱桥至梧桐。通电、程控电话、有线电视、自来水。

【水塔】Shuĭtă　位于沙湾镇政府东北 3.3 千米。15 户，45 人，其中，畲族 6 人。翁姓从古楼村迁入建村，村后石壁，常年滴水，故名。通电、机耕路。

【岸田】àntián　位于沙湾镇政府北 3 千米。16 户，48 人。地处季庄西侧，村建干旱山田旁，原名旱田，谐音演变今名。通电、公路。

莲川 Liánchuān 村民委员会　位于沙湾镇政府西南部。辖莲川、岱根垟、黄水坑、牛路后、炉西岘、朝前、七庆、大地桥、麻竹坪、横砻坪、竹基圩、学寮 12 个自然村。村民委员会驻莲川村。以驻地村莲川得名。有农村信用社、卫生院。总面积 12.92 平方千米，海拔 270 米。12 个村民小组，417 户，1177 人。耕地面积 395 亩，林地面积 18235 亩，产杉、松、毛竹、杂木。通公路、程控电话、有线电视、自来水。清属四都。民国属第四区莲川乡。1950 年 7 月，属沙溪区沙溪乡。1951 年 2 月，属大地区莲川乡。1958 年 9 月，属毛垟公社莲川管理区。1961 年 9 月，属沙溪区莲川公社。1962 年 6 月，改属云和县沙溪区。1981 年 12 月，改属沙湾区莲川公社。1984 年 3 月，属沙湾区莲川乡。1992 年 5 月，撤销莲川乡后属沙湾镇至今。

【莲川】Liánchuān　原名莲埠头。位于沙湾镇政府西南 9 千米。村民委员会驻地。71 户，253 人。

村前毛垟溪港，昔日小溪帆船可达，兼因山峦重叠，莲花状，故名莲埠头，1981 年 10 月，更名莲川。民国设第四区莲川乡。原为莲川乡政府、莲川公社驻地。村头小溪边有庙龙潭。通电、有线电视、自来水、公路。

【岱根垟】Dàigēnyáng 位于沙湾镇政府西南 8.5 千米。68 户，188 人。村建莲川东岸山脚垟地，故名。1950 年 7 月，属沙溪乡。1952 年 10 月，属沙溪区七里乡。1956 年 3 月，为大地区莲川乡。1958 年 9 月，属毛垟公社莲川管理区。1961 年 9 月，属沙溪区莲川公社。1981 年 12 月，改属沙湾区莲川公社。1984 年 3 月，属沙湾区莲川乡，为莲川乡政府驻地。1986 年 11 月，属沙湾区沙湾镇。1992 年 5 月，属沙湾镇。景宁至庆元公路经过。通电、有线电视、自来水。

【黄水坑】Huángshuǐkēng 底处、外处两村合称黄水坑。位于沙湾镇政府西南 9 千米。77 户，196 人。陈姓先祖从库头迁此，村建黄水坑口，以坑得名。底处村尾建黄水坑电站。通电、有线电视、自来水、公路。

【牛路后】Niúlùhòu 位于沙湾镇政府西南 9.3 千米。4 户，18 人。在底处村后放牛山路旁建村，故名。通机耕路。

【炉西岘】Lúxīxiàn 又名芦西岘。位于沙湾镇政府西南 9.2 千米，海拔 785 米。20 户，50 人。清代周姓从庆元县黄土垟村徙此，村建芦庆庵西侧山岘，方言芦通炉，故名。西至毛垟、秋炉乡界。

【朝前】Cháoqián 又名桥前。位于沙湾镇政府西南 9.2 千米。8 户，33 人。村舍坐北朝南，阳光充足，原名朝阳，后演变今名。沙湾至庆元公路村前经过。

【七庆】Qīqìng 位于沙湾镇政府西南 9.3 千米。7 户，30 人。早为福建七商户在此建村设店，里人称“七秤”，秤与庆同音，故名。通公路。

【大地桥】Dàdìqiáo 位于沙湾镇政府西南 9.5 千米。34 户，88 人。大地西坑、曲坑、黄坑诸水汇入毛垟港，在水口建廊桥名大地桥。以桥得名。莲川大地桥为省重点文物保护单位。通公路。

【麻竹坪】Mázhúpíng 位于沙湾镇政府西南 9.8 千米。72 户，191 人。陈姓建村时，毛竹成林，方言毛与麻同音，故名。村后至横砻坪半路建八角垟水库。

【横砻坪】Hénglóngpíng 位于沙湾镇政府西南 10.3 千米。26 户，43 人。村建麻竹坪东麓，以地形得名。旧名横衕坪，民国二十年(1931)属库头乡。山路与毛垟黄泥寮、下坑头村连接。

【竹基圩】Zhújīxū 位于沙湾镇政府西南 9.1 千米。在景宁至庆元公路边，新建村。5 户，14 人。村建溪圩毛竹地边，故名。通电、公路。

【学寮】Xuéliáo 位于沙湾镇政府西南 9.5 千米。25 户，73 人。在大地桥村对岸。原为学寮圩荒地，后通公路，为新建村。以地形得名。通电、有线电视。

东堡 Dōngbǎo 村民委员会 位于沙湾西南部。辖东堡、后村 2 个自然村。村民委员会驻东堡村。以驻地村东堡得名。总面积 3.92 平方千米，海拔 840 米。3 个村民小组，141 户，391 人。耕地面积 245 亩；林地面积 3256 亩，产杉、松、毛竹、杂木。通公路、程控电话、有线电视、自来水。清属三都。民国属第三区叶桥乡。1950 年 7 月，属沙溪区沙溪乡。1951 年 2 月，属沙溪区叶桥乡。1952 年 10 月，属英川区叶桥乡。1956 年 3 月，划属大地区莲川乡。1958 年 9 月，属毛垟公社莲川管理区。1961

年 9 月，属沙溪区莲川公社。1962 年 6 月，改属云和县沙溪区。1981 年 12 月，改属沙湾区莲川公社。1984 年 7 月，从叶桥村民委员会析出置东堡村民委员会；属沙湾区叶桥乡。1992 年 5 月，撤销叶桥乡属沙湾镇。

【东堡】Dōngbǎo　位于沙湾镇政府西南 11 千米。村民委员会驻地。93 户，242 人。村东南建五虎团垟水库，有上、下水库。通电、有线电视、自来水、公路。

【后村】Hòucūn　位于沙湾镇政府西南 11.5 千米。48 户，149 人。村处东堡后面，故名。昔日山路连接叶桥与铁卜岭。

叶桥 Yèqiáo 村民委员会　位于沙湾镇政府西南部。辖叶桥、峡桥、林谢、新村 4 个自然村。村民委员会驻叶桥村。以驻地村叶桥得名。有卫生院、老人协会。总面积 4.24 平方千米，海拔 735 米。6 个村民小组，270 户，821 人，其中，畲族 5 人。耕地面积 451 亩，种植高山蔬菜；林地面积 4471 亩，产杉、松、毛竹、杂木。通公路、程控电话、有线电视、自来水。清属三都。民国属第三区叶桥乡。1950 年 7 月，属沙溪区沙溪乡。1951 年 2 月，属沙溪区叶桥乡。1952 年 10 月，属英川区叶桥乡。1956 年 3 月，划属大地区莲川乡。1958 年 9 月，属毛垟公社莲川管理区。1961 年 9 月，属沙溪区莲川公社。1962 年 6 月，改属云和县沙溪区。1981 年 12 月，改属沙湾区莲川公社。1984 年 7 月，析置流坑、东堡村民委员会；属沙湾区叶桥乡。1992 年 5 月，撤销叶桥乡属沙湾镇。

【叶桥】Yèqiáo　位于沙湾镇政府西南 10.1 千米。村民委员会驻地，原乡政府驻地。203 户，602 人，其中，畲族 4 人。清代叶姓在村东水口筑石桥，故名。旧称叶桥寫，邻近村坊密，田亩多，水库亦多。村民收种后多数出外省经营香菇、木耳、松烟等业。多村迎神民俗延续至今。村尾水口路边建毛八公殿。通电、有线电视、自来水、公路。

【林谢】Línxiè　位于沙湾镇政府西南 9.8 千米。35 户，114 人。村建林谢山，以山得名。通机耕路。

【峡桥】Xiáqiáo　位于沙湾镇政府西南 8.7 千米。25 户，83 人，。村建石拱桥旁山峡之中，故名。清代在村边建回龙帝殿，今留遗址。水口建电站。

【新村】Xīncūn　位于沙湾镇政府西南 9,2 千米。在峡桥村西侧山坡。7 户，22 人。从峡桥村迁入。岱根垟至叶桥公路经过村境。通电、自来水。

李处 Lǐchù　位于沙湾镇政府西南部。辖李处、坑圩 2 个自然村。村民委员会驻李处村。以驻地村李处得名。总面积 1.49 平方千米，海拔 1040 米。5 个村民小组，146 户，417 人。耕地面积 305 亩，种植高山蔬菜；林地面积 3053 亩，产杉、松、毛竹。通公路、程控电话、有线电视、自来水。清属三都。民国属第三区叶桥乡。1950 年 7 月，属沙溪区沙溪乡。1951 年 2 月，属沙溪区叶桥乡。1952 年 10 月，属英川区叶桥乡。1956 年 3 月，划属大地区莲川乡。1958 年 9 月，属毛垟公社莲川管理区。1961 年 9 月，属沙溪区莲川公社。1962 年 6 月，改属云和县沙溪区。1981 年 12 月，改属沙湾区莲川公社。1984 年 3 月，属沙湾区叶桥乡。1992 年 5 月，撤销叶桥乡属沙湾镇。

【李处】Lǐchù　位于沙湾镇政府西南 12 千米。村民委员会驻地。129 户，327 人。李姓开基，以姓得名。村处箬寮尖东北麓山岗，村旁建太平洋水库。村后建五叶莲花茶场。通电、有线电视、自来水、公路。

【坑圩】Kēngxū 位于沙湾镇政府西南12.6千米。17户,90人。村建小坑山旁圩地,故名。沈姓从流坑村迁入。陈姓从李处徙此。

何处 Héchù 村民委员会 位于沙湾镇政府西南部。辖何处1个自然村。村民委员会驻地何处村。以驻地村何处得名。总面积4.99平方千米,海拔1030米。5个村民小组,121户,359人。耕地面积228亩,种高山蔬菜;林地面积3325亩,产杉、松、毛竹、杂木。通公路、程控电话、有线电视、自来水。清属三都。民国属第三区叶桥乡。1950年7月,属沙溪区沙溪乡。1951年2月,属沙溪区叶桥乡。1952年10月,属英川区叶桥乡。1956年3月,划属大地区莲川乡。1958年9月,属毛垟公社莲川管理区。1961年9月,属沙溪区莲川公社。1962年6月,改属云和县沙溪区。1981年12月,改属沙湾区莲川公社。1984年3月,属沙湾区叶桥乡。1992年5月,撤销叶桥乡属沙湾镇。

【何处】Héchù 位于沙湾镇政府西南12.1千米。村民委员会驻地。121户,359人。以姓得名。境内西部山峰箬寮尖,与英川界。是景宁理想的旅游景点,尚待开发。适宜种植高山蔬菜。通电、有线电视、自来水、公路。

陈田 Chéntián 村民委员会 原称陈村村民委员会。位于沙湾镇政府西南部,辖陈村、底处、金昌坳、铁卜岭尾4个自然村。因与原陈村乡陈村村民委员会同名,1989年12月,更名为陈田村民委员会。村委会驻陈村村。总面积2.41平方千米,海拔1050米。4个村民小组,136户,390人。耕地面积180亩,产水稻、香菇;林地面积2865亩,产杉、松、毛竹、杂木。通公路、程控电话、有线电视、自来水。清属三都。民国属第三区叶桥乡。1950年7月,属沙溪区沙溪乡。1951年2月,属沙溪区叶桥乡。1952年10月,属英川区叶桥乡。1956年3月,划属大地区莲川乡。1958年9月,属毛垟公社莲川管理区。1961年9月,属沙溪区莲川公社。1962年6月,改属云和县沙溪区。1981年12月,改属沙湾区莲川公社。1984年3月,属沙湾区叶桥乡。1992年5月,属沙湾镇。

【陈村】Chéncūn 位于沙湾镇政府西南12.3千米。村民委员会驻地。96户,256人。陈姓先民在何处村南部田垟旁搭寮而居,初名田寮,后改陈村。村边建粗草塆水库。通电、有线电视、自来水、公路。

【底处】Dǐchù 位于沙湾镇政府西南12.1千米。21户,79人。处陈村村下方,何处村南,以方位得名。通电、公路。

【金昌坳】Jīnchāngào 位于沙湾镇政府西南12.4千米。15户,39人。以山得名。通电、有线电视、自来水、公路。

【铁卜岭尾】Tiěbolǐngwěi 位于沙湾镇政府西南12.8千米。4户,16人。村建黄水坑边,以岭与地理位置得名。村西建新桥水电站。铁卜岭是叶桥至毛垟、秋炉主要古道。通电、机耕路。

流坑 Liúkēng 村民委员会 位于沙湾镇政府西南部。辖流坑1个自然村。村民委员会驻流坑村。以驻地村流坑得名。总面积2.52平方千米,海拔840米。6个村民小组,181户,553人。耕地面积316亩,产香菇、高山蔬菜;林地面积4375亩,产杉、松、毛竹、杂木。通公路、程控电话、有线电视、自来水。清属三都。民国属第三区叶桥乡。1950年7月,属沙溪区沙溪乡。1951年2月,属沙溪区叶桥乡。1952年10月，属英川区叶桥乡。1956年3月，划属沙溪区莲川乡。1958年9月，属毛垟公社莲川管理区。1961年9月，属沙溪区莲川公社。1962年6月，改属云和县沙溪区。1981年12月，改属沙湾区莲川公社。1984年7月，从叶桥村民委员会析出置流坑村民委员会；属沙湾区叶桥乡。1992年5月，撤销叶桥乡属沙湾镇。

【流坑】Liúkēng　位于沙湾镇政府西南11千米。村民委员会驻地。181户，553人。村建坑边，多柳树，旧称柳坑，柳与流近音，演变成今名。村后有古建筑道堂遗址。村北建黄公水库。通电、有线电视、自来水、公路。

林坑 Línkēng 村民委员会　位于沙湾镇政府西南部。辖林坑、后隆2个自然村。村民委员会驻林坑村。以驻地村林坑得名。总面积3.36平方千米，海拔780米。5个村民小组，179户，565人。耕地面积315亩，产香菇、高山蔬菜；林地面积3872亩，产杉、松、毛竹、杂木。通公路、程控电话、有线电视、自来水。清属三都。民国属第三区叶桥乡。1950年7月，属沙溪区沙溪乡。1951年2月，属沙溪区叶桥乡。1952年10月，属英川区叶桥乡。1956年3月，划属大地区莲川乡。1958年9月，属毛垟公社莲川管理区。1961年9月，属沙溪区莲川公社。1962年6月，改属云和县沙溪区。1981年12月，改属沙湾区莲川公社。1984年3月，属沙湾区叶桥乡。1992年5月，撤销叶桥乡属沙湾镇。

【林坑】Línkēng　位于沙湾镇政府西南9.5千米。村民委员会驻地。166户，524人。四周环山，林木茂盛，小坑穿村境，故名。村建柳氏宗祠。村尾建林坑楼桥。村后建水坪湖水库。岱根垟至叶桥公路在村口过境。通电、有线电视、自来水。

【后隆】hòu long　位于沙湾镇政府西南9.4千米。13户，41人。地处峡桥村后山峡，原称后弄，弄与隆近音，演变今名。

赤岩 Chìyán 村民委员会　位于沙湾镇政府西南部。赤岩、山后、下村3个自然村。村民委员会驻赤岩村。以驻地村赤岩得名。总面积5.07平方千米，海拔710米。4个村民小组，109户，447人。耕地面积211亩，林地面积5617亩，产杉、松、毛竹、杂木。通公路、程控电话、有线电视、自来水。清属四都。民国属第四区小地乡。1950年7月，属沙溪区沙溪乡。1951年2月，属大地区莲川乡。1958年9月，属毛垟公社莲川管理区。1961年9月，属沙溪区莲川公社。1962年6月，改属云和县沙溪区。1981年12月，改属沙湾区莲川公社。1984年3月，属沙湾区莲川乡。1986年11月，属沙湾区莲川乡。1990年11月，从小地村民委员会析出置赤岩村民委员会。1992年5月，撤销莲川乡属沙湾镇。

【赤岩】Chìyán　位于沙湾镇政府西南9千米。村民委员会驻地。76户，343人。村后岩壁夕阳下呈赤色，故名。村边建愚公水库。通电、公路、有线电视。

【山后】Shānhòu　位于沙湾镇政府西南9.2千米。15户，48人。村建赤岩山之后，故名。通机耕路。

【下村】Xiàcūn　位于沙湾镇政府西南9千米。18户，56人。处于赤岩村下方，故名。南与大地乡接壤。

小地 Xiǎodì 村民委员会　位于沙湾镇政府西南部。辖小地1个自然村。村民委员会驻小地村。以驻地村小地得名。总面积9.37平方千米，海拔600米。7个村民小组，199户，656人，其中，畲族6人。耕地面积301亩，林地面积10855亩，产杉、松、毛竹、杂木。通公路、程控电话、有线电视、自来水。清属四都。民国属第四区小地乡。1950年7月，属沙溪区沙溪乡。1951年2月，属大地区莲川乡。1958年9月，属毛垟公社莲川管理区。1961年9月，属沙溪区莲川公社。1962年6月，改属云和县沙溪区莲川公社。1981年12月，改属沙湾区莲川公社。1984年3月，属沙湾区莲川乡。1986年11月，属沙湾区莲川乡。1990年11月，析置赤岩村民委员会。1992年5月，撤销莲川乡属沙湾镇。

【小地】Xiǎodì 位于沙湾镇政府西南8.8千米。村民委员会驻地。199户，656人，其中，畲族6人。村处钟岩西南部小盆地，原称"朝地"，因比邻村大地村小，故名小地。村中至今保留有多处百年古民居。村后山有千余亩原始灌木林。村尾建马仙殿。通公路、程控电话、有线电视、自来水。

本岱 Běndài 村民委员会 位于沙湾镇政府西南部。辖本岱1个自然村。村民委员会驻本岱村。以驻地村本岱得名。总面积2.28平方千米，海拔650米。2个村民小组，97户，308人。耕地面积166亩，林地面积1826亩。清属二都。民国属第三区道里乡。1950年7月，属沙溪区沙溪乡。1952年10月，属沙溪区七里乡。1956年3月，属大地区莲川乡。1958年9月，属毛垟公社莲川管理区。1961年9月，属沙溪区莲川公社。1962年6月，改属云和县沙溪区。1981年12月，改属沙湾区莲川公社。1984年3月，属沙湾区莲川乡。1990年11月，从上处垟村民委员会析出置半岱村民委员会。1992年5月，撤销莲川乡属沙湾镇。

【本岱】Běndài 位于沙湾镇政府西南9千米。村民委员会驻地。97户，308人。村建岱根垟与岱头之间，原称"半岱"，后演变今名。村边建东瓜砻水库。南邻岱根垟村。通电、有线电视、自来水、公路。

上处垟 Shàngchùyáng 村民委员会 位于沙湾镇政府西南部。辖上处垟、岱头、水坪3个自然村。村民委员会驻上处垟村。以驻地村上处垟得名。总面积3.14平方千米，海拔900米。6个村民小组，82户，335人。耕地面积329亩，林地面积2504亩。通公路、程控电话、有线电视、自来水。清属三都。民国属第三区道里乡。1950年7月，属沙溪乡。1952年10月，属沙溪区七里乡。1956年3月，属大地区莲川乡。1958年9月，属毛垟公社莲川管理区。1961年9月，属沙溪区莲川公社。1962年6月，改属云和县沙溪区。1981年12月，改属沙湾区莲川公社。1984年3月，属沙湾区莲川乡。1990年11月，析置半岱村民委员会。1992年5月，撤销莲川乡属沙湾镇。

【上处垟】Shàngchùyáng 位于沙湾镇政府西南9千米。村民委员会驻地。43户，213人。村后建张坑坳水库。旺水至叶桥公路过村境。通电、有线电视、自来水。

【岱头】Dàitóu 位于沙湾镇政府西南9.1千米。31户，99人。处岱根垟源头，故名。通电、公路。

【水坪】Shuǐpíng 位于沙湾镇政府西南9.2千米。8户，23人。周姓开基，村地下多水，故名。东邻燕窝尖。北与英川镇接壤。

旺水 Wàngshuǐ 村民委员会 位于沙湾镇政府西部。辖旺水1个自然村。村民委员会驻旺水村。以驻地村旺水得名。总面积5.81平方千米，海拔790米。6个村民小组，245户，725人，其中，畲族5人。耕地面积475亩，产水稻、烟叶、香菇、高山蔬菜；林地面积4752亩，产杉、松、毛竹、杂木。通公路、程控电话、有线电视、自来水。清属二都。民国二十年(1931)属第三区鸬鹚乡。1950年7月，属沙溪区沙溪乡。1952年10月，属沙溪区莲川乡。1956年3月，属大地区莲川乡。1958年9月，属毛垟公社莲川管理区。1961年9月，属沙溪区莲川公社。1962年6月，改属云和县沙溪区。1981年12月，改属沙湾区莲川公社。1984年3月，属沙湾区莲川乡。1992年5月，撤销莲川乡属沙湾镇。

【旺水】Wàngshuǐ　位于沙湾镇政府西8千米。村民委员会驻地。245户，725人，其中，畲族5人。叶姓开基，久旱盼水足，祈求风调雨顺，故名旺水。小坑自西北向东南穿过，村后景林茂盛，村口古木苍翠。村边建大岗湖水库。村尾建殿。交见圩至陈司坑、叶桥公路过村境。通电、有线电视、程控电话、自来水。

仙姑 Xiāngū 村民委员会　位于沙湾镇政府东部。辖仙姑、隔溪、平坦砻、水碓垟、下垟5个自然村。村民委员会驻地仙姑村。以驻地村仙姑得名。总面积3.19平方千米，海拔220米。6个村民小组，163户，476人。耕地面积235亩，林地面积3917亩，产杉、松、毛竹、水干果。通公路、程控电话、有线电视、自来水。清属二都。民国属第三区沙溪区沙溪乡。1950年7月，置沙溪乡。1951年2月，属沙溪区沙溪乡。1956年3月，改县直属沙湾乡。1957年3月，属沙溪区沙溪乡。1958年9月，属沙溪公社沙溪管理区。1961年9月，属沙溪区沙溪公社。1962年6月，改属云和县沙溪区。1981年12月，改属沙湾区沙湾公社。1984年3月，属沙湾区沙湾乡。1986年11月，改属沙湾区沙湾镇。1992年5月，属沙湾镇。

【仙姑】Xiāngū　位于沙湾镇政府东1.5千米。村民委员会驻地。61户，176人。据《景宁县志》载：二都仙姑村对面，二石卓立，宛如妇人，世传有姑嫂同日升仙，其身化为石，因以名村。文革时因仙姑二字不宜，曾一度改名东风村。村东有东风电站。村边多沙圩地，盛产柑桔、西瓜、花生。村建仙姑古堰。村尾建仙姑殿、刘姓宗祠等古建筑。村中建仙姑大桥接对岸庆景公路，交通方便。通电、有线电视、自来水。

【隔溪】Géxī　位于沙湾镇政府东1.1千米。32户，103人。与仙姑村隔溪相望，故名。景宁至沙湾公路过村境。通电、有线电视、自来水。

【平坦砻】Píngtǎnlóng　位于沙湾镇政府东1.2千米。25户，70人。清代仙姑刘姓先人迁入，村建山砻平坦地，故名。部分迁隔溪村。通电、有线电视、自来水。

【水碓垟】Shuǐduìyáng　位于沙湾镇政府东2.3千米。28户，81人。昔日村旁有水碓，屋前为田垟，故名。景宁至沙湾公路在村前经过。

【下垟】Xiàyáng　位于沙湾镇政府东2.4千米。17户，46人。村建水碓垟村下方田垟旁，故名。为镇境东大门，与标溪乡界。景宁至沙湾公路过村境。

严坑 Yánkēng 村民委员会　位于沙湾镇政府南部。辖严坑、潘庄2个自然村。村民委员会驻地严坑村。以驻地村严坑得名。总面积5.58平方千米，海拔650米。11个村民小组，211户，634人，其中，畲族44人。耕地面积435亩，林地面积7759亩，产杉、松、毛竹、杂木。通公路、程控电话、有线电视、自来水。清属二都。民国属第三区标溪乡。1950年7月，属沙溪区沙溪乡。1951年2月，属沙溪区七里乡。1956年3月，改县直属沙湾乡。1957年3月，属沙溪区沙溪乡。1958年9月，属沙溪公社沙溪管理区。1961年9月，属沙溪区沙溪公社。1962年6月，改属云和县沙溪区。1981年12

月，改属沙湾区沙湾公社。1984 年 3 月，属沙湾区沙湾乡。1986 年 11 月，改属沙湾区沙湾镇。1992 年 5 月，属沙湾镇。

【严坑】Yánkēng 位于沙湾镇政府南 2.8 千米。村民委员会驻地。173 户，576 人。严姓建村于坑边，故名。与标溪、大地乡界。大部分村民移至七里村。通电、有线电视、自来水、公路。

【潘庄】Pānzhuāng 位于沙湾镇政府南 1.4 千米。38 户，58 人，其中，畲族 44 人。潘姓开基建村，以姓得名。通电、公路。

水井 Shuǐjǐng 村民委员会 位于沙湾西南部。辖水井、上坪、杨山头、徐山、火烧坳 5 个自然村。村民委员会驻地水井村。以驻地村水井得名。总面积 6.17 平方千米，海拔 710 米。10 个村民小组，238 户，671 人。耕地面积 468 亩，林地面积 8535 亩，产杉、松、毛竹、杂木。通公路、程控电话、有线电视、自来水。清属二都。民国属第三区道里乡。1950 年 7 月，属沙溪区沙溪乡。1952 年 10 月，属沙溪区七里乡。1956 年 3 月，为县直属沙湾乡。1957 年 3 月，属沙溪区沙溪乡。1958 年 9 月，分属沙溪管理区。1961 年 9 月，属沙溪区沙溪公社。1962 年 6 月，改属云和县沙溪区。1981 年 12 月，改属沙湾区沙湾公社。1984 年 3 月，属沙湾区沙湾乡。1986 年 11 月，属沙湾区沙湾镇。1992 年 5 月，属沙湾镇。

【水井】Shuǐjǐng 位于沙湾镇政府 2.9 千米。村民委员会驻地。71 户，226 人。村建凹地，水源充足，故名水井。一说为“水近”，演变成水井。村处大垟尖北麓，与大地乡界。通电、有线电视、自来水、公路。

【火烧坳】Huǒshāoào 位于沙湾镇政府南 1.1 千米。11 户，28 人。村建山坳，旧称花香坳，以方言近音演变成今名。通电、公路。

【上坪】Shàngpíng 位于沙湾镇政府西南 2.4 千米。59 户，182 人。以方位、地形得名。与大地乡吴澳界。村尾建廊桥。通公路。

【徐山】Xúshān 位于沙湾镇政府 1.9 千米。64 户，131 人。以姓得名。通公路。

【杨山头】Yángshāntóu 位于沙湾镇政府 2.3 千米。33 户，104 人。杨姓开基，建村于山头，故名。通电、公路。

道化 Dàohuà 村民委员会 位于沙湾镇政府西南部。辖道化、新庄、鸬鹚口、交见圩 4 个自然村。村民委员会驻道化村。以驻地村道化得名。总面积 13.62 平方千米，海拔 250 米，点状聚落。耕地面积 685 亩，主产水稻；林地面积 15266 亩，产松、杉、毛竹、杂木。8 个村民小组，361 户，1076 人，其中，畲族 101 人。有中心敬老院、老年活动室。通电、公路程控电话、有线电视、自来水。清同治十一年（1872），属三都四图领庄。民国属第三区道里乡。1934 年，属第九保。1950 年 7 月，属沙溪区沙溪乡。1952 年 10 月，属沙溪区七里乡。1956 年 3 月，为县直属沙湾乡。1957 年 3 月，属沙溪区沙溪乡。1958 年 9 月，分属沙溪管理区。1961 年 9 月，属沙溪区沙溪公社。1962 年 6 月，改属云和县沙溪区。1981 年 12 月，属沙湾区沙湾公社。1984 年 3 月，属沙湾区沙湾乡。1986 年 11 月，属沙湾区沙湾镇。1992 年 5 月，属沙湾镇。

【道化】Dàohuà 位于沙湾镇政府西南 4.5 千米。村民委员会驻地。195 户，675 人，其中，畲族

12 人。通电、有线电视、自来水、公路。据《韦氏宗谱》载:“昔言游氏闻学之训,以之化武城,民自感化于道,以道相化,盖以道化里居”,故名。一说村有古碓臼,坐落村尾溪边,系仙人指点而成,虽屡遭洪水冲击,从无损坏,碓臼内泥沙不入,谓之仙碓,乃道化之物,故名。抗战时期湘湖师范学校曾迁此复课,今立迁校碑志于此。1958 年,建道化五•七中学,1976 年,改县立道化农林中学,后为县职业高级中学。1993 年,迁至城内。2004 年,校址改建道化中心敬老院。1983 年 12 月,村民集资建石拱大桥横跨毛垟港,连接景(宁)庆(元)公路,水陆交通便利。《韦氏宗谱》载旧有化川八景。村建道化古堰。为道化中心敬老院所在地。通电、有线电视、自来水、公路。

【新庄】Xīnzhuāng　位于沙湾镇政府西南 5.5 千米。110 户,278 人。先人以新建村庄之意取名。村处沙湾至毛垟、庆元古道旁,依山傍水,似世外桃源。村旁至今保存有著名古树金桂及数十棵百年古树,2015 年 12 月,举办首届“醉美桂花•相约新庄”桂花节。村建横跨小溪石拱桥连接县道溪杉线,交通方便。通电、程控电话、有线电视、自来水、公路。

【鸬鹚口】Lúcíkǒu　位于沙湾镇政府西南 2.2 千米。44 户,89 人,其中,畲族 72 人。建村鸬鹚坑口,故名。通电、机耕路。

【交见圩】Jiāojiànxū　位于沙湾镇政府西南 3.3 千米。12 户,34 人,其中,畲族 4 人。毛垟港、英川港在此汇合,村建溪边圩地,故名。村头建鸬鹚电站。1974 年,建鸬电大桥,公路通毛垟、庆元等地。通电、有线电视、自来水。

陈司坑 Chénsīkēng 村民委员会　位于沙湾镇政府西部。辖陈司坑、木岱后 2 个自然村。村民委员会驻陈司坑村。以驻地村陈司坑得名。总面积 2.54 平方千米,海拔 530 米。4 个村民小组,118 户,381 人,其中,畲族 6 人。耕地面积 414 亩,林地面积 2236 亩。通公路、程控电话、有线电视、自来水。清属三都。民国属第三区道里乡。1950 年 7 月,属沙溪区沙溪乡。1952 年 10 月,属沙溪区七里乡。1956 年 3 月,为县直属沙湾乡。1957 年 3 月,属沙溪区沙溪乡。1958 年 9 月,分属沙溪管理区。1961 年 9 月,属沙溪区沙溪公社。1962 年 6 月,改属云和县沙溪区。1981 年 12 月,属沙湾区沙湾公社。1984 年 3 月,属沙湾区沙湾乡。1986 年 11 月,属沙湾区沙湾镇。1992 年 5 月,属沙湾镇。

【陈司坑】Chénsīkēng　又名陈思坑。位于沙湾镇政府西 4.5 千米。村民委员会驻地。73 户,234 人。陈姓开基,建村山坳小坑旁,故名。通电、有线电视、自来水、公路。

【木岱后】Mùdàihòu　位于沙湾镇政府西 5.5 千米。45 户,147 人,其中,畲族 5 人。村处林木茂密地,故名。通电、公路。

毛山头 Máoshāntóu 村民委员会　位于沙湾镇政府西部。辖毛山头、坪坦、严坳、双隔潭 4 个自然村。村民委员会驻毛山头村。以驻地村毛山头得名。总面积 5.31 平方千米,海拔 580 米。7 个村民小组,110 户,360 人。耕地面积 365 亩,林地面积 7044 亩,产杉、松、毛竹、杂木。通公路、程控电话、有线电视、自来水。清属二都。民国属第三区沙溪乡。1950 年 7 月,属沙溪区沙溪乡。1956 年 3 月,改县直属沙湾乡。1957 年 3 月,属沙溪区沙溪乡。1958 年 9 月,属沙溪公社沙溪管理区。1961 年 9 月,属沙溪区沙溪公社。1962 年 6 月,属云和县沙溪区。1981 年 12 月,改属沙湾区沙湾公社。1984 年 3 月,属沙湾乡。1986 年 11 月,改属沙湾区沙湾镇。1992 年 5 月,属沙湾镇。

【毛山头】Máoshāntóu 位于沙湾镇政府西 2.3 千米。村民委员会驻地。65 户，202 人。建村初，树木茂盛，常有虎出没，方言称虎为“大毛”，故名毛山头。柳姓从沙湾村迁入。通电、有线电视、自来水、公路。

【坪坦】Píngtǎn 位于沙湾镇政府西北 2.2 千米。24 户，81 人。以地形得名。通电、机耕路。

【严坳】Yánào 位于沙湾镇政府西 3.3 千米。18 户，67 人。严姓开基，建村山坳，故名。通电、公路。

【双隔潭】Shuānggétán 位于沙湾镇政府西北 1.9 千米。3 户，10 人。村处半山腰，村前水口有二格坑潭，故名。

坑头 Kēngtóu 村民委员会 位于沙湾镇政府西北部。辖坑头、后塘、坑头源、新处、苦槠岗 5 个自然村。村民委员会驻坑头村。以驻地村坑头得名。总面积 5.94 平方千米，海拔 735 米。10 个村民小组，202 户，695 人。耕地面积 411 亩，林地面积 6125 亩，产杉、松、毛竹、杂木。通公路、程控电话、有线电视、自来水。清属二都。民国属第三区沙溪乡。1950 年 7，月置沙溪区沙溪乡。1956 年 3 月，改县直属沙湾乡。1957 年 3 月，属沙溪区沙溪乡。1958 年 9 月，属沙溪公社沙溪管理区。1961 年 9 月，属沙溪区沙溪公社。1962 年 6 月，属云和县沙溪区。1981 年 12 月，改属沙湾区沙湾公社。1984 年 3 月，属沙湾区沙湾乡。1986 年 11 月，改属沙湾区沙湾镇。1992 年 5 月，属沙湾镇。

【坑头】Kēngtóu 位于沙湾镇政府西 5.5 千米。村民委员会驻地。123 户，465 人。村建七里汇坑源头，故名。村西与鸬鹚乡界。通电、有线电视、自来水、公路。

【后塘】Hòutáng 位于沙湾镇政府西北 4 千米。53 户，179 人。村旁有多处小湖塘，故名“湖塘”，方言“湖”“后”近音，演变今名。通电、有线电视、自来水、公路。

【坑头源】Kēngtóuyuán 位于沙湾镇政府西北 3.7 千米。13 户，28 人。村建七里汇坑源头之上，故名。通电、公路。

【新处】Xīnchù 位于沙湾镇政府西北 3.2 千米。12 户，27 人。从毛山头迁此建新村，故名。

【苦槠岗】Kǔzhūgǎng 位于沙湾镇政府西北 3.5 千米。1 户，5 人。村建山岗，村旁多苦槠树，故名。

蔡湖 Càihú 村民委员会 位于沙湾镇政府北部。辖蔡湖、蔡湖垟 2 个自然村。村民委员会驻蔡湖村。以驻地村蔡湖得名。总面积 5.53 平方千米，海拔 840 米。7 个村民小组，125 户，372 人，其中，畲族 8 人。耕地面积 281 亩，林地面积 5652 亩，产杉、松、毛竹、杂木。通公路、程控电话、有线电视、自来水。清属二都。民国属第三区季庄乡。1950 年 7 月，属沙溪区沙溪乡。1951 年 2 月，属沙溪区季庄乡。1956 年 3 月，为县直属沙湾乡。1957 年 3 月，属沙溪区季庄乡。1958 年 9 月，属沙溪公社季庄管理区。1961 年 9 月，属沙溪区沙溪公社。1962 年 6 月，改属云和县沙溪区。1981 年 12 月，改属沙湾区沙湾公社。1984 年 3 月，属沙湾区沙湾乡。1986 年 11 月，改属沙湾区沙湾镇。1992 年 5 月，属沙湾镇。

【蔡湖】Càihú 位于沙湾镇政府北 4.5 千米。村民委员会驻地。89 户，259 人。蔡姓开基，建村湖塘旁，故名。村头有县重点文物保护单位银坑洞。东与梧桐乡接壤。通电、有线电视、自来水、公路。

【蔡湖垟】Càihúyáng 位于沙湾镇政府北 6.5 千米。与云和县接壤。36 户，113 人，其中，畲族 6

人。村建蔡湖坑源头田垟，故名。1958年冬，政令大举兴建蔡湖垟水库，调外地民工，历时四年余，投工10万多，1963年8月停建。通电、有线电视、自来水、公路。

林斜 Línxié 村民委员会 位于沙湾镇政府东北部。辖林斜、田湾、叶处，山林岘4个自然村。村民委员会驻林斜村。以驻地村林斜得名。总面积3.34平方千米，海拔500米。7个村民小组，120户，369人，其中，畲族141人。耕地面积316亩，种水稻、柑桔、西瓜、生姜；林地面积3345亩，产杉、松、油茶。通公路、程控电话、有线电视、自来水。清属二都。民国属第三区季庄乡。1950年7月，属沙溪区沙溪乡。1951年2月，属沙溪区季庄乡。1956年3月，为县直属沙湾乡。1957年3月，属沙溪区季庄乡。1958年9月，属沙溪公社季庄管理区。1961年9月，属沙溪区沙溪公社。1962年6月，改属云和县沙溪区。1981年12月，改属沙湾区沙湾公社。1984年3月，属沙湾乡。1986年11月，改属沙湾区沙湾镇。1992年5月，属沙湾镇。

【林斜】Línxié 位于沙湾镇政府东北2.5千米。村民委员会驻地。66户，202人，其中，畲族21人。昔日畲民徙居此，林木茂密，称林畲，后汉人迁入，更名林斜。发展柑桔、西瓜、生姜等种植业。通电、有线电视、自来水、公路。

【田塆】Tiánwān 位于沙湾镇政府东北2.1千米。39户，120人，其中，畲族25人。以地形得名。通电、有线电视、自来水、公路。

【叶处】Yèchù 位于沙湾镇政府东北2.2千米。12户，38人，畲族。叶姓开基，以姓得名。通电、公路。

【山林岘】Shānlínxiàn 位于沙湾镇政府东北1.8千米。3户，9人。地处山林岘背，故名。

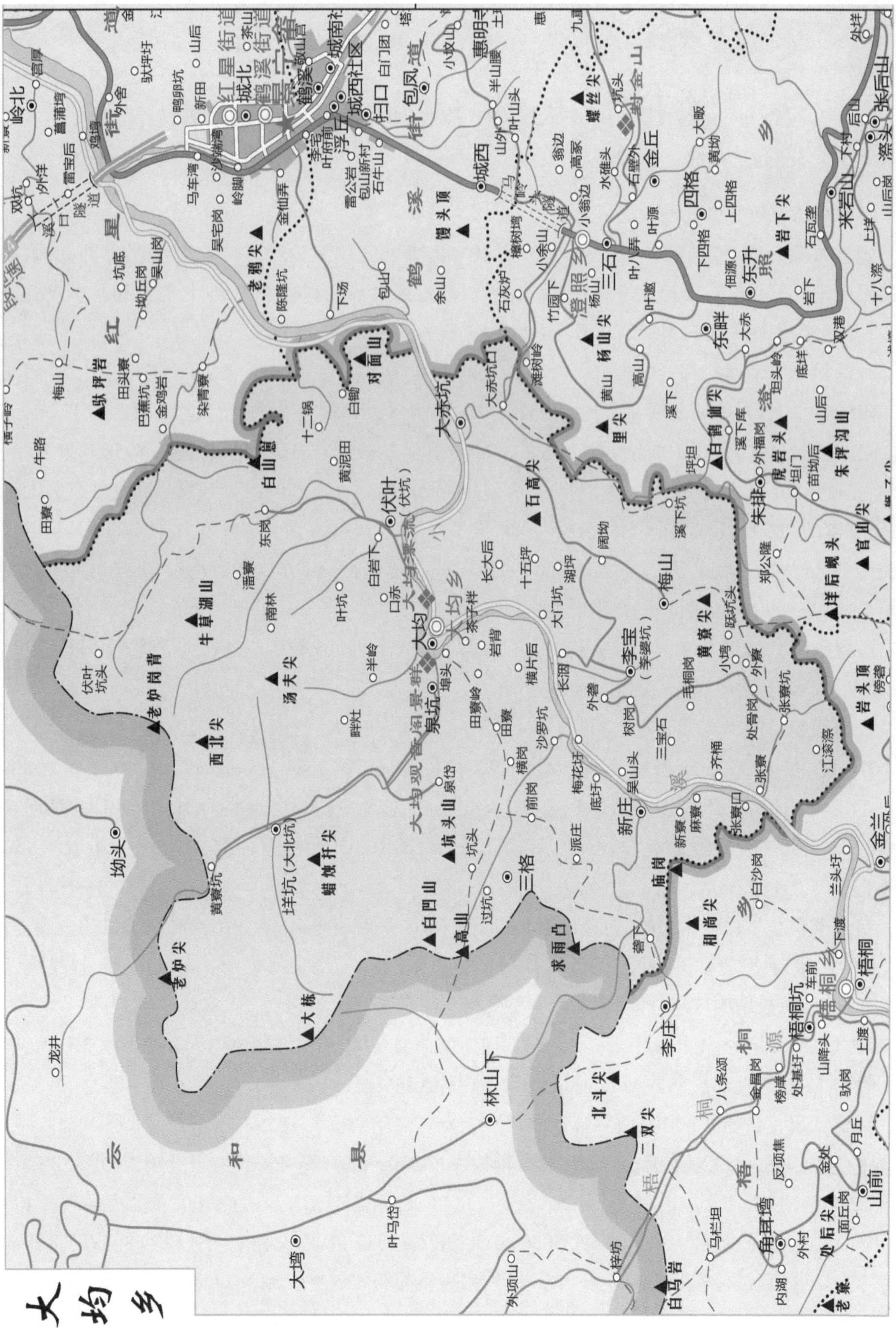

地图审核号：浙S(2015)46号

第七节 大 均 乡(Dàjūn Xiāng)

名称来历 政府以驻地大均村得名。

地理位置 位于东经 119°29′39″~119°36′10″,北纬 27°53′25″~28°00′47″。地处县城西南部,东邻鹤溪街道、红星街道;东南连澄照乡;西南接梧桐乡;西北界云和县崇头镇;北倚云和县雾溪畲族乡。乡人民政府驻大均村大沙路 2 号,距县城 13 千米。

政区沿革 清属二都。1931 年,设均山、大均 2 乡,属第一区。1950 年 7 月,仍称大均乡,属城区。1951 年 2 月,析大均乡置新亭乡。1952 年 10 月,新亭乡改称泉坑乡;析大均乡置伏叶乡。1956 年 3 月,大均、泉坑、伏叶 3 乡合并设大均乡,为县直属乡。1957 年 3 月,复属城区。1958 年 9 月,设大均管理区,属红星公社。1961 年,改设大均公社,属红星区。1962 年 6 月,划属云和县红星区大均公社。1981 年 12 月,属景宁区大均公社。1984 年 3 月,大均公社改设大均畲族乡;同年 12 月景宁区改属城郊区。1986 年 11 月,复称大均乡。1991 年 7 月,赤梅村民委员会析置梅山、大赤坑 2 个村民委员会。1992 年 5 月,撤扩并后,仍设大均乡。

政区划分 2014 年末,辖大均、伏叶、泉坑、垟坑、李宝、梅山、新庄、三格、大赤坑 9 个村民委员会,共 9 个群众自治组织;下设 70 个村民小组。

人口面积 2014 年末,辖区总户数 1642 户,总人口 4388 人。其中,男性 2297 人,占 52.34%;女性 2091 人,占 47.66%;18 岁以下 895 人,占 20.40%;18~60 岁 2684 人,占 61.16%;60 岁以上 809 人,占 18.44%。有畲、彝、佤族等少数民族共 1484 人,占 33.82%。其中,畲族 1431 人。人口自然增长率 6.37‰。辖区东西最大距离 10.44 千米,南北最大距离 13.63 千米,总面积 97.75 平方千米。人口密度为每平方千米 53.7 人。

自然条件 域内峰峦叠嶂,地势自西北和东南向中部溪谷倾斜。境内最高峰西部白鹤乡尖,海拔 1470 米、北部老炉岗背,海拔 1320 米,均与云和县界;东部石高尖海拔 850 米,与澄照乡接壤;西南部和尚尖,海拔 955 米,与梧桐乡界。主要溪涧东部有张寮坑、李婆坑、大赤坑;西部有黄八坑、沙罗坑、大均坑、伏坑等,诸水汇小溪。溪水自西向东北流贯全境。年平均温度 17℃,无霜期 270 天,年降雨量约 1700 毫米。景宁至庆元、龙泉公路沿小溪穿越乡境。

经济状况 耕地面积 3823 亩;林地面积 102684 亩。年产粮食 1865.4 吨,其中,水稻 1601.6 吨,薯类 179.4 吨,玉米 24.5,豆类 59.9 吨。蔬菜种植面积 3100 亩,产量 4560 吨;茶叶种植面积 780 亩,产量 23.4 吨。生猪饲养量 1920 头,牛 282 头,羊 1143 只,家禽 17570 只,兔 6790。畜禽肉类产量 173 吨,其中,猪肉产量 96 吨。累计造林 25050 亩,经济林 14933 亩,农民住宅四旁树木 8.5 万株,林木覆盖率 89.7%,活立木蓄积量 29.5 万立方米。水果种植面积 435 亩,产量 627 吨,其中,柑桔 188 吨,梨子 80 吨,桃子 14 吨,瓜用果 315 吨。2014 年,农业总产值 3220 万元,工业总产值 5300 万元。

社会发展　各村民委员会通电、公路、程控电话、有线电视、自来水。有文化中心 1 个；公共图书室 4 个，藏书 15000 册。有幼儿园 1 所；小学 1 所。医疗卫生机构 2 个。2010 年 10 月 16 日，李宝村被省科协命名为“省科普示范村”称号。

境内古有大均八景：杰阁撑云、均潭印月、汤尖挺秀、鸦顶开祥、龙岗叠翠、坟树围青、屋崖瀑布、洋滩雪浪；有建于明朝嘉靖年间的观音阁、以及浮伞仙迹、梅花圩漂流、大赤坑楼桥等景区景点。境内中国畲乡之窗国家 AAAA 级景区，为省畲族风情采风基地、国际民俗摄影采风创作基地、省农家乐旅游示范点、省林业观光示范园区，获 2006 年省“魅力新农村”评比环境优美奖。有伏叶田园风光区。李宝、伏坑、泉坑、三格等 4 个为特色畲族村寨。有垟坑、伏叶和茶子桦自然村 3 个革命老区村。

大均乡村民委员会一览

表 2-9

标准名称	村民小组	自然村		2014 年		海拔（米）
		村数	标准名称	户数	人数	
大均	3	1	大均	221	428	170
泉坑	11	15	水碓垟	39	101	190
			半岭	35	96	
			埠头	21	39	
			茶子桦	2	7	
			横岗	3	9	
			横片后	4	14	
			畔灶	43	114	
			泉岱	48	117	
			白泥岗	13	26	
			田寮岭	1	6	
			田寮	25	76	
			岩背	5	13	
			张荒岱	17	51	
			中央岗	6	27	
			中央外岗	4	9	
垟坑	5	2	大北坑	24	71	340
			黄寮坑	9	25	
三格	5	4	三格	18	48	970
			坑头	37	126	

续表 2–9

标准名称	村民小组	自然村		2014 年		海拔（米）
		村数	标准名称	户数	人数	
三格	5	4	过坑	3	11	
			前岗	16	59	
新庄	12	15	新亭	61	162	185
			派庄	55	171	
			砻下	23	63	
			梅花圩	76	183	
			沙罗坑	36	92	
			底圩	22	46	
			新寮	9	19	
			麻寮	16	27	
			张寮口	18	39	
			后窟	1	7	
			处基	3	12	
			江滚漈	11	31	
			齐桶	24	48	
			张寮	35	72	
			张寮坑	9	26	
李宝	8	12	李婆坑	49	147	500
			三宝石	32	97	
			外砻	4	20	
			处骨岗	2	7	
			长大后	10	31	
			长泗	2	8	
			大门坑	14	38	
			毛桐岗	7	22	
			吴山头	6	19	
			跃坑头	19	58	
			树岗	13	36	
			下寮	5	22	

续表 2-9

标准名称	村民小组	自然村		2014 年		海拔（米）
		村数	标准名称	户数	人数	
梅山	8	5	梅山	89	218	550
			阔坳	15	39	
			湖坪	33	75	
			十五秤	6	11	
			溪下坑	8	39	
大赤坑	5	3	大赤坑	47	141	180
			梅山岭脚	13	40	
			大赤坑口	6	24	
伏叶	14	11	伏坑	83	194	190
			潘寮	11	22	
			东岗	27	74	
			叶坑	38	151	
			南林	13	63	
			白锄	23	79	
			黄泥田	20	68	
			半山	26	84	
			口赤	25	81	
			十二锅	1	3	
			白岩下	2	6	

村民委员会、居民点

大均 Dàjūn 村民委员会　位于县城西南部。辖大均 1 个自然村。村民委员会驻大均村。以驻地村大均得名。总面积 3.01 平方千米，海拔 170 米。有中心学校、农村信用社、卫生院、文化站、广播电视站。3 个村民小组，221 户，428 人，其中，畲族 16 人。耕地面积 112 亩；林地面积 3353 亩。通电、公路、程控电话、有线电视、自来水。清属二都。1931 年，属第一区大均乡。1950 年 7 月，属城区大均乡。1951 年 2 月，属城区大均乡。1956 年 3 月，为县直属大均乡。1958 年 9 月，属红星公社大均管理区。1961 年 9 月，属红星区大均公社。1962 年 6 月，划属云和县红星区大均公社。1981 年 12 月，属景宁区大均公社。1984 年 3 月，属景宁区大均畲族乡；12 月属城郊区。1986 年 11 月，复称大均乡。1992 年 5 月，撤扩并后仍为大均乡。

【大均】Dàjūn　位于县城西南 13 千米。乡人民政府、村民委员会驻地。221 户，428 人，其中，畲族16人。据大均《李氏宗谱》载，始祖自唐末年间（907—960）迁入，村名取自孔子“大道之行也，天下为之；有国有家者，不患寡而患不均”之论述。又传以村后背倚龙岗，三面临水，形似半月，左右均匀，故名。古有“均川八景”：杰阁撑云、均潭印月、汤尖挺秀、鸦顶开祥、龙岗叠翠、坟树围青、屋崖瀑布、洋滩雪浪。今辟为国家4A级中国畲乡之窗景区。村头新建小溪公路大桥，通泉坑、三格等村。通电、程控电话、有线电视、自来水。

泉坑 Quánkēng 村民委员会 位于大均乡政府西北部。辖水碓垟、半岭、白坭岗、埠头、茶子梓、横岗、横片后、畔灶、泉岱、田寮岭、田寮、岩背、张荒岱、中央岗、中央外岗15个自然村。县民族村。村民委员会驻水碓垟村。取泉岱村首字与“坑”字组合成名。总面积11.83平方千米，海拔190米。11个村民小组，266户，705人，其中，畲族377人。耕地面积626亩；林地面积14457亩，产松、杉、毛竹、杂木。通电、公路、程控电话、有线电视、自来水。清属二都。1931年，属第一区大均乡。1950年7月，属城区大均乡。1951年2月，属城区新亭乡。1952年10月，属城区泉坑乡。1956年3月，为县直属大均乡。1958年9月，属红星公社大均管理区。1961年9月，属红星区大均公社。1962年6月，划属云和县红星区大均公社。1981年12月，属景宁区大均公社。1984年3月，属景宁区大均畲族乡；12月复属城郊区。1986年11月，复称大均乡。1992年5月，撤扩并后仍属大均乡。

【水碓垟】Shuǐduìyáng 位于大均乡政府西0.5千米。村民委员会驻地。39户，101人，其中，畲族92人。村处小溪西侧邻大均坑出口处，先民垦荒造田垟，傍坑建水碓，故名。村尾大桥横跨小溪接大均村头。村前大均坑建泉坑廊桥。村尾建下村移民安置点。通电、程控电话、有线电视、自来水、公路。

【泉岱】Quándài 位于大均乡政府西2千米。48户，117人，其中，畲族55人。处坑头山东北麓，山岱多清泉，故名。通电、公路。

【半岭】Bànlǐng 位于大均乡政府西北1.2千米。35户，96人。因村处水碓垟至畔灶山岭中间，故名。东邻口赤村。

【白坭岗】Báinígǎng 位于大均乡政府西北1千米。13户，26人，其中，畲族21人。村后山岗多白垩坭，故名。

【埠头】Bùtóu 位于大均乡政府西南0.3千米。21户，39人，其中，畲族14人。村建浮伞渡西岸圩地，前为船埠，故名。村傍中国畲乡之窗景区。大均至三格公路经此盘山而上。通电、自来水。

【茶子梓】Cházǐpán 位于大均乡政府南0.5千米。2户，7人。昔日村旁多油茶树而得名。经县政府批准为革命老区村。

【横岗】Hénggǎng 位于大均乡政府西南2.3千米。3户，9人，畲族。以处地山岗与横排间得名。通公路。

【横片后】Héngpiànhòu 位于大均乡政府南1.4千米。4户，14人。村建横岗东北侧一片山地，故名。

【畔灶】Pànzào 位于大均乡政府西北2千米。43户，114人，畲族。早为潘姓开基，名潘庄；后李姓徙此结伴，时名伴灶，讹为畔灶，因袭而用之。

【田寮岭】Tiánliáolǐng 位于大均乡政府西南0.8千米。1户,6人。村处通田寮村岭旁,故名。

【田寮】Tiánliáo 位于大均乡政府西南1.6千米。25户,76人,畲族。蓝姓迁此搭寮开基垦荒,故名。通公路。

【岩背】Yánbèi 位于大均乡政府南0.8千米。5户,13人。村处崖脊背,上有冷泉名岩背,故名。西邻田寮岭村。

【张荒岱】Zhānghuāngdài 位于大均乡政府西北4.8千米。17户,51人。张姓开基,早期徙居山岱垦荒,故名。其中5户,22人,迁水碓垟村。

【中央岗】Zhōngyānggǎng 位于大均乡政府西南2千米。6户,27人。处泉岱村与横岗村之中间,故名。

【中央外岗】Zhōngyāngwàigǎng 位于大均乡政府西南2.1千米。4户,9人。村建中央岗外侧,故名。通公路。

垟坑 Yángkēng 村民委员会 位于大均乡政府西北部。辖大北坑、黄寮坑2个自然村。村民委员会驻大北坑村。分别取原垟屺、大北坑两村各一字组合而得名。总面积11.76平方千米,海拔340米。5个村民小组,33户,96人,其中,畲族25人。耕地面积205亩;林地面积15365亩,产松、杉、杂木、毛竹。通电、公路、程控电话、有线电视、自来水。清属二都。1931年,属第一区大均乡。1950年7月,属城区大均乡。1951年2月,属城区新亭乡。1952年10月,属城区泉坑乡。1956年3月,为县直属大均乡。1958年9月,属红星公社大均管理区。1961年9月,属红星区大均公社。1962年6月,划属云和县红星区大均公社。1981年12月,属景宁区大均公社。1984年3月,属景宁区大均畲族乡;12月复属城郊区。1986年11月,复称大均乡。1992年5月,属大均乡。经县人民政府批准为第二次国内革命战争时期革命老区村。

【大北坑】Dàběikēng 位于大均乡政府西北3.7千米。村民委员会驻地。24户,71人,其中,畲族17人。村处大北坳谷口,村前大均坑流经,故名。通电、程控电话、有线电视、自来水、公路。

【黄寮坑】Huángliáokēng 位于大均乡政府西北4.8千米。9户,25人,其中,畲族8人。村处大均至云和长田古道黄寮岭脚,村前小坑,故名。部分迁至水碓垟村。

三格 Sāngé 村民委员会 位于大均西部。辖三格、坑头、过坑、前岗4个自然村。县民族村。村民委员会驻三格村。以驻地村三格得名。总面积4.67平方千米,海拔970米。5个村民小组,74户,244人,其中,畲族153人。耕地面积298亩;林地面积5323亩。通电、公路、程控电话、有线电视、自来水。清属二都。1931年,属第一区大均乡。1950年7月,属城区大均乡。1951年2月,属城区新亭乡。1952年10月,属城区泉坑乡。1956年3月,为县直属大均乡。1958年9月,属红星公社大均管理区。1961年9月,属红星区大均公社。1962年6月,划属云和县红星区大均公社。1981年12月,属景宁区大均公社。1984年3月,属景宁区大均畲族乡;12月复属城郊区。1986年11月,复称大均乡。1992年5月,撤扩并后仍属大均乡。

【三格】Sāngé 位于大均乡政府西3.7千米。村民委员会驻地。18户,48人,畲族。村后有田,分三格,故名。通电、程控电话、有线电视、自来水、公路。

【坑头】Kēngtóu 位于大均乡政府西 3.3 千米。37 户，126 人，畲族。村处沙罗坑源头，故名。通电、自来水、公路。

【过坑】Guòkēng 又名隔坑，位于大均乡政府西 3.7 千米。3 户，11 人，畲族。村处坑头村对岸，故名。西与云和叶山头村接壤。

【前岗】Qiángǎng 位于大均乡政府西 3 千米。16 户，59 人。处横岗村前隔坑对岸山岗，故名。通电、自来水、公路。

新庄 Xīnzhuāng 村民委员会 位于大均乡政府西南部。辖新亭、派庄、砻下、梅花圩、沙罗坑、底圩、新寮、麻寮、张寮口、后窟、处基、江滚漈、齐桶、张寮、张寮坑 15 个自然村。村民委员会驻新亭村。取新亭、派庄两村名各一字组合成名。总面积 10.81 平方千米，海拔 185 米。12 个村民小组，399 户，998 人，其中，畲族 14 人。耕地面积 585 亩；林地面积 14396 亩，产松、杉、杂木、毛竹。通电、公路、程控电话、有线电视、自来水。清属二都。1931 年，属第一区大均乡。1950 年 7 月，属城区大均乡。1951 年 2 月，属城区新亭乡。1952 年 10 月，属城区泉坑乡。1956 年 3 月，为县直属大均乡。1958 年 9 月，属红星公社大均管理区。1961 年 9 月，属红星区大均公社。1962 年 6 月，划属云和县红星区大均公社。1981 年 12 月，属景宁区大均公社。1984 年 3 月，属景宁区大均畲族乡；12 月复属城郊区。1986 年 11 月，复称大均乡。1992 年 5 月，撤扩并后仍属大均乡。

【新亭】Xīntíng 位于大均乡政府西南 4.3 千米。村民委员会驻地。61 户，162 人。村处小溪西岸，景宁至沙湾古道旁、新亭坑口。据《李氏宗谱》称：宋初，在其地旁建凉亭，清代重建，遂以新亭为村名。村西建新亭水电站。建铁索桥通对岸公路。

【派庄】Pàizhuāng 位于大均乡政府西南 4 千米。55 户，171 人。传建村初期，村南有寺庙与斜对岸张寮寺庙遥遥相对，钟声彼此应和。本庙钟破其声有别，故取村名破钟。方言“破”与“派”同音，“钟”与“庄”同音，演变现名。

【砻下】Lóngxià 位于大均乡政府西南 5.7 千米。23 户，63 人。据传李姓从李水洪徙此建村，四周竹园山。村处和尚尖北麓岩砻之下，故名。清属二都。民国二十年（1931 年）属梧桐乡。建国后划大均乡新亭村。西接李水洪村，东连新亭村，东北至派庄村，北达叶山头下垟村，相距均五华里。

【梅花圩】Méihuāxū 位于大均乡政府西南 2.7 千米。76 户，183 人，其中，畲族 9 人。村处小溪南岸圩地，明代万历年纪郑姓开基，时梅花满山，故名。为梅花圩漂流源头。景宁至沙湾公路过境。通电、程控电话、有线电视、自来水。

【沙罗坑】Shāluókēng 位于大均乡政府西南 2.5 千米。36 户，92 人。处地峡谷口坑口，形似唢呐；唢呐与沙箩谐音，遂演变今名。村处景宁至沙湾古道边，与梅花圩隔溪相望。建渡口，至今仍保留。村尾树林旁建古殿。

【底圩】Dǐxū 位于大均乡政府西南 3.5 千米。22 户，46 人。地处梅花圩上游对岸溪谷深处，故名。

【新寮】Xīnliáo 位于大均乡政府西南 4.5 千米。9 户，19 人。初为张寮村民分出徙此搭寮而居，故名。

【麻寮】Máliáo 位于大均乡政府西南 4.8 千米。16 户，27 人。原为麻园地，先民徙此搭寮安居，故名。

【张寮口】zhāngliáokǒu　位于大均乡政府西南 6.3 千米。18 户，31 人。村建小溪西岸，与张寮村隔溪对望，故名。通电、程控电话、有线电视、自来水。

【后窟】Hòukū　位大均乡政府西南 5.5 千米。1 户，5 人。村处张寮村后山坳地，故名。东邻处骨岗村。

【处基】Chùjī　位于大均乡政府西南 6.7 千米。3 户，12 人。村处张寮坑源旁半山腰，原为旧宅基地，故名。

【江滚漈】Jiānggǔnjì　位于大均乡政府西南 6.8 千米。11 户，31 人。通机耕路。

【齐桶】Qítǒng　位于大均乡政府西南 5.2 千米。24 户，48 人。处小溪东岸山间谷口，形似桶，以方言演变今名。村边邻大均至沙湾公路。

【张寮】Zhāngliáo　位于大均乡政府西南 6.5 千米。35 户，72 人。张姓先民在小溪东岸坑口边搭寮建村，故名。县道溪杉线村前过境。通电、自来水、公路。

【张寮坑】Zhāngliáokēng　位于大均乡政府西南 6.6 千米。9 户，26 人。处小溪东岸，与张寮村同处一坑，在坑上游，以坑得名。

李宝 Lǐbǎo 村民委员会　位于大均乡政府南部。辖李婆坑、三宝石、外砻、处骨岗、长大后、长泗、大门坑、毛桐岗、吴山头、跃坑头、树岗、下寮 12 个自然村。县民族村。村民委员会驻李婆坑村。取李婆坑、三宝石两村各一字组合成名。总面积 6.96 平方千米，海拔 500 米。8 个村民小组，163 户，505 人，其中，畲族 441 人。耕地面积 428 亩；林地面积 9622 亩，产松、杉、杂木、毛竹。通电、公路、程控电话、有线电视、自来水。清属二都。1931 年，属第一区大均乡。1950 年 7 月，属城区大均乡。1951 年 2 月，属城区新亭乡。1952 年 10 月，属城区泉坑乡。1956 年 3 月，为县直属大均乡。1958 年 9 月，属红星公社大均管理区。1961 年 9 月，属红星区大均公社。1962 年 6 月，划属云和县红星区大均公社。1981 年 12 月，属景宁区大均公社。1984 年 3 月，属景宁区大均畲族乡；12 月复属城郊区。1986 年 11 月，复称大均乡。1992 年 5 月，撤扩并后仍属大均乡。2010 年 10 月，获"浙江省科普示范村"称号。列入"十二五"时期全国少数民族特色村寨保护与发展村。

【李婆坑】Lǐpókēng　位于大均乡政府南 3.5 千米。村民委员会驻地。49 户，147 人，畲族。传昔日李氏婆婆率子孙来此垦荒，建村坑边，故名李婆坑。经村容环境整治，村貌焕然一新，为美丽畲寨。新建民宿、农家乐，成为中国畲乡之窗主要旅游点。通电、程控电话、有线电视、自来水、公路。

【三宝石】Sānbǎoshí　位于大均乡政府南 4.2 千米。32 户，97 人，畲族。处地山龙延伸小溪边，有三块巨石并列，状如元宝，故名。通电、自来水、公路。

【外砻】Wàilóng 位大均乡政府南 3 千米。4 户，20 人，其中，畲族 15 人。与李婆坑村隔岗为邻，村处阳坡山砻地，故名。通公路。

【处骨岗】Chùgǔgǎng　位于大均乡政府南 5.5 千米。2 户，7 人，其中，畲族 3 人。东与澄照乡接壤。

【长大后】Chǎngdàhòu　位于大均乡政府东南 1.5 千米。10 户，31 人，其中，畲族 26 人。村前有田数丘，连成较长一行。方言"大"与"行"同义，俗称田为长大，村居此后，故名长大后。通电、公路。

【长泅】Chǎngqiú　位于大均乡政府南 2.1 千米。2 户，8 人。村处小溪东岸，村前有长潭，溪水平静宜游泳，故称长泅。通公路。

【大门坑】Dà mén kēng　位于大均乡政府南 1.8 千米。14 户，38 人，畲族。村前山坑，两侧山石对峙，形似石门。原称坦门坑。方言“坦”与“大”近音，故称大门坑。通电、公路。

【毛桐岗】Máotónggǎng　位于大均乡政府南 4.5 千米。7 户，22 人，其中，畲族 17 人。村处山岗，昔日村旁多毛桐树，故名。

【吴山头】Wúshāntóu　位于大均乡政府南 3.5 千米。6 户，19 人，其中，畲族 13 人。吴姓开基，村建山岗，故名。通电、公路。

【跃坑头】Yuèkēngtóu　位于大均乡政府南 5.2 千米。19 户，58 人，畲族。处地张寮坑上游跃坑源头，故名。

【树岗】Shùgǎng　位于大均乡政府南 3 千米。13 户，36 人，其中，畲族 28 人。1982 年地名普查命名。

【下寮】Xiàliáo　位于大均乡政府南 2 千米。5 户，22 人，其中，畲族 16 人。村民在湖坪村下山岗搭寮建村，故名。

梅山 Méishān 村民委员会　位于大均乡政府南部。辖梅山、阔坳、湖坪、十五坪、溪下坑 5 个自然村。村民委员会驻梅山村。以驻地村梅山得名。总面积平 6.6 方千米，海拔 550 米。8 个村民小组，151 户，382 人。耕地面积 410 亩；林地面积 5624 亩，产松、杉、杂木、毛竹。通电、公路、程控电话、有线电视、自来水。清属二都。1931 年，属第一区大均乡。1950 年 7 月，属城区大均乡。1951 年 2 月，属城区新亭乡。1952 年 10 月，属城区泉坑乡。1956 年 3 月，为县直属大均乡。1958 年 9 月，属红星公社大均管理区。1961 年 9 月，属红星区大均公社。1962 年 6 月，划属云和县红星区大均公社。1981 年 12 月，属景宁区大均公社。1984 年 3 月，属景宁区大均畲族乡；12 月复属城郊区。1986 年 11 月，复称大均乡。1991 年 7 月，赤梅村民委员会析置梅山村民委员会。1992 年 5 月，撤扩并后仍属大均乡。

【梅山】Méishān　位于大均乡政府南 4 千米。村民委员会驻地。89 户，218 人。梅山《吴氏宗谱》称：梅山先祖若椿公分徙上标吴家洞，因览其景，山水呈奇，乐此居。传昔日村旁多梅花，故名梅山。通电、程控电话、有线电视、自来水、公路。

【阔坳】Kuòào　位于大均乡政府南 3.2 千米。15 户，39 人。地处梅山尖与石高尖之间山坳，故名。东北 1.6 千米有银坑洞。东与澄照乡接壤。通电、公路。

【湖坪】Húpíng　位于大均乡政府南 2.1 千米。33 户，75 人。村处山坪中，昔日村傍湖，故名。通公路。

【十五秤】Shíwǔchèng　位大均乡政府南 1.3 千米。6 户，11 人。村后有田，昔日佃租稻谷十五秤（每秤十二市斤），以田得名。通公路。

【溪下坑】Xīxiàkēng　位于大均乡政府东南 4.3 千米。8 户，39 人。村处流经澄照乡溪下村大赤坑源下游，故名。

大赤坑 Dàchìkēng 村民委员会 位于大均乡政府东部。辖大赤坑、梅山岭脚、大赤坑口3个自然村。村民委员会驻大赤坑村。以驻地村大赤坑得名。总面积5.17平方千米,海拔180米。5个村民小组,66户,205人,其中,畲族10人。耕地面积247亩;林地面积3918亩,产松、杉、杂木、毛竹。通电、公路、程控电话、有线电视、自来水。清属二都。1931年,属第一区大均乡。1950年7月,属城区大均乡。1951年2月,属城区大均乡。1952年10月,属城区伏叶乡。1956年3月,为县直属大均乡。1958年9月,属红星公社大均管理区。1961年9月,属红星区大均公社。1962年6月,划属云和县红星区大均公社。1981年12月,属景宁区大均公社。1984年3月,属景宁区大均畲族乡;12月复属城郊区。1986年11月,复称大均乡。1991年7月,赤梅村民委员会析置大赤坑村民委员会。1992年5月,撤扩并后仍属大均乡。

【大赤坑】Dàchìkēng 位于大均乡政府东3.5千米。村民委员会驻地。47户,141人。村舍分布大赤坑两岸,因坑得名。村尾水口建大赤坑楼桥,横跨大赤坑。村后建大赤坑电站。通电、程控电话、有线电视、自来水、公路。

【大赤坑口】Dàchìkēngkǒu 又名外垟。位于大均乡政府东3.2千米。6户,24人,其中,畲族6人。村处大赤坑与小溪流域汇合处,故名。景宁至沙湾公路过村境。通电、程控电话、有线电视、自来水、公路。

【梅山岭脚】Méishānlǐngjiǎo 位于大均乡政府东2.8千米。13户,40人。村处大赤坑口村后梅山岭脚,故名。

伏叶 Fúyè 村民委员会 位于大均乡政府东北部。辖伏坑、潘寮、东岗、叶坑、南林、白锄、黄泥田、半山、口赤、十二锅、白岩下11个自然村。县民族村。村民委员会驻地伏坑村。取伏坑、叶坑两村首字而得名。总面积21.86平方千米,海拔190米。14个村民小组,269户,825人,其中,畲族395人。耕地面积912亩;林地面积30626亩,产松、杉、杂木、毛竹。通电、公路、程控电话、有线电视、自来水。清属二都。1931年,属第一区均山乡。1950年7月,属城区大均乡。1951年2月,属城区大均乡。1952年10月,属城区伏叶乡。1956年3月,为县直属大均乡。1958年9月,属红星公社大均管理区。1961年9月,属红星区大均公社。1962年6月,划属云和县红星区大均公社。1981年12月,属景宁区大均公社。1984年3月,属景宁区大均畲族乡;12月复属城郊区。1986年11月,复称大均乡。1992年5月,撤扩并后仍属大均乡。经县人民政府批准为革命老区村。

【伏坑】Fúkēng 位于大均乡政府东北2千米。村民委员会驻地。83户,194人。其中,畲族12人。明代建村,处东岗岭脚小坑旁,东有五条山龙蜿蜒至此,古人喻“五马伏槽”,故名。2006年8月,获得县首个“省农家乐特色示范村”称号。村北建景宁天野农业开发有限公司、听泉山庄。通电、程控电话、有线电视、自来水、公路。

【潘寮】Pānliáo 位于大均乡政府北3.3千米。11户,22人。原名判寮,据传昔日华、李两姓争执山场,县官来此察判审理。后以谐音演变今名。

【东岗】Dōnggǎng 位于大均乡政府东北3.3千米。27户,74人。村处东岗岭头,以山得名。

【叶坑】Yèkēng 位于大均乡政府北1.7千米。38户,151人,其中,畲族115人。初为叶姓于坑边建村，故名。后畲民迁入，村名续用。通电、公路。

【南林】Nánlín　位于大均乡政府北 2.7 千米。13 户，63 人。村处牛草湖山南麓，林木葱翠，故名。

【白锄】Báichú　位于大均乡政府北 3.7 千米。23 户，79 人，畲族。初为白姓垦荒，遂为村落，故名。后雷姓畲民迁入，村名未变。西至黄泥田、东岗、香菇厂村后入云和界地；南走五里为叶坑村；往东小路通小溪，过渡至下场村，越苔湖岭坳直达县城。

【黄泥田】Huángnítián　位于大均乡政府东北 3 千米。20 户，68 人，其中，畲族 59 人。清末畲族先民垦黄泥山坪为水田，故名。

【半山】Bànshān　位于大均乡政府东 2.2 千米。26 户，84 人，其中，畲族 53 人。200 多年前先民徙此小坑边半山腰建村，故名。

【口赤】Kǒuchì　位于大均乡政府北 0.8 千米。25 户，81 人，其中，畲族 76 人。村处两山夹峙，山口狭窄，故名口尺。以同音演变今名。通电、自来水、公路。

【十二锅】Shíèrguō　位于大均乡政府东北 3.5 千米。1 户，3 人。据传当年太平天国军曾在此地驻扎营房留宿，用十二只大铁锅做饭，故名。

【白岩下】Báiyánxià　位于大均乡政府东北 1.7 千米。2 户，6 人，畲族。村处一银白色大岩石之下，故名。

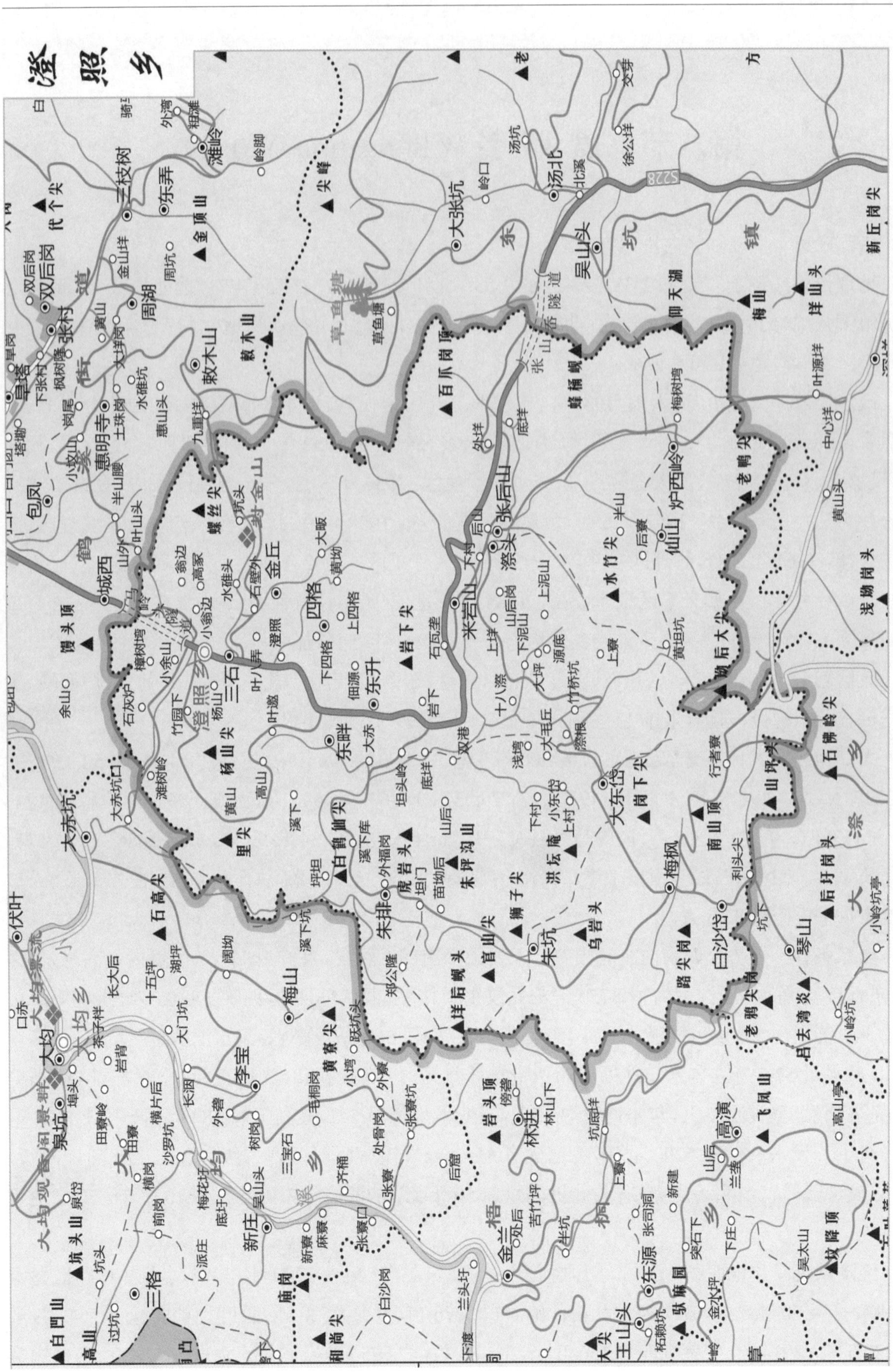

地图审核号:浙 S（2015）46 号

第八节　澄 照 乡(Chéngzhào Xiāng)

名称来历　乡以辖区内澄照寺得名。

地理位置　位于东经119°33′19″~119°39′53″,北纬27°50′21″~27°56′47″。地处县城 南部,东邻东坑镇大张坑、吴山头;南倚大漈乡;西接梧桐、大均乡;北、东北界鹤溪街道。乡人民政府驻三石村朝阳小区11幢,距县城6.5千米。

政区沿革　清属五都、六都。1931年,设澄照、朱坑、金丘、漈头4乡,属第一区。1950年7月,设澄照乡,属城区。1951年2月设澄照、漈头、朱坑3乡,属城区。1952年10月设澄照、金丘2乡,属城区;设漈头、东岱2个乡,属大漈区;朱坑乡划归沙溪区。1956年3月,朱坑、金丘、东岱、澄照、漈头5乡合并为县直属澄照乡。1957年3月,复属城区澄照乡。1958年9月,设澄照、漈头2个管理区,属红星公社。1961年2个,管理区合并,设澄照公社,属红星区。1962年6月,划属云和县红星区澄照公社。1981年12月,属景宁区澄照公社。1984年3月,澄照公社析置澄照乡、漈头畲族乡;12月改属城郊区。1986年11月,漈头畲族乡复称漈头乡。1992年5月,撤销漈头乡,并入澄照乡。

政区划分　2014年末,辖三石、金丘、四格、东畔、东升、米岩山、漈头、张后山、仙山、炉西岭、大东岱、白沙岱、梅枫、朱坑、朱排15个村民委员会;下设99个村民小组。

人口面积　2014年末,辖区总户数3065户,总人口7331人。其中,男性3814人,占52.03%;女性3517人,占47.97%;18岁以下1492人,占20.35%;18~60岁4596人,占62.69%;60岁以上1243人,占16.96%。有畲、拉祜、苗、佤族等少数民族共2004人,占27.34%。其中,畲族1886人。人口自然增长率‰。辖区东西最大距离10.52千米,南北最大距离11.9千米,总面积76.75平方千米。人口密度为每平方千米86.5人。

自然条件　地势自西南向东北倾斜。主要山峰南部老鸦尖,海拔1211米,为境内最高峰,与大漈、东坑接壤;东部螺丝尖,海拔875米,与鹤溪街道接壤;西南部岚下尖海拔1105米、洪坛庵海拔1060米。诸山之水多数注大赤坑入小溪;西南部行者寮、白沙岱、梅枫等涧水汇入金兰坑;东部蒲垟水库,蓄水量57.7万立方米。地处中亚热带季风气候区:气候温和,光照充足,雨量充沛,四季分明,无霜期长,昼夜温差大。年平均气温17℃,最低平均气温5℃,最高气温38℃,年降雨量1600毫米。可供开发水利资源5200千瓦,现已建有大赤垟、垟溪、蒲垟、蒲垟二级、蒲垟三级、蒲垟四级、大洋、龙潭、蒲坑、漈头等水电站,总装机容量3850千瓦。炉西岭村钼矿已开采10余年。52省道贯穿乡境。

经济状况　耕地面积6123亩;山林面积89592亩。年产粮食3270吨,其中,水稻1974吨,薯类809吨,玉米70吨,豆类417吨。蔬菜种植面积5276亩,产量7520吨;茶叶种植面积12564亩,产量220.5吨。2014年,生猪饲养量13650头,牛488头,羊595只,家禽41520只,兔2860。畜禽肉类产量776吨，其中，猪肉产量696吨。森林蓄积量126535立方米，毛竹面积6985亩，森林覆盖率66.6%。水果种植面积2731亩，产量961.1吨，其中，瓜果954吨。2014年，农业总产值4472万元，工业总产值8700万元。

社会发展　各村民委员会通电、公路、程控电话、有线电视、自来水。有文化站1个；村文化中心8个；公共图书室7个，藏书5200册。有幼儿园1所；小学1所。医疗卫生机构3个。1986年7月，经丽水地区民政局批准原漈头乡为抗日战争时期革命老区乡；张后山、仙山、炉西岭3个村民委员会系革命老区村。2008年1月，封金山林业园区列为丽水市首批林业观光园区。

境内有封金山景区、蓝氏宗祠、夏雨径故居、天堂湖景区、坑头及蒲洋水库等旅游景点。天堂湖农业示范园区，是集休闲、观光、度假为一体的度假旅游区。有金丘、三石、张后山、漈头、东岱、米岩山、四格、东升等主要畲族村寨；其中封金山是畲族蓝姓迁入和定居浙江最早畲族村；四格村是畲族雷姓徙居景宁祖地。漈头村是金奖惠明茶重点基地。封金山为国家级摄影基地。

澄照乡村民委员会一览

表2-10

标准名称	村民小组	自然村		2014年		海拔（米）
		村数	标准名称	户数	人数	
三石	16	11	三石	343	597	385
			樟树垮	26	63	
			小余山	32	81	
			翁边	78	205	
			竹园下	18	31	
			高家	31	72	
			杨山	35	82	
			叶八弄	69	154	
			石灰炉	29	85	
			澄照	106	228	
			小翁边	21	53	
金丘	10	6	金丘	71	126	450
			水碓头	23	51	
			大畈	20	43	
			坑头	27	72	
			水尾	41	109	
			垟心	128	378	

续表 2-10

标准名称	村民小组	自然村		2014 年		海拔（米）
		村数	标准名称	户数	人数	
四格	5	1	四格	168	376	510
东畔	13	7	东畔	81	165	430
			滩树岭	5	16	
			黄山	46	134	
			叶缴	28	79	
			溪下	77	154	
			佃源	35	82	
			高山	19	45	
东升	9	5	溪下库	41	85	
			坦头岭	48	92	
			岩下	71	124	360
			底垟	22	38	
			双港	31	67	
米岩山	4	5	米岩山	49	133	500
			石瓦垄	23	81	
			上垟	1	6	
			下泥山	43	125	
			大园底	18	44	
漈头	7	2	漈头	108	252	495
			底垟	45	76	
张后山	4	2	后山	91	205	530
			张山	34	108	
仙山	7	5	东岸	91	259	740
			上寮	18	36	
			半山	59	136	
			后寮	3	5	
			黄坦坑	41	122	
炉西岭	3	3	后垄	57	144	860
			三丘	3	8	
			梅树塆	36	93	

续表 2-10

标准名称	村民小组	自然村		2014 年		海拔（米）
		村数	标准名称	户数	人数	
大东岱	7	3	大东岱	49	156	770
			小东岱	61	179	
			行者寮	28	91	
白沙岱	3	1	白沙岱	77	157	670
梅枫	4	1	梅枫	81	179	630
朱坑	3	1	朱坑	121	440	600
朱排	4	3	坦门	43	136	520
			外福岗	46	102	
			郑公隆	69	171	

村民委员会、居民点

三石 Sānshí 村民委员会 位于县城南部。辖三石、澄照、樟树塆、小余山、翁边、竹园下、高家、杨山、叶八弄、石灰炉、小翁边 11 个自然村。村民委员会驻三石村。以驻地村三石得名。有中心学校、农村信用社、卫生院、文化站、广播电视站。总面积 7.07 平方千米，海拔 385 米。16 个村民小组，788 户，1651 人，其中，畲族 285 人。耕地面积 755 亩；林地面积 7415 亩，产松、杉、杂木、毛竹。通电、公路、程控电话、有线电视、自来水。清属五都。1931 年，属第一区金丘乡。1950 年 7 月，属城区澄照乡。1956 年 3 月，为县直属澄照乡。1957 年 3 月，复属城区澄照乡。1958 年 9 月，属红星公社澄照管理区。1961 年 9 月，属红星区澄照公社。1962 年 6 月，划属云和县红星区澄照公社。1981 年 12 月，属景宁区澄照公社。1984 年 3 月，属景宁区澄照乡；12 月改属城郊区。1992 年 5 月，属澄照乡。2005 年，被评为全国民主法治示范村。

【三石】Sānshí　曾名石溪，位于县城南 6.5 千米。乡人民政府、村民委员会驻地。343 户，597 人，其中，畲族 47 人。昔日村前三块巨石，村以石名。村处马岭头隧洞北侧出口，交通便利，为惠明茶主要基地，2008 年，建滩坑移民安置点朝阳小区。通电、程控电话、有线电视、自来水。

【澄照】Chéngzhào　位于澄照乡政府南 0.9 千米。原乡人民政府驻地。106 户，228 人。村处大赤坑源旁，呈长方形。叶姓开基，原名叶源。1970 年，新安江电站移民安置点。通电、程控电话、有线电视、自来水、公路。

【樟树塆】Zhāngshùwān　位于澄照乡政府西北 1.1 千米。26 户，63 人，其中，畲族 61 人。村处山塆垄地，村中有古樟树，故名。

【小余山】Xiǎoyúshān　位于澄照乡政府西北 0.5 千米。32 户，81 人，其中，畲族 62 人。初为余姓先人徙此开基，故名。通公路。

【翁边】Wēngbiān　位于澄照乡政府东 1.2 千米。78 户，205 人。村建临水坑边，取水盛之意，初名洪边，后演变现名。通电、公路。

【竹园下】Zhúyuánxià　位于澄照乡政府西北0.6千米。18户，31人，其中，畲族15人。村处坳地之下，漫山皆竹林，故名。通电、自来水、公路。

【高冢】Gāozhǒng　位于澄照乡政府东0.8千米。31户，72人。通电、公路。

【杨山】Yángshān　位于澄照乡政府西0.3千米。35户，82人，其中，畲族47人。山间多杨梅树，故名。通电、自来水、公路。

【叶八弄】Yèbālòng　位于澄照乡政府南0.4千米。69户，154人。叶姓开基，村舍呈块状分布，多弄巷，故名。通电、自来水、公路。

【石灰炉】Shíhuīlú　位于澄照乡政府西北1.8千米。29户，85人，其中，畲族82人。村址昔日曾烧制石灰之地，故名。

【小翁边】Xiǎowēngbiān　位于澄照乡政府东0.5千米。21户，53人。村舍建在翁边村西南侧邻近，故名。通公路。

金丘 Jīnqiū 村民委员会　位于澄照乡政府东南部。辖金丘、水碓头、大畈、坑头、水尾、垟心6个自然村。县民族村。村民委员会驻金丘村。以驻地村金丘得名。总面积6.68平方千米，海拔450米。10个村民小组，310户，779人，其中，畲族341人。耕地面积795亩；林地面积4996亩，产松、杉、杂木、毛竹。通电、公路、程控电话、有线电视、自来水。清属五都。1931年，属第一区金丘乡。1950年7月，属城区澄照乡。1956年3月，为县直属澄照乡。1957年3月，复属城区澄照乡。1958年9月，属红星公社澄照管理区。1961年9月，属红星区澄照公社。1962年6月，划属云和县红星区澄照公社。1981年12月，属景宁区澄照公社。1984年3月，属景宁区澄照乡；12月改属城郊区。1992年5月，属澄照乡。

【金丘】Jīnqiū　位于澄照乡政府东南1.8千米。村民委员会驻地。71户，126人，畲族。建村大赤坑源头两岸，传蓝姓先祖天祥公开基时，在一丘田掘到黄金，故名金丘。通电、程控电话、有线电视、自来水、公路。

【水碓头】Shuǐduìtóu　位于澄照乡政府东南1.2千米。23户，51人。村处大赤坑源头，村舍为块状分布。早称漈上垟，后在村头建水碓，故名水碓头。新辟封金山旅游景点。通电、自来水、公路。

【大畈】Dàfàn　位于澄照乡政府东南2.9千米。20户，43人，畲族。同治年间建村，处地田垟连畈，故名。通电、程控电话、有线电视、自来水、公路。

【坑头】Kēngtóu　位于澄照乡政府东2千米。27户，72人，畲族。村处螺丝尖南麓，在大赤坑源头，故名。通电、公路。

【水尾】Shuǐwěi　位于澄照乡政府东1.1千米。41户，109人。通电、程控电话、有线电视、自来水、公路。

【垟心】Yángxīn　位于澄照乡政府东南1.3千米。128户，378人，其中，畲族101人。通电、程控电话、有线电视、自来水、公路。

四格 Sìgé 村民委员会　位于澄照乡政府东南部。辖四格1个自然村。县民族村。村民委员会驻四格村。以驻地村四格得名。总面积 2.3 平方千米，海拔 510 米。5 个村民小组，128 户，378 人，其中，畲族 134 人。耕地面积 254 亩；林地面积 2250 亩。通电、公路、程控电话、有线电视、自来水。清属五都。1931 年，属第一区澄照乡。1950 年 7 月，属城区澄照乡。1956 年 3 月，为县直属澄照乡。1957 年 3 月，复属城区澄照乡。1958 年 9 月，属红星公社澄照管理区。1961 年 9 月，属红星区澄照公社。1962 年 6 月，划属云和县红星区澄照公社。1981 年 12 月，属景宁区澄照公社。1984 年 3 月，属景宁区澄照乡；12 月改属城郊区。1992 年 5 月，属澄照乡。

【四格】Sìgé　位于澄照乡政府东南 1.9 千米。村民委员会驻地。128 户，378 人，其中，畲族 134 人。村处米岩山北坡凹地，昔日村旁一丘大田，分为四格，故名。通电、程控电话、有线电视、自来水、公路。

东畔 Dōngpàn 村民委员会　位于澄照乡政府西南部。辖东畔、滩树岭、黄山、叶缴、溪下、佃源、高山 7 个自然村。村民委员会驻东畔村。以驻地村东畔得名。总面积 7.55 平方千米，海拔 430 米。13 个村民小组，291 户，675 人，其中，畲族 232 人。耕地面积 656 亩；林地面积 8831 亩，产松、杉、杂木、毛竹。通电、公路、程控电话、有线电视、自来水。清属五都。1931 年，属第一区澄照乡。1950 年 7 月，属城区澄照乡。1956 年 3 月，为县直属澄照乡。1957 年 3 月，复属城区澄照乡。1958 年 9 月，属红星公社澄照管理区。1961 年 9 月，属红星区澄照公社。1962 年 6 月，划属云和县红星区澄照公社。1981 年 12 月，属景宁区澄照公社。1984 年 3 月，属景宁区澄照乡；12 月改属城郊区。1992 年 5 月，属澄照乡。

【东畔】Dōngpàn　位于澄照乡政府西南 2.6 千米。村民委员会驻地。81 户，165 人，畲族。村建田畈东部，故名。通电、程控电话、有线电视、自来水、公路。

【滩树岭】Tānshùlǐng　位于澄照乡政府西北 2.1 千米。5 户，16 人，畲族。村下为溪滩，滩边一株古树，石级岭连接本村，故名。

【黄山】Huángshān　位于澄照乡政府西 2.5 千米。46 户，134 人。夏姓开基，初名夏山。方言“夏”与“黄”音近，演变成今名。

【叶缴】Yèjiǎo　位于澄照乡政府西南 2 千米。28 户，79 人。叶姓开基，取前程明亮意，演变为今名。通电、公路。

【溪下】Xīxià　位于澄照乡政府西南 2.9 千米。77 户，154 人。处黄山村下大赤坑北岸，故名。通电、公路。

【佃源】Diànyuán　位于澄照乡政府南 3 千米。35 户，82 人，畲族。昔名甸源，因村民多为佃户，遂改名佃源。建国后一直沿用。通电、自来水、公路。

【高山】Gāoshān　位于澄照乡政府西南 2.1 千米。19 户，45 人，其中，畲族 2 人。以处地高峻山岗之上，故名。

东升 Dōngshēng 村民委员会　位于澄照乡政府西南部。辖大赤垟、溪下库、坦头岭、岩下、底垟、双港 6 个自然村。村民委员会驻岩下村。原名为坦垟，取坦头岭，大赤垟两村名各一字组合而成。农业合作化初期改称“东升”农业社，寓意“旭日东升”，村名沿用。总面积 6.15 平方千米，海拔 360 米。9 个村民小组，213 户，406 人，其中，畲族 93 人。耕地面积 459 亩；林地面积 6253 亩，产松、杉、杂木、毛竹。通电、公路、程控电话、有线电视、自来水。清属六都。1931年，属第一区澄照乡。1950年7月，属城区澄照乡。1956年3月，为县直属澄照乡。1957年3月，复属城区澄照乡。1958年9月，属红星公社澄照管理区。1961年9月，属红星区澄照公社。1962年6月，划属云和县红星区澄照公社。1981年12月，属景宁区澄照公社。1984年3月，属景宁区澄照乡；12月改属城郊区。1992年5月，属澄照乡。

【岩下】Yánxià　位于澄照乡政府南4千米。村民委员会驻地。71户，124人。村处岩下尖西麓，故名。通电、程控电话、有线电视、自来水、公路。

【溪下库】Xīxiàkù　位于澄照乡政府西南4.1千米。41户，85人，其中，畲族81人。与溪下村一溪之隔，地处山水回转之塆窟，俗称库，故名。通电、程控电话、有线电视、自来水、公路。

【坦头岭】Tǎntóulǐng　位于澄照乡政府西南3.9千米。48户，92人。坦头岭即石筑岭，建村岭旁，故名。通电、自来水、公路。

【底垟】Dǐyáng　位于澄照乡政府西南4千米。22户，38人。通电、自来水、公路。

【双港】Shuānggǎng　位于澄照乡政府西南4.4千米。31户，67人，其中，畲族8人。村建山后坑与大赤坑两水汇合处，故名。通电、自来水、公路。

米岩山　Mǐyánshān　村民委员会　位于澄照乡政府南部。辖米岩山、石瓦垄、上垟、下泥山、大园底5个自然村。村民委员会驻米岩山村。以驻地村米岩山得名。总面积4.77平方千米，海拔500米。4个村民小组，134户，389人，其中，畲族315人。耕地面积410亩；林地面积4603亩。通电、公路、程控电话、有线电视、自来水。清属六都。1931年，属第一区漈头乡。1950年7月，属城区澄照乡。1951年2月，属城区漈头乡。1952年10月，属大漈区漈头乡。1956年3月，为县直属澄照乡。1957年3月，复属城区澄照乡。1958年9月，属红星公社漈头管理区。1961年9月，属红星区澄照公社。1962年6月，划属云和县红星区澄照公社。1981年12月，属景宁区澄照公社。1984年3月，属景宁区漈头畲族乡；12月改属城郊区。1986年11月，属城郊区漈头乡。1992年5月，撤销漈头乡属澄照乡。

【米岩山】Mǐyánshān　又名大畈垟。位于澄照乡政府南4.7千米。村民委员会驻地。49户，133人，畲族。村处米岩尖山下，以山得名。传山腰岩壁有大、小两岩洞，可救济困贫。有祈求者日得大洞赐米半斤，小洞赐酒四两。一贪者凿扩其洞，米酒遂源断，其洞犹存，故名。景宁至泰顺公路过境。通电、程控电话、有线电视、自来水。

【石瓦垄】Shíwǎlǒng　位于澄照乡政府南4.6千米。23户，81人，畲族。建村时处地有许多石片，可作屋瓦遮雨之用，故名。通电、程控电话、有线电视、自来水、公路。

【上垟】Shàngyáng　位于澄照乡政府南4.8千米。1户，6人，畲族。处地稍高于底垟村，故名。通电、自来水、公路。

【下泥山】Xiàníshān　位于澄照乡政府南5.3千米。43户，125人，畲族。地处上泥山村之下，故名。通电、自来水、公路。

【大园底】Dàyuándǐ　位于澄照乡政府南5.4千米。18户，44人，畲族。通电、程控电话、有线电视、自来水、公路。

漈头 Jìtóu 村民委员会 位于澄照乡政府东南部。辖漈头、底垟2个自然村。村民委员会驻漈头村。以驻地村漈头得名。总面积2.96平方千米,海拔495米。7个村民小组,153户,328人,其中,畲族12人。耕地面积265亩;林地面积4689亩,产松、杉、杂木、毛竹。通电、公路、程控电话、有线电视、自来水。清属六都。1931年,属第一区漈头乡。1950年7月,属城区澄照乡。1951年2月,属城区漈头乡。1952年10月,属大漈区漈头乡。1956年3月,为县直属澄照乡。1957年3月,复属城区澄照乡。1958年9月,属红星公社漈头管理区。1961年9月,属红星区澄照公社。1962年6月,划属云和县红星区澄照公社。1981年12月,属景宁区澄照公社。1984年3月,属景宁区漈头畲族乡;12月改属城郊区。1986年11月,属城郊区漈头乡。1992年5月,撤销漈头乡属澄照乡。

【漈头】Jìtóu 位于澄照乡政府东南5.6千米。原漈头乡政府驻地,村民委员会驻地。108户,252人,其中,畲族9人。大赤坑流经村境,村舍布列沿坑两岸。据传古代逢山洪暴涨,行人缘攀一株黄金花藤到对岸,曾名黄金坑。村口一瀑布,村处漈上,故名。建漈头中心敬老院。通电、程控电话、有线电视、自来水、公路。

【底垟】Dǐyáng 又名张山底垟。位于澄照乡政府东南6.1千米。45户,76人。村建大赤坑源头,处上垟村深处,故名。通电、自来水、公路。

张后山 Zhānghòushān 村民委员会 位于澄照乡政府东南部。辖个后山、张山2个自然村。县民族村。村民委员会驻后山村。分别取张山、后山两村名首字与"山"组合而得名。总面积8.12平方千米,海拔530米。4个村民小组,125户,313人,其中,畲族282人。耕地面积257亩;林地面积8675亩,产松、杉、杂木、毛竹。通电、公路、程控电话、有线电视、自来水。清属六都。1931年,属第一区漈头乡。1950年7月,属城区澄照乡。1951年2月,属城区漈头乡。1952年10月,属大漈区漈头乡。1956年3月,为县直属澄照乡。1957年3月,复属城区澄照乡。1958年9月,属红星公社漈头管理区。1961年9月,属红星区澄照公社。1962年6月,划属云和县红星区澄照公社。1981年12月,属景宁区澄照公社。1984年3月,属景宁区漈头畲族乡;12月改属城郊区。1986年11月,属城郊区漈头乡。1992年5月,撤销漈头乡属澄照乡。经县人民政府批准为抗日战争时期革命老区村。

【后山】Hòushān 位于澄照乡政府东南5.8千米。村民委员会驻地。91户,205人,畲族。处于漈头村后,仅一山之隔,故名。通电、程控电话、有线电视、自来水、公路。

【张山】Zhāngshān 位于澄照乡政府东南6.7千米。34户,108人,畲族。张姓开基,建村底垟村山外,故名。通电、程控电话、有线电视、自来水、公路。

仙山 Xiānshān 村民委员会 位于澄照乡政府东南部。辖东岸、上寮、半山、后寮、黄坦坑5个自然村。村民委员会驻东岸村。以驻地村又名仙山得名。总面积8.34平方千米,海拔740米。7个村民小组,212户,558人,其中,畲族10人。耕地面积545亩;林地面积8396亩,产松、杉、杂木、毛竹。通电、公路、程控电话、有线电视、自来水。清属六都。1931年,属第一区漈头乡。1950年7月,属城区澄照乡。1951年2月,属城区漈头乡。1952年10月,属大漈区漈头乡。1956年3月,为县直属澄照乡。1957年3月,复属城区澄照乡。1958年9月,属红星公社漈头管理区。1961年9月,属红星区澄照公社。1962 年 6 月划属云和县红星区澄照公社。1981 年 12 月，属景宁区澄照公社。1984 年 3 月，属景宁区漈头畲族乡；12 月改属城郊区。1986 年 11 月，属城郊区漈头乡。1992 年 5 月，撤销漈头乡属澄照乡。经县人民政府批准为抗日战争时期革命老区村。

【东岸】Dōngàn　又名仙山。位于澄照乡政府东南 8.2 千米。村民委员会驻地。91 户，259 人。村建大赤坑源头两岸，地呈长方形。初建于东侧，故名。1994 年 8 月 21 日，遭遇 17 号台风袭击，暴发泥石流毁房 7 座，死亡 10 人，伤 8 人。通电、程控电话、有线电视、自来水、公路。

【上寮】Shàngliáo　位于澄照乡政府东南 7.3 千米。18 户，36 人。村处水竹尖西麓，大赤坑源头。先祖在此搭寮建村，故名。

【半山】Bànshān　位于澄照乡政府东南 7.7 千米。59 户，136 人。村处水竹尖东麓，故名。通电、自来水、公路。

【后寮】Hòuliáo　位于澄照乡政府东南 7.8 千米。3 户，5 人。在半山村山岗后面搭寮建村，故名。

【黄坦坑】Huángtǎnkēng　位于澄照乡政府南 8 千米。41 户，122 人，其中，畲族 8 人。村处大赤坑支流源头。黄姓开基，村傍多岩石，故名。民国二十年(1931)属第五区大漈乡。

炉西岭　Lúxīlǐng　村民委员会　位于澄照乡政府东南部。辖后垄、三丘、梅树塆 3 个自然村。村民委员会驻后垄村。以地处澄照至东坑古道炉西岭周边而得名。总面积 4.95 平方千米，海拔 860 米。3 个村民小组，96 户，245 人。耕地面积 259 亩；林地面积 2578 亩，产松、杉、杂木、毛竹。通电、公路、程控电话、有线电视、自来水。清属六都。1931 年，属第一区漈头乡。1950 年 7 月，属城区澄照乡。1951 年 2 月，属城区漈头乡。1952 年 10 月，属大漈区漈头乡。1956 年 3 月，为县直属澄照乡。1957 年 3 月，复属城区澄照乡。1958 年 9 月，属红星公社漈头管理区。1961 年 9 月，属红星区澄照公社。1962 年 6 月，划属云和县红星区澄照公社。1981 年 12 月，属景宁区澄照公社。1984 年 3 月，属景宁区漈头畲族乡；12 月改属城郊区。1986 年 11 月，属城郊区漈头乡。1992 年 5 月，撤销漈头乡属澄照乡。经县人民政府批准为抗日战争时期革命老区村。

【后垄】Hòulǒng　位于澄照乡政府东南 8.8 千米。村民委员会驻地。57 户，144 人。村处老鸦尖北麓山垄地，故名通电、程控电话、有线电视、自来水、公路。

【梅树塆】Méishùwān　位于澄照乡政府东南 8.9 千米。36 户，93 人。村建山塆，昔日多梅树，故名。漈头至叶源垟古道炉西岭经过此地。村后岭头建大路岙亭。通电、自来水、公路。

【三丘】Sānqiū　位于澄照乡政府东南 9 千米。3 户，8 人。处梅树塆村北侧 0.2 千米山岗上。建村之初，屋旁有三丘大田，以田得名。

大东岱　Dàdōngdài　村民委员会　位于澄照乡政府西南部。辖大东岱、小东岱、行者寮 3 个自然村。村民委员会驻大东岱村。以驻地村大东岱得名。总面积 8.25 平方千米，海拔 770 米。7 个村民小组，138 户，426 人，其中，畲族 135 人。耕地面积 465 亩；林地面积 7533 亩，产松、杉、杂木、毛竹。通电、公路、程控电话、有线电视、自来水。清属五都。民国二十年(1931)属第五区大漈乡。1950 年 7 月，属城区澄照乡。1952 年 10 月，属大漈区东岱乡。1956 年 3 月，为县直属澄照乡。1957 年 3 月，复属城区澄照乡。1958 年 9 月，属红星公社澄照管理区。1961 年 9 月，属红星区澄照公社。1962

年 6 月，划属云和县红星区澄照公社。1981 年 12 月，属景宁区澄照公社。1984 年 3 月，属景宁区澄照乡；12 月改属城郊区。1992 年 5 月，属澄照乡。

【大东岱】Dàdōngdài 位于澄照乡政府西南 7 千米。村民委员会驻地。49 户，156 人。村处洪坛庵东侧山坳，原名东岱。因重名，1981 年更名大东岱。通电、程控电话、有线电视、自来水、公路。

【小东岱】Xiǎodōngdài 位于澄照乡政府西南 6.5 千米。61 户，179 人，其中，畲族 127 人。与大东岱村邻近，且地貌相似，故名。

【行者寮】Xíngzhěliáo 位于澄照乡政府西南 8.7 千米。28 户，91 人。村处石佛岭北侧，岭巅有石状如佛陀，县城至大漈古道过村境，昔为行人留宿之地，故名。通电、自来水、公路。

白沙岱 Báishādài 村民委员会 位于澄照乡政府西南部。辖白沙岱 1 个自然村。村民委员会驻白沙岱村。以驻地村白沙岱得名。总面积 1.9 平方千米，海拔 670 米。3 个村民小组，77 户，157 人。耕地面积 155 亩；林地面积 2245 亩。通电、公路、程控电话、有线电视、自来水。清属五都。1931 年，属第一区澄照乡。1950 年 7 月，属城区澄照乡。1952 年 10 月，属大漈区东岱乡。1956 年 3 月，为县直属澄照乡。1957 年 3 月，复属城区澄照乡。1958 年 9 月，属红星公社澄照管理区。1961 年 9 月，属红星区澄照公社。1962 年 6 月，划属云和县红星区澄照公社。1981 年 12 月，属景宁区澄照公社。1984 年 3 月，属景宁区澄照乡；12 月改属城郊区。1989 年 12 月，梅枫村民委员会析置白沙岱村民委员会。1992 年 5 月，属澄照乡。

【白沙岱】Báishādài 位于澄照乡政府西南 9.6 千米。村民委员会驻地。77 户，157 人。村处山岱，此山泥多含石英砂，故名。通电、程控电话、有线电视、自来水、公路。

梅枫 Méifēng 村民委员会 位于澄照乡政府西南部。辖梅枫 1 个自然村。村民委员会驻梅枫村。以驻地村梅枫得名。总面积 4.71 平方千米，海拔 630 米。4 个村民小组，81 户，179 人，其中，畲族 8 人。耕地面积 220 亩；林地面积 6695 亩，产松、杉、杂木、毛竹。通电、公路、程控电话、有线电视、自来水。清属六都。1931 年，属第一区澄照乡。1950 年 7 月，属城区澄照乡。1952 年 10 月，属大漈区东岱乡。1956 年 3 月，为县直属澄照乡。1957 年 3 月，复属城区澄照乡。1958 年 9 月，属红星公社澄照管理区。1961 年 9 月，属红星区澄照公社。1962 年 6 月，划属云和县红星区澄照公社。1981 年 12 月，属景宁区澄照公社。1984 年 3 月，属景宁区澄照乡；12 月改属城郊区。1989 年 12 月，析置白沙岱村民委员会。1992 年 5 月，属澄照乡。

【梅枫】Méifēng 位于澄照乡政府西南 8.5 千米。村民委员会驻地。81 户，179 人。其中，畲族 8 人。处金兰坑源头，为大漈、梧桐、澄照三乡界地，交通不便，旧称毛坑。后梅姓迁入定居，改称梅坑。因重名，1981 年更名梅枫。通电、程控电话、有线电视、自来水、公路。

朱坑 Zhūkēng 村民委员会 位于澄照乡政府西南部。辖朱坑 1 个自然村。村民委员会驻朱坑村。以驻地村朱坑得名。总面积 6.75 平方千米，海拔 600 米。3 个村民小组，121 户，440 人，其中，畲族 5 人。耕地面积 312 亩；林地面积 8447 亩，产松、杉、杂木、毛竹。通电、公路、程控电话、有线电视、自来水。清属六都。1931 年，属第一区朱坑乡。1950 年 7 月，属城区澄照乡。1951 年 2 月，属城区朱坑乡。1952 年 10 月，改属沙溪区朱坑乡。1956 年 3 月，为县直属澄照乡。1957 年 3 月，复属城区澄照乡。1958 年 9 月，属红星公社澄照管理区。1961 年 9 月，属红星区澄照公社。1962 年 6 月，划属云和县红星区澄照公社。1981 年 12 月，属景宁区澄照公社。1984 年 3 月，属景宁区澄照乡；12 月改属城郊区。1992 年 5 月，属澄照乡。

【朱坑】Zhūkēng　位于澄照乡政府西南 7.1 千米。村民委员会驻地，原朱坑乡人民政府驻地。121 户，440 人，其中，畲族 5 人。村舍分布大赤坑支流源头两岸。据传朱元璋举兵起义，朝廷欲灭之，有朱氏三兄弟为避难徙此建村，得名。通电、程控电话、有线电视、自来水、公路。

朱排 Zhūpái 村民委员会　位于澄照西南部。辖坦门、外福岗、郑公隆 3 个自然村。村民委员会驻坦门村。以片村朱排得名。总面积 4.4 平方千米，海拔 520 米。4 个村民小组，158 户，409 人，其中，畲族 34 人。耕地面积 316 亩；林地面积 5986 亩，产松、杉、杂木、毛竹。通电、公路、程控电话、有线电视、自来水。清属六都。1931 年，属第一区朱坑乡。1950 年 7 月，属城区澄照乡。1951 年 2 月，属城区朱坑乡。1952 年 10 月，划属沙溪区朱坑乡。1956 年 3 月，为县直属澄照乡。1957 年 3 月，复属城区澄照乡。1958 年 9 月，属红星公社澄照管理区。1961 年 9 月，属红星区澄照公社。1962 年 6 月，划属云和县红星区澄照公社。1981 年 12 月，属景宁区澄照公社。1984 年 3 月，属景宁区澄照乡；12 月改属城郊区。1992 年 5 月，属澄照乡。

【朱排】Zhūpái　片村。朱坑至大赤垟要经过山腰一条平坦的横路，方言称之为排路，村建路边，故名朱排。

【坦门】Tǎnmén　位于澄照乡政府西南 4.8 千米。村民委员会驻地。43 户，136 人，其中，畲族 9 人。又名底窟。村旁有大岩石，地势险要，故名。通电、程控电话、有线电视、自来水、公路。

【外福岗】Wàifúgǎng　位于澄照乡政府西南 4.5 千米。46 户，102 人，其中，畲族 21 人。又名外窟。昔日朱坑排村被洪水淹没，后迁此建村，为祈吉祥，故名外福岗。通电、自来水、公路。

【郑公隆】Zhènggōnglóng　位于澄照乡政府西南 5.6 千米。69 户，171 人。郑姓开基，建村山垄，原名郑公垄，隆和砻同音而名。

梅岐乡

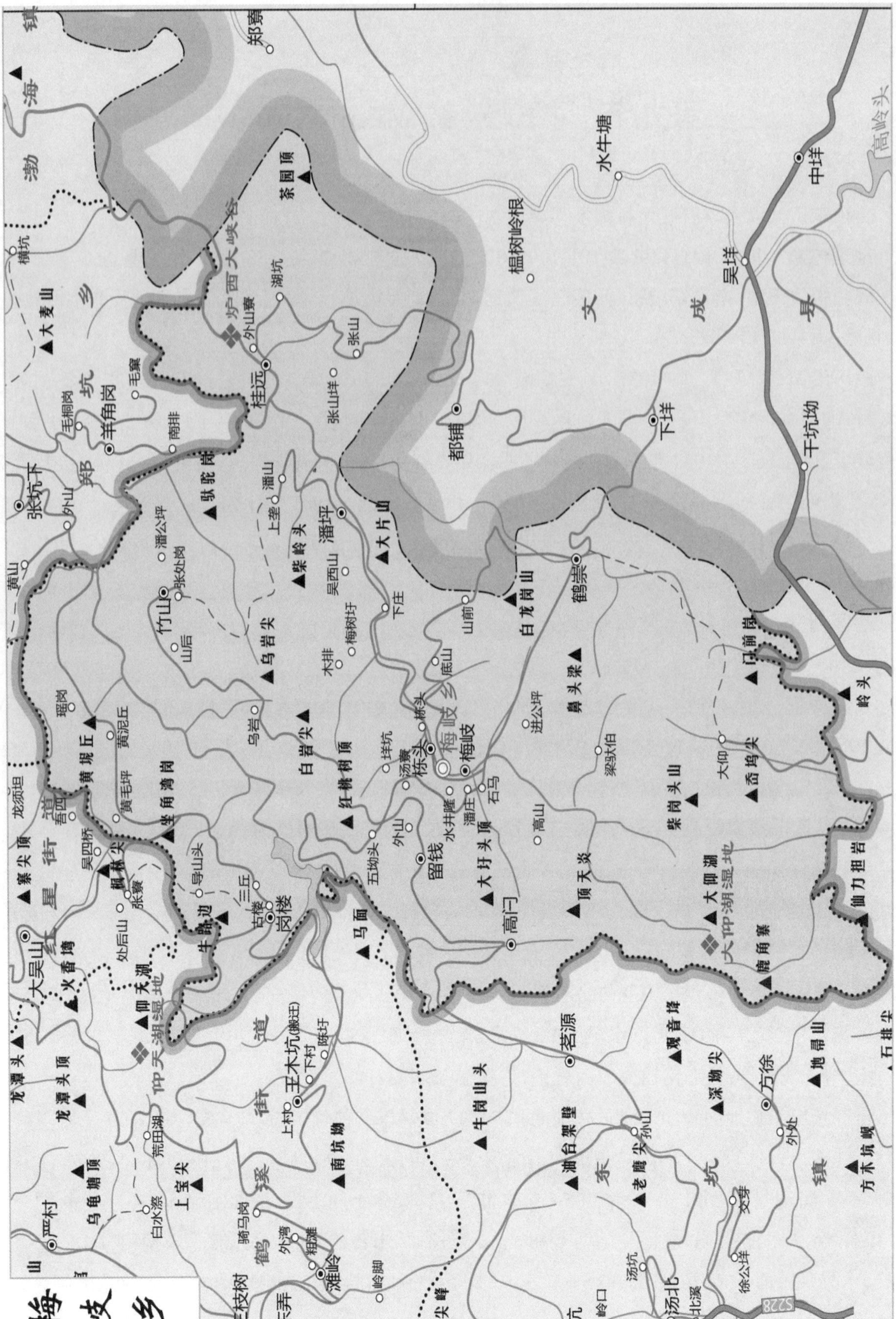

梅岐乡
梅岐
栋头
留钱
高门
潘坪
竹山
桂远
张坑下
羊角岗
王木坑
滩岭
若源
方徐
汤北
北溪
鹤崇
都铺
下垟
中垟
吴垟
水牛塘
干坑坳
文
成
县
炉西大峡谷
大吴山
仰天湖湿地
大仰湖湿地
大片山
白岩尖
红桃树顶
黄泥丘
乌岩尖
驼驼岗
茶园顶
大麦山
白龙岗山
鼻头梁
柴岗头山
大仰湖
仙力担岩
鹿角寨
顶天岩
马面
大圩头顶
牛岗山头
南坑坳
上宝尖
乌龟塘顶
龙潭头顶
火香湾
寨尖顶
枫林尖
牛头岗
观音垟
深坳尖
地帚山
方木坑岘
老鹰尖
油台架壁
星
街
道
鹤
溪
东
坑
镇
渤
海
乡
S228

第九节 梅岐乡(Méiqí Xiāng)

名称来历 以乡政府驻地村梅岐得名。

地理位置 位于东经119°43′10″~119°50′55″,北纬27°50′42″~27°58′38″。地处县城东南部,东邻文成县铜岭山镇,南靠东坑镇,西接鹤溪街道,北邻红星街道、渤海镇、郑坑乡。乡人民政府驻梅岐村50号,距县城40千米。

政区沿革 清属六都。1931年,置梅岐乡,属第一区。1950年7月,改称梅溪乡,属城区。1951年2月,梅溪乡析置竹山乡,划属东坑区。1952年10月,属东坑区。1956年4月,梅溪、竹山2乡复置梅岐乡,属东坑区。1957年3月,划归城区。1958年9月,设梅岐管理区,属红星公社。1961年9月,改建梅岐公社,属红星区。1962年6月,属云和县红星区。1981年12月,属景宁区。1984年3月,复设梅岐乡;12月改属城郊区。1991年3月,析留钱村民委员会置高门村民委员会。1992年5月,行政区划调整仍称梅岐乡。

政区划分 2014年末,辖梅岐、竹山、栋头、岗楼、高门、潘坪、留钱、鹤崇、桂远9个村民委员会;下设49个村民小组。

人口面积 2014年末,辖区总户数1390户,总人口4301人。其中,男性2338人,占54.36%;女性1963人,占45.64%;18岁以下974人,占22.65%;18~60岁2585人,占60.10%;60岁以上742人,占17.25%。有畲、拉祜、苗族等少数民族共64人。人口自然增长率7.46‰。辖区东西最大距离12.41千米,南北最大距离14.68千米,总面积75平方千米。人口密度为每平方千米49.6人。

自然条件 地势自西南向东北倾斜,为县内边远山区。1000米以上山峰40余座,最高峰顶天岘海拔1435米,鼻头梁、白龙岗、石马尖等山峰均为险峰。东部白水漈头、老昌岗头为景宁、文成分水。主要山口梅岐岭(绿桐隘)为景宁、文成两县交通要道。梅岐坑集龙潭坑、鹤崇、半坑诸水经炉西峡汇入千峡湖。境内气候属中亚热带季风气候类型,四季分明,雨量充沛,年平均气温15.6℃,最高气温38℃;最低气温-10℃,年降水量1880毫米,年无霜期235天。公路县内通王木坑、三枝树及茗源、北溪与干线联接;往东南通文成西坑镇,连接温州瑞安。

经济状况 耕地面积2632亩;林地面积72537亩。年产粮食1550吨,其中,水稻962吨,薯类380吨,玉米33吨,豆类175吨。蔬菜种植面积3530亩,产量5200吨;吊瓜种植面积1497亩,产量267吨。生猪饲养量2051头,牛量205头,羊2726只,家禽16901只,兔5810只。累计造林2.1万亩,其中,经济林3580亩,农民住宅四旁树木12万株,林木覆盖率76.5%,活立木蓄积量18.3万立方米。水果种植面积29亩,产量17.5吨,其中,梨子13.9吨,桃子1.5吨。2014年,农业总产值2303万元,工业总产值550万元。

社会发展 各村民委员会通电、公路、程控电话、有线电视、自来水。有文化站1个，公共图书馆1个，幼儿园1所，医疗卫生机构1个。经丽水地区民政局批准为第二次国内革命战争时期革命老区乡；梅岐、竹山、桂远、栋头、岗楼、潘坪、留钱、鹤崇为革命老区村。1936年3月，中国工农红军挺进师在境内发展党员，在桂远村建立第一个中共地下党支部。1995年11月，绿桐至梅岐公路通车。

境内有炉西峡景区，有梅岐会龙桥、梅岐观音桥、石闩桥等廊桥景点，有县城居民饮用水源头的龙潭桥水库。桂远村建有景宁·中共第一党支部党史陈列馆。

梅岐乡村民委员会一览

表2-11

标准名称	村民小组	自然村		2014年		海拔（米）
		村数	标准名称	户数	人数	
梅岐	7	6	梅岐	152	429	670
			水井隆	27	85	
			塘亭	8	31	
			潘庄	19	66	
			进公坪	25	74	
			隔坑	10	28	
栋头	7	8	五坳头	35	84	
			汤寮	21	59	
			垟坑	10	33	
			善寮	9	30	
			栋头	47	111	660
			梅树圩	33	95	
			下庄	34	86	
			水翁头	2	6	
潘坪	5	3	横坪	79	219	520
			潘山	68	194	
			吴西山	12	35	
桂远	5	3	桂远	46	128	240
			湖坑	16	90	
			张山	59	171	

续表 2-11

标准名称	村民小组	自然村		2014 年		海拔（米）
		村数	标准名称	户数	人数	
竹山	7	4	竹山	95	339	840
			山后	57	163	
			乌岩	16	45	
			张处岗	17	64	
岗楼	5	4	古楼	67	223	900
			黄泥丘	21	122	
			黄毛坪	10	35	
			瑶岗	14	56	
留钱	4	3	李山头	71	203	880
			外山	19	58	
			太山顶	5	11	
高门	4	2	石门	52	187	920
			高山	56	208	
鹤崇	5	3	鹤崇	124	351	830
			山前	21	68	
			底山	33	114	

村民委员会、居民点

梅岐 Méiqí 村民委员会 位于县城东南 40 千米。辖梅岐、水井隆、塘亭、潘庄、进公坪、隔坑 6 个自然村。村民委员会驻梅岐村。以驻地村梅岐得名。总面积 7.42 平方千米，海拔 670 米，分布在梅岐坑两岸，点状聚落。地处炉西峡源头。有卫生院、文化站、广播电视站等。7 个村民小组，241 户，713 人，其中，畲族 3 人。耕地面积 503 亩；林业用地 5585 亩。通电、公路、程控电话、有线电视、自来水。清属六都。民国属第一区梅岐乡。1950 年 7 月，属城区梅溪乡。1951 年 2 月，改属东坑区梅溪乡。1956 年 4 月，改属东坑区梅岐乡。1957 年 3 月，复属城区梅岐乡。1958 年 9 月，属红星公社梅岐管理区。1961 年 9 月，属红星区梅岐公社。1981 年 12 月，属景宁区梅岐公社。1984 年 12 月，属城郊区梅岐乡。1992 年 5 月，属梅岐乡。经县人民政府批准为第二次国内革命战争时期革命老区村。市级绿化示范村。

【梅岐】Méiqí 位于县城东南 40 千米。村民委员会驻地。152 户，429 人，其中，畲族 2 人。乡人民政府、村民委员会驻地。明代万历年间，张、李两姓徙此溪坑东岸建村。昔日两岸边梅树遍地，水称梅溪，村因水名。方言“溪”“岐”谐音，演变为梅岐。通电、程控电话、有线电视、自来水、公路。

【隔坑】Gékēng 位于梅岐乡政府东南 0.5 千米。10 户，28 人。通电、程控电话、有线电视、自来水、公路。

【水井隆】Shuǐjǐnglóng 位于梅岐乡政府西北 0.4 千米。27 户，85 人。张姓开基时，于屋后石砻间打井，故名水井砻，以同音演变村名。通电、自来水、公路。

【塘亭】Tángtíng 位于梅岐乡政府西 0.2 千米。与水井隆为邻。8 户，31 人。处梅岐岭中，昔建有茶堂，又称茶亭，兼取堂、亭为村名。以同音演变现村名。通电、自来水、公路。

【潘庄】Pānzhuāng 位于梅岐乡政府西南 0.3 千米，与塘亭相邻。19 户，66 人。潘姓开基，以姓得名。通电、公路。

【进公坪】Jìngōngpíng 位于梅岐乡政府东南 1.3 千米。25 户，74 人。陈姓先祖在山坪建村，旧称陈公坪。方言陈、进谐音，演变为进公坪。

栋头 Dòngtóu 村民委员会 位于梅岐乡政府北部。辖栋头、五坳头、汤寮、垟坑、善寮、梅树圩、下庄、水翁头 8 个自然村。村民委员会驻栋头村。以驻地村栋头得名。总面积 7.4 平方千米，海拔 660 米，分布在梅岐坑北岸，点状聚落。7 个村民小组，191 户，504 人。耕地面积 418 亩，主产水稻；林业用地 9856 亩，产松、杉、毛竹。通电、公路、程控电话、有线电视、自来水。清属六都。民国属第一区梅岐乡。1950 年 7 月，属城区梅溪乡。1951 年 2 月，改属东坑区梅溪乡。1956 年 4 月，改属东坑区梅岐乡。1957 年 3 月，复属城区梅岐乡。1958 年 9 月，属红星公社梅岐管理区。1961 年 9 月，属红星区梅岐公社。1981 年 12 月，属景宁区梅岐公社。1984 年 12 月，属城郊区梅岐乡。1992 年 5 月，属梅岐乡。经县人民政府批准为第二次国内革命战争时期革命老区村。

【栋头】Dòngtóu 位于梅岐乡政府北 0.5 千米。村民委员会驻地。47 户，111 人。先民沿梅岐坑北岸筑防洪堤 300 多米，方言称水栋，建村在栋头，故名。通电、程控电话、有线电视、自来水、公路。

【五坳头】Wǔàotóu 位于梅岐乡政府西北 1.8 千米。35 户，84 人。先民自文成县徙此，连过石门等五个山坳，之后在五个山坳南端坳头建村，故名。三枝树至梅岐公路经此地。通电、有线电视、自来水。

【汤寮】Tāngliáo 位于梅岐乡政府西北 0.5 千米。21 户，59 人。汤姓开基，搭建草寮，故名。通电、公路。

【垟坑】Yángkēng 位于梅岐乡政府北 1 千米。10 户，33 人。村边田垟，村前小坑，故名。西邻汤寮村。

【善寮】Shànliáo 位于梅岐乡政府北 0.5 千米。9 户，30 人。通公路。

【梅树圩】Méishùxū 位于梅岐乡政府东北 2.5 千米。33 户，95 人。处梅岐坑北岸圩地，昔日多梅树，故名。通机耕路。

【下庄】Xiàzhuāng 位于梅岐乡政府东北 2.5 千米。34 户，86 人。村处梅岐坑北岸，水口两石对峙，形似双鹤昂立，昔名鹤川，又名鹤庄，因地处栋头村下游，方言鹤、下音近，故称今名。炉西峡自此进入峡谷风景地带。通公路。

【水翁头】Shuǐwēngtóu 位于梅岐乡政府东北 0.6 千米。2 户，6 人。村处梅岐坑西侧。通电、自来水、公路。

鹤崇 Hèchóng 村民委员会 位于梅岐乡政府东南部。辖鹤崇、山前、底山 3 个自然村。革命老区村。村委会驻鹤崇村。以驻地鹤崇村得名。总面积7平方千米，海拔830米。5个村民小组，178户，533人。耕地面积285亩，林地面积8197亩。通电、公路、程控电话、有线电视、自来水。清属六都。民国属第一区梅岐乡。1950年7月，属城区梅溪乡。1951年2月，改属东坑区梅溪乡。1956年4月，改属东坑区梅岐乡。1957年3月，复属城区梅岐乡。1958年9月，属红星公社梅岐管理区。1961年9月，属红星区梅岐公社。1981年12月，属景宁区梅岐公社。1984年12月，属城郊区梅岐乡。1992年5月，属梅岐乡。1995年11月10日，绿桐至梅岐公路通车。

【鹤崇】Hèchóng　又名绿桐。位于梅岐乡政府东南3.5千米。村民委员会驻地。124户，351人。据传原为绿竹丛生沼泽地，曾名“绿丛”，以谐音演变今名；又传明代万历年间，叶姓先祖迁此，有两块巨石形似鹅蛋，故称村地为“鹤丛”，以同音成今名。绿桐溪源自老昌岗头，过村境，为炉西峡源头之一。梅岐至文成石垟公路过境。通电、程控电话、有线电视、自来水、公路。

【山前】Shānqián　位于梅岐乡政府东2.5千米。21户，68人。村处白龙岗山北麓，故名。东20米为宫坳，南有界至坪，西通新田垟顶，北靠岩皮山。村边建殿。东南界文成县。梅岐至文成石垟公路穿村而过。通电、公路。

【底山】Dǐshān　位于梅岐乡政府东1.5千米。33户，114人。村处白龙岗山深谷地带，故名。北邻炉西峡源头。梅岐至文成石垟公路过境。通电、公路。

潘坪 Pānpíng 村民委员会　位于梅岐乡政府东北部。辖横坪、潘山、吴西山3个自然村。村民委员会驻横坪村。取潘山、横坪两村各一字而得名。总面积7.02平方千米，海拔520米，点状聚落。处于炉西峡源头。5个村民小组，159户，448人。耕地面积235亩；林业用地6735亩，产松、杉、毛竹。通电、公路、程控电话、有线电视、自来水。清属六都。民国属第一区梅岐乡。1950年7月，属城区梅溪乡。1951年2月，改属东坑区竹山乡。1956年4月，改属东坑区梅岐乡。1957年3月，复属城区梅岐乡。1958年9月，属红星公社梅岐管理区。1961年9月，属红星区梅岐公社。1981年12月，属景宁区梅岐公社。1984年12月，属城郊区梅岐乡。1992年5月，属梅岐乡。经县人民政府批准为第二次国内革命战争时期革命老区村。

【横坪】Héngpíng　位于梅岐乡政府东北4千米。村民委员会驻地。79户，219人。处于梅岐坑北岸，有石径横穿，路平。初名横平，演变横坪。为炉西峡源头，设有步行入口处。通电、程控电话、有线电视、自来水、公路。

【潘山】Pānshān　位于梅岐乡政府东北5千米。68户，194人。潘姓开基，山边建村，故名。东北邻炉西峡三渡水。通电、公路。

【吴西山】Wúxīshān　位于梅岐乡政府东北3.5千米。12户，35人。处横坪西侧，从横坪西望日落，红遍漫山，初名红西山，方言“红”与“吴”音通，故演变今名。通电、自来水、公路。

桂远 Guìyuǎn 村民委员会　位于梅岐乡政府东北部。辖桂远、张山、湖山3个自然村。村民委员会驻桂远村。以驻地村桂远得名。总面积11.52平方千米，海拔240米，点状聚落。5个村民小组，121户，389人。耕地面积141亩；林业用地11920亩，产松、杉、毛竹。通电、公路、程控电话、有线电视。清属六都。民国属第一区梅岐乡。1950年7月，属城区梅溪乡。1951年2月，改属东坑区梅溪乡。1956年4月，改属东坑区梅岐乡。1957年3月，复属城区梅岐乡。1958年9月，属红星公社梅岐管理区。1961年9月，属红星区梅岐公社。1981年12月，属景宁区梅岐公社。1984年12月，属城郊区梅岐乡。1992年5月，属梅岐乡。经县人民政府批准为第二次国内革命战争时期革命老区村。

【桂远】Guìyuǎn 位于梅岐乡政府东北6.8千米。村民委员会驻地。46户，128人，其中。据传明代曾出李璋一门三进士，村之名“贵苑”，桂远为谐音，演变今名。建有景宁·中共第一党支部党史陈列馆。村境尚存红军挺进师活动之红军亭、屋遗址。通电、程控电话、有线电视、自来水、公路。

【张山】Zhāngshān 位于梅岐乡政府东北6千米。59户，171人。原村民委员会驻地。张姓开基，故名。村尾建水库、马仙殿、李氏宗祠。通村公路绕道文成县境，连接湖坑、桂远两村。通电、有线电视、自来水、公路。

【湖坑】Húkēng 位于梅岐乡政府东北7.3千米。16户，90人。先民从福建徙居湖畔，故名。通电、公路。

竹山 Zhúshān 村民委员会 位于梅岐乡政府东北部。辖竹山、山后、乌岩、张处岗4个自然村。村民委员会驻竹山村。以驻地村竹山得名。总面积8.88平方千米，海拔840米，点状聚落。7个村民小组，185户，611人。耕地面积245亩；林业用地11422亩，产松、杉、毛竹。通电、公路、有线电视、自来水。清属六都。民国属第一区梅岐乡。1950年7月，属城区梅溪乡。1951年2月，改属东坑区竹山乡。1956年4月，改属东坑区梅岐乡。1957年3月，复属城区梅岐乡。1958年9月，属红星公社梅岐管理区。1961年9月，属红星区梅岐公社。1981年12月，属景宁区梅岐公社。1984年12月，属城郊区梅岐乡。1992年5月，属梅岐乡。经县人民政府批准为第二次国内革命战争时期革命老区村。

【竹山】Zhúshān 位于梅岐乡政府东北5.5千米。村民委员会驻地。95户，339人。李姓先祖开基，时漫山翠竹，岗峦葱郁，故名。通电、程控电话、有线电视、自来水、公路。

【山后】Shānhòu 位于梅岐乡政府东北5千米。57户，163人。处于竹山山后，故名。通公路。

【乌岩】Wūyán 位于梅岐乡政府东北3.5千米。16户，45人。处于乌岩尖北麓，以山得名。通电、公路。

【张处岗】Zhāngchùgǎng 位于梅岐乡政府东北5.2千米。处于竹山村南侧。17户，64人。通电、公路。东邻潘公坪村。

岗楼 Gǎnglóu 村民委员会 位于梅岐西北部。辖个古楼、黄泥丘、黄毛坪、瑶岗4自然村。村民委员会驻古楼村。以瑶岗、古楼二村名末字组合成名。总面积11.64平方千米，海拔900米，分布在溪涧两岸，块状聚落。5个村民小组，112户，436人。耕地面积239亩；林地面积9322亩。通电、公路、程控电话、有线电视、自来水。清属六都。民国属第一区梅岐乡。1950年7月，属城区梅溪乡。1951年2月，改属东坑区竹山乡。1956年4月，改属东坑区梅岐乡。1957年3月，复属城区梅岐乡。1958年9月，属红星公社梅岐管理区。1961年9月，属红星区梅岐公社。1981年12月，属景宁区梅岐公社。1984年12月，属城郊区梅岐乡。1992年5月，属梅岐乡。经县人民政府批准为第二次国内革命战争时期革命老区村。

【古楼】Gǔlóu 位于梅岐乡政府西北3.7千米。村民委员会驻地。67户，223人。明末沈姓先祖从大都徙此开基，筑屋于墩。山墩形似鼓，置立高岗，喻之“鼓楼”，村因其名。以同音变为古楼。通电、程控电话、有线电视、自来水、公路。

【黄泥丘】huáng níqiū　位于梅岐乡政府北 5.5 千米。21 户，122 人，张、季、徐姓。地处山田旁，泥土呈黄色，故名。通机耕路。

【黄毛坪】Huáng máopíng　位于梅岐乡政府北 5.5 千米。10 户，35 人。村建于坪，时黄茅满山坪，故名。通机耕路。

【瑶岗】Yáogǎng　位于梅岐乡政府北 6.5 千米。14 户，56 人。地处海拔 800 米山间，山岗云烟迷雾，宛如仙境瑶台，故名。西北与渤海镇、红星街道接壤。

留钱 Liúqián 村民委员会　位于梅岐乡政府西北部。辖李山头、外山、太山顶 3 个自然村。村民委员会驻李山头村。据传古时李山头至高闩途中有山崖小洞，有求难者洞中会流出铜钱救急，故名流钱，以同音留钱至今沿用。总面积 2.58 平方千米，海拔 880 米，点状聚落。4 个村民小组，95 户，272 人。耕地面积 292 亩，主产水稻；林业用地 3885 亩，产松、杉、毛竹。通电、公路、程控电话、有线电视、自来水。清属六都。民国属第一区梅岐乡。1950 年 7 月，属城区梅溪乡。1951 年 2 月，改属东坑区梅溪乡。1956 年 4 月，改属东坑区梅岐乡。1957 年 3 月，复属城区梅岐乡。1958 年 9 月，属红星公社梅岐管理区。1961 年 9 月，属红星区梅岐公社。1981 年 12 月，属景宁区梅岐公社。1984 年 12 月，属城郊区梅岐乡。1991 年 3 月，析置高闩村民委员会。1992 年 5 月，属梅岐乡。经县人民政府批准为第二次国内革命战争时期革命老区村。

【李山头】Lǐshāntóu　位于梅岐乡政府西北 2 千米。村民委员会驻地。71 户，203 人。传五百年前李姓开基，故名。通电、程控电话、有线电视、自来水、公路。

【外山】Wàishān　位于梅岐乡政府西北 1.2 千米。19 户，58 人。处李山头村山外，故名。通公路。

【太山顶】Tàishāndǐng　位于梅岐乡政府西北 1 千米。5 户，11 人。处太山岗顶，故名。南邻外山村。通公路。

高闩 Gāoshuān 村民委员会　位于梅岐西南部。辖石闩、高山 2 个自然村。村民委员会驻石闩村。以高山、石闩两村各取一字组成村名。总面积平方千米，海拔 920 米，点状聚落。4 个村民小组，108 户，395 人。耕地面积 274 亩，主产水稻；林业用地 4755 亩，产松、杉、毛竹。通电、公路、程控电话、有线电视、自来水。清属六都。民国属第一区梅岐乡。1950 年 7 月，属城区梅溪乡。1951 年 2 月，改属东坑区梅溪乡。1956 年 4 月，改属东坑区梅岐乡。1957 年 3 月，复属城区梅岐乡。1958 年 9 月，属红星公社梅岐管理区。1961 年 9 月，属红星区梅岐公社。1981 年 12 月，属景宁区梅岐公社。1984 年 12 月，属城郊区梅岐乡。1991 年 3 月，从留钱村民委员会析出，置高闩村民委员会。1992 年 5 月，属梅岐乡。经县人民政府批准为第二次国内革命战争时期革命老区村。

【石闩】Shíshuān　位于梅岐乡政府西南 2.5 千米。村民委员会驻地。52 户，187 人。村处小坑两旁，水口为山坳，有巨石横卧如门闩，故名。村尾建古廊桥。公路西接东坑茗源、北溪等村。通电、程控电话、有线电视、自来水、公路。

【高山】Gāoshān　位于梅岐乡政府西南 1.2 千米。56 户，208 人。村处顶天岘北麓，以处地高峻山上而得名。

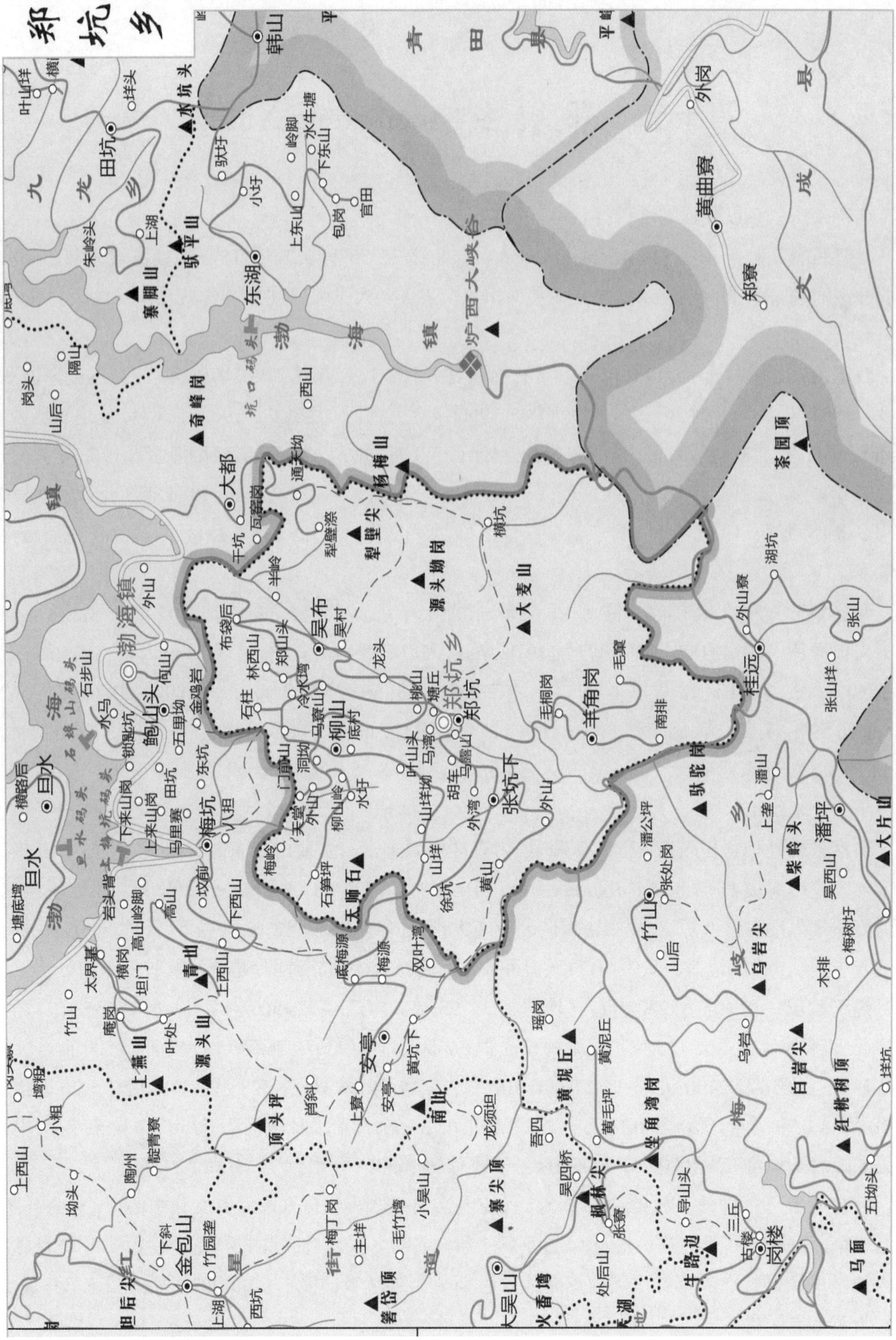

地图审核号：浙S(2015)46号

第十节　郑坑乡(Zhèngkēng Xiāng)

名称来历　乡以驻地郑坑村得名。

地理位置　位于东经119°46′24″~119°50′23″,北纬27°56′34″~28°01′15″。地处县城东部,东北、西北靠渤海镇,南邻梅岐乡,东南与文成县南田镇交界。乡人民政府驻郑坑村塘丘41号,距县城58千米。

政区沿革　清属一都。1931年,设郑坑、柳山、张坑下3乡,属第二区。1950年7月,属渤海区大都乡。1951年2月,仍称郑坑乡,属渤海区。1956年3月,并入大都乡。1957年3月,复建郑坑乡。1958年9月,改置郑坑管理区,属渤海公社。1961年9月,并入大都公社,属渤海区。1962年6月,复建云和县,属云和县渤海区。1981年12月,从大都公社析出,置郑坑公社。1984年3月,改设郑坑畲族乡,属渤海区。1986年11月,取消畲族乡名称,复称郑坑乡。1992年5月,行政区划调整后仍称郑坑乡。

政区划分　2014年末,辖郑坑、柳山、吴布、张坑下、羊角岗5个村民委员会;下设45个村民小组。

人口面积　2014年末,辖区总户数1078户,总人口3388人。其中,男性1869人,占55.16%;女性1519人,占44.84%;18岁以下797人,占23.52%;18~60岁2029人,占59.89%;60岁以上562人,占16.59%。有畲、苗、佤族等少数民族共1274人,占37.60%。其中,畲族1235人。人口自然增长率11.84‰。辖区东西最大距离6.38千米,南北最大距离8.66千米,总面积39平方千米。人口密度为每平方千米101.1人。

自然条件　地势自东南向西北倾斜,境内森林资源丰富。主要山峰东部梨壁尖,海拔1015米,东南部大麦山海拔1144米,均与渤海镇分水;西部天师台海拔987米,与渤海镇分界。主要溪涧北部梅岭溪汇入渤海镇上源坑;吴布诸水向北流经大都,注入千峡湖。漈下、张坑下、郑坑、横坑诸水向南汇入炉西峡。山高地僻为低中山,气候温和湿润。地处千峡湖旅游圈,是炉西峡驴行入口处之一。

经济状况　耕地面积2322亩;林地面积39798亩。年产粮食150吨,其中,水稻755吨,薯类207吨,玉米65吨,豆类123吨。蔬菜种植面积3660亩,产量2670吨;茶叶种植面积500亩,产量43.7吨。生猪饲养量2460头,牛200头,羊1022只,家禽14006只,兔5283只。累计造林1.26万亩,其中,竹林0.79万亩,经济林0.11万亩,林木覆盖率85.9%。水果种植面积20亩,产量5吨,其中,瓜果5吨。2014年,农业总产值2005万元,工业总产值330万元。

社会发展　各村民委员会通电、公路、程控电话、有线电视、自来水。有文化中心1个;公共图书馆1个,藏书5000册。有幼儿园1所,小学1所。各级各类医疗卫生机构1个。1986年7月,经丽水地区民政局批准为第二次国内革命战争时期革命老区乡;郑坑、吴布、柳山、张坑下、羊角岗5个村为革命老区村。

境内是炉西峡入口处，处于千峡湖旅游圈。这里是畲族集聚地，主要畲族村寨郑坑、柳山、吴布和羊角岗4等村，都较完整地保留畲族原生态民俗风貌，主要有畲族祭祖、炼火、畲族对歌、编织彩带、畲族服饰等民族特色文化、传统劳作和生活方式。森林资源丰富，吴布和郑坑林场原始林3000余亩。郑坑吴布村梯田秀丽迷人，为市级摄影基地，每年吸引大量外地摄影爱好者。

郑坑乡村民委员会一览

表2–12

标准名称	村民小组	自然村		2014年		海拔（米）
		村数	标准名称	户数	人数	
郑坑	8	7	郑坑	78	176	660
			龙头	45	163	
			桃山	14	27	
			叶山头	28	121	
			胡车	29	82	
			塘丘	47	159	
			马湾	21	77	
柳山	11	9	柳山	79	283	800
			天堂	16	38	
			门前山	17	35	
			柳山岭	36	147	
			山垟	21	58	
			外山	13	31	
			石柱	34	109	
			石笋坪	26	92	
			洞坳	12	25	
吴布	12	10	龙头宫	25	118	490
			布袋后	24	74	
			林西山	11	22	
			半岭	17	43	
			郑山头	18	68	
			冷水塆	25	89	
			通天坳	21	72	
			犁壁漈	14	41	

续表 2-12

标准名称	村民小组	自然村		2014 年		海拔（米）
		村数	标准名称	户数	人数	
吴布	12	10	马寮山	22	59	
			吴村	79	291	
张坑下	9	5	张坑下	86	274	630
			山垟坳	19	47	
			徐坑	20	77	
			外山	22	63	
			黄山	34	112	
羊角岗	5	5	羊角岗	63	124	800
			横坑	11	32	
			毛桐岗	9	43	
			南排	13	51	
			毛窠	29	65	

村民委员会、居民点

郑坑 Zhèngkēng 村民委员会 位于县城东部。辖郑坑、龙头、桃山、叶山头、胡车、塘丘、马塆7个自然村。村民委员会驻郑坑村。以驻地村郑坑得名。总面积6.55平方千米，海拔660米。有中心学校、农村信用社、卫生院、文化站、广播电视站。8个村民小组，262户，805人，其中，畲族304人。耕地面积472亩；林地面积7221亩，产松、杉、杂木、毛竹。通电、公路、程控电话、有线电视、自来水。清属一都。1931年，属第二区郑坑乡。1950年7月属渤海区大都乡。1951年2月，属渤海区郑坑乡。1956年3月，属渤海区大都乡。1957年3月，属渤海区郑坑乡。1958年9月，属渤海公社郑坑管理区。1961年9月，属渤海区大都公社。1962年6月，改属云和县渤海区。1981年12月，属渤海区郑坑公社。1984年3月，属渤海区郑坑畲族乡。1986年11月，属渤海区郑坑乡。1992年5月，属郑坑乡。经县人民政府批准为第二次国内革命战争时期革命老区村。渤郑公路通村。

【郑坑】Zhèngkēng 位于县城东部58千米。村民委员会、乡人民政府驻地。78户，176人其中，畲族12人。传明代郑姓肇村，居溪畔，故名。通电、程控电话、有线电视、自来水、公路。

【塘丘】Tángqiū 位于郑坑乡政府东南0.6千米。47户，159人，其中，畲族89人。处地四面环山，低洼如塘的山地之中，故名。村边建郑坑乡校。村前绿化带新建亭。西北邻郑坑村。通电、程控电话、有线电视、自来水、公路。

【龙头】Lóngtóu 位于郑坑乡政府东北1.2千米。45户，163人。村处形似山垄地，以谐音演变今名。通电、自来水、公路。

【桃山】táo shān　位于郑坑乡政府东 0.6 千米。14 户，27 人，其中，畲族 16 人。村建山间，昔日村旁多桃树，故名。通电、公路。

【叶山头】Yèshāntóu　位于郑坑乡政府西北 0.5 千米。28 户，121 人，畲族。叶姓开基建村，故名。通电、自来水、公路。

【胡车】Húchē　位于郑坑乡政府南 0.5 千米。29 户，82 人，其中，畲族 63 人。清代胡姓在此建榨油车，故名。

【马塆】Mǎwān　位于郑坑乡政府西北 0.5 千米。21 户，77 人。以姓及地形得名。通电、自来水、公路。

柳山 Liǔshān 村民委员会　位于郑坑乡政府北部。辖柳山、天堂、门前山、柳山岭、山垟、外山、石柱、石笋坪、洞坳 9 个自然村。村民委员会驻柳山村。以驻地村柳山得名。总面积 5.3 平方千米，海拔 800 米。11 个村民小组，254 户，818 人，其中，畲族 325 人。耕地面积 641 亩；林地面积 4796 亩，产松、杉、杂木、毛竹。通电、公路、程控电话、有线电视、自来水。清属一都。1931 年，属第二区柳山乡。1950 年 7 月，属渤海区大都乡。1951 年 2 月，属渤海区郑坑乡。1952 年 10 月，属渤海区柳山乡。1956 年 3 月，属渤海区大都乡。1957 年 3 月，属渤海区郑坑乡。1958 年 9 月，属渤海公社郑坑管理区。1961 年 9 月，属渤海区大都公社。1962 年 6 月，改属云和县渤海区。1981 年 12 月，属渤海区郑坑公社。1984 年 3 月，属渤海区郑坑畲族乡。1986 年 11 月，属渤海区郑坑乡。1992 年 5 月，属郑坑乡。经县人民政府批准为第二次国内革命战争时期革命老区村。

【柳山】Liǔshān　位于郑坑乡政府北 1.1 千米。村民委员会驻地。79 户，283 人，其中，畲族 7 人。明代柳姓从温州迁入开基建村，故名柳山。柳姓渐迁出，后林姓从泰顺泗溪徙此继居，村名未变。通电、程控电话、有线电视、自来水、公路。

【天堂】Tiāntáng　位于郑坑乡政府北 2.7 千米。16 户，38 人，其中，畲族 24 人。从梅岭村北上，山岭陡峻，如登天路，故名天堂。

【石柱】Shízhù　位于郑坑乡政府北 2.7 千米。34 户，109 人。村后山顶上巨石，如柱屹立，故名。通电、有线电视、自来水、公路。

【门前山】Ménqiánshān　位于郑坑乡政府北 2.2 千米。17 户，35 人。包姓从石柱迁此安居，处石柱村对面，故名。通电、自来水、公路。

【柳山岭】Liǔshānlǐng　位于郑坑乡政府西北 1.3 千米。36 户，147 人，其中，畲族 122 人。钟姓开基，村建天师岩东麓，继续往东上通柳山，下至渤海老村，处于半岭中，故名，因与吴布村半岭同名，1995 年更名为柳山岭。通电、有线电视、自来水、公路。

【山垟】Sh ā ny á ng　位于郑坑乡政府西南 1 千米。21 户，58 人，其中，畲族 55 人，蓝姓。据传该村一巨石，形状犹如山羊，早称石羊，后演变现名。通电、程控电话、有线电视、自来水、公路。

【外山】Wàishān　位于郑坑乡政府西北 1.7 千米。13 户，31 人，畲族。村处半岭外，故名外山。通电、公路。

【石笋坪】Shísǔnpíng　位于郑坑乡政府西北 2.3 千米。26 户，92 人，其中，畲族 83 人。村建石竹坪上，春季多笋，故名石笋坪。通公路。

【洞坳】Dòngào　位于郑坑乡政府北 1.8 千米。12 户，25 人。民间传村后坳门有大山洞，可直接通往渤海村，故名。通电、自来水、公路。

吴布　Wúbù　村民委员会　位于郑坑乡政府东北部。辖龙头宫、布岱后、林西山、半岭、郑山头、冷水塆、通天坳、犁壁漈、马寮山、吴村 10 个自然村。县民族村。村民委员会驻地龙头宫村。取吴村、布岱后两村首字得名。总面积 7.29 平方千米，海拔 490 米。12 个村民小组，256 户，877 人，其中，畲族 383 人。耕地面积 753 亩；林地面积 6627 亩，产松、杉、杂木、毛竹。通电、公路、程控电话、有线电视、自来水。清属一都。1931 年，属第二区柳山乡。1950 年 7 月，属渤海区大都乡。1951 年 2 月，属渤海区郑坑乡。1952 年 10 月，属渤海区柳山乡。1956 年 3 月，属渤海区大都乡。1957 年 3 月，属渤海区郑坑乡。1958 年 9 月，属渤海公社郑坑管理区。1961 年 9 月，属渤海区大都公社。1962 年 6 月，改属云和县渤海区。1981 年 12 月，属渤海区郑坑公社。1984 年 3 月，属渤海区郑坑畲族乡。1986 年 11 月，属渤海区郑坑乡。1992 年 5 月，属郑坑乡。省历史文化村落保护利用村。经县人民政府批准为第二次国内革命战争时期革命老区村。

【龙头宫】Lóngtóugōng　位于郑坑乡政府东北 2.2 千米。村民委员会驻地。25 户，118 人。处地犁壁尖西北山间岙底，建龙宫庙，故名。村旁梯田与数村相连成片，风景秀美，成为郑坑梯田景区。通电、程控电话、有线电视、自来水、公路。

【布岱后】Bùdàihòu　位于郑坑乡政府东北 3.3 千米。24 户，74 人。村处峡谷，形似布袋，谐音成今名。通电、有线电视、自来水、公路。

【林西山】Línxīshān　位于郑坑乡政府北 2.7 千米。11 户，22 人。林姓开基，建村西山坳，故名。

【半岭】Bànlǐng　位于郑坑乡政府东北 3 千米。17 户，43 人。东邻通天坳村。

【郑山头】Zhèngshāntóu　位于郑坑乡政府北 2.4 千米。18 户，68 人。村处郑坑大都山岭半途中，故名。通电、公路。

【冷水塆】Lěngshuǐwān　位于郑坑乡政府北 2.2 千米。25 户，89 人，畲族。村处山塆田旁，多冷水山泉，故名。通电、有线电视、自来水、公路。

【通天坳】Tōngtiānào　位于郑坑乡政府北 3.8 千米。21 户，72 人，畲族。村处悬崖陡峭山岗间，山路从山脚下通至村庄犹如登天，故名。通电、公路。

【犁壁漈】Líbìjì　位于郑坑乡政府东北 3.2 千米。14 户，41 人，畲族。村处犁壁尖北麓，村旁有瀑布，东部为炉西峡，以山峰及地理位置得名。通电、公路。

【马寮山】Mǎliáoshān　位于郑坑乡政府北 1.8 千米。22 户，59 人，畲族。昔日雷姓在此搭寮种麻安居，故名麻寮山，以近音演变今名。通电、自来水、公路。

【吴村】Wúcūn　位于郑坑乡政府北 1.5 千米。79 户，291 人，其中，畲族 161 人。吴姓开基，以姓得名。通电、程控电话、有线电视、自来水、公路。

张坑下　Zhāngkēngxià　村民委员会　位于郑坑乡政府西南部。辖张坑下、山垟坳、徐坑、外山、黄山 5 个自然村。村民委员会驻张坑下村。以驻地村张坑下得名。总面积 5.17 平方千米，海拔 630 米。9 个村民小组，181 户，573 人，其中，畲族 107 人。耕地面积 581 亩；林地面积 5721 亩，产松、杉、杂木、毛竹。通电、公路、程控电话、有线电视、自来水。清属一都。1931 年，属第二区张坑下乡。1950 年 7 月，属渤海区大都乡。1951 年 2 月属渤海区郑坑乡。1956 年 3 月，属渤海区大都乡。1957 年 3 月属渤海区郑坑乡。1958 年 9 月，属渤海公社郑坑管理区。1961 年 9 月，属渤海区大都公社。1962 年 6 改属云和县渤海区。1981 年 12 月，属渤海区郑坑公社。1984 年 3 月，属渤海区郑坑畲族乡。1986 年 11 属渤海区郑坑乡。1992 年 5 月，属郑坑乡。经县人民政府批准为第二次国内革命战争时期革命老区村。

【张坑下】Zhāngkēngxià 位于郑坑乡政府西南 1.3 千米。村民委员会驻地。86 户，274 人，其中，畲族 12 人。张姓开基，建村坑下，故名张坑下。通电、程控电话、有线电视、自来水、公路。

【山垟坳】Shānyángào 位于郑坑乡政府西 1 千米。19 户，47 人。村处郑坑通往山垟至坳门，故名。通电、自来水、公路。

【徐坑】Xúkēng 位于郑坑乡政府西 1.8 千米。20 户，77 人，其中，畲族 17 人。徐姓开基，以姓得名。西与渤海镇接壤。

【外山】Wàishān 位于郑坑乡政府西 1.6 千米。22 户，63 人。通电、公路。

【黄山】Huángshān 位于郑坑乡政府西南 2 千米。34 户，112 人，其中，畲族 69 人。村处天师岩南麓，以姓得名。通公路。

羊角岗 Yángjiǎogǎng 村民委员会 位于郑坑乡政府南部。辖羊角岗、横坑、毛桐岗、毛窠、南排 5 个自然村。村民委员会驻羊角岗村。以驻地村羊角岗得名。总面积 9.74 平方千米，海拔 580 米。5 个村民小组，125 户，315 人，其中，畲族 116 人。耕地面积 178 亩；林地面积 15433 亩，产松、杉、杂木、毛竹。通电、公路、程控电话、有线电视、自来水。清属一都。1931 年，属第二区张坑下乡。1950 年 7 月，属渤海区大都乡。1951 年 2 月，属渤海区郑坑乡。1956 年 3 月，属渤海区大都乡。1957 年 3 月，属渤海区郑坑乡。1958 年 9 月，属渤海公社郑坑管理区。1961 年 9 月，属渤海区大都公社。1962 年 6 月改属云和县渤海区。1981 年 12 月，属渤海区郑坑公社。1984 年 3 月，属渤海区郑坑畲族乡。1986 年 11 月，属渤海区郑坑乡。1992 年 5 月，属郑坑乡。县民族村。经县人民政府批准为第二次国内革命战争时期革命老区村。

【羊角岗】Yángjiǎogǎng 位于郑坑乡政府南 2.6 千米。村民委员会驻地。63 户，124 人。村后山岗形似羊角，故名。通电、程控电话、有线电视、自来水、公路。

【毛桐岗】Máotónggǎng 位于郑坑南 2 千米。9 户，43 人。村处大麦山西南山岗，昔日多毛桐树，故名。通电、公路。

【南排】Nánpái 位于郑坑乡政府南 3.7 千米。13 户，51 人，畲族。村处郑坑通往炉西峡桂远村的横排路旁，以路得名。通电、公路。

【毛窠】Máokē 位于郑坑乡政府南 3 千米。29 户，65 人，其中，畲族 54 人。昔日为茅草丛生地，常有大毛(即老虎)出没，故名。东南邻炉西峡。

【横坑】Héngkēng 位于郑坑乡政府南 3 千米。11 户，32 人，其中，畲族 9 人。小坑横穿村里，故名。东近炉西峡。

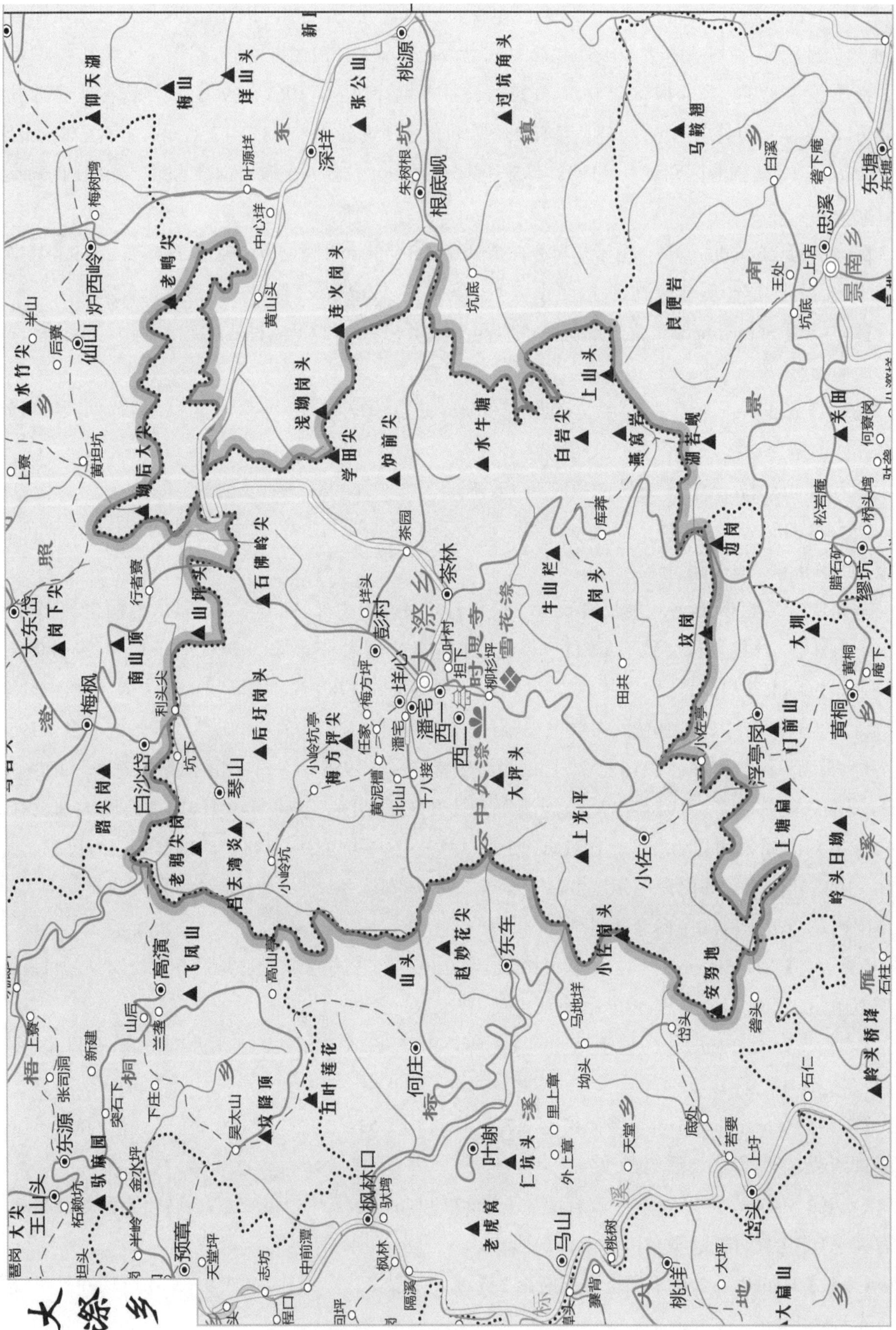

地图审核号：浙S(2015)46号

第十一节 大 漈 乡(Dàjì Xiāng)

名称来历 乡以大漈片村得名。

地理位置 位于东经 119°32′41″~119°38′42″，北纬 27°45′41″~27°51′33″。地处县城西南部，东邻东坑镇，西连标溪乡、梧桐乡；南靠景南乡、雁溪乡；北接澄照乡。乡人民政府驻西一村 129 号，距县城 53 千米。

政区沿革 清属五都。1931 年，设大漈乡，属第五区。1950 年 7 月，大漈乡属东坑区。1951 年 2 月，设大漈区，辖大漈、高演、景南、上标、梅坞、叶谢、东岱 7 乡。1952 年 10 月，大漈区增设雁溪、漈头 2 乡。1956 年 3 月，撤大漈区；大漈乡改属东坑区。1958 年 9 月，设大漈公社，辖大漈、何庄、景南、雁溪、苎岱 5 个管理区。1961 年 9 月，设大漈公社，复属东坑区。1962 年 6 月，改属云和县东坑区大漈公社。1984 年 3 月，复设大漈乡，属东坑区。1992 年 5 月，行政区划调整属大漈乡。

政区划分 2014 年末辖西一、西二、潘宅、彭村、垟心、茶林、小佐、琴山 8 个村民委员会；下设 35 个村民小组。

人口面积 2014 年末，辖区总户数 1064 户，总人口 3350 人。其中，男性 1775 人，占 52.98%；女性 1575 人，占 47.02%；18 岁以下 707 人，占 21.10%；18~60 岁 2046 人，占 61.08%；60 岁以上 597 人，占 17.82%。有畲、苗、侗族等少数民族共 50 人，占 1.49%。其中，畲族 35 人。人口自然增长率 8.67‰。辖区东西最大距离 9.64 千米，南北最大距离 10.85 千米，总面积 59.25 平方千米。人口密度为每平方千米 59.2 人。

自然条件 境内地势高峻，群山延绵，海拔 1000 米以上山峰 50 余座，其中，东南部上山头（又名最上山）海拔 1689.1 米，处大漈、景南、东坑三地界，为全县最高峰，是各地登山爱好者神往之地。学田尖、炉前尖、石佛岭尖、大坪头、牛山栏、燕窝尖等山峰都在 1300 米以上。西部上光坪，海拔 1255 米，与标溪乡界。境内丘峦多姿，烟雾弥漫，素称“九仔十三垟”，亦谓“云中桃源”，是华东地区难得的旅游休闲和养生避暑胜地。诸水东注东坑北溪，南汇小佐坑，西入梧桐金兰坑，年平均气温 13℃，无霜期 210 天，年降雨量约 2000 毫米。公路东出深垟至白鹤连省道云寿线；西接标溪乡何庄、梧桐乡高演；北下金兰至大均中国畲乡之窗景区。

经济状况 耕地面积 3261 亩；林地面积 61169 亩。年产粮食 1040 吨，其中，水稻 782 吨，薯类 218 吨，玉米 13 吨，豆类 27 吨。茭白种植面积 4400 亩，产量 6500 吨；袋装香菇 280 万袋；厚朴基地 6860 亩，产量 1010 吨。毛竹基地 7200 亩，产毛竹 33.5 万株。生猪饲养量 1878 头，牛 680 头，羊 1184 只，家禽 26741 只，兔 2800 只。畜禽肉类产量 115 吨，其中猪肉产量 61 吨。林木覆盖率 85.6%。茶园种植面积 323 亩，茶叶产量 22 吨。水果种植面积 488 亩，产量 510 吨，其中，梨子 30 吨，瓜果 480 吨。2014 年，农业总产值 4278 万元，工业总产值 1590 万元。

社会发展 各村民委员会通电、公路、程控电话、有线电视、自来水。有文化馆1个；乡村电影博物馆1个；公共图书馆(室)1个，藏书16000册。有幼儿园1所；小学1所。医疗卫生机构2个。1955年，设县农村信用合作社大漈分社。2002年6月5日，雪花漈被评选为丽水市浙江绿谷•十佳景点。2007年3月，大漈乡被评为2006年度"丽水十大特色乡镇"。2008年1月，"云中大漈"古树群观光园区、"畲乡之窗""敕峦霁雪"列为丽水市首批林业观光园区。2012年，设邮政储蓄银行大漈代办点。

云中大漈为省级风景名胜区、国家AAAA级旅游景区。境内主要景点有时思寺、雪花漈、上山头、小佐梯田、护关桥、胡桥、马仙楼桥、同善桥、银坑洞等。有梅氏宗祠、彭氏宗祠、严氏宗祠等宗族文化古建筑。有小佐梅氏贞节木牌坊。还有大漈抢猪节、板龙灯、花鼓戏等传统民间艺术活动及大漈罐制作技艺。其中"抢猪节""大漈罐制作技艺"被列入省非物质文化遗产名录。大漈高山冷水茭白品质好，已形成品牌产业，并举办大漈茭白节。云中大漈为国家级摄影基地。2014年接待游客62.5万人次，旅游收入1.54亿元。

大漈乡村民委员会一览

表2-13

标准名称	村民小组	自然村		2014年		海拔(米)
		村数	标准名称	户数	人数	
琴山	4	4	琴山	57	131	560
			坑下	13	47	
			小岭坑	44	126	
			犁头尖	4	18	
彭村	3	2	彭村	81	239	1030
			垟头	25	62	
西一	7	4	西一	153	421	1010
			漈头	39	112	
			坦下	7	23	
			梅坞隆坳	26	83	
西二	4	1	西岸底	153	443	1010
茶林	6	3	茶林	63	181	1070
			桥上垟	49	157	
			叶村	67	235	
潘宅	6	5	潘宅	55	224	1040
			梅方坪	34	116	
			十八接	27	83	

续表 2-13

标准名称	村民小组	自然村		2014 年		海拔（米）
		村数	标准名称	户数	人数	
潘宅	6	5	北山	31	114	
			任家队	21	72	
垟心	1	1	垟心	24	78	1020
小佐	4	1	小佐	95	385	770

村民委员会、居民点

西一 Xīyī 村民委员会 位于县城西南部。辖西一、漈头、坦下，梅坞隆坳 4 个自然村。村民委员会驻西岸底村。总面积 6.2 平方千米，海拔 1010 米。有中心学校、农村信用社、卫生院、文化站、广播电视站。7 个村民小组，221 户，639 人，其中，畲族 2 人。耕地面积 611 亩，盛产水稻、茭白；林地面积 6357 亩，产松、杉、杂木、毛竹。通电、公路、程控电话、有线电视、自来水。清属五都。1931 年，属第五区大漈乡。1950 年 7 月，属东坑区大漈乡。1951 年 2 月，属大漈区大漈乡。1956 年 3 月，属东坑区大漈乡。1958 年 9 月，撤大漈区，属大漈公社大漈管理区。1961 年 9 月，属东坑区大漈公社。1962 年 6 月，改属云和县东坑区大漈公社。1984 年 3 月，属东坑区大漈乡。1992 年 5 月，属大漈乡。

【西一】 Xīyī 位于县城西南 53 千米。153 户，421 人，其中，畲族 2 人。为中国传统村落。1982 年地名普查命名。通电、程控电话、有线电视、自来水、公路。

【漈头】 Jìtóu 位于大漈乡政府东 1.5 千米。39 户，112 人。村建“龙舌漈”上游，故名漈头。通电、自来水、公路。

【坦下】 Tǎnxià 位于大漈乡政府东 1.6 千米。7 户，23 人。通公路。

【梅坞隆坳】 Méiwùlóngào 位于大漈乡政府 1.8 千米。26 户，83 人。通电、公路。

西二 Xīèr 村民委员会 位于县城西南部。辖西岸底 1 个自然村。村民委员会驻西岸底村。总面积 3.77 平方千米，海拔 1010 米。4 个村民小组，153 户，443 人。耕地面积 393 亩，盛产水稻、茭白；林地面积 4758 亩，产松、杉、杂木、毛竹。通电、公路、程控电话、有线电视、自来水。清属五都。1931 年，属第五区大漈乡。1950 年 7 月，属东坑区大漈乡。1951 年 2 月，属大漈区大漈乡。1956 年 3 月，属东坑区大漈乡。1958 年 9 月，撤大漈区，属大漈公社大漈管理区。1961 年 9 月，属东坑区大漈公社。1962 年 6 月，改属云和县东坑区大漈公社。1984 年 3 月，属东坑区大漈乡。1992 年 5 月，属大漈乡。

【西岸底】 Xīàndǐ 片村。乡人民政府、西一、西二村民委员会驻地，中国传统村落。北山、石佛岭尖两涧水在村头汇入沐鹤溪水穿村而过流经村口，与学田尖水汇合垂成雪花漈注小佐坑。新辟国家 4A 级云中大漈景区，有柳杉王及胡桥、护官桥、时思寺古建筑等。抗日战争时期，曾为省教育厅驻地。

茶林 Chálín 村民委员会 位于大漈乡政府东部。辖茶林、桥上垟、叶村3个自然村。村民委员会驻茶林村。以驻地村茶林得名。总面积14.77平方千米,海拔1070米。6个村民小组,179户,573人。耕地面积502亩,盛产水稻、茭白;林地面积8856亩,产松、杉、杂木、毛竹。通电、公路、程控电话、有线电视、自来水。清属五都。1931年,属第五区大漈乡。1950年7月,属东坑区大漈乡。1951年2月,属大漈区大漈乡。1956年3月,属东坑区大漈乡。1958年9,月撤大漈区,属大漈公社大漈管理区。1961年9月,属东坑区大漈公社。1962年6月,改属云和县东坑区大漈公社。1984年3月,属东坑区大漈乡。1992年5月,属大漈乡。

【茶林】Chálín 位于大漈乡政府东1.8千米。村民委员会驻地。63户,181人。村建学田尖西南侧,多阴雨,浓雾笼罩,盛产茶叶,原名茶园,因重名改茶林。景宁至大漈公路过境。通电、程控电话、有线电视、自来水。

【桥上垟】Qiáoshàngyáng 位于大漈乡政府东1.2千米。49户,157人。以地理位置得名。通电、程控电话、有线电视、自来水、公路。

【叶村】Yècūn 位于大漈乡政府东1.1千米。67户,235人。村以姓得名。通电、程控电话、有线电视、自来水、公路。

琴山 Qínshān 村民委员会 位于大漈乡政府西北部。辖琴山、坑下、小岭坑、犁头尖4个自然村。村民委员会驻琴山村。以驻地村琴山得名。总面积6.48平方千米,海拔560米。4个村民小组,118户,322人,其中,畲族29人。耕地面积403亩;林地面积7235亩,产松、杉、杂木、毛竹。通电、公路、程控电话、有线电视、自来水。清属五都。1931年,属第五区大漈乡。1950年7月,属东坑区大漈乡。1951年2月,属大漈区大漈乡。1956年3月,属东坑区大漈乡。1958年9月,撤大漈区,属大漈公社大漈管理区。1961年9月,属东坑区大漈公社。1962年6月,改属云和县东坑区大漈公社。1984年3月,属东坑区大漈乡。1992年5月,属大漈乡。

【琴山】Qínshān 位于大漈乡政府北4千米。村民委员会驻地。57户,131人。村建月琴山半山腰,旧称"半山",后改称琴山。通电、有线电视、自来水、公路。

【小岭坑】Xiǎolǐngkēng 位于大漈乡政府西北3.7千米。44户,126人。村西有小坑,村后有山岭,故名小岭坑。西与梧桐乡、标溪乡接壤。通电、自来水、公路。

【坑下】Kēngxià 位于大漈乡政府北4.2千米。13户,47人,其中,畲族6人。村处金兰坑源头坑边,为大漈、梧桐、澄照三乡交界地。通电、公路。

【犁头尖】 位于大漈乡政府北4.3千米。4户,18人,畲族。以地形得名。北界澄照乡。通电、公路。

彭村 Péngcūn 村民委员会 位于大漈乡政府东北部。辖彭村、垟头2个自然村。村民委员会驻彭村村。以驻地村彭村得名。总面积5.06平方千米,海拔1030米。3个村民小组,106户,301人。耕地面积310亩,产水稻、茭白;林地面积8579亩,产松、杉、杂木、毛竹。通电、公路、程控电话、有线电视、自来水。清属五都。1931年,属第五区大漈乡。1950年7月,属东坑区大漈乡。1951年2月,属大漈区大漈乡。1956 年 3 月,属东坑区大漈乡。1958 年 9 月,撤大漈区,属大漈公社大漈管理区。1961 年 9 月,属东坑区大漈公社。1962 年 6 月,改属云和县东坑区大漈公社。1984 年 3 月,属东坑区大漈乡。1992 年 5 月,属大漈乡。

【彭村】Péngcūn 位于大漈乡政府东北 1 千米。村民委员会驻地。81 户,239 人。彭姓先祖于宋代由泰顺迁此建村,以姓得名。北越石佛岭,过行者寮经澄照到鹤溪,为昔日大漈至县城主通道。通电、程控电话、有线电视、自来水、公路。

【垟头】Yángtóu 位于大漈乡政府东北 1.5 千米。25 户,62 人。村处石佛岭脚,沐鹤溪源头田垟旁,故名。

潘宅 Pānzhái 村民委员会 位于大漈乡政府西北部。辖潘宅、梅方坪、北山、十八接、任家队 5 个自然村。村民委员会驻潘宅村。以驻地村潘宅得名。总面积 6.07 平方千米,海拔 1040 米。6 个村民小组,168 户,609 人。耕地面积 594 亩,盛产水稻、茭白;林地面积 8561 亩,产松、杉、杂木、毛竹。通电、公路、程控电话、有线电视、自来水。清属五都。1931 年,属第五区大漈乡。1950 年 7 月,属东坑区大漈乡。1951 年 2 月,属大漈区大漈乡。1956 年 3 月,属东坑区大漈乡。1958 年 9 月,撤大漈区,属大漈公社大漈管理区。1961 年 9 月,属东坑区大漈公社。1962 年 6 月,改属云和县东坑区大漈公社。1984 年 3 月,属东坑区大漈乡。1992 年 5 月,属大漈乡。

【潘宅】Pānzhái 位于大漈乡政府西北 0.5 千米。村民委员会驻地。55 户,224 人。潘姓开基建村,故名。为著名大漈罐原产地。2012 年,大漈罐制作技艺被列入浙江省第四批非物质文化遗产名录。通电、程控电话、有线电视、自来水、公路。

【任家队】Rénjiāduì 位于大漈乡政府西北 0.8 千米。21 户,72 人。处梅方坪村西侧,任氏先祖自高演村徙此组队安居,故名任家队。通电、程控电话、有线电视、自来水、公路。

【北山】Běishān 位于大漈乡政府西北 1.2 千米。31 户,114 人。村建大漈盆地西北部,处大风坳东侧双对岭脚,故名北山。1966 年,廊奇村废,村民迁北山村。村口新建廊奇廊桥,以美化村景,护佑村坊。村后大漈至标溪东车古道旁建廊奇亭。通电、程控电话、有线电视、自来水、公路。

【梅方坪】Méifāngpíng 位于大漈乡政府西北 1 千米。34 户,116 人。梅姓在四方山坪上建村,故名。通电、程控电话、有线电视、自来水、公路。

【十八接】Shíbājiē 位于大漈乡政府西北 1.2 千米。27 户,83 人。昔日村中一段路用十八条块石砌接而成,故名。通电、公路。

垟心 Yángxīn 村民委员会 位于大漈乡政府北部。辖垟心 1 个自然村。村民委员会驻垟心村。以驻地村大漈台地田垟中心位置而得名。总面积 0.2 平方千米,海拔 1040 米。1 个村民小组,24 户,78 人。耕地面积 83 亩,产茭白、水稻。1985 年,因上标电站库区移民迁至建村民委员会。1992 年 5 月,属大漈乡。通电、公路、程控电话、有线电视、自来水。

【垟心】Yángxīn 位于大漈乡政府北 1.5 千米。村民委员会驻地。24 户,78 人。为上标电站移民村,四周田垟,村建中央,故名。通电、程控电话、有线电视、自来水、公路。

小佐 Xiǎozuǒ 村民委员会 位于大漈乡政府西南部。辖小佐 1 个自然村,村民委员会驻小佐村。以驻地村小佐得名。总面积 8.05 平方千米，海拔 770 米。4 个村民小组，95 户，385 人，其中，畲族 4 人。耕地面积 365 亩；林地面积 11387 亩，产松、杉、杂木、毛竹。通电、公路、程控电话、有线电视、自来水。清属五都。1931 年，属第五区大漈乡。1950 年 7 月，属东坑区大漈乡。1951 年 2 月，属大漈区大漈乡。1956 年 3 月，属东坑区大漈乡。1958 年 9 月，撤大漈区，属大漈公社大漈管理区。1961 年 9 月，属东坑区大漈公社。1962 年 6 月，改属云和县东坑区大漈公社。1984 年 6 月，属东坑区大漈乡。1992 年 5 月，属大漈乡。

【小佐】Xiǎozuǒ　位于大漈乡政府西南 3.5 千米。村民委员会驻地。95 户，385 人，其中，畲族 4 人。建村小佐坑西侧山塆，以坑得名。建严氏宗祠、梅氏贞节木牌坊等。通电、程控电话、有线电视、自来水、公路。

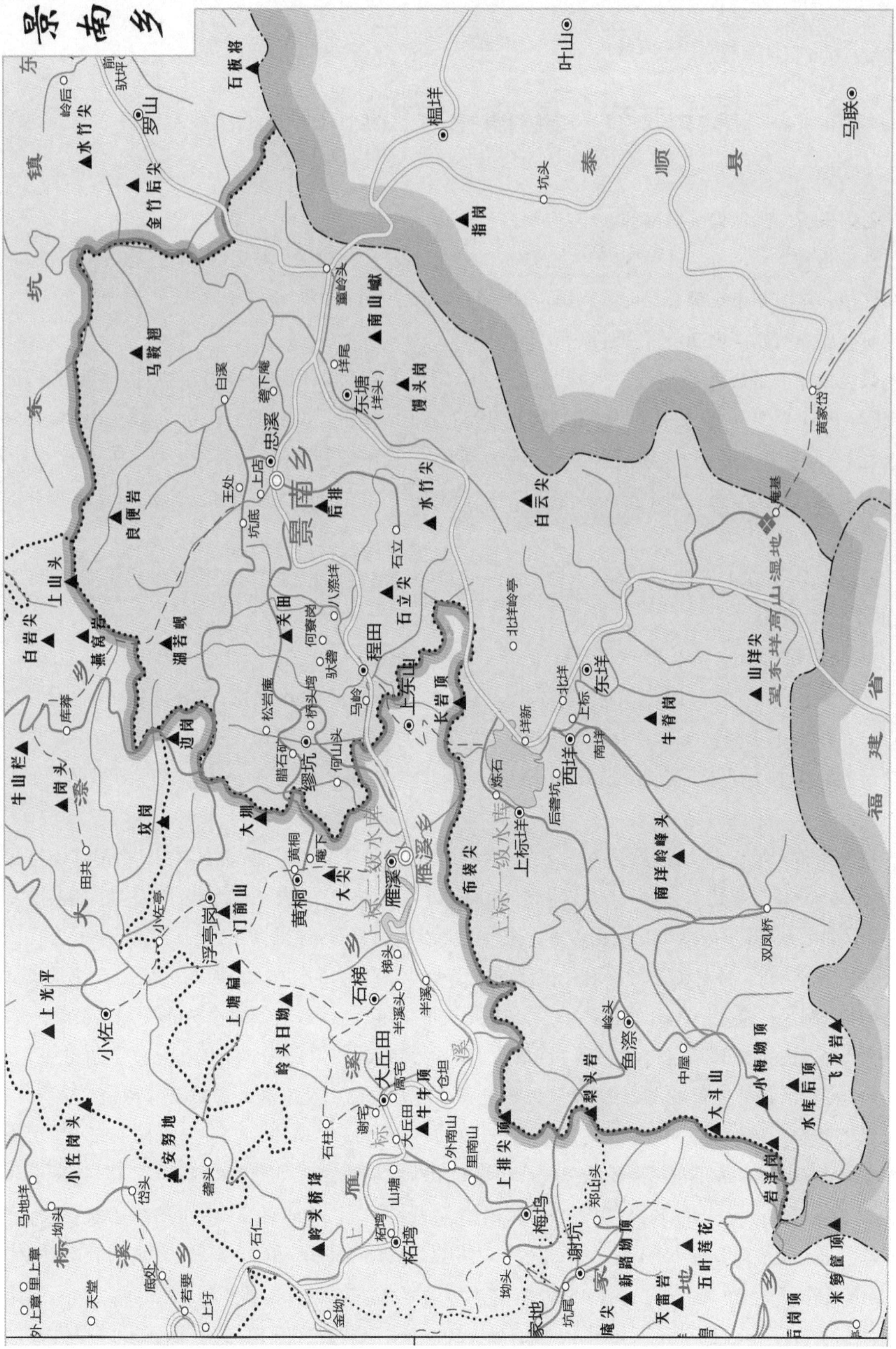

地图审核号：浙 S（2015）46 号

第十二节　景南乡(Jǐngnán Xiāng)

名称来历　因地处县城南部，以方位而得名。

地理位置　位于东经119°32′21″~119°41′28″，北纬27°39′52″~27°47′13″。地处县城东南部，东邻东坑镇并接温州市泰顺县司前畲族镇，南接福建省寿宁县坑底乡，西倚雁溪乡，北连大漈乡。乡人民政府驻忠溪村景南街70号，距县城50千米。

政区沿革　清属五都。1931年，设景南、上鱼、忠石3乡，属第五区。1950年7月，称景南乡，属东坑区。1951年2月，设景南乡，划属大漈区。1952年10月，析景南乡置上标乡，仍属大漈区。1956年3月，上标乡并入景南乡，划归东坑区。1958年9月，设景南管理区，属大漈公社。1961年9月，设景南公社，属东坑区。1984年6月，析景南乡置上渔乡，仍属东坑区。1992年5月，上渔乡并入景南乡。

政区划分　2014年末，辖忠溪、东塘、程田、缪坑、东垟、西垟、上标垟、鱼漈8个村民委员会；下设56个村民小组。

人口面积　2014年末，辖区总户数1567户，总人口4588人。其中，男性2403人，占52.38%；女性2185人，占47.62%；18岁以下915人，占19.94%；18~60岁2898人，占63.17%；60岁以上775人，占16.89%。有畲、彝、苗族等少数民族共60人，其中，畲族11人。人口自然增长率3.70‰。辖区东西最大距离14.6千米，南北最大距离13.6千米，总面积98平方千米。人口密度为每平方千米48.3人。

自然条件　境内群山起伏，南部白云尖，主峰海拔达1611.1米，与温州泰顺界。西南部山垟尖海拔1636.7米，与福建省接壤；飞龙岩海拔1424米，与福建省界；大斗山海拔1522米，与家地乡界。山脉四处延伸，形成众多丘陵山坡和小盆地。地形较为复杂，地处高山，海拔悬殊，最低为程田村，最高为鱼漈村。青草隘为境内通往福建的古道要冲。东部诸水入大白坑与北溪汇合注入飞云江；西部山涧汇标溪港入瓯江支流小溪。属中亚热带季风气候区，气候垂直分布明显，温暖湿润。自然资源丰富，为省市“生态示范乡”。竹林面积1.4万亩，建竹笋两用林基地，素有“毛竹之乡”之誉。野生动、植物种类繁多，腊石矿储量大品位高。可开发高山花卉和高山蔬菜等特色产业。

经济状况　耕地面积3316亩；林地面积92228亩。年产粮食1419吨，其中，水稻1153吨，薯类227吨，豆类39吨。蔬菜种植面积4520亩，产量6810吨；茶叶种植面积750亩，产量48吨；茭白种植面积2460亩，产量3690吨；食用百合种植面积311亩，产量120吨；香菇产量375万袋；花卉产值660万元。生猪饲养量1450头，牛72头，羊718只，家禽5660只，兔3815只。畜禽肉类产量107吨，其中，猪肉产量88吨。累计造林4590亩，林木覆盖率92.3%，活立木蓄积量19.2万立方米。水果种植面积4亩，产量11.5吨，其中，柑桔11.5吨。2014年，农业总产值5155万元，工业总产值2743

万元。

社会发展 各村民委员会通电、公路、程控电话、有线电视、自来水。有文化站1个，村文化中心6个；公共图书室5个，藏书3300册。有幼儿园2所；小学1所，民办学校1所。医疗卫生机构4个。1986年7月，经丽水地区民政局批准为第二次国内革命战争时期革命老区乡；忠溪、缪坑、程田、东塘4个村为革命老区村。2008年1月，望东垟高山湿地省级自然保护区列入全市首批生态道德教育基地。

境内有望东垟高山湿地、鱼漈坑原始次生林区、白云林区、上标水库及何八公古墓葬、松岩庵等景区景点。有省历史文化村落保护利用村东垟村。有忠溪仁孝文化节。

景南乡村民委员会一览

表2-14

标准名称	村民小组	自然村		2014年		海拔（米）
		村数	标准名称	户数	人数	
忠溪	15	5	忠溪	107	314	980
			白溪	43	128	
			上店	31	100	
			坑底	40	129	
			王处	68	231	
东塘	9	5	垟头	69	198	930
			垟尾	39	147	
			坳底	53	85	
			石立	66	210	
			砻下庵	18	53	
程田	6	4	程田	81	253	580
			何寮岗	23	63	
			八漈垟	30	68	
			马岭	34	99	
缪坑	4	4	缪坑	52	166	650
			桥头塆	8	22	
			何山头	38	98	
			高隆	19	57	
东垟	4	2	东垟	134	374	1000
			垟上	17	69	

续表 2-14

标准名称	村民小组	自然村		2014 年		海 拔（米）
		村数	标准名称	户数	人数	
西垟	4	3	西垟	104	270	1010
			南垟	35	165	
			北垟	43	106	
上标垟	8	5	吴家洞	59	154	970
			炼石	41	131	
			垟心	11	39	
			后砻坑	9	30	
			垟头底	24	82	
鱼潈	6	2	岭头	159	441	1100
			中屋	106	306	

村民委员会、居民点

忠溪 Zhōngxī 村民委员会 位于县城东南部。辖忠溪、白溪、上店、坑底、王处 5 个自然村。村民委员会驻忠溪村。以驻地村忠溪得名。总面积 20.08 平方千米，海拔 980 米。有中心学校、农村信用社、卫生院、文化站、广播电视站。15 个村民小组，289 户，902 人，其中，畲族 6 人。耕地面积 568 亩；林地面积 20614 亩，产毛竹、笋干、茶叶、花卉。通电、公路、程控电话、有线电视、自来水。清属五都。1931 年，属第五区忠石乡。1950 年 7 月，属东坑区景南乡。1951 年 2 月，属大潈区景南乡。1956 年 3 月，属东坑区景南乡。1958 年 9 月，属大潈公社景南管理区。1961 年 9 月，改属东坑区景南公社。1984 年 6 月，属东坑区景南乡。1992 年 5 月，属景南乡。经县人民政府批准为第二次国内革命战争时期革命老区村。

【忠溪】Zhōngxī 位于县城东南 50 千米。乡人民政府、村民委员会驻地。107 户，314 人，其中，畲族 3 人。乡境有白溪、中溪、东溪三条溪，中溪居中，“中”与“忠”同音，故名。村以溪名。仁孝文化节举办地。通电、程控电话、有线电视、自来水、公路。

【白溪】Báixī 位于景南乡政府东北 1.5 千米。43 户，128 人。村建溪边，以溪得名。通电、自来水、公路。

【上店】Shàngdiàn 位于景南乡政府西南 0.2 千米。31 户，100 人。村处忠溪村头，昔日经商开店，故名。通电、程控电话、有线电视、自来水、公路。

【坑底】Kēngdǐ 位于景南乡政府西南 1 千米。40 户，129 人。村处山坑深处，故名。通电、自来水、公路。

【王处】Wángchù 位于景南乡政府北 0.5 千米。68 户，231 人。清代王姓开基，故名。通电、公路。

东塘 Dōngtáng 村民委员会 位于景南乡政府东南部。辖垟头、垟尾、坳底、石立、砻下庵5个自然村。村民委员会驻垟头村。以片村东塘取名。总面积13.5平方千米，海拔930米。9个村民小组，245户，693人，其中，畲族4人。耕地面积541亩；林地面积18576亩，产松、杉、杂木、毛竹。通电、公路、程控电话、有线电视、自来水。清属五都。1931年，属第五区忠石乡。1950年7月，属东坑区景南乡。1951年2月，属大漈区景南乡。1956年3月，属东坑区景南乡。1958年9月，属大漈公社景南管理区。1961年9月，属东坑区景南公社。1984年6月，属东坑区景南乡。1992年5月，属景南乡。经县人民政府批准为第二次国内革命战争时期革命老区村。

【东塘】Dōngtáng 片村。包括垟头、垟尾、坳底3村。据传，何八公在此建造东塘、水塘、官塘、外塘、底塘五个池塘。东塘村名源于此。

【垟头】Yángtóu 位于景南乡政府东南2千米。村民委员会驻地。69户，198人，其中，畲族2人。村建东塘村头田垟旁，故名。通电、程控电话、有线电视、自来水、公路。

【垟尾】Yángwěi 位于景南乡政府东南2千米。39户，147人，其中，畲族2人。村建垟头村尾，故名。通电、有线电视、自来水、公路。

【坳底】ào dǐ 位于景南乡政府东南1.5千米。53户，85人。村处山坳内侧，故名。通电、自来水、公路。

【石立】Shílì 位于景南乡政府南2.3千米。66户，210人。村处石立尖东部半山腰，以山峰得名。通电、自来水、公路。

【砻下庵】Lóngxiàān 位于景南乡政府东1.3千米。18户，53人。溪边山砻下昔日建庵堂，名砻下庵。1961年，新安江移民迁此建村，取土名为村名。通电、自来水、公路。

程田 Chéngtián 村民委员会 位于景南乡政府西南部。辖程田、何寮岗、八漈垟、马岭4自然村。村民委员会驻程田村。以驻地村程田得名。总面积4.52平方千米，海拔580米。6个村民小组，168户，483人。耕地面积407亩；林地面积3739亩，产松、杉、杂木、毛竹。通电、公路、程控电话、有线电视、自来水。清属五都。1931年，属第五区景南乡。1950年7月，属东坑区景南乡。1951年2月，属大漈区景南乡。1956年3月，属东坑区景南乡。1958年9月，属大漈公社景南管理区。1961年9月，属东坑区景南公社。1984年6月，属东坑区景南乡。1992年5月，属景南乡。经县人民政府批准为第二次国内革命战争时期革命老区村。

【程田】Chéngtián 位于景南乡政府西南3千米。村民委员会驻地。81户，253人。村处石立尖东麓，程姓开基，在此垦荒为田，故名。通电、程控电话、有线电视、自来水、公路。

【何寮岗】Héliáogǎng 位于景南乡政府西南2.5千米。23户，63人。何姓开基，搭寮于山岗间安居，故名。

【八漈垟】Bājìyáng 位于景南乡政府西南2.3千米。30户，68人。地处湖岩岘与石立尖之间山窟，附近八条小坑有八个岩漈，以地貌得名。通公路。

【马岭】Mǎlǐng 位于景南乡政府西南3.5千米。34户，99人。处地山岭旁，山形似马，故名。通电、自来水、公路。

缪坑 Miùkēng 村民委员会 位于景南乡政府西部。辖缪坑、桥头塆、何山头、高隆4个自然村。村民委员会驻缪坑村。以驻地村缪坑得名。总面积4.16平方千米，海拔650米。4个村民小组，117户，343人。耕地面积393亩；林地面积5727亩，产松、杉、杂木、毛竹。通电、公路、程控电话、有线电视、自来水。清属五都。1931年，属第五区景南乡。1950年7月，属东坑区景南乡。1951年2月，属大漈区景南乡。1956年3月，属东坑区景南乡。1958年9月，属大漈公社景南管理区。1961年9月，属东坑区景南公社。1984年6月，属东坑区景南乡。1992年5月，属景南乡。经县人民政府批准为第二次国内革命战争时期革命老区村。

【缪坑】Miùkēng 位于景南乡政府西南3.5千米。村民委员会驻地。52户，166人。缪姓开基，村建小坑旁，故名。通电、程控电话、有线电视、自来水、公路。

【桥头塆】Qiáotóuwān 位于景南乡政府西3.7千米。8户，22人。建村缪坑桥头山塆，故名。通电、公路。

【何山头】Héshāntóu 位于景南乡政府4.5千米。38户，98人。何姓开基，建村山头坪地，故名。通电、自来水、公路。

【高隆】Gāolóng 位于景南乡政府西3.5千米。19户，57人。通电、自来水、公路。

东垟 Dōngyáng 村民委员会 位于景南乡政府西南部。辖东垟、垟上2个自然村。村民委员会驻东垟村。以驻地村东垟得名。总面积6平方千米，海拔1000米。4个村民小组，153户，443人。耕地面积312亩；林地面积5445亩，产松、杉、杂木、毛竹。通电、公路、程控电话、有线电视、自来水。清属五都。1931年，属第五区上鱼乡。1950年7月，属东坑区景南乡。1951年2月，属大漈区景南乡。1952年10月，属大漈区上标乡。1956年3月，属东坑区景南乡。1958年9月，属大漈公社景南管理区。1961年9月，属东坑区景南公社。1984年6月，属东坑区上渔乡。1992年5月，属景南乡。

【东垟】Dōngyáng 位于景南乡政府西南4.1千米。村民委员会驻地。134户，374人。村建上垟盆地东面，故名。往东南1.4千米达枫水垟林区，后进入望东垟高山湿地景区，为省历史文化村落保护利用村。通电、程控电话、有线电视、自来水、公路。

【垟上】Yángshàng 位于景南乡政府西南4.2千米。17户，69人。以地理位置得名。通电、程控电话、有线电视、自来水、公路。

西垟 Xīyáng 村民委员会 位于景南乡政府西南部。辖西垟、南垟、北垟3个自然村。村民委员会驻西垟村。以驻地村得西垟名。总面积6.72平方千米，海拔1010米。4个村民小组，186户，541人，其中，畲族1人。耕地面积359亩；林地面积9159亩，产松、杉、杂木、毛竹。通电、公路、程控电话、有线电视、自来水。清属五都。1931年，属第五区上鱼乡。1950年7月，属东坑区景南乡。1951年2月，属大漈区景南乡。1952年10月，属大漈区上标乡。1956年3月，属东坑区景南乡。1958年9月，属大漈公社景南管理区。1961年9月，属东坑区景南公社。1984年6月，属东坑区上渔乡。1992年5月，属景南乡。

【西垟】Xīyáng 位于景南乡政府西南4.3千米。村民委员会驻地。104户，270人，其中，畲族1

人。村处上标水库南部。上标盆地分布东、南、西、北四个垟，总称上垟。处地该盆地西侧，故名西垟。通电、程控电话、有线电视、自来水、公路。

【南垟】Nányáng 位于景南乡政府西南 4.4 千米。35 户，165 人。处地上垟盆地南部，故名。昔日景宁至福建寿宁古道经此，上南垟岭，越青草隘口出县境。

【北垟】Běiyáng 位于景南乡政府西南 4.3 千米。上标林场、原上渔乡政府驻地。43 户，106 人。地处上垟盆地北，故名北垟。通电、程控电话、有线电视、自来水、公路。

上标垟 Shàngbiāoyáng 村民委员会 位于景南乡政府西南部。辖吴家洞、炼石、垟心、后砻坑、垟头底 5 个自然村。村民委员会驻吴家洞村。以片村上标垟取名。原名下垟，因重名于 1981 年改称上标垟。总面积 8.12 平方千米，海拔 970 米。8 个村民小组，186 户，541 人。耕地面积 217 亩；林地面积 16136 亩，产松、杉、杂木、毛竹。通电、公路、程控电话、有线电视、自来水。清属五都。1931 年，属第五区上鱼乡。1950 年 7 月，属东坑区景南乡。1951 年 2 月，属大漈区景南乡。1952 年 10 月，属大漈区上标乡。1956 年 3 月，属东坑区景南乡。1958 年 9 月，属大漈公社景南管理区。1961 年 9 月，属东坑区景南公社。1984 年 6 月，属东坑区上渔乡。1992 年 5 月，属景南乡。

【下垟】Xiàyáng 片村。地处布袋尖东麓，村边邻上标水库。包括吴家洞、炼石、垟心、后垄坑村。

【吴家洞】Wújiādòng 位于景南乡政府西南 4.5 千米。村民委员会驻地。59 户，154 人。村处上标水库西侧。吴姓开基，村后有山洞，故名。通电、程控电话、有线电视、自来水、公路。

【炼石】Liànshí 位于景南乡政府西南 4.6 千米。41 户，131 人。先祖在此地以采矿石为生，故名。后因上标电站库区迁至炼石坳门，村名沿用。通电、程控电话、有线电视、自来水、公路。

【垟心】Yángxīn 位于景南乡政府西南 4.2 千米。11 户，39 人。村处上标垟中心地，故名。因上标电站库区移民，迁至原云和至寿宁公路东侧建村。通电、自来水、公路。

【后砻坑】Hòulǒngkēng 位于景南乡政府西南 4.4 千米。9 户，30 人。以坑得名。因上标电站库区移民迁至西垟桥坳门。通电、自来水、公路。

【垟头底】Yángtóudǐ 位于景南乡政府西南 4.4 千米。24 户，82 人。以地理位置得名。通电、程控电话、有线电视、自来水、公路。

鱼漈 Yújì 村民委员会 位于景南乡政府西南部。辖岭头、中屋 2 个自然村。村民委员会驻岭头村。总面积 15.26 平方千米，海拔 1100 米。6 个村民小组，265 户，747 人。耕地面积 519 亩；林地面积 12832 亩，产松、杉、杂木、毛竹。通电、公路、程控电话、有线电视、自来水。清属五都。1931 年，属第五区上鱼乡。1951 年 2 月，属大漈区梅坞乡。1952 年 10 月，属大漈区梅坞乡。1956 年 3 月，属东坑区雁溪乡。1958 年 9 月，属大漈公社雁溪管理区。1961 年 9 月，属东坑区雁溪公社。1984 年 3 月，复属东坑区雁溪乡。1984 年 6 月，划属上渔乡。1992 年 5 月，属景南乡。

【岭头】Lǐngtóu 位于景南乡政府西南 8.1 千米。村民委员会驻地。159 户，441 人。建村高山岭头，故名。通电、程控电话、有线电视、自来水、公路。

【中屋】Zhōngwū 位于景南乡政府西南 8.2 千米。106 户，306 人。建村坑底至岭头中途，故名。村处鱼漈坑景区源头。村边徐氏宗祠，建于清咸丰年间。通电、自来水、公路。

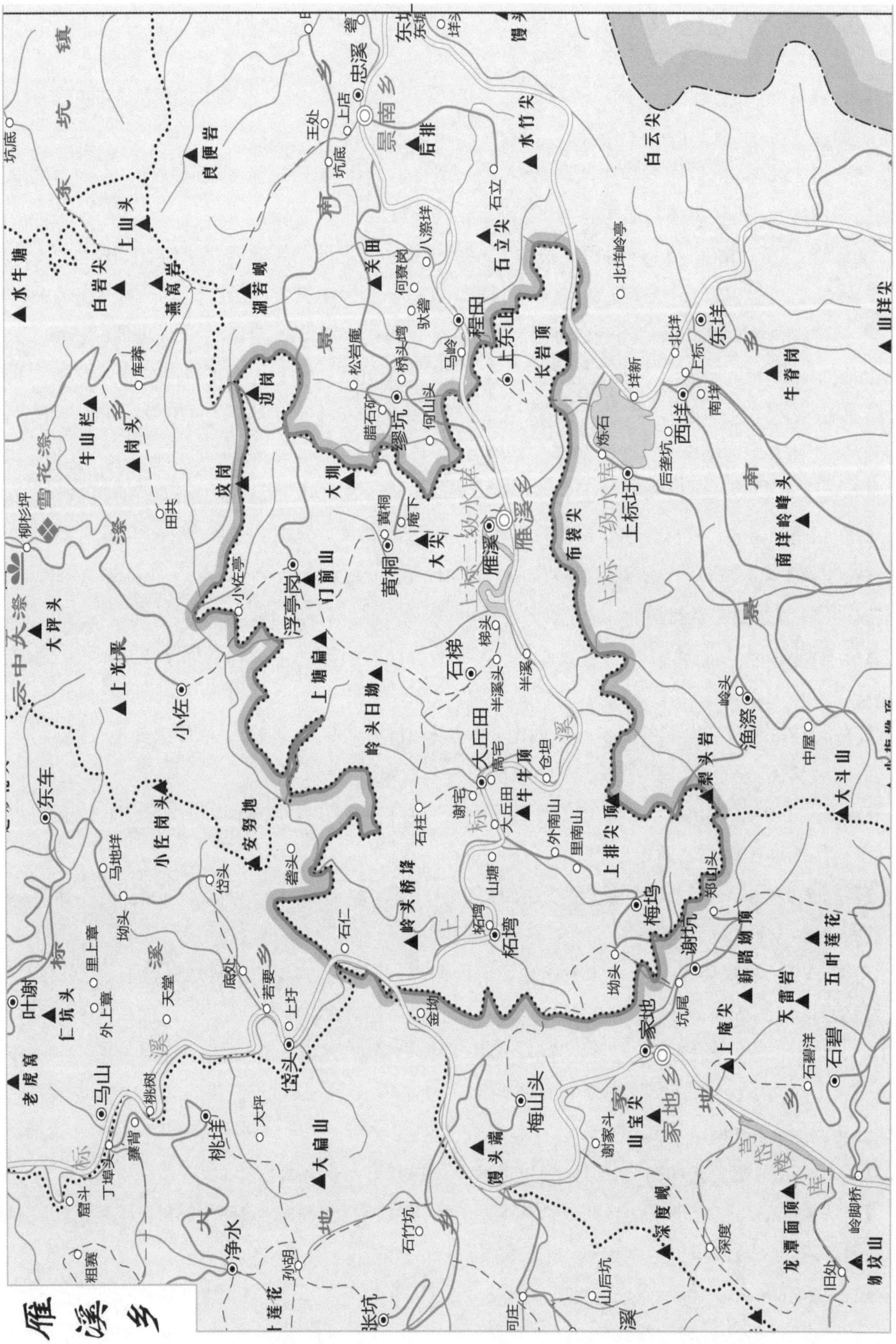
雁溪乡
地图审核号：浙S（2015）46号
雁溪
上标
家地
梅坞
石梯
大丘田
黄桐
浮亭岗
程田
忠溪
西垟
东垟
渔漈
小佐
东车
叶谢
马山
桃垟
净水
张坑
梅山头
石碧
上标一级水库
上标二级水库
雁溪乡
家地乡
东坑镇
景南乡
大漈乡
标溪乡
英川镇
鹤溪街道
上东山
长岩顶
布袋尖
牛牛顶
上排尖顶
犁头岩
新路坳顶
五叶莲花
大斗山
南垟岭峰头
牛脊岗
白云尖
水竹尖
后排
良便岩
上山头
水牛塘
白岩尖
燕窝岩
湖岩岘
边岗
坟岗
大圳
大尖
门前山
上塘扁
岭头日坳
岭头桥垟
安努地
小佐岗头
上光垩
大坪头
牛山栏
老虎窝
大扁山
馒头端
山宝尖
上庵尖
天雷岩
龙潭面顶
深度岘
仞坟山
石立尖
关田

第十三节 雁 溪 乡(Yànxī Xiāng)

名称来历 以乡政府驻地雁溪村而得名。

地理位置 位于东经119°31′33″~119°37′31″,北纬27°42′20″~27°46′48″。地处县城南部,东南邻景南乡,西接家地乡与大地乡,北连大漈乡和标溪乡。乡人民政府驻雁溪村10号,距县城60千米。

政区沿革 清属五都。民国属第五区景南乡。1951年2月,设梅坞乡,属大漈区。1952年10月析梅坞乡置雁溪乡,属大漈区。1956年3月,雁溪、梅坞2个乡及鱼漈村合并置雁溪乡,属东坑区。1958年9月,置雁溪管理区,属大漈公社。1961年9月,设雁溪公社,属东坑区。1962年6月,改属云和县东坑区。1984年3月,复称雁溪乡。1984年6月,鱼漈村划属上渔乡。1992年5月,区划调整,仍称雁溪乡。

政区划分 2014年末辖雁溪、上东山、黄桐、浮亭岗、石梯、大丘田、梅坞、柘塆8个村民委员会;下设43个村民小组。

人口面积 2014年末,辖区总户数1155户,总人口3617人。其中,男性1956人,占54.08%;女性1661人,占45.92%;18岁以下724人,占20.02%;18~60岁2233人,占61.73%;60岁以上660人,占18.25%。有畲、苗、佤族等少数民族共37人,占1.02%。其中,畲族8人。人口自然增长率4.7‰。辖区东西最大距离9.56千米,南北最大距离8.26千米,总面积54.5平方千米。人口密度为每平方千米98.3人。

自然条件 地势由南向北倾斜,群山峰峦叠嶂,多山川峡谷。最高南部峰布袋尖海拔1303米,与景南乡界。主要山涧程田、何山头、上标、黄桐、鱼漈、梅坞、柘塆、小佐坑诸水注标溪港,汇入瓯江支流小溪。境内水力资源丰富,现建有上标、上标二级、柘塆等9座水电站。交通便捷,东达东坑镇接县城和泰顺县、寿宁县,西至标溪乡接县城和庆元、龙泉等地。

经济状况 耕地面积2583亩;林地面积46041亩。年产粮食1257吨,其中,水稻812吨,玉米70吨,豆类96吨,蕃薯135吨,马铃薯128吨。生猪饲养量743头,羊970只,牛122头,家禽10050只,兔5050只。畜禽肉类产量72吨,其中,猪肉产量39吨。茶园种植面积590亩,产量32吨。用材林47355亩,经济林2620亩,农民住宅四旁树木14.8万株,林木覆盖率79.7%,活立木蓄积量18.9万立方米。水果种植面积350亩,产量399吨,其中,柑桔25吨,梨子33吨,桃子145吨,瓜果48吨。2014年,农业总产值1862万元,工业总产值1801万元。

社会发展 各村民委员会通电、公路、程控电话、有线电视、自来水。有文化站1个;公共图书室8个,藏书5900册。有幼儿园1所;小学1所。医疗卫生机构3个。1986年7月,经丽水地区民政局批准为第二次国内革命战争时期革命老区乡;雁溪、黄桐、石梯、梅坞、浮亭岗5个村为革命老区村。

境内主要景点有:何马二仙宫,建于清乾隆十五年(公元1750年),为县级重点文物保护单位。

有古樟银杏红枫林、上标电厂、鱼漈坑、上标漈瀑布、浮亭岗云海、柘湾狮子山等旅游地。雁溪村为市级摄影基地，每年举办雁溪摄影节，由于境内独特的人文资源和地理环境，吸引来自各地一大批摄影人。民间特色艺术有木偶戏和花鼓戏等。

雁溪乡村民委员会一览

表 2-15

标准名称	村民小组	自然村		2014 年		海拔（米）
		村数	标准名称	户数	人数	
雁溪	4	1	雁溪	143	427	480
石梯	8	4	石梯	171	519	610
			半溪头	19	65	
			半溪	40	163	
			梯头	7	29	
大丘田	10	6	大丘田	44	131	360
			山塘	10	23	
			高宅	35	81	
			石柱	31	107	
			仓坦	82	239	
			谢宅	13	48	
梅坞	8	4	梅坞	151	494	610
			坳头	37	141	
			里南山	14	38	
			外南山	3	12	
柘塆	3	2	柘塆	75	218	330
			石仁	3	5	
上东山	5	1	上东山	123	457	730
黄桐	3	2	黄桐	85	199	700
			庵下	21	55	
浮亭岗	2	1	浮亭岗	48	166	1000

村民委员会、居民点

雁溪 Yànxī 村民委员会 位于县城南部。辖雁溪 1 个自然村，村民委员会驻雁溪村。以驻地村雁溪得名。总面积 3.52 平方千米，海拔 480 米。有中心学校、农村信用社、卫生院、文化站、广播电视站。4个村民小组，143户，427人，其中，畲族2人。耕地面积279亩；林地面积3475亩，产松、杉、杂木、毛竹。通电、公路、程控电话、有线电视、自来水。清属五都。民国属第五区景南乡。1951年2月，属大漈区梅坞乡。1952年10月，属大漈区雁溪乡。1956年3月，属东坑区雁溪乡。1958年9月，属大漈公社雁溪管理区。1961年9月，属东坑区雁溪公社。1962年6月，改属云和县东坑区。1984年3月，复属东坑区雁溪乡。1992年5月，属雁溪乡。经县人民政府批准为第二次国内革命战争时期革命老区村。

【雁溪】Yànxī 位于县城南部60千米。村民委员会、乡人民政府驻地。143户，427人，其中，畲族2人。地处布袋尖北麓，程田、何山头、上标、黄桐四水汇于此，村后山似大雁凌空扑水，故名雁溪。村以溪名。溪北岸何马二仙宫，建于清乾隆十五年(1750)，为县级文物保护单位。村南0.5千米建上标电厂。通电、程控电话、有线电视、自来水、公路。

石梯 Shítī 村民委员会 位于雁溪西部。辖石梯、半溪头、半溪、梯头4个自然村。村民委员会驻石梯村。以驻地村石梯得名。总面积7.11平方千米，海拔610米。8个村民小组，237户，776人。耕地面积555亩；林地面积9257亩，产松、杉、杂木、毛竹。通电、公路、程控电话、有线电视、自来水。清属五都。民国属第五区景南乡。1951年2月，属大漈区梅坞乡。1952年10月，属大漈区雁溪乡。1956年3月，属东坑区雁溪乡。1958年9月，属大漈公社雁溪管理区。1961年9月，属东坑区雁溪公社。1962年6月，改属云和县东坑区。1984年3月，复属东坑区雁溪乡。1992年5月，属雁溪乡。经县人民政府批准为第二次国内革命战争时期革命老区村。

【石梯】Shítī 位于雁溪乡政府西2千米。村民委员会驻地。171户，519人。村建半山腰上，四周有五条石砌山岭，好似五条梯子，故名。通电、程控电话、有线电视、自来水、公路。

【半溪】Bànxī 位于雁溪乡政府西1.8千米。40户，163人。村建雁溪至仓坦中段西岸，故名。通电、程控电话、公路。

【半溪头】Bànxītóu 位于雁溪乡政府西2千米。19户，65人。叶姓先祖在半溪村对面岭头建村，故名。通机耕路。

【梯头】Tītóu 位于雁溪乡政府西1.5千米。7户，29人。村建石砌山岭顶头，故名。通电、公路。

大丘田 Dàqiūtián 村民委员会 位于雁溪乡政府西部。辖大丘田、山塘、高宅、仓坦、石柱、谢宅6个自然村。村民委员会驻大丘田村。以驻地村大丘田得名。总面积5.71平方千米，海拔360米。个村民小组，215户，629人。耕地面积392亩；林地面积7354亩，产松、杉、杂木、毛竹。通电、公路、程控电话、有线电视、自来水。清属五都。民国属第五区景南乡。1951年2月，属大漈区梅坞乡。1956年3月，属东坑区雁溪乡。1958年9月，属大漈公社雁溪管理区。1961年9月，属东坑区雁溪公社。1962年6月，改属云和县东坑区。1984年3月，复属东坑区雁溪乡。1992年5月，属雁溪乡。

【大丘田】Dàqiūtián 位于雁溪乡政府西4千米。村民委员会驻地。44户，131人。建村一大丘山田旁，故名。通电、程控电话、有线电视、自来水、公路。

【山塘】Shāntáng 位于雁溪乡政府西4.2千米。10户，23人。建村初，只有三幢屋，原名三堂，后以同音演变今名。通电、公路。

【高宅】Gāozhái　位于雁溪乡政府西 3.6 千米。35 户，81 人。高姓开基建村，以姓得名。通电、自来水、公路。

【仓坦】Cāngtǎn　位于雁溪乡政府西 3.7 千米。82 户，239 人。四周大岩壁，有似岩仓，故名。通电、有线电视、自来水、公路。

【石柱】Shízhù　位于雁溪乡政府西北 4 千米。31 户，107 人。村旁山岗有巨石耸立，形似柱，故名。

【谢宅】Xièzhái　位于雁溪乡政府西 3.7 千米。13 户，48 人。谢姓建村开基，以姓得名。村处石柱南侧，前临小坑。

梅坞 Méiwù 村民委员会　位于雁溪乡政府西南部。辖梅坞、坳头、里南山、外南山 4 个自然村。村民委员会驻梅坞村。以驻地村梅坞得名。总面积 4.85 平方千米，海拔 610 米。8 个村民小组，205 户，685 人。耕地面积 386 亩；林地面积 4922 亩，产松、杉、杂木、毛竹。通电、公路、程控电话、有线电视、自来水。清属五都。民国属第五区景南乡。1951 年 2 月，属大漈区梅坞乡。1956 年 3 月，属东坑区雁溪乡。1958 年 9 月，属大漈公社雁溪管理区。1961 年 9 月，属东坑区雁溪公社。1962 年 6 月，改属云和县东坑区。1984 年 3 月，复属东坑区雁溪乡。1992 年 5 月，属雁溪乡。经县人民政府批准为第二次国内革命战争时期革命老区村。

【梅坞】Méiwù　位于雁溪乡政府西南 5.3 千米。村民委员会驻地。151 户，494 人。西南邻家地乡。通电、程控电话、有线电视、自来水、公路。

【坳头】àotóu　位于雁溪乡政府西南 6.1 千米。37 户，141 人。村建山坳岭头，故名坳头。通电、公路。

【里南山】Lǐnánshān　位于雁溪乡政府西 4.7 千米。14 户，38 人。以山及方位得名。通电、公路。

【外南山】Wàinánshān　位于雁溪乡政府西 4.5 千米。3 户，12 人。以山及方位得名。通公路。

柘垮 Zhèwān 村民委员会　位于雁溪乡政府西部。辖柘垮、石仁 2 个自然村。村民委员会驻柘湾村。以驻地村柘湾得名。总面积 6.93 平方千米，海拔 330 米。3 个村民小组，78 户，223 人。耕地面积 182 亩；林地面积 9938 亩，产松、杉、杂木、毛竹。通电、公路、程控电话、有线电视、自来水。清属五都。民国属第五区景南乡。1951 年 2 月属大漈区梅坞乡。1956 年 3 月，属东坑区雁溪乡。1958 年 9 月，属大漈公社雁溪管理区。1961 年 9 月，属东坑区雁溪公社。1962 年 6 月，改属云和县东坑区。1984 年 3 月，复属东坑区雁溪乡。1992 年 5 月，属雁溪乡。

【柘垮】Zhèwān　位于雁溪乡政府西 5.5 千米。村民委员会驻地。75 户，218 人。据传，先祖在山垮地开基建村，此地多石多木，乃取“木”“石”二字合并为柘，故名柘垮。通电、程控电话、有线电视、自来水、公路。

【石仁】shírén　位于雁溪乡政府西 6 千米。3 户，5 人。村后山有石如巨人，故名石人，方言“人”“仁”同音，以同音演变成石仁。通电、自来水、公路。

上东山 Shàngdōngshān 村民委员会　位于雁溪东部。辖上东山 1 个自然村。村民委员会驻上东山村。以驻地村上东山得名。总面积 2.98 平方千米，海拔 730 米。5 个村民小组，123 户，457 人。耕地面积 332 亩；林地面积 2885 亩，产松、杉、杂木、毛竹。通电、公路、程控电话、有线电视、自来水。

清属五都。民国属第五区上鱼乡。1951年2月,属大漈区梅坞乡。1952年10月,属大漈区雁溪乡。1956年3月,属东坑区雁溪乡。1958年9月,属大漈公社雁溪管理区。1961年9月,属东坑区雁溪公社。1962年6月,改属云和县东坑区。1984年3月,复属东坑区雁溪乡。1992年5月,属雁溪乡。

【上东山】Shàngdōngshān 位于雁溪乡政府东1.7千米。村民委员会驻地。123户,457人。地处雁溪东部高山之上,故名。通电、程控电话、有线电视、自来水、公路。

黄桐 Huángtóng 村民委员会 位于雁溪北部。辖黄桐、庵下2个自然村。村民委员会驻黄桐村。以驻地村得名。总面积4.54平方千米,海拔700米。3个村民小组,106户,254人。耕地面积314亩;林地面积3289亩,产松、杉、杂木、毛竹。通电、公路、程控电话、有线电视、自来水。清属五都。民国属第五区景南乡。1951年2月,属大漈区梅坞乡。1952年10月,属大漈区雁溪乡。1956年3月,属东坑区雁溪乡。1958年9月,属大漈公社雁溪管理区。1961年9月,属东坑区雁溪公社。1984年3月,复属东坑区雁溪乡。1992年5月,属雁溪乡。经县人民政府批准为第二次国内革命战争时期革命老区村。

【黄桐】Huángtóng 位于雁溪乡政府北2千米。村民委员会驻地。85户,199人。黄姓开基,此地多长油桐树,故名。通电、程控电话、有线电视、自来水、公路。

【庵下】ānxià 位于雁溪乡政府北1.5千米。21户,55人。村建山岗下,昔日后山建有庵堂,故名庵下。通电、公路。

浮亭岗 Fútínggǎng 村民委员会 位于雁溪乡政府北部。辖浮亭岗1个自然村。村民委员会驻浮亭岗村。以驻地村浮亭岗得名。总面积3.92平方千米,海拔1000米。2个村民小组,48户,166人,其中,畲族6人。耕地面积143亩;林地面积4921亩,产松、杉、杂木、毛竹。通电、公路、程控电话、有线电视、自来水。清属五都。民国属第五区小枫乡。1951年2月,属大漈区梅坞乡。1952年10月,属大漈区雁溪乡。1956年3月,属东坑区雁溪乡。1958年9月,属大漈公社雁溪管理区。1961年9月,属东坑区雁溪公社。1962年6月,改属云和县东坑区。1984年3月,复属东坑区雁溪乡。1992年5月,属雁溪乡。经县人民政府批准为第二次国内革命战争时期革命老区村。

【浮亭岗】Fútínggǎng 位于雁溪乡政府北3.5千米。村民委员会驻地。48户,166人,其中,畲族6人。据传清代村建山岗上,周边蒲绳藤蔓丛生,原名蒲绳岗。后因村处高山岗上,旁建有亭,常年云雾缭绕,远眺亭若浮空而起,遂改名浮亭岗。省级文明村。通电、程控电话、有线电视、自来水、公路。

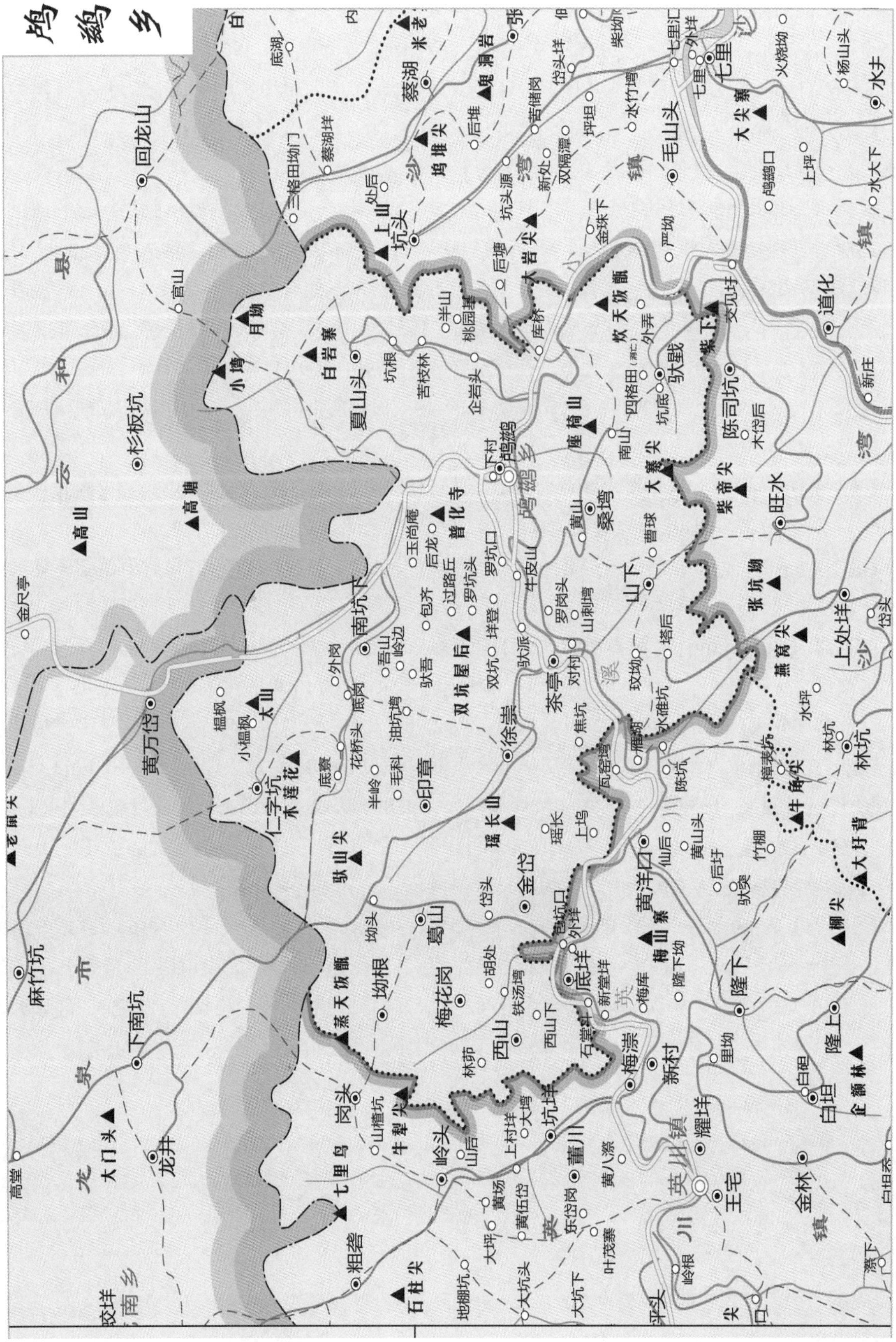

地图审核号：浙S（2015）46号

第十四节 鸬鹚乡(Lúcí Xiāng)

名称来历 以乡政府驻地村鸬鹚得名。

地理位置 位于东经119°21′28″~119°26′17″，北纬27°50′36″~27°55′32″。地处县城西部，东靠沙湾镇，东北界云和县崇头镇，南接沙湾镇，西南连英川镇，西北界龙泉市龙南乡。乡人民政府驻鸬鹚村忠孝路48号，距县城50千米。

政区沿革 清属三都。1931年，设鸬鹚乡、葛山乡，属第三区。1950年7月设鸬鹚、英川2乡，属沙溪区。1951年2月，析鸬鹚乡，置茶亭乡。1952年10月，设鸬鹚、茶亭、葛山3个乡，改属英川区。1956年3月，改设鸬鹚、葛山2乡，仍属英川区。1958年9月，设鸬鹚管理区属沙溪公社；设葛山管理区属英川公社。1961年，改设鸬鹚、葛山2公社，属沙溪区。1965年3月，鸬鹚公社改称路兹公社。1981年9月，复称鸬鹚公社；复属英川区。1984年3月，复设鸬鹚、葛山2乡，仍属英川区。1992年，行政区划调整后仍设鸬鹚、葛山2乡。2013年5月，撤葛山乡，原葛山、坳根、印章、金岱、林胡、西山6个村委会划归鸬鹚乡。

政区划分 2014年末，辖鸬鹚、仁字坑、南坑下、夏山头、徐崇、茶亭、黄桑南、山下、驮戥、葛山、坳根、印章、金岱、林胡、西山15个村民委员会；下设114个村民小组。

人口面积 2014年末，辖区总户数3131户，总人口9816人。其中，男性5127人，占53.15%；女性4689人，占46.85%；18岁以下2056人，占20.95%；18~60岁6073人，占61.86%；60岁以上1687人，占17.19%。有畲、拉祜、佤、苗、布依族等少数民族共679人。其中，畲族535人。人口自然增长率9.11‰。辖区东西最大距离10.92千米，南北最大距离9.22千米，总面积59.79平方千米。人口密度为每平方千米165.8人。

自然条件 境内地势自北、南向中部小溪倾斜。西北最高峰炊天饭甑，海拔1466.7米，跨龙泉市境。北部白马仙海拔1309米，与云和县界。海拔1000米以上山峰还有高堂山、驮山尖、大风坳、大寨尖、水竹岘、牛头寨等。主要山涧铁汤塆、包坑口、茶亭、仁字坑、南坑、山下、驮戥、南山、库桥诸水汇入英川港。昔日英川港可放木排，经小溪到沙湾。境内水力资源丰富，已建有英川三级、南坑下、南坑源二级、南坑源三级、猢狲坪、猢狲坪二级、富仁坑等水电站。公路通沙湾、云和与龙泉等地，交通便利。

经济状况 耕地面积6213亩；林地面积72471亩。年产粮食3082.7吨，其中，水稻2432吨、薯类507吨、玉米70吨、豆类73.7吨。茶叶种植面积2000亩，产量58吨；蔬菜种植面积663亩，产量1020吨。生猪饲养量2150头，牛100头，羊2590只，家禽饲养量7530只，兔3130只。畜禽肉类产量148吨，其中，猪肉产量103吨。累计造林2376亩，农民住宅四旁树木3870株，林木覆盖率60.8%。水果种植面积1045亩，产量439.6吨，其中柑桔240吨。2014年，农业总产值4260万元，工业总产值3593万元。

社会发展 各村民委员会通电、公路、程控电话、有线电视、自来水。有文化站1个；公共图书馆(室)15个。幼儿园2所；小学1所。医疗卫生机构5个。

境内有马天仙殿、马仙非遗馆、葛山方井等旅游景点。有马仙传说市级非物质文化遗产，板龙、迎神等11项县级非物质文化遗产，马仙宫等25处不可移动文物。每年举办鸬鹚马仙文化旅游节，主要有农历正月庙会、元宵舞龙、忠孝宴、七夕迎神等活动。以传承忠孝美德，展示传统民俗文化和秀美山水风光。有县级主要畲族村寨驮戥村。

鸬鹚乡村民委员会一览

表2-16

标准名称	村民小组	自然村		2014年		海拔(米)
		村数	标准名称	户数	人数	
鸬鹚	7	2	鸬鹚	340	974	285
			库桥	3	8	
夏山头	9	4	夏山头	105	295	770
			坑根	9	39	
			苦枝林	22	63	
			企岩头	45	156	
仁字坑	8	3	仁字坑	126	423	820
			榅枫	55	191	
			小榅枫	26	81	
徐崇	6	2	徐崇	151	478	515
			焦坑	54	148	
南坑下	13	11	南坑下	48	153	410
			底寮	13	51	
			花桥头	25	78	
			底岗	14	47	
			外岗	12	41	
			吾山	15	44	
			包齐	24	75	
			岭边	16	69	
			驮吾	17	57	
			油坑塆	36	103	
			玉尚庵	8	36	

续表 2–16

标准名称	村民小组	自然村		2014 年		海 拔（米）
		村数	标准名称	户数	人数	
茶亭	12	12	茶亭	78	208	355
			过路丘	1	5	
			罗坑头	23	97	
			双坑	8	26	
			垟登	15	47	
			驮派	13	43	
			罗坑口	11	26	
			牛皮山	14	45	
			罗岗头	44	161	
			隔溪对村	16	48	
			对村	25	71	
			山刺塆	10	28	
黄桑南	5	3	黄山	52	125	620
			桑塆	83	257	
			南山	34	106	
山下	9	4	山下	127	448	480
			曹球	34	124	
			文坳	22	76	
			塔后	16	38	
驮戥	7	2	驮戥	65	228	445
			坑底	41	127	
葛山	11	2	葛山	227	754	965
			坳头	24	65	
坳根	3	1	坳根	102	306	1065
印章	8	2	印章	281	778	730
			半岭	57	214	
西山	6	3	西山	95	297	770
			西山下	97	305	
			铁汤塆	26	109	

续表 2-16

标准名称	村民小组	自然村		2014 年		海拔（米）
		村数	标准名称	户数	人数	
林胡	4	3	梅花岗	33	112	830
			林茆	69	211	
			胡处	43	125	
金岱	8	4	金榜	56	193	560
			岱头	72	223	
			上坞	38	117	
			瑶长	25	63	

村民委员会、居民点

鸬鹚 Lúcí 村民委员会 位于县城西部。辖鸬鹚、库桥 2 个自然村。村民委员会驻鸬鹚村。以驻地村鸬鹚得名。总面积 5.55 平方千米，海拔 285 米。有中心学校、农村信用社、鸬鹚中心敬老院、卫生院、文化站、广播电视站。7 个村民小组，343 户，982 人，其中，畲族 46 人。耕地面积 343 亩；林业用地 7095 亩，产松、杉、毛竹。通电、公路、程控电话、有线电视、自来水。清属三都。1931 年，属第三区鸬鹚乡。1950 年 7 月，属沙溪区鸬鹚乡。1951 年 2 月，属沙溪区鸬鹚乡。1956 年 3 月，属英川区鸬鹚乡。1958 年 9 月，属沙溪公社鸬鹚管理区。1961 年，属沙溪区鸬鹚公社。1965 年 3 月，沙溪区路兹公社。1981 年 9 月，属英川区鸬鹚公社。1984 年 3 月，属英川区鸬鹚乡。1992 年 5 月，属鸬鹚乡。

【鸬鹚】Lúcí 位于县城西 50 千米。乡人民政府、村民委员会驻地。340 户，974 人，其中，畲族 46 人。据《吴氏家谱》载：宋代称卢山，后因村东鸬鹚殿香火旺盛，遂以鸬鹚名之。南北两水会于村口，向东注入小溪。为县内马仙忠孝文化发祥地，每年办马仙文化旅游节；马天仙传说被列入市、县级非物质文化遗产保护名录。建鸬鹚中心敬老院。公路东至沙湾，西出龙泉、北上云和县。通电、程控电话、有线电视、自来水。

【库桥】Kùqiáo 位于鸬鹚乡政府东 1.4 千米。3 户，8 人。因鸬鹚村地形似水库，村东水口建桥名库桥，村以桥名。后交线从村前经过。

夏山头 Xiàshāntóu 村民委员会 位于鸬鹚乡政府东北部。辖夏山头、坑根、苦枝林、企岩头 4 个自然村。村民委员会驻夏山头村。以驻地村夏山头得名。总面积 9.44 平方千米，海拔 770 米。9 个村民小组，181 户，553 人。耕地面积 471 亩；林业用地 11974 亩，产松、杉、毛竹。通电、公路、程控电话、有线电视、自来水。清属三都。1931 年，属第三区鸬鹚乡。1950 年 7 月，属沙溪区鸬鹚乡。1951 年 2 月，属沙溪区鸬鹚乡。1956 年 3 月，属英川区鸬鹚乡。1958 年 9 月，属沙溪公社鸬鹚管理区。1961 年，属沙溪区鸬鹚公社。1965 年 3 月，属沙溪区路兹公社。1981 年 9 月，属英川区鸬鹚公社。

1984年3月，属英川区鸬鹚乡。1992年5月，属鸬鹚乡。

【夏山头】Xiàshāntóu 位于鸬鹚乡政府东北3千米。村民委员会驻地。105户，295人。夏姓开基，建村山头，以姓氏得名。后商姓迁入，村名沿用。通电、程控电话、有线电视、自来水、公路。

【坑根】Kēnggēn 位于鸬鹚乡政府东北2.6千米。9户，39人。村建坑尾，故名。东侧与沙湾镇接壤。通公路。

【苦枝林】Kǔzhīlín 位于鸬鹚乡政府东北2.3千米。22户，63人。村建苦槠林旁，初名苦槠林，谐音演变成苦枝林。通公路。

【企岩头】Qǐyántóu 位于鸬鹚乡政府东北1.8千米。45户，156人。村处山巅坪地，四周峭壁，方言"企""陡"同义，故名。村处水竹岘西麓。通公路。

仁字坑 Rénzìkēng 村民委员会 位于鸬鹚乡政府西北部。辖仁字坑、榅枫、小榅枫3个自然村。村民委员会驻仁字坑村。以驻地村仁字坑得名。总面积3.81平方千米，海拔820米。8个村民小组，207户，695人。耕地面积460亩；林业用地6016亩，产松、杉、毛竹。通电、公路、程控电话、有线电视、自来水。清属三都。1931年，属第三区葛山乡。1950年7月，属沙溪区鸬鹚乡。1956年3月，属英川区鸬鹚乡。1958年9月，属沙溪公社鸬鹚管理区。1961年，属沙溪区鸬鹚公社。1965年3月，沙溪区路兹公社。1981年9月，属英川区鸬鹚公社。1984年3月，属英川区鸬鹚乡。1992年5月，属鸬鹚乡。

【仁字坑】Rénzìkēng 位于鸬鹚乡政府西北5.5千米。村民委员会驻地。126户，423人。村处寨尖西麓，对面山有二港水分流，成人字形，称为人字坑，村以坑名。后用同音字演变今名。演变通电、程控电话、有线电视、自来水、公路。

【榅枫】Wēnfēng 位于鸬鹚乡政府西北5.3千米。55户，191人。早年榅、枫树成林，故名。北与龙泉界。通公路。

【小榅枫】Xiǎowēnfēng 位于鸬鹚乡政府西北5千米。26户，81人。建村邻近榅枫村，且比之小，故名。西邻仁字坑村。通公路。

徐崇 Xúchóng 村民委员会 位于鸬鹚乡政府西部。辖徐崇、焦坑2个自然村。村民委员会驻徐崇村。以驻地村徐崇得名。总面积2.78平方千米，海拔515米。6个村民小组，205户，626人，其中，畲族41人。耕地面积356亩；林业用地3048亩，产松、杉、毛竹。通电、公路、程控电话、有线电视、自来水。清属三都。1931年，属第三区鸬鹚乡。1950年7月，属沙溪区鸬鹚乡。1951年2月，属沙溪区茶亭乡。1956年3月，茶亭乡并入鸬鹚乡，属英川区。1958年9月，属沙溪公社鸬鹚管理区。1961年，属沙溪区鸬鹚公社。1965年3月，沙溪区路兹公社。1981年9月，属英川区鸬鹚公社。1984年3月，属英川区鸬鹚乡。1992年5月，属鸬鹚乡。

【徐崇】Xúchóng 位于鸬鹚乡政府西3.5千米。村民委员会驻地。151户，478人，其中，畲族40人。徐姓开基建村，初名徐富村。后练、蓝二姓迁入，为尊崇徐姓，改称徐崇。村尾建练氏宗祠。通电、程控电话、有线电视、自来水、公路。

【焦坑】Jiāokēng 位于鸬鹚乡政府西3.3千米。54户，148人。村处小坑边，常遇旱年坑水干涸，故名焦坑。南与英川镇接壤。

南坑下 Nánkēngxià 村民委员会 位于鸬鹚乡政府西北部。辖南坑下、底寮、花桥头、底岗、外岗、吾山、包齐、岭边、驮吾、油坑湾、玉尚庵11个自然村。村民委员会驻南坑下村。以驻地村南坑下得名。总面积6.45平方千米，海拔410米。13个村民小组，228户，754人，其中，畲族108人。耕地面积597亩；林业用地6198亩，产松、杉、毛竹。通电、公路、程控电话、有线电视、自来水。清属三都。1931年，属第三区鸬鹚乡。1950年7月，属沙溪区鸬鹚乡。1951年2月，属沙溪区鸬鹚乡。1956年3月，属英川区鸬鹚乡。1958年9月，属沙溪公社鸬鹚管理区。1961年，属沙溪区鸬鹚公社。1965年3月，沙溪区路兹公社。1981年9月，属英川区鸬鹚公社。1984年3月，属英川区鸬鹚乡。1992年5月，属鸬鹚乡。

【南坑下】Nánkēngxià 位于鸬鹚乡政府西北2.8千米。村民委员会驻地。48户，153人，其中，畲族35人。村傍山水，处龙泉市南坑下游，故名。通电、程控电话、有线电视、自来水、公路。

【底寮】Dǐliáo 位于鸬鹚乡政府西北4.5千米。13户，51人。村处驮山尖西麓南坑山边，先民在坑上游山塆底搭寮种旱作，故名。通公路。

【花桥头】Huāqiáotóu 位于鸬鹚乡政府西北4.1千米。25户，78人。依山傍水，昔日村建木拱楼桥，桥边山花漫野，村以景名。通公路。

【底岗】Dǐgǎng 位于鸬鹚乡政府西北3.5千米。14户，47人。以地理位置、山岗得名。通公路。

【外岗】Wàigǎng 位于鸬鹚乡政府西北3.3千米。12户，41人。村处底岗外边，故名。通公路。

【吾山】Wúshān 位于鸬鹚乡政府西北3千米。15户，44人。吴姓开基，原名吴山，后以方言同音演变今名。

【包齐】Bāoqí 位于鸬鹚乡政府西北2千米。24户，75人。村以“包容齐备”之意得名。南邻过路丘村。

【岭边】Lǐngbiān 位于鸬鹚乡政府西北2.9千米。16户，69人。村处山岭边，以地形得名。

【驮吾】Tuówú 位于鸬鹚乡政府西北2.7千米。17户，57人，畲族。西邻油坑塆村。

【油坑塆】Yóukēngwān 位于鸬鹚乡政府西北3.3千米。36户，103人，其中，畲族16人。村建山塆坑边，两旁多油茶林，故名。西邻半岭村。

【玉尚庵】Yùshàngān 位于鸬鹚乡政府西北1.7千米。8户，36人。村建古寺玉尚庵旁，以寺庙而名。南邻包齐、过路丘村。

茶亭 Chátíng 村民委员会 位于鸬鹚乡政府西南部。辖茶亭、过路丘、罗坑头、双坑、垟登、驮派、罗坑口、牛皮山、罗岗头、隔溪对村、对村、山刺湾12个自然村。村民委员会驻茶亭村。以驻地村茶亭得名。总面积3.92平方千米，海拔355米。12个村民小组，248户，805人，其中，畲族79人。耕地面积370亩；林业用地3775亩，产松、杉、毛竹。通电、公路、程控电话、有线电视、自来水。清属三都。1931年，属第三区鸬鹚乡。1950年7月，属沙溪区鸬鹚乡。1951年2月，属沙溪区茶亭乡。1956年3月，茶亭乡并入鸬鹚乡，属英川区。1958年9月，属沙溪公社鸬鹚管理区。1961年，属沙溪区鸬鹚公社。1965年3月，沙溪区路兹公社。1981年9月，属英川区鸬鹚公社。1984年3月，属英川区鸬鹚乡。1992年5月,属鸬鹚乡。

【茶亭】Chátíng 位于鸬鹚乡政府西南2.2千米。村民委员会驻地。78户,208人。村处英川港中游北岸。昔日为通往龙泉、庆元古道必经之地,此设凉亭供茶水过路客人,故名。景宁至龙泉公路过村境。通电、程控电话、有线电视、自来水。

【过路丘】Guòlùqiū 位于鸬鹚乡政府西南1.7千米。1户,5人,畲族。山区偏僻交通不便。

【罗坑头】Luókēngtóu 位于鸬鹚乡政府西南1.6千米。23户,97人,其中,畲族47人。以坑得名。北邻过路丘村。

【双坑】Shuāngkēng 位于鸬鹚乡政府西2千米。8户,26人,畲族。两条小坑流经村境,故名。南邻驮派村。

【垟登】Yángdēng 位于鸬鹚乡政府西1.2千米。15户,47人。村舍建田垟土墩之上,故名垟墩,以近音演变成今名。西邻双坑村。

【驮派】Tuópài 位于鸬鹚乡政府西1.7千米。13户,43人。村建在一大片倒塌的山坡旁,方言塌坡称之为派,故名。通电、程控电话、有线电视、自来水、公路。

【罗坑口】Luókēngkǒu 位于鸬鹚乡政府西0.8千米。11户,26人。以坑得名。通电、公路。

【牛皮山】Niúpíshān 位于鸬鹚乡政府西1千米。14户,45人。以地形得名。北连垟登村。通公路。

【罗岗头】Luógǎngtóu 位于鸬鹚乡政府西南1.6千米。44户,161人。以山得名。前临英川港。通电、公路。

【对村】Duìcūn 位于鸬鹚乡政府西南2.2千米。25户,71人。鸬鹚至英川公路过村境。

【隔溪对村】Géxīduìcūn 位于鸬鹚乡政府西南2千米。16户,48人。因两村隔小溪相对,南称隔溪对村,北称对村。通公路。

【山刺塆】Shāncìwān 位于鸬鹚乡政府西南1.8千米。10户,28人。村处荆棘丛生之山塆地,故名。通公路。

黄桑南 Huángsāngnán 村民委员会 位于鸬鹚乡政府南部。辖黄山、桑湾、南山3个自然村。村民委员会驻桑塆村。取黄山、桑塆、南山3村名首字组合得名。总面积2.65平方千米,海拔620米。5个村民小组,169户,488人,其中,畲族51人。耕地面积376亩;林业用地3215亩,产松、杉、毛竹。通电、公路、程控电话、有线电视、自来水。清属三都。1931年,属第三区鸬鹚乡。1950年7月,属沙溪区鸬鹚乡。1951年2月,属沙溪区鸬鹚乡。1956年3月,属英川区鸬鹚乡。1958年9月,属沙溪公社鸬鹚管理区。1961年,属沙溪区鸬鹚公社。1965年3月,沙溪区路兹公社。1981年9月,属英川区鸬鹚公社。1984年3月,属英川区鸬鹚乡。1992年5月,属鸬鹚乡。

【桑塆】Sāngwān 位于鸬鹚乡政府南1.3千米。村民委员会驻地。83户,257人。村处野桑丛生山塆之地,故名。通电、程控电话、有线电视、自来水、公路。

【黄山】Huángshān 位于鸬鹚南1.2千米。52户,125人。以山得名。东邻桑塆村。通公路。

【南山】Nánshān 位于鸬鹚乡政府南1.8千米。34户,106人,其中,畲族51人。山以地理位置得名，村以山名。通公路。

山下 Shānxià 村民委员会 位于鸬鹚乡政府南部。辖山下、曹球、文坳、塔后4个自然村。村民委员会驻山下村。以驻地村山下得名。总面积4.39平方千米，海拔480米。9个村民小组，199户，686人，其中，畲族30人。耕地面积475亩；林业用地5451亩，产松、杉、毛竹。通电、公路、程控电话、有线电视、自来水。清属三都。1931年，属第三区鸬鹚乡。1950年7月，属沙溪区鸬鹚乡。1951年2月，属沙溪区茶亭乡。1956年3月，属英川区鸬鹚乡。1958年9月，属沙溪公社鸬鹚管理区。1961年，属沙溪区鸬鹚公社。1965年3月，沙溪区路兹公社。1981年9月，属英川区鸬鹚公社。1984年3月，属英川区鸬鹚乡。1992年5月，属鸬鹚乡。

【山下】Shānxià 位于鸬鹚乡政府西南2.5千米。村民委员会驻地。127户，448人，其中，畲族26人。先人建村大寨尖山脚，故名。通电、程控电话、有线电视、自来水、公路。

【曹球】Cáoqiú 位于鸬鹚乡政府南2.3千米。34户，124人。曹姓开基，村地形似球，故名。

【文坳】Wénào 位于鸬鹚乡政府西南3.1千米。22户，76人。许、王二户建村山坳，为始居，初名对山头；此地为风口，又称风坳；后以方言近音改称坟坳，村民嫌之。后以村里多文人为由，1983年改名文坳。

【塔后】Tǎhòu 位于鸬鹚乡政府西南3.1千米。16户，38人。村后有巨大峭壁，方言称为“岩壁塔”，故名塔后。

驮戥 Tuóděng 村民委员会 位于鸬鹚东南部。辖驮戥、坑底2个自然村。县民族村。村民委员会驻驮戥村。以驻地村驮戥得名。总面积4.71平方千米，海拔445米。7个村民小组，106户，355人，其中，畲族172人。耕地面积398亩；林业用地4305亩，产松、杉、毛竹。通电、公路、程控电话、有线电视、自来水。清属三都。1931年，属第三区鸬鹚乡。1950年7月，属沙溪区鸬鹚乡。1951年2月，属沙溪区鸬鹚乡。1956年3月，属英川区鸬鹚乡。1958年9月，属沙溪公社鸬鹚管理区。1961年，属沙溪区鸬鹚公社。1965年3月，沙溪区路兹公社。1981年9月，属英川区鸬鹚公社。1984年3月，属英川区鸬鹚乡。1992年5月，属鸬鹚乡。

【驮戥】Tuóděng 位于鸬鹚乡政府东南2.8千米。村民委员会驻地。65户，228人。其中，畲族166人。以地形似戥而得名。主要民族村。通电、程控电话、有线电视、自来水、公路。

【坑底】Kēngdǐ 位于鸬鹚乡政府东南2.8千米。41户，127人。在山坑底部建村，故名。东北邻驮戥村，南连陈司坑村。

葛山 Gěshān 村民委员会 位于鸬鹚乡政府西北部。辖葛山、坳头2个自然村。村民委员会驻葛山村。以驻地村葛山得名。总面积5.37平方千米，海拔965米。11个村民小组，251户，819人，其中，畲族3人。耕地面积485亩；林业用地5947亩，产松、杉、毛竹。通电、公路、程控电话、有线电视、自来水。清属三都。1931年，属第三区葛山乡。1950年7月，属沙溪区英川乡。1952年10月，属英川区葛山乡。1958年9月，属英川公社葛山管理区。1961年9月，属沙溪区葛山公社。1981年9月，属英川区葛山公社。1984年3月，属英川区葛山乡。1992年5月，属葛山乡。2013年5月，属鸬鹚乡。

【葛山】Gěshān 位于鸬鹚乡政府西北 4.4 千米。村民委员会驻地葛山村。原葛山乡人民政府驻地。227 户,754 人,其中,畲族 3 人。建村初为葛藤蔓生之地,故名。村中部建葛山方井。通电、程控电话、有线电视、自来水、公路。

【坳头】àotóu 位于鸬鹚乡政府西北 4.3 千米。24 户,65 人。村处苦马漈山坳地上部,故名。北与龙泉界。鸬鹚至葛山公路过村境。通电、公路。

坳根 àogēn 村民委员会 位于鸬鹚西北部。辖坳根 1 个自然村。村民委员会驻坳根村。以驻地村坳根得名。总面积 1.77 平方千米,海拔 1065 米。3 个村民小组,102 户,306 人。耕地面积 191 亩;林业用地 2672 亩,产松、杉、毛竹。通电、公路、程控电话、有线电视、自来水。清属三都。1931 年,属第三区葛山乡。1950 年 7 月,属沙溪区英川乡。1952 年 10 月,属英川区葛山乡。1958 年 9 月,属英川公社葛山管理区。1961 年 9 月,属沙溪区葛山公社。1981 年 9 月,属英川区葛山公社。1984 年 3 月,属英川区葛山乡。1992 年 5 月,属葛山乡。2013 年 5 月,属鸬鹚乡。

【坳根】àogēn 位于鸬鹚乡政府西北 4.6 千米。村民委员会驻地。102 户,306 人。块状分布,村坊坡陡。村建炊天饭甑山峰坳脚,故名。东接葛山村,村后山路通岗头村。通电、程控电话、有线电视、自来水、公路。

印章 Yìnzhāng 村民委员会 位于鸬鹚乡政府西北部。辖印章、半岭 2 个自然村。村民委员会驻印章村。以驻地村印章得名。总面积 3.29 平方千米,海拔 730 米。8 个村民小组,338 户,992 人。耕地面积 435 亩;林业用地 2392 亩,产松、杉、毛竹。通电、公路、程控电话、有线电视、自来水。清属三都。1931 年,属第三区葛山乡。1950 年 7 月,属沙溪区英川乡。1952 年 10 月,属英川区葛山乡。1958 年 9 月,属英川公社葛山管理区。1961 年 9 月,属沙溪区葛山公社。1981 年 9 月,属英川区葛山公社。1984 年 3 月,属英川区葛山乡。1992 年 5 月,属葛山乡。2013 年 5 月,属鸬鹚乡。

【印章】Yìnzhāng 位于鸬鹚乡政府西北 3.8 千米。村民委员会驻地。281 户,778 人。村东北部有小山丘形似印章,故名。村尾建马仙殿,建有叶氏宗祠、柳氏宗祠。通电、程控电话、有线电视、自来水、公路。

【半岭】Bànlǐng 位于鸬鹚乡政府西北 3.9 千米。57 户,214 人。村建印章至花桥头山岭中段,故名。通公路。

西山 Xīshān 村民委员会 位于鸬鹚乡政府西部。辖西山、西山下、铁汤塆 3 个自然村。村民委员会驻西山村。以驻地村西山得名。总面积 2.28 平方千米,海拔 770 米。6 个村民小组,218 户,711 人。耕地面积 418 亩;林业用地 3016 亩,产松、杉、毛竹。通电、公路、程控电话、有线电视、自来水。清属三都。1931 年,属第三区葛山乡。1950 年 7 月,属沙溪区英川乡。1952 年 10 月,属英川区葛山乡。1958 年 9 月,属英川公社葛山管理区。1961 年 9 月,属沙溪区葛山公社。1981 年 9 月,属英川区葛山公社。1984 年 3 月,属英川区葛山乡。1992 年 5 月,属葛山乡。2013 年 5 月,属鸬鹚乡。

【西山】Xīshān 位于鸬鹚乡政府西 4.8 千米。村民委员会驻地。95 户,297 人。村处包坑口西山之腰,故名。通电、程控电话、有线电视、自来水、公路。

【西山下】Xīshānxià 位于鸬鹚乡政府西 4.7 千米。97 户,305 人。地处西山村之下,故名。通公路。

【铁汤塆】Tiětāngwān 位于鸬鹚乡政府西4.6千米。26户，109人。村处山塆，田水常年呈铁锈色，故名。

林胡 Línhú 村民委员会 位于鸬鹚乡政府西部。辖梅花岗、林茆、胡处3个自然村。村民委员会驻梅花岗村。取林茆、胡处两村名首字而得名。总面积1.48平方千米，海拔830米。4个村民小组，145户，448人。耕地面积376亩；林业用地4352亩，产松、杉、毛竹。通电、公路、程控电话、有线电视、自来水。清属三都。1931年，属第三区葛山乡。1950年7月，属沙溪区英川乡。1952年10月，属英川区葛山乡。1958年9月，属英川公社葛山管理区。1961年9月，属沙溪区葛山公社。1981年9月，属英川区葛山公社。1984年3月，属英川区葛山乡。1992年5月，属葛山乡。2013年5月，属鸬鹚乡。

【梅花岗】Méihuāgǎng 位于鸬鹚乡政府西北4.7千米。村民委员会驻地。33户，112人。村处山岗，周边多梅花，山因之名也，村以山名。通电、程控电话、有线电视、自来水、公路。

【林茆】Línmáo 位于鸬鹚乡政府西5千米。69户，211人。林姓先人开基，村处茅草丛生地，故名。

【胡处】Húchù 位于鸬鹚乡政府西4.5千米。43户，125人。初为湖泽地，清代填湖建村，故名胡处。

金岱 Jīndài 村民委员会 位于鸬鹚乡政府西部。辖金榜、岱头、瑶长、上坞4个自然村。村民委员会驻金榜村。取金榜、岱头两村名首字得名。总面积3.02平方千米，海拔560米。8个村民小组，191户，596人，其中，畲族5人。耕地面积362亩；林业用地3015亩，产松、杉、毛竹。通电、公路、程控电话、有线电视、自来水。清属三都。1931年，属第三区葛山乡。1950年7月，属沙溪区英川乡。1952年10月，属英川区葛山乡。1958年9月，属英川公社葛山管理区。1961年9月，属沙溪区葛山公社。1981年9月，属英川区葛山公社。1984年3月，属英川区葛山乡。1992年5月，属葛山乡。2013年5月，属鸬鹚乡。

【金榜】Jīnbǎng 位于鸬鹚乡政府西4.2千米。村民委员会驻地。56户，193人，其中，畲族5人。清代乾隆年间，金姓从印章徙此建村，为标榜先祖功德，故名。通电、程控电话、有线电视、自来水、公路。

【岱头】Dàitóu 位于鸬鹚西4.3千米。72户，223人。以地理位置得名。通公路。

【瑶长】YáoChǎng 位于鸬鹚乡政府西4.1千米。25户，63人。村处瑶长尖山脚，以山尖得名。

【上坞】Shàngwù 位于鸬鹚乡政府西南4千米。38户，117人。建村土壤肥沃坞地之上，故名上坞。

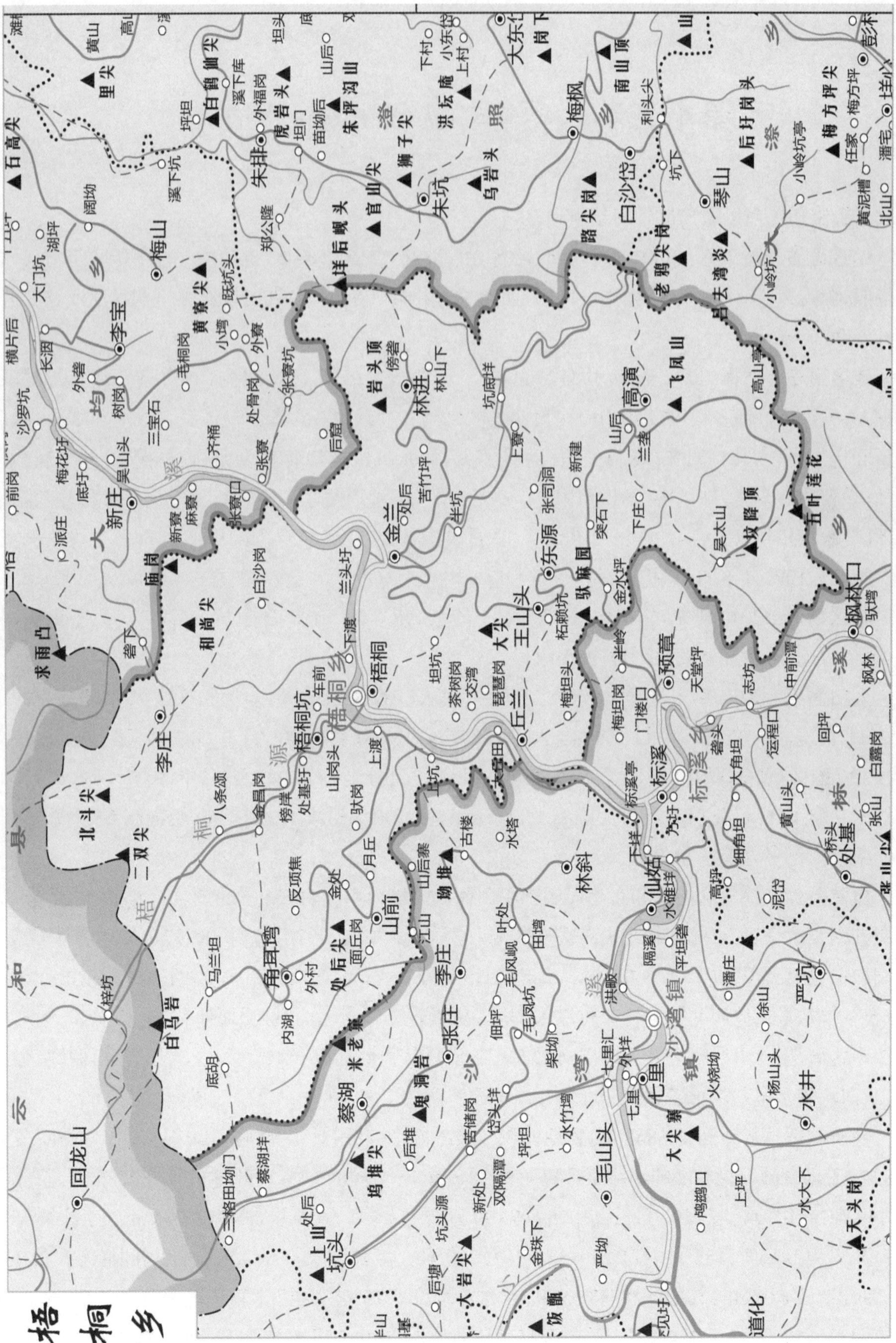

地图审核号：浙 S（2015）46 号

第十五节　梧 桐 乡(Wútóng Xiāng)

名称来历　乡以政府驻地村梧桐得名。

地理位置　位于东经 119°27′00″~119°34′01″，北纬 27°49′21″~27°56′07″。地处县城西南部，东邻澄照、大均乡，南接标溪乡，西连沙湾镇，西北界云和县崇头镇。乡人民政府驻梧桐村江滨路 8 号，距县城 26 千米。

政区沿革　清属二都、五都。1931 年，设第一区梧桐乡；第五区高演乡。1951 年 2 月，设沙溪区梧桐乡；大漈区高演乡。1952 年 10 月，设沙溪区梧桐乡、山前乡；大漈区高演乡。1956 年 3 月，撤山前乡并梧桐乡，为县直属乡；高演乡并入何庄乡，改属东坑区。1958 年 9 月，设梧桐管理区，属沙溪公社；设何庄管理区，属大漈公社。1961 年 9 月，原何庄管理区高演、东源、王山头 3 个村并入梧桐管理区，改设梧桐公社，属沙溪区。1981 年 12 月设梧桐公社，属沙湾区。1984 年 3 月，复设梧桐乡，属沙湾区。1992 年 5 月，撤扩并后，设梧桐乡。

政区划分　2014 年末，辖梧桐、丘兰、金兰、李庄、角耳塆、山前、梧桐坑、高演、东源、王山头、林进 11 个村民委员会；下设 80 个村民小组。

人口面积　2014 年末，辖区总户数 2145 户，总人口 6094 人。其中，男性 3183 人，占 52.23%；女性 2911 人，占 47.77%；18 岁以下 1345 人，占 22.07%；18~60 岁 3700 人，占 60.72%；60 岁以上 1049 人，占 17.21%。有畲、拉祜、佤、苗等族 5 个少数民族，共 1475 人，占 24.2%；其中，畲族 1438 人，人口自然增长率 1.15‰。辖区东西最大距离 11.24 千米，南北最大距离 12.52 千米，总面积 65 平方千米。人口密度为每平方千米 85.8 人。

自然条件　地势从西北和东南向中部小溪倾斜。境内主要山峰北部北斗尖，海拔 1127 米，与云和县崇头镇分界；东北部和尚尖海拔 955 米，与大均乡界。处后岗头海拔 893 米，与标溪乡界。石门洞山口直通大漈乡。南部大尖、老鸦尖、飞凤山三峰耸立。主要溪涧梧桐坑，自西北向东南注入小溪；金兰坑从东南向西北在金竹口村注入小溪。庆景青公路穿境而过，交通便利。气候温和，无霜期较长。这里是省“中药材之乡”，是国内最大人工厚朴林基地。有金坑一级、金坑二级、梧桐坑、金丝坑、石门洞等水电站，总装机达 1300 千瓦。矿产资源较丰富。

经济状况　耕地面积 3861 亩，林地面积 74262 亩。年产粮食 1894 吨，其中，水稻 1765 吨、薯类 158 吨、玉米 9 吨、豆类 52 吨。蔬菜种植面积 3840 亩，产量 4883 吨；茶叶种植面积 3588 亩，茶叶产量 149 吨；食用菌栽培 210 万袋，其中，香菇 190 万袋，黑木耳 16 万袋，产值 552 万元。生猪饲养量 503 头，牛 47 头，羊 152 只，家禽 40682 只，兔 720 只。畜禽肉类产量 158 吨，其中，猪肉产量 139 吨。累计造林 8198 亩，其中，经济林 5531 亩，林木覆盖率 75.7%，活立木蓄积量 18.7 万立方米。厚朴种植面积 1.72 万亩，金银花、白术等中药材种植面积 1190 亩。果园总面积 1117 亩，产量 891 吨，其中，柑桔580吨。2014年，农业总产值4998万元，工业总产值11800万元。

社会发展 各村民委员会通电、公路、程控电话、有线电视、自来水。有文化站1个，农家书屋7个，有幼儿园2所，小学1所，民办学校1所。医疗卫生机构5个。是“浙江省中药材之乡”、“全国最大人工厚扑林基地”。

境内有梧桐坑峡谷、高演古村落、迎凤廊桥、汤夫人庙、环胜楼桥、清风楼桥、廻龙楼桥、栖凤亭、承恩亭等景区景点。举办“崇学向善”传统文化活动，凝聚民族精神，规范道德行为。王山头村为革命老区村。有主要畲族村寨东源、王山头、林进、丘兰等村。

梧桐乡村民委员会一览

表2–17

标准名称	村民小组	自然村		2014年		海拔（米）
		村数	标准名称	户数	人数	
李庄	3	2	李水洪	108	263	925
			白沙岗	27	78	
梧桐	8	3	梧桐	235	496	195
			下渡	44	136	
			上渡	32	87	
金兰	7	4	金竹口	118	268	200
			兰头圩	28	76	
			处后	20	83	
			半坑	35	90	
林进	5	3	林进	117	326	740
			苦竹坪	18	65	
			林山下	40	168	
高演	13	4	高演	216	518	750
			坑底垟	36	122	
			下庄	21	97	
			吴太山	55	175	
东源	9	6	东源	56	145	650
			金水坪	16	52	
			突石下	11	44	
			新建	17	71	
			张司洞	25	79	
			上寮	14	33	

续表 2-17

标准名称	村民小组	自然村		2014 年		海拔（米）
		村数	标准名称	户数	人数	
王山头	6	5	王山头	53	124	600
			柘赖坑	33	119	
			外塆	14	47	
			松树坳	3	16	
			坦坑	29	105	
丘兰	5	6	丘兰口	12	65	210
			梅坦头	35	93	
			上坑	54	115	
			茶树岗	51	102	
			枇杷岗	45	97	
			大丘田	12	31	
山前	6	6	山前	43	128	670
			驮岗	15	40	
			金处	41	134	
			月丘	17	52	
			面丘岗	33	108	
			江山	6	18	
角耳塆	11	4	角耳塆	85	368	900
			底胡	43	169	
			马兰坦	65	252	
			反项焦	39	127	
梧桐坑	7	5	处基圩	18	39	
			榜岸	23	45	
			庙圩	67	181	200
			车前	1	6	
			山岗头	19	41	

村民委员会、居民点

梧桐 Wútóng 村民委员会 位于县城西南部。辖梧桐、下渡、上渡 3 个自然村。村民委员会驻梧桐村、乡人民政府驻地，以驻地村梧桐得名。总面积4.3平方千米，海拔195米。有中心学校、农村信用社、卫生院、文化站、广播电视站、村老人协会。8个村民小组，311户，719人，其中，畲族15人。耕地面积214亩；林业用地4282亩，产松、杉、毛竹。通电、公路、程控电话、有线电视、自来水。清属二都。1931年，属第一区梧桐乡。1951年2月，属沙溪区梧桐乡。1952年10月，属沙溪区梧桐乡。1956年3月，为县直属梧桐乡。1958年9月，属沙溪公社梧桐管理区。1961年9月，属沙溪区梧桐公社。1981年12月，属沙湾区梧桐公社。1984年3月，属沙湾区梧桐乡。1992年5月，属梧桐乡。

【梧桐】Wútóng　位于县城西南26千米。村民委员会驻地。235户，496人，其中，畲族11人。昔日村尾有梧桐树，故名。景宁至庆元、龙泉公路过村境。梧桐大桥横跨小溪，公路通往西北部山前、角耳塆及梧桐坑诸村。沿溪建防洪堤。溪边公路旁建栖凤亭。村对岸金字山建游步道，把梧桐大桥、迎凤廊桥、下渡村连接为一体，成为一道风景，供人们游览休闲。通电、程控电话、有线电视、自来水。

【下渡】Xiàdù　位于梧桐乡政府东0.8千米。44户，136人。地处梧桐村尾，傍渡口，故名。下渡建公路桥，通电、公路。

【上渡】Shàngdù　位于梧桐乡政府西0.3千米。32户，87人。地处梧桐村头，渡口旁，故名。村尾建水电站。通电、公路。

李庄 Lǐzhuāng 村民委员会　位于梧桐乡政府北部。辖李水洪、白沙岗2个自然村。村民委员会驻李水洪村。以驻地李水洪首字得名。总面积8.18平方千米，海拔925米。3个村民小组，135户，341人，其中，畲族73人。耕地面积169亩；林业用地12775亩，产松、杉、毛竹。通电、公路、程控电话、有线电视、自来水。清属二都。1931年，属第一区梧桐乡。1951年2月，属沙溪区梧桐乡。1952年10月，属沙溪区梧桐乡。1956年3月，为县直属梧桐乡。1958年9月，属沙溪公社梧桐管理区。1961年9月，属沙溪区梧桐公社。1981年12月，属沙湾区梧桐公社。1984年3月，属沙湾区梧桐乡。1992年5月，属梧桐乡。

【李水洪】Lǐshuǐhóng　位于梧桐乡政府北3.2千米。村民委员会驻地。108户，263人。李姓开基，村尾有漈高30丈，水流飞溅如濛濛雨，故名。以方言近音演变今名。通电、有线电视、自来水、公路。

【白沙岗】Báishāgǎng　位于梧桐乡政府东北2千米。27户，78人，畲族。以山岗得名。东与大均乡接壤。通电、机耕路。

金兰 Jīnlán 村民委员会　位于梧桐乡政府东部。辖金竹口、兰头圩、处后、半坑4个自然村。村民委员会驻金竹口村。以金竹口、兰头圩两村各取首字得名。总面积3.97平方千米，海拔200米。7个村民小组，201户，517人，其中，畲族65人。耕地面积223亩，主产水稻；林业用地4718亩，产松、杉、毛竹。通电、公路、程控电话、有线电视、自来水。清属二都。1931年，属第一区梧桐乡。1951年2月，属沙溪区梧桐乡。1952年10月，属沙溪区梧桐乡。1956年3月，为县直属梧桐乡。1958年9月，属沙溪公社梧桐管理区。1961年9月，属沙溪区梧桐公社。1981年12月，属沙湾区梧桐公社。

1984 年 3 月，属沙湾区梧桐乡。1992 年 5 月，属梧桐乡。

【金竹口】Jīnzhúkǒu　位于梧桐乡政府东 2 千米。村民委员会驻地。118 户，268 人。其中，畲族 5 人。昔日多金竹，村建小坑口，故名。通电、程控电话、有线电视、自来水、公路。

【兰头圩】Lántóuxū　位于梧桐乡政府东 2 千米。28 户，76 人。村处小溪北岸沙圩，以圩地得名。清代初期赖姓从福建汀州徙此居住，今祖坟在村头。后罗姓迁入。民国《景宁县续志》载："赖头圩渡，在金竹口岸，里人捐置"。今仍保留兰头圩渡。

【处后】Chùhòu　位于梧桐乡政府东 2.2 千米。20 户，83 人，畲族。村处金竹口村后，以地理位置得名。西邻金兰村。

【半坑】Bànkēng　位于梧桐乡政府东 2.6 千米。35 户，90 人。地处金兰坑中段，故名。通公路。

林进　Línjìn　村民委员会　位于梧桐乡政府东部。辖林进、苦竹坪、林山下 3 个自然村。县民族村。村民委员会驻林进村。以驻地村林进得名。总面积 5.6 平方千米，海拔 740 米。5 个村民小组，175 户，559 人，其中，畲族 209 人。耕地面积 385 亩，主产水稻；林业用地 5069 亩，产松、杉、毛竹。通电、公路、程控电话、有线电视、自来水。清属六都。1931 年，属第一区朱坑乡。1951 年 2 月属城区朱坑乡。1952 年 10 月，属沙溪区朱坑乡。1956 年 3 月，为县直属梧桐乡。1958 年 9 月，属沙溪公社梧桐管理区。1961 年 9 月，属沙溪区梧桐公社。1981 年 12 月，属沙湾区梧桐公社。1984 年 3 月，属沙湾区梧桐乡。1992 年 5 月，属梧桐乡。

【林进】Línjìn　位于梧桐东 4.3 千米。村民委员会驻地。117 户，326 人，其中，畲族 8 人。林姓开基，建村山塆，原名"林山"。1981 年，因重名更改今名。东北部与澄照、大均乡界。通电、程控电话、有线电视、自来水、公路。

【苦竹坪】Kǔzhúpíng　位于梧桐乡政府东 3.5 千米。18 户，65 人，畲族。蓝姓开基，建村山坪，昔日多苦竹，故名。畲族村，通公路。

【林山下】Línshānxià　位于梧桐乡政府东 4.5 千米。东与澄照乡接壤。40 户，168 人，畲族。村处林山村之下，以地理位置得名。畲族村，通公路。

高演　Gāoyǎn　村民委员会　位于梧桐乡政府东南部。辖高演、坑底垟、下庄、吴太山 4 个自然村。村民委员会驻高演村。以驻地村高演得名。总面积 14.38 平方千米，海拔 750 米。13 个村民小组，328 户，912 人，其中，畲族 81 人。耕地面积 754 亩，主产水稻；林业用地 17443 亩，产松、杉、厚朴、药材。通电、公路、程控电话、有线电视、自来水。清属五都。1931 年，属第五区，置高演乡（乡辖高演、东源、下庄、叶振、张司洞、坑底垟、建塘圩等 7 村）。1951 年 2 月，属大漈区高演乡。1956 年 3 月，改属东坑区何庄乡。1958 年 9 月，属大漈公社何庄管理区。1961 年 9 月，属沙溪区梧桐公社。1981 年 12 月，属沙湾区梧桐公社。1984 年 3 月，属沙湾区梧桐乡。1992 年 5 月，属梧桐乡。

【高演】Gāoyǎn　位于梧桐乡政府东南 5.7 千米。村民委员会驻地。216 户，518 人，其中，畲族 5 人。明代任姓从鹤溪徙此开基传建村，古时村建高大戏台，常演戏，故名。高演《任氏宗谱》载有：古木朝晖、雾冈夕照、金岗晴岚、鳳山霁雪、豸顶间眺、云庵幽憩、叠石呈奇、三桥环胜等八景。清同治

《景宁县志》载:“飞凤山,在高演,冈峦舒展,如凤下翔”。清代在水口建环胜、廻龙、清风三桥,2013年3月,环胜桥公布为国家级重点文物保护单位。2014年2月高演任公墓葬群被公布为第七批县级重点文物保护单位。高演村有“浙江省中药材之乡”“全国最大人工厚扑林基地”之誉,为中国传统村落。通电、程控电话、有线电视、自来水、公路。

【坑底垟】Kēngdǐyáng 位于梧桐乡政府东南4.5千米,东与澄照乡接壤。36户,122人。村处金兰坑源头,旁有一畈田垟,故名。通电、公路。

【下庄】Xiàzhuāng 位于梧桐乡政府东南5.1千米。21户,97人,畲族。村处高演村西侧山下,故名。通公路。

【吴太山】Wútàishān 位于梧桐乡政府东南5.7千米。55户,175人。村建高山上,昔日多野兽,为防兽害只能种旱糯稻(水稻老品种),原名“旱糯山”,后吴姓徙此居住,改名。通电、公路。

东源 Dōngyuán 村民委员会 位于梧桐乡政府东南部。辖东源、金水坪、突石下、新建、张司洞、上寮6个自然村。县民族村。村民委员会驻东源村。以驻地村东源得名。总面积3.66平方千米,海拔650米。9个村民小组,139户,424人,其中,畲族261人。耕地面积403亩,主产水稻;林业用地4517亩,产松、杉、毛竹。通电、公路、程控电话、有线电视、自来水。清属五都。1931年,属第五区高演乡。1951年2月,属大漈区高演乡。1956年3月,改属东坑区何庄乡。1958年9月,属大漈公社何庄管理区。1961年9月,属沙溪区梧桐公社。1981年12,月属沙湾区梧桐公社。1984年3月,属沙湾区梧桐乡。1992年5月,属梧桐乡。

【东源】Dōngyuán 位于梧桐乡政府东南3.5千米。村民委员会驻地。56户,145人,其中,畲族11人。清初开基,村处溪涧东面,水源充足,故名。金兰至高演公路过境。通电、程控电话、有线电视、自来水。

【金水坪】Jīnshuǐpíng 位于梧桐乡政府东南4.1千米。16户,52人,其中,畲族39人。村建山岗上,村民取水难,水似为金,故名金水坪。通电、机耕路。

【突石下】Tūshíxià 位于梧桐乡政府东南4.1千米。11户,44人,畲族。村后山有重叠巨石,方言“突”意为重叠,故名。通电、公路。

【新建】Xīnjiàn 原名苦竹坳。位于梧桐乡政府东南4.4千米。17户,71人,畲族。通电、公路。

【张司洞】Zhāngsīdòng 位于梧桐乡政府东南4.8千米。25户,79人,畲族。以老鸦尖北麓有张司洞得名。通电、机耕路。

【上寮】Shàngliáo 位于梧桐乡政府东南4.3千米。14户,33人,畲族。地处金兰坑上游,蓝姓开基搭寮建村,故名。通电、机耕路。

王山头 Wángshāntóu 村民委员会 位于梧桐乡政府东南部。辖王山头、柘赖坑、外塆、松树坳、坦坑5个自然村。村民委员会驻王山头村。以驻地村王山头得名。总面积3.55平方千米,海拔600米。6个村民小组,132户,411人,其中,畲族212人。耕地面积401亩,主产水稻;林业用地2754亩,产松、杉、毛竹。通电、公路、程控电话、有线电视、自来水。清属二都。1931年,属第三区标溪乡。1951年2月属大漈区高演乡。1956年3月,改属东坑区何庄乡。1958年9月,属大漈公社何庄管理区。1961 年 9 月，属沙溪区梧桐公社。1981 年 12 月，属沙湾区梧桐公社。1984 年 3 月，属沙湾区梧桐乡。1992 年 5 月，属梧桐乡。经县人民政府批准为第二次国内革命战争时期革命老区村。

【王山头】Wángshāntóu　位于梧桐乡政府东南 3 千米。村民委员会驻地。53 户，124 人，其中，畲族 56 人。王姓开基，建村山头，故名。村口建承恩亭，造型古朴优美。金兰至高演公路过境，通电、程控电话、有线电视、自来水。

【柘赖坑】Zhèlàikēng　位于梧桐乡政府东南 3.1 千米，南与标溪乡接壤。33 户，119 人，畲族。以坑得名。革命老区村。

【外垮】Wàiwān　位于梧桐乡政府东南 1.4 千米。14 户，47 人，畲族。以地理位置得名。通公路。

【坦坑】Tǎnkēng　位于梧桐乡政府东南 1.4 千米。29 户，105 人。以地形得名。通电、公路。

【松树坳】Sōngshùào　位于梧桐乡政府东南 3 千米。3 户，16 人，畲族。山多松树，以山坳得名。处大尖南麓。

丘兰 Qiūlán 村民委员会　位于梧桐乡政府南部。辖丘兰口、梅坦头、上坑、茶树岗、枇杷岗、大丘田 6 个自然村。村民委员会驻丘兰口村。以丘兰坑得名。总面积 3.17 平方千米，海拔 210 米。5 个村民小组，209 户，503 人，其中，畲族 225 人。耕地面积 236 亩，主产水稻；林业用地 3415 亩，产松、杉、毛竹。通电、公路、程控电话、有线电视、自来水。清属二都。1931 年，属第一区梧桐乡。1951 年 2 月，属沙溪区梧桐乡。1952 年 10 月，属沙溪区梧桐乡。1956 年 3 月，为县直属梧桐乡。1958 年 9 月，属沙溪公社梧桐管理区。1961 年 9 月，属沙溪区梧桐公社。1981 年 12 月，属沙湾区梧桐公社。1984 年 3 月，属沙湾区梧桐乡。1992 年 5 月，属梧桐乡。

【丘兰口】Qiūlánkǒu　位于梧桐南乡政府 2.5 千米。村民委员会驻地。12 户，65 人，其中，畲族 15 人。村处丘兰坑口，故名。景宁至庆元公路过境，通电、程控电话、有线电视、自来水、公路。

【上坑】Shàngkēng　位于梧桐乡政府西南 1.4 千米。54 户，115 人，其中，畲族 6 人。以坑得名。清代刘姓先祖从仙姑徙此安居。部分村民迁对岸公路旁。村尾上坑涧建石拱桥，名万安桥，昔日为景宁至沙湾主要通道。

【梅坦头】Méitǎntóu　位于梧桐乡政府南 3 千米，南与标溪乡界。35 户，93 人。梅姓开基，村建岩头岭上，故名。通电、机耕路。

【茶树岗】Cháshùgǎng　位于梧桐乡政府南 1.6 千米。51 户，102 人，畲族。建村山岗，村周多油茶树，故名。

【枇杷岗】Pípágǎng　位于梧桐乡政府南 2 千米。45 户，97 人，畲族。村处山岗，村旁有枇杷树，故名。

【大丘田】Dàqiūtián　位于梧桐乡政府南 2.1 千米。12 户，31 人。村处小溪东岸，在一丘大田旁，故名。

山前 Shānqián 村民委员会　位于梧桐乡政府西部。辖山前、驮岗、金处、月丘、面丘岗、江山 6 个自然村。村民委员会驻山前村。以驻地村山前得名。总面积 3.12 平方千米，海拔 670 米。6 个村民小组，155户，480人。其中，畲族129人。耕地面积293亩，主产水稻；林业用地3022亩，产松、杉、毛竹。通电、公路、程控电话、有线电视、自来水。清属二都。1931年，属第一区梧桐乡。1951年2月属沙溪区梧桐乡。1952年10月，属沙溪区山前乡。1956年3月，撤山前乡并梧桐乡，为县直属乡。1958年9月，属沙溪公社梧桐管理区。1961年9月，属沙溪区梧桐公社。1981年12月，属沙湾区梧桐公社。1984年3月，属沙湾区梧桐乡。1992年5月，属梧桐乡。

【山前】Shānqián 位于梧桐乡政府西2.8千米。村民委员会驻地。43户，128人，其中，畲族35人。以地理位置得名。通电、程控电话、有线电视、自来水、公路。

【驮岗】Tuógǎng 位于梧桐乡政府西1.5千米。15户，40人。以地形得名。通公路。

【金处】Jīnchù 位于梧桐乡政府西2.3千米。41户，134人，其中，畲族56人。金姓开基，故名。通公路。

【月丘】Yuèqiū 位于梧桐乡政府西2.2千米。17户，52人。村前有田形似半月，故名。通公路。

【面丘岗】Miànqiūgǎng 位于梧桐乡政府西3.1千米。33户，108人，其中，畲族38人。山岗上有田，形似方桌，称桌面丘，故名。

【江山】Jiāngshān 位于梧桐乡政府西南3千米。处山前村南侧，与沙湾镇接壤。6户，18人。

角耳塆 Jiǎoěrwān 村民委员会 位于梧桐乡政府西北部。辖角耳塆、底胡、马兰坦、反项焦4个自然村。村民委员会驻角耳塆村。以驻地村角耳塆得名。总面积8.44平方千米，海拔900米。11个村民小组，232户，916人，其中，畲族141人。耕地面积605亩，主产水稻；林业用地8795亩，产松、杉、毛竹。通电、公路、程控电话、有线电视、自来水。清属二都。1931年，属第一区梧桐乡。1951年2月，属沙溪区梧桐乡。1952年10月，属沙溪区山前乡。1956年3月，为县直属梧桐乡。1958年9月，属沙溪公社梧桐管理区。1961年9月，属沙溪区梧桐公社。1981年12月，属沙湾区梧桐公社。1984年3月，属沙湾区梧桐乡。1992年5月，属梧桐乡。

【角耳塆】Jiǎoěrwān 位于梧桐乡政府西北3.7千米。村民委员会驻地。85户，368人，其中，畲族5人。村处水巢岘东南坡，地多塆凹，旧称夹耳塆，后改角耳塆。通电、程控电话、有线电视、自来水、公路。

【底胡】Dǐhú 位于梧桐乡政府西北4.7千米。西侧水巢岘与沙湾镇界。43户，169人。建村角耳塆村后湖边，故名。村北0.5千米山顶建汤夫人庙。通电、程控电话、有线电视、自来水、公路。

【马兰坦】Mǎlántǎn 位于梧桐乡政府西北4.8千米。65户，252人，其中，畲族136人。以地形得名。通公路。

【反项焦】Fǎnxiàngjiāo 位于梧桐乡政府西北2.9千米。39户，127人。通公路。

梧桐坑 Wútóngkēng 村民委员会 位于梧桐乡政府北部。辖处基圩、傍岸、庙圩、车前、山岗头5个自然村。村民委员会驻庙圩村。以坑得名。总面积5.79平方千米，海拔200米。7个村民小组，128户，312人，其中，畲族27人。耕地面积178亩；林业用地7472亩，产松、杉、毛竹。通电、公路、程控电话、有线电视、自来水。清属二都。1931年属第一区梧桐乡。1951年2月，属沙溪区梧桐乡。1952年10月，属沙溪区山前乡。1956年3月，为县直属梧桐乡。1958年9月，属沙溪公社梧桐管理区。1961 年 9 月，属沙溪区梧桐公社。1981 年 12 月，属沙湾区梧桐公社。1984 年 3 月，属沙湾区梧桐乡。1992 年 5 月，属梧桐乡。

【庙圩】Miàoxū　位于梧桐乡政府西北 0.8 千米。村民委员会驻地。67 户，181 人，其中，畲族 16 人。村头有大片岩壁，古树荫辖建禹王庙，村民在庙前圩地建村，故名。通电、程控电话、有线电视、自来水、公路。

【处基圩】Chùjīxū　位于梧桐乡政府西北 1.6 千米。18 户，39 人。先祖旧村曾废为圩地，后人在旧址建村，故名。通公路。

【榜岸】Bǎngàn　位于梧桐乡政府西北 1.3 千米。23 户，45 人。村建梧桐坑南岸一池塘旁，初名傍岸，后演变成榜岸。通公路。

【车前】Chēqián　位于梧桐乡政府西北 0.5 千米。1 户，6 人，畲族。通电、机耕路。

【山岗头】Shāngǎngtóu　位于梧桐乡政府西北 0.5 千米。19 户，41 人，其中，畲族 6 人。村头建石拱桥。水口建迎凤廊桥，横跨梧桐坑，连接下渡村。通公路。

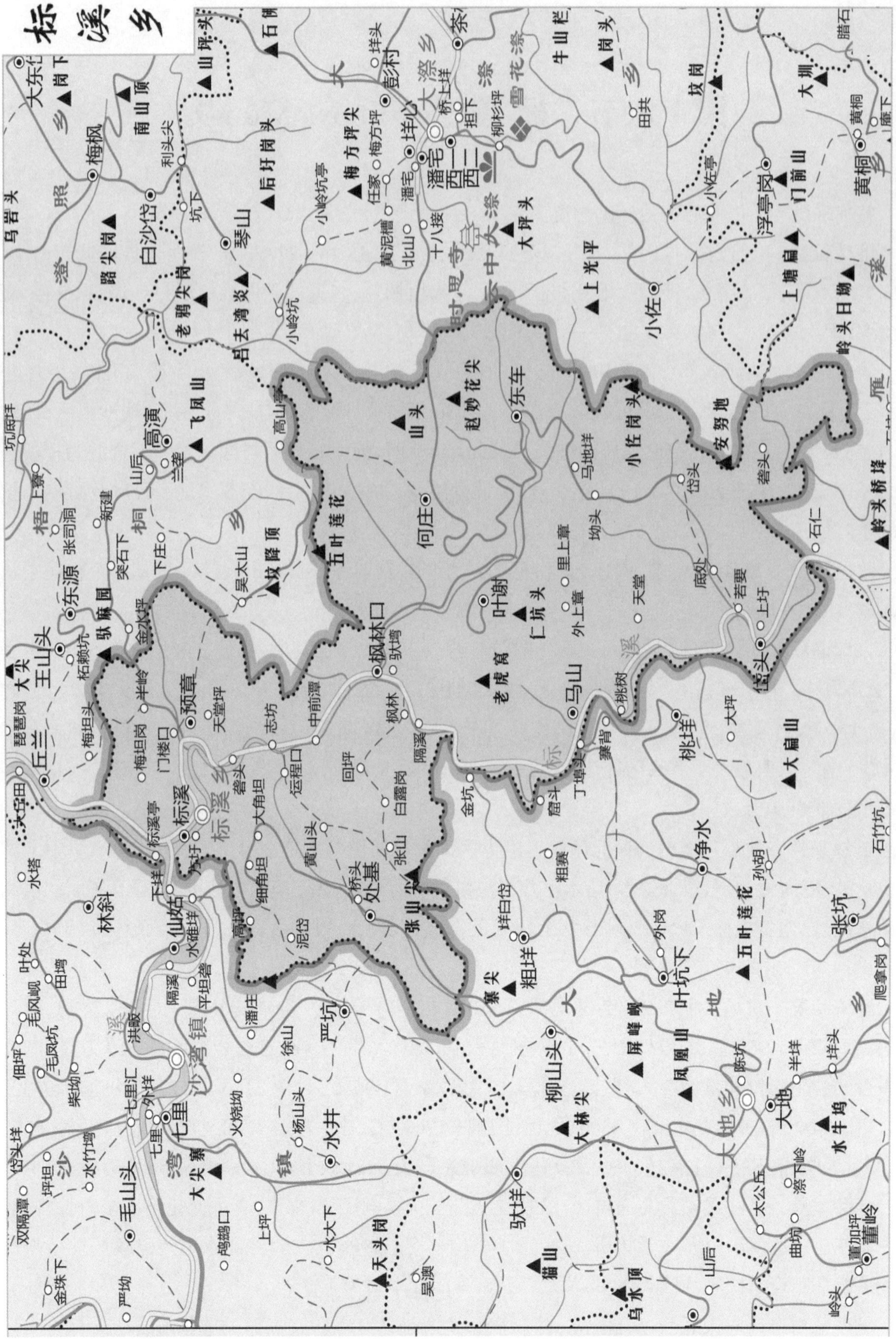

地图审核号：浙S（2015）46号

第十六节　标 溪 乡(Biāoxī Xiāng)

名称来历　乡以政府驻地标溪村得名。

地理位置　位于东经 119°28′17″~119°34′00″,北纬 27°45′13″~27°51′48″。地处县城城西南部,东邻大漈乡,南接雁溪乡,西靠大地乡和沙湾镇,北临梧桐乡。乡人民政府驻标溪村环溪路 25 号,距县城 32 千米。

政区沿革　清属二都、五都。1931 年,设标溪乡,属第三区;设大漈乡、小枫乡属第五区。1951 年 2 月设标溪、叶谢 2 个乡,分属沙溪区、大漈区。1956 年 3 月设标溪、何庄 2 个乡,分属沙溪区、东坑区。1958 年 9 月,称标溪管理区,属沙溪公社。1961 年 9 月,何庄管理区与标溪管理区合并为标溪公社。1981 年 12 月,属沙湾区。1984 年 3 月,复设标溪乡。1986 年 7 月,经丽水地区民政局批准为抗日战争时期革命老区乡。1992 年 5 月,区划调整,仍设标溪乡。

政区划分　2014 年末,辖标溪、预章、枫林口、何庄、东车、叶谢、马山、岱头、处基 9 个村民委员会;下设 48 个村民小组。

人口面积　2014 年末,辖区总户数 1560 户,总人口 4712 人。其中,男性 2488 人,占 52.80%;女性 2224 人,占 47.20%;18 岁以下 1056 人,占 22.41%;18~60 岁 2913 人,占 61.82%;60 岁以上 743 人,占 15.77%。有畲、苗、侗族等少数民族共 115 人,占 2.44%;其中,畲族 82 人。人口自然增长率 4.44‰。辖区东西最大距离 9.16 千米,南北最大距离 12.18 千米,总面积 49.75 平方千米。人口密度为每平方千米 91.3 人。

自然条件　地势从东南向西北倾斜。境内西南部标溪港与大地乡分界,标溪港为小溪中上游重要溪港,境内预章、东车、枫林口诸水汇集标溪港,向北注入小溪。境内气候温和,雨量充沛。水利资源充足,已建有上标三级、上标四级、上标五级、上标六级、石银一级、石银二级、枫林口、引井口、预章、景标等水电站。

经济状况　耕地面积 2892 亩;林地面积 58610 亩。年产粮食 1730 吨,其中,水稻 1274 吨、薯类 2799 吨、玉米 50 吨、豆类 127 吨。茶叶种植面积 912 亩,产量 41 吨;生产袋料香菇 110 万袋,产值 18.5 万元。生猪饲养量 503 头,牛 47 头,羊 152 只,家禽 40682 只,兔 3186 只。生态公益林 35300 亩,竹林 3160 亩,种植草本药材 4300 亩,木本药材 1760 亩。林木覆盖率 78.8%。水果种植面积 809 亩,产量 557 吨,其中,柑桔 160 吨。2014 年,农业总产值 3481 万元,工业总产值 5600 万元。

社会发展　各村民委员会通电、公路、程控电话、有线电视、自来水。有乡文化站 1 个,村文化活动中心 9 个,幼儿园 1 所,小学 1 所,医疗卫生机构 4 个。1986 年 7 月经丽水地区民政局批准为抗日战争时期革命老区乡;叶谢、岱头、预章、处基、马山 5 个村为革命老区村。

境内曾举办叶谢帐篷节,来自上海、宁波和市内各地 300 多驴友参加负重登山活动。有马山马仙宫、枫林感应宫、稽中亭、张山白鹤仙宫、东车马仙宫等；有迴澜桥、桥头桥、徐姓祠堂、预章刘家祠堂（稽山中学旧址）等古建筑。

标溪乡村民委员会一览

表 2-18

标准名称	村民小组	自然村		2014 年		海 拔（米）
		村数	标准名称	户数	人数	
预章	9	6	预章	72	195	260
			半岭	27	97	
			门楼口	58	168	
			砻头	43	120	
			志坊	28	69	
			运程口	37	102	
枫林口	5	5	隔溪	20	68	
			枫林	52	147	
			枫林口	43	123	230
			驮塆	45	126	
			中前潭	16	44	
叶谢	4	1	叶谢	63	222	590
东车	4	2	东车	106	323	570
			马地垟	24	92	
何庄	3	1	何庄	126	367	820
马山	3	4	马山	68	237	430
			桃树	13	45	
			丁埠头	1	4	
			天堂	4	13	
处基	11	9	处基	50	162	610
			高坪	10	29	
			细角坦	11	48	
			大角坦	21	66	
			泥岱	31	120	
			黄山头	75	234	

续表 2-18

标准名称	村民小组	自然村		2014 年		海拔（米）
		村数	标准名称	户数	人数	
处基			桥头	14	47	
			回坪	39	133	
			张山	85	256	
岱头	4	5	坳头	18	54	
			底处	13	43	
			若要	40	156	
			上圩	19	58	
			岱头	17	54	700
标溪	5	2	标溪	236	596	220
			万圩	35	97	

村民委员会、居民点

标溪 Biāoxī 村民委员会　位于县城西南部。辖标溪、万圩 2 个自然村。村民委员会驻标溪村，乡人民政府驻地。以驻地村标溪得名。总面积 1.99 平方千米，海拔 220 米。有中心学校、农村信用社、卫生院、文化站、广播电视站。5 个村民小组，271 户，693 人，其中，畲族 4 人。耕地面积 168 亩；林业用地 1663 亩，产松、杉、毛竹。通电、公路、程控电话、有线电视、自来水。清属二都。民国属第三区标溪乡。1950 年 7 月，属沙溪区沙溪乡。1951 年 2 月，属沙溪区标溪乡。1956 年 3 月，属沙溪区标溪乡。1958 年 9 月，属沙溪公社标溪管理区。1961 年 9 月，属沙溪区标溪公社。1981 年 12 月，属沙湾区标溪公社。1984 年 3 月，属沙湾区标溪乡。1992 年 5 月，属标溪乡。

【标溪】Biāoxī　位于县城西南 32 千米。村民委员会驻地。236 户，596 人，其中，畲族 4 人。明代，村前为樟木林，原称"樟林"。清乾隆年间洪水冲毁村庄，改名"漂溪"以志其害，后以形意相近演变今名。村尾建标溪大桥，连接景宁至沙湾、庆元公路。公路沿标溪港向南通大地、家地、雁溪等地。通电、有线电视、程控电话、自来水。

【万圩】Wànxū　位于标溪乡政府南 0.3 千米。35 户，97 人。村建沙圩地旁，故名。与标溪乡校隔溪相望，村头建景标电站，通电、公路。

预章 Yùzhāng 村民委员会　位于标溪东部。辖预章、半岭、门楼口、志坊、运程口、砻头 6 个自然村。村民委员会驻预章村。以驻地村预章得名。总面积 5.48 平方千米，海拔 260 米。9 个村民小组，265 户，751 人，其中，畲族 33 人。耕地面积 371 亩，主产水稻；林业用地 5898 亩，产松、杉、毛竹。通电、公路、程控电话、有线电视、自来水。清属二都。民国属第三区标溪乡。1950 年 7 月，属沙溪区沙溪乡。1951 年 2 月，属沙溪区标溪乡。1956 年 3 月，属沙溪区标溪乡。1958 年 9 月，属沙溪公社标溪管理区。1961年9月，属沙溪区标溪公社。1981年12月，属沙湾区标溪公社。1984年3月，属沙湾区标溪乡。1992年5月，属标溪乡。经县人民政府批准为抗日战争时期革命老区村。

【预章】Yùzhāng 位于标溪乡政府东1.5千米。村民委员会驻地。72户，195人，其中，畲族31人。据传，村北有山形似虎，村西有山形如猪，村边一珠樟树像猎人，以防虎伤人，故曾取名"御疆"，后以方言同音演变成现名。昔日村尾坑边建古堰。沿坑源向东过预章排，经十二曲(弯)上岭至下庄村，翻越三曲岭头再往东走1.5千米，到达高演古村。抗日战争后期，绍兴稽山中学迁此办学三年。村口标溪至大地公路旁建"稽中亭"；南侧通村建公路取名"稽中路"；刘氏宗祠门前立"稽山中学旧址"石碑。通电、有线电视、程控电话、自来水。

【门楼口】Ménlóukǒu 位于标溪乡政府东1.2千米。58户，168人。村处预章村村口，故名。村口建跨预章坑桥，标溪至交溪口公路过境，通电、有线电视、程控电话、自来水。

【半岭】Bànlǐng 位于标溪乡政府东1.8千米。27户，97人。村处预章至东源山岭半途，故名。通公路。

【运程口】yùn chéng kǒu 位于标溪乡政府东南1.9千米。37户，102人。村傍渡口，昔日溪涧渡船用粗绳吊在两岸牵引，称"悬绳口"，以方言近音演变成运程口。村处标溪港西岸，交通不便。

【砻头】Lóngtóu 位于标溪乡政府东南1.9千米。43户，120人。村建标溪港东岸，窍岩村对岸，处预章村头，溪边岩砻粗大，故名。1987年3月，标溪至交溪口公路开通。窍岩村民因涧水阻隔交通不便，遂举村迁此居住，通公路。

【志坊】Zhìfāng 位于标溪乡政府东南1.7千米。28户，69人。通公路。

枫林口 Fēnglínkǒu 村民委员会 位于标溪乡政府东南部。辖枫林口、隔溪、枫林、驮塆、中前潭5个自然村。村民委员会驻枫林口村。以驻地村枫林口得名。总面积3.47平方千米，海拔230米。5个村民小组，176户，508人。耕地面积175亩；林业用地7253亩，产松、杉、毛竹。通电、公路、程控电话、有线电视、自来水。清属五都。民国属第五区小枫乡。，1950年7月，属沙溪区沙溪乡。1951年2月，属大潦区叶谢乡。1956年3月，属东坑区何庄乡。1958年9月，属大潦公社何庄管理区。1961年9月，属沙溪区标溪公社。1981年12月，属沙湾区标溪公社。1984年3月，属沙湾区标溪乡。1992年5月，属标溪乡。

【枫林口】Fēnglínkǒu 位于标溪乡政府东南3.8千米。村民委员会驻地。43户，123人。明代建村，位于枫林村水口，故名。村尾建枫林口公路桥。通电、有线电视、程控电话、自来水。

【隔溪】Géxī 位于标溪乡政府东南4.1千米。20户，68人。与枫林村一河之隔，故名，通公路。

【枫林】Fēnglín 位于标溪乡政府东南3.9千米。52户，147人。建村枫树林旁，故名，通公路。

【驮塆】Tuówān 位于标溪乡政府东南4千米，西邻枫林口村。45户，126人。以山塆得名，通公路。

【中前潭】Zhōngqiántán 位于标溪乡政府东南2.6千米。16户，44人。建村小溪潭边，村傍大柏树，初名"柏前潭"，又名宫前潭。后因方言近音，改称中前潭。通公路。

叶谢 Yèxiè 村民委员会 位于标溪乡政府东南部。辖叶谢1个自然村。村民委员会驻叶谢村，以驻地村叶谢得名。总面积 2.58 平方千米，海拔 590 米。5 个村民小组，63 户，222 人。耕地面积 156 亩；林业用地 3534 亩，产松、杉、毛竹。通电、公路、程控电话、有线电视、自来水。清属五都。民国属第五区小枫乡。1951 年 2 月，属大漈区叶谢乡。1956 年 3 月，属东坑区何庄乡。1958 年 9 月，属大漈公社何庄管理区。1961 年 9 月，属沙溪区标溪公社。1981 年 12 月，属沙湾区标溪公社。1984 年 3 月，属沙湾区标溪乡。1992 年 5 月，属标溪乡。经县人民政府批准为抗日战争时期革命老区村。

【叶谢】Yèxiè　位于标溪乡政府东南 5.7 千米。63 户，222 人。叶姓开基，谢姓迁入，故名。后严姓从小佐徙此安居。通电、有线电视、程控电话、自来水、公路。

东车 Dōngchē 村民委员会　位于标溪乡政府东南部。辖东车、马地垟 2 个自然村。村民委员会驻东车村。以驻地东车村得名。总面积 4.3 平方千米，海拔 570 米。4 个村民小组，130 户，415 人。耕地面积 272 亩，主产水稻；林业用地 4817 亩，产松、杉、毛竹。通电、公路、程控电话、有线电视、自来水。清属五都。民国属第五区小枫乡。1950 年 7 月，属东坑区大漈乡。1951 年 2 月，属大漈区叶谢乡。1956 年 3 月，属东坑区何庄乡。1958 年 9 月，属大漈公社何庄管理区。1961 年 9 月，属沙溪区标溪公社。1981 年 12 月，属沙湾区标溪公社。1984 年 3 月，属沙湾区标溪乡。1992 年 5 月，属标溪乡。

【东车】Dōngchē　位于标溪乡政府东南 7.6 千米。村民委员会驻地。106 户，323 人。村处大驾山东面，村前小溪坑向东斜穿而过，方言“斜”与“车”同义，故名东车。村后枫树岭往上 2.5 千米处建有东车亭，连接大漈村。村口建廻澜廊桥。通电、有线电视、程控电话、自来水、公路。

【马地垟】Mǎdìyáng　位于标溪乡政府东南 7.7 千米。24 户，92 人。以地形得名。西南接坳头村。通公路。

何庄 Hézhuāng 村民委员会　位于标溪乡政府东南部。辖何庄 1 个自然村。村民委员会驻何庄村。以驻地村何庄得名。总面积 8.93 平方千米，海拔 820 米。3 个村民小组，126 户，367 人，其中，畲族 5 人。耕地面积 368 亩，主产水稻；林业用地 10710 亩，产松、杉、毛竹。通电、公路、程控电话、有线电视、自来水。清属五都。民国属第五区小枫乡。1950 年 7 月，属东坑区大漈乡。1951 年 2 月，属大漈区叶谢乡。1956 年 3 月，属东坑区何庄乡。1958 年 9 月，属大漈公社何庄管理区。1961 年 9 月，属沙溪区标溪公社。1981 年 12 月，属沙湾区标溪公社。1984 年 3 月，属沙湾区标溪乡。1992 年 5 月，属标溪乡。

【何庄】Hézhuāng　位于标溪乡政府东南 5.8 千米。村民委员会驻地。126 户，367 人，其中，畲族 5 人。何姓开基，以姓得名。通电、有线电视、程控电话、自来水、公路。

马山 Mǎshān 村民委员会　位于标溪乡政府东南部。辖马山、桃树、丁埠头、天堂 4 个自然村。村民委员会驻马山村。以驻地村马山得名。总面积 5.25 平方千米，海拔 430 米。3 个村民小组，86 户，296 人。耕地面积 195 亩；林业用地 6391 亩，产松、杉、毛竹。通电、公路、程控电话、有线电视、自来水。清属五都。民国属第五区小枫乡。1950 年 7 月，属东坑区大漈乡。1951 年 2 月，属大漈区叶谢乡。1956 年 3 月，属东坑区何庄乡。1958 年 9 月，属大漈公社何庄管理区。1961 年 9 月，属沙溪区标溪公社。1981 年 12 月，属沙湾区标溪公社。1984 年 3 月，属沙湾区标溪乡。1992 年 5 月，属标溪乡。经县人民政府批准为抗日战争时期革命老区村。

【马山】Mǎshān 位于标溪乡政府东南6.4千米。村民委员会驻地。68户,237人。马氏先祖徙此建村,以姓得名。通电、有线电视、程控电话、自来水、公路。

【桃树】Táoshù 位于标溪乡政府东南7.1千米。13户,45人。先人建村桃树林旁,故名。通电、有线电视、公路。

【丁埠头】Dīngbùtóu 位于标溪乡政府东南6.3千米。1户,4人。昔日村前小溪无船无桥,靠蹬步过溪,故称蹬步头,后演变今名。现建有大桥,公路通大地乡。通电、公路。

【天堂】Tiāntáng 位于标溪乡政府东南7.7千米。4户,13人。村处高山安静地,村民安居乐业,喻之天堂。

处基 Chùjī 村民委员会 位于标溪乡政府西南部,辖处基、高坪、细角坦、大角坦、泥岱、黄山头、桥头、回坪、张山9个自然村。村民委员会驻处基村。以驻地村处基得名。总面积8.39平方千米,海拔610米。11个村民小组,336户,1095人,其中,畲族37人。耕地面积976亩,主产水稻;林业用地8859亩,产松、杉、毛竹。通电、公路、程控电话、有线电视、自来水。清属二都。民国属第三区标溪乡。1950年7月,属沙溪区沙溪乡。1951年2月,属沙溪区标溪乡。1956年3月,属沙溪区标溪乡。1958年9月,属沙溪公社标溪管理区。1961年9月,属沙溪区标溪公社。1981年12月,属沙湾区标溪公社。1984年3月,属沙湾区标溪乡。1992年5月,属标溪乡。经县人民政府批准为抗日战争时期革命老区村。

【处基】Chùjī 位于标溪乡政府西南3.2千米。村民委员会驻地。50户,162人,其中,畲族2人。村四周平坦,适宜建造住宅而得名。通电、有线电视、程控电话、自来水、公路。

【高坪】Gāopíng 位于标溪乡政府西南3.2千米,北接沙湾镇。10户,29人。村建高山开阔坪地,故名。通公路。

【细角坦】Xìjiǎotǎn 位于标溪乡政府南1.1千米。11户,48人。以山塆得名。北达沙湾水碓垟村。通公路。

【大角坦】Dàjiǎotǎn 位于标溪乡政府南1.3千米。21户,66人。以山塆得名。通公路。

【泥岱】Nídài 位于标溪乡政府西南2.2千米,西与沙湾镇接壤。31户,120人,其中,畲族34人。以土地泥厚石少而得名。

【黄山头】Huángshāntóu 位于标溪乡政府千米。8户,21人。村处黄寨尖北麓。黄姓开基建村,故名。

【桥头】Qiáotóu 位于标溪乡政府南3千米。14户,47人。西与沙湾镇接壤通公路。

【回坪】Huípíng 位于标溪乡政府南3千米。39户,133人。初名草坪,附近牛羊常在此吃草,后自动回栏舍,故名回坪。通电、有线电视、程控电话、自来水、公路。

【张山】Zhāngshān 位于标溪乡政府南3.3千米,北与大地乡接壤。85户,256人。张姓开基建村山谷,故名。

岱头 Dàitóu 村民委员会 于标溪乡政府东南部。辖岱头、坳头、底处、若要、上圩5个自然村。村民委员会驻岱头村。以驻地村岱头得名。总面积9.17平方千米，海拔700米。4个村民小组，107户，365人，其中，畲族3人。耕地面积212亩；林业用地9485亩，产松、杉、毛竹。通电、公路、程控电话、有线电视、自来水。清属五都。民国属第五区小枫乡。1950年7月，属东坑区大漈乡。1951年2月，属大漈区叶谢乡。1956年3月，属东坑区何庄乡。1958年9月，属大漈公社何庄管理区。1961年9月，属沙溪区标溪公社。1981年12月，属沙湾区标溪公社。1984年3月，属沙湾区标溪乡。1992年5月，属标溪乡。经县人民政府批准为抗日战争时期革命老区村。

【岱头】Dàitóu　位于标溪乡政府东南9.2千米。村民委员会驻地。以地形方位得名。17户，54人，其中，畲族2人。东与大漈乡接壤。通电、有线电视、程控电话、自来水、公路。

【底处】Dǐchù　位于标溪乡政府东南9.3千米。13户，43人。以地理位置得名。通公路。

【坳头】ào tóu　位于标溪乡政府东南7.7千米。18户，54人。以地形方位得名。西邻上章村。通公路。

【若要】Ruòyào　位于标溪乡政府东南9.2千米。40户，156人。标溪至家地、雁溪公路过境。

【上圩】Shàngxū　位于标溪乡政府东南9.5千米。19户，58人。村处标溪港上游一圩地，故名。曾建林业站仓库，通公路。

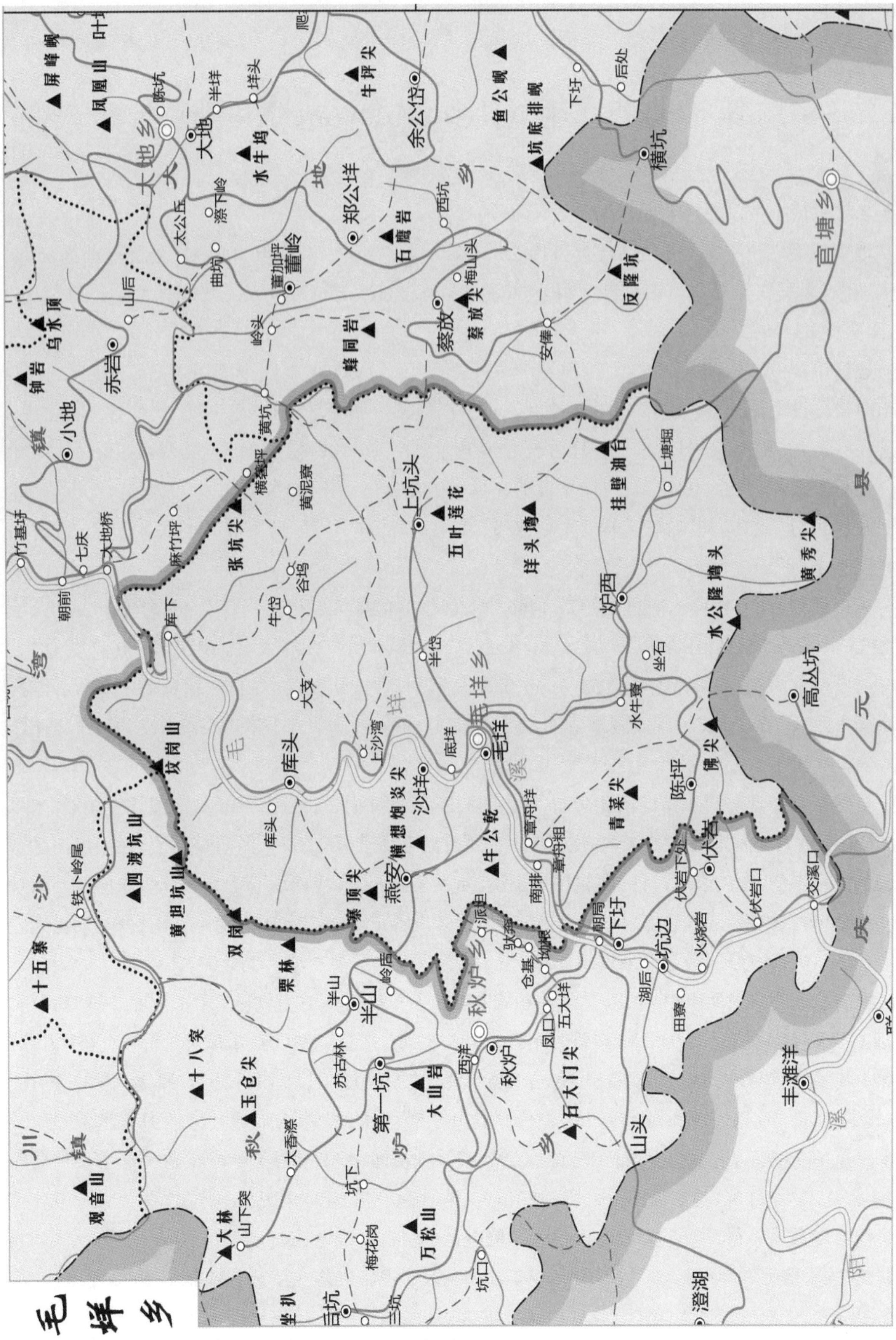

毛垟乡

地图审核号：浙S（2015）46号

第十七节　毛 垟 乡(Máoyáng Xiāng)

名称来历　乡以驻地毛垟村得名。

地理位置　位于东经 119°20′59″~119°25′50″，北纬 27°40′27″~27°46′44″。地处县城西南部，东连大地乡，南与庆元县左溪镇交界，西和秋炉乡接壤，北邻沙湾镇。乡人民政府驻毛垟村府前街 2 号，距县城 63 千米。

政区沿革　清属四都。1931 年，设毛垟乡，属第四区。1951 年 2 月，为库头乡，属大地区。1952 年 10 月，分设毛垟、库头 2 乡。1958 年 9 月，置毛垟管理区，属毛垟公社(辖毛垟、秋炉、大地、莲川 4 个管理区)。1961 年，毛垟、秋炉 2 管理区合并为毛垟公社，属沙溪区。1981 年 12 月，改属沙湾区；毛垟公社析置秋炉公社。1984 年 3 月，复设毛垟乡。1992 年 5，属毛垟乡。

政区划分　2014 年末，辖毛垟、库头、燕安、上坑头、沙垟、炉西、陈坪 7 个村民委员会；下设 57 个村民小组。

人口面积　2014 年末，辖区总户数 1446 户，总人口 4894 人。其中，男性 2569 人，占 52.49%；女性 2325 人，占 47.51%；18 岁以下 1134 人，占 23.17%；18~60 岁 2990 人，占 61.10%；60 岁以上 770 人，占 15.73%。有畲、苗、彝族等共 38 人，占 0.78%；其中，畲族 9 人。人口自然增长率 12.70‰。辖区东西最大距离 7.77 千米，南北最大距离 11.62 千米，总面积 53.5 平方千米。人口密度为每平方千米 85.4 人。

自然条件　地势自东南向西北倾斜。境内多山，麻竹坪尖、青菜尖等山峰，海拔均在 1000 米以上。正南面黄秀尖海拔 1587.9 米，界庆元县。主要溪流毛垟港，是小溪上游重要支流，汇集境内炉西坑、上坑头、牛岱、库头诸水，自南向北注入小溪。水利资源丰富，境内现有毛垟、景润、永库、银库、炉西、炉西坑等水电站 6 座，总库容 360 万立方米，总装机容量 24290 千瓦。全年气候温和，无霜期较长。景(宁)庆(元)公路沿毛垟港过境。

经济状况　耕地面积 1941 亩，林地面积 68074 亩。年产粮食 1374.7 吨，其中，水稻 796 吨、薯类 410 吨、玉米 74.5 吨、豆类 94.2 吨。蔬菜种植面积 3253 亩，产量 4890 吨；吊瓜种植面积 1463 亩，产量 221 吨；生猪饲养量 1913 头，牛 68 头，羊 1086 只，家禽 11063 只，兔 3832 只。畜禽肉类产量 182 吨，其中，猪肉产量 125 吨。累计造林 2.03 万亩，其中经济林 3419 亩，农民住宅四旁树木 10 万株，林木覆盖率 75.6%，活立木蓄积量 18 万立方米。茶园种植面积 615 亩，茶叶产量 60 吨。水果种植面积 94 亩，产量 11.4 吨，其中，柑桔 6.2 吨。2014 年，农业总产值 5494 万元，工业总产值 2900 万元。

社会发展　各村民委员会通电、公路、程控电话、宽带、有线电视、自来水。有文化站 1 个；公共图书馆 1 个，藏书 3500 册。幼儿园 1 所；小学 1 所。医疗卫生机构 3 个。1934 年至 1937 年间，红军闽东独立师、红军闽浙联军境内活动。1986 年 7 月，经丽水地区民政局批准为第二次国内革命战争时期革命老区乡；库头、上坑头、炉西、沙垟、陈坪 5 个村为革命老区村。

境内有马仙殿、毛氏宗祠、古戏台、古行宫、顺风亭、景山公园、突头垟高山湿地等旅游景点及古遗址，有炉西村闽东红军景宁馆、库头抗战标语墙等红色革命教育基地。在举办带溪文化节期间，有毛垟舞狮、毛垟花鼓、带溪木偶等传统民间艺术活动。毛氏祭祀是毛氏族人祭祀祖宗的民间习俗。农历八月十五为祭祀日。每年小祭，十年大祭。该项目被列入第六批市级非物质文化遗产保护名录。2014 年，接待游客 1.66 万人次，旅游收入 8.7 万元。

毛垟乡村民委员会一览

表 2-19

标准名称	村民小组	自然村		2014 年		海拔（米）
		村数	标准名称	户数	人数	
毛垟	9	5	章舟垟	27	86	
			白象	28	89	
			桥局垟	3	10	
			毛垟	229	774	335
			仙岩垟	5	9	
沙垟	7	3	底垟	47	165	320
			上沙湾	71	256	
			新建垟	153	501	
库头	10	3	库头	157	505	310
			库下	83	292	
			大支	66	228	
燕安	5	1	燕安	101	345	970
陈坪	5	1	陈坪	98	343	890
炉西	11	4	炉西	102	351	515
			坐石	48	159	
			上塘堀	12	37	
			水牛寮	10	28	
上坑头	10	5	上坑头	114	389	860
			牛岱	24	84	
			谷坞	25	88	
			黄泥寮	20	77	
			半岱	23	78	

村民委员会、居民点

毛垟 Máoyáng 村民委员会 位于县城西南部。辖毛垟、章舟垟、白象、桥局垟、仙岩垟5个自然村。村民委员会驻毛垟村。以驻地村毛垟得名。总面积7.55平方千米，海拔335米，点状聚落。有中心学校、农村信用社、卫生院、文化站、广播电视站、老年人协会。9个村民小组，292户，968人，其中，畲族5人。耕地面积253亩，主产水稻；林业用地7692亩，产松、杉、毛竹。通电、公路、程控电话、有线电视、自来水。清属四都。民国属第四区毛垟乡。1950年7月，属沙溪乡。1951年2月，属大地区库头乡。1952年10月，属大地区毛垟乡。1958年9月，属毛垟公社毛垟管理区。1961年9月，属沙溪区毛垟公社。1981年12月，属沙湾区毛垟公社。1984年3月，属沙湾区毛垟乡。1992年5月，属毛垟乡。

【毛垟】Máoyáng 位于县城西南63千米。村民委员会、乡人民政府驻地。229户，774人，其中，畲族4人。毛姓先祖开基建村垟地，故名。村建景山公园、毛氏宗祠等。景宁至庆元公路过境，村尾带溪畔建永泰门、毛垟电站。通电、程控电话、有线电视、自来水。

【章舟垟】Zhāngzhōuyáng 位于毛垟乡政府西南1.5千米。27户，86人。以姓氏，地貌特征得名。通电、公路、程控电话、有线电视、自来水。

【白象】Báixiàng 位于毛垟乡政府西2千米。28户，89人。通公路、程控电话、有线电视、自来水。

【桥局垟】Qiáojúyáng 位于毛垟乡政府西2.3千米。3户，10人。通电、公路、程控电话、有线电视、自来水。

【仙岩垟】Xiānyányáng 位于毛垟乡政府西北0.5千米。5户，9人。以山石形状得名。村头建大桥。通电、公路、程控电话、有线电视、自来水。

沙垟 Shāyáng 村民委员会 位于毛垟乡政府西北部。辖底垟、新建垟、上沙湾3个自然村。村民委员会驻底垟村。取上沙湾与底垟两村各一字组成。总面积5.25平方千米，海拔320米，点状聚落。7个村民小组，271户，922人。耕地面积261亩，主产水稻；林业用地7156亩，产松、杉、毛竹。通电、公路、程控电话、有线电视、自来水。清属四都。民国属第四区毛垟乡。1950年7月，属沙溪乡。1951年2月，属大地区库头乡。1952年10月属大地区毛垟乡。1958年9月，属毛垟公社毛垟管理区。1961年9月，属沙溪区毛垟公社。1981年12月，属沙湾区毛垟公社。1984年3月属沙湾区毛垟乡。1992年5月，属毛垟乡。经县人民政府批准为第二次国内革命战争时期革命老区村。1998年6月22日，新建垟村发生特大泥石流，造成全村36户、128人受灾，其中，死亡19人，失踪4人，54人受伤。1999年2月4日，新村正式落成；6月，毛垟大桥竣工。

【底垟】Dǐyáng 位于毛垟乡政府西北0.8千米。村民委员会驻地。47户，165人。吴姓先人建村毛垟港西岸垟地，故名。通电、公路、程控电话、有线电视、自来水。

【新建垟】Xīnjiànyáng 位于毛垟乡政府西北0.6千米。153户，501人。村建较迟，在田垟旁，故名。1998年6月22日发生特大泥石流，遭受严重灾害。1999年2月4日新村正式落成。同年6月，毛垟大桥建成通车。通电、公路、程控电话、有线电视、自来水。

【上沙湾】Shàngshāwān 位于毛垟乡政府1.8千米。71户，256人。村建毛垟港上游东岸溪塆沙圩地，故名。1931年，属库头乡。村民集资建大桥连接西岸公路。通电、公路、程控电话、有线电视、自来水。

库头 Kùtóu 村民委员会 位于毛垟乡政府北部。辖库头、库下、大支3个自然村。村民委员会驻库头村。以驻地村库头得名。总面积12.29平方千米，海拔310米，点状聚落。10个村民小组，306户，1025人，其中，畲族2人。耕地面积332亩，主产水稻；林业用地14495亩，产松、杉、毛竹。通电、公路、程控电话、有线电视、自来水。清属四都。民国属第四区毛垟乡。1950年7月，属沙溪乡。1951年2月，属大地区库头乡。1952年10月，属大地区毛垟乡。1958年9月，属毛垟公社毛垟管理区。1961年9月，属沙溪区毛垟公社。1981年12月，属沙湾区毛垟公社。1984年3月，属沙湾区毛垟乡。1992年5月，属毛垟乡。

【库头】Kùtóu 位于毛垟乡政府北3.3千米。村民委员会驻地。157户，505人，其中，畲族2人。陈姓先人建村毛垟港西岸，村前昔日有险滩，时有木排、船只航行事故发生，当地人称"苦头"，方言苦与库音近，演变今名。据《陈氏宗谱》载，库头村古有苦槠环翠、石印呈奇、瀑布飞雪、风洞鸣珂、鱼鳍跃浪、龙舌喷泉、镇峰拱秀、晚渡凌波等景点，即"库川八景"。今三都、四都陈姓多为库头陈氏族人。景宁至庆元公路贯穿村境。通电、程控电话、有线电视、自来水。

【库下】Kùxià 位于毛垟乡政府北3.3千米，东、北部与沙湾镇界。83户，292人。村处库头滩下，故名。村对岸沙湾至毛垟古道旁建库下翘亭。通电、公路、程控电话、有线电视、自来水。

【大支】Dàzhī 位于毛垟乡政府北2.9千米。66户，228人。

燕安 Yànān 村民委员会 位于毛垟乡政府西北部。辖燕安1个自然村。村民委员会驻燕安村。以驻地村得燕安名。总面积3.07平方千米，海拔970米，块状聚落。5个村民小组，101户，345人。耕地面积174亩；林业用地2414亩，产松、杉、毛竹。通电、公路、程控电话、有线电视、自来水。清属四都。民国属第四区毛垟乡。1950年7月，属沙溪乡。1951年2月，属大地区库头乡。1952年10月，属大地区毛垟乡。1958年9月，属毛垟公社毛垟管理区。1961年9月，属沙溪区毛垟公社。1981年12月，属沙湾区毛垟公社。1984年3月，属沙湾区毛垟乡。1992年5月，属毛垟乡。

【燕安】Yànān 位于毛垟乡政府西北2.1千米。村民委员会驻地。101户，345人。村建高坡山谷间，村形似燕窝，村民安居于此，故名。西与秋炉乡界。通电、公路、程控电话、有线电视、自来水。

陈坪 Chénpíng 村民委员会 位于毛垟乡政府南部。辖陈坪1个自然村。以驻地村陈坪得名。总面积3.07平方千米，海拔890米，块状聚落。5个村民小组，98户，343人。耕地面积201亩，主产水稻、香菇；林业用地2393亩，产松、杉、毛竹。通电、公路、程控电话、有线电视、自来水。清属四都。民国属第四区毛垟乡。1950年7月属沙溪乡。1951年2月，属大地区库头乡。1952年10月，属大地区毛垟乡。1958年9月，属毛垟公社毛垟管理区。1961年9月，属沙溪区毛垟公社。1981年12月，属沙湾区毛垟公社。1984年3月，属沙湾区毛垟乡。1992年5月，属毛垟乡。经县人民政府批准为第二次国内革命战争时期革命老区村。

【陈坪】Chénpíng　位于毛垟乡政府南3.3千米。村民委员会驻地。98户，343人。陈姓建村高山坪地，故名。南与庆元县界。通电、公路、程控电话、有线电视、自来水。

炉西　Lúxī　村民委员会　位于毛垟乡政府东南部。辖炉西、坐石、上塘堀、水牛寮4个自然村。村民委员会驻炉西村。以驻地村炉西得名。总面积12.4平方千米，海拔515米，点状聚落。11个村民小组，172户，575人。耕地面积362亩，主产水稻；林业用地20278亩，产松、杉、毛竹。通电、公路、程控电话、有线电视、自来水。清属四都。民国属第四区毛垟乡。1950年7月，属沙溪乡。1951年2月，属大地区库头乡。1952年10月，属大地区毛垟乡。1958年9月，属毛垟公社毛垟管理区。1961年9月，属沙溪区毛垟公社。1981年12月，属沙湾区毛垟公社。1984年3月，属沙湾区毛垟乡。1992年5月，属毛垟乡。经县人民政府批准为第二次国内革命战争时期革命老区村。

【炉西】Lúxī　位于毛垟乡政府东南2.8千米。村民委员会驻地。102户，351人。村处形似香炉之大山后西侧，故名。村建闽东红军景宁馆，为境内红色旅游地。通电、公路、程控电话、有线电视、自来水。

【坐石】Zuòshí　位于毛垟乡政府南2.2千米。48户，159人。通电、公路、自来水。

【水牛寮】Shuǐniúliáo　位于毛垟乡政府南2.2千米。10户，28人。昔日先人坑边山坪搭寮养殖水牛，故名。通电、公路、程控电话、有线电视、自来水。

【上塘堀】Shàngtángjuē　位于毛垟乡政府东南4.3千米。12户，37人。村处黄秀尖北麓洼地，故名。南与庆元县界。通电、村道公路。

上坑头　Shàngkēngtóu　村民委员会　位于毛垟乡政府东北部。辖上坑头、牛岱、谷坞、黄泥寮、半岱5个自然村。村民委员会驻上坑头村。以驻地村上坑头得名。总面积13.29平方千米，海拔860米，点状聚落。10个村民小组，206户，716人，其中，畲族2人。耕地面积358亩，主产水稻；林业用地13646亩，产松、杉、毛竹。通电、公路、程控电话、有线电视、自来水。清属四都。民国属第四区半山乡。1950年7月，属沙溪乡。1951年2月，属大地区库头乡。1952年10月，大地区属库头乡。1958年9月，属毛垟公社毛垟管理区。1961年9月，属沙溪区毛垟公社。1981年12月，属沙湾区毛垟公社。1984年3月，属沙湾区毛垟乡。1992年5月，属毛垟乡。经县人民政府批准为第二次国内革命战争时期革命老区村。

【上坑头】Shàngkēngtóu　位于毛垟乡政府东北3千米。村民委员会驻地。114户，389人，其中，畲族2人。村建小坑源头上，故名。通电、公路、程控电话、有线电视、自来水。

【牛岱】Niúdài　位于毛垟乡政府东北3.4千米。24户，84人。以山得名。

【谷坞】Gǔwù　位于毛垟乡政府东北3.6千米。25户，88人。村建山坞谷地，故名。

【黄泥寮】Huángníliáo　位于毛垟乡政府东北4.3千米，北与沙湾镇界。20户，77人。先人在黄泥山间搭寮居住，故名。

【半岱】Bàndài　位于毛垟乡政府东北1.3千米。23户，78人。村处毛垟至上坑头半路山岱，故名。通电、公路、程控电话、自来水。

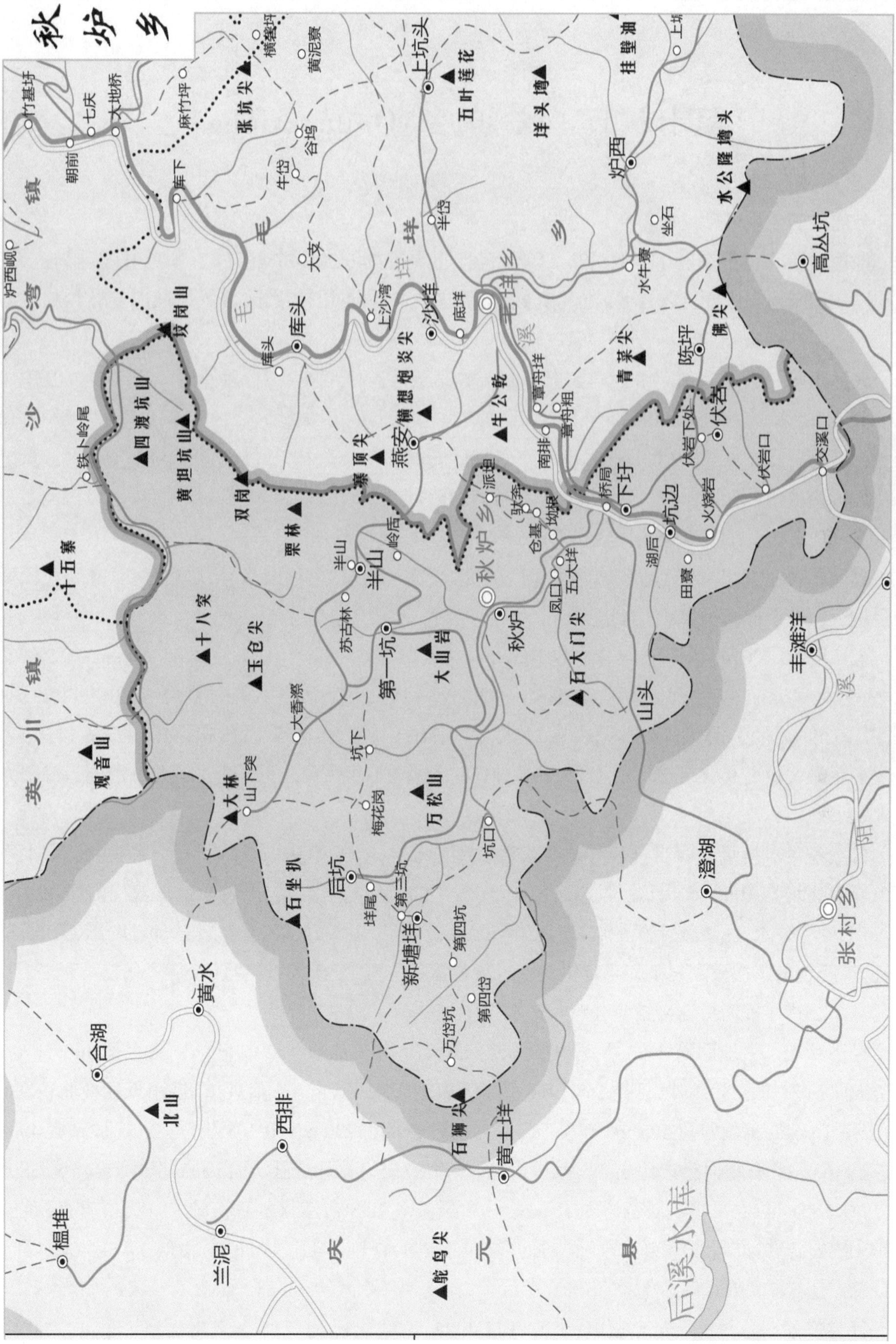
秋炉乡
地图审核号：浙S(2015)46号
竹基圩
七庆
大地桥
朝前
麻竹坪
车下
张坑尖
横鑫坪
黄泥寮
谷坞
牛岱
大安
半岱
上坑头
五叶莲花
圩头塆
挂壁油
上坑
炉西
坐石
水牛寮
水公隆塆头
高丛坑
佛尖
陈坪
青菜尖
章舟坪
章舟相
南排
牛公乾
沙垟
底垟
上沙湾
库头
拔岗山
四渡坑山
黄坦坑山
铁卜岭尾
十五寨
双岗
栗林
寨顶尖
燕安
懒想炮炎尖
派出
驻弄
仓基
坳根
桥局
下圩
坑边
伏岩下处
伏岩
伏岩口
火烧岩
交溪口
湖后
田寮
五大垟
凤口
秋炉
秋炉乡
岭后
半山
苏古林
第一坑
大山岩
十八窦
王仓尖
石大门尖
山头
丰滩洋
大香濒
坑下
观音山
大林
山下窦
梅花岗
万松山
坑口
后坑
石坐扒
垟尾
第三坑
新塘垟
第四坑
第四岱
万岱坑
石狮尖
黄土垟
黄水
合湖
北山
西排
兰泥
榅堆
澄湖
张村乡
后溪水库
鸵鸟尖
庆
元
县
英
川
镇
沙
湾
毛
垟
乡
溪
阳

第十八节　秋炉乡(Qiūlú　Xiāng)

名称来历　乡以驻地村得名。

地理位置　位于东经119°16′48″~119°22′48″,北纬27°40′20″~27°46′49″。地处县城西南部,东连毛垟乡,西、南和庆元县张村乡、左溪镇交界,北与沙湾镇、英川镇接壤。乡人民政府驻秋炉村中心街25号,距县城66千米。

政区沿革　清属四都。1931年,建半山乡,属第四区。1950年7月,属沙溪区沙溪乡。1951年2月,设秋炉乡,属大地区。1952年10月,析秋炉乡置下圩乡,属大地区。1958年9月,设秋炉管理区,属毛垟公社。1961年9月,秋炉、毛垟2管理区合并为毛垟公社,属沙溪区。1981年12月,从毛垟公社析置秋炉公社,属沙湾区。1984年3月,政社分设,复设秋炉乡。1990年1月,下圩村民委员会析置坑边、伏岩、下圩3个村民委员会。1992年5月,属秋炉乡。

政区划分　2014年末,辖秋炉、半山、后坑、第一坑、新塘垟、下圩、伏岩、坑边、山头9个村民委员会;下设50个村民小组。

人口面积　2014年末,辖区总户数1537户,总人口5069人。其中,男性2700人,占53.26%;女性2369人,占46.74%;18岁以下1145人,占22.59%;18~60岁3083人,占60.82%;60岁以上841人,占16.59%。有畲、彝族等少数民族共21人,占0.41%;其中,畲族5人。人口自然增长率14.05‰。辖区东西最大距离9.61千米,南北最大距离11.99千米,总面积52.5平方千米。人口密度为每平方千米93.5人。

自然条件　地势自西北向东南倾斜。境内黄淡坑、栗林、玉仓尖、官路后、石卜底及新塘垟主峰等山峰海拔均在1000米以上。西部万岱林,海拔1378米,与庆元县分界;东北部双岗海拔1201.8米,与毛垟乡分水。主要溪流秋炉坑,发源于庆元县境,汇集山头、岭后、仓基、第一坑、坑下、后坑、第三坑、第四坑诸水在桥局村汇入毛垟港。境内水利资源丰富,共建成投产电站5座,总装机达3.5万千瓦时。公路在桥局村连接景庆公路。

经济状况　耕地面积2683亩;林地面积66420亩。年产粮食1520.2吨,其中,水稻1007.4吨、薯类304.1吨、玉米49.4吨、豆类168.1吨。蔬菜种植面积2160亩,产量3120吨;吊瓜种植面积980亩,产量163吨;稻田养鱼505亩,产量78吨。生猪饲养量1230头,牛108头,羊265只,家禽4563只,兔1165只。畜禽肉类产量99吨,其中,猪肉产量87吨。累计造林1.91万亩,其中,经济林2890亩,竹林2351亩,农民住宅四旁树木7万株,林木覆盖率78.8%,活立木蓄积量17.4万立方米。茶园面积456亩,茶叶产量30吨。水果种植面积46亩,产量57吨。其中梨11吨,柑桔3.4吨。2014年,农业总产值3770万元,工业总产值851万元。

社会发展　各村民委员会通电、公路、程控电话、有线电视、自来水。有文化站1个;村文化中心5个;公共图书室1个,藏书2800册。幼儿园1所;小学1所。医疗卫生机构3个。1986年7月,经丽水地区民政局批准为第二次国内革命战争时期革命老区乡;秋炉、半山、第一坑、新塘垟、下圩、伏岩、坑边6个村为革命老区村。

境内有建于明崇祯年间万松庵;有景宁至庆元官道,其中朝局至山头段称为山头古道,长5千米,块石构建。该路段至今保存完好,行走山间古道,一路古树成荫,令人心旷神怡。2014年6月,乡政府举办"魅力山头·古道风采"登山摄影活动。

秋炉乡村民委员会一览

表2-20

标准名称	村民小组	自然村		2014年		海 拔(米)
		村数	标准名称	户数	人数	
秋炉	5	1	秋炉	178	594	390
下圩	5	4	下圩	78	244	350
			五大垟	31	105	
			凤口	27	103	
			桥局	5	16	
坑边	4	2	坑边	55	142	340
			湖后	84	270	
伏岩	4	4	伏岩上处	55	154	380
			伏岩下处	33	111	
			伏岩口	35	108	
			火烧岩	5	19	
山头	4	1	山头	89	263	905
半山	6	3	半山	181	477	890
			苏古林	50	155	
			岭后	17	63	
第一坑	6	3	第一坑	149	518	750
			大香漈	27	95	
			山下突	29	99	
后坑	8	3	后坑	91	304	850
			梅花岗	48	133	
			坑口	54	151	

续表 2-20

标准名称	村民小组	自然村		2014 年		海拔（米）
		村数	标准名称	户数	人数	
新塘垟	8	5	新塘垟	78	329	875
			第三坑	45	203	
			第四坑	53	216	
			万岱坑	28	141	
			第四岱	12	56	

村民委员会、居民点

秋炉 Qiūlú 村民委员会 位于县城西南部。辖秋炉 1 个自然村。村民委员会驻秋炉村。以驻地村秋炉得名。总面积 5.47 平方千米，海拔 390 米，块状聚落。有中心学校、农村信用社、卫生院、文化站、广播电视站。5 个村民小组，178 户，594 人，其中，畲族 3 人。耕地面积 223 亩，主产水稻；林业用地 8588 亩，产松、杉、毛竹。通电、公路、程控电话、有线电视、自来水。清属四都。1931 年，属第四区半山乡。1950 年 7 月，属沙溪区沙溪乡。1951 年 2 月，属大地区秋炉乡。1958 年 9 月，属毛垟公社秋炉管理区。1961 年 9 月，属沙溪区毛垟公社。1981 年 12 月，属沙湾区秋炉公社。1984 年 3 月，属沙湾区秋炉乡。1992 年 5 月，属秋炉乡。经县人民政府批准为第二次国内革命战争时期革命老区村。

【秋炉】Qiūlú 位于县城 66 千米。村民委员会、乡人民政府驻地。178 户，594 人，其中，畲族 3 人。四面环山，气温较高，至秋季仍热如火炉，故名。村新建防洪堤。通公路、程控电话、有线电视、自来水、宽带。

新塘垟 Xīntángyáng 村民委员会 位于秋炉乡政府西部。辖新塘垟、第三坑、第四坑、万岱坑、第四岱 5 个自然村。村民委员会驻地新塘垟村。以驻地村新塘垟得名。总面积 7.49 平方千米，海拔 875 米。8 个村民小组，216 户，945 人。耕地面积 431 亩，主产水稻；林业用地 7678 亩，产松、杉、毛竹。通电、公路、程控电话、有线电视、自来水。清属四都。1931 年，属第四区半山乡。1950 年 7，月属沙溪区沙溪乡。1951 年 2 月，属大地区秋炉乡。1958 年 9 月，属毛垟公社秋炉管理区。1961 年 9 月，属沙溪区毛垟公社。1981 年 12 月，属沙湾区秋炉公社。1984 年 3 月，属沙湾区秋炉乡。1992 年 5 月，属秋炉乡。经县人民政府批准为第二次国内革命战争时期革命老区村。

【新塘垟】Xīntángyáng 位于秋炉乡政府西 3.9 千米。村民委员会驻地。78 户，329 人。昔日村尾田垟边有庙宇，故称“神塘垟”，后改称现名。村西北建新塘垟水库。与庆元县界。通电、公路、程控电话、有线电视、自来水。

【第三坑】Dìsānkēng 位于秋炉乡政府西 4.1 千米。45 户，203 人。秋炉坑由 8 条小坑组成，按序数取名，第一坑至第四坑属秋炉乡，第五坑至第八坑属庆元县辖境。村以坑名。通机耕路。

【第四坑】Dìsìkēng 位于秋炉乡政府西4.4千米。53户，143人。村以坑名。南与庆元县接壤，属偏僻山区。

【万岱坑】Wàndàikēng 位于秋炉乡政府5.7千米，西与庆元县接壤。28户，141人。处于万岱林东北麓，秋炉坑源头，故名。

【第四岱】Dìsìdài 位于秋炉乡政府4.8千米。12户，56人。村以坑名。通机耕路。

半山 Bànshān 村民委员会 位于秋炉乡政府北部。辖半山、苏古林、岭后3个自然村。村民委员会驻半山村。以驻地村半山得名。总面积11.11平方千米，海拔890米，点状聚落。6个村民小组，248户，695人。耕地面积465亩，主产水稻、香菇；林业用地15352亩，产松、杉、毛竹。通电、公路、程控电话、有线电视、自来水。清属四都。1931年，属第四区半山乡。1950年7月，属沙溪区沙溪乡。1951年2月，属大地区秋炉乡。1958年9月，属毛垟公社秋炉管理区。1961年9月，属沙溪区毛垟公社。1981年12月，属沙湾区秋炉公社。1984年3，月属沙湾区秋炉乡。1992年5月，属秋炉乡。经县人民政府批准为第二次国内革命战争时期革命老区村。

【半山】Bànshān 位于秋炉乡政府北2.3千米。村民委员会驻地。181户，477人。处于秋炉村后半山腰，故名。村建迎神殿、夫人殿。村北有粗坑亭，经垟尾亭通黄水坑、叶桥；村西有双格亭，山路通后坑、新塘垟至庆元。通电话、公路、自来水。

【苏古林】Sūgǔlín 位于秋炉乡政府北2.4千米。50户，155人。通电话、公路、自来水。

【岭后】Lǐnghòu 位于秋炉乡政府1.7千米。17户，63人。地处半岭至秋炉山岭之后，故名。通电话、公路、自来水。

第一坑 Dìyīkēng 村民委员会 位于秋炉乡政府北部。辖第一坑、大香漈、山下突3个自然村。村民委员会驻第一坑村。以驻地村第一坑得名。总面积9.82平方千米，海拔750米，点状聚落。6个村民小组，205户，712人。耕地面积366亩，主产水稻；林业用地11345亩，产松、杉、毛竹。通电、公路、程控电话、有线电视、自来水。清属四都。1931年属第四区半山乡。1950年7月，属沙溪区沙溪乡。1951年2月，属大地区秋炉乡。1958年9月，属毛垟公社秋炉管理区。1961年9月，属沙溪区毛垟公社。1981年12月，属沙湾区秋炉公社。1984年3月，属沙湾区秋炉乡。1992年5月，属秋炉乡。经县人民政府批准为第二次国内革命战争时期革命老区村。

【第一坑】Dìyīkēng 位于秋炉乡政府北1.6千米。村民委员会驻地。149户，518人。秋炉坑由8条小坑组成，自东向西按序取名。村以坑名。通电话、公路、自来水、村道公路。

【大香漈】Dàxiāngjì 位于秋炉乡政府北3.3千米。27户，95人。玉仓山南坳有一水漈，称“大香漈”，村以漈名。通电话、公路、自来水、村道公路。

【山下突】Shānxiàtū 位于秋炉乡政府西北4.5千米。29户，99人。处于玉仓尖西山下，邻庆元县境南山下，村前有山凸出，故名。“凸”与“突”方言同音，演变今名。通电话、公路、自来水、村道公路。

后坑 Hòukēng 村民委员会 位于秋炉乡政府西北部。辖后坑、梅花岗、坑口3个自然村。村民委员会驻后坑村。以驻地村后坑得名。总面积5.79平方千米，海拔850米，点状聚落。8个村民小组，193户，588人。耕地面积441亩，主产水稻；林业用地7578亩，产松、杉、毛竹。通电、公路、程控电话、有线电视、自来水。清属四都。1931年，属第四区半山乡。1950年7月，属沙溪乡。1951年2月，属大地区秋炉乡。1958年9月，属毛垟公社秋炉管理区。1961年9月，属沙溪区毛垟公社。1981年12月，属沙湾区秋炉公社。1984年3月，属沙湾区秋炉乡。1992年5月，属秋炉乡。

【后坑】Hòukēng 位于秋炉乡政府西北4千米。村民委员会驻地。91户，304人。村建秋炉坑北部小坑旁，故名。西北与庆元县接壤。通电、程控电话、有线电视、公路、自来水。

【梅花岗】Méihuāgǎng 位于秋炉乡政府3千米。48户，133人。以山岗得名。通电话、公路、自来水。

【坑口】Kēngkǒu 位于秋炉乡政府西2.6千米。54户，151人。村建后坑坑口，故名。通电话、公路。

坑边 Kēngbiān 村民委员会 位于秋炉乡政府南部。辖坑边、湖后2个自然村。村民委员会驻坑边村，以驻地村坑边得名。总面积2.5平方千米，海拔340米，点状聚落。耕地面积132亩；林业用地3036亩，产松、杉、毛竹。4个村民小组，139户，412人。通电、公路、程控电话、有线电视、自来水。清属四都。1931年，属第四区毛垟乡。1950年7月，属沙溪乡。1951年2月，属大地区库头乡。1952年10月，大地区属下圩乡。1958年9月，属毛垟公社秋炉管理区。1961年9月，属沙溪区毛垟公社。1981年12月，属沙湾区秋炉公社。1984年3月属沙湾区秋炉乡。1990年1月，下圩村民委员会析置坑边村民委员会。1992年5月，属秋炉乡。

【坑边】Kēngbiān 位于秋炉乡政府南2.9千米。村民委员会驻地。于小坑边建村，故名。55户，142人。通电话、公路、自来水。

【湖后】Húhòu 位于秋炉乡政府南2.9千米。84户，270人。处于小溪岸边，村前有一湖塘，故名。通电话、公路、自来水。

下圩 Xiàxū 村民委员会 位于秋炉南部。辖下圩、五大垟、凤口、桥局4个自然村。村民委员会驻下圩村。以驻地村下圩得名。总面积4.09平方千米，海拔350米，点状聚落。5个村民小组，141户，468人，其中，畲族2人。耕地面积235亩，主产水稻；林业用地5341亩，产松、杉、毛竹。通电、公路、程控电话、有线电视、自来水。清属四都。1931年，属第四区毛垟乡。1950年7月，属沙溪区沙溪乡。1951年2月，属大地区库头乡。1952年10月，大地区属下圩乡。1958年9月，属毛垟公社秋炉管理区。1961年9月，属沙溪区毛垟公社。1981年12月，属沙湾区秋炉公社。1984年3月，属沙湾区秋炉乡。1990年1月，析置坑边、伏岩2个村民委员会。1992年5月，属秋炉乡。经县人民政府批准为第二次国内革命战争时期革命老区村。

【下圩】Xiàxū 位于秋炉乡政府东南2.5千米。村民委员会驻地。78户，244人，其中，畲族2人。宋代夏姓迁徙毛垟港溪边沙地建村，取名“夏圩”。清初夏姓迁出，改称“下圩”。景庆公路经过对岸，村建公路大桥。通电话、自来水。

【五大垟】Wǔdàyáng 位于秋炉乡政府东南1.3千米。31户，105人。建村时，村边梯田分五层，故称五大垟。通电话、公路、自来水。

【凤口】Fèngkǒu 位于秋炉乡政府南1.2炉千米。27户，103人。村建余姓古墓坟口边，雅称“凤口”。通电话、公路、自来水。

【桥局】Qiáojú 位于秋炉东南2.3千米。5户，16人。村边小坑有两株古树隔岸对生，远望若拱桥，古墓。通电话、公路、自来水。

伏岩 Fúyán 村民委员会 位于秋炉乡政府东南部。辖伏岩上处、伏岩下处、伏岩口、火烧岩4个自然村。村民委员会驻伏岩上处村。以驻地片村得名。总面积4.68平方千米，海拔380米，点状聚落。4个村民小组，128户，392人。耕地面积187亩；林业用地4258亩，产松、杉、毛竹。通电、公路、程控电话、有线电视、自来水。清属四都。1931年，属第四区毛垟乡。1950年7月，属沙溪区沙溪乡。1951年2月，属大地区库头乡。1952年10月，大地区属下圩乡。1958年9月，属毛垟公社秋炉管理区。1961年9月，属沙溪区毛垟公社。1981年12，月属沙湾区秋炉公社。1984年3月，属沙湾区秋炉乡。1990年1月，下圩村民委员会析置伏岩村民委员会。1992年5月，属秋炉乡。

【伏岩下处】Fúyánxiàchù 位于秋炉乡政府东南4.2千米。33户，111人。建村伏岩峡谷下游，故名。通电话、公路、自来水。

【伏岩上处】Fúyánshàngchù 位于秋炉乡政府东南4千米。村民委员会驻地。55户，154人。建村于伏岩峡谷上游，故名。通电话、公路、自来水。

【伏岩口】Fúyánkǒu 位于秋炉乡政府南4.6千米。35户，108人。处于小溪东岸，伏岩峡谷水口，故名。通电话、公路、自来水。

【火烧岩】Huǒshāoyán 位于秋炉乡政府南3.5千米。5户，19人。地处小溪东岸，村后山坡有火烧岩，以岩得名。通电话、公路、自来水。

山头 Shāntóu 村民委员会 位于秋炉乡政府南部。辖山头1个自然村。村民委员会驻地山头村。以驻地村山头得名。总面积2.68平方千米，海拔905米，块状聚落。4个村民小组，89户，263人。耕地面积203亩；林业用地3244亩，产松、杉、毛竹。通电、程控电话、有线电视、自来水。清属四都。民国二十年(1931)属第四区吴坑乡。1950年7月，属沙溪区沙溪乡。1951年2月，属大地区吴坑乡。1952年10月，大地区属下圩乡。1958年9月，属毛垟公社秋炉管理区。1961年9月，属沙溪区毛垟公社。1981年12月，属沙湾区秋炉公社。1984年3月，属沙湾区秋炉乡。1992年5月，属秋炉乡。

【山头】Shāntóu 位于秋炉乡政府南2.5千米。村民委员会驻地。处地900余米高山之巅，村建石卜底山峰东北麓山岗，故名。89户，263人。西与庆元县接壤。昔日毛垟至庆元县古道过村境。乡政府曾在此举办“魅力山头·古道风采”登山摄影活动。通电、程控电话、有线电视、自来水。

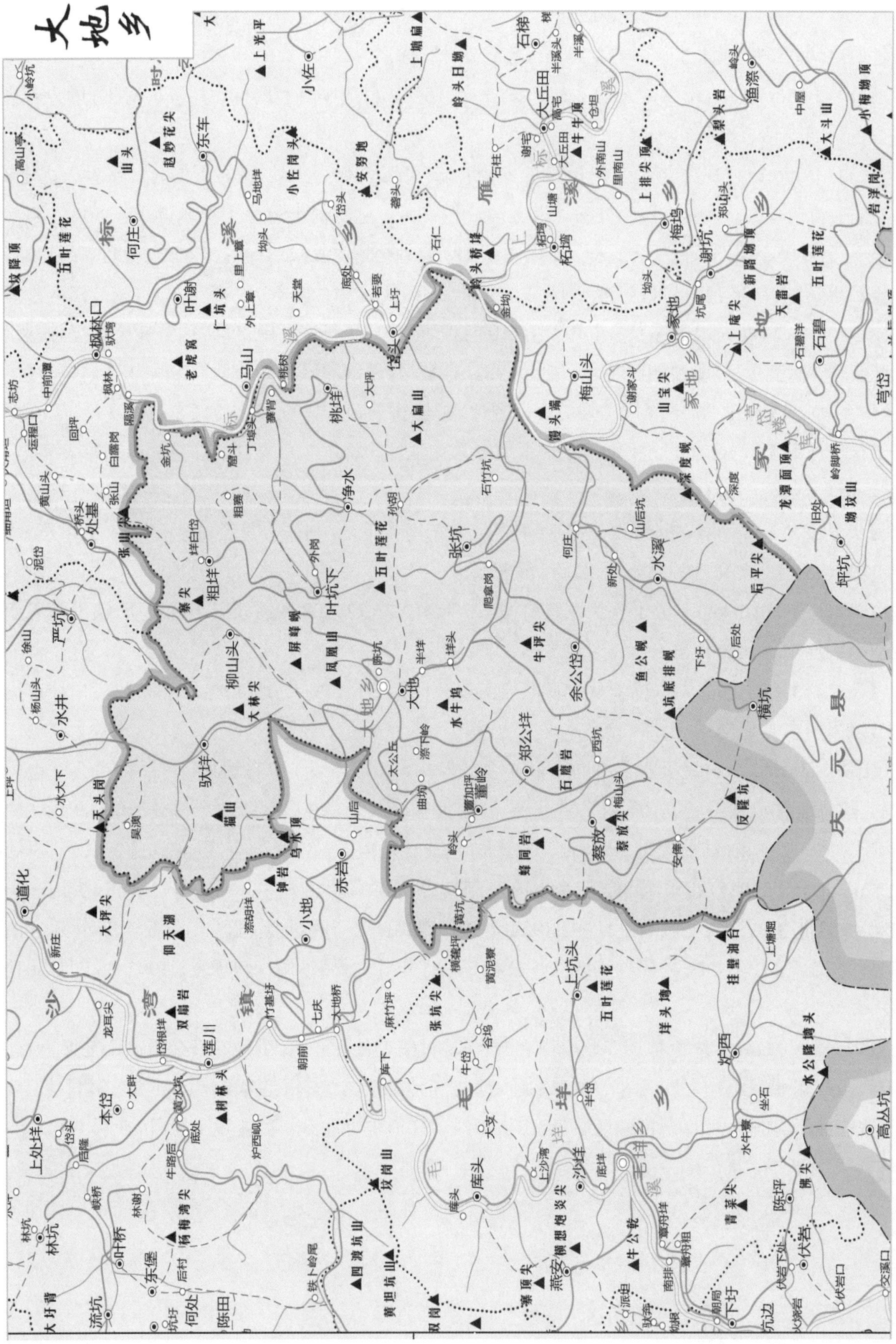

地图审核号：浙 S（2015）46 号

第十九节 大 地 乡(Dàdì Xiāng)

名称来历 乡以驻地村得名。

地理位置 位于东经119°25′12″~119°31′57″,北纬27°41′35″~27°49′10″。地处县城西南部,东与标溪、家地乡接壤,南与庆元县官塘乡交界,西连毛垟乡,北靠沙湾镇。乡人民政府驻大地村31号,距县城66千米。

政区沿革 清属四都。民国设大地、张坑、桃垟3个乡,属第四区。1950年7月,设大地乡。1951年2月,置大地区,辖大地、桃叶、芎岱、莲川、库头、秋炉、吴坑7个乡。1952年10月,大地乡分设张坑、西坑2乡;大地区辖大地、毛垟、吴坑、莲川、芎岱、库头、西坑、秋炉、下圩、桃叶、张坑11个乡。1956年3月,大地、桃叶、张坑、西坑4乡合并为大地乡;大地区辖大地、毛垟、芎岱、莲川、秋炉5个乡。1958年9月,撤大地区;大地乡改设大地管理区,属毛垟公社。1961年9月,改置大地公社,属沙溪区。1981年12月,改属沙湾区。1984年3月,复建大地乡。1991年3月,析柳山头村民委员会置粗垟村民委员会。1992年5月,设大地乡。

政区划分 2013年末,辖大地、驮垟、柳山头、粗垟、叶坑下、桃垟、净水、董岭、张坑、郑公垟、余公岱、蔡放、水溪13个村民委员会;下设70个村民小组。

人口面积 2014年末,辖区总户数2102户,总人口6977人。其中,男性3764人,占53.95%;女性3213人,占46.05%;18岁以下1655人,占23.72%;18~60岁4197人,占60.16%;60岁以上1125人,占16.12%。有畲、拉祜、佤、侗族等民族共122人,占1.75%;其中,畲族37人。人口自然增长率14.27‰。辖区东西最大距离10.81千米,南北最大距离14.03千米,总面积105平方千米。人口密度为每平方千米72.8人。

自然条件 地介标溪、毛垟两港水之间,地势东向标溪港倾斜,西向毛垟港缓伸。境内山高崖陡,海拔1000米以上山峰40余座。东南部三老岘,海拔1281米,与家地乡接壤;南端仰天湖,海拔1574米,与庆元县境分界;北部大垟尖,海拔1347.7米,与沙湾镇分水。大林尖、寨尖、屏风岘、鸟水顶、五叶莲花、马犁头岘、水牛坞等山峰奇险高峻。主要山涧金坑、余主坑、净水、张坑、石竹坑、水溪等向东注入标溪港;驮垟、小垟、吴澳等水汇入鱼仓坑;大地桥坑汇集西坑、蔡放、岭头、曲坑、黄坑等水流向西北注入毛垟港。公路通张坑至岭尾连接家地、雁溪等;通叶坑下、桃垟至丁埠头连接标溪。

经济状况 耕地面积4694亩;林地面积118649亩。年产粮食1983.5吨,其中,水稻1626吨、薯类185.4.8吨、玉米66吨、豆类106.1.3吨。蔬菜种植面积2260亩,产量3490吨;茶叶种植面积860亩,产量52吨。生猪饲养量3038头,牛146头,羊676只,家禽4601只,兔2309只。畜禽肉类产量211吨,其中猪肉产量197吨。累计造林1.27万亩,其中经济林0.13万亩,农民住宅四旁树木1.3万株,林木覆盖率89.4%。水果种植面积10亩,产量10吨。2014年,农业总产值3141万元,工业总产值 1062 万元。

社会发展 各村民委员会通电、公路、程控电话、有线电视、自来水。有文化站 1 个，公共图书馆（室）1 个，小学 1 所，幼儿园 1 所，医疗卫生机构 5 个。1986 年 7 月，经丽水地区民政局批准为第二次国内革命战争时期革命老区乡；大地、驮垟、柳山头、净水、张坑、郑公垟、余公岱、水溪 8 个村为革命老区村。

境内有蔡放仰天湖天然林区，张坑村后山天然次生林带，吴澳天然林区等。有西坑殿、红军路、张坑红军洞、红军井、水溪红军屋旧址、大地庵、黄坑保荫桥等景点。

大地乡村民委员会一览

表 2-21

标准名称	村民小组	自然村		2014 年		海拔（米）
		村数	标准名称	户数	人数	
大地	8	4	大地	74	275	820
			半垟	35	132	
			垟头	44	158	
			陈坑	69	241	
董岭	8	6	董家坪	36	125	
			岭头	42	129	750
			黄坑	61	226	
			漈下岭	18	71	
			太公丘	22	74	
			曲坑	41	148	
郑公垟	5	2	郑公垟	123	401	950
			西坑	38	127	
蔡放	5	3	蔡放	71	198	980
			梅山头	22	115	
			安俸	52	313	
余公岱	3	1	余公岱	174	551	950
水溪	7	6	水溪	58	177	500
			何庄	35	135	
			新处	17	56	
			下圩	4	16	
			后处	6	17	
			山后坑	15	45	

续表 2-21

标准名称	村民小组	自然村		2014 年		海拔（米）
		村数	标准名称	户数	人数	
张坑	3	3	张坑	134	462	760
			爬拿岗	25	92	
			石竹坑	14	43	
桃垟	3	2	桃垟	106	305	550
			大坪	25	72	
叶坑下	4	2	叶坑下	131	415	740
			外岗	21	51	
驮垟	6	2	驮垟	177	584	1000
			吴澳	20	61	
柳山头	4	1	柳山头	104	278	1010
粗垟	3	4	粗赛	49	136	750
			垟白岱	65	198	
			窟斗	10	37	
			金坑	6	20	
净水	4	2	净水	98	311	780
			孙胡	60	182	

村民委员会、居民点

大地 Dàdì 村民委员会 位于县城西南部。辖大地、半垟、垟头、陈坑 4 个自然村。村民委员会驻大地村。以驻地村大地得名。总面积 7.39 平方千米，海拔 820 米，点状聚落。有中心学校、农村信用社、卫生院、文化站、广播电视站。8 个村民小组，222 户，806 人，其中，畲族 2 人。耕地面积 545 亩；林地面积 8086 亩，产松、杉、杂木、毛竹。通电、公路、程控电话、有线电视、自来水。清属四都。民国属第四区大地乡。1950 年 7 月，属沙溪区大地乡。1951 年 2 月，属大地区大地乡。1956 年 3 月，属大地区大地乡。1958 年 9 月，属毛垟公社大地管理区。1961 年 9 月，属沙溪区大地公社。1981 年 12 月，改属沙湾区大地公社。1984 年 3 月，复属大地乡。1992 年 5 月，仍属大地乡。经县人民政府批准为第二次国内革命战争时期革命老区村。

【大地】Dàdì 位于县城西南 66 千米。乡人民政府、村民委员会驻地。74 户，275 人。其中，畲族 2 人。地处五叶莲花山西坳铁马山坳之间一平地建村，相对平坦开阔，故称大地。同治《景宁县志》载：铁马山在大地，四壁皆岩，状如马鞍，曾建观音阁于其上，今废。村口有瀑布，即金仙漈，高数十丈，上下三潭，多鲤鱼。每遇山洪骤涨，飞流直泻，尤为可观。漈下建水电站。通电、有线电视、程控电话、自来水、公路。

【陈坑】Chénkēng　位于县城西南66.5千米。乡中心小学在陈坑村。69户,241人。陈姓开基建村,村口有小坑,故名。新建乡文化活动中心、客货运中心。通电、有线电视、程控电话、自来水、公路。

【半垟】Bànyáng　位于大地乡政府南0.5千米。35户,132人。处于大地至垟头半途,村建田畈旁,故名。通电、有线电视、自来水、公路。

【垟头】Yángtóu　位于大地乡政府南1千米。44户,158人。处田垟之首,故名。通公路。

董岭 Dǒnglǐng 村民委员会　位于大地乡政府西南部。辖岭头、董家坪、黄坑、漈下岭、太公丘、曲坑6个自然村。村民委员会驻岭头村。以山岭董岭得名。总面积7.21平方千米,海拔750米,点状聚落。8个村民小组,220户,773人,其中,畲族3人。耕地面积453亩;林地面积9241亩,产松、杉、杂木、毛竹。通电、公路、程控电话、有线电视、自来水。清属四都。民国属第四区大地、小地乡。1950年7月,属沙溪区大地乡。1951年2月,属大地区大地乡。1952年10月,属大地区大地乡。1956年3月,属大地区大地乡。1958年9月,属毛垟公社大地管理区。1961年9月,属沙溪区大地公社。1981年12月,改属沙湾区大地公社。1984年3月,复属大地乡。1992年5月,仍属大地乡。

【岭头】Lǐngtóu　位于大地乡政府西南3千米。村民委员会驻地。42户,129人。处梅山头北坡董岭岭头,故名。通电、有线电视、自来水、公路。

【董家坪】Dǒngjiāpíng　位于大地乡政府西南2.6千米。36户,125。董姓开基,以姓得名。通电、自来水、公路。

【漈下岭】Jìxiàlǐng　位于大地乡政府西南1.3千米。18户,71人。村建金仙漈下,旁有山岭,故名。通公路。

【太公丘】Tàigōngqiū　位于大地乡政府西1.6千米。22户,74人。通公路。

【曲坑】Qǔkēng　位于大地乡政府西1.6千米。41户,148人。以坑得名。东邻漈下岭村。通公路。

【黄坑】Huángkēng　位于大地乡政府西南3.7千米。61户,226人,其中,畲族3人。以坑得名。民国属第四区小地乡。解放初期划属大地乡。通公路。

郑公垟 Zhènggōngyáng 村民委员会　位于大地乡政府西南部。辖郑公垟、西坑2个自然村。村民委员会驻郑公垟村。以驻地村郑公垟得名。总面积6.45平方千米,海拔950米,点状聚落。5个村民小组,161户,528人。耕地面积304亩;林地面积8578亩,产松、杉、杂木、毛竹。通电、公路、程控电话、有线电视、自来水。清属四都。民国属第四区大地乡。1950年7月,属沙溪区大地乡。1951年2月,属大地区大地乡。1952年10月,属大地区西坑乡。1956年3月,属大地区大地乡。1958年9月,属毛垟公社大地管理区。1961年9月,属沙溪区大地公社。1981年12月,改属沙湾区大地公社。1984年3月,复属大地乡。1992年5月,仍属大地乡。经县人民政府批准为第二次国内革命战争时期革命老区村。

【郑公垟】Zhènggōngyáng　位于大地乡政府西南3千米。村民委员会驻地。123户,401人。清代郑公开基，故名。通电、有线电视、自来水、公路。

【西坑】Xīkēng 位于大地乡政府西南4千米。38户，127人。村前坑水西流，故名西坑。村东0.8千米建西坑殿。通电、公路。

蔡放 Càifàng 村民委员会 位于大地乡政府西南部。辖蔡放、安俸、梅山头3个自然村。村民委员会驻蔡放村。以驻地村蔡放得名。总面积9.37平方千米，海拔980米，点状聚落。5个村民小组，145户，626人，其中，畲族4人。耕地面积436亩；林地面积11871亩，产松、杉、杂木、毛竹。通电、公路、程控电话、有线电视、自来水。清属四都。民国属第四区大地乡。1950年7月，属沙溪区大地乡。1951年2月，属大地区大地乡。1952年10月，属大地区西坑乡。1956年3月，属大地区大地乡。1958年9月，属毛垟公社大地管理区。1961年9月，属沙溪区大地公社。1981年12月，改属沙湾区大地公社。1984年3月，复属大地乡。1992年5月，属大地乡。

【蔡放】Càifàng 位于大地乡政府西南4.5千米。村民委员会驻地。71户，198人，其中，畲族3人。开基始祖姓蔡名放，村以人名。村分老处、新处、凉岗三点。通电、有线电视、自来水、公路。

【梅山头】Méishāntóu 位于大地乡政府西南4.5千米。22户，115人。梅姓开基，村建山头，故名。通公路。

【安俸】ānfèng 位于大地乡政府西南6千米，南与庆元县界。52户，313人。叶姓开基，先祖为求安居，衣食丰足，故名“安丰”，以近音演变现名。通公路。

余公岱 Yúgōngdài 村民委员会 位于大地乡政府南部。辖余公岱1个自然村。村民委员会驻余公岱村。以驻地村余公岱得名。总面积4.8平方千米，海拔950米，点状聚落。3个村民小组，174户，551人。耕地面积411亩；林地面积3993亩，产松、杉、杂木、毛竹。通电、公路、程控电话、有线电视、自来水。清属四都。民国属第四区张坑乡。1950年7月，属沙溪区大地乡。1951年2月，属大地区大地乡。1952年10月，属大地区西坑乡。1956年3月，属大地区大地乡。1958年9月，属毛垟公社大地管理区。1961年9月，属沙溪区大地公社。1981年12月，改属沙湾区大地公社。1984年3月，复属大地乡。1992年5月，仍属大地乡。经县人民政府批准为第二次国内革命战争时期革命老区村。

【余公岱】Yúgōngdài 位于大地乡政府南3.5千米。村民委员会驻地。174户，551人。徐姓开基，初名徐公岱，后陈姓迁入，改名余公岱。通电、有线电视、自来水、公路。

水溪 Shuǐxī 村民委员会 位于大地乡政府东南部。辖水溪、何庄、新处、下圩、后处、山后坑6个自然村。村民委员会驻水溪村。以驻地村水溪得名。总面积12.26平方千米，海拔500米，点状聚落。7个村民小组，135户，446人，其中，畲族3人。耕地面积317亩；林地面积18032亩，产松、杉、杂木、毛竹。通电、公路、程控电话、有线电视、自来水。清属四都。民国属第四区张坑乡。1950年7月，属沙溪区大地乡。1951年2月，属大地区大地乡。1952年10月，属大地区张坑乡。1956年3月，属大地区大地乡。1958年9月，属毛垟公社大地管理区。1961年9月，属沙溪区大地公社。1981年12月，改属沙湾区大地公社。1984年3月，复属大地乡。1992年5月，仍属大地乡。经县人民政府批准为第二次国内革命战争时期革命老区村。

【水溪】Shuǐxī 位于大地乡政府东南 5.5 千米。村民委员会驻地。58 户，177 人，其中，畲族 2 人。村前小坑水流过，故名。通电、有线电视、自来水、公路。

【何庄】Hézhuāng 位于大地乡政府东南 4.5 千米。35 户，135 人。以地形得名，原称下庄，谐音称今名。通电、自来水、公路。

【新处】Xīnchù 位于大地乡政府东南 4.7 千米。17 户，56 人。建村较晚，故名。通电、自来水、公路。

【山后坑】Shānhòukēng 位于大地乡政府东南 5.2 千米。15 户，45 人。以坑水得名。西邻水溪坑，东与家地乡接壤。

【下圩】Xiàxū 位于大地乡政府南 6 千米。4 户，16 人。以地貌、方位得名。通电、公路。

【后处】Hòukēng 位于大地乡政府南 6.7 千米。6 户，17 人。南与庆元县接壤。偏僻山区交通不便。

张坑 Zhāngkēng 村民委员会 位于大地乡政府东南部。辖张坑、爬拿岗、石竹坑 3 个自然村。村民委员会驻张坑村。以驻地村张坑得名。总面积 12.27 平方千米，海拔 760 米，点状聚落。3 个村民小组，173 户，597 人。耕地面积 353 亩；林地面积 15986 亩，产松、杉、杂木、毛竹。通电、公路、程控电话、有线电视、自来水。清属四都。民国属第四区张坑乡。1950 年 7 月，属沙溪区大地乡。1951 年 2 月，属大地区桃叶乡。1952 年 10 月，属大地区张坑乡。张坑乡政府驻地。1956 年 3 月，属大地区大地乡。1958 年 9 月，属毛垟公社大地管理区。1961 年 9 月，属沙溪区大地公社。1981 年 12 月，改属沙湾区大地公社。1984 年 3 月，复属大地乡。1992 年 5 月，仍属大地乡。经县人民政府批准为第二次国内革命战争时期革命老区村。

【张坑】Zhāngkēng 位于大地乡政府东南 2.7 千米。村民委员会驻地。134 户，462 人。村处五叶莲花山南董湖岭畔。张姓开基，初名张墩，村人以为缺水不利，后改名张坑，以佑人财如坑水长流，故名。昔日红军曾在村后坑垄洞养伤，今名红军洞。标溪港张坑口至大地公路（代号 Y815），又名红军路，是境内新辟红色旅游线。通电、有线电视、自来水、公路。

【爬拿岗】Pánágǎng 位于大地乡政府东南 2.7 千米。25 户，92 人。村建旁岚岗之上，初名旁岚岗，以谐音演变爬拿岗。通电、公路。

【石竹坑】Shízhú kēng 位于大地乡政府东南 4.2 千米，西接张坑村。14 户，43 人。村口有小坑，周边石竹茂盛，故名。当年红军路过村境。

桃垟 Táoyáng 村民委员会 位于大地东北部。辖桃垟、大坪 2 个自然村。村民委员会驻桃垟村。以驻地村桃垟得名。总面积 4.97 平方千米，海拔 550 米，点状聚落。3 个村民小组，131 户，377 人，其中，畲族 11 人。耕地面积 196 亩；林地面积 8895 亩，产松、杉、杂木、毛竹。通电、公路、程控电话、有线电视、自来水。清属四都。民国属第四区桃垟乡。1950 年 7 月，属沙溪区大地乡。1951 年 2 月，属大地区桃叶乡。1952 年 10 月，属大地区桃叶乡。1956 年 3 月，属大地区大地乡。1958 年 9 月，属毛垟公社大地管理区。1961 年 9 月，属沙溪区大地公社。1981 年 12 月，改属沙湾区大地公社。1984 年 3 月，复属大地乡。1992 年 5 月，仍属大地乡。

【桃垟】Táoyáng 位于大地乡政府东北 5.3 千米。村民委员会驻地。106 户，305 人，其中，畲族

9人。与标溪乡桃树村隔水相望。昔日桃树成林，先民劈桃开田垟，故名。村旁古樟邻近闻名。通电、有线电视、自来水、公路。

【大坪】Dàpíng 位于大地乡政府东北5千米。25户，72人。以地形得名。山区交通不便。

叶坑下 Yèkēngxià 村民委员会 位于大地乡政府东北部。辖叶坑下、外岗2个自然村。村民委员会驻叶坑下村。以驻地村叶坑下得名。总面积4.91平方千米，海拔740米，点状聚落。4个村民小组，152户，466人，其中，畲族5人。耕地面积352亩；林地面积6124亩，产松、杉、杂木、毛竹。通电、公路、程控电话、有线电视、自来水。清属四都。民国属第四区桃垟乡。1950年7月，属沙溪区大地乡。1951年2月，属大地区桃叶乡。1952年10月，属大地区桃叶乡。1956年3月，属大地区大地乡。1958年9月，属毛垟公社大地管理区。1961年9月，属沙溪区大地公社。1981年12月，改属沙湾区大地公社。1984年3月，复属大地乡。1992年5月，仍属大地乡。

【叶坑下】Yèkēngxià 位于大地乡政府东北2.3千米。村民委员会驻地。131户，415人，其中，畲族5人。叶姓开基，建村于坑下游，故名。通电、有线电视、自来水、公路。

【外岗】Wàigǎng 位于大地乡政府东北2.5千米。21户，51人。处叶坑下外村山岗边，故名。西南邻叶坑下村。通公路。

驮垟 Tuóyáng 村民委员会 位于大地乡政府西北部。辖驮垟、吴澳2个自然村。村民委员会驻驮垟村。以驻地村驮垟得名。总面积9.69平方千米，海拔1000米，点状聚落。6个村民小组，197户，645人。耕地面积477亩；林地面积10841亩，产松、杉、杂木、毛竹。通电、公路、程控电话、有线电视、自来水。清属四都。民国属第四区桃垟乡。1950年7月，属沙溪区大地乡。1951年2月，属大地区桃叶乡。1952年10月，属大地区桃叶乡。1956年3月，属大地区大地乡。1958年9月，属毛垟公社大地管理区。1961年9月，属沙溪区大地公社。1981年12月，改属沙湾区大地公社。1984年3月，复属大地乡。1992年5月，仍属大地乡。经县人民政府批准为第二次国内革命战争时期革命老区村。

【驮垟】Tuóyáng 位于大地乡政府西北4千米。村民委员会驻地。177户，584人。清代建村，以地形得名。昔日红军挺进师在村境西南部上垟鱼塘、下垟鱼塘、太婆丘等地与白军进行激烈交战，今留驮垟激战遗址。通电、有线电视、自来水、公路。

【吴澳】Wúào 位于大地乡政府千米，西北与沙湾镇接壤。20户，61人。吴姓开基，处天头岗尖北麓山沟，方言“沟”“澳”同音，故名。境内沿鱼仓坑源有吴澳天然林区。

柳山头 Liǔshāntóu 村民委员会 位于大地乡政府北部。辖柳山头1个自然村。村民委员会驻柳山头村。以驻地村柳山头得名。总面积4.59平方千米，海拔1010米，块状聚落。4个村民小组，104户，278人。耕地面积248亩；林地面积6755亩，产松、杉、杂木、毛竹。通电、公路、程控电话、有线电视、自来水。民国属第四区桃垟乡。1950年7月属沙溪区大地乡。1951年2月，属大地区桃叶乡。1952年10月，属大地区桃叶乡。1956年3月，属大地区大地乡。1958年9月，属毛垟公社大地管理区。1961年9月，属沙溪区大地公社。1981年12月，改属沙湾区大地公社。1984年3月，复属大地乡。1991年3月，析置粗垟村民委员会。1992年5月，仍属大地乡。经县人民政府批准为第二次国内革命战争时期革命老区村。

【柳山头】Liǔshāntóu 位于大地乡政府北 3.6 千米。村民委员会驻地。104 户，278 人。据《柳氏宗谱》记载："满公行萬六，宋皇佑三年辛卯避乱，徙居云腾坑三角垢，遂于该坑上首开辟源头，而子姓于以卜居焉。故其地即以人名曰柳山头"。又传柳姓先祖从云和司前（今勤俭村）徙此开基，村处大林尖、屏峰岘、寨尖三个山尖地，故名柳山头。村分上、中、下三个点。三角垢对面建古殿，修缮一新。村尾建古庙，今尚留遗址。古庙旁曾建村办水电站，后废。叶坑下、沙湾、窍岩、毛山头等地柳姓为此地柳氏族人。

粗垟 Cūyáng 村民委员会 位于大地乡政府东北部。辖垟白岱、粗赛、金坑、窟斗 4 个自然村。村民委员会驻垟白岱村。分别取粗赛、垟白岱两个村名首字而得名。总面积 5.06 平方千米，海拔 750 米，点状聚落。3 个村民小组，130 户，391 人，其中，畲族 9 人。耕地面积 274 亩；林地面积 5935 亩，产松、杉、杂木、毛竹。通电、公路、程控电话、有线电视、自来水。民国属第四区桃垟乡。1950 年 7 月，属沙溪区大地乡。1951 年 2 月，属大地区桃叶乡。1952 年 10 月，属大地区桃叶乡。1956 年 3 月，属大地区大地乡。1958 年 9 月，属毛垟公社大地管理区。1961 年 9 月，属沙溪区大地公社。1981 年 12 月，改属沙湾区大地公社。1984 年 3 月，复属大地乡。1991 年 3 月，从柳山头村析出，置粗垟村民委员会。1992 年 5 月，仍属大地乡。经县人民政府批准为第二次国内革命战争时期革命老区村。

【垟白岱】Yángbáidài 位于大地乡政府东北 4.3 千米。村民委员会驻地。65 户，198 人，其中，畲族 7 人。地处山岱，旁连横排，排似羊肠小道，初名羊排岱，后以同音、近音字取代，故名垟白岱。通电、有线电视、自来水、公路。

【粗赛】Cūsài 位于大地乡政府东北 4.8 千米。49 户，136 人。村处马犁头岘东北麓。西邻窟斗村。交通不便。

【金坑】Jīnkēng 位于大地乡政府东北 6.5 千米。6 户，20 人。处标溪港支流金坑坑口，以坑得名。

【窟斗】Kūdǒu 位于大地乡政府东北 5.3 千米。10 户，37 人。地处深谷，状如曲斗，故名。村前临标溪港。

净水 Jìngshuǐ 村民委员会 位于大地乡政府东部。辖净水、孙胡 2 个自然村。村民委员会驻净水村。以驻地村净水得名。总面积 5.37 平方千米，海拔 780 米，点状聚落。4 个村民小组，158 户，493 人。耕地面积 309 亩；林地面积 4736 亩，产松、杉、杂木、毛竹。通电、公路、程控电话、有线电视、自来水。民国属第四区桃垟乡。1950 年 7 月，属沙溪区大地乡。1951 年 2 月，属大地区桃叶乡。1952 年 10 月，属大地区桃叶乡。1956 年 3 月，属大地区大地乡。1958 年 9 月，属毛垟公社大地管理区。1961 年 9 月，属沙溪区大地公社。1981 年 12 月，改属沙湾区大地公社。1984 年 3 月，复属大地乡。1992 年 5 月，仍属大地乡。经县人民政府批准为第二次国内革命战争时期革命老区村。

【净水】Jìngshuǐ 位于大地乡政府东北 3 千米。村民委员会驻地。98 户，311 人。地处五叶莲花东麓，小坑两侧。佛家语称，佛座为莲花宝座，昔人借此意称莲花山下之水为净水，村以水名。通电、有线电视、自来水、公路。

【孙胡】Sūnhú 位于大地东乡政府 3 千米。60 户，182 人。村下有湖塘，产茭白，方言茭与高同音，曾名高胡。偏僻山区交通不便。

家地乡

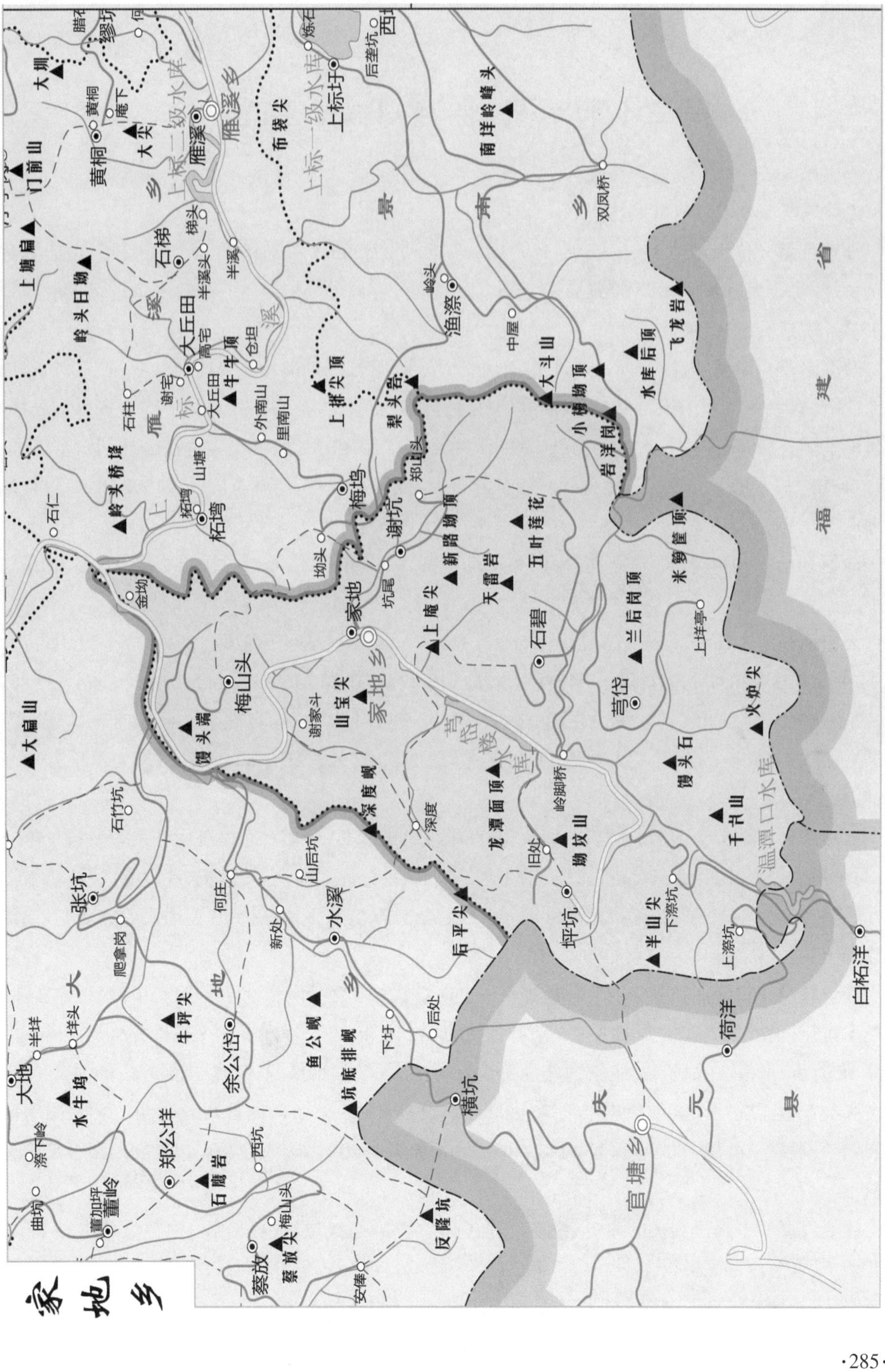

地图审核号：浙 S（2015）46 号

第二十节　家 地 乡(Jiādì Xiāng)

名称来历　乡以政府驻地村得名。

地理位置　位于东经 119°28′29″~119°33′16″,北纬 27°39′05″~27°45′11″。地处县城南部,东邻雁溪乡,西北连大地乡,东南界福建省寿宁县坑底乡,西南与庆元县官塘乡接壤。乡人民政府驻家地村 53 号,距县城 56 千米。

政区沿革　清属四都、五都。民国属第四区张坑乡、第五区景南乡。1951 年 2 月,设芎岱乡,属大地区;设梅坞乡,属大漈区。1958 年 9 月,设芎岱管理区,属大漈公社。1961 年 9 月,置芎岱公社,改属沙溪区。1965 年 3 月,改春岱公社,属沙溪区。1977 年 11 月,将沙溪区春岱公社划归东坑区。1981 年 10 月,春岱公社改称家地公社。1984 年 3 月,复置家地乡,仍属东坑区。1992 年 5 月,行政区划调整,仍称家地乡。

政区划分　2014 年末,辖家地、梅山头、谢坑、石碧、坪坑、芎岱 6 个村民委员会;下设 25 个村民小组。

人口面积　2014 年末,辖区总户数 758 户,总人口 2473 人。其中,男性 1294 人,占 52.32%;女性 1179 人,占 47.68%;18 岁以下 517 人,占 20.91%;18~60 岁 1469 人,占 59.4%;60 岁以上 487 人,占 19.69%。有畲、苗、彝族等民族,共 21 人,其中,畲族 4 人。人口自然增长率 13.87‰。辖区东西最大距离 7.66 千米,南北最大距离 11.28 千米,总面积 52.5 平方千米。人口密度为每平方千米 50 人。

自然条件　地势自南向北倾斜,海拔 1000 米以上山峰 20 余座。东南部大斗山,海拔 1522.6 米,与景南乡分水;西北部深度岘,海拔 1152 米,与大地乡分界。谢坑、岭脚坑、沙潭溪、坪坑诸水汇入标溪港,向北注入小溪。公路县内通沙湾、标溪及景南、东坑与干线联接;往南通庆元官塘乡,连接福建寿宁县。

经济状况　耕地面积 1725 亩;林地面积 61997 亩。年粮食总产量 927.3 吨,其中,水稻 672 吨,薯类 164 吨、玉米 44 吨、豆类 47.3 吨。茶叶种植面积 218 亩,产量 30 吨;生产袋料香菇 85 万袋,黑木耳 18 万袋,产值 33.2 万元。生猪饲养量 990 头,牛 30 头,羊 2898 只,家禽 1.14 万只,兔 2925 只。畜禽肉类产量 123 吨,其中猪肉产量 76 吨。生态公益林 3.3 万亩,毛竹 0.33 万亩,林木覆盖率 87.8%。香榧种植面积 100 亩,产量 12 吨;柑桔产量 18 吨。2014 年,农业总产值 2308 万元,工业总产值 1660 万元。

社会发展　各村民委员会通电、公路、程控电话、宽带、有线电视、自来水。有乡文化中心 1 个,幼儿园 1 所,医疗卫生机构 3 个。1986 年 7 月,经丽水地区民政局批准为第二次国内革命战争时期革命老区乡;坪坑、芎岱、家地 3 个村为革命老区村。

境内有广济桥、莒岱岭脚桥、家地谢坑桥、莒岱水碓桥、碧仙庵等景点。有木偶戏、花鼓戏等民间艺术。

家地乡村民委员会一览

表 2-22

标准名称	村民小组	自然村		2014 年		海拔（米）
		村数	标准名称	户数	人数	
石碧	4	1	石碧	69	226	730
莒岱	3	1	莒岱	136	462	910
坪坑	6	5	坪坑	47	162	850
			上漈坑	30	91	
			下漈坑	48	145	
			旧处	19	63	
			漈下寮	8	56	
家地	4	3	家地	141	445	430
			谢家斗	7	24	
			深度	21	66	
谢坑	6	2	谢坑	92	303	480
			郑山头	25	109	
梅山头	3	2	梅山头	94	230	760
			金坳	21	91	

村民委员会、居民点

家地 Jiādì 村民委员会 位于县城西南 56 千米。辖家地、谢家斗、深渡 3 个自然村。村民委员会驻家地村。以驻地村家地得名。总面积 8.6 平方千米，海拔 430 米，分布在溪涧两岸，块状聚落。有农村信用社、卫生院、文化站、广播电视站。4 个村民小组，169 户，535 人，其中，畲族 2 人。耕地面积 247 亩，主产水稻；林地面积 10850 亩，产松、杉、毛竹。通电、公路、程控电话、有线电视、自来水。清属四都。民国属第四区张坑乡。1951 年 2 月，属大地区莒岱乡。1958 年 9 月，属大漈公社莒岱管理区。1961 年 9 月，属沙溪区莒岱公社。1965 年 3 月，属沙溪区春岱公社。1981 年 10 月，人民公社迁往家地，改称家地公社，属沙湾区。1984 年 3 月，改属东坑区家地乡。1992 年 5 月，属家地乡。经县人民政府批准为第二次国内革命战争时期革命老区村。

【家地】Jiādì 位于县城西南 56 千米，村民委员会、乡人民政府驻地。141 户，445 人，其中，畲族 2 人。葛姓开基，原称葛家地，简称“家地”。通电、公路、程控电话、自来水、有线电视。

【谢家斗】Xièjiādòu　位于家地乡政府西北 1.5 千米。7 户，24 人。谢姓开基，以姓得名。通电、机耕路。

【深度】Shēndù　位于家地乡政府西南 2.5 千米。21 户，66 人。通电、机耕路。

谢坑 Xièkēng 村民委员会　位于家地乡政府东南部。辖谢坑、郑山头 2 个自然村。村民委员会驻地谢坑村。以驻地村谢坑得名。总面积 5.4 平方千米，海拔 480 米。6 个村民小组，117 户，412 人。耕地面积 321 亩；林地面积 6833 亩，产松、杉、杂木、毛竹。通电、公路、程控电话、有线电视、自来水。清属五都。民国属第五区景南乡。1951 年 2 月属大漈区梅坞乡。1958 年 9 月，属大漈公社芎岱管理区。1961 年 9 月，属沙溪区芎岱公社。1965 年 3 月，属沙溪区春岱公社。1981 年 10 月，公社迁家地，属沙湾区家地公社。1984 年 3 月，改属东坑区家地乡。1992 年 5 月，属家地乡。

【谢坑】Xièkēng　位于家地乡政府东南 1.1 千米。村民委员会驻地。92 户，303 人。谢姓开基于山坑边，故名。曾称社坑，后复称谢坑。通程控电话、有线电视、自来水、公路。

【郑山头】Zhèngshāntóu　位于家地乡政府东南 2 千米。25 户，109 人。郑姓在山头建村，因此得名。通程控电话、有线电视、公路。

梅山头 Méishāntóu 村民委员会　位于家地乡政府北 2.3 千米。辖梅山头、金坳 2 个自然村。村民委员会驻梅山头村。以驻地村梅山头得名。总面积 5.16 平方千米，海拔 760 米。3 个村民小组，115 户，321 人，其中，畲族 2 人。耕地面积 235 亩；林地面积 6197 亩，产松、杉、毛竹。通电、程控电话、有线电视、自来水、公路。清属五都。民国属第五区景南乡。1951 年 2 月，属大漈区梅坞乡。1958 年 9 月，属大漈公社芎岱管理区。1961 年 9 月，属沙溪区芎岱公社。1965 年 3 月，属沙溪区春岱公社。1981 年 10 月，公社迁家地，属沙湾区家地公社。1984 年 3 月，改属东坑区家地乡。1992 年 5 月，属家地乡。

【梅山头】Méishāntóu　位于家地乡政府北 2.3 千米。村民委员会驻地。94 户，230 人。通程控电话、有线电视、自来水、公路。

【金坳】Jīnào　位于家地乡政府北 3.6 千米。21 户，91 人，其中，畲族 2 人。通程控电话、有线电视、自来水、公路。

芎岱 Xiōngdài 村民委员会　位于家地南 3 千米。辖芎岱 1 个自然村。村民委员会驻芎岱村。以驻地村芎岱得名。总面积 10.18 平方千米，海拔 910 米，块状聚落。3 个村民小组，136 户，462 人。耕地面积 332 亩；林地面积 16075 亩，产松、杉、杂木。通电、程控电话、有线电视、自来水。清属四都。民国属第四区张坑乡。1951 年 2 月，属大地区芎岱乡。1958 年 9 月，属大漈公社芎岱管理区。1961 年 9 月，属沙溪区芎岱公社。1965 年 3 月，属沙溪区春岱公社。1981 年 10 月，公社迁家地，属沙湾区家地公社。1984 年 3 月，改属东坑区家地乡。1992 年 5 月，属家地乡。经县人民政府批准为第二次国内革命战争时期革命老区村。

【芎岱】Xiōngdài　位于家地乡政府南 3 千米。村民委员会驻地。136 户，462 人。陈姓先祖在山中种植药材芎蒡为业，故名。村建文昌阁、陈氏宗祠，村外水口建芎岱岭脚桥。通电、程控电话、有线电视、自来水、公路。

石碧 Shíbì 村民委员会　位于家地乡政府南。辖石碧 1 个自然村。村民委员会驻地石碧村。

以驻地村石碧得名。总面积 7.34 平方千米,海拔 730 米。4 个村民小组,69 户,226 人。耕地面积 214 亩,主产水稻;林地面积 10350 亩,产松、杉、毛竹。通电、程控电话、有线电视、自来水、公路。清属四都。民国属第四区张坑乡。1951 年 2 月,属大地区芎岱乡。1958 年 9 月,属大漈公社芎岱管理区。1961 年 9 月,属沙溪区芎岱公社。1965 年 3 月,属沙溪区春岱公社。1981 年 10 月,公社迁家地,属沙湾区家地公社。1984 年 3 月,改属东坑区家地乡。1992 年 5 月,属家地乡。

【石碧】Shíbì 位于家地乡政府东南 3 千米。村民委员会驻地。69 户,226 人。地处大斗山西麓。村建高山石壁下,石壁之上一小盆地,土名"五叶莲花",四处草木丛生,成片碧绿,故名石碧。村周有银杏、粗榧树一百余株,树龄在 200 至 1000 年不等。村东建回龙宫。村尾有张氏宗祠古建筑,祠旁新建廊桥。村东与景南乡界。通电、程控电话、有线电视、自来水、公路。

坪坑 Píngkēng 村民委员会 位于家地乡政府北 4.8 千米。村民委员会驻坪坑村。以驻地村坪坑得名。辖坪坑、上漈坑、下漈坑、旧处、漈下寮 5 个自然村。村民委员会在坪坑村。海拔 850 米。6 个村民小组,152 户,517 人。耕地面积 376 亩;林地面积 1692 亩。通电、程控电话、有线电视、自来水。清属四都。民国属第四区张坑乡。1951 年 2 月,属大地区芎岱乡。1958 年 9 月,属大漈公社芎岱管理区。1961 年 9 月,改属沙溪区芎岱公社。1965 年 3 月,属沙溪区春岱公社。1981 年 10 月,公社迁家地,属沙湾区家地公社。1984 年 3 月,改属东坑区家地乡。1992 年 5 月,属家地乡。经县人民政府批准为第二次国内革命战争时期革命老区村。

【坪坑】Píngkēng 位于家地乡政府西南 4.8 千米。村民委员会驻地。47 户,162 人。宋代周姓开基,垫坑为坪,以坪建村,故名平坑,以同音成今名。是红军烈士周志仓故乡。通电、程控电话、有线电视、自来水、公路。革命老区村。

【上漈坑】Shàngjìkēng 位于家地乡政府西南 7.2 千米。30 户,91 人。以坑得名。通程控电话、有线电视、村道公路。

【下漈坑】Xiàjìkēng 位于家地乡政府西南 6 千米。48 户,145 人。以坑得名。通程控电话、有线电视、村道公路。

【旧处】Jiùchù 位于家地乡政府西南 4 千米。19 户,63 人。周姓开基,后迁别处,称旧址为旧处。

【漈下寮】Jìxiàliáo 位于家地乡政府西南 5 千米。8 户,56 人。通公路。

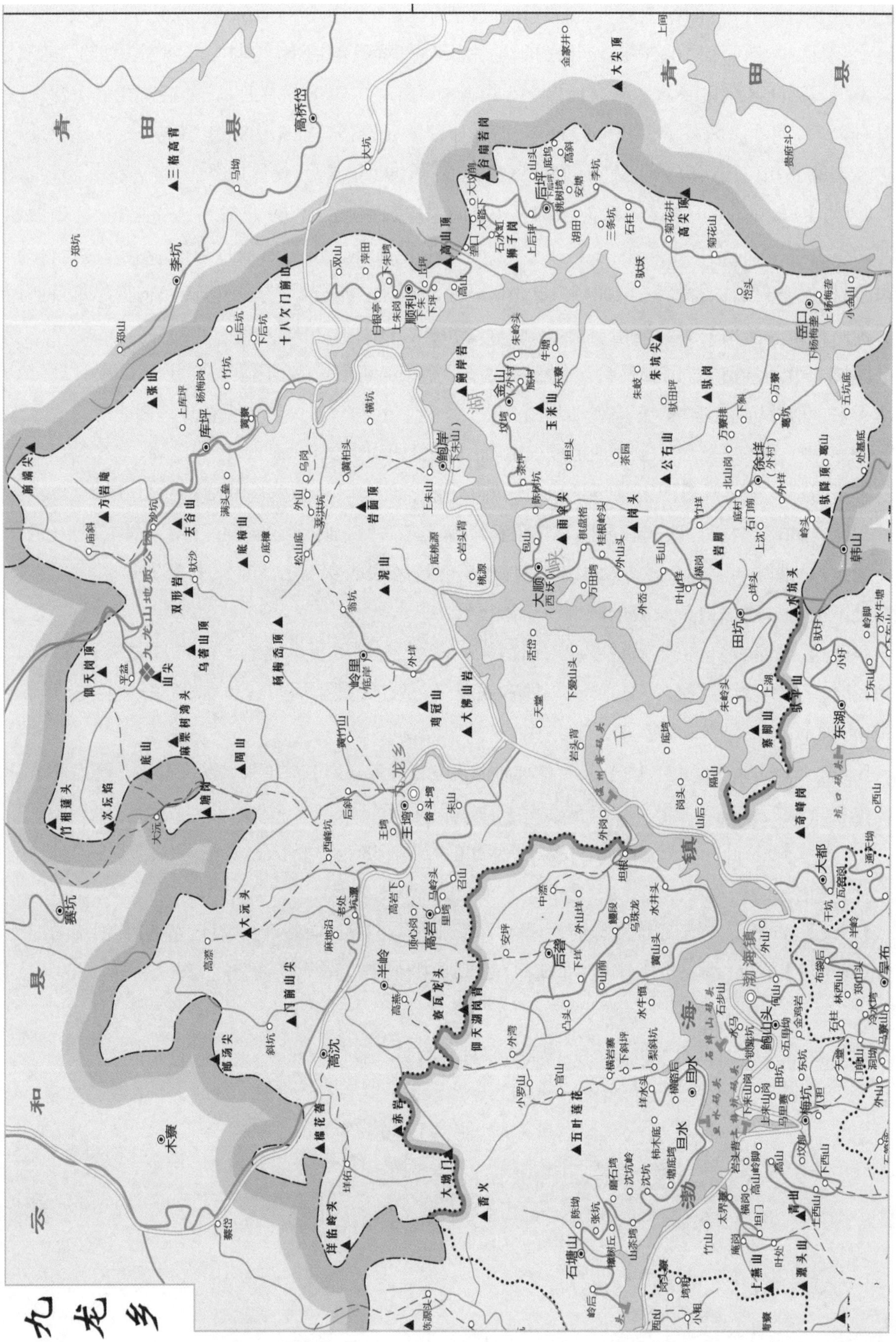

九龙乡

地图审核号：浙S（2015）46号

第二十一节 九 龙 乡(Jiǔlóng Xiāng)

名称来历 乡以境内九龙山而得名。

地理位置 位于东经 119°45′43″~119°58′23″,北纬 28°00′00″~28°10′43″。地处县城东北部,东、南连接青田县北山镇、祯旺乡,西南、西与渤海镇为邻,西北、北与莲都区峰源乡接壤,东北毗邻青田县祯旺乡。乡人民政府驻王塆村龙翔路 25 号,距县城 53 千米。

政区沿革 清属一都。民国二十年(1931 年)属第二区,设大顺、石灵、鲍金、鹤陈 4 乡。1950 年 7 月,置大顺、小顺 2 乡,属渤海区。1951 年 2 月,增设井边乡,仍属渤海区。1952 年 10 月,设大顺、田坑、小顺、金田、陈村、井边 6 个乡,属渤海区。1956 年 3 月,并为大顺、小顺、陈村 3 个乡;同年 6 月,云和县云东区新四乡(原属建国乡外四堡)高沈、王塆、高岭、长汀 4 村,划归景宁县渤海区。1958 年 9 月,设大顺公社,辖大顺、新四、小顺、陈村 4 个管理区。1961 年 9 月,改设大顺、新四、陈村 3 个公社。1962 年 6 月改属云和县渤海区。1981 年 10 月,高岭生产大队改置高岩、半岭 2 个生产大队;是年,长汀村更名为"新长汀"村;小顺村更名为"顺利"村。1984 年 3 月,陈村公社分设陈村、顺利 2 个乡;大顺公社复建大顺乡;新四公社复建新四乡。1986 年 7 月,经丽水地区民政局批准原新四、大顺、陈村、顺利 4 乡为第二次国内革命战争时期革命老区乡。1992 年 5 月,撤渤海区;新四乡并入大顺乡;顺利乡并入陈村乡。2007 年 6 月,滩坑电站库区涉淹行政区划调整,撤大顺、陈村 2 乡,置九龙乡。2008 年 12 月,全乡 23 个村民委员会调整为 14 个村民委员会,1 个居民委员会。

政区划分 2014 年末,辖龙湾 1 个居民委员会,王塆、高沈、半岭、高岩、岭里、库坪、鲍岸、顺利、后坪、鹤口、金山、大顺、田坑、徐垟 14 个村民委员会,共 15 个群众自治组织;下设 1 个居民小组、102 个村民小组。

人口面积 2014 年末,辖区总户数 2967 户,总人口 8841 人。其中,男性 4735 人,占 53.56%;女性 4106 人,占 46.44%;18 岁以下 2016 人,占 22.8%;18~60 岁 5287 人,占 59.80%;60 岁以上 1538 人,占 17.40%。有畲、佤、苗族等民族,共 239 人,占 2.70%;其中,畲族 211 人。人口自然增长率 -0.22‰。辖区东西最大距离 20.29 千米,南北最大距离 19.82 千米,总面积 217.75 平方千米。人口密度为每平方千米 43 人。

自然条件 地势四周向中部千峡湖倾斜,地貌以丘陵为主。境内 1000 米以上山峰有垟佑坳、大门坳、香菇寮,主要山峰有大众源、公古山、鸡冠岩、田坳头、岩面顶等。东部鸡冠岩(海拔 749 米)与南部大众源(海拔 885 米),均与青田县交界;西南部大坳门,海拔 1117 米,与渤海镇接壤;东北部九龙塆与莲都区相连。主要溪涧垟佑坑、斜坑、石桥坑、石斜坑等注入大顺坑;炉西坑、田坑西南向北,顺利坑从北向南,后坪坑、水碓坑、五坑等诸水注入千峡湖。景(宁)青(田)复建公路,大(顺)大(港头)公路穿越乡境,至丽水、青田、温州交通便捷,为境内经济发展注入新活力。

经济状况 耕地面积 5219 亩;林地面积 192254 亩。年产粮食 2347.9 吨,其中,水稻 1852 吨,薯类362.3吨、玉米45吨、大豆88.6吨。茶叶种植面积946亩，产量178.5吨；油料作物种植面积357亩，产量29吨，其中，花生14.6吨，芝麻3.3吨；蔬菜种植面积2300亩，产量2211吨。茶园面积946亩，茶叶产量178.5吨。生猪饲养量1270头，牛310头，羊1690只，家禽3.45万只，兔6343只。畜禽肉类产量150吨，其中，猪肉产量61吨。累计造林1052亩，活立木蓄积量10.72万立方米。水果种植面积3040亩，产量2941.8吨，其中柑桔284.2吨、梨99.5吨。2014年，农业总产值3821万元，工业总产值3230万元。

社会发展 各村民委员会通电、公路、程控电话、宽带、有线电视、自来水。有文化站1个，幼儿园1所，小学1所，医疗卫生机构3个。1986年7月，经丽水地区民政局批准大顺、新四、顺利、陈村4个乡为第二次国内革命战争时期革命老区乡；新长汀、高沈、王埼、半岭、高岩、顺利、鲍岸、金山、金田、黄寮、库坪、大顺、岭里、圭背、桂根、炉西坑、田坑、徐垟、陈村、后坪、塘堡、井边、鹤口等23个村民委员会为革命老区村。

境内旅游资源有千峡湖生态旅游区、九龙省级地质公园、炉西峡及李振彪烈士墓等。九龙鱼灯是境内独具特色的民间艺术，又是传统大众娱乐文化活动。每逢春节，九龙多村以舞鱼灯为乐，鱼灯以淡水鱼形象而制作，鱼灯精美、舞蹈形象生动、表演粗犷奔放而闻名。九龙鱼灯被列入省第四批非物质文化遗产名录。

九龙乡村民委员会一览

表2-23

标准名称	村民小组	自然村		2014年		海拔（米）
		村数	标准名称	户数	人数	
王埼	12	8	王埼	57	158	185
			高漈	1	2	
			西峰坑	1	1	
			后斜	47	115	
			坑潭	12	37	
			高岩下	19	66	
			毛山	31	92	
			朱山	39	141	
高沈	6	3	高沈	166	495	335
			斜坑	20	118	
			垟佑	12	54	
半岭	3	2	半岭	53	151	510
			高燕	34	123	

续表 2-23

标准名称	村民小组	自然村		2014 年		海 拔（米）
		村数	标准名称	户数	人数	
高岩	4	2	高岩	77	202	580
			召山	18	60	
岭里	7	4	底岸	140	490	310
			外垟	87	341	
			后畲顶	11	32	
			翁坑	44	205	
大顺	6	6	西沃	8	23	300
			包山	12	37	
			棋盘格	10	24	
			外山头	14	36	
			毛山	58	202	
			桂根岭头	2	6	
金山	9	9	外村	23	76	370
			底村	26	104	
			朱岭头	30	120	
			坟塆	18	59	
			茶坪	14	47	
			坦头	27	79	
			茶园	11	36	
			东寮	27	65	
			牛塘	22	55	
田坑	4	6	田坑	64	144	400
			叶山垟	9	43	
			横岗	12	54	
			朱岭头	39	130	
			垟头	32	124	
			上湖	15	52	
徐垟	10	15	外村	43	168	670
			驮田坪	1	6	

续表 2–23

标准名称	村民小组	自然村		2014 年		海拔（米）
		村数	标准名称	户数	人数	
徐垟	10	15	竹垟	10	28	
			北山岗	20	79	
			方寮排	5	23	
			底村	50	180	
			北山岭	8	16	
			下斜	3	7	
			石门前	18	70	
			上沈	6	24	
			外垟	29	89	
			五坑头	1	1	
			岭头	40	131	
			葛山	17	68	
			处基底	2	6	
鲍岸	5	6	下朱山	77	155	250
			上朱山	36	71	
			黄柏头	21	60	
			桃源	20	61	
			外山	59	169	
			松山底	7	17	
顺利	4	7	下朱	56	190	240
			白银亭	10	27	
			横坑	16	54	
			上朱岗	6	18	
			上朱塆	7	19	
			下坪	6	19	
			上坪	5	14	
库坪	6	6	库坪	44	141	255
			上库坪	53	186	
			庙斜	6	17	

续表 2–23

标准名称	村民小组	自然村		2014年		海 拔（米）
		村数	标准名称	户数	人数	
库坪	6	6	平盆	22	91	
			沙坑	20	63	
			驮沙	7	14	
后坪	10	15	下后坪	31	171	285
			上后坪	28	156	
			大路下	24	87	
			垄口	4	8	
			大坟前	25	96	
			石水缸	14	53	
			山头	25	91	
			桃树塆	7	25	
			底塆	3	8	
			高斜	30	113	
			安塘	6	22	
			胡田	2	8	
			双格	7	24	
			李坑	9	48	
			石柱	19	70	
鹤口	8	8	下杨梅垄	51	99	300
			金山	22	35	
			上杨梅垄	46	103	
			五坑底	34	110	
			菊花井	11	33	
			菊花山	6	30	
			朱岐	21	51	
			台头	17	41	

村民委员会、居民点

王塆 Wángwān 村民委员会 位于县城东北53千米。辖王塆、高漈、西峰坑、后斜、坑潭、高岩下、朱山7个自然村。村民委员会驻王塆村，九龙乡人民政府驻地。以驻地村王塆得名。总面积14.47平方千米，海拔185米，块状聚落。有九龙农村信用社、九龙社区卫生服务中心、九龙乡校、广播电视站、九龙敬老院等。12个村民小组，207户，612人，其中，畲族33人。耕地面积502亩，主产水稻；林地面积24604亩，产松、杉、毛竹。通电、公路程控电话、有线电视、自来水。清属云和七都。民国三十四年(1945年)属云和县建国乡。1951年，属云和县云东区新四乡。1956年6月，从云和县云东区划出新四乡，归景宁县渤海区。1958年9月属大顺公社新四管理区。1961年9月，属渤海区新四公社。1962年6月，改属云和县渤海区新四公社。1984年3月，政社分设，属渤海区新四乡。1992年5月，属大顺乡。2007年6月，属九龙乡；共有移民51户，114人。其中，46户，100人移居本乡；1户，4人移居莲都区；2户，3人移居缙云县；2户，7人移居遂昌县。2008年12月，滩坑库区行政区划调整，撤销新长汀村民委员会，并入王塆村民委员会。经县人民政府批准为第二次国内革命战争时期革命老区村。

【王塆】Wángwān　位于县城东北53千米。村民委员会驻地。57户，158人，其中，畲族29人。地处山塆，居住王姓，故名。村东复建李振彪烈士墓。处千峡湖北岸，大港头至九龙公路穿村而过，水陆交通便利，村建九龙中心敬老院。通公路、码头、程控电话、有线电视。

【高漈】Gāojì　位于九龙乡政府西北5千米。1户，2人。地处峭壁岩漈之上，故名高漈。北部与莲都区接壤，交通不便。

【西峰坑】Xīfēngkēng　位于九龙乡政府西北2.7千米。1户，1人。村西山峰耸立，村前陈青寮坑流过，故名。南邻大顺坑，山区偏僻。

【后斜】Hòuxié　位于九龙乡政府北1.2千米。47户，115人。以地形得名。村南侧门岗迁建李振彪烈士墓。九龙省级地质公园由此入境。通机耕路。

【坑潭】Kēngtán　位于九龙乡政府西北2.2千米。12户，37人。地处大顺坑北，村前小坑有深潭，故名。通公路。

【高岩下】Gāoyánxià　位于九龙乡政府西北1.2千米。19户，66人。处于大顺坑北，高岩村下，故名。通公路。

【毛山】Máoshān　位于九龙乡政府东南0.5千米。31户，92人。通公路。

【朱山】Zhūshān　位于九龙乡政府西北1.3千米。39户，141人。大顺坑西侧山坡上，村周土壤呈赤色，故名朱山。原为新长汀村民委员会，2008年12月划入。通电、公路、程控电话、有线电视、自来水。

高沈 Gāoshěn 村民委员会　位于九龙乡政府西北部。辖高沈、斜坑、垟佑3个自然村。村民委员会驻高沈村。以驻地村高沈得名。总面积18.57平方千米，海拔335米。6个村民小组，198户，667人。耕地面积285亩；林地面积21103亩，产毛竹、松、杂木。通电、程控电话、有线电视、自来水。清属云和七都。民国三十四年(1945年)属云和县建国乡。1951年，属云和县云东区新四乡。1956年6月，云和县云东区新四乡，划归景宁县渤海区。1958年9月，属大顺公社新四管理区。1961年9月，属渤海区新四公社。1962年6月，改属云和县渤海区新四公社。1984年3月，政社分设，属渤海区新四乡。1992年5月，属大顺乡。2007年6月，属九龙乡。经县人民政府批准为第二次国内革命战争时期革命老区村。

【高沈】Gāoshěn 位于九龙乡政府西北4.8千米。村民委员会驻地。166户，495人。据传于明嘉靖十九年(1540)，沈氏先祖大著公，为避祸乱从云邑沈村迁此安居，在高山坳地垦荒播种，故名。又传，沈姓自徙此地后，文人渐少。取高于祖地沈村之意，护佑后代发达高升，故名高沈。距鹤溪、云和、青田、丽水四县均40千米。大港头至九龙公路过村境；每日班车通县城。昔日革命烈士李振彪曾在此一带活动。通电、程控电话、有线电视、自来水。

【斜坑】Xiékēng 位于九龙乡政府西北4.5千米。20户，118人。地处大顺坑北支流，山坑弯曲斜出，故名。村尾建水库。通公路。

【垟佑】Yángyòu 位于九龙乡政府西北6.5千米。12户，54人。村庄座落在田垟右边，故名"垟右"。演变为今名。西北与莲都区接壤。村西建垟佑岭亭。

半岭 Bànlǐng 村民委员会 位于九龙乡政府西部。辖半岭、高燕2个自然村。村民委员会驻半岭村。以驻地半岭村得名。总面积4.15平方千米，海拔510米。3个村民小组，87户，274人。耕地面积151亩；林地面积5568亩，产松、杉、毛竹。通程控电、公路、程控电话、有线电视、自来水。清属云和七都。民国三十四年(1945年)属云和县建国乡。1951年，属云和县云东区新四乡。1956年6月，云和县云东区新四乡，划归景宁县渤海区。1958年9月，属大顺公社新四管理区。1961年9月，属渤海区新四公社。1962年6月，改属云和县渤海区新四公社。1984年3月，政社分设，属渤海区新四乡。1992年5月，属大顺乡。2007年6月，属九龙乡。经县人民政府批准为第二次国内革命战争时期革命老区村。

【半岭】Bànlǐng 位于九龙乡政府西部3.2千米。村民委员会驻地。53户，151人。村庄处于高沈至高燕半山岭间，故名。块状分布。通电、公路、程控电话、有线电视、自来水。

【高燕】Gāoyàn 位于九龙乡政府西3.5千米。34户，123人。地处仰天湖岗背北坡台地上，山形如燕窝，故名。通电、公路。

高岩 Gāoyán 村民委员会 位于九龙乡政府西部。辖高岩、召山2个自然村。村民委员会驻高岩村。以驻地高岩村得名。总面积4.37平方千米，海拔580米。4个村民小组，95户，262人。耕地面积175亩，林地面积6447亩，产松、杉、毛竹。通程控电话、有线电视、自来水。清属云和七都。民国三十四年(1945年)属云和县建国乡。1951年，属云和县云东区新四乡。1956年6月，云和县云东区新四乡，划归景宁县渤海区。1958年9月，属大顺公社新四管理区。1961年9月，属渤海区新四公社。1962年6月，改属云和县渤海区新四公社。1984年3月，政社分设，属渤海区新四乡。1992年5月，属大顺乡。2007年6月，属九龙乡。经县人民政府批准为第二次国内革命战争时期革命老区村。

【高岩】Gāoyán 位于九龙乡政府王垮西2千米。村民委员会驻地。77户，202人。村建仰天湖岗背东北坡高山岩漈上，故名。通电、公路、有线电视、自来水。

【召山】Zhàoshān 位于九龙乡政府西南1.7千米。18户，60人。以山得名。西邻高岩村。通公路。

岭里 Lǐnglǐ 村民委员会 位于九龙乡政府东部。辖底岸、外垟、后砻顶、翁坑4个自然村。村民委员会驻底岸村。以山岭得名。总面积14.64平方千米，海拔310米。7个村民小组，282户，1068人。耕地面积565亩，主产水稻；林地面积20630亩，产松、杉、毛竹。通电、公路、程控电话、有线电视、自来水。清属一都。民国二十年(1931)属第二区大顺乡。1950年7月，属渤海区大顺乡。1958年9月，属大顺公社大顺管理区。1961年9月，属渤海区大顺公社。1962年6月，改属云和县渤海区大顺公社。1984年3月，政社分设，属渤海区大顺乡。1992年5月，属大顺乡。2007年6月，属九龙乡。经县人民政府批准为第二次国内革命战争时期革命老区村。

【底岸】Dǐ'àn 又名岭里底垟。位于九龙乡政府东2.5千米。村民委员会驻地。140户，490人，其中，畲族2人。处于排山岭东谷，岭里坑两岸。建徐氏宗祠。通电、公路、程控电话、有线电视、自来水。

【外垟】Wàiyáng 又名岭里外垟。位于九龙乡政府东2.3千米。87户，341人。村口古景蛰龙潭，有涧水注入，里人铸其岩壁曰："龙潭秋月"。村建张氏宗祠。通电、公路、程控电话、有线电视、自来水。

【后砻顶】Hòulóngdǐng 位于九龙乡政府东2千米。11户，32人。在外垟村后砻山顶之上，故名。通电、公路。

【翁坑】Wēngkēng 位于九龙乡政府东3.2千米。44户，205人。以坑得名。通电、公路。

大顺 Dàshùn 村民委员会 位于九龙乡政府东南部。辖西沃、包山、棋盘格、外山头、毛山、桂根岭头6个自然村。村民委员会驻西沃村。以原大顺村得名。总面积22.52平方千米，海拔300米。6个村民小组，104户，328人，其中，畲族5人。耕地面积227亩；林地面积15419亩，产毛竹、松、杂木。通程控电话、有线电视、自来水、公路，有班车通县城。清属一都。民国二十年(1931)属第二区大顺乡。1950年7月，属渤海区大顺乡。1958年9月，属大顺公社大顺管理区。1961年9月，属渤海区大顺公社。1962年6月，改属云和县渤海区大顺公社。1984年3月，政社分设，属渤海区大顺乡。1992年5月，属大顺乡。2007年6月，滩坑库区行政区划调整后属九龙乡；共有移民156户，505人。其中，4户，7人移居澄照乡；4户，8人移居九龙乡；32户，120人移居遂昌县；20户，65人移居莲都区；14户，46人移居缙云县；4户，15人移居永康市；39户，129人移居绍兴市；4户，14人移居诸暨市。2008年12月，因滩坑库区行政区划调整，撤销桂根、炉西坑村民委员会，并入桂根村民委员会的包山、棋盘格、毛山、外山头4个自然村；并入炉西坑村民委员会的上寮、外岗、八角岭头3个自然村。经县人民政府批准为第二次国内革命战争时期革命老区村。

【西沃】Xīwò 位于九龙乡政府东南3.5千米，千峡湖南部。村民委员会驻地。8户，23人，其中，畲族2人。村建包山西边，故名。原为桂根村民委员会，2008年12月划入。通码头、程控电话、有线电视、自来水。

【桂根岭头】Guìgēnlǐngtóu 位于九龙乡政府东南4.8千米。2户，6人。处于桂根岭头，故名。原为桂根村民委员会，2008年12月划入。通公路。

【外山头】Wàishāntóu 位于九龙乡政府东南5.1千米。14户，36人。在石灵寨东北坡外侧山头，故名。原为桂根村民委员会，2008 年 12 月划入。通电、公路。

【毛山】Máoshān　位于九龙乡政府东南 5.5 千米。58 户，202 人，其中，畲族 3 人。原为桂根村民委员会，2008 年 12 月划入。通电、公路。

【包山】Bāoshān　位于九龙乡政府东南 3.8 千米，西邻西沃村。12 户，37 人。村庄四面环山，故名。原为桂根村民委员会，2008 年 12 月划入。

【棋盘格】Qípángé　位于九龙乡政府东南 4.5 千米。10 户，24 人。村前田畈中有巨石形状如棋盘，故名。原为桂根村民委员会，2008 年 12 月划入。通公路。

金山　Jīnshān　村民委员会　位于九龙乡政府东部。辖外村、底村、朱岭头、坟塆、茶坪、坦头、茶园、东寮、牛塘 9 个自然村。村民委员会驻外村村。以片村得名。总面积 11.95 平方千米，海拔 370 米。9 个村民小组，198 户，641 人，其中，畲族 16 人。耕地面积 259 亩；林地面积 10630 亩，产毛竹、松、杂木。通程控电、程控电话、有线电视、自来水、公路。清属一都。民国二十年(1931)属第二区鲍金乡。1950 年 7 月，属渤海区小顺乡。1958 年 9 月，属大顺公社小顺管理区。1961 年 9 月，属渤海区陈村公社。1962 年 6 月，改属云和县渤海区陈村公社。1984 年 3 月，政社分设，改属渤海区顺利乡。1992 年 5 月属陈村乡。2007 年 6 月，属九龙乡。2008 年 12 月，因滩坑库区行政区划调整，撤销陈村村民委员会，并入陈村村民委员会东寮、牛塘 2 个自然村。经县人民政府批准为第二次国内革命战争时期革命老区村。

【金山】Jīnshān　片村。底村、外村统称金山村。2008 年 11 月建成金山码头。

【外村】Wàicūn　位于九龙乡政府东南 5.3 千米。村民委员会驻地。23 户，76 人。明代万历年间金姓开基，分底、外两村，金山西侧为外村。通程控电话、有线电视、自来水、公路。

【底村】Dǐcūn　位于九龙乡政府东南 5.5 千米。26 户，104 人，其中，畲族 13 人。金姓开基，分底、外两村，金山东侧为底村。通程控电话、有线电视、自来水、公路。

【朱岭头】Zhūlǐngtóu　位于九龙乡政府东南 5.7 千米。30 户，120 人，其中，畲族 2 人。朱姓建村岭头，故名。西邻金山村。通公路。

【坟塆】Fénwān　位于九龙乡政府东南 5.2 千米。18 户，59 人。因村地形如坟，处于山塆，故名。东邻金山村。通机耕路。

【茶坪】Chápíng　位于九龙乡政府东南 5.1 千米。14 户，47 人。以盛产茶叶而得名。西邻千峡湖。通公路。

【坦头】Tǎntóu　位于九龙乡政府东南 5.3 千米。27 户，79 人。村坊坐落峡谷两侧岩背之上，故名。东邻东寮村。偏僻山区交通不便。

【茶园】Cháyuán　位于九龙乡政府东南 5.5 千米。11 户，36 人。盛产茶叶，故名。村坊偏僻交通不便。处朱岐村西侧源头。

【东寮】Dōngliáo　位于九龙乡政府东南 6 千米。27 户，65 人。原居陈村西面坑底，后部分迁居坑底东侧，在此搭寮建村，故名。原为陈村村民委员会，2008 年 12 月，划入金山村民委员会。西邻牛塘村。通公路。

【牛塘】Niútáng　位于九龙乡政府东南 6.1 千米。22 户，55 人。村边有水塘，耕牛经常饮水于此，故名。2008 年 4 月建成牛塘码头。原为陈村村民委员会，2008 年 12 月，划入金山村民委员会。通公路。

田坑 Tiánkēng 村民委员会　位于九龙乡政府南部。辖个田坑、叶山垟、横岗、朱岭头、垟头、上湖 6 个自然村。总面积 7.23 平方千米，海拔 400 米。村民委员会驻田坑村。以驻地村田坑得名。4 个村民小组，171 户，547 人，其中，畲族 12 人。耕地面积 461 亩；林地面积 9675 亩，产毛竹、松、杂木。通电、程控电话、有线电视、自来水、公路，有班车通县城。清属一都。民国二十年（1931）属第二区大顺乡。1950 年 7 月，属渤海区大顺乡。1958 年 9 月，属大顺公社大顺管理区。1961 年 9 月，属渤海区大顺公社。1962 年 6 月，改属云和县渤海区大顺公社。1984 年 3 月，政社分设，属渤海区大顺乡。1992 年 5 月，属大顺乡。2007 年 6 月，属九龙乡。经县人民政府批准为第二次国内革命战争时期革命老区村。

【田坑】Tiánkēng　位于九龙乡政府南部 5.8 千米。村民委员会驻地。64 户，144 人，。其中，畲族 8 人。昔日有山坑在村边流过，不能灌田，后人引坑水于田畈中，两旁田畈均可灌溉，故名。通有线电视、自来水、公路。

【叶山垟】Yèshānyáng　位于九龙乡政府南部 5.5 千米。9 户，43 人。以垟畈得名。通公路。

【横岗】Hénggǎng　位于九龙乡政府南部 5.6 千米。12 户，54 人。村建横山岗上，故名。处岩脚北麓。南邻叶山垟村。通公路。

【朱岭头】Zhūlǐngtóu　位于九龙乡政府南部 5.8 千米。39 户，130 人。村建朱岭岭头，故名。西邻千峡湖。通公路。

【垟头】Yángtóu　位于九龙乡政府东南 5.85 千米。32 户，124 人，其中，畲族 3 人。处地原有一座大屋，四周围墙，村取“墙头”之名，后演变今名。处大众源北麓。通公路。

【上湖】Shànghú　位于九龙乡政府南部 5.9 千米。15 户，52 人。在朱岭头村上方，原先只有一户人家，原称“上户”，以谐音演变成上湖。通公路。

徐垟 Xúyáng 村民委员会　位于九龙乡政府东南部。辖外村、驮田坪、竹垟、北山岗、方寮排、底村、北山岭、下斜、石门前、上沈、外垟、五坑头、岭头、葛山处、基底 15 个自然村。村民委员会驻外村。以片村得名。总面积 11.11 平方千米，海拔 670 米。10 个村民小组，253 户，896 人，其中，畲族 39 人。耕地面积 611 亩；林地面积 12083 亩，产毛竹、松、杂木。通电、程控电话、有线电视、自来水、公路，有班车通县城。清属一都。民国二十年（1931）属第二区大顺乡。1950 年 7 月，属渤海区大顺乡。1958 年 9 月，属大顺公社大顺管理区。1961 年 9 月，属渤海区大顺公社。1962 年 6 月，改属云和县渤海区大顺公社。1984 年 3 月，政社分设，属渤海区大顺乡。1992 年 5 月，属大顺乡。2007 年 6 月，属九龙乡。经县人民政府批准为第二次国内革命战争时期革命老区村。

【外村】Wàicūn　位于九龙乡政府东南 6.9 千米。村民委员会驻地。43 户，168 人，其中，畲族 2 人。齐姓开基，名“齐垟”，方言“齐”、“徐”谐音，故称徐垟，分为外村与底村。通电、公路、有线电视、自来水。

【底村】Dǐcūn 位于九龙乡政府东南6.3千米。50户，180人，其中，畲族5人。徐垟，分外、底两村，故名。通电、公路、有线电视、自来水。

【驮田坪】Tuótiánpíng 位于九龙乡政府东南5.8千米。1户，6人。村建山坪上，村旁一丘大田，故名。

【竹垟】Zhúyáng 位于九龙乡政府东南6.2千米。10户，28人。处于山间坡地，多竹，故名。东接公古山。通公路。

【北山岗】Běishāngǎng 位于九龙乡政府东南6.8千米。20户，79人，其中，畲族17人。以山得名。

【方寮排】Fāngliáopái 位于九龙乡政府东南6.6千米。5户，23人。方寮排路为路名，村以路名。北邻白坦水库。

【北山岭】Běishānlǐng 位于九龙乡政府东南6.7千米。8户，16人。村建北山岭旁，故名。

【下斜】Xiàxié 位于九龙乡政府东南7.1千米。3户，7人，其中，畲族4人。处公古山东侧山坡徐垟下斜方，故名。

【石门前】Shíménqián 位于九龙乡政府东南6.8千米。18户，70人。与外村近邻，山口如石门，村处山口之前，故名。

【上沈】Shàngshěn 位于九龙乡政府东南6.6千米。6户，24人。通电、公路、程控电话、有线电视、自来水。

【外垟】Wàiyáng 位于九龙乡政府东南7.5千米。29户，89人。徐垟分底垟、外垟两村，故名。通机耕路。

【五坑头】Wǔkēngtóu 位于九龙乡政府东南8.3千米。1户，1人。以坑得名。山区偏僻交通不便。

【岭头】Lǐngtóu 位于九龙乡政府东南7.9千米。40户，131人。通机耕路。

【葛山】Gěshān 位于九龙乡政府东南9.2千米。17户，68人。以山塆得名。北岭五坑头村。

【处基底】Chùjīdǐ 位于九龙乡政府东南9千米，南界青田县。2户，6人。

鲍岸 Bàoàn 村民委员会 位于九龙乡政府东南部。辖下朱山、上朱山、黄柏头、桃源、外山、松山底6个自然村。村民委员会驻下朱山村。以原鲍岸村得名。总面积26.19平方千米，海拔250米。5个村民小组，220户，533人，其中，畲族32人。耕地面积305亩；林地面积3952亩，产毛竹、松、杂木。通电、程控电话、有线电视、自来水、公路，有班车通县城。清属一都。民国二十年(1931)属第二区鲍金乡。1950年7月，属渤海区小顺乡。1958年9月，属大顺公社小顺管理区。1961年9月，属渤海区陈村公社。1962年6月，改属云和县渤海区陈村公社。1984年3月，政社分设，改属渤海区顺利乡。1992年5月，属陈村乡。2007年6月，滩坑库区行政区划调整后属九龙乡；滩坑库区涉淹，共有移民152户，583人。其中，59户，219人移居松阳县；6户，19人移居遂昌县；28户，95人移居莲都区；7户，25人移居缙云县；14户，60人移居永康市；9户，32人移居浦江县；4户，15人移居义乌市；5户，16人移居奉化市；13户，46人移居绍兴市；7户，12人移居九龙乡；16人自谋出路，28人自谋职业。2008 年 12 月，撤销圭背村民委员会，并入桃源、外山、松山底 3 个自然村。经县人民政府批准为第二次国内革命战争时期革命老区村。

【下朱山】Xiàzhūshān　位于九龙乡政府东 4.1 千米。村民委员会驻地。77 户，155 人，其中，畲族 16 人。2008 年 8 月，建成下朱山码头。通电、公路、程控电话、有线电视、自来水。

【上朱山】Shàngzhūshān　位于九龙乡政府东 4.2 千米。36 户，71 人。传古时有官家居住在此，故称“贵山”，以方言谐音演变成朱山，分上、下朱山。通电、公路、程控电话、有线电视、自来水。

【黄柏头】Huángbǎitóu　位于九龙乡政府东 4.1 东千米。21 户，60 人。地处岩面顶东北坡，早年盛产黄柏，故名。山区偏僻交通不便。

【桃源】Táoyuán　位于九龙乡政府东南 3.6 千米。20 户，61 人。原属圭背村委。2008 年 7 月，建成桃源码头。南邻千峡湖。通电、公路。

【外山】Wàishān　位于九龙乡政府东北 4 千米。59 户，169 人，其中，畲族 14 人。原属金田村委。

【松山底】Sōngshāndǐ　位于九龙乡政府东北 3.8 千米。7 户，17 人。原为金田村委。

顺利 Shùnlì 村民委员会　位于九龙乡政府东部。辖下朱、横坑、白银亭、上朱岗、下朱湾、下坪、上坪 7 个自然村。村民委员会驻下朱村。以原顺利村民委员会得名。总面积 7.36 平方千米，海拔 240 米。4 个村民小组，106 户，341 人，其中，畲族 60 人。耕地面积 217 亩；林地面积 3258 亩，产毛竹、松、杂木。通电、程控电话、有线电视、自来水、公路，有班车通县城。清属一都。民国二十年(1931)属第二区鲍金乡。1950 年 7 月，属渤海区小顺乡。乡人民政府驻地小顺村。1958 年 9 月，属大顺公社小顺管理区。1961 年 9 月，属渤海区陈村公社。1962 年 6 月，改属云和县渤海区陈村公社。1981 年 10 月，因与云和县小顺乡重名，小顺村更名为“顺利”村。1984 年 3 月，政社分设，陈村乡析置顺利乡，属渤海区，乡人民政府驻地小顺村；同年，小顺村改称顺利村。1992 年 5 月，顺利乡并入陈村乡，属陈村乡。2007 年 6 月，滩坑库区涉淹，共有移民 178 户，706 人。其中，12 户，47 人移居永康市；12 户，42 人移居浦江县；19 户，74 人移居义乌市；47 户，160 人移居绍兴市；48 户，176 人移居松阳县；17 户，52 人移居遂昌县；2 户，9 人移居缙云县；18 户，65 人移居莲都区；2 户，3 人移居澄照乡；1 户，3 人移居九龙乡；19 人自谋出路，56 人自谋职业。2008 年 12 月，村民委员会进行调整。经县人民政府批准为第二次国内革命战争时期革命老区村。

【下朱】Xiàzhū　位于九龙乡政府东 5.5 千米。村民委员会驻地。56 户，190 人，其中，畲族 39 人。山形如珠，村处山下，名下珠，“珠”与“朱”谐音，演变今名。村处珠形山塆，故名。通电、公路、程控电话、有线电视、自来水。

【横坑】Héngkēng　位于九龙乡政府东 5.1 千米。16 户，54 人，其中，畲族 2 人。小坑横贯村境，故名。2008 年 11 月建成顺利码头。

【白银亭】Báiyíntíng　位于九龙乡政府东 5.4 千米。10 户，27 人。村后巨崖远眺呈银白色，耸立如亭，故名。通公路。

【上朱岗】Shàngzhūgǎng　位于九龙乡政府东 5.4 千米。6 户，18 人，畲族。村处于珠形山岗之上，故名。通公路。

【下朱塆】Xiàzhūwān　位于九龙乡政府东 5.5 千米。7 户，19 人。村处珠形山塆，故名。通公路。

【下坪】Xiàpíng　位于九龙乡政府东 5.6 千米。6 户，19 人。通公路。

【上坪】Shàngpíng　位于九龙乡政府东 5.5 千米。5 户，14 人。通公路。

库坪 Kùpíng 村民委员会　位于九龙乡政府东北部。辖库坪、上库坪、庙斜、平盆、沙坑、驮沙 6 个自然村。村民委员会驻库坪村。以驻地村库坪得名。总面积 32.88 平方千米，海拔 255 米。6 个村民小组，152 户，512 人。耕地面积 363 亩；林地面积 44702 亩，产毛竹、松、杂木。通电、程控电话、有线电视、自来水、公路，有班车通县城。清属一都。民国二十年（1931）属第二区鲍金乡。1950 年 7 月，属渤海区小顺乡。1952 年 10 月，属渤海区金田乡。1958 年 9 月，属大顺公社小顺管理区。1961 年 9 月，属渤海区陈村公社。1962 年 6 月，改属云和县渤海区陈村公社。1984 年 3 月，改属渤海区顺利乡。1992 年 5 月，属陈村乡。2007 年 6 月，属九龙乡。2008 年 12 月，因滩坑库区行政区划调整，撤销黄寮村民委员会，并入满头垒、竹坑 2 个自然村。经县人民政府批准为第二次国内革命战争时期革命老区村。

【库坪】Kùpíng　位于九龙乡政府王塆东北 5.2 千米。村民委员会驻地。44 户，141 人。地处两条小溪坑汇合处，村前环水，水外环山形如水库，故名。通电、公路、程控电话、有线电视、自来水。

【上库坪】Shàngkùpíng　位于九龙乡政府东北 5.8 千米。53 户，186 人。地处库坪村旁山上，故名。通电、公路、程控电话、有线电视、自来水。

【庙斜】Miàoxié　位于九龙乡政府东北 5.3 千米。6 户，17 人。村处方岩庵东北斜坡，故名。山区交通不便。

【平盘】Píngpán　位于九龙乡政府北 5.1 千米。22 户，91 人。以地形得名。邻九龙地质公园。通公路。

【沙坑】Shākēng　位于九龙乡政府东北 5.2 千米。20 户，63 人。处小顺坑南侧，以坑得名。通公路。

【驮沙】Tuóshā　位于九龙乡政府东北 4.9 千米。7 户，14 人。地处小坑旁，砂石粗大，故名。交通不便。

后坪 Hòupíng 村民委员会　位于九龙乡政府东南部。辖下后坪、上后坪、大路下、垄口、大坟前、石水缸、山头、桃树塆、底塆、高斜、安塘、胡田、双格、李坑、石柱 15 个自然村。村民委员会驻下后坪村。以片村得名。总面积 7.32 平方千米，海拔 285 米。10 个村民小组，234 户，980 人。耕地面积 688 亩；林地面积 8495 亩，产毛竹、松、杂木。通电、程控电话、有线电视、自来水、公路，有班车通县城。清属一都。民国二十年（1931）属第二区鹤陈乡。1950 年 7 月，属渤海区小顺乡。1951 年 2 月，属渤海区井边乡。1956 年 3 月，属渤海区陈村乡。1958 年 9 月，属大顺公社陈村管理区。1961 年 9 月，属渤海区陈村公社。1962 年 6 月，改属云和县渤海区陈村公社。1984 年 3 月，政社分设，改属渤海区陈村乡。1992 年 5 月，属陈村乡。2007 年 6 月，后属九龙乡至今。2008 年 12 月，因滩坑库区行政区划调整，撤销井边、塘堡 2 个村民委员会，并入满头垒、竹坑自然村。经县人民政府批准为第二次国内革命战争时期革命老区村。

【下后坪】Xiàhòupíng　位于九龙乡政府东南 8.1 千米。村民委员会驻地。31 户，171 人。村处鸡冠岩后山坪，故名。分上、下后坪。2008 年 5 月建成后坪码头。通电、公路、程控电话、有线电视、自来水。

【上后坪】Shànghòupíng　位于九龙乡政府东南 8 千米。28 户，156 人。通电、公路、程控电话、有线电视、自来水。

【大路下】Dàlùxià　位于九龙乡政府东南 7.7 千米。24 户，87 人。原景宁至青田古道高于村址，故名。交通不便。

【垄口】Lǒngkǒu　位于九龙乡政府东南 7.5 千米。4 户，8 人。村建峡谷垄口，故名。通公路。

【大坟前】Dàfénqián　位于九龙乡政府东南 8.2 千米。25 户，96 人。村后有古墓，故名。通公路。

【石水缸】Shíshuǐgāng　位于九龙乡政府东南 7.6 千米。14 户，53 人。村前有崖形如水缸，故名。山区交通不便。

【山头】Shāntóu　位于九龙乡政府东南 8.3 千米。25 户，91 人。以地形得名。

【桃树塆】Táoshùwān　位于九龙乡政府东南 8.3 千米。7 户，25 人。后坪村人迁此建村，地处山塆，多桃树，故名。

【底塆】Dǐwān　位于九龙乡政府东南 8.5 千米。3 户，8 人。东与青田县接壤。

【高斜】Gāoxié　位于九龙乡政府东南 8.4 千米。30 户，113 人。建村高山斜坡，故名。北邻塆底村。

【安塘】āntáng　位于九龙乡政府东南 8.2 千米。6 户，22 人。昔日先人建村在此祈求安居，故名。通电、公路、程控电话、有线电视、自来水。

【胡田】Hútián　位于九龙乡政府东南 8.1 千米。2 户，8 人。通公路。

【双格】Shuānggé　位于九龙乡政府王塆东南 8.3 千米。7 户，24 人。村边一丘大田分两格，故名。

【李坑】Lǐkēng　位于九龙乡政府东南 8.4 千米。9 户，48 人。村处坑边，李姓开基，故名。北邻安塘村。通公路。

【石柱】Shízhù　位于九龙乡政府东南 8.3 千米。19 户，70 人。村建鸡冠岩西麓，村后巨崖直立如柱，故名。东与青田县接壤。通公路。

鹤口 Hèkǒu 村民委员会　位于九龙乡政府东南部。辖下杨梅垄、五坑底、金山、上杨梅垄、菊花井、菊花山、朱岐、台头 8 个自然村。村民委员会驻下杨梅垄村。以原鹤口村民委员会得名。总面积 19.37 平方千米，海拔 300 米。8 个村民小组，208 户，502 人。耕地面积亩 410；林地面积 5688 亩，产毛竹、松、杂木。通电、程控电话、有线电视、自来水、公路。清属一都。民国二十年（1931）属第二区鹤陈乡。1950 年 7 月，属渤海区小顺乡。1951 年 2 月，属渤海区井边乡。1956 年 3 月，属渤海区陈村乡。1958 年 9 月，属大顺公社陈村管理区。1961 年 9 月，属渤海区陈村公社。1962 年 6 月，改属云和县渤海区陈村公社。1984 年 3 月，政社分设，改属渤海区陈村乡。1992 年 5 月，撤扩并后属陈村乡。2007 年 6 月，属九龙乡；滩坑库区涉淹，共有移民 185 户，718 人。其中，11 户，40 人移居松阳县；54 户，165 人移居遂昌县；48 户，193 人移居龙泉市；8 户，32 人移居莲都区；1 户，3 人移居缙云县；25 户，89 人移居永康市；4 户，17 人移居浦江县；6 户，20 人移居义乌市；1 户，3 人移居奉化市；27 户，97 人移居绍兴市；23 人自谋出路，36人自谋职业。2008 年 12 月，因滩坑库区行政区划调整，并入朱岐、菊花井、菊花山、台头 4 个自然村。经县人民政府批准为第二次国内革命战争时期革命老区村。

【下杨梅垄】Xiàyángméilǒng　位于九龙乡政府东南 8.6 千米。51 户，99 人。村民委员会驻地。村处小溪东岸低坡垄地，多野生杨梅，故名。分上、下杨梅垄。通电、公路、程控电话、有线电视、自来水。

【上杨梅垄】Shàngyángméilǒng　位于九龙乡政府东南 8.7 千米。46 户，103 人。通电、公路、程控电话、有线电视、自来水。

【五坑底】Wǔkēngdǐ　位于九龙乡政府东南 8.5 千米。34 户，110 人。有五条小坑在村前汇合，故名。2007 年 11 月，建成五坑底码头。通电、公路、自来水。

【金山】Jīnshān　位于九龙乡政府东南 8.8 千米，东与青田县界。22 户，35 人。村底山形如“金”字，故名。村后山边曾建兴教寺，气势及其雄伟。后毁。

【朱岐】Zhūqí　位于九龙乡政府东南 6.8 千米。21 户，51 人。村前小坑名朱坑，村建山间，故名。2007 年 12 月建成朱岐码头。原属陈村村民委员会，2008 年 12 月，划入鹤口村民委员会。

【菊花井】Júhuājǐng　位于九龙乡政府东南 8.4 千米。11 户，33 人。原为塘堡村民委员会，2008 年 12 月划入。村处菊花山谷地，故名。通电、公路。

【菊花山】Júhuāshān　位于九龙乡政府东南 8.5 千米。6 户，30 人。原为塘堡村民委员会，2008 年 12 月划入。村多黄菊花，故名。通电公路。

【台头】Táitóu　位于九龙乡政府东南 8.5 千米。17 户，41 人。原为塘堡村民委员会，2008 年 12 月划入。村建山顶，有巨石形同平台，故名。西邻千峡湖。通电公路。

第二十二节　城镇居民点

新华小区　Xīnhuá Xiǎoqū　位于县城中北部红星街道域内。东至人民路，南至惠明路，西至新华路，北至团结西路。1997 年始建，1998 年竣工。占地面积 6500 平方米，建筑面积 16500 平方米，8 幢，120 户。以地处近靠新华路而得名，2004 年 6 月 28 日命名。

园丁新村　Yuándīng Xīn Cūn　位于县城东部红星街道域内。东至环城东路，南至惠明路，西至人民中路，北至团结东路。1996 年始建，1997 年竣工。占地面积 6600 平方米，建筑面积 15800 平方米，8 幢，175 套。新建住宅区以集中安排本县教师居住，故名。2004 年 6 月 28 日命名。

安居小区　ānjū Xiǎoqū　位于县城东部红星街道域内。为县城较早建造的小区。东至环城东路，南至创新路，西至红星路，北至惠明路。1997 年始建，1998 年竣工。以安居乐业，故名。2004 年 6 月 28 日命名。

阳光城小区　Yángguāngchéng Xiǎoqū　位于县城北部红星街道域内。东至新华路，南至团结西路，西至鹤溪北路，北至环城北路。2006 年始建，2010 年竣工。占地面积 87100 平方米，建筑面积 157000 平方米，44 幢，984 套。小区内有 3 幢 18 层高楼，为境内首个高层居民住宅小区。由正达企业建造，寓意充满阳光，故名。2004 年 6 月 28 日命名。

石印山小区　Shíyìnshān Xiǎoqū　位于县城南部鹤溪街道域内。为新建住宅、商业区。东至石印山山脚，南至孔庙，西至石印路，北至石印山公园。2004 年始建，2006 年竣工。由 A、B 2 个区组成。占地面积 29000 平方米，建筑面积 54900 平方米，14 幢，308 户。以地处石印山脚得名。2005 年 11 月 22 日命名。

鹤川小区　Hèchuān Xiǎoqū　位于县城南部鹤溪街道域内。东至县民族中学，南至茶山脚，西至大众街，北至环城南路。以安排英川电站移民，小区建在鹤溪村境内，故名。2004 年 6 月 28 日命名。

金园丽景小区　Jīnyuánlìjǐng Xiǎoqū　位于县城南部鹤溪街道域内。东至人民南路，南至民族路，西至鹤溪南路，北至宝石路。2010 年始建，2014 年底竣工。占地面积 74200 平方米，建筑面积 118700 平方米，41 幢，872 套。由开发商金园房地产公司承建，取金色满园、美丽景宁之寓意，故名。2010 年 5 月 14 日命名。

鑫景商城　Xīnjǐng Shāngchéng　位于县城南部鹤溪街道域内。东至人民南路，南至县实验一小，西至鹤溪南路，北至市场路。2010 年始建，2013 年竣工。占地面积 30800 平方米，建筑面积 39800 平方米，112 套，商铺 322 间。取房地产开发商企业在景宁投资之意，故名。2010 年 9 月 19 日命名。

鹤溪花园　Hèxī Huāyuán　位于县城南部西侧鹤溪街道域内。东至浮丘路，南至环城南路，西至叶府前村，北至浮丘村。2000年始建，2004年竣工。占地面积12300平方米，建筑面积52300平方米，16幢，303套。以地处鹤溪之滨得名。2004年6月28日命名。

景融时代广场 Jǐngróngshídài Guǎngchǎng 位于县城北部红星街道域内。东至城北村委大楼，南至环城北路，西至鹤溪北路，北至公安综合大楼。占地面积23600平方米，建筑面积45000平方米。2012年10月始建，2015年竣工。取北京诚融通置业有限公司景宁分公司承建开发建设景宁之意，故名。2013年3月20日命名。

鹤溪小区 Hèxī Xiǎoqū 位于县城南部西侧鹤溪街道域内。由A、B区组成，东至茶山路，A区南至宝石路，B区南至枫车垮村，A区西至鹤溪南路，B区西至人民南路，北至鹤川路。2009年始建，2014年竣工。其中A区占地面积53259.65平方米，建筑面积94929平方米，25幢，403户；B区占地面积76125平方米，建筑面积141951平方米，54幢，739户。以地处鹤溪村区域，安置鹤溪村拆迁户而命名。2004年6月28日命名。

亲亲家园 Qīnqīn Jiāyuán 位于县城南部鹤溪街道域内。东至茶山路，南至民族路，西至人民南路，北至枫车垮村。2013年始建，2016年竣工。占地面积20528平方米，建筑面积69284平方米。寓意团结和睦取名，2013年10月24日命名。

城西小区 Chéngxī Xiǎoqū 又名金农小区。位于县城西侧红星街道域内。东至金仙路，南至车站路，西至果园路，北至金仙寺村。2000年始建，2004年竣工。占地面积13400平方米，建筑面积35000平方米，219套。以地处县城西部命名。2004年6月28日命名。

金惠小区 Jīnhuì Xiǎoqū 位于县城西侧鹤溪街道域内。以安排滩坑移民为主。东至叶府前路，南至包凤村，西至环城西路，北至浮丘村。2007年始建，2009年竣工。39幢，280户。以妥善安置惠及移民之意取名，2008年6月2日命名。

红星文锦苑 Hóngxīngwénjǐn Yuàn 位于县城北部红星街道域内。为玄墰殿村拆迁安置点。东至红星路，南至团结东路，西至县实验幼儿园，北至胜利路。2009年始建，2011年竣工。以地处原红星大队域内，故名，2011年8月10日命名。

商业小区 Shāngyè Xiǎoqū 位于县城西侧鹤溪街道域内。东至浮丘路，南至叶府前村，西至环城西路，北至钟楼路。1996年始建，1998年竣工。原为县商业局宿舍，故名。2004年6月28日命名。

叶府前小区 Yèfǔqián Xiǎoqū 位于县城西侧鹤溪街道域内。辖区原商业小区以南叶府前村，以村得名。2004年6月28日命名。

沐鹤小区 Mùhè Xiǎoqū 位于县城南部鹤溪街道域内。东至双后岗村，南至小坑，西至人民南路，北至景宁中学。规划分A、B、C、D四个区。总占地面积370423平方米，建筑面积564470平方米，规划居住人口11776人。取浮丘伯沐鹤垂钓之义，故名。现仍扩建。

旱塔小区 Hàntǎ Xiǎoqū 位于县城南部鹤溪街道域内。东至茶山路，南至旱塔路，西至人民南路，北至民族路。25幢。2011年始建，2013年竣工。以旱岗、塔坳两自然村名首字组合而成。2012年12月1日命名。

双坑小区 Shuāngkēng Xiǎoqū 位于县城北部红星街道域内。东至千峡湖，南至山脚，西至双坑村，北至山脚。2009 年始建，2011 年竣工。与外舍新城隔湖相望，主要为安置下山脱贫、危旧房改造、高速公路、县垃圾场拆迁等对象。小区占地面积 130000 平方米，81 幢，560 直，430 户，1290 人。以地处双坑涧畔而得名。

金都小区 Jīndōu Xiǎoqū 位于县城北部红星街道域内。是外舍、金钟、渤海、大都等滩坑库区移民安置点，处于王金垟、王畈、油田等村区域，由 A、B、C 3 个区组成。2008 年始建，2010 年竣工，主要安置滩坑移民、下山脱贫、危旧房等对象。占地面积 195000 平方米，89 幢，898 直，705 户，1710 人。取金钟、大都两村地名各一字组合而得名。2010 年 3 月 24 日命名。

第三章 部门单位

BUMENDANWEI

第一节 机关单位

中共景宁畲族自治县委 Zhōnggòng Jǐngníng Shēzú Zìzhì Xiànwěi 位于红星街道府前西路19号机关大院内。1940年1月,中共景宁县工作委员会成立。10月,中共景宁县工作委员会撤销。1949年4月,设立中共景宁县委。5月12日,景宁县城解放。1954年10月,建立县委常务委员会。1960年1月,撤销景宁县并入丽水县,中共景宁县委解散。1962年4月,恢复云和县建制,原景宁县辖区划归云和县。1984年8月,建立中共景宁畲族自治县委员会,同时设立中共景宁畲族自治县纪律检查委员会,相继建立县委办、组织部、宣传部、统战部、农工部、政法委员会、机关党委、县委党校、老干部局等工作机构。

景宁畲族自治县人大常委会 Jǐngníng Shēzú Zìzhìxiàn Réndà Chángwěihuì 位于红星街道府前西路19号机关大院内。1984年12月,景宁畲族自治县第一届人民代表大会第一次会议设立常务委员会,是县人民代表大会常设机关。由县人民代表大会在代表中选举常委会主任1人,副主任和委员若干人组成。每届任期与县人民代表任期相同。下设机构:办公室、代表工作委员会、法制工作委员会、财政经济工作委员会、教育科研文化卫生工作委员会、民族华侨工作委员会、农业资源环境工作委员会、立法研究室等。

景宁畲族自治县人民政府 Jǐngníng Shēzú Zìzhìxiàn Rénmínzhèngfǔ 位于红星街道府前西路19号机关大院内。1949年5月,景宁县解放,并建立景宁县人民民主政府,驻大漈乡大漈村时思寺。7月,改称景宁县人民政府,迁驻鹤溪镇原县政府址。1960年1月,撤销景宁县并入丽水县。1962年4月,恢复云和县建制,原景宁县辖区划归云和县。1984年6月,设立景宁畲族自治县。10月,景宁畲族自治县党政机关正式对外办公,暂驻鹤溪镇敬山宫。1987年9月迁入现址。

政协景宁畲族自治县委员会 Zhèngxié Jǐngníng Shēzú Zìzhìxiàn Wěiyuánhuì 位于红星街道府前西路19号机关大院内。1984年12月,政协景宁畲族自治县第一届委员会首次全会,选举产生政协景宁畲族自治县第一届委员会。大会选举主席1人,副主席和委员若干人。下设机构有:办公室、提案委员会、文史资料委员会、农业农村委员会、经济委员会、科技教育文化卫生体育委员会、社会法制委员会、人口环境资源委员会等。政协委员会成员由中国共产党、无党派人士、人民团体、少数民族等各界代表及特别邀请人士组成。

中共景宁畲族自治县委组织部 Zhōnggòng Jǐngníng Shēzú Zìzhì Xiànwěi Zǔzhībù 位于红星街道府前西路19号机关大院内。1949年4月,中共景宁县委组织部建立。1960年1月,撤销景宁县并入丽水县,机构随之撤销。1962年4月,恢复云和县建制,原景宁县辖区划归云和县。1984年9月,建立中共景宁畲族自治县委组织部。

中共景宁畲族自治县委宣传部 Zhōnggòng Jǐngníng Shēzú Zìzhì Xiànwěi Xuānchuánbù 位

于红星街道府前西路19号机关大院内。1949年4月，中共景宁县委宣传部建立。1960年1月撤销景宁县并入丽水县，机构随之撤销。1962年4月，恢复云和县建制，原景宁县辖区划归云和县。1984年9月，建立中共景宁畲族自治县委宣传部。

中共景宁畲族自治县统一战线工作部 Zhōnggòng Jǐngníng Shēzú Zìzhìxiàn Tǒngyīzhànxiàn gōngzuò Bù 简称统战部。位于红星街道府前西路19号机关大院内。1952年10月，中共景宁县委统战部建立。1960年1月，撤销景宁县并入丽水县，机构随之撤销。1962年4月，恢复云和县建制，原景宁县辖区划归云和县。1984年10月，建立中共景宁畲族自治县委统战部。1993年，秘书科改为办公室。1996年，县政府侨务办公室、台湾事务办公室划归统战部管理。1997年，设办公室和侨台事务办公室2个职能科室。2002年，侨台事务办公室改为侨台事务科。

中共景宁畲族自治县委政法委员会 Zhōnggòng Jǐngníng Shēzú Zìzhì Xiànwěi Zhèngfǎ Wěiyuánhuì 简称政法委。位于红星街道府前西路19号。1984年10月，设立中共景宁畲族自治县政法委员会。1986年，改称为县委政法领导小组。1991年1月，复称县政法委员会。2002年，确定县政法委、县社会综合治理委员会办公室，行政编制4名。42个县属单位为社会综合治理委员会成员单位。全县21个乡镇（街道），46个企事业单位建立社会治安综合治理委员会。

共青团景宁畲族自治县委员会 Gòngqīngtuán Jǐngníng Shēzú Zìzhìxiàn Wěiyuánhuì 简称团县委。位于鹤溪街道钟楼路15号。1950年4月，中国新民主主义青年团景宁县工作委员会成立。1955年4月，全县7个区建立中国新民主主义青年团工作委员会。1960年1月撤销景宁县并入丽水县，机构随之解散。1962年4月，恢复云和县建制，原景宁县辖区划归云和县。1984年10月，成立共青团景宁畲族自治县委员会，隶属中共景宁畲族自治县委领导，是领导和指导全县共青团工作和团结教育全县青年的群众组织。团县委机关规定编制4名，其中设书记1名，副书记2名，办公室人员1名。全县共设39个基层团委，其中乡镇团委21个。

景宁畲族自治县信访局 Jǐngníng Shēzú Zìzhìxiàn Xìnfǎng Jú 位于红星街道府前西路19号机关大院。1949年10月，设立县委和县人民政府来信来访办公室。1960年2月，撤销。1984年10月，设立景宁畲族自治县来信来访办公室。1993年，建立县领导接待日制度。1996年，建立县党政领导信访工作责任制。1998年，在县领导接待日开展法律咨询服务活动。2004年，建立领导包案制、信访工作责任追究制度。2006年，内设县信访事项复查复核办公室。2008年，开通政府热线电话。2009年，在县政府门户网站开通"县长信箱"。

景宁畲族自治县档案局（馆） Jǐngníng Shēzú Zìzhìxiàn Dàngàn Jú（guǎn） 位于红星街道鹤溪中路33号。1987年7月，成立景宁畲族自治县档案馆，与县档案科合署办公，负责全县的档案工作，归口县委办公室领导。1988年8月，成立县档案局，归属县政府序列，同年12月撤销县委档案科，县档案馆仍为股级单位，归属县档案局领导。1996年县档案局与县档案馆合并，为县政府直属正科级事业单位。

景宁畲族自治县科技局 Jǐngníng Shēzú Zìzhìxiàn Kējì Jú 位于红星街道复兴西路32号。1998年5月以前，县科学技术委员会与县科学技术协会合署办公，1998年6月，独立办公。2001年

10月，景宁畲族自治县科学技术委员会，更名为景宁畲族自治县科学技术局，内设办公室、综合计划科、地震局、知识产权（专利）办公室；下属事业单位有科技服务部。

景宁畲族自治县卫生和计划生育局 JǐngníngShēzú Zìzhìxiàn Wèishēnghéjìhuáshēngyù Jú 位于鹤溪街道环城东路13号。原址在红星街道振兴路6号，后迁现址。1952年7月，县人民政府设立卫生科。1958年，县防疫站并入卫生科，合署办公，驻老医院。1960年1月，撤销景宁县并入丽水县，机构随之撤销。1962年4月，恢复云和县建制，原景宁县辖区划归云和县。1984年10月，设立景宁畲族自治县卫生局，内设人秘、业务、计财3个机构，租用百岁门民房办公。2001年11月，县卫生局与县计划生育委员会合并，改称县卫生和计划生育局。2008年9月，县红十字会析出，列为正科级事业单位。

景宁畲族自治县总工会 Jǐngníng Shēzú Zìzhìxiàn Zǒnggōnghuì 位于红星街道文化路38号。1949年10月，中共景宁县委民运部组建县总工会筹备会。1951年2月，建立景宁县总工会（筹）。1953年8月，景宁县总工会（筹）改称县总工会联合会（筹）。1957年5月正式成立景宁县总工会联合会。1959年4月，复称景宁县总工会；年末有基层工会21个，工会小组87个，会员2019人。1960年1月，撤销景宁县并入丽水县，机构随之撤销。1962年4月，恢复云和县建制，原景宁县辖区划归云和县。1984年10月，成立景宁畲族自治县总工会筹备委员会，会址在鹤溪镇商业大楼。1987年10月迁入现址。2014年末，有基层工会235个，会员13186人。

景宁畲族自治县妇女联合会 Jǐngníng Shēzú Zìzhìxiàn Fùnǚ Liánhéhuì 位于红星街道府前西路19号机关大院内。1950年4月，中共景宁县委筹备景宁县民主妇女联合会，相继建立4个区、12个乡民主妇女联合会筹备委员会。1960年1月撤销景宁县并入丽水县，机构随之解散。1962年4月，恢复云和县建制，原景宁县辖区划归云和县。文化大革命期间，妇女组织停止活动。1984年10月，成立景宁畲族自治县妇女联合会（筹）。1985年10月，召开景宁畲族自治县首届妇女代表大会。1992年末，全县各级妇女干部1058人；有22人先后获得国家级、省级各种先进称号。

景宁畲族自治县工商业联合会 Jǐngníng Shēzú Zìzhìxiàn Gōngshāngyè Liánhéhuì 位于红星街道府前西路19号机关大院内。1951年8月，成立景宁县工商业联合会。1954年，召开首届景宁县工商业联合会代表大会，选举产生领导机构。1960年1月，撤销景宁县并入丽水县，机构随之撤销。1962年4月，恢复云和县建制，原景宁县辖区划归云和县。1984年9月，建立中共景宁畲族自治县委组织部。1991年，筹建景宁畲族自治县工商业联合会。1995年8月，成立景宁畲族自治县工商业联合会。

景宁畲族自治县文学艺术界联合会 Jǐngníng Shēzú Zìzhìxiàn Wénxuéyìshùjiè Liánhéhuì 简称县文联。位于红星街道建设路8号。1991年2月，成立景宁畲族自治县文学艺术界联合会，会员110人。县文联与县委宣传部合并办公，为正科（局）级全额拨款事业单位。2009年1月起设专职主席，文联从宣传部分离办公，独立财务核算，拥有办公场所。2010年底所属作家协会、美术家协会、书法家协会、摄影家协会、戏剧家协会、电影家协会、民间文艺家协会、舞蹈家协会、音乐家协会、诗词楹联学会共10个，会员340人。1991年6月，创办《景宁文艺界》年刊，1995年停刊。2004年底，建封金山、大漈2个国家级民俗摄影创作基地，后相继建成深垟、吴布、雁溪3个市级创作基地。2009年，创办《畲山风》刊物；诗词楹联学会创办《畲乡诗联》刊物。

景宁畲族自治县财政局 Jǐngníng Shēzú Zìzhìxiàn Cáizhèng Jú 位于红星街道团结西路59号。1949年7月，设县财政科。1957年7月，改称县财政局。1958年6月，县财政、税务合并，仍称县财政局。1960年1月，撤销景宁县。1984年10月，建立景宁畲族自治县财政税务局。1994年，国税地税分设，原县税务局终止。新设的县国家税务局、地方税务局、财政局实行“三块牌子一班人马”合署办公。机构内设12个职能股室，下设直属一、直属二，城郊、沙湾、英川、东坑和渤海7个基层财税所。1997年，县地方税务局与县财政局合署办公。2003年撤销基层财政所，机构内设18个科室，县地方税务局下设第一分局、第二分局和稽查局。

景宁畲族自治县国家税务局 Jǐngníng Shēzú Zìzhìxiàn Guójiā Shuìwù Jú 位于红星街道团结西路2号。1950年5月，设县税务所。1953年9月，建县税务局。1958年6月，县财政、税务合并称县财政局。1960年1月，撤销景宁县。1984年10月，建立景宁畲族自治县财政税务局。1994年，国税地税分设，原县税务局终止。新设的县国家税务局、地方税务局、财政局实行“三块牌子一班人马”合署办公。1997年9月，县国税局单独分设行使职能，隶属上级国税部门垂直管理体制。

景宁畲族自治县市场监督管理局 Jǐngníng Shēzú Zìzhìxiàn Shìchǎngjiāndūguǎnlǐ Jú 位于红星街道人民北路130号，原为县工商行政管理局，2014年3月改设，是主管全县工商行政管理、食品药品监督管理、质量技术监督和承担县食品安全委员会办公室日常工作的县政府职能部门。机关职能科室设置有办公室、政策法规科、消费者权益保护科等14个；派出机构有红星、鹤溪、沙湾等6个；局属事业单位有稽查大队、食品药品检验检测中心等5个。

景宁畲族自治县农村工作办公室 Jǐngníng Shēzú Zìzhìxiàn Nóngcūngōngzuò Bàngōngshì 位于红星街道府前西路19号机关大院内。1953年3月，设景宁县农业生产互助合作部。1957年3月，改称县农业合作部。1960年1月，机构撤销。1984年10月，设中共景宁畲族自治县县委农村工作部。1987年9月，改为县农村经济委员会。系县委县政府负责全县农村工作重大问题调查研究、统筹安排、综合协调、检查督促、指导服务和扶贫开发等职能部门。

景宁畲族自治县农业局 Jǐngníng Shēzú Zìzhìxiàn Nóngyè Jú 位于红星街道新华路38号。原址在城郊区农技站，1987年10月迁入现址。1950年6月，设农林科。1956年1月，改称农业水利局。1957年，夏改称农林水利局。1960年1月，机构撤销。1962年4月，恢复云和县建制，原景宁县辖区划归云和县。1984年10月，设立景宁畲族自治县农牧特产局。1989年9月，改称景宁畲族自治县农业局。2001年12月，景宁县农业局与县农村工作办公室（农办）机构合并；2005年12月，农业局与农办从合并中分离，复设景宁畲族自治县农业局。

景宁畲族自治县农村经济经营管理站 Jǐngníng Shēzú Zìzhìxiàn Nóngcūnjīngjìjīngyíng guǎnlǐ Zhàn 位于红星街道新华路38号。1997年批准成立，系负责全县农村经济经营管理和服务的事业单位，涉及农村集体资产毓财务管理、农村土地承包管理、农民负担监督管理、指导农业专业合作社建设、指导农业产业化经营和农经统计等方面工作。

景宁畲族自治县病虫观察站 Jǐngníng Shēzú Zìzhìxiàn Bìngchóngguānchá Zhàn 位于红星街道新华路38号。1952年，设县治虫指挥部。1956年，设景宁县病虫测报站。1960年1月撤销。1978年设鹤溪、英川、景南3个病虫观测点。1997年，建立景宁畲族自治县病虫观察站，系负责全县植物病虫观察、防范和治理的事业单位。

景宁畲族自治县植物检疫站 Jǐngníng Shēzú Zìzhìxiàn Zhíwùjiǎnyì Zhàn 位于红星街道新华路38号。1985年，建立景宁畲族自治县植物检疫站。系负责全县农业作物病虫监测与防治、植物检疫、农用药械管理的事业单位。

景宁畲族自治县种子管理站 Jǐngníng Shēzú Zìzhìxiàn Zhǒngzǐguǎnlǐ Zhàn 位于红星街道新华路38号。2003年9月，建立县种子管理站，为农业局下属事业单位。

景宁畲族自治县经济作物站 Jǐngníng Shēzú Zìzhìxiàn Jīngjìzuòwù Zhàn 位于红星街道新华路38号。1997年成立，系为全县从事经济作物研究开发而设置的事业单位。

景宁畲族自治县农机管理站 Jǐngníng Shēzú Zìzhìxiàn Nóngjīguǎnlǐ Zhàn 位于红星街道环城西路195号。1957年设县农具改革办公室。1960年1月撤销。1975年，配备区、社农机管理员37人。1984年设景宁畲族自治县农机监理站。1997年，改称景宁畲族自治县农机管理站，系负责全县农机管理的事业单位。

景宁畲族自治县水利局 Jǐngníng Shēzú Zìzhìxiàn Shuǐlì Jú 位于红星街道复兴西路56号。1950年6月，属农林科。1956年1月，改属农业水利局。1957年，夏改称农林水利局。1960年1月机构撤销。1984年10月，设立景宁畲族自治县水利电力局。1991年12月分设县电力工业局。内设县防汛抗旱指挥部、水产技术管理所、水利管理所、水文站、水政监测大队、渔政管理站等职能科室。

景宁畲族自治县水文站 Jǐngníng Shēzú Zìzhìxiàn Shuǐwén Zhàn 位于大均乡大赤坑村白马寮。1957年1月，设立景宁县水文站，驻址沙湾七里村头。1994年，县水文站撤销。2014年12月迁现址。具体负责水文测验、水位观测、流量测验、整理提供各项水文要素的特征、变化规律，建立水文数据库，及时提供水文情报、预报工作，为全县水利建设和防汛抗旱工作提供一手资料。

景宁畲族自治县畜牧兽医局 Jǐngníng Shēzú Zizhixiàn Xùmùshòuyī Jú 位于红星街道新华路38号。2005年12月，县畜牧兽医局成立，隶属农业局下属副局级单位。内设办公室、畜牧产业科、防疫监督科、动物疫病监测实验室4个科室，并挂动物卫生监督所牌子，核定全额拨款事业编制9人。同时在鹤溪、沙湾、东坑、英川、渤海5个区域设立畜牧兽医监督管理站，共核定全额事业编制12人。

景宁畲族自治县关心下一代工作委员会 Jǐngníng Shēzú Zizhixiàn Guānxinxiàyi dài gōngzùo Wěiyúanhùi 成立于1991年7月16日。全县有21个乡镇(街道)关工委，有242个村、社区级关心下一代工作协会组织。在每年节日和暑寒假，对青少年开展以社会主义核心价值体系为主要内容的思想道德教育，受教育青少年26000多人(次)。与县教育局、团县委、县妇联在全县城乡开展"八荣八耻"教育。向青少年赠送中国地图200多册、环保知识书籍1000多册。2010年，县关工委被评为全省关心下一代工作先进集体。

景宁畲族自治县残疾人联合会 Jǐngníng Shēzú Zìzhìxiàn Cánjírén Liánhéhùi 位于红星街道人民中路98号。前身是民政局社会福利科下属机构。1991年，为县副局级事业单位。1993年6月，为县科(局)级单位。2010年底，全县有残疾人10810人，占全县总人口6.36%。机构下设综合办公室、劳动就业服务所、康复科、残疾人用具用品联络站。全县21个乡镇(街道)建立残联组织，142个村(居)委建立残疾人协会。1996年3月，被省政府评为残疾人工作先进县。至2010年残疾大中专毕业生安排11人，福利企业集中安排220人。选送34名残疾儿童少年特殊教育学校接受教育，落实结对助学176人次。

第二节 文化体育

中国畲族博物馆 Zhōngguó Shēzú Bówù Guǎn 位于鹤溪街道人民南路与环城南路交叉口西南侧。2007年7月动工兴建，2011年春节向公众开放，占地面积3400平方米，展厅面积1500平方米。博物馆内设序厅、起源与迁徙、环境与聚居、生产与交换、饮食与服饰、社会与风习、信仰与崇拜、文化与艺术8个单元。内置各种藏品1800余件，主要有畲族服饰、头饰、生产生活用具、文献及祭祀道具等。藏品来源于民间征集和社会捐赠，重点有畲族祖图，特色藏品为畲族服饰、畲族族谱及狩猎器物等。博物馆用现代高科技表现手法讲述畲族发展史和灿烂文化，是人们了解畲族人文历史，解读畲族民俗民风的窗口。该博物馆为国家3A旅游景区、全国最有影响力的畲族文化展示交流中心、展示中国畲族文化和民俗风情的博物馆、浙江省爱国主义教育基地。

景宁畲族自治县图书馆 Jǐngníng Shēzú Zìzhìxiàn Túshū Guǎn 位于鹤溪街道畲族文化中心内。建于1984年11月，原址在县城上桥头孔庙内，占地面积100多平方米，藏书1万余册，工作人员3人。新馆于2008年8月动工兴建，2010年3月投入使用，面积3633平方米。新馆环境优美、设计新颖，为读者提供更为优质的服务。设有外借室阅览室、电子阅览室、采编室、少儿阅览室、电子阅览室、畲族文献研究室、自习室等，向读者免费开放。现有馆藏图书10万余册，阅览座位240余个，其中少儿室座席60个。期刊260余种，报纸60余份，计算机46台。管理人员10人，其中高级职称1人，中级职称5人。每周开放6天，周平均开放时间50小时，全年总流通为88000人次，书刊外借1023200册次。2008年至2009年两年获省未成年人读书节活动组织奖；2009年获市全民读书月创新奖；2010年获省第六届未成年人读书节创新奖。

景宁畲族自治县文化馆 Jǐngníng Shēzú Zìzhìxiàn Wénhuà Guǎn 位于鹤溪街道鹤川路1号。始建于1950年，早称县人民文化馆，旧址在叶家祠堂。1951年迁至孔庙内，改称景宁文化馆。1966年至1984年9月间，先后为红星区文化馆，景宁区文化站，1984年，改称景宁畲族自治县文化馆。2012年3月，新馆落成，占地面积5040平方米，设音乐室、舞蹈室、摄影室、美术室、古筝室、录音棚、小剧场、排练厅、露天舞台、多功能厅以及业余团队活动室。现有人员20人，均为专业技术人员，其中高级职称 8 人、中级职称 11 人、初级职称 1 人。开展“畲乡飘歌”“凤舞畲山大舞台”“畲乡讲坛”等系列活动。2011 年 11 月被国家文化部评为一级文化馆。

畲族文化中心　Wénhuà Zhōngxīn　位于鹤溪街道鹤溪南路与环城南路交叉口东侧，是集县文化馆、县图书馆、中国畲族博物馆三馆为一体的畲族文化中心。占地面积 26500 平方米，于 2012 年 3 月正式启用。其中，中国畲族博物馆是国家级 3A 旅游景区；县文化馆是国家一级文化馆，是提高畲乡群众文化素质，开展群众文化活动和理论研究的重要平台；县图书馆是国家一级图书馆，有畲族文献研究室，是国内畲族文献资料展示和查勘中心。畲族文化中心建成，加快推进畲乡“幸福文化”建设步伐，为建成全国畲族文化总部奠定坚实基础。

景宁文学艺术界联合会　Jǐngníng Shēzú Zizhixiàn WénxúeyishújièLiánhéhùi　（以下简称县文联）。位于红星街道建设路 8 号。县文联成立于 1992 年，一直与县委宣传部合并办公。景宁文联办有内部文学刊物《畲山风》；组织和引导各协（学）会围绕县委、县政府提出的“三县并举”发展战略，开展文学艺术创作活动，丰富繁荣畲乡文化。文联系正科级全额拨款事业单位，核定编制 4 名。2009 年 1 月，县文联设专职主席，从县委宣传部析出独立办公。下设作家、音乐、舞蹈、书法、摄影、戏剧、电影、民间文艺、诗词（楹联）等 9 个团体协（学）会，共有会员 350 余名。

景宁畲族自治县新华书店　Jǐngníng Shēzú Zizhixiàn Xīnhuáshūdiàn　位于红星街道人民中路 146 号。1984 年建店，营业面积 600 平方米，拥有一个中心门市部，分社科、少儿、教辅、音像四大类，一个独立教材仓库，一个校内连锁店。书店组织职工送书进校、送书下乡，开展各种读书活动，丰富市民精神生活。2013 年获全省书店人均购书量第一名，在职员工 20 人，图书上架品种 45000 余种，在架册数 80000 余册。

景宁畲族自治县电影发行放映公司　Jǐngníng Shēzú Zizhixiàn Diànyǐngfāxingfàngyǐng Gōngsī　位于红星街道府前西路 12 号，成立于 2001 年。2005 年获全国“送电影下乡”先进农村电影放映单位。2007 年获全国农村电影放映工作先进集体荣誉称号。2009 年 10 月全县实现农村电影数字化放映。全县现有农村数字电影放映设备 6 套，年放映 1581 场次。

景宁影城　Jǐngníng Yǐngchéng　位于红星街道人民中路 81 号。前身为县电影院，地址在鹤溪街道后坑头，占地面积 1500 平方米。1992 年 10 月景宁影建成，为当时县内最大演出场所。建筑面积 4871 平方米，座位 931 座，地处红星街道中心地段，是一座集电影、会议、演出为一体的多功能文化活动场所。

格瑞斯影城　Géruìsī Yǐngchéng　格瑞斯影城（景宁店），位于鹤溪街道人民南路 549 号。在欣和华侨大酒店副楼一楼，2013 年成立。内设 5 个影厅，其中，两个 4 D 特效厅，530 个座位，面积 1400 平方米。该影城的建成提升了境内社会文化娱乐生活。

浙江畲族歌舞团　Zhèjiāng Shēzú Gēwǔ Tuán　位于红星街道体育路 8 号。始建于 2002 年 5 月，前身为县民族文化工作队、浙江畲族民间艺术团。该团是全省唯一以表演畲族民间特色歌舞节目为主的艺术团体，演职人员 86 人。1994 年，赴日本参加“日本福井国际民间艺术节”演出。1998 年，演出畲族风情歌舞剧《畲山风》获省“五个一工程奖”“第四届浙江鲁迅文学艺术奖”。分别参加第二、三届“全国少数民族文艺会演”，大型畲族风情歌舞剧《畲山风》《畲家谣》分别荣获创作金奖及表演银奖。2002 年 10 月，创作表演广场舞蹈《木拍灵刀舞》获省广场民间舞蹈大赛金奖。2009 年，大型畲族风情歌舞《诗画·畲山》首演成功；同年 11 月，畲族风情歌舞《千年山哈》在 2009 中国·丽水国际摄影文化节开幕式上演出。2010 年 6 月，到台湾南投县文化交流演出。2014 年 4 月，畲族风情舞蹈诗《印象山哈》在县城文化中心演出，并在北京、上海、江苏等地及省内部分市县演出。

景宁畲族自治县文化市场行政执法大队 Jǐngníng Shēzú Zìzhìxiàn Wénhuàshìchǎng Xíngzhèngzhífǎ Dàduì 位于红星街道文化路 19 号，2006 年 7 月成立，为县文化广电新闻出版局直属机构。大队核定专项执法编制 6 名，股级 2 名、执法人员 4 名。县文化市场执法大队集中开展净化出版物市场、网络侵权盗版、文化娱乐市场专项整治行动、印刷企业的监管等工作。2006 年，开展“反盗版百日行动”、网吧游戏机专项整治等文化市场管理行动。2007 年，出动检查 389 人(次)，检查经营单位 468 家(次)。2008 年，出动检查 201 人(次)，单位 158 家(次)，收缴非法出版物 193 册(盒)。2009 年，检查 49 家 9 次)，收缴非法出版物 197 册，处罚 1 家。2010 年，对出版物检查共出动 63 人(次)，检查 89 家(次)，收缴非法出版物 210 册，处罚 1 家。

景宁畲族自治县体育馆 Jǐngníng Shēzú Zìzhìxiàn Tǐyù Guǎn 位于红星街道体育路 8 号。2000 年 1 月 20 日，县体育馆举行开工奠基典礼。占地面积 3053 平方米，建筑面积 5000 平方米，内设观众台 1400 余座。2001 年 10 月 9 日落成开馆。

景宁畲族自治县体育场 Jǐngníng Shēzú Zìzhìxiàn Tǐyù Chǎng 位于红星街道体育路 8 号。东至环城东路，南至建设路，西至体育路，北至复兴东路。建于 2009 年 4 月，建筑面积 21115.5 平方米，使用面积 19800 平方米，容纳 3000 人。

景宁畲族自治县民族青少年宫 Jǐngníng Shēzú Zìzhìxiàn Mínzú Qīngshàonián Gōng 位于鹤溪街道敕木山路 1 号。原址在鹤溪街道钟楼路 15 号。新建青少年宫为内庭院围合式建筑，面临鹤溪水，背靠敕木山，占地面积 16800 平方米，建筑面积 4716 平方米，由一至二层坡屋顶和平屋顶建筑构成。内设多功能厅、童玩空间、景宁名人馆、科技展览室、综合活动室等，有计算机、音乐、舞蹈、美术、体育、劳技、图书阅览室等活动功能区。室外活动园区有开心农场、小型广场、旱冰场及仿古亭阁等。

第三节 教育机构

幼儿园选介

县实验幼儿园 Xiàn Shíyàn Yòuér Yuán 位于红星街道团结东路 48 号，按省一级幼儿园标准建造，于 2010 年 9 月正式投入使用，占地面积 8728 平方米，总建筑占地面积 2169.47 平方米，建筑面积6701.18平方米，绿地面积2871.72平方米，绿化率达32.9%，幼儿园建设总投资2000万元。园内环境优雅、布局合理，各种设施齐全，有符合标准的园舍设备，拥有完善的、现代化的教育教学及生活设施，幼儿园结合园本课程建设，创设了教师书吧、幼儿书吧、美术室、棋乐室、科探室、建构室、开放棋吧和书吧等专用活动室，有大、中、小共18个班级，在园幼儿575名，在岗教职工76人，其中编内教师37人，中学高级1人，幼教高级17人，主管护师1人，县市级名优教师20余人次，是丽水学院教师教育实践基地，于2013年被评为浙江省一级幼儿园。先后荣获“浙江省绿色学校”“浙江省巾帼文明岗”“浙江省首批餐饮服务食品安全示范单位”“丽水市安全教育与演练示范学校”“丽水市示范家长学校”“丽水市教工之家”等荣誉称号，连续被评为县“托幼机构卫生保健工作先进单位”“平安校园4A”单位，连续四年被评为景宁县“办学水平全面先进学校”，园长也连续获得年度优秀。

县中心幼儿园 Xiàn Zhōngxīn Yòuér Yuán 位于红星街道新华路22号。前身为1956年创办鹤溪小学附设幼儿园，原址在鹤溪镇百岁门。1959年，搬至上桥头民主弄12号，改称鹤溪镇机关幼儿园。1984年11月，属县教育局管辖，改称县教育幼儿园。1989年12月，与县机关幼儿园合并，建立县中心幼儿园，1991年2月迁入现址。2010年，有18个班，在园幼儿665名，教职工45人，专任教师专科学历以上为100%。先后有32个课题获省市一、二、三等奖，有90篇论文在省市获奖和发表。1996年，被评为省卫生工作先进单位。2000年，被省人民政府授予浙江省文明单位。2005年，被授予省巾帼文明示范岗。2008年被认定为省二级幼儿园。

蓝天幼儿园 Lántiān Yòuér Yuán 位于鹤溪街道环城东路17号。蓝天幼儿园占地面积4028平方米，建筑面积2833平方米，是县内优秀民办幼儿园之一。1996年，迁址寨山桥头县青少年宫。1998年，迁址县商贸城二、三楼，开设10个班。2002年，推行《马宏细儿双语教学法》。先后获省市级课题、论文奖18项，被评为全国优秀民办幼儿园、省优秀民办幼儿园；为省二级幼儿园。2010年，共10个班级，其中，3个蒙氏班，6个传统班，在园幼儿335名，教职员工40人。

城南幼儿园 Chéngnán Yòuér Yuán 位于鹤溪街道百岁门53号。该园占地960平方米，2011年，与摇篮幼儿园合并，属城南分园，有150余名幼儿，15名教职员工。拥有一支专业，智慧，朝气蓬勃的教师队伍。先后获幼儿文艺汇演韵律体操表演、广播体操比赛、手工制作比赛、省海峡两岸珠心算比赛等各项大奖。

摇篮幼儿园 Yáolán Yòuér Yuán 位于红星街道新华路91号。创办于2008年。2010年，有小、中、大教学班13个，另外单独设有托班5个，幼儿400余名。教职工56名，其中，专科以上幼教老师25名。有主体教学楼2栋，园舍占地面积2300平方米，建筑面积500余平方米，户外活动场地1800多平米。摇篮幼儿园购买多个大型玩具，并设有亲子阅读区、多功能厅、幼儿种植园等，丰富多彩的幼儿活动让孩子快乐、健康成长！摇篮幼儿园配备县A级厨房及大型消毒柜、冰柜、一体化电蒸饭机，干净整洁的加工区和新鲜健康的食材保障幼儿饮食安全。

小叮当幼儿园 Xiǎodīngdāng Yòuér Yuán 位于红星街道人民北路84号，创办于1989年4月。幼儿园外观精美，布局合理，有多功能活动室、大型玩具等，是孩子生活、游戏、成长的“童话世界”。2010年，有3个教学班，30名幼儿。教职员工5人，该园贯彻《幼儿园指导纲要》《幼儿园工作规程》精神，遵循“一切为了孩子发展”的办园宗旨，倡导以人为本、面向全体、尊重幼儿个人意愿、注重个体差异、提供宽松环境、让幼儿拥有快乐的生活、促进幼儿健康发展的办园理念。充分利用资源，开展教育教学活动，引导幼儿主动探索，大胆创新，使孩子们能够快乐成长。

2010年全县幼儿园情况一览

表3-1

园 名	地 址	班数	幼儿数	教工数
县中心幼儿园	红星街道新华路22号	18	665	45
县实验幼儿园	红星街道团结东路48号	18	593	44
实验一小幼儿园	鹤溪街道人民南路298号	7	293	19
城北幼儿园	红星街道惠明路172号	7	329	23
阳光幼儿园	鹤溪街道石印路238号	7	302	17
澄照幼儿园	澄照乡三石村	4	71	5
漈头幼儿园	澄照乡漈头村	1	15	3
澄照民族幼儿园	澄照乡三石村	1	10	1
东坑幼儿园	东坑镇东坑村	3	121	6
大漈幼儿园	大漈乡西岸底村	3	68	5
景南幼儿园	景南乡忠溪村	3	40	4
上标幼儿园	景南乡上标村	1	19	1
英川幼儿园	英川镇英川村	2	27	2
鸬鹚幼儿园	鸬鹚乡鸬鹚村	2	58	4
沙湾幼儿园	沙湾镇沙湾村	5	153	6
梧桐幼儿园	梧桐乡梧桐村	2	61	3
梧桐村幼儿园	梧桐乡梧桐村	2	25	2
标溪幼儿园	标溪乡标溪村	2	15	2
毛垟幼儿园	毛垟乡毛垟村	2	31	3
大均幼儿园	大均乡大均村	2	24	2
郑坑幼儿园	郑坑乡郑坑村	2	26	2
秋炉幼儿园	秋炉乡秋炉村	2	8	1
九龙幼儿园	九龙乡王埇村	2	54	2
张村幼儿园	鹤溪街道张村村	4	91	9

续表 3-1

园 名	地 址	班数	幼儿数	教工数
福娃幼儿园	红星街道环城东路 242 号	3	70	5
景英幼儿园	鹤溪街道大众街 391 号	4	62	6
摇篮幼儿园	红星街道新华路 91 号	7	190	17
小叮当幼儿园	红星街道人民北路 84 号	3	30	5
华侨幼儿园	红星街道环城东路 226 号	3	41	4
开心幼儿园	鹤溪街道环城南路 96 号	4	115	10
新世纪幼儿园	红星街道邮电路 8 号	5	113	10
小天使幼儿园	红星街道新华路 110 号	3	62	7
城南幼儿园	鹤溪街道百岁门 53 号	4	130	8
蓝天幼儿园	鹤溪街道环城东路 17 号	10	202	39
大风车幼儿园	红星街道环城西路 179 号	3	70	5
小天鹅幼儿园	红星街道李宅路 26 号	4	94	7
商业幼儿园	鹤溪街道商业小区	4	110	7

小学简介

县第一实验小学　Xiàn diYīShíyàn xiǎoxúe　全称为景宁畲族自治县第一实验小学。位于鹤溪街道人民南路 298 号。学校占地面积 14000 平方米，建筑面积 9900 平方米。前身为清光绪二十八年（1902）雅峰书院改设之官立务本学堂。民国 19 年（1930）改称县立第一小学。建国初与县简易师范附小、私立桐琴小学合并，称县鹤溪小学，迁鹤溪镇百岁门 56 号。1958 年改称城郊区小。1963 年起分别改称云和县鹤溪小学；云和县鹤溪五•七学校；云和县红星区中心小学。1981 年，复称景宁城郊区中心小学。1984 年改称县中心小学。1996 年改为县第一实验小学。2009 年 4 月迁至现址。2010 年，为县实验一小教育集团总校，下辖鹤溪小学一个校区及东坑镇小、大均乡校、大漈乡校、景南乡校、雁溪乡校 5 个子校。2000 年至 2014 年学校先后获全国艺术教育先进单位、省示范性小学、省文明学校、省教育科研 200 强学校、省艺术教育特色学校、省体育特色学校等称号。2014 年，有 47 个教学班，学生 2187 名，教职工 159 人，专任教师 145 人。

县第二实验小学　Xiàn diErShíyàn xiǎoxúe　全称为景宁畲族自治县第二实验小学。位于红星街道创新路 41 号。学校占地面积 10000 余平方米，校舍建筑面积达 9000 多平方米。学校创建于 1958 年 9 月，前身为鹤溪学田小学。1984 年 10 月，改为鹤溪镇中心学校。1996 年更名县第二实验小学。2006 年接管城北校区（原外舍、金钟、渤海 3 个小学）。2010 年，为县实验二小教育集团总校，下辖红星小学一个校区及梧桐乡校、九龙乡校、郑坑乡校、英川镇小、鸬鹚乡校 5 个子校。2000 年至

2014年学校先后被评为全国校园文化工作先进单位、省示范小学、省文明学校、省校本教研示范校、省舞蹈特色学校、省现代教育实验学校、市首批素质教育实验学校、市首批舞蹈艺术教育特色学校、行为规范达标学校、市城镇示范小学、市绿色学校、市文明单位等荣誉。2014年，有52个教学班，2406名学生，教职员工168人，专任教师122人。

县民族小学 Xiàn Mínzú Xiǎoxué 位于鹤溪街道石印路238号，座落在风景秀丽的石印山南麓，于2007年投入使用。学校占地面积53300平方米，建筑面积25799平方米；校园布局合理，分教学区、活动区和休闲娱乐区。学校教学设施现代化，配备电脑房、语音房、音乐室、舞蹈室、书画室、实验室、图书阅览室、篮球场、排球场、网球场、羽毛球场、乒乓球场、300米塑胶跑道等教学设施及活动场所，所有班级配置多媒体设备，每一位学生都能享受现代化的媒体教学。学校师资队伍年富力强、阳光活泼，现有教师95人，其中省特级教师1人，市学科带头人3人，获市教坛新秀、县名师、县教坛新秀等称号25人。2010年定为县民族小学教育集团总校，下辖澄照校区及沙湾镇小、标溪乡校、毛垟乡校、秋炉乡校、大地乡校5个子校。学校教师部分研究获奖的《着力构建研训一体校本研修文化》《阳光畲娃——校园畲族的操研究与实践》被立项为省、市级重点课题。2010年，共46个教学班，在校学生2101人，教职工102人。

红星小学 Hóngxīng Xiǎoxué 位于鹤溪街道百岁门56号县小旧址。前身为实验二小分校城北校区，成立于2006年，原址鸭蛋坑。主要由滩坑库区涉淹撤销的外舍、金钟、渤海3校，与私立育才学校重组新校。2010年，为县实验二小教育集团总校下辖校区。2011年初迁入现址。2014年9月，更名红星小学，正式列入县城五所小学之一，学校有19个班级，学生831人，教职工58人。学校坚持“爱心为基，德育为首，五育并举，规范管理”工作思路，提出“用爱心启迪智慧，用红星打造红星”口号，践行“让每一颗红星都发光”的办学理念，以“五心”育“五星”，鼓励每个孩子争当红星少年，让闪闪红星伴随孩子们快乐成长。

鹤溪小学 Hèxī Xiǎoxué 位于鹤溪街道上张村，坐落在敕木山脚鹤溪东侧。学校前身为城东乡张村初级小学，于民国二十二年(1933)开办，学生17人。1938年,改称鹤溪镇张村小学，在校生23人。1984年12月,改称鹤溪镇张村民族小学。2001年12月,改称鹤溪镇民族小学，是全县唯一的民族小学。2010年,为县实验一小教育集团总校下辖校区。2014年9月,更名为鹤溪小学，迁入新校园,有19个教学班，820名学生，教职工55人。学校以“践行绿色教育，奠基幸福未来”为办学理念，现为省一级标准寄宿制学校，占地面积28256平方米，建筑面积18394.1平方米。拥有教学楼2幢、综合科技楼1幢，共计40间专用教室；1幢110间学生公寓，250米塑胶运动场，1485平方米风雨操场等。校内建有器乐室、舞蹈室、篮球馆、乒乓球馆、足球场、美术室、手工室与书法室等；学校周边畲族村寨环绕，是县内魅力畲寨风情旅游窗口之一。

渤海镇小 Bóhǎi Zhènxiǎo 位于渤海镇渤海村。前身为渤海初级小学，民国三年(1914)开办，校址陈氏宗祠，学生39人。建国后先后更名为渤海小学、渤海区中心小学、渤海区中心学校、渤海镇小等。是县东北一所建校历史较长，教学质量较高的小学。2006年9月因滩坑库区移民,撤销渤海镇小并入县实验二小分校城北校区。

东坑镇小　Dōngkēng Zhènxiǎo　位于东坑镇东坑村。前身为东坑初级小学，民国二年(1913)开办，地址东坑，学生29人。建国后先后更名为东坑小学、东坑区中心小学、东坑区中心学校、东坑镇小等。是县东南一所建校历史长，教学质量较高的小学。2000年1月获市级教育强镇。2002年12月，获省级教育强镇。2010年，为县实验一小教育集团总校下辖子校，有教学班9个，在校学生234人。

英川镇小　Yīngchuān Zhènxiǎo　位于英川镇英川村。前身为英川初级小学，民国四年(1915)开办，校址普明阁，学生91人。建国后先后更名为英川小学、英川区中心小学、英川区中心学校、英川镇小等。2000年1月，获市级教育强镇。2003年11月，获省级教育强镇。2010年为县实验二小教育集团总校下辖子校，有教学班6个，在校学生109人。

沙湾镇小　Shāwān Zhènxiǎo　位于沙湾镇沙湾村。学校占地面积3065平方米，建筑面积2278平方米。学校具有悠久办学历史，清光绪三十四年(1908)沙湾柳氏族人柳景陶、柳桥鸿、柳景元、柳荫凤四人发起，创办沙溪公立两等小学堂，村民捐赠建校地基和操场用地。宣统二年(1910)因校舍被毁停办；民国二年(1913)恢复；三年(1914)改称县立第二高等小学校；十九年(1930)改称县立第二小学，校址在沙湾马仙行宫，学生125人。二十四年(1935)红军挺进师经过沙湾村时，在学校外墙留下"苏维埃保护学校"标语。二十九年(1940)称县立沙溪中心小学，旋改称沙溪乡中心国民学校；1943至1944间，为省立湘湖师范附属小学，后改县立沙溪乡中心国民学校。抗日战争时期为县政治工作队宣传基地。三十七年(1948)为中共地下党组织秘密联系点。建国后先后称沙湾小学、沙溪区中心小学、沙湾区中心学校、沙湾镇小等。是县西南一所建校历史长，教学质量较高的小学。2002年12月，获市级教育强镇。2003年11月，获省级教育强镇。2010年，为县民族小学教育集团总校下辖子校，有12个教学班，在校学生306人，教职工52人。

大均乡校　Dàjun Xiāngxiào　位于大均乡大均村。学校前身为大均初级小学，民国三年(1914)开办，校址李姓宗祠，学生39人。建国后先后更名为大均小学、大均乡中心学校、大均乡校等。2004年5月获市级教育强乡。2005年11月获省级教育强乡。2010年为县实验一小教育集团总校下辖子校，有教学班6个，在校学生83人。

澄照乡校　Chéngzhào Xiāngxiào　位于澄照乡三石村。前身为澄照初级小学，民国九年(1920)开办，校址澄照寺，学生25人。建国后先后更名为澄照小学、澄照乡中心学校、澄照乡校等。2004年5月，获市级教育强乡。2007年10月，获省级教育强乡。2010年为县民族小学教育集团总校下辖校区。

梅岐乡校　Méiqí Xiāngxiào　位于梅岐乡梅岐村。学校前身为梅岐初级小学，民国八年(1919)开办，校址梅岐马仙宫，学生39人。建国后先后更名为小学、中心学校、乡校等。2005年5月获市级教育强乡。2010年学校撤销，并入张村民族小学。

郑坑乡校　Zhèngkēng Xiāngxiào　位于郑坑乡郑坑村。境内最早建校是柳山初级小学，民国三年(1914)开办，地址柳山林氏宗祠，学生25人。郑坑乡校成立于1953年。学校先后更名为郑坑小学、郑坑乡中心学校、郑坑乡校等。1997年8月24日，郑坑乡校新教学楼落成。2006年5月，获市级教育强乡。2007年10月，获省级教育强乡。2010年，为县实验二小教育集团总校下辖子校，有教学班 6 个，在校学生 106 人。

大漈乡校 Dàjì Xiāngxiào 位于大漈乡西岸底村。学校占地面积 8040 平方米，绿化面积 2420 平方米。建有学校教学楼、办公楼、师生宿舍楼、学生餐厅楼、以及篮球场、羽毛球场、150 米环形塑胶跑道运动场等设施。配置电脑 45 台、多媒体教学设备 8 套、图书 3490 余册。学校前身为大漈初级小学，民国三年（1914）开办，校址在时思寺，学生 28 人。建国后学校先后更名为大漈小学、大漈乡中心学校、大漈乡校等。2005 年 5 月，获市级教育强乡。2006 年 10 月，获省级教育强乡。2010 年，为县实验一小教育集团总校下辖子校，有 6 个教学班，在校学生 97 人，在职教职工 13 人。

景南乡校 Jǐngnán Xiāngxiào 位于景南乡忠溪村。学校前身为东溪初级小学，民国八年（1919）开办，地址东溪村，学生 19 人。建国后学校先后更名为东溪小学、景南乡中心学校、景南乡校等。1998 年 4 月，景南希望小学教学楼动工兴建。2004 年 5 月，获市级教育强乡。2006 年 10 月，获省级教育强乡。2010 年，为县实验一小教育集团总校下辖子校，有教学班 6 个，在校学生 107 人。

雁溪乡校 Yànxī Xiāngxiào 位于雁溪乡雁溪村。学校前身为雁溪初级小学，民国二十年（1931）开办，地址雁溪村，学生 28 人。建国后学校先后更名为雁溪小学、雁溪乡中心学校、雁溪乡校等。2005 年 5 月，获市级教育强乡。2010 年，为县实验一小教育集团总校下辖子校，有教学班 4 个，在校学生 15 人。

鸬鹚乡校 Lúcí Xiāngxiào 位于鸬鹚乡鸬鹚村。前身为鸬鹚初级小学，民国三年（1914）开办，校址普化寺，学生 35 人。建国后学校先后更名为鸬鹚小学、路兹公社中心小学、鸬鹚中心学校、鸬鹚乡校等。2004 年 5 月，获市级教育强乡。2005 年 11 月，获省级教育强乡。2010 年，为县实验二小教育集团总校下辖子校，有教学班 6 个，在校学生 100 人。

梧桐乡校 Wútóng Xiāngxiào 位于梧桐乡梧桐村。境内最早建校为高演初级小学，民国二年（1913）开办，校址任氏宗祠，学生 30 人。梧桐乡校成立于 1953 年。学校后先后更名为梧桐小学、梧桐乡中心学校、梧桐乡校。2003 年 11 月，获市级教育强乡。2004 年 11 月，获省级教育强乡。2010 年，为县实验二小教育集团总校下辖子校，有教学班 6 个，在校学生 158 人，教职员工 25 人。

标溪乡校 Biāoxī Xiāngxiào 位于标溪乡标溪村。前身为标溪小学，于 1954 年成立，校址设标溪村，学生 43 人。学校先后改名为标溪公社中心学校、标溪乡中心学校、标溪乡校等。2004 年 5 月，获市级教育强乡。2006 年 10 月，获省级教育强乡。2010 年，为县民族小学教育集团总校下辖子校，占地面积 4263 平方米，建筑面积 2267 平方米，教学班 6 个，在校学生 77 人，教职员工 16 人。

毛垟乡校 Máoyáng Xiāngxiào 位于毛垟乡毛垟村。前身为毛垟初级小学，民国三年（1914）开办，地址毛垟，学生 37 人。建国后学校先后更名为毛垟小学、毛垟乡中心学校、毛垟乡校等。2004 年 5 月，获市级教育强乡。2007 年 10 月，获省级教育强乡。2010 年，为县民族小学教育集团总校下辖子校，有教学班 6 个，在校学生 81 人。

秋炉乡校 Qiūlú Xiāngxiào 位于秋炉乡秋炉村。学校于 1951 年开办，校址在秋炉村，学生 36 人。学校后先后更名为秋炉小学、秋炉公社中心学校、秋炉乡中心学校、秋炉乡校等。2004 年 5 月，获市级教育强乡。2010 年，为县民族小学教育集团总校下辖子校，学校有教学班 4 个，在校学生 27

人，教职员工 11 人。

大地乡校 DàdìXiāngxiào 位于大地乡大地村。前身为大地初级小学，民国四年（1915）开办，校址大地村毛氏宗祠，学生 27 人。建国后先后更名为大地小学、大地公社中心学校、大地乡中心学校、大地乡校等。1996 年，全乡 23 所村校先后撤销，并入大地乡中心学校。1999 年 7 月 8 日，教学楼动工兴建，2000 年 7 月投入使用，并更名为浙江智通大地希望小学，为全免费寄宿学校。2010 年，为县民族小学教育集团总校下辖子校，有 6 个教学班，在校学生 71 人，教职员工 18 人。

家地乡校 Jiādì Xiāngxiào 位于家地乡家地村。前身为莴岱小学，于 1954 年开办，校址葛家地村，学生 32 人。学校先后更名为莴岱公社中心学校、家地乡中心学校、家地乡校等。1997 年撤销全部村校，并入家地乡中心学校。2009 年，撤销家地乡中心学校，并入标溪乡中心学校。

九龙乡校 Jiǔlóng Xiāngxiào 位于九龙乡王塆村。境内最早建校有陈村初级小学，民国三年开办，校址陈氏宗祠，学生 27 人；大顺初级小学，民国十一年开办，校址大顺村，学生 29 人。2006 年 9 月，因滩坑库区移民，撤并大顺、陈村、小顺 3 所学校，新建九龙乡中心学校。学校占地面积 11420 平方米，其中，教学楼 804 平方米、学生宿舍 1262 平方米、食堂 380 平方米，总建筑面积 2446 平方米。2006 年 5 月，获市级教育强乡。2007 年 10 月，获省级教育强乡。2010 年，为县实验二小教育集团总校下辖子校，有 7 个教学班，在校生 145 人，教职工 22 人。

2010 年全县小学基本情况一览

表 3-2　　单位：个、人

学校名称	班级	学生	创办时间	学校名称	班级	学生	创办时间
县实验一小	47	2187	1906 年	县实验二小	52	2406	1958 年
县民族小学	46	2101	2007 年	沙湾镇小	12	306	1908 年
英川镇小	6	109	1915 年	东坑镇小	9	234	1913 年
大均乡校	6	83	1904 年	梧桐乡校	6	158	1953 年
标溪乡校	6	77	1954 年	毛垟乡校	6	81	1912 年
秋炉乡校	4	27	1951 年	鸬鹚乡校	6	100	1914 年
大地乡校	6	70	1956 年	雁溪乡校	4	15	1954 年
大漈乡校	6	97	1914 年	景南乡校	6	107	1945 年
郑坑乡校	6	106	1953 年	九龙乡校	7	145	2005 年

鹤溪小学属县实验一小校区；红星小学属县实验二小校区；澄照乡校属县民族小学校区。

中学简介

景宁中学 Jǐngníng Zhōngxué 学校前身为“县立师范讲习所”，创建于 1938 年，无固定校址，学生1个班，44人。1940年初停办。1943年9月，在敬山宫复办，更名为"县立简易师范"。1949年9月在校生百余人；学校迁入县城文化路8号。1958年，改名"景宁中学"；开办高中部。1960年更名为"丽水县景宁中学"。1962年4月，改名云和县景宁中学。1984年11月改名为景宁畲族自治县第一中学，为省重点中学。1999年，应届考生吴苗青夺得浙江省理科状元。2001年7月，学校实行初中、高中分离。2005年5月，评为省二级重点普通高中。2006年9月，迁至鹤溪街道人民南路1099号。学校占地面积103400平方米，建筑面积42314平方米，11月复名景宁中学。1984年，创建景中生物馆，饲养有国家Ⅰ、Ⅱ级保护野生动物，并陈列着数千件野生动物标本，誉为"畲乡野生动物大观园"。学校先后被授予全国德育科研先进学校、全国青少年科普教育基地、斯巴鲁生态文明学校等称号，为省一级重点普通高中、省青少年科普实践基地。2014年，共33个班级，在校学生1566人，教职工189人。

景宁职业高级中学 Jǐngníng Zhíye Gāojí Zhōngxué 位于红星街道文化路8号。学校占地面积25336平方米，建筑面积14270平方米。开设机械加工与数控技术应用、小水电设备运行与维修、旅游与餐饮服务、计算机网络技术与维修、汽车制造与维修（与吉利联办）等专业。学校前身为道化农林中学，创办于1956年。1968年，改名沙溪中学道化分校。1978年，改名道化"五七"中学"。1988年，改称县职业高级中学，开设果树、家电、食用菌、中药材4个专业。1993年，迁至县城敬山宫。1993年至1997年，与县委党校合办培训中心。1994年，开始面向外县招生。2006年9月迁入现址。2010年1月成为浙江旅游职业学院生源基地，有班级26个，在校学生1286人，教职工92人，其中，取得国家职业资格考评员10人、"双师型"教师29人。

浙江广播电视大学景宁分校 Zhèjiāng Guǎngbōdiànshìdàxué Jǐngníng Fēnxiào 位于鹤溪街道环城南路118号，占地面积共1536平方米，建筑面积2121平方米，内设办公室、教务、总务3个处室。学校创建于1985年2月，原名浙江广播电视大学景宁工作站。1993年，有工作人员3人，开设汉语言文学、法律、金融3个专业。1994年，开展广播电视远程教学。1996年3月，举办乡镇经济管理专业中专班。2001年9月，与教师进修学校迁入叶府前8号合署办公。2002年招生252人。2005年9月，与县教师进修学校分离。2006年，升为副科级事业单位。2008年11月，升浙江电大景宁分校。2010年，被评为省级招生先进单位，教职工12人，其中，专任教师12人，具有大学本科以上学历9人，副高级职称4人，中级职称的8人，外聘教师10余人。开设专业12个，其中，本科6个、专科6个，共42个教学班。注册学生800余人。

2010年全县初级中学情况一览

表3-3　　单位：个、人

学校名称	创办时间	班级数	在校学生	专任教师
民族中学	1986年9月	36	1806	112
城北中学	1997年9月	24	1241	76
沙湾中学	1958年9月	10	421	41
东坑中学	1958年9月	4	156	23

续表 3-3

学校名称	创办时间	班级数	在校学生	专任教师
城南中学	2007 年 9 月	6	288	15

民族中学　Mínzú Zhōngxúe　位于鹤溪街道鹤川路 121 号。创建于 1986 年，是一所面向畲族学生招生的初级中学。学校原址在县城鹤溪镇敕木山路 38 号，2008 年，整体搬迁至现址。校园占地面积 52327 平方米，校舍建筑面积 27879 平方米。2009 年，有 36 个班级，学生 1900 人，畲族学生 400 人，占 21%；教职工 130 人，其中，有中学高级教师 20 人，中学一级教师 76 人，市教坛新秀 4 人。学校开发传承民族传统现代气息的校本课程，以音乐、体育、美术、劳技教育为载体，提升特色教育水平。师生创作畲族山歌《敬酒歌》、畲族舞蹈《采茶舞》《水小舞》、民族体育节目《操石磉》《操杠》《赶野猪》、畲族美术《畲族彩带》《畲族工艺》《畲族壁挂》等；每年“三月三”（农历）举办畲族风情活动。学校先后被授予全国民族教育先进集体、全国民族中学示范校、全国体育达标先进集体、全国青少年爱国主义教育先进集体、全国贯彻《学校体育工作条例》优秀学校、省依法治校示范校、省卫生先进单位、省校本教研示范校等荣誉称号。

城北中学　Chéngběi Zhōngxué　位于红星街道团结东路 71 号。1997 年 8 月 18 日，新建城北中学正式开学。占地面积 14350 平方米，建筑面积 9559 平方米；2010 年，有 36 个教学班，在校生 1628 人，寄宿生 526 人；教职工 136 人，专任教师 115 人，中学高级教师 30 人，中学一级教师 46 人；市名师 1 人，市学科带头人 3 人，市教坛新秀 5 人；县教学名师、县教学能手 20 多人。学校配备多媒体教室 13 个，教师课件室 3 个，学生电脑房 1 个，建立校园局域网，实现教育、教学、管理资源共享，建起学生阅览室和图书馆。以“每天进步一点点”为校训，以“自律、自强、自主、创新”为学风，以“爱生、严谨、求实、创新”为教风。学校先后被评为省示范初中、省篮球传统项目学校、省现代信息技术实验学校、省活动课程实验基地、省青年志愿者服务杰出集体、省绿色学校、市首批文明学校、市师德师风创优先进学校、市绿色学校、市卫生先进单位。

沙湾中学　Shāwān Zhōngxué　位于沙湾镇沙湾村。学校创办于 1958 年，与沙溪区中心小学同址。1959 年，迁至七里村。1960 年，改名丽水县沙溪初级中学。1962 年，迁回沙湾村。1963 年，更名云和县沙溪初级中学。1971 年，春季创办高中部。1984 年，更名为景宁县沙湾中学。2009 年 8 月，撤销高中部。占地面积 16759 平方米，建筑面积 9212 平方米，共 7 个班级，在校生 302 人。其中，住校生 226 人；教职工 43 人，其中，专任教师 29 人，中学高级教师 3 人、中学一级教师 13 人。250 米环行跑道运动场 1 个，篮球场 2 个；配电脑机房 1 个，多媒体会议室 1 个；班级配多媒体教学平台。图书藏书 17500 册；设音乐、美术、阅览、实验等专用教室。学校先后被评为省级“绿色学校”“标准化学校”；市级“校园文化建设示范学校”“现代化达标学校”“书香校园达标学校”“示范中学”“师德师风达标学校”“教育科研先进单位”“教学质量进步奖”；县级“全面先进学校”“行为规范达标学校”“文体工程示范学校”等称号。

东坑中学　Dōngkēng Zhōngxué　位于东坑镇东坑村，建于 1958 年 9 月。2010 年，在校学生

156人，专任教师23人。学校抓出“一流的学校管理，一流的师资队伍，一流的工作业绩”。学校有同类学校设备最齐全的实验室和省扶贫建校及有百校结对帮扶，刘枫题词的学生宿舍“绍兴楼”。4人评为县级以上先进，2人评为地、县教坛新秀，1人地级优秀教师，1人县首届“十佳青年教师”。东坑中学毕业生升重点中学、中师、中专上线人数逐年上升，同时“学科特长生”培养也取得显著成绩。东坑中学的发展引起社会媒体的关注，《人民日报》报道扶贫建校先进事迹；县电视台拍摄“厚德载物，自强不息”专题片。

第四节　医疗卫生

景宁畲族自治县人民医院 Jǐngníng Shēzú Zìzhìxiàn Rénmín Yīyuàn　位于红星街道鹤溪中路1号，西临鹤溪。占地面积14800平方米，建筑面积20000平方米。建国初为县人民政府卫生院，始建于1949年11月，旧址在百岁门。1956年，改称县人民医院。1984年10月，新建景宁畲族自治县人民医院。1987年11月，现址门诊大楼落成，建筑面积2089平方米。1993年，升级为二级丙等医院。2001年，自筹资金210万元扩建德恩楼，面积3600平方米。2003年，鄞州区政府助资扩建门诊大楼。2005年，升级为二级乙等医院。2008年7月，与浙江大学附属第二医院结为协作医院暨名医远程会诊中心开通；2009年5月，与浙江大学附属第一医院结为协作医院暨开通“网络医疗服务平台”。2010年，创建二级甲等综合医院，次年11月通过验收。全院设一级临床专科12个，二级临床专科16个，5个病区，7个医技科室，核定床位210张，开放床位280张。大内科分设：心脑血管肝病科、消化内科、内分泌肾病科、呼吸肿瘤科4个科；大外科分设：普外科、骨科、耳鼻咽喉科 、口腔科、眼科5个科。1993年至2010年，有15人获主任医师资格，84人获副主任医师资格，135人获初级职称。2010年，有本科67人，大专62人，职工总数310人，其中，专业技术人员235人。

景宁利德医院 Jǐngníng Lìdé Yīyuàn　位于红星街道惠明路1号。是一所综合性民营医院，占地面积6000余平方米。医院开设有急诊科、骨科、医学影像科和医学检验等临床科室；配备有百级层流手术室、麻醉机、DR、呼吸机、C臂机、彩超、全套自动检验设备、中心供氧和中心吸引等先进的医疗设备。景宁利德医院是农保、医保、社保和各保险公司定点医疗单位。

景宁畲族自治县妇幼保健所 Jǐngníng Shēzú Zìzhìxiàn Fùyòubǎojiànsuǒ　位于鹤溪街道环城南路53号。创建于1984年10月。1992年设儿童保健、妇女保健2个科室，医务技术人员11人。2002年9月搬至现址。占地面积6160平方米，建筑面积3818平方米，有职工34人，内设办公室、妇女保健科、儿童保健科、特检科、检验科、综合科等临床一级科室。拥有美国进口阴腹部B超、全自动生化分析仪、血球计数仪、胎心监护仪、胎儿监护仪、微波治疗仪、乳房透析仪、视力筛查仪、听力筛查仪等先进设备。能开展妇女、儿童各期保健、婚前保健和各种妇科疾病、儿科疾病、性病、婚育疾病防治和计划生育服务、生殖健康咨询等。先后获国际妇幼合作项目先进县、国家妇幼保健事业成就奖、省妇幼卫生工作先进单位、省巾帼文明示范单位、市婚前保健先进单位、市巾帼文明示范岗及县卫生工作先进单位等荣誉。

景宁畲族自治县疾病预防控制中心　Jǐngníng Shēzú Zìzhìxiàn Jíbìngyùfángkòngzhì Zhōngxīn　位于鹤溪街道环城南路53号。前身为县防疫站。2001年5月，改称为县卫生疾病预防与控制技术指导中心。其职能是疾病预防与控制、应急预警与处置、疫情收集与报告、监测检验与评价、健康教育与促进、应用研究与指导、技术管理与服务。2007年12月，搬入现址，占地面积3000平方米，建筑面积2210平方米，其中，实验室用房占880平方米，有职工25人。内设综合办公室、疾控科（城乡公共卫生管理科）、检验科（质量管理科）、重病科、健教科、卫生监测科6个科室。中心以“争先创优、服务畲乡”为目标，坚持走科教兴防道路，充分发挥自身优势，广泛开展疾病预防控制和公共卫生领域的科学研究，向社会提供预防保健、公共卫生方面的技术咨询、检验检测和卫生评价等技术服务，为畲乡群众身体健康保驾护航，为全县社会发展和经济建设服务。

景宁畲族自治县卫生监督所　Jǐngníng Shēzú Zìzhìxiàn Wèishēngjiāndū Suǒ　位于鹤溪街道环城南路13号。成立于2001年1月，属股级参照公务员法管理事业单位，主要职能是受县卫生健康局委托负责全县卫生健康监督执法工作。内设综合科、巡回监督一科、巡回监督二科等3个科室，核定编制8名。监管对象涉及公共场所、饮用水、学校、医疗卫生机构、爱国卫生、及其它公共卫生。2007年、2010年分别荣获浙江省卫生厅授予的浙江省卫生行政处罚案件评选二等奖、三等奖荣誉称号。

景宁爱国卫生运动委员会办公室　Jǐngníng Shēzú Zìzhìxiàn Aìguówèishēngyùndòng Wěiyuánhuì Bàngōngshì　位于红星街道人民中路272号。县爱国卫生委员会办公室成立于1984年11月，配专职人员4人。原址设鹤溪镇文化路12号。2001年，鹤溪镇爱国卫生运动委员会办公室并入县爱国卫生运动委员会办公室。2003年迁至现址，内设财务、综合办、病媒生物、城镇卫生、农村改水改厕7个科室。2010年，有工作人员7人，中级职称2人，初级1人。

鹤溪街道社区卫生服务中心　Hèxī Jiēdào Shèqū Wèishēngfúwù Zhōngxīn　位于红星街道复兴东路51号。占地面积2573平方米，建筑面积2445平方米。前身为鹤溪联合总诊所，始建于1956年8月。1984年与城郊区卫办合并改称鹤溪镇卫生院。1992年5月，卫生院与城郊区卫办合并为鹤溪镇中心卫生院。2009年3月迁至现址；同年6月11日乡镇卫生服务机构体制改革，更名为鹤溪镇社区卫生服务中心。2012年，改名鹤溪街道社区卫生服务中心，在职53人，其中，高级职称1人，中级职称7人，初级职称7人；本科8人，大专17人。设全科门诊、妇产计生门诊、计划生育咨询、外科、骨科内固定、预防保健、骨伤、中医骨伤、B超、化验、老年保健、医技、康复等科室；下设张春、城南、城北、城西、红星、仙童6个社区卫生服务站。

沙湾镇社区卫生服务中心　Shāwān Zhèn Shèqū Wèishēngfúwù Zhōngxīn　位于沙湾镇洪畈村。前身为沙溪区卫生所，始建于1951年，原址在沙湾村尾老公社。1966年，省卫生厅拨款在沙湾七里汇村建战备医院，拥有病床100张。1992年5月，撤区扩镇并乡后，改称沙湾镇中心卫生院。1998年9月，迁至洪畈村综合业务大楼。2000年9月，中心卫生院与镇卫生院实行卫生资源优化重组，合并为一个法人机构；2009年，乡镇卫生服务机构体制改革，改称沙湾镇社区卫生服务中心。下设叶桥、莲川社区卫生服务站。设内科、外科、儿科、妇产科、骨伤、中医、放射、化验、心电图、中西药房、手术室、消毒供应等28个科室，床位24张。2010年，建筑面积3184平方米，其中，医疗用房2418平方米；在职36人，有中级职称5人，初级职称10人；本科学历2人，大专学历9人。

英川镇社区卫生服务中心 Yīngchuān Zhèn Shèqū Wèishēngfúwù Zhōngxīn 位于英川镇双桥街21号。始建于1955年。1980年与公社卫生院合并，易名英川卫生院。1993年设门诊和病房，分设内、外科、小儿、急诊、妇产、中医、口腔、放射、皮肤、手术、化验、药房、输液、心电图、胃镜、B超16个科室。1999年7月，新建综合楼投入使用。2009年，曾设全科门诊，预防接种、孕产妇、儿童保健4室，设病床22张。2009年，乡镇卫生服务机构体制改革，改称英川镇社区卫生服务中心。2010年，医院占地面积1732平方米，建筑面积1600平方米，拥有固定资产230余万元。在职工作人员19人，中级职称2人，初级职称7人；本科1人，大专9人。下设隆川社区卫生服务站。

东坑镇社区卫生服务中心 Dōngkēng Zhèn Shèqū Wèishēngfúwù Zhōngxīn 位于东坑镇河东路15号。前身为东坑区卫生所，创建于1953年1月。1992年改名东坑镇中心卫生院。1999年8月，在原址重建医疗业务用房，占地面积172.3平方米，建筑面积1200平方米。2000年1月，撤东坑镇卫生院并入东坑中心卫生院。2000年12月17日，东坑中心卫生院新建综合楼投入使用。2009年9月，乡镇卫生服务机构改革，改称东坑镇社区卫生服务中心。2010年，设内科、外科、妇产科、中医科、放射科、化验科、注射室、全科医疗、中药房、西药房、挂号收费室、财务室共12个科室。在职工作人员22人，初级职称11人；本科文凭2人，大专学历7人。

渤海镇社区卫生服务中心 Bóhǎi Zhèn Shèqū Wèishēngfúwù Zhōngxīn 位于渤海镇垟岗村。前身为渤海区卫生所，始建于1952年，设址渤海村大厝基。1992年，改称渤海镇中心卫生院。1993年，开设挂号收费、内、外科、妇产、防疫、化验、B超、心电图、药房、治疗、办公室11个科室。1998年，增设住院部、中医、急诊、发热门诊、小儿、药房、输液、放射、口腔9室，并重新恢复外科手术室。2006年，滩坑电站行政区划调整，医院迁至鲍山头垟岗村重建，占地面积2000平方米，建筑面积800平方米。2009年9月，乡镇卫生服务机构体制改革，改称渤海镇社区卫生服务中心。在职15人，其中，中级职称3人，初级职称5人，本科2人。

大均乡社区卫生服务中心 Dàjun Xiāng Shèqū Wèishēngfúwù Zhōngxīn 位于大均乡大均村，建筑面积658平方米。前身为大均乡联合总诊所，始建于1957年。1958年改称大均乡联合诊所，1961年改称大均公社联合诊所。1978年称大均人民公社卫生院。1984年改称大均乡卫生院。2009年9月，乡镇卫生服务机构体制改革，改称大均社区卫生服务中心。在职7人，其中，中级职称2人，初级职称2人。2014年5月，被丽水市卫生局确定为规范化社区卫生服务中心。

澄照乡社区卫生服务中心 Chéngzhào Xiāng Shèqū Wèishēngfúwù Zhōngxīn 又名澄照慈心医院。位于澄照乡三石村，前身为澄照乡联合总诊所，始建于1957年。1958年，改称澄照乡联合诊所，1961年改称澄照公社联合诊所。1978年，称澄照人民公社卫生院。1984年，改称澄照乡卫生院。2009年9月，乡镇卫生服务机构体制改革，改称澄照乡社区卫生服务中心。2010年1月投入使用，占地面积1660平方米，建筑面积650平方米，在职9人，有中级职称2人，初级职称3人。

梅岐乡社区卫生服务中心 Méiqí Xiāng Shèqū Wèishēngfúwù Zhōngxīn 位于梅岐乡梅岐村，建筑面积140平方米。前身为梅岐乡联合总诊所，原址梅岐大会堂，始建于1955年10月。1958年改称梅岐乡联合诊所，1961年改称梅岐公社联合诊所。1978年称梅岐人民公社卫生院。1984年改称梅岐乡卫生院，设有门诊科、妇产科、卫生防疫科、药房、注射室等科室。2009年9月，乡镇卫生服务机构体制改革，改称梅岐乡社区卫生服务中心，有医务人员3人，其中，执业医师1人，执业助理医师1人，医士1人。

郑坑乡社区卫生服务中心 Zhèngkēng Xiāng Shèqū Wèishēngfúwù Zhōngxīn 位于郑坑乡郑坑村，建筑面积266平方米。前身为郑坑乡联合总诊所，始建于1957年。1958年，改称郑坑乡联合诊所，1961年，改称郑坑联合诊所。1981年11月称郑坑人民公社卫生院。1984年改称郑坑乡卫生院。1999年，新置化验、B超等设备，加强小儿防疫等工作。2009年9月，乡镇卫生服务机构体制改革，改称郑坑乡社区卫生服务中心，在职4人，其中，初级职称2人，执业医师2人。2014年5月，被丽水市卫生局确定为规范化社区卫生服务中心。

大漈乡社区卫生服务中心 Dàjì Xiāng Shèqū Wèishēngfúwù Zhōngxīn 位于大漈乡西岸底村，建筑面积500平方米。前身为大漈乡联合总诊所，始建于1956年。1958年，改称大漈乡联合诊所，1961年，改称大漈公社联合诊所。1978年称大漈人民公社卫生院。1984年改称大漈乡卫生院。2009年9月，乡镇卫生服务机构体制改革，改称大漈乡社区卫生服务中心。在职6人，有中级职称2人，初级职称2人。设中西医、中药房、妇产、注射、医疗、卫生防疫等科室和病房。2014年5月，被丽水市卫生局确定为规范化社区卫生服务中心。

景南乡社区卫生服务中心 Jǐngnán Xiāng Shèqū Wèishēngfúwù Zhōngxīn 位于景南乡忠溪村，建筑面积350平方米。前身为景南乡联合总诊所，始建于1957年。1958年，改称景南乡联合诊所，1961年，改称景南公社联合诊所。1978年，称景南人民公社卫生院。1984年，改称景南乡卫生院。2009年9月，乡镇卫生服务机构体制改革，改称景南乡社区卫生服务中心，在职6人，其中，中级职称1人，初级职称3人。2014年5月，被丽水市卫生局确定为规范化社区卫生服务中心。

雁溪乡社区卫生服务中心 Yànxī Xiāng Shèqū Wèishēngfúwù Zhōngxīn 位于雁溪乡雁溪村，建筑面积440平方米，设全科门诊、药房、收费、注射、儿童保健、妇幼保健预防接种7个科室。前身为雁溪乡联合总诊所，始建于1957年。1958年，改称雁溪乡联合诊所，1961年，改称雁溪公社联合诊所。1978年，称雁溪人民公社卫生院。1984年，改称雁溪乡卫生院。1993年，新建医疗业务用房。2009年9月，乡镇卫生服务机构体制改革，改称雁溪乡社区卫生服务中心，在职9人，其中，，中级职称3人，初级职称2人。2014年5月，被丽水市卫生局确定为规范化社区卫生服务中心。

鸬鹚乡社区卫生服务中心 Lúcí Xiāng Shèqū Wèishēngfúwù Zhōngxīn 位于鸬鹚乡鸬鹚村，建筑面积869平方米。前身为鸬鹚乡联合总诊所，始建于1957年。1958年，改称鸬鹚乡联合诊所，1961年，改称鸬鹚公社联合诊所。1978年，称路兹人民公社卫生院。1984年，改称鸬鹚乡卫生院。2009年9月，乡镇卫生服务机构体制改革，改称鸬鹚乡社区卫生服务中心，下设葛山社区卫生服务站，在职6人，有中级职称2人，初级职称4人。有村级卫生室4个，村级卫生巡查点4个。2014

年5月，被丽水市卫生局确定为规范化社区卫生服务中心。

梧桐乡社区卫生服务中心 Wútóng Xiāng Shèqū Wèishēngfúwù Zhōngxīn 位于梧桐乡梧桐村，建筑面积400平方米。前身为梧桐乡联合总诊所，始建于1956年。1958年，改称梧桐乡联合诊所，1961年，改称梧桐公社联合诊所。1978年称梧桐人民公社卫生院。1984年，改称梧桐乡卫生院。2009年9月，乡镇卫生服务机构体制改革，改称梧桐乡社区卫生服务中心，在职4人，有中级职称1人，初级职称2人。2014年5月，被丽水市卫生局确定为规范化社区卫生服务中心。

标溪乡社区卫生服务中心 Biāoxī Xiāng Shèqū Wèishēngfúwù Zhōngxīn 位于标溪乡标溪村，建筑面积300平方米。前身为标溪乡联合总诊所，始建于1957年。1958年，改称标溪乡联合诊所，1961年，改称标溪公社联合诊所。1978年，称标溪人民公社卫生院。1984年改称标溪乡卫生院。2009年9月，乡镇卫生服务机构体制改革，改称标溪乡社区卫生服务中心，在职5人，有中级职称2人，初级职称2人。2014年5月，被丽水市卫生局确定为规范化社区卫生服务中心。

毛垟乡社区卫生服务中心 Máoyáng Xiāng Shèqū Wèishēngfúwù Zhōngxīn 位于毛垟乡毛垟村，建筑面积400平方米。前身为毛垟乡联合总诊所，始建于1957年。1958年改称乡联合诊所，1978年称毛垟人民公社卫生院。1984年改称毛垟乡卫生院。2009年9月，乡镇卫生服务机构体制改革，改称毛垟乡社区卫生服务中心，在职5人，其中，中级职称3人，初级职称1人。2014年5月，被丽水市卫生局确定为规范化社区卫生服务中心。

秋炉乡社区卫生服务中心 Qiūlú Xiāng Shèqū Wèishēngfúwù Zhōngxīn 位于秋炉乡秋炉村，建筑面积300平方米，设有儿保科、妇保科、内科门诊、外科门诊、放射科、卫生防疫科等。前身为秋炉乡中医联合诊所，始建于1957年。1958年，改称秋炉乡联合诊所，1981年12月，设秋炉人民公社卫生院。1984年，改称秋炉乡卫生院。2009年9月，乡镇卫生服务机构体制改革，改称秋炉乡社区卫生服务中心，在职5人，其中，中级职称1人，初级职称1人。2014年5月，被丽水市卫生局确定为规范化社区卫生服务中心。

家地乡社区卫生服务中心 Jiādì Xiāng Shèqū Wèishēngfúwù Zhōngxīn 位于家地乡家地村，建筑面积256平方米。前身为苪岱乡乡联合总诊所，始建于1957年。1958年，改称苪岱乡联合诊所，，1961年，改称公社联合诊所。1978年，称苪岱人民公社卫生院。1984年，改称家地乡卫生院。2009年9月，乡镇卫生服务机构体制改革，改称家地乡社区卫生服务中心，在职2人，其中，中级职称1人。

大地乡社区卫生服务中心 Dàdì Xiāng Shèqū Wèishēngfúwù Zhōngxīn 位于大地乡大地村，建筑面积550平方米。前身为大地乡联合总诊所，始建于1953年12月。1958年，改称大地乡联合诊所，1978年，称大地人民公社卫生院。1961年改称大地公社联合诊所。1984年改称大地乡卫生院。1999年8月，新建卫生院门诊部，投资38.5万元，2000年6月2，竣工投入使用。设全科门诊、妇保科、药房、输液室、收费室、院长办、预防接种科、儿保科、B超室、公共卫生科、会议室。2009年9月，乡镇卫生服务机构体制改革，改称大地乡社区卫生服务中心，在职6人，其中，初级职称3人。2014年5月，被丽水市卫生局确定为规范化社区卫生服务中心。

九龙乡社区卫生服务中心 Jiǔlóng Xiāng Shèqū Wèishēngfúwù Zhōngxīn 位于九龙乡王

塆村，建筑面积1066平方米。前身为陈村、大顺、小顺乡联合总诊所，始建于1952年至1956年。1956年6月云和县新四乡划归景宁县渤海区。1958年改称陈村、新四、小顺管理区保健院及大顺公社医院。1961年改称陈村、新四、小顺、大顺公社联合诊所。1978年，称陈村、新四、小顺、大顺公社卫生院。1984年，改称陈村、新四、顺利、大顺乡卫生院。1992年5月，撤扩并后改设大顺、陈村乡卫生院。2005年1月，滩坑库区行政区划调整，新建九龙乡卫生院，2006年6月投入使用，由原陈村乡卫生院、大顺乡卫生院、顺利卫生院、新四卫生院合并为九龙乡卫生院。2009年9月，改称九龙乡社区卫生服务中心。2010年5月，扩建1幢3层业务综合用房，建筑面积450平方米，在职12人，其中，中级职称3人，初级职称4人。

第五节 新闻机构

景宁广播电视台 Jǐngníng Guǎngbōdiànshì Tái 位于红星街道府前西路1号。前身为1993年设立的县广播电视局，办公地址在红星街道文化路19号。下设县人民广播站、县电视摄制站；同年7月增设有线电视办公室。1996年10月迁入现址，下设办公室、财务室、总编室、总工室、农管站、音像稽查站等6个职能科室。1998年7月，合并为县广播电视台。2001年9月，县文化、体育、广播电视局合并为"文化体育广播电视局"。2004年6月，分设县广播电视台。2005年9月，乡镇广播电视站隶属于县广播电视台。2008年8月，区域广播电视管理站有固定办公房及办公设备。2010年，内设办公室、电视新闻部、广播新闻部、广播电视专题部、广播电视节目播出部(广告部)、广播电视网络中心、农村广播电视公共服务部、计划财务部8个职能科室。下辖渤海、沙湾、英川、鹤溪、东坑5个区域站。

畲乡报社 Shēxiāng Bàoshè 位于红星街道人民中路98号。《畲乡报》前身为《景宁报》，是中共景宁县委机关报。1956年8月1日创刊，1957年2月休刊。1958年6月1日复刊，1960年2月因撤县停刊。1995年2月20日，中共景宁畲族自治县委机关报《畲乡报》创刊，每周刊出一期。2000年7月1日，改出周二报，2003年7月，扩为周三报，每周二、四、六出报。在全国县级党报整顿中，《畲乡报》作为全国唯一畲族自治县得以保留。至2014年12月底，《畲乡报》共出刊2295期。《畲乡报》在新闻宣传工作中，坚持党的基本路线、方针、政策，围绕县委、政府中心工作，促进民族团结，反映群众心声，对畲乡景宁政治、经济、文化建设进行宣传报道，为全县改革发展和社会进步发挥了作用。

中国景宁新闻网 Zhōngguó Jǐngníng Xīnwén Wǎng 2010年7月1日，正式开通，为浙江在线新闻网站直属支站，由县委宣传部主管，畲乡报社主办。中国景宁新闻网站共设一级栏目22个，二级栏目60个，并为全县21个乡镇(街道)分别建立子页面，内容涵盖全县经济、政治、社会、文化等各个方面，成为畲乡新闻资讯中心、网上服务中心和交流互动中心。2010年12月底，网站点击量达540余万次，日最高点击量达56519次，日平均点击量达3.6万余次，注册网民达27578人，网站受众已经覆盖国内31个省、自治区、直辖市、港澳台地区以及全球37个国家和地区。2010年，获浙江在线新闻网站全省十佳进步网站。

第六节 园区 市场

浙江景宁经济开发区 Zhèjiāng Jǐngníng Jīngjìkāifā Qū 位于红星街道城北区块。开发区成立于1992年2月。1994年,经省人民政府批准改设为省级经济开发区,首期规划面积1.51平方千米。2005年,国家发改委确认保留,是丽水市内3个省级经济开发区之一。2010年7月,省人民政府批准《浙江景宁经济开发区整合提升工作方案》,通过委托管理、授权开发、异地开发等体制创新,建成"一区一园多块"发展格局,即景宁开发区中心区块、澄照农民创业园区块、王金垟复合产业区块、城北110千伏变电所工业区快、滩坑库区休闲度假区块、梧桐工业区快、东坑工业区快、丽景民族工业园区块等各类园区8个,总面积16.39平方千米。开发区先后到杭州、宁波、衢州、湖州等地开展招商引资,并积极向上级争取扶持,使开发区可以享受民族自治特殊优惠政策。开发区共有工业企业9家,商贸流通企业53家。其中,引进商贸流通企业46家,知名企业有娃哈哈集团公司、华东电力集团公司、浙江省电力能源总公司、巨化集团、宁波大道投资管理有限公司等。开发区内企业实现工业总产值4.2亿元,工业、商贸企业实现销售收入10.97亿元,上交税费10500万元。

丽景民族工业园 Lìjǐng Mínzúgōngyè Yuán 2008年12月17日,丽水市编委批复同意设立,全称为浙江省丽水经济开发区景宁民族工业园区。位于丽水经济开发区规划范围丽水城南七百秧区块内,战略定位为国家少数民族地区异地扶贫开发试验区、中国少数民族工业城、金衢丽产业带特色制造业基地的重要组成部分。丽景民族工业园生态环境良好,交通区位条件优越,城市基础设施完善配套,政策优势明显,是理想的投资创业"洼地"。园区占地4平方千米,工期6年,总投资30亿元。一期开发1600亩,土地征用费6000万元。

鄞景扶贫经济开发区 Yínjǐng Fúpínjīngjìkāifā Qū 即景宁畲族自治县梅墟工业基地、浙江鄞景扶贫经济开发区。1985年,鄞县与景宁畲族自治县正式建立结对扶贫关系。1992年,在鄞县梅墟工业区内划出72亩土地建立"景宁畲族自治县梅墟工业基地"。1994年3月,景宁畲族自治县梅墟工业基地更名为"浙江鄞景扶贫经济开发区",面积扩大到5.6平方千米。1995年6月,国家民委批准该开发区为"国家民委扶贫开发试验区"。1997年7月,国家民委批准在开发区内设立"中国少数民族工业城"。2006年1月,开发区税收实行属地管理,转移部分收入给景宁,同时保留鄞景扶贫经济开发区。

澄照农民创业园 Chéngzhào Nóngmínchuàngyè Yuán 位于澄照乡佃源村。地处县城西南部8千米,东至四格村,南至东升村,西至东畔村,北至52省道。2012年6月动工,总占地面积347万平方米。园区主要涉及东畔、东升、四格、三石4个村民委员会,需要搬迁约500人,规模企业3家。功能定位为万人下山转移安置小区和产业集聚区,产业定位绿色农产品加工、民族特色医药、竹木加工业。各类基础设施规划建设同步进行。

景宁畲族自治县中心菜市场　Jǐngníng Shēzú Zìzhìxiàn Zhōngxīn Cài Shìchǎng　位于鹤溪街道城南社区境内。处县城中心地段，东邻人民南路，南接鑫景商城，西临鹤溪南路，北侧为商贸城。县中心菜市场建于1998年，占地面积2300平方米，总投资500多万元，其中，固定建筑1300平方米，大棚结构1000平方米，是一个永久性、全封闭的室内市场。内设摊位266个，店面50余个，涉及蔬菜、肉禽、活鱼、粮豆制品、干水海鲜、副食品等15个行业，经营户310户，是县城规模最大、服务居民人数最多的农贸市场。

景宁畲族自治县城北农贸市场　Jǐngníng Shēzú Zìzhìxiàn Chéngběi Nóngmào Shìchǎng　位于红星街道环城北路与环城东路交叉口。在人民北路东侧，于2015年5月15日开业。该市场按星级规范农贸市场设计，为县城第二个农贸市场，周边一千米辐射人口约为3万人。市场总面积约8750平方米，其中一楼农贸市场3350平方米，二楼2700平方米。市场内共有摊位157个，有商铺26个，包括干水产商、熟食制品、海鲜、活鱼、副食品；摊位126个，包括猪牛羊肉、蔬菜、水果、豆制品、粮制品、咸菜、溪螺摊、豆芽、豆腐娘、光禽、冷冻食、自产自销等。市场设营业区、地下停车场、食品检测室、公平秤、室内绿化区、顾客休息区、公厕、垃圾中转站等。还有内部监控系统、消防喷淋系统、电子显示屏、市场管理平台触摸屏等。齐全硬件设施为经营者、消费者提供一流服务。

绿色食品市场　Lǜsèshípǐn Shìchǎng　位于红星街道团结西路85号。市场东至兴工路，南至新兴弄，西邻畲乡鸿宾大酒店，北至团结西路。绿色食品市场建于2003年，占地面积14000平方米，建筑面积30087平方米。是县内食用菌产业产品交易唯一集散地，集加工、交易、仓储、科研、信息化于一体的市场。该市场由绿色市场开发有限公司与国有资产经营公司共同组建有限公司。业主以留置物业租赁产生经济效益来支撑市场管理。市场以批发零售为一体的综合性市场，年销售量（干货）8000多吨，交易额8.5亿元，全县食用菌年生产5000万袋，产品远销东南亚等20多个国家和地区，内销全国各大城市，在各大市场中占有一定份额。

鹤川菜市场　Hèchuān Cài Shìchǎng　位于鹤溪街道城南社区。2002年因英川电站水库建设，木耳口等村民移民至县城鹤溪敬山宫西侧安置点。为解决英川移民日常生活之难处，在鹤川小区中心位置，建鹤川菜市场。市场坐东朝西，6直，直深5.5米，直宽4.5米，占地面积300平方米，建筑面积200平方米。该市场辐射至鹤溪村、敬山宫、百岁门、半垟、花园岗、鹤溪小区等地。既可解决当地居民日常生活问题，又可解决移民就业，提供生活来源。

山珍市场　Shānzhēn Shìchǎng　位于红星街道人民中路243号。山珍市场于1992年10月兴土动工，1993年11月开业，建筑面积2万余平方米，拥有中型交易厅4个，营业厅308间，市场经营各种规格的花菇、厚菇、普通菇及各等级的黑木耳和其它食药用菌，年销售量5000余吨，总交易额5亿元。产品销美国、日本、东南亚等20多个国家和地区，内销全国各大中城市，成为省干菇交易第二大市场。景宁是香菇发祥地之一，1995年10月，被国家命名为“中国香菇之乡”称号；同年12月，“山山牌”香菇、黑木耳双双获第二届中国农业博览会“金质奖”。因山珍市场功能迁移，2002年停业注销。

第七节　企业单位

景宁畲族自治县造纸厂 Jǐngníng Shēzú Zìzhìxiàn Zàozhǐ Chǎng　位于鹤溪街道叶府前6号。占地面积7万平方米，建筑面积4.5平方米。企业创建于1958年，先后经过几次扩建改造，组建景宁造纸集团公司，下辖全资企业造纸厂、控股企业白板纸厂、合资企业电光源灯芯公司3个企业。集团公司注册资本1500万元，职工425人，遗属和被精减工人27人。公司总资产2490万元，总负债1068万元。由于环境污染等原因，1998年6月，宣告破产。该造纸厂曾经是景宁骨干企业、浙江省生产纸袋纸定点企业。

景宁畲族自治县包山铁矿 Jǐngníng Shēzú Zìzhì Xiàn Bāoshān Tiě Kuàng　位于鹤溪街道包山村境内。矿区占地面积11.2万平方米，建筑面积1.0万平方米，建于1969年10月，是集铁矿采选于一体的小型矿山企业。至2005年9月底，资产评估782.49万元，审计评估净资产17.33万元，负债611.15万元。2005年9月，进行企业改制。改制形式由在职职工出资，以资产评估为基础、按有效净资产挂牌协议出让形式重组，做到国有资产退出，职工身份置换。

景宁畲族自治县钢铁厂 Jǐngníng Shēzú Zìzhìxiàn Gāngtiě Chǎng　位于鹤溪街道环城南路6号。始建于1970年，由于电力不足，几度停业，1985年5月重新生产。2001年作歇业安置。安置在册职工96人，按照每人一次性基本安置费4600元，以及工龄每年400元、失业生活补助费含大病保险费、工龄每年230元，对职工进行安置。

景宁畲族自治县轴承厂 Jǐngníng Shēzú Zìzhìxiàn Zhóuchéng Chǎng　位于鹤溪街道环城南路6号。创办于1988年10月，占地面积5600平方米，是县经济委员会直属的国有企业。由于经营不善，产品滞销，资产负债率高，扭亏增盈无望，经县政府批准于1997年9月关闭停产并改制。

景宁畲族自治县织造厂 Jǐngníng Shēzú Zìzhìxiàn Zhīzào Chǎng　位于红星街道环城西路65号。企业建于1985年7月，占地面积3340平方米，建筑面积1426平方米。设有织造、成衣两个车间，主要产品有各种规格棉毛衫裤、腈纶运动衫裤。1988年，生产成衣40万件。1992年，固定资产原值50.3万元，有职工72人，产值128万元。由于设备落后，生产经营不善等原因，1999年实行破产。

景宁畲族自治县纺织器材厂 Jǐngníng Shēzú Zìzhìxiàn Fǎngzhīqìcái Chǎng　位于鹤溪街道人民南路128号。占地面积8403平方米，建筑面积9275平方米。创建于1966年2月，系二轻集体企业，主要生产木制纺织器材，是省纺织行业定点企业，曾为景宁县工业经济发展做出贡献。由于市场竞争激烈，纺织行业滑坡等原因，企业生产不景气，大部分职工下岗。截止2001年9月底，总资产185.06万元，总负债109.52万元。企业拆迁进行终结清算，置换职工身份，以解散原纺织器材厂为形式对该企业进行改制。

景宁畲族自治县玻璃纤维厂　Jǐngníng Shēzú Zìzhìxiàn Bōlíxiānwéi Chǎng　位于红星街道惠明路1号。创建于1992年，是一家生产玻璃纤维及其制品的大集体二轻企业。企业占地面积7000平方米，有28台代铂拉丝炉，年产玻璃纤维3000余吨，玻纤制品1000吨。1998年由集体企业改造为股份有限公司，收购原玻璃纤维企业所有者权益，承担债权、债务。改制时总资产1404.99万元，总负债1297万元。

景宁畲族自治县鹤泉酒厂　Jǐngníng Shēzú Zìzhìxiàn Hèquánjiǔ Chǎng　位于澄照乡澄照村37号。创办于1995年，厂房700平米，资产500万元，职工13人。生产畲乡民族特色的"山哈酒"系列。竹筒装山哈酒2003年获省农博会银奖，2004年，起连续获省农博会金奖。2008年"，山哈牌"商标获丽水市著名商标，2009年，被县人民政府确认为非遗传统技艺。

景宁瓯江胶囊有限公司　Jǐngníng Ōujiāngjiāonáng Yǒuxiàngōngsī　位于红星街道复兴西路1号。公司于1986年成立，占地面积3976平方米，建筑面积3996平方米，在职职工69人，是一家药用空心胶囊专业制造企业。拥有4条胶囊全自动生产线，年生产空心胶囊15亿粒。1998年，改制为私营企业。自2001年起连续5年被评为"AA"级信用企业。

景宁大自然食品有限公司　Jǐngníng Dàzìránshípǐn Yǒuxiàngōngsī　位于红星街道人民北路97号。前身为县供销企业景宁笋罐头厂。主要生产脱水食用菌、保鲜蔬菜和食品罐头等。1998年，改制重组为股份制企业。成为全国黑木耳行业龙头企业，省级农业龙头企业，省级农副产品加工龙头企业。是景宁首家销售收入突破亿元企业。2010年，在全国同行业中排名前十，全省排名前三。2002至2010年，连续被评为浙江名牌产品。

浙江景宁畲乡物流有限公司　Zhèjiāng Jǐngníng Shēxiāngwùliú Yǒuxiàngōngsī　位于鹤溪街道环城西路108号。公司成立于2009年9月，注册资金1018万元，固定运输汽车23辆，员工90人。公司占地面积680平方米、建筑面积209.89平方米，停车场面积500平方米。经营项目有普通货运、蔬菜种植、食用农产品收购，配送销售；农产品电子商务、农民职业技能培训等项目。公司为国家综合服务型AA级物流企业、省电子商务百强企业、省电子商务和物流协同发展10强企业、市级物流重点龙头企业。

浙江景昌建设有限公司　Zhèjiāng Jǐngchāngjiànshè Yǒuxiàngōngsī　公司位于景宁畲族自治县红星街道人民中路101号。公司成立于2002年4月，属民营企业。公司注册资金5000万元，拥有固定资产5000万元，流动资金8000万元。公司员工418人。公司属省水利水电施工总承包贰级，市政公用工程施工总承包叁级，土石方专业承包叁级企业，具有年承担2.5亿元建安工作量的能力。公司获省劳动保障诚信单位、省抗台救灾先进集体等荣誉。

景宁顺达物流有限公司　Jǐngníng Shùndáwùliú Yǒuxiàngōngsī　位于红星街道绿色市场南门21至23号。公司成立于2009年9月21日，注册资金50万元，职工70人。场地占地面积520平方米，建筑面积53.59平方米，停车场面积500平方米。公司经营普通货运、配送、零担、专线及货运站场、货物代理、配载和仓储理货等业务。公司开通上海、杭州、义乌、温州、厦门、福州等专线。

景宁任一物流有限公司　Jǐngníng Rènyīwùliú Yǒuxiàngōngsī　位于红星街道李宅路2号。

公司成立于 2009 年 9 月，注册资金 150 万元，现有员工 30 人。公司占地面积 800 平方米，建筑面积 240.13 平方米。经营站场、普通货运、配送、零担、专线及货物代理、配载和仓储理货等业务。2010 年，公司在大漈、沙湾、英川等乡镇建立蔬菜种植基地。

景宁晨丰物流有限公司 Jǐngníng Chénfēngwùliú Yǒuxiàngōngsī 位于红星街道胜利路 28 号。成立于 2009 年 12 月，注册资金 50 万元，现有职工 8 人。公司经营站场、普通货运、配送、零担、仓储等业务。公司租用场地和房屋，占地面积 458 平方米、建筑面积 60 平方米，停车场面积 400 平方米。

景宁祖林生物科技有限公司 Jǐngníng Zǔlínshēngwùkējì Yǒuxiàngōngsī 位于红星街道王金垟村。公司成立于 2009 年 10 月，注册资金 111 万元，企业员工 35 人。是一家集科研、生产、经营销售及技术推广等一体化高新技术企业。主要产品为柿子酒，商标：世畲醇，年生产柿子酒产量 40 多吨。

景宁绿宴酒饮发展有限公司 Jǐngníng Lǜyànjiǔyǐnfāzhǎn Yǒuxiàngōngsī 位于红星街道永胜路 19 号绿宴酒业大楼。是县内最早从事酒类产品科研开发，生产销售专业公司之一。公司开发生产“陈氏”系列蛇酒、青梅酒和畲药等产品获得国家专利，“绿宴”商标被认定为“丽水市著名商标”，公司获得“优秀企业”、“浙江省放心消费”等奖项。

景宁畲山凤民族工艺品开发有限公司 Jǐngníng Shēshānfèngmínzúgōngyìpǐnkāifā Yǒuxiàngōngsī 位于红星街道人民中路 211 号。公司成立于 1996 年，场馆面积 17000 平方米，有员工 128 人。公司建有晓琴畲族民间陈列馆、大均畲族陈列馆和深垟美术摄影基地。主要从事畲族工艺美术品、服饰，畲族工艺包及银饰品开发、生产加工及销售，畲族民俗工艺品收藏与展示。主要产品有畲族服饰，银饰，工艺品及民间收藏品等。公司获省当代收藏家、市十大收藏家等称号；企业是省文化产业发展 122 工程首批重点文化企业。

景宁龙凤民族服饰有限公司 Jǐngníng Lóngfèngmínzúfúshì Yǒuxiàngōngsī 位于红星街道人民北路 49 号。成立于 2006 年，企业注册资金 338 万元，占地面积 1500 多平方米，建筑面积 4000 多平方米，员工 230 人。是一家集民族服饰生产，民族文化艺术展览，美术工艺培训于一体综合企业。研究、生产“畲山凤”商标畲族服饰、工艺品 10 大类 800 多种。产品远销美国及福建、广东、江西、台湾等 20 多个省市。公司被评为市民间十大收藏家。

景宁畲艺坊服饰有限公司 Jǐngníng Shēyìfāngfúshì Yǒuxiàngōngsī 位于鹤溪街道人民南路 57 号。公司成立于 2005 年 5 月，前身为景宁振兴鞋厂，是一家集产品研发、民族手工制作和加工、产品销售为一体的民营企业。公司现有厂房 1000 平方米，年产值 852 万元，员工 281 人。2010 公司注册“畲艺坊” 商标，获得国家专利 31 项。产品具有环保、绿色、健康的特点，销往义乌、上海、北京、江苏等各大城市，且出口葡萄牙。

景宁香雨有机茶有限公司 Jǐngníng Xiāngyǔyǒujīchá Yǒuxiàngōngsī 位于红星街道府前西路 28 号。始建于 2001 年，2003 年正式投产，是集种植、生产、加工、销售一条龙的专业化公司。其前身为澄照乡漈头茶场、岩下茶场及其经营部。公司拥有茶叶生产基地 1300 亩。公司主要产品有玉簪茶、惠明茶、惠明白茶。

浙江奇尔茶业有限公司　Zhèjiāng Qíěrcháyè Yǒuxiàngōngsī　位于澄照乡三石村天堂湖。公司成立于1998年，实行贸工农一体化经营，省骨干农业龙头企业。奇尔茶产自浙南景宁山区，海拔在520至1314米高山上。公司通过ISO9001国际质量管理体系、绿色食品、有机茶和QS认证，获享“浙江名牌产品、省著名商标、省知名商号、省诚信示范企业、省示范茶厂、省食品加工示范企业和省工商企业信用AAA级‘守合同重信用’单位”等称号。2005年4月，被南京“总统府”特选为台湾国民党大陆访问团接待用茶。

景宁惠明茶业有限公司　Jǐngníng Huìmíngcháyè Yǒuxiàngōngsī　位于红星街道人民北路51号。2002年3月登记注册，主要经营茶叶生产、加工、销售；茶叶机械销售；茶艺表演；饮食服务等。公司员工25名。1915年，惠明茶获巴拿马万国博览会金奖；1978—1982年获省级名茶；1982年、1986年评为全国名茶；1991年国际文化节名茶；2004年被评为“省十大名茶”。

景宁畲族自治县蔬菜公司　Jǐngníng Shēzú Zìzhìxiàn Shūcài Gōngsī　位于红星街道新华路38号。成立于1994年1月，原隶属县农办下属蔬菜公司，划归县农业局，隶属农业局下属股级单位。2008年，蔬菜公司撤消，其职能归县农业局农作站。

景宁畲族自治县农业开发公司　Jǐngníng Shēzú Zìzhìxiàn Nóngyèkāifā Gōngsī　位于红星街道新华路38号。前身为县农业综合开发公司，成立于1990年9月，隶属县农办；在编39人。1991年9月，成立景宁畲族自治县特产局。1992年，安置农转非人员12人。1997年，改为景宁县农业开发总公司。

景宁畲族自治县化工建材公司　Jǐngníng Shēzú Zìzhìxiàn Huàgōngjiàncái Gōngsī　位于红星街道环城西路180号。公司成立于1990年，为独立核算、自负盈亏国有企业。1994年，改为景宁畲族自治县化工建材有限公司。 2001年6月，专用车辆统一配送。2010年，达到A级公司，有员工22人。

景宁畲族自治县旅游集散中心有限公司　Jǐngníng Shēzú Zìzhìxiàn Lǚyóujísànzhōngxīn Yǒuxiàngōngsī　位于红星街道环城西路151号。主要业务是为旅游者提供全国各地区旅游咨询服务。搭乘旅游直通巴前往旅游景区，或是提供景点、酒店预定等一站式服务。为客人个性化设计以特定文化之游、自然之旅及企业团队旅游活动等。为团队精心设计特色线路及其相关配套服务。公司代订各大景点门票、酒店、机票、船票、租车等业务。

浙江景宁洁净钢管有限公司　Zhèjiāng Jǐngníng Jiéjìnggāngguǎn Yǒuxiàngōngsī　位于鹤溪街道石牛山88号。公司员工110人，占地面积23000平方米，标准厂房10000平方米。成立于2002年，注册资金1680万元，是一家专门从事研发、生产、销售小口径不锈钢管、不锈钢无缝盘管的高新技术企业。2004年开始研发生产不锈钢无缝盘管、精密仪表管、小口径不锈钢直管，长度4至6米，不锈钢无缝盘管长度达到1000米左右。2008年，组建浙江景宁钢管技术研发中心。

浙江强盛不锈钢有限公司　Zhèjiāng Qiángshèngbúxiùgāng Yǒuxiàngōngsī　位于澄照乡四格工业功能区内。企业创办于2007年，注册资金308万元，占地面积1.2万平方米，职工90余人。

产品用于石油，化工，军工，航空航天等领域。公司获得市诚信民营企业和重合同守信用企业、市诚信企业、县劳资关系和谐单位等称号。2007年取得自营出口权。产品主要销往全国和台湾、香港地区，出口远销南非、中东、欧美等国家。

景宁浙南钼业有限公司 Jǐngníng Zhènánmùyè Yǒuxiàngōngsī 位于东坑镇吴山头村。公司创建于1997年11月，注册资本288万元，员工300余人。公司钼矿属石英脉型钼矿，矿物组合以石英、辉钼矿为主。公司先后被市、县评为2002年度"守合同重信用"单位。2010年销售收入1700多万元，交税100余万元。是中国钼联体成员企业。

景宁安泰矿业有限公司 Jǐngníng Antàikuàngyè Yǒuxiàngōngsī 是由原国有企业景宁包山铁矿于2006年11月改制而成的小型矿山企业。员工100人，工业年产值1500万元，主要产品为铁精矿粉，副产品为建筑石料。公司注重资源综合利用，多项指标领先同行业。

浙江名龙医药包装有限公司 Zhèjiāng Mínglóngyīyàobāozhuāng Yǒuxiàngōngsī 位于鹤溪街道浮丘路1号。1998年公司成立，注册资金300万元。公司生产员工50人，占地面积7150平方米。年产值2000余万元。

时代阀门铸造有限公司 Shídài Fáménzhùzào Yǒuxiàngōngsī 位于红星街道王金垟村。创办2003年，占地面积8000平方米，建筑面积5000平方米，现有固定资产2000多万元。企业组织机构有研发、营销等，有一流的铸造生产工艺，年产1500吨铸件。是景宁铸造业骨干企业，产品销往杭州、温州等地。

中海阀门制造有限公司 Zhōnghǎi Fáménzhìzào Yǒuxiàngōngsī 位于红星街道王金垟。公司创办于2003年，固定资产1900万元。为境内规模最大阀门铸造企业之一。企业员工50余人。主要利用机械加工后边角料为主要原材料生产各类阀门、法兰等铸体。为丽水市节能示范企业、节能工作先进集体，荣获县企业跨越奖。产品通过温州阀门制造基地远销东南亚、欧洲等国。

远东特钢有限公司 Yuǎndōngtègāng Yǒuxiàngōngsī 位于梧桐乡梧桐坑村。公司成立于2007年，为股份制合作企业，注册资金500万元，占地12000平方米，现有员工90人。产品销往上海及欧美国家。2010年工业产值超过2100万元。先后获得县企业跨越奖、创业新星等荣誉。

富利达木制工艺品有限公司 Fùlìdámùzhìgōngyìpǐn Yǒuxiàngōngsī 位于红星街道金仙一弄99号。公司成立于1988年7月，注册资本300万元。厂房8000多平方米，职工130余人。2010年实现销售1700多万元，上交利税120多万元。取得省林业龙头企业、市林业龙头企业、县创业新星等称号。

宏强竹制品有限公司 Hóngqiángzhúzhìpǐn Yǒuxiàngōngsī 位于红星街道城北开发区。公司成立于1999年，2006年改制为有限公司，注册资本300万元。主要生产竹地板、竹菜板、竹板材、竹制洁具用品、竹碳等产品。企业人员169人。产品销往福建、广东、义乌、杭州、上海、云和等地，部份产品出口韩国、日本。

金林竹木工艺厂 Jīnlínzhúmùgōngyì Chǎng 位于鹤溪街道环城南路128号。公司成立于2002年，固定职工185人。总资产1634元，固定资产981万元，主要生产智力玩具、国际象棋及玩具配件。2010年,实现销售收入1662万元。企业和上海、杭州、宁波、深圳、东莞等地的外贸公司建立合作关系。获得省林业龙头企业、省农业示范企业等称号。

隆尚工艺品有限公司 Lóngshànggōngyìpǐn Yǒuxiàngōngsī 位于鹤溪街道人民南路988号。公司成立于2009年,注册资金200万元,厂房面积8500平方米,固定资产684万元。职工106人,管理人员9人。主要生产竹制家具、沐浴用刷、沐浴套装、火车轨道配件、玩具配件、木柄等。长期与上海、杭州、广州、温州等地建立合作关系。

景宁县食用菌商会 Jǐngníng Xiàn Shíyòngjun Shānghuì 商会于2007年2月成立,2010年登记注册,会员187人。食用菌商会下设政策研究、组织联络、市场营销、市场协调、维权调解、财务监管、后勤服务、安全保卫等8个职能部门。

第八节 金融机构

中国人民银行景宁县支行 Zhōngguó Rénmín Yínháng Jǐngníng Xiàn Zhīháng 位于红星街道建设路9号。1949年9月,建立中国人民银行景宁县办事处。1951年4月,改为中国人民银行景宁县支行。1962年4月,归并云和县人民银行管辖。1988年7月,设立中国人民银行景宁县支行。中国人民银行景宁县支行是中国人民银行总行派出机构,贯彻执行货币政策,依法对县辖范围内的金融机构进行监管,维护金融稳定和提供金融服务。原设办公室、会计股、发行股、稽核股、金管股、综合计划股、保卫股;兼并股室后分为办公室、营业室、信贷调统股、保卫股。在职员工15人。

中国工商银行景宁县支行 Zhōngguó Gōngshāng Yínháng Jǐngníng Xiàn Zhīháng 位于红星街道人民中路139号。设立于1984年10月。主要办理人民币存贷、汇款结算等业务。内设部门有计划股、信贷股、会计股、出纳股、稽核股、人秘股,辖属网点三个,分别为新建路储蓄所、商业大楼储蓄所、县府街储蓄所。2005年10月,改制为中国工商银行股份有限公司景宁支行。内设办公室、市场业务部、个人金融业务部、营业部。在职员工28人。

中国农业银行景宁县支行 Zhōngguó Nóngyè Yínháng Jǐngníng Xiàn Zhīháng 位于红星街道人民中路208号。设立于1984年10月。主要面向农村和农业,办理人民币存贷款、汇款结算等业务,并领导农村的信用合作工作。1996年,信用社与农行正式脱离行政隶属关系。2009年1月,改制为中国农业银行股份有限公司景宁畲族自治县支行。内设综合管理部、客户部、营业中心。在职员工37人。

中国建设银行景宁县支行 Zhōngguó Jiànshè Yínháng Jǐngníng Xiàn Zhīháng 位于红星街道人民中路202号。设立于1984年9月,原名中国人民建设银行办事处。1985年,升格为中国人民建设银行景宁支行。1987年9月,设立沙湾分理处、鹤溪储蓄所。1988年8月,设立房地产信贷部，承办房改金融业务。1990年7月，设立省信托投资公司景宁证券代理处。1993年6月，设立县建设房地产开发有限公司。1994年4月，设立丽水地区信托投资公司景宁办事处。1996年3月，更名为中国建设银行景宁县支行。内设理财中心，个贷中心，贵宾理财室。有员工39人。

景宁畲族自治县农村信用合作联社 Jǐngníng Shēzú Zìzhì Xiàn Nóngcūnxìnyòng Hézuò liánshè 位于红星街道人民中路201号，主要办理人民币存贷款与结算业务，服务于农民、农业和农村。设立于1954年，隶属县农业银行景宁支行。1987年9月，从农业银行景宁支行析置县农村信用合作社联合社。1996年8月，与农行正式脱离行政隶属关系。2000年7月，将原县通达城市信用社接收为下属机构。2005年6月，合并全县各乡镇农村信用社和县联合社正式改制成立景宁县农村信用合作联社；共撤并全县30个信用社营业网点。辖1个营业部、4个信用社，有12个分支机构和1个流动服务点，在编员工154人。

中国农业发展银行景宁县信贷组 Zhōngguó Nóngyèfāzhǎn Yínháng Jǐngníng Xiàn Xìndài Zǔ 位于红星街道人民中路272号。设立于1997年1月，为国有政策性银行，原名为中国农业发展银行丽水地区分行派驻景宁县办事组。2001年2月，更名为中国农业发展银行景宁畲族自治县信贷组。主要职责是承担国家规定农业政策性金融业务，代理财政支农资金拨付，为农业和农村经济发展服务。

中国邮政储蓄银行景宁县支行 Zhōngguó Yóuzhèngchǔxù Yínháng Jǐngníng Xiàn Zhīháng 位于红星街道人民中路209号。1986年9月1日，设立县邮政储蓄网点，在鹤溪、沙湾、东坑、英川、渤海等地正式对外营业。1995年9月，全县5个邮政储蓄点全部实现微机化处理。1999年，首台ATM自动柜员机投入使用。2008年5月30日，中国邮政储蓄银行有限责任公司浙江省丽水市景宁畲族自治县支行成立。内设综合管理部、综合业务部、信贷业务部、会计核算部；下辖支行营业部、沙湾镇支行，有6个代理网点，县城9台ATM取款机与全国邮政储蓄网点联网。从业人员44人。

中国银行景宁支行 Zhōngguó Yínháng Jǐngníng Zhīháng 位于红星街道人民中路85号，成立于2012年2月15日。内设营业部和业务发展部两个部门，有员工16人；本着“服务畲乡，情系大众”经营理念，支持畲乡景宁实体经济发展，大力增加信贷投放总量，积极提升对重点建设项目、战略性新兴产业、现代服务业、中小企业、“三农”和民生工程的金融服务。不断增强自身综合实力，各项业务得到持续健康稳定发展，在当地树立良好口碑，为当地可持续发展打下坚实基础。2012年，被评为县工业经济贡献三等奖。

景宁银座村镇银行 Jǐngníng Yínzuòcūnzhèn Yínháng 位于红星街道复兴西路2号。成立于2011年12月，是一家股份制商业银行，由台州银行主发起设立，有员工54人。在鹤溪街道鑫景商城1幢设城南支行。该银行坚持以“中小企业伙伴银行”市场定位，专注于中小企业金融服务，以市场为导向，以客户为中心，金融产品丰富，经营特色明显。遵循可持续发展理念，致力于为微小客户创造平等金融服务机会。

稠州银行景宁支行 Chóuzhōu Yínháng Jǐngníng Zhīháng 位于红星街道人民北路68号，成立于成立于2013年12月。浙江稠州银行总部位于义乌市，秉承“运筹有道，至诚至行”的企业精神，专注于中小企业和个体工商户金融服务。景宁支行的设立，是该行发展史上又一个里程碑，也是该行落实政府和监管部门“支农支小”的工作要求，支持县域经济发展重大举措。

泰隆银行景宁支行　Tàilóng Yínháng Jǐngníng Zhīháng　位于鹤溪街道人民南路98号，成立于2014年5月5日。泰隆银行是一家专业服务小微企业银行，致力于“支农支小”。该行具有独特信贷调查模式“三品三表”，即看客户人品、产品和抵押品，查看客户的水表、电表、海关报表；坚持服务“三三制”。该银行进一步拓宽小微企业及农民融资渠道，为景宁地方经济社会发展注入活力。

丽水市住房公积金管理中心景宁分中心　Lìshuǐ Shì Zhùfánggōngjījīnguǎnlǐ Zhōngxīn Jǐngníng Fènzhōngxīn　位于红星街道胜利路50号。中心坚持“操作规范、安全有效”的原则，强化“贷前调查、贷中审查、贷后核查、逾期即催”管理机制。中心以资金安全为前提，以提高效益为中心，以促进发展为目的，以便民利民为重点。完善健全内控制度，有效防范贷款风险，确保资金安全，充分发挥住房公积金制度的住房保障作业。2012年实缴人数7864人，归集住房公积金12580.69万元，归集余额36180.31万元，提取住房公积金5855万元，发放贷款2949万元，贷款余额16473.19万元。

中国人民财产保险股份有限公司景宁支公司　Zhōngguó Rénmíncáichǎnbǎoxiǎngǔfèn Yǒuxiàngōngsī Jǐngníng Zhīgōngsī　位于红星街道兴工路41号。公司成立于1987年1月，有员工28人。公司下设办公室、理赔分部、业务部，建有乡镇服务站22个。先后推出机动车辆险、财产险、船舶货运险、责任信用险、意外健康险、涉农保险、自然灾害公众责任险、火灾公众责任险、校园方责任险、社保补充医疗保险、旅行责任保险等100多个险别，涵盖非寿险各个业务领域。2012年，承担风险保障金额达282. 25亿元，实现保费收入2890.52万元，增幅达21.75%，赔付1314.87万元，实现承保利润442万元。获得浙江省分公司“2012年县区支公司经营业绩30强”、2011年景宁畲族自治县“积极贡献奖”等称号。

中国人民人寿保险股份有限公司景宁支公司　Zhōngguó Rénmín Rénshòubǎoxiǎngǔfèn Yǒuxiàngōngsī Jǐngníng Zhīgōngsī　位于红星街道人民中路202号。公司直属中国人寿丽水分公司，拥有独立法人资格。有员工11人，营销员96人。公司设个人业务部、团体业务部、银行保险部和客户服务中心。2012年度公司完成总保费2615万元，其中，新单保险1032.59万元，期交类保险410万元，意外险类保费315万元。全年赔付204.89万元，赔付率25%。公司综合经营水平排名全市第二。

中国太平洋财产保险股份有限公司景宁支公司　Zhōngguó Tàipíngyángcáichǎnbǎoxiǎn gǔfèn Yǒuxiàngōngsī Jǐngníng Zhīgōngsī　位于红星街道建设路7号。公司成立于2009年2月，有员工13人。公司下设总经理室、综合管理科、理赔部和业务部。公司坚持“以客户需求为导向”的经营理念，全面贯彻“稳增长、转方式、防风险、强队伍、促和谐”的工作方针。为推动景宁经济发展和保障人民财产安全发挥积极作用。2012年实现保费收入1000.49万元。其中，车险保费723.32万元，非车险保费277.17万元，受理赔款案件1570件，理赔支出473.13万元，实现利润收入222.8万元。

第九节 民政机构

景宁畲族自治县民政局 Jǐngníng Shēzú Zizhixiàn Mínzhèng Jú 位于红星街道邮电路42号。系县人民政府负责民政事务的职能部门。前身为景宁县人民政府民政科，于1949年7月设立。1956年，改称景宁县民政局。1960年2月，撤销景宁县民政局。1984年10月，设立景宁畲族自治县民政局，办公地址在鹤溪镇敬山宫。1987年10月，迁入县政府办公大楼。2000年5月迁入现址。内设办公室、社会救济福利科、优抚安置科、基层政权和社会事务科，有县老龄办、县地名办、县婚姻登记处、县光荣院、县福利中心、县殡仪馆、县殡葬管理所、福利工业办公室、县救助站等。

景宁畲族自治县慈善总会 Jǐngníng Shēzú Zizhixiàn Císhàn Zǒnghuì 位于红星街道新华路39号。2006年7月21日，第一次会员代表大会选举产生第一届理事会，通过《景宁畲族自治县慈善总会章程》《景宁畲族自治县慈善总会资金募集管理办法》和组织机构领导人选。县慈善总会自组建以来到2011年底，共募集慈善资金860.72万元，其中，全民慈善捐赠活动月172.13万元，定向捐款688.59万元；本金利息收入107.6万元；财政冠名留本捐息180万元；财政划拨工作经费21万元，总收入1169.32万元。救助资金支出903.2万元，其中，定向612.86万元，有2.67万人次得到援助。

景宁畲族自治县婚姻登记处 Jǐngníng Shēzú Zizhixiàn Hūnyīndēngjì Chù 位于红星街道邮电路42号。县民政局婚姻登记处成立于2002年9月。2014年办理结婚登记2032对，离婚登记318对，补领结婚登记433对，补发离婚证20对，出具无婚姻登记记录证明3601份。从1951年至2000年，婚姻登记一直在乡镇人民政府办理，2001年1月1日开始集中在县民政局办理。2004年5月，全县结婚对象婚姻登记集中办理，办证窗口设县行政审批中心办事大厅内。2006年7月，婚姻登记机构与县行政审批中心办事大厅分离，在县民政局内设立婚姻登记场所。2006年8月，被省民政厅评为省婚姻登记机关规范化建设窗口单位。2009年1月，被国家民政部授予"2007—2008年全国婚姻登记机关规范化建设窗口单位"称号。

景宁畲族自治县老龄工作委员会办公室 Jǐngníng Shēzú Zizhixiàn Lǎolínggōngzùo Wěiyúanhùi Bànggōngshì 位于红星街道邮电路42号。负责办理县老龄工作委员会决定事项；向县老龄工作委员会提出工作意见和建议；承办县老龄工作委员会的日常工作和交办的其他事项；负责各成员单位的联系、协调工作，督促、检，查县老龄工作委员会决定事项在有关部门和各地的落实情况并综合上报；收集、整理和上报老龄工作的有关情况和信息；联系协调老年协会和老年社团的活动，引导老年社团开展积极健康的社会活动；负责与各乡、镇（街道）老龄工作委员会办公室和县直有关单位的信息沟通及有关事项的协调工作。2001年撤消县老龄委员会，设立县老龄工作委员会。2003年5月，为县民政局直属副科级事业单位。

景宁畲族自治县地名委员会办公室　Jǐngníng Shēzú Zìzhìxiàn Dìmíng Wěiyúanhùi Bàng gōngshì　位于红星街道邮电路42号。其职责是贯彻执行国家和省、市有关地名管理的方针、政策、法律、法规；负责县地名委员会的日常工作；承办县人民政府审批的地名命名和更名事项，对本县各类地名命名和更名进行审核、申报，公布标准地名；检查、监督标准地名的使用；编制地名规划，并组织实施；按国家标准设置、管理地名标志，核发《门牌证》；调查、收集、整理地名资料，编纂地名志、书、图，审核地名密集的出版物；建立管理地名档案和资料，组织地名学术研究，提供地名咨询服务；建立提升地名数据库信息系统，管理和维护地名网站。

景宁畲族自治县殡仪馆　Jǐngníng Shēzú Zizhixiàn Bìnyí Guǎn　位于红星街道岭北村西坑。县殡仪馆旧馆位于县城北通天门。于1997年9月动工兴建，主体建筑1110平方米，1998年9月投入使用。1999年8月12日零时起在鹤溪镇范围推行遗体火化。2000年4月5日零时起，县内通公路村实行遗体火化。因外舍新城建设，2009年3月县殡仪馆迁建工程在外舍西坑村开工，2010年4月22日，新建殡仪馆投入使用。占地面积14932平方米，建筑面积4635.86平方米。2011年9月，根据（景编[2011]6号），为差额拨款事业编制3人，编外用工10余人。主要职责是负责全县的遗体接运、火化任务；提供遗体冷藏、整容化妆、守灵服务以及骨灰寄存等殡葬系列化服务；宣传殡葬改革政策，引导群众树立科学、文明、健康的丧葬习俗。同时析置县殡葬管理所，为县民政局股级事业单位。

景宁畲族自治县殡葬管理所　Jǐngníng Shēzú Zizhixiàn Bìnzàngguǎnlǐ Suǒ　位于红星街道邮电路42号。2011年9月22日，根据《关于同意县殡葬管理所与县殡仪馆机构分设的批复》（景编〔2011〕6号），成立景宁畲族自治县殡葬管理所，为县民政局下属股级事业单位，编制3人。主要职责是负责在本县所辖火化区范围内推行遗体火化和殡葬改革宣传；负责规划建设及经营县级经营性公墓；负责乡村骨灰存放处，乡村公益性墓地建设规划编制，并对建筑规格和样式以及管理等方面指导；会同有关部门整治乱埋坟墓；负责本县丧葬用品制造、销售市场的管理；负责对本县殡葬工作和殡仪服务单位的管理和指导；承担县民政主管部门交办的其他事项。

景宁畲族自治县光荣院　Jǐngníng Shēzú Zizhixiàn Guāngróng Yuàn　位于红星街道邮电路28号。1985年，投资55万元在新城建造光荣院，占地面积2000平方米，建筑面积1430平方米。1989年4月17日，第一批入院孤老复员军人10人，安排服务人员4人。

景宁畲族自治县福利院　Jǐngníng Shēzú Zizhixiàn Fúlì Yuàn　位于红星街道新华路39号。县福利院于1999年9月动工兴建，总投资160万元，建筑面积1980平方米。2000年11月竣工，投入使用。

道化敬老院　Dàohuà Jìnglǎo Yuàn　位于沙湾镇道化村。建于2004年11月17日，院址在道化村尾，道化大桥接对岸溪杉线，原为道化农林中学校址。占地面积4400平方米，建筑面积2700平方米。床位117张，入住人数120人。

北溪敬老院　Běixī Jìnglǎo Yuàn　位于东坑镇北溪村。院址在北溪下村，西邻省道云寿线，建于2004年12月15日。占地面积1500平方米，建筑面积1500平方米。床位70张，入住人数56人。

鸬鹚敬老院　Lúcí Jìnglǎo Yuàn　位于鸬鹚乡鸬鹚村。院址位于村后公路边，北连鸬鹚至叶村公路，建于 2004 年 11 月 17 日。占地面积 4400 平方米，建筑面积 2700 平方米。床位 117 张，入住人数 120 人。

漈头敬老院　Jìtóu Jìnglǎo Yuàn　位于澄照乡漈头村。建于 2004 年 11 月 26 日。占地面积 1400 平方米，建筑面积 1600 平方米。床位 56 张，入住人数 55 人。

九龙敬老院　Jiǔlóng Jìnglǎo Yuàn　位于九龙乡王埁村。建于 2004 年 12 月 12 日。占地面积 4000 平方米，建筑面积 2000 平方米。床位 88 张，入住人数 56 人。

第十节　其他单位

景宁畲族自治县供销合作社联合社　Jǐngníng Shēzú Zìzhìxiàn Gòngxiāo Hézuòshè Liánhéshè　位于红星街道复兴西路 47 号。始建于 1949 年 11 月，前身为县供销商店。1952 年 10 月，改称县供销合作社联合社。1954 年，改称县供销合作社。1960 年 2 月，景宁撤县并入丽水县。1962 年 6 月，改属云和县供销合作社。1984 年 10 月，成立县供销合作社联合社。1989 年 10 月，为集体企业。1992 年 11 月，改称县供销社合作社联合社(兴业集团总公司)。2000 年 1 月，从人民中路 49 号迁至振兴路 12 号。2005 年 5 月迁现址。2005 年 3 月，变更为县供销合作社联合社。2007 年 9 月，确定县联社职能职责 10 项，编制 12 人，内设办公室、财务科、业务科 3 个科室。2009 年 2 月，参照公务员管理。2009 年 7 月登记设立。

景宁畲族自治县电力工业局　Jǐngníng Shēzú Zìzhìxiàn Diànlìgōngyè Jú　位于红星街道复兴西路 19 号。前身为县电力公司，成立于 1984 年 12 月。1991 年 12 月，设县电力工业局。1999 年起属国有独资企业，由省电力公司委托市电业局代管。设置 6 个职能部门、3 个业务机构，下辖 6 个供电营业所、5 个集体企业。固定资产 12350 万元，县境内拥有 220 千伏、110 千伏变电所各 1 座，110 千伏升压站 2 座。35 千伏变电所 10 座，容量 97650 千伏安。35 千伏线路 20 条，总长度 222.385 千米；10 千伏线路 57 条，总长度 1268.81 千米；380 伏 650 条，总长度 1198.06 千米。配变 968 台，容量 106.69 兆伏安；局属配变 620 台，容量 48965 兆伏安。先后获国家一流县级供电企业、全国优秀巾帼文明岗、全国质量信得过班组、省级文明单位等。

景宁畲族自治县就业管理服务处　Jǐngníng Shēzú Zìzhìxiàn Jiùyèguǎnlǐfúwù Chù　位于红星街道人民中路 135 号。前身为县劳动服务公司，成立于 1984 年 10 月，主要进行职业介绍、社会劳动力管理等。1990 年 2 月，改称县就业管理服务处，属县劳动局下属事业单位。主要以组织开展失业人员和城乡劳动者等职业技能培训和创业培训，职业指导和职业介绍工作；负责就业、失业登记管理以及失业保险待遇的审核与发放，进行全县失业人员档案管理，开展劳动保障事务代理、职业介绍等事务，并先后出台帮扶下岗失业人员再就业优惠政策。

景宁畲族自治县人才交流中心　Jǐngníng Shēzú Zìzhìxiàn Réncáijiāoliú Zhōngxīn　位于红

星街道人民中路135号，成立于1987年。1997年12月1日，经景政办[1997]59号文件审定核准，为县人事劳动局下属全额拨款事业单位。负责人才市场中介组织管理；承担机关工勤人员、新进事业单位工作人员、大学生村官档案管理；承担公益性人才招聘活动组织实施；负责流动人员人事档案管理、户口挂靠、出国政审、人事代理、收集、整理、储存和发布人才供求信息等工作。先后荣获2001年、2002年、2003年市人才交流工作先进集体。获2007年、2009年省人才交流系统先进集体等荣誉称号。累计存放人事档案3004卷。

景宁社会保险事业管理中心　Jǐngníng Shēzú Zìzhìxiàn Shèhuìbǎoxiǎnshìyèguǎnlǐ Zhōngxīn　位于红星街道惠明路116号。前身为县退休费统筹领导小组办公室，成立于1987年3月，负责办理集体单位合同制工人社会劳动保险，全民企事业单位实行离退休基金统筹。1995年，更名为景宁畲族自治县社会保险事业管理处。2009年10月，景宁畲族自治县社会保险事业管理中心成立，承担全县社会保险业务经办，管理运营社会保险基金等工作。2010年，全县企业职工基本养老保险参保人数12827人，其中，在职11108人，离退休1719人。

景宁机关事业单位退管中心　Jǐngníng Shēzú Zìzhìxiàn jīguānshìyèdānwèituìxiūgànbùguǎnlǐ Zhōngxīn　位于红星街道人民广场东侧。2003年11月，根据《关于同意设立景宁畲族自治县机关事业单位退休干部管理中心》(景编办〔2003〕22号)成立景宁畲族自治县机关事业单位退休干部管理中心。负责全县机关事业单位退休干部职工的管理服务，协调各有关部门做好退休干部的政治思想教育、“两项”待遇的检查落实、组织开展文体娱乐活动，宣传和贯彻执行《老年人权益保障法》，依法维护退休干部(职工)的合法权益，积极支持退休干部学习党委政府相关政策精神并向有关部门反映其建设性意见和建议。

景宁畲族自治县老年活动中心　Jǐngníng Shēzú Zìzhìxiàn Lǎoniánhuódòng Zhōngxīn　位于红星街道石印山脚。活动中心处于县城中心地段，背靠石印山公园，面临人民广场，交通十分便利，区位环境优美。县老年活动中心为三层建筑，占地面积843平方米，建筑面积1929平方米。该中心功能齐全、设施完备，室内与室外活动场地互补，满足了老年人多方面需求。设有乒乓球、台球、羽毛球、扑克、象棋、围棋及室外门球、气排球、地掷球等适合中老年人各类活动。

景宁畲族自治县国土资源监察大队　Jǐngníng Shēzú Zìzhìxiàn GuótǔzīyuánjiāncháDàduì　位于红星街道鹤溪中路41号。景宁畲族自治县国土资源监察大队成立于2003年11月8日，核定全额事业编制5名。县国土资源监察机构有国土资源局法规监察科、县国土资源监察大队、鹤溪、沙湾、英川、东坑、渤海5个国土资源执法监察机构队伍。有人员22名。

景宁畲族自治县红十字会　Jǐngníng Shēzú Zìzhìxiàn Hóngshízìhuì　县红十字会成立于2008年9月19日，由原县卫生局管理改为政府领导联系。主要职责是开展救灾准备工作，在自然灾害和突发事件中，对伤病人员和其他受害者进行救助；普及卫生救护和防病知识，进行初级卫生救护培训，组织群众参加现场救护；参与输血献血工作，推动无偿献血；开展其它人道主义服务活动；参加国际人道主义救援工作；依照日内瓦公约及其附加议定书的有关规定开展工作。县红十字会内设办公室、赈灾救济两个科室。全县21个乡镇(街道)成立红十字会组织；254个行政村和5个社区成立红十字会小组。

景宁畲族自治县良种场 Jǐngníng Shēzú Zìzhìxiàn Liángzhǒng Chǎng 位于红星街道金仙寺社区。隶属县农业局，有在职职工13人，退休职工20人。始建于1951年，原为地方国营农场。1959年，改称景宁县农科所。1961年，改县良种场，耕地面积97亩，茶园25亩，桔园15亩，鱼塘2.5亩。以繁育杂交稻、大小麦、鱼种、仔猪等良种为主。场部占地面积5000平方米，建筑面积2250平方米。1986年，兼办"金仙楼"餐馆，建筑面积2000平方米。1988年，农场土地被政府征用。农场与景宁县投资公司组建金农房地产开发公司。先后建金农宾馆、城西市场、城西小区店面等，以租赁和承包方式取得经济收入，从第一产业转向第三产业。

景宁畲族自治县林业总场 Jǐngníng Shēzú Zìzhìxiàn Línyè Zǒngchǎng 位于红星街道府前西路2号。前身为景宁县林场，成立于1956年10月，办公地址在叶府前。1965年12月，景宁、东坑、金钟3场合并，成立景宁林业总场，办公地址设在草鱼塘。1968年迁到鹤溪镇叶府前苗圃。1984年10月，改称景宁畲族自治县林业总场。1989年，办公地点迁到现址。1994年，建立县绿业集团，各分场建立分公司。先后创办总场招待所、木竹工艺厂、汽车修理厂、民族工艺厂、万里工艺厂、机械厂、基建队、工贸公司、综合商场等企业。2000年，总场全部转制、停业。2009年4月，设立县望东垟高山湿地自然保护区管理局，林业总场与管理局合署办公，为县政府直属正科级事业单位。总场辖大仰、草鱼塘、荒田湖、大漈、鹤溪5个分场，28个林区，拥有林地面积10.13万亩，主营商品林。

景宁畲族自治县上标林场 Jǐngníng Shēzú Zìzhìxiàn Shàngbiāo Línchǎng 位于景南乡上标村。原为上标伐木场，始建于1959年，设上标、白云、枫水垟、鱼漈坑4个工组，职工100余人。林场土地总面积33049亩，其中，林业用地面积30595亩，非林地面积2454亩。1988年，从林业局划出，由县木材公司管辖。1998年，通过企业改革转制，又归县林业局直属管理。2007年3月，建立望东垟高山湿地省级自然保护区。2008年，转为国有林场。2009年4月，设立县望东垟高山湿地自然保护区管理局。

景宁畲族自治县惠明茶行业协会 Jǐngníng Shēzú Zìzhìxiàn Huìmíngcháhángyè Xiéhuì 成立于2006年3月，住址红星街道新华路38号。有会员94个，其中，团体会员18个，个人会员85人，是浙江省茶叶产业协会理事单位。主要经营茶叶科研、信息、加工、贸易及种植技术服务等。协会利用省扶持资金建设惠明寺"惠明茶发祥地"项目；为澄照、鹤溪等地以协会单位统一认证无公害基地4万亩，印制茶叶外包装防伪标识，开展惠明茶省级地方标准贯彻实施。2006年以来全县茶叶实现"金奖惠明茶"品牌统一，协会制定《章程》、《惠明品牌使用管理办法》，与生产单位签订品牌使用协议，保持惠明茶独特品质，实行"金奖惠明茶"品牌统一管理。茶叶产业实现标准化、规模化、产业化、品牌化。金奖惠明茶目前销往全国各大中城市。

景宁畲族自治县水电行业协会 Jǐngníng Shēzú Zìzhìxiàn Shuǐdiànhángyè Xiéhuì 成立于2000年7月，有会员156个。协会第四届理事会由29人组成，办公室工作人员5人，办公地址在县水电大楼内。协会工作：2004年，国家水利部授予景宁"中国农村水电之乡"称号；由小水电业主兴建水库35座，安排就业995人，资助地方公益事业178.35万元；至2010年，全县已建小水电157

座，装机 32.4 万千瓦。年发电量 10.4 亿千瓦时，产值 4.35 亿元，上交税费 6953.5 万元。

景宁畲族自治县餐饮行业协会　Jǐngníng Shēzú Zìzhìxiàn Cānyǐnhángyè Xiéhuì　成立于 2008 年 5 月，有会员单位 200 家。协会工作：加强协会组织建设，开展市场调查，制定行业管理办法，扩大会员覆盖面；提升餐饮经营档次，打造知名品牌；维护会员合法权益。

景宁畲族自治县地方武术文化研究会　Jǐngníng Shēzú Zìzhìxiàn Dìfāngwǔshùwén Huàyánjiūhuì　位于红星街道人民中路 98 号。成立于 2012 年 2 月 12 日。该研究会是景宁地方武术爱好者自愿组织的非营利群众性社会团体。2012 年 5 月，创办研究会会刊《畲乡功夫》。研究会畲乡功夫在 2012 年中国畲乡“三月三”第六届畲乡民间传统体育节上首场向公众演示。研究会曾多次参加县、市、省及国家、国际举办的各种类的武术比赛和学术研讨活动，都取得了令人满意的成绩。

景宁畲族自治县食用菌行业协会　Jǐngníng Shēzú Zìzhìxiàn Shíyòngjunhángyè Xiéhuì　成立于 1985 年 3 月（景社证字 002 号），是一个跨部门、跨行业、跨所有制的社会化服务组织。该协会由农户、原材料供应商、龙头企业、营销企业、技术人员、科技示范户等组成，有会员 138 人。协会于 2009 年 4 月 28 日召开理事会。协会组织实施科技项目 12 个；引进大球盖菇、猴头菇、北冬虫夏草等食用菌新品种 9 个，建立新品种、新技术、新机械示范基地 22 个，面积 1200 亩，引进推广食用菌集约化生产、循环生产等新技术 5 项；开展科技培训 112 期，培训菇农 3927 人次，发放技术资料 2.5 万份；编纂《中国畲乡·景宁香菇历史与文化》。

景宁户外应急救援队　Jǐngníng Hùwàiyīngjíjiùyuán Duì　成立于 2014 年 3 月。救援队接受相关应急联动部门调遣执行山地户外、社会应急救援服务。有突击队员 22 人、预备队员 30 人。该救援队擅长水上和山地救援，是一支专业技能过强、素质过硬、户外经验丰富的民间公益救援队伍。自成立以来，接到电话求助 14 次，成功搜救迷路、失踪人员 18 位。

第四章 建筑物

JIANZHUWU

第一节 城镇道路

鹤溪老城

人民南路 Rénmín Nán Lù 位于县城南部鹤溪街道域内。南北向主干道，南起青松路，北至人民中路，长3600米，宽34米，水泥路面。为表达人民当家作主的美好愿望，故称人民路，1987年11月13日命名。由于县城扩建道路延伸拓宽，张村至三枝树段有待拓建加宽。沿路有景宁中学、县第一实验小学、县自来水厂、金园丽景小区、鹤溪小区、县城市建设发展有限公司、县园林管理所、中国畲族博物馆、县城市展览馆、县图书馆、畲族文化中心、格瑞斯影城、泰隆银行景宁支行、万客源超市、鑫景商城、石印山小区、欣和华侨大酒店等单位企业。

人民中路 Rénmín Zhōng Lù 位于县城中部红星街道域内。南北向主干道，南起人民南路，北至团结路，长1200米，宽22米，柏油路面。是县城政治、经济中心路段。为表达人民当家作主的美好愿望，故称人民路，1987年11月13日命名。沿路有县人民广场、县老年活动中心、烟草专卖局、鸿宾大酒店、景宁影城、万福大酒店、莲花超市、中国银行景宁支行、县畲乡报社、县残疾人联合会、县教育局、新华书店、县人力资源和社会保障局、县就业管理服务处、县人才交流中心、中国工商银行景宁支行、县安全生产监督管理局，县风景旅游局、县林业局、县农村信用合作联社、中国建设银行景宁支行、县红十字会、晓琴畲族民间陈列馆、中国农业银行景宁支行、县爱国卫生运动委员会等单位企业。

人民北路 Rénmín Běi Lù 位于县城北部红星街道域内。南北向主干道，南起团结路，北至石龙路，长3300米，宽32米，水泥路面。其中环城北路至油田路于2013年新建。为表达人民当家作主的美好愿望，故称人民路，1987年11月13日命名。沿路有景宁龙凤民族服饰有限公司、正明酒店、景宁惠明茶业有限公司、县畲乡民俗博物馆、景宁中信实业有限公司、县公交有限公司自行车租赁分公司、浙江稠州商业银行景宁支行、县行政审批中心、嘉盈城市酒店、索菲特精品酒店、景宁客运中心、新田小区、凤凰大厦、加油站等单位企业。

鹤溪南路 Hèxī Nán Lù 位于县城南部鹤溪街道域内。南北向主干道，南起民族路口，北至钟楼路，长1450米，宽23米，水泥路面。路以溪名，故名。1987年11月13日命名。鹤溪南路主要为步行街，沿路有中国畲族博物馆、畲族文化中心、同仁平价大药房、老百姓大药房、县商贸城、县中心菜市场等单位企业。

鹤溪中路 Hèxī Zhōng Lù 位于县城中部红星街道域内。南北向，南起钟楼路，北至团结西路，全长1100米，宽22米，柏油路面。路以溪名，故名。1987年11月13日命名。沿路有人民公园、县人民医院、县城郊工商所、县审计局、县档案局(馆)、县国土资源局、建设小区、县市场监督管理局、民族大酒店等单位单位企业。

鹤溪北路 Hèxī Běi Lù 位于县城北部红星街道域内。南起团结西路，北至凤凰大道，全长1400米，宽36米，水泥路面。路以溪名，故名。1987年11月13日命名。沿路有鹤溪廊桥、阳光城小区、景融时代广场等单位企业。

环城东路 Huánchéng Dōng Lù 位于县城东部，南北向次干道，南接鹤川路，北至环城北路，长2300米，宽18米，水泥路面。其中石印隧道长200米，宽9米，高5.2米，混凝土衬墙，1998年建成。以路段方位得名。1987年11月13日命名。沿路有县疾病控制中心、县卫生和计划生育局、蓝天幼儿园、县人民法院等单位企业。

环城南路 Huánchéng Nán Lù 位于县城南部鹤溪街道域内。东西向主干道，东起半垟变电所，西至鹤溪南路，长850米，宽24米，柏油路面。路以方位得名，1987年11月13日命名。沿路有县妇幼保健所、县老年体育活动基地、县培智学校、中共景宁县委党校、浙江广播电视大学景宁分校、金格百汇城、景宁龙泰竹木制品有限公司等单位企业。

环城西路 Huánchéng Xī Lù 位于县城西部。南北向主干道，南起金惠小区路口，北至溪口大桥，长4314米，宽12至18米不等，为过境公路，柏油路面。路段位于县城西侧得名，1987年11月13日命名。沿路有县盐业有限公司、县良种场、县汇丰汽车运输有限公司、景宁县汽车站、县汽车长运有限公司、金仙寺社区居委会、县旅行社、景宁林松彪中西医门诊部、县道路运输管理局、中石化景宁加油站、县农机管理站等企业单位。

环城北路 Huánchéng Běi Lù 位于老县城北部红星街道域内。东西向主干道，东至环城东路，西至鹤溪北路，长1100米，宽24米，柏油路面，以路段方位得名，1987年11月13日命名。沿路有廊桥宾馆、景宁艾尚宾馆、廊桥土菜馆、景宁入城口公园、畲乡汉庭商务宾馆景等。

府前东路 Fǔqián Dōng Lù 位于位于县城中部红星街道域内。东西向主干道，东起环城东路，西至人民中路，长350米，宽18米，柏油路面。县政府驻地路段得名，1987年11月13日命名。沿路有新潮眼镜、景宁立宇摩托车有限公司、大铁锅美食城、仙童社区居委会、景宁胜平化肥经营部、梅记香辣馆等企业与单位。

府前西路 Fǔqián Xī Lù 位于县城中部红星街道域内。东西向主干道。东起人民中路，西至府前桥，长260米，宽20米，柏油路面。县政府驻地路段得名，1987年11月13日命名。沿路有县林业总场、县广播电视台、县电影发行放映公司、县委、县政府、县人大、县政协、县委组织部、县委宣传部、县委统战部、县信访局、县民宗局、县工商联、县委党史研究室、县机关工委、县老年体协、县统计局、县扶贫办、县机关事务管理局等单位。

复兴东路 Fùxìng Dōng Lù 位于县城中部红星街道域内。东西向主干道，东起环城东路，西至人民中路，长320米，宽18米，柏油路面。寓意振兴繁荣，1987年11月13日命名。沿路有鹤溪街道办事处、鹤溪社区卫生服务中心、县体育场等。

复兴西路 Fùxìng Xī Lù 位于县城中部红星街道域内。东西向主干道，东起人民中路，西至金仙桥，长360米，宽20米，柏油路面。寓意振兴繁荣，1987年11月13日命名。沿路有景宁欧江胶囊有限公司、景宁银座村镇银行、县食品药品监督管理局、县电力工业局、县经济商务局、中国移动景宁分公司、中国联通景宁分公司、县发展和改革局、县供销合作社联合社、县科技局、县科学技术协会、县水利局等单位。

团结东路 Tuánjié Dōng Lù 位于县城北部红星街道域内。东西向主干道,东起城北 110 区块,西至人民北路,长 330 米,宽 20 米,水泥路面,寓意畲汉民族大团结,并在人民路与团结路口筑建团结门而故名。1987 年 11 月 13 日命名。沿路有县城北中学、县实验幼儿园、景彩文化创意广告店、景宁畲乡物流有限公司等单位。

团结西路 Tuánjié Xī Lù 位于县城北部红星街道域内。东西向主干道,东起人民北路,西至鹤溪北路,长 450 米,宽 20 米,水泥路面。寓意畲汉民族大团结,并在人民路与团结路口筑建团结门而故名。1987 年 11 月 13 日命名。沿路有新金鹤大酒店、景都商务酒店、浙南民族风情旅行社、县国税局、县财政局(地方税务局)、鸿城商务宾馆、绿色食品市场、畲乡鸿宾大酒店等单位与企业。

凤凰大道 Fènghuáng Dàdào 位于县城北部红星街道域内。东西向主干道,东起环城东路,西至鹤溪北路,长 330 米,宽 32 米,水泥路面。以此道处地高速公路出口,北邻外舍畲乡古城,凤凰象征畲族,乃迎宾道路,故名。规划名,2010 年 6 月 7 日批准实施。沿道有云景高速公路出口、中国石化加油站、景宁客运中心、凤凰大厦、县旅游集散中心等单位与企业。

新田路 Xīntián Lù 位于县城北部红星街道域内。东西向主干道,东起新田小区,西至鹤溪北路,长 360 米,宽 28 米,水泥路面。以所在地村而得名,2013 年 3 月 20 日命名。沿路有城北村民委员会综合大楼、县交通综合大楼、景宁客运中心、县公安局 110 指挥中心、金融时代广场等单位与企业。

廊桥步行街 Lángqiáo Bùxing Jiē 位于县城北部红星街道域内。东西向,东起人民北路,西至鹤溪廊桥,长 220 米,宽 15 米,水泥路面。该街是临近廊桥专给游人休闲购物的道路而得名。2013 年 3 月 20 日命名。沿街有金融时代广场及购物店面等。

新华路 Xīnhuá Lù 位于县城中部红星街道域内。南北向次干道。南起建设路,北至新田路,长 1380 米,宽 16 米,柏油路面。1996 年 6 月 5 日命名。沿路有县中心幼儿园、县农业局、县畜牧兽医局、县种子管理站、县民政局、陈孟友中西医诊所、摇篮幼儿园、福乐多超市、直通车电脑、阳光城小区等单位与居民住宅区。

惠明路 Huìmíng Lù 位于县城中部红星街道域内。东西向次干道。东起环城东路,西至鹤溪中路,长 765 米,宽 12 米,柏油路面。1996 年 5 月 20 日命名。意因惠明寺而得名。因道路高差大,东向车辆通至红星路止。沿路有景宁利德医院、印象美景精致餐厅、金童幼儿园、好日子酒店、县司法局、县公证处、浙江景宁上标电站水力发电有限责任公司、县社会保险事业管理中心、微笑口腔、红星社区居委会等。

兴工路 Xìnggōng Lù 位于县城中部红星街道域内。南北向,长 410 米,宽 8 米。南起邮电路,北至团结西路,水泥路面。寓意工业振兴经济发展而得名。1996 年 6 月 5 日命名。沿路有三川水电有限公司、中国人民财产保险股份有限公司景宁支公司、天鹰汽车服务行、杨龙酒业有限公司、绿色食品市场等企业与单位。

永胜路 Yǒngshèng Lù 位于县城中部红星街道域内。南北向，长 200 米，宽 10 米。南起惠明路，北至团结西路，水泥路面。寓意企业贸易发展永远胜利成功而得名。2005 年 7 月 26 日命名。沿路有摇篮幼儿园、福乐多超市、陈家龙蕲蛇酒厂、日用化学品厂有限公司等企业单位。

育英路 Yùyīng Lù 位于县城中部红星街道域内。南北向，长 320 米，宽 6 米。南起惠明路，北至团结东路。水泥路面。路段紧挨县实验二小，寓意能培养教育出英才而得名。1996 年 5 月 20 日命名。系居民住宅区老街道。

建设路 Jiànshè Lù 位于县城中部红星街道域内。东西向，长 456 米，宽 10 米。东起文化路，西至鹤溪中路，柏油路面。扩建新区，故名建设路。1987 年 11 月 13 日命名。沿路有县建设局、县法律援助中心、中国太平洋财产保险股份有限公司景宁支公司、县文联、中国人民银行景宁支行、县国有资产投资经营有限公司、县国库支付中心、县委老干部局、县交通局等单位。

振兴路 Zhènxìng Lù 位于县城中部红星街道域内。东西向，长 340 米，宽 8 米。东起人民中路，西至鹤溪中路，水泥路面。寓意振兴景宁经济，故名振兴路。1987 年 11 月 13 日命名。沿路有县卫生局、县红十字会等单位。

文化路 Wénhuà Lù 位于县城中部红星街道域内。南北向，长 260 米，宽 6 米。南起府前东路，北至建设路，水泥路面。以文化单位驻地而得名。1987 年 11 月 13 日命名。沿路有县职业高级中学、县文化市场执法大队、县文物保护管理所、县非物质文化遗产保护中心、县总工会等单位。

体育路 Tǐyù Lù 位于县城中部红星街道域内。南北向，长 215 米，宽 8 米。水泥路面。南起建设路，北至复兴东路。地处体育场馆旁而得名。1987 年 11 月 13 日命名。沿路有县体育馆、县体育场及居民住宅区。

邮电路 Yóudiàn Lù 位于县城中部红星街道域内。东西向，长 480 米，宽 8 米。东起人民中路，西至鹤溪中路。水泥路面。原为“新兴路”与“曙光路”。1996 年 10 月 21 日两条路合并，是唯一一条有偿道路命名，更名为“邮电路”。沿路有新世纪幼儿园、县移民办公室、县慈善总会、县民政局、县婚姻登记处、县地名办、县社会组织服务中心、县老龄办、县救助站、县殡葬管理所、县光荣院、县福利院等单位。

胜利路 Shènglì Lù 位于县城中部红星街道域内。东西向，长 450 米，宽 16 米，东起城北 110 区块，西至新华路，柏油路面。寓为胜利之路，1996 年 6 月 5 日命名。沿路有浙江丹迪琳服饰有限公司、浙江景宁瑞和贸易有限公司、县环境卫生管理所、丽水住房公积金景宁分中心、红星街道办事处、城北村委会等单位与企业。

富林路 Fùlín Lù 位于县城中部红星街道域内。南北向，长 240 米，宽 12 米，水泥路面，南起团结东路，北至胜利路，水泥路面。该路在城北 110KV 工业功能区内。以该区域多为木材加工企业故名，2013 年 10 月 24 日命名。系景宁城北开发区中心区块。

红星路 Hóngxīng Lù 位于县城中部红星街道域内。南北向，南起复兴东路，北至胜利路。长 1050 米，宽 6 至 8 米，水泥路面。路处原红星大队区域，故名。1987 年 11 月 13 日命名。沿路有安居小区、园丁新村、红星文锦苑等，均系居民住宅区。

创新路 Chuàngxīn Lù 位于县城中部红星街道域内。东西向，长282米，宽8米，东起环城东路，西至人民中路。水泥路面。因道路高差大，东侧路口未通车。寓意创新得名，1987年11月13日命名。沿路有县第二实验小学及商铺、居民住宅区。

鹤川路 Hèchuān Lù 位于县城南部鹤溪街道域内。东西向，长90米，宽12米，东起山脚，西至鹤溪南路，水泥路面。英川电站移民安置该区域，故取鹤溪镇、英川镇各一字而得名。2004年6月28日命名。沿路有县民族中学、鹤川小区、县城市展览馆、水迎天下大浴场、县文化广电新闻出版局、鹤川菜市场。

宝石路 Bǎoshí Lù 位于县城南部鹤溪街道域内。东西向，长200米，宽18米，东起山脚，西至鹤溪南路，柏油路面。寓意贵如珍宝，2004年6月28日命名。沿路有金园丽景小区、鹤溪小区等居民区。

民族路 Mínzú Lù 位于县城南部鹤溪街道域内。东西向，长136米，宽12米，东起茶山路，西至鹤溪南路，水泥路面。路段连接旱岗与塔堋两个畲族村，故名。2004年6月28日命名。沿路有塔堋村、民族桥、金园丽景小区、亲亲家园、旱塔新村等居民区。

大众街 Dàzhòng Jiē 金仙寺塔的塔头被铺在大众街与南门弄交接处，故又名塔头街。位于县城南部鹤溪街道域内。南北向，南起鹤川路，北至石印路，全长500米，宽约4至7米。水泥路面，昔日为县城最繁华地段，今为鹤溪古城保护区，以居民住宅密集而得名。沿街有县残疾人康复中心及居民住宅区。

市场路 Shìchǎng Lù 位于县城南部鹤溪街道域内。东西向，长80米，宽6米，东起人民南路，西至鹤溪南路。水泥路面，路处商贸城菜市场区域，故名。1996年,6月5日命名。系商铺及居民住宅区。

钟楼路 Zhōnglóu Lù 位于县城中部鹤溪街道域内。东西向，长80米，宽12米，东起人民南路，西至寨山桥。柏油路面，南侧敕峰楼顶建钟楼，故名钟楼路。2004年6月28日命名。沿路有共青团景宁畲族自治县委员会、县畲族风情旅游度假区管委会、县生态休闲养生（养老）经济促进会、青年人才联谊会等单位。

敕木山路 Chìmùshān Lù 位于县城南部鹤溪街道域内。南北向，北起浮丘路，南至塔堋村，县城扩建，有待延伸。全长570米，宽7至12米。水泥路面，以县城周边最高山峰敕木山命名。该路为路名移植，原路段改建为人民南路。沿路有县民族青少年宫、县畲乡体育健身中心等。

浮丘路 Fúqiū Lù 位于县城南部鹤溪街道域内。南北向，南起永定桥，北至寨山桥，全长455米，宽4米，水泥路面。西侧有浮丘钓台遗址，路处浮丘村区域，故名浮丘路。沿路有浙江名龙医药包装有限公司、鹤溪花园、商业小区等。

叶府前路 Yèfǔqián Lù 位于县城南部西侧鹤溪街道域内。南北向，长200米，宽8米，南起鹤溪花园，北至环城西路。水泥路面，路处叶府前村区域，故名。沿路有景宁申达利工艺品厂及居民住宅区。

中垟路 Zhōngyáng Lù 位于县城南部鹤溪街道域内。东西向，长400米，宽12米，东至环城东路，西至人民南路。水泥路面，以所在地地名而得名。2004年6月28日命名。沿路有县人民检察院及居民住宅区。

石印路 Shíyìn Lù 位于县城南部鹤溪街道域内。东西向，长870米，宽16米，以道路处石印山脚而得名。水泥路面，东至山脚，西至人民南路。2004年6月28日命名。沿路有孔庙、民族小学、鹤溪古城及居民住宅区。

李宅路 Lǐzhái Lù 位于县城西侧红星街道域内。南北向，长210米，宽6米，水泥路面。南起环城西路，北至果园路。以所在地村名而得名。系居民住宅区。

果园路 Guǒyuán Lù 位于县城西侧红星街道域内。S形东西向，长550米，宽12米，以所在地为林业总场水果园而得名。水泥路面，东起环城西路，西北至水果队山脚。1996年6月5日命名。系商铺及居民住宅区。

车站路 Chēzhàn Lù 位于县城西侧红星街道域内。东西走向，长233米，宽16米，东起环城西路，西至山脚。水泥路面，因道路处汽车站边而得名。1987年11月13日命名。沿路有金农宾馆及居民住宅区。

金仙路 Jīnxiān Lù 位于县城西侧红星街道域内。S形南北向。南起果园路，北接环城西路。长825米，宽12米，水泥路面。以所在地金仙寺得名。沿路有城西菜市场、县气象局及居民住宅区。

青松路 Qīnsōng Lù 位于县城南部鹤溪街道内，南北向，长600米宽12米，水泥路面。南起三枝树村头，北至人民南路。2011年9月8日命名。

西门弄 Xīmén Lòng 位于县城中部红星街道域内。S形东西向，东起新华路，西至兴工路。全长160米，宽8米，水泥路面。处山珍市场西大门，故名西门弄。1996年6月5日命名。系居民住宅区。

新兴弄 Xīnxìng Lòng 位于县城中部红星街道域内。东西向。东起新华路，西接兴工路。长150米，宽6米。以东接新华路，西连兴工路，故名。水泥路面。2004年6月28日命名。系居民住宅区。

金仙弄 Jīnxiān Lòng 位于县城西部红星街道域内。S形南北向，南起金仙一弄，北接金仙路。长236米，宽4米。水泥路面。以所在地金仙寺村得名。1996年6月5日命名。系居民住宅区。

金仙一弄 Jīnxiān Yī Lòng 位于县城西部红星街道域内。东西向，全长330米，宽6米，东至环城西路、西至农场山脚。以所在地金仙寺村得名。1996年6月5日命名。系商铺及居民住宅区。

金仙二弄 Jīnxiān Er Lòng 位于县城西部红星街道域内。东西向，全长230米，宽6米，水泥路面。东至环城西路、西至金仙路。以所在地金仙寺村得名。1996年6月5日命名。系商铺及居民住宅区。

金仙三弄 Jīnxiān Sān Lòng 位于县城西部红星街道域内。东西向，全长280米，宽6米，水泥路面。东至环城西路、西至金仙路。以所在地金仙寺村得名。1996年6月5日命名。系商铺及居民住宅区。

金仙四弄 Jīnxiān Sì Lòng 位于县城西部红星街道域内。东西向，全长70米，宽6米，水泥路面。东至金仙路，西至山脚。以所在地金仙寺村得名。2004年6月28日命名。系居民住宅区。

金仙五弄 Jīnxiān Wǔ Lòng 位于县城西部红星街道域内。东西向，全长80米，宽6米，水泥路面。东至金仙路，西至山脚。以所在地金仙寺村得名。2004年6月28日命名。系居民住宅区。

岭脚新村一弄 Lǐngjiǎoxīncūn Yī Lòng 位于县城西部红星街道域内。东西向，全长80米，宽2.5米，水泥路面。东至环城西路、西至山脚。以所在地岭脚村得名。1996年6月5日命名。系居民住宅区。

岭脚新村二弄 Lǐngjiǎoxīncūn Er Lòng 位于县城西部红星街道域内。全长80米，宽2.5米，水泥路面。东至环城西路、西至山脚。以所在地岭脚村得名。1996年6月5日命名。系居民住宅区。

岭脚新村三弄 Lǐngjiǎoxīncūn Sān Lòng 位于县城西部红星街道域内。全长80米， 宽2.5米，水泥路面。东至环城西路、西至山脚。以所在地岭脚村得名。1996年6月5日命名。系居民住宅区。

岭脚新村四弄 Lǐngjiǎoxīncūn Sì Lòng 位于县城西部红星街道域内。东西向，全长60米，宽2.5米，水泥路面。东至环城西路、西至山脚。以所在地岭脚村得名。1996年6月5日命名。系居民住宅区。

岭脚新村五弄 Lǐngjiǎoxīncūn Wǔ Lòng 位于县城西部红星街道域内。东西向，全长60米，宽2.5米，水泥路面。东至环城西路、西至山脚。以所在地岭脚村得名。1996年6月5日命名。系居民住宅区。

岭脚新村六弄 Lǐngjiǎoxīncūn Liù Lòng 位于县城西部红星街道域内。东西向，全长50米，宽2.5米，水泥路面。东至环城西路、西至山脚。以所在地岭脚村得名。1996年6月5日命名。系居民住宅区。

岭脚新村七弄 Lǐngjiǎoxīncūn Qī Lòng 位于县城西部红星街道域内。东西向，全长50米，宽2.5米，水泥路面。东至环城西路、西至山脚。以所在地岭脚村得名。1996年6月5日命名。系居民住宅区。

岭脚新村八弄 Lǐngjiǎoxīncūn Bā Lòng 位于县城西部红星街道域内。东西向，全长50米，宽2.5米，水泥路面。东至环城西路、西至山脚。以所在地岭脚村得名。1996年6月5日命名。系居民住宅区。

岭脚新村九弄 Lǐngjiǎoxīncūn Jiǔ Lòng 位于县城西部红星街道域内。东西向，全长50米，宽2.5米，水泥路面。东至环城西路、西至山脚。以所在地岭脚村得名。1996年6月5日命名。系居民住宅区。

童弄街 Tónglòng Jiē 旧称唐衕街。位于县城中部红星街道域内。南北向，南起人民广场，北接府前东路，全长370米，宽3米，水泥路面。昔日童弄街两侧寺庙古建居多，热闹非凡。旧城改造时，西侧街路改建全部拆除，仅留石印山脚后街部分店铺、民房。街路窄似小弄堂，故名。方言读音近似，演变为现名。

童弄街一弄 **Tónglòng Jiē Yī Lòng** 位于县城中部红星街道域内。东西向，东至童弄街，西至人民中路，长70米，宽6米。水泥路面。弄处童弄街域内得名，2004年6月28日。系商铺及居民住宅区。

童弄街二弄 **Tónglòng Jiēèr Lòng** 位于县城中部红星街道域内。东西向，东至童弄街，西至人民中路，长70米，宽6米。水泥路面。弄处童弄街域内得名，2004年6月28日。系商铺及居民住宅区。

童弄街三弄 **Tónglòng Jiēsān Lòng** 位于县城中部红星街道域内。东西向，东至童弄街，西至人民中路，长75米，宽6米。水泥路面。弄处童弄街域内得名，2004年6月28日。系商铺及居民住宅区。

童弄街四弄 **Tónglòng Jiēsì Lòng** 位于县城中部红星街道域内。东西向，东至童弄街，西至人民中路，长80米，宽6米水泥路面。弄处童弄街域内得名，2004年6月28日。系商铺及居民住宅区。

民主弄 **Mínzhǔ Lòng** 位于县城东侧鹤溪街道域内。东西向，东起山脚，西至石印路。全长100米，宽1.5米，水泥路面。沿弄里原有城郊法庭，寓意民主平等，故名。现系居民住宅区。

梁弄底 **Liánglòngdǐ** 位于县城东侧鹤溪街道域内。S形东西向，东起石印山脚，西至石印路。全长120米，宽1.5米，水泥路面。因"梁家府"而得名。梁府为明代进士梁以孜故居。系居民住宅区。

上处弄 **Shàngchù Lòng** 位于县城东侧鹤溪街道域内。S形南北向，南起垟后街，北至石印山脚。全长70米，宽1米，水泥路面。形成于清代，处垟后街北侧。梁府上侧房屋方位得名。沿弄两侧系清末及民国初期民居。

垟后街 **Yánghòu Jiē** 位于县城东侧鹤溪街道域内。S形东西向，东起敬山宫，西至石印路。全长110米，宽1.2—2米，水泥路面。敬山宫垟后面的街道，故名。沿街两侧系民居。

梅树圩 **Méishù Xū** 位于县城东侧鹤溪街道域内。S形东西向，东起后坑弄，西至陈宅里弄。全长80米，宽1.2米，水泥路面。宋时为花园，明时为圩，民国初期为监狱。圩有梅树而得名。现为居民住宅区。

后坑弄 **Hòukēng Lòng** 位于县城东侧鹤溪街道域内。北接石印路，南至大众街。全长70米，宽1.2米，水泥路面。后小溪坑得名。沿弄南端为清代建筑潘家老屋。

陈宅里弄 **Chénzháilǐ Lòng** 位于县城东侧鹤溪街道域内。S形南北向，南起桥底弄，北至石印路南端。全长85米，宽1米，水泥路面，形成于明代，弄以姓氏而得名。现为居民住宅区。

南门弄 **Nánmén Lòng** 位于县城南部鹤溪街道域内。东起大众街，西至人民南路，全长110米，宽1.2米，水泥路面，古城南门故名。沿弄有汤家宗祠、文昌阁、叶家大院等古建筑。其中叶家大院被火毁，遗址尚存。

桥底弄 **Qiáodǐ Lòng** 位于县城南部鹤溪街道域内。在大众街东侧，S形东西向，东起敬山宫，西至大众街。全长80米，宽2米，弄道两旁多古民居，且保存较好。弄侧有淙淙清流为伴，弄道两头各建一座小桥，遥相呼应，别有风味，故名桥底弄。沿弄有基督教堂，余为居民住宅区。

鱼塘岸弄 Yútángàn Lòng 位于县城南部溪街道域内。S形东西向，东起大众街，西至台门底弄。全长200米，宽1米，水泥路面，因古时边上有一鱼塘而得名。系居民住宅区。

水井弄 Yútángàn Lòng 位于县城南部鹤溪街道域内。S形东西向，东起大众街，西至台门底。全长200米，宽2米，水泥路面，因北端有一古井而得名。系居民住宅区。此古井至今保存完好。传此井为敕木山伏流，水清味甘，旧时为周边居民主要饮用水来源。弄内有一座规模较大的"美在其中"老宅。

文昌阁弄 Wénchānggé Lòng 位于县城南部鹤溪街道域内。S形东西向，在南门东面，西起南门弄。全长30米，宽1米，水泥路面。因弄旁建文昌阁而得名。沿弄有百年铁树、蓝后兴宅，为居民住宅区。

台门底弄 Táiméndǐ Lòng 位于县城南部鹤溪街道域内。在敕木山路以北，西起鱼塘岸弄。水泥路面，弄处戏台区域得名，系居民住宅区。

水碓弄 Shuǐduì Lòng 位于县城南部鹤溪街道域内。S形东西向，东起百岁门，西至人民南路。全长80米，宽1.5米，水泥路面。弄因近有水碓得名。沿路有中心小学、城南幼儿园，余为居民住宅区。

猫儿弄 Māoér Lòng 位于县城南部鹤溪街道域内。在水碓弄以东，S形东西向，东起百岁门，西至水碓弄。全长60米，宽1米，水泥路面，形容弄道狭窄，猫才好通过而故名。系居民住宅区。

百岁门 Bǎisuìmén 位于县城南部鹤溪街道域内。S形东西向，西南至人民南路，东北连大众街。全长90米，宽1米，水泥路面。因此地建有一百岁老人节孝牌坊而得名。西南至人民南路又建一牌坊，称上牌坊。是旧时最繁华地段之一。现为居民住宅区。

戏台后 Xìtáihòu 位于县城南部鹤溪街道域内。S形东西向，西南起百岁门，东北通敬山宫，全长60米，宽2米，水泥路面。在上牌坊对面，昔日此地建于大戏台，故名。系居民住宅区。旧时戏台青瓦硬山顶，拱斗双檐覆盖，木构架，木板吊顶，定西朝向，正对石牌坊何八公庙，逢年节、庙会，请戏班演戏，热闹非凡。戏台与何八公庙在文革"破四旧"时拆除，后改建民居。戏台后面为明代进士潘琴故居，即省级重点文物保护单位潘家大屋。

牌坊底 Páifāngdǐ 位于县城南部鹤溪街道域内。S形东西向，西南起敕木山路，东北至百岁门。全长120米，宽1.2米，水泥路面，弄处牌坊区域得名。系居民住宅区。

汤家弄 Tāngjiā Lòng 位于县城南部鹤溪街道域内。东起南门弄，折北至石印路。全长100米，宽0.7米，水泥路面。因汤家故名。系居民住宅区。

外舍新城

滨湖路 Bīnhú Lù 位于县城北部红星街道域内。2014年4月开工。东西向，东起石龙路，西至环城西路溪口大桥，长1500米，宽18米。以道路滨千峡湖而得名。景宁畲族自治县城区地名总体规划(2007-2020)，规划名，2010年6月7日批准实施。

外舍路 Wàishě Lù 位于县城北部红星街道域内。2014年4月开工。东西向，东起石龙路，西至滨湖路，长1450米，宽16米。以库区原外舍村名而得名。景宁畲族自治县城区地名总体规划(2007—2020)，规划名，2010年6月7日批准实施。

白岸街 Báiàn Jiē 位于县城北部红星街道域内。2014年4月开工，南北向，南起外舍路，北至人民北路，长431米，12米宽。以库区原白岸村名而得名。景宁畲族自治县城区地名总体规划(2007—2020)，规划名，2010年6月7日批准实施。

金钟街 Jīnzhōng Jiē 位于县城北部红星街道域内。2014年4月开工，南北向，南起外舍路，北至汇田路，长500米，宽18米。以库区原金钟村名而得名。景宁畲族自治县城区地名总体规划(2007—2020)，规划名，2010年6月7日批准实施。

汇田路 Huìtián Lù 位于县城北部红星街道域内。2014年4月开工。东西向，东起石龙路，西至人民北路，长1100米，宽18米，以库区原汇田村名而得名。景宁畲族自治县城区地名总体规划(2007—2020)，规划名，2010年6月7日批准实施。

三月三街 Sānyuèsān Jiē 位于县城北部红星街道域内。2014年4月开工，南北向，南起外舍路，北至滨湖路，长700米，宽18米。以所在地三月三广场而得名。景宁畲族自治县城区地名总体规划(2007—2020)，规划名，2010年6月7日批准实施。

石龙路 Shílóng Lù 位于县城北部红星街道域内。2014年4月开工，南北向，南起王金垟，北至滨湖路，长1857米，宽11.8米。以库区原石龙村名而得名。景宁畲族自治县城区地名总体规划(2007—2020)，规划名，2010年6月7日批准实施。

金垟路 Jīnyáng Lù 位于县城北部红星街道域内。2014年4月开工，南北向，南起王金垟，北至外舍路，长2500米，宽24米。路处王金垟域内得名。2010年6月7日批准实施。

油田路 Yóutián Lù 位于县城北部红星街道域内。2014年4月开工，东西向，东起石龙路，西至金垟路，长410米，宽16米。以库区原油田村名而得名。景宁畲族自治县城区地名总体规划(2007—2020)，规划名，2010年6月7日批准实施。

朝凤路 Cháofèng Lù 位于县城北部红星街道域内。2014年4月开工，东西向，东至三月三街，西至外舍路，长1300米，宽8.5米。以地处凤凰古城中心位置得名。景宁畲族自治县城区地名总体规划(2007—2020)，规划名，2010年6月7日批准实施。

王畈路 Wāngfàn Lù 位于县城北部红星街道域内。2014年4月开工，东西向，东起石龙路，西至山脚，长850米，宽24米。以王畈村区域而得名。

东坑镇

集仕路 Jíshì Lù 位于东坑镇东坑村。东西向。长300米，宽20米。东起文化路，西至东坑小坑桥头。该路由宁波鄞州区集士港镇赞助修建，故名。2004年5月24日命名。

文化路 Wénhuà Lù 位于东坑镇东坑村。南北向，长630米，宽8米。南起环城西路南端，北至集仕路。路途有学校、文化站得名。2004年5月24日命名。

工业路 Gōngyè Lù 位于东坑镇东坑村。南北向，长480米，宽10米。南起景泰公路，北至瑞东公路。路以工业开发区得名。2004 年 5 月 24 日命名。

河东路　Hédōng Lù　位于东坑镇东坑村。南北向，长 440 米，宽 12 米。南起文化路，北至景泰公路。路处小坑以东得名。2004 年 5 月 24 日命名。

河西路　Héxī Lù　位于东坑镇东坑村。南北向，长 700 米，宽 12 米。南起东坑供电所，北至环城西路。路处小坑以东得名。2004 年 5 月 24 日命名。

马坑路　Mǎkēng Lù　位于东坑马坑村。南西向，长 320 米，宽 10 米。南起马坑村，西至环城西路。路以马坑村得名。2004 年 5 月 24 日命名。

英川镇

双桥街　Shuāngqiáo Jiē　位于英川镇英川村。小溪以北，贯穿英川镇政府所在地。东西向，宽 8 米，东起英川大桥，西至印坛桥。路以两桥得名。1997 年 2 月 24 日命名。

川中路　Chuānzhōng Lù　位于英川镇英川村。双桥街以北，东西向街道。东至双桥街，西至英川镇供电所，路以方位得名。1997 年 2 月 24 日命名。

川北一巷　Chuānběi Yī Xiàng　位于英川镇英川村。川中路以北，由东至西第一条南北向横街。南起川中路，北至山脚，路以方位得名。1997 年 2 月 24 日命名。

川北二巷　Chuānběi Er Xiàng　位于英川镇英川村。川中路以北，由东至西第二条南北向横街。南起川中路，北至山脚，路以方位得名。1997 年 2 月 24 日命名。

川南二巷　Chuānnán Er Xiàng　位于英川镇英川村。川中路以北，由西至东第一条南北向街道。南起双桥街，北至川中路，路以方位得名。1997 年 2 月 24 日命名。

川南一巷　Chuānnán Yī Xiàng　位于英川镇英川村。川中路以北，由西至东第二条南北向街道。南起川南二巷，北至川中路，路以方位得名。1997 年 2 月 24 日命名。

沙湾镇

朝阳街　Cháoyáng Jiē　位于沙湾镇沙湾村。东西向，东至沙湾大桥，西至东信沙湾大桥，以此街南邻朝阳台北倚后山双凤朝阳村景而得名。1996 年 11 月 11 日命名。沿街有沙湾林业站、沙湾广播电视站、沙湾供电所、沙湾朝阳台、沙湾镇人民政府、沙湾文化广场、沙湾镇中心小学、沙湾邮电局、沙湾农村信用社等。

文化巷　Wénhuà Xiàng　位于沙湾镇沙湾村。小溪以北由东自西第一条南北向横路。南北向，南至朝阳街，北至沙湾区农技站，以街巷建有学校及农技站而得名。1996 年 11 月 11 日命名。沿巷有沙湾中学，沙湾区农技站、沙湾水利管理站、沙湾车站等单位及居民住宅区。

新建巷　Xīnjiàn Xiàng　位于沙湾镇沙湾村。小溪以北由东自西第二条南北向横路。南北向，南至朝阳街，北至山边，以此街巷较晚兴建而得名。1996 年 11 月 11 日命名。系居民住宅区。

贡元巷　Gòngyuán Xiàng　位于沙湾镇沙湾村。小溪以北由东自西第三条南北向横路。南北向，南至小溪岸边，北至山脚，以沙湾昔日多功名，日后更发达而名。1996 年 11 月 11 日命名。系居民住宅区。

和平巷 Hépíng Xiàng 位于沙湾镇沙湾村。小溪以北由东自西第四条南北向横路。南北向，南至小溪岸边，北至山边，寓意沙湾村坊平安幸福和合而得名。1996 年 11 月 11 日命名。系居民住宅区。

树林巷 Shùlín Xiàng 位于沙湾镇沙湾村。小溪以北由东自西第五条南北向横路。南北向，南至小溪岸边，北至山边，以巷为柳氏始祖地树多林茂而名。1996 年 11 月 11 日命名。系居民住宅区。

中心巷 Zhōngxīn Xiàng 位于沙湾镇沙湾村。小溪以北由东自西第六条南北向横路。南北向，南至小溪岸边，北至山边，以街巷处地村中心而得名。1996 年 11 月 11 日命名。系居民住宅区。

团结巷 Tuánjié Xiàng 位于沙湾镇沙湾村。小溪以北由东自西第七条南北向横路。南北向，南至小溪岸边，北至山脚，寓意沙湾社会和谐村民团结而得名。1996 年 11 月 11 日命名。系居民住宅区。

光明巷 Guāngmíng Xiàng 位于沙湾镇沙湾村。小溪以北由东自西第八条南北向横路。南北向，南至小溪岸边，北至山边。以此街巷原为供电所而得名。1996 年 11 月 11 日命名。系居民住宅区。

驮处巷 Tuóchù Xiàng 位于沙湾镇沙湾村。南起小溪岸边公路，北至山边。小溪以北由东自西第九条南北向横路。S 形南北向，长 33 米，宽 1.5 米，以此巷处地柳氏长房驮处而得名。1996 年 11 月 11 日命名。系居民住宅区。

柳家巷 Liǔjiā Xiàng 位于沙湾镇沙湾村。南起朝阳街，北至山边。小溪以北由东自西第十条南北向横路。S 形南北向，长 35 米，宽 1.5 米，以此街巷居住多为柳氏族人而得名。1996 年 11 月 11 日命名。沿巷有沙湾区林业站及居民住宅区。

上街巷 Shàngjiē Xiàng 位于沙湾镇沙湾村。小溪以北由东自西第十一条南北向横路，南起朝阳街，北至山边。S 形南北向，长 26 米，宽 1.4 米，以此街巷处地沙湾上村而得名。1996 年 11 月 11 日命名，系居民区。

新建路 Xīnjiàn Lù 位于沙湾镇七里村。处东信沙湾大桥以南，南北向，长 200 米，宽 12 米，此路为 2005 年新建，故名。南至庆景公路，北至东信沙湾大桥桥头。2006 年 5 月 22 日命名。

河滨路 Hébīn Lù 位于沙湾镇七里村。处瓯江小溪以南，东西向，长 500 米，宽 8 米。东至东信沙湾大桥，西至过境公路石路桥，此街道沿瓯江小溪而建，故名。2006 年 5 月 22 日命名。

七里街 Qīlǐ Jiē 位于沙湾镇七里村。河滨路以南，东西向，长 350 米，宽 14 米，此街为七里村中心街道，故名。东至新建路，西至石路桥桥头。

大众路 Dàzhòng Lù 位于沙湾镇七里村。七里街以南，东西向，长 380 米，宽 8 米。系庆景公路穿村过境路段。寓意大众之路，故名。2006 年 5 月 22 日命名。

香樟弄 Xiāngzhāng Lòng 位于沙湾镇七里村。在河滨路以南，东西向，长 320 米，宽 1.2 米。东至新建路，西至七里村头。因该弄有百年樟树而得名。2006 年 5 月 22 日命名。

水碓弄 Shuǐduì Lòng 位于沙湾镇七里村。在大众路以南，南北向，长 230 米，宽 1.2 米。南至七里电站，北至大众路，以街弄直通水碓而得名。2006 年 5 月 22 日命名。

九龙乡

龙翔路 Lóngxiáng Lù 位于九龙乡九龙小区。东西向，长 800 米，宽 16 米，北至九龙乡校食堂外路口，东至水尾。取乡名龙字，寓意似龙在空中飞翔，社会经济快速发展。2008 年 6 月 2 日命名。

龙腾路 Lóngténg Lù 位于九龙乡九龙小区。东西向，长 430 米，宽 9 米，东至村尾，西至龙翔路。取乡名龙字，寓意龙在腾空跃起，人民生活更上一层楼。2008 年 6 月 2 日命名。

龙海路 Lónghǎi Lù 位于九龙乡九龙小区。东西向，长 460 米，宽 11 米，东至村尾，西至龙翔路。取乡名龙字，寓意蛟龙入海，人民勤劳勇敢。2008 年 6 月 2 日命名。

龙湖路 Lónghú Lù 位于九龙乡九龙小区。东西向，长 610 米，宽 20 米，东至桥头，西至高沈公路口，取乡名龙字，路靠千峡湖得名。2008 年 6 月 2 日命名。

第二节 道路 公路

古 道

高垟驿道 Gāoyángyì Dào 系县城至庆元县官道。明正德七年(1512)建。途经沙湾、毛垟，越山头岭，过青草隘到庆元县。泥路间有石路，全长 60 千米，宽处约 1 至 1.5 米，窄处仅 0.8 米。其间有两条分路：一经沙湾过粗砻经蛟垟至龙泉，长 75 千米；一经毛垟炉西坑，可达福建省寿宁县，长 60 千米。

渤海驿道 Bóhǎiyì Dào 系县城至青田县官道，石路间有泥路。明正德七年(1512)建。途经渤海、大顺，越上山岭，抵青田县城，全长 60 千米。其间上山岭全长 15 千米，行人稀少。

城泗路 Chéngsì Lù 系县城至云和县官道。分为城外段、外泗段两部分。城外段，即县城至外舍路段，石径，宽约 2 至 2.5 米，长 2.5 千米。民国《兵要地志》称此道为“直通本邑一、二都，间接通青田、永嘉、丽水、云和，为邑之主要大道”；外泗段，即外舍至泗州岭路段，石路，有三段泥路，宽约 1.5 至 2 米，长 10 千米。从外舍过渡，经北岸，三丘田至泗州岭头亭，翻山达云和县温溪村，为通往云和县大道。其间泗州岭头至云和县城长 15 千米。

外岚路 Wàilán Lù 外舍至岚头岭。石路，宽约 1.5 至 2 米，长 7.5 千米，多山岭。外舍过渡至北岸，经洪岭夫人宫至岚头坳达云和小顺村。为通往云和、丽水市大道。

外鹤路 Wàihè Lù 外舍至鹤口。石路，宽约 1.5 至 2 米，沿小溪直下，经官渡、菉草、渤海、大顺达鹤口，长 70 千米，为通往青田县大道。其间从大顺分路，经新四、高沈达莲都区峰源村，长 30 千米。

城沙路 Chéngshā Lù 县城至三都、四都大道。石间泥沙路，宽约 2 米，窄处不到 1 米，长 35

千米。出县城登苔湖岭，越包山排路，过大赤坑、大均、梧桐至沙湾，中有大均渡，梧桐下渡、梧桐上渡。遇洪水停渡，有二、三日不能通行。

沙黄路 Shāhuáng Lù 沙湾至黄峤隘。石路间泥路，宽约1至1.5米山径，长45千米，途经七里、道化、莲埠头、毛垟，过朝局至黄峤隘。多山岭，为通庆元县要道。

沙库路 Shākù Lù 沙湾至库网漈。石间泥路，宽约1.5米，窄处不足1米，弯曲多岭，长15千米。途经卢山、茶亭、印章、坳头至库网漈。系通往龙泉市要道。

城青路 Chéngqīng Lù 县城至青草隘。石间泥路，宽处2米，窄处1.5米，长60千米。自暮岭头过叶源、东岱、茶园、忠溪、上标达青草隘。道路弯曲且多山岭，为通往福建省寿宁县大道。

城三路 Chéngsān Lù 县城至三枝树。石路，较平坦，宽2米，长4千米。直通邑之五、六两都，间接通文成、泰顺、瑞安县。

三蜂路 Sānfēng Lù 三枝树至蜂桶隘。石间泥路，宽约1.5米，长33千米。途经溪滩岭脚、梨树岙、北溪、东坑至蜂桶隘，路多弯曲山岭甚多，为通往泰顺县之要道。

三梅路 Sānméi Lù 三枝树至梅岐。石间泥路，宽约1米，长20千米。弯曲多岭，王木坑岭路段之水亭坳，海拔1000余米，长4千米。为通往文成县主要道路。

公路（高速公路、省道、县道、乡道）

云和至景宁高速公路 Yúnhé Zhì Jǐngníng Gāosù Gōnglù 即龙丽温高速公路云和至景宁段，简称云景高速公路，线路编号S34，主线全长12.158千米。云景高速公路起点接G25长深线丽水段（云和）丽龙庆高速公路云景互通枢纽（k0+635.471），经云和安溪、泗洲岭隧道入境，过溪口大桥，终点位于红星街道北（左线ZK12+132.688，右线YK12+158.635）。云景高速公路是浙江"两纵两横十八连三绕三通道"高速公路网络"十八连"之一。景宁段主体工程于2008年11月15日开工。全线路基挖方17.7万立方米、填方44万立方米、防护工程2.6万立方米；路面沥青混凝土45.2万平方米；桥梁7座总长2567.5米（右线计），涵洞通道6道；隧道2座长7993米。其中，全省第3长的泗州岭隧道右线长6780米，景宁段2695米；左线长6760米，景宁段2690米。溪口隧道左线长1205米，右线长1228米，全线构造物占90%以上。景宁段土建工程合同造价4.74亿元，工期42个月（2008.11.22~2012.05.21）；有桥梁4座2385延米，即溪口大桥907米、桶背岗1号桥613.5米、2号桥460.5米、3号桥404.5米等；有隧道长3918米（右线计），溪口大桥全长907米，25跨108根桩柱，桩基最深40.19米，44根桩基均位于滩坑水库蓄水位160米以下，立柱最大高度47.69米。主要工程有路基石方开挖7.39万立方，路基填筑41.89万立方，钻孔落注桩230根4285米，预应力砼T梁560根19684立方米；隧道开挖718015立方米、二次浆砌85203立方米。工程征收土地22.84公顷（其中，耕地6.79公顷、林地11.36公顷、其它4.69公顷），占核准总用地面积109.89%，搬迁双坑村民35户、102人，拆迁房屋建筑面积5573平方米。云景高速公路于2013年4月10日建成通车。该高速公路的建成，解决了境内交通瓶颈问题。景宁完全纳入全省4小时交通圈。该路被誉为"民族之路""希望之路"。

云和至寿宁公路　Yúnhé Zhì Shòuníng Gōnglù　简称云寿线，省道干线公路。线路编号S228，公路普查前为S352省道，原为浙621省道。起点始于53省道丽浦线（浙617）K57+500独山桥头。云寿线1956年2月16日开工建设，投资430万元，1957年8月1日，云和至景宁通车，公路里程39.4千米（景宁22.4千米）。1964年1月全线贯通，公路里程170.2千米。2000年10月，起点改为云和县大徐隧道南口，经武垟、岚头岭隧道入境，过景宁、东坑至友谊关入福建省寿宁县境，与G104国道相接，全长162.11千米，景宁境内71.3千米。经多次改线后，2010年底，全线长99.96千米，景宁境内50.43千米，属山岭重丘二级公路。其中，云景段最早始于云和象山（丽浦线K60+300），盘山越岭28千米，通过高程621米，连续上坡11千米，连续下坡9千米，上下高差600多米，全线有580多个弯道，准四级公路。《浙江公路史》载有"浙江青藏公路"之称。

瑞安至东坑公路　Ruìān Zhì Dōngkēng Gōnglù　简称瑞东线，省道干线公路。线路编号S330，公路普查前为S356省道，原为浙625省道。起点始于瑞安市飞云江大桥南（G1951+300），经文成县在景宁干坑岙（K123+250）入县境，过杨斜、章坑到东坑垟桥头接S228省道（K57+662），全长145.1千米，景宁段长21.81千米，沥青路面，四级公路。该公路于1963年由省交通厅设计。其中，西坑至东坑段长44.2千米，是全线山坡最险，难度最大路段，由中国人民解放军铁道兵8813部队和6709部队施工，按六级甲乙混合公路建设。1965年10月1日全线通车。路基、桥涵宽6.5米，路面宽5.5米，纵坡最大达8%，设计行车时速20千米。2004年景宁段进行砂改油，投资912万元。

大港头至九龙公路　Dàgǎngtóu Zhì Jiǔlóng Gōnglù　简称大大线，线路编号X009，全长10.68千米。大大线始于X201青景庆公路K52+000，止于莲都新桥K39+620，全长19.17千米。2008年8月改建起讫桩号（K7+000~K17+678〈断链〉），里程10.68千米。九龙乡高演至大港头公路里程49.17千米，改建公路始于莲都区峰源乡新桥，止于九龙乡高演村，与青景庆公路九龙支线连接。该线为建于1981年的大顺—新四公路改建延伸，原线路编号为县道10-A-03C，长8.49千米，四级公路。大大线是通往李振彪烈士墓和省级九龙山地质公园红色旅游线，又是通向莲都区大港头的县际等级公路。

青景庆公路　Qīng Jǐng Qìng Gōnglù　简称青景庆线，线路编号X201，全长122.6千米。为2005年兴建的滩坑库区复建公路。境内始于十八欠隧道至大均村，起讫桩号新K46+713~K122+600。从十八欠隧道（景宁界587米），经箬村、渤海镇、石门楼至汇田大桥，境内里程70.26千米。主线长66.36千米，九龙支线3.9千米，为三级公路，高级路面1.27千米、简易铺装路面为68.99千米，设计时速30千米，路基宽7.5米，路面宽6.5米，其中，S228（52）省道改建路段汇田大桥至溪口二桥段长5.62千米（K105+690~K111+313.7），二级公路，路基宽8.5米，路面宽7.0米，设计时速40千米。该路于1990年开工建设，1991年11月定名"青北线"，原线路编号10-B-02C，1992年1月28日竣工通车。2002年10月，全国第2次公路普查更名为"瓯北线"，即瓯北大桥至北岸公路，线路编号为X-201。

后山至交见圩公路　Hòushān Zhì Jiāojiànxū Gōnglù　原称重沙线、后交线，线路编号X305，

全长 64.302 千米。后交线于 1963 年 4 月开工，始于云和重河，止于景宁沙湾，境内公路里程 19.57 千米。原线路编号为 10-D-03C，1965 年 12 月竣工，总投资 218.1 万元。途经云和县梅源，龙泉市黄坑圩入县境南坑下、鸬鹚至沙湾。属重丘四级公路，碎石路面。1991 年 12 月，云和起点移至后山，改称“后交线”。该公路是景宁西北部到云和唯一公路通道，有高级路面 9.17 千米、次高级路面 7.33 千米。

沈庄至北岸公路 Shěnzhuāng Zhì Běiàn Gōnglù 简称沈北线，线路编号 X306，全长 11.34 千米。沈北线起点为云和沈庄(桩号 K6+129~K17+468)，经岚头岭，止于红星街道北岸(6K+129 千米)，系云景公路中一段。该路境内有高级路面 11.34 千米(沥青砼)，是景宁通往云和、丽水重要通道。

东塘至桥头公路 Dōngtáng Zhì Qiáotóu Gōnglù 简称东桥线，线路编号 X801，全长 38.98 千米。原称东家公路。东桥线始建于上世纪 70 年代，1973 年建成路基，1980 年元旦通车，投资 172 万元。东桥线，即东塘至桥头(庆元)公路，原线路编号 10-C-02C，起讫桩号 K0+000~K59+100，有水泥路面 0.7 千米，沥青砼路面 18.66 千米，四级公路，简易铺装 19.62 千米。

溪口至杉树塆公路 Xīkǒu Zhì Shānshùwān Gōnglù 简称溪杉线，线路编号 X802，公路里程 67.99 千米。溪杉线始建于 1963 年，红星街道新田至扫口包山段，由县林业部门投资 7 万元，建成 6.24 千米手拉车道。1971 年，改建四级公路，投资 22 万元。1977 年 12 月，建包山至大均段，长 6.5 千米，四级公路，投资 19 万元，1979 年元旦建成。1985 年 1 月建大均至沙湾(大沙线)段，长 21.9 千米，四级公路，投资 432 万元，1987 年 11 月建成。原线路编号 10-C-04C，称新交线(新田—交溪口)，起讫桩号 K0+000~K67+986，有三级公路 15.03 千米，四级公路 50.9 千米。其中，溪口大桥至大均长 11.29 千米(K111+313.7~K122+600)。

鸬鹚至叶村公路 Lúcí Zhì Yècūn Gōnglù 简称鸬叶线，线路编号 X803，全长 37.88 千米。鸬叶线于 1965 年 9 月动工，原线路编号 10-C-03C，为鸬鹚至半岭公路，四级公路，长 23.8 千米。1983 年 6 月竣工，投资 178.98 万元。县境内起讫桩号 K0+000~K32+140，四级公路。2010 年 12 月交叶公路改建，即交见圩至叶村(龙泉市)(K0+000~K29+885.608)路段，二级公路，里程 29.89 千米。有桥梁 12 座，1812 延米，隧道 4 座，2516 米，平均每千米公路有桥梁 60 米、隧道 84 米。尚未竣工。

标溪至交溪口公路 Biāoxī Zhì Jiāoxīkǒu Gōnglù 简称标叶线，线路编号 X804，全长 17.16 千米。标叶线于 1975 年 12 月开工，1987 年 3 月竣工，原线路编号 10-A-01C，投资 180.5 万元。为“以工代赈”项目公路，建成后形成景宁、东坑、景南、雁溪、标溪环形公路网，四级公路。简易铺装路面 17.13 千米。

白鹤至大漈公路 Báihè Zhì Dàjì Gōnglù 简称白大线，线路编号 X805，公路里程 22.38 千米。1981 年 9 月“民办公助”建成乡道，2002 年 10 月提升县道，起点接 S228 云寿线(52)省道 K27 处西转，通达云中大漈国家级 4A 景区，海拔 1030 米，是境内海拔最高县道公路。该线被省交通运输厅命名为“2011 年文明公路”。原线路编号 10-C-04R，四级公路，路面简易铺装。

童岭头至石门洞公路 Tónglǐngtóu Zhì Shíméndòng Gōnglù 简称童石线，线路编号 X806，全长 21.24 千米。该路于 1962 年 5 月开工，起点童岭头，终点石门洞（福建省寿宁县），桩号 K21+240，原线路编号 10-C-01C，四级公路。1985 年 6 月通车，投资 147 万元。

景宁至外舍公路 Jǐngníng Zhì Wàishě Gōnglù 简称景外线，线路编号 X807，全长 4.24 千米。景外线起始桩号 K0+000，终点桩号 K4+235。2005 年 11 月复建，三级公路 2.29 千米，四级公路 1.11 千米，水泥砼路面 1.27 千米，沥青砼路面 2.97 千米，与 S228 省道交叉（K27+053~K23+412）。为红星街道人民北路往北连接外舍新城延伸路段。

东坑至童岭头公路 Dōngkēng Zhì Tónglǐngtóu Gōnglù 简称东童线，线路编号 X808，公路里程 14.1 千米。东童线于 1962 年建成，起讫桩号 K0+000~K14+098，终点童岭头。沥青砼路面，四级公路。

沙湾至七里公路 Shāwān Zhì Qīlǐ Gōnglù 简称沙七线，线路编号 X809，公路里程 2.11 千米。该路为溪杉线中段，从洪畈村沙湾大桥南侧桥头经七里、沙湾二桥至对岸公路。于 2000 年 11 月建成，简易铺装路面 2.11 千米。改线后车辆直接从沙湾村对岸至七里村过境，在沙湾二桥过桥接溪杉线，交通十分方便。为四级公路。原经沙湾大桥过沙湾村朝阳街，来往车辆多，交通常阻塞，出行不便。

东塘至缪坑公路 Dōngtáng Zhì Miùkēng Gōnglù 简称东缪线，线路编号 Y801，全长 6.39 千米，沥青路面。东缪线于 1973 年开工，原名忠缪公路，始于东家公路 3K+450，止于蜡石矿区，由国家轻工部投资 35.1 万元。1974 年建成通车，属山岭重丘四级公路，砂石路面。全线开挖土石方每千米 2.79 万立方，石方约占 64.8%。

下圩至秋炉公路 Xiàxū Zhì Qiūlú Gōnglù 简称下秋线，线路编号 Y802，全长 3.37 千米。1983 年 10 月动工，1984 年 5 月建成，起止桩号 K0+000~K3+373，山岭重丘四级公路，投资 14 万元，现为次高级路面。

岱根垟至叶桥公路 Dàigēnyáng Zhì Yèqiáo Gōnglù 简称岱叶线，线路编号 Y803，全长 12.51 千米。岱叶线于 1986 年 7 月开工，1992 年竣工，起止桩号 K0+000~K14+985，为"以工代赈"项目，投资 116.5 万元。四级公路。2003 年改沥青路面。2010 年 12 月，陈村经毛坑头、黄万至凤垟、张川康庄公路开通，连接英隆线。

英川至隆川公路 Yīngchuān Zhì Lóngchuān Gōnglù 简称英隆线，线路编号 Y804，全长 5.9 千米。英隆线于 1986 年 6 月开工，1992 年竣工。起止桩号 K0+000~K6+679，为"以工代赈"项目，投资 60 万元，四级公路。有高级路面 1.61 千米，简易铺装路面 5.07 千米。2010 年 12 月，随着陈田至凤垟、张川康庄公路开通，与岱叶线连接。

茶亭至葛山公路 Chátíng Zhì Gěshān Gōnglù 简称茶葛线，线路编号 Y805，全长 13.25 千米。茶葛线于 1993 年 9 月开工建设，1995 年 9 月竣工，起止桩号 K0+000~K13+251，简易铺装路面，四级公路。为境内最迟通车乡道之一。

丁埠头至大地公路 Dīngbùtóu Zhì Dàdì Gōnglù 简称丁大线，线路编号 Y806，全长 21.83

千米。丁大线起止桩号 K0+000~K21+831，水泥砼高级路面，1995 年 12 月 28 日竣工。2004 年 1 月 6 日张大线建成，连通丁大线。2010 年 7 月拓宽改建，起点丁埠头(K10+020)，终点大地乡，准四级公路，投资 828 万元。该线为全省最迟通车乡道公路，是境内唯一的准四级乡道公路。

渤海至郑坑公路 Bóhǎi Zhì Zhèngkēng Gōnglù 简称渤郑线，线路编号 Y807，全长 15.06 千米。1993 年 8 月开工，1995 年 1 月竣工，起点接 X-201(瓯北线) K48+368，起讫桩号 K0+000~K15+062，四级公路，有简易铺装路面 14.83 千米(渡口 0.23 千米)。2003 年 6 月改建。

景宁至梅岐公路 Jǐngníng Zhì Méiqí Gōnglù 简称景梅线，线路编号 Y808，全长 37.05 千米。县城至三枝树路段始建于 1958 年，起点钢铁厂，终点三枝树，路基宽 4.5 米，路面宽 3 米。二期三枝树至水亭路段，于 1987 年动工，完成路基 8.33 千米。三期水亭至梅岐路段，于 2000 年 5 月开工，起止桩号 K0+000~K37+053。有三级公路 4.72 千米、四级公路 32.33 千米，有高级路面 4.72 千米、简易铺装路面 32.33 千米。2003 年 11 月竣工，投资 1058 万元。

米岩山至龙潭背公路 Mǐyánshān Zhì Lóngtánbèi Gōnglù 简称米龙线，线路编号 Y809，全长 19.43 千米。起始桩号为省道 S228 K39+150，起止桩号 K0+000~K19+434，经漈头、张山岙、吴山头至龙潭背，四级公路，次高级路面。原为省道云寿线，现为乡道公路。

张坑口至大地公路 Zhāngkēngkǒuzhìdàdì Gōnglù 简称张大线，线路编号 Y815，全长 14.5 千米。张大线始于县道 X801 东桥公路 K29+320，起讫桩号 K0+000~K14+500。2004 年 1 月 6 日建成，四级公路，次高级路面，路口有肖克将军题“红军路”碑，上交通运输部公路网站。张大线是县境内主要红色旅游线路，同时也给张坑、余公岱、水溪等大地南部山区乡民出行带来方便。

通村公路(康庄工程、专用道路)

全县乡村康庄公路一览

表 4-1　　单位：千米

乡镇(街道)	线路名称	公路里程	开工年月	完工年月	技术等级	路面	备注
红星街道	外舍至王金垟	3.37	2004.07	2005.04	准四级	砼	
	绿草至岭根、杨山；桥头至徐山；岭根至潘坑	9.863	2006.03	2010.03	准四级	砼	
	李坑等自然村	6.33	2007.08	2010.03	准四级	砼	
	外舍至岗石	3.8	2007.12	2009.08	准四级	砼	
	沈北线至半岭	4.9	2008.03	2009.08	准四级	砼	
	分人坳至大吴山	20.0	2008.06	2012.12	准四级	砼	

续表 4–1

乡镇(街道)	线路名称	公路里程	开工年月	完工年月	技术等级	路面	备注
红星街道	汇田至大常	5.2	2011.06	2012.02	准四级	砼	
	汇田大桥至溪口	5.629	2012.12	2014.12	准二级	砼	北线
鹤溪街道	水碓坑至敕木山	4.2	2004.07	2006.12	准四级	砼	
	三枝树至坑头	7	2004.07	2006.12	准四级	砼	
	叶山头至惠明寺	3.3	2008.07	2009.01	准四级	砼	
	马岭头至包凤	1.7	2008.07	2009.11	准四级	砼	
	坑下至严坑	2.534	2009.12	2010.05	准四级	砼	
	浮丘、城北村	0.5×6	2008	2009	准四级	砼	
渤海镇	田埠至石塘山 石塘山至沈坑	9.5	2004.10	2005.05	准四级	砼	4.5 5.0
	柳山至安亭	11.75	2006.07	2009.01	准四级	砼	
	石柱潭至炉西坑	3.7	2009.04	2010.11	准四级	路基工程	
东坑镇	北溪至茗源	10.7	2004.04	2007.04	准四级	砼	
	张山坳至草鱼塘	6.2	2004.09	2006.12	准四级	砼	
	桃源至根底岘	4.45	2004.11	2009.07	准四级	砼	
	章坑至徐砻	6.47	2005.04	2006.11	准四级	砼	
	垟桥头至竹埠	5.3	2005.09	2009.07	准四级	砼	
	马坑至景泰线	1.87	2005.12	2006.11	准四级	砼	
	东坑至马坑	1.088	2005	2006	准四级	砼	
	杨斜至大仰	9.07	2006.08	2008.12	准四级	砼	
	深垟至叶源垟	1.21	2007.08	2007.12	准四级	砼	
	白大线至深垟	1.2	2007.08	2007.12	准四级	砼	
	北溪至方徐	8.2	2007.12	2009.01	准四级	砼	
	章坑至北山	7.45	2008.08	2012.09	准四级	砼	
	瑞东线至何村、杉树坳	5.953	2009.04	2010.02	准四级	砼	
英川镇	英川至隆下	5.9	2003	2004	准四级	砼	

续表 4-1

乡镇（街道）	线路名称	公路里程	开工年月	完工年月	技术等级	路面	备注
英川镇	湖后至外处坳	7.348	2004.08	2008.11	准四级	砼	
	后坑	4.398	2004.08	2008.11	准四级	砼	
	梅漈（坑口桥）至坑垟	2	2005.04	2006.12	准四级	砼	
	罗埼至寨后	12.825	2006.05	2009.05	准四级	砼	
	英川至董川	5.47	2006.11	2007.06	准四级	砼	
	鸬叶线至叶坪头	2	2007.04	2008.11	准四级	砼	
	陈田至凤垟、张川	6.7	2007.08	2010.12	准四级	砼	叶桥
	半岭至石漈	7.85	2008.09	2011.11	准四级	砼	
	半岭至鲍岱	5.2	2009.04	2010	准四级	砼	
	大坝至洪源	7.135	2009.05	2011.12	准四级	砼	
	底垟	0.81	2009.09	2010.11	准四级	砼	
	黄垟口至箬寮	13.165	2010.04	2011.11	准四级	砼	
	鲍岱至梨树突	8.1	2010.05	2011.11	准四级	砼	
	电站大坝至木岱口	7.5	2010.11	2013.01	准四级	砼	
	坑垟至岭头	3	2005.10	2009.05	准四级	砼	
	岭头至粗砻	3.5	2009.02	2011.12	准四级	砼	
	岭头至岗头	7.92	2010.08	2013.01	准四级	砼	
沙湾镇	交见圩至旺水	14.3	2004.07	2007.11	准四级	砼	
	叶桥片	18.4	2004.09	2007.09	准四级	砼	
	七庆至赤岩 七里至严坑	18.818	2005.08	2010.05	准四级	砼	
	沙湾至张庄	28.86	2007.08	2008.12	准四级	砼	
	仙姑	0.768	2007.08	2009.08	准四级	砼	
	蔡湖至蔡湖垟	3.112	2007.09	2009.12	准四级	砼	
	岱根垟至黄水坑	2.35	2008.07	2009.08	准四级	砼	
	水井	4.3	2008.07	2011.07	准四级	砼	
	毛山头	6.245	2009.07	2011.07	准四级	砼	

续表 4-1

乡镇(街道)	线路名称	公路里程	开工年月	完工年月	技术等级	路面	备注
沙湾镇	大地桥	100 米	2009.12	2010.11	准四级	砼	
	岱根垟至叶桥	12.5	2000	2003	准四级	砼沥青	
大均乡	李宝	6.4	2005.04	2007.09	准四级	砼	
	大均至垟坑	6.19	2007.10	2009.05	准四级	砼	
	大均至梅山	7.4	2007.11	2009.05	准四级	砼	
	伏叶	6.23	2008.12	2010.02	准四级	砼	
	伏叶大桥	127(米)	2008	2009	准四级	砼	
	泉坑至三格	16.94	2009.11	2012.11	准四级	砼	
	李婆坑至三宝石	2.87	2010.03	2011.06	准四级	砼	
澄照乡	三石至金丘	4	2004.04	2004.10	准四级	砼	
	东畔	1	2004	2006	准四级	砼	
	童岭峡至东升	4.48	2005.01	2006.10	准四级	砼	
	东升至梅枫	12.8	2005.08	2010.02	准四级	砼	
	后山至炉西岭 坑口亭至仙山	9.55	2005.11	2008.11	准四级	砼	
	东畔岙至东畔	1	2006.10	2006.11	准四级	砼	
	漈头至东岱	10	2008.05	2010.08	准四级	砼	
	梅枫至白沙岱	9	2010.07	2011.10	准四级	砼	
	三石至金丘	9.47	2007	2008	准四级	砼	连接线
梅岐乡	三枝树至梅岐	30.56	2004.07	2006.10	准四级	砼	
	竹山、潘坪、岗楼村	25.46	2005.07	2009.08	准四级	砼	
	茗源至五岙头	11.4	2006.04	2008.01	准四级	砼	
	三梅线至岗楼	6.38	2006.06	2009.03	准四级	砼	
	梅岐至下垟	14.23	2008.09	2011.09	准四级	砼	文成县
	下垟至桂远	15.39	2010.02	2013.06	准四级	砼	文成县
	留钱至高山	3.16	2010.07	2010.12	准四级	砼	

续表 4–1

乡镇（街道）	线路名称	公路里程	开工年月	完工年月	技术等级	路面	备注
郑坑乡	郑坑至羊角岗	5.2	2004.06	2007.08	准四级	砼	
	郑坑至吴布	3.2	2004.06	2007.08	准四级	砼	
	郑坑至柳山	5.7	2006.06	2007.09	准四级	砼	
大漈乡	大漈至雪花漈	3	2003	2006	准四级	沥青	
	茶园、潘宅、垟心	5.51	2004.10	2007.08	准四级	砼改沥青	
	大漈至彭村 大漈至小佐	8.19	2007.06	2010.01	准四级	砼	
	十字坳至琴山	12.5	2007.06	2010.12	准四级	砼	
	白鹤至大漈	21.1	2009.10	2010.12	准四级	沥青	
景南乡	上标至鱼漈	11.3	2004.09	2007.10	准四级	砼	
	上标至上标垟	4.1	2005.05	2008.11	准四级	砼	
	上标垟至西垟	1.89	2005.11	2007.12	准四级	砼	
	东缪线至缪坑	5.1	2007.06	2010.05	准四级	砼	
	童石线至东塘	1.20	2007.08	2008.08	准四级	砼	
	童石线至东垟	1	2007.08	2008.08	准四级	砼	
	石立、忠溪至白溪	5.05	2008.03	2010.02	准四级	砼	
	望东垟景区	2.8	2009.06	2010.01	准四级	砼	
雁溪乡	浮亭岗	9.14	2004.10	2006.11	准四级	砼	
	大丘田至梅坞	5.4	2006.04	2008.01	准四级	砼	连接线
	腊石矿至黄桐	3.2	2006.10	2008.09	准四级	砼	
	半溪至石梯	3.85	2007.10	2009.01	准四级	砼	
	上东山	5.34	2009.01	2010.11	准四级	砼	
鸬鹚乡	南坑下	3.8	2004.05	2006.12	准四级	砼	
	库桥至夏山头	8.4	2005.11	2008.12	准四级	砼	文成县
	茶亭至山下	3.6	2006.04	2009.05	准四级	砼	文成县
	黄桑南	6.2	2007.06	2009.05	准四级	砼	

续表 4-1

乡镇（街道）	线路名称	公路里程	开工年月	完工年月	技术等级	路面	备注
鸬鹚乡	仁字坑	5.56	2009.04	2012.10	准四级	砼	
	葛山至林茆	4.78	2009.03	2011.01	准四级	砼	
	葛山至坳根	2.3	2009.03	2011.04	准四级	砼	
	金岱至葛山	7.5	2009.04	2010.09	准四级	砼	
	鸬叶线至金岱	7.5	2009.04	2010.02	准四级	砼	（K6+800）
	毛坑口至西山	7.3	2010.04	2011.12	准四级	砼	
	葛山至金岱	6.9	2010.12	2012.01	准四级	砼	
梧桐乡	梧桐 梧桐坑	17.52	2004.04	2005.06	准四级	砼（沥青7千米）	梧桐 12.9 梧桐坑 5.4
	金兰至林进	8.69	2007.04	2008.12	准四级	砼	
	梧桐至角耳塆	19.9	2007.08	2010.12	准四级	砼	
	金兰至高演	4.52	2008.08	2008.12	准四级	砼（沥青5千米）	
	金兰至半坑	1.5	2009.12	2010.12	准四级	砼	
	高演至吴太山	7.1	2010.11	2012.06	准四级	砼	
标溪乡	何庄 叶谢	9.73	2004.09	2007.10	准四级	砼	何庄 6.368 叶谢 3.634
	枫林口至东车	6.2	2004.09	2007.10	准四级	砼	
	丁埠头至马山	2.95	2005.02	2008.01	准四级	砼	
	水碓垟至处基	10.6	2008	2012.09	准四级	砼	
	东车至岱头、底处	7.69	2009.04	2010.02	准四级	砼	
毛垟乡	毛垟至炉西、陈坪	13.1	2005.03	2008.09	准四级	砼	
	毛垟至上坑头	11.5	2008.03	2011.11	准四级	砼	
	毛垟带溪桥	60 米	2008.04	2009.07	准四级	砼	
	半山至燕安	3.4	2009.03	2011.04	准四级	砼	
	上沙湾中桥	90.5 米	2010.05	2010.12	准四级	砼	

续表 4–1

乡镇（街道）	线路名称	公路里程	开工年月	完工年月	技术等级	路面	备注
秋炉乡	第一坑至半山	10.4	2004.08	2008.11	准四级	砼	
	交溪口至伏岩	5.72	2007.08	2011.04	准四级	砼	
	秋炉至后坑	6	2008.03	2011.11	准四级	砼	
	桥局至秋炉	3.26	2009.08	2010.02	准四级	砼	公路大修
	新塘垟	9	2010.03	2012.12	准四级	砼	
大地乡	张坑口至大地	14.5	2004.09	2007.12	四级	砼	红军路
	大地至郑公垟 大地至余公岱	8.56	2004.12	2006.12	准四级	砼	
	水溪 柳山头	9.25	2007.06	2009.06	准四级	砼	
	郑公垟至蔡放、安俸	10.3	2007.07	2010.11	准四级	砼	
	大地至董岭	9.9	2009.11	2012.11	准四级	砼	
	大地至驮垟	8	2009.11	2012.11	准四级	砼	
	丁埠头至大地	20.42	2010.06	2012.01	准四级	砼	
	枫林口至粗垟	9.8	2010.11	2012.12	准四级	砼	
家地乡	家地至石碧、芎岱	15.8	2005.04	2008.07	准四级	砼	何庄 6.368 叶谢 3.634
	岭尾至梅山头	7.15	2006.01	2008.08	准四级	砼	
	芎岱栏至坪坑	7.3	2007.05	2009.08	准四级	砼	
	家地至谢坑	1.7	2008.10	2009.12	准四级	砼	
	漈下寮至温潭口大坝	4.38	2011.03	2011.09	准四级	路基	
九龙乡	下爱至田坑	10.5	2005.04	2007.10	准四级	砼	
	青景线至岭里	6.2	2005.10	2006.10	准四级	砼	
	叶山垟至徐垟	8	2006.09	2011.09	准四级	砼	
	九龙至王塆	0.36	2009.03	2010.11	准四级	砼	
	青景线至鲍岸	11	2010.03	2012.12	准四级	砼	

第三节 桥梁 隧道

古代桥梁

徐山永镇桥 XúshānYǒngzhèn Qiáo 位于红星街道徐山村。跨越杨坑，为千峡湖区域现存唯一古桥。该桥系木拱廊桥，建于清同治三年(1864)。桥长42米，拱跨24米，桥宽和高均为4米。为县级文物保护单位。

洪岭桥 Hónglǐng Qiáo 位于红星街道岭北村。系石拱桥。建于清同治十一年(1872)。桥长29米，宽4.5米。该桥横跨北岸坑，为景宁至云和要道。

东坑下桥 Dōngkēngxià Qiáo 位于东坑镇东坑村，跨越东坑溪涧，建于清康熙二十八年(1689)。单孔木拱廊桥，外观八字形。桥长24.31米，跨21.8米，宽4.34米，高9.5米。为全国重点文物保护单位。详见第五章第二节文物非遗。

东坑上桥 Dōngkēngshàng Qiáo 又名观音阁桥。位于东坑镇东坑村。该桥建于清同治八年(1869)。桥长23.8米，跨18.7米，宽3.3米，高6.7米。为全国重点文物保护单位。详见第五章第二节文物非遗。

白鹤桥 Báihè Qiáo 位于东坑镇白鹤村。始建于清道光十六年(1831)，遭遇洪水原桥已毁。光绪十四年(1888)复建。桥长32.3米，拱跨23.9米，桥宽4.8米，桥高9.7米，十三楹。《浙江通志》载："桥在县南四十里，以建时有白鹤群集，故名。久废。"

徐砻桥 Xúlóng Qiáo 位于东坑镇徐砻村。建于清道光廿一年(1841)。横跨罗坑源，平梁廊桥结构，全长13.2米，跨8.6米，宽4.8米，高3.8米。

双溪桥 Shuāngxī Qiáo 位于东坑镇马坑村。建于清光绪三十二年(1906)。横跨小坑，系平梁廊桥。桥长17米，桥跨12米，宽5.5米，高6米。

北溪廊桥 BěixīLáng Qiáo 位于东坑镇汤北村。跨北溪(龙潭溪)，全长23.5米，跨14.7米，宽4.1米，高6米，单孔，木拱楼屋结构。建于民国12年(1923)。是景宁通往文成、泰顺的要道。

畲桥 Shē Qiáo 又名永安桥、斜桥。位于东坑镇深垟村水口漈头。原址平桥村，邻近多畲民，故名。始建于清康熙三十一年(1692)，曾数次重修。桥东西走向，横跨溪涧，系木拱廊桥，廊屋15间。桥长37.4米，净跨29.2米，宽5米，高5.6米。桥头竖道光重修石碑。清同治《景宁县志》载："倚壁如虹，颇为冲突"。因建白鹤水库涉淹，于2003年3月拆除。2010年迁建现址，桥头立"畲"字石碑，竖桥碑数块。为县级文物保护单位。

章坑接龙桥 Zhāngkēng Jiēlóng Qiáo 位于东坑镇章坑村。该桥原建于清嘉庆九年(1804)。光绪乙未年(1895)火毁。民国六年(1917)在原址重建。桥长41米，净跨19.6米，宽6米，高18.8米。为全国重点文物保护单位。详见第五章第二节文物非遗。

安固石拱廊桥 Angùshígǒng Lángqiáo 位于英川镇梅漴村西北，跨坑下坑，亦称坑口桥。桥身东南朝西北，系单孔石拱廊桥。建于民国6年（1917），长27.6米，宽4.6米，高7.5米，建筑面积122.36平方米，有廊屋11间，西北桥头有3块募捐碑。

梅漴桥 Méizhuàng Qiáo 位于英川镇梅漴村。跨越英川港，建于清嘉庆七年（1802）。木拱廊桥，桥长52米，居境内古廊桥之首，拱宽34.5米，桥宽和高均为6米（2005年烧毁）。

柳八漈廊桥 Liǔbājì Lángqiáo 位于英川镇柳八漈村。建于清光绪十一年（1885）。桥长18米，高12米，宽3米。

后坑廊桥 Hòukēng Lángqiáo 位于英川镇后坑村。建于光绪三十年（1904）。1972年修缮。桥长21米，高5.5米，宽3米，单孔，木拱楼屋结构。

黄谢圩廊桥 Huángxièxū Lángqiáo 位于英川镇黄谢圩村。系木质结构。建于清咸丰年间（1851—1861），桥长30米，宽4.1米，高9.8米。

莲川大地桥 Liánchuān Dàdì Qiáo 又名庆安廊桥。位于沙湾镇莲川大地桥自然村。该桥建于清嘉庆八年（1803），桥长41.50米，拱跨31.10米。属国家级重点文物保护单位。详见第五章第二节文物非遗。

小地桥 Xiǎodì Qiáo 又名殿下桥。位于沙湾镇小地村尾。跨越小地坑，建于清雍正十二年（1734）。系石拱廊桥，桥长17米，拱跨3米，桥宽4米，桥高2.5米。民国《景宁县续志》载："殿下桥，在小地，上屋下石，里人筑。"

林坑廊桥 Línkēng Lángqiáo 位于沙湾镇林坑村。始建于清康熙二十年（1681），桥长20米，宽5米，高6米，拱跨15米，单孔，廊屋结构。据《景宁县续志》载："林坑桥，在林坑水口。光绪二年，里人张周望等倡筑，下石上屋。"

叶桥水尾桥 Yèqiáoshuǐwěi Qiáo 位于沙湾镇叶桥村。建于清道光年间（1821—1850）。下为石拱桥，上为廊屋，桥长20米，宽5米。桥内供奉佛像。为叶桥片村主要通道。

大赤坑廊桥 Dàchìkēng Lángqiáo 位于大均乡大赤坑村。始建于清嘉庆十五年（1810），现存廊桥建于民国十二年（1923）。桥长50米，跨30米，宽6米，高10米，建筑面积211.5平方米。为全国重点文物保护单位。详见第五章第二节文物非遗。

石闩桥 Shíshuān Qiáo 位于梅岐乡石闩村。跨越石闩坑涧流。建于清光绪三十一年（1905）。系木拱平梁廊桥，桥长19米，拱宽10.2米，桥宽4.6，桥高5.5米。

梅岐桥 Méiqí Qiáo 会龙桥、观音桥合称。位于梅岐乡梅岐村。会龙桥横跨梅岐坑。民国十四年（1925）重建。桥长35米，净跨26.3米，宽4.6米，高7.6米。观音桥重建于1960年，桥长16.8米，跨9.2米，宽3.95米，高4.5米。为全国重点文物保护单位。详见第五章第二节文物非遗。

护关桥 Hùguān Qiáo 位于大漈乡西岸底村。建于清乾隆年间（1736—1795）。桥两端接山，横跨溪水汇流处，如一屏障，故名"护关桥"。系木制廊桥，桥长26米，宽7米，高2.5米。为全国重点文物保护单位。详见第五章第二节文物非遗。

胡桥 Hú Qiáo 位于大漈乡西岸底村。跨越大漈小坑。建于清康熙二十三年（1684）。木质平梁廊桥，桥长18米，桥宽15.3米，拱跨18米。为县级重点文物保护单位。

雁溪石印桥　Yànxīshíyìn Qiáo　位于雁溪乡雁溪村。桥处雁溪头村，跨小坑，系平梁廊桥。建于清乾隆五十三年（1789）。桥长12.5米，跨9米，高3.5米，宽5.7米。

印章洪鹅桥　Yìnzhānghóngé Qiáo　位于鸬鹚乡印章村，单孔，跨小坑。桥长13.2米，跨4米，宽3.6米，高5.5米，平梁廊桥结构。建于清咸丰元年（1851），是鸬鹚通往葛山、龙泉主要通道。

环胜桥　Huánshèng Qiáo　又名环胜楼桥。位于梧桐乡高演村东北部。建于清乾隆年间（1736—1795）。光绪三年（1878）重修。全长35米，宽5.65米，高10米，单孔，净跨3.55米。为全国重点文物保护单位。详见第五章第二节文物非遗。

万安桥　Wànān Qiáo　又名上坑桥。位于梧桐乡上坑村。建于清光绪年间（1896—1905）。系石拱桥，单孔，桥长16.5米，跨8.8米，宽5.2米，高8.3米。该桥连接上坑坑，沟通沙湾与景宁、青田、温州陆路主要通道。溪杉线开通（1987年）后，处地偏僻行人稀少，草木丛生，年久失修，桥主体部分已破损。

保荫桥　Bǎoyīn Qiáo　又名黄坑保荫桥。位于大地乡黄坑村。建于清同治三年（1864）。跨小坑，全长12.9米，跨11米，宽4米，高5.6米，单孔，平梁廊桥。

谢坑廊桥　Xièkēng Lángqiáo　又名富安廊桥。位于家地乡谢坑村。建于清咸丰四年（1854）。跨坑，全长27米，跨14米，宽4.2米，高4.4米，单孔，平梁廊桥。

芎岱岭脚桥　Xiōngdàilǐngjiǎo Qiáo　位于家地乡芎岱村。该桥建于清同治九年（1870）。木拱廊桥，桥长38米，跨27.3米，宽4.6米，高9.6米。悬山顶，廊屋11间，四柱九檩，五架抬桥，其桥拱做法独特精美，三折拱，由九根枕木横铺，造型古朴。系县级重点文物保护单位。

高桥　Gāo Qiáo　位于英川镇岭头村西，建于清光绪年间（1875—1908），桥身东西走向，系单孔石拱桥，长12.1米，宽4.2米，高7.9米，建筑面积50.82平方米。桥面由毛石和条石铺设，桥身用块石砌筑，高大美观。是沙湾、英川一带通往龙泉古道最高石拱桥，东桥头建有凉亭，供过往行人歇息。

民间桥梁

民族桥　Mínzú Qiáo　位于鹤溪街道塔堪村。跨鹤溪接人民南路。2011年建成，取畲汉民族团结之桥，故名。该桥始建于1980年，原为石拱桥。初名塔堪桥。1994年8月21日，遭台风袭击桥毁。1996年，浙江中瑞大厦和本地共筹资，村民投工；桥面水泥路，改名中瑞桥。T型铪板桥，长57.05米，宽10米。2009年8月，再遭台风“莫拉克”侵袭毁坏。2010年1月又建，桥梁按二级公路标准设计，设计洪水频率为五十年一遇。

大均埠头廊桥　Dàjunbùtóu Lángqiáo　位于大均乡水碓垟村。跨越大均坑，以地理位置得名。桥长30米，宽6米，高5米，单跨20米，木质楼面，块石地面，混凝土柱墩，可通汽车。由泉坑村民委员会集资修建，2009年7月建成。投资190万元。

韩湘子石拱桥　Hánxiāngzǐ Shígǒngqiáo　位于景南乡东塘村。跨越飞云江源头大白坑。取“八仙”之一韩湘子为桥名。2004年由村民陈世平投资9万元建成。桥长13米、宽5.5米、高6米，单孔石拱，可通汽车。为东塘村现代新建3座桥梁之一。

伏叶铁索桥 Fúyè Tiěsuǒ Qiáo 位于大均乡伏坑自然村。桥跨瓯江小溪，北连伏叶诸村，南接溪杉公路。铁索桥长126米、桥宽2.15米，南北两端桥台长10米、宽4米，水泥混凝土浇灌而成。两侧各用5支钢索牵引铁索桥。桥高20米，耗资40余万元。1993年底开工，1997年建成通行。1998年元月在桥头竖石碑2块，其一为扶贫项目介绍；其二为勒刻捐资单位和个人。

大都铁索桥 Dàdōu Tiěsuǒ Qiáo 位于渤海镇大都村。连接隔溪自然村直达瓯北公路。桥长146米、桥宽1.5米，桥面铺木板。1995年5月建成通行，投资58.24万元。该桥是县境内最长一座铁索桥。2008年滩坑库区淹没，该桥拆除。

黄垟口桥 Huángyángkǒu Qiáo 位于英川镇黄垟口村。以地处黄垟口村得名。距县城西南25.7千米。系石拱桥，于1983年民间集资建成。全长80米，宽6米，高15米。主孔1个，净宽70米，横跨英川港。

迎凤廊桥 Yíngfèng Lángqiáo 位于梧桐乡梧桐坑山岗头村。东连金字山，西接山岗头村，桥身东西向横跨梧桐坑口。该桥为三孔木拱廊屋桥，占地面积450平方米，桥长85.5米，宽6.5米，高16米。该桥于2013年11月建成。从梧桐头村向北，沿梧桐大桥至山岗头村尾，过迎凤廊桥向东爬金字山，游栈道，览胜景，隔岸远望梧桐美丽乡村，至下渡村过下渡大桥返回，这是环游梧桐最佳路线。

城市桥梁

永定桥 Yǒngdìng Qiáo 位于鹤溪街道人民南路畲族文化广场北侧。东连环城南路，西接浮丘路。取畲乡社会稳定永久之意，故名。两侧桥头建有畲族博物馆、图书馆和畲族文化中心、县民族青少年宫，以及景宁畲族风情旅游度假区等。距下游寨山桥450米，横跨鹤溪。该桥设计为预应力混凝土连续桥梁，桥梁外轮廓成曲线，混凝土桥墩，T型铪板桥，长79.6米，宽24.3米。2013年底建成。2014年鹤溪桥系改造，2015年完成。

鹤溪桥 Hèxi Qiáo 又名鹤苑桥，位于鹤溪街道鹤溪花园小区东侧。古代浮丘伯临溪沐鹤垂钓，故名鹤苑桥。桥横跨鹤溪，连接鹤溪南路与浮丘路。该桥1998年开工，1999年竣工。设计为钢筋混凝土T型铪板桥梁，石砌桥墩，桥长66.5米，宽9.5米。桥栏杆为雕花石栏板，中为双鹤图形，配“松针”柱头栏柱，2004年6月28日命名。2014年鹤溪桥系改造，2015年完成。

寨山桥 Zhàishān Qiáo 位于红星街道与鹤溪街道连接地段。以地处寨山岭脚而得名。1967年4月建成，为鹤溪首座公路桥梁。后数次修建。桥长86.2米，宽12米，高5.5米，拱桥。主孔4个，每孔净宽16.7米，桥墩3个，横跨鹤溪。该桥连接钟楼路和浮丘路、环城西路等地，为红星街道与鹤溪街道界。

府前桥 Fǔqián Qiáo 位于红星街道府前西路西侧路口。以桥处县府大楼前而得名。横跨鹤溪，连接鹤溪中路和环城西路汽车站。原建于1991年9月，桥头竖“府前桥”碑。2013年4月复建，2014年1月竣工。为钢筋砼拱桥，长62米，主桥宽17.5米，桥头堡处宽22.6米，高12.5米。在主桥桥墩处建桥头堡和观景平台，桥头堡采用三跨双重檐拱形传统古建筑，外立面装饰主体采用仿古青砖砌成，斗拱以上为木结构。2014年鹤溪桥系改造，2015年完成。

金仙桥 Jīnxiān Qiáo 又名晋仙桥。位于红星街道复兴西路西侧路口。因城西金仙寺村旁，曾有建于唐贞观年间金仙古寺，故名。桥身东西向横跨鹤溪，连接鹤溪中路与环城西路。设计为钢筋混凝土平板桥梁，长74米，宽12.3米，高3.75米。1987年3月建成。2014年鹤溪桥系改造，2015年完成。

永安桥 Yǒngān Qiáo 位于红星街道团结路路口，西靠岭脚村，横跨鹤溪，连接团结西路和环城西路。取畲乡永保安宁之意，故名。1995年建成。该桥全混凝土T型铪板桥，是景宁城北区块重要门户桥梁，长71.5米，宽13米，栏杆为"简欧"金属主体。2014年鹤溪桥系改造，2015年完成。

鹤溪廊桥 Hèxī Lángqiáo 又名畲乡廊桥。位于红星街道景融时代广场西侧。东临鹤溪北路，西接栋底村，桥身东西向横跨鹤溪。属城市景观桥梁，不通车辆，供游人步行游憩。廊桥采用编梁式五折边木拱架结构，廊屋四柱九檩，一层两坡顶，桥中为五开间，二层重檐歇山顶，两侧桥头为重檐歇山顶木结构桥亭。该桥为三孔木拱廊屋桥，主孔净跨22米，次孔净跨18米，总净跨58米。占地面积433平方米，桥长77.92米，宽6.95米，高20.78米。于2010年3月开工，2011年2月建成。该桥为县城北部主要景点，是市民休闲、纳凉好去处。2014年鹤溪桥系改造，2015年竣工。

凤凰桥 Fènghuáng Qiáo 位于红星街道凤凰大道路口。东达县客运中心，西邻栋底村，连接环城西路与鹤溪北路，直达凤凰大道至云景高速公路出口。2010年底开工建设，2012年12月建成。桥身东西向横跨鹤溪，为T型铪板桥，长95米，宽32米。2014年鹤溪桥系改造，2015年完工。

景宁县古桥一览

表4–2 单位：米

序号	类型	桥 名	建桥年代	桥长	拱跨	桥宽	桥高	现 状	所在乡镇（街道）
1	木拱	徐山永镇桥	清同治三年（1864）	42	24	4	4	现存	红星街道
2	木拱	东坑下桥	清康熙廿八年（1689）	24.31	21.8	4.34	9.5	现存	东坑镇
3	木拱	东坑上桥	清同治八年（1869）	28.3	18.7	3.3	6.7	现存	东坑镇
4	木拱	章坑怀胜桥	清同治元年（1874）	20	17.9	4.7	5	现存	东坑镇
5	木拱	东坑永平桥	民国十二年（1923）	22.6	14.4	4.2		现存	东坑镇
6	木拱	章坑接龙桥	民国六年（1917）	38	19.6	4.5	18.8	现存	东坑镇
7	木拱	北溪桥	民国十二年（1923）	23.3	14.7	4.1	6	现存	东坑镇
8	木拱	杨斜半岭桥	民国十二年（1923）	22.5		4.8	15	现存	东坑镇
9	木平	东坑徐砻桥	清道光二十一年（1841）	13.2	8.6	4.8	3.8	现存	东坑镇

续表 4–2

序号	类型	桥 名	建 桥 年 代	桥长	拱跨	桥宽	桥高	现 状	所在乡镇（街道）
10	木拱	畲桥	清光绪二十年（1894）	37.4	29.2	5	14.7	现存	东坑镇
11	木平	马坑双溪楼桥	清光绪三十二年（1906）	19	12	3.8	3.8	现存	东坑镇
12	木平	基隆坑楼桥	民国六年（1917）	13.2	6.7	3.9	3.2	现存	东坑镇
13	木平	东坑马坑楼桥	民国十九年（1930）	16.8	7.2	4	3.7	现存	东坑镇
14	木拱	白鹤桥	清光绪十四年（1888）	32.3	23.9	4.8	9.7	2005 年水毁	东坑镇
15	木拱	龙潭桥	民国十八年（1929）	21.2	15	3.8	9.5	2005 年水毁	东坑镇
16	木平	黄垟口廊屋桥	民国十三年（1924）	20	15	4.8	4.5	现存	英川镇
17	石拱	梅漈安固桥	民国六年（1917）	30		5		现存	英川镇
18	木拱	长滩桥	清光绪二年（1876）	26.4	20.2	4.5	8.5	在建	英川镇
19	木拱	茶堂桥	清光绪年间	42	30	6	6	迁建北京	英川镇
20	木拱	梅漈桥	清嘉庆七年（1802）	52	34.5	6	6	2005 年火毁	英川镇
21	石拱	高桥	清光绪年间（1875—1908）	12.1		4.2	7.9	现存	英川镇
22	石拱	坑垟石拱桥	清光绪年间	10	6	4	7	现存	英川镇
23	木拱	莲川大地桥	清嘉庆八年（1803）	41.5	31.1	4.8	11	现存	沙湾镇
24	石拱	小地桥	清雍正十二年（1734）	17	3	4	2.5	现存	沙湾镇
25	木拱	大赤坑楼桥	民国十二年（1923）	36.4	30	5	11.3	现存	大均乡
26	木平	石门桥	清光绪三十一年（1905）	19	10.2	4.6	5.5	现存	梅岐乡
27	木拱	梅岐桥	民国十四年（1925）	35	26.3	4.6	7.6	现存	梅岐乡
28	木平	梅岐观音桥	公元 1960 年	16.8	9.2	3.95	4.5	现存	梅岐乡

续表 4-2

序号	类型	桥 名	建 桥 年 代	桥长	拱跨	桥宽	桥高	现 状	所在乡镇（街道）
29	木平	胡桥	清康熙二十三年（1684）	18	18	14		现存	大漈乡
30	木平	漈头桥	民国三十七年（1948）	17.7	8.9	3.2	3.5	现存	大漈乡
31	木平	护关桥	清乾隆年间（1735）	27	27	7.1	3.5	现存	大漈乡
32	木平	缪坑水尾桥	公元 1968 年	16.4	8.8	4.2	7.8	现存	景南乡
33	木平	缪坑村头廊桥	民国二十八年（1939）	14.2	8.6	5.6	4.7	现存	景南乡
34	木平	雁溪石印桥	清乾隆五十三年（1788）	12.5	9	5.7	3.5	现存	雁溪乡
35	木平	梅坞风水桥	民国六年（1917）	23	4.3	4.8	2	现存	雁溪乡
36	木平	柘湾水尾桥	公元1965 年	14.5	8.5	4.7	2.8	现存	雁溪乡
37	木拱	柘湾普济桥	清同治十二年（1873）	47	30	5.5	12	1990 年火毁	雁溪乡
38	石拱	印章洪鹅桥	清咸丰元年（1851）	13.2	4	3.6		现存	鸬鹚乡
39	木平	环胜桥	清乾隆七年（1742）	30.6	3.5	5.6	4.5	现存	梧桐乡
40	木平	清风桥	清乾隆年间	22	8.5	4.3	3.5	现存	梧桐乡
41	石拱	万安桥	清光绪年间	16.5	6.6	5.2	8.3	现存	梧桐乡
42	木平	回龙楼桥	乾隆年间 1736–1795	21	8.5	6	9	现存	梧桐乡
43	木平	黄坑保荫桥	清同治三年（1864）	12.9	11	4	5.6	现存	大地乡
44	木拱	芎岱岭脚桥	清同治九年（1870）	38	27.2	4.6	9.6	现存	家地乡
45	木平	家地谢坑桥	清咸丰四年（1854）	27	14	4.2	4.3	现存	家地乡
46	木平	芎岱下村廊桥	民国十一年（1922）	23.8	2	4.5	2	现存	家地乡
47	木平	芎岱水碓桥	公元 1983 年	19.6	6.9	3.7	2	现存	家地乡
48	木拱	广济桥	清嘉庆二十四年（1819）	42	30	6	6	1990 年水毁	家地乡

公路桥梁

外舍大桥 Wàishě Dàqiáo 位于红星街道外舍村。距县城北3.5千米，以地处原外舍乡外舍村得名。该桥1966年12月竣工。该桥横跨小溪，桥长240.1米、宽8米，高9.57米，主孔14个，每孔净宽15.77米，桥墩13个，均为钢筋混凝土T型桥梁。核载汽—13吨，挂—60吨。大桥为省道云和至寿宁线重要桥梁，瓯江支流小溪第一座公路桥，丽水地区同类型最长公路桥。该桥因滩坑库区淹没，于2007年10月拆除。

溪口二桥 Xīkǒu Er Qiáo 位于红星街道溪口村。以地处溪口村得名。2005年11月25日开工，桥长279.8米、桥面净宽7米，跨径总长270米，单孔最大跨径30米。2008年10月31日竣工。

溪口大桥 Xīkǒu Dàqiáo 位于红星街道溪口村。以地处溪口村得名。为原52省道，桥长247.6米、桥面净宽7米。横跨千峡湖，跨径总长224米、单孔最大跨径35米。于1996年2月22日通车，由省交通设计院设计，诸暨路桥工程公司承建施工。现属危桥，禁止通行。

白马寮大桥 Báimǎliáo Dàqiáo 位于鹤溪街道白马寮。以地处白马寮得名。2005年11月25日开工，跨越小溪，桥长279米、桥面净宽7米，跨径总长210米，单孔最大跨径30米。2008年10月31日竣工。

东信沙湾大桥 Dōngxìn Shāwān Dàqiáo 又名沙湾三桥。位于沙湾镇沙湾村头。连接对岸七里村。以普天东方通信集团有限公司援助沙湾建桥而得名。东信沙湾大桥于2000年12月28开工，2002年5月建成通车。大桥全长102米，桥面净宽10米，预应力空心板梁，两空20米，加两空25米。该桥对拓展沙湾集镇规模，改善交通环境，促进社会经济发展有一定意义。

沙湾二桥 Shāwān Er Qiáo 又名长潭大桥。位于沙湾镇沙湾村。处县城西南21.5千米，以地处沙湾村得名。属溪杉线公路桥，横跨小溪，桥长132米、桥面净宽7米，跨径总长100米，单孔最大跨径25米，拱桥，设计荷载公路—Ⅱ级。大桥于2000年12月12日建成通车。大桥建成后，车辆通过沙湾对岸三级公路过二桥，减轻沙湾村街道交通压力，确保行车安全和村民出行方便。

沙湾大桥 Shāwān Dàqiáo 位于沙湾镇沙湾村。距县城西南21.5千米，以地处沙湾镇沙湾村得名。系双曲钢筋混凝土拱桥，于1987年12月建成通车。全长152米，宽7米，高10.5米。主孔5个，每孔净宽25米，桥墩4个，横跨小溪，为景宁至庆元、龙泉线重要桥梁。核载汽—15吨，挂—80吨。

梧桐大桥 Wútóng Dàqiáo 位于梧桐乡梧桐村。以地处梧桐村得名。横跨瓯江小溪，桥长181米，宽6米，高6.5米，6柱，7孔，采用单柱顶预应力砼空心板梁。大桥于2000年11月动工兴建，2002年3月竣工，总投资258万元。该桥由市交通局设计院设计，市路桥工程处中标承建，县交通局负责质量监督，梧桐乡政府实施兴建。资金来源有省粮食集团总公司，省邮政局，省、市县交通部门，县计划委员会，县扶贫办，县财政局，县水利局及乡政府自筹部分。梧桐大桥建成，圆了梧桐乡民百年造桥梦。南侧桥头立桥碑，北侧桥头分两路，一路直走通梧桐坑诸村，至云和县梓坊等村；一路折西沿小溪通隔溪村，途经月丘、山前、金处至角耳塆村连马兰坦村。

标溪大桥 Biāoxī Dàqiáo 位于标溪乡标溪村。县城西南19.5千米，以地处标溪村得名。系钢筋混凝土双曲拱桥，于1986年11月通车。全长131.85米，宽7米，高11米。主孔4个，每孔净宽25米，桥墩3个，横跨标溪港，为景宁至庆元公路重要桥梁。核载汽—15吨，挂—80吨。

枫林口桥 Fēnglínkǒu Qiáo 位于标溪乡枫林口村。距县城西南19.7千米，以地处枫林口村得名。系石拱桥，于1987年5月建成通车。桥长60米，宽8米，高7米。主孔3个，横跨标溪港，为标溪至家地、雁溪、景南公路桥梁。核载汽—15吨。

雁溪桥 Yànxī Qiáo 位于雁溪乡雁溪村。距县城南26千米，以地处雁溪村得名。系双曲钢筋混凝土石拱桥，于1977年建成通车。全长25.4米，宽7米，高6.5米。主孔1个，横跨雁溪，为东坑至家地公路主要桥梁。核载汽—10吨，挂—50吨。

家地桥 Jiādì Qiáo 位于家地乡家地村。距县城西南30.5千米，以地处家地村得名。系钢筋混凝土拱桥，于1988年5月建成通车。桥长72.5米，宽6米，高6.5米。主孔3个，每孔净宽16米。为景宁至家地公路桥梁。核载汽—30吨。

鸬电桥 Lúdiàn Qiáo 又名交见圩大桥。位于沙湾镇交见圩村。距县城西南24.5千米。地处鸬鹚电站东侧，故名。系双曲石拱桥，于1988年6月建成通车。全长60.3米，宽8米，高8.47米。主孔2个，每孔净宽20米，横跨英川港，为景宁至庆元线重要桥梁。核载汽—13吨，挂—80吨。

道化大桥 Dàohuà Dàqiáo 位于沙湾镇道化村。距县城西南25.4千米，以地处道化村得名。系双曲石拱桥，于1983年12月建成通车。全长124米，宽6.2米，高8米。主孔3个，每孔净宽25米，桥墩2个，全部由块石所砌。横跨毛垟港，为道化村通往沙湾、景宁等地重要桥梁。核载汽—10吨。

新庄桥 Xīnzhuāng Qiáo 位于沙湾镇新庄村。距县城西南26千米，以地处新庄村得名。于1985年10月建成。全长86米，宽4.5米，高7米。主孔2个，每孔净宽30米，横跨毛垟港，为新庄各村通往沙湾、景宁等地重要桥梁。核载汽—17吨。

桥局桥 Qiáojú Qiáo 位于秋炉乡桥局村。距县城西南37千米，以地处桥局村得名。系钢筋混凝土拱桥，于1983年建成通车。全长50米，宽6米，高13米。为景宁至庆元线重要桥梁。核载汽—10吨，挂—20吨。

鸬鹚桥 Lúcí Qiáo 位于鸬鹚乡鸬鹚村。距县城西南23.8千米，以地处鸬鹚村得名。系石拱桥，于1965年建成通车。桥长30.9米，宽6米，高11.6米。为景宁至英川、云和公路重要桥梁。核载汽—13吨，挂—60吨。

英川桥 Yīngchuān Qiáo 位于县城西南32.8千米，以地处英川镇英川村得名。系双曲石拱桥，于1981年1月竣工。全长45米，宽5.5米，高11.5米。桥孔1个，净宽39米，横跨英川镇港，为通往隆川方向主要桥梁。

印砒桥 Yìntǎn Qiáo 位于英川镇王宅村村口，为石拱桥，1988年6月建成。桥长60.5米，拱跨24米，桥宽8米，高8.5米。主孔2个，每孔净跨20米，横跨英川港。为英川至隆川公路桥梁。荷载汽—15吨，挂—80吨。

白鹤桥 Báihè Qiáo 位于东坑镇白鹤村。距县城东南18.5千米，以地处东坑镇白鹤村得名。系装配式铪板桥梁，于1964年建成通车。全长38.7米，高7.5米，宽4.57米，桥孔5个，桥墩4个，横跨大白坑。为景宁、泰顺、文成等公路重要桥梁。荷载汽—13吨，挂—60吨。

章坑桥 Zhāngkēng Qiáo 位于东坑镇章坑村。距县城东南21千米，以地处东坑镇章坑村得名。该桥为中国人民解放军8783部队(铁道兵)支援施工建造，系装配式铪板T型桥梁，于1964年6月18日建成通车。全长78.5米，宽6米，高21.3米，主孔3个，净跨21米，横跨北溪，为瑞安至东坑公路重要桥梁。核载汽—15吨，挂—80吨。

汇田大桥 Huìtián Dàqiáo 位于红星街道汇田村。以地处汇田村得名。2005年11月开工，桥长330米，桥面净宽9米，跨径总长330米，单孔最大跨径30米。大桥于2008年10月31日完工。

高畔垟大桥 Gāopànyáng Dàqiáo 位于红星街道小金州村。以地处高畔垟村得名。2005年12月开工，跨越陶州坑。桥长400米，净宽7米，高40余米，跨径总长390米，单孔最大跨径30米，上部结构为13-30米后张法预应力砼T梁，是景宁第一长公路桥梁。大桥13个桥墩采用人工挖孔灌注桩，平均深度为16米。2008年2月完工。

石门楼大桥 Shíménlóu Dàqiáo 位于红星街道小金州村。以地处石门楼村得名。2005年12月开工，跨越瓯江支流小溪。桥长220米、桥面净宽7米，跨径总长210米，单孔最大跨径30米。大桥于2008年12月15日竣工。

温州寮大桥 Wēnzhōuliáo Dàqiáo 位于渤海镇大都村。以地处大都温州寮得名。跨越瓯江支流小溪，2005年10月开工，桥长286米、净宽8米、高82米，跨径270米，单孔最大跨径128米，地面高程179.92米，为县境内最高、单跨最长公路桥梁，为预应力砼连续钢构箱梁结构，设计荷载汽一Ⅱ级。大桥于2008年4月完工，是景宁公路桥梁史上之“最”。

黄村大桥 Huángcūn Dàqiáo 位于九龙乡黄村。以地处黄村得名。2005年10月开工，桥长346米、桥面净宽8米，跨径总长330米，单孔最大跨径30米。上部结构后张法预应力砼T梁，U型台，灌注桩基础，设计荷载汽-Ⅱ级。大桥于2009年9月竣工。

大顺桥 Dàshùn Qiáo 位于九龙乡大顺村。距县城东北27千米，以地处原大顺村而得名。系双曲石拱桥，于1989年10月建成通车。全长190.7米，宽7米，高15.4米，主孔3个，每孔净宽35米，横跨大顺坑，为景宁至青田、温州重要公路桥梁。核载汽—15吨，挂—80吨。2007年滩坑库区淹没，该桥拆除。

松寮大桥 Sōngliáo Dàqiáo 位于九龙乡宋寮村。以地处九龙乡宋寮村而名，方言“宋”通“松”，故名。2005年7月开工，桥长217米、桥面净宽7米，跨径210米，单孔最大跨径30米。上部结构为预应力砼T梁，下部为柱式变截面矩形墩，灌注桩为基础，设计荷载公路-Ⅱ级，总造价为768万元。大桥于2009年6月1日竣工，由浙江省宏图交通建设有限公司承建施工。

隧 道

高速公路隧道

泗州岭隧道 Sìzhōulǐng Suìdào 位于红星街道北部泗州岭与云和县安溪畲族乡交界处。2009年5月10日开挖，单向独头掘进，该隧道右线长6780米，景宁段长2695米；左线长6760米，景宁段2690米。2012年3月20日全线贯通，历时30个月。

溪口隧道 Xīkǒu Suìdào 位于红星街道红星社区溪口村。地处千峡湖北岸，为云景高速公路景宁入城重要通道。2009年4月28日开挖，2010年8月贯通。溪口隧道左线长1205米，右线长1228米。全线构造物占90%以上。

省道公路隧道

岚头岭隧道 Lántóulǐng Suìdào 位于红星街道与云和县元和街道交界处，因地处云寿线岚头岭地段而得名。1992年6月开工建设。起点桩号K13+380、中心桩号K13+936、全长1062米，其中景宁段630米。按山岭重丘三级公路标准建设，净空5米，净宽7米，左右人行道各0.75米。由景宁交通局工程队建设，有照明设备、自然通风，路面和衬墙均为水泥混凝土。1994年6月隧道投入使用。景宁段公路里程缩短4.3千米，降低高差184米。

马岭头隧道 Mǎlǐngtóu Suìdào 位于澄照乡三石村。1997年1月开工建设，52省道隧道入口桩号K32+404、中心桩号K33+404、长1200米、净宽8.5米(人行道0.75米×2)、净高5米。由新昌县交通设计所设计，金华市公路桥梁建设有限公司承建施工，县交通局监理。有照明设施、采用自然通风，衬墙和路面均用水泥混凝土。1998年9月竣工。马岭头隧道贯通后，缩短公路里程2.76千米、降低高差46米。

张山岙隧道 Zhāngshānào Suìdào 位于东坑镇吴山头村。2000年12月开工建设。入口桩号S228K45+233、中心桩号K45+900、长1333米、净宽8.5米(人行道0.75米×2)、净高5米。隧道有照明设备、采用机械通风。隧道地质条件差、施工难度大，用钢筋网、喷浆，防止水渗漏、风化层崩坍。2002年11月建成。浙江省交通设计院设计，温州交通建设集团有限公司承建，景宁县交通局监理。缩短公路里程5.16千米，降低高差202米。

龙井隧道 Lóngjǐng Suìdào 位于景宁东坑与泰顺县交界处。因地处云寿线龙井地段而得名。2001年4月开工，中心桩号K63+509、入口桩号K62+554，长1910米(景宁段1065米)，净宽8.5米，净空5米，有照明设备、采用机械通风。路面和衬墙均为水泥混凝土，2002年8月竣工。工程由省交通设计院设计，中国人民武装警察部队交通第二支队建设施工，县交通局监理。缩短里程13.8千米，降低高差346米。

县道公路隧道

西坑口隧道 Xīkēngkǒu Suìdào 位于英川镇木岱口村。以处地西坑口村得名。鸬叶线2001年6月建成通车，中心桩号为K20+378和K20+948、分别长164.8米和318米，净宽4.6米和5.6米，净高5米，无照明设施、采用自然通风，衬砌和路面均采用水泥混凝土，改善出县公路线型。工程由广厦集团公司承建。

大坝顶隧道 Dàbàdǐng Suìdào 位于英川镇木岱口村。以处地英川电站大坝顶得名。鸬叶线2001年6月建成通车，中心桩号为K20+378和K20+948、分别长164.8米和318米，净宽4.6米和

5.6 米，净高 5 米，无照明设施、采用自然通风，衬砌和路面均采用水泥混凝土，改善出县公路的线型。工程由广厦集团公司承建。

十八欠隧道 Shíbāqiàn Suìdào 位于九龙乡顺利村。以处地土名十八欠而得名。青景庆复建公路青田县和景宁九龙交界处。按山岭重丘三级公路标准，景宁段入口桩号 K15+800、终点桩号 K16+330，隧道全长 1101 米。景宁境内 530 米，净宽 8.5 米（人行道 0.75 米×2）、净高 5 米。2005 年开工建设，2007 年建成，总造价 783.76 万元。高压纳灯照明、采用自然通风，衬砌和路面均用水泥混凝土。

天堂隧道 Tiāntáng Suìdào 位于九龙乡大顺天堂村。以原大顺天堂自然村得名。为县道青景庆复建公路，隧道入口起点桩号瓯北线 K35+745、中心桩号 K37+097，全长 1352 米、净宽 8.5 米（人行道 0.75 米×2）、净高 5 米，衬砌材料 C25 泵砼、路面面层 C40 砼混凝土，高压钠灯照明，采用自然通。2006 年 11 月开工建设，2007 年 4 月建成通车，造价 2376.6 万元。浙江佳途勘测设计有限公司设计，江苏润扬交通工程有限公司承建施工，金华市公正交通咨询有限公司监理，照明由杭州丰安电力建设有限公司安装。

城市交通隧道

石印隧道 Shíyìn Suìdào 位于县城红星街道与鹤溪街道交界处。以处地石印山脚而得名。隧道连接环城东路，长 200 米，宽 9 米，高 5.2 米。1997 年 6 月开工，1998 年 8 月竣工。该工程预算投资 200 万元，实际投资 150 万元。工程由景宁建筑公司与丽水建协公司合作兴建。经有关部门组织验收，施工安全，工程质量等级合格。该隧道为缓解城内交通，改善新老城交通环境，将城北、城东、城南连成一体。

农村公路隧道

叶六公岙隧道 Yèliùgōngào Suìdào 位于鹤溪街道严村村委坑头自然村。1998 年 10 月开工建设，2003 年 12 月建成。长 1103 米，净宽 3.7 米，净空 3.5 米，采用自然通风，无照明设施。隧道贯通后，缩短了严坑当地进城公路里程 20 余千米。

第四节　车站　码头

客运站

景宁客运中心 Jǐngníng Kèyùn Zhōngxīn 位于县城红星街道人民北路与凤凰大道路口。处云景高速公路出口南侧。东倚人民北路，南连县交通综合服务大楼，西临鹤溪北路，北接凤凰大道云景高速公路出口。县客运中心于 2011 年 12 月动工兴建，用地面积 22600 平方米，建筑面积 5052 平方米，为二级客运站。景宁客运中心为城北区块标志性建筑。

景宁汽车站 Jǐngníng Qìchēzhàn 位于县城红星街道环城西路151号。占地面积11067平方米，站房面积3190平方米，候车室面积467平方米，停车场面积4553平方米。1987年9月开工建设，1989年元旦投入使用。该汽车站（长运公司）下属有客运站6个，停车场面积6703平方米。

上标车站 Shàngbiāo Chēzhàn 位于景南乡上标村。1973年开工建设，占地面积759.6平方米，站房面积270.76平方米，停车场面积480平方米。1974年建成使用，已拆旧修建。

东坑车站 Dōngkēng Chēzhàn 位于东坑镇东坑村。1974年开工建设，处原S228省道（云寿线）公路山边。车站占地面积1881平方米，站房面积888.96平方米，候车室226平方米，停车场面积300平方米。现分户出租。

渤海车站 Bóhǎi Chēzhàn 位于渤海镇渤海村中心。1977年建成使用，占地面积200平方米，站房面积100平方米，停车场面积100平方米。邻近渤海大樟树，背靠渤海区人民医院。2007年，因千峡湖库区淹没，车站拆除。

鹤口车站 Hèkǒu Chēzhàn 位于九龙乡鹤口村。景青公路1992年1月通车，该公路沿线乡村人口密集，客流量较大。车站于1998年建成使用，占地面积680平方米，站房面积80平方米，作为工作人员住宿兼办公场所，停车场面积600平方米。因千峡湖库区淹没，车站已拆除。

沙湾车站 Shāwān Chēzhàn 位于沙湾镇沙湾村。在村尾田垟旁，邻沙湾中学。车站建于1965年，曾经是沙湾重要交通站点。1987年因建造沙湾大桥，车站停用。新车站位于沙湾镇洪畈村头，占地面积1190.2平方米，建筑面积352.5平方米，停车场面积600平方米，站房二层砖混结构，附属设施有公共厕所。新车站于2000年8月开工建设，2000年12月建成使用，总投资30万元。

九龙车站 Jiǔlóng Chēzhàn 位于九龙乡王垮村。在大大线公路（九龙乡政府）南面。2009年9月开工建设，站房占地面积1200.46平方米，建筑面积1151.28平方米，停车场面积450平方米，三层半砖混结构，投入资金130万元。工程由景宁景厦建筑工程有限公司承建，2010年12月主体完工。

英川车站 Yīngchuān Chēzhàn 位于英川镇英川村。2010年10月动工，占地703.7平方米、建筑面积176.84平方米，二层砖混结构，有停车场面积520平方米。2011年6月，主体工程完工，系老站修建，投资20.1万元。由景宁宏业建筑工程有限公司承建。

货运站

渤海客货运站 Bóhǎi Kèhuòyùnzhàn 位于渤海镇梅坑村。2009年开工建设，系青景庆复建公路站点。占地2000平方米，建筑面积130平方米，停车场500平方米，总投资100万元。2010年工程完工，货运站的建成方便库区货物运转与流通。

沙湾客货运站 Shāwān Kèhuòyùnzhàn 位于沙湾镇七里村。2010年开工，占地面积1000平方米、建筑面积600平方米、停车场500平方米，总投资100万元。2010年完工，方便沙湾一带货物流通，促进地方经济建设。

郑坑客货运站 Zhèngkēng Kèhuòyùnzhàn 位于郑坑乡郑坑村。2010年开工，站房占地面积

1200平方米，停车场面积360平方米，总投资90万元。2010年完工。货运站建成方便畲乡经济往来。

英川客货运站 Yīngchuān Kèhuòyùnzhàn 位于英川镇英川村。2010年开工建设，站房占地面积2500平方米，建筑面积220平方米，停车场1500平方米，总投资90万元。工程于2011年完工，有利于英川地方经济发展。

附表：景宁县客、货运站一览

景宁县客、货运站一览

表4-3 单位：平方米

站场名称	占地面积	建筑面积	停车场面积	建成年月
上标车站	760	2701	480	1974年
东坑车站	1881	889	300	1974年
景宁汽车站	11067	3655	4553	1989年
沙湾车站	1190	353	850	2008年
九龙车站	1200	1152	450	2010年
渤海客货运站	2000	130	500	2010年
郑坑客货运站	1200	1000	360	2010年
沙湾客货运站	1000	600	500	2010年
英川客货运站	2500	220	1500	2011年

公路收费站

云景高速公路收费站 Yúnjǐng Gāosùgōnglù Shōufèizhàn 位于县城北部红星街道凤凰大道北侧。云景高速公路(S34)于2013年4月10日开通。该收费站为省公路行业最美示范窗口之一。整体规划布局合理，把特有的畲族元素与企业文化融为一体。其建筑具有民族特色、整洁美观，收费服务和企业管理有序，与周边环境协调自然。收费车道、电子监控设备等重点保障设施运行正常，收费服务设施完善、附属配套设施齐全。云景高速公路收费站是展示畲乡特色文化、景宁经济发展及社会稳定进步的重要窗口。

岚头岭隧道收费站 Lántóulǐng Suìdào Shōufèizhàn 位于红星街道岚头村岚头岭隧道景宁出口处，为事业单位，职工26人。1994年10月18日，岚头岭隧道建成通车。1996年，岚头岭隧道收费站开工建设，1997年4月25日，起收取车辆通行费。2003年12月19日停止收费，撤销收费站。

码　头

汇头码头搜救中心 Huìtóu Mǎtóusōujiù Zhōngxīn 位于红星街道岗石村委汇头村，距县城东北5千米处，在千峡湖库尾小溪干流右岸。码头投资1932.79万元，2009年12月开工建设，一、二期工程于2010年底基本完工。经过堤防建设，整理出2.28万平方米场地供码头和办公用房建设使用，防洪能力为20年一遇。

县港航中心 Xiàn Gǎngháng Zhōngxīn 位于景宁县红星街道外舍区块。港航中心大楼总投资643万元，于2010年7月开工。在外舍区块S22820K+900处，占地面积25269.22平方米，建筑面积4050.88平方米(其搜救中心2125.03平方米，水上派出所892.36平方米，千峡湖管理处1033.49平方米)，设置地下停车位52个。

汇头码头 Huìtóu Mǎtóu 位于红星街道岗石村委汇头村，以处地自然村得名。码头距县城约5千米，辐射县城和岚头、王金垟、岗石等村。于2008年2月16日开工，2008年6月竣工，投资559.41万元。为100吨级客、货运码头，海事码头，海事搜救中心。码头为踏步式，长54米、宽25.5米，挡墙原设计为块石，现变更为片石C20混凝土结构。该码头为景宁水上交通、重要旅游集散地。由此乘船至鹤口，航行里程70千米，约2.5小时。

石埠坑码头 Shíbùkēng Mǎtóu 位于红星街道岭北村委石埠坑村。以处地自然村得名。于2008年4月开工，2008年7月完工。码头为50吨级踏步式码头，投资33.36万元，有1艘钢质机动船，为对江渡码头。2009年渡运量0.7万人次。

石埠圩码头 Shíbùxū Mǎtóu 位于红星街道岭北村委石龙村。于2008年3月开工，为50吨级踏步式码头，投资26.67万元，有1艘钢质机动船，为对江渡码头。是年6月竣工。2009年渡运量0.7万人次。

官渡码头 Guāndù Mǎtóu 位于红星街道小金州村委官渡村，以处地自然村得名。于2008年3月13日开工，2008年7月竣工。为50吨级斜坡式对江渡码头，车渡、客运码头，码头长224.5米，宽4米，投资145万元。该码头是千峡湖库区重要码头之一，有二车渡钢质机动船2艘。2009年渡运量0.8万人次，辐射古传村。

古传码头 Gǔchuán Mǎtóu 位于红星街道杨绿湖村委古传口村，以处地自然村得名。于2008年2月18日开工，2008年5月30日竣工。为50吨级斜坡式对江渡码头，车渡、客渡码头，码头长210米，宽为4米，投资87.39万元。码头有二车渡钢质机动船2艘。2009年渡运量0.8万人次，辐射官渡村。

湖边码头 Húbiān Mǎtóu 位于红星街道杨绿湖村委湖边村。于2008年1月6日开工，2009年7月投入渡运。为100吨级车渡客运对江渡码头，斜坡式，长270米、宽7米，混凝土挡墙。投资206.15万元，辐射岭根、杨山、徐山、潘坑等村2220人。该码头2009年渡运量6.2万人次。

菉草码头 Lùcǎo Mǎtóu 位于红星街道杨绿湖村委新菉草村，以处地自然村得名。于2008年2月23日开工，2008年6月1日竣工。为100吨级车渡客运对江渡码头，斜坡式，长270米、宽7米，混凝土挡墙，投资177.91万元，辐射岭根、杨山、徐山、潘坑和黄山楼下山脱贫安置点等5村、2300人，赴县城只能在此过渡。2009年7月二车渡投入渡运，该船170总吨、主机功率77千瓦、38客位，可同时运2辆5吨载重汽车，有渡工3人。2009年渡运量5.8万人次，居全县29座码头渡运量之首。

东岸码头 Dōngàn Mǎtóu 又名吴山岗码头。位于红星街道杨绿湖村委大粗口村。2007年12

月 18 日开工，为 50 吨级踏步式码头，投资 15.73 万元。2008 年 4 月 15 日完工。2009 年渡运量 0.4 万人次。

金头会码头 Jīntóuhuì Mǎtóu 位于渤海镇梅坑村委金头会村，以处地自然村得名。2007 年 12 月 11 日开工，2008 年 3 月 20 日完工。与塘底垮码头形成对江客运渡。码头为踏步式长 54 米、宽 4 米，投入建设资金 38.49 万元，有 1 艘 30 客位钢质渡船，渡工 3 人，辐射红星街道小金州等 2 村 783 人。2009 年渡运量 3.5 万人次。

塘底垮码头 Tángdǐwān Mǎtóu 位于渤海镇石塘山村委塘底垮村，以处地自然村得名。塘底垮码头于 2007 年 12 月 11 日开工，2008 年 3 月 20 日完工。为 50 吨级踏步式客运码头，投入资金 34.63 万元。与金头会码头形成对江渡，辐射石塘山 2 村近 800 人。2009 年渡运量 3.5 万人次。

梅坑码头 Méikēng Mǎtóu 位于渤海镇梅坑村委王处村，以处地村民委员会得名。码头于 2008 年 1 月 4 日开工，2008 年 4 月 25 日完工。为 50 吨级客运码头，踏步式，长 54 米、宽 4 米，投资 44.96 万元。辐射安亭、梅坑 2 村 1558 人及郑坑乡 3400 人，2009 年渡运量 3.3 万人次。该码头毗邻镇政府驻地，梅坑村为下山移民安置点，人口集聚。

石步山码头 Shíbùshān Mǎtóu 位于渤海镇鲍山头村委石步山村，以处地自然村得名。于 2007 年 10 月 22 日开工，2008 年 4 月 7 日完工。为二车渡对江渡码头，码头为斜坡式结构，长 380 米，宽 7 米，投入资金 193 万元，渡运工具为 1 艘二车渡钢质机动船，辐射梅坑、鲍山头等 5 村近 600 人。2009 年渡运量为 0.7 万人次。

旦水码头 Dànshuǐ Mǎtóu 位于渤海镇旦水村委黄狗盘窝村，以处地村民委员会得名。于 2007 年 9 月 2 日开工，2008 年 2 月 25 日完工。为二车渡对江渡码头，码头为斜坡式结构，长 270 米，宽 7 米，投资 165 万元，渡运工具为 1 艘二车渡钢质机动船，辐射旦水、石塘山等 5 村 950 人。2009 年渡运量为 2.5 万人次。

门潭码头 Méntán Mǎtóu 位于渤海镇东湖村委底车村，以处地原门潭村民委员会得名。于 2008 年 2 月 14 日开工，2008 年 7 月竣工为 100 吨级斜坡式对江渡车渡码头，长 270 米，宽 9 米，投资 103.36 万元。码头有 30 客位钢质机动船 1 艘，辐射 621 人，2009 年渡运量 1.6 万人次，年渡运量为全县第 5 位。炉西坑至门潭的支航线 6 千米，是炉西峡旅游线的终点码头。

湖坑码头 Húkēng Mǎtóu 位于渤海镇东湖村委坑口村，以处原村民委员会得名。于 2008 年 3 月开工，2008 年 7 月竣工。为 100 吨级斜坡式对江渡车渡码头，长 355 米，宽 9 米，投资 193.03 万元。有 30 客位钢质机动船 1 艘，辐射 530 人，2009 年渡运量 1.5 万人次。炉西坑至门潭的支航线 6 千米，是炉西峡旅游线终点码头。

活岱码头 Huódài Mǎtóu 位于九龙乡活岱村。以处地自然村得名。2008 年 6 月 11 日开工，为 50 吨级踏步式客运码头，投资 21.62 万元。2008 年 8 月 10 日完工。2009 年渡运量 0.4 万人次。

桃源码头 Táoyuán Mǎtóu 位于九龙乡鲍岸村委桃源村。以处地自然村得名。于 2007 年 9 月 2 日开工，为 100 吨级车渡客运码头，斜坡式，长 270 米、宽 7 米，挡墙混凝土结构。码头投资 225 万元，辐射岭里、大顺等 9 村 2400 人。码头 2008 年 7 月 20 日竣工。有二车渡钢质机动船 1 艘，2009 年渡运量分别为2.3万吨、1.9万人次。该码头集散人口较多，是规划中的大顺港湾渔文化及休闲旅游主要水上交通码头。大顺至九龙支航线9千米，水上交通连接九龙省级地质公园和大顺渔文化休闲旅游地。

新长汀码头　Xīnchǎngtīng Mǎtóu　位于九龙乡王塆村，以处地原新长汀村民委员会得名。2008年5月15日开工，为50吨级客运码头、海事码头。码头为踏步式，长40米、宽4米。码头辐射九龙乡大大公路沿线5个村，3000人，是景青公路和水上交通、旅游交汇地。码头于2008年5月30日完工。2008年6月27日第1艘30座渡轮下水试航，解决九龙乡库区两岸百姓出行难问题。

桂根码头　Guìgēn Mǎtóu　位于九龙乡大顺村委西沃村。以处地原桂根村民委员会得名。于2007年12月6日开工，2008年7月25日竣工。为100吨级车渡客运码头，斜坡式，长270米、宽7米，挡墙混凝土结构。投资255万元，辐射徐垟、田坑等9村，1800余人。有二车渡钢质机动船1艘，2009年渡运量1.5万人次。

下朱山码头　Xiàzhūshān Mǎtóu　位于九龙乡鲍岸村委罗埠垟村，因罗埠垟村以被库水淹没，故以下朱山命名。2008年7月1日开工，为50吨级踏步式客运码头，投资6.38万元。2008年8月20日完工，与金山码头形成对江渡，辐射2个村700人。2009年渡运量1.8万人次。

金山码头　Jīnshān Mǎtóu　位于九龙乡鹤口村委金山村，以处地自然村得名。2008年9月26日开工，为50吨级踏步式客运码头，投资18.16万元。2008年11月15日完工，与下朱山码头形成对江渡。2009年渡运量0.3万人次。

顺利码头　Shùnlì Mǎtóu　位于九龙乡顺利村委横坑村。以村民委员会得名。2008年10月20日开工，为50吨级踏步码头，长54米、宽4米，混凝土挡墙，投资15.4万元，辐射顺利源5个村，1500人。码头为第2合同段，2008年11月30日完工。2009年渡运量0.25万人次。该码头是顺利至库坪5千米支航线的进出口码头，是革命老区村重要水上交通线。

后坪码头　Hòupíng Mǎtóu　位于九龙乡后坪村。以村民委员会得名。2008年4月1日开工，2008年5月15日完工。与牛塘码头形成对江客运渡口。为踏步式码头，长54米、宽4米，投资19.01万元，有30客位钢质机动船1艘，渡工3人。码头辐射2个村，1145人。2009年渡运量0.3万人次。

牛塘码头　Niútáng Mǎtóu　位于九龙乡金山村委牛塘村，以处地自然村得名。2008年3月2日开工，为50吨级踏步式码头，投资8.86万元。2008年4月20日完工，与后坪码头成对江渡。2009年渡运量0.32万人次。

朱村码头　Zhūcūn Mǎtóu　位于九龙乡鹤口村委朱村。以处地自然村得名。朱村码头于2008年1月10日开工，2008年3月30日竣工。为50吨级踏步式客运码头，投资8.9万元，客运渡轮1艘。与朱岐码头形成对江渡。2009年渡运量0.25万人次。

朱岐码头　Zhūqí Mǎtóu　位于九龙乡鹤口村委朱岐村。以处地自然村得名。2007年10月20日开工，为50吨级踏步式码头，投资18.29万元，辐射朱岐等村，2007年12月5日完工，与朱村码头成对江渡。2009年渡运量0.23万人次。

方寮码头　Fāngliáo Mǎtóu　位于九龙乡金山村委坑心岗村。于2007年11月2日开工，2007

年12月30日完工，为50吨级踏步式码头，投资24.77万元，辐射方寮等村。与鹤口码头形成对江渡。2009年渡运量0.24万人次。

五坑底码头 Wǔkēngdǐ Mǎtóu 位于九龙乡金山村委五坑底村。以自然村得名。2007年10月15日开工建设，为50吨级踏步式客运码头，投入资金19.73万元。辐射五坑底村230人。码头为第1合同段，2007年11月30日完工，与鹤口码头形成对江渡。2009年渡运量0.4万人次。

鹤口码头 Hèkǒu Mǎtóu 位于九龙乡鹤口村委乌岩村，以村民委员会得名。2007年9月2日开工，设计100吨级踏步式客、货运码头，毗邻青田县岭根乡，与五坑底村成对江渡。2007年10月25日完工。码头长242.63米、宽7米，顶面标高160.5米，底标高136.5米，占用港口岸线长约38米，100吨级车渡泊位1个，按准四级公路标准设计。渡运3万人次/年，车流量1.2万辆(次)/年。有二车渡钢质机动船1艘。

第五节 水库 山塘

水库山塘一览

表4-4 单位：万立方米

序号	名 称	拼 音	库容	所在位置	备注
1	陶山水库	Táoshān Shuǐkù	83	红星街道金钟村	
2	大粗水库	Dàcū Shuǐkù	27	红星街道大粗村	
3	深砻山塘	Shēnlóng Shāntáng	2	红星街道杨绿湖村	
4	后社底山塘	Hòushèdǐ Shāntáng	2.4	红星街道岚头村	
5	丰水一级水库	Fēngshuǐyījí Shuǐkù	40	红星街道	
6	和尚垟山塘	Héshàngyáng Shāntáng	2.5	红星街道岗石村	
7	驮岙头山塘	Tuóàotóu Shāntáng	1.5	红星街道岗石村	
8	汇下坑山塘	Huìxiàkēng Shāntáng	1.65	红星街道岗石村	
9	白水漈水库	Báishuǐjì Shuǐkù	33.9	鹤溪街道张村村	
10	三枝树水库	Sānzhīshù Shuǐkù	794	鹤溪街道三枝树村	
11	外塘岗山塘	Wàitánggǎng Shāntáng	2	渤海镇鲍山头村	
12	西山上山塘	Xīshānshàng Shāntáng	1.2	渤海镇大都村	
13	西山下山塘	Xīshānxià Shāntáng	1.4	渤海镇大都村	
14	牛塘塆山塘	Niútángwān Shāntáng	1.2	渤海镇大都村	
15	上斜山塘	Shàngxié Shāntáng	1.5	渤海镇鲍山头村	
16	垟岗山塘	Yánggǎng Shāntáng	1.3	渤海镇鲍山头村	

表 4-4

序号	名　称	拼　音	库容	所在位置	备注
17	朱方坑山塘	Zhūfāngkēng Shāntáng	1.9	渤海镇旦水村	
18	坦岱水库	Tǎndài Shuǐkù	12.97	渤海镇后垄村	
19	外坑山塘	Wàikēng Shāntáng	1	渤海镇石塘山村	
20	桃源库下水库	Táoyuánkùxià Shuǐkù	30	东坑镇桃源村	
21	田清塘山塘	Tiánqīngtáng Shāntáng	3	东坑镇马坑村	
22	白鹤水库	Báihè Shuǐkù	1600	东坑镇白鹤村	
23	草鱼塘山塘	Cǎoyútáng Shāntáng	3	东坑镇大张坑村	
24	白鹤二级水库	Báihèèrjí Shuǐkù	216	东坑镇	
25	陈潭水库	Chéntán Shuǐkù	25.2	东坑镇	
26	双银坑一级水库	Shuāngyínkēngyījí Shuǐ kù	30.36	东坑镇	
27	东方电站水库	Dōngfāngdiànzhàn Shuǐkù	44.2	东坑镇	
28	龙川水库	Lóngchuān Shuǐkù	184	英川镇黄谢圩村	
29	粗砻水库	Cūlóng Shuǐkù	20.1	英川镇粗垄村	
30	梅七坪山塘	Méiqīpíng Shāntáng	2.5	英川镇张川村	
31	牛七坪山塘	Niúqīpíng Shāntáng	4.3	英川镇张川村	
32	企岩水库	Qǐyán Shuǐkù	10.2	英川镇凤垟村	
33	英川水库	Yīngchuān Shuǐkù	3730	英川镇西坑口村	
34	景润水库	Jǐngrùn Shuǐkù	247	沙湾镇黄水坑村	
35	光头湖山塘	Guāngtóuhú Shāntáng	0.3	沙湾镇张庄村	
36	五叶莲花山塘	Wǔyèliánhuā Shāntáng	1.5	沙湾镇张庄村	
37	庙隆山塘	Miàolóng Shāntáng	1.2	沙湾镇季庄村	
38	岭头湖山塘	Lǐngtóuhú Shāntáng	1	沙湾镇季庄村	
39	漈山头山塘	Jìshāntóu Shāntáng	1.03	沙湾镇道化村	
40	五虎团垟上库山塘	Wǔhǔtuányángshàngkù Shāntáng	3.8	沙湾镇东堡村	
41	五虎团垟下库山塘	Wǔhǔtuányángxiàkù Shāntáng	2.5	沙湾镇东堡村	
42	黄公上库山塘	Huánggōngshàngkù Shāntáng	1	沙湾镇流坑村	
43	黄公下库山塘	Huánggōngxiàkù Shāntáng	1	沙湾镇叶桥村	
44	四格山塘	Sìgé Shāntáng	1.1	沙湾镇流坑村	
45	樟表坑头山塘	Zhāngbiǎokēngtóu Shāntáng	2.5	沙湾镇林坑村	
46	水坪湖山塘	Shuǐpínghú Shāntáng	1.24	沙湾镇林坑村	

表 4-4

序号	名　称	拼　音	库容	所在位置	备注
47	黄公外库山塘	Huánggōngwàikù Shāntáng	1	沙湾镇叶桥村	
48	山脚下山塘	Shānjiǎoxià Shāntáng	1	沙湾镇叶桥村	
49	粗草塆山塘	Cūcǎowān Shāntáng	1	沙湾镇何处村	
50	三八山塘	Sānbā Shāntáng	1.1	沙湾镇李处村	
51	太平垟山塘	Tàipíngyáng Shāntáng	1	沙湾镇何处村	
52	冬瓜砻山塘	Dōngguālóng Shāntáng	1.4	沙湾镇本岱村	
53	柿丘坳山塘	Shìqiūào Shāntáng	1	沙湾镇本岱村	
54	迂丘山塘	Yūqiū Shāntáng	1.5	沙湾镇本岱村	
55	大岗湖山塘	Dàgǎnghú Shāntáng	1.45	沙湾镇旺水村	
56	张坑坳山塘	Zhāngkēngào Shāntáng	1	沙湾镇上处垟村	
57	湖坪头山塘	Húpíngtóu Shāntáng	1	沙湾镇上处垟村	
58	八角垟山塘	Bājiǎoyáng Shāntáng	1.3	沙湾镇莲川村	
59	上牛塘山塘	Shàngniútáng Shāntáng	1.93	沙湾镇小地村	
60	树林头山塘	Shùlíntóu Shāntáng	1.1	沙湾镇林斜村	
61	仰天湖山塘	Yǎngtiānhú Shāntáng	1	沙湾镇蔡湖垟村	
62	有岘田坪山塘	Yǒuxiàntiánpíng Shāntáng	2.5	沙湾镇水井村	
63	虎下山塘	Hǔxià Shāntáng	3	沙湾镇陈司坑村	
64	口赤山塘	Kǒuchì Shāntáng	1	大均乡伏叶村	
65	均垟水库	Jun1yáng Shuǐkù	15.3	大均乡大均村	
66	天堂湖山塘	Tiāntánghú Shāntáng	4.94	澄照乡三石村	
67	翁边山塘	Wēngbiān Shāntáng	1	澄照乡三石村	
68	金牛坑水库	Jīnniúkēng Shuǐkù	13.32	澄照乡	
69	蒲垟水库	Púyáng Shuǐkù	66.38	澄照乡金丘村	
70	竹山山塘	Zhúshān Shāntáng	1	梅岐乡竹山村	
71	张山山塘	Zhāngshān Shāntáng	1	梅岐乡张山村	
72	石银一级水库	Shíyínyījí Shuǐkù	63.2	大漈乡	
73	官塘坳山塘	Guāntángào Shāntáng	1.1	大漈乡琴山村	
74	上塘山塘	Shàngtáng Shāntáng	9.8	大漈乡西二村	
75	鱼漈坑水库	Yújìkēng Shuǐkù	55	景南乡鱼漈村	
76	温风垟山塘	Wēnfēngyáng Shāntáng	9.5	景南乡鱼漈村	

表 4-4

序号	名 称	拼 音	库容	所在位置	备注
77	上标水库	Shàngbiāo Shuǐkù	2180	景南乡上标垟村	
78	潭丘山塘	Tánqiū Shāntáng	1.39	景南乡鱼漈村	
79	上标二级水库	Shàngbiāoèrjí Shuǐkù	316	雁溪乡	
80	湖里岙山塘	Húlǐào Shāntáng	1	鸬鹚乡金岱村	
81	风香袋山塘	Fēngxiāngdài Shāntáng	1.4	鸬鹚乡夏山头村	
82	南坑源一级水库	Nánkēngyuányījí Shuǐkù	98.5	鸬鹚乡	
83	缸窑湖山塘	Gāngyáohú Shāntáng	2	鸬鹚乡徐崇村	
84	文坳山塘	Wénào Shāntáng	2.8	鸬鹚乡山下村	
85	石洞门水库	Shídòngmén Shuǐkù	80.4	梧桐乡高演村	
86	陈念山塘	Chénniàn Shāntáng	1.59	梧桐乡李庄村	
87	树坤山塘	Shùkūn Shāntáng	2.1	梧桐乡东源村	
88	山头后外山塘	Shāntóuhòuwài Shāntáng	1	梧桐乡山前村	
89	山头后内山塘	Shāntóuhòunèi Shāntáng	2.8	梧桐乡山前村	
90	日隆塆山塘	Rìlóngwān Shāntáng	1	梧桐乡角耳塆村	
91	东源湖山塘	Dōngyuánhú Shāntáng	1.8	梧桐乡东源村	
92	上垟山塘	Shàngyáng Shāntáng	2.7	梧桐乡李庄村	
93	双坑山塘	Shuāngkēng Shāntáng	1.1	梧桐乡山前村	
94	榜隆山塘	Bǎnglóng Shāntáng	1	梧桐乡林进村	
95	五洋二级水库	Wǔyángèrjí Shuǐkù	25.86	秋炉乡	
96	五洋一级水库	Wǔyángyījí Shuǐkù	99.5	秋炉乡	
97	吊砚山塘	Diàoyàn Shāntáng	5.7	秋炉乡新塘垟村	
98	山昌砻山塘	Shānchānglóng Shāntáng	1.2	标溪乡马山村	
99	苏岙山塘	Sūào Shāntáng	1.2	标溪乡何庄村	
100	上百田山塘	Shàngbǎitián Shāntáng	2.7	标溪乡何庄村	
101	坳头岙山塘	àotóuào Shāntáng	1.1	标溪乡东车村	
102	无底岙山塘	Wúdǐào Shāntáng	2	标溪乡何庄村	
103	祠堂塆山塘	Cítángwān Shāntáng	1	标溪乡处基村	
104	底寮湖山塘	Dǐliáohú Shāntáng	1	标溪乡处基村	
105	驮毛砻山塘	Tuómáolóng Shāntáng	1	标溪乡处基村	
106	毛垟水库	Máoyáng Shuǐkù	181	毛垟乡毛垟村	

表 4-4

序号	名　称	拼　音	库容	所在位置	备注
107	长塘后山塘	Chángtánghòu Shāntáng	1	大地乡驮垟村	
108	大地村尾山塘	Dàdìcūnwěi Shāntáng	1	大地乡大地村	
109	大地黄坑水库	Dàdìhuángkēng Shuǐkù	90.5	大地乡黄坑村	
110	岭头桥水库	Lǐngtóuqiáo Shuǐkù	42.5	家地乡	
111	芎岱楼水库	Xiōngdàilóu Shuǐkù	389.5	家地乡家地村	
112	顺利二级水库	Shùnlìèrjí Shuǐkù	50	九龙乡	
113	白殿坑水库	Báidiànkēng Shuǐkù	20.48	九龙乡	
114	小垟山塘	Xiǎoyáng Shāntáng	4.5	九龙乡徐垟村	
115	水口山塘	Shuǐkǒu Shāntáng	2.5	九龙乡田坑村	
116	塘塆底山塘	Tángwāndǐ Shāntáng	1.5	九龙乡后坪村	
117	杨梅隆山塘	Yángméilǒng Shāntáng	2.92	九龙乡鹤口村	
118	高金山塘	Gāojīn Shāntáng	1	九龙乡金山村	
119	堂头墩山塘	Tángtóudūn Shāntáng	1.2	九龙乡后坪村	
120	安塘峡山塘	āntángxiá Shāntáng	1.1	九龙乡后坪村	
121	白坦水库	Báitǎn Shuǐkù	11.03	九龙乡方寮排村	
122	高岩下水库	Gāoyánxià Shuǐkù	510	九龙乡高岩下村	
123	岭头山塘	Lǐngtóu Shāntáng	1	九龙乡徐垟村	
124	黄坑水库	Huángkēng Shuǐkù	10.4	九龙乡上后坪村	
125	上朱山山塘	Shàngzhūshān Shāntáng	1	九龙乡鲍岸村	

水库山塘选介

千峡湖　Qiānxiá Hú　又名滩坑电站水库。位于瓯江流域小溪支流中段，上至景宁鹤溪，下至青田滩坑电站大坝。该湖呈峡谷型，坝址以上集雨面积 3330 平方千米，总库容 41.9 亿立方米，正常库容 35.2 亿立方米。正常蓄水位 160 米，死水位 120 米，台汛期限制水位 156.5 米。千峡湖是集发电、旅游、生态、防洪、供水、灌溉为一体的多功能大型水库。水域面积 70.93 平方千米，景宁区域面积 39 平方千米，干流回水长 80 千米，占比 51%。设有 3.5 亿立方米防洪库容，拦洪削峰提高下游农田和居民点抵御洪水能力。

英川水库　Yīngchuān Shuǐkù　位于英川镇西坑口村。属小溪上游英川港水系。水库大坝采用面板堆石坝，坝顶高程 561 米，最大坝高 87 米、坝顶宽 6 米、长 250 米、上下游坡均为 1:1.3。大坝左岸布置正堰溢洪道，坝顶高程 549 米，上建 4 孔宽 8 米高 6.5 米的泄洪闸，弧形钢闸门挡水高度6米，末端建挑流鼻坎，泄洪挑出后顺山坡进入老河道，设计洪水最大下泄流量1204立方米/秒，校核洪水最大下泄流量2018立方米/秒，最大单宽流量63立方米/秒，流域面积199平方千米，正常蓄水位555米，库容3731万立方米。以发电为主，主要建筑物按洪水50年一遇设计。

上标水库 Shàngbiāo Shuǐkù 位于景南乡上标垟村。距县城26千米。系中央和地方合资开发的上标电站蓄水库。于1985年5月动工，1990年上半年建成。其中电站坝址以上集雨面积25.7平方千米，跨流引入水库集雨面积4.4平方千米。水库大坝为非溢流混凝土双曲薄拱坝，坝高50.7米，坝顶弧长105米。水库正常蓄水位987米，总库容量2159万立方米，正常库容1763万立方米。坝后建电站一座，装机容量19000千瓦，灌溉农田310亩。

白鹤水库 Báihè Shuǐkù 位于东坑镇白鹤村。属飞云江水系北溪港。1998年5月开工建设，拦河大坝为混泥土双曲拱坝，坝顶高程562.5米，坝底高程497.5米，最大坝高65米。二道坝为单园筒拱坝，高12米，距大坝170米。集雨面积150平方千米，正常蓄水位560米，库容1600万立方米。引水系统由进水口、隧洞、管桥、调压井及斜洞等组成，全长2802米。景宁至泰顺省道公路经过库周。水库以发电为主，兼顾防洪等功能。

白水漈水库 Báishuǐjì Shuǐkù 位于鹤溪街道三枝树村。距县城5.5千米，因所在地习称白水漈，故名白水漈水库。于1969年动工，1979年建成。集雨面积1.17平方千米，坝高25.7米，系粘土心墙坝。总库容33.9万立方米，蓄水量27.1万立方米。渠道长200米，灌溉面积1500亩。坝后建电站一座，装机容量800千瓦。

企岩水库 Qǐyán Shuǐkù 位于英川镇南部，海拔1200米，因所在地习称企岩，故名。1959年冬开工，1962年建成。投工1.89万个，建筑土石方1.4万立方米，资金2.3万元。总库容10.2万立方米，库区水面26亩。配套渠道2456米。灌溉凤垟、张川2个村民委员会农田220亩。

五叶莲花山塘 Wǔyèliánhuā Shāntáng 位于沙湾镇岱头垟村。距县城21.7千米，因所在地习称五叶莲花，故名。1958年建成。坝高12.4米，库容1.5万立方米，灌溉面积60亩。

漈山头山塘 Jìshāntóu Shāntáng 位于沙湾镇道化村。距县城27.3千米，因所在地习称漈山头，故名。1958年建成。坝高10.8米，库容1.03万立方米，灌溉面积70亩。

八角垟山塘 Bājiǎoyáng Shāntáng 又名包家垟水库。位于沙湾镇莲川村。距县城31.5千米，因所在地习称八角垟，故名。在麻竹坪通往横垄坪、黄泥寮等村路边。于1971年动工，发动多村劳动力，人工凿渠筑坝，吃住在山寮，苦干四年余，1975年底建成。集雨面积0.8平方千米，坝高12米，库容2.5万立方米，灌溉面积110亩。

迂丘山塘 Yūqiū Shāntáng 位于沙湾镇本岱村。距县城29千米，因所在地习称迂丘，故名。1971年建成，坝高9米，库容1.5万立方米，灌溉面积150亩。

冬瓜砻山塘 Dōngguālóng Shāntáng 位于沙湾镇本岱村。距县城30千米，因所在地习称冬瓜砻，故名。1975年建成。坝高9米，库容1.4万立方米，灌溉面积140亩。

柿丘坳山塘 Shìqiūào Shāntáng 位于沙湾镇本岱村。距县城28.5千米，因所在地习称柿丘坳，故名。1975 年建成。坝高 10 米，库容 1 万立方米，灌溉面积 80 亩。

张坑坳山塘 Zhāngkēngào Shāntáng 位于沙湾镇上处垟村。距县城 28 千米，因所在地习称张坑坳，故名。1973 年建成，坝高 7 米，库容 1 万立方米，灌溉面积 70 亩。

湖平头山塘 Húpíngtóu Shāntáng 位于沙湾镇上处垟村。距县城 29.5 千米，因所在地习称湖平头，故名。1973 年建成。坝高 9 米，库容 1 万立方米，灌溉面积 70 亩。

大岗湖山塘 Dàgǎnghú Shāntáng 位于沙湾镇旺水村。地处燕窝尖东麓，距县城 28 千米。因所在地习称大岗湖，故名。1971 年开工，1974 年建成，集雨面积 0.25 平方千米，坝高 8 米，库容 1.4 万立方米，灌溉面积 350 亩。

水坪湖山塘 Shuǐpínghú Shāntáng 位于沙湾镇林坑村。距县城 29.5 千米，因所在地习称水坪湖，故名。1971 年建成。集雨面积 0.2 平方千米，坝高 7 米，库容 1.24 万立方米，灌溉面积 150亩。

樟表坑头山塘 Zhāngbiǎokēngtóu Shāntáng 位于沙湾镇林坑村。距县城 34.5 千米，因地处樟表坑源头，故名。1975 年建成。集雨面积 0.8 平方千米，坝高 10 米，库容 2.5 万立方米，渠道长 2300 米，灌溉面积 1500 亩。

黄公山塘 Huánggōng Shāntáng 位于沙湾镇流坑村。距县城 37 千米，因所在地习称黄公，故名。分黄公上库山塘，黄公下库山塘，1971 年开工，1972 年建成。集雨面积 0.6 平方千米，库容 2 万立方米，渠道长 2000 米，灌溉面积 250 亩。

粗草塆山塘 Cūcǎowān Shāntáng 位于沙湾镇何处村。距县城 35 千米，因所在地习称粗草塆，故名。1969 年建成。集雨面积 0.2 平方千米，坝高 19 米，库容 1 万立方米，渠道长 4000 米，灌溉面积 450 亩。

五虎团垟上库山塘 Wǔhǔtuányángshàngkù Shāntáng 位于沙湾镇东堡村。距县城 34 千米，因所在地习称五虎团垟，故名。1974 年建成。集雨面积 0.1 平方千米，坝高 10 米，库容 3.8 万立方米，灌溉面积 300 亩。

五虎团垟下库山塘 Wǔhǔtuányángxiàkù Shāntáng 位于沙湾镇东堡村。距县城 34.2 千米，因所在地习称五虎团垟，故名。1972 年建成。集雨面积 0.1 平方千米，坝高 16 米，库容 2.5 万立方米，灌溉面积 300 亩。

太平垟山塘 Tàipíngyáng Shāntáng 位于沙湾镇何处村。距县城 36 千米，因所在地习称太平垟，故名。1958 年建成。集雨面积 0.2 平方千米，坝高 9 米，库容 1 万立方米，灌溉面积 350 亩。

有岘田坪山塘 Yǒuyántiánpíng Shāntáng 位于沙湾镇水井村。处驮垟坳水井村侧，南与大地乡接壤。距县城 25.5 千米，因所在地习称有岘田坪，故名。1974 年建成。坝高 12 米，库容 2.5 万立方米，灌溉面积 250 亩。

蒲垟山塘 Púyáng Shāntáng 位于澄照乡金丘村。距县城 7.5 千米，因所在地习称蒲垟，故名。处草鱼塘森林公园西麓，与东坑镇接壤。1972 年开工，1974 年 7 月建成。集雨面积 2.1 平方千米，系粘土心墙坝，坝高25米，总库容70.48万立方米，蓄水量57.7万立方米，渠道长17000米，灌溉面积4000亩。坝后建有蒲垟一级、蒲垟二级等电站，装机容量560万千瓦。

天堂湖山塘 Tiāntánghú Shāntáng 位于澄照乡三石村，距县城3.5千米。天堂湖地处鹤溪街道、澄照乡和大均乡三地交界处。东接红星街道城西村，南连三石村，西南为石灰炉村及大赤坑源，北达余山老村。水库海拔860米余，库容4.94万立方米。这里森林茂密，水源充足，交通方便，生态环境良好。山区小气候明显，常年云雾缭绕，适宜惠明茶生长。现辟为惠明茶基地，库周大面积发展惠明茶产业。

后社底山塘 Hòushèdǐ Shāntáng 位于红星街道岚头村。距县城9.5千米，因所在地习称后社底，故名。1968年建成。集雨面积0.3平方千米，坝高11米，库容2.4万立方米，灌溉面积150亩。

和尚垟山塘 Héshàngyáng Shāntáng 位于红星街道岗石村。距县城4.5千米，因所在地习称和尚垟，故名。1973年建成。集雨面积1.5平方千米，坝高10米，库容2.5万立方米，灌溉面积50亩。

汇下坑山塘 Huìxiàkēng Shāntáng 位于红星街道岗石村。距县城7千米，因水库建在汇下坑村，故名。1971年建成。集雨面积2平方千米，坝高14米，库容1.65万立方米，灌溉面积80亩。

张山山塘 Zhāngshān Shāntáng 位于梅岐乡张山村水口，以村得名。东邻新建李氏宗祠。梅岐至桂远公路经过水库边。距县城6千米。集水面积0.6平方千米，坝高11.8米，库容1万立方米，灌溉面积100亩。

管塘坳山塘 Guǎntángào Shāntáng 位于大漈乡琴山村。距县城15.4千米。因所在地习称管塘，故名。1970年建成。集雨面积3平方千米，坝高10.5米，库容1万立方米，灌溉面积80亩。

潭丘山塘 Tánqiū Shāntáng 位于景南乡鱼漈村。距县城31.2千米，因所在地习称潭丘，故名。1975年建成。集雨面积0.5平方千米，坝高9.2米，库容1.39万立方米，灌溉面积60亩。

温风垟山塘 Wēnfēngyáng Shāntáng 位于景南乡鱼漈村。距县城30.8千米，因所在地习称温风垟，故名。1981年建成。集雨面积0.5平方千米，坝高13米，库容9.5万立方米，灌溉面积200亩。

文坳山塘 Wénào Shāntáng 位于鸬鹚乡山下村。距县城28千米，因水库所在地为鸬鹚乡文坳村，以村得名。1975年建成。集雨面积0.5平方千米，坝高15.4米，库容2.8万立方米，灌溉面积400亩。

缸窑湖山塘 Gāngyáohú Shāntáng 位于鸬鹚乡徐崇村。距县城28千米，因所在地习称缸窑湖，故名。1961年建成。集雨面积0.4平方千米，坝高5.5米，库容2万立方米，灌溉面积200亩。

风香岱山塘 Fēngxiāngdài Shāntáng 位于鸬鹚乡夏山头村。距县城22.7千米，因所在地习称风香岱，故名。1959年建成。集雨面积0.5平方千米，坝高6.9米，库容1.4万立方米，灌溉面积

100 亩。

上垟山塘 Shàngyáng Shāntáng 位于梧桐乡李庄村。距县城 14 千米，因所在地习称上垟，故名。1982 年建成。集雨面积 0.05 平方千米，坝高 10.6 米，库容 2.7 万立方米，灌溉面积 80 亩。

陈念山塘 Chénniàn Shāntáng 位于梧桐乡李庄村。距县城 13.5 千米，因所在地习称陈念，故名。1971 年建成。集雨面积 0.03 平方千米，坝高 6.4 米，库容 1.59 万立方米，灌溉面积 50亩。

榜隆山塘 Bǎnglóng Shāntáng 位于梧桐乡林进村。距县城千米，因水库所在地习称榜隆，故名。1958 年建成。集雨面积 0.02 平方千米，坝高 16.5 米，库容 1 万立方米，灌溉面积 50 亩。

日隆塆山塘 Rìlóngwān Shāntáng 位于梧桐乡角耳塆村。距县城 18.5 千米，因水库所在地习称日隆塆，故名。1959 年建成。集雨面积 0.01 平方千米，坝高 13 米，库容 1 万立方米，灌溉面积 38 亩。

上百田山塘 Shàngbǎitián Shāntáng 位于标溪乡何庄村。距县城 20.3 千米，因所在地习称上百田，故名。1971 年建成。集雨面积 0.03 平方千米，坝高 10.5 米，库容 2.7 万立方米，灌溉面积 120 亩。

新塘垟山塘 Xīntángyáng Shāntáng 位于秋炉乡新塘垟村。距县城 42.8 千米，因水库所在地为新塘垟，以村得名。1959 年建成。集雨面积 1.2 平方千米，坝高 10 米，库容 4.3 万立方米，灌溉面积 300 亩。

黄坑水库 Huángkēng Shuǐkù 位于九龙乡上后坪村。距县城 33 千米，因所在地习称黄坑，故名。1970 年动工，1973 年建成。集雨面积 0.3 平方千米，系粘土心墙坝，坝高 19 米，库容 10.1 万立方米，蓄水量 8.1 万立方米。渠道长 1000，灌溉面积 150 亩。坝后建有电站一座。

水口山塘 Shuǐkǒu Shāntáng 位于九龙乡田坑村。距县城 25.5 千米，因所在地习称水口，故名。1973 年建成。集雨面积 2.5 平方千米，坝高 8 米，库容 2.5 万立方米，灌溉面积 80 亩。

岭头山塘 Lǐngtóu Shāntáng 位于九龙乡徐垟村。距县城 25.9 千米，因所在地习称岭头，故名。1981 年建成。集雨面积 0.6 平方千米，坝高 11 米，库容 1 万立方米，灌溉面积 60 亩。

杨梅垄山塘 Yángméilǒng Shāntáng 位于九龙乡鹤口村。距县城 30.5 千米，因所在地习称杨梅垄，故名。1960 年建成。集雨面积 0.2 平方千米，坝高 10 米，库容 2.92 万立方米，灌溉面积 300 亩。

坦岱水库 Tǎndài Shuǐkù 位于渤海镇后垄村。距县城 21 千米，因所在地习称坦岱，故名。于 1972 年动工，1975 年建成。集雨面积 2 平方千米，坝高 18 米，系粘土心墙坝。总库容 12.97 万立方米，蓄水量 13 万立方米。渠道长 12400 米，灌溉面积 300 亩。

草鱼塘山塘 Cǎoyútáng Shāntáng 位于东坑镇大张坑村。距县城 5.5 千米，因所在地习称草鱼塘，故名。于 1969 年动工，1971 年 5 月建成。集雨面积 3.2 平方千米，坝高 12.6 米。总库容 3 万立方米，灌溉面积 110 亩。

牛赤坪山塘 Niúchìpíng Shāntáng 位于英川镇张川村。距县城37千米,因所在地习称牛赤坪,故名。1975年建成。集雨面积0.5平方千米,坝高11米,库容4.3万立方米,灌溉面积80亩。

梅七坪山塘 Méiqīpíng Shāntáng 位于英川镇张川村。距县城36.8千米,因所在地习称梅七坪,故名。1974年建成。集雨面积0.5平方千米,坝高8米,库容2.5万立方米,灌溉面积60亩。

安塘峡山塘 āntángxiá Shāntáng 位于九龙乡后坪村。距县城30.8千米,因所在地习称安塘峡,故名。1957年建成。坝高15米,库容1.1万立方米,灌溉面积100亩。

第六节 水电站

全县运行电站一览

表4–5　　单位:千瓦、万

序号	名 称	拼 音	电站地址	流域	总装机	年发电量
1	古传电站	Gǔchuán Diànzhàn	红星街道古传村	小溪	400	157
2	三重漈电站	Sānchóngjì Diànzhàn	红星街道金包山村	小溪	520	130
3	双坑电站	Shuāngkēng Diànzhàn	红星街道金钟村	小溪	800	220
4	陶山电站	Táoshān Diànzhàn	红星街道金钟村	小溪	1600	411
5	大粗电站	Dàcū Diànzhàn	红星街道大粗村	小溪	1000	260
6	白水漈电站	Báishuǐjì Diànzhàn	鹤溪街道三枝树村	鹤溪	1200	268
7	滩岭电站	Tānlǐng Diànzhàn	鹤溪街道三枝树村	鹤溪	200	70
8	丰水一级电站	Fēngshuǐ Yī Jí Diànzhàn	鹤溪街道三枝树村	鹤溪	630	207
9	丰水二级电站	Fēngshuǐ Er Jí Diànzhàn	鹤溪街道三枝树村	鹤溪	1600	400
10	白水漈二级电站	Báishuǐjì Er Jí Diànzhàn	鹤溪街道三枝树村	鹤溪	400	95
11	三枝树电站	Sānzhīshù Diànzhàn	鹤溪街道三枝树村	鹤溪	13240	2974
12	张春电站	Zhāngchūn Diànzhàn	鹤溪街道下张村	鹤溪	4400	1050
13	扫口电站	Sǎokǒu Diànzhàn	鹤溪街道扫口村	小溪	500	180
14	梅坑一级电站	Méikēng Yī Jí Diànzhàn	渤海镇梅坑村	小溪	75	16
15	梅坑二级电站	Méikēng Er Jí Diànzhàn	渤海镇梅坑村	小溪	285	70
16	景青电站	Jǐngqīng Diànzhàn	渤海镇旦水村	小溪	1260	274
17	外垟电站	Wàiyáng Diànzhàn	渤海镇安亭村	小溪	125	45
18	大白坑电站	Dàbáikēng Diànzhàn	东坑镇东坑村	飞云江	1430	448

续表 4-5

序号	名　称	拼　音	电 站 地 址	流域	总装机	年发电量
19	草鱼塘电站	Cǎoyútáng Diànzhàn	东坑镇草鱼塘村	飞云江	100	40
20	漈门电站	Jìmén Diànzhàn	东坑镇桃源村	飞云江	720	185
21	夕阳坑电站	XīyángkēngDiànzhàn	东坑镇西垟坑村	飞云江	320	100
22	白鹤电站	Báihè Diànzhàn	东坑镇章坑村	飞云江	25000	5925
23	白鹤二级电站	Báihè Er Jí Diànzhàn	东坑镇白鹤村	飞云江	8000	2120
24	桥银坑电站	Qiáoyínkēng Diànzhàn	东坑镇杨斜村	飞云江	1260	169.6
25	北溪一级电站	Běixī Yī Jí Diànzhàn	东坑镇白鹤村	飞云江	960	307
26	北溪二级电站	Běixī Er Jí Diànzhàn	东坑镇白鹤村	飞云江	820	256
27	桃源库下电站	Táoyuánkùxià Diànzhàn	东坑镇白鹤水库边村	飞云江	3200	800
28	陈潭电站	Chéntán Diànzhàn	东坑镇杨斜村	飞云江	1260	330
29	西垟坑电站	Xīyángkēng Diànzhàn	东坑镇大仰村	飞云江	1000	242
30	坑下电站	Kēngxià Diànzhàn	英川镇坑垟村	英川港	2100	480
31	坑垟电站	Kēngyáng Diànzhàn	英川镇坑垟村	英川港	160	68
32	岭头电站	Lǐngtóu Diànzhàn	英川镇岭头村	英川港	1150	350
33	桥头垟电站	Qiáotóuyáng Diànzhàn	英川镇英川村	英川港	410	120
34	梅漴电站	Méichóng Diànzhàn	英川镇梅漴村	英川港	125	50
35	毛坑口电站	Máokēngkǒu Diànzhàn	英川镇包坑口村	英川港	200	45
36	粗砻一级电站	Cūlóng Yī Jí Diànzhàn	英川镇粗垄村	英川港	925	270
37	粗砻二级电站	Cūlóng Er Jí Diànzhàn	英川镇岭头村	英川港	1270	340
38	茶园电站	Cháyuán Diànzhàn	英川镇茶园村	英川港	325	135
39	黄谢圩电站	Huángxièxū Diànzhàn	英川镇黄谢圩村	英川港	160	65
40	华发电站	Huáfā Diànzhàn	英川镇隆下村	英川港	325	25
41	华发二级电站	Huáfā Er Jí Diànzhàn	英川镇隆下村	英川港	200	83
42	洪源电站	Hóngyuán Diànzhàn	英川镇洪源村	英川港	500	190
43	新村电站	Xīncūn Diànzhàn	英川镇新村村	英川港	360	110
44	雁湖电站	Yànhú Diànzhàn	英川镇雁湖村	英川港	4520	1200
45	英川一级电站	Yīngchuān Yī Jí Diànzhàn	英川镇黄垟口村	英川港	40000	11000
46	底垟电站	Dǐyáng Diànzhàn	英川镇底垟村	英川港	800	230
47	黄垟口电站	Huángyángkǒu Diànzhàn	英川镇黄垟口村	英川港	1600	496
48	龙川电站	Lóngchuān Diànzhàn	英川镇半岭村	英川港	10000	2526

续表 4–5

序号	名 称	拼 音	电站地址	流域	总装机	年发电量
49	洪水岭电站	Hóngshuǐlǐng Diànzhàn	英川镇洪源村	英川港	3200	825
50	茶园(新)电站	Cháyuán(xīn) Diànzhàn	英川镇茶园村	英川港	3200	820
51	半岭电站	Bànlǐng Diànzhàn	英川镇半岭村	英川港	800	200
52	金坑垟电站	Jīnkēngyáng Diànzhàn	英川镇毛坑头村	黄水坑	1000	285
53	新桥头电站	Xīnqiáotóu Diànzhàn	沙湾镇铁卜岭尾村	黄水坑	3200	630
54	峡桥一级电站	Xiáqiáo Yī Jí Diànzhàn	沙湾镇叶桥村	黄水坑	200	55
55	峡桥一级半电站	Xiáqiáo Yī Jíbàn Diànzhàn	沙湾镇峡桥村	黄水坑	125	15
56	峡桥二级电站	Xiáqiáo Er Jí Diànzhàn	沙湾镇黄水坑村	黄水坑	800	200
57	峡桥三级电站	Xiáqiáo Sān Jí Diànzhàn	沙湾镇黄水坑村	黄水坑	1200	276
58	金锋一级电站	Jīnfēng Yī Jí Diànzhàn	沙湾镇大地桥村	毛垟港	2400	750
59	金锋二级电站	Jīnfēng Er Jí Diànzhàn	沙湾镇大地桥村	毛垟港	500	135
60	鸬鹚电站	Lúcí Diànzhàn	沙湾镇交见圩村	英川港	4100	2000
61	七里电站	Qīlǐ Diànzhàn	沙湾镇七里村	水井坑	640	35
62	仙姑(东风)电站	Xiāngū Diànzhàn	沙湾镇仙姑村	小溪	445	210
63	均垟电站	Jun1yáng Diànzhàn	大均乡水碓垟村	小溪	1890	700
64	泉坑电站	Quánkēng Diànzhàn	大均乡泉坑村	小溪	200	55
65	新亭电站	Xīntíng Diànzhàn	大均乡新亭村	小溪	925	285
66	大赤坑一级电站	Dàchìkēng Yī Jí Diànzhàn	大均乡大赤坑村	大赤坑	720	400
67	大赤坑二级电站	Dàchìkēng Er Jí Diànzhàn	大均乡大赤坑村	大赤坑	150	80
68	溪下坑电站	Xīxiàkēng Diànzhàn	大均乡溪下坑村	大赤坑	800	306
69	垟下电站	Yángxià Diànzhàn	大均乡大均村	小溪	625	286
70	垟溪电站	Yángxī Diànzhàn	澄照乡溪下库村	大赤坑	400	150
71	大赤垟电站	Dàchìyáng Diànzhàn	澄照乡大赤垟村	大赤坑	200	55
72	蒲垟一级电站	Púyáng Yī Jí Diànzhàn	澄照乡金丘村	大赤坑	160	40
73	蒲垟二级电站	Púyáng Er Jí Diànzhàn	澄照乡金丘村	大赤坑	400	120
74	蒲垟三级电站	Púyáng Sān Jí Diànzhàn	澄照乡三石村	大赤坑	720	202
75	蒲垟四级电站	Púyáng Sì Jí Diànzhàn	澄照乡三石村	大赤坑	400	130
76	龙潭电站	Lóngtán Diànzhàn	澄照乡三石村	大赤坑	480	117
77	大垟电站	Dàyáng Diànzhàn	澄照乡石瓦垄村	大赤坑	720	120
78	蒲坑电站	Púkēng Diànzhàn	澄照乡金丘村	大赤坑	500	96

续表 4-5

序号	名　称	拼　　音	电 站 地 址	流域	总装机	年发电量
79	漈头电站	Jìtóu Diànzhàn	澄照乡漈头村	大赤坑	950	180
80	龙潭库电站	Lóngtánkù Diànzhàn	梅岐乡古楼岭脚村	龙潭桥坑	1260	178
81	驮梁溪电站	Tuóliángxī Diànzhàn	梅岐乡梅岐村	梅岐坑	1260	330
82	银水漈电站	Yínshuǐjì Diànzhàn	梅岐乡横坪村	炉西坑	950	250
83	红旗电站	Hóngqí Diànzhàn	梅岐乡横坪村	炉西坑	325	140
84	桂竹三级电站	Guìzhú Sān Jí Diànzhàn	梅岐乡横坪村	炉西坑	1500	500
85	双银坑电站	Shuāngyínkēng Diànzhàn	梅岐乡留钱村	炉西坑	900	122
86	双银坑一级电站	Shuāngyínkēng Yī Jí Diànzhàn	梅岐乡留钱村	梅岐坑	1000	281
87	岭根电站	Lǐnggēn Diànzhàn	梅岐乡岗楼村	炉西坑	650	189
88	下圩电站	Xiàxū Diànzhàn	郑坑乡张坑下村	小溪	80	25
89	吴布电站	Wúbù Diànzhàn	郑坑乡半岭村	小溪	115	40
90	石柱口电站	Shízhùkǒu Diànzhàn	大漈乡小佐村	小佐坑	640	245
91	雪花漈一级电站	Xuěhuājì Yī Jí Diànzhàn	大漈乡漈头村	小佐坑	250	88
92	雪花漈二级电站	Xuěhuājì Er Jí Diànzhàn	大漈乡小佐村	小佐坑	2500	800
93	金牛坑二级电站	Jīnniúkēng Er Jí Diànzhàn	大漈乡犁头尖村	金兰坑	500	185
94	金牛坑三级电站	Jīnniúkēng Sān Jí Diànzhàn	大漈乡坑下村	金兰坑	125	38
95	鱼漈坑电站	Yújìkēng Diànzhàn	景南乡上标垟村	标溪港	1040	350
96	鱼漈坑尾电站	Yújìkēngwěi Diànzhàn	景南乡鱼漈村	飞云江	125	30
97	鱼漈坑一级电站	Yújìkēng Yī Jí Diànzhàn	景南乡上标垟村	飞云江	400	150
98	蚊虫岭电站	Wénchónglǐng Diànzhàn	景南乡东塘村	飞云江	500	251
99	蚊子岭一级电站	Wénzǐlǐng Yī Jí Diànzhàn	景南乡东塘村	飞云江	530	155
100	上标一级电站	Shàngbiāo Yī Jí Diànzhàn	雁溪乡雁溪村	标溪港	19000	6350
101	上标一级半电站	Shàngbiāo Yī Jíbàn Diànzhàn	雁溪乡雁溪村	标溪港	1260	430
102	上标二级电站	Shàngbiāo Er Jí Diànzhàn	雁溪乡雁溪村	标溪港	10000	2530
103	交溪口电站	Jiāoxīkǒu Diànzhàn	雁溪乡柘垮村	标溪港	2520	750
104	岭头桥电站	Lǐngtóuqiáo Diànzhàn	雁溪乡柘垮村	标溪港	6400	1715
105	石银一级电站	Shíyín Yī Jí Diànzhàn	雁溪乡石仁村	标溪港	600	204
106	石仁二级电站	Shírén Er Jí Diànzhàn	雁溪乡石仁村	小佐坑	1890	650
107	黄坑圩二级电站	Huángkēngxū Er Jí Diànzhàn	鸬鹚乡南坑下村	南坑源	200	50
108	猢狲坪电站	Húsūnpíng Diànzhàn	鸬鹚乡南坑下村	南坑源	840	320

续表 4-5

序号	名称	拼音	电站地址	流域	总装机	年发电量
109	猢狲坪二级电站	Húsūnpíng Er Jí Diànzhàn	鸬鹚乡南坑下村	南坑源	400	150
110	富仁坑电站	Fùrénkēng Diànzhàn	鸬鹚乡南坑下村	南坑源	500	248
111	南坑源一级电站	Nánkēngyuán Yī Jí Diànzhàn	鸬鹚乡南坑下村	南坑源	3200	869
112	南坑源二级电站	Nánkēngyuán Er Jí Diànzhàn	鸬鹚乡南坑下村	南坑源	1500	315
113	南坑源三级电站	Nánkēngyuán Sān Jí Diànzhàn	鸬鹚乡南坑下村	南坑源	640	200
114	南坑下电站	Nánkēngxià Diànzhàn	鸬鹚乡鸬鹚村	南坑源	1800	600
115	英川三级电站	Yīngchuān Sān Jí Diànzhàn	鸬鹚乡鸬鹚村	英川港	7500	1890
116	龙石潭电站	Lóngshítán Diànzhàn	鸬鹚乡鸬鹚村	英川港	2400	680
117	金坑一级电站	Jīnkēng Yī Jí Diànzhàn	梧桐乡梧桐坑村	梧桐坑	1200	340
118	金坑二级电站	Jīnkēng Er Jí Diànzhàn	梧桐乡梧桐坑村	梧桐坑	410	90
119	金坑三级(金秋)电站	Jīnkēng Sān Jí Diànzhàn	梧桐乡隔溪村	梧桐坑	4000	800
120	梧桐坑电站	Wútóngkēng Diànzhàn	梧桐乡梧桐坑村	梧桐坑	3750	640
121	金丝坑电站	Jīnsīkēng Diànzhàn	梧桐乡隔溪村	梧桐坑	1600	370
122	石洞门电站	Shídòngmén Diànzhàn	梧桐乡坑底垟村	金兰坑	1600	380
123	上标三级电站	Shàngbiāo Sān Jí Diànzhàn	标溪乡若要村	标溪港	1000	518
124	上标四级电站	Shàngbiāo Sì Jí Diànzhàn	标溪乡桃树村	标溪港	1500	550
125	上标五级电站	Shàngbiāo Wǔ Jí Diànzhàn	标溪乡枫林口村	标溪港	2520	650
126	上标六级电站	Shàngbiāo LiùJí Diànzhàn	标溪乡枫林口村	标溪港	3200	912
127	枫林口电站	Fēnglínkǒu Diànzhàn	标溪乡枫林口村	标溪港	650	100
128	东叶坑电站	Dōngyèkēng Diànzhàn	标溪乡叶谢村	标溪港	200	88
129	引井口电站	Yǐnjǐngkǒu Diànzhàn	标溪乡预章村	标溪港	1260	350
130	预章电站	Yùzhāng Diànzhàn	标溪乡预章村	标溪港	800	249
131	景标电站	Jǐngbiāo Diànzhàn	标溪乡万圩村	标溪港	1890	600
132	炉西电站	Lúxī Diànzhàn	毛垟乡炉西村	毛垟港	1890	400
133	新坑电站	Xīnkēng Diànzhàn	毛垟乡炉西村	毛垟港	500	100
134	炉西坑电站	Lúxīkēng Diànzhàn	毛垟乡毛垟村	炉西坑	650	162.5
135	毛垟电站	Máoyáng Diànzhàn	毛垟乡毛垟村	毛垟港	6400	1837
136	库下翘电站	Kùxiàqiào Diànzhàn	毛垟乡库下村	毛垟港	320	135
137	景润电站	Jǐngrùn Diànzhàn	毛垟乡库下村	毛垟港	6400	1546
138	永库电站	Yǒngkù Diànzhàn	毛垟乡库下村	毛垟港	3750	1400

续表 4–5

序号	名　称	拼　　音	电 站 地 址	流域	总装机	年发电量
139	银库电站	Yínkù Diànzhàn	毛垟乡库下村	毛垟港	3200	1070
140	五垟一级电站	Wǔyáng Yī Jí Diànzhàn	秋炉乡秋炉村	毛垟港	1600	430
141	五垟二级电站	Wǔyáng Er Jí Diànzhàn	秋炉乡下圩村	毛垟港	1890	518
142	坑边电站	Kēngbiān Diànzhàn	秋炉乡坑边村	毛垟港	2500	637.5
143	景埠电站	Jǐngbù Diànzhàn	大地乡丁埠头村	标溪港	125	35
144	大地水尾电站	Dàdìshuǐwěi Diànzhàn	大地乡大地村	毛垟港	75	18
145	黄坑电站	Huángkēng Diànzhàn	大地乡黄坑村	毛垟港	3200	990
146	大隆电站	Dàlóng Diànzhàn	家地乡岭尾村	标溪港	640	124
147	家地电站	Jiādì Diànzhàn	家地乡谢家斗村	标溪港	890	320
148	芎岱电站	Xiōngdài Diànzhàn	家地乡芎岱村	标溪港	320	90
149	芎岱楼电站	Xiōngdàilóu Diànzhàn	家地乡家地村	标溪港	4000	1168
150	三条漈电站	Sāntiáojì Diànzhàn	家地乡岭脚村	标溪港	5000	1332
151	温头口电站	Wēntóukǒu Diànzhàn	家地乡岭脚村	标溪港	8000	2110
152	屏风岭电站	Píngfēnglǐng Diànzhàn	九龙乡大顺村	大顺坑	150	40
153	高岩下电站	Gāoyánxià Diànzhàn	九龙乡高岩下村	大顺坑	5000	1280
154	大源坑电站	Dàyuánkēng Diànzhàn	九龙乡王塆村	大顺坑	800	229
155	王塆电站	Wángwān Diànzhàn	九龙乡王塆村	大顺坑	1000	350
156	垟佑坑电站	Yángyòukēng Diànzhàn	九龙乡高沈村	大顺坑	400	100
157	高沈电站	Gāoshěn Diànzhàn	九龙乡高沈村	大顺坑	2400	660
158	白殿坑电站	Báidiànkēng Diànzhàn	九龙乡高沈村	大顺坑	1890	540
159	金田电站	Jīntián Diànzhàn	九龙乡金田村	小顺坑	3200	928
160	顺利一级电站	Shùnlì Yī Jí Diànzhàn	九龙乡沙坑村	小顺坑	1000	357
161	顺利二级电站	Shùnlì Er Jí Diànzhàn	九龙乡库坪村	小顺坑	1890	628.8
162	金标电站	Jīnbiāo Diànzhàn	九龙乡后坪村	小溪	55	20

部分电站简介

境内共有运行电站 162 座，总装机 333 台、338835 千瓦，年发电量 9.38 亿千瓦时，电站水库 74 座，库容 1.11 亿立方米。总投资 24.98 亿元，年产值 4.71 亿元，拥有固定资产 20.15 亿元。

英川一级电站 Yīngchuānyījí Diànzhàn 位于英川镇木岱口村，坝址距县城 65 千米。设计水头 192 米，设计流量 26.7 立方米/秒。电站由水库拦河大坝、输水隧洞、压力管道、发电厂房和跨流域引水工程5部分组成。主要建筑物为3级，按50年一遇洪水设计。水库坝址在英川镇西坑口村，坝顶高561米，最大坝高87米、坝顶宽6米、长250米、上下游坡均为1:1.3，库容3731万立方米。发电厂房位于黄垟口村前大桥200米处，英川港右岸，距坝址13千米。电站于1999年12月开工，2002年5月正式运行发电，厂房建筑面积1088平方米，总投资3.15亿元，装机40000千瓦，年发电量10867万千瓦时。

白鹤电站 Báihè Diànzhàn 位于东坑镇白鹤村。飞云江源头北溪上，坝址在东坑镇北面约4千米处，厂址章坑桥上游约650米处，距离坝址约9千米。设计水头140米，设计流量22立方米/秒。电站工程于1998年5月正式开工，主体工程项目由大坝、引水系统、厂房及机电设备安装等4大部分组成。拦河大坝为混泥土双曲拱坝，坝顶高程562.5米，坝底高程497.5米，最大坝高65米。二道坝为单园筒拱坝，高12米，距大坝170米。发电主厂房面积471.54平方米。升压站面积648平方米，地面高程395米。厂区建筑面积2400平方米。电站2000年5月通过验收，装机2.5万千瓦，设计年发电量6067万千瓦时。

上标一级电站 Shàngbiāoyījí Diànzhàn 位于雁溪乡雁溪村。设计水头477米，流量4.4立方米/秒，装机容量19000千瓦，年发电量4700万千瓦时。水库坝址以上集雨面积25.7平方千米，总库容2159万立方米。电站建筑面积396平方米，主厂房采用钢筋混凝土结构，长27.82米，宽12.1米，高22.87米，4层。升压站设主变压器1台31500千伏安。电站1985年8月动工，1990年7月竣工。2012年12月增容完工。机构内设厂长室、党群办、厂部办公室、行政科、财供科、生技科、保卫科等科室。

三重漈电站 Sānchóngjì Diànzhàn 位于红星街道小金州村。为小溪陶州坑水系。距县城10千米，因处地称三重漈，故名三重漈电站。1981年3月建成发电。集雨面积5平方千米，水头落差145米，平均流量0.114立方米/秒。装机520容量千瓦，年发电量130万千瓦时。

三枝树电站 Sānzhīshù Diànzhàn 位于鹤溪街道三枝树村，以村得名。是境内集发电和供水于一身的股份制水电站。发电用水引自龙潭桥水库，水库坝址梅岐乡岗楼村，集水面积31.2平方千米，引水面积24.7平方千米，多年平均入库径流量5286万立方米，其中引水1950万立方米。设计水头268.5米，设计流量5.59立方米/秒，库容794,3万立方米。正常库容600万立方米，正常蓄水位635米。电站主要枢纽建筑由大坝、泄洪建筑物、发电引水隧洞、跨流域引水隧洞和发电厂等组成。电站于2001年12月动工兴建，2004年竣工投产。装机2×6300千瓦，年均发电量3021万千瓦时。

白水漈电站 Báishuǐjì Diànzhàn 位于鹤溪街道三枝树村。距县城7千米，在张村东部，因处地习称白水漈，故名。1980年10月建成发电。集雨面积1.7平方千米，水头落差150米，平均流量0.079立方米/秒。装机容量800千瓦，年发电量268万千瓦时。

张春电站 Zhāngchūn Diànzhàn 位于鹤溪街道张村。坝址建在张村上方的河谷，通过3.2千米的输水隧洞形成92米落差，在旱降村下方的河床边建厂发电。坝址以上集雨面积66.6平方千米，多年平均径流深1069毫米，多年平均流量2.25立方米/秒。设计水头88米，设计流量6.74立方米/秒。电站工程由拦河坝、输水隧洞、压力管道、发电厂和升压站等4部份组成。发电输水隧洞为无压城门洞型，进水口设在右岸，隧洞进口中心高程353米，长3.2千米。发电厂区由主、副厂房，升压站和尾水渠组成。电站装机4400千瓦，年发电量1109万千瓦时。电站工程于2007年11月建成发电并网。

北溪二级电站 Běixīèrjí Diànzhàn 位于东坑镇白鹤村。集雨面积39平方千米，装机820千瓦，设计年发电量256万千瓦时。电站于2009年11月动工，2011年6月并网发电。

草鱼塘电站 Cǎoyútáng Diànzhàn 位于东坑镇大张坑村。距县城5.5千米，在北溪西北部，因地处草鱼塘村，故名。1971年5月建成发电。集雨面积3.2平方千米，水头落差130米，平均流量0.3立方米/秒。装机容量100千瓦，年发电量40万千瓦时。

漈门电站 Jìmén Diànzhàn 位于东坑镇桃源村。距县城15千米，在东坑西北部，因处地习称漈门，故名。1976年7月建成发电。集雨面积15平方千米，水头落差63米，平均流量0.34立方米/秒。装机容量720千瓦，年发电量185万千瓦时。

龙川电站 Lóngchuān Diànzhàn 位于英川镇黄谢圩村，与龙泉市界。座落在英川港上游岱根坑支流上。拦河坝建在桌案漈村双龙桥下游0.5千米处，距景宁县城105千米。发电厂房建在岱根村下游2.5千米处，距县城75千米。设计水头313米。水库总库容185万立方米，正常库容154.2万立方米，正常蓄水位900米，水库坝址以上集水面积21.5平方千米，多年平均径流量2290.4万立方米。电站主要枢纽由拦水坝、发电输水系统、发电厂房、及升压站组成。厂房分生产区和管理两部份，主厂房280.06平方米；副厂房194.88平方米，建筑面积474.94平方米。电站装机2×5000千瓦，年发电量2526万千瓦时。2004年6月发电并网。

茶园电站 Cháyuán Diànzhàn 位于英川镇茶园村，以村得名。属小溪水系英川港。1977年5月动工，1985年12月电站报废停电。1986年由个人集资合股修复，1987年5月并入县电网运行。水电站集雨面积46平方千米，设计水头43米，设计流量0.7立方米/秒，装机容量2×125千瓦，设计年发电量45万千瓦时。主要建筑物有拦水堰、引水渠道、压力前池、压力管、厂房、升压站等。电站为乡办集体所有制企业，隶属英川镇人民政府。1986年增容175千瓦，改引水式为混合式，库容1万立方米，于1987年4月修复发电。

坑下电站 Kēngxià Diànzhàn 位于英川镇坑垟村。距县城31.6千米，在东北部，因处地习称坑下，故名。1977年10月建成发电。集雨面积21平方千米，水头落差92米，平均流量0.82立方米/秒。装机容量2100千瓦，年发电量480万千瓦时。

岭头电站 Lǐngtóu Diànzhàn 位于英川镇岭头村，以村得名，属小溪水系英川港。1973年11月动工，1982年5月建成，为自发自供电站，供葛山乡8个行政村900多户人用电，1985年8月并入县电网运行。电站开发形式为引水式，集雨面积19平方千米，设计水头94米，设计流量0.22立方米/秒，装机容量2×200千瓦。设计年发电58万千瓦时。主要建筑物有拦水堰、引水渠道、压力前池、压力管道、厂房、升压站、尾水渠道等，利用地形无堰引水。电站属乡办集体所有制企业，原属葛山乡政府。2003年6月，电站改为股份制，增容装机715千瓦，装机1115千瓦，年发电量350万千瓦时。

桥头垟电站　Qiáotóuyáng Diànzhàn　位于英川镇隆下村。距县城30.8千米，在英川东南部，因处地习称桥头垟，故名。1976年8月建成发电。集雨面积15平方千米，水头落差90米，平均流量0.453立方米/秒。装机容量410千瓦，年发电量120万千瓦时。

黄垟口电站　Huángyángkǒu Diànzhàn　位于英川镇黄垟口村。距县城29.6千米，以村得名。1978年11月建成发电。集雨面积9平方千米，水头落差174米，平均流量0.29立方米/秒。装机容量1600千瓦，年发电量496万千瓦时。

鸬鹚电站　Lúcí Diànzhàn　位于沙湾镇交见圩村，距县城40千米，属小溪水系英川港。1970年10月动工，1974年1月竣工投产。1982年1月并入县电网运行。水电站开发形式为引水式，集雨面积284平方千米，跨流域引水流量1.2立方米/秒，设计水头48米，设计流量11.5立方米/秒，装机容量2×1250+1×1600千瓦，总容量为6300千伏安、3200千伏安。设计年平均发电量1340千瓦时。电站主要建筑物有拦水堰、引水渠道、压力前池、压力管、厂房、升压站、尾水渠等。厂房建筑面积644平方米，下层为主厂房；升压站建在厂房右侧，电压等级35千伏，输电线路长28.42千米，尾水渠道长10米，尾水排入英川港。电站办公房占地面积3650平方米，生活设施建筑面积3800平方米。1986年3月至1989年7月进行挖潜扩容工程，新增装机1600千瓦，水轮发电机组1台，3150千伏安主变器更换成6300千伏安，增容后装机容量为4100千瓦，年发电量2000万千瓦时。

新桥头电站　Xīnqiáotóu Diànzhàn　位于沙湾镇铁卜岭尾村西侧。2004年建成发电。电站距县城60余千米，属小溪水系毛垟港黄水坑源中上段。西与庆元县接壤，处沙湾、英川、秋炉三地之界。水库坝址以上集雨面积39.23平方千米（含毛坑引水），多年平均流量1.60立方米/秒。流域多年平均径流量5046万立方米。水库校核洪水位516.1米，正常蓄水位512米，死水位509米，正常蓄水位以下库容2.8万立方米，死库容1.5万立方米，调节库容1.3万立方米。发电引水流量2.1立方米/秒，电站装机容量3200千瓦，多年平均发电量967.5万千瓦时。电站主要建筑物有拦河坝、发电引水建筑物、发电厂和升压站等。拦河坝为砼拱坝，坝顶弧长40.1米，最大坝高14.5米。大坝河床部位坝顶设20米宽溢流堰，坝顶高程512米，最大单宽流量14.5米/秒。

仙姑电站　Xiāngū Diànzhàn　位于沙湾镇仙姑村。距县城19.2千米，在沙湾东部。仙姑村在"文革"时期曾改名东风村，故原名东风电站。1968年7月开工，1970年6月建成。在沙圩开凿渠道长986米，引小溪之水发电，集雨面积1140平方千米。引水径流式，坝长16米，高4.5米，水头落差7米，平均流量4立方米/秒。装机容量445千瓦，年发电量210万千瓦时。

峡桥三级电站　Xiáqiáosānjí Diànzhàn　位于沙湾镇黄水坑村，距县城29千米，属小溪水系毛垟港黄水坑源。1983年7月动工，1986年12月建成，同期并入县电网运行。水电站开发形式为引水式，集雨面积11平方千米，设计水头167米，设计流量0.64立方米/秒，装机容量2×400千瓦，主变器2台，容量1120千伏安。设计年发电量300万千瓦时。电站主要建筑物有拦水堰、引水渠道、压力前池、压力管、厂房、尾水渠、升压站等。

峡桥二级电站　Xiáqiáoèrjí Diànzhàn　位于沙湾镇峡桥村。距县城28.8千米，在沙湾西南部，以村得名。1976年7月建成发电。集雨面积7.8平方千米，水头落差124米，平均流量0.22立方米/秒。

装机容量800千瓦，年发电量200万千瓦时。

大赤坑一级电站 Dàchìkēngyījí Diànzhàn 位于大均乡大赤坑村，以村得名，属小溪水系大赤坑。1965年2月动工，1967年3月建成，1978年12月并入华东电网运行，系景宁第一座国营水电站。水电站开发形式为引水式，集雨面积81.5平方千米，设计水头48米，设计流量1.2立方米/秒，装机容量2×200千瓦，安装主变压器2台500千伏安，设计年发电量200万千瓦时。主要建筑物有拦水堰、引水渠道、压力前池、压力管、厂房、升压站、尾水渠等。

大赤坑二级电站 Dàchìkēngèrjí Diànzhàn 位于大均乡大赤坑村。距县城4.8千米，因地处大赤坑一级电站下游，故名。1968年2月建成发电。集雨面积83平方千米，水头落差13米，平均流量1.5立方米/秒。装机容量150千瓦，年发电量80万千瓦时。

新亭电站 Xīntíng Diànzhàn 位于大均乡新亭村。距县城11.2千米，在大均西南部，以村得名。1984年月建成发电。集雨面积12.5平方千米，水头落差162米，平均流量0.32立方米/秒。装机容量925千瓦，年发电量285万千瓦时。

泉坑电站 Quánkēng Diànzhàn 位于大均乡泉坑村，以村得名。1971年10月动工，1975年2月建成，为自发自供电站，供全乡900多户用电，1976年12月并入县电网运行，全县第一座乡属并网电站。水电站开发形式为引水式，集雨面积24.6平方千米，设计水头50米，设计流量0.5立方米/秒，装机容量1×100+1×40千瓦，设计年发电量55万千瓦时。主要建筑物有拦水堰、引水渠道、压力前池、压力管、厂房、升压站等。电站为乡办集体所有制企业，隶属大均乡人民政府。1995年电站增容60千瓦，总装机200千瓦，年发电量40万千瓦时。

蒲垟一级电站 Púyángyījí Diànzhàn 位于澄照乡金丘村。处敕木山南坡，距金丘村4千米，以蒲垟水库得名，属小溪水系大赤坑。1981年7月动工，1984年9月建成，同时并入县电网运行。水电站开发形式为混流式，有蓄水57.7万立方米的蒲垟水库调节，集雨面积2.17平方千米，设计水头119米，设计流量0.34立方米/秒，装机容量2×75千瓦，设计年发电量40万千瓦时。主要建筑物有引水涵洞、引水渠道、闸阀、压力前池、压力管、厂房、升压站等。电站为乡办集体所有制企业，隶属澄照乡人民政府。2010年改为股份制电站，总投资160万元，总装机160千瓦，年发电量400万千瓦时。

蒲垟二级电站 Púyángèrjí Diànzhàn 位于澄照乡金丘村。距县城5千米，在三石东部，因地处蒲垟一级电站下游，故名。1984年2月建成发电。集雨面积2.17平方千米，水头落差126米，平均流量0.066立方米/秒。装机容量400千瓦，年发电量120万千瓦时。

蒲垟三级电站 Púyángsānjí Diànzhàn 又名三石电站。位于澄照乡三石村。距县城4.4千米，因地处蒲垟二级电站下游，故名。1986年7月建成发电。集雨面积26平方千米，水头落差84米，平均流量0.34立方米/秒。装机容量720千瓦，年发电量202万千瓦时。

大赤垟电站 Dàchìyáng Diànzhàn 位于澄照乡大赤垟村。距县城5千米，以村得名。属大赤坑水系。1967年10月建成发电。集雨面积24平方千米，水头落差18米，平均流量0.35立方米/秒。装机容量200千瓦，年发电量55万千瓦时。

红旗电站 Hóngqí Diànzhàn 位于梅岐乡横坪村。距县城13.6千米，在梅岐东北部，系炉西峡梅岐坑支流。因电站建于文化大革命后期，各项工作以红色为代表，故名红旗电站。1976年6月建成，截引梅岐坑之水发电。集雨面积40平方千米，水头落差92米，平均流量1.258立方米/秒。装机容量325千瓦，年发电量140万千瓦时。为引水式电站。初属乡办。

驮梁溪电站 Tuóliángxī Diànzhàn 位于梅岐乡梅岐村。距县城15.5千米，因所在地习称驮梁溪，故名。2011年8月建成发电。坝址以上流域面积6.31平方千米，总集雨面积6.83平方千米，高山坑引水0.52平方千米。厂址在梅岐村上游河道左岸。该水电站装机容量1260千瓦，年发电量330万千瓦时。

下圩电站 Xiàxū Diànzhàn 位于郑坑乡郑坑村。距县城16.5千米，因所在地习称下圩，故名。1975年5月建成发电。集雨面积12平方千米，水头落差65米，平均流量0.017立方米/秒。装机容量80千瓦，年发电量25万千瓦时。

吴布电站 Wúbù Diànzhàn 位于郑坑乡吴布村。距县城18千米，在郑坑东北部，以村得名。1988年12月建成发电。集雨面积5平方千米，水头落差150米，平均流量0.079立方米/秒。装机容量115千瓦，年发电量40万千瓦时。

雪花漈电站 Xuěhuājì Diànzhàn 位于大漈乡南，因电站处旅游胜地雪花漈而得名，电站海拔1040米。1964年1月动工，1967年5月建成，为自发供电站，1989年并入县电网运行。电站开发形式为引水式，集雨面积11平方千米，设计水头46米，设计流量0.6立方米/秒，装机容量1×75千瓦，年发电量20万千瓦时。主要建筑物有栏水堰、引水渠道、压力前池、压力管、厂房、升压站等。1999年改为股份制电站，增容装机175千瓦，总装机250千瓦，年发电量88万千瓦时。

南坑下电站 Nánkēngxià Diànzhàn 位于鸬鹚乡鸬鹚村，距县城47千米。1966年2月动工，1971年3月建成，1982年1月并入华东电网运行。集雨面积76平方千米，水电站坝长15米，高2米；渠道长3.6千米，水头70米，底宽1.2米，深2米；压力前池容量500立方米；厂房建筑面积167.2平方米，砖木结构；升压站区占地面积900平方米，职工宿舍等生活设施建筑面积500平方米。电站装机1650千瓦，年发电量600万千瓦时。

金坑电站 Jīnkēng Diànzhàn 位于梧桐乡长田村东南。因所在地土名称金坑，故名金坑电站。属小溪水系梧桐坑。1979年1月动工，1982年6月建成，为自发自供电站，供梧桐乡7个村委会900多户用电，1982年12月并入县电网运行。集雨面积134平方千米，设计水头56米，流量2立方米/秒，装机容量2×200千瓦，年发电量200万千瓦时。主要建筑物有拦水堰、引水渠道、压力前池、压力管、厂房、升压站、尾水渠等。电站总投工4.5万工，完成土石方6.25万立方米。1988年为全县乡村第一个省级达标电站。1989年发电量203万千瓦时。1993年增容800千瓦。总装机1200千瓦，年发电量340万千瓦时。

枫林口电站 Fēnglínkǒu Diànzhàn 位于标溪乡枫林口村。距县城20千米，在标溪东南部，以村得名。1982年6月建成发电。集雨面积20平方千米，水头落差67米，平均流量0.015立方米/秒。装机容量650千瓦，年发电量100万千瓦时。

引井口电站 Yǐnjǐngkǒu Diànzhàn 位于标溪乡预章村。距县城17.5千米，因所在地习称引井口，故名。2011年12月并网发电。坝型为混凝土重力坝，总集雨面积6.8平方千米，水头300米，库容2万立方米。该水电站装机容量1260千瓦，两台发电机组，年发电量350万千瓦时。

上标六级电站 Shàngbiāoliùjí Diànzhàn 位于标溪乡枫林口村。距县城19.5千米，因堰坝位于上标五级发电厂房下游500米，故名。厂房在枫林口村下游700米，坝址以上流域面积315.5平方千米，2012年底建成。该水电站装机容量3200千瓦，年发电量912万千瓦时，装机利用小时数2850小时。

毛垟电站 Máoyáng Diànzhàn 位于毛垟乡毛垟村。该电站水流为毛垟港，系瓯江小溪主流。该电站于2003年底开工，2005年8月15建成发电，由丽水市电力调度中心统一调度，县防汛指挥中心汛期负责。坝址以上流域面积556.8立方米，总库容171万立方米，装机6400千瓦。其上一级电站为左溪二级电站；南阳二级电站，相隔分别为8千米、5千米；下级电站为永库电站，相隔0.5千米。该电站的建成为毛垟村增添一景。

景润电站 Jǐngrùn Diànzhàn 位于毛垟乡库下村，距县城56千米。属小溪毛垟港黄水坑支流水电梯级开发规划第三级电站。发源于庆元县东北部石龙山，溪水东流黄水、新桥头、柳州等地至莲川村后与毛垟港汇合，集雨面积84.8平方千米，主河长24.8千米，河道比降2.97%。设计水头115.3米，设计流量6立方米/秒。水库坝址建在黄水坑坟岗上游约500米处，坝址以上集雨面积62.3平方千米。水库库容243万立方米，正常库容178万立方米，正常蓄水位400米。

岭头桥电站 Lǐngtóuqiáo Diànzhàn 位于雁溪乡柘塆村，坝址建在家地溪与水溪汇合口上游约300米处。距县城60千米。设计水头68米。总库容44.6万立方米，正常库容22.8万立方米，正常蓄水位370.95米，发电死水位368米，设计洪水位375.3米。装机6400千瓦，年均发电量1702.8万千瓦时。电站枢纽由拦河坝、发电引水系统、发电厂及升压站、跨流域引水工程等组成。电站主厂房面积357平方米，装机2台6400千瓦。升压站面积785平方米，站内安装主变1台，出线电压为110千伏。电站于2003年3月开工，2005年12月发电并网。

芎岱电站 Xiōngdài Diànzhàn 位于家地乡芎岱村。距县城32千米，以村得名。1987年12月建成发电。集雨面积17.6平方千米，水头落差67米，平均流量0.34立方米/秒。装机容量320千瓦，年发电量90万千瓦时。

芎岱楼电站 Xiōngdàilóu Diànzhàn 位于家地乡芎岱村。系标溪港家地支流。坝址建在家地乡上游1.7千米处，经1165.62米有压隧洞至厂房，厂址建在家地对面家地溪左岸山脚，距县城65千米。电站设计水头49.7米。库容389.5万立方米，正常蓄水位468.8米，装机4000千瓦，年均发电量978.2万千瓦时。电站枢纽由砼混合线型拱坝、泄洪建筑物、发电引水建筑物、发电厂房、升压站和生活区等系统组成。电站厂房522.93平方米，装配2台，容量4000千瓦。装机高程410.9米，主机层410米，安装层高程414.6米。升压站面积209平方米，地平高程414.55米。电站于2003年6月开工，2007年9月发电并网，设计年发电量960万千瓦时。

景宁古堰一览

表 4-6

序号	名 称	拼 音	地 址	年 代	流域
1	永乐堤	Yǒnglè Dī	行春门至南门	明万历年间（1573—1620）	又名永平堤。上起张村，下接跨龙堤。万历时知县姜师闵筑，后湮于水
2	跨龙堤	Kuàlóng Dī	旧承恩门外	始建无考	攀桂桥头起，下至莘田，湮圮
3	县前堰	Xiànqián Yàn	行春门外	待考	筑鹤溪水由行春门外至西门
4	汤村堰	Tāngcūn Yàn	县东半里	待考	不详
5	杨庄堰	Yángzhuāng Yàn	一都	待考	不详
6	梅庄堰	Méizhuāng Yàn	东三里	待考	不详
7	千工堰	Qiāngōng Yàn	东十里许	待考	筑矿坑水灌东衕田。堰长五里。相传筑时费千工
8	乌衕桥堰	Wūlòngqiáo Yàn	县南四里许	待考	筑苞凤麓并乌衕桥水，灌桥外洋田
9	尘溪堰	Chénxī Yàn	县南六七里	待考	筑尘溪水灌乌衕桥底洋田
10	分水坳堰	Fènshuǐào Yàn	县南十里	待考	灌大畈四格田
11	钓台堰	Diàotái Yàn	县西一里	待考	有二，具筑尘溪水。一由溪东灌金锡庵下田。一由溪西灌叶府前下田
12	破炉寨堰	Pòlúzhài Yàn	豸山下	待考	筑鹤溪水灌金仙寺垟田
13	西村堰	Xīcūn Yàn	县西金仙寺下	待考	筑鹤溪水，今湮
14	塘衕堰	Tánglòng Yàn	县前	待考	筑县前溪水
15	后司堰	Hòusī Yàn	旧布政分司后	待考	不详
16	前路堰	Qiánlù Yàn	鸦峰书院后	待考	不详
17	鸦鹤巢堰	Yāhècháo Yàn	跨龙堤外	待考	筑鹤溪水
18	莘田堰	Shēntián Yàn	县北元坛庙后	待考	又名泗洲堂堰
19	霅水堰	Zháshuǐ Yàn	一都	待考	不详
20	水顺堰	Shuǐshùn Yàn	一都	待考	不详
21	大潴堰	Dàzhū Yàn	一都	待考	不详
22	北岸堰	Běiàn Yàn	二都	待考	不详
23	独山堰	Dúshān Yàn	二都	待考	不详
24	大赤口堰	Dàchìkǒu Yàn	二都	待考	不详
25	预章堰	Yùzhāng Yàn	二都	待考	不详
26	七里垟堰	Qīlǐyáng Yàn	二都	待考	不详

续表 4-6

序号	名　称	拼　音	地　址	年　代	流域
27	油田堰	Yóutián Yàn	二都	待考	不详
28	金钟堰	Jīnzhōng Yàn	二都	待考	不详
29	竹滩堰	Zhútān Yàn	二都	待考	不详
30	仙姑堰	Xiāngū Yàn	二都	待考	不详
31	道化堰	Dàohuà Yyàn	三都	待考	不详
32	卢山堰	Lúshān Yàn	三都	待考	不详
33	木排头堰	Mùpáitóu Yàn	三都	待考	不详
34	徐崇堰	Xúchóng Yàn	三都	待考	不详
35	英村堰	Yīngcūn Yàn	英川自然村西侧	待考	该工程由取水防洪、输水灌溉、村内给排水三部分构成，全长近2000米。
36	砻山堰	Lóngshān Yàn	三都	待考	不详
37	篆漈堰	Zhuànjì Yàn	三都	待考	不详
38	库下堰	Kùxià Yàn	四都	待考	不详
39	秋卢堰	Qiūlú Yàn	四都	待考	不详
40	张村堰	Zhāngcūn Yàn	四都	待考	不详
41	小地堰	Xiǎodì Yàn	四都	待考	不详
42	大地赤岩堰	Dàdìchìyán Yàn	四都	待考	不详
43	龙集漈头堰	Lóngjíjìtóu Yàn	四都	待考	不详
44	柳山头堰	Liǔshāntóu Yàn	四都	待考	不详
45	慕岭头堰	Mùlǐngtóu Yàn	四都	待考	不详
46	张源漈头堰	Zhāngyuánjìtóu Yàn	五都	待考	不详
47	大漈堰	Dàjì Yàn	五都	待考	不详
48	东溪堰	Dàjì Yàn	五都	待考	不详
49	东坑堰	Dōngkēng Yàn	五都	待考	不详
50	章坑堰	Zhāngkēng Yàn	五都	待考	不详
51	大赤洋堰	Dàchìyáng Yàn	六都	待考	不详
52	均坑漈头堰	JunkēngjìtóuYàn	六都	待考	不详
53	深垟林源堰	Shēnyánglínyuán Yàn	六都	待考	不详
54	岱根堰	Dàigēn Yàn	六都	待考	不详
55	梅岐堰	Méiqí Yàn	六都	待考	不详
56	新田堰	Xīntián Yàn	不详	待考	灌溉1000余亩

第五章 旅游景点

LVYOUJINGDIAN

第一节　风景名胜

中国畲乡之窗

中国畲乡之窗景区　Zhōngguó Shēxiāng Zhīchuāng Jǐngqū　位于大均乡大均村。距县城12千米，景区面积3.8平方千米。为国家AAAA级旅游景区，由畲乡风情演艺中心、梅花圩皮筏漂流线和大均竹筏漂流线、古村落历史文化区、垟坑猕猴观光区、伏叶田园风光区、大赤坑山地经济旅游区等组成。这里是畲民主要集居区之一，以畲族风情为核心，是走进畲乡山水、亲历畲族风情最佳窗口。景区属山区峡谷地貌，森林覆盖率达85%以上。区内自然风光秀丽，生态环境一流，历史古迹众多。大均历史文化蕴涵深厚，畲族风味浓郁，自然风光旖旎，溪流清澈湍急，农家院落韵味别致，集自然与人文为一体，是走进畲乡山水，亲历畲族风情的最佳窗口。主要景点有：畲族民俗表演、绝技表演、畲族婚庆服务、畲族风情歌舞《千年山哈》、畲族陈列馆、大均漂流、伏叶田园风光区、浮伞仙渡等风光游览和歌舞表演。大均以古樟迎客、均潭印月、龙岗叠翠、成美廊桥、大均古街、浮伞祠等古迹景点为依托，以魅力畲乡风情为载体，以发展乡村旅游产业为契机，将独特的畲族风情、优美的自然景观和优越的生态环境三者融为一体。

观音阁景群　Guānyīngé Jǐngqún　位于大均乡大均村。景群处在村头，三面临水，背倚龙岗。岗上树木葱茏，曰“龙岗叠翠”。龙岗奔驰至溪边，“龙头”凌虚而起，危峰突兀，上有明嘉靖(1522—1566年)所建观音阁，踞险临江，曰“杰阁峥嵘”。有匾曰“一览超然”。下临深潭，月出摇影沉壁，即“均潭印月”。潭边崖脚，有仙趾印于石，称“仙足迹”；崖壁刻“浮伞仙迹”四字。传唐代马氏夫人持羹奉姑，至此正遇洪水，船不能渡，遂浮伞渡之，故称“浮伞渡”。村头建浮伞祠。

畲族陈列馆　Shēzú Chénliè Guǎn　位于大均乡大均村。馆内展示畲族服装、彩带、装饰物、民间工艺、民俗、特色食品等。从畲族风情馆，可以了解畲族历史、民俗与文化等。一览畲族婚俗、祭祖、山歌、舞蹈、服饰、禁忌、饮食、体育等别具特色的民族习俗。祭祖舞“传师学师”、畲族山歌、畲族“三月三”，都被列入国家级非物质文化遗产。2008年景宁被评为“中国民间艺术之乡”。

浮伞祠　Fúsǎn Cí　位于大均乡大均村。传马孝仙至鹤溪持羹奉姑，曾浮伞过渡，故名。始建于明嘉靖年间。正殿清乾隆年间(1736—1795)重修。2000年再度抢修。坐西北朝东南，单层木结构，由正殿、厢廊、戏台及门厅构成。正殿佛龛供土地公、马天仙、汤山公等神灵。地面为三合土，左右厢廊单披屋面。二柱五檩，穿斗梁架，马腿有简单雕刻。中为天井，铺卵石。天井前侧为一八角攒尖顶戏台，三柱七檩，抬梁式梁架，牛腿上有描金雕花，雕刻精致。县级重点文物保护单位。

大赤坑廊桥 Dàchìkēng Láng Qiáo 位于大均乡大赤坑村。距县城西南4千米，创建于清朝嘉庆十五年(1810)。取意“成人之美”故名“成名桥”。曾数度重修，屡易其名。现以地处大赤坑村而得名。桥长50米，宽6米，高10米。两墩条石砌筑，巨木斜掌，八字横跨，形如楼房；对角无榫，单檐双披；软脊翅角，衔接紧密；如长虹卧狡，雁冀排空。昔为景宁至沙湾、英川、庆元等地要道。现属国家重点文物保护单位。

李氏宗祠 Lǐshì Zōngcí 位于大均乡大均村。宗祠开三门，缘于褒扬李琮一门三进士。族人李琮于明代天顺八年（1464）中进士。其弟李璋于弘治十五年（1502）进士；其子李镗，嘉靖二年（1523）进士。一时名震地方，誉以“大均三进士”。明代县北建兄弟方伯坊、父子进士坊；大均建骑街进士坊，奉旨李氏宗祠正门并开三门，悬“父子方伯”“兄弟进士”匾。宗祠原址在大均古街尾，新址处于村尾山脚公路东侧。

浮伞渡 Fúsǎn Dù 又名大均渡。位于大均乡大均村。在县城西南7.5千米。相传唐代马孝仙持羹奉姑，至此值水涨无渡，曾浮伞过渡，故名。右崖峙水刻“浮伞仙迹”四字于峭壁。清乾隆年间（1776—1795）在村头建浮伞祠。今祠尚存。

畲族绝技表演场 Shēzú Juéjìbiǎoyǎn Chǎng 位于大均乡大均村。这里是畲民主要集居区之一。畲族是一个神秘的民族，至今保留有许多民间特色绝技。尤其是流传于民间的炼火、下油锅、竹竿上晾鸡蛋等秘技，鲜为人见，充满神秘色彩。炼火，俗称“踩火”。在锣鼓声中炼火进入高潮时，炼火者赤膊、光脚，高歌狂舞，冲进通红的火堆，踏在火红的木炭上奔跑，动作剽悍粗犷，观者惊心动魄，练者坦然自若。该项目已被列入第二批县级非物质文化遗产名录。表演者先架好竹竿，把数只新鲜鸡蛋用盐水清净，之后一边念念有词，一边用树枝将盆中仙水点洒于竹竿之上。再用手指点的同时，对竹竿念一番咒语。然后慢慢将鸡蛋一只一只摆放在竹竿上。竹竿晾鸡蛋是畲族民间一种带有神秘色彩的绝技。

大均唐樟 Dàjun Táng Zhāng 位于大均乡大均村。古樟树生长在大均村尾瓯江小溪边，因其长于唐代而得名。树干胸围达7米，高20米，树荫达1500平方米。在离地3米高处，树干分为四枝，枝叶依然茂盛。唐樟近看如一把打开的巨扇，远看则象一位久经风霜的老人，忠诚地守护着大均村。大均唐樟是大均村的风水树。

大均古街 Dàjun Gǔ Jiē 位于大均乡大均村。大均古街为历史文化积淀而成。古街长300米，宽3.5米，街以鹅卵石铺地砌墙，每幢房子的墙脚均用大小均匀的鹅卵石砌成，高2.5米，整体美观大方。沿街明清古建筑众多，门楼门窗为砖、泥、石结构，雕像生动，壁画清晰，特别是晚清工艺考究的砖雕门楼等和这个古老的村落“耕读可尚”成风的古老文化遗产很有留存价值。古街民族气氛浓厚，村中有四家商店经营民族工艺品。大均是中国“畲乡之窗”旅游风景区，这里经常组织畲族婚俗表演和民族舞蹈。

大均漂流 Dàjun Biāoliú 位于大均乡大均村。大均漂流又称浮伞仙漂，距县城7.5千米。溪杉线（X802）经此，起点在瓯江小溪南岸梅花圩村，终点大均村头浮伞渡。全程4.1千米，约45分钟，沿溪两岸集“奇、险、幽、野、趣”于一体，既抒情又刺激，有惊无险，妙趣横生，让每个漂流者留下美好回忆。自1998年开始接待游客以来，游客逐年增加。年接待游客达10万人次以上。

伏叶田园风光区 Fúyè Tiányuánfēngguāng Qū 位于大均乡伏叶村。地处瓯江小溪上游北岸。全村总面积21.86平方千米，是浙江绿谷漂流示范地段一个服务点，省级特色农家乐示范村。村民委员会驻地伏坑村，距大均“畲乡之窗”景区1千米。这里青山环绕、绿树成荫、村容整洁、环境优美。伏叶具有浓郁的农家特色，是消费者品尝农家特色饭菜、体验农家淳朴生活、欣赏乡野自然景观、领略畲族民俗风情等特色休闲旅游好去处。

大均摩崖石刻 Dàjun Móyáshíkè 位于大均乡大均村。在观音崖下侧峭壁。面临小溪，环境甚好，景色优美。该崖上刻有“浮萍踪迹”四字，阴刻隶书繁体字。用红漆涂抹其上。字迹显眼，字体较大，隽永秀丽，苍劲可喜。立于溪潭船上，仰而望之约8米高。所刻四字，源出石崖下溪潭古渡口，传为马天仙持伞渡人之浮伞渡。为县级重点文物保护单位。

云中大漈

云中大漈省级风景名胜区 Yúnzhōng Dàjì Shěngjífēngjǐngmíngshèng Qū 位于大漈乡西岸底村。为国家AAAA级旅游景区。距县城37千米，面积17平方千米。大漈平均海拔在千米以上，为高山平畴，整年云烟缭绕，气候凉爽宜人，生态景观奇特，人文底蕴深厚。主要景点有：雪花漈、银坑洞、龙舌吐珠、千亩杜鹃、时思寺、千年柳杉王、古廊桥、阳岚寨、小佐古村、田园风光等；民俗活动有“抢猪节”、大漈花鼓、非遗展示、茭白节等；体验场所有大漈陶艺馆、中国乡村电影博物馆等。时思寺为国家级文保单位。始建于宋绍兴年间，后经明清两朝增添祠堂、书院、三清殿、钟楼等建筑，形成构架庞大的古建筑群，有“宋明清三代同堂，寺祠院三观同址，儒释道三教同炉，寺树桥三古同辉”之誉，蕴含着乡土崇文、孝道等中国传统精品文化。

时思寺 Shísī Sì 国家级文物保护单位。位于大漈乡西岸底村。寺院始建于宋绍兴十年(1140年)。明清时期增建山门、大雄宝殿、三清殿、钟楼和梅氏宗祠等，形成古建筑群，其中大雄宝殿为重檐歇山顶结构。1985年、2009年曾两度修缮，总占地面积2700平方米。

雪花漈 Xuěhuā Jì 位于大漈乡西岸底村。漈高50丈余，东西两侧青峰对峙，底为全石，外为断崖，内斜峡。曾有诗曰：“电掣雷轰雪滚团，水似喷雪照眼明”。清代张涿写道：“喷雪叠珠景最奇，我来相对却相宜，胸中尘俗多如许，借与清泉一洗之”。民国三十一年(1942)秋，省教育厅长许绍棣于峭崖左侧石壁上书勒“雪花漈”三个大字；夫人孙多慈绘油画“雪花漈”。2002年雪花漈被评为“浙江绿谷十佳景点”。

柳杉王 Liǔshān Wáng 位于大漈乡西岸底村。在大漈众多古树名木中，以时思寺旁大柳杉最负盛名，被称为“大漈三绝”之一。树龄达1500多年，它原高47米，现高28米，胸径4.47米，胸围13.4米，冠幅15×17米，要15个大汉手拉手才能合抱，比临安天目山乾隆御题的柳杉王还要大一倍。经植物专家鉴定，为亚洲柳杉之最。《中国树木奇观》一书中称之柳杉世界里的“王中王”。原省林业厅厅长程渭山题：“柳杉王”并立碑于树旁。柳杉王历经千年风雨侵袭、雷电轰击等，顶部已折断，主干已半枯。树身内空透天，唯有两边擎天“巨臂”依然青翠葱茏，生机蓬勃。树身内部似一间近 5 平方米小屋，可容纳 30 余人。千年柳杉王由大漈梅林老人发启倡议保护。2009 年后林业部门采取科学措施加以保护。

上山头 Shàngshāntóu 位于县城南部 21 千米，在大漈、景南、东坑三地界。属洞宫山脉右支主峰，两峰对峙，由驮尖和细尖构成。驮尖海拔 1689.1 米，细尖海拔 1549 米。为境内最高峰，故又名最上山。清代潘至城诗云：“最上山头著大名，周围峦翠护峥嵘，我来测绘峰巅望，百里云烟足下生”。上山头为成片原始次生林，峰体面积约 5.5 平方千米。野生动物云豹、黄腹角雉、野山羊等常有出没；植被以杜鹃、短叶松、杉、木桦、栲楮林为主，并产白术、川穹、黄连、桔梗等野生药材，及红豆杉、银杏等树种。上山头千亩猴头杜鹃林分布在西北部。花开时随山势时起时伏，生长极其旺盛，气势恢宏，连绵数千米。杜鹃树径 10 至 20 厘米之间，树高 2 至 5 米之间，间隔 30 厘米，树龄 50 年左右。每年 5 月开花，千亩杜鹃竞相争奇斗艳，素有“十里花海”之称。上山头主峰山高谷幽，年平均气温 11.8℃，年平均降雨量 1918 毫米，年日照 1717.6 小时，无霜期 196 天，森林覆盖率 96.5%。是人们户外登山、远足、野营、摄影绝佳胜地，也是青少年野外科普教育良好基地。

护关桥 Hùguān Qiáo 位于大漈乡西岸底村。始建于清乾隆辛丑（1782）年，系木制廊桥。护关桥两端接山，横跨于龙溪与鹤水汇合处。西侧为时思寺、梅氏宗祠、大漈乡校等；东侧漈头村。桥为三层楼屋结构，桥长 26 米，宽 7 米，高 2.5 米，跨径 9 米。该桥如一道天然屏障，横卧于村口。既增添古村景色、美化环境，又起到方便乡民往来和护佑村坊的作用，故名护关桥。内有文昌阁书院及魁星楼等，是境内保存较完好廊桥之一。为全国重点文物保护单位。

彭氏宗祠 Péngshì Zōngcí 位于大漈乡彭村东侧。建于清乾隆四十九年（1784），坐西南朝东北，占地面积 361.56 平方米。宗祠正屋为序伦堂，后屋为报本堂，前后两堂之间左右各有厢房一间。序伦堂为三直二廊，前排四柱，二排二柱，以拓空间，将长 10 余米、直径 70 厘米横梁架于上方，使中堂更宽敞高大，可供 100 余族人活动。两侧迴廊，通报本堂。报本堂比序伦堂高 5 个台阶，堂用来摆放先祖灵位。县级重点文物保护单位。宗祠为清中期建筑，保留明、清代建筑风格，具有较高参考价值。

胡桥 Hú Qiáo 又名胡大桥。位于大漈乡西岸底村。该桥始建于明代，系木制平梁正方形廊桥，造型独特。现存建筑为清康熙二十三年（1684 年）建造。乾隆二十二年（1757）重修。占地面积 285.61 平方米。桥长 18 米，桥宽 15.3 米，拱跨 18 米，柱 30 根，6 排。桥中建戏台，小巧，全木结构，戏台周边设雕花栏杆，顶部彩绘藻井。2001 年再次修缮。为县级重点文物保护单位。廊桥现为村老人活动中心。

梅氏宗祠 Méishì Zōngcí 位于大漈乡西岸底村。据梅氏宗谱载，先祖于北宋庆历八年（1045）从云和迁来的。先迁赵坪山村，开渠排水，筑岸垦田，后移居大漈村。宗祠建于民万历年间，由山门、厢房、序伦堂、祭坛和报本堂等部分组成，占地面积 1000 余平方米。宗祠建筑采用“减柱法”，序伦堂全部用榫铆头相连，横梁长 13 米，直径 1 米。其结构精巧、气势宏伟，充分展现梅氏家族聪明才智。梅氏宗祠的一个特点是“五不”：飞鸟不在祠堂筑巢；蜘蛛不到祠堂结网；老鼠不来祠堂觅食；祠堂梁柱不积灰尘；祠堂建筑不用钉子。因建造梅氏宗祠，“木马择匠”的故事流传至今。

严氏节孝木牌坊　Yánshìjiēxiàomùpái Fāng　位于大漈乡小佐村。牌坊建于清道光十七年（1837），坐西朝东，四柱三间三楼式，高5.3米，面宽7.8米，进深5.1米，1996年10月被公布为第四批县级重点文物保护单位。该牌坊前方高挂当时朝廷颁发圣旨牌，横梁雕饰精美垂柱和牛腿，额枋正面有浙闽总督落款的“节孝”“为儒童起尚之妻梅氏孺人立”等字样，背面刻“流芳百世”。该建筑承袭了晚清繁华、细腻的风格，用料粗大，雕刻精致，木牌坊在江南地区乃至全国范围内已保存较少，具有极高的历史价值。牌坊上的字保存好，是研究清朝对孝礼文化重要文物。

心经钟楼　Xīnjīngzhōng Lóu　位于大漈乡西岸底村。在大漈时思寺景区内，因铸佛教《心经》全文，故名。始建于元末明初，木质结构。三层三楼歇山顶，楼阁式建筑，斗拱七辅作象鼻昂。楼内四根粗壮大柱支撑，由严密的榫卯结构和斗拱衔接。三楼曾悬挂有心经铜钟，重800公斤。钟边铸有佛教《心经》全文，钟声可传30里。钟署“塔山时思寺道场”，中部铸佛教《心经》全文，下部铸列募缘僧人、铸钟工匠姓名和铸造年月。钟已毁，空留楼。

地质陈列馆　Dìzhì Chénliè Guǎn　位于云中大漈景区游客服务中心。地质陈列馆是景宁九龙省级地质公园建设主要部分，于2011年1月启动，2011年10月对外开放。地质陈列馆分沙盘展示区、多媒体放映区和地质陈列区三部分。沙盘模型展示区设在一楼，展示景宁地形地貌，比例尺为1:3万，可以鸟瞰全县和各个园区的地形地貌。展厅和影视厅设在二楼，用于播放九龙省级地质公园风光片。展厅面积100平方米，共设置了前言、走进地质公园、神奇地球、沧海桑田、主要地质景观、畲乡风情、结束语等七个展区。地质陈列馆向人们展示景宁漫长的演化、形成、发展的地质历史，以及遗留下来不可再生地质自然遗产，是地质科考的重要科普教育基地。

马仙宫　Mǎxiān Gōng　位于大漈乡西岸底村。原址在西岸底村北，1985年迁入时思寺内原夫人宫旧址。始建于清乾隆五十年（1785）。马仙宫以斗室之地，竟有五排六列三十根柱，其密度甚是奇特。马天仙早年历尽艰辛，遇仙点化，修真升天成仙。其极尽孝道，精于医术，乐善好施，体现了儒家孝道思想在民间的地位。

陶艺展示馆　Táoyìzhǎnshì Guǎn　位于大漈乡西岸底村。馆藏有100余种各种类型的大漈罐陈列品，对其进行分类，编制名称，形成别具特色的陶艺展示馆，为云中大漈一个重要景点。大漈罐以大漈白善泥为原料，全程由手工打胚制作经24小时烧制而成。不用上漆，自成光泽，是纯天然、无污染的炊饮用具。主要以火笼、风炉、饭罉、药罐、咸菜罐、茶壶等品种。2012年大漈罐北列入浙江省非物质文化遗产。

乡村电影博物馆　Xiāngcūn Diànyǐng Bówùguǎn　位于大漈乡西岸底村。博物馆建在大漈人民大会堂。一楼设置有胶卷陈列室、放映厅及形象墙，形象墙主要张贴老电影海报的写真板；二楼主要为陈列室和放映室，摆放30多台各种年代老式电影胶片机，并对每个设备配注说明，对机器的型号、性能、历史都作了详细介绍。博物馆还收藏有1000多部电影胶片。

阳岚寨 Yánglán Zhài 位于大漈乡西岸底村。处地雪花漈对面。其逢悬崖峭壁，拨地插云，险峻无比。中有石阶小径如蜀道，攀援其间，偶须手脚并用。不禁使人想起杜甫"径危抱石寒，指落冰层间"之句，有"一夫当关、万夫莫开"之险。游者无不惊叹此为"鬼斧神工"之景。今新辟景区游步道，出恋日亭，沿游步道经俯瀑亭、如来掌、九盘云梯、观瀑亭、厚朴林、石马潜渡，过龙溪桥至游客服务中心，一路可领略云中大漈"桃花源"般的人间仙境。

畲族风情旅游度假区

景宁畲族风情旅游度假区 Jǐngníng Shēzú Fēngqínglǚyóudùjiǎ Qū 位于鹤溪街道、澄照乡等周边地区，为省级旅游度假区。度假区规划面积约57. 8平方千米，主要景点园区有：草鱼塘森林公园、封金山综合开发区、惠明寺旅游区等区块。该度假区包含"一心、一轴、三区、十寨"，为浙江畲民聚居群中畲族文化蕴涵丰富，民风最古朴，传统传承广泛，生态景象卓绝的群落。该度假区从2010年9月开始策划，2011年9月获批成立，是景宁投资规模最大的度假景区。主要建设内容为接待中心、停车场、游步道、景观游憩、民族古村等。各民族村落均有一定规模的农家乐。"一心"是畲族文化体验中心。该中心既是景宁畲族风情旅游度假区的接待中心，又是县一级旅游接待中心。"一轴"是畲族人文山水景观轴。"三区"是指畲族山水、人居和景观区。"十寨"即旱塔、周湖、东弄、惠明寺、敕木山、大张坑、金丘、漈头、包凤、双后岗十个畲族村寨。

汤夫人庙 Tāngfūrén Miào 位于鹤溪街道敕木山东侧山腰。占地面积15平方米。殿内有石如钟乳状，中为岩穴，常吐云雾。香泉边一石龛，高3米，宽6米，深6米。建汤夫人庙，庙柱雕龙，额凿字，中塑女仙汤妙玄像，石龛前沿用木石、瓦片遮盖，建成一座庙宇。膜拜者以香薰其石，乳流辄雨，题曰："灵液"。汤夫人，名理，字妙玄，行四。县东汤村人。

封金山 Fēngjīn Shān 位于澄照乡金丘村。因当年垦地掘得黄金数斤，故被冠以畲族传说中的"桃花源"—封金山。是南宋畲民迁来景宁的聚居地，为蓝姓畲民入浙的最早发祥地。畲族风情蕴藏丰富，婚俗演绎活泼风趣，畲族文物保留众多，还有斜瀑、石矶、仙凡隔神牛石、升仙台、观音送子、石林等奇峡瀑布、溪流石矶和怪石等景观。画家吴山明题款："封金山"。

惠明寺 Huìmíng Sì 位于鹤溪街道惠明寺村。处敕木山北坡，惠泉山麓，海拔635米。始建于唐咸通二年(861)，因惠明和尚得名。嘉庆、同治年间再次修缮。历经千载，香火不绝；逢劫难仅存残墙和"法源永固"石碑。1999年经多方人士、村民出资助力重建，历时三载修成，占地面积5000余平方米，建筑面积1200千米。寺院前为广场，建廊、亭等供游人休憩；内有大雄宝殿、天王殿、三圣殿、地藏殿、千手观音殿、山门、僧寮、香房、客堂、斋房、居士寮等建筑。修建好寺院内外绿树成荫，花果飘香，景色十分迷人。寺旁尚存白茶1株。此地是惠明茶原产地。

敕木山 Chìmù Shān 位于鹤溪街道东南部6千米。海拔1519.1米。洞宫山脉自西南向东北延伸，右脉贯穿景宁全境，敕木山地处中部。有"敕峦霁雪"之称，为鹤溪八景之一。同治版《景宁县志》载:“县之东南十里,高接云霄,邑之镇山,远望可数百里。相传宋时乡人梦山神运大木于朝,故赐此名。云宿必雨,土人常以占候。至新雨初霁,半山云雾,翕然而起,隆冬积雪,经月不化,尤为奇观”。山上尚留汤夫人庙、上天殿等古迹。北麓为敕木山、惠明寺、周湖等畲族村落。半山腰多为茶园与竹木,为金奖“惠明茶”原产地,现新开发惠明茶基地。西侧草鱼塘,旅游资源丰富,现辟为省级森林公园;环敕木山为景宁畲族风情旅游度假区。敕木山是人们旅游、休闲、度假及户外运动的首选之地。

潘家老屋　Pānjiā Lǎowū　位于鹤溪街道大众街44—48号。建于清道光十年(1830),坐北朝南,三合院式,建筑面积440平方米。老屋主屋,两厢房及天井构成。主屋为二层木结构瓦房,面阔五间,进深七间,悬山顶,明间为穿斗式梁架,五柱十一檩。檐前通廊,檐口马腿雕毛竹、兔子、狮子等图案。天井两侧各有两间厢房,亦为二层木结构,硬山顶,穿斗式梁架,厢房马腿、雕花装饰也很精美。室内地面为三合土。天井铺设鹅卵石图案,四周条石铺砌。外墙夯土白粉墙,两侧马头墙。县级重点文物保护单位。2013年4月大众街遭遇火灾,老屋大部分毁坏。

寨山革命烈士陵园　Zhàishān Gémìnglièshì Língyuán　位于红星街道金仙寺社区。革命烈士纪念塔于解放后建立,塔前列半球形坟墓三处,墓周铭刻抗日战争以来壮烈牺牲的烈士英名。1988年扩建,改水泥结构为块石结构,并增建门台,围以栏,拓宽走道,铺以石级。“革命烈士纪念碑”七个大字,系曾在景宁战斗过的老同志曾涛题撰,气势雄伟,庄严肃穆。2014年再次全面修缮。

浮丘钓台遗址　Fúqiū Diàotái Yízhǐ　位于鹤溪街道浮丘村。在县城西郊石牛山下鹤溪之滨。同治《景宁县志》载,汉隐士浮丘伯携双鹤沐于溪,傍溪依岩筑台垂钓。康熙年间(1662——1722),教谕郑兰谷修整钓台,环植花木,并刻“浮丘古迹”于石壁。六十年代后景点被毁,仅钓矶尚存。据《景宁县续志》考:浮丘伯与李斯、韩非同学于荀子。楚元王少时,曾与鲁穆生、白生、申公受诗于浮丘伯,为一代大师。

草鱼塘森林公园　Cǎoyútáng Sēnlín Gōngyuán　位于景宁城郊敕木山南麓。属洞宫山脉中段,距景宁县城21千米。平均海拔1150余米,地势高峻,动植物资源丰富,具有较高的观赏价值和保护开发价值。园内有海内外名柏园、黄山松林区、珍贵树种园以及草鱼塘、蒲洋湖、上天殿、汤夫人庙、石乳洞、摩崖石刻等自然和人文景观,是会议、休闲、避暑的好去处。公园内群峰拱秀,沟壑纵横,天地苍苍,气候凉爽,丰草绿溽争茂,佳木葱茏竟秀,堪称景宁“世外桃源”。1995年,被省局批准的省级森林公园。1999年,完成公园整体规划。2002年,被批准为国家AA级旅游区;公园海拔在800—1500米之间,具有明显山地森林气候特点,公园内动植物资源丰富,品种多样,森林覆盖率为97.3%。有全省面积最大柏树林;有50多种世界上珍稀柏树种,有陆生野生脊椎动物32目,83科,9319种,其中,有云豹、黄腹角雉等40余种国家重点保护动物。公园内以摩岩石刻、流云飞雾、三跌涧、杜鹃坡、汤夫人庙等为特色,融人文史迹与山林野趣为一体,可开展观光旅游、健身娱乐、科研教育、宗教朝拜等生态旅游项目。

石印山公园　Shíyìnshān Gōngyuán　位于鹤溪街道城南社区。在县城东部石印山上。石印山又名桂山，山上有石昂然独立，方正如印。康熙知县张琢隶书“石印”二字及题诗均勒于石。昔有古桂苍松，荫如华盖。今辟为公园，已修环石印山游步道，建成敕峰亭、怡心亭、临景亭、沐鹤亭等基础设施。这里成为人们休闲、健身的理想场所。

景宁城市展览馆 Jǐngníng Chéngshì Zhǎnlǎnguǎn 位于县城鹤溪街道人民南路549号，占地面积5789平方米，布展面积约为2000平方米，2012年7月动工，2014年3月展出。该馆内共分3层，设“序厅”“建制沿革”“钟秀景宁”“畲韵景宁”“未来景宁”“规划景宁”“筑梦景宁”“璀璨景宁”“蓝图景宁”9个展厅。展览馆集民族性、艺术性、科技性、互动性、趣味性于一体，以形象图片、文字解说、3D影视、数字沙盘等形式，系统展示境内畲族韵味，秀美山水，历史文化，城市建设等内容。

中国畲族博物馆 Zhōngguó Shēzú Bówùguǎn 位于鹤溪街道境内，建于2011年冬，占地面积3400平方米，展厅面积1500平方米。陈列厅分为6个单元，内置各种藏品1800件，主要有畲族服饰、头饰、生产生活用具、文献及祭祀道具等。

其他景区景点

千峡湖 Qiānxiá Nú 位于瓯江流域小溪支流中段，为浙江省内第二大人工湖。湖区内共有大小峡湾1009条，故名。最大峡谷为炉西峡。整个库区横跨景宁、青田两县，景宁境内水域面积占51%，辖库区周边红星街道、渤海镇、九龙乡，县城距游船码头3千米。千峡湖是集发电、旅游、生态、防洪、供水、灌溉为一体的多功能大型水库。设有3.5亿立方米防洪库容，拦洪削峰提高下游农田和居民点抵御洪水能力。

整个千峡湖呈狭长型，窄宽相间，湖区峡湾众多，峡深谷高，小型岛屿以及众多半岛纵横交错，使水域蜿蜒曲折，湖显山色交相辉映，山脊线起伏有致，多石柱、峰丛、峭壁以及像石等，景色绝美。沿途可见到各种各样的峡谷地貌，夫妻峡、将军峡等景点。千峡湖流域生物多样，资源丰富，特别是国家珍稀的国家一、二类保护动物黑叶猴、金钱豹等出没其间。高处俯视湖区，千峡环湖，景观壮丽，犹如一块碧玉镶嵌在浙南大地上。

望东垟 Wàngdōng Yáng 别名懵懂垟，位于景南乡上标村。为省级自然保护区，海拔1300米。由望东垟、见头垟、茭白塘、双桥圩、白云坪、畚斗潭等组成，总面积119.5平方千米，动植物资源极丰富，为华东地区最大高山湿地群。2007年3月，被省政府评为“省级自然保护区”。

炉西峡 Lúxī Xiá 又名炉西坑、绿桐溪。位于县城东南部。发源于大仰湖和仰天湖诸水，流经梅岐乡境在桂远汇合后，北入渤海镇林圩村注入千峡湖，全长40余千米。峡谷山峰奇秀，沟壑纵横，山峦蜿蜒叠翠，原始林木奇俊秀丽，生态环境自然优美，动植物资源丰富，有“华东第一大峡谷”之誉。

畲乡绿道 Shēxiāng Lǜdào 全称为畲乡绿廊国家水利风景区。绿道起于溪口，止于大均景区，全长约13千米。2014年6月动工，2015年10月开放。畲乡绿道依托千峡湖库尾河道山水人文资源，沿途串联起县城、畲乡古城、大均畲乡之窗景区等区块。绿道护栏和路灯极富畲族特色，沿途建有自行车租赁点、休息驿站、生态景观点、善水廊桥、亲水平台等配套设施。这些设施与得天独厚的山自然水生态景观融为一体，带给游客愉悦舒适的感受。2015 年 12 月，获第十五批“国家水利风景区”称号。这里是境内集旅游、休闲、文化、运动及商业为一体的休闲养生基地。

景宁入城口公园 Jǐngníng Rùchéngkǒu Gōngyuán 位于红星街道城北区块。公园前为幸福健身广场，东靠青山，南连环城北路，西接人民北路，北邻新田小区。公园建 2011 年，占地面积 10.5 公顷。东北侧山坡建凤仪塔，塔高 33 米，为秦汉风格，是公园的标志性建筑之一。

三月三广场 Sānyuèsān Guǎngchǎng 位于红星街道外舍新区。处外舍行政大楼正前方，是外舍古城的中心位置。占地面积 72580 平方米，建筑面积 59829 平方米。广场内有九幅呈祥、彩带呈祥、铜壶溢水、景观亭等，为居民日常休闲重要场所，是特殊节庆活动的集散地。

陈坦庵墓 Chéntǎnān Mù 又名坦庵陈公墓，县级重点文物保护单位，位于渤海镇渤海村，建于明弘治十年（1497 年），距县城 17 千米，墓园占地面积 1200 平方米，墓台 4 级，均铺块石，石阶、石板雕刻花卉、鸟兽、钱纹和人物等图案。

何马二仙宫 Hémǎèrxiān Gōng 又名何八仙庙。位于雁溪乡雁溪村。距县城南 26 千米。建于清乾隆十五年（1750），为厅院式布局，共有四进，五架梁木结构，重檐歇山顶，门厅施双翘，双下昂十一踩。正殿红漆大柱，覆盆莲瓣基，藻井彩绘龙凤图，浮雕牛腿雕人物，东西壁绘八仙。戏台翼角翘起，六铺作垂拱，月梁枋刻龙凤。占地面积 600 平方米，至今保存完整。1987 年 11 月，被公布为县级第二批县级重点文物保护单位。

鸬鹚殿 Lúcí Diàn 又名马仙殿，位于鸬鹚乡鸬鹚村岭后，建于明万历年间（1573 年~1620 年），始为茅屋，后建祠。原殿三进，二层，四合院建筑，长 20 米，宽 17 米。几经修建，现有岭后祖殿、观音堂、上天殿等。

毛氏宗祠 Máoshì Zōngcí 位于毛垟乡毛垟村。宗祠建于明代宣德五年（1430），占地面积 2560 平方米。曾数次大修。1950 年改为学校。1993 年初修缮宗祠，当年恢复祭祀。2009 年族人齐心协力，大规模进行修缮，祠堂面目焕然一新。毛氏宗祠共五进。一进大门，门联：“入此门尊宗敬祖；出斯户睦族和亲”。门厅四面翘角，路面卵石铺设。二进，两旁桅杆。匾书“儀门”，联曰：“端正儀荣步履稳，整肃衣冠文质彬”。再进，卵石花纹月台，两边建“东序”“西厢”房，各三室，东序主祭、陪祭、助祭等休憩；西厢司乐、道具摆放。三进为正厅。悬匾“务本堂”。栋柱联：“吾祖派衍先周瓜瓞绵自岐山出；翼公基开晚宋构堂创於带水来”；前廊联：“山接浙闽沿龙脉直通景邑；水连寿庆之带溪流向青欧”；后廊联：“山连水林荫苍翠凤鸣翅展，水映山半月环溪人悦颜开”。前为正门、礼门、义门，共三门，联曰：“礼门义路家规矩；智山仁水古画图”。四进匾书：“明经多士”。联：“百世弗忘傳诗之学；千秋犹仰捧檄之贤”。五进门额：“西河郡”；联曰：“采其蘋分聊以祀而以享；剪夫韭也乃于豆而于登”。灵牌有三：中为“肃肃雝雝”，左为“左昭”，右为“右穆”，联一：“祖建祠庙丰功业迹万代；吾谱毛姓兴旺发达千秋”；联二：“西河千家归一本；川流万派汇同源”。厨房连溪边有小路，旁列门庭廊凳，供人休憩。一匾：“智仁乐处”。

洞宫宝殿 Dònggōng Bǎodiàn 位于沙湾镇何处村。在县城西南部，地处箬寮尖东侧缓坡地，海拔约1450米。洞宫宝殿原建于清代中期，因年久失修毁坏。1997年冬在原址复建，面积125平方米；三进，前为天井；殿内供奉"徐天大将、五显灵官、马氏天仙"等泥塑佛像。后佛像遭人为毁损。2003年5月再次筹资复建，殿内佛像改木雕，修通殿路道，造风景林带，美化环境。

包坑口三合堂 Bāokēngkǒusānhé Táng 位于英川镇包坑口村。系清道光十九年(1839)所建，庙坐西南朝东北，建筑占地面积334.89平方米。1996年10月，被公布为第四批县级重点文物保护单位。一层木结构，木构简洁，殿内宽广，殿上有佛龛，放有五显大帝及马氏天仙佛像。佛像造型高大，气势庄严，前面有供有祭台，以供有求祭祀之用。殿两侧有石碑，记载该庙建造年代及建造修庙捐款的人。天井为卵石铺设，东北侧有戏台，原戏台很大，后在70年代因修建公路，戏台部分改建，以失原貌，整体构架仍存，正殿的厢廊部分仍保持不变。

潘氏节孝坊 Pānshìjiēxiào Fāng 位于鹤溪街道包凤村山脚。建于清同治年间(1862—1875)，分布面积约80平方米。该坊为表彰潘氏忠贞节孝教子有方,御批圣旨所建。牌坊立于叶公潘氏墓前风水池内，2004年4月，被公布为第五批县级文物保护单位。潘氏节孝坊规模宏大，主体保存完整，雕刻精美，青石构件。该建筑是研究清代牌坊建筑文化石刻艺术和历史的重要参考实例，具有较高文物价值。

景宁九龙省级地质公园 Jǐngníng Jiǔlóng Shěngjídìzhì Gōngyuán 位于景宁县东部及南部。2009年7月，由省国土资源厅批准成立。地质公园总面积98.88平方千米，由九龙塆—炉西峡、大漈和望东垟—上标三个园区及环敕木山周边的9处地质遗迹点组成。其中，九龙塆—炉西峡园区面积36.80平方千米，景区地势陡峻，切割强烈，景观奇特，景点主要有石将军、仙女献花、迎宾老人、卧蛳峰、石马、石钟峰、丹佛恐龙、石蛋等；大漈园区面积41.33平方千米，园区内地质景观和地质现象丰富，已建有地质陈列馆；望东垟—上标园区面积20.75平方千米。公园拥有各类地质遗迹和地质景观68处，其中，九龙湾火山岩地貌、炉西峡峡谷地貌、雪花漈、上标漈瀑布、望东垟高山湿地等地质遗迹，具有特殊的科学价值和极高的美学观赏价值，是不可多得的地质自然遗产。地质公园建设由三个主要部分组成：一是地质陈列馆；二是地质遗迹与景区标识系统建设；三是地质遗迹保护工程。

景宁畲族自治县党史省级保护遗址

表5-1

序号	遗址名称	遗址地点
1	寨山革命烈士陵园	红星街道金仙寺社区寨山
2	李振彪烈士墓	九龙乡王塆村后斜门岗
3	王起元烈士墓	英川镇金林村乌里塆
4	英川镇梨树突村古庙红军标语	英川镇梨树突村马仙宫

续表 5-1

序号	遗址名称	遗址地点
5	英川镇梨树突村民居红军标语	英川镇梨树突村叶海林等村民住宅
6	英川镇木岱根村红军屋	英川镇木岱根村柳育钱等住宅
7	英川镇木岱根村红军寮	英川镇木岱根村过埠桥头
8	英川镇木岱根村红军洞	英川镇木岱根村石沿坑头观音柜
9	英川镇木岱根村闽东红军标语	英川镇木岱根村柳育钱等住宅
10	英川镇木岱根村红军标语	英川镇木岱根村村民仓楼
11	英川镇周占村红军洞	英川镇榅堆村周占自然村大尖山鬼洞岩
12	毛垟乡库头村红军抗战标语	毛垟乡库头村古戏台外墙
13	毛垟乡库头村《浙江省战时政治纲领》	毛垟乡库头村古戏台外墙
14	毛垟乡库头村红军标语	毛垟乡库头村民居外墙
15	大地乡张坑村红军路	大地乡张坑村通村公路
16	东坑镇大张坑村畲族民兵队部旧址	东坑镇大张坑村雷氏宗祠
17	东坑镇大张坑村畲族民兵队长雷景三故居	东坑镇大张坑村
18	秋炉乡万松庵红军隐蔽处	秋炉乡坑口村万松庵
19	湘湖师范道化校址	沙湾镇道化敬老院、韦氏宗祠
20	景宁简易师范遗址	鹤溪街道敬山宫
21	郑坑乡毛窠红军医院	郑坑乡毛窠村石谷洞
22	梅岐乡桂远村红军洞	梅岐乡桂远村大岩下
23	梅岐乡桂远村红军屋	梅岐乡桂远村大幢厝
24	浙南特委旧址	梅岐乡桂远行政村湖坑自然村
25	张山会议旧址	梅岐乡桂远行政村张山自然村
26	梅坞红军指挥部	雁溪乡梅坞叶家
27	丽云区工作人员会议朱山遗址	九龙乡朱山村
28	丽云区委高沈旧址	九龙乡高沈村
29	沈余丰烈士故居	九龙乡高沈村
30	周志苍烈士故居	家地乡坪坑村
31	黄秀交通站	毛垟乡黄秀村
32	恢复新区工作会议旧址	红星街道香岗村王成玖屋

续表 5-1

序号	遗址名称	遗址地点
33	黄竹山交通站	九龙乡黄竹山村
34	蛤蟆岭战场遗址	英川镇蛤蟆岭村放牛场
35	蛤蟆岭红军窟	英川镇蛤蟆岭麻弯岗头、拦路田头、水岙头
36	驮垟激战遗址	大地乡驮垟村
37	朱德章牺牲地	东坑镇周胡岭村撑排潭
38	水笕岙伏击战遗址	东坑镇何村水笕岙
39	大地乡张坑村红军夹	大地乡张坑村大堂厝仓楼
40	大地乡张坑村银坑洞红军养伤处	大地乡张坑村浅水塆银坑洞
41	大地乡张坑村红军洞	大地乡张坑村上人岭仙洞
42	英川镇茶园村马仙宫红军隐蔽处	英川镇茶园村马仙宫
43	李振彪牺牲地	九龙乡畚斗塆村

第二节　文物非遗

国家级文物

时思寺　Shísī Sì　位于大漈乡西岸底村西端。相传宋代梅氏幼童元质守祖父墓，居庐三年，不离其侧。宋高宗闻报，旌表其人为“孝童”，其庐为“时思院”。始建于宋绍兴十年(1140)。明洪武元年(1368)，刘基书额“时思道场”。明宣德元年(1426)改院为寺。大殿面阔三间，进深二间。明清时期增建山门、大雄宝殿、三清殿、钟楼和梅氏宗祠等，形成古建筑群，其中大雄宝殿为重檐歇山顶结构。时思寺民国曾为学校，据《景宁县续志》载：“第五区立大漈初级小学，民国三年开办，校址：大漈时思寺，学生二十八人”。建国后曾两度较大修缮。时思寺占地面积 2700 平方米，是浙江元、明代建筑体系中的独立类型。2001 年 6 月，公布为国家级重点文物保护单位。

东坑下桥　Dōngkēngxià Qiáo　位于东坑镇东坑村。建于清康熙二十八年(1689)。桥身东北至西南向，跨越东坑涧，单孔木拱廊桥，外观呈八字形。桥长 24.31 米，净跨 21.8 米，宽 4.34 米，高 9.5 米，占地面积 180.94 平方米。桥身铺木板，廊屋 11 间，四坡悬山顶，五架抬梁，两侧廊凳供人休息。桥外侧设风雨板，桥头均有青石阶拾级而上。是境内现存最早建成的古廊桥之一。2013 年 3 月，公布为国家级重点文物保护单位。

高演环胜桥　Gāoyǎnhuánshèng Qiáo　位于梧桐乡高演村水口。该桥建于清乾隆七年(1742)。光绪三年(1877)重修。桥身东西走向横跨坑涧，桥长 35 米，桥宽 5.65 米，桥高 10 米，净跨 3.55 米。单孔简支木梁廊桥，以五根直径 0.45 米抬梁承载桥体。四柱九檩抬梁式结构，廊屋 11 间，三重檐歇山顶。廊桥主体分三层，上层魁星阁、中层文曲星楼、下层供行人通道。左右两侧留有人行走廊，中间为书院。造型优美，风格古朴。清末诗人严用光曾题《环胜桥》:“岗岭四围合似环，层楼高峙设重关。天公也假人功代，离合罗浮峙两山。”环胜桥南侧邻任氏宗祠遗址，北侧建廻龙、清风二桥，合称“高演三桥”。1989 年 7 月 18 日，公布为县级重点文物保护单位。2011 年 1 月 7 日，公布为省级文物保护单位。2013 年 3 月，公布为国家级重点文物保护单位。

章坑接龙桥　Zhāngkēngjiēlóng Qiáo　又名永济桥。位于东坑镇章坑村南侧，横跨飞云江上游。该桥原建于清嘉庆九年(1804)。光绪乙未年(1895)火毁。民国六年(1917)在原址重建。为木拱廊桥，有廊屋 17 间，桥长 41 米，净跨 19.6 米，宽 6 米，高 18.8 米，建筑面积 171 平方米。桥中间设廊凳，两侧有风雨护板，梁柱有对联。四面悬山顶，四柱九檩，抬梁式结构。桥下为圆弧拱，三折七锚，竖端椑架的木撑构架已趋成熟。该桥为连接泰顺、文成陆路通道。2011 年，被公布为省级文物保护单位。2012 年，被国家文物局列入世界文化遗产预备名单。2013 年 3 月，公布为国家级重点文物保护单位。

莲川大地桥　Liánchuāndàdì Qiáo　又名庆安楼桥。位于沙湾镇大地桥自然村。该桥横跨大地桥坑涧，建于清嘉庆八年(1803)。桥长 41.5 米，宽 4.8 米，高 10.5 米，拱跨 31.3 米，单孔，廊屋结构。该桥东侧接山连路，西侧筑桥头，石级北折至大路，连大地桥村。据传昔日大地桥涧洪水泛滥，常吞噬生命。地方秀才叶开昌、叶奕昌召集景邑文人自发捐款，附近百姓闻声响应。仅用 5 个月时间募大批财物，建成大地桥。此后该地溪涧“溪不生波”，村坊“民不涉病”。现留桥联 20 余条，横批 10 余个，木画 10 多幅。是境内古廊桥中文化韵味最浓一座。该桥原是连接沙湾至毛垟、庆元主要陆路通道。2013 年 3 月，公布为国家级重点文物保护单位。

梅岐桥　Méiqí Qiáo　含会龙桥与观音桥。位于梅岐乡梅岐村。会龙桥建于清光绪十六年(1890)。横跨梅岐坑涧流，为古道要津。木拱廊桥，桥长 35 米，宽 4.6 米，高 7.6 米，净跨 26.3 米。七架梁左右廊抬梁式，七柱五边木构架起廊屋桥，屋面两坡悬山顶带披檐。民国十四年(1925)重修。观音桥，处会龙桥西侧桥头，横跨小坑。始建年代不详，现桥建于 1960 年。为平板廊桥，桥长 16.8 米，桥跨 9.2 米，宽 3.95 米，高 4.5 米。两桥被誉为“双廊桥”,2010 年再次修缮。2013 年 3 月，公布为国家级重点文物保护单位。

护关桥　Hùguān Qiáo　位于大漈乡西岸底村。建于清乾隆年间(1736—1795)，系木制廊桥。护关桥两端接山，横跨于龙溪与鹤水汇合处。西侧为时思寺、梅氏宗祠、大漈乡校等；东侧漈头村。桥为三层楼屋结构，桥长 26 米，宽 7 米，高 2.5 米，跨径 9 米。一层是关帝庙，正中供奉红脸关羽，左右是财神爷。二层是文昌阁，供奉的是主宰功名、禄位的文昌帝君。三层魁星阁，供奉主宰文运的魁星。该桥如一道天然屏障，横卧于村口。既增添古村景色、美化环境，又起到方便乡民往来和护佑村坊的作用，故名护关桥。是境内保存较完好廊桥之一。2013 年 3 月，公布为国家级重点文物保护单位。

东坑上桥 Dōngkēngshàng Qiáo 又名观音阁楼桥。位于东坑镇东坑村。该桥建于清同治八年(1869)。原先此处岸边建有观音阁,阁前溪涧一侧有莲岩。民国廿二年《景宁县续志》载:"岩锋攒簇,恰似莲华"。为木拱廊桥,桥长28.3米,桥跨18.7米,桥宽4.4米,桥高6.7米。2013年3月,公布为国家级重点文物保护单位。

大赤坑桥 Dàchìkēng Qiáo 又名成美桥、瑞应桥。位于大均乡大赤坑村。始建于清嘉庆十五年(1810),原取"成人之美"之意,故名。而后三度重建,数易其名,后以地处大赤坑村得名。现存之桥建于民国十二年(1923)。桥身自西南向东北跨越大赤坑溪涧,为单跨三折七锚,九柱五边七拱廊屋木廊桥,桥长50米,宽6米,高10米,净跨30米,建筑面积211.5平方米。桥上廊屋15间,悬山顶披屋脊,四柱九檩抬梁式,两侧有廊凳,一侧供观音佛像,外侧设挡风板和风雨檐。桥下用9根直径30厘米木地梁枕架,桥面横铺木板。桥头依托山体石级为步。2013年3月,公布为国家级重点文物保护单位。

省级文物

鹤溪潘家大屋 HèxīPānjiā Dàwū 位于鹤溪街道百岁门戏台后15—16号。建于明代,为潘琴故居,建筑坐北朝南,占地面积823.68平方米。该屋具有明代官宦建筑风格,为境内最古老民居,同时也是现存最大民居。四合院式布局,前后共三进、六厢房。一进及二进中间为单层建筑,其余为二层木结构建筑。第一进由门楼、天井和门厅组成,门楼门楣上砖雕三爪龙和仙鹤,栩栩如生,活灵活现。门前桅杆夹,天井卵石铺砌图案,门厅面阔五进,进深两间,屋面檐口瓦当精美。硬山顶,施风火墙,后檐隔壁二小门通往三进;第二进为轿厅,前檐带两开间东西厢,与西侧厢房相同垂花门,面阔进深均为一间,轿厅面阔五间,进深两间,悬山顶,明间为三进正堂通道;第三进为正堂,前檐带三开间东西厢,后檐带两廊,正堂面阔五间,进深两间,门厅、轿厅、正堂明间梁架均为穿斗式。鼎盛时有大小厢房71间,大小天井9处,具有很高建筑艺术价值和人文价值。2011年1月,被浙江省公布为第六批重点文物保护单位。

敕木山村畲族民居 Chìmùshān Cūn Shēzú Mínjū 位于鹤溪街道敕木山村。敕木山畲族村落是畲族迁居浙江最早落户地方之一。唐永泰二年(766)雷姓畲民迁居鹤溪叶山头村。明万历四十年(1612)蓝姓畲民从福建罗源迁入澄照乡。清代中期畲民逐渐在环敕木山周边建村。敕木山村是典型的畲族村落,村建山坡,向阳避风,村落形态与风貌至今保存完整。1929年夏,德国学者哈·史图博和他的中国学生李化民徒步到敕木山村进行为期七天的调查,写下十余万字的《浙江景宁敕木山畲民调查记》,详细记录畲族族源、迁徙分布民族文化、政治生活、风俗语言等内容。敕木山村畲族民居格局保留完好,体现出浓郁的民族建筑地域特色和畲族传统文化特色,具有很高的社会文化价值。2011年1月,敕木山村4座畲族民居(分别为敕木山村畲族民居1号、2号、3号、4号)合为一处,被浙江省公布为第六批重点文物保护单位。

县级文物

城郊孔子庙 Chéngjiāo Kǒngzǐ Miào 位于鹤溪街道人民南路72号。建于明景泰三年(1452),原址在县城西北部,呈对称式结构。后几经迁址,清道光二十三(1843)重建于县城上桥头。2010年按原貌全面修缮,庙内建有大成殿、明倫堂、圣贤祠、博文斋、戟门、泮池、状元桥、祭器库等,并将部分文物归位安置。占地面积1100平方米。这是市内唯一一座保存较为完整的孔庙。2015年6月,被评选为丽水十大城市文化标志性建筑。

桂山石印题刻 Guìshānshíyìn Tíkè 位于鹤溪街道石印山公园东侧。石刻长约1米,宽0.9米,净高约2.3米,所在地面为规则花纹卵石地面。石刻坐东朝西,雕刻时间为清康熙四十八年(1783),知县张琢题刻。石碑正面有“石印”两个大字,侧面刻诗一首“一官碌碌系天涯,事简庭闲早放衙。惟有秋山一片石,年年相对夕阳斜”。后识“县署后山石印”“乙丑重阳前日龙坑张琢题”,其书笔力遒劲,飘逸洒脱。石印山为古代鹤溪八景之一,该石刻具有较高文学及艺术价值。1989年7月,被公布为第三批县级重点文物保护单位。

徐山永镇桥 Xúshān Yǒngzhèn Qiáo 位于红星街道徐山自然村公路边。桥身沿东西方向横跨于溪涧上,建于清同治三年(1864)。该桥为单跨木拱廊桥,桥全长约30.4米,宽约3.8米,净高7.9米,净跨为25米,占地面积135平方米,外观呈“八”字形,桥身由长短不一木板铺筑而成。桥上十一间廊屋,对称工整。2004年4月,被公布为第五批县级重点文物保护单位。该桥造型优美,风格古朴,跨径较大,现状保存较好,具有较高文物保护价值。

潘氏节孝坊 Pānshìjiēxiào Fāng 位于鹤溪街道包凤自然村。建于清同治年间(1862—1875),建筑面积80余平方米。该孝坊是为表彰潘氏忠贞节孝教子有方,御批圣旨所建。牌坊立于叶公潘氏墓前风水池内,2004年4月,被公布为第五批县级文物保护单位。潘氏节孝坊规模宏大,主体保存完整,雕刻精美,青石构件古朴。该建筑是研究清代牌坊建筑文化石刻艺术和历史重要参考实例,具有较高文物价值。

包坑口三合堂 Bāokēngkǒu Sānhé Táng 又名五显灵官大帝殿。位于英川镇包坑口自然村南侧。距英川村4.2千米。建于清道光十九年(1839),坐西南朝东北,建筑面积334.89平方米,1996年10月被公布为第四批县级重点文物保护单位。该建筑木构简洁,殿内宽广,殿上有佛龛,供奉五显大帝及马氏天仙佛像。佛像造型高大,气势庄严,前供有祭台。两侧石碑,刻有殿宇建造年代及捐款人;天井卵石铺设,东北侧有一戏台,原戏台很气派,后因造公路,戏台面积缩小;戏台多处改建,工艺远不及,原貌大失。整体构架尚存,正殿厢廊部分仍在。

李振彪烈士墓 Lǐzhènbiāo Lièshì Mù 位于九龙乡后斜村北侧。处县城东北25.5千米。该墓始建于1956年,原址在高演村正东面大洋潭边,为李振彪烈士与沈余丰、徐开兴、刘开水、叶启兴、叶礼昌、江岳贞六位烈士合葬墓。1983年9月被云和县政府公布为第一批县级文物保护单位。曾数次修缮。2007年因滩坑库区涉淹整体搬迁现址。新建李振彪烈士墓,采用中轴线对称布局,占地面积1095.6平方米。现墓为县爱国主义教育基地。李振彪(1920—1943),原名龚福寿,江山县华家村人。1935 年加入红军挺进师二纵队。1938 年任中共青(田)、景(宁)、云(和)、丽(水)特委委员、丽云区委书记。1943 年 7 月,牺牲于原新四乡畚斗塆自然村。

大均浮伞祠 Dàjun Fúsǎn Cí 位于大均乡大均自然村。始建于明嘉靖年间。历清代、民国四度修缮。正殿清乾隆年间(1736—1795)重修。2000 年再度抢修。该祠坐西北朝东南,占地面积 261.1 平方米。单层木结构建筑,由正殿、厢廊、戏台及门厅构成。正殿佛龛,供奉土地公、马天仙、汤山公等神灵,佛像高大,庄严、气派。正殿地面为三合土,左右厢廊为单坡屋面。二柱五檩,穿斗梁架,马腿有简单雕刻,柱子高大,柱围较细。中为天井,卵石铺成,上摆香炉,香火旺盛。天井前侧为一八角攒尖顶戏台,三柱七檩,抬梁式梁架,牛腿上有描金雕花,雕刻精致。2014 年 2 月,被公布为第七批县级重点文物保护单位。

漈头雷潘两姓行宫 Jìtóu Léipānliǎngxìngxíng Gōng 位于澄照乡漈头村。清光绪十七年(1891)由畲汉两族共建,占地面积 325 平方米。行宫沿中轴线南北由戏台、两侧厢房和中堂组成。戏台为亭台式,歇山顶,内顶为三阶八角藻井。四周两层角柱,用料考究,飞檐翘角,造型别致。两侧有六间南北向通廊直通中堂,为三开间建筑。进深 7.7 米,穿斗抬梁混合式梁架,四柱十一檩,硬山屋顶。四周马头墙,北侧墙下有一圆拱通水涵洞。2014 年 2 月被公布为第七批县级重点文物保护单位。

北溪桥 Běixī Qiáo 位于东坑镇北溪自然村。建于民国十二年(1923)。桥身东北走向,横跨溪上,占地面积为 71.75 平方米。该桥长 17.5 米,宽 4.1 米,净高 7.5 米。单孔木拱廊桥,由桥上廊屋和下部桥体组成。桥上有九间廊屋,四柱九檩,四坡悬山顶,抬梁式梁架,前后与村道贯通。廊屋间两侧设廊凳,桥身外侧有风雨板围护,中间设佛龛,原供有佛像,现无存。桥面木板铺设,两侧引桥由乱石铺砌而成。2014 年 2 月,被公布为第七批县级重点文物保护单位。

底岸张文波墓 Dǐànzhāng Wénbō Mù 位于九龙乡底岸自然村。张文波,字国华,明嘉靖四十四年(1565)乙丑岁贡。官任宜城(今湖北省宜城市)主簿一职,再到南漳等县任职。多年后告老还乡。张氏墓建外垟村后山,占地二亩,由墓门、墓室组成。有五级墓台,块石铺砌,雕刻精美。原竖有墓碑,大约建于十五世纪。嘉庆十二年(1807)重修,由族人张春福主持,立碑。现墓体保存尚好。2014 年 2 月,被公布为第七批县级重点文物保护单位。

胡桥 Hú Qiáo 又名胡大桥。位于大漈乡西岸底自然村。该桥始建于明代,系木制平梁廊桥。现存建筑为清康熙二十三年(1684 年)建造。乾隆二十二年(1757)重修。最近一次修缮为 2001 年。桥长 18 米,桥宽 15.3 米,拱跨 18 米,30 根柱组成 6 排(孔拱跨 10 米)。桥中建戏台,小巧,全木结构,戏台周边设雕花栏杆,顶部彩绘藻井。占地面积 285.61 平方米。1987 年 11 月,被县公布为第二批县级重点文物保护单位。

大漈彭氏宗祠 Dàjì Péngshì Zōngcí 位于大漈乡彭村自然村东侧。建于清乾隆四十九年(1784),坐西南朝东北,占地面积 361.56 平方米。1989 年 7 月,被公布为第三批县级重点文物保护单位。宗祠为清中期建筑,它保留明代及清代早期风格建筑,且用料硕大,工艺考究,雕饰精美,保存完好,具有较高参考价值。

严氏节孝木牌坊　Yānshìjiēxiàomupa Fāng　位于大漈乡小佐自然村东南侧。建于清道光十七年(1837)。牌坊坐东北朝西南,木结构,八柱十梁三间,硬山顶,高5.3米,面阔7.8米,进深5.1米。于1996年10月,被公布为第四批县级重点文物保护单位。该牌坊保存较好,有“芳流百世”题刻等。它承袭了晚清繁华、细腻风格,用料粗大,雕刻精致,木牌坊在江南地区乃至全国范围内已保存较少,具有极高的历史价值。牌坊上的字保存完好,是研究清朝对孝礼文化重要文物。

道化仙碓　Dàohuà Xiānduì　位于沙湾镇道化村大桥旁。据光绪版道化《韦氏宗谱》载:该仙碓系明朝宣德年(1426—1435)建造。宗谱诗曰:“仙人碓趾始何时,宣德年间就有之。浩水冲来全无恙,沙泥不入更称奇。宫前古树遮风雨,水面生岩作地基。或有经过道及者,查明邑志四方知。”原水碓房坐东南朝西北,占地面积40平方米。遗址旁尚存水碓石一块,伫立地面。1996年10月,被公布为县级第四批县级重点文物保护单位。

英村堰　Yīngchuān Yàn　位于英川镇英川自然村西侧。该堰由取水防洪、输水灌溉、村内给排水三部分构成,全长近2000米,始建于明末清初。取水防洪部分位于村北侧1500多米的英川港上游公路旁,沿滩就地取材砌筑而成,护堤沿溪滩围深潭经100多米蜿蜒至东岸形成喇叭口,颈部集水成明渠流向村子,坝体由松木填基,利用滩上坚固巨石侧向横支松木拦截乱石形成稳固基体,至今无损,仍然发挥着取水防洪的作用。2014年2月,被公布为第七批县级重点文物保护单位。

沙湾文昌阁　Shāwān Wénchāng Gé　位于沙湾镇沙湾村东。离县城21.5千米。清嘉庆十四年(1809),建阁于河滨数十米高的峭壁悬崖上。红墙黑瓦,壮观巍峨,有“高阁临江”之称。为清代“沙川八景”之一。阁分前后两部分,前部呈六角形,占地面积75平方米,高8.5米。原县城至沙湾石路从中通过,一楼可供行人纳凉休憩。后部长方形,占地面积55平方米,基地与前部相连。登楼远眺,令人心旷神怡。1989年7月,公布为第三批县级重点文物保护单位。因年久失修,2001年4月,阁楼倒塌,仅存残墙遗址。

何村永平桥　Hécūn Yǒngpíng Qiáo　位于东坑镇何村自然村。桥身西南至东北走向,横跨坑上。该桥始建于清光绪年间。民国十五年从东坑下游五百米处移现址。占地面积65.25平方米。该桥全长22.60米,宽4.5米,净高7.5米,单孔木拱廊桥。廊桥分廊屋和桥下结构。桥上九间廊屋对称工整布置,两坡悬山顶,抬梁式梁架,四柱九檩。廊屋内设佛龛,供奉观音。桥上两侧设有廊板,护板,可供人休憩。外侧设有风雨板,桥两边有台阶拾级而上。2014年2月,被公布为第七批县级重点文物保护单位。

蔡湖银坑洞　Càihú Yínkēng Dòng　位于沙湾镇蔡湖村西侧。为明代银矿开采遗址。该坑洞规模较大,洞口在山坡朝近坑涧,灌木淹没洞较隐蔽,近处方可见。洞口朝南,为一狭长石缝,宽0.5米,高4米余。山体陡峭,阴暗潮湿,长年滴水,洞内外散落大小不一矿渣乱石。蔡湖银坑洞简朴粗犷,年代久远,见证古代银矿开采历史。该洞保存较好,对研究银矿开采历史有一定研究价值。1989年7月,被公布为第三批县级重点文物保护单位。

陈坦菴墓　Chéntǎnyǎn Mù　位于渤海镇渤海自然村北风山。该墓建于明弘治丁巳年(1497),

墓体庞大，占地近1000平方米。明嘉靖癸未年(1523)陈佑题墓联："凤山藏秀气，带水绕佳城"。1989年7月被公布为县级第三批县级重点文物保护单位。2007年因滩坑电站库区涉淹，县文物部门对墓地进行整体搬迁。迁建后基本保持原貌，坐北朝南，面积300余平方米。墓内地面用卵石铺设图案花纹，外侧四周用条石砌成，坟圈和全墓外围系用乱石垒砌而成。陈坦菴(1417—1491)，字元明，号坦菴。坦菴自银矿发家后，积德行善，后代人丁兴旺。次子陈璗，为景宁银王。

西山刘基母富氏墓 Xīshān Liújīmǔfùshì Mù 位于渤海镇西山自然村。该墓原建于元代至正二十二年(1362年)。墓碑于民国十一年(1922)立，坐西朝东，规模较大，建筑面积130平方米。该墓呈葫芦状，墓体后倾，墓碑立于墓体后侧，墓前一元宝状香炉。墓石隔板上刻有花、草图案，前方为祭拜台，两边各一墓台。风水池较大，四周挡墙，水泥铺面。2007年，因滩坑库区涉淹，县文物部门对其进行了整体搬迁。并且在其墓前立牌坊，上书"贞资婉范"四字，牌坊前建广场。2014年2月，被公布为第七批县级重点文物保护单位。

高演任公墓葬群 Gāoyǎn Rèngōngmùzàng Qún 位于梧桐乡高演村内。墓葬群主要有以下几个部分组成：圣纲公墓，位于本村处后岭，坐艮向坤，墓宽8米，高12米，建于咸丰年间；圣纲公济职郎妣王、高氏合墓，位于本村处后岭，坐寅向未，墓宽6米，高8米，建于咸丰年间。圣纲公，字作常，号竹轩。赐进士出生，户部外郎。任山东道察院江南副主考、湖北学政两州府事涂为等。世代书香，有秀才，贡生，进士选元等；应熊公墓，位于本村后，坐巽兼辰向乾，墓宽8米，高12米，建于乾隆年间。应熊公，字炳星，进士，浙闽盐道众敬称监税官太公。生五子皆入贡，道光年间学院史，豆鼐光题金匾"兄弟选元"；制函公墓，位于本村坐丙向壬，墓宽10米，高14米，建于道光年间。制函公，字炳熠，进士，精通绘画，世代书香。2014年2月，被公布为第七批县级重点文物保护单位。

西山朱氏宗祠 Xīshān Zhūshì Zōngcí 位于渤海镇西山自然村。祠堂原址在门潭村尾，坐西朝东，始建于清朝，重修于民国二十年。2007年因滩坑库区涉淹，迁于此地，占地面积292平方米。该祠堂有一正殿、二厢房及门楼组成，单层木结构，小青瓦阴阳合铺屋面。正殿五开间，进深两间，檐前通廊，悬山顶。明间当中两架为抬梁式梁架，两架抬梁前后单步梁，其余为穿斗梁架，五柱十一檩。厅堂高大宽敞，用料硕大，中间四柱，柱径40厘米，檐口梁枋、斗拱、牛腿雕刻工艺精致，做工细致，用料较好。祠堂门楼做工十分精致考究，门楹内"朱氏宗祠"清晰显现。2014年2月，被公布为第七批县级重点文物保护单位。

隆下坳福善寺 Lóngxiàào Fúshàn Sì 又名福善庵。位于英川镇隆下坳自然村。始建于清康熙年间。经乾隆、嘉庆年间数次扩建。2007年再次大修。该寺坐东朝西，建于山岗之上，前后二进，由西至东包括晏公殿、戏台、偏殿、厢房、偏房、正殿、神厨、次殿等组成。多为单层建筑，小青瓦阴阳合铺。供奉佛、道等神灵100多尊，大小40多间房，占地面积1222平方米。该寺南北各开山门，正门在南北山门当中，正对壁照。进正门为第一进天井，当中为晏公殿，是该寺最古老，且保存完好之建筑。建于康熙年间，重檐歇山顶，方形单体建筑。殿内供奉晏八公等佛像，殿后壁上供奉韦陀天尊。2014年2月，被公布为第七批县级重点文物保护单位。

竹山摩崖石刻 Zhúshān Móyáshíkè 位于梅岐乡竹山自然村西侧。在龙潭桥坑涧中段河床岸边。石刻年代为元代至正十六年(1356),与明代正统十四年(1449)。石刻诗文内容应是此地矿主或矿工所留。诗文刻于溪涧边一块重约几十吨巨石背面。石下有高不足1米空间,可容纳数人避雨休憩之。2014年2月,被公布为第七批县级重点文物保护单位。

西坑水头大殿　Xīkēng Shuǐtóudà Diàn　位于大地乡西坑自然村。建于清宣统元年(1909),坐南朝北,占地面积为319平方米。大殿为二层木结构,由正殿两厢房及戏台组成。正殿三开间,殿内佛龛依次供奉有元帅相公、马氏天仙、汤氏夫人、陈氏夫人及五显灵宫大帝等。水口大殿保存较好,建筑结构较精美,对于研究古宫殿及地方宗教文化有一定历史价值。2004年4月,被公布为第五批县级文物保护单位。

驮垟源尾殿　Tuóyáng Yuánwěi Diàn　又名双龙庙。位于大地乡驮垟村西侧。建于清康熙年间,占地面积302.4平方米。整个建筑坐北朝南,四合院布局,飞檐斗拱、雕梁画栋、气势恢宏。该殿包括一正殿、二厢房、一戏台及天井。小青瓦阴阳合铺屋面,其正殿为二层木结构,面阔三开间,悬山顶,六柱十二檩抬梁式梁架,殿内柱子粗大,用料较好。明间上方为三折八角藻井,无壁画。殿后佛龛依次供奉何八公、马氏天仙、土地神三位神仙,殿内地面改为水泥,四周回廊。东西两侧各一厢房,三柱九檩。天井为卵石铺设,门楼朝南,一戏台,共三开间,悬山顶,三柱十一檩。现已重修。2014年2月,被公布为第七批县级重点文物保护单位。

大漈摩崖石刻　Dàjì Móyáshíkè　位于大漈乡西岸底村。在离村一华里许雪花漈瀑布右侧岩壁上。其幅面尺寸约50×120平方厘米,横向布局,中间题朱红色"雪花漈"三大字,行书暗刻,端庄稳重;上款为:"壬午年"、下款为:"许绍棣"。省政府在抗战期间(1942)南迁云和县。石刻系时任省教育厅厅长许绍棣(1900—1980),在大漈游玩时触景即兴而题。2014年2月,被公布为第七批县级重点文物保护单位。

严氏宗祠　Yánshì Zōngcí　位于大漈乡小佐自然村中心。祠堂坐西南朝东北,建于清乾隆庚子年(1780),占地面积376平方米。该祠堂前后两进由两正堂、两厢房、台门、天井及旗杆石组成。主体建筑为单层木结构。严氏宗祠保存较好,其雕刻精美牛腿,文人墨客题词,对研究历史有较高参考价值。2004年4月,被公布为第五批县级重点文物保护单位。

芎岱岭脚桥　Xiōngdài Lǐngjiǎo Qiáo　位于家地乡芎岱自然村岭脚。建于清同治九年(1870),该桥南北横跨于芎岱溪上,桥全长25.6米,宽5米,净高7.9米,占地面积165平方米。2004年4月,被公布为第五批县级重点文物保护单位。该桥为木拱廊桥,四柱九檩抬梁式梁架,悬山顶,共有廊屋十一间,中间三间为拱顶。其桥拱做法独特精美,为三折拱,由九根枕木横铺。该桥跨度大,呈左右对称结构,具有较高的廊桥艺术风格及建筑价值。

梅家老屋门楼　Méijiā Lǎowū Ménlóu　位于鹤溪街道大众街21号。系清代末年建造。坐南朝北,三合院式,占地面积380平方米。整体建筑自南向北依次为门楼、天井、厢房和主屋组成。天以卵石铺砌图案,前为马头墙。主屋为二层木结构瓦房,面阔五间,进深六间,硬山屋顶,四周回廊,穿斗式梁架,五柱十一檩,明间为泥土地面。前檐带东西两厢,面阔二间,进深一间。门楼为砖雕三间四柱三楼,门楣上有"宣城衍庆"及精美瑞兽砖雕。建筑整体保存较完整,具有一定的文物保护价值。2009

年4月，被公布为第六批县级重点文物保护单位。

大漈银坑洞 Dàjì Yínkēng Dòng 位于大漈乡西一自然村。在雪花漈景区南侧2千米，即小佐坑西侧半山腰。为明代开采银矿所留洞穴遗址。其洞口西朝小佐坑溪，离溪垂直高差50多米，离上面大漈通往小佐公路高差也在50多米，地形险恶。洞口呈长方形，宽约1米，高2米多。入洞渐窄而下倾有8米左右矿道，洞内多处洞口相通，有宽敞石室。大漈银坑洞规模较大，历史悠久，保存较好，对研究古代冶矿和社会人文有一定历史价值。1989年7月，被公布为第三批县级重点文物保护单位。

葛山方井 Gěshān Fāngjǐng 位于鸬鹚乡葛山村。在村中心村北侧弄堂内。古井建于明代嘉靖至万历年间，是景宁保存最完好古井。该井处于两幢民宅间，为青石凿砌方井。井口上方由一整块青石凿成，外方内圆；外口每边长80厘米，内圆直径45厘米，厚度20厘米，面饰云纹。葛山方井保存完好，造型独特，工艺精致，对研究地方人文有一定历史价值。1989年7月，被公布县级第三批县级重点文物保护单位。

大张坑青花窑址 Dàzhāngkēng Qīnghuāyáo Zhǐ 位于东坑镇大张坑村北侧2千米处。该处海拔880多米，两侧高山合围形成一山湾梯田，当地人称碗窑畈，东侧湾底一溪涧，水经北溪流入瓯江支流小溪。窑址在近溪涧的梯田内。该窑址为明代青花瓷民窑生产遗址。1989年7月，被公布为县级第三批县级重点文物保护单位。遗址保存尚好，已发现烧制产品有碗、碑、碟、罐、烛台等。未受过重大盗挖，其分布面广，瓷片堆积多，纹饰简洁写意，胎质细腻，釉面光洁。有较高历史文化和科学考察价值。

何八公古墓葬 Hébāgōng Gǔmùzàng 位于景南乡坳底自然村南侧。建于宋淳祐七年(1247)。坐北朝南，面积70平方米。由墓体与墓坛两部分组成，墓体由圆形石块铺设而成，长7米，宽约4.5米，墓碑上阴刻“敕封何八相公讳璘公之墓”。该墓结构简朴，保存较好，呈现了南宋时期墓葬风貌，对研究当地历史文化、人文史料及宋代墓葬习俗有较高的价值。1987年11月，被公布为县级第二批县级重点文物保护单位。

中屋徐氏宗祠 Zhōngwūxúshì Zōngcí 位于景南乡中屋自然村公路旁。建于清咸丰年间(1851—1862)，坐西北朝东南，占地面积180平方米。该宗祠为单层木结构，包括一正殿二厢房一天井。歇山顶，小青瓦阴阳合铺屋面。正殿面阔三间，檐前及两侧通廊。五柱十一檩，明间两架为抬梁式梁架，其余为穿斗式梁架。檐口梁枋上雕饰、雕刻十分特别，其彩绘内容、装饰的用色及图案方面均有别于其他宗祠建筑。门厅额梁上隽有“太平天国”铜钱纹饰，与太平天国活动有关，具有一定研究价值。2014年2月，被公布为第七批县级重点文物保护单位。

雁溪何马二仙宫 Yànxī Hémǎèrxiān Gōng 位于雁溪乡雁溪村。建于清乾隆十五年(1750)，为厅院式布局，共有四进，五架梁木结构，重檐歇山顶，门厅施双翘，双下昂十一踩。浮雕牛腿，覆盆莲瓣基，藻井彩绘龙凤图，东西壁绘八仙。占地面积600平方米，至今保存完整。1987年11月，被公布为县级第二批县级重点文物保护单位。

章坑怀胜桥 Zhāngkēng Huánshèng Qiáo 位于东坑镇章坑自然村。桥身南北向，横跨溪涧上。该桥始建于明嘉靖庚寅年(1530)。毁于清康熙六十年(1721)。重建于清同治己丑年(1865)壬月。修建于光绪甲辰年(1904)十二月二十日。该桥原有三层，由于风大略倾斜，后改建为一层。占地面积140.8平方米。桥长16.85米，宽7.45米，净高6.0米，单孔木拱廊桥，由桥上廊屋和下部桥体组成。桥上有七间廊屋，重檐歇山顶，四柱九檩，为抬梁式结构。中间原有一佛龛，用于供奉关公，文革期间毁坏。廊桥两侧设廊凳，供村民休憩之用。两侧外均有两层风雨板，下层呈拱形。檐下牛腿雕花精细，为鹿、龙图案。2014年2月，被公布为第七批县级重点文物保护单位。

大均摩崖石刻 Dàjun Móyáshíkè 位于大均乡大均自然村观音崖下侧峭壁上。面临小溪，环境甚好，景色优美。该崖上刻有四字，为“浮萍踪迹”，阴刻隶书繁体字。用红漆涂抹其上。字迹显眼，字体较大，隽永秀丽，苍劲可喜。立于溪潭船上，仰而望之约8米高。所刻四字，源出石崖下溪潭古渡口，传为马天仙以伞渡人之浮伞渡。2014年2月，被公布为第七批县级重点文物保护单位。

杨斜石枧坑桥 Yángxié Shíjiǎnkēng Qiáo 又名半岭廊桥。位于东坑镇半岭自然村。桥身东西走向，横跨于石枧坑上，该桥建于清代嘉庆十四年(1809)，建筑占地面积约为142.8平方米。该桥长23.8米，宽6米，净高6.8米，净跨141.2米。桥身由宽度不一的木板铺筑而成，单孔木拱廊桥，外观呈八字形。桥上十一间廊屋，对称布局工整，四坡悬山顶，四柱九檩，五架抬梁。廊屋两侧原设廊凳。供人休憩，现已无存。桥身设围栏，外侧设风雨板，桥两侧檐下有两牛腿。2014年2月，被公布为第七批县级重点文物保护单位。

梨树突红军标语 Líshùtū Hóngjun1 Biāoyǔ 位于英川镇梨树突自然村。该村红军标语是红军浙南挺进师于1935年在浙闽边界活动时留下的。标语共有两幅，一幅在村头马天仙殿外墙，内容为：“红军是抗日反帝唯一武力”，落款“红军”；另一幅在村尾叶氏民居外墙，内容为：“工农自动起来打土豪分土地”，落款“中国工农工军挺进师”；标语为繁体行楷字体，朱红色，年久色褪，字迹可辩。红军标语保留至今为数不多，有着非常珍贵史料和旅游价值。1989年7月，被公布为第三批县级重点文物保护单位。

库头村抗战标语 Kùtóu Cūn Kàngzhàn Biāoyǔ 位于毛垟乡库头村。在村中部马天仙行宫墙上。为民国二十七年五月所写，上书“浙江省战时政治纲领”字样。由右至左侧写有十条纲领，纲领内容因年久部分字难以辨认。该标语十条内容详细，为红军浙南挺进师粟裕部抗战期间在景宁一带活动时留下的，为研究抗战时期红军在浙南一带活动留下珍贵史料，具有较高价值。另有“农业学大寨”标语。1989年7月，被公布为第三批县级重点文物保护单位。

漈头大和药号 Jìtóu Dàhéyàohào 位于澄照乡漈头自然村。是一幢典型民国时期建筑风格的浙南民居，建于上世纪四十年代末期，占地面积约150平方米。该药号为石库门式中西合璧建筑，二开间三层泥木混合结构。该宅主体建筑开间小，楼层净高较小，布局较简洁整齐，村委会对残损部分进行修复。石库门上书“大和药号”四字，门两侧至顶每层开有两扇风格不同的欧式窗户，二三层窗户间有一圆形浮雕刻面，其图案为梅花、鹿、仕女等。2014年2月，被公布为第七批县级重点文物保护单位。

章坑杨春桥 Zhāngkēng Yángchūn Qiáo 位于东坑镇章坑自然村。建于宋代。据传，章坑是杨氏为开基，故名杨春桥。桥身南北走向，横跨小溪之上，占地面积59.28平方米。该桥为单跨石拱桥，桥总长15.2米。主体部分桥身11.3米，一边台阶3.9米，桥面3.14米，桥下净高5.23米，净跨约8.22米。拱圈侧面呈拱形。桥拱圈由厚度25厘米，宽20–30厘米长短不一的条石砌筑而成，桥面石块铺砌，桥两侧台基乱石砌填。2014年2月，被公布为第七批县级重点文物保护单位。

潘家老屋 Pānjiā Lǎowū 又名“爱得我所”故宅。位于鹤溪街道大众街44—48号。建于清道光十年(1830)，坐北朝南，三合院式，建筑面积440平方米。“爱得我所”出自《诗经•硕鼠》章:“逝将去女，适彼乐土。乐土乐土，爱得我所”。2009年4月被公布为第七批县级重点文物保护单位。老屋由一主屋，两厢房及天井构成。主屋为二层木结构瓦房，面阔五间，进深七间，悬山顶，明间为穿斗式梁架，五柱十一檩。檐前通廊，檐口马腿雕毛竹、兔子、狮子等图案。天井两侧各有两间厢房，亦为二层木结构，硬山顶，穿斗式梁架，厢房马腿、雕花装饰也很精美。室内地面为三合土。天井铺设鹅卵石图案，四周条石铺砌。外墙夯土白粉墙，两侧马头墙。2013年4月，大众街遭遇火灾，老屋大部分毁坏。

其他景点

浮丘钓台遗址 Fúqiū Diàotái Yízhǐ 位于鹤溪街道浮丘村。在县城西南半里，石牛山之麓。汉浮丘伯携双鹤隐于此，以溪边岩石筑台垂钓。明嘉靖三十二年(1553)知县钟夏嵩《钓台烟树》诗云:“仙人栖隐处，临水石崔巍。岸草春先长，溪去昼自开。苍茫迴鹰鹙，芾接山下隈。不倦垂纶兴，携壶坐绿台。”康熙年间，教谕郑兰谷修治之，凿“浮丘古迹”四字，款落“郑兰谷题”。并题诗:“前溪不见鹤飞来，片石垂钓尚有台。古树拂云千载幻，野花迎客一时开。只今沟水成烟涨，况复严陵尽草来。独羡浮邱辟谷去，仙风长共月徘徊。”历代名人前往下钩垂钓，吟诗作画赏景。建国初，悬崖钓台石刻仍保存完好。1958年，大跃进时期，大兴水利筑堤坝，石壁钓台一同被炸，石块搬作砌墈之用。千年古迹就此毁之。

雅风书院 Yǎfēng Shūyuàn 位于城北万寿宫与关帝庙之间，以书院面对鸦峰而得名。据《景宁县志》(同治版)载，雍正七年(1729)，知县汪士璜建鹤溪讲堂，后更名雅风书院。五楹木房，左右精舍二十间，厨房一间。道光八年(1828)，雅风书院院长严用光、叶笃贞暨合邑士民公创立“程宾兴碑”在雅风书院后。咸丰年间(1855—1859)邑人陈之东晚年在此主讲，门生遍及处州各地。光绪三十三年(1906)改名官立务本学堂。今为县实验一小。

梅漴桥 Méizhuàng Qiáo 位于英川镇梅漴村。跨越瓯江小溪英川港。建于清嘉庆七年(1802)。木拱廊桥，桥长52米，居境内古廊桥之首，拱宽34.5米，桥宽和高均为6米。该桥为古桥典范，被桥梁专家茅以升录入《中国古桥技术史》一书中。1987年12月30日，公布为第二批县级重点文物保护单位。2005年6月10日，时值端午节，村民祭拜神灵，焚香酿祸患，古桥毁于大火。今竖梅漴桥遗址碑，供后人忆记。

迴龙桥 Huílóng Qiáo 又名廻龙楼桥。位于梧桐乡高演村。建于乾隆年间(1736年—1795年)，桥长21米，宽6米。清代诗人严用光《廻龙桥》诗曰:“长桥连峙透珑玲，回抱龙山似画屏。游客经行应少憩，鸟鸣静向树间听。”

清风桥　Qīngfēng Qiáo　又名清风楼桥。位于梧桐乡高演村，建于乾隆年间（1736年—1795年），桥长21米，宽6米。景邑诗人严用光有《清风桥》诗：“清风几阵涧边吹，上有连桥护里闾。送客此间情未尽。穆如作诵赠纾徐。”

叶谢村字纸库　Yèxiè Cūn Zìzhǐkù　位于标溪乡叶谢村。坐西北朝东南，占地面积0.72平方米。字纸炉是古时专供焚化字纸之用，经过时代变迁，大多已毁坏或废弃，现存较好的稀少，其对反映该村文化背景有重要作用。该村字纸炉为砖石结构，悬山顶，青瓦铺面，呈长方形。炉长0.9米，宽0.8米，高1.3米，下为岩石为基，约0.6米。炉孔不规则，似梯形。后侧有一正方形小孔，用于焚烧时散热。该炉用料较好，红砖颜色鲜艳貌似新砖。

茶堂桥　Chátáng Qiáo　又名地道江桥。位于英川镇木耳口村。始建于清康熙三十五年（1696），木构伸臂起拱廊桥。全长61.5米，宽4.88米，净跨26.7米，廊屋十五间，歇山顶，柱架抬梁式，桥两侧分置挡风板。由于英川电站库区涉淹，整体拆除。2004年9月，该廊桥入驻北京中华民族博物园畲族博物分馆恢复保护。

油田村青花瓷窑址　Yóutián Cūn Qīnghuācíyáozhǐ　位于红星街道油田村后山坡。主体部分早年集体化农业生产和民房建设。今大部分古瓷碎片堆积在半山腰，因坡度较陡，严重破坏。2006年经文物部门鉴定，青花瓷窑址高程150米，面积600平方米，堆积层最厚处约4米。产品主要为碗、盘、盏、盅之属的日用器皿。胎质坚细，呈灰褐色，釉色浅淡纹青花竹叶纵。油田青花瓷窑址对研究清代景宁底层社会生活状况、积极发展具有典型意义。

马仙桥　Mǎxiān Qiáo　位于梧桐乡高演村。该桥在清风桥右侧，庆云庵邻近。约始建于清初，经道光、民国年间修建，今屋宇尚存，破旧不堪。桥内供马氏夫人等。

抗日阵亡将士纪念陵园　Kàngrìzhènwángjiāngshìjìniàn Língyuán　位于鹤溪街道人民南路石印西南山脚。在原纺织器材厂大门右侧，占地面积400平方米。陵园正中竖立一座“抗日阵亡将士纪念碑”，纪念碑分基座、护座及碑身三部分。底座5米见方，高约2米，块石堆砌，条石嵌边。底座之上用四块高约1.5米，宽约1米的石板合成一个护座。底座中心竖立起一支高约5米三角尖顶的花岗岩石碑，形如一把刺刀。其一面刻有“抗日阵亡将士纪念碑”九个金色大字，显得十分雄伟、壮观。碑旁建有“忠烈祠”，并举行烈士入祠典礼。该纪念陵园在上世纪七十年代旧城改造中被拆除。

县级文物保护单位

第一批：李振彪烈士墓（九龙乡）。

第二批：胡桥（大漈乡）、何八公古墓葬（景南乡）、雁溪何马二仙宫（雁溪乡）。

第三批：大漈彭氏宗祠（大漈乡）、大漈银坑洞（大漈乡）、大张坑青花窑址（东坑镇）、李树突红军标语（英川镇）、葛山方井（鸬鹚乡）、蔡湖银坑洞（沙湾镇）、库头抗战标语（毛垟乡）、城郊孔子庙（鹤溪街道）、桂山石印题刻（鹤溪街道）、渤海陈坦奄墓（渤海镇）。

第四批：严氏节孝木牌坊（大漈乡）、包坑口三合堂（英川镇）、道化仙碓（沙湾镇）。

第五批：潘氏节孝坊（鹤溪街道）、西坑水头大殿（大地乡）、严氏宗祠（大漈乡）、徐山永镇桥（红星街道）、芎岱岭脚桥（家地乡）。

第六批：梅家老屋门楼（鹤溪街道）。

第七批：英川堰(英川镇)、西山刘基母富氏墓（渤海镇）、西山朱氏宗祠（渤海镇）、漈头雷潘两姓行宫（澄照乡）、大均浮伞祠（大均乡）、中屋徐氏宗祠（景南乡）、何村永平桥（东坑镇）、章坑怀胜桥（东坑镇）、北溪桥（东坑镇）、杨斜石枧坑桥（东坑镇）、章坑杨春桥（东坑镇）、高演任公墓葬群（梧桐乡）、底岸张文波墓（九龙乡）、隆下坳福善寺（英川镇）、竹山摩崖石刻（梅岐乡）、大漈摩崖石刻（大漈乡）、大均摩崖石刻（大均乡）、驮垟源尾殿（大地乡）、漈头大和药号（澄照乡）。

非物质文化遗产简介

畲族民歌 Shēzú Míngē 景宁是全国唯一的畲族自治县。畲族有“盘歌”（对歌）习俗，每当长夜盘歌，通宵达旦。畲族演唱形式有独唱、对唱、齐唱等。其中无伴奏山歌是畲民最喜爱的一种民歌方式。“双音”是畲族人擅长的二声部重唱的唱法，又称“双条落”。畲族民歌按题材内容大致可分为叙事歌（含神话传说歌和小说歌）、杂歌（含爱情、劳动生活、传授知识、伦理道德和娱乐生活等内容）、仪式歌（含婚仪歌、祭祖歌与功德歌等）。畲民喜欢唱山歌，不仅婚嫁喜庆，逢年过节唱，而且在生产劳动、招待客人、闲暇休息、谈情说爱时唱，甚至在丧葬悲哀时也以歌代哭倾吐衷情。畲族民歌一般以四言、七言体韵文为一条，四句为一首，也有少数歌词第一句为三个字或五个字，讲究押韵，第三句末字须仄声。畲族歌唱形式有独唱、对唱、齐唱等。其中无伴奏的山歌是畲族人民最喜爱的一种音乐形式。畲民擅长二声部重唱的唱法，人们称之为“双音”，畲族称“双条落”。在演唱上，带有轮唱性质。畲族民歌讲究畲语押韵，不少人能即兴编唱，有的歌手对唱一两夜而不重复。唱时用夹有“哩、罗、啊、依、勒”等音的“假声”唱，平时学歌时不夹假音唱叫“平唱”。唱歌的形式有独唱、对唱、齐唱，很少伴有动作与器乐。畲族民歌按首数多少可分为短歌和长联歌，独立一首为短歌，平时多唱短歌；几首、几十首甚至上百首为一个整体内容的民歌称长联歌（或叙事歌），如《高王歌》《封金山》《时辰歌》等，一般有《打盐霸》《打酒局》《汤夫人歌》等长联歌。《高王歌》是记述畲族源流传说的长联歌，畲族人民视为传世之宝，全诗共 112 首。劳动歌是以歌唱形式表达各项生产劳动须遵循的农事季节。情歌大部分以某种事物为衬托，表达男女间的爱情。畲族民歌是畲族人民在生产、生活实践中创作的口头文学，是畲族人民智慧的结晶，是畲族传统文化的重要组成部分，多数民歌作品只是通过口头世代留传，部分民歌以汉字畲语记录的手抄本流传民间。2006 年 5 月 20 日，畲族民歌列入第一批国家级非物质文化遗产保护名录。

畲族“三月三” Shēzú Sānyuèsān 又称“乌饭节”和“对歌节”。相传在唐代，民族英雄雷万兴率众抗击敌军，被围困在山中。雷万兴动员畲民上山寻找食物。畲民摘食乌稔果充饥，军威大振，于三月初三冲出重围。畲族后人为表达对这位英雄的思念之情，就在农历三月初三这个传统节日，穿上民族盛装，对唱自编山歌。后来，农历“三月三”就成为畲民以歌会友、以歌传情的传统节日。畲族的节日与汉族大致相同，如春节、元宵、清明、端午、中秋、重阳等。清明做蓬馅（蓬，一种青草，捣碎杂以粳米粉冲成胚，以芝麻赤豆作馅）吃，扫墓；端午用箬包粽吃，挂菖蒲艾叶；中秋打糯米糍粑；重阳蒸糕；过年做年糕等都一样。只是畲家年糕是用一种专用的柴灰泡出碱水，粳米用碱水炒熟再蒸，放石臼冲成团，这种年糕色黄气香质软，畲家“黄米果”，为特色食品。本民族的节日，主要是各村各自定时的祭祖活动，较流行的是三月三染乌饭祭祖先。用乌枝（一种小灌木）嫩叶汁杂糯米蒸饭吃。各地对吃乌饭说法不一，有的说是唐代一位畲族首领被官兵围困山上，吃乌枝渡过难关，故以染乌饭纪念；但普遍认为吃乌饭上山劳动不怕蚂蚁咬，作为保健食品吃。畲族“三月三”节庆，已于2008年6月列入国家级第二批非物质文化遗产保护名录。

畲族婚俗　Shēzú Hūnsú　在畲民中，世代传承的婚俗极具民俗特色。畲族先民入迁浙江景宁后，大多居住在交通闭塞山区，一直保留着本民族婚俗。畲族实行一夫一妻制，同姓远房可嫁娶，请媒人介绍成亲的占多数，也有部分青年男女在对歌中找恋人，自定终身。婚嫁方式有女嫁男方、男嫁女方、做两头家、子媳缘亲等四种，尤以女嫁男方为多。较为多见的畲族婚俗，通常要经过相亲、定亲、送糯米、选亲家、选行郎、送彩礼、拦路、借镬、杀鸡、劝酒、对歌等阶段，在上轿、传代、嫁妆、踏路牛等程序上也别具一格。婚礼中的男歌手，俗称赤郎，往往有传承谱系，以歌代言，以歌传知，以歌论事，堪称一绝。畲族婚俗是畲族人文历史的缩影，具有极其强烈的民族特征和乡土气息，它的科学价值、审美价值和实用价值不容低估，亟待加强保护。畲族婚俗是畲族人文历史的缩影，是畲族同胞了解学习本民族发展史的特殊教材，具有鲜明的民族特征和浓郁的乡土气息。2014年11月，畲族婚俗已列入第四批国家级非物质文化遗产保护名录。

畲族祭祀仪式　Shēzú Jìsìyíshì　畲族祭祀仪式是畲族民间习俗重要组成部分，其具代表性仪式有传师学师和做功德。遍及省内畲民聚居区域，世代相传，普遍盛行。“传师学师”是畲族祭祀祖先的典礼，又称“做阳”“做聚头”“寿禄”和“祭祖”。“做功德”是畲族成年人死后，其家属为“超度亡灵”而举行的祭祀仪式，也称“做阴”。畲族祭祀仪式是畲族1000多年农耕文明的印证，是畲民族人文历史的缩影。其中所蕴含的民俗礼仪、舞蹈动作、演唱音调等都不同程度地印证了景宁畲族先民开创时期进行刀耕火种的农耕文化和生态环境。畲族《祖图》中即有“闾山学法”图像，也有多人手拿道具，一人手擎写有“超魂超度”字样的木牌翩翩起舞。可见传师学师与做功德是与畲族起源密切相关。据考自唐宋就有畲民在景宁敕木山、澄照大赤垟等地定居，明代大量入迁，日后不断繁衍壮大。故而畲族祭祀仪式——畲族传师学师与做功德就在景宁畲族聚居区代代相传，并渐渐形成相对独有的文化品格和人生礼俗形式。畲族《传师学师》与《做功德》又是景宁畲族人生礼俗、民间信仰、口头传说及畲民族音乐、舞蹈、曲艺等文化空间的综合体现，还具有鲜明的民族特征和浓郁的乡土气息。2005年畲族祭祀仪式被列入第一批省非物质文化遗产保护名录。

畲族彩带编织技艺　Shēzú Cǎidàibiānzhījìyì　畲族彩带，又称“山哈带”“花带”“字带”，为畲族吉祥物，是畲族传统手工织品之一。畲族女孩从八、九岁起，就跟大人学编织。在屋内，把丝线的一端拴在屋柱上，桌档或凳子上，另一端扎自己的腰间，双手轻快地提压带扣和穿梭；在野外，劳动歇力时，便在田头地角找根树桩或柴头拴上丝线，然后坐着或跪着编织。彩带分线织和丝织两种。带上编着多种或单一的花纹，图案清晰，色彩鲜艳，织工精细，具有畲民独特的艺术风格。其花纹有几何形、动植物形、文字等，如“蝴蝶”“晴蜓”“梅花”和“田”“井”“日”等，图案中有红、黑、白、绿等色交织，充分表现畲族妇女的工艺特色。彩带一般作为装饰物，也是男女定情和定亲礼物；还可用来捆扎衣物或作包袱，并视为吉祥物。现在畲族妇女们仍然继承着彩带编织的优秀传统，她们喜欢带用自已织的花带。畲族彩带编织，两边不织花纹，线以红、绿、黄、紫等色线与白线相间，根数随宽窄而定，有三双、五双、十三根、十六根、二十二根、三十二根、五十五根和双随（即双排图案）等，一般以五双和十三根较普遍。编织彩带图案丰富多彩，主要纹样有“十三行”“水击花”“五字带”“铜钱帮”“万字花”“十二生肖”“蝴蝶花”“蜻蜓纹”“蝙蝠”等。彩带是畲族文化“活”着的“文物”，其编织工艺的传承完全靠口传身授，目前濒临失传。2007 年，畲族彩带编织技艺被列入第二批省非物质文化遗产保护名录。

菇民戏 Gūmín Xì 菇民戏又称英川乱弹。是景宁本地戏种，因常在菇民返乡、敬谢菇神时演出，故称“菇民戏”。流行于境内英川、沙湾一带，形成于明代，盛行于清末，已传承 500 余年。其唱腔为徽、乱双合。菇民戏唱腔优美，内容丰富，主要唱调有西皮、阴调、二簧、文宫、后宫等；角色有大花、二花、三花、四花、老生、正生、小生、老旦、正旦、小旦、花旦、丑、梅香等；伴奏乐器有二胡、唢呐、笛、大锣、小锣、月琴、鼓、板等；演出服饰有袍、甲、孔明服等 16 种；传统剧目 128 本，常演剧目有《三密记》《彩楼配》《合耳环》《节孝图》《寿阳光》《双重恩》等 32 本。菇民戏起源与菇业生产有不解之缘。相传吴氏先祖吴三，名昱，人称吴三公，久居深山发现一种菌蕈味鲜而无毒，常采以食之，且有强身之功，后又从被砍倒的树木上发现同样的菌蕈，多从刀斧砍过的坎中长出，坎多处蕈多如鳞，坎少处蕈也稀少。吴三公不断总结，逐渐掌握一套香菇生产技术，成为龙泉、庆元、景宁三县香菇始祖。乡人感念功德，尊奉其为菇神，各地纷纷建神庙佛殿。清道光十九年（1839），龙泉、庆元、景宁三县菇民集资在英川镇包坑口村合建五显灵官大帝殿，以祀奉菇神，同址设三合堂，菇帮公厅和戏台。每年数千菇民前来朝拜商决菇事，并建立庙会，成立戏班。由于菇民戏起源年代久远，如今外出做菇人员锐减，老演员相继谢世，新演员一般不愿学，致使菇民戏处于濒危状况。菇民戏已列入第二批省级非物质文化遗产保护名录。

畲语 Shēyǔ 畲语是我国少数民族语言中，历史悠久、词汇丰富、具有较强的表达能力语言，属汉藏语系。畲语在发展过程中，形成鲜明特点。畲语声母单纯，韵母发达，声调复杂，音节多，变调现象普遍。畲语是畲族形成和发展纽带，也是联结全国畲民的纽带，是经过漫长历史演变形成的。畲语交际功能和历史传承性决定了畲语的长期性和稳固性，在继承畲族传统文化中起传导作用，在创造和发展民族新文化也起表述作用。该项目于 2009 年被列入第三批省非物质文化遗产保护名录。

菇民习俗 Gūmín Xísú 景宁是我国香菇生产发祥地之一，伴随着人工栽培香菇“砍花法”和“惊蕈术”的发明，菇民们在长期的生产实践中，创造了丰富的菇民文化，形成了自己独有的生产生活习俗。菇民习俗主要包括：菇民信仰及行会、菇民戏、菇民山歌、菇民独特语言（山寮白）、菇民庙会（即节庆）、菇民文教习俗、菇民歌舞、菇民武术、菇民出门回家习俗、菇民医药等习俗。菇民习俗是关于菇民生产、生活、信仰、行会、文教、娱乐、医药等方面的综合习俗，这些习俗之间相互彼此依存，又紧紧围绕香菇生产这一主题，具有极强的综合性与独特性。2009 年该项目被列入第三批省非物质文化遗产保护名录。

抢猪节　Qiǎngzhū Jiē　抢猪节是大漈乡传统庆祝丰收、娱人娱神的民间节日。抢猪节大致由迎神与抢猪两部分构成。农历七月七为马天仙诞辰，有迎神、演剧等，称为“迎神”。迎神风俗在畲乡景宁历史悠久，其目的大都为祈求诸神保佑地方人丁平安，五谷丰登、六畜兴旺、驱除瘟疫。每逢迎神之日，全村参与；庙宇内香烟缭绕，鼓乐齐鸣，人们顶礼膜拜，甚为隆重。当迎神活动最后一晚演出结束后，负责迎神的头人要把专门为供奉神所喂养的猪抬出去，但等卯时一到，就杀猪为马氏娘娘庆功。人们看完戏之后，回到家里连夜把猪杀好洗净，绑在木架上，等到庙里传来杀猪时的第一声尖叫，立即抬起猪直奔马氏娘娘仙宫。先抬到宫门的猪，摆在宫的正门，称为“首猪”，其余按先后次序排放。待全乡的人到齐后，各村推选的董事们就开始评选。最大的称“驮”猪，最小的称“昌”猪。待“首”“驮”“昌”三只猪名次排定后，人们鸣放鞭炮，给猪披红挂彩。后生们抬起神像，在鞭炮鼓乐中迎神送神。大漈抢猪节是集中体现当地民间信仰、民间习俗、传统文化，集民俗、体育于一身的传统民俗节庆，流传至今已近八百余年历史。2009 年，该项目被列入第三批省非物质文化遗产保护名录。

畲族服饰　Shēzú Fúshì　畲族服饰在省内乃至全国畲族服饰中特色非常突出，分男装和女装。其中尤以女装最为繁复，一套完整的畲族妇女盛装包括头饰、上衣、围腰、腰带、脚绑、鞋等件套，其色调以青、蓝色为主，彩带花边则以红、黄、绿、白为主，其中最具特色的是“凤凰装”，以凤凰形态贯穿整体，寓意吉祥如意。景宁畲族服饰有着极其独特的历史内涵和文化意蕴，伴随着服饰工艺而产生的织布歌、彩带歌等是中华民族口述文学中的瑰宝。境内畲族服饰还反映了畲族人年龄、婚否、爱情及社会地位等状况。研究和保护畲族服饰，具有重要的学术价值和现实意义。2009 年，该项目被列入第三批省非物质文化遗产保护名录。

赶野猪　Gǎn Zězhū　又称“打篾球”，是畲族人民在劳动实践中创造并流传的传统体育项目。昔日山村野猪众多，破坏农作物尤为严重，野猪成了畲民一大心患。为了能让播种农作物有个好收成，畲民就要想方法将大山里的野猪赶走。于是部分畲民便组织起来集中演练赶野猪，通过演练能够掌握方法，既锻炼意志，又强身健体。于是演变成畲族传统体育项目。赶野猪每场比赛 20—30 分钟，由两个队参加，每队出场 3 至 5 人，各队人数相等，每人手握赶猪铳，运用赶、传、接、运、击等技术，避开对方防守，将野猪赶入猪笼为得分，并用抢断等防守技术，阻止对方得分，以得分多队为胜。该项目被列入第三批省非物质文化遗产保护名录。

摇锅　Yáoguō　为省内畲族民间传统体育项目，源自古代畲族端午节习俗。古时畲民为了强身健体，空闲时经常聚集在一起，用已破旧的锅当器材，一个或多个人站、坐在锅里，运用身体重心的变化和四肢腰腹的力量，协调配合，使锅按不同的方向移动，达到强身健体的作用，这就形成最早的摇锅活动。摇锅发展到现在已经演变成了畲族传统体育项目，集健身、竞技、娱乐、观赏于一体，简单易学，形式多样，适合不同年龄、性别的人练习。竞赛或表演的形式主要有单人摇锅和双从摇锅。该项目被列入第四批市非物质文化遗产保护名录。

操石磉　Cāoshísǎng　又名蹴石磉，是一项古老的畲族民间传统体育项目。“石磉”是一块底部光滑的能够在平路上滑行的石块，有的几十斤重，有的百多斤重。“操”即“推”，是畲民发明的在农闲劳作之余一种锻炼身体和娱乐的民间体育运动。参加比赛的少年为两人一组，一人双脚踩稳石磙，称“健杆”，另一人则对“健杆”挽臂抱胸，合力共同推着石磙前进；青壮年为三、四人一组，一人为“健杆”，余者手抬杠子，让“健杆”仰面斜躺，双脚踩石磙，把石磙飞快地向前推进。每逢丰收或节庆日，畲民便聚集在一起，开展精彩热烈的操石磙表演活动。该项目被列入第三批省非物质文化遗产保护名录。

问凳 Wèndèng 是流传在浙江一带畲族民间早期的宗教祭祀活动，后逐渐演变为畲族民间体育活动。当时人们处于愚昧时期，遇到身染疾病，家受灾难，用“问凳”方式祈求神灵保佑，以期待消灾灭邪保全安宁。设置在一个高1.2米的三脚架上，横套一根长4米许，直径10厘米的钢管，钢管两头分别焊着高30至40厘米的铁板，中间焊接一块宽约20厘米的铁板作座位，形似翘翘板的体育用具。两端各坐一人，上下翘动，同时左右旋转，边问边答，告知除病消灾的方法，因此被称为“问凳”。主要动作包括：抓、摆、蹬、摇、翻、挺、屈、仰、投、抛等基本技术。竞赛形式主要有问凳套圈和问凳插旗两种。该项目被列入第二批省级非物质文化遗产保护名录。

菇民防身术 Gūmín Fángshēnshù 又称“菇民武术”，是浙江畲族古老的武术之一。自明朝香菇成为产业以来，菇民们每年都要到外省深山老林做香菇，来年把香菇运出大山销售。历代菇民凭借一根扁担和一把斧头走天下，大多练就自我防身武术。菇民武术分拳术与器械两大类。一般以自卫强身为主，注重下盘功夫，多拳法而少腿法。拳术以“五虎”“七步”及“八步”等，其中五虎、七步两套拳术颇负盛名，八步拳法知者甚少。器械类有长棍、板凳、铁尺等。菇民人人有扁担，两头无钉，既作挑担用，又兼防身棍，主要棍术有“三步”“封崩”“十二门”“小四门”等。其他器械有“三尺凳”“铁尺”等。拳、械训练讲究攻防兼备，具有动作简朴、实用、无花招等特点。菇民习武，历代以能者为师，农闲传教，传承至今约八百年。在英川、黄湖、秋炉、叶桥一带的村坊习武成风，菇民武术世代相传，不仅在地方影响较大，在闽、赣、皖南方诸省香菇生产区域也久负盛名，以晚清民国为最盛。该项目被列入第四批县非物质文化遗产保护名录。

金田鱼灯 Jīntián Yúdēng 鱼灯表演源远流长。最早记载于元代至正十九年(1359)，时值刘基隐居故乡南田所著《郁离子》中一句“鱼灯引魂游地府”。金田鱼灯自清代道光年间从青田白岩庙后传入，后经几代发展，成为金田村独特乡土文化。新春伊始，鱼灯舞动，兆望年年有余。鱼灯通过艺术手段再现群鱼在水中的自然情景，按一年四季时序展示各色形态。舞动鱼灯过程分春鱼戏水、夏鱼跳滩、秋鱼恋浒、冬鱼潜渊四部分，双龙抢珠、八卦阵、长蛇阵、龙门阵、囼篱、花篱、盘龙、双开门、三鱼起运、十字瓣、双交人、单交人、群鱼伏井、秋波泛白、花蕊阵、回龙贺庆十六方阵。上述阵法按实际场地设计。鱼档一般分为：龙头鲤鱼四挡(俗称大鱼)，红鲤鱼、田鱼、鲫鱼、枪鱼、虎鱼、河豚各一档(俗称小鱼)，再加上红珠与龙虾，共十二档。金田鱼灯经数代发展再加一档扇形大尾巴金鱼，它如同舞台丑角，增添现场气氛。鱼灯演出时，有锣、鼓、钹及琴、笛子和唢呐等伴奏。各种阵法分别用不同乐器伴奏，时而粗犷豪放，时而低潆回缓，情趣各异，韵味十足，令人遐想无限。该项目被列入第一批县级非物质文化遗产保护名录。

板龙 Bǎnlóng 又称板凳龙。境内板龙以祭神、娱乐为主，是用板凳串联起来游动的龙灯。主要特征是活动群众性，表演惊险性，艺术综合性和节日喜庆性。通常龙灯以同村同宗为单位，户户参加、人人观灯的大型群众文娱活动。以大漈、英川、鸬鹚等地板凳龙为代表。龙头、龙尾用竹篾制模，外糊纸，以红、绿色描鳞、眼、舌等；龙身由条板连接而成，长短各异，长则百余节，短20余节。条板宽约8寸，长约7尺，上饰花卉，方形花灯等，由各户自行制作。舞龙时，由健壮劳动力扛着前进，一人一板，有圆盘，之字盘等动作。该项目被列入第二批县非物质文化遗产保护名录。

畲医畲药 Shēyīshēyào 畲族医药主要分布在景宁畲族自治县、莲都、遂昌、云和、龙泉、松阳等7个畲族乡镇。辐射地区有本省泰顺、文成、平阳、苍南、武义及福建省部分乡镇。境内流传的畲家草药和畲医祖传秘方，具有独特的医疗方法、用药习惯和独到的疗效。畲药种类繁多，资源丰富，类型齐全，常用畲药(植物)有9类，118科，308种。畲医畲药被列入丽水市第二批非物质文化遗产保护名录。昔日畲民常患疟疾、结核病、寄生虫病、地方性甲状腺肿、妇女病等，严重威胁身体健康。且一旦患病，无钱请医购药。为防治病害，农户大多都掌握一些单方验方，以备应急。畲族医药是畲民在长期生产、生活实践中，为适应生活环境和生存健康需要，积累经验，探索创造出来一门医学科学，是中国传统医药重要组成部分。由于畲民居住在山区或半山区，他们在长期与疾病的斗争中，有其独特的医疗方法与用药习惯，如在医治跌打损伤、妇科疾病、小儿疳积、痧症、风湿、黄疸肝炎、蛇伤、肺炎、骨髓炎等，有着很多祖传秘方和验方，有待于发掘、整理、提高，具有较高、独特的开发价值。但由于畲族只有语言，没有文字，其医术靠祖传，现大多数民间畲医均年事已高，畲族医药将濒临失传。因此，抢救整理和开发畲族医药已成为当务之急。

高皇歌 Gāohuáng Gē 高皇歌，又称盘古歌、龙皇歌。是一首长达三四百句的七言史诗。它以神话的形式，叙述畲族始祖立下奇功及其不畏艰难，繁衍盘、蓝、雷、钟四姓子孙的传说。反映了畲族原始宗教信仰和图腾崇拜。还把这一传说绘成连环画式的画像，称祖图，即在一幅十来丈长的布帛上，用彩笔把这一传说40多个画像连环式地绘在画卷上，世代珍藏。高皇歌该项目被列入第批级非物质文化遗产保护名录。

九龙鱼灯 Jiǔlóng Yúdēng 是九龙乡独具地方特色的民间舞蹈，也是传统性大众娱乐活动。九龙鱼灯分布在九龙乡金田、黄寮、小顺、大顺、岭里、圭背等村，其形成和发展与明代开国功臣刘基关联紧密。相传在元代末期，群雄竞起，青田县(现文成县)南田人刘基，为助朱元璋灭元兴明，暗地招募义兵，为防嫌疑就以鱼灯舞形式操练兵阵，从此鱼灯成为青田及相邻九龙乡民间传统灯舞。每逢春节，九龙乡金田等村民以舞鱼灯为乐，这些鱼灯以淡水鱼形象而制作，它们因道具制作精美、舞蹈形象生动、表演粗犷奔放而闻名。鱼灯动作多依据鱼类的生活习性而编排，并渗透着大量军事上的阵图。其特点为“背得活，舞得泛，跳得高，射得快”，是具有独特军事操练风格的民间舞蹈。该项目被列入第四批市级非物质文化遗产保护名录。

传师学师 Chuánshīxuéshī 又称“奏名学法”。是景宁畲民中的一种信仰，也是在景宁畲族民间流传数百多年的原始道教活动，已列入非物质文化遗产保护项目。传师学师始于何时，已经无从稽考。这是畲族特有的仪式，一个人在世要传师学师，过世之后要做功德，总共就两次。举行仪式时烛火通天，香火不断，直至学师归毕。凡年满16岁畲族男子，要举行传师学师仪式，为他们前程祈福而设，是畲族民间信仰世代相传重要习俗。传师学师分三段进行：一是学师“弟子”祭拜天地、祖师爷、本师公，表示自己具备了学师的条件。给弟子取发明，向祖师爷烧奏学师文牒。进行接神、三拜、取名等仪式。法名以“法”字为头，第二字从正名中取一字，莫重名。二是设坛传师学师。在中堂设法坛，在法坛上把神水、头冠、衣衫、龙刀、龙角、笏板、锣鼓等传给学师的“弟子”。其中有洗坛、置坛、坐坛、传度、坐筵等仪式。三是学师坐龙坛，过九重山、五岳山、打杖（行乞）回家。由法师领“弟子”肩背包袱，脚穿草鞋，在竹枝间穿插行走，边走边舞边唱，形似攀登九重山；过五岳山时，用猪头祭拜五岳山神。其中设计有猛虎刁走猪头情节，场面气氛紧张惊险；还有在学师回来时，路遇乡亲互不相识的惊奇情景；还有一种结局设计是上“天街”拜谢“太上老君”，之后造“金桥”回乡，回乡之后“建金楼”。仪式完毕，学师者取得法名，并将写有法名和日期的红布条系于祖杖，谓之正式“入录”。已学师的称红身人，未学师的称白身人。经过传师学师的人，死后都要做功德，多者三天三夜，少者一天一夜，以保佑德子孙后代平安。没有经过传师学师的人，死后功德可做可不做。做的话叫“白身功德”，只能做一天一夜。经过传师学师者死后穿兰色寿服，传师学师以传代为荣。传师学师活动是畲乡景宁值得开发的旅游资源。

大漈罐制作技艺　Dàjìguàn Zhìzuòjìyì　大漈罐自大漈先祖北宋庆历8年（1048）迁徙大漈就开始发展制作，至今已有960多年历史。大漈罐制作技艺于2012年被列入浙江省第四批非物质文化遗产名录。大漈罐是大漈传统陶艺手工艺品。制作者根据农村日常生产生活需要，制造出火笼、风炉、酒坛、酒缸、米缸、饭罉、药罐、咸菜罐、火坛等数十种器具。它是以大漈白善泥为主要原料，全部由手工制作打胚，经24小时烧制而成。不用上漆，自然光泽。大漈罐是纯天然、无污染炊具、家庭用品，可以用来储存物品、烧饭、烧开水、熬药等。储藏食物不易腐败；耐高温，烹制食物味香扑鼻；用大漈罐熬药，药效可达100%，是当地百姓日常生活不可或缺的必需品。大漈罐在浙闽两省周边十县区有较高知名度。昔日当地大多村民会制作“大漈罐”。该产品销往境内各地及庆元、云和、文成、泰顺、寿宁等浙闽地区，深受消费者欢迎。

迎神（马天仙信仰）　Yíngshén（Mǎtiānxiānxìnyǎng）　迎神，是英川、鸬鹚、沙湾等地的一个重要节日。迎神节，村民集队举旗擎伞，鼓乐人群随后，抬着神座到村祠供奉。村民自备猪肉、年糕、豆腐、瓜果等供品，参加膜拜。家家户户轮流祭拜，期间香火不断，钟鼓齐鸣，专人轮守。第二天下午，再将神座抬至村外迎神殿，让神座重新回“娘家”，过一夜后再以最隆重的方式将其迎回。迎神节的夜晚，村民抬着“马氏天仙”及殿内其余神座，在彩旗以及数十桥的板龙簇拥下，伴着喧天在锣鼓、震地的鞭炮，浩浩荡荡，迎神回村。所到之处，村民祭拜，香火缭绕，场面十分隆重，祈求风调雨顺，国泰民安。迎神节由各村小组轮流举办，每年推选一户人家来当“迎神头”，筹备相关事项。这户“迎神头”要早作准备，养好一头数百斤重的大猪，其余则出工砍柴，有钱出钱，有力出力，共同为举办一个热热闹闹的迎神节。节日期间，“迎神头”要大摆筵席，招待邻舍村民及四方宾客。该项目被列入第二批县级非物质文化遗产保护名录。

尝新节　Chángxīn Jiē　尝新是景宁农村种田人家的流传的一种风俗。它没有规定的日期，在稻谷收割后的最近一段时间内，一般在农历八月至十月间。有一种说法是尝新时间的早与迟说明家庭困难或宽裕。该项目被列入第三批县级非物质文化遗产保护名录。所谓尝新，就是在当年新的稻谷收割后吃第一顿新米饭。在农村，尝新有许多规矩：其一是当碾好新米后，就要看一个好日子；其二是必须准备丰盛食物，要有猪肉、豆腐酿、田鲤鱼、馍糍，还要有几个新鲜菜，在厅堂里满满地摆一桌祭拜祖宗，以此表达孝敬之意。接着把一大碗新米饭端在天日下，点上香，拜三拜，让天地神灵保佑国泰民安、五谷丰登，六畜兴旺。之后尝新开席，宴请长辈客人，让年龄最长的先品尝，再是年龄次位品尝，依次进行轮下，最后全席开始用餐。在尝新宴上大家要盛一碗新米饭置于桌上，以寓意年年有余。

毛氏祭祀　Máoshì Jìsì　毛垟乡毛垟村开基于宋代晚期。毛氏宗祠始建于明宣宗三十二年(1430)，后多次毁坏。现存毛氏宗祠建于清康熙二十六年(1687)，二十九年(1690)竣工。是年农历八月十四日首次祭祖。此后毛氏祭祀被编入祠规，不断修订完善祭祀议程和方法，由各房族人轮流掌管，每年进行春秋两次祭祀。此后祭祀一直延续至1950年。后祠堂改作他用。1993年初，部分族人发起修缮宗祠，历时半年余。并于当年恢复祭祀，祭祀日期八月十四日沿用至今。毛氏祭祀具体内容。

祭祀物品：毛猪(100斤以上)1头，大白鹅4只，鸡5只，海味(白鲞5斤，明甫5斤，海藻5斤)若干，糯米点心，自酿红酒，鱼、面条，大米等。散祠堂，凡六十岁以上老人及毕业生用膳两餐，四十岁至五十九岁用膳一餐。

祭祀程序：1、开始。2、鸣炮、奏乐。3、主祭、助祭、陪祭就位，向列位先祖行大礼。4、族人进香。5、三进馔，奏小鼓乐，一进大、小三牲，二进糕、粿、馒头等，三进山珍海味及蔬菜类。6、主、助、陪祭向祖宗行献祭(献香、茶、酒、烛、三牲、糕粿、山珍海味、锦帛、金银山、纸钱等)。7、宣读祭文。8、闭户。9、司仪诵花词。10、鸣炮、奏乐。11、启户。12、族人参拜。13、行礼。14、圆满、焚冥币、收筵。毛氏祭祀每年小祭，十年大祭。该项目被列入第六批市级非物质文化遗产保护名录。

咸菜制作技艺　Xiáncài Zhìzuòjìyì　在景宁南部的东坑、梅岐、大漈及景南等地，农户家中普遍都有制作咸菜的习俗。这里的农家妇女心灵手巧、勤劳理家，善于制作口感风味十足的本地农家咸菜。景宁咸菜被越来越多的外地游客所接受，并成为留住游客的一道畲乡特色美味。咸菜制作简要程序一般是先选择优质新鲜的萝卜、生姜、辣椒、青菜、番薯、大蒜、黄瓜、茄子、大豆、竹笋等原材料，经过清洗、晾干、切片之后，加食盐均匀搅拌、部分要经过热处理，然后装入特制的陶罐或竹桐，最后进行封口，摆放阴凉处。具体的咸菜制作技艺非常讲究，要择天气、适时令、依程序、按配方，有一套严密的制作要领。咸菜制作技艺目前无文字记载，只有口头传授。2010年丽水市首届农家乐美食节上，景宁选送的“飘香茄干”“黄金蜜粽”入选丽水市农家乐六十个特色菜；在参加浙江省农家乐美食节比赛中荣获展台奖铜奖。该项目在2010年被列入县第四批非物质文化遗产。

马天仙传说　Mǎtiānxiān Chuánshuō　马天仙，又称马七娘、马孝仙、马佛、马夫人、马元君。作为民间性流传仙班人物，马仙身世依旧是个难解之迷。从最早有文献资料记载《护国马夫人庙碑记》(唐李阳冰题字撰刻)，到清代景邑潘可藻《马孝仙传》传世，马仙史料和传说历来众说纷纭、扑朔迷离。马天仙是中国古代典型的孝媳贤妇，因其侍婆敬姑、极尽孝道而被后人尊称为马孝仙。以孝道成仙，以精忠护国受封，以庇佑黎民赢得大众崇拜。千余年来，广为流传浙闽赣沪一带，尤以浙江景宁、福建柘荣等地为甚。马仙与生不凡，母孕其时，就有“三台星飞入其口，梦吞遂孕”。诞辰之时又天降祥云，“蓐涌异香，芬绕其室”。且马仙身有异骨，生性聪慧，故得异人点化，“授以仙丹”，至“建隆三年七夕，独登庵后横（山）岭之巅……昂啸蹑足，飞升而去”《马孝仙传》。据唐缙云县令李阳冰《护国夫人庙碑记》载：马天仙，鸬鹚人。世传马氏家贫，辟轳机杼以事姑。因孝感动天，得道成仙后，马天仙更加乐善好施，济危扶困，备受民间乃至皇家所推崇。据传马天仙为宋太祖赵匡胤平定叛乱有功，被敕封为四大女神（马天仙、太姥娘娘、妈祖和临水夫人）之首。天禧二年闽寇骚扰百姓，马天仙又以神兵驱之，被加封为“懿正广惠马氏真人”。又传马天仙被封为“护国马氏天仙”，是因为她曾救过私访到景宁的皇帝。历代有文人墨客为马天仙著书立碑。且不说《三教源流搜神大全》（明）、《马孝仙传》（清）等刻本、纪传的勾勒记载，就连明代大文豪冯梦龙、史学家何乔远也分别在《寿宁待志（香火篇）》和《闽书》中对马天仙得道成仙及民间信仰崇拜作详细描述。清雍正九年（1731）景宁县令李应机曾赴鸬鹚殿，筑亭勒石，题记“马孝仙故地碑记”，立于殿前。昔日鸬鹚殿前有小池，池中多鱼。求子者以手拂池水，若出青鱼则可得子，若为红鲤则可得女。同治《景宁县志》亦有记载：马孝仙屋，在三都卢山村岭后，今改建为祠。旁有小湖，水色如羹，中有鱼，祈嗣者视者鱼出游之色为兆。卢山村，即今鸬鹚乡政府所在地。该项目被列入第二批县级非物质文化遗产保护名录。

非物质文化遗产一览

表 5-2

序号	项　目	拼　音	保护单位	级别	批次
1	畲族民歌	Shēzú Míngē	县非遗保护中心	国家级	第一批
2	畲族三月三	Shēzú Sānyuèsān	县非遗保护中心	国家级	第二批
3	畲族婚俗	Shēzú Hūnsú	县非遗保护中心	国家级	第四批
1	畲族祭祀仪式	Shēzú Jìsìyíshì	县非遗保护中心	省级	第一批
2	畲族民歌	Shēzú Míngē	县非遗保护中心	省级	第一批
3	畲族三月三	Shēzú Sānyuèsān	县非遗保护中心	省级	第二批
4	畲族婚俗	Shēzú Hūnsú	县非遗保护中心	省级	第二批
5	畲族彩带编织技艺	Shēzú Cǎidàibiānzhījìyì	县非遗保护中心	省级	第二批
6	菇民戏	Gūmín Xì	县非遗保护中心	省级	第二批
7	问凳	Wèndèng	县非遗保护中心	省级	第二批
8	畲语	Shēyǔ	县非遗保护中心	省级	第三批
9	菇民习俗	Gūmín Xísú	县非遗保护中心	省级	第三批
10	抢猪节	Qiǎngzhū Jiē	县非遗保护中心	省级	第三批
11	畲族服饰	Shēzú Fúshì	县非遗保护中心	省级	第三批
12	赶野猪	Gǎn Yězhū	县非遗保护中心	省级	第三批

续表 5-2

序号	项　目	拼　音	保护单位	级别	批次
13	操石磉	Cāo Shísǎng	县非遗保护中心	省级	第三批
14	九龙鱼灯	Jiǔlóng Yúdēng	县非遗保护中心	省级	第四批
15	菇民防身术	Gūmín Fángshēnshù	县非遗保护中心	省级	第四批
16	大漈罐制作技艺	Dàjì Guànzhìzuòjìyì	县非遗保护中心	省级	第四批
17	编梁木拱桥营造技艺	Biānliángmùgǒngqiáoyíngzàojìyì	县非遗保护中心	省级	第四批
18	香菇砍花法技艺（香菇手工技艺）	Xiānggūkǎnhuāfǎjìyì（Xiānggūshǒugōngjìyì）	县非遗保护中心	省级	第四批
19	惠明茶手工制作技艺	Huìmíngchá Shǒugōngzhìzuòjìyì	县非遗保护中心	省级	第四批
1	畲族民歌	Shēzú Míngē	县非遗保护中心	市级	第一批
2	菇民戏（景宁英川）	Gūmínxì（jǐngníng Yīngchuān）	县非遗保护中心	市级	第一批
3	操石磉	Cāoshísǎng	县非遗保护中心	市级	第一批
4	问凳	Wèndèng	县非遗保护中心	市级	第一批
5	畲族彩带编织技艺	Shēzú Cǎidàibiānzhījìyì	县非遗保护中心	市级	第一批
6	惠明茶手工制作技艺	Huìmíngchá Shǒugōngzhìzuòjìyì	县非遗保护中心	市级	第一批
7	香菇“砍花法”技艺	Xiānggū“kǎnhuāfǎ”jìyì	县非遗保护中心	市级	第一批
8	畲族服饰	Shēzú Fúshì	县非遗保护中心	市级	第一批
9	畲族祭祀仪式	Shēzú Jìsìyíshì	县非遗保护中心	市级	第一批
10	畲族三月三	Shēzú Sānyuèsān	县非遗保护中心	市级	第一批
11	畲族婚俗	Shēzú Hūnsú	县非遗保护中心	市级	第一批
12	畲语	Shēyǔ	县非遗保护中心	市级	第二批
13	马天仙传说	Mǎtiānxiān Chuánshuō	县非遗保护中心	市级	第二批
14	畲族头饰制作技艺	Shēzú Tóushì Zhìzuòjìyì	县非遗保护中心	市级	第二批
15	黑木耳栽培	Hēimùěr Zāipéi	县非遗保护中心	市级	第二批
16	大漈罐制作技艺	Dàjìguàn Zhìzuòjìyì	县非遗保护中心	市级	第二批
17	菇民习俗	Gūmín Xísú	县非遗保护中心	市级	第二批
18	抢猪节	Qiǎngzhū Jiē	县非遗保护中心	市级	第二批
19	赶野猪	Gǎnyězhū	县非遗保护中心	市级	第二批
20	畲医畲药	Shēyīshēyào	县非遗保护中心	市级	第二批
21	高皇歌	Gāohuáng Gē	县非遗保护中心	市级	第三批
22	锡器打制技艺	Xīqìdǎzhìjìyì	县非遗保护中心	市级	第三批

续表 5-2

序号	项目	拼音	保护单位	级别	批次
23	风炉烧造技艺	Fēnglúshāozàojìyì	县非遗保护中心	市级	第三批
24	成丁礼	Chéngdīnglǐ	县非遗保护中心	市级	第三批
25	九龙鱼灯	Jiǔlóng Yúdēng	县非遗保护中心	市级	第四批
26	木偶戏	Mùǒu Xì	县非遗保护中心	市级	第四批
27	摇锅	Yáo Guō	县非遗保护中心	市级	第四批
28	畲医正骨疗法	Shēyī Zhènggǔliáofǎ	县非遗保护中心	市级	第四批
29	黄粿制作技艺	Huángguǒ Zhìzuòjìyì	县非遗保护中心	市级	第四批
30	炼火	Liàn Huǒ	县非遗保护中心	市级	第四批
31	畲族操杠	Shēzú Cāogàng	县非遗保护中心	市级	第四批
32	马天仙信仰	Mǎtiānxiān Xìnyǎng	县非遗保护中心	市级	第五批
33	畲族年俗	Shēzú Niánsú	县非遗保护中心	市级	第五批
34	畲族功夫	Shēzú Gōngfū	县非遗保护中心	市级	第六批
35	“山哈酒”酿造技艺	“Shānhā Jiǔ”niàngzàojìyì	县非遗保护中心	市级	第六批
36	畲族手工布鞋制作技艺	Shēzú Shǒugōngbùxiézhìzuòjìyì	县非遗保护中心	市级	第六批
37	编梁木拱桥营造技艺	Biānliángmùgǒngqiáoyíngzàojìyì	县非遗保护中心	市级	第六批
38	菇民防身术	Gūmín Fángshēnshù	县非遗保护中心	市级	第六批
39	毛氏祭祀	Máoshì Jìsì	县非遗保护中心	市级	第六批
1	传师学师	Chuánshīxuéshī	郑坑乡	县级	第一批
2	做功德	Zuò Gōngdé	鹤溪镇 郑坑乡	县级	第一批
3	金田鱼灯	Jīntián Yúdēng	九龙乡	县级	第一批
4	畲族民歌	Shēzú Míngē	鹤溪街道 红星街道	县级	第一批
5	汉族民歌	Hànzúmíngē	鸬鹚乡	县级	第一批
6	菇民戏	Gūmín Xì	英川镇	县级	第一批
7	木偶戏	Mùǒu Xì	英川镇	县级	第一批
8	畲族彩带	Shēzú Cǎidài	鹤溪街道	县级	第一批
9	大漈罐	Dàjìguàn	大漈乡	县级	第一批
10	畲族服饰	Shēzú Fúshì	鹤溪街道	县级	第一批
11	畲族三月三	Shēzú Sānyuèsān	县非遗保护中心	县级	第一批
12	畲族婚俗	Shēzú Hūnsú	县非遗保护中心	县级	第一批
13	惠明茶手工技艺	Huìmíngchá Shǒugōngjìyì	鹤溪街道	县级	第一批

续表 5-2

序号	项　目	拼　音	保护单位	级别	批次
14	香菇手工技艺	Xiānggū Shǒugōngjìyì	英川镇	县级	第一批
15	操石磉	Cāo Shísǎng	县体育局	县级	第一批
16	稳凳	Wěn Dèng	县体育局	县级	第一批
17	汤夫人传说	Tāngfūrén Chuánshuō	县非遗保护中心	县级	第一批
18	畲语	Shē Yǔ	县非遗保护中心	县级	第二批
19	马天仙传说	Mǎtiānxiān Chuánshuō	鸬鹚乡	县级	第二批
20	畲族古老歌	Shēzú Gǔlǎogē	县非遗保护中心	县级	第二批
21	打盐霸	Dǎ Yánbà	鹤溪街道 红星街道	县级	第二批
22	香菇山风传说	Xiānggū Shānfēngchuánshuō	英川镇	县级	第二批
23	陈鎏的传说	Chéndàng Dechuánshuō	县非遗保护中心	县级	第二批
24	木郎系列笑话	Mùláng Xìlièxiàohuà	县非遗保护中心	县级	第二批
25	放排歌	Fàngpái Gē	梧桐乡	县级	第二批
26	汤夫人歌	Tāngfūrén Gē	鹤溪街道	县级	第二批
27	菇歌	Gū Gē	英川镇	县级	第二批
28	板龙	Bǎn Lóng	英川镇 鸬鹚乡	县级	第二批
29	舞狮	Wǔ Shī	鹤溪街道 渤海镇	县级	第二批
30	炭布龙	Tànbù Lóng	鹤溪街道 大漈乡	县级	第二批
31	炼火	Liàn Huǒ	鹤溪街道 红星街道	县级	第二批
32	畲族拔伤	Shēzú Báshāng	鹤溪街道 红星街道	县级	第二批
33	门头鼓词	Méntóugǔ Cí	梅岐乡 大漈乡	县级	第二批
34	闹旱船	Nàohàn Chuán	大均乡	县级	第二批
35	花鼓戏	Huāgǔ Xì	渤海镇 鸬鹚乡	县级	第二批
36	银饰制作技艺	Yínshì Zhìzuòjìyì	英川镇	县级	第二批
37	畲族头饰制作技艺	Shēzú Tóushì Zhìzuòjìyì	鹤溪街道	县级	第二批
38	畲族纺织制作技艺	Shēzú Fǎngzhī Zhìzuòjìyì	鹤溪街道	县级	第二批
39	棕编制作技艺	Zōngbiān Zhìzuòjìyì	红星街道	县级	第二批
40	黑木耳制作技艺	Hēimùěr Zhìzuòjìyì	景南乡	县级	第二批
41	民间根雕	Mínjiān Gēndiāo	鹤溪镇、渤海镇	县级	第二批
42	剪纸	Jiǎn Zhǐ	英川镇	县级	第二批
43	刺绣	Cìxiù	鹤溪街道	县级	第二批

续表 5-2

序号	项　目	拼　音	保护单位	级别	批次
44	赶野猪	Gǎn Yězhū	县民族中学	县级	第二批
45	畲族棍	Shēzú Gùn	郑坑乡 澄照乡	县级	第二批
46	菇民习俗	Gūmín Xísú	英川镇	县级	第二批
47	畲医畲药	Shēyīshēyào	东坑镇 大均乡	县级	第二批
48	抢猪节	Qiǎng Zhū Jiē	大漈乡	县级	第二批
49	吊九楼	Diàojiǔ Lóu	梅岐乡	县级	第二批
50	迎神(马天仙信仰)	Yíngshén(Mǎtiānxiānxìnyǎng)	鸬鹚乡　英川镇	县级	第二批
51	迎神(何八公信仰)	Yíngshén(hébāgōngxìnyǎng)	雁溪乡	县级	第二批
52	九龙山的传说	Jiǔlóngshān Dechuánshuō	九龙乡	县级	第三批
53	何八公的传说	Hébāgōng Dechuánshuō	雁溪乡	县级	第三批
54	三公主的传说	Sāngōngzhǔ Dechuánshuō	县非遗保护中心	县级	第三批
55	高皇歌	Gāohuáng Gē	县非遗保护中心	县级	第三批
56	劳动号子	Láodòng Hàozǐ	县非遗保护中心	县级	第三批
57	风炉烧制技艺	Fēnglú Shāozàojìyì	鹤溪街道	县级	第三批
58	锡器打制技艺	Xīqì Dǎzhìjìyì	英川镇	县级	第三批
59	汉族彩带	Hànzú Cǎidài	县非遗保护中心	县级	第三批
60	打草鞋	Dǎ Cǎoxié	鹤溪街道	县级	第三批
61	传统手工打铁技艺	Chuántǒngshǒugōng Dǎtiějìyì	县经贸局	县级	第三批
62	手工竹编	Shǒugōng Zhúbiān	县文化馆	县级	第三批
63	“山哈酒”酿造技艺	“Shānhājiǔ” Niàngzàojìyì	县鹤泉酒厂	县级	第三批
64	尝新节	Chángxīn Jiē	县非遗保护中心	县级	第三批
65	白露(做路福)	Báilù(zuòlùfú)	县非遗保护中心	县级	第三批
66	菇民武术	Gūmín Wǔshù	英川镇	县级	第三批
67	汉族狩猎习俗	Hànzú Shòulièxísú	大地乡	县级	第三批
68	毛氏祭祀	Máoshì Jìsì	毛垟乡	县级	第三批
69	成丁礼	Chéngdīng Lǐ	县非遗保护中心	县级	第三批
70	畲族操杠	Shēzú Cāogàng	县体育中心	县级	第四批
71	畲族打尺寸	Shēzú Da Chicun	县民族中学	县级	第四批
72	菇民防身术	Gūmín Fángshēnshù	英川镇	县级	第四批
73	咸菜制作技艺	Xiáncài Zhìzuòjìyì	东坑镇及大漈、梅岐、景南3乡	县级	第四批

续表 5-2

序号	项 目	拼 音	保护单位	级别	批次
74	棕鞋制作技艺	Zōngxié Zhìzuòjìyì	景宁步步好鞋垫厂	县级	第四批
75	黄粿制作技艺	Huángguǒ Zhìzuòjìyì	英川镇 鸬鹚乡	县级	第四批
76	箍桶	Gū Tǒng	大漈乡	县级	第四批
77	度关	Dùguān	梅岐乡	县级	第四批
78	畲乡二月二	Shēxiāng Eryuèèr	鹤溪街道 东坑镇	县级	第四批
79	喊山节	Hǎnshān Jiē	鹤溪街道	县级	第四批
80	采柿子	Cǎi Shìzǐ	景宁民族中学	县级	第五批
81	畲乡功夫	Shēxiāng Gōngfū	县非遗保护中心	县级	第五批
82	爬刀梯 趟火坑	Pádāotī Tànghuǒkēng	景宁海伟演艺艺术团	县级	第五批
83	菇山狩猎术	Gūshānshòulièshù	鸬鹚乡	县级	第五批
84	麦芽糖制作技艺	Màiyátáng Zhìzuòjìyì	鸬鹚乡	县级	第五批
85	畲族手工布鞋制作技艺	Shēzú Shǒugōngbùxiézhìzuòjìyì	百纳鞋业 畲艺坊	县级	第五批
86	畲族刺绣	Shēzú Cìxiù	晓琴畲族民间陈列馆	县级	第五批
87	乌饭制作技艺	Wūfàn Zhìzuòjìyì	县非遗保护中心	县级	第五批
88	石头镶嵌技艺	Shítóuxiāngqiànjìyì	县非遗保护中心	县级	第五批
89	马仙民俗文化节	Mǎxiānmínsú Wénhuàjiē	鸬鹚马氏天仙大殿理事会	县级	第五批
90	“奏名学法”仪式（畲族成人礼）	“Zòumíngxuéfǎ”yíshì（shēzúchéngrénlǐ）	渤海镇	县级	第五批
91	凤凰三点头（畲族敬酒礼）	Fènghuáng Sāndiǎntóu（Shēzújìngjiǔlǐ）	县非遗保护中心	县级	第五批
92	敬老礼	Jìnglǎolǐ	大漈乡	县级	第五批

注：截止 2014 年全县已列入非物质文化遗产名录有国家级项目 3 项，省级项目 19 项，市级项目 39 项，县级项目 92 项。

景宁畲族自治县第五批非物质文化遗产名录

一、传统体育、游艺与杂技

采柿子（景宁民族中学）

畲乡功夫（景宁畲族自治县非物质文化遗产保护中心）

爬刀梯 趟火坑（景宁海伟演艺艺术团）

二、传统技艺

菇山狩猎术（鸬鹚乡人民政府）

麦芽糖制作技艺（鸬鹚乡人民政府）

畲族手工布鞋制作技艺（景宁百纳鞋业有限公司、景宁畲艺坊服饰有限公司）

畲族刺绣（景宁畲族自治县晓琴畲族民间陈列馆）

乌饭制作技艺（景宁畲族自治县非物质文化遗产保护中心）

石头镶嵌技艺（景宁畲族自治县非物质文化遗产保护中心）

三、民俗

马仙民俗文化节（鸬鹚马氏天仙大殿理事会）

“奏名学法”仪式（畲族成人礼）（渤海镇人民政府）

凤凰三点头（畲族敬酒礼）（景宁畲族自治县非物质文化遗产保护中心）

敬老礼（大漈乡人民政府）

第三节　寺庵亭祠

寺　庵

时思寺　Shísī Sì　位于大漈乡西岸底村。建于宋绍兴十年（1140）初名时思院。明洪武元年（1368），刘基书额“时思道场”。明宣德元年（1426）改院为寺。清顺治、乾隆间再度修缮。现存时思寺占地面积1195平方米。大殿面阔三间，进深二间，重檐歇山顶。明清时期增建山门、大雄宝殿等。时思寺民国时期曾为学校，今为云中大漈景区主要景点，国家级重点文物保护单位。详见文物非遗篇。

惠明寺　Huìmín Sì　位于鹤溪街道惠明寺村。建于唐咸通二年（861），因惠明和尚得名。嘉庆十九年（1814）僧源来重建正殿斋房，至同治四年（1865）。僧端岳造后堂左右轩楹，并重修山门、前殿。1999年8月，为设立自治县后首次较大规模修缮，2001年9月建成。为开放佛教场所，建筑面积1200平方米。寺前为廊屋、亭阁及宽阔场地。寺内建有大雄宝殿、天王殿、三圣殿、地藏殿、千手观音殿等。寺旁至今保存有惠明寺千年白茶一株。寺周是新开惠明茶基地。为境内主要宗教旅游地。

金仙寺　Jīnxiān Sì　位于红星街道金仙寺社区。金仙寺建于唐代贞观年间（627—649）。初名回向寺，旋改崇仙寺。宋咸平元年（998）复建。治平二年（1065）改金仙寺。元至元二年（1265）大修，壁绘浮槎诸图，面貌焕新，碑刻有载。延佑六年（1319）建塔于寺左，高七层，由塔基、塔身、塔顶三部分组成。塔身泥砖砌墙，成内外壁。塔室多为三角形，内有木梯盘旋而上。塔顶为梁架屋面，顶为铁，万余斤。明崇祯二年（1629）建披云楼，有铜、铁二钟。寺院格局为四进，一进为三间，左右两间列四大金刚；二进七间，中为通道，两侧大小佛像不计其数，一侧置大钟“心经钟”及小钟四只；三进“大雄宝殿”，巍峨壮观，装饰华丽，正殿端坐如来佛塑像，两侧十八罗汉塑像；四进后殿，由十二级台阶，中为三眼太子塑像，两边层叠大小神佛塑像。寺院规模之大，气势雄伟，为邑之寺庵首冠。明知县钟夏嵩题《金仙寺壁浮槎》诗一首。清同治十一年（1872）寺塔毁于火，次年重修。该寺于建国初期塌崩。1952年2月，寺院改建县良种场。今仅存放生池及少量零散破损石板、柱础。

普福寺　Pǔfú Sì　位于红星街道油田村。建于唐乾符二年（875），为二进式建筑，占地面积1300平方米。清嘉庆毁于火。嗣后由寺僧次第复建。殿内四大金刚守门，天井两侧厢房。正殿为大雄宝殿，供奉释迦摩尼雕像，殿前左右角分别置铜钟、大鼓各一只。后为天王殿，供奉弥勒佛塑像，两侧靠墙离地一米高有神龛两排，后排摆放十八罗汉，前排摆放廿四主天。寺院民国时期办学之用。建国后因坍塌被拆除。今遗址尚留断墙残壁。

三瑞寺　Sānruì Sì　位于红星街道外舍村。建于宋绍兴四年（1135）。元代时梁上产灵芝，池内生瑞莲，林中出奇竹，故名三瑞寺。寺宇由前殿、戏台、两厢、正殿等建筑构成，三进。山门内池塘荷花竞放，竹兰并茂，古木参天。大雄宝殿为清宫式建筑，装饰华丽，气势巍峨壮观。古寺毁于明代。

清修寺　Qīngxiū Sì　位于鹤溪街道下张村。唐咸通二年（861）建。山门内左侧古柏一株，柏围二丈许，高五六丈，皮若青铜；中空而外斜，结如螺状，为唐柏。寺内置铁钟一只，宋景定元年（1260）邑人应等铸造，重两百斤许，又铜钟一只。元至正十四年铸“心经钟”一只；并大小铁香炉两只。清乾隆九年（1744）知县黄钰重建钟楼。道光二十二年（1842）古柏遭毁；二十七年（1847），改建正殿并前堂轩庑。数载兴修，遂为城东巨刹。座东北朝西南，由前殿、戏台、两厢、正殿构成合院式建筑，占地1000余平方米。前殿五开间，单层，硬山顶，抬梁穿斗，前檐设通廊，各间木板门。梁架雕花瓶、花卉图案，工艺考究。戏台北倚前殿，方形，三面开敞。歇山顶，四角起翘。上盖小青瓦，内顶为平祺天花藻井，边三跳。正殿五开间单层，三山式歇山顶，五柱九檩，抬梁穿斗式混合结构，梁架彩绘，雕刻人物。前有石塔。古刹香客绵延，钟鼓声震四方，名传千里。历代有文官墨客文词诗歌颂之。训导方国光《清修寺》诗云：“跋署清修路，低徊爱翠微。虬松阴壑卧，远树乱云飞。塍细佛光远，山深人迹稀。谁家临水畔，假坐一披衣”。民国十九年（1930）遭火毁之。

真寂寺　Zhēnjì Sì　又名迴龙庵。位于渤海镇渤海、旦水两村之界地。建于唐乾符二年（875），后圮。明嘉靖年间（1522—1545）在原址建造迴龙庵，供奉观音菩萨。里人陈氏家族捐赠田产，招募僧人。此后暮鼓晨钟响彻山谷，烛光月华照映庙堂，常年香烟缭绕，香客络绎不绝。迴龙庵于清末年间火毁，昔日遗址尚存。今淹没于库区水下。

福善寺　Fúshàn Sì　位于英川镇隆下坳村。距隆川村0.5千米。因修建年代久远损毁，重建于清嘉靖年间，是境内宗教活动场所。该寺坐南朝北，两进，东西厢房，建筑面积1560平方米。大门练：“猛牛对垒威震千秋，蛟龙戏水造福万载”。寺内建有八角亭及戏台，一进面阔30米，进深17米，通高2.7米；二进面阔34米，进深18米。翼角起翘，歇山顶，戏台饰藻井；马腿、挑梁均雕人物、花木及飞禽走兽，雕刻细腻逼真，呈晚晴江南雕塑风格，具有较高艺术价值。寺左侧有民房，其余三面为园地。逢年过节，香客兴旺，接待八方游客。

澄照寺　Chéngzhào Sì　又名大赤寺。位于澄照乡大赤垟村。唐咸通二年（861）建，寺门朝西。

因太阳西斜时，日照寺内佛身，相映光辉，故名澄照寺。宋乾道二年(1166)迁大赤垟村。元代兵乱遭毁。明成化六年(1470)重建，有寺碑与铁钟。今仅存遗址。据传唐永泰二年(766)，雷太祖进裕公一家五人与僧二人从福建罗源十八都苏坑境南坑，迁浙江处州府青田县鹤溪大赤寺。雷太祖后迁叶山头村，垦地安居。

普化寺　Pǔhuà Sì　位于鸬鹚乡南坑下村。在后龙村东侧百余米，距鸬鹚村 1.2 千米，占地面积 310 平方米。昔日寺内有释迦牟尼大佛像，高大雄伟；大钟一鼎，钟声洪亮，响彻十里外。寺已毁。

兴教寺　Xìngjiāo Sì　位于九龙乡鹤口金山村。在村后山脚，土名金山。建于唐大中元年(847)，规模庞大、气势雄伟。内置铜钟一只。因年久失修寺废。古铜钟现存文成县南田刘基庙。

金锡庵　Jīnxī An　位于鹤溪街道叶府前村。明代永乐年间(1403—1424)建庵于城南溪洲中。三面环水，依傍浮丘钓台。明洪熙元年(1425)铸铁钟一只，分二层，下有“明正统三年戊午岁(1438)，由金仙寺僧人觉宗募铸”等字样。清道光十三年(1833)大水冲圮，后重建。同治元年(1862)毁于匪，嗣经修恢。建国前再次水毁，老庵门遗迹尚存，另有部分石构件。民国二十八年(1939)，在此开办县立西医诊疗所。原址现改建为多座民居。

松岩庵　Sōngyán An　位于景南乡缪坑村。距忠溪村 3.2 千米。建于南宋(1131—1279)。清代、民国数度重修。为二进式土木结构，沿两边走廊上台阶入正殿。因年久失修，濒临坍塌。1982 年捐资重修。据《景宁县志》记载：该庵周环石壁，中甚敞平，颇称胜地。左侧有洞，神龛内摆放何八公、马天仙、胡公帝佛像。这是境内至今唯一尚存的庵堂。现系县级文物保护单位。

万松庵　Wànsōng An　位于秋炉乡坑口村，距秋炉 1.3 千米。建于明代末期(1638—1641)。庵堂久废，现留铁钟一口，铸于明崇祯元年(1641)，钟高 1 米余，口径 90 厘米。大跃进时期“大办钢铁”，古钟被投入炼钢炉中冶炼三天三夜，无济于事；文化大革命期，红卫兵“破四旧”，用木棍敲、斧头劈、铁锤砸，毫发无损；改革开放初期，外地从事非法盗贩文物之徒，半夜将文物贩运走，可没几天又悄悄送还。历经数度劫难，古钟安然无恙；当地众说纷纭，此乃神灵保佑。

大地庵　Dàdì An　位于大地乡大地村。庵堂建在一座形似座椅的山间，这里风光秀丽，幽雅清静。庵中共五人，其中僧三人，除德宽禅师外，另有二位法师，法号未详；总管一人，李姓，勤杂一人。众僧节俭勤劳，自食其力，度日艰辛。

惠山庵　Huìshān An　又名仙姑庵。位于沙湾镇仙姑村后山丘。大门内为天井，上台阶进入正殿，中央神龛摆设观世音菩萨神像。庙边古木参天，环境清幽。因年久失修，破损严重，1958 年拆除。遗址被村民种水果。

庐庆庵　Lúqìng An　位于沙湾镇炉西岘村。在炉西岘村东侧 0.3 千米，海拔 1000 余米高山之巅。据传建于清代中期，鹤溪金仙寺僧来此建庵。清代后期周姓先祖自庆元徙此垦荒建村。今遗址改作园地。

祥云庵　Xiángyún An　位于澄照乡蒲垟水库旁。距三石村 2.4 千米。已废。

维新庵　Wéixīn An　位于大漈乡彭村。距大漈村 0.9 千米。建于万历二年(1574)，占地面积 300 平方米。

万福庵 Wànfú An 位于景南乡东塘村。距忠溪村1.3千米，东邻大白坑。

隐居庵 Yǐnjū An 位于景南乡程田村。距乡驻地忠溪村2.6千米。

秋炉庵 Qiūlú An 位于秋炉乡秋炉村。距秋炉村0.1千米，占地面积200平方米。

庆云庵 Qìngyún An 又名大云寺。位于梧桐乡高演村。庵内供如来、观音、文殊、普贤、十大罗汉、廿四尊天和五显爷，规模较大，有“小灵隐”之称。庵旁建有钟楼，内置铜钟，铸于道光年间。清代诗人严用光有诗：“峰回路转下仙坛，梵宇森严特地开。静境妙香心契悟，偷闲也许约重来”。庆云庵于建国初期因屋塌损拆毁。

碧仙庵 Bìxiān An 位于家地乡家地村。建于清代后期。当时由大地庵德宽禅师定期前往主持诵经。民国二十八年(1939)，德宽禅师在家地村因病圆寂，用木材焚化后，将其骨灰送回大地村安葬。

碧苔庵 Bìtái An 位于红星街道苔湖岭。在苔湖岭中途，背靠山脚，面朝鹤溪。清代文人夏禅周诗云：“杉皮为屋竹为墙，鼎沸松风沦茗香。似有稣门长啸客，清音半落水云乡。”此庵久废，遗址无存。

超果庵 Chāoguǒ An 位于红星街道金仙寺社区。在金仙寺右侧。久废。

灵清庵 Língqīng An 位于家地乡下漈坑村。距家地村6.2千米。始建年代无考。因年代久远庵已毁。遗址无存。

武庙 Wǔ Miào 又称关岳庙。位于红星街道红星社区。元天历年间(1328—1330)建于县北五里莘岭。清嘉庆十一年(1806)大修，建正殿五楹，后殿三楹。正殿为代先祠，左立忠义神武灵佑仁勇威灵显护国保民关圣大帝塑像，右安南宋大将军岳武穆塑像。后殿置关帝上三世神位。建国后被拆除。

城隍庙 Chénghuáng Miào 位于红星街道仙童社区。在县城北四十步。明景泰三年(1452)建。前为大门，内置正寝两殿。正殿联曰：“为人果有良心，初一十五何用你烧香点烛；做事若无天理，半夜三更须防我铁链钢叉”。殿前左为庙祝，右为育婴堂，中为戏台。庙供本县城隍之神，岁在春秋仲日上戌日致祭。建国后，城隍庙拆除改建粮库。

石牛山庙 Shíniúshān Miào 位于渤海镇旦水村。建于明末清初年间，几经修缮，颇具规模。正殿供黄老仙神像，满面笑容，栩栩如生；左侧塑牛像，形象逼真。此殿历经数百年，至今香火不断。每逢农历初一、十五之日，周边丽水、青田、文成等地香客远道前来膜拜祈福。今为千峡湖宗教文化朝圣旅游之地。

汤夫人庙 Tāngfūrén Miào 位于鹤溪街道敕木山顶东侧山腰。占地面积15平方米。殿内有石如钟乳状，中为岩穴，常吐云雾。香泉边石龛，高3米，宽6米，深6米。石龛前沿用木石及瓦片遮盖；庙额凿“汤氏真仙”，柱雕龙，中塑汤仙像；左侧建木房瓦盖。明摆着以香薰其石，乳流辄雨，题曰：“灵液”。清乾隆十六年(1751)训导陈元颖题《石乳洞诗》。汤仙名理，字妙玄，邑东汤村人。

观音庙 Guānyīn Miào 位于鸬鹚乡葛山村。在村南半里许，距鸬鹚西北4.4千米。占地面积280平方米，坐南朝北，南邻岱头村，北接葛山村。

汤夫人庙 Tāngfūrén Miào 位于梧桐乡角耳垮村底湖。庙处水巢岘东麓，在村西北部山路三里山岗顶之上，近临本村，远处为东源、高演、林山及敕木山峰等，有一览众山小之感慨。南面建护墙，东西侧各建山门，通山路，占地面积120平方米，建筑面积36平方米。

五显庙　Wǔxiǎn Miào　位于九龙乡岭里村。距大顺村7.5千米。在岭里西北部，南邻九龙塆，西与莲都区接壤。

陈村社庙　Chéncūnshè Miào　位于沙湾镇陈田村。距叶桥村2.4千米。占地面积80平方米。

吴氏家庙　Wúshìjiā Miào　位于英川镇后坑自然村。在村尾坑边。建于清光绪四年(1878)。占地面积155平方米。

新塘垟庙　Xīntángyáng Miào　位于秋炉乡新塘垟村。在村东，距乡驻地秋炉村3.5千米。占地面积150平方米。

夫人庙　Fūrén Miào　位于秋炉乡半山村。距乡驻地秋炉村1.9千米。占地面积290平方米。近年已重修。

第一坑庙　Dìyīkēng Miào　位于秋炉乡第一坑村。在村南，距秋炉村1.5千米。占地面积150平方米。

五叶莲花庙　Wǔyèliánhuā Miào　位于红星街道金包山村西南。北邻金包山西坑村，距上圩村5.8千米。占地面积20平方米。

迎神庙　Yíngshén Miào　位于秋炉乡半山村南。距乡驻地秋炉村1.9千米。占地面积150平方米。

东岳庙　Dōngyuè Miào　又称东岳宫、阎王殿。位于红星街道红星社区。在县城北忠孝祠右。正殿五楹，大门内左右翼为两廊，正殿供奉东岳大帝神位，两侧十阎王依次排列。大门入口两廊左右各塑一名判官及无数小鬼，神态各异，黑沉阴森。民国初年重修。建国后被拆除。

何马二仙宫　hémǎèrxiān Gōng　又名雁溪殿。位于雁溪乡雁溪村。距县城南26千米。建于清乾隆十五年(1750)，占地面积670平方米，建筑面积505平方米。为厅院式布局，四进，五架梁木结构，重檐歇山顶，门厅施双翘，双下昂十一踩。正殿红漆大柱，覆盆莲瓣基，藻井彩绘龙凤图，浮雕牛腿雕人物，东西壁绘八仙。戏台翼角翘起，六铺作垂拱，月梁枋刻龙凤。1987年11月被公布为县级第二批县级重点文物保护单位。现存嘉庆十七年(1812)碑载："大清乾隆十五年季冬月癸巳日竖造"。殿内供奉何八公与马孝仙神像，至今保存完整。

敬山宫　Jìngshān Gōng　又名马仙宫。位于鹤溪街道城南社区。始建于唐代，原称护国夫人庙。宫内建于神座、天井、戏台等。旁建中楼。明成化二十年(1484)，铸一洪钟，口二尺九寸，重470斤。宏治十三年(1500)，铸一铁香炉。大门内竖"护国夫人庙碑"一座，碑文465字，天顺八年(1344)立。抗战时期，省立联合初级中学迁入景宁，借址办学。1945年8月景宁简易师范在此上课。建国后，敬山宫被拆除改建农械厂。

马仙宫　Mǎxiān Gōng　位于梧桐乡梧桐村，坐北朝南。建造年代不详。重建于民国四年(1915)，原殿内供奉马氏天仙及土地神等。其结构为四合院，由正殿、厢房、戏台及天井组成。正殿为两披硬山顶单层木结构，五柱七檩，穿斗，抬梁混合式梁架。第一层为正殿，第二层为阁楼。天井由鹅卵石铺砌而成，正堂檐口梁，牛腿雕刻精致，古朴典雅。原设戏台，三柱七檩，穿斗抬梁混合式梁架，戏台檐口牛腿刻有关公骑马图,雕工精细,因年久失修已毁。整体保存较好,现为村老年人活动场所。

何庄行宫　Hézhuāng Xinggōng　位于标溪乡何庄村。建于清咸丰三年(1853),在何庄村西侧,建筑面积220平方米。

马仙宫　Mǎxiān Gōng　位于大漈乡西岸底村。距西岸底村0.1千米。建于乾隆年间(1736—1795),占地面积150平方米。

马氏仙宫　Mǎshìxiān Gōng　位于梅岐乡石闩村。在石闩自然村村口坑边。建于民国五年(1916)。占地面积180平方米。今已废。

廻龙宫　Huílóng Gōng　位于家地乡石碧村。宫在村东一山岙,离村四五里许。建于清同治年间。垒石筑基,粉墙黛瓦,古树掩映。正殿供奉马氏天仙神像,及陈夫人、五显大帝,还何八相公、平水禹王、土地等神像。四时供奉,保护人丁,以为一方保障。村立马仙会,定于小暑后寅卯日恭迎马天仙并合殿等神出巡赛会。设醮演戏,各家备物致祭,必诚必洁。各存诚诚之心,有求必应,亦无感不通也。

马仙宫　Mǎxiān Gōng　又称白殿。位于沙湾镇沙湾村。宫处村东北部,在村尾,距村1.1千米。宫下瓯江小溪为沙湾胜境,名曰:"雷滩鼓浪"。清道光年间柳氏族人率同潘氏等共建仙宫。宫内中祀马氏天仙,左祀叶大将,右供平水王。每于七夕即为报赛,人来人往热闹非凡,香火称盛,香烟弥漫。佛像毁于文革初期,数年后坍塌。1983年拆基建园。今辟为沙湾村垟尾开发地,建新区。

行宫　Xíng Gōng　位于沙湾镇沙湾村。处村中心地,在祖坟中街外首,南靠溪沿,北邻老街。建于光绪元年(1875)。内有大堂,三楹;前建戏台,左右竖两廊,上有楼。每岁乡人于七月七日迎马天仙巡行于此。门外苍松蔽日,虽长夏亦如深秋,时人纳凉于是。文革时拆建人民大会堂。今为沙湾文化礼堂一隅。

聚仙宫　Jùxiān Gōng　位于秋炉乡秋炉村,距秋炉村0.1千米。占地面积130平方米。毛垟至秋炉公路经此。

庙坑宫　Miàokēng Gōng　位于梅岐乡黄毛坪村。距梅岐村5.4千米。占地面积16平方米。宫处村南坑边,西与鹤溪街道接壤。古楼至大吴山村山路经过此地。

石柱宫　Shízhù Gōng　位于红星街道金村。距北岸村6.2千米。处金村东南,在驮原顶东北部,南邻严村。

马佛宫　Mǎfó Gōng　位于红星街道金村。距北岸村3.2千米。占地面积60平方米。

金灵殿　Jīnlíng Diàn　位于渤海镇安亭村。在凤凰山脚下,海拔650米。始建于清代后期,至今280余年。初为土地庙,后多次修缮为金灵殿,占地面积300平方米。五进,两厢房,天井建戏台,殿门正面朝村,保佑村民平安。每年农历七月初三大批香客前往朝拜,香火不断。

五显灵官大帝殿　Wǔxiǎnlíngguāndàdì Diàn　又名三合堂。位于英川乡包坑口村,距乡驻地英川村4.2千米。据殿内现存碑文载:五显灵官大帝殿于道光十九年(1839)建造,道光二十二年(1842)竣工。坐西南朝东北,原占地面积约492平方米。现占地面积约221平方米。共分为三堂建筑。主堂供吴三公、五显灵官大帝神位及地方神像。其余两堂供菇民议事及食宿之用。整体泥木结构。原为龙(泉)、庆(元)、景(宁)三县菇民朝拜之处,香火鼎盛。

马天仙殿 Mǎtiānxiān Diàn　位于英川镇梨树突村。殿处村后山岗,距村1.2千米。该殿坐北朝南,占地面积33平方米。前为山地空坪,东西通山路;殿后越山岗,往北1.8千米为鲍岱黄坦村;往东2.5千米,乃龙庆景三县界地。1935年4月,红军挺进师在革命浙闽边界活动时,曾在该殿外墙留下宣传标语,至今仍保存完好。1989年7月该殿被公布为第三批县级重点文物保护单位。

马天仙殿 Mǎtiānxiān Diàn　位于沙湾镇小地村。处沙湾西南8.8千米,在村尾山边。始建年代久远不详。现有殿宇建于民国二十一年(1932),建筑面积210平方米。殿内马仙坐正中,两边供奉其他佛像;殿柱粗大,雕梁画栋,题联有数幅。联曰:"百里馈羹循孝道;千秋浮伞著仙踪。"

廻龙帝殿 Huílóngdì Diàn　又名五显庙。位于沙湾镇峡桥村。距莲川5.2千米,处于莲川至叶桥古道旁。原庙已毁,后重建于清光绪戊子年(1888),占地面积340平方米。古刹清幽壮观,殿内诗文丛簇。民国期间终年香火缭绕,青烟直上,百十里外乡民常来此进香朝拜,香客络绎不绝。惜于文化大革命期间当作"四旧"肆意毁坏。今文物败落风残,古迹亟待修复。

洞宫宝殿 Dònggōng Dǎodiàn　位于沙湾镇何处村。在箬寮尖东侧,距县城西南33.6千米。因处洞宫山脉之福地,故名。殿在箬寮尖东侧,海拔1455米。原建于清代中期,因年久失修毁坏。1997年冬,叶桥诸村乡民四处筹资,在原址复建洞宫宝殿,面积125平方米;三直,前为天井;殿内供奉"徐天大将、马氏天仙、五显灵官"等神位。数年后泥塑佛像又遭人毁损。2003年5月,村人再次筹资建造,殿内佛像改木雕;殿外修人行道路,造防护林带,固定守殿人员。常年有虔诚信徒来此膜拜许愿,以求天神保佑;休闲驴行者亦涉足此地,摄影留纪一睹胜景。

汤夫人殿 Tāngfūrén Diàn　位于大漈乡小佐村。距大漈村3.9千米。兴建年代不详。始建

五显爷殿 Wǔxiǎnyé Diàn　位于东坑镇黄碧岘村。距白鹤村3.7千米,占地面积63平方米。时分上、下两殿,后毁于火。重修只建一殿,紧靠悬空绝壁,三面环山。

何马二仙殿 Hémǎèrxiān Diàn　位于雁溪乡大丘田村。距雁溪村4.2千米。建于民国二十五年(1936),占地面积400平方米。东坑至家地公路经此。

鸬鹚殿 Lúcí Diàn　又名马仙殿。位于鸬鹚乡鸬鹚村岭后。建于明万历年间(1573—1620),始为茅屋,后建祠。原殿三进,二层,四合院建筑,长20米,宽17米。几经修建,现有岭后祖殿、观音堂、上天殿等。同治《景宁县志》载:马孝仙屋,在三都卢山村岭后,今改建为祠。旁有小湖,水色如羹,水中鱼,求子者视鱼出游之色为兆。雍正年间(1723—1736)知县李应机在其地筑亭,勒石以记之。额曰:"仙都故址"。民国元年(1912)洪水淹没。现存建筑为"文革"后重建,四堂庙宇相连,建筑风格及佛像摆设基本与原貌相同,山门外为焚香和娱乐场所。殿南0.5千米处,新修交见圩至叶村(龙泉市)公路过境,交通便利。

玄坛殿 Xuántán Diàn　古称元坛庙。位于红星街道城北村玄坛殿。殿门两侧各有一块形似虎爪的奇石。殿内三进,正殿神龛供元坛神灵塑像。供桌摆铁香炉,方形,石足,明天启五年(1625)铸。门内天井建戏台,面朝正殿神像。每逢初一、十五香客不断,尤以三月十五日最隆重。遗址于近年被拆毁。

西坑水头大殿　Xīkēngshuǐtóu Dàdiàn　位于大地乡西坑村东侧。建于清光绪年间，坐北朝南，建筑面积 319.5 平方米。2004 年 4 月批准为县级文物保护单位。详见文物非遗篇。

驮垟源尾殿　Tuóyángyuánwěi Diàn　又名双龙庙。位于大地乡驮垟村西侧。源尾殿建于清康熙年间，建筑面积 302.4 平方米。该殿坐北朝南，四合院布局，建筑为飞檐斗拱。殿内包括一正殿、二厢房、一戏台及天井。详见文物非遗篇。

上天殿　Shàngtiān Diàn　位于鹤溪街道敕木山山巅。距乡驻地上张村 2.4 千米。占地面积 3 平方米。这里是汤仙女升天之地。寒冬敕木山大雪覆盖，唯独此地不积雪，不结冰。后人在此建殿祭祀，并修建石塔和石碑。北侧数米建景宁电视差转台。

雷宝后殿　Léibǎohòu Diàn　位于红星街道雷宝后村。距北岸村 1.8 千米。建筑面积 21 平方米。

汤三公殿　Tāngsāngōng Diàn　位于鹤溪街道东弄村。在东弄老村山边。建于清咸丰三年(1853)。占地面积 185 平方米。

坑下殿　Kengxia Dian　位于英川镇坑垟村尾，坐东朝西，占地 150 平方米，逢年过节，众人祭拜，以求来年风调雨顺，太平盛世。

浮伞祠　Fúsǎn Cí　位于大均乡大均村。传马孝仙至鹤溪持羹奉姑，曾浮伞过渡，故名。始建于明嘉靖年间。清乾隆年间(1736—1795)重修。2000 年再度抢修。该祠坐西北朝东南，单层木结构，由正殿、厢廊、戏台及门厅构成。正殿佛龛供土地公、马天仙、汤山公等神灵。二柱五檩，穿斗梁架，马腿雕刻。天井铺卵石。天井前戏台，三柱七檩，抬梁式梁架。县级重点文物保护单位。详见文物非遗篇。

柳氏宗祠　Liǔshì Zōngcí　位于沙湾镇沙湾村。处地沙湾村尾后园，原老车站旁。柳氏宗祠于嘉庆二十三年(1818)三月庚子日平基，七月十六日竖柱上梁。家祠坐艮向坤，有寝庙一堂，计五楹，叙伦堂一堂。又两旁各一直横轩，左右各三间。大门一座，小门一座，内置厢房十数间。祠堂墙绘“沙川八景”图等，建造两载余，工程浩大。祠堂门联:“沙水流源远，湾垣培本深”。择祠堂联:“谥以惠稱弈世贤名不朽，忠能笔谏历朝史册犹光”;“河东衍派子孙作求世德，柳下阀传昭穆不坠宗风”;“名齐分正当追三鳳，德立功彰须仿二龙”;“系傳柳下缅先世和励鄙宽簿敦百世闻风興景仰，派衍沙川愿后嗣孝思继志述事千秋饮水识渊源”。沙湾祠堂曾两次受人为毁于火，又数度修缮复原貌。后期改粮库。1986 年秋因修建溪杉线公路桥，终被拆除，难逃厄运。

潘氏宗祠　Pānshì Zōngcí　位于沙湾镇沙湾村。在沙湾老街路南侧，东为沙湾行宫，西为民居。后改作沙湾小学校址。1969 年拆除潘氏宗祠、沙湾行宫等古建筑，新建沙湾大会堂。1988 年拆除大会堂旧址，改建沙湾区公所。今为沙湾镇政府办公楼东侧一角。

杨氏宗祠　Yángshì Zōngcí　位于沙湾镇七里村。七里杨氏自渤海杨山徙此，宗祠建造历时 160 余年。祠堂建外垟村尾，坐东朝西，南邻七里田垟，北连沙湾至毛垟驿道。宗祠为土木结构，三进，六厢房，庄重大气，古朴典雅。2009 年祠堂因年久失修，濒临坍塌。2010 年初，村原班人员在修缮村口文昌阁后，紧接着四处筹资，制定修葺祠堂方案，动工修建。终于在 2011 年 9 月修缮竣工，祠堂新姿焕发。现村老年人在此活动。

刘氏宗祠 Liúshì Zōngcí 位于沙湾镇仙姑村。地处仙姑村尾，在仙姑圩地。背靠山脚，前临仙姑电站渠道，坐北朝南，占地面积400平方米。宗祠因年久失修，已经坍塌数十年，仅留石大门。仙姑刘氏迁至季庄、蔡湖、林斜、上坑等地。

陈氏宗祠 Chénshì Zōngcí 位于家地乡芎岱村。建于清道光三年（1823）。在村东南侧，占地面积175平方米。

张氏宗祠 Zhāngshì Zōngcí 位于家地乡石碧村。在村尾东侧，建于清光绪十四年（1888）。占地面积168平方米。

徐氏宗祠 Xúshì Zōngcí 位于九龙乡岭里村底岸。清康熙三年（1664），由族人伉、武诸公建祠堂三间于垟心。乾隆五十九年（1794）建前堂及两轩。嘉庆九年（1804）建戏台，为两进式建筑格局，现有五间两轩，一戏台，建筑面积400平方米。现整体保存完好。

张氏宗祠 Zhāngshì Zōngcí 位于九龙乡岭里村外垟。据《张氏宗谱》载，建于清道光二十八年（1838），大门外竖两对清代贡生旗杆，旗杆石上“大清光绪拾八年（1928）春正月”字迹可见。建筑面积300平方米，二进，青石大门，门匾“张氏宗祠”。内设戏台，四周为夯土墙体，泥土地面。中间置天井，四周砌块石，两侧厢廊。正堂廊柱木制对联，主体架构保存较好。宗祠曾改作学校，后归族管。2012年重修，正面外墙水泥浇筑，更换部分主要构件。

陈氏宗祠 Chénshì Zōngcí 位于九龙乡原金田村。祠堂建于清道光二十二年（1842）。大门竖桅杆夹，为光绪六年（1880）贡生陈家驹立。五直两横轩，前为戏台，后回廊。中堂墙壁张贴各样报单，获取功名者在其中，有贡生，文秀才，武秀才，国学生等，文运之盛，名震四方。2007年滩坑库区涉淹，祠堂被拆除。

梁氏宗祠 Liángshì Zōngcí 位于红星街道学田村。建于明永乐年间（1413—1415）。坐东朝西，三进式建筑，木架瓦房，硬山顶，石砌土夯山墙。门额“开国明贤”四字，永乐甲午岁（1414）钦差吴家静为梁以孜撰书。中悬“叙伦堂”木匾，为雍正五年（1727），梁日挺题书。寝庙匾额“荣德报功”，由邑人潘可藻辛卯岁篆刻。民国三十三年（1944），县立简易师范借址办学。建国后梁祠改作学田小学校址，后并鹤溪镇小。今为县实验二小校址。

汤氏宗祠 Tāngshì Zōngcí 位于鹤溪街道城南社区。在南门弄西端南侧。原系岐国公汤思退宗祠，建于南宋，时毁于兵乱。康熙三十年（1691）拟复建，雍正十三年（1735）建成。占地面积1100平方米，建筑面积800平方米。祠门竖书“汤氏宗祠”，系礼部尚书凌景手笔。正堂额书“岐国公祠”，系祠裔宋进士汤骥之遗墨。择祠堂联有三：“肯构乃堂一念不忘修俎豆，克昌厥后千秋匪懈奉蒸尝”、“其文接踪而生宋代家风流鹤水，礼让因心以发唐朝古迹著南门”、“五马行春治书纯自东野，三台拱笔相业昭于南唐”。

潘氏宗祠 Pānshì Zōngcí 位于鹤溪街道城南社区。在大众街53号。荥阳郡潘氏家族一支，为避五季之乱，从杭州钱塘之漾沙，迁居鹤溪。至七世孙潘特竦，于北宋宣和年间（1119—1125）倡建宗祠。祠堂为三进式建筑，大门内侧两边为厢廊，中堂三楹为叙伦堂，粉饰墙垣，四面刊刻匾联于堂阶，后堂三楹，为妥灵之室。年久失修破损人毁。祠堂在“文革”后期曾办厂数家。旧址今为城南幼儿园。

叶氏宗祠 Yèshì Zōngcí 位于鹤溪街道叶府前村。建于清嘉庆二十二年(1817),坐北朝南,泥木瓦房,建筑面积260平方米,二进五开间,单层硬山顶。正面两侧及次间为通廊式建筑。每进设天井。民间为抬梁式梁架,五柱十一檩。次间为混合架梁,夯土墙体,垒石基础较高,磨砖铺椽,青瓦屋面。祠堂用材粗大,牛腿等雕件较为精美。天井铺卵石,成规则图案,墙体绘饰青色缠枝图案,墙顶有望砖,地面三合土,整体建筑古朴庄重。今为多户民居。

朱氏宗祠 Zhūshì Zōngcí 位于渤海镇西山自然村。祠堂原址在门潭村尾,坐西朝东,始建于清朝。重修于民国二十年(1931)。2007年因滩坑库区涉淹迁此,占地面积292平方米。该祠堂有一正殿、二厢房,单层木结构。正殿五开间,两进,檐前通廊,悬山顶。明间中两架抬梁,前后单步梁,余为穿斗梁架,五柱十一檩。厅堂中间四柱,檐口梁枋、斗拱、牛腿雕刻工艺精致。祠堂门楹"朱氏宗祠"。为县级文物保护单位。

沈氏宗祠 Shěnshì Zōngcí 又名沈都录祠堂。位于渤海镇大都村。在村北水口,始建于元代初年(1206—1368)。为二进式建筑,雕梁画栋,重檐叠斗,白墙红柱,庄严肃穆。后战乱而毁之。清康熙年间(1662—1722),沈氏十七世祖沈方增、沈方亏二公发起,商议复建祠堂于村口,坐艮向坤,改为三进,由寝室、殿堂、叙伦堂、左右轩、周边围墙、底外天井之间增健戏台。重塑五尊神像。同治年间祠旁开设私塾,供族中弟子求学。民国元年(1912)再遭洪水毁之。后族人自发再建,沈氏宗祠基本恢复原貌。1954年改作政府粮库。1966年遭人为破坏。1981年重新修葺。2007年因滩坑库区涉淹,迁建新址。

李氏宗祠 Lǐshì Zōngcí 位于大均乡大均村。宗祠开三门,缘于褒扬李琮一门三进士。族人李琮于明代天顺八年(1464)中进士。其弟李璋于弘治十五年(1502)进士;其子李镎,嘉靖二年(1523)进士。一时名震地方,誉以"大均三进士"。明代县北建兄弟方伯坊、父子进士坊;大均建骑街进士坊,奉旨李氏宗祠正门并开三门,悬"父子方伯"、"兄弟进士"匾。宗祠原址在大均古街尾,新址处于村尾山脚公路东侧,占地面积220平方米。

季氏宗祠 Jìshì Zōngcí 位于梅岐乡潘坪村。在横坪村自然村。建于清同治年间(1863—1872)。祠堂坐北朝南,占地面积170平方米。

李氏宗祠 Lǐshì Zōngcí 位于梅岐乡张山村。在张山至桂远公路旁,处村尾水口东侧,西邻村尾水库。宗祠于2014年10月新建,2015年5月建成,占地面积180平方米。门额书:"李氏宗祠",大门联:"祖功宗德流芳远,子孝孙贤世泽长"。外部水泥砌墙,四翼翘角,屋顶琉璃瓦片覆盖。

李氏宗祠 Lǐshì Zōngcí 位于郑坑乡张坑下村。在张坑下村尾山边。建于清道光八年(1828)。占地面积132平方米。

沈氏宗祠 Shěnshì Zōngcí 位于沙湾镇流坑村。在流坑村小坑边。建于清光绪二十三年(1897)。占地面积160平方米。

翁氏宗祠 Wēngshì Zōngcí 位于沙湾镇古楼村。在古楼村中部。建于民国六年(1917)。占地面积255平方米。曾一度为古楼村校址。2014年再次全面修缮。

彭氏宗祠 Péngshì Zōngcí 位于大漈乡彭村自然村东侧。建于清乾隆四十九年(1784),坐西南朝东北,占地面积361.56平方米。宗祠正屋为序伦堂,后屋为报本堂,前后两堂之间左右各有厢房一间。序伦堂为三直二廊,前排四柱,二排二柱,以拓空间,将长10余米、直径70厘米横梁架于上方,使中堂更宽敞高大。两侧迴廊,连通报本堂。报本堂摆放先祖灵位。县级重点文物保护单位。

梅氏宗祠 Méishì Zōngcí 位于大漈乡西岸底村。宗祠建于民万历年间,由山门、厢房、序伦堂、祭坛和报本堂等部分组成,占地面积1000余平方米。该建筑采用"减柱法",结构精巧、气势宏伟。序伦堂全部用榫铆头相连。安置横梁时,要将一根长13米,直径1米余的特大横梁架上去。三年后再建心经钟楼。因建梅氏宗祠至今留传有"木马择匠"之说。

严氏宗祠 Yánshì Zōngcí 位于大漈乡小佐村。祠堂坐西南朝东北,建于清乾隆庚子年(1780),占地面积376平方米。该祠堂前后两进由两正堂、两厢房、台门、天井及旗杆石组成。主体建筑为单层木结构。严氏宗祠保存较好,其雕刻精美牛腿,文人墨客题词,对研究历史有较高参考价值。2004年4月被公布为第五批县级重点文物保护单位。

徐氏宗祠 Xúshì Zōngcí 位于景南乡中屋村。建于清咸丰年间(1851—1862),占地面积180平方米。单层木结构,包括一正殿二厢房一天井。歇山顶,小青瓦阴阳合铺屋面。正殿面阔三间,檐前及两侧通廊。五柱十一檩,明间两架为抬梁式梁架,其余为穿斗式梁架。檐口梁枋雕饰。门厅额梁上隽"太平天国"铜钱纹饰,具有一定历史研究价值。县级重点文物保护单位。

柳氏宗祠 Liǔshì Zōngcí 位于鸬鹚乡印章村。距鸬鹚西北3.8千米。占地面积210平方米,坐东朝西,南侧连村口殿,北侧叶氏宗祠。

叶氏宗祠 Yèshì Zōngcí 位于鸬鹚乡印章村。距鸬鹚西北3.8千米。坐东朝西,南侧柳氏宗祠,北侧接村。占地面积230平方米。

刘氏宗祠 Liúshì Zōngcí 位于鸬鹚乡葛山村。距鸬鹚村5.5公路,在村尾西侧。宗祠占地面积450平方米,建造年代不详。自解放初期改作葛山小学开始,历经人民公社、文化大革命,直到葛山乡校撤销,一直为学校使用。学校数度修建,至今仅留祠堂石大门。

任氏宗祠 Rènshì Zōngcí 位于梧桐乡高演村。距梧桐村5.7千米。祠堂在村尾水口,占地面积440平方米。建造年代不详。祠堂东至坑涧,南接竹园下古民居,西倚后塘古民居,北靠环胜廊桥。民国二年(1913),开办第五区立高演初级小学,校址借高演任祠。后因祠堂年久失修,学校生员增多,祠堂被拆除建新校园。村校撤销后留作村委会办公使用。

刘家祠堂 Liújiā Cítáng 位于标溪乡预章村。地处预章坑南侧,坐东朝西,背靠山脚,前临预章坑涧。1942年日寇侵华绍兴沦陷,稽山中学迁景宁预章村复课三年,曾为浙南山区培养大批革命人才。为铭记稽山中学所作贡献,地方政府及村民于2005年6月重修刘家祠堂。新修祠堂占地面积350平方米,大门两侧分立"稽山中学旧址"及"刘家祠堂重建碑记"两块石碑;祠堂门额"刘家祠堂",祠堂门联:"文化礼堂,精神家园"。祠堂内设村情史话、稽中情怀、预章人物、校友字画等栏目。这里已成为景宁红色旅游景点。

徐氏宗祠 Xúshì Zōngcí 位于标溪乡东车村。在东车村南侧,建于清光绪八年(1882),建筑面积 240 平方米。

张氏宗祠 Zhāngshì Zōngcí 位于英川镇黄谢圩村。在黄谢圩村村口。建于清乾隆五十年(1785)。占地面积 160 平方米。

毛氏宗祠 Máoshì Zōngcí 位于毛垟乡毛垟村。宗祠建于明代宣德五年(1430),占地面积 2560 平方米。曾数次大修。1950 年改为学校。1993 年初修缮宗祠,当年开始复祭。2009 年进行修缮。宗祠五进。一进,门厅四面翘角,路面卵石铺设。二进,两旁桅杆。匾书"仪门"。两边建"东序"、"西厢"房,司乐、道具摆放。三进为正厅。悬匾"务本堂"。前为正门、礼门、义门,共三门,联曰:"礼门义路家规矩,智水仁山古画图"。四进匾书:"明经多士"。灵牌有三:中为"肃肃雝雝",左为"左昭",右为"右穆",联曰:"西河千家归一本,川流万派汇同源"。厨房连溪边有小路。一匾:"智仁乐处"。

吴氏宗祠 Wúshì Zōngcí 位于毛垟乡沙垟村。建于清嘉庆四年(1799)。在沙垟村北侧,占地面积 210 平方米。

陈氏宗祠 Chénshì Zōngcí 位于秋炉乡半山村。在半山自然村北侧。建于清乾隆八年(1743)。占地面积 165 平方米。

魏氏宗祠 shì Zōngcí 位于秋炉乡山头村。在山头自然村中部。建于清光绪三十四年(1908)。占地面积 150 平方米。

周氏宗祠 Zhōushì Zōngcí 位于英川镇张川村。在张川村口。建于清咸丰四年(1854)。占地面积 178 平方米。

亭台阁坊

凤仪塔 Fèngyí Tǎ 位于红星街道红星社区境内。在县城人民北路与环城北路交叉口东北侧山体上,塔高 33 米,为秦汉风格。凤仪塔是景宁入城口公园标志性建筑之一。公园大门前为幸福文化健身广场。

鹤溪亭 Hèxī Tíng 位于红星街道仙童社区。因亭处建设路与鹤溪中路交叉路口,滨鹤溪东岸,故名。1989 年建造,占地面积 25 平方米,全石结构。六柱绘龙图。亭中设石桌、石凳,供人们娱乐休憩。

英烈亭 Yīngliè Tíng 位于红星街道金仙寺社区。在寨山革命烈士陵园中轴线北侧,占地面积 28 平方米。南侧柱联:烈士精神传万代,革命事业立千秋。北侧柱联:祖国山河埋忠骨,神州十亿颂英雄。

青史亭 Qīngshǐ Tíng 位于红星街道金仙寺社区。在寨山革命烈士陵园中轴线南侧,占地面积 28 平方米。南侧柱联:烈士英名留千古,畲乡世代吊忠魂。北侧柱联:寨山热土埋忠骨,鹤水清波鉴枯荣。

六和亭 Liùhé Tíng 位于红星街道驮垟圩村尾。距县城 2 千米。该亭建于 2003 年秋,占地面积 24 平方米。亭高 6.5 米,6 柱,6 边,翘角,园顶。亭处苔湖岭路边南侧,此地原为县城西部之官马大道,道路通往大均、沙湾、英川以及龙泉、庆元两县交通要道。

临景亭 Línjǐng Tíng 位于鹤溪街道石印山公园内。建于1988年8月。为临海市建筑公司援助景宁所建，故名临景亭。在环石印山步道第一平地。亭六边六柱，水泥柱，亭边宽2.92米，高6.82米，园顶。占地面积25平方米。此亭南眺敕木山；面对寨山革命烈士墓；北望鸭卵坑新城区。此亭是登临石印山游客最先到达处。此后南可绕山游览，北入密林深处，往上直达山顶敕峰亭。该亭于2011年重新修缮。

敕峰亭 Chìfēng Tíng 位于鹤溪街道石印山内。因亭建在石印山最高峰，南望敕木山峰，故名。西侧建县电视卫星地面接收站。建于1987年5月，1988年2月竣工。占地面积87平方米。2011年重新修缮。登顶石印山，站在敕峰亭前，县城风光尽收眼底。该亭于2011年重新修缮。

怡心亭 Yíxīn Tíng 位于鹤溪街道石印山公园内。1988年7月建造，1988年10月竣工。该亭边宽2.85米，高6.27米，占地面积25平方米。为鹤溪镇建筑工程公司所建。该亭背靠石印山；东连石印山；西通临景亭，北眺鹤溪新城及中国畲乡大酒店。亭前一宽敞平地，四周树木茂密，空气清新，可供人们健生休闲、避暑纳凉。

沐鹤亭 Mùhè Tíng 位于鹤溪街道石印山公园内。1998年建造。该亭六边六柱，边宽3.1米，高6.35米，占地面积25平方米，全石结构。六柱绘龙图，园顶。亭中设石凳。南侧柱联：曲径盘恒通桂山，云开远岫接苍穹。北侧柱联：遥瞻敕峰高入云，俯视鹤水细若弦。亭前一片宽敞地，人们常在此健身，休闲、游玩。

午阴亭 Wǔyīn Tíng 位于红星街道泗洲坳。处景宁与云和两县界。建于明代晚期，在泗洲坳岭头；中为古道，长12米、宽2米。西侧两进，三开间。外厅进深3.5米，人字梁木结构。内厅倒塌。东侧石墙，中有石库门，进门至走廊、天井。内三开间，人字梁房。塑佛三尊，中为泗洲大圣神像，左右不详。天井东侧围墙为石库门，门外一块平地，10余平方米。亭朝景宁侧石拱门保存完整，石匾书“松声”两字；朝云和侧石拱门已坍，石匾落于地，上有“竹韵”两字。古道两侧松树挺拔，翠竹摇曳。松声，竹韵，意境也。据《景宁畲族自治县地名志》(1990版)载：“泗洲坳，又叫泗洲岭头……岭上设有午阴亭，昔立泗洲大圣神位，故名。”午阴亭内外立有三块石碑，其中两块并立天井，一为“助缘碑”，一为“缘租碑”；厅外石碑，碑体缺三分之一，上为景宁绅士柳景元题撰。碑记民国八年(1919)景邑乡绅修古道及午阴亭之事。

金钟岭亭 Jīnzhōnglǐng Tíng 位于红星街道金钟村东。处陶州坑东侧，距上圩村2.3千米。2007年因滩坑库区已淹没。

坳门岭亭 àoménlǐng Tíng 位于渤海镇大都村东南。距大都村5千米，处大都至门潭古道中途，前临炉西峡坑源。

韩山坳亭 Hánshānào Tíng 位于渤海镇上东山村西，距乡驻地大都村5千米。东界青田县，南邻铁钉寨背山峰。

十八折岭亭 Shíbāshélǐng Tíng 位于渤海镇东南。因亭立于十八折岭三叉路口，故名。始建年代不详，久废。1966年白水漈村民集资重建。

岭脚亭 Lǐngjiǎo Tíng 又名佛堂凉亭。位于鹤溪街道滩岭村岭脚后。处古道三蜂(三枝树至蜂桶隘）路山岭最陡一段，在岭脚村后至梨树岙半岭山边。占地面积 18.3 平方米。坐西朝东，前接路，后靠山。整体建筑为石砌墙、石柱、石梁，瓦片盖顶。亭内石碑前昔日有泉水涌出。据传因一挑担客路过，在此掘宝，后泉水被废之。

半排亭　Bànpái Tíng　位于鹤溪街道王木坑村。距上张村 7.5 千米。亭处三枝树至梅岐古道旁，东与梅岐乡接壤，可供行人憩息。

南山坳凉亭　Nánshānào Liángtíng　位于渤海镇安亭村西南。距渤海村 6.5 千米。西与红星街道接壤。

木坑凉亭　Mùkēng Liángtíng　位于渤海镇梅源村东南。距渤海村 4.6 千米，东与郑坑乡接壤。

晴天丘亭　Qíngtiānqiū Tíng　位于东坑镇何村东北。距东坑村 2.7 千米。景宁至文成公路经此。

水亭　Shuǐ Tíng　位于东坑镇马坑村。距东坑村 1.8 千米。处东坑至泰顺古道路旁，西邻马坑村。

石亭　Shí Tíng　位于东坑镇徐砻村。距东坑村 3.4 千米。东南邻徐砻村，处公路边。

六角亭　Liùjiǎo Tíng　位于东坑镇桃源村水口。距白鹤村 1.4 千米。景宁至东坑公路经此。

三交亭　Sānjiāo Tíng　位于东坑镇朱树根村。距东坑村 4.4 千米。亭处坑边，东接朱树根村，西至大漈林源排，南达坑底村，故名。

新凉亭　XinLiangTing　位于英川镇上村垟村北 150 米，系沙湾、英川一带通往龙泉古道一驿站，坐西朝东，建于民国十七年（1928），凉亭左、右、后三面设长条木凳，供过往行人歇息。因是当时新建凉亭，故名。

高桥凉亭　GaoQiao LiangTing　位于英川镇岭头村西北约 200 米，系通往龙泉古道又一驿站，坐东北朝西南，建于清光绪年间（1875~1908），因风雨浸蚀，泥墙倒塌，1993 年修复。亭后墙设神龛，两边设长条凳，供过往行人歇息。

潘四亭　Pānsì Tíng　位于英川镇岭根村。距英川村 1.7 千米。处叶毛寨尖西南麓，在英川至黄湖山古道旁。亭处路外沿，四柱，南侧墙脚建于田，墙口留石窗；三面墙体石砌，青瓦盖顶，北连古道，占地面积 12 平方米。

陈毛亭　Chénmáo Tíng　位于英川镇白坦坳村南。距隆川村 2.7 千米。西连里坑村，东接英川至寨后、凤垟公路。

丹凤亭　Dānfèng Tíng　位于沙湾镇沙湾村。处朝阳台西侧。建于 2012 年，占地面积 18 平方米。为仿古建筑。处地沙湾村中心位置，常供人们休闲、游玩。

岩头面凉亭　Yántóumiàn Liángtíng　位于沙湾镇沙湾村东侧山顶。处沙湾至田垮、古楼村山路中途岩头面岭最陡一段，在双坑岭脚至炮垳路边。海拔 485 米，占地面积 12.8 平方米。坐东朝西，后倚山，前接路，南邻沙湾村景之“石佛点头”。亭为石砌岩脚，泥木结构，瓦片盖顶。在此亭可一览沙湾村全貌，登高而望远。

望江亭　Wàngjiāng Tíng　位于沙湾镇沙湾村尾。面朝瓯江小溪洪畈古渡口，故名。建于 2011 年，地处沙湾大桥北侧，东邻沙湾柳氏宗祠遗址，西连“半月沙川”石碑，东接文化巷，至沙湾中学。

法文亭　Fǎwén Tíng　又名拦街亭。位于沙湾镇仙姑村。地处仙姑村中心地段。背靠仙姑，前临小溪，坐东朝西，占地面积44平方米，建筑面积28平方米。亭高5.5米，6米见方，重檐翘角，内置廊凳，石桌，石凳。该亭始建于清雍正十三年（1735），2009年6月村民筹资重修。

大路岙亭 Dàlùào Tíng 位于澄照乡炉西岭村。建于清代后期，距今约160余年。亭处梅树垮村南2.1千米，在古道炉西岭岭头，南连叶源垟村。该亭坐西朝东，占地面积35.05平方米。亭方形，边长5.92米；四根青石方柱边宽0.6米，四根青石横梁边宽0.5米，接头凿榫卯；亭高2.8米，顶盖瓦片。亭北距漈头7.5千米，南距叶源垟5千米。

廊奇亭 Lángqí Tíng 位于大漈乡潘宅村北山。距离大漈2.1千米。约300前，大漈梅氏先祖一支迁徙廊奇地，垦荒种吃，开山建村。村旁为大漈台地通高演、沙湾、梧桐及标溪、何庄等地重要通道。便于休憩、避雨风，族人在此建亭，亭以村名。该亭历经百年，依旧完好。周边邻大风岙，十八接村连双对岭，与林源坳遥相呼应。

学田亭 Xuétián Tíng 位于大漈乡垟头村东北。距大漈村2.8千米。处学田尖东麓，景宁至大漈公路至此。

小佐亭 Xiǎozuǒ Tíng 位于大漈乡雪花漈电站西南。距大漈村2.6千米。处大坪头尖南麓，在西岸底至小佐村中途。

石洞门亭 Shídòngmén Tíng 位于大漈乡坑下村西。距大漈村4.9千米。处大漈、梧桐、澄照三地之界。出亭东至坑下村，南沿金兰坑至蟮堂圩村，西越山岭至高演村，东北至梅枫村。占地面积23平方米。

仙殿坳亭 Xiāndiànào Tíng 位于大漈乡垟头村东北。距大漈村4.7千米。东北邻源头林区。占地面积18平方米。景宁至大漈公路经此。

听瀑亭 Tīngbào Tíng 位于大漈乡雪花漈西侧。建于1994年，占地面积21平方米。亭额书“凌云听瀑”。前为“雪花漈”景点，东邻恋日长虹桥，南侧公路通小佐古村。

山头亭 Shāntóu Tíng 位于景南乡何山头村北。距乡驻地忠溪村4.4千米。处景南、雁溪、大漈三地之界。

天雷打岩亭 Tiānléidǎyán Tíng 位于景南乡缪坑村。距忠溪村2.6千米。处湖岩岘南麓，在缪坑村北。

岭头亭 Lǐngtóu Tíng 位于景南乡岭头村西北。距北垟村7千米。处景南、雁溪、家地三乡界地。

花桥头凉亭 Huāqiáotóu Liángtíng 位于鸬鹚乡南坑下村。因处地花桥头村后而得名。距鸬鹚村4.8公路，占地面积18平方米。处花桥头村至榅枫村山岭中途。

承恩亭 Chéngēn Tíng 位于梧桐乡王山头村。距村0.2千米路边。王山头村是境内唯一革命老区村，又是县民族村，有更多优惠政策，亭取承蒙党恩之意，故名。建于2009年8月，2010年2月竣工。底部圆形，亭高7.1米，2层，占地面积160平方米，仿古建筑，置马腿，横梁雕花，亭柱刻楹联六幅，廊柱联曰：“松青珠翠漫山叠玉，道路拓宽遍地黄金”。边为廊凳，可供过客休憩。该亭地处山岗，亭前为金兰至高演公路。

金鹤亭 Jīnhè Tíng 位于梧桐乡梧桐村尾。亭高5米，6边，6柱。钢筋混泥土结构。门额：“金鹤亭”三字，两侧有柱联。四周绿化带。南接景宁至沙湾公路，北临瓯江小溪。

栖凤亭　Qīfèng Tíng　位于梧桐乡梧桐村。处地小溪边。古时村东有梧桐树，取凤栖梧桐之意，故名。建于2005年9月，2006年1月竣工。亭高7.5米，2层，6边，占地面积28平方米。亭额书：“栖凤亭”仿古建筑，横梁雕花，置马腿，亭柱刻楹联数幅。边为廊凳，供游人休憩。该亭与梧桐坑山岗头村“迎凤桥”遥相呼应，北望小溪远眺金字山。南接乡政府大楼，西侧邻梧桐大桥，亭前过境公路。

东车亭　Dōngchē Tíng　位于标溪乡东车村。距标溪村6.3千米，在东车村北之枫树岭头。东与大漈乡界，距廊奇亭二里许。

稽中亭　Jīzhōng Tíng　位于标溪乡预章村。距标溪村1.2千米。处预章村口，与门楼口村隔坑相望，东邻稽中路，西连标溪至雁溪、大地公路。占地面积52平方米，建筑面积21平方米。亭高7.8米，方形柱6根，6边，翘角，园顶。门额书“稽中亭”，门柱楹联：“路有渔樵客，山藏耕读风”。该亭既为铭记稽山中学迁址预章艰苦办学、抗日救国之精神，又可供路人候车、避风雨、休憩之用。

顺风亭　Shùnfēng Tíng　位于毛垟乡毛垟村尾。东侧为毛垟电站，西连沙湾至庆元公路，南通毛垟村，北临小溪，过毛垟大桥达新建垟村。亭高7.5米，6柱，6边，翘角，园顶。临小溪一侧柱联为：“青山永志芳德，绿水长咏雅风”。亭周边绿化带，可供人游览、休憩。

库下翘亭　Kùxiàqiào Tíng　位于毛垟乡库下村。距毛垟村5.1千米。沙湾至毛垟古道经此，北与沙湾镇接壤。

交溪亭　Jiāoxī Tíng　位于秋炉乡伏岩口村东南。距秋炉村4.9千米。景宁至庆元公路经此。与庆元县交界。

双格亭　Shuānggé Tíng　位于秋炉乡第一坑村西北。距秋炉村2.4千米。处半山至合湖山路旁，东至苏古林村，东北邻粗坑亭，西北接大香漈村。

茶亭　Chá Tíng　位于秋炉乡山头村西南。距秋炉村2.7千米，占地面积16平方米。

粗坑亭　Cūkēng Tíng　位于秋炉乡苏古林村西北。距秋炉村2.7千米。处半山至叶桥山路旁，东连栗林山峰，北经垟尾亭、新桥头，跨黄水坑，越铁卜岭头至叶桥村。

双重坳凉亭　Shuāngzhòngào Liángtíng　位于大地乡安俸村西北。距大地村7千米。东至水溪后处村，南达庆元官塘、左溪等地。

石桥坑亭　Shíqiáokēng Tíng　位于大地乡陈坑村西北。距大地村1.5千米。处驮垟至大地山路中途。

若坳亭　Ruòào Tíng　位于大地乡叶坑下村南。距大地村2.1千米。处叶坑下至净水山路边。

岭头亭　Lǐngtóu Tíng　位于大地乡垟头村。距大地村2千米。处水牛坞尖南麓，在垟头村西南侧。

梅坑亭　Méikēng Tíng　位于大地乡垟头村。距大地村2.3千米。处沙湾至大地、庆元官塘、江根古道旁，在垟头村东南部。

大垟岭头亭　Dàyánglǐngtóu Tíng　位于九龙乡王塆村。距高演村0.5千米。处王塆东侧，亭前临大顺坑，对岸为新建滩坑库区移民安置点。

屏风岭凉亭　Píngfēnglǐng Liángtíng　位于九龙乡大顺村。距大顺村1.5千米。在屏风岭电站东北侧。2007 年因滩坑库区淹没，凉亭与屏风岭电站均拆除。

清风亭　Qīngfēng Tíng　位于九龙乡半岭村。距大顺村 4.9 千米。由台胞叶叔、潘佩莲伉俪捐资于 1989 年中秋兴建。

方寮凉亭　Fāngliáo Liángtíng　位于九龙乡方寮村。距陈村 5.4 千米。亭建方寮村东南部，以村得名。因滩坑库区涉淹，2008 年拆除。

垟佑岭亭　Yángyòulǐng Tíng　位于九龙乡垟佑村。距王塆村 7.5 千米。西与莲都区界。

石桥凉亭　Shíqiáo Liángtíng　位于九龙乡半岭村。距高演村 3.2 千米。处王塆至高沈公路边，北连斜坑村。

朝阳台　Cháoyáng Tái　位于沙湾镇沙湾村中心地段。建于 1984 年秋季，占地面积 140 平方米。东连文化广场，南至沙湾古街，西倚沙湾柳氏始迁祖守积公墓，北接朝阳街。台分上下两层，下层为台，素洁典雅，昔日为村老年人活动中心；上层为阁，前梁悬匾额曰"半月风光"，雕梁画栋，显古代风貌。后柱联曰："一水滢环如半月献瑞，两山对峙似双凤朝阳"；前柱联曰："乘飞凤抟雷滩山河壮丽，跨伏虎惊石佛台阁峥嵘"。2014 年再次修缮。

沙湾炮台　Shāwān Pàotái　位于沙湾镇沙湾村。炮台在村后处后岘顶，建于民国二十一年(1932)，占地面积 21 平方米。民国版《景宁县续志》载："第三区，沙湾碉楼一座，沙湾街头七里汇"。1952 年改防控哨所。炮台处沙湾八景之一双凤朝阳地，离沙湾村 1.8 千米。从沙湾村后山石间山路而上，开始很陡，约走 1 千米左右，上段平坦；快到顶峰时，又是陡峭、狭窄小路，直到顶峰。顶部台地约 55 平方米，这里是沙湾村战略要地，现保存古炮台遗址。在此极目远眺，东侧有文昌阁、仙姑、洪畈、鳗段村及岩头面岭等；南部为黄轭、小漈头、大漈头、火烧坳及七里殿等；西部有长潭、毛山头岭脚及七里、七里岙、毛山头、水竹塆、七里汇等村。

文昌阁　Wénchāng Gé　又称魁星楼。位于鹤溪街道城南社区。在上桥头孔庙左侧，仅一弄之隔。兴建年代不详。建造规模之大，造型之精美实属罕见。民国元年(1912)山洪暴发，文昌阁被水毁。古代县城文昌阁建有上桥、南门、金仙寺三处，规模各异。

沙湾文昌阁　Shāwān Wénchāng Gé　俗称红庙。位于沙湾镇沙湾村东。离县城 21.5 千米。清嘉庆十四年(1809)，建阁于溪滨数十米高的峭壁悬崖上。红墙黑瓦，壮观巍峨，有"高阁临江"之称。为清代"沙川八景"之一。阁分前后两部分，前部呈六角形，占地面积 75 平方米，高 8.5 米。原县城至沙湾石路从中通过，一楼可供行人纳凉休憩。后部长方形，占地面积 55 平方米，基地与前部相连。登楼远眺，令人心旷神怡。1989 年 7 月公布为第三批县级重点文物保护单位。因年久失修阁楼渐圮，仅留残垣断壁。

七里文昌阁　Qīlǐ Wénchāng Gé　位于沙湾镇七里村东。在县城西南 21.6 千米，建于清光绪十七年(1891)。阁北侧溪岸边并排还建有马天仙殿。1966 年因"破四旧"殿宇全毁，原址被开田；2000 年修建公路涉及阁楼一部分。为此村民自筹资金重建文昌阁，与 2005 年 11 月竣工。新修文昌阁粉墙黛瓦，重檐翘角，庄严肃穆。阁内塑关公、关兴、周仓、文昌、魁星、财神爷、土地公等佛像，工艺精美，活灵活现。身临此阁令人有"文昌金斗光披四野，义勇忠魂气贯九霄"之感。

观音阁 Guānyīn Gé 位于大均乡大均村。建于明初(1644)。三面临水，占地面积72平方米。详见名胜古迹编。

传师堂 Chuánshī Táng 位于渤海镇上寮自然村。始建于2011年。该堂集畲族历史、传师学师、文化传承于一体。主体功能为畲族民俗表演、畲语课堂、历史文物展列及畲族图书库。

社稷坛 Shèjì Tán 位于红星街道红星社区。在县城北一里。建于明景泰三年(1452)。清乾隆四十三年(1732)重修。坛东西宽二丈五尺，南北如之。高三尺四，初阶各三级，缭以周墙四门。年久失修，建国后拆毁。

叶谢村字纸库 Yèxiè Cūn Zìzhǐkù 位于标溪乡叶谢村。坐西北朝东南，占地面积0.72平方米。为砖石结构，悬山顶，青瓦铺面，长方形。炉长0.9米，宽0.8米，高1.3米，下为岩石为基，约0.6米。炉孔不规则，似梯形。后侧有一正方形小孔，用于焚烧时散热。

沙湾惜字炉 Shāwān Xīzìlú 位于沙湾镇沙湾村。在祖坟林外侧，建于清道光年间，里人明涵公创建。四面皆琢石为之，上镌有“敬惜字纸”四字。人以为惜字之应古语云:“隻字必惜致贵之源也，信然”。

第六章 地理实体

DILISHITI

第一节　山　峰

红星街道

箬岱顶　Ruòdài Dǐng　位于红星街道东部。海拔1240米，与鹤溪街道交界。

老鸦尖　Lǎoyā Jiān　位于红星街道西部。海拔654米。清同治《景宁县志》载："该山孤峰特耸，俨如鸦立"故名。为鹤溪八景之一，曰：鸦顶晴云。西邻扫口村。

铁沙岗　Tiěshā Gǎng　位于红星街道西北部。海拔1139米，与云和交界。

驮原顶　Tuóyuán Dǐng　位于红星街道东部。海拔1173米，与鹤溪街道交界。

牛牯平　Niúgǔ Píng　位于红星街道东北部。海拔909米，西北与云和交界。

西山尖　Xīshān Jiān　位于红星街道东北部。海拔794米。

上斜岩　Shàngxié Yán　位于红星街道东北部。海拔917米，东临上斜、大畈等村；西界云和县。

金光坟　Jīnguāng Fén　位于红星街道东北部。海拔758米，东与莲都区接壤。

寨　尖　Zhài Jiān　位于红星街道东北部。海拔784米。

仰天湖　Yǎngtiān Hú　位于红星街道东北部。海拔885米，西邻金包山村。

关堂尖　Guāntáng Jiān　位于红星街道东北部。海拔678米。

通天关　Tōngtiān Guān　位于红星街道东北部。海拔436，西北部临千峡湖。

双　尖　Shuāng Jiān　位于红星街道东北部。海拔842米。

梁岗头　Liánggǎng Tóu　位于红星街道东北部。海拔812米。

老鹰岩　Lǎoyīng Yán　位于红星街道东北部。海拔492米，东临千峡湖。

老鸦尖　Lǎoyā Jiān　位于红星街道东部。海拔516米。东南邻油田坳。

鹤溪街道

敕木山　Chìmù Shān　位于鹤溪街道东南部6千米。海拔1519.1米。洞宫山脉自西南向东北延伸，右脉贯穿景宁全境，敕木山地处中部。常年云雾缭绕，景色秀丽，尤其以冬季雪景为最，有"敕峦霁雪"之称，为鹤溪八景之一。同治版《景宁县志》载："县之东南十里，高接云霄，邑之镇山，远望可数百里。相传宋时乡人梦山神运大木于朝，故赐此名。云宿必雨，土人常以占候。至新雨初霁，半山云雾，翕然而起，隆冬积雪，经月不化，尤为奇观"。山上尚留汤夫人庙、上天殿等古迹。北麓为敕木山、惠明寺、周湖等畲族村落。半山腰多为茶园与竹木，为金奖"惠明茶"原产地，现新开发惠明茶基地。西侧坡地曰草鱼塘，原建有林场，旅游资源丰富，现辟为省级森林公园。建浙江景宁畲族风情旅游度假区，扩建度假区公路，修缮区内游步道及亭、台等，基础设施齐全，旅游环境良好。敕木山是人们旅游、休闲、度假及户外运动的首选之地。

乌铁岩 Wūtiě Yán 位于鹤溪街道东部。海拔1038米。清同治《景宁县志》载:“该峰耸拔秀削,其第二峰尤陡绝,时雨初霁,石色如铁”故名。旧为“铁崖夕照”佳境。

仰天湖 Yǎngtiān Hú 位于鹤溪街道东南部。海拔1420米,设有仰天湖湿地保护区。

上宝尖 Shàngbǎo Jiān 位于鹤溪街道东南部。海拔1106。

石牛山 Shíniú Shān 位于鹤溪街道西南部。海拔722米。古有“牛峤朝岚”之景。清同治《景宁县志》载:“该山顶有巨石,蹲伏如牛”故名。

笔架山 Bǐjià Shān 位于鹤溪街道东部。海拔1245米,与红星街道界。

渤海镇

天师台 Tiānshī Tái 位于县城东30千米。在渤海镇大都村东部,与青田县、文成县交界。据传山间有道教天师台,故名。属洞宫山脉,海拔1011米。主峰险峻陡峭,山体主要由中生代侏罗纪凝灰岩构成。植被良好,野生动物多。

圣塘岗 Shèngtáng Gǎng 位于渤海镇北部。与红星街道、九龙乡界,海拔1176米。

仰天湖岗背 Yǎngtiānhú Gǎngbèi 位于渤海镇北部。海拔1109米,与九龙乡交界。

老鸦尖 Lǎoyā Jiān 位于渤海镇东北部。海拔638米,南倚千峡湖。

蘸岭寨 Zhànlǐng Zhài 位于渤海镇西南部。海拔291米。清同治《景宁县志》载:“该地山势翠绿,乔木葱茏,虽盛夏,炎曦不漏”。北接千峡湖

奇峰岗 Qífēng Gǎng 位于渤海镇东南部。海拔775米,西连干坑村。

杨梅山 Yángméi Shān 位于渤海镇东南部。海拔990米,与郑坑乡交界。

铁钉寨背 Tiědìngzhài Bèi 位于渤海镇东南部。海拔889米,与青田县交界。

驮毛头 Duómáo Tóu 位于渤海镇东南部。海拔763米。

东坑镇

鸡冠花山 Jīguànhuā Shān 位于东坑镇东北部,海拔1178米。与文成县交界。

高峰尖 Gāofēng Jiān 位于东坑镇东北部。海拔877米。

牛皮天 Niúpí Tiān 位于东坑镇西部。海拔1095米,西连大白坑流域。

牛　担 Niú Dān 位于东坑镇南部。海拔1334米。

大仰湖 Dàyǎng Hú 位于东坑镇东北部。海拔1556米,与梅岐乡界。建有大仰湖湿地保护区。

龙　井 Lóng Jǐng 位于东坑镇南部。海拔1213米。新建景宁至泰顺县公路在此山底凿隧道出境。

深坳尖 Shēnào Jiān 位于东坑镇北部。海拔1195米,南麓方泗坑村。

地帚山 Dìzhǒu Shān 位于东坑镇北部。海拔1208米。

梅　山 Méi Shān 位于东坑镇西北部。海拔1261米。

水牛塘 Shuǐniú Táng 位于东坑镇西南部。海拔1323米，与景南乡交界。

胡炉岗 Húlú Gǎng 又名三姐妹排。位于东坑镇东北部。海拔1278米。

英川镇

香炉尖 Xiānglú Jiān 位于英川镇西南部。海拔1507，与庆元县交界。

驮坪岘 Duópíng Xiàn 位于英川镇东南部。海拔1048米。

铁蹲岩 Tiědūn Yán 位于英川镇东南部。海拔1129米。

七坦岘 Qītǎn Xiàn 位于英川镇北部。海拔1285米，西麓粗砻村。

天师岩 Tiānshī Yán 位于英川镇西南部。海拔1467米，东麓木耳山村。

馒头坛岘 Mántóután Xiàn 位于英川镇西北部。海拔1434米。东临地棚坑村。

马头山 Mǎtóu Shān 位于英川镇西部。海拔1610米。该山为县境内西部之最高峰。

殿坪垟 Diànpíng Yáng 位于英川镇西北部。海拔1299米，与龙泉市交界。

企额林 Qǐé Lín 位于英川镇南部。海拔1241米。东北麓隆上村。

隔叶坪 Géyè Píng 位于英川镇南部。海拔1137米。西临大塆村。

牛赤坪 Niúchì Píng 位于英川镇南部。海拔1241米，东麓企岩水库。

箬寮尖 Ruòliáo Jiān 位于英川镇东南部。海拔1465米，与沙湾镇交界。清同治《景宁县志》记载："在若料，以音相近，故名。"东侧坡缓。古代建殿，后毁坏。1997年冬复建洞宫宝殿。为朝拜、休闲与登山胜地。驴行者开始涉足此地，结伴前往登顶箬寮尖，可一览龙泉、庆元、云和、寿宁、景宁等各地异样风光。因地处偏僻，充满神秘浪漫之气息。

十五寨 Shíwǔ Zhài 位于英川镇东南部。与沙湾镇界，东邻铁卜岭，南近黄水坑源。海拔1237米。

横岘圩 Héngxiàn Xū 位于英川镇东北部。海拔1295米，与龙泉市界。

寮后山 Liáohòu Shān 位于英川镇西北部。海拔1469米，与龙泉市交界

叶毛寨 Yèmáo Zhài 位于英川镇西北部。海拔948米。东北麓东岱岗村。

西天寨 Xītiān Zhài 又名西天岩。位于英川镇西部。海拔735米。东邻王宅村。

梅山寨 Méishān Zhài 位于英川镇东部。海拔925米。西麓梅库村。

沙湾镇

麻竹坪尖 Mázhúpíng Jiān 位于沙湾镇西南部。海拔1132米。北麓麻竹坪村，东临横砻坪村，西与毛垟乡交界。

鬼洞岩 Guǐdòng Yán 位于沙湾镇西北部。海拔940米。西邻后堆、坑头源诸村。

大坪垟 Dàpíng Yáng 位于沙湾镇西北部。海拔690米，南麓毛山头村。

张坑坳 Zhāngkēng Aō 位于沙湾镇西部。海拔1125米。东近旺水村。

牛座尖 Niúzuò Jiān 位于沙湾镇西南部。海拔562米。

燕窝尖 Yànwō Jiān 位于沙湾镇西部。海拔1178米，南临上处垟、岱头等村。

钟　岩　Zhōng Yán　位于沙湾镇西南部。海拔 1212 米，西麓小地村。

坟岗山　Féngǎng Shān　位于沙湾镇西南部。海拔 990 米，与毛垟乡、秋炉乡界。

牛尖岗　Niújiān Gǎng　位于沙湾镇西南部，海拔 560 米。

乌岩寨　Wūyán Zhài　位于沙湾镇西部。海拔 1065 米，东临林坑村。

大寨尖　Dàzhài Jiān　位于沙湾镇西南部。海拔 745 米。东南邻七里瓦窑岗村。

道化尖　Dàohuà Jiān　位于沙湾镇西南部。海拔 898 米，北麓道化村。

大圩背　Dàxū Bèi　位于沙湾镇西部。海拔 1296 米，与英川镇交界。

天头岗　Tiāntóu Gǎng　位于沙湾镇西南部。海拔 1181 米，与大地乡交界。

大均乡

白鹤仙尖　Báihèxiān Jiān　位于大均乡西北部。海拔 1470 米，与云和交界。

老炉岗背　Lǎolúgǎng Bèi　位于大均乡北部。海拔 1320.5 米，与云和交界。

牛草湖山　Niúcǎohú Shān　位于大均乡北部。海拔 1175 米。东南麓潘寮村。

西北尖　Xīběi Jiān　位于大均乡北部。海拔 1248 米。

汤夫尖　Tāngfū Jiān　位于大均乡北部，海拔 1222 米，东近南林村。

坑头山　Kēngtóu Shān　位于大均乡西部。海拔 1023 米，南麓坑头、三格等村。

桐岗山　Tónggǎng Shān　位于大均乡东南部。海拔 615 米，与澄照乡交界。

石高尖　Shígāo Jiān　位于大均乡东南部。海拔 850 米，东临大赤坑流域。

梅山尖　Méishān Jiān　位于大均乡南部，海拔 915 米，东麓梅山村。

和尚尖　Héshàng Jiān　位于大均乡西南部。海拔 955 米，与梧桐乡交界。

澄照乡

老鸦尖　Lǎoyā Jiān　位于澄照乡东南部。海拔 1211 米，与东坑镇、大漈乡交界。

水竹尖　Shuǐzhú Jiān　位于澄照乡南部。海拔 1124 米。

洪坛庵　Hóngtán An　位于澄照乡西南部。海拔 1060 米，东临大东岱、小东岱等村。

岚下尖　Lánxià Jiān　位于澄照乡南部。海拔 1105 米。

杨山尖　Yángshān Jiān　位于澄照乡西部。海拔 863 米，东麓杨山村。

螺丝尖　Luósī Jiān　位于澄照乡东北部。海拔 875 米，与鹤溪街道界。

岩下尖（米岩尖）Yánxià Jiān　位于澄照乡南部。海拔 869 米。东南邻米岩山村，西南连岩下村。

汤山岭　Tāngshān Lǐng　位于澄照乡南部。海拔 995 米，南麓与大漈乡接壤。

梅岐乡

顶天岘　Dǐngtiān Xiàn　位于梅岐乡西南部。海拔 1435 米，与东坑镇界。

乌岩尖　Wūyán Jiān　位于梅岐乡北部。海拔 1133 米。北麓乌岩村。

石马尖　Shímǎ Jiān　位于梅岐乡西南部。海拔1049米。北麓石马村。

白龙岗山　Báilónggǎng Shān　位于梅岐乡东南部。海拔1250米。西邻梅岐岭。

鼻头梁　Bítóu Liáng　位于梅岐乡东南部。海拔1320米。

白水漈头　Báishuǐjì Tóu　位于梅岐乡东北部。海拔1115米，与文成县交界。

马面岩　Mǎmiàn Yán　位于梅岐乡西北部。海拔1066米。清同治《景宁县志》载："该山峭壁危崖，俯临绝壖，凿石通道，势甚险峻，岩畔有无数缕痕，亦名马尾岩"。与鹤溪街道、东坑镇三地接壤。

石柱岗　Shízhù Gǎng　位于梅岐乡东部。海拔914米，与文成交界。

老昌岗头　Lǎochāng Gǎngtóu　又名大仰岗头。位于梅岐乡东南部。海拔1336米，与东坑镇、文成县交界。

郑坑乡

犁壁尖　Líbì Jiān　位于郑坑乡东北部。海拔1015米。北麓犁壁漈村。

大麦山　Dàmài Shān　位于郑坑乡东南部。海拔1144.8米。西南邻毛桐岗村。

天师台　Tiānshī Tái　位于郑坑乡西南部。海拔987米，与渤海镇交界。

大漈乡

上山头　Shàngshān Tóu　又名最上山，属洞宫山脉右支主峰。位于县城南21千米，大漈、景南及东坑三地交界处。有两峰，俗名驮尖与细尖。驮尖海拔1689.1米，细尖海拔1549米。为县境内最高峰，两峰高峻挺拔，故名。清光绪潘至城诗云："最上山头著大名，周围峦翠护峥嵘。我来测绘峰巅望，百里云烟足下生"。峰体面积约5.2平方千米，山体由中生代侏罗纪凝灰岩构成，常年云雾缭绕。动植物资源丰富，高山上万亩猴头杜鹃竞相开放，景色秀美异常，实为罕见。境内外众多登山爱好者慕名前来观光与摄影。

大坪头　Dàpíng Tóu　位于大漈乡西南部。海拔1355米，与标溪乡界。东临雪花漈。

上光平　Shàngguāng Píng　位于大漈乡西南部。海拔1255米，与标溪乡交界。

石佛岭尖　Shífólǐng Jiān　位于大漈乡北部。海拔1305米。傍石佛岭，岭巅有石状如佛陀。为景宁至大漈古道必经之地，北通澄照乡行者寮等村。

学田尖　Xuétián Jiān　位于大漈乡东北部。海拔1435米，西临白鹤至大漈公路。

炉前尖　Lúqián Jiān　位于大漈乡东部。海拔1309米。东邻林源排村。

水牛塘　Shuǐniú Táng　位于大漈乡东南部。海拔1472米，东麓林源排林区。

牛山栏　Niúshān Lán　位于大漈乡东南部。海拔1322米。北麓老婆丘林区。

燕窝岩　Yànwō Yán　位于大漈乡东南部。海拔1495米，东北连上山头。

景南乡

山垟尖　Shānyáng Jiān　又名苦人尖。位于景南乡西南部。在县城南部33千米，与福建省寿宁交界。属洞宫山脉，海拔 1633 米。峰体主要由中生代侏罗纪凝灰岩构成。登顶主峰远眺，东望温州泰顺，南览福建寿宁，万山逶迤苍茫。

湖岩岘 Húyán Xiàn 位于景南乡西北部。海拔 1546 米，北麓忠溪岭头。

石立尖 Shílì Jiān 位于景南乡西南部。海拔 1087 米，东临石立村。

石板将 Shíbǎn Jiāng 位于景南乡东部。海拔 1476 米，与东坑镇交界。

白云尖 Báiyún Jiān 位于景南乡南部。海拔 1611 米，与泰顺县交界。西北麓县道童石线，东侧至《飞云江源头碑记》。

老鹰亭 Lǎoyīng Tíng 位于景南乡西南部。海拔 1304 米，与家地乡交界。

飞龙岩 Fēilóng Yán 位于景南乡西南部，海拔 1424 米，与福建省寿宁县交界。

大斗山 Dàdǒu Shān 位于景南乡西南部。海拔 1522 米，与家地乡交界。

布袋尖 Bùdài Jiān 位于景南乡西南部。海拔 1303 米，与雁溪乡交界。

雁溪乡

大　尖 Dà Jiān 位于雁溪乡西北部。海拔 802 米，北临黄桐村。

鸬鹚乡

炊天饭甑 Chuītiān Fànzèng 位于鸬鹚乡西北部。海拔 1466 米。西与英川镇岗头村界，北与龙泉市界。

驮山尖 Duóshān Jiān 位于鸬鹚乡西北部。海拔 1128 米，西临坳头村，北界龙泉市。

瑶长尖 Yáocháng Jiān 位于鸬鹚乡西部。海拔 940 米，西临瑶长村。

寨　尖 Zhài Jiān 位于鸬鹚乡西北部。海拔 1023 米，东临仁字坑村。

牛头寨 Niútóu Zhài 位于鸬鹚乡西南部。海拔 414 米，西临牛皮山、罗岗头等村。

大寨尖 Dàzhài Jiān 位于鸬鹚乡南部。海拔 1105 米。西麓曹球村。

岭后尖 Lǐnghòu Jiān 位于鸬鹚乡西北部。海拔 1190 米，与龙泉市交界。

高堂山 Gāotáng Shān 位于鸬鹚乡西北部。海拔 1089 米，与龙泉市界。

水竹岘 Shuǐzhú Xiàn 位于鸬鹚乡东部。海拔 939 米，与沙湾镇交界。

梧桐乡

水巢岘 Shuǐcháo Xiàn 位于梧桐乡北部。海拔 1302 米，与沙湾镇交界。

飞凤山 Fēifèng Shān 位于梧桐乡东南部。海拔 873 米。北麓高演村。

老鸦尖 Lǎoyā Jiān 位于梧桐乡东北部。海拔 852 米。西邻东源村。

大　尖 Dà Jiān 位于梧桐乡东南部。海拔 712 米。

北斗尖 Běidòu Jiān 位于梧桐乡北部。海拔 1127 米。北与云和交界。

标溪乡

黄寨尖 Huángzhài Jiān　位于标溪乡南部。海拔 840 米。

处后岗头 Chùhòu Gǎngtóu　位于标溪乡东部。海拔 893 米，与梧桐乡界。

毛垟乡

黄秀尖　Huángxiù Jiān　位于毛垟乡东南部。海拔 1587 米，与庆元县交界。北临黄秀、炉西等村。昔日红军闽东独立师在此开展革命活动，今辟为红色旅游点。

青菜尖　Qīngcài Jiān　位于毛垟乡南部。海拔 1196 米。

秋炉乡

玉仓尖　Yùcāng Jiān　位于秋炉乡西北部。海拔 1355 米。西麓山下窦村。

粟　林　Sù Lín　位于秋炉乡东北部。海拔 1317 米。西邻白云水库，东与毛垟乡接壤。

黄淡坑　Huángdàn Kēng　位于秋炉乡东北部，海拔 1163 米。为秋炉乡、沙湾镇、毛垟乡三界地。

万岱林　Wàndài Lín　又名石狮尖。位于秋炉乡西部。海拔 1378 米，与庆元县交界。

双　岗　Shuāng Gǎng　位于秋炉乡东北部。海拔 1201 米。东界毛垟乡，北接黄淡坑。

大山岩　Dàshān Yán　位于秋炉乡西北部。海拔 957 米。

万松山　Wànsōng Shān　位于秋炉乡西北部。海拔 996 米。东麓秋炉坑，南邻万松庵。

官路后　Guānlù Hòu　位于秋炉乡西南部。海拔 1065 米，与庆元县交界。

石卜底　Shíbo Dǐ　位于秋炉乡西南部。海拔 1149 米，与庆元交界。

大地乡

大垟尖　Dàyáng Jiān　位于大地乡北部，海拔 1347 米。与沙湾镇交界。

寨　尖　Zhài Jiān　位于大地乡北部。海拔 1130 米。东麓垟白岱村。

屏峰岘　Píngfēng Xiàn　位于大地乡北部，海拔 1336 米，北麓柳山头村。

大林尖　Dàlín Jiān　位于大地乡北部。海拔 1283 米。东麓柳山头村。

五叶莲花　Wǔyè Liánhuā　位于大地乡东部。海拔 1236 米。南邻黄胡岭山口。

马犁头岘　Mǎlítóu Xiàn　位于大地乡东北部。海拔 915 米。北麓粗赛村。

水牛坞　Shuǐniú Wù　位于大地乡西南部。海拔 1165 米。东麓垟头村。

鸟水顶　Niǎoshuǐ Dǐng　位于大地乡西北部。海拔 1287 米，与沙湾镇交界。

仰天湖　Yǎngtiān Hú　位于大地乡南部。海拔 1574 米，与庆元交界。

家地乡

深度岘　Shēndù Xiàn　位于家地乡西南部。海拔 1152 米。南麓深度村。

三老岘　Sānlǎo Xiàn　位于家地乡西南部。海拔 1281 米。北界大地乡，西与庆元县接壤。

九龙乡

垟佑坳　Yángyòu Ao　位于九龙乡西部。海拔 1092 米，西倚红星街道，北麓垟佑村。

大坳门　Dàào Mén　位于九龙乡西南部。海拔 1117 米。

香菇寮　Xiānggū Liáo　位于九龙乡西部。海拔 1073 米。

大众源　Dàzhòng Yuán　位于九龙乡南部。海拔 885 米，与青田交界。

周　山　Zhōu Shān　位于九龙乡北部。海拔 874 米，与莲都区界。现开发为九龙湾省级地质公园。

石灵寨　Shílíng Zhài　位于九龙乡南部。海拔 404 米，北临千峡湖，西连炉西峡出口。

鸡冠岩　Jīguàn Yán　又名朱根岩。位于九龙乡东南部，海拔 749 米，与青田县交界。清同治《景宁县志》载：“该山峰形圆润，状若鸡冠”故名。

公古山　Gōnggǔ Shān　位于九龙乡东南部。海拔 956 米，东南接白坦水库。

岩　脚　Yán Jiǎo　位于九龙乡南部。海拔 559 米，西麓田坑村。

水坑头　Shuǐkēng Tóu　位于九龙乡南部。海拔 762 米，与渤海镇界。

狮子岩　Shīzǐ Yán　位于九龙乡东南部。海拔 534 米，与青田县交界。清同治《景宁县志》载：“该山以形似名，芝峰峭拔插簪笏”。

方岩庵　Fāngyán An　位于九龙乡东北部。海拔 782 米。

朱坑尖　Zhūkēng Jiān　位于九龙乡东南部。海拔 443 米。

砻　头　Lóng Tóu　位于九龙乡东北部。海拔 813 米，与青田县交界。

田坳头　Tiánào Tóu　位于九龙乡北部。海拔 948 米，与莲都区交界。

岩面顶　Yánmiàn Dǐng　位于九龙乡东部。海拔 924 米。

鲍岸岩　Bàoàn Yán　位于九龙乡东南部。海拔 495 米，北临千峡湖。

水口岩　Shuǐkǒu Yán　位于九龙乡东北部。海拔 775 米，与青田县交界。

主要山峰海拔一览

表 6-1　　　　单位：米

乡镇（街道）	山峰		海拔	乡镇街道	山峰		海拔
	名称	拼音			名称	拼音	
红星	箬岱顶	Ruòdài Dǐng	1240.8	景南	白云尖	Báiyún Jiān	1611.1
鹤溪	敕木山	Chìmù Shān	1519.1		山垟尖	Shānyáng Jiān	1636.7
	仰天湖	Yǎngtiān Hú	1420.7		湖岩岘	Húyán Xiàn	1546.8
东坑	大仰湖	Dàyǎng Hú	1556.9		布袋尖	Bùdài Jiān	1303
	石板将	Shíbǎn Jiāng	1476.9		大斗山	Dàdǒu Shān	1522.6
	水牛塘	Shuǐniú Táng	1323	鸬鹚	炊天饭甑	Chuītiān Fànzèng	1466.7

续表 6-1

乡镇（街道）	山峰		海拔	乡镇街道	山峰		海拔
	名称	拼音			名称	拼音	
东坑	胡炉岗	Húlú Gǎng	1278	鸬鹚	岭后尖	Lǐnghòu Jiān	1190
	地帚山	Dìzhǒu Shān	1208		白马仙	Báimǎ Xiān	1309.3
英川	马头山	Mǎtóu Shān	1610.8	沙湾	大圩背	Dàxū Bèi	1296.4
	香炉尖	Xiānglú Jiān	1507		钟　岩	Zhōng Yán	1212
	箬寮尖	Ruòliáo Jiān	1465.7	梧桐	北斗尖	Běidòu Jiān	1127.4
	馒头坛岘	Mántóután Xiàn	1434.8		水巢岘	Shuǐcháo Xiàn	1302.2
	天师岩	Tiānshī Yán	1467.6	秋炉	万岱林	Wàndài Lín	1378
	牛赤坪	Niúchì Píng	1324		玉仓尖	Yùcāng Jiān	1355.4
大均	白鹤仙尖	Báihèxiān Jiān	1470		栗　林	Lì Lín	1317.4
	老炉岗背	Lǎolú Gǎngbèi	1320.5	大地	屏峰岘	Píngfēng Xiàn	1336
梅岐	顶天岘	Dǐngtiān Xiàn	1435		仰天湖	Yǎngtiān Hú	1574
	老昌岗头	LǎochāngGǎngtóu	1336		大垟尖	Dàyáng Jiān	1347.7
大漈	上山头	Shàngshān Tóu	1689.1	毛垟	黄秀尖	Huángxiù Jiān	1587.9
	学田尖	Xuétián Jiān	1435.4	郑坑	犁壁尖	Líbì Jiān	1015
	大坪头	Dàpíng Tóu	1355.7		大麦山	Dàmài Shān	1144.8
	石佛岭尖	Shífólǐng Jiān	1305	九龙	大门坳	Dàmén Aō	1117
家地	三老岘	Sānlǎo Xiàn	1281		垟佑坳	Yángyòu Aō	1092

第二节　地片　山口

地　片

丰香岭　Fēngxiāng Lǐng　位于红星街道杨山村南部。西邻双尖峰，东接岭根坑。

平　头　Píng Tóu　位于红星街道岭根坑西部。东南邻梁岗峰。

蝙蝠岩　Biānfú Yán　位于红星街道石门楼村西北部。北临千峡湖。

塘　上　Táng Shàng　位于红星街道金钟东南部。处仰天湖南麓。

天罗柈　Tiānluó Pán　位于红星街道金钟北部。南临西山尖，北与云和县接壤。

陈联塆　Chénlián Wān　位于红星街道金钟北部。西邻西山塆村。

天　堂　Tiān Táng　位于红星街道白岸北部。南邻冬瓜漈村。

驮坪圩　Tuópíng Xū　位于红星街道外舍南部。设山后林场，林丰茂密。北与城北山后村接壤。

山望兰　Shānwàng Lán　位于渤海镇北部。在圣塘岗之北，为红星街道、九龙乡界地。

五龟湖　Wǔguī Hú　位于东坑镇东南部。在龙井山峰东麓，东南与泰顺县接壤。

丁步坑　Dīngbù Kēng　位于东坑镇石竹岙村西部。北与文成县接壤。

香炉山　Xiānglú Shān　位于英川镇西南部，为黄湖、隆川、英川三地交界处。南峰香炉尖海拔1507米，西南部与庆元县交界。属洞宫山脉中段，地势高峻，面积9.5平方千米。该地有三峰，成三足鼎立之势，如香炉状，故名。森林茂密，气候湿润温和，盛产木材、毛竹和药材，有多种珍稀动物。昔日太平军曾经在此立寨屯兵，今寨后村因此得名。

叶西垟　Yèxī Yáng　位于英川镇金坑村南部。东接毛坑，南连黄水坑，西邻金坑。

五虎团垟　Wǔhǔtuán Yáng　位于沙湾镇陈村东部。东邻黄水坑源。建五虎团垟水库。

庙龙潭　Miàolóng Tán　位于沙湾镇牛尖岗北部。在莲埠头村南部，处沙湾至毛垟古道旁。据传，龙潜于潭底；东侧0.2千米处一崖壁，崖脚有古庙，故名庙龙潭。潭深二十五余尺，底与小溪相连，常年积水，昔日有鲤鱼、鳗鱼及石蛙等。西邻小溪毛垟港，与竹基圩隔岸相望。

坟　岗　Fén Gǎng　位于沙湾镇黄水坑村南部。处坟岗山北麓，西南部与秋炉乡界。

双扇岩　Shuāngshàn Yán　位于沙湾镇西南部。东邻铁卜岭，南临黄水坑，西界英川镇。

东岱河　Dōngdài Hé　位于大均乡北部。处坑头村东北部。北与云和县接壤。

东岗岭　Dōnggǎng Lǐng　位于大均乡东北部。在伏坑村北部，为伏坑通往云和古道中段。因地处东岗村下，故名。

导山头　Dǎoshān Tóu　位于梅岐乡古楼村北部。西与鹤溪街道接壤，北连红星街道。

三渡水　Sāndù Shuǐ　位于梅岐乡东北部。东南1.2千米为龙潭桥坑、梅岐坑、炉西峡3水汇合处，故名。在桂远村西部，龙潭桥坑源尾。

牛路头　Niúlù Tóu　位于大漈乡西南部。处大坪头南麓，东与标溪乡接壤。

马　坑　Mǎ Kēng　位于大漈乡南部。处小佐坑南侧，东与雁溪乡浮亭岗接壤。

大岭头　Dàlǐng Tóu　位于大漈乡东部。处水牛塘西麓，南邻老婆丘林场。

东塘坳　Dōngtáng Ao　位于景南乡东塘村南部。自垟头村沿大白坑往西南方延伸至上标界地。

青草坳　Qīngcǎo Ao　位于景南乡东南部。处鱼漈坑源头。是上标南垟通往福建寿宁必经之地。

山隔丘　Shāngé Qiū　位于景南乡东南部。在鱼漈坑底村东南部，处景南、家地与福建寿宁三地接壤。

金　坑　Jīn Kēng　位于梧桐乡金坑电站西北部。西与云和县梓坊村接壤。

石　佛　Shí Fó　位于梧桐乡西北部。在梧桐坑处基圩村北部。

突头垟　Tūtóu Yáng　位于毛垟乡东南部。在炉西村东北部，东与大地乡接壤，南连三十六塆地片。

三十六塆　Sānshíliù Wān　位于毛垟乡东南部。在炉西村东部，北接突头垟地片。

长蛇坳 Chángshé Ao 位于毛垟乡东南部。处陈坪村东部，黄秀村西部，南与庆元交界。

炉西岭 Lúxī Lǐng 位于毛垟乡东南部。在上塘窟东南部，南与庆元县接壤。

新桥头 Xīnqiáo Tóu 位于秋炉乡北部。处黄淡坑西部，北接铁卜岭尾。属黄水坑源中段，建新桥头电站。

风桶坳 Fēngtǒng Ao 位于秋炉乡西北部。在山下突村西部，西与庆元县接壤。是毛垟、秋炉通往庆元合湖主要地段。

交 坳 Jiāo Ao 又名交塆。位于秋炉乡西南部。处交塆寮村西南部。

拿绳漈 Náshéng Jì 位于大地乡西南部。处黄坑源头，东邻蔡放村，西南接金竹坳地片。

金竹坳 Jīnzhú Ao 位于大地乡西南部。西与毛垟乡接壤，邻上坑头村。

回 坪 Huí Píng 位于大地乡东南部。西邻水溪村，东与家地乡接壤。

上山岭 Shàngshān Lǐng 位于九龙乡东部。东与青田县接壤，面积 15 平方千米。草莽丛生，荒僻幽静。昔日为景宁至青田陆路界地，十里无乡村，山间常有劫匪出没。

新 桥 Xīn Qiáo 位于九龙乡西北部。在高沈村西部，北与莲都区接壤。

九龙塆 Jiǔlóng Wān 位于九龙乡东北部。在大顺石门岭山口东部。今辟为九龙塆省级地质公园。西南邻李振彪烈士墓，西北与莲都区接壤。

驮 山 Tuó Shān 位于九龙乡东南部。处徐垟村民委员会驮田坪和方寮排两村之间，西邻白坦水库。

徐垟坳 Xúyáng Ao 位于九龙乡东南部。南接上沈村，北邻竹垟村。

坳 金 Ao Jīn 位于九龙乡东南部。东界东寮村，西南邻坦头村，北接坟塆村。

黄驮山坳 Huángtuóshān Ao 位于九龙乡东南部。北邻马寮塆村，南与青田县接壤。

担水坳 Dānshuǐ Ao 位于九龙乡东北部。东邻水口岩，南接庙斜村。处景宁、莲都、青田三交界地。

竹 坑 Zhú Kēng 位于九龙乡东北部。西接库坪村，南连下竹坑，北倚杨梅岗村，东界青田县地。

仰天河 Yǎngtiān Hé 位于九龙乡东南部。西南邻鸡冠岩，东与青田县接壤。

山 口

泗洲坳 Sìzhōu Ao 又名泗洲岭头。位于红星街道西北部，在县城东北 8.5 千米，外舍西北部，与云和安溪畲族乡为界。设有午阴亭，昔日立泗洲大圣神位，故名。为景宁至云和县古道要冲，坳顶立亭碑一块，系景邑柳景元题撰，仍存。今于山脚凿泗洲岭隧道，通云景高速公路。

峰毛坳 Fēngmáo Ao 位于红星街道东北部。在外舍东北部。西通和尚垟村，北至外田垄村。

洞天门坳 Dòngtiānmén Ao 位于红星街道红星社区与外舍社区结合部。旧址在城北莘岭。昔日是县城通往外舍至云和、处州及渤海等地重要古道。明代正德年间（1506—1621），知县陈杰建造。清康熙年间（1707—1722），景邑知县张琢曾题洞天门诗。咸丰十年（1860）知县李作千加筑女墙于上。在洞天门山坳之下，有古建筑“金字牌坊”。1957 年 8 月，云和县至寿宁县公路经过此地。2000 年 4 月，在洞天门旧址东侧，建县殡仪馆。2013 年外舍新城建设，人民路延伸至外舍油田口，洞天门为人民北路重要路段。今在此建体育运动场馆，可供体育赛事及健身娱乐。

梨树坳 Líshù Ao 位于鹤溪街道东南部，与东坑镇交界。昔日为景宁通往东坑、泰顺与福建寿宁县古道。今为驴行爱好者首选休闲线路。坳顶东通桃树浦林区，南至东坑北溪，西连草鱼塘森林公园。

叶六公坳 Yèliùgōng Ao 位于鹤溪街道东南部。为张村通大吴山村必经之路。今坳下凿隧道通公路。

苔湖岭坳 Táihúlǐng Ao 位于红星街道金仙寺社区。地处城西 5 里许。素有“官马大道”之称。路面与台阶为石砌，沿路成排古枫树，从苔湖岭脚至坳门分别建有岭脚、六和、坳门等亭。其中坳门亭二层，下层通道，上层茶堂及居住。坳门往南通大均、梧桐、沙湾等地，也是通往龙泉、庆元两地交通大道；西至下场及扫口，渡过小溪上白锄折北到云和县。

油田坳 Yóutián Ao 位于鹤溪街道鹤溪村东北部。在半垟村东侧，离县城四里许，东邻驮坳头林区及古代铁岩夕照景点。为通往王金垟、油田、渤海方向的隘口。昔日陈鎏古道经此，是县城通往油田、渤海的隘口。今为人们节假日驴行主要线路之一。

干坑岭 Gànkēng Lǐng 位于渤海镇东南部，昔日为大都通往门潭重要通道。东通门潭村，东南至西山村，西北达干坑村，岭上设有凉亭。

杨梅坳 Yángméi Ao 位于东坑镇北部。在北溪东南部。东通方泗坑村，西至徐公垟村。

深垟岭 Shēnyáng Lǐng 位于东坑镇西北部。东邻白鹤村，西北至深垟村。岭上设凉亭。南麓景宁至福建省寿宁县公路。

干坑坳 Gànkēng Ao 位于东坑镇东北部。景宁至文成公路经此。南邻鸡冠花山。

黑珠岗 Hēizhū Gǎng 位于东坑镇北部。东通善寮林场，西至方泗坑村。

黄茅岭 Huángmáo Lǐng 又名黄麻岭、蛤蟆岭。位于英川镇西南部，距县城 44 千米，在黄湖西南部。初因有石如状如蛤蟆，故名。后遂演变为黄麻岭，沿用至今。西出山口，入庆元县斋郎乡，故又称出水坳。清同治《景宁县志》载：“黄茅岭界连龙庆”，“多麀鹿，不可捕。”

天井坳 Tiānjǐng Ao 位于英川镇西北部。在隔山西南部，东通粗砻村，西接毛西坑村。

岗头坳 Gǎngtóu Ao 位于英川镇北部。在岗头村北，故名。东邻炊天饭甑，北界龙泉市。

黄基坳 Huángjī Ao 位于英川镇西南部。在黄湖天师岩南侧，东南邻香炉山，东北近木耳山村。

铁卜岭 Tiěbǔ Lǐng 位于沙湾镇西南部。东邻五虎团垟，南起铁卜岭尾，西近双扇岩，北上铁卜岭头至陈田、何处村。

七里坳 Qīlǐ Ao 位于沙湾镇西北部。在七里汇西北部，与七里村隔溪相望，故名。昔日为沙湾至英川、龙泉古道必经之地。

白　凹 Bái Ao 位于大均乡西部。在三格村境内，东接坑头村，西出山坳为云和县界，通叶山头、林山下等村。

马岭头 Mǎlǐng Tóu 旧称慕岭头。位于澄照乡北部。东接叶山头村，西连天堂湖惠明茶基地，南达三石村，北通县城鹤溪。昔日为云和县至福建省寿宁县(云寿)公路必经之地，今公路改线开通马岭头隧道。

十字坳 Shízì Ao 位于澄照乡西南部。在澄照乡西南部，东南邻朱坑村，南接朱坑林场，西界梧桐乡，北至大均梅山村。

张山坳 Zhāngshān Ao 位于澄照乡东南部。昔日为云和至寿宁公路必经之地，后凿张山坳隧道，西出隧道直达吴山头、北溪等村。

顶山坳 Dǐngshān Ao 位于梅岐乡东北部。南界文成县湖山村，北连张山村。今通梅岐至桂远公路，直达景宁•中共第一党支部党史陈列馆。

梅岐岭 Méiqí Lǐng 位于梅岐乡东南部。东连白龙岗山，东南界鹤崇村。昔日为梅岐至鹤崇及文成县下垟村等必经之路。今公路改道经山前、底山村出乡境。

乌岭坳 Wūlǐng Ao 位于鸬鹚乡西北部。在葛山东南侧，东北通印章村，西南至金榜村。

树岭坳 Shùlǐng Ao 位于鸬鹚乡西北部。西通仁字坑村，南至南坑下底岗村，东接沙湾至云和县公路。

凤香岱 Fèngxiāng Dài 位于鸬鹚乡东北部。岭头设有凉亭，南通夏山头村，北至黄弄村，东南连沙湾镇坑头村。

林源坳 Línyuán Ao 位于大漈乡东部。处炉前尖南麓，东至林源排村，西连赵平林场。

双对岭 Shuāngduì Lǐng 位于大漈乡西部。西起北山、十八接村，岭上设凉亭名廊奇亭。双对岭岭头坳阔山高风大，故名大风坳。昔日为大漈通往沙湾方向古道，西达标溪乡东车村，北连梧桐乡高演村。

石佛岭 Shífó Lǐng 位于大漈乡北部。北出彭村，沿坑而上，越石佛岭头，

忠溪岭头 Zhōngxīlǐng Tóu 位于景南乡西北部。是景南通往大漈必经之路。东北为景宁最高峰上山头，南连湖岩岘，北接燕窝岩。

蚊虫岭 Wénchóng Lǐng 位于景南乡东部。通云和至寿宁公路。西为大白坑，南连童岭头。

童岭头 Tónglǐng Tóu 位于景南乡东南部。通云和至寿宁公路。东与泰顺县接壤。

石门洞 Shímén Dòng 位于景南乡南部。景宁至寿宁公路在此出境。西邻山垟尖。

南垟岭头 Nányáng Lǐngtóu 位于景南乡东南部。南至青草岙，北通南垟村。

黄胡岭 Huánghú Lǐng 位于大地乡东南部。东南连张坑村，西至大地村，岭上有凉亭。

箬竹坳 Ruòzhú Ao 位于大地乡东南部。东邻水溪何庄村，西接余公岱村，北达张坑村。

何庄坳 Hézhuāng Ao 位于大地乡东南部。西南通何庄村，东北至石竹坑村，岭上设凉亭。

大坳头 Dàào Tóu 位于大地乡南部。东通余工岱村，西至西坑村。

白鸟坳 Báiniǎo Ao 位于家地乡西南部。东北通平坑村，西南接庆元县。

吴大坳 Wúdà Ao 位于家地乡南部。北通苎岱村，南接福建省寿宁县。

上山岭 Shàngshān Lǐng 位于九龙乡东部。距县城 35 千米，在陈村东北隅。该山口为景宁县

至青田县古道要冲。东界青田县。

库洞坳 Kùdòng Ao 位于九龙乡北部。南通西峰坑村,西至高漈村,北达莲都区水坑塆村。

榜田坳门 Bǎngtián Aomén 位于九龙乡西南部。北通榜田村,南至渤海镇外塆村。

石门岭 Shímén Lǐng 位于九龙乡北部。南通王塆后斜村,东连九龙塆。

排山岭 Páishān Lǐng 位于九龙乡北部。东至岭里底岸村,西接黄竹山村。北通九龙塆。

第三节 瀑布 湖

上标百丈漈 Shàngbiāobǎizhàng Jì 位于景南乡西南部。距县城 29.5 千米,在上标垟村东北侧。村处上标垟台地,诸水汇入,出村 0.5 千米许,直下百丈悬崖,瀑布似从天上泻下,垂直如标,故名。每遇涨水,似龙吟虎啸。远望如飞花滚雪,人立百米外,犹觉水沫抹身。民国县长韩雁门曾题"世界奇观"勒于石壁。因建上标电站,原貌改之。

雪花漈 Xuěhuā Jì 位于大漈乡南部。在西岸底村南 0.5 千米。瀑高 50 丈余,飞瀑直下,时雪花从天而降,故名。为丽水市浙江绿谷十佳景点之一。详见名胜旅游篇。

白水漈 Báishuǐ Jì 位于鹤溪街道东南部。在县城东南 7 千米。据清同治《景宁县志》载:"在乌铁岩左,高三十余丈,下有井,土人以为龙所居云。"东邻荒田湖林区。

三重漈 Sānzhòng Jì 位于红星街道东北部。处县城东北 12.5 千米。在金包山村尾水口。漈为三落,高数十丈,飞泉喷雪,下注深渊。建电站。

千峡湖 QiānXiā Hú 位于县城东北部,2008 年,滩坑电站水库建成蓄水,形成 200 平方千米的水域面积,横跨景宁、青田 2 个县,连接 6 个乡镇。湖区面积 70.93 平方千米,2010 年 8 月 25 日,滩坑水库定名"千峡湖"。千峡湖水质相当丰富,据检测,区域内 PM2–5 平均指数,低于国家规定的最优空气标准浓渡限值 35 微克每立方米(PM2.5 平均值为 19 微克每立方米)。湖区综合水质为Ⅱ类水,饮用水指标均合格,是不可多得的优良水体,两岸岩壁呈"V"型或障壁,适宜泛舟游弋,观光游览。

大仰湖 Dàyǎng Hú 位于东坑镇东北部。处县城东南部 14 千米。在大仰湖山峰北侧。清同治《景宁县志》载:"孤峰远上最高巅,一平湖,大旱不涸,又名莲花湖。"现为省级自然保护区。

第四节 盆地 山洞

盆 地

望东垟 Wàngdōng Yáng 又名懵懂垟。位于景南乡西南部。距县城 31 千米,在上标东南隅。

为景宁县、泰顺县和福建省寿宁县边境小盆地，呈椭圆状。平均海拔1300米，年平均气温12℃。境内地势平坦，高差不过十余米，地面茅草覆盖，深可蔽人。草底细流逶迤。身临其境，如入迷津，故名懵懂垟。盆地由望东垟、见头垟、茭白塘、双标圩、白云垟、畚斗团等湿地群组成，总面积17910亩，是华东最大高山湿地群，被誉为"华东第一湿地"。望东垟高山湿地内森林茂密，动植物资源丰富。现为省级自然保护区。

山　洞

梅山银坑洞　Méishānyínkēng Dòng　位于大均乡东南部。在梅山阔坳村东侧，东邻大赤坑。详见文物非遗篇。

罗坑硝磺洞　Luókēngxiāohuáng Dòng　位于东坑镇东南部。处罗坑源头，北邻罗坑村。详见文物非遗篇。

蔡湖银坑洞　Càihúyínkēng Dòng　位于沙湾镇西北部。在蔡湖垟村东南侧。详见文物非遗篇。

大漈银坑洞　Dàjìyínkēng Dòng　位于大漈乡南部。处小佐坑西侧，北邻雪花漈。详见文物非遗篇。

梅山头银洞　Méishāntóuyín Dòng　位于家地乡北部。北邻梅山头金坳村。详见文物非遗篇。

第五节　河流　山谷

河　流

小　溪　Xiǎo Xī　瓯江最大支流，与瓯江干流大溪汇合于青田县石溪村境，互为丫角之势。中、上游自西南向东北流贯县境。溪源有二：其一发源于庆元县百山祖北麓，流经黄湖、英川、隆川、鸬鹚等地称英川港；其二发源于百山祖南麓，与来自左溪之水汇于交溪亭入境，经下圩、毛垟、莲川等地称毛垟港。两港汇合于沙湾镇交见圩，流经沙湾、标溪与标溪港汇合；流经梧桐乡与梧桐坑、金兰坑汇合；流经大均乡与大均坑、大赤坑汇合；流经红星街道与鹤溪、石门楼坑、岭根坑、陶州坑汇合；流经渤海镇与旦水坑、上源坑汇合；流经九龙乡与炉西峡、大顺坑、小顺坑汇合，折南在鹤口入青田县境。境内流长122千米。流域面积1726.55平方千米。流经区域山高林茂，雨水充足，河谷深邃，滩多流急，水力资源丰富。2007年滩坑电站建设，涉淹鹤溪、外舍、金钟、渤海、大顺、陈村等乡镇。

鹤　溪　Hè Xī　位于县城中部，小溪支流。据同治《景宁县志》载："汉代巡史浮丘伯携双鹤隐居于此，在溪滨垒石筑台垂钓，沫鹤于溪"故名鹤溪。发源于敕木山东坡，自东南向西北流经张村，在溪口汇入千峡湖。全长12.7千米，流域面积50平方千米。鹤溪沿岸河道经多年治理，筑堤坝，修桥梁，建亭阁，兴绿化。为人们日常健身、休闲首选场所。

北　溪　Běi Xī　位于县城南部。为飞云江支流。史料载：源出敕木山南麓。据《飞云江志》与本县水利部门考察：源自于景南乡白云尖西麓，集南部部分山涧之水，自南向北流经景南、白鹤两地后折向东经东坑镇入泰顺县，汇入飞云江。境内流长 32 千米，流域面积 224.4 平方千米。

黄水坑　Huángshuǐ Kēng　位于沙湾镇西南部。发源于庆元县合湖乡。境内始于木耳坑口，流经叶西垟、新桥头、铁卜岭尾村、坟岗、柳州、牛路后、底处诸村，注入毛垟港。境内流长 17.9 千米，流域面积 95.23 平方千米。沿坑建有黄水一级、金坑垟、新桥头、峡桥一级、峡桥三级等水电站。岱根垟村头折北公路至底处村，机耕路沿坑边经柳州，过新桥头、金坑垟电站后，可达庆元县。

大均坑　Dàjun Kēng　位于大均乡西北部。坑以大均村得名。发源于云和县与景宁县界地。自西北向东南流经黄寮坑、大北坑、水碓垟诸村注入小溪。境内流长 6.4 千米，流域面积 39.89 平方千米。

大赤坑　Dàchì Kēng　位于大均乡东南部。源自澄照乡炉西岭南侧。自东向西流经漈头折北经双港、大赤垟后，流入大均乡大赤坑村汇入小溪。境内流长 15.2 千米，流域面积 88.58 平方千米。流域内建有蒲垟、漈头、大赤垟、大赤坑等电站。

雁　溪　Yàn Xī　位于雁溪乡西南部。发源于景南乡，自南向北流经枫水垟、东垟两村后折西流经景南、雁溪等地，在柘塆村北侧与小佐坑汇合流入标溪港。境内流长 4.7 千米，流域面积 28.69 平方千米。建有上标一级、上标二级、石仁等电站。

标溪港　Biāoxī Gǎng　位于县城西南部。小溪支流，位于县城西南部。境内流长 31.93 千米，流域面积 362.7 平方千米。上标三级、上标四级、上标五级、枫林口等电站。

梧桐坑　Wútóng Kēng　位于梧桐乡西北部。为瓯江二级支流。发源于云和县崇头镇。境内流经长田、金昌岗、处基圩、傍岸、山岗头诸村汇入小溪。境内流长 5.62 千米，流域面积 163.01 平方千米。建有金坑一级、金坑二级、金丝坑等电站。梧桐大桥折北沿坑公路直达云和县梓坊村。

金兰坑　Jīnlán Kēng　位于梧桐乡东南部。发源于梧桐、澄照、大漈 3 乡界地，自西向西北流经坑下、蟮堂圩、坑底垟、半坑等村，在金兰注入小溪。境内流长 8.2 千米，流域面积 43.93 平方千米。流域内建有金牛坑二级、金牛坑三级、石洞门电站等。金兰桥折南机耕路严坑经半坑、坑底垟、蟮堂圩等村，至大漈乡小岭坑村。

炉西坑　Lúxī Kēng　又名炉西峡。位于九龙乡南部。流经梅岐乡、郑坑乡及渤海镇，全长 40 千米。境内流域面积 306.62 平方千米。峡谷山峰奇秀，沟壑纵横，山峦蜿蜒叠翠，原始林木奇俊秀丽，生态环境自然优美，动物资源丰富，有"华东第一大峡谷"之誉。该流域生态环境基本保留原有自然风貌。

大顺坑　Dàshùn Kēng　位于九龙乡西北部。源自莲都区峰源乡，南入县境，贯穿九龙乡东北部，在桃源村汇入千峡湖。全长 35.6 千米，流域面积 137.8 平方千米。流域建有高沈、垟佑坑、王塆、高岩下等电站。

小顺坑　Xiǎoshùn Kēng　位于九龙乡东北部。源头有二：其一发源于莲都区峰源乡；其二发源于莲都区与青田县界地八面湖。境内流经库坪、黄寮等村，在在顺利村汇入千峡湖。境内流长 7.67 千米，流域面积 146.27 平方千米。流域建有顺利一级、顺利二级等电站。

景宁流域分布一览

表 6-2　　　　单位：米、平方千米

河段名称									河流长度	流域面积
干流	一级支流	二级支流	三级支流	四级支流	流经乡镇	河道等级	起点	终点		
小溪	大顺坑				九龙	县级	顺利水库	小溪	7665	146.268
小溪	大都坑				九龙	县级	橑坑口	大顺坑	11768	167.180
小溪	炉西坑	大源坑			九龙	县级	黄水圩	新四村	4521	17.716
小溪	炉西坑				渤海	县级	道山	小溪	4500	11.625
小溪	炉西坑				梅岐 郑坑 渤海	县级	桂远	炉西坑	10143	253.062
小溪	炉西坑	梅岐坑			梅岐	县级	梅岐	桂远	9934	53.856
小溪	岭根坑	龙潭桥坑			梅岐 郑坑	县级	龙潭桥	桂远	11285	85.027
小溪	古传坑	龙潭桥坑	小港		梅岐 郑坑 红星	县级	黄毛坪	沙潭	8012	26.914
小溪	陶州坑				红星	县级	李坑	小溪	4723	33.511
小溪	石门				红星	县级	云和景宁交界	小溪	4120	20.403
小溪	楼坑				红星 渤海	县级	陶州村	小溪	7530	20.584
小溪	王金				红星	县级	坑下村	小溪	7920	34.345
小溪	垟坑				红星	县级	坑底	防护工程	5212	13.852
小溪	双坑				红星	县级	岭脚	双坑口	8213	22.523
小溪	金兰坑				梧桐	县级	石门洞水库	小溪	8215	43.925
小溪	梧桐坑				梧桐	县级	金坑口电站	梧桐坑	5620	70.579
小溪	大坑				大均	县级	伏叶村林场	伏叶村	5670	22.372
小溪	新亭坑	砻下坑			大均	县级	砻下村	新亭村	2850	14.995
小溪	新亭坑				大均	县级	下垟村	砻下村	1105	11.071
小溪	大均坑				大均	县级	黄寮坑	泉坑村	6412	39.888
小溪	扫口坑				大均 鹤溪	县级	田寮坑	扫口村	3705	11.231

续表 6-2

河段名称									河流长度	流域面积
干流	一级支流	二级支流	三级支流	四级支流	流经乡镇	河道等级	起点	终点		
小溪	大赤坑				大均 澄照	县级	后山村	大赤坑村	15200	88.579
小溪	英川溪	南坑下坑			鸬鹚	县级	枫墩	鸬鹚村	9234	16.577
小溪	英川溪	黄坑砻			鸬鹚	县级	黄坑圩电站	鸬鹚村	3218	28.413
小溪	鹤溪河				鹤溪	县级	三枝树	溪口村	10286	51.023
小溪	标溪港				家地 标溪	市级	家地	标溪村	31927	362.702
小溪	标溪港	庙下坑			标溪	县级	柳山头	运程口	8120	10.012
小溪	标溪港	东车坑			标溪	县级	东车村	枫林口	7638	17.542
小溪	标溪港	上标溪	小佐坑		大漈 雁溪 标溪	县级	雪花际	交溪口	10245	42.428
小溪	标溪港	上标溪			景南 雁溪 标溪	县级	东垟村	交溪口	18251	100.508
小溪	标溪港	上标溪	雁溪		雁溪	县级	石立岱	雁溪	4650	28.681
小溪	标溪港	上标溪	鱼漈坑		景南 雁溪	县级	鱼漈坑水库	龙井口	7146	20.888
小溪	标溪港	上标溪	小佐坑	大漈	大漈	县级	西岸底	雪花漈	1340	12.901
小溪	标溪港	水溪			大地	县级	水溪村	岭尾	7120	31.083
小溪	标溪港	大溪			家地	县级	温头口水库	莒岱楼水库	6046	87.237
小溪	标溪港	大溪	石碧坑		家地	县级	三条际水库	岭脚桥	6421	20.735
小溪	毛垟港	叶桥溪			英川 沙湾 秋炉	县级	黄水一级电站	黄水坑	14672	81.304
小溪	毛垟港	叶桥溪	峡桥坑		沙湾	县级	峡桥	黄水坑	3230	13.925
小溪	毛垟港	秋炉溪			秋炉	县级	坦垟	朝局	7502	21.321
小溪	毛垟港	大地坑			大地 沙湾	县级	大地	大地桥	9012	45.152
小溪	英川溪				英川 鸬鹚	市级	英川水裤坝址	交见圩	26893	333.935

续表 6-2

河段名称									河流长度	流域面积
干流	一级支流	二级支流	三级支流	四级支流	流经乡镇	河道等级	起点	终点		
小溪	英川溪	坑底垟			英川 沙湾	县级	张坑	黄垟口	7752	18.606
小溪	英川港	坑垟坑			英川	县级	龙泉蛟垟	梅潀村	12005	18.123
小溪	英川港	岱根坑			英川	县级	岱根	英川水库	3428	50.043
小溪	英川港	黄谢圩溪			英川	县级	双溪口	黄谢圩村	4320	11.707
小溪	英川港	茶园溪			英川	县级	木岱根	茶园村	2299	28.592
小溪	英川港	洪源溪			英川	县级	洪源村	英川水库	5107	37.791
小溪	毛垟港				毛垟 沙湾	市级	交溪亭	交见圩	26900	781.200
小溪	毛垟港	南阳溪			毛垟	县级	庆元景宁交界	交溪口	801	50.243
小溪	毛垟港	炉西坑			大地 毛垟	县级	炉西村	毛垟	7632	23.161
三插溪	北溪	东坑			东坑	县级	后坑	平桥	3450	14.126
三插溪	北溪				东坑	县级	北溪村	白鹤水库	13520	152.272
三插溪	北溪	大白坑			大漈 景南 东坑	县级	蚊子岭电站	桃源	11201	41.678
三插溪	北溪	桃源坑			东坑 大漈	县级	黄山头	桃源	7734	16.825
三插溪	桥下坑				东坑 梅岐	县级	陈潭坑电站	桥下坑电站	2497	17.348
三插溪	桥下坑	陈潭坑			东坑 梅岐	县级	善寮林区	陈潭坑电站	3401	13.821
三插溪					东坑 梅岐	县级	白鹤水库	三插溪水库	14200	228.150

山　谷

石门楼坑 Shíménlóu Kēng　位于红星街道东北部。自南向北蜿蜒延伸至林村，汇入千峡湖。

横　坑 Héng Kēng　位于红星街道东北部。坑水自北向南流入千峡湖。

岭根坑　Lǐnggēn Kēng　位于红星街道东北部。峡谷由北向南延伸至千峡湖。

古传坑　Gǔchuán Kēng　位于红星街道东北部。峡谷由北向南延伸至千峡湖。坑口建古传山庄。

大　坑　Dà Kēng　位于红星街道东北部。在外舍东北部。源自天堂,坑水由北向南延伸至千峡湖。

陶州坑　Táozhōu Kēng　位于红星街道东北部。坑水由南向北蜿蜒延伸汇入千峡湖。

岭脚坑　lǐngjiǎo Kēng　位于鹤溪街道东南部。在张村东南侧。源自梨树岙,自南向北流经三枝树村,折向西北注入鹤溪。

旦水坑　Dànshuǐ Kēng　位于渤海镇北部。坑水自北向南至千峡湖。

上源坑　Shàngyuán Kēng　位于渤海镇西南部。坑水由南向北延伸至梅坑村汇入千峡湖。

山前坑　Shānqián Kēng　位于渤海镇东北部。源自仰天湖岗背西麓，自西北向东南流经外垮、山前诸村,汇入千峡湖。

沙湾坑　Shāwān Kēng　位于东坑镇北部。源出白鹤林场东侧,坑水流经石排村,汇入白鹤水库。

大白坑　Dàbái Kēng　位于东坑镇西部。峡谷自南向北延伸。

罗　坑　Luó Kēng　位于东坑镇东部。峡谷自南向北延伸。

后坑源　Hòukēng Yuán　位于东坑镇西南部。峡谷自南向北延伸,出口是马坑村。

木耳坑　Mùěr Kēng　位于英川镇南部。峡谷出口为黄水坑源。

毛　坑　Máo Kēng　位于英川镇南部。东侧与沙湾镇界,坑水注入黄水坑。

鱼仓坑　Yúcāng Kēng　位于沙湾镇西南部。昔日水质好,坑似仓,鱼成群,故名。坑涧中游自南向北,下游自东向西延伸至毛垟港。源头分两支,东支源自驮垟村,坑边有朱背山村;西支源自小垟村,傍东岗村,邻漈胡垟村。

大地桥坑　Dàdìqiáo Kēng　位于沙湾镇西南部。峡谷自东向西延伸至毛垟港。

黄水坑　Huángshuǐ Kēng　位于沙湾镇西南部。峡谷自西向东延伸至黄水坑坑口。

梅岐坑　Méiqí Kēng　位于梅岐乡东北部。沿坑建有红旗电站。

龙潭桥坑　Lóngtánqiáo Kēng　位于梅岐乡北部。峡谷峡谷自南向北延伸。沿坑建有龙潭桥水库。

横坑口　Héngkēngkǒu　位于郑坑乡东南部。峡谷峡谷自北后折向东南延伸。坑水注入炉西峡。

小佐坑　Xiǎozuǒ Kēng　位于大漈乡西北部。峡谷自东向西南延伸。沿坑西侧有银坑洞。

鱼漈坑　Yújì Kēng　位于景南乡西南部。峡谷自南向北注入雁溪。

直　坑　Zhí Kēng　位于景南乡东南部。在东塘村东南侧,峡谷自南向北后折西延伸。

南　坑　Nán Kēng　位于鸬鹚乡西北部。峡谷自西向东延伸。峡谷出口为鸬鹚村。

秋炉坑　Qiūlú Kēng　位于秋炉乡西南部。峡谷自西向东折南延伸至毛垟港,出口为桥局村。

黄　坑　Huáng Kēng　位于大地乡西南部。峡谷自东向西延伸至大地桥村。坑水注入毛垟港。

陈青寮坑　Chénqīngliáo Kēng　位于九龙乡西北部。源出库洞岙,峡谷自北向南延伸,中部经过西峰坑村，注入大顺坑。

斜　坑　Xié Kēng　位于九龙乡西北部。峡谷自北向南延伸，坑口建水电站，汇入大顺坑，

大毛坑　Dàmáo Kēng　位于九龙乡西部。发源于大门坳东麓，峡谷自西南向东北延伸，出口是石桥凉亭。九龙至半岭公路沿坑盘旋而上。

前不坑　Qiánbú Kēng　位于九龙乡东北部。发源于境内水口岩东侧，自北向南注入小顺坑，途经庙斜村。

陈树坑　Chénshù Kēng　位于九龙乡东南部。发源于公古山，中途经过陈树坑村，自北向南注入千峡湖。

第七章 地名总览

DIMINGZONGLAN

第一节　地名工作

一、1992 年、2007 年、2015 年出版景宁畲族自治县行政区域地图；景宁畲族自治地名录。

二、地名补查更新工作。

2001 年 10 月，开始进行地名补查更新工作，2002 年 3 月，完成了外业调查转入内业整理。至 2002 年底，共制作了各类成果表 2649 张，其中行政区划和居民点名称 1838 条，各类专业部门名称 38 条，名胜古迹和游览地 14 条，人工建筑名称 210 条，自然地理实体名称 326 条。其中属废止地名的 71 条。填写村名表 152 张，标注 1:50000 地形图一套。标绘镇区平面示意图 5 幅。

三、城区地名总体规划

根据浙江省民政厅、建设厅转发民政部、建设部《关于开展城市地名规划工作的通知》，我县于 2007 年 5 月起着手编制《景宁畲族自治县城区地名总体规划(2007 年—2020 年)》，经过规划征求意见、社会公示，县、市地名专家委员会审核论证等程序，于 2010 年 3 月，县人民政府办公室对县民政局、丽水学院负责编制的《景宁畲族自治县城区地名总体规划(2007 年—2020 年)》批准实施。

城市地名规划是在一定历史时期内依据城市建设规划，对规划区域内的人文地理实体名称，通过文、图、表的形式，做出的总体命名和更名设计。它是城市建设规划的组成部分。地名规划作为开展地名公共服务工程四项重点工作之一，也是地名管理和服务的一项基础工作。编制城市地名规划，有利于加强城市地名管理的计划性和科学性，提高城市文化品位，弘扬和保护地名文化，提高地名命名、更名和管理的法制化、科学化、标准化水平，使地名更好的为地方经济的协调发展和建设和谐社会服务。

四、《中华人民共和国政区大典》(浙江卷•景宁篇)编纂工作。根据上级要求，《政区大典》(浙江卷•景宁篇)采用工具书辞条类目式编纂，按县级、乡镇级二个层次设置条目。这次《政区大典》(浙江卷•景宁篇)涉及到的有 4 个镇、15 个乡，2 个街道和 30 几个县直单位部门。

(一)县级词条一般包括 6 项内容(词条控制在 1.5 万字)：1.政区概况——政区名称来历、简称、地理位置、政府驻地、政区沿革、政区划分、人口面积、民族构成等；2.自然条件——地形、地貌、气候、水文、矿藏及其他自然资源、自然灾害等；3.经济概况——农业、工业、商业外贸、财政金融等；4.社会发展——文化艺术、教育、科技、医疗卫生、体育、广播电视、社会保障、环境保护等；5.基础设施——交通运输、邮政电信等；6.名胜旅游——旅游业概况、风土人情、土特产品、风景区、名胜古迹。

重大事件、著名人物根据实际情况决定。

(二)乡级词条一般包括 6 项内容(每个词条控制在 2000 字)：1.政区概况——政区名称来历、地理位置、政府驻地、政区沿革、政区划分、人口面积等；2.自然条件——地形、地貌、气候、水文、矿藏及其他自然资源、自然灾害等；3.经济概况——农业、工业、商业外贸、财政金融等；4.社会发展——教育、医疗卫生、广播电视、社会保障等;5.基础设施——交通运输、邮政电信等;6.名胜旅游——风土人情、土特产品、风景点、名胜古迹。

镇增加第 7 项内容:镇区市政建设——城市道路、公共交通、给排水、供电、供热、燃气、园林绿化等。经过编纂组的辛勤努力,稿已形成上报省、市,县级词条 1 条,16000 字左右,乡镇词条 22 条,近 5 万字左右,2013 年 9 月 29 日经省编纂办通过审核验收。

五、地名命名更名工作。

自县地名办建立以来,城区道路命名更名 41 条、规划名 19 条;商业区、住宅小区 25 个;乡镇、道路、村命名更名 51 条,自然村、住宅小区 16 个;设置街路牌 82 个,编制幢、楼门牌 24037 个;并设立了门牌发证窗口,发放门牌证 19305 本。

六、2014 年开展地名故事征集活动,以收到地名故事征文 10 篇;并开展历史地名文化调查,整理上报千年古镇、古村落 6 个;拟写出《景宁畲族自治县地名管理细则》征求意见稿在景宁畲乡网公示及征求意见和建议,10 月份颁布实施。

第二次全省地名普查工作

根据《浙江省人民政府办公厅关于开展第二次全省地名普查工作的通知》(浙政办发〔2010〕83 号)、《丽水市人民政府办公室关于印发〈丽水市第二次地名普查工作实施方案〉的通知》(丽政办发〔2011〕3 号)文件精神,2011 年 4 月,开始进行地名普查工作。2011 年 8 月,完成外业调查转入内业整理。至 2011 年底,共采集十一大类 56 个子类的地名信息 2365 条,其中,行政区域名称 22 条,非行政区域名称 22 条,群众自治组织 264 条,居民点名称 1115 条,交通运输类名称 115 条,水利、电力、通信类 106 条,纪念地、旅游景点类名称 39 条,建筑物名称 6 条,单位名称 177 条,地名标志名称 46 条,具有地名意义的单位名称 179 条,历史地名 105 条,陆地水系名称 14 条,陆地地形名称 155 条。标绘 1:1 万纸质地形图 99 幅,测量地名经纬度 2365 条,地名标准化处理 9 个,制作地名标志登记表 2365 份,采集地名多媒体信息 2365 条,新增国家地名数据库地名信息 98 条,修改整饰了国家地名数据库矢量地图,生成地名成果图表 99 份(幅),全部普查成果已通过省民政厅和市民政局验收。并将全部普查成果资料上报省民政厅和市民政局。并建立了地名数据库。

景宁畲族自治县城区地名总体规划

第一章 总 则

第一条 地名规划是城市总体规划的重要配套性规划,是体现城市建设发展品位的基本要素之一。为适应景宁畲族自 治县经济社会发展的需要,加强城市地名管理的计划性和科学性,提高城市文化品位,依据《景宁畲族自治县域(县城)总体规划(2007—2020)》和国家有关法规,结合景宁实际，特制定本规划。

第二条　本规划适用于景宁畲族自治县范围，作为编制地名分区规划、开展地名管理和服务的依据。凡在本规划区域范围内，各类人文地理实体名称，包括道路、居民区、广场、绿地、公园、桥梁、标志性建筑物、楼盘、风景名胜、古迹、纪念地、河流、山地、湖泊等名称的命名，都应执行本规划。本规划的重点是县中心城区。

第三条　规划指导思想以《景宁畲族自治县域（县城）总体规划（2007—2020）》为基础，以提高地名文化品位和新区地名的整体质量，构筑本县科学的地名网络为目标，处理好历史继承与时代创新的关系，保持地名历史文脉的连续性。使景宁地名在总体上与景宁畲乡特色，民俗风情等特征相适应，形成独特的地名个性。

第四条　规划期限为2007—2020年，近期为2007—2010年，远期为2011—2020年。

第五条　规划目标

近期：完成建成区街路、居住区名称的论证、审定；对部分街路门牌进行系统的整治，并完成道路的路牌设置工作。建立民政、规划、建设等部门之间的地名管理协调机制；完善县城地名编码体系和地名 标志的设置，推进地名管理的城乡一体化进程。

远期：随着景宁畲族自 治县城市总体规划的逐步实施，根据地名总体规划的原则要求，实现地名区块结构布局有序、地名特点清晰、文化内涵丰富，形成与景宁的风俗民情、畲乡特色相适应的地名网络 。达到县城各类地名命名全面符合层次化、系列化、规范化、标准化的要求。

第六条　规划原则

1. 根据《景宁畲族自治县域（县城）总体规划2007—2020）》的原则和要求，地名规划必须与城市社会经济发展的总体目标相一致，反映时代精神，有时代气息，体现社会发展和城区建设成果，使地名与社会环境、地名文化与城区文化相互协调，使地名规划与县城建设规划同步。

2. 加强地名的整体性和科学性，实现地名的层次化、化和规范化，构建完善的地名网络体系。

3. 强化地名功能原则。延续老城区地名采词传统，加强地名的区域指向功能和准确的指位、定位功能，以方便社会交往和使用。

4. 突出景宁的自然地理、历史文化、风俗民情等特征，形成具有景宁畲乡特色的地名个性。同时，注意做好古老地名和有丰富文化内涵地名的保护和继承工作。

第七条　规划依据

1.《地名管理条例》[国务院国发〔1986〕11号，1986年1月23日起施行]。

2.《关于我同外国结为友好的城区不以对方地名、人名命名街道或建筑物的通知》[国办发〔1987〕26号]。

3.《地名管理条例实施细则》[民政部民行发〔1996〕17号，1996年6月18日起施行]。

4.《民政部关于加强城镇建筑物名称管理的通知》（1996年10月21日）。

5.《浙江省关于规范城镇建筑物（群）命名标准名称的通知》（1999年6月21日）。

6.《关于加强地名文化遗产保护的通知》[地标委〔2004〕4系列号，2004年6月8日]。

7.《浙江省地名管理办法》[省政府令〔1994〕56 号,1994 年 12 月 30 日起施行]。

8.《丽水市地名管理办法》[市政府令〔2008〕55 号, 2008 年 9 月 1 日起施行]。

9. 民政部、建设部《关于开展城区地名规划工作的通知》[民发〔2005〕65 号,2005 年 5 月 17 日]。

10.《景宁畲族自治县域(县城)总体规划(2007—2020)》及各有关规划。

11.《景宁畲族自治县地名管理规定。

12.《浙江省城市地名规划编制导则》。

13. 其他相关政策文件。

第二章　景宁畲族自治县地名空间布局

第一节　确定地名空间布局的依据

第八条　确定地名空间布局的依据

1.《景宁畲族自治县域(县城)总体规划(2007—2020)》所确定的景宁畲族自治县城市总体结构及其功能定位,是地名空间布局的主要依据。

2. 地名系列自身发展的规律性,是地名空间布局的着眼点。

3. 原有地名基础,是确定地名空间布局的重要基础。

4. 主干道分布、山河等自然线状物,是选择划分地名区块边界的重要因素。

第二节　地名空间布局的原则

第九条　地名空间布局的原则

1. 与城区规划同步性原则。

2. 通名的层次化、科学化和专名的序列化、群体化原则。

3. 体现景宁历史文化和畲乡特色原则。

第三节　地名空间布局规划框架

第十条　地名空间布局规划框架

依据《景宁畲族自治县域(县城)总体规划(2007—2020)》的道路规划框架,结合当前道路规划实际,城区主干道形成“两纵四横”的路网体系。“两纵”为人民路、外舍路连接环城西路;垟“四横”为金路、凤凰大道、复兴路和环城南路。支路结合河流、地形呈自由式布局。结合景宁城区道路框架结构,本次地名规划将县城地名空间分为县域中心城区、中心镇、一般镇三个等级的城乡地名空间结构。

1. 县域中心城区:以中心城区鹤溪镇为主体区块。加强地名系列化的构建,全面加强地名管理,使地名能有效地为城区服务。

2. 中心镇:即沙湾、东坑。在加强中心城区鹤溪镇地名规划管理的同时,对地方性中心镇,加强传统地名的保护，重点是强化地名命名的规范性。

3. 一般镇：加强地名规划的宣传，强化地名命名观念的转变，加强地名命名的管理。

第四节　中心城区地名规划导引

第十一条　中心城区地名分区结构框架按城区总体规划，向北方向发展为主，向东、向东南拓展为辅，将中心城区分为外舍、鹤溪和张春三个片区，分别确定地名规划和控制要点。

第十二条　地名分区规划的一般要求

1. 以城区规划为依据，充分体现分区性质和功能定位。

2. 执行总体规划确定的采词导向和原则。

3. 反映分区自然地理、人文历史、畲族风情等特征。

4. 提高地名的层次化和系列化水平。

第十三条　地名分区规划导引

1. 外舍片区：指外舍一带通过开山填地，形成新的城市中心区。将设置规模较大的行政、商贸、旅游服务、文化、体育、医疗等公共设施。结合这一中心片区服务功能定位，体现景宁山水城区特征，在地名采词上突出新建城区特色。

2. 鹤溪片区：指城市规划中的城北、城中、城南片区，即现在的老城区。结合其原有的服务功能定位，注重地名文化的保护，保持地名的延续性和稳定性。

3. 张春片区：指张村一带，作为畲族人民重要的聚居地，城市规划在此设置畲族博物馆、畲乡风情园等具有民俗特色的文化、旅游服务、商贸等设施。根据规划的这一服务功能定位，结合畲乡文化风情，采词上注重所在片区自然地理、人文历史特征，以反映自然休闲，畲族风情词语为主。

第三章　地名通名规划

第十四条　地名通名的基本要求

1. 符合国家关于地名通名用字的有关规定，严格按规范规定的通名含义和使用条件使用相应的通名，非经主管部门批准不得随意使用新的通名。

2. 分类科学，等级分明，并与实体的性质、功能、规模和地位相符合。

3. 用词专物专用，不得混淆、混用、串用和重叠，不允许无通名现象。

4. 用词贴切、简洁明确，含义健康，避免使用生僻字。

第十五条　道路通名规划

1. 根据景宁畲族自治县城区规模的实际，以及建成区内原来道路通名使用的习惯，确定新命名城区街路分为三个等级："大道""路（街）""弄（巷）"。

2. 一般道路不分走向，其通名统一用"路"；商业、专业街路可用通名"街"；高规格的城市主干道路，其红线宽度在30米以上者，可以用"大道"作通名。

3. 长度超过 3 千米的“大道”,或“路(街)”,可以适当分段。各段之段位用方位词(东、西;南、北)表示,命名方法为在通名前或后加上方位词,如“××东大道”、“×× 东路”等。

第十六条　居住区通名规划

1. 居住区通名确定为:“小区”“园”“苑”“公寓”“别墅”“山庄”等。居住区通名一般不再使用“新”字,如“新村”等时效性很强的字词。

2. 居住区通名的使用标准

(1)小区:占地面积在 5 万平方米以上,以住宅为主,有生活休闲、商业网点、文体卫生等配套服务设施的居住区。达不到以上量化指标的或在较大的小区内还要分块命名的,可选用“园”、“苑”、“公寓”等作通名。

(2)别墅:指拥有花园的园林式低层高级住宅区,其花圃绿化面积一般不低于占地面积的 50%。

(3)山庄:指依山而建、环境优雅的低层高级住宅区或高级宾馆,一般应位于市郊,其绿化和休闲用地面积不得小于总用地面积的 50%。

第十七条　商用楼盘通名规划

根据与实体实际状况贴切、一致的原则,可选用大厦、大楼、商厦、中心、等通名语词,其具体使用标准为:

1. 大厦

用于其高度在 10 层以上,或总建筑面积在 5 千平方米以上的高层或大型楼宇(群)。

2. 大楼、商厦

在当地属于突出建筑物,但尚未达到“大厦”量化指标的楼宇(群),可称“大楼”;以商贸为主的也可称“商厦”。

3. 中心

其功能在一定区域或其一行业中居主导地位,且最具规模,占地面积在 6 千平方米以上,或建筑面积在 4 万平方米以上的建筑物(群),可使用“中心”为通名。

第十八条　桥梁通名规划

1. 桥梁通名规定为“桥”“大桥”“立交桥”“人行(过街)天桥”等。

2. 桥梁通名应与其规模、功能相适应。

3. 桥梁通名及使用规范。

(1)大桥:“大桥”通名用于长度在 100 米以上的桥梁。

(2)桥:“桥”通名用于长度在 100 米以下的桥梁。

(3)立交桥:互通式或非互通的立体交叉桥的通名用“立交桥”。跨于街(路)之上,并专供行人通行的桥梁通名用“人行(过街)天桥”。

第四章　地名专名规划

第十九条　地名专名采词原则

1. 整体性、层次化、系列化原则。

2. 反映特点，加强指位性原则。

3. 保持地名的稳定性原则。

4. 坚持继承原地名采词的导向性与创新并举原则。

5. 避免使用生僻字原则。

第二十条　道路专名

1. 加强道路专名的系列性、条理性、系统性，并与道路等级相适应，提高宏观指向功能。

2. 专名所采语词须具备健康、稳定的文化内涵，其方言或普通话读音应当无不雅、不吉利的歧义。反映当地的自 然、历史、人文、时代特点。

3. 维护地名的稳定性和连续性。

第二十一条　居住区、商用楼盘专名

1. 专名用字和词义符合地名命名法律、法规的有关规定。

2. 词义健康，易于被社会大众明白的语词。不应使用牵强附会、超出常理和怪异的语词。

3. 不允许以外国地名或疑似外国语的语词作专名。

4. 专名中含有“国际”“世界”“中国”“中华”“浙江”“景宁”等语词时，必须出具相应等级资质的行政或行业认定文件。

第二十二条　桥梁专名

1. 桥梁专名应以选择能反映其贴切的地理位置的语词为重点，同时体现当地的历史文化或景观特点。

2. 较小的跨河桥梁专名，可使用所跨溪的名称，也可用其当地的地名命名；较大跨溪桥梁也可用其两岸的地名，或者以两岸地名重新组合成新的语词。

3. 道路桥梁的专名，应以所连通的道路名称，或当地地名。避免使用指位不明确的名称。

第二十三条　广场名称

坚持就近，按广场所在地域范围内原存在的较明显的地名，就地选用关联密切的名称进行派生命名语词系列采择名称，加强指位性。

第二十四条　派生地名的原则

1. 地缘的一致性。必须要求派生地名与其主地名，在地缘上有直接的、紧密的联系，达到指位相一致。

2. 语词构成规范。派生名称的基本结构模式是主地名词素+派生词（可无）+派生名称所指称实体的通名。

3. 有序借用。当重新启用（借用）以往消失停用的旧地名时，遵守与旧名基本同地、不错位、不乱序等基本要求，以保持新、旧名称指位的有序。

第二十五条　临时地名

1. 一般在道路、桥梁、广场、公园等规划编制阶段临时使用。

2. 按照本规划确定的使用标准和要求选择适当的通名。

3. 使用含义抽象、排列整齐的数序地名。

4. 及时确定规范地名，并按照本规划规定办理法定命名 手续。

第五章　城区主要道路名称规划

第二十六条　主要道路名称规划的原则要点

1. 与城市总体规划和地名总体规划相适应，并与其它类别地名的名称规划相协调。

2. 反映城市的性质、功能特征、历史文化和畲乡风情，并与所在位置的区域功能相适应。

3. 保持原有道路名称的基本稳定。

第二十七条　路名规划方案

景宁畲族自治县区主干道名称规划

表 7–1

序号	名 称	起讫地点	宽度（m）	道路现状	备注
1	人民路	南木坑路，北至庆景青延伸线	32–18	已命名	寓人民大众之路
2	外舍路	东起油田路，西至环城西路	24	规划名	因路所在方位得名
3	环城南路	东接环城东路，西至环城西路	24–18	已命名	因地理位置而得名
4	复兴路	东起环城东路，西至环城西路	24	已命名	因景宁复县后而得名，意为经济复兴
5	凤凰大道	东起环城东路，西至环城西路	32	规划名	凤凰为畲族的象征
6	环城西路	南接环城南路，北至外舍路	18–12	已命名	因路所在方位得名
7	金垟路	东接油田路，西至湖滨路	24	规划名	因路所在方位得名

景宁畲族自治县城区次干道名称规划

表 7–2

序号	名 称	起讫地点	宽度（m）	道路现状	备注
1	环城北路	东起环城东路，西至鹤溪北路	16–18	已命名	因路所在地理位置而得名
2	府前路	东起环城东路，西至环城西路	12–18	已命名	因县府所在位置而得名
3	宝石路	东接半垟，西至浮丘路	18	已命名	意为宝石之路
4	小溪桥	东连油田路，西至庆景青公	15	已命名	因横贯小溪而得名
5	钟楼路	东起人民路，西至环城西路	12–18	已命名	因路旁有一座钟楼而得名

续表 7-2

序号	名 称	起讫地点	宽度（m）	道路现状	备注
6	金钟路	南起外舍路，北至湖滨路	18	规划名	以原金钟乡来命名
7	环城东路	南起环城南路，北至外舍路	12–18	已命名	因路所在地理位置而得名
8	白岸路	南起外舍路，北至湖滨路	18	规划名	所在地域的村名而命名
9	油田路	南起金垟路，北至小溪桥。	18	规划名	所在地域的村名而命名
10	金鹤路	东起油田路，西至金垟路。	18	规划名	所在地域的村名而命名
11	富达路	东起油田路，西至金垟路。	18	规划名	寓开发区工业发达之富裕
12	团结路	东起环城东路，西至环城西路。	18	已命名	凤凰为畲族的象征
13	石龙路	南起人民路，北至湖滨路。	18	规划名	所在地域的村名而命名
14	半垟路	南起宝石路，北连环城东路。	18	规划名	所在地域的村名而命名
15	车站路	东起环城西路一直向西延伸	18	已命名	所在车站地域附近而命名

景宁畲族自治县城区支路名称规划

表 7-3

序号	名 称	起讫地点	宽度（m）	道路现状	备注
1	叶府前路	南起环城南路，北至浮丘路	6–10	已命名	叶姓牌坊所在地得名
2	浮丘路	南起宝石路，北至环城西路	12	规划名	所在地域的 村名而命名
3	汇田路	南起金垟路，北至油田路	12	规划名	所在地域的 村名 而命名
4	鹤川路	东起半垟路，西至鹤溪路	12	已命名	取鹤溪镇与英川镇各一字得名
5	中洋路	东环城东路，西至人民路	12	已命名	所在地域的村名而命名
6	金仙路	南起果园路，北至环城西路	12	已命名	因道路所在地金仙寺得名
7	鹤溪路	南起人民路，北至凤凰大道	12–18	已命名	因道路所在鹤溪旁得名
8	新华路	南起建设路，北至环城北路	12	已命名	以新华村革命老区得名
9	岭北路	东起青景庆公路	11	规划名	所在地域的村名而命名
10	石印路	东起环城东路，西至人民路	6	已命名	因道路所在地石印山得名
11	惠明路	东起环城东路，西至鹤溪北路	7	已命名	因惠明寺而得名
12	胜利路	东起环城东路，西至新华路	14	已命名	寓为胜利之路
13	新田路	东起环城东路，西至鹤溪北路	12	规划名	所在地域的村名而命名
14	鸭蛋坑路	西起人民路，东至环城东路	12	规划名	所在地域的地名而命名

续表 7-3

序号	名 称	起讫地点	宽度（m）	道路现状	备注
15	大众街	南起鹤川路，北至石印路	7	已命名	人民大众之路
16	万春路	两端连接人民南路	12	规划名	以畲族祖先雷万春命名
17	茶山路	南接旱塔路，北至环城南路	12	已命名	所在地域的地名而命名
18	柳林路	南起金垟路，北至油田路	12	规划名	所在地域的村名而命名
19	玉安路	南起人民路，北至万春路	12	规划名	因畲族祖先安定太守兰玉安而命名
20	旱塔路	南起敕木山路，北连茶山路	12	规划名	所在地域的村名而命名
21	民族路	南起鹤溪路，北至茶山脚	12	已命名	因畲族而得名
22	建设路	东起环城东路，西至鹤溪路	12	已命名	因新城建设而得名
23	敕木山路	北起浮丘路一直向南延伸	12	原路名移植	因敕木山而得名

第六章　地名标志体系规划

第二十八条　地名标志设置的基本要求

1. 严格遵循国家有关法律法规。

2. 按城区规划和地名规划的要求，将地名的定位功能、指称功能、文化功能等，以最直观的、具体的形式展现在人们的眼前。

3. 使地名最大限度的为本地人和外地人提供服务，以满足社会经济、文化、日常生活交往的需要。

第二十九条　指位导向系统的构成

1. 行政区域界位、城镇街巷、住宅区、村庄、道路、桥梁、广场、公园名称标志。

2. 纪念地、文物古迹、风景名胜等自然、人文实体名称的标志。

3. 市政公共设施，有地名意义的行政企事业单位及大型、高层建筑物名称标志。

4. 沿街巷院落、门户的门牌、住宅区内的楼（幢）、单元、户室编号牌等。

第三十条　地名标牌

1. 地名标志是国家的法定标志物，其设置应严格执行国家标准《地名标牌城乡》（GB17733.1—1999）。

2. 地名标牌分为街牌、巷牌、楼牌、门牌四种，其中门牌包括小门牌和大门牌两种。根据实际情况，楼牌之下增设单元牌和户牌两种，其中户牌可以只标明数序号码。

第三十一条　地名标志的密度要求

1. 街路（巷）牌设置密度：街路（巷）牌在满足每条道路的每个路口设一个标志的基本要求前提下，在城区商业区或人口密集区段，达到在路的一侧一般每隔 200 米设置一个指示牌。

2. 弄牌：除弄两端必须设置外，凡与其他道路交叉处的路口均应设置。

3. 住宅区应在主要出入口设置住宅分布平面图，在城区道路主要交叉口及其他合适位置设置街区图。

第三十二条　确定门牌号码起编端

1. 一般情况下，在每个道路编号单元中，门牌号码的起编点，分别选择在路的南端（对南北走向的道路而言）或东端（对东西向道路而言），即按由南（东）向北（西）的顺序依次推进。也可按街道顶端向可发展方向排列（即山脚、河流而言）。

2. 当道路走向是斜向（即呈东南—西北；西南—东北走向）时，以直角坐标的 ± 45°线为分界，小于 45°者按东西向道路的起编端规律选择；大于 45°者，按南北走向道路的规律选择起编端。

3. 道路尚未定型，有可能再延伸扩建的，应按城镇规划的意图，不论道路的走向如何，均由已经定型的一端起编。

4. 一般居民区和村庄门牌号的编排，采用“自然顺序编码法”，即按照房屋的规划布局用自然数由小到大的顺序排列；住宅区楼内户号采用楼层加户号的方法编排。

第三十三条　沿街门牌编制原则和方法

1. 使用“等距离编号法”进行门牌的编制工作，通常情况下，主、次干路和规模较大的道路，以及商业街等，按 3—4 米的固定间距配号。小街、巷按 3 米的固定间距配号。

2. 从起编端起，沿路两侧每一个固定距离各应配（或留）一个号码，不论现在有门与否。

3. 临街路的门牌号码，以纯自然数依次编排，一律不编支号、副号等。

4. 按固定距离的应配号，编制现有门户的门牌号码。现无门户的地段，应在门牌登记表中，说明现号码区间未编号的原因（如系长围墙；是空地；是广场等）。

5. 单、双规律。

6. 道路两侧的大型住宅区，按其大门的位置编号。

第七章　地名调整优化规划

第三十四条　调整优化规划的对象

违反国家法规和规章的地名；社会交往使用不便者；缺乏内涵、含义庸俗不适宜保留的地名。

第三十五条　调整优化的原则

总体稳定，个别调整；尊重群众意愿；加强地名文化的保护；条件相近时，主城区地名保留优先。

第八章　地名文化保护规划

第三十六条　地名文化保护的范围

保护对象包括本规划范围内的街道、人文建筑和自然地理名称中传统的、具有丰富文化内涵的古老地名，重点区域为老城区。

第三十七条　保护重点

1. 反映景宁独特自然地理环境的传统地名。

2. 名称使用时间久远，知名度较高的地名。

3. 反映景宁历史或特点，有较深厚的文化沉淀的古老地名。

4. 风景区、古遗址、名胜古迹、纪念地、名人故居等的名称。

5. 已确定为国家级、省级、市级、县级文物保护单位或文保点的名称。

6. 虽未确定为文保单位，但有一定历史文化价值的个体名称。

第三十八条　地名文化保护的原则

1. 整体性原则。将现有历史地名分级纳入旧城“整体保护”范围。

2. 协调性原则。城区建设和地名文化保护相协调。

3. 稳定性原则。坚持地名的基本稳定，杜绝随意更改地名。

4. 继承创新原则。通过地名的移植、派生等方式使地名文化发扬光大。

第九章　规划保障措施

第三十九条　加强对地名规划实施工作和地名管理工作的组织领导，建立“政府主导、民政牵头、部门协调、社会参与”的地名管理工作机制。

1. 建立健全地名联席会议制度、专家咨询会制度，地名委员会成员单位进一步明确工作职责，落实责任，提高地名管理工作的效率和效能。

2. 地名管理的主管部门，负责承担地名规划实施与地名 管理的协调工作；推行地名使用许可证制度，进一步规范地名命名程序，地名管理走向规范化、制度化、法制化轨道。

3. 城区建设规划管理部门积极配合民政部门做好地名规划的实施工作，地名规划与城区建设规划同步实施。

4. 财政部门结合实际，为地名规划的实施和地名管理提供资金保障。

5. 新闻宣传单位利用报纸、广播、电视等媒体大力宣传地名法规、规划及管理工作，以增强民众的地名意识和法制观念。

6. 相关管理部门涉及地名、门(楼)牌号的，在办理有关证、照等手续时，严格执行《丽水市地名管理办法》的有关规定，一律使用标准地名。

第四十条　推进地名管理法制化

1. 完善景宁畲族自治县地名法规体系，实现地名管理的标准化。

2. 加强地名法规和政策的宣传，强化依法管理地名意识。

3. 严格依法进行地名管理。

第四十一条　严格按规定程序进行地名的命名和更名地名 命名按照“谁建设、谁申报”的原则，由地名管理部门受理，同级人民政府审批。

1. 申报。列入城区规划范围的工程项目、新建的大型建筑物和住宅区在规划、建设等部门办理项目行政许可时，必须按规划地名办妥地名审批手续。

2. 审核。县地名主管部门对申报的地名的合法性、合理性、科学性及统一性等内容进行初审。对符合地名命名、更名(调整)条件的,由县地名主管部门召集县地名专家小组进行审查、论证,并向社会公示。

3. 审批。由县地名主管部门将地名命名、更名(调整)方案上报县政府审批。经县政府批准的地名为标准名称，受法律保护。

4. 县地名主管部门向申报单位核发《地名使用许可证》，并向社会公布标准名称。

5. 由县地名主管部门按国家标准,负责编制、设置门(楼)牌号和路名牌标志。

第四十二条　规范地名标志管理

1. 理顺地名标志设置管理体制,构建以地名主管部门为主,民政、建设、公安等相互协作的管理体制。

2. 加强地名标志的标准化管理,严格地名标志设置标准,实现地名标志的标准化。

3. 提升地名标志的文化和景观功能,反映景宁的文化和生态特色,形成地名标志“个性”。

4. 完善地名标志的设置程序,严格地名标志的申报、审批程序,实现地名标志的规范化管理。

第四十三条　强化地名文化保护

1. 强化地名文化的保护意识。

2. 加强地名管理的法制化建设,健全地名更名程序。

3. 编辑地名志和建设地名资料库。

4. 把历史地名列入非物质文化遗产。

5. 为历史地名整体保护创造良好环境条件。

6. 逐步开展历史街区的地名保护规划。

第四十四条　利用现代化管理手段,推进“地名公共服务工程”

1. 及时、全面、准确地向社会提供标准的地名信息,在保持地名相对稳定的前提下，对不规范地名进行标准化处理。

2. 建立切实有效的地名标志维护管理制度,在完成城区标准地名标志设置的基础上,积极推进乡(镇)、村地名 标志设置工作。

3. 结合景宁畲族自治县城区建设现状和发展规划，依据国家地名管理法规和地名规范，编制地名命名更名规划。

4. 建立地名数据库,并依托数据库开展地名信息化服务。

第十章　附　　则

第四十五条　本规划经景宁畲族自治县人民政府批准后生效。

第四十六条　本规划由景宁畲族自治县民政局负责解释。

景宁畲族自治县人民政府办公室

2010 年 3 月 19 日

第二节　行政区划调整

一、1990年以来行政区划、村规模调整情况

1990年9月东坑乡改设东坑镇，属东坑区；年末辖5个区，1个县属镇、2个区属镇、34个乡，6个居民区，279个行政村。

1992年5月撤区、扩镇、并乡，撤城郊、沙湾、渤海、英川、东坑5个区；黄湖乡、隆川乡、英川乡合并，建英川镇；沙湾镇、莲川乡、叶桥乡合并，建沙湾镇；大都乡、渤海乡合并，建渤海镇；北溪乡、白鹤乡、东坑镇合并建东坑镇；张春乡并入鹤溪镇；漈头乡、澄照乡合并，建澄照乡；顺利乡、陈村乡合并，建陈村乡；新四乡、大顺乡合并，建大顺乡；白岸乡、外舍乡合并，建外舍乡；上渔乡、景南乡合并，建景南乡。年末辖5个镇，19个乡，11个居委会，283个行政村。

2002年9月设立城南、城西、仙童、红星社区居委会。

2007年6月撤外舍、金钟2个乡,并入鹤溪镇；撤大顺、陈村2个乡,设立九龙乡。年末辖5个镇、16个乡（未含县设外舍管理区），4个社区居委会、4个居委会，283个行政村。

2008年12月，村规模调整为254个行政村。

2011年10月撤鹤溪镇建制，设立红星、鹤溪2个街道办事处。

2013年6月撤葛山乡，分别并入英川镇；鸬鹚乡。年末辖2个街道办事处、4个镇、15个乡，6个社区居委会、5个居委会，254个行政村。

二、区域界线勘定和联检

1997年，根据《国务院关于开展勘定省、县两级行政区域界线工作有关问题的通知》和浙江省人民政府《关于全面开展勘界工作的通知》，我县于1997年月成立景宁畲族自治县勘界工作领导小组，1997年至1999年3年时间对我县毗邻的8个县（市）的409.63千米（其中：省际线：浙闽线景寿段23.53千米；市际线：温丽线泰景段34.92千米；温丽线文景段43.11千米；县际线庆景段88.55千米；龙景段36.47千米；云景段82.25千米；莲景段51.43千米；青景段49.37千米）行政区域界线进行了全面的联合勘定检查，埋设界桩14个，警示牌14个。完成8条界线3次5年1轮回的界线联合检查工作。

三、创建平安边界工作

根据省、市部署要求，为了更进一步做好平安边界工作，界线界桩管理工作到基层，每5年签订平安边界和谐共创协议书，每年至少2次对边界邻县进行互访，双方通过定期走访联系、通讯联络等方式，互通信息，能及时排查边界矛盾纠纷隐患，掌握界线附近地区影响和谐、稳定的动态因素，以达到预防和解决边界矛盾纠纷、促进边界管理工作、经验互相交流共同提高的目的，使边界纠纷“发现得早、化解得了、控制得住、处理得好”。进一步提高边界各县（市）双方的信任度，增进友谊，促进发展，共建和谐，维护稳定。

景宁县撤区扩镇并乡方案基本情况

表 7–4

序号	乡镇	乡镇驻地	扩并乡名	总面积 km²	行政村		居委会数	自然村数	户数	人口		耕地面积	山林面积	总产值		财政收入（万元）
					行政村数	村民小组				总人口数	其中非农			总产值（万元）	其中工业（万元）	
1	英川镇	英川村	黄湖、隆川	120.5	25	197		88	4043	17343	456	8562	89983	1089.09	137	15.7
2	渤海镇	渤海村	大都	103.25	16	118		96	2970	10763	507	6931	85363	841.80	136	10.8
3	鹤溪镇	敕木山路	张春	92	19	90	10	49	5342	17696	8349	5773	38771	2308.57	1138	34.8
4	东坑镇	东坑村	白鹤、北溪	183.75	18	89		63	2190	9128	423	7061	140327	1531.29	155	12.9
5	沙湾镇	沙湾村	莲川、叶桥	119.74	26	177	1	108	3982	17310	1013	9042	77146	1262.76	124	15.4
6	外舍乡	岭北村	白岸	84	13	94		154	1412	6085	220	4776	57715	629.90	91	6.3
7	大顺乡	大顺村	新四	118.75	12	76		95	1888	6976	119	4180	75728	950.37	142	5.5
8	陈村乡	陈村村	顺利	99	11	84		100	2108	8024	103	3839	64321	607.70	72	4.7
9	景南乡	忠溪村	上渔	98	8	54		32	1095	4585	106	2989	65333	1090.64	423	15.6

续表 7-4

序号	乡镇	乡镇驻地	扩并乡名	总面积 km²	行政村		居委会数	自然村数	户数	人口		耕地面积	山林面积	总产值		财政收入(万元)
					行政村数	村民小组				总人口数	其中非农			总产值(万元)	其中工业(万元)	
10	澄照乡	三石村	漈头	76.75	15	96		58	1681	7128	105	5556	54912	769.53	123	5.6
11	毛垟乡	毛垟村		53.5	7	57		28	1089	4692	112	1940	49228	577.35	47	7.8
12	秋炉乡	秋炉村		52.5	9	50		32	1095	5185	56	2746	46193	396.95	28	3.0
13	大地乡	大地村		105	13	70		39	1538	7035	63	4846	67766	578.51	14	3.6
14	梅岐乡	梅岐村		75	9	49		40	993	4174	23	2765	63944	306.38	11	3.3
15	郑坑乡	郑坑村		39	5	46		39	798	3380	23	2663	33542	240.86	20	0.8
16	葛山乡	葛山村		25.5	9	59		23	1250	5472	50	3392	15057	336.05	31	2.8
17	金钟乡	绿草村		103.5	10	83		50	1730	6514	69	3970	77212	582.32	109	5.0
18	大均乡	大均村		97.75	9	70		79	1104	4513	80	3343	77730	437.57	79	4.2
19	梧桐乡	梧桐村		65	11	80		60	1357	5953	86	3862	36533	456.52	72	3.2
20	大漈乡	西一村		59.25	8	34		21	844	3389	56	3276	45136	432.71	27	3.4

续表 7-4

序号	乡镇	乡镇驻地	扩并乡名	总面积 km^2	行政村		居委会数	自然村数	户数	人口		耕地面积	山林面积	总产值		财政收入（万元）
					行政村数	村民小组				总人口数	其中非农			总产值（万元）	其中工业（万元）	
21	标溪乡	标溪村		49.75	9	48		41	1028	4544	46	2933	32792	330.55	46	4.9
22	家地乡	家地村		52.5	6	25		16	603	2579	27	1701	51141	573.38	36	1.7
23	鸬鹚乡	鸬鹚村		42.5	9	74		45	1460	6190	97	3915	19360	434.16	35	3.8
24	雁溪乡	雁溪村		54.5	8	43		25	857	3751	45	2717	32079	416.78	59	3.2
	合计				285	1863	11	1380	42459	172409	12244	104781	1508846	17521.74	3495	178

景宁畲族自治县人民政府文件

景政〔1992〕53号

关于公布我县撤区扩镇并乡方案的通知

各指导组，各镇、乡政府，县政府各部门，县属各企事业单位：

县人民政府《关于撤区扩镇并乡的方案》已经省政府同意，省民政厅以浙民基字〔1992〕487号文件正式批复。现予以公布：

一、撤销城郊、渤海、沙湾、英川、东坑等5个区公所。

二、景宁畲族自治县原辖37个乡镇，其中镇3个、乡34个。扩镇并乡后调整为24个乡镇，其中镇5个，乡19个。

鹤溪镇，辖19个村，10个居民区，镇政府驻敕木山路；

英川镇，辖25个村，镇政府驻英川村；

渤海镇，辖16个村，镇政府驻渤海村；

东坑镇，辖18个村，镇政府驻东坑村；

沙湾镇，辖26个村，1个居民区，镇政府驻沙湾村；

外舍乡，辖13个村，乡政府驻岭北村；

大顺乡，辖12个村，乡政府驻大顺村；

陈村乡，辖11个村，乡政府驻陈村村；

景南乡，辖8个村，乡政府驻忠溪村；

澄照乡，辖15个村，乡政府驻三石村；

毛垟乡，辖7个村，乡政府驻毛垟村；

秋炉乡，辖9个村，乡政府驻秋炉村；

大地乡，辖13个村，乡政府驻大地村；

梅岐乡，辖9个村，乡政府驻梅岐村；

郑坑乡，辖5个村，乡政府驻郑坑村；

葛山乡，辖9个村，乡政府驻葛山村；

金钟乡，辖 10 个村，乡政府驻绿草村；

大均乡，辖 9 个村，乡政府驻大均村；

梧桐乡，辖 11 个村，乡政府驻梧桐村；

大漈乡，辖 8 个村，乡政府驻西一村；

标溪乡，辖 9 个村，乡政府驻标溪村；

家地乡，辖 6 个村，乡政府驻家地村；

鸬鹚乡，辖 9 个村，乡政府驻鸬鹚村；

雁溪乡，辖 8 个村，乡政府驻雁溪村。

景宁畲族自治县人民政府

一九九二年六月十五日

景宁畲族自治县人民政府文件

景政〔1992〕103 号

关于建立英川、渤海镇的通知

各指导组，各镇、乡人民政府，县政府各部门，县属各企事业单位：

根据地区行政公署〔1992〕43 号文件转发浙江省民政厅〔1992〕487 号文件批准的景宁畲族自治县撤、扩、并方案。撤销英川、黄湖、隆川乡，建立英川镇；撤销渤海、大都乡，建立渤海镇。现予以公布。

希望英川、渤海两镇抓住当前有利时机，搞好建镇的筹备工作。团结和带领广大干部群众，自力更生，艰苦奋斗，建设有地方特色的新兴乡镇，开创经济建设和改革开放的新局面，为社会主义物质文明和精神文明建设作出新的贡献。

景宁畲族自治县人民政府

一九九二年六月十八日

景宁畲族自治县民政局文件

景民〔1992〕41号

行政区划调整工作总结

省民政厅、地区民政局：

根据省委、省政府统一部署的撤区扩镇并乡工作，经过紧张而又扎实的工作，已取得圆满成功。目前，干群情绪稳定，经济发展呈好的势头。

这次"撤、扩、并"工作是近年来行政区划调整的重大举措。为切实搞好此项工作，县成立了以县委书记、县长为组长，由组织、人事、民政等部门抽调人员组成的工作班子。专门工作班子分设宣传秘书、行政区划、组织人事、机构编制、资产清理、文书档案6个专门办事组。分别负责宣传发动、区划研究、制定方案、干部考察、资产登记、机构编制摸底、文书档案清理等工作，以及时提供与服务于"撤、扩、并"工作按阶段实施的需要。现将工作情况作如下总结：

一、大张旗鼓地展开"撤、扩、并"宣传

建国以来，我县行政区划基本实行的是县属区体制，全县区划设制最多时为7区1镇73乡；而在区划调整前，全县也设置5区1镇36乡，在交通通讯条件差，行政自然分散信息不灵的情况下，有其适应性和必要性，对贯彻党的方针政策、国家法令，促进社会稳定，组织生产，起过积极作用。然而，随着社会的进步，交通、通讯环境的改善，这种体制已不适应商品生产和行政管理的要求。设置区一级建制，影响着镇乡政权功能的发挥；部分镇乡规模过小，显示不了优势，制约着经济的发展；区镇乡并存，增加管理层次，不利上情下达，下情上达和工作高效率、快节奏的形势要求；特别是贫困山区，增加了财政支出。目前，我县交通、通讯条件有一定改善，干群的政治思想、生活习俗、文化素质都有改变与提高。所以，撤区、扩镇、并乡势所必然。

二、调查摸底、研制方案，供领导参考与决策

民政部门担负的行政区划工作，这次作为县"撤、扩、并"办公室行政区划组的主要成员，根据省委、省政府"坚决撤区、重点扩镇、适当并乡"的精神，参照我县建国以来行政区划的建制沿革情况，自五月初开展工作以来，广泛听取基层干部群众意见，召开离、退休干部座谈会；征求社会各阶层、民主党派、人民代表、政协委员的意见与建议。前后共制定了大、中、小七套方案，提供给县委、县政

府和“撤、扩、并”会议的全体同志参考与决策。在工作中，行政区划组加班加点，通宵达旦，赶制各种规划图，撰写、搜集各种资料，制定各种规划，以及时而又扎实的工作，接受上级领导机关检验民政部门所承担的行政区划的应急任务。并在实际工作中体现民政工作重要性，扩大民政工作影响。景宁县一位副县长深有感触地说：在政府的各个部门中，民政应该摆在重要的几个部门之一，在机关的机构改革及基层单位应强化民政队伍，增加编制和人员。

三、坚持布局合理、慎重设制的原则，适应目前经济建设的需要

景宁县撤区扩镇并乡后，从原来5区1镇36乡，扩并为24镇乡；全县1950平方千米，平均每个镇乡81.3平方千米；全县17.24万人，平均每个镇乡7183人；现设置的5个镇，面积最大的是东坑镇173.2平方千米，人口最多的是鹤溪镇17696人；5个镇平均面积126.78平方千米，平均人口14448人。从全县总体布局，形成小城镇服务功能辐射及发展乡镇企业，是比较合理的；而就辖区面积最小的葛山乡24.9平方千米和人口最少的郑坑乡3380人而言，是从至今没有通公路，行政分散等因素来考虑的，同事，也符合当地干部、群众的要求。综上所述，我县现行所设置的镇乡行政区划，体现了有利于经济发展、稳定社会、有利管理、方便群众、合理布局和发展农村小城镇等原则，方案是可取而成功的。

四、几点体会与建议

1.行政区划，作为民政部门的一项正常性工作，平时仅完成一般的村一级行政区划调整，在领导思想上没有引起足够的重视。

2.民政部门必须具备应急重大工作任务的能力。以我县而言，原来，县委、县府根据景宁山区条件分散之特点，不准备搞“撤、扩、并”。而后，根据统一贯彻省委、省政府会议精神后，在各方面无一准备的情况下，担任行政区划的几位同志，在平时掌握、积累的基本情况，限期整理出了各种基础资料，加班加点，绘制了大、中、小各种方案，供领导参考与决策，在丽水地区来说是起步较晚的情况下，按时向省地报送了建镇、并乡的较为理想的方案。

3.扎实的工作，赢得了领导的好评与扩大民政工作的影响。民政工作平时默默无闻，所服务对象也是社会最困难的人与最可爱的人。工作任务重，编制人员少，确实是超负荷工作，平时领导了解甚少。通过区划调整，“撤、扩、并”的一切资料都是出于民政之手，难怪县委、人大的不少领导都说：民政真是个“小政府”，应该重视与加强民政队伍建设。

4.区划调整一个段落已经结束，但民政部门担负的行政区划工作是长期的。而且，随着社会的发展，对不适应管理与制约经济发展的乡镇设置，还应及时调整与完善，以便进一步做好这项工作。

新的镇乡设置区划公布后，社会稳定，干部情绪高涨，形成了发展经济好势头。但从革命老区、边远、县际、省际边界商品交换流通考虑，似以毛垟、秋炉合并，设立毛垟镇，扩大边远老区集镇建设更为合适，以便更快地发展老区经济，提高老区人民生活。供上级有关领导参考。

景宁畲族自治县民政局

一九九二年六月十二日

中共景宁畲族自治县委办公室(通知)

景委办发〔2006〕73号

中共景宁畲族自治县委办公室　景宁畲族自治县人民政府办公室关于调整县行政区划领导小组的通知

各乡镇,县直机关各单位:

因人事变动和滩坑库区相关乡镇行政区划调整的需要。经研究,决定调整景宁畲族自治县行政区划领导小组。现将成员名单公布如下:

组　长:钟昌明

副组长:郑耀汉

郑力平

陈林生

江少伟

雷香兰

成　员:吴郁郁(县委办)

卞春华(县人大办)

罗德伟(县府办)

陈锡星(县委组织部)

麻益兵(县委宣传部)

高日源(县政协办)

蓝小明(县发改局)

雷李木(县委政研室〔农办、扶贫办〕)

李光松(县民政局)

毛南俊(县移民办)

潘文彪(县林业局)

陈阳南(县水利局)

季晓伟（县财政局）
吴昌亮（县建设局）
季建伟（县公安局）
陈小明（县统计局）
梅晓林（县司法局）
潘文彬（县信访局）
刘梅玲（团县委）
刘毓梅（县妇联）
陈晓敏（鹤溪镇）
刘春芝（渤海镇）
叶玉琪（外舍乡）
陈晓梆（金钟乡）
陈　谢（大顺乡）
王世忠（陈村乡）

领导小组下设办公室，设在民政局，李光松兼办公室主任，陈定河（县民政局）任办公室副主任。

中共景宁畲族自治县委办公室
景宁畲族自治县人民政府办公室
2006年11月23日

景宁畲族自治县人民政府文件

景政〔2007〕13号　　签发人：钟昌明

景宁畲族自治县人民政府
关于要求调整滩坑水电站库周乡镇行政区划的请示

丽水市人民政府：

景宁畲族自治县辖区总面积1949.98平方千米，全县辖5个镇、19个乡、4个社区居委会、283个村民委员会。2006年，全县人口17万人，其中畲族人口占总人口的10.6%；农业人口14.1万人，占总人口的82.9%，人口密度为每平方千米87.2人。2006年，全年实现地区生产总值15.63亿元，比上年增长9.4%。财政收入23706万元，完成年度预算的130.8%。农民人均纯收入3632元，比上年增长10.3%。

景宁地域为洞宫山脉中段，地形复杂，海拔悬殊，地势由西南向东北渐倾，境内水能资源丰富。滩坑水电站水库的大部分库区在我县境内，根据滩坑水电站的建设规划，水库蓄水后，将形成库区水面70平方千米，其中三分之二在我县县域。到目前为止，我县第一、第二水平年移民动迁安置任务已基本完成，第三水平年移民动迁安置工作已全面展开，库区100米高程以下库底清理工作已于2007年4月底全面完成，整个库区将从2008年3月开始蓄水。渤海、九龙两个乡镇复建点已全面启动，其中，九龙集镇行政中心、学校、卫生院、敬老院等设施已投入使用；新渤海行政中心工程于今年1月动工，目前已开始基础浇灌，争取在2007年8月底前完成建设并投入使用。

一、行政区划调整的重要性和必要性

1.滩坑水电站建设的需要。滩坑水电站水库建成后，将淹没我县鹤溪镇、外舍乡、金钟乡、渤海镇、大顺乡、陈村乡等2镇4乡海拔160米以下的村落、耕地、林地和基础设施。淹没乡镇政府驻地5处（外舍乡岭北村、金钟乡金钟村、渤海镇渤海村、大顺乡大顺村、陈村乡陈村村），淹没行政村7个，废交通线路849.93千米（其中公路250.43千米）。金钟乡、渤海镇、大顺乡、陈村乡辖境被库水分成南北两壁。为此，对我县涉淹区域乡镇行政区划进行调整势在必行。

2.尊重库区群众意愿，方便群众生产生活。库区乡镇行政区划调整符合当地群众的意愿，尊重群众的生活和风俗习惯。目前外舍乡已列入鹤溪镇新城区建设规划，金钟乡村庄布局距离鹤溪镇比较近，对群众办事、生产生活等都更便利。如原金钟乡的大吴山村，到金钟乡政府办事还要经过鹤溪镇。同时，在文化上，陈村和大顺两乡的方言、风俗、传统习惯等也基本相同，两乡合并为九龙乡符合两地人民意愿。

3.推进库区社会的和谐发展，加快新农村建设。通过合并调整，能有效地整合社会资源，优化资源配置，集中人力、物力、财力加快中心集镇建设，增加集聚和辐射效应，促进库区乡镇社会稳定，加快推进库区社会的和谐发展。外舍、金钟两乡并入鹤溪镇后，将进一步拓展了县城的发展空间，优化了资源配置，增强了向周边乡镇的辐射作用，促使农民逐步进入第二、第三产业，实现城乡一体化发展的目标。同时，通过人口下山脱贫和劳动力的转移，及库区两岸生态公益林的建设和旅游开发，更能充分发挥资源优势，加快新农村建设步伐，促进当地经济社会全面发展。

总之，景宁县滩坑水电站库区部分行政区划调整是因滩坑水电站建设的需要，在充分考虑群众意愿、方便群众生产生活的基础上，按照因地制宜、尊重民意、合理布局、规模适度、优化资源、促进发展的工作原则开展的，调整方案即满足方便群众办事的需要，又结合库区经济发展的实际，具有很强的可操作性。随着滩坑水电站的建成，调整后的三个乡镇必将迎来新的发展机遇。

二、行政区划调整指导思想和原则

本次乡镇行政区划调整的指导思想是：以“三个代表”重要思想为指导，从适应区域经济发展的需要和加快我县城市化进程出发，又结合库区经济发展的实际，在充分考虑群众意愿、方便群众生产生活的基础上，按照因地制宜、尊重民意、合理布局、规模适度、优化资源、促进发展的原则开展，使我县行政区划布局合理、规模适度。按照上述指导思想，结合我县实际，此次区划调整遵循以下原则：

一是有利于发挥地缘人缘优势的原则。根据交通条件、地理特点、物流与人流走向，尊重群众的生活和风俗习惯。

二是有利于经济社会发展原则。重视区位优势，从有利于乡镇今后经济社会发展出发，突出乡镇特点，撤并中尽可能保持乡镇原有特色和相关扶持政策的贯彻与落实。

三是有利于促进和谐稳定原则。实事求是，充分考虑干部分流、群众承受力、重点工程建设等因素，积极稳妥，精心组织，有序推进，确保社会和谐稳定。

四是有利于方便管理和服务原则。既考虑撤并后乡镇的服务半径，群众办事的方便程度，又兼顾我县今后的可持续发展。

三、滩坑电站景宁库区行政区划调整方案

（一）撤销外舍乡、金钟乡建制，其行政区域并入鹤溪镇

1.调整前鹤溪镇、外舍乡和金钟乡概况

鹤溪镇总面积 108.6 平方千米，辖 4 个社区，17 个行政村 35322 人；外舍乡总面积 84.6 平方千米，辖 13 个行政村 3419 人；金钟乡总面积 99.7 平方千米，辖 10 个行政村 4278 人。

2.调整后鹤溪镇概况

外舍乡、金钟乡并入后，鹤溪镇总面积将扩大到 292.9 平方千米，辖 4 个社区，37 个行政村，人口增至 43019 人。镇政府驻地仍设鹤溪村。

（二）撤销渤海镇、大顺乡、陈村乡，复建新的渤海镇和九龙乡

1.复建前渤海镇、大顺乡和陈村乡概况

渤海镇总面积 108.4 平方千米，辖 1 个居委会，16 个行政村 5821 人；大顺乡总面积 109.7 平方千米，辖 12 个行政村 4279 人；陈村乡总面积 95.5 平方千米，辖 11 个行政村 3087 人。

2.复建后渤海镇和九龙乡概况

渤海镇：以原渤海镇未淹地域复建而成。总面积 108.4 平方千米，其中库区水面 27 平方千米。辖 14 个行政村 5821 人。镇政府驻地定址现渤海镇鲍山头村，此处地域开阔，建设用地充裕，有较大的人口容纳量。无拆迁，复建较易。

九龙乡：以大顺乡、陈村乡未淹地域合并复建而成。总面积 205.2 平方千米，其中库区水面 17.5 平方千米。辖 21 个行政村 7366 人。乡政府驻地定址现大顺乡新长汀村。

四、调整部分行政区划的工作与措施

为了保证乡镇复建工作的顺利实施，针对可能出现的问题，我们作了周密的安排和部署，采取有效的工作与措施：

（一）加强领导，统一思想。县委、县政府已经专门成立了行政区划调整工作领导小组及其办公室，切实加强对部分行政区划调整工作的领导，做好平稳过渡。同时召开县、乡（镇）、村（居）领导班子会议和部门领导、人大代表、政协委员、老干部以及各界代表座谈会，广泛征求意见，切实统一思想，认真研究方案。在此基础上，各乡（镇）、村（居）都有书面纪要和书面同意凭证，力求万无一失。

（二）严肃纪律，确保实施。以县委、县府两办的名义下发文件，对行政区划调整、机构改革期间组织人事和财经纪律作出明确规定：一是严肃财经纪律，严防突击花钱，防止资产流失；二是组织工作组协助做好部分行政区划调整的各项工作，确保这项工作的顺利实施。

（三）加快发展，搞好服务。在调整中，按照年初确定的目标任务，以发展为主题，继续抓好各项工作和已经实施的各个建设项目，并加强管理，以保持工作的连续性，使区划调整不影响建设和发展，确保经济和社会各项事业持续快速健康发展。同时，认真研究解决群众提出的生产生活问题，切实搞好服务工作，为群众办实事、解难题，方便群众生产、生活。

（四）做细工作，确保稳定。在部分区划调整中，坚持把稳妥、稳定放在首位，分层次召开各类会议，统一思想，做好思想政治工作，并明确“三个不变”，即年初确定的工作目标任务和措施不变；对目标任务的考核奖惩制度不变；对维护社会稳定的责任不变。

以上报告如无不妥，请转呈省人民政府审批！

二〇〇七年四月二十九日

浙江省人民政府文件

浙政函〔2007〕75号

浙江省人民政府
关于景宁县部分行政区划调整的批复

丽水市人民政府：

你市《关于要求调整景宁畲族自治县滩坑水电站库周乡镇行政区划的请示》(丽政〔2007〕18号)悉。经研究，同意景宁县行政区划作如下调整：

一、撤销外舍乡、金钟乡建制，其行政区域并入鹤溪镇。调整后，鹤溪镇辖4个社区、37个行政村，镇政府驻地不变(鹤溪村)。

二、调整渤海镇行政区划，其行政区域不变，原辖1个居委会、16个行政村调整为14个行政村，镇政府驻地迁至鲍山头村。

三、撤销大顺乡、陈村乡建制，合并设立九龙乡。九龙乡辖21个行政村，乡政府驻地新长汀村。

丽水市和景宁县政府要切实加强领导，严格按照国家有关法律、法规规定和“精简、效能”的机构设置原则，适时周密组织实施，认真做好各项工作，高度重视和妥善处理行政区划调整过程中出现的问题，确保行政区划工作的顺利进行和社会稳定，促进当地经济社会的发展。

浙江省人民政府

二〇〇七年六月八日

景宁畲族自治县人民政府文件

景政发〔2007〕33号

景宁畲族自治县人民政府
关于设立外舍管理区的通知

各乡镇人民政府，县政府直属各单位：

根据《浙江省人民政府关于景宁县部分行政区划调整的批复》（浙政函〔2007〕75号），撤销陈村乡、大顺乡建制，合并镇。按照实际工作需要，经研究，决定将原金钟乡、外舍乡区域合并设立外舍管理区（管理区驻地设在外舍村），待条件成熟后，再并入鹤溪镇。

二〇〇七年九月十七日

景宁畲族自治县外舍管理区文件

外管〔2008〕50号　　签发:陈晓榔

关于要求进行岭北等行政村规模调整的请示

县人民政府:

外舍管理区位于鹤溪镇北面,总面积184.3平方千米,辖23个行政村,2633户、8738人。滩坑电站的建设,牵涉管理区12个村移民,整村移民3个村,部分移民9个村,1767户、4887位移民已安置1702户、4750人。移民后,村规模小,300人以下7个村,300至400人2个村,400至500人7个村,500人以上4个村;由于前几年重点放在移民工作上,村级班子已两次没有换届,许多村的基层组织近乎瘫痪,严重影响农村社会经济发展;滩坑电站和外舍防护工程等重点项目建设,给外舍管理区各村带来良好的发展机遇,外舍新区的开发和滩坑水电站水库蓄水,给周边村提供新的发展机会和平台;随着改革开放不断深入和新农村建设步伐不断加快,对小城镇、中心村建设提出更高要求。因此,为进一步加强农村基层组织建设,加快新农村建设步伐,提高农村经济发展综合实力,根据中央、省、市有关精神以及相关法律法规的规定,按照县委、县政府决策部署,在县行政村规模调整试点工作指导小组的指导下,在各村充分进行调查研究和广泛听取村干部和群众意见,根据"尊重历史面对现实、依法办事群众自愿、就近就便整撤整并、规模适度合理布局、有利发展稳妥推进"等调整原则,结合管理区实际,经外舍管理区研究,将原有的23个行政村调整为11个行政村和1个社区(12个村级单位)。其中王金垟、坑山后、岚头、潘坑、金包山、大吴山6个行政村保持原有规模,岭北、岗石、小金州、杨绿湖、岭根源5行政村和外舍社区为调整合并村,具体调整方案如下:

1.岭北村:包括原岭北、西汇、白岸、石龙、新华5个行政村,辖24个村民小组,458户、1061人;耕地面积1330.48亩,山林面积74080亩。驻地双坑口(移民安置小区)。

2.岗石村:包括原岗石、大常、汇田、金村4个行政村,辖26个村民小组,308户、1006人;耕地面积1376.45亩,山林面积28990亩。驻地石圩村。

3.王金垟村:保持不变,辖9个村民小组,238户、834人;耕地面积757.64亩,山林面积4615亩。驻地王金垟村。

4.小金州村:包括原金钟、陶州、小粗3个行政村,辖14个村民小组,242户、943人;耕地面积

919 亩，山林面积 45400 亩。驻地新金钟(金钟桥头下山移民安置点)。

5.杨绿湖村：包括原绿草、杨山 2 个行政村，辖 19 个村民小组，146 户、586 人；耕地面积 872 亩，山林面积 19200 亩。驻地新绿草村。

6.坑山后村：保持不变，辖 9 个村民小组，125 户、438 人；耕地面积 331.2 亩，山林面积 25717 亩。驻地梅山村。

7.岚头村：保持不变，辖 6 个村民小组，112 户、439 人；耕地面积 320.26 亩，山林面积 7210 亩。驻地岚头村。

8.潘坑村：保持不变，辖 9 个村民小组，166 户、641 人；耕地面积 502.8 亩，山林面积 17300 亩。驻地潘坑村。

9.岭根源村：包括原岭根、徐山 2 个行政村，辖 13 个村民小组，262 户、983 人；耕地面积 698.1 亩，山林面积 13100 亩。驻地岭根村。

10.金包山村：保持不变，辖 13 个村民小组，257 户、1015 人；耕地面积 686.4 亩，山林面积 21188.5 亩。驻地金包山村。

11.大吴山村：保持不变，辖 6 个村民小组，101 户、412 人；耕地面积 289.3 亩，山林面积 12100 亩。驻地大吴山村。

12.外舍社区：包括原外舍村和王金垟移民安置点，管辖范围原外舍辖区与王金垟移民安置点，1300 余人。社区驻地王金垟移民安置点。

以上请示，如无不妥，请予批复。

附：1.外舍管理区行政村规模调整基本情况(略)

2.外舍管理区行政村规模调整示意图(略)

景宁畲族自治县外舍管理区

二〇〇八年七月三日

景宁畲族自治县人民政府文件

景政函〔2008〕29号

景宁畲族自治县人民政府
关于同意外舍管理区行政村规模调整的批复

外舍管理区：

《外舍管理区关于要求调整岭北等行政村规模的请示》收悉。经县政府研究，同意管理区拟定的《外舍管理区行政村规模调整方案》，请管理区接到批复后，根据《中华人民共和国村民委员会组织法》的规定，认真做好行政村规模调整工作，依法选举产生和建立村级领导班子，尽快开展工作。

特此批复

景宁畲族自治县人民政府

二〇〇八年九月十六日

渤海镇人民政府文件

渤政〔2008〕27 号　　　　签发人:陈培春

渤海镇人民政府
关于要求调整梅坑等行政村规模的请示

县政府:

渤海镇位于景宁县城东北,距县城 33 千米,镇政府驻地复建后位于库南鲍山头行政村,海拔 423 米,全镇下辖 16 个行政村,96 个村民小组,1 个居委会,1723 户、6643 人。

随着改革开放不断深化,特别是小城镇、中心村建设步伐的加快,目前渤海镇部分移民外迁,行政村数量偏多,规模偏小,经济实力不强,部分自然村已人去楼空,名存实亡。这种状况不但给管理工作带来诸多不便,不利于区域经济发展,不利于脱贫致富奔小康和社会主义新农村建设,不适应农村新形势的发展要求。

为改变目前行政村布局不合理状况,促进全镇经济社会发展,根据中央、省、市有关文件精神以及相关法律法规,在县委、县政府行政村规模调整试点工作指导小组的指导下,在充分调查研究和听取干部群众意见基础上,本着“合理布局、中心突出、就近就便、促进发展”的调整思路,经渤海镇党委、渤海镇人民政府研究决定将全镇 16 个行政村调整为 8 个行政村 1 个居委会。具体调整方案如下:

一、撤销人口全部外迁的渤海村(160 米水位线上的山林、土地划入旦水行政村)、石塘口村(160 米水位线上的山林、土地划入石塘山旦水行政村)。

二、保留库外四个行政村。

1.安亭行政村:人口 1089 人,包括安亭、上寮、北山、外梅源、底梅源、黄坑下、双叶湾自然村;

2.石塘山行政村:人口 410 人,包括石塘山、岭后、陈岙自然村;

3.后垄行政村:人口 578 人,包括后垄、凸头、外山洋、都际、安坪、下洋自然村;

4.鲍山头行政村:人口 386 人,包括鲍山头、洋隆、何山、石埠山、五里岙自然村;

三、下列行政村进行调整,分别是:

1.设梅坑行政村,撤并叶处行政村。村委设在梅坑移民下山脱贫安置点,人口 1044 人,包括坟前、上西山、下西山、柴岙、高山、上朱山岗、下朱山岗、马里赛、东坑、叶处、庵降、东畔、竹山、渤海坑自然村；

2.设大都行政村，撤并原门潭行政村。村委设在干坑自然村，人口477人，包括干坑、水井头、瓦窑降、山后、隔山、岗头、底湾，并入门潭村的西山自然村；

3.原东山、湖坑行政村撤并为一个行政村，更名为东湖村。村委设在湖坑下山移民点(待建)，人口821人，包括湖坑、上东山、下东山、包岗、官田、岭脚、驮圩、小圩自然村；

4.设旦水行政村，撤并沈坑、外塆、曼段行政村。村委设在旦水下山脱贫安置点(待建)，人口969人，包括沈坑、山茶湾、张坑、塘底湾、沈坑岭、外湾、小罗山、林处、田寮、曼段、黄山头、山前、柿树底、乌坦、洋水头、坪头自然村；

5.渤海镇居委会：主要为辖区内非农人口，共计600余人。

以上请示，如无不妥，请予批复。

附：渤海镇行政村规模调整基本情况(略)

渤海镇人民政府

二○○八年十一月二十八日

景宁畲族自治县人民政府文件

景政函〔2008〕51号

景宁畲族自治县人民政府
关于同意渤海镇行政村规模调整的批复

渤海镇人民政府：

《渤海镇人民政府关于要求调整梅坑等行政村规模的请示》收悉。经县委常委会、县政府常务会议审议，同意渤海镇人民政府拟定的《渤海镇行政村规模调整方案》，请渤海镇人民政府接到批复后，根据《中华人民共和国村民委员会组织法》的规定，认真做好行政村规模调整工作，依法选举产生和建立村级领导班子，尽快开展工作。

特此批复

景宁畲族自治县人民政府

二〇〇八年十二月十六日

九龙乡人民政府文件

九政〔2008〕45 号　　　　签发人：徐仕清

九龙乡人民政府
关于要求调整金山等行政村规模的请示

县人民政府：

九龙乡位于我县城东北，与青田、文成、丽水一市三县为邻，总面积 214 平方千米，海拔 164 米，距县城 50 千米。下辖 23 个行政村，2349 户、8829 人。随着改革开放不断深化，特别是小城镇、中心村建设步伐的加快，目前九龙乡绝大多数移民已外迁，行政村数量偏多，规模偏小，经济实力不强，部分自然村已人去楼空，名存实亡。这种状况不但给管理工作带来诸多不便，不利于区域经济发展，不利于脱贫致富奔小康和社会主义新农村建设，不适应农村新形势的发展要求。

为改变目前行政村布局不合理状况，促进乡经济社会发展，根据中央、省、市有关文件精神以及相关法律法规，在县民政局指导下，在充分调查研究和听取干部群众意见基础上，本着"合理布局、突出中心、就近就便、扩大规模、维护稳定、促进发展"的调整思路，经九龙乡党委、政府研究决定将全乡 23 个行政村调整为 14 个行政村 1 个居委会。具体调整方案如下：

1.金山村：包括原陈村行政村的牛塘自然村（108 人）、东寮自然村（107 人）与金山行政村合并。辖 9 个村民小组，235 户、6851 人；耕地面积 359 亩，山林面积 10641 亩。行政村所在地是金山村。

2.鹤口村：包括原陈村行政村的朱岐自然村（61 人）、驮岙自然村（56 人）、三条坑自然村（37 人）；原景边行政村的方寮自然村（37 人）；原鹤口行政村的五坑底自然村（98 人）、杨梅垄自然村（130 人）、下金山自然村（28 人）。原塘堡行政村的菊花山自然村（17 人）、菊花井自然村（33 人）、岱头自然村（38 人）合并为一个行政村，辖 11 个村民小组，147 户、535 人；耕地面积 410 亩，山林面积 5688 亩。行政村所在地是杨梅垄村。

3.顺利村：原顺利行政村留下的双山自然村（51 人）、萍田自然村（124 人）、下朱自然村（131 人）、横坑自然村（56 人）合并为一个行政村。辖 4 个村民小组，101 户、362 人；耕地面积 217 亩，山林面积 3258 亩。行政村所在地是下朱村。

4.鲍岸村：包括原金田行政村的后坑自然村（15 人）、泥翁自然村（11 人）、外山自然村（147 人）；

原鲍岸行政村的黄柏头自然村（106人）、上下朱山自然村（207人）；原圭背行政村的桃源自然村（68人）、蟹壳背自然村（3人）合并为一个行政村。辖8个村民小组，149户、5571人；耕地面积304.4亩，山林面积3952亩。行政村所在地是下朱山村。

5.库坪村：包括原黄寮行政村的满头垒自然村（63人）、竹坑自然村（31人）与库坪行政村合并。辖8个村民小组，174户、544人；耕地面积363亩，山林面积44702亩。行政村所在地是库坪村。

6.大顺村：包括原大顺行政村的天堂自然村（11人）、活垈自然村（38人）、下爱山头自然村（21人）；原桂根行政村的包山自然村（31人）、棋盘格自然村（21人）、毛山自然村（158人）、外山头自然村（27人）；原炉西坑行政村的上寮自然村（18人）、外降自然村（20人）、八角岭头自然村（11人）合并为一个行政村。辖11个村民小组，99户、356人；耕地面积227亩，山林面积4019亩。行政村所在地是西岙村。

7.王塆村：包括原长汀行政村的朱山自然村（149人）、畚斗湾自然村（71人）与王塆行政村合并。辖12个村民小组，189户、746人；耕地面积502亩，山林面积24604亩。行政村所在地是王塆村。

8.九龙乡驻地设居民委员会1个：约500人，居委名称：龙湾居民委员会。

9.后坪行政村868人；不调整。

10.高岩行政村244人；不调整。

11.半岭行政村225人；不调整。

12.高沈行政村579人；不调整。

13.岭里行政村904人；不调整。

14.田坑行政村516人；不调整。

15.徐垟行政村908人；不调整。

以上请示，如无不妥，请予批复。

附：1.九龙乡行政村规模调整基本情况（略）

2.九龙乡行政村规模调整示意图（略）

九龙乡人民政府

二〇〇八年十月二十六日

景宁畲族自治县人民政府文件

景政函〔2008〕52号

景宁畲族自治县人民政府
关于同意九龙乡行政村规模调整的批复

九龙乡人民政府：

《九龙乡人民政府关于要求调整金山等行政村规模的请示》收悉。经县委常委会、县政府常务会议审议，同意九龙乡拟定的《九龙乡行政村规模调整方案》，请九龙乡人民政府接到批复后，根据《中华人民共和国村民委员会组织法》的规定，认真做好行政村规模调整工作，依法选举产生和建立村级领导班子，尽快开展工作。

特此批复

景宁畲族自治县人民政府

二〇〇八年十二月十六日

中共景宁畲族自治县委办公室(通知)

景委办发〔2011〕42号

中共景宁畲族自治县委办公室　景宁畲族自治县人民政府办公室关于成立撤城关镇设街道办事处工作领导小组的通知

各乡镇、管理区，县直机关各单位：

为加强对我县撤城关镇设街道办事处工作的领导和协调，确保整体工作的顺利进行，经县委、县政府研究，决定成立景宁畲族自治县撤城关镇设街道办事处工作领导小组。现将领导小组成员名单通知如下：

组　长：武　昌

常务副组长：钟昌明

副组长：严轶华

潘　伟

杨唐珠

江少伟

雷香兰

成　员：陈晓敏(县委办)

卞春华(县人大办)

雷应江(县府办)

张玲英(县政协办)

付明明(县纪委)

胡华君(县委组织部)

李晓荣(县委宣传部)

潘文彬(县信访局)

周乃强(县委政法委)

叶　峰(县农办)
余晓军(县发改局)
翁建敏(县教育局)
蓝木宗(县民宗局)
柳浩宇(县公安局)
李光松(县民政局)
梅小林(县司法局)
季晓伟(县财政局)
季建标(县人力社保局)
陈丽成(县国土局)
吴剑锋(县建设局)
陈丽海(县交通运输局)
刘万民(县农业局)
林　敏(县林业局)
沈才忠(县水利局)
雷李会[县卫生(计生)局]
刘春芝(县审计局)
梅振前(县统计局)
毛南俊(县移民办)
沈炎清(县档案局)
陈海峰(鹤溪镇)
叶玉琪(外舍管理区)

领导小组下设办公室,办公室设在县民政局,江少伟同志兼任办公室主任,付明明、胡华君、李晓荣、周乃忠、李光松、季晓伟同志兼任办公室副主任。办公室设立组织人事组、清产核资组、规划报批组。胡华君同志兼任组织人事组组长,季建标同志兼任组织人事组副组长;季晓伟同志兼任清产核资组组长,刘春芝同志兼任清产核资组副组长;李光松同志兼任规划报批组组长,卞春华、吴剑锋同志兼任规划报批组副组长。

附:景宁畲族自治县撤城关镇设街道办事处工作领导小组成员单位职责

中共景宁畲族自治县委办公室
景宁畲族自治县人民政府办公室
二〇一一年九月十三日

景宁畲族自治县撤城关镇设街道办事处工作领导小组成员单位职责

景政发〔2007〕33号

县委办、县府办：负责撤城关镇设街道办事处工作的综合协调工作。

县人大办：负责召开县人大常委会，讨论通过调整方案的决议；做好向省人大申报我县撤城关镇设街道办事处材料有关工作。

县政协办：负责召开政协常委会，形成关于撤城关镇设街道办事处工作的会议纪要。

县纪委：负责并制定撤城关镇设街道办事处工作实施期间各项工作纪律，确保调整工作平稳有序地进行。

县委组织部：负责撤城关镇设街道办事处工作中鹤溪镇（外舍管理区）、街道干部人事方案的制订与实施。

县委宣传部：负责撤城关镇设街道办事处工作中宣传方案的制订与实施，确保调整工作平稳有序地进行。

县委政法委：负责撤城关镇设街道办事处工作中社会稳定问题的研判与处置，全力保障调整过程中的社会稳定。

县公安局：负责实施撤城关镇设街道办事处工作中公安派出机构布点工作，协助做好稳定工作。

县信访局：负责协调处置撤城关镇设街道办事处工作中出现的群众信访问题，全力保障调整过程中的社会稳定。

县司法局：负责撤城关镇设街道办事处工作中的矛盾纠纷化解工作，协助做好稳定工作。

县发改局：负责撤城关镇设街道办事处工作中发展规划及相关政策和规定的制定实施。

县人力社保局（县编办）：负责撤城关镇设街道办事处工作机构、编制设置的制定与实施。

县民宗局：参与、指导鹤溪镇（外舍管理区）设街道涉及民族和宗教事务的评估和调整，并做好向省、市民宗部门的请示、沟通衔接。

县民政局：协助人大办、政协办做好撤城关镇设街道办事处工作调整方案的调研论证，提出整体调整方案，做好与省民政厅、市民政局的沟通衔接，做好向省、市民政部门申报我县调整材料有关工作。

县建设局：负责撤城关镇设街道办事处工作中各地建设规划的修编设置，做好向省、市建设部门和县政府提供相关申报材料。

县国土局：负责撤城关镇设街道办事处工作中土地规划的修编设置。

县教育局：负责制定撤城关镇设街道办事处工作调整后教育单位的布点方案。

县农办（扶贫办）、农业局、水利局、交通运输局、移民办：负责调整后被撤并鹤溪镇（外舍管理区)、村扶持项目的申报和实施。

县林业局:负责撤城关镇设街道办事处后林场调整工作。

县卫生(计生)局:负责制定撤城关镇设街道办事处工作调整后卫生院的布点方案。

县审计局:负责撤城关镇设街道办事处工作调整期间鹤溪镇(外舍管理区)财务的审计监督工作。

县财政局:负责并协调撤城关镇设街道办事处工作期间的经费保障,同时做好清产核资和资产移交工作。

县统计局:负责提供撤城关镇设街道办事处前后各相关统计数据。

县档案局:负责做好撤城关镇设街道办事处档案的整理指导工作。

鹤溪镇、外舍管理区:负责召开班子成员、各界代表座谈会及镇(管理区)政府驻地村座谈会,做好镇(管理区)政府关于要求镇(管理区)撤城关镇设街道办事处工作的请示和座谈会会议纪要等材料申报,做好本镇(管理区)稳定等工作。

景宁畲族自治县人民政府文件

景政〔2011〕29号　　　　　　　　　　　　　　　　　　　　签发人：钟昌明

景宁畲族自治县人民政府
关于要求撤鹤溪镇建制设立街道的请示

丽水市人民政府：

1984年，经国务院批准复设景宁畲族自治县，全县总面积1949.98平方千米，总人口171867人，人口密度，88.14人/平方千米。现设5个镇16个乡，254个行政村，5个社区居委会，5个居委会。根据省委省政府大力推进新型城镇化建设的战略要求和丽水市委市政府“做好撤城关镇设街道办事处”的有关部署，必须加快我县新型城镇化步伐，进一步优化城乡区划布局、促进要素合理配置，充分发挥中心城区在引领全县经济社会发展中的重要作用。现结合我县实际，拟对我县部分行政区划进行调整，撤销鹤溪镇建制，设立红星、鹤溪街道办事处。具体情况如下：

一、鹤溪镇概况

鹤溪镇为县人民政府驻地，是县政治、文化、经济贸易交流中心。总面积292.9平方千米，辖28个行政村，162个自然村，256个村民小组，总人口53178人。外舍片的岭北、王金垟和张村片的张村、双后岗、三枝树等村地域开阔，建设用地充裕，有较大人口容纳量。岭北、王金垟等村紧靠千峡湖，52省道公路穿村而过，云景高速公路即将开通，交通便捷，旅游开发，前景良好。近年来，随着下山移民、危房改造、库区移民不断向县城汇集，县城人口聚集步伐加快。目前，城郊的行政村土地已基本被征用，建成面积不断扩大，行政管理难度也逐步加大。

二、撤鹤溪镇设街道办事处的必要性和可行性分析

（一）撤鹤溪镇设街道办事处可以增强城区集聚和辐射能力。“十一五”时期，是景宁经济综合实力上升最快、城乡面貌变化最大、群众实惠得到最多的重要历史时期。全县地区生产总值从2005年的14.7亿元增长到2010年的26.64亿元，年均增长8.9%；人均地区生产总值从9700元增长到20000元；财政总收入从1.56亿元增长到3.8亿元，地方财政收入从9300万元增长到2.24亿元，两项收入均翻了一番；农村居民人均纯收入从3292元提高到6202元，城镇居民人均可支配收入从10830元提高到17901元。惠明茶再次获得“浙江省十大名茶”称号并在上海世博

会上再获金奖，荣获“中华茶文化之乡”“中国名茶之乡”等称号。成功创建省级教育强县。先后完成景宁中学、民族小学、民族中学、实验幼儿园新建工程和城北中学扩建、职业高中、实验一小迁建工程，高中生、初中生、小学生在县城学校就读的比例分别达到100%、85%和79.6%。建成集博物馆、图书馆、文化馆于一体的畲族文化中心，积极开展非物质文化遗产保护，被文化部命名为“中国民间文化艺术之乡”，深入推进医药卫生体制改革，新建卫生监督综合大楼，完成县医院住院楼改造，乡镇卫生院全部转型为城乡社区卫生服务机构，在全省率先实施国家基本药物制度，城乡公共卫生和医疗卫生服务体系进一步健全。全面推进县城污水收集管网建设，城乡污水处理率达到67.2%。完成“数字城管”和县城社会治安防控系统建设，移动通讯网络覆盖面进一步扩大。县城综合实力大幅提升,城镇化水平不断提高。1992年，我县进行了撤区扩镇并乡工作，将张春乡并入鹤溪镇。2007年，我县又对滩坑电站景宁库区乡镇进行了调整，将原来的外舍乡、金钟乡并入鹤溪镇。通过区划调整，培育了若干个区域经济中心，也促进了社会经济的发展，减少了财政支出，减轻了农民负担，提高了政府管理效能和公共服务水平，社会资源得到了合理配置和利用。鹤溪镇建成区面积从1.26平方千米扩大到5.9平方千米，鹤溪镇工农业总产值从2006年3.65亿元增加到2010年的12.25亿元。

（二）撤鹤溪镇设街道办事处是加快城乡统筹发展的重要抓手。近年来，县委、县政府根据“神奇畲乡、秀美山水、休闲胜地”的城市定位，努力打造一个以鹤溪镇为中心，集经济、政治、文化、商贸服务为一体的主城核心区的要求，积极构建县城两区发展格局。以老城区和外舍新区为主体，加大县城建设力度，协调带动大均、澄照及梅岐发展，打造大均成为县城“后花园”，建设澄照成为县城拓展区，强化梅岐水源保护，优化整体功能布局。努力建设具有浓郁畲乡风情的鹤溪全国历史文化名城。加快向张村、双后岗一带延伸，积极改造“城中村”，建设畲族特色街、主题公园。推进城北区块与外舍新区融合发展，迁建城北110kV输变电工程，优化入城景观工程建设。推进城西包凤区块、水果队区块开发前期，不断拓展发展空间。加快外舍新区开发，构筑富有民族特色的生态山地新区格局。加快推进外舍防护工程建设，加大外舍低丘缓坡开发力度，着力实施外舍新区道路框架建设，积极推进市政配套设施开发，全面实现老城区与外舍新区融合发展。着力完成外舍移民安置点建设，加快推进外舍新区居住功能开发，加大外舍复合产业区开发力度，实现外舍新区人口产业集聚发展。依托龙丽温高速、52省道、56省道和庆景青公路等交通轴线，因地制宜地分析定位城市功能和规模，合理利用安排城市和产业空间，发挥其独具特色的畲族文化和丰富的生态资源优势，着力推进县域中心城市建设，重点发展现代服务业、特色制造业和都市型农业，将其建设成为集畲族文化、生态休闲旅游和特色制造业等于一体的综合性商贸旅游服务城市。通过几年来不断完善城市道路、公交、给排水、电力、环卫、燃气、园林绿化、城市防灾等市政基础设施建设，交通、通讯环境的不断改善，人口不断聚集，进一步提高了行政管理、商业、金融、教育科研、文化娱乐、体育、医疗卫生等公共基础设施上规模、上档次，进一步提升了中心城市对县域经济的辐射带动作用，因此，撤鹤溪镇设街道办事处促进城乡协调发展具有重要的现实意义。

（三）撤鹤溪镇设街道办事处是改革管理体制，推进县城管理新体制的现实需要。近年来，我县按照"人口集中、产业集聚、资源集约、功能集成"的要求，积极创新城市经营管理机制，以政府资金建设为引导，吸引各类社会资本投资新区建设和旧城改造，努力实现城市多元化发展。逐步完善提升"数字城管"网络，加强道路交通管理，不断提高城市综合管理效率和质量。但由于城区管理体制机构的原因，城区管理、社区建设相对滞后，制约了城镇化的进一步发展。撤鹤溪镇设街道办事处，可以优化城市综合管理，完善县城管理新体制。加强城市规划管理，完善"公众参与、社会监督"机制，完善城市功能定位、建筑风貌和功能布局，加强社区建设和管理，推进城市有序发展，有利于强化城镇管理，加大城市规划执行力度，提升城镇品位，推动县城经济社会协调发展，是实现全国民族自治县"全国十强、基本小康、全市平均"三大目标的必然要求。

三、撤鹤溪镇设街道办事处的指导思想和原则

本次撤鹤溪镇设街道办事处指导思想是：以"三个代表"重要思想为指导，从适应区域经济发展的需要和加快我县城市化进程出发，并结合城区经济发展的实际，在充分考虑群众意愿、方便群众生产生活的基础上，按照因地制宜、尊重民意、合理布局、规模适度、优化资源、促进发展的原则组织实施，使我县撤鹤溪镇设街道办事处布局合理、规模适度。

按照上述指导思想，结合我县实际，此次撤鹤溪镇设街道办事处遵循以下原则：

一是有利于发挥地缘人缘优势的原则。根据交通条件、地理特点、物流与人流走向，尊重群众的生活和风俗习惯。

二是有利于经济社会发展原则。重视区位优势，从有利于城区今后经济社会发展出发，突出城区特点，撤设中尽可能保持原有特色和相关扶持政策的贯彻与落实。

三是有利于促进和谐稳定原则。实事求是，充分考虑干部分流、群众承受力、重点工程建设等因素，积极稳妥，精心组织，有序推进，确保社会和谐稳定。

四是有利于方便管理和服务原则。既考虑撤鹤溪镇设街道办事处后的服务半径，群众办事的方便程度，又兼顾今后的可持续发展。

四、撤鹤溪镇设街道办事处工作方案

经县委常委会、县政府常务会议审议，县人大常委会决议和县政协协商讨论，决定拟撤鹤溪镇建制，设两个街道办事处。具体方案为：

（一）设红星街道办事处：办事处辖区为鹤溪镇钟楼路（寨山桥）以北区域与原外舍、金钟片，辖仙童、红星、外舍 3 个社区居委会和城北、王金垟、岗石、岭北、坑山后、岚头、杨绿湖岭根源、潘坑、小金州、金包山、大吴山等 12 个行政村，109 个自然村；辖区总面积 194.85 平方千米，总人口 3.22 万人。街道办事处驻地复兴东路 47 号。四至范围：东至渤海镇，南至鹤溪街道办事处，西至大均乡，北至云和县元和街道。

（二）设立鹤溪街道办事处：办事处辖区为鹤溪镇钟楼路（寨山桥）以南区域，辖城南、城西 2 个社区居委会和鹤溪、扫口、城西、包凤、浮丘、周湖、双后岗、张村、严村、旱塔、惠明寺、敕木山、三枝树、东弄、滩岭、王木坑等 16 个行政村，58 个自然村；总面积 98.05 平方千米，总人口 2.09 万人。街道办事处驻地设环城南路 120 号。四至范围：东至梅岐乡，南至东坑镇，西至澄照乡，北至红星街道

办事处。

五、撤鹤溪镇设街道办事处的具体措施

为保证撤镇设复建工作的顺利实施，针对可能出现的问题，我们作了周密的安排和部署，采取有效的对策与措施：

（一）加强领导，统一思想。县委、县政府成立了撤鹤溪镇设街道办事处工作领导小组及其办公室，切实加强对撤镇设街道工作的领导，确保平稳过渡。同时召开县、镇（外舍管理区）、村（居）领导班子会议和部门领导、人大代表、政协委员、老干部以及各界代表座谈会，广泛征求意见，切实统一思想，认真研究方案。在此基础上，鹤溪镇（外舍管理区）、村（居）都有书面纪要和书面同意凭证，力求万无一失。

（二）严肃纪律，确保实施。下发了《关于严肃撤鹤溪镇设街道办事处工作纪律的通知》，对撤镇设街道、机构改革期间组织、人事、财经工作等纪律作出明确规定：一是严肃财经纪律，严防突击花钱，防止资产流失；二是组织工作组协助做好撤镇设街道的各项工作，确保这项工作的顺利实施。

（三）加快发展，搞好服务。在调整中，按照年初确定的目标任务，以发展为主题，继续抓好各项工作和已经实施的各个建设项目，并加强管理，以保持工作的连续性，使撤鹤溪镇设街道不影响建设和发展，确保经济和社会各项事业持续快速健康发展。同时切实搞好服务工作，为群众办实事、解难题，方便群众生产、生活。

（四）做细工作，确保稳定。在撤镇设街道过程中，坚持把稳妥、稳定放在首位，分层次召开各类会议，统一思想，做好思想政治工作，并明确“三个不变”，即年初确定的工作目标任务和措施不变；对目标任务的考核奖惩制度不变；对维护社会稳定的责任不变。

以上报告如无不妥，请转呈省人民政府审批！

二〇一一年十月二十二日

浙江省人民政府文件

浙政函〔2011〕349号

浙江省人民政府
关于景宁畲族自治县部分行政区划调整的批复

丽水市人民政府：

你市《关于要求调整景宁畲族自治县部分乡镇行政区划的请示》（丽政〔2011〕64号）悉。现批复如下：

同意撤销鹤溪镇建制，其行政区划改由景宁畲族自治县政府直辖。在此区域设立若干街道办事处事宜，请你市按照有关法律规定办理，并报省民政厅备案。

你市和景宁畲族自治县政府要切实加强领导，严格按照国家有关法律、法规规定和“精简、效能”的机构设置原则，周密组织实施，认真做好各项工作。要高度重视和妥善处理行政区划调整过程中出现的矛盾和问题，确保行政区划工作的顺利进行和社会稳定，促进当地经济社会的发展。

浙江省人民政府

二〇一一年十二月十三日

丽水市人民政府文件

丽政函〔2011〕176号

丽水市人民政府
关于景宁畲族自治县部分行政区划调整的批复

景宁畲族自治县人民政府:

你县《关于撤销鹤溪镇建制设立街道的请示》(景政〔2011〕29号)悉。根据《浙江省人民政府关于景宁畲族自治县部分行政区划调整的批复》(浙政函〔2011〕349)号精神,现就你县部分行政区划调整方案批复如下:

同意撤销鹤溪镇建制,其行政区域改由景宁畲族自治县政府直辖。在景宁畲族自治县政府直辖区域设立红星、鹤溪2个街道。

1.红星街道:辖仙童、红星、外舍3个社区,城北、王金垟、岗石、岭北、坑山后、岚头、杨绿湖、岭根源、潘坑、小金州、金包山、大吴山12个行政村,辖区面积194.85平方千米,总人口3.22万人。四至范围:东至渤海镇,南至鹤溪街道办事处,西至大均乡,北至云和县元和街道。街道办事处驻地为复兴东路47号。

2.鹤溪街道:辖城南、城西2个社区,鹤溪、扫口、城西、包凤、浮丘、周湖、双后岗、张村、严村、旱塔、惠明寺、敕木山、三枝树、东弄、滩岭、王木坑16个行政村,辖区面积98.05平方千米,总人口2.09万人。四至范围:东至梅岐乡,南至东坑镇,西至澄照乡,北至红星街道。街道办事处驻地为环城南路120号。

你县要切实加强领导,严格按照国家有关法律、法规规定和"精简、效能"的机构设置原则,周密组织实施,认真做好各项工作,确保行政区划调整工作的顺利进行和社会稳定,促进当地经济社会的发展。

丽水市人民政府

二〇一一年十二月三十一日

景宁畲族自治县人民政府文件

景政发〔2012〕2号

景宁畲族自治县人民政府
关于建立红星街道办事处、鹤溪街道办事处和撤销鹤溪镇人民政府的通知

各乡镇人民政府、管理区，县政府直属各单位：

根据《浙江省人民政府关于景宁畲族自治县部分行政区划调整的批复》（浙政函〔2011〕349号）和《丽水市人民政府关于景宁畲族自治县部分行政区划调整的批复》（丽政函〔2011〕176号）精神，县政府决定：

建立景宁畲族自治县红星街道办事处；

建立景宁畲族自治县鹤溪街道办事处；

撤销景宁畲族自治县鹤溪镇人民政府。

二〇一二年一月十八日

景宁畲族自治县人民政府文件

景政发〔2012〕3号

景宁畲族自治县人民政府
关于调整景宁畲族自治县行政区划的通知

各乡镇人民政府、管理区，县政府直属各单位：

根据《浙江省人民政府关于景宁畲族自治县部分行政区划调整的批复》（浙政函〔2011〕349号）和《丽水市人民政府关于景宁畲族自治县部分行政区划调整的批复》（丽政〔2011〕176号）精神，现就景宁畲族自治县行政区划作如下调整：

撤鹤溪镇建制，其行政区域改由县政府直辖。在原鹤溪镇、外舍管理区区域设立2个街道办事处：

一、红星街道办事处，辖仙童、红星、外舍等3个社区，城北、王金垟、岗石、岭北、坑山后、岚头、杨绿湖、岭根源、潘坑、小金州、金包山、大吴山等12个行政村，辖区总面积194.85平方千米，总人口3.22万人。四至范围：东至渤海镇，南至鹤溪街道，西至大均乡，北至云和县元和街道。街道办事处驻地为复兴东路47号 。

二、鹤溪街道办事处：辖城南、城西等2个社区，鹤溪、扫口、城西、包凤、浮丘、周湖、双后岗、张村、严村、旱塔、惠明寺、敕木山、三枝树、东弄、滩岭、王木坑等16个行政村，辖区总面积98.05平方千米，总人口2.09万人。四至范围：东至梅岐乡，南至东坑镇，西至澄照乡，北至红星街道。街道办事处驻地为环城南路120号。

二〇一二年二月一日

中共景宁畲族自治县委办公室文件

景委办〔2012〕46号

中共景宁畲族自治县委办公室　景宁畲族自治县人民政府办公室关于成立景宁畲族自治县行政区划调整工作领导小组的通知

各乡镇、街道，县直机关各单位：

为加强对我县行政区划工作的领导和协调，确保整体工作的顺利进行，经研究，决定成立景宁畲族自治县行政区划调整工作领导小组。现将领导小组成员名单和职责分工公布如下：

一、领导小组成员名单

组　长：林　康

常务副组长：蓝伶俐

副组长：程巧琴

潘　伟

陈林生

郑建强

雷香兰

成　员：吴伟东（县委办）

雷真荣（县人大办）

沈才忠（县府办）

张玲英（县政协办）

付明明（县纪委）

林　敏（县委组织部）

林一兵（县委宣传部）

徐　雄（县信访局）

陈丽海（县委政法委）

毛华庆（县农办[扶贫办]）

余晓军(县发改局)
钟利海(县教育局)
雷晓东(县民宗局)
季建伟(县公安局)
李光松(县民政局)
吴乾熙(县司法局)
叶　峰(县财政局)
刘德灵(县人力社保局)
陈丽成(县国土局)
翁建敏(县建设局)
严伟华(县交通运输局)
叶玉琪(县农业局)
朱小平(县林业局)
毛南荣(县水利局)
胡华君(县卫生局)
潘文彬(县审计局)
周　枫(县统计局)
毛南俊(县移民办)
沈炎清(县档案局)
吴卫忠(县法制办)

领导小组下设办公室,设在县民政局,郑建强同志兼任办公室主任,付明明、林敏、林一兵、陈丽海、李光松、叶峰同志兼任办公室副主任。办公室设立组织人事组、清产核资组、规划报批组等3个工作小组。林敏同志兼任组织人事组组长,刘德灵同志兼任组织人事组副组长;叶峰同志兼任清产核资组组长,潘文彬同志兼任清产核资组副组长;李光松同志兼任规划报批组组长,雷真荣、翁建敏同志兼任规划报批组副组长。

二、职责分工

县委办、县府办:负责行政区划调整过程中的综合协调工作。

县人大办:负责召开县人大常委会,讨论通过调整方案的决议;做好向省人大申报我县行政区划调整材料有关工作。

县政协办:负责形成关于行政区划调整的会议纪要。

县纪委:负责并制定行政区划调整实施期间各项工作纪律的制订和监督执行,确保调整工作平稳有序地进行。

县委组织部:负责行政区划调整工作中乡镇(街道)、干部人事方案的制订与实施。

县委宣传部:负责行政区划调整工作中宣传方案的制订与实施。确保调整工作平稳有序地开展。

县信访局：负责协调处置行政区划调整过程中出现的群众信访问题，全力保障调整过程中的社会稳定。

县委政法委：负责行政区划调整中社会稳定问题的研判与处置，全力保障调整过程中的社会稳定。

县发改局：负责行政区划调整中发展规划及相关政策和规定的制订与实施。

县教育局：负责制定行政区划调整后教育单位的布点方案。

县民宗局：参与、指导有关乡镇（街道）、涉及民族和宗教事务的评估和调整，并做好向省、市民宗部门的请示、沟通衔接。

县公安局：负责协助做好行政区划调整期间的社会稳定工作。

县民政局：协助人大办、政协办做好行政区划调整方案的调研论证，提出整体行政区划调整方案，做好与省民政厅、市民政局的沟通衔接，做好向省、市民政部门申报我县行政区划调整材料等有关工作。

县司法局：负责行政区划调整中的矛盾纠纷化解工作，协助做好行政区划调整的稳定工作。

县财政局：负责并协调行政区划调整工作期间的经费保障，同时做好清产核资和资产移交工作。

县人力社保局（县编办）：负责行政区划调整后机构、编制设置的制定与实施。

县国土局：负责行政区划调整工作中土地规划的修编设置。

县建设局：负责行政区划调整工作中建设规划的修编设置，做好向省、市建设部门申报我县行政区划调整材料有关工作，负责向县政府提供景宁畲族自治县县域城镇体系规划调整图等相关申报材料。

县农办（扶贫办）、农业局、水利局、交通运输局、移民办：负责调整后被撤并乡镇（街道）、村扶持项目的申报和实施。

县林业局：负责林场行政区划调整工作。

县卫生局：负责制订行政区划调整后卫生院的布点方案。

县审计局：负责行政区划调整工作期间乡镇（街道）财务的审计监督工作。

县统计局：负责提供行政区划调整前后各相关统计数据。

县档案局：负责做好行政区划调整档案的整理指导工作。

县法制办：负责审查行政区划调整方案的合法性。

有关乡镇（街道）：负责召开乡镇（街道）班子成员、各界代表座谈会及乡镇政府（街道办事处）驻地村座谈会，做好乡镇政府（街道办事处）关于要求乡镇（街道）区划调整的请示和座谈会会议纪要等材料申报，做好本乡镇（街道）社会稳定等工作。

中共景宁畲族自治县委办公室

景宁畲族自治县人民政府办公室

二〇一二年九月六日

景宁畲族自治县人民政府文件

景政〔2012〕41号　　签发人:蓝伶俐

景宁畲族自治县人民政府
关于要求调整景宁畲族自治县部分乡镇行政区划的请示

丽水市人民政府:

1984年,经国务院批准复设景宁畲族自治县,全县总面积1949.98平方千米,总人口17.32万人,人口密度为88.82人/平方千米,现设2个街道、4个镇、16个乡,254个行政村,5个社区居委会,5个居委会。根据省委、省政府大力推进新型城镇化建设的战略要求和丽水市委、市政府"撤小乡并大镇"的有关部署,为加快我县新型城镇化步伐,进一步优化城乡区划布局,促进要素合理配置,充分发挥中心乡镇在引领周边乡村经济社会发展中的重要作用。结合我县实际,拟对我县部分行政区划进行调整,撤销葛山乡建制,其行政区域分别并入英川镇、鸬鹚乡。具体情况如下:

一、葛山乡概况

葛山乡位于县城西面30千米,东与鸬鹚乡相连,南与英川镇相邻,西北与龙泉县接壤,平均海拔800米左右。辖区面积25.5平方千米,辖9个行政村,23个自然村,59个村民小组。总户籍人口5237人,其中畲族人口8人,常住人口954人(据2010年人口普查统计)。全乡现有耕地面积3435亩,林业用地39144亩。由于地处偏远,没有支柱产业,交通不便捷,随着外出人口不断增多,乡域经济发展空间狭小,对周边乡镇没有形成聚集和辐射效应。

二、撤葛山乡的必要性和可行性分析

(一)撤葛山乡可以提高中心乡镇集聚和辐射能力。"十一五"时期是景宁经济综合实力上升最快、城乡面貌变化最大、群众实惠得到最多的重要历史时期。经济发展跃上新台阶,全县地区生产总值年均增长8.9%,财政总收入和地方财政收入均翻了一番,农村居民人均纯收入从3292元提高到7412元,农业总产值年均增长11%。城乡面貌发生显著变化,先后完成外舍防护工程(一期)、城南旧城和环城东路拆迁改造、鹤溪河景观带、复兴西路和鹤溪中路立面改造等一批城市美化亮化工程,城镇化率达到43%,成功创建省级卫生县城、省级文明县城,沙湾、东坑中心镇建设全面启动,渤海、九龙集镇复建工作全面完成，中心村和美丽乡村•魅力畲寨建设有序推进，建成东坑深垟、外舍岗石、大均伏叶等一批富有畲乡特色的村寨。云景高速公路正式开工，景青公路、大顺至大港头公路以及广电、通讯等基础设施复建工程全面完成，52省道岚头岭段改建、交见圩至叶村公路改建等项目加快推进，新增农村公路835千米。建成220千伏鹤溪输变电工程。集聚发展是经济社会发展规律的内在要求，也是景宁"十二五"农业农村发展的现实选择。随着县域综合实力大幅提升，城镇化水平的不断提高，必须以产业发展带动人口产业、要素集聚，加快中心镇、中心村培育和下山移民步伐。

（二）撤葛山乡是加快城乡统筹发展的重要抓手。为全面实施"生态立县、产业富县、文化名县"三县并举战略，大力推进"集聚发展、统筹发展、改革发展、文化发展、和谐发展"，全力实现"三个走在前列"目标。近几年来，我县加快下山移民步伐，以"双后降农民安置小区"、"澄照农业园区"、鸬鹚、英川下山脱贫安置区等开发区为平台，投入了大量的人力、物力、财力，也收到了一定的成效。但不容忽视的是，我县至今仍有不少低收入农村贫困人口，其原因主要是受自然条件的限制。解决这个问题的根本出路，只有将他们从偏僻的山村中搬迁出来，让他们彻底改变交通不变、信息闭塞、生产门路窄、比较效益低的困境。通过"撤小乡并大镇"，进一步带动第二、三产业的发展，创造新的就业机会，有利于吸纳偏僻山村的农民移民到中心城镇这些地方，通过人口下山移民和劳动力的转移，更能发挥资源优势，加快新农村建设步伐，促进社会和谐发展，实现从根本上的脱贫致富。随着社会经济的不断发展，交通、通讯环境的不断改善，人口不断聚集中心乡镇，为提高行政管理、商业、金融、教育科研、文化娱乐、体育、医疗卫生等公共基础设施规模和档次，进一步提升中心乡镇对周边地区经济的辐射带动作用，使之成为县域经济发展的核心，现有的葛山乡建制已不能完全适应全县新型城镇化建设和管理的需要。撤葛山乡分别并入英川镇、鸬鹚乡促进城乡协调发展都具有重要的现实意义。

（三）撤葛山乡也是社会历史发展的必然。葛山乡与英川镇、鸬鹚乡地理位置邻近。葛山乡在地理空间上与鸬鹚乡、英川镇毗邻，葛山、鸬鹚两乡政府驻地相距不到30分钟车程，并入英川的岗头、粗垄等村距英川镇政府驻地也不超过25分钟，合并后有利于加强行政管理，方便群众办事，也有利于资源的优化配置，促进资源要素集聚，加快区域经济发展。葛山乡与英川镇、鸬鹚乡"一镇两乡"在历史上有融合。葛山乡原属鸬鹚和英川人民公社，两乡一镇的自然资源、地理位置和民俗风情基本没有差别，群众没有历史纠纷和历史遗留问题，群众间来往较密切，历史文化认同度较高，合并之后有利于进一步加强横向联系，集中力量加快该区域的社会主义新农村建设。撤并后有利于提高公共服务水平。目前，英川片的各类基层站所已经完成合并集中，英川镇设立的基层站所服务范围已经覆盖了葛山乡范围。此次区划调整不会改变基层站所的服务职能，而且撤并有利于进一步统筹两乡一镇的公共资源，提升公共服务水平。有利于提高财政绩效。葛山乡行政村9个、农户1627户，5237人，乡镇工作人员20人，行政管理成本较大，财政资金使用绩效不高，合并后有利于精简人员，节约行政成本。同时，也有利于统一规划两乡一镇的发展布局，避免市政和公共基础设施的重复投资和建设，优化区域发展格局。

三、指导思想和原则

本次撤葛山乡建制，分别并入英川镇、鸬鹚乡指导思想是：以邓小平理论和“三个代表”重要思想为指导，认真贯彻落实科学发展观，深入实施“三县并举”发展战略，从适应区域经济发展的需要和加快我县城市化进程出发，并结合城区经济发展的实际，在充分考虑群众意愿、方便群众生产生活的基础上，按照因地制宜、尊重民意、合理布局、规模适度、优化资源、促进发展的原则组织实施，使我县撤葛山乡分别并入英川镇、鸬鹚乡布局合理、规模适度。

照上述指导思想，结合我县实际，此次撤葛山乡分别并入英川镇、鸬鹚乡遵循以下原则：

一是有利于发挥地缘人缘优势的原则。根据交通条件、地理特点、物流与人流走向，尊重群众的生活和风俗习惯。

二是有利于经济社会发展原则。重视区位优势，从有利于城区今后经济社会发展出发，突出城区特点，撤设中尽可能保持原有特色和相关扶持政策的贯彻与落实。

三是有利于促进和谐稳定原则。实事求是，充分考虑干部分流、群众承受力、重点工程建设等因素，积极稳妥，精心组织，有序推进，确保社会和谐稳定。

四是有利于方便管理和服务原则。既考虑撤葛山乡后的服务半径，群众办事的方便程度，又兼顾今后的可持续发展。

四、工作方案

经县委常委会、县政府常务会议审议，县人大常委会决议和县政协协商讨论，决定拟撤葛山乡建制，其行政区域分别并入英川镇、鸬鹚乡。具体方案为：

（一）将葛山乡岭头村、岗头村、粗砻村等3个行政村并入英川镇。调整后的英川镇辖28个行政村，户籍人口1.71万，常住人口0.40万，调整后的英川镇总面积134.60平方千米。镇政府驻地英川镇英川村双桥街109号。

（二）将葛山乡葛山村、坳根村、印章村、金岱村、林胡村、西山村等6个行政村并入鸬鹚乡。调整后的鸬鹚乡辖15个行政村，户籍人口0.99万，常住人口0.27万，调整后的鸬鹚乡总面积59.79平方千米。乡政府驻地鸬鹚乡鸬鹚村忠孝路48号。

五、具体措施

为确保调整工作的顺利实施，针对可能出现的问题，我们作了周密的安排和部署，将采取有效的对策与措施，稳妥、有序推进各项工作：

（一）加强领导，统一思想。县委、县政府成立了行政区划工作领导小组及其办公室，切实加强对“撤小乡并大镇”工作的领导，确保平稳过渡。同时召开县、乡镇、村委会领导班子会议和部门领导、人大代表、政协委员、老干部以及各界代表座谈会，广泛征求意见，切实统一思想，认真研究方案。在此基础上，被撤并乡镇、村委会都有书面纪要和书面同意凭证，力求万无一失。

（二）严肃纪律，确保实施。下发了《关于严肃行政区划调整工作纪律的通知》，对行政区划调整工作期间组织、人事、财经、工作等纪律作出明确规定：一是严肃财经纪律，严防突击花钱，防止资产流失；二是组织工作组协助做好行政区划调整的各项工作，确保这项工作的顺利实施。

(三)加快发展,搞好服务。在调整中,按照年初确定的目标任务,以发展为主题,继续抓好各项工作和已经实施的各个建设项目,并加强管理,以保持工作的连续性,使行政区划调整工作不影响建设和发展,确保经济和社会各项事业

持续快速健康发展。同时切实搞好服务工作,为群众办实事、解难题,方便群众生产、生活。

(四)做细工作,确保稳定。在行政区划调整工作过程中,坚持把稳妥、稳定放在首位,分层次召开各类会议,统一思想,做好思想政治工作,并明确"三个不变",即年初确定的工作目标任务和措施不变;对目标任务的考核奖惩制度不变;对维护社会稳定的责任不变。

以上报告如无不妥,请转呈省人民政府审批!

景宁畲族自治县人民政府

二〇一二年十二月二十日

景宁畲族自治县人民政府办公室　　2012年12月28日印发

丽水市人民政府文件

丽政〔2013〕10号　　签发人：王永康

丽水市人民政府
关于要求调整景宁畲族自治县部分乡镇行政区划的请示

省人民政府：

景宁畲族自治县位于浙江西南部，东邻青田县、温州市方成县，南衔温州市泰顺县、福建省宁德市寿宁县，西枕庆元县、龙泉市，北连云和县、莲都区。全县总面积1949.98平方千米，总人口17.32万。辖4个镇、16个乡、2个街道办事处、254个行政村。2011年全县实现地区生产总值32.4亿元，财政总收入8.05亿元。

近年来，景宁畲族自治县全面实施"生态立县、产业富县、文化名县"三县并举战略，经济社会快速发展，原有的行政区划已经不能完全适应新形势的要求。为大力推进集聚发展、统筹发展、改革发展、文化发展、和谐发展，全力实现"三个走前列"目标，该县结合实际，从理顺行政管理体制、加强和创新社会服务管理的目标出发，对部分乡镇行政区划调整，拟将目前4个镇、16个乡、2个街道办事处，调整为4个镇、15个乡、2个街道办事处。拟撤销葛山乡建制，其行政区域分别并入英川镇、鸬鹚乡。具体方案为：

(一)将葛山乡岭头村、岗头村、粗砻村等3个行政村并入英川镇。调整后的英川镇辖28个行政村，户籍人口1.71万，常住人口0.40万，总面积134.60平方千米。镇政府驻地英川镇英川村双桥街109号。

(二)将葛山乡葛山村、坳根村、印章村、金岱村、林胡村、西山村等6个行政村并入鸬鹚乡。调整后鸬鹚乡辖15个行政村，户籍人口0.99万，常住人口0.27万，总面积59.79平方千米。乡政府驻地鸬鹚乡鸬鹚村忠孝路48号。

其他行政区划不变。

经审核，我市认为景宁畲族自治县部分乡镇行政区划调整方案论证比较充分，调整比较合理，有利于加快新型城镇化步伐，进一步优化城乡区划布局，拟同意其调整方案。现予转报，恳请省政府予以批准。

当否，请批复。

附件：景宁畲族自治县部分乡镇行政区划调整申报材料（略）

丽水市人民政府

二〇一三年二月三日

浙江省人民政府文件

浙政函〔2013〕85 号

浙江省人民政府
关于景宁县部分行政区划调整的批复

丽水市人民政府：

你市《关于要求调整景宁畲族自治县部分乡镇行政区划的请示》(丽政〔2013〕10 号)悉。现批复如下：

同意撤销葛山乡建制，将原葛山乡所辖的岭头、岗头、粗砻 3 个行政村划归英川镇，葛山、坳根、印章、金岱、林胡、西山 6 个行政村划归鸬鹚乡。调整后，英川镇辖 28 个行政村，镇政府驻地不变(英川村)；鸬鹚乡辖 15 个行政村，乡政府驻地不变(鸬鹚村)。

你市和景宁县政府要切实加强领导，严格按照国家有关法律、法规规定和“精简、效能”的机构设置原则，周密组织实施，认真做好各项工作。要高度重视和妥善处理行政区划调整过程中出现的矛盾和问题，确保行政区划工作的顺利进行，促进当地经济社会科学发展。

浙江省人民政府

二〇一三年五月三十一日

丽水市人民政府文件

丽政函〔2013〕62号

丽水市人民政府
关于景宁畲族自治县部分行政区划调整的批复

景宁畲族自治县人民政府：

你县《关于要求调整景宁畲族自治县部分乡镇行政区划的请示》(景政〔2012〕41号)悉。根据《浙江省人民政府关于景宁县部分行政区划调整的批复》(浙政函〔2013〕85号)精神，现就你县部分行政区划调整方案批复如下：

同意撤销葛山乡建制，将原葛山乡所辖的岭头、岗头、粗砻3个行政村划归英川镇，葛山、坳根、印章、金岱、林胡、西山6个行政村划归鸬鹚乡。调整后，英川镇辖28个行政村，镇政府驻地不变(英川村)；鸬鹚乡辖15个行政村，乡政府驻地不变(鸬鹚村)。

你县要切实加强领导，严格按照国家有关法律、法规规定"精简、效能"的机构设置原则，周密组织实施，认真做好各工作。要高度重视和妥善处理行政区划调整过程中出现的矛盾问题，确保行政区划调整工作顺利进行，促进当地经济社会科发展 。

丽水市人民政府

二〇一三年六月二十日

景宁畲族自治县人民政府文件

景政发〔2013〕18号

景宁畲族自治县人民政府
关于撤销葛山乡人民政府的通知

各乡镇人民政府、街道办事处，县政府直属各单位：

根据《浙江省人民政府关于景宁畲族自治县部分行政区划调整的批复》（浙政函〔2013〕85号）和《丽水市人民政府关于景宁畲族自治县部分行政区划调整的批复》（丽政函〔2013〕62号）文件精神，县政府决定：

撤销景宁畲族自治县葛山乡人民政府。

景宁畲族自治县人民政府

二〇一三年七月二日

景宁畲族自治县人民政府文件

景政发〔2013〕20 号

景宁畲族自治县人民政府
关于调整景宁畲族自治县行政区划的通知

各乡镇人民政府、街道办事处，县政府直属各单位：

根据《浙江省人民政府关于景宁畲族自治县部分行政区划调整的批复》（浙政函〔2013〕85 号）和《丽水市人民政府关于景宁畲族自治县部分行政区划调整的批复》（丽政函〔2013〕62 号）文件精神，现就景宁畲族自治县行政区划作如下调整：

撤葛山乡建制，将原葛山乡所辖的岭头、岗头、粗砻等 3 个行政村划归英川镇管辖，葛山、坳根、印章、金岱、林胡、西山等 6 个行政村划归鸬鹚乡管辖。调整后，英川镇辖 28 个行政村，镇政府驻地不变（英川村）；鸬鹚乡辖 15 个行政村，乡政府驻地不变（鸬鹚村）。

景宁畲族自治县人民政府

二〇一三年七月二日

中华人民共和国国务院

〔84〕国函字 105 号

国务院关于浙江省设立景宁畲族自治县的批复

浙江省人民政府：

你省一九八四年四月十七日《关于要求建立景宁畲族自治县的请示》收悉。同意设立景宁畲族自治县。以原云和县的景宁、渤海、东坑、沙湾、英川五个区，一个镇，三十五个公社为景宁畲族自治县的行政区域，县人民政府驻地鹤溪镇。

中华人民共和国国务院

一九八四年六月三十日

浙江省人民政府(批复)

浙政发〔1984〕14号

关于同意云和县
调整澄照、外舍等七个公社行政区划的批复

丽水地区行政公署、云和县人民政府:

丽署〔1983〕67号、云政〔1983〕292号报告收悉。现批复如下:

一、同意原澄照公社调整为漈头畲族乡、澄照乡。漈头畲族乡辖漈头等五个大队(村),乡政府驻漈头村;澄照乡辖三石等九个大队(村),乡政府驻叶源村。

二、同意原外舍公社调整为白岸乡、外舍畲族乡。白岸乡辖新华等八个大队(村),乡政府驻白岸村;外舍畲族乡辖外舍等五个大队(村),乡政府驻北岸村。

三、同意原陈村公社调整为顺利、陈村两个乡。顺利乡辖库坪等六个大队(村),乡政府驻顺利村;陈村乡辖陈村等四个大队(村),乡政府驻陈村。

四、同意原白鹤公社调整为北溪畲族乡、白鹤乡。北溪畲族乡辖吴山头等五个大队(村),乡政府驻北溪村;白鹤乡辖深垟等四个大队(村),乡政府驻白鹤村。

五、同意原莲川公社调整为叶桥、莲川两个乡。叶桥乡辖李处等四个大队(村),乡政府驻叶桥村;莲川乡辖小地等四个大队(村),乡政府驻岱根垟村。

六、同意原林山公社调整为大塆、沙铺两个乡。大塆乡辖大塆等四个大队(村),乡政府驻大塆村;沙铺乡辖沙铺等四个大队(村),乡政府驻沙铺村。

七、同意原云坛公社调整为沈村、云坛两个乡。沈村乡辖沈村等六个大队(村),乡政府驻沈村;云坛乡辖霞烧桥等七个大队(村),乡政府驻云坛村。

浙 江 省 人 民 政 府

一九八四年一月二十八日

浙江省人民政府(通知)

浙政发〔1984〕202 号

关于设立景宁畲族自治县的通知

各市、县人民政府,各地区行政公署,省政府直属各单位:

国务院一九八四年六月三十日批复,同意设立景宁畲族自治县。以原云和县的景宁、渤海、东坑、沙湾、英川五个区,一个镇,三十五个公社为景宁畲族自治县的行政区域。县人民政府驻地鹤溪镇。

浙江省人民政府

一九八四年八月九日

中共丽水地委办公室文件

地委办〔1984〕59号

关于景宁畲族自治县
党政机关机构设置方案的批复

中共景宁畲族自治县县委、县政府：

一九八四年十月八日《关于县级党、政、群机关机构设置方案的报告》悉。经地委、地区行政公署研究，原则同意所报机构设置方案。现通知如下：

一、县委工作部设：办公室、组织部、宣传部、统战部、农村工作部、政法委员会、老干部局。

二、设县纪律检查委员会。

三、县人民政府工作部门设：办公室、民政局、公安局、司法局、人事局、劳动局、计划经济委员会、工业局、物价局、城乡建设环境保护局、科学技术委员会、农牧特产局、林业局、水电局、财政税务局、审计局、统计局、商业局、工商行政管理局、粮食局、文化局、教育体育局、卫生局、交通局、计划生育委员会、县镇企业局。

四、县人大常委会设：办公室。

五、县政协设：办公室。

六、机关党委和人民团体以及法院、检察院的组织机构，按照党章、宪法和有关章程规定设置。

中共丽水地委办公室
丽水地区行政公署办公室
一九八四年十月二十日

☆急件☆

景 寧 縣 人 民 委 員 會

〔56〕会秘字第 326 号

關於报送我縣调整后區、鄉、镇名稱的報告

浙江省人民委員會办公廳：

你廳 1956 年 3 月 31 日〔56〕辦秘字第 1357 號關於催送調整後區、鄉、鎮名稱的函悉。茲將我縣調整後的區、鄉、鎮名稱列表附文報，清查收為禱。

附：區、鄉、鎮名稱表二份。

景寧縣人民委員會

1956 年 4 月 18 日

景甯縣調整後區、鄉、鎮名稱列表

表 7–5

區名称	景甯縣渤海區公所
	景甯縣英川區公所
	景寧縣大地區公所
	景甯縣東坑區公所
縣直属鄉、镇名称	景寧縣鶴溪鎮人民委員會
	景寧縣外舍鄉人民委員會
	景甯縣學田鄉人民委員會
	景寧縣大均鄉人民委員會
	景寧縣澄照鄉人民委員會
	景甯縣張村鄉人民委員會
	景甯縣沙溪鄉人民委員會
	景寧縣梧桐鄉人民委員會
鄉人民委員會名稱	
渤海區	景寧縣金鐘鄉人民委員會
	景寧縣渤海鄉人民委員會
	景寧縣大都鄉人民委員會
	景甯縣大順鄉人民委員會
	景寧縣小順鄉人民委員會
	景甯縣陳村鄉人民委員會
英川區	景甯縣英川鄉人民委員會
	景甯縣黄湖鄉人民委員會
	景甯縣葛山鄉人民委員會
	景寧縣隆川鄉人民委員會
	景寧縣炉鷟鄉人民委員會
大地區	景寧縣大地鄉人民委員會
	景寧縣蓮川鄉人民委員會
	景甯縣毛垟鄉人民委員會
	景寧縣芎岱鄉人民委員會
	景寧縣秋爐鄉人民委員會
	景寧縣東坑鄉人民委員會
	景寧縣北溪鄉人民委員會
	景寧縣大漈鄉人民委員會
	景甯縣何莊鄉人民委員會
	景甯縣景南鄉人民委員會
	景寧縣雁溪鄉人民委員會
	景甯縣梅岐鄉人民委員會

說　明：

1、我縣原 7 个區，撤掉城區、沙溪、大漈 3 个區，現有渤海、英川、大地、東坑 4 个區。

2、全縣原有 73 个小鄉，1 個鎮。現並掉後尚有 30 个大鄉，1 个鎮，其中：縣直屬鄉 7 个，縣直屬鎮 1 个。

景寧縣人民委員會

〔56〕会秘字第326号

通　　知

茲接省人民委員會指示：將雲和縣新四鄉（並渤海區）和楊坑、潘坑二村（並金鐘鄉）劃歸我縣管轄。現本委已派員前去辦理好接收手續，該鄉、村有關兵役、公安、糧食、文教等工作。希各有關業務部門即派員前往雲和，或向該縣有關業務部門聯繫辦理好接收手續，以便今後開展部門業務。勿誤為荷。

景寧縣人民委員會

一九五六年六月十二日

中 共 云 和 县 委 文 件

县委〔1977〕113号

关于将沙溪区春代公社划归东坑区的批复

中共沙溪、东坑区委、春代公社党委：

报告已悉。

根据你社山区交通不便的情况和有利于社会主义革命和建设的需要。经县委研究决定：将沙溪区春代公社划归东坑区。希你们两区自约时间，共同派员前去春代公社做好群众思想和交接工作。特此批复。

中共云和县委

1977年11月23日

云和县人民政府文件

云政〔1984〕34号

关于调整部份公社(乡)行政区划的通知

各区公所、镇、乡人民政府(公社管委会),县各委、办、局,县属企事业单位:

为加强基层政权建设,加速发展山区经济,根据有利工作,方便群众生产和生活,并考虑到部份公社畲族聚居较多的实际情况。经县委、县人民政府研究,报省人民政府批准,现对我县部份公社(乡)的行政区划,作如下调整。

一、根据省人民政府浙政发〔83〕20号文件批复,紧水滩区赤石公社调整为赤石乡、库北乡。赤石乡辖赤石(黄岗)、临海垟、张源头、建林、应岩、垟田、新林、麻垟等八个村(大队),乡政府驻黄岗村;库北乡辖建源、建升、店子、高山、南洞、担布坑等六个村(大队),乡政府驻担布坑大屋下村。

二、根据省人民政府浙政发〔84〕14号文件批复,景宁区澄照公社调整为漈头畲族乡、澄照乡。漈头畲族乡辖漈头、张后山、米岩山、仙山、炉西岭等五个村(大队),乡政府驻漈头村;澄照乡辖三石、大东岱、东升、东畔、四格、金丘、朱坑、朱排、梅枫等九个村(大队),乡政府驻叶源村。

三、景宁区外舍公社调整为外舍畲族乡、白岸乡。外舍畲族乡辖外舍、岭北、坑山后、岗石、王金垟等五个村(大队),乡政府驻北岸村;白岸乡辖西汇、汇田、岚头、石龙、新华、白岸、大常、金村等八个村(大队),乡政府驻白岸村。

四、渤海区陈村公社调整为顺利乡、陈村乡。顺利乡辖顺利、金田、黄寮、库坪、鲍岸、金山等六个村(大队),乡政府驻顺利村;陈村乡辖陈村、后坪、鹤口、井边等四个村(大队),乡政府驻陈村。

五、东坑区白鹤公社调整为北溪畲族乡、白鹤乡。北溪畲族乡辖汤北、茗源、吴山头、大张坑、方徐等五个村(大队),乡政府驻北溪村;白鹤乡辖白鹤、深垟、桃源、根底岘等四个村(大队),乡政府驻白鹤村。

六、沙湾区莲川公社调整为叶桥乡、莲川乡。叶桥乡辖叶桥、林坑、何处、李处等四个村(大队),乡政府驻叶桥村;莲川乡辖莲川、旺水、小地、上处垟等四个村(大队),乡政府驻岱根垟村。

七、梅源区林山公社调整为大弯乡、沙铺乡。大弯乡辖大弯、叶山头、林山下、项山等四个村（大队），乡政府驻大弯村；沙铺乡辖沙铺、朱宅、林山、廻龙山等四个村（大队），乡政府驻沙铺村。

八、云和区云坛公社调整为沈村乡、云坛乡。沈村乡辖沈村、竹坑、平里、苏坑、沈庄、包山等六个村（大队），乡政府驻沈村；云坛乡辖云坛、李山前、梅塆、靛青山、陈邑、沈岸、霞烧桥等七个村（大队），乡政府驻云坛村。

上述公社（乡）行政区区划调整后，乡党委组成人员，由县委研究决定，乡政府班子待办理法定手续后公布。

云 和 县 人 民 政 府

一九八四年三月廿三日

云和县人民政府文件

云政〔1984〕39号

关于恢复和建立张春、大均、郑坑、安溪、雾溪等五个畲族乡的通知

各区公所、镇、乡(公社)人民政府,县各委、办、局,各企事业单位:

根据国务院国发〔83〕201号《关于建立民族乡问题的通知》精神,经县委、县人民政府研究,并报省人民政府批准,决定对张春等八个公社恢复和建立畲族乡建制。现通知如下:

一、景宁区张春公社现有畲族人口2043人,占总人口54.2%。一九五八年曾建立过畲族乡。根据国务院国发〔83〕201号文件,县人民政府决定恢复张春畲族乡,乡政府驻地张春村,管辖范围不变。

二、根据省人民政府浙政发〔84〕68号文件批复,将安溪公社恢复为安溪畲族乡,将雾溪、大均、郑坑三个公社分别改为雾溪、大均、郑坑三个畲族乡。

上述管辖范围和乡政府驻地不变。

三、根据省人民政府浙政发〔84〕14号文件批复,建立外舍、漈头、北溪三个畲族乡。上述三个畲族乡的管辖范围和乡政府驻地,按县人民政府云政〔84〕34号文件规定办理。

希望上述有关区公所结合基层选举,认真做好恢复和建立畲族乡的筹建工作,以便尽快地开展进行工作。

云和县人民政府

一九八四年三月廿八日

云 和 县 人 民 政 府 文 件

云政〔1984〕101 号

关于恢复上渔乡的通知

东坑区公所、景南、雁溪公社管委会：

经省人民政府浙政发〔84〕117 号文件批复，同意我县恢复上渔乡。将景南公社东垟、西垟、下垟三个大队（村）和雁溪公社鱼漈大队划归上渔乡管辖。乡政府驻西垟大队（村）。希望东坑区公所、景南公社抓紧做好恢复上渔乡的组建工作。

云 和 县 人 民 政 府

一九八四年六月廿九日

第三节 历史地名

区公所

城郊区 Chéngjiāo Qū 又名城区。位于县城中北部。东临渤海区，南倚东坑区，东南界文成县，西接沙湾区，北连云和县、莲都区。1992年4月辖外舍、白岸、张春、大均、澄照、漈头、梅岐7个乡。共51个行政村，324个自然村。5883户，25752人，其中，畲族6905人，占区人口总数的26.81%。因所属乡镇均为县城四郊之地，故名。区公所驻地县城人民南路。辖区面积397.5平方千米，耕地面积20807亩，林业用地444367亩。属县综合农业区划中的中部高山——粮、茶、果、畜、药区。清属二都、六都、七都。宣统二年(1910)设城区。民国二十年(1931)改称第一区，辖城镇及北郭、城东、北舍、均山、大均、梧桐、朱坑、澄照、西山、金丘、漈头、深垟、桃源、北溪、茗源、梅岐、岭岱、严石18个乡。1950年7月复设城区，辖鹤溪镇并城西、外舍、大均、澄照、梅溪(梅岐)5乡。1951年2月，梅溪乡划东坑区；城区辖鹤溪镇并城东、城西、外舍、汇田、西汇、澄照、漈头、大均、新亭、朱坑10乡。1952年10月，朱坑乡划属沙溪区；漈头乡划属大漈区；金钟乡划属城区；鹤溪镇析出学田乡；城东乡改置张村、三枝树2乡；澄照乡析出金丘乡，大均乡改置大均、伏叶、泉坑3乡；城区辖13乡。1956年3月，撤城区，鹤溪镇及外舍、学田、大均、澄照、张村为县直属乡。1957年12月，恢复城区；梅岐乡划归城区；城区辖鹤溪镇并学田、外舍、汇田、大均、澄照、张村、梅岐7乡。1958年3月，外舍乡改建民族乡。5月改建学田、张村2乡为民族乡。是年9月撤销城区，实行人民公社制，原城区改置红星人民公社，辖鹤溪、学田、外舍、汇田、澄照、漈头、大均、张村、梅岐9个管理区。1959年7月，鹤溪管理区改建县直属鹤溪镇。1961年9月，恢复区级建制，置红星区；辖鹤溪镇并外舍、大均、澄照、张村、梅岐5个公社。1962年6月，改属云和县红星区。1981年10月，张村公社改名张春公社；12月，红星区改名景宁区。1984年3月政社分设，外舍公社分设外舍畲族乡、白岸乡；12月景宁区改城郊区；辖鹤溪镇并澄照、梅岐、白岸、大均畲族、外舍畲族、张春畲族、漈头畲族7乡。1986年7月，批准梅岐、外舍、白岸、漈头4个乡为革命老区乡；11月，取消大均、张春、外舍、漈头4个畲族乡名称，恢复原乡名。1992年5月，撤销城郊区；张春乡并入鹤溪镇；漈头乡并入澄照乡；白岸乡并入外舍乡。

沙湾区 Shāwān Qū 原名沙溪区。位于县城西南部。东连城郊区，南部、西部与庆元县接壤，北界云和县。1992年4月，辖沙湾镇和梧桐、标溪、叶桥、莲川、大地、毛垟、秋炉7个乡。共69个行政村，303个自然村。7519户，34862人，其中，畲族2136人，占区人口总数6.13%。以区公所驻地村沙湾得名。辖区面积445.5平方千米，耕地面积25372亩，林业用地523718亩。属县综合农业区划中的中部低山——茶、粮、果、药、畜区和西南部低中山——林、粮、食用菌、畜、药区。清属二都、三都。民国二十年(1931)改称第三区，辖沙溪、道里、季庄、标溪、叶桥、鸬鹚、葛山、隆川、英川、黄湖、榅茶11个乡。1950年7月，设沙溪区，辖沙溪、鸬鹚、英川、大地、隆川5乡。1951年2月辖沙溪、梧桐、标溪、季庄、鸬鹚、茶亭、英川、葛山、隆川、叶桥、黄湖、茶园12乡。1952年10月，析沙溪区置英川区；沙溪区辖沙溪、标溪、季庄、七里、梧桐、山前、鸬鹚、茶亭、朱坑、新亭10乡。1956年3月撤沙溪区；设沙溪、梧桐2乡为县直属乡。1957年3月辖沙溪、梧桐、标溪、季庄、鸬鹚5乡。1958年9月，撤销沙溪区，实行人民公社制，原沙溪区改建沙溪、毛垟2公社；沙溪公社辖沙溪、季庄、标溪、梧桐、鸬鹚5个管理区；毛垟公社辖毛垟、莲川、大地、秋炉4个管理区。1961年9月，恢复沙溪区级建制；辖沙溪、标溪、梧桐、鸬鹚、大地、毛垟、莲川、芎岱、英川、葛山、黄湖、隆川12个公社。1962年6月，改云和县沙溪区。1965年3月，芎岱公社改名春岱公社。1977年11月，沙溪区春岱公社划归东坑区。1981年9月，沙溪区析置英川区；10月沙溪区改名沙湾区；毛垟公社析置秋炉公社；沙湾区辖沙湾、梧桐、标溪、大地、莲川、毛垟、秋炉7个公社。1984年3月，政社分设，莲川公社分设莲川乡、叶桥乡。1986年7月，批准秋炉、大地、毛垟、标溪4个乡为革命老区乡；11月，沙湾乡改建沙湾镇，属沙湾区。1992年5月，撤销沙湾区；沙湾镇、莲川乡、叶桥乡合并，建沙湾镇。

渤海区 Bóhǎi Qū 位于县城东北部。东临青田县，南界文成县，西接城郊区，北连云和县、莲都区。1992年4月，辖渤海、新四、大顺、顺利、陈村、大都、郑坑8个乡。共54个行政村，423个自然村。9364户，35542人，其中，畲族3027人，占区人口总数的8.52%。以区公所驻地渤海村得名。辖区面积463平方千米，耕地面积21335亩，林业用地446236亩。属县综合农业区划中的东北部低山丘陵——粮、果、渔、水禽、水土涵养林区。清属一都。民国二十年（1931）称第二区，辖汇金、包山、绿草、杨徐、石塘、渤海、后砻、鲍岸、柳山、安亭、大都、门潭、郑坑、张坑下、大顺、石灵、鹤陈、鲍金18个乡。1950年7月，设渤海区，辖渤海、金钟、大都、大顺、小顺5乡。1951年2月辖渤海、梅坑、金钟、包山、大都、郑坑、门潭、大顺、小顺、井边10乡。1952年10月，析渤海乡置旦水乡，析大都乡置郑坑、柳山、门潭3乡，析小顺乡置金田乡；辖14乡。1956年3月，行政区划调整为渤海、金钟、大都、大顺、小顺、陈村6乡。1956年6月，析云和县云东区建国乡新四地域高沈、王塆、高岭、长汀4村置新四乡；析云和县云东区包山乡潘坑、杨坑2村归金钟乡；属景宁县渤海区。1957年3月，辖渤海、金钟、大都、郑坑、大顺、新四、小顺、陈村8乡。1958年9月，撤销渤海区，实行人民公社制，原渤海区改建渤海、大顺2公社；渤海公社辖渤海、金钟、包山、大都、郑坑5个管理区；大顺公社辖大顺、新四、小顺、陈村4个管理区。1961年9月，恢复渤海区级建制；辖渤海、金钟、大都、大顺、新四、陈村6个公社。1962年6月，改属云和县渤海区。1981年10月，析大都公社置郑坑公社。1984年3月政社分设，陈村公社分设陈村乡、顺利乡；郑坑公社改建郑坑畲族乡。1986年7月，批准新四、陈村、渤海、大顺、顺利、大都、郑坑、金钟8个乡为革命老区乡；11月，取消畲族乡名称，恢复郑坑乡名。1992年5月，撤销渤海区；渤海、大都2乡合并建渤海镇；顺利乡并入陈村乡；新四乡并入大顺乡。

英川区 Yīngchuān Qū 位于县城西部。东南连沙湾区，西界庆元县、龙泉市，北邻龙泉、云和。1992年4月，辖英川、葛山、鸬鹚、黄湖、隆川5个乡。共43个行政村，163个自然村。6479户，28650人，其中，畲族828人，占区人口总数的2.89%。以区公所驻地村英川得名。辖区面积188.5平方千米，耕地面积15862亩，林业用地194093亩。属县综合农业区划中的西南部低中山——林、粮、食用菌、牧、药区。清属三都。民国二十年（1931）属第三区。1950年7月，设英川、隆川2乡，属沙溪区。

1951年2月设鸬鹚、茶亭、英川、葛山、隆川、黄湖、茶园7乡，属沙溪区；是年秋，析隆川乡置张坑乡。1952年10月，析沙溪区置英川区；时辖英川、茶园、黄湖、隆川、张坑、葛山、梅漴、岭头、叶桥9乡。1956年3月行政区划调整为英川、黄湖、隆川、葛山、鸬鹚5乡。1957年3月，辖英川、黄湖、隆川、葛山、茶园5乡。1958年9月，撤销英川区，实行人民公社制，原英川区改建英川人民公社；辖英川、隆川、葛山、黄湖、茶园5个管理区。1961年9月，设英川、隆川、葛山、黄湖、鸬鹚5个公社，属沙溪区。1962年6月，改属云和县沙溪区。1965年3月，鸬鹚公社改名路兹公社。1981年9月，沙溪区析置英川区，辖英川、隆川、葛山、黄湖、鸬鹚5个公社；路兹公社复名鸬鹚公社。1984年3月，政社分设，英川区辖英川、隆川、葛山、黄湖、鸬鹚5乡。1992年5月，撤销英川区；英川、隆川、黄湖3乡合并，置英川镇。

东坑区 Dōngkēng Qū 位于县城南部。东界文成县，南临泰顺县和福建省寿宁县，西接沙湾区，北邻城郊区。1992年4月，辖东坑、北溪、白鹤、大漈、景南、雁溪、家地、上渔8个乡。共48个行政村，173个自然村。5490户，23432人，其中，畲族1939人，占区人口总数的8.27%。以区公所驻地村东坑得名。辖区面积448平方千米，耕地面积17774亩，林业用地460307亩。属县综合农业区划中的西南部低中山——林、粮、食用菌、畜、药区。清属五都、六都。民国二十年（1931）称第五区，辖东坑、协和、儒砻、杨坑、大漈、高演、小枫、景南、上鱼、忠石10个乡。1950年7月，设东坑区，辖东坑、北溪、上标、大漈、景南5个乡。1951年2月，梅溪（梅岐）划入东坑区；梅溪乡析出竹山乡；上标、大漈、景南3乡划属大漈区；东坑区辖东坑、章坑、北溪、深垟、梅溪、竹山6个乡。1952年10月，析章坑乡置杨斜乡；东坑区辖7乡。1956年3月，行政区划调整，梅溪、竹山2乡合并梅竹乡；深垟、北溪2乡合并深北乡；大漈区并入；东坑区辖东坑、梅竹、深北、大漈、何庄、景南、雁溪7个乡。1957年12月，梅岐乡划属城区；东坑区辖东坑、北溪、深垟、大漈、何庄、景南、雁溪7乡。1958年9月，撤销东坑区，实行人民公社制，原东坑区分设东坑、大漈2公社；东坑公社辖东坑、章坑、北溪、深垟4个管理区；大漈公社辖大漈、何庄、景南、雁溪、苒岱5个管理区。1961年9月，恢复东坑区级建制，原管理区改为人民公社；东坑区辖东坑、北溪、大漈、景南、雁溪5个公社。1962年6月，改属云和县沙溪区。1977年11月，沙溪区春岱公社划归东坑区。1981年10月，北溪公社改名白鹤公社；春岱公社改名家地公社；东坑区辖东坑、白鹤、大漈、雁溪、景南、家地6公社。1984年3月政社分设，白鹤公社分设白鹤乡、北溪畲族乡。是年6月，析景南乡东垟、西垟、下垟3村及雁溪乡鱼漈村置上渔乡。1986年7月，批准东坑、景南、雁溪、家地、白鹤、北溪6个乡为革命老区乡；11月取消畲族乡名称，恢复北溪乡名。1990年9月，东坑乡改建东坑镇，属东坑区。1992年5月，撤销东坑区；东坑镇、白鹤乡、北溪乡合并建东坑镇；上渔乡并入景南乡。

大漈区 Dàjì Qū 位于县城西南部。东接东坑区，南邻福建寿宁，西界沙溪区，北连城郊区。清属五都、六都。1931年属第五区。1951年2月，设大漈区，辖大漈、高演、景南、上标、梅坞、叶谢、东岱7乡。1952年10月增设雁溪、漈头2乡。1956年3月，撤大漈区；高演、叶谢2乡划沙溪区；东岱、漈头2乡划澄照乡，为县直属乡；其余划属东坑区。1958年9月，实行人民公社制，设大漈公社，辖大漈、何庄、景南、雁溪、苒岱5个管理区。1961年9月，恢复东坑区建制，原管理区改置公社，东坑区辖东坑、北溪、大漈、景南、雁溪5个人民公社；茑岱管理区改茑岱公社、何庄管理区划归标溪公社，均属沙溪区。

大地区　Dàdì Qū　位于县城西南部。东界大漈区，南接福建寿宁，西邻庆元县，北连沙溪区。清属三都、四都。民国二十年（1931）称第四区，辖库头、半山、毛垟、澳头、吴坑、桃垟、张坑、大地、小地、莲川10个乡。1951年2月设大地区，辖大地、桃叶、茑岱、莲川、库头、秋炉、吴坑7个乡。1952年10月增设4乡，辖11乡；析大地乡置西坑乡，析桃叶乡置张坑乡，析库头乡置毛垟乡，析秋炉乡置下圩乡。1954年3月，吴坑乡划归庆元县。1956年3月，库头乡并入毛垟乡，叶桥乡并入莲川乡，下圩乡并入秋炉乡，西坑、桃叶、张坑3乡并入大地乡；辖大地、莲川、毛垟、秋炉、茑岱5乡。1958年9月，撤销大地区，实行人民公社制，原大地乡改建大地管理区，划归毛垟公社管辖。

乡镇

鹤溪镇　Hèxī Zhèn　鹤溪，为县治。汉初浮丘伯携双鹤隐居此间，筑台垂钓，沐鹤于溪，故名，镇因溪名。镇境居县中部偏北，位于北纬27°57′~27°58′，东经119°38′~119°39′，海拔190米，东邻梅岐乡，南倚澄照乡，西连大均乡，北接外舍乡。明景泰三年（1452）置景宁县，始为县治。崇祯十三年（1640），知县徐日隆叠石为城，周长二里许，建承恩、行春两门并小东门、南门、小南门、西门，遂有城郭。清代设行春、锦衣、西河、统政4坊。民国二十年（1931）始设镇建制，时辖百岁门、塔頭街、上桥、下牌坊、台门底、桥底、鱼塘岸、南门、司前、县前、后街、官仓前、童衖街、后坑、半垟15领庄。1950年7月，仍设鹤溪镇。除1960年1月至1984年6月期间撤销景宁县建制外，历为景宁县政治、经济、文化、军事中心。1984年，景宁畲族自治县设立时，辖区面积28平方千米，其中，镇区面积0.69平方千米，镇人民政府驻地复兴东路47号。1992年5月，原张春乡并入，面积扩大到108.6平方千米，辖新城、仙童、百岁、百塔、金仙寺、城郊、垟后、浮丘、南门、后山10个居民委员会；鹤溪、学田、岭脚、溪口、扫口、浮丘、包凤、余山、张村、惠明寺、三枝树、东弄、王木坑、滩岭、敕木山16个行政村，68个自然村，5631户，18103人，占全县人口10.49%，其中畲族人口4396人，占镇总人口24.3%，占全县畲族总人口25.57%。包凤行政村叶山头自然村是畲族祖先迁入景宁定居的首个村寨。2006年辖红星、仙童、城南、城西4个社区居民委员会，鹤溪、城北、扫口、城西、包凤、浮丘、周湖、双后岗、张村、严村、旱塔、惠明寺、敕木山、三枝树、东弄、滩岭、王木坑17个行政村，68个自然村，3.5万人。

明代属景宁县鸣鹤乡，旧置行春、锦衣、西河、统政4坊。清同治十一年（1872）属七都。宣统二年（1910）属城区。民国十七年（1928）属第一区东南里、西北里。民国二十年（1931）置城镇，属第一区。1950年7月，设鹤溪镇，属城区。1952年10月，鹤溪镇析置学田乡；城东乡析置张村、三枝树2乡。1956年3月，撤城区，为县直属镇。1957年3月，恢复城区建制，属城区。1958年9月，撤城区，设鹤溪管理区，属红星公社。1959年7月，鹤溪管理区改县属鹤溪镇。1960年2月，改属丽水县红星公社鹤溪镇。1961年9月，改属丽水县红星区辖镇。1962年6月，改属云和县红星区辖镇。1981年10月，改属云和县景宁区辖镇。1984年6月30日，设立景宁畲族自治县，复为县治；12月复属城郊区。1992年5月撤扩并，张春乡并鹤溪镇。因滩坑电站建设，城北行政村的溪口、掌岸、石垟、鸭蛋坑等4

个自然村，扫口行政村的扫口、下场 2 个自然村涉淹。2007 年 6 月，撤外舍、金钟 2 个乡，并入鹤溪镇，总面积 292.9 平方千米，辖 28 个行政村，167 个自然村，256 个村民小组，总人口 53178 人。2011 年 10 月，撤销鹤溪镇建制，设立鹤溪、红星 2 个街道办事处。

外舍乡 Wàishě Xiāng 位于县城北部，为县城鹤溪镇门户。乡人民政府驻地北岸村。东经 119°38′，北纬 28°00′，海拔 140 米，距县城 3.8 千米，辖境面积 45.5 平方千米。东临金钟乡，南倚鹤溪镇，西接大均乡，北界云和县境，东北邻白岸乡。原辖外舍、坑山后、金村、岗石、岭北、王金垟 6 个村民委员会，62 个自然村，763 户，3768 人，其中，畲族 1212 人，占乡总人口 32.17%。2006 年，辖外舍、王金垟、岗石、岭北、坑山后、金村、岚头、西汇、白岸、石龙、新华、大常、汇田 13 个行政村，105 个自然村，94 个村民小组，1605 户，6315 人。其中，畲族 1359 人，占乡总人口 21.5%。全乡耕地面积 2940 亩，林业用地 3288 亩。因滩坑电站建设，外舍、岭北、西汇、白岸、石龙、大常、汇田、岗石等 8 个行政村涉淹。

清属二都。民国设北舍乡，属第一区。1950 年 7 月，设外舍乡，属城区。1951 年 2 月，析外舍乡置白岸乡。1952 年 10 月，析白岸乡置汇田乡。1956 年 3 月，外舍、汇田、白岸 3 乡合并为外舍乡。1957 年 3 月，析外舍乡置汇田乡。1958 年 3 月，改称外舍畲族乡；9 月撤城区，设外舍、汇田 2 管理区，属红星公社。1960 年 2 月，改属丽水县红星公社。1961 年 9 月，改属丽水县红星区辖乡。1962 年 6 月，改属云和县红星区辖乡。1981 年 10 月改属云和县景宁区辖乡。1984 年 3 月，析外舍乡置外舍畲族乡、白岸乡；12 月复属城郊区。1992 年 5 月撤扩并，白岸乡并入外舍乡。2007 年 6 月，撤外舍、金钟 2 个乡，并入鹤溪镇(外舍管理区)。2008 年 7 月，设立外舍社区居委会。2011 年 10 月，撤鹤溪镇(外舍管理区)，设立鹤溪、红星街道办事处。1986 年 7 月，经丽水地区民政局批准为第二次国内革命战争时期革命老区乡。

白岸乡 Báiàn Xiāng 位于县城东部，乡人民政府驻地白岸村。东经 119°38′，北纬 28°00′，海拔 140 米，距县城 8 千米，辖境面积 38.5 平方千米。东连金钟乡，南界北溪乡，西南与外舍乡相邻，北界云和县。辖新华、岚头、白岸、石龙、大常、西汇、汇田 7 个行政村，44 个自然村，571 户，2316 人，其中，畲族 124 人，占乡人口总数的 5.4%。全乡耕地面积 1814 亩，林业用地 43396 亩。清属二都。民国属第二区。1951 年 2 月，设西汇、汇田 2 乡，属城区。1956 年 3 月，外舍、西汇、汇田 3 个乡合并为外舍乡，为县直属乡。1957 年 3 月，复设汇田乡。1958 年 9 月，设汇田管理区，属红星公社。1961 年 9 月，属丽水县红星区外舍公社。1962 年 6 月，改属云和县红星区辖外舍公社。1981 年 12 月，属景宁区外舍公社。1984 年 3 月，复设白岸乡，属城郊区。1986 年 7 月,经丽水地区民政局批准为抗日战争时期革命老区乡。1992 年 5 月，撤白岸乡，并入外舍乡。

张春乡 Zhāngchūn Xiāng 位于县城东南部，乡人民政府驻地张村。东经 119°39′，北纬 27°57′，海拔 270 米，距县城 3 千米，辖境面积 64 平方千米。东与梅岐、金钟接壤，西邻鹤溪镇，南界北溪乡，北界外舍乡。辖张村、严村、惠明寺、三枝树、东弄、王木坑、滩岭、敕木山 8 个行政村，30 个自然村，851 户，3782 人，其中，畲族 2090 人，占乡人口总数 55.26%。全乡耕地面积 2901 亩，林业用地 5637 亩。清同治《景宁县志》载："张村又名张春，昔名张村乡，今名张春乡，均以驻地村得名。"清属六都。民国属第一区。1951 年 2 月，设城东乡，属城区。1952 年 10 月，城东乡改名张村乡。1956 年 3 月，为县直属张村乡。1958 年 9 月，设张村管理区，属红星公社。1961 年 9 月，属丽水县红星区张村公社。1962 年 6 月，改属云和县红星区辖乡。1981 年 10 月，改名张春公社；12 月属景宁区。1984 年 3 月，改名张春畲族乡；12 月复属城郊区。1986 年内 11 月，复名张春乡。1992 年 5 月，撤张春乡，并入鹤溪镇。

漈头乡　Jìtóu Xiāng　位于县城南部，乡人民政府驻地漈头村。东经 119°37′，北纬 27°53′，海拔 495 米，距县城 10 千米，辖境面积 29.25 平方千米。东邻北溪乡，南靠大漈乡，西北部均连澄照乡。辖漈头、米岩山、张后山、仙山、炉西岭 5 个行政村，18 个自然村，489 户，2003 人，其中，畲族 763 人，占乡人口总数 38.10%。全乡耕地面积 1954 亩，林业用地 29034 亩。清属六都。民国设漈头乡，属第一区。1950 年 7 月，设澄照乡，属城区。1951 年 2 月，析澄照乡复置漈头乡。1952 年 10 月，改属大漈区。1956 年 3 月，并入澄照乡，改县直属乡。1957 年 3 月，复属城区。1958 年 9 月，设漈头管理区，属红星公社。1961 年 9 月属丽水县红星区澄照公社。1962 年 6 月，改属云和县红星区辖乡。1981 年 12 月，改属景宁区。1984 年 3 月，澄照公社改置澄照乡、漈头畲族乡；12 月复属城郊区。1986 年 7 月，经丽水地区民政局批准为抗日战争时期革命老区乡。1986 年 11 月，复名漈头乡。1992 年 5 月，撤漈头乡，并入澄照乡。

金钟乡　Jīnzhōng Xiāng　位于县城东北部，乡人民政府驻地上圩村。东经 119°42′，北纬 28°03′，海拔 130 米，距县城 12 千米，辖境面积 104 平方千米。东邻渤海乡，南接梅岐、张春乡，西与白岸乡毗邻，北界丽水市、云和县境。辖金钟、潘坑、徐山、杨山、岭根、绿草、小粗、陶州、包山、大吴山 10 个行政村，68 个自然村，1988 户，6449 人，其中，畲族 451 人，占乡人口总数的 6.99%。全乡耕地面积 3968 亩，林业用地 13456.6 亩。因滩坑电站建设，金钟、绿草、小粗、陶州等 4 个行政村涉淹。清属一都。民国属第二区。1950 年 7 月设金钟乡，属渤海区。1951 年 2 月，设金钟、包山 2 乡。1956 年 6 月，云和县包山乡潘坑、杨山 2 村划归景宁县渤海区金钟乡。1957 年 3 月，包山乡并入金钟乡。1958 年 9 月，设金钟、包山 2 管理区，属渤海公社。1961 年 9 月，属丽水县渤海区金钟公社。1962 年 6 月，改属云和县渤海区金钟公社。1984 年 3 月，复设金钟乡，属渤海区。1992 年 5 月，仍设金钟乡。2007 年 6 月，撤金钟、外舍 2 个乡，并入鹤溪镇(设外舍管理区)。1986 年 7 月,经丽水地区民政局批准为抗日战争时期革命老区乡。2011 年 10 月，撤鹤溪镇(含外舍管理区)，设立红星、鹤溪街道办事处。

大都乡　Dàdōu Xiāng　位于县城东北部，乡人民政府驻地隔溪村。东经 119°49′，北纬 28°02′，海拔 110 米，距县城 20.5 千米，辖境面积 53 平方千米。东与大顺乡接壤，东南和青田、文成县交界，南邻郑坑乡，北界新四乡。辖大都、外湾、后垄、鳗段、门潭、湖坑、东山 7 个行政村，46 个自然村，1146 户，4221 人，其中，畲族 140 人，占乡人口总数的 3.3%。全乡耕地面积 2642 亩，林业用地 71058 亩。清属一都。民国属第二区。1950 年 7 月，设大都乡，属渤海区。1951 年 2 月，设大都、门潭 2 乡。1952 年 10 月，大都乡析置郑坑乡。1956 年 3 月大都、门潭、郑坑 3 乡合并为大都乡，仍属渤海区。1957 年 3 月，大都乡复析郑坑乡。1958 年 9 月，设郑坑管理区，属渤海公社。1961 年 9 月，属丽水县渤海区大都公社。1962 年 6 月，改属云和县渤海区大都公社。1981 年 10 月，大都公社析置郑坑公社。1984 年 3 月，复设大都乡，属渤海区。1986 年 7 月，经丽水地区民政局批准为第二次国内革命战争时期老区乡。1992 年 5 月，撤大都乡，并入渤海镇。

新四乡 Xīnsì Xiāng 位于县城东北部，乡人民政府驻地高演村。东经 119°50′，北纬 28°05′，海拔 190 米，距县城 25 千米，辖境面积 51.75 平方千米。东与大顺乡接壤，南靠大都乡，西和渤海乡为邻，北与丽水市莲都区交界。辖新长汀、高沈、王墒、半岭、高岩 5 个行政村，22 个自然村，600 户，2272 人，其中，畲族 2 人。全乡耕地面积 1271 亩，林业用地 66895 亩。建国前属云和县建国乡外四堡。因地域广阔，故析建国乡高沈、王墒、高岭、新长汀 4 村置新四乡。1956 年 6 月，云和县云东区新四乡划归景宁县渤海区。1958 年 9 月，设新四管理区，属大顺公社。1961 年 9 月，析大顺公社置新四公社。1962 年 6 月改属云和县渤海区新四公社。1984 年 3 月，复设新四乡，属渤海区。1986 年 7 月，经丽水地区民政局批准为第二次国内革命战争时期老区乡。1992 年 5 月，撤新四乡，并入大顺乡。

大顺乡 Dàshùn Xiāng 位于县城东北部，乡人民政府驻地大顺村。东经 119°53′，北纬 28°04′，海拔 100 米，距县城 27 千米，辖境面积 67 平方千米。东与陈村乡、顺利乡接壤，西和大都乡、新四乡相连，南和青田县交界。辖大顺、岭里、圭背、桂根、炉西坑、田坑、徐垟 7 个行政村，69 个自然村，1214 户，4674 人，其中，畲族 25 人。全乡耕地面积 2912 亩，林业用地 75848 亩。清属一都。民国属第二区，设大顺、石灵 2 乡。1950 年 7 月，设大顺乡，属渤海区。1952 年 10 月，设大顺、田坑 2 乡。1956 年 3 月，合并为大顺乡。1958 年 9 月，设金大顺管理区，属大顺公社。1961 年 9 月，属丽水县渤海区大顺公社。1962 年 6 月，改属云和县渤海区大顺公社。1984 年 3 月，复设大顺乡，属渤海区。1986 年 7 月,经丽水地区民政局批准为第二次国内革命战争时期老区乡。1992 年 5 月，设大顺乡。2007 年 6 月，撤大顺、陈村 2 个乡，并入九龙乡；因滩坑电站建设，大顺、圭背、桂根、炉西坑、王墒、新长汀等 6 个行政村涉淹。

顺利乡 Shùnlì Xiāng 位于县城东北部，乡人民政府驻地顺利村。东经 119°59′，北纬 28°04′，海拔 80 米，距县城 33 千米，辖境面积 65 平方千米。东北和青田县交界，南和陈村乡相连，西邻大顺乡，北丽水市接壤。辖顺利、鲍岸、金山、金田、黄寮、库坪 6 个行政村，55 个自然村，1029 户，4008 人，其中，畲族 92 人。全乡耕地面积 1553 亩，林业用地 86987 亩。清属一都。民国为第二区小顺乡。1950 年 7 月设小顺乡，属渤海区。1951 年 2 月，设小顺、井边 2 乡。1952 年 10 月，小顺乡析置金田乡；井边乡析置陈村乡。1956 年 3 月，为顺乡，仍属渤海区。1958 年 9 月，设小顺管理区，属大顺公社。1961 年 9 月，属丽水县渤海区陈村公社。1962 年 6 月，改属云和县渤海区陈村公社。1984 年 3 月，改设顺利乡、陈村乡，属渤海区。1986 年 7 月,经丽水地区民政局批准为第二次国内革命战争时期老区乡。1992 年 5 月，撤顺利乡，并入陈村乡。

陈村乡 Chéncūn Xiāng 位于县城东北部，乡人民政府驻地陈村村。东经 119°56′，北纬 28°04′，海拔 80 米，距县城 33.2 千米，辖境面积 34 平方千米，为本县海拔最低的乡政府驻地。东南与青田县交界，西和大顺乡毗邻，北靠小顺乡。辖陈村、后坪、井边、塘堡、鹤口 5 个行政村，54 个自然村，1060 户，4089 人，其中，畲族 37 人。全乡耕地面积 2348 亩，林业用地 36810 亩。清属一都。民国为第二区鲍金乡、鹤陈乡。1950 年 7 月，设小顺乡，属渤海区。1951 年 2 月设小顺、井边 2 乡。1952 年 10 月，小顺乡析置金田乡；井边乡析置陈村乡。1956 年 3 月为陈村乡，仍属渤海区。1958 年 9 月，设陈村管理区，属大顺公社。1961 年 9 月，属丽水县渤海区陈村公社。1962 年 6 月，改属云和县渤海区陈村公社。1984 年 3 月，复设陈村乡，属渤海区。1986 年 7 月,经丽水地区民政局批准为第二次国内革命战争时期老区乡。1992 年 5 月，撤顺利乡，并入陈村乡。2007 年 6 月，撤陈村、大顺 2 个乡，并入九龙乡；因滩坑电站建设，陈村、金田、黄寮、鹤口、井边、鲍岸、顺利、塘堡等 8 个行政村涉淹。

白鹤乡 Báihè Xiāng 位于县城东南部，乡人民政府驻地白鹤村。东经 119°41′，北纬 27°49′，海拔 570 米，距县城 18.5 千米，辖境面积 43 平方千米。东靠东坑乡，南接景南乡，西与大漈乡、漈头乡接壤，北和北溪乡为邻。辖白鹤、深垟、桃源、根底岘 4 个行政村，12 个自然村，446 户，1987 人，其中，畲族 289 人，占乡人口总数的 14.6%。全乡耕地面积 1254 亩，林业用地 63174 亩。清属六都。民国设桃源、深垟 2 乡，属第一区。1950 年 7 月，为北溪乡，属东坑区。1951 年 2 月设深垟乡。1956 年 3 月，改设深北乡，仍属东坑区。1957 年 3 月，复设深垟乡，还属东坑区。1958 年 9 月，设深垟管理区，属东坑公社。1961 年 9 月，属丽水县东坑区北溪公社。1962 年 6 月，改属云和县东坑区北溪公社。1981 年 10 月，北溪公社改名白鹤公社。1984 年 3 月，政社分设，白鹤公社分设白鹤乡、北溪畲族乡。1986 年 7 月，经丽水地区民政局批准为抗日战争时期革命老区乡。1992 年 5 月，撤销白鹤乡，并入东坑镇。

北溪乡 Běixī Xiāng 位于县城南部，乡人民政府驻地北溪村。东经 119°40′，北纬 27°52′，海拔 700 米，距县城 12.5 千米，辖境面积 50 平方千米。东与东坑乡、梅岐乡交界，南接白鹤乡，西与漈头乡、澄照乡接壤，北和张春乡相邻。辖汤北、茗源、吴山头、大张坑、方徐 5 个行政村，15 个自然村，375 户，1736 人，其中，畲族 434 人，占乡人口总数的 25%。全乡耕地面积 1750 亩，林业用地 37988 亩。清属六都。民国设北溪、茗源 2 乡，属第一区。1950 年 7 月，设北溪乡，属东坑区。1956 年 3 月，改设深北乡，属东坑区。1957 年 3 月，复设北溪乡，属东坑区。1958 年 9 月，设北溪管理区，属东坑公社。1961 年 9 月，属丽水县东坑区北溪公社。1962 年 6 月，改属云和县东坑区北溪公社。1981 年 10 月，北溪公社改名白鹤公社。1984 年 3 月，政社分设，白鹤公社分设北溪畲族乡、白鹤乡。1986 年 11 月，取消畲族乡名称，恢复北溪乡名。1986 年 7 月,经丽水地区民政局批准为抗日战争时期革命老区乡。1992 年 5 月，撤销北溪乡，并入东坑镇。

上渔乡 Shàngyú Xiāng 位于县城南部，乡人民政府驻地北垟村。东经 119°36′，北纬 27°45′，海拔 990 米，距县城 29.5 千米，辖境面积 54 平方千米。东邻泰顺县，南靠福建寿宁县，西接家地乡，北与景南、雁溪接壤。辖西垟、上标垟、东垟、鱼漈 4 个行政村，14 个自然村，485 户，2073 人。全乡耕地面积 1125 亩，林业用地 43532 亩。

清属五都。民国设上渔乡，属第五区。1950 年 7 月设上标乡，属东坑区。1951 年 2 月，改属大漈区。1956 年 3 月，并入景南乡，属东坑区。1958 年 9 月，设景南管理区，属大漈公社。1961 年 9 月，属丽水县东坑区景南公社。1962 年 6 月，改属云和县东坑区景南公社。1984 年 6 月，析景南乡东垟、西垟、下垟 3 行政村和雁溪乡鱼漈行政村置上渔乡。1992 年 5 月，撤上渔乡，并入景南乡。

莲川乡 Liánchuān Xiāng 位于县城西南部，乡人民政府驻地莲川村。东经 119°24′，北纬 27°47′，海拔 270 米，距县城 30 千米。辖境面积 32 平方千米，东和大地乡、沙湾镇接壤，南与毛垟乡为邻，西与叶桥乡交界，北与鸬鹚、隆川乡比邻。辖莲川、旺水、小地、上处垟4个行政村，22个自然村，836户，3745人，其中，畲族3人。全乡耕地面积1896亩，林业用地43798亩。清属四都。民国设莲川乡、小地乡，属第四区。1950年7月，设沙溪乡，属沙溪区。1951年2月，复设莲川乡，改属大地区。1958年9月，设莲川管理区，属毛垟公社。1961年9月，改属丽水县沙溪区莲川公社。1962年6月，划属云和县沙溪区莲川公社。1981年12月，改属沙湾区莲川公社。1984年3月，政社分设，莲川公社分设莲川乡、叶桥乡。1992年5月，撤销莲川乡，并入沙湾镇。

叶桥乡 Yèqiáo Xiāng 位于县城西南部，乡人民政府驻地叶桥村。东经119°25′，北纬27°47′，海拔735米，距县城31.5千米，辖境面积21平方千米。东和莲川乡接壤，南与毛垟乡为邻，西北与隆川乡比邻。辖叶桥、林坑、何处、李处、流坑、东堡6个行政村，15个自然村，807户，3915人。全乡耕地面积2045亩，林业用地24076亩。清属三都。民国设叶桥乡，属第三区。1950年7月，设沙溪乡，属沙溪区。1951年2月，复设叶桥乡，属沙溪区。1952年10月，改属英川区。1956年3月，叶桥乡并入莲川乡，属大地区。1958年9月，划入莲川管理区，属毛垟公社。1961年9月，属丽水县沙溪区莲川公社。1962年6月，改属云和县沙溪区莲川公社。1981年12月，改属沙湾区。1984年3月，政社分设，莲川公社分设叶桥乡、莲川乡。1992年5月，撤销叶桥乡，并入沙湾镇。

隆川乡 Lóngchuān Xiāng 位于县城西南部，乡人民政府驻地隆川村。东经119°20′，北纬27°50′，海拔570米，距县城32千米，面积46.5平方千米。东和莲川乡、鸬鹚乡接壤，南接秋炉乡相邻，西南与庆元县交界，北与葛山乡相连。辖隆川、黄垟口、白坦、隆下、张川、凤垟、寨后7个行政村，32个自然村，人口1353户，5994人，其中，畲族21人。全乡耕地面积2776亩，林业用地48827亩。清属三都。1931年，设隆川乡，属第三区。1950年7月，为隆川乡，属沙溪区。1951年，秋析隆川乡置张坑乡，仍属沙溪区。1952年10月，改属英川区。1956年3月，张坑乡并入隆川乡。1958年9月，设隆川管理区，属英川公社。1961年9月，改属丽水县沙溪区隆川公社。1962年6月，改属云和县沙溪区隆川公社。1981年9月，改属云和县英川区隆川公社。1984年3月，改设隆川乡，属英川区。1992年5月，撤隆川乡，并入英川镇。

黄湖乡 Huánghú Xiāng 位于县城西部，乡人民政府驻地黄湖（郑源）村。东经119°61′，北纬27°51′，海拔530米，距县城38.5千米，面积55平方千米。东靠英川乡，东南与隆川乡毗邻，西南和庆元县交界，西北与龙泉县接壤。辖鲍岱、黄谢圩、外处坳、石漴、湖后、木耳口、茶园、榅堆8个行政村，31个自然村，人口1395户，6099人。全乡耕地面积3421亩，林业用地63502亩。清属三都。1931年，设黄湖、榅茶2乡，属第三区。1950年7月，为英川乡，属沙溪区。1951年2月，设黄湖、茶园2乡，仍属沙溪区。1952年10月，改属英川区。1956年3月，茶园乡并入黄湖乡。1957年3月，黄湖乡析置茶园乡。1958年9月，设黄湖、茶园2个管理区，属英川公社。1961年9月，改属丽水县沙溪区黄湖公社。1962年6月，改属云和县沙溪区黄湖公社。1981年9月，改属云和县英川区黄湖公社。1984年3月，改设黄湖乡，属英川区。1992年5月，撤黄湖乡，并入英川镇。

葛山乡 Gěshān Xiāng 位于县城西部，乡人民政府驻地葛山村。东经119°20′，北纬27°53′，海拔965米，距县城30千米，面积25.5平方千米。东与鸬鹚乡毗邻，南与英川镇相邻，西北与龙泉市接壤。辖葛山、粗垄、岗头、坳根、印章、岭头、林胡、西山、金岱9个行政村，23个自然村，人口780户，5386人，其中，畲族15人。全乡耕地面积3435亩，林业用地39144亩。清属三都。1931年，设葛山乡，属第三区。1950年7月，划鸬鹚乡，属沙溪区。1951年2月，复设葛山乡，仍属沙溪区。1952年10月，析葛山乡置岭头乡；改属英川区。1956年3月，岭头乡并入葛山乡，仍属英川区。1958年9月，设葛山管理区，属英川公社。1961年9月，改属丽水县沙溪区葛山公社。1962年6月，改属云和县沙溪区葛山公社。1981年9月，改属云和县英川区葛山公社。1984年3月改设葛山乡，属英川区。1992年5月，撤扩并，仍设葛山乡。2013年5月，撤葛山乡，岭头、岗头、粗砻3村属英川镇；葛山、坳根、印章、金岱、林胡、西山6村属鸬鹚乡。

居民委员会

新城居民委员会 Xīnchéng Jūmínwěiyuánhuì 位于县城北部，居民委员会驻地金仙寺路47号。556户，1596人，其中，畲族71人。居民分布于人民路、复兴路、鹤溪路、环城东路、红星路、体育路、振兴路、建设路等新建城区，故名新城。2001年，并入红星社区。

百岁居民委员会 Bǎisuì Jūmínwěiyuánhuì 位于县城南部，居民委员会驻地百岁门17号。301户，881人，其中，畲族25人。居民分布于百岁门一带，故名百岁门。2001年，并入城南社区。

百塔居民委员会 Bǎitǎ Jūmínwěiyuánhuì 位于县城南部，居民委员会驻地大众街34号。359户，949人，其中，畲族51人。居民分布于大众街、敬山宫一带，取百岁门、塔头街两条道路首字得名。2001年，并入城南社区。

城郊居民委员会 Chéngjiāo Jūmínwěiyuánhuì 位于县城西部，居民委员会驻地包山矿区。86户，376人，其中，畲族6人。居民分布于包山矿区、外舍运输站、大赤坑电站等城郊地，故名城郊。2001年，并入红星社区。

垟后居民委员会 Yánghòu Jūmínwěiyuánhuì 位于县城东南部，居民委员会驻地后街弄1号。377户，898人，其中，畲族14人。居民分布于县前街、垟后街一带，分别取半垟、后坑两地首字得名。2001年，并入城南社区。

浮丘居民委员会 Fúqiū Jūmínwěiyuánhuì 位于县城西南部，居民委员会驻地环城西路东侧，与环城南路交叉处。375户，973人，其中，畲族41人。居民分布于浮丘村一带，故名浮丘。2001年，并入城西社区。

村民委员会

仙童村民委员会 Xiāntóng Cūnmínwěiyuánhuì 位于红星街道南0.5千米。辖仙童1个自然村，处县城最繁华路段，东至环城东路，南至钟楼路，西至鹤溪中路，北至复兴路。1952年入社时，以村域内建筑物睡仙桥、童弄街各取一字，故名仙童村。131户，509人，其中，畲族28人。清属七都。1931年，属第一区城镇。1950年7月，属城区鹤溪镇。1956年3月，为县直属鹤溪镇。1957年12月，复属城区鹤溪镇。1958年9月，属红星人民公社学田管理区。1959年7月，改为县直属鹤溪镇。1961

年9月，属红星区鹤溪镇。1962年6月，改属云和县红星区鹤溪镇。1981年，改属景宁区鹤溪镇。1984年红星大队分设仙童、学田、溪口、岭脚、金仙寺5个村民委员会。分设景宁县后，仙童村民委员会三个村民小组土地被征用，大部分村民农转非安排工作，未农转非户口村民37户，143人。1987年，并入学田行政村，1992年5月，撤销学田行政村，并入城北行政村，属鹤溪镇。2011年10月，划属红星街道城北行政村。

学田村民委员会 Xuétián Cūnmínwěiyuánhuì 位于红星街道北部，以驻地村学田得名。辖学田、鸭卵坑、山后、新田、玄殿、三角塘头、仙童7个自然村，245户，803人，其中，畲族234人。耕地面积520亩。清属七都。1931年，属第一区北郭乡。1950年7月，属城区鹤溪镇。1956年3月，为县直属鹤溪镇。1957年12月，复属城区鹤溪镇。1958年9月，属红星人民公社学田管理区。1959年7月，改为县直属鹤溪镇。1961年9月，属红星区鹤溪镇。1962年6月，改属云和县红星区鹤溪镇。1981年，改属景宁区鹤溪镇。1984年12月，改属城郊区鹤溪镇。1992年5月，撤销学田行政村，并入城北行政村，属鹤溪镇。2011年10月，划属红星街道城北行政村。

岭脚村民委员会 Lǐngjiǎo Cūnmínwěiyuánhuì 位于红星街道北部，以驻地村岭脚得名。辖岭脚、栋底2个自然村，47户，252人，其中，畲族86人。耕地面积293亩。清属七都。1931年，属第一区北郭乡。1950年7月，属城区鹤溪镇。1956年3月，为县直属鹤溪镇。1957年12月，复属城区鹤溪镇。1958年9月，属红星人民公社学田管理区。1959年7月，改为县直属鹤溪镇。1961年9月，属红星区鹤溪镇。1962年6月，改属云和县红星区鹤溪镇。1981年，改属景宁区鹤溪镇。1984年12月，改属城郊区鹤溪镇。1992年5月，撤销岭脚行政村，并入城北行政村，属鹤溪镇。2007年6月，因滩坑电站建设，鸭蛋坑自然村涉淹。有移民9户，28人。其中，7户，21人移至县内浮丘安置点；1户，4人移至绍兴诸暨市；1户，3人移至宁波鄞州区。2011年10月，属红星街道城北行政村。

溪口村民委员会 Xīkǒu Cūnmínwěiyuánhuì 位于红星街道北部，以驻地村溪口得名。辖溪口、坑底、掌岸、石垟4个自然村，103户，502人，其中，畲族208人。耕地面积164亩。清属七都。1931年，属第一区北郭乡。1950年7月，属城区鹤溪镇。1956年3月，为县直属鹤溪镇。1957年12月，复属城区鹤溪镇。1958年9月，属红星人民公社学田管理区。1959年7月，改为县直属鹤溪镇。1961年9月，属红星区鹤溪镇。1962年6月，改属云和县红星区鹤溪镇。1981年，改属景宁区鹤溪镇。1984年12月，改属城郊区鹤溪镇。1992年5月撤销溪口行政村，并入城北行政村，属鹤溪镇。2007年6月，因滩坑电站建设，涉淹村有溪口、掌岸、石垟3个自然村。全村共有移民101户，304人。其中，80户，231人移居县内浮丘安置点；6户，22人移居绍兴诸暨市；15户，51人移居宁波鄞州区。2011年10月，属红星街道城北行政村。

金仙寺村民委员会 Jīnxiān Sì Cūnmínwěiyuánhuì 位于红星街道城北村。处鹤溪镇西北0.3千米，清属七都。民国二十年(1931)为北郭乡。解放初期属鹤溪镇。1951年2月，属城西乡。1952年10月属学田乡。1956年3月，为县直属鹤溪镇。1958年9月，属红星公社学田管理区。1959年7月，改为县直属鹤溪镇。1962年6月，属云和县红星区鹤溪镇。1984年12月，属城郊区鹤溪镇。金仙寺行政村所辖金仙寺、牛栏岗、李宅三个村民小组土地被征用，全部村民农转非，大部分村民安排工作。1987年并入金仙寺居民委员会。1992年5月,属鹤溪镇金仙寺居民委员会。2002年9月,属城西社区居委会。2012年10月,属金仙寺社区居委会。

外舍村民委员会　Wàishě Cūnmínwěiyuánhuì　位于红星街道北部,以驻地村外舍得名。乡人民政府驻地。辖外舍、油田、苦竹垟3个自然村,7个村民小组,157户,883人,其中,畲族13人。耕地面积528亩,林业用地2761亩。清属二都。1931年,属第一区北舍乡。1950年7月,属城区外舍乡。1956年3月,为县直属外舍乡。1957年12月,复属城区外舍乡。1958年9月,属红星人民公社外舍管理区。1961年9月,属红星区外舍人民公社。1962年6月,改属云和县红星区外舍公社。1981年,改属景宁区外舍公社。1984年3月,改属城郊区外舍畲族乡。1986年11月,恢复外舍乡。1992年5月,属外舍乡。2007年,因滩坑库区涉淹,移民177户,534人。其中,13户,32人移至县内澄照乡;43户,121人移至市内莲都区;其余移至市外义乌、宁波、诸暨等地;2011年10月,属红星街道。

金村村民委员会　Jīncūn Cūnmínwěiyuánhuì　位于红星街道东北部,以驻地村金村得名。辖金村1个自然村,55户,228人。耕地面积131亩,林业用地10266亩。清属二都。1931年,属第一区北舍乡。1950年7月,属城区外舍乡。1956年3月,为县直属外舍乡。1957年12月,复属城区外舍乡。1958年9月,属红星人民公社外舍管理区。1961年9月,属红星区外舍公社。1962年6月,改属云和县红星区外舍公社。1981年,改属景宁区外舍公社。1984年3月,改属城郊区外舍畲族乡。1986年6月,经县人民政府批准为革命老区村;11月,恢复外舍乡名。1992年5月,属外舍乡。2007年6月,因滩坑电站库区行政区划调整,撤销外舍乡,属鹤溪镇(外舍管理区)。2008年12月,并入岗石行政村。

西汇村民委员会　Xīhuì Cūnmínwěiyuánhuì　位于红星街道东北部,以西坑村与驻地村汇边各取首字得名。辖汇边、西坑、后坪、香椹山、苦槠岭、蕉园、平头地7个自然村,108户,421人,其中,畲族26人。耕地面积374亩,林业用地5336亩。清属二都。1931年,属第一区北舍乡。1950年7月,属城区外舍乡。1956年3月,为县直属外舍乡。1957年12月,复属城区外舍乡。1958年9月,属红星人民公社外舍管理区。1961年9月,属红星区外舍公社。1962年6月,改属云和县红星区外舍公社。1981年,改属景宁区外舍公社。1984年3月,改属城郊区外舍畲族乡。1986年6月,经县人民政府批准为革命老区村;11月恢复外舍乡名。1992年5月,属外舍乡。2007年,因滩坑库区涉淹,全村共有移民68户,227人。其中,1户,3人移居县内澄照乡;53户,171人移居市内莲都区;11户,42人移居义乌市;3户,11人移居诸暨市;撤销外舍乡,改属鹤溪镇(外舍管理区)。2008年12月,因滩坑库区行政区划调整,并入岭北行政村。2011年10月,属红星街道。

白岸村民委员会　Báiàn Cūnmínwěiyuánhuì　位于红星街道东北部,以驻地村白岸得名。辖白岸、圩头、元头3个自然村,54户,199人。耕地面积126亩,林业用地3075亩。清属二都。1931年,属第一区北舍乡。1950年7月,属城区外舍乡。1956年3月为县直属外舍乡。1957年12月,复属城区外舍乡。1958年9月,属红星人民公社外舍管理区。1961年9月,属红星区外舍公社。1962年6月,改属云和县红星区外舍公社。1981年,改属景宁区外舍公社。1984年3月,改属城郊区外舍畲族乡。1986年6月,经县人民政府批准为革命老区村;11月恢复外舍乡。1992年5月,属外舍乡。

2007年，因滩坑库区涉淹，全村共有移民71户，226人。其中，52户，161人移居市内莲都区；15户，52人移居奉化市；4户，13人移居诸暨市；撤销外舍乡，改属鹤溪镇（外舍管理区）。2008年12月，因滩坑库区行政区划调整，并入岭北行政村。2011年10月，属红星街道。

石龙村民委员会 Shílóng Cūnmínwěiyuánhuì 位于红星街道东北部。村民委员会驻水碓后村。曾以片村石埠坑为名，后以村后三支山脉似龙奔腾而至，故更名石龙。辖水碓后、田村、外村3个自然村，65户，254人。耕地面积186亩，林业用地6999亩。清属二都。1931年，属第一区北舍乡。1950年7月，属城区外舍乡。1956年3月，为县直属外舍乡。1957年12月，复属城区外舍乡。1958年9月，属红星人民公社外舍管理区。1961年9月，属红星区外舍公社。1962年6月，改属云和县红星区外舍公社。1981年，改属景宁区外舍公社。1984年3月，改属城郊区外舍畲族乡。1986年6月，经县人民政府批准为革命老区村；11月恢复外舍乡名。1992年5月，属外舍乡。2007年，因滩坑库区涉淹，全村共有移民89户，298人。其中，79户，266人移居市内莲都区；1户，2人移居奉化市；9户，30人移居诸暨市；2008年12月，因滩坑库区行政区划调整，并入岭北行政村。2011年10月，属红星街道。

新华村民委员会 Xīnhuá Cūnmínwěiyuánhuì 位于红星街道东北部。村民委员会驻地外田头村。解放后取“新中华”之义而名。辖外田头、半岭、石尖头、干坑、岭脚、麻坑、新寮、坟山、古传坑9个自然村，44户，196人，其中，畲族21人。耕地面积183亩，林业用地8207亩。清属二都。1931年，属第一区北舍乡。1950年7月，属城区外舍乡。1956年3月，为县直属外舍乡。1957年12月，复属城区外舍乡。1958年9月，属红星人民公社外舍管理区。1961年9月，属红星区外舍公社。1962年6月，改属云和县红星区外舍公社。1981年，改属景宁区外舍公社。1984年3月，改属城郊区外舍畲族乡。1986年6月，经县人民政府批准为革命老区村；11月恢复外舍乡。1992年5月，属外舍乡。2007年6月，撤销外舍乡，属鹤溪镇（外舍管理区）。2008年12月，因滩坑库区行政区划调整，并入岭北行政村。2011年10月，属红星街道。

大常村民委员会 Dàcháng Cūnmínwěiyuánhuì 位于红星街道东北部，以驻地村大常得名。辖大常1个自然村，41户，203人。耕地面积120亩，林业用地5774亩。清属二都。1931年属第一区北舍乡。1950年7月，属城区外舍乡。1956年3月，为县直属外舍乡。1957年12月复属城区外舍乡。1958年9月，属红星人民公社外舍管理区。1961年9月，属红星区外舍公社。1962年6月，改属云和县红星区外舍公社。1981年，改属景宁区外舍公社。1984年3月，改属城郊区外舍畲族乡。1986年11月，恢复外舍乡。1992年5月，属外舍乡。2007年，因滩坑库区涉淹，全村共有移民61户，194人。其中，2户，6人移居县内澄照乡；53户，179人移居市内莲都区；6户，9人移居诸暨市；2007年6月，撤销外舍乡，改属鹤溪镇（外舍管理区）。2008年12月，并入岗石行政村。2011年10月，属红星街道。

汇田村民委员会 Huìtián Cūnmínwěiyuánhuì 位于红星街道东北部。取汇下、田头二村首字而得名。辖汇下、田头、陈坑、大坪、峰岗、天堂、葫芦丘、汇下坑、外田垄、土珠坑10个自然村，108户，421人，其中，畲族26人。耕地面积374亩，林业用地5336亩。清属二都。1931年，属第一区北舍乡。

1950年7月，属城区外舍乡。1956年3月，为县直属外舍乡。1957年12月，复属城区外舍乡。1958年9月，属红星人民公社外舍管理区。1961年9月，属红星区外舍公社。1962年6月，改属云和县红星区外舍公社。1981年改属景宁区外舍公社。1984年3月，改属城郊区外舍畲族乡。1986年6月，经县人民政府批准为革命老区村；11月恢复外舍乡名。1992年5月，属外舍乡。2007年，因滩坑库区涉淹，全村共有移民61户，197人。其中，5户，15人移居县内澄照乡；36户，115人移居市内莲都区；14户，48人移居奉化市；6户，19人移居诸暨市；2007年6月，撤销外舍乡，改属鹤溪镇（外舍管理区）。2008年12月，并入岗石行政村。2011年10月，属红星街道。

金钟村民委员会　Jīnzhōng Cūnmínwěiyuánhuì　位于红星街道东北部，以驻地村金钟得名。乡人民政府驻地。辖金钟、上圩、湖边、古传、古传口、金钟亭、高畔垟、毛山根、官渡、畔垟、独山、石门楼、毛坑口、毛坑、林村、库坑16个自然村，256户，907人，其中，畲族69人。耕地面积525亩，林业用地25308亩。清属二都。1931年，属第二区包山乡。1950年7月，属渤海区金钟乡。1951年2月，属渤海区包山乡。1956年3月，复属渤海区金钟乡。1958年9月，属渤海人民公社包山管理区。1961年9月，属渤海区金钟公社。1962年6月，改属云和县渤海区金钟公社。1984年3月，改属渤海区金钟乡。1992年5月属金钟乡。2007年，滩坑库区涉淹有11自然村，共有移民319户，1008人。其中，县内安置52户，98人；30户，91人移居缙云县；99户，337人移居莲都区；21户，75人移居松阳县；2户，6人移居遂昌县；37户，121人移居东阳市；20户，74人移居绍兴市；26户，94人移居诸暨市；32户112人自谋职业、自谋出路或投亲靠友；2008年12月，并入小金州行政村。2011年10月，属红星街道。

菉草村民委员会　Lùcǎo Cūnmínwěiyuánhuì　位于红星街道东北部，以驻地村菉草得名。辖菉草、陈源头、上炉、笋山、上园、吴山岗、耳朵坑、吴山前、夏山、东岸、汇头、大粗、大粗口、郑山14个自然村，248户，928人，其中，畲族20人。耕地面积534亩，林业用地26752亩。清属二都。1931年，属第二区杨徐乡。1950年7月，属渤海区金钟乡。1958年9月属渤海人民公社金钟管理区。1961年9月，属渤海区金钟公社。1962年6月，改属云和县渤海区金钟公社。1984年3月，改属渤海区金钟乡。1992年5月属金钟乡。2007年，滩坑库区涉淹有外村、夏山、东岸、汇头、大粗等自然村，共有移民319户，1013人。其中，县内安置38户，76人；36户，109人移居缙云县；100户，330人移居莲都区；11户，42人移居松阳县；3户，9人移居遂昌县；16户，58人移居东阳市；31户，105人移居绍兴市；58户，191人移居诸暨市；26户93人自谋职业、自谋出路或投亲靠友；2007年6月，2007年6月，撤销外舍乡，改属鹤溪镇（外舍管理区）。2008年12月，并入杨绿湖行政村。2011年10月，属红星街道。

岭根村民委员会　Lǐnggēn Cūnmínwěiyuánhuì　位于红星街道东北部，以驻地村岭根得名。辖岭根、黄石、桥头3个自然村，142户，550人。耕地面积311亩，林业用地3615亩。盛产雪梨、桔、柿子。清属二都。1931年，属第二区杨徐乡。1950年7月，属渤海区金钟乡。1958年9月，属渤海人民公社金钟管理区。1961年9月，属渤海区金钟公社。1962年6月，改属云和县渤海区金钟公社。1984年3月，改属渤海区金钟乡。1986年5月经县人民政府批准为革命老区村。1992年5月，属金钟乡。2007年6月，撤销金钟乡，属鹤溪镇（外舍管理区）。2008年12月，并入岭根源行政村。2011年10

月，属红星街道。

徐山村民委员会 Xúshān Cūnmínwěiyuánhuì 位于红星街道东北部，以驻地村徐山得名。辖徐山、上斜2个自然村，161户，548人。耕地面积393亩，林业用地2018亩。盛产雪梨。清属二都。1931年，属第二区杨徐乡。1950年7月，属渤海区金钟乡。1958年9月，属渤海人民公社金钟管理区。1961年9月，属渤海区金钟公社。1962年6月，改属云和县渤海区金钟公社。1984年3月，改属渤海区金钟乡。1986年5月，经县人民政府批准为革命老区村。1992年5月，属金钟乡。2007年6月，撤销金钟乡，属鹤溪镇（外舍管理区）。2008年12月，并入岭根源行政村。2011年10月，属红星街道。

杨山村民委员会 Yángshān Cūnmínwěiyuánhuì 位于红星街道东北部，以驻地村杨山得名。辖杨山、大畈2个自然村，113户，435人。耕地面积310亩，林业用地5716亩。至今保存有古民居建筑。清属二都。1931年，属第二区杨徐乡。1950年7月，属渤海区金钟乡。1958年9月，属渤海人民公社金钟管理区。1961年9月，属渤海区金钟公社。1962年6月，改属云和县渤海区金钟公社。1984年3月，改属渤海区金钟乡。1986年5月，经县人民政府批准为革命老区村。1992年5月，属金钟乡。2007年6月，撤销金钟乡，属鹤溪镇（外舍管理区）。2008年12月，并入杨绿湖行政村。2011年10月，属红星街道。

小粗村民委员会 Xiǎocū Cūnmínwěiyuánhuì 位于红星街道东北部，以驻地村小粗得名。辖小粗、岗头寮、外址、八罗4个自然村，81户，313人，其中，畲族62人。耕地面积174亩，林业用地6400亩。1981年10月，析陶州村民委员会置小粗村民委员会。清属二都。1931年，属第二区包山乡。1950年7月，属渤海区金钟乡。1951年2月，属渤海区包山乡。1956年3月，复属渤海区金钟乡。1958年9月，属渤海人民公社包山管理区。1961年9月，属渤海区金钟公社。1962年6月，改属云和县渤海区金钟公社。1984年3月改属渤海区金钟乡。1986年5月，经县人民政府批准为革命老区村。1992年5月，属金钟乡。2007年，滩坑库区涉淹有小粗、小粗口等自然村，共有移民27户，78人。其中，8户，27人移居东阳市；2户，8人移居松阳县；14户，37人移居遂昌县；3户，6人县内安置；2007年6月，撤销外舍乡，属鹤溪镇（外舍管理区）。2008年12月，并入小金州行政村。2011年10月，属红星街道。

陶州村民委员会 Táozhōu Cūnmínwěiyuánhuì 位于红星街道东北部，以驻地村陶州得名。辖陶州、甲头岗、菖蒲垟、岗头、下西山、上西山、坳头、靛青寮8个自然村，112户，467人，其中，畲族180人。耕地面积230亩，林业用地7117亩。清属二都。1931年，属第二区包山乡。1950年7月，属渤海区金钟乡。1951年2月，属渤海区包山乡。1956年3月，复属渤海区金钟乡。1958年9月，属渤海人民公社包山管理区。1961年9月属渤海区金钟公社。1962年6月，改属云和县渤海区金钟公社。1984年3月改属渤海区金钟乡。1986年5月，经县人民政府批准为革命老区村。1992年5月，属金钟乡。2007年，滩坑库区涉淹有甲头岗自然村，共有移民12户，41人。其中，1户，5人移居东阳市；9户，31人移居遂昌县；1户，4人移居缙云县；1户，1人县内安置；2007年6月，撤销外舍乡，属鹤溪镇（外舍管理区）。2008年12月，并入小金州行政村。2011年10月，属红星街道。

余山村民委员会 Yúshān Cūnmínwěiyuánhuì　位于鹤溪街道西南部，以驻地村余山得名。辖余山1个自然村，90户，382人，其中，畲族2人。耕地面积397亩，林业用地2491亩。1998年9月马岭头隧道贯通后，余山村整村迁至隧道口北侧。1999年1月，经县政府景政发〔1999〕3号文件批复，更名为城西村民委员会。清属二都。1931年，属第一区西山乡。1950年7月，属城区城西乡。1956年3月，为县直属鹤溪镇。1957年12月，复属城区鹤溪镇。1958年9月，属红星人民公社鹤溪管理区。1959年7月，改为县直属鹤溪镇。1961年9月，属红星区鹤溪镇。1962年6月，属云和县红星区鹤溪镇。1981年12月，属景宁区鹤溪镇。1984年12月，属城郊区鹤溪镇。1992年5月，属鹤溪镇。1999年1月，更名为城西行政村。2011年10月，属鹤溪街道。

赤梅村民委员会 Chìméi Cūnmínwěiyuánhuì　位于大均乡东南。村民委员会在大赤坑村。取大赤坑、梅山两村名各一字组合成名。总面积11.77平方千米，海拔180米。辖9个自然村，13个村民小组，201户，738人，其中，畲族4人。耕地面积669亩，林业用地9516亩，属以林为主的农业经济。产松、杉、杂木、毛竹。通电、公路、程控电话、有线电视、自来水。清属二都。1931年，属第一区大均乡。1950年7月，属城区大均乡。1956年3月，为县直属大均乡。1958年9月，属红星公社大均管理区。1961年9月，属红星区大均公社。1962年6月，划属云和县红星区大均公社。1981年12月，属景宁区大均公社。1984年3月，属景宁区大均畲族乡；同年12月，属城郊区。1986年11月，复称大均乡。1991年7月，赤梅村民委员会析置大赤坑、梅山2个行政村。

渤海村民委员会 Bóhǎi Cūnmínwěiyuánhuì　位于渤海镇西北部，以驻地村渤海得名。乡（镇）人民政府驻地。辖渤海1个自然村，622户，1270人，其中，畲族8人。耕地面积347亩，林业用地369亩。清属一都。1931年，属第二区渤海乡。1950年7月，属渤海区渤海乡。1958年9月，属渤海公社渤海管理区。1961年9月，属渤海区渤海公社。1962年6月，改属云和县渤海区。1984年3月，属渤海区渤海乡。1986年5月，经县人民政府批准为革命老区村。1992年5月，属渤海镇。2007年6月，滩坑库区涉淹，全村共有移民505户，1232人。其中57户，101人县内安置；95户，266人移居莲都区；1户，5人移居松阳县；43户，130人移居缙云县；1户，3人移居东阳市；48户，160人移居鄞州区；23户，82人移居义乌市；58户，187人移居诸暨市；99户，134人无土安置。机关部门共有移民80户，164人。其中1户，1人移居莲都区；79户，163人县内安置。2008年12月，撤销渤海行政村。渤海镇政府迁至鲍山头村。

叶处村民委员会 Yèchù Cūnmínwěiyuánhuì　位于渤海镇西部，以驻地村叶处得名。辖叶处、金头会、驮岗后、渤海坑、竹山、太界基、四十箩、庵岗、东畈、横岗、坦门、岩头背12个自然村，195户，746人，其中，畲族214人。耕地面积441亩，林业用地6686亩，盛产毛竹。清属一都。1931年，属第二区鲍岸乡。1950年7月，属渤海区渤海乡。1951年2月，属渤海区梅坑乡。1956年，属渤海区渤海乡。1958年9月属渤海公社渤海管理区。1961年9月，属渤海区渤海公社。1962年6月，改属云和县渤海区。1984年3月，属渤海区渤海乡。1986年5月，经县人民政府批准为革命老区村。1992年5月，属渤海镇。2007年6月，滩坑库区涉淹，共有移民91户，304人。其中7户，14人县内安置；

37户，142人移居龙泉市；19户，68人移居莲都区；12户，42人移居松阳县；7户，24人移居奉化市；9户，14人无土安置。2008年12月，撤销叶处行政村，并入梅坑行政村。

沈坑村民委员会 Shěnkēng Cūnmínwěiyuánhuì 位于渤海镇西北部，以驻地村沈坑得名。辖沈坑、樟树丘、张坑、磨石塆、沈坑岭、山茶塆、塘底塆、北岸8个自然村，138户，593人，其中，畲族71人。耕地面积404亩，林业用地4165亩。清属一都。1931年，属第二区渤海乡。1950年7月属渤海区渤海乡。1958年9月，属渤海公社渤海管理区。1961年9月，属渤海区渤海公社。1962年6月，改属云和县渤海区。1984年3月，属渤海区渤海乡。1986年5月，经县人民政府批准为革命老区村。1992年5月，属渤海镇。2007年6月，滩坑库区涉淹，共有移民93户，284人。其中移居澄照乡1户，1人；县内安置8户，19人；26户，86人移居龙泉市；10户，26人移居莲都区；17户，60人移居松阳县；3户，6人移居缙云县；13户，51人移居东阳市；5户，17人移居义乌市；1户，3人移居诸暨市；9户，15人无土安置。2008年12月，撤销沈坑行政村，并入旦水行政村。

石塘口村民委员会 Shítángkǒu Cūnmínwěiyuánhuì 位于渤海镇西北部，以驻地村石塘口得名。辖石塘口、田埠、瓦寮、隔溪4个自然村，69户，258人，其中，畲族6人。耕地面积174亩，林业用地2062亩。清属一都。1931年，属第二区石塘乡。1950年7月，属渤海区渤海乡。1958年9月，属渤海公社渤海管理区。1961年9月，属渤海区渤海公社。1962年6月，改属云和县渤海区。1984年3月，属渤海区渤海乡。1986年5月，经县人民政府批准为革命老区村。1992年5月，属渤海镇。2007年6月，滩坑库区涉淹，共有移民111户，324人。其中19户，63人县内安置；29户，100人移居龙泉市；20户，64人移居松阳县；14户，34人移居莲都区；1户，2人移居缙云县；12户，37人移居鄞州区；16户，24人无土安置。2008年12月，撤销石塘口行政村。

外塆村民委员会 Wàiwān Cūnmínwěiyuánhuì 位于渤海镇东北部，以驻地村外塆得名。辖外塆、牛角塆、小罗山3个自然村，86户，335人。耕地面积210亩，林业用地9751亩。清属一都。1931年，属第二区后垄乡。1950年7月，属渤海区大都乡。1958年9月，属渤海公社大都管理区。1961年9月，属渤海区大都公社。1962年6月，改属云和县渤海区大都公社。1984年3月，属渤海区大都乡。1986年5月，经县人民政府批准为革命老区村。1992年5月，属渤海镇。2007年6月，滩坑库区行政区划调整。2008年12月，撤销外塆行政村，并入旦水行政村。

门潭村民委员会 méntán Cūnmínwěiyuánhuì 位于渤海镇东南部，以驻地村门潭得名。辖门潭、朱鸟窝、田青寮、底车、西山5个自然村，170户，584人。耕地面积349亩，林业用地积15900亩，产油茶籽。清属一都。1931年，属第二区渤海区门潭乡。1950年7月，属大都乡。1958年9月，属渤海公社大都管理区。1961年9月，属渤海区大都公社。1962年6月，改属云和县渤海区大都公社。1984年3月，属渤海区大都乡。1986年5月，经县人民政府批准为革命老区村。1992年5月，属渤海镇。2007年6月，滩坑库区涉淹，共有移民218户，632人。其中24户，47人县内安置；41户，148人移居龙泉市；4户，12人移居遂昌县；12户，33人移居莲都区；1户，1人移居缙云县；36户，137人移居东阳市；18户，53人移居奉化市；1户，3人移居诸暨市；32户，48人无土安置。2008年12月，撤销门潭行政村，并入大都行政村。

湖坑村民委员会 Húkēng Cūnmínwěiyuánhuì 位于渤海镇东南部，以驻地村湖坑得名。辖湖坑、牛栏塆、坑口、林圩4个自然村，117户，476人。耕地面积258亩，林业用地8877亩。清属一都。1931年，属第二区门潭乡。1950年7月，属渤海区大都乡。1958年9月，属渤海公社大都管理区。1961年9月，属渤海区大都公社。1962年6月，改属云和县渤海区大都公社。1984年3月，属渤海区大都乡。1992年5月，属渤海镇。2007年6月，滩坑库区涉淹，共有移民111户，338人。其中4户，7人县内安置；44户，161人移居龙泉市；25户，72人移居松阳县；2户，7人移居遂昌县；4户，11人移居莲都区；8户，33人移居东阳市；5户，16人移居奉化市；19户，31人无土安置。2008年12月，撤销湖坑行政村，湖坑与东山两个村合并，设立东湖行政村。

东山村民委员会 Dōngshān Cūnmínwěiyuánhuì 位于渤海镇东南部，以驻地村东山得名。辖上东山、下东山、驮圩、小圩、岭脚、包岗、官田、坳头寮8个自然村，222户，807人。耕地面积583亩，林业用地5055亩。清属一都。1931年，属第二区门潭乡。1950年7月，属渤海区大都乡。1958年9月，属渤海公社大都管理区。1961年9月，属渤海区大都公社。1962年6月，改属云和县渤海区大都公社。1984年3月，属渤海区大都乡。1986年5月，经县人民政府批准为革命老区村。1992年5月，属渤海镇。2007年6月，滩坑库区行政区划调整。2008年12月，撤销东山行政村，东山与湖坑两个村合并，设立东湖行政村。

鳗段村民委员会 Mánduàn Cūnmínwěiyuánhuì 位于渤海镇东北部，以驻地村鳗段得名。辖镘段、山前、西坑底、坦坑、坳头、黄山头、牛头山7个自然村，86户，293人，其中，畲族33人。耕地面积232亩，林业用地6705亩。清属一都。1931年，属第二区后垄乡。1950年7月，属渤海区大都乡。1958年9月，属渤海公社大都管理区。1961年9月，属渤海区大都公社。1962年6月，改属云和县渤海区大都公社。1984年3月，属渤海区大都乡。1986年5月，经县人民政府批准为革命老区村。1992年5月，属渤海镇。2007年6月，滩坑库区涉淹，共有移民34户，105人。其中2户，4人县内安置；3户，9人移居龙泉市；24户，81人移居松阳县；2户，5人移居诸暨市；3户，6人无土安置。2008年12月，撤销镘段行政村，并入旦水行政村。

新长汀村民委员会 Xīnzhǎngtīng Cūnmínwěiyuánhuì 位于九龙乡西南部，以驻地村新长汀得名。乡人民政府驻地。辖新长汀、高演、畚斗塆、汇角、朱山、黄村6个自然村，144户，507人。耕地面积268亩，林业用地9200亩。清属云和七都。民国三十四年（1945年）属云和县建国乡。1951年，属云和县云东区新四乡。1956年6月，划属景宁县渤海区新四乡。1958年9月，属大顺公社新四管理区。1961年9月，属渤海区新四公社。1984年3月，政社分设，属渤海区新四乡。1986年5月，经县人民政府批准为革命老区村。1992年5月，属大顺乡。2007年6月，滩坑库区行政区划调整后属九龙乡；共有移民121户，397人。其中，24户，73人移居九龙乡；1户，3人移居澄照乡；25户，90人移居遂昌县；33户，100人移居缙云县；19户，65人移居莲都区；1户，4人移居永康市；9户，29人移居绍兴市；4户，14人移居诸暨市；5户，19人移居奉化市。2008年12月，撤销新长汀村民委员会，并入王塆行政村。

圭背村民委员会 Guībèi Cūnmínwěiyuánhuì 位于九龙乡东南部，以驻地村圭背得名。辖圭背、外桃源、底桃源、上桃源、大顺底、蟹壳背、半圩、官圩、高塘9个自然村，165户，621人。耕地面积305亩，林业用地7950亩。清属一都。民国二十年（1931年）属第二区大顺乡。1950年7月，属渤海区大顺乡。1958年9月，属大顺公社大顺管理区。1961年9月，属渤海区大顺公社。1984年3月，政社分设，属大顺乡。1986年5月，经县人民政府批准为革命老区村。1992年5月，属大顺乡。2007年6月，滩坑库区行政区划调整后属九龙乡；共有移民196户，675人。其中，3户，4人移居澄照乡；72户，245人移居遂昌县；22户，82人移居莲都区；26户，72人移居缙云县；20户，79人移居永康市；41户，155人移居绍兴市；3户，10人移居诸暨市；9户，28人移居诸暨市。2008年12月，撤销主背行政村，并入鲍岸行政村。

桂根村民委员会 Guìgēn Cūnmínwěiyuánhuì 位于九龙乡东南部，以驻地村桂根得名。辖桂根、陈树坑口、包山、陈树坑、西沃、上桂根、万田塆、棋盘格、桂根岭头、外山头、百步岭、毛山12个自然村，145户，547人。耕地面积371亩。清属一都。民国二十年（1931年）属第二区大顺乡。1950年7月，属渤海区大顺乡。1958年9月，属大顺公社大顺管理区。1961年9月，属渤海区大顺公社。1984年3月，政社分设，属大顺乡。1986年5月，经县人民政府批准为革命老区村。1992年5月，属大顺乡。2007年6月，属九龙乡；共有移民75户，265人。其中，1户，1人移居澄照乡；34户，113人移居遂昌县；5户，18人移居莲都区；6户，20人移居缙云县；14户，55人移居永康市；12户，48人移居绍兴市；3户，10人移居诸暨市。2008年12月，滩坑库区行政区划调整，撤销桂根行政村，并入大顺行政村。

炉西坑村民委员会 Lúxīkēng Cūnmínwěiyuánhuì 位于九龙乡南部，以驻地村炉西坑得名。辖坑口、八角岭头、岩头背、驮汇、炉西峡、外岗、渡船头、湖丘、隔溪寮、水头、朱岭下、官岩圩、石寮13个自然村，159户，575人。耕地面积324亩，林业用地127亩。清属一都。民国二十年（1931年）属第二区大顺乡。1950年7月，属渤海区大顺乡。1958年9月，属大顺公社大顺管理区。1961年9月，属渤海区大顺公社。1984年3月，政社分设，属大顺乡。1986年5月经县人民政府批准为革命老区村。1992年5月，属大顺乡。2007年6月，属九龙乡；共有移民173户，606人。其中，6户，10人移居澄照乡。141户，499人移居遂昌县；5户，14人移居莲都区；4户，10人移居缙云县；11户，47人移居永康市；4户，17人移居绍兴市；2户，9人移居诸暨市。2008年12月，滩坑库区行政区划调整，撤销炉西坑行政村，并入大顺行政村。

陈村村民委员会 Chéncūn Cūnmínwěiyuánhuì 位于九龙乡东南部，以驻地村陈村得名。乡人民政府驻地。辖陈村、村头、牛塘、东寮、竹园下、松潭、下塆、三条坑、蛤蟆头、下沫、朱岐、驮沃12个自然村，307户，1144人，其中，畲族24人。耕地面积481亩，林业用地9944亩。清属一都。民国二十年（1931年）属第二区鹤陈乡。1950年7月，属渤海区小顺乡。1951年2月，属渤海区井边乡。1956年3月，属渤海区陈村乡。1958年9月，属大顺公社陈村管理区。1961年9月，属渤海区陈村公社。1984年3月，政社分设，改属陈村乡。1986年5月，经县人民政府批准为革命老区村。1992年5月，属陈村乡。2007年6月，滩坑库区涉淹，共有移民235户，974人。其中，17户，35人移居澄照乡；5户，10人移居九龙乡；36户，133人移居松阳县；37户，131人移居遂昌县；27户，103人移居龙泉市；19 户，70 人移居莲都区；13 户，50 人移居永康市；11 户，49 人移居浦江县；21 户，77 人移居义乌市；75 人自谋出路，55 人自谋职业。机关 4 人自谋出路，2 户，6 人移居九龙乡。2008 年 12 月，滩坑库区行政区划调整，撤销陈村行政村，分别并入金山、鹤口行政村。

塘堡村民委员会　Tángbǎo Cūnmínwěiyuánhuì　位于九龙乡东南部，以驻地村塘堡得名。辖塘堡、朱村、菊花井、菊花山、渡船头、台头、滩头 7 个自然村，152 户，556 人。耕地面积 283 亩，林业用地 12908 亩(与井边村民委员会共有)。清属一都。民国二十年(1931 年)属第二区鹤陈乡。1950 年 7 月，属渤海区小顺乡。1951 年 2 月属渤海区井边乡。1956 年 3 月，属渤海区陈村乡。1958 年 9 月，属大顺公社陈村管理区。1961 年 9 月，属渤海区陈村公社。1984 年 3 月，政社分设，改属陈村乡。1986 年 5 月，经县人民政府批准为革命老区村。1992 年 5 月，属陈村乡。2007 年 6 月，滩坑库区涉淹，共有移民 164 户，614 人。其中，2 户，5 人移居澄照乡；26 户，90 人移居永康市；3 户，14 人移居浦江县；7 户，31 人移居绍兴市；3 户，9 人移居义乌市；89 户，318 人移居龙泉市；29 户，97 人移居莲都区；4 户，15 人移居松阳县；1 户，1 人移居遂昌县；12 人自谋出路，22 人自谋职业。2008 年 12 月，滩坑库区行政区划调整，撤销塘堡行政村，并入鹤口行政村。经县人民政府批准为第二次国内革命战争时期革命老区村。

井边村民委员会　Jǐngbiān Cūnmínwěiyuánhuì　位于九龙乡东南部，以驻地村井边得名。辖井边、下村、四面屋、竹园、方寮、水碓坑、樟树塆、坑心岗、徐沃 9 个自然村，155 户，605 人，其中，畲族 2 人。耕地面积 290 亩，林业用地 12908(与塘堡村民委员会共有)亩。清属一都。民国二十年(1931 年)属第二区鹤陈乡。1950 年 7 月，属渤海区小顺乡。1951 年 2 月，属渤海区井边乡。1956 年 3 月，属渤海区陈村乡。1958 年 9 月，属大顺公社陈村管理区。1961 年 9 月，属渤海区陈村公社。1984 年 3 月，政社分设，改属陈村乡。1986 年 5 月，经县人民政府批准为革命老区村。1992 年 5 月，属陈村乡。2007 年 6 月，滩坑库区涉淹，共有移民 178 户，673 人。其中，3 户，7 人移居澄照乡；7 户，28 人移居永康市；6 户，22 人移居浦江县；13 户，49 人移居绍兴市；5 户，16 人移居义乌市；83 户，297 人移居龙泉市；37 户，40 人移居莲都区；5 户，18 人移居松阳县；21 人自谋出路，29 人自谋职业。2008 年 12 月，滩坑库区行政区划调整，撤销井边行政村，并入鹤口行政村。经县人民政府批准为第二次国内革命战争时期革命老区村。

黄寮村民委员会　Huángliáo Cūnmínwěiyuánhuì　位于九龙乡东北部，以驻地村黄寮得名。辖黄寮、满头垒、下竹坑、上竹坑 4 个自然村，81 户，368 人。耕地面积 166 亩，林业用地 7608 亩。清属一都。1931 年，属第二区鲍金乡。1950 年 7 月，属渤海区小顺乡。1952 年 10 月，属渤海区金田乡。1958 年 9 月，属大顺公社小顺管理区。1961 年 9 月，属渤海区陈村公社。1984 年 3 月，改属渤海区顺利乡。1986 年 5 月，经县人民政府批准为革命老区村。1992 年 5 月，属陈村乡。2007 年 6 月，滩坑库区涉淹，共有移民 135 户，479 人。其中，83 户，281 人移居松阳县；10 户，34 人移居遂昌县；11 户，36 人移居莲都区；4 户，11 人移居缙云县；10 户，32 人移居永康市；3 户，9 人移居浦江县；10 户，30 人移居奉化市；3 户，3 人移居澄照乡；1 户，1 人移居九龙乡；25 人自谋出路，17 人自谋职业。2008 年 12 月，滩坑库区行政区划调整，撤销黄寮行政村，并入库坪行政村。

金田村民委员会 Jīntián Cūnmínwěiyuánhuì 位于九龙乡东部，以驻地村金田得名。辖金田、上后坑、下后坑、底樟、坭翁、半岭源、松山底、外山、乌岗、洪念、黄山源、宋寮、茅洪坑13个自然村，180户，748人。耕地面积244亩，林业用地1293亩。清属一都。1931年，属第二区鲍金乡。1950年7月，属渤海区小顺乡。1952年10月，属渤海区金田乡。1958年9月，属大顺公社小顺管理区。1961年9月，属渤海区陈村公社。1984年3月，改属渤海区顺利乡。1986年5月，经县人民政府批准为革命老区村。1992年5月，属陈村乡。2007年6月，滩坑库区涉淹，共有移民248户，804人。其中，4户，8人移居澄照乡；1户，2人移居九龙乡；49户，157人移居莲都区；17户，53人移居缙云县；41户，150人移居松阳县；101户，241人移居遂昌县；3户，10人移居永康市；3户，10人移居浦江县；24户，73人移居奉化市；5户，16人移居绍兴市；29人自谋出路，55人自谋职业。2008年12月，滩坑库区行政区划调整，撤销金田行政村，并入鲍岸行政村。

自 然 村

一、1991年以前废弃自然村汇总

表7-6

废弃村名	现属乡镇	原属乡镇	备注
吴宅岗	红星街道城北村民委员会	鹤溪镇岭脚村民委员会	1978年迁往岭脚村
门前山	红星街道岭北村民委员会	白岸乡西汇村民委员会	1976年迁往西坑村
樟帽尖	红星街道岭北村民委员会	白岸乡汇田村民委员会	1967年迁往汇下村
夫人宫	红星街道岭北村民委员会	白岸乡岭北村民委员会	已废
山寮	红星街道岭北村民委员会	外舍乡岭北村民委员会	1977年迁十二渡村
桶背岗	红星街道岭北村民委员会	外舍乡岭北村民委员会	1977年迁往双坑村
金鸡岩	红星街道坑山后村民委员会	外舍乡坑山后村委会	已废
岗头	红星街道岗石村民委员会	外舍乡岗石村民委员会	1971年迁往驮塆村
界狗腿	红星街道新华村民委员会	白岸乡新华村民委员会	1964年迁往岭脚村
东庵	红星街道岚头村民委员会	白岸乡岚头村民委员会	1984年迁往香岗村
金钟垄	红星街道小金州村民委员会	金钟乡金钟村民委员会	已废
犁头嘴	红星街道小金州村民委员会	金钟乡金钟村民委员会	1979年迁往金钟村
鸟儿岗	红星街道杨绿湖村民委员会	金钟乡蕖草村民委员会	已废
米老窟	鹤溪街道严村村民委员会	张春乡严村村民委员会	1987年迁往三枝树
土珠岗	鹤溪街道惠明寺村民委员会	张春乡惠明寺村委会	已废
浪汤塆	鹤溪街道王木坑村民委员会	张春乡王木坑村委会	1971年迁往坑底村

续表 7-6

废弃村名	现属乡镇	原属乡镇	备注
半　岭	鹤溪街道三枝树村民委员会	张春乡三枝树村委会	1986 年迁往三枝树
上　源	渤海镇梅坑村民委员会	渤海乡梅坑村民委员会	1966 年迁往上处村
雷驮坪	渤海镇梅坑村民委员会	渤海乡梅坑村民委员会	已　废
山　丘	渤海镇安亭村民委员会	渤海乡安亭村民委员会	1963 年迁往安亭村
九火岩	渤海镇大都村民委员会	大都乡大都村民委员会	1959 年迁往岗头村
东山岗	渤海镇大都村民委员会	大都乡鳗段村民委员会	1964 年迁往坦根村
沿　岱	渤海镇大都村民委员会	大都乡门潭村民委员会	1961 年迁往门潭村
下　寮	渤海镇大都村民委员会	大都乡门潭村民委员会	1965 年迁往西山村
栗树塆	渤海镇大都村民委员会	大都乡门潭村民委员会	1958 年迁大顺朱岭下
白岩下	东坑镇杨斜村民委员会	东坑乡杨斜村民委员会	1964 年迁往石竹坳
南田坑	东坑镇杨斜村民委员会	东坑乡杨斜村民委员会	1988 年迁往杨斜村
陈　潭	东坑镇北山村民委员会	东坑乡北山村民委员会	1982 年迁往北山村
九潭坑	东坑镇白鹤村民委员会	白鹤乡白鹤村民委员会	1985 年迁龙潭背村
梅库塆	英川镇梅漈村民委员会	英川乡梅漈村民委员会	1958 年迁往梅库村
外　垟	英川镇黄垟口村民委员会	隆川乡黄垟口村委会	已　废
大　塆	沙湾镇陈司坑村民委员会	沙湾镇陈司坑村委会	已　废
新庄垟	沙湾镇道化村民委员会	沙湾镇道化村民委员会	1979 年迁往新庄村
天师坦	沙湾镇道化村民委员会	沙湾镇道化村民委员会	1965 年迁往新庄村
东　岗	沙湾镇小地村民委员会	莲川乡小地村民委员会	已　废
白水漈	大均乡伏叶村民委员会	大均乡伏叶村民委员会	1971 年迁往南林村
深　塆	大均乡伏叶村民委员会	大均乡伏叶村民委员会	1981 年迁往白锄村
岗头丘	大均乡新庄村民委员会	大均乡新庄村民委员会	1969 年迁往黄八坑
奶　垟	大均乡新庄村民委员会	大均乡新庄村民委员会	1970 年迁往张寮村
老炉基	大均乡垟坑村民委员会	大均乡垟坑村民委员会	1971 年迁往黄寮村
九　坑	梅岐乡栋头村民委员会	梅岐乡栋头村民委员会	1980 年迁往文成县
翁　坑	郑坑乡郑坑村民委员会	郑坑乡郑坑村民委员会	已　废
廊　奇	大漈乡潘宅村民委员会	大漈乡潘宅村民委员会	1966 年迁往北山村
程田庵	景南乡程田村民委员会	景南乡程田村民委员会	已　废

续表 7-6

废弃村名	现属乡镇	原属乡镇	备注
矿房	景南乡缪坑村民委员会	景南乡缪坑村民委员会	已废
松岩庵	景南乡缪坑村民委员会	景南乡缪坑村民委员会	已废
半岭	鸬鹚乡鸬鹚村民委员会	鸬鹚乡鸬鹚村民委员会	已废
大庵	鸬鹚乡夏山头村民委员会	鸬鹚乡夏山头村委会	已废
天雷丘	鸬鹚乡驮戥村民委员会	鸬鹚乡驮戥村民委员会	1960 年迁往驮戥村
天堂坪	标溪乡预章村民委员会	标溪乡预章村民委员会	已废
麻林	秋炉乡第一坑村民委员会	秋炉乡第一坑村委会	1986 年迁大香漈村
处树岗	秋炉乡第一坑村民委员会	秋炉乡第一坑村委会	1986 年迁大香漈村
坳根	秋炉乡下圩村民委员会	秋炉乡下圩村民委员会	1987 年迁五大垟村
冷程	大地乡水溪村民委员会	大地乡水溪村民委员会	1988 年迁往水溪村
外山	大地乡水溪村民委员会	大地乡水溪村民委员会	已废
大坑源	大地乡水溪村民委员会	大地乡水溪村民委员会	1988 年迁往水溪村
旧处	大地乡粗垟村民委员会	大地乡柳山头村委会	1982 年迁垟白岱村
朱背山	大地乡驮垟村民委员会	大地乡驮垟村民委员会	已废
上庵	家地乡家地村民委员会	家地乡家地村民委员会	1959 年迁往家地村
杨梅岗	九龙乡库坪村民委员会	顺利乡黄寮村民委员会	已废
东寮坑底	九龙乡金山村民委员会	陈村乡陈村村民委员会	1964 年迁往东寮村
下塆源头	九龙乡鹤口村民委员会	陈村乡陈村村民委员会	1968 年迁往下塆村
垟头坑	九龙乡鹤口村民委员会	陈村乡井边村民委员会	已废
钥匙袋	九龙乡后坪村民委员会	陈村乡后坪村民委员会	1968 年迁往上后坪
亦塆	九龙乡王塆村民委员会	新四乡王塆村民委员会	已废
垟山	九龙乡鲍岸村民委员会	大顺乡圭背村民委员会	1982 年迁往圭背村
下爱亭	九龙乡大顺村民委员会	大顺乡大顺村民委员会	已废
坑口岩	九龙乡大顺村民委员会	大顺乡炉西坑村委会	已废
上寮	九龙乡大顺村民委员会	大顺乡炉西坑村委会	已废
马寮塆	九龙乡徐垟村民委员会	大顺乡徐垟村民委员会	1983 年迁往外村村
驮岗	九龙乡徐垟村民委员会	大顺乡徐垟村民委员会	1959 年迁往外村村

二、1991 年至 2014 年废弃自然村、街、弄

红星街道 (Hóngxīng Jiēdào)

学田 Xuétián 位于红星街道城北村。处鹤溪镇北 1.1 千米，原属鹤溪镇红星大队、学田村民委员会驻地。昔日村有孔庙，庙前为书院，有田数亩，田间村落，故名学前。29 户，124 人，其中，畲族 20 人。学前村与新田村合并，设立学田村民委员会。1992 年，行政区划调整改属城北村民委员会。2008 年，滩坑电站建设，村废。城北区块大面积建设，北建云景高速公路出口、县客运中心、新田路、景宁入城口公园、凤凰大厦、电力大楼等建筑物。新建新田小区，景融时代广场等民居。人民北路穿越全境，交通便利，基础设施齐全。

鸭卵坑 Yāluǎnkēng 位于红星街道城北村。处鹤溪镇北 2.3 千米，原属鹤溪镇溪口村民委员会。1967 年，自掌岸村迁此，改属城北村民委员会。以小坑多卵石，故名。9 户，28 人，其中，畲族 15 人。1992 年，行政区划调整改属城北村民委员会第九村民小组。2007 年，滩坑库区涉淹，共有移民 9 户，28 人。其中，移居市外 2 户，7 人，其余移居浮丘安置点。2008 年，滩坑电站建设，村废。该地块新建县民族医院，凤凰大道横贯全境，基础设施齐全，交通十分便利。

三角塘头 Sānjiǎotángtóu 位于红星街道城北村。处鹤溪镇北 1.2 千米，原属鹤溪镇学田村民委员会。以水塘得名，与学田村相邻。37 户，143 人，其中，畲族 28 人。1992 年，行政区划调整改属城北村民委员会。2008 年，滩坑电站建设，村废。

李宅 Lǐzhái 位于红星街道城北村。处鹤溪镇西北 0.3 千米，清属七都。民国二十年(1931)为北郭乡。解放初期属鹤溪镇。1951 年 2 月，属城西乡。1952 年 10 月，属学田乡。1956 年 3 月，为县直属鹤溪镇。1958 年 9 月，属红星公社学田管理区。1959 年 7 月，改为县直属鹤溪镇。1962 年 6 月，属云和县红星区鹤溪镇。1984 年 12 月，属城郊区鹤溪镇。金仙寺村民委员会金仙寺、牛栏岗、李宅 3 个小组土地被征用，全部村民农转非，大部分村民安排工作。1987 年，并入金仙寺居民委员会。1992 年 5 月，属鹤溪镇金仙寺居民委员会。2002 年 9 月，属城西社区居委会。2012 年 10 月，属金仙寺社区居委会。

牛栏岗 Niúlángǎng 位于红星街道城北村。处鹤溪镇西北 0.5 千米，原属鹤溪镇金仙寺村民委员会。处地金仙弄西侧山岗，昔日此地为生产队集体牛栏，故名。1992 年，行政区划调整改属金仙寺居民委员会。1996 年，整村迁至县良种场鱼塘边。2002 年，改属城西社区。2008 年 7 月，属金仙寺社区。

驮垟圩 Tuóyángxū 位于红星街道城北村。处鹤溪镇西北 0.8 千米，在今红星街道金仙寺社区西。村旁大片田垟圩地，故名驮垟圩。村建于清代乾隆年间，地处苔湖岭半岭北部，昔日为通往沙湾、英川、龙泉、庆元的交通要道。清属七都西河坊。民国二十年(1931)为北郭乡。解放初期属城区鹤溪镇。1951 年 2 月，属城区城西乡。1952 年 10 月，属城区学田乡。1958 年 9 月，属红星公社学田管理

区第12生产队。1959年2月，划属鹤溪林场，编入农业队；后归县林业总场。2007年，因企业改制，驮垟圩村退出企业，重回农业。村北邻老鸦尖山峰，为鹤溪八景之鸦顶晴云。

溪口 Xīkǒu　位于红星街道城北村。处鹤溪镇北3.7千米，原鹤溪镇溪口村民委员会驻地。以地处鹤溪汇入小溪入口旁，故名溪口。1992年，行政区划调整改属城北村民委员会第八村民小组。56户，173人。其中，畲族71人。2007年，因滩坑库区涉淹，村废，全村共有移民54户，164人。其中，17户，60人移居市外诸暨、鄞州等地；37户，104人移居浮丘安置点；同年村废。村前建有溪口大桥、溪口二桥、溪口三桥、溪口高速公路大桥等。

掌岸 Zhǎngàn　位于红星街道城北村。处鹤溪镇西北3.6千米，地处小溪北岸，以渡得名。原属鹤溪镇溪口村民委员会。1992年，行政区划调整改属城北村民委员会第九村民小组。20户，54人，其中，畲族33人。2007年，滩坑库区涉淹，村废，全村共有移民20户，54人。其中，4户，13人移居市外诸暨、鄞州等地；16户，41人移居浮丘安置点。

石垟 Shíyáng　位于红星街道城北村。处鹤溪镇西北3千米，原属鹤溪镇溪口村民委员会。以村建小溪东岸石头滩地边，故名。1992年，行政区划调整改属城北村民委员会第九村民小组。46户，149人，其中，畲族89人。2007年，滩坑库区涉淹村，全村共有移民27户，86人。2008年，整村搬迁至浮丘安置点，村废。

外舍 Wàishě　位于红星街道外舍社区。处县城北3千米，曾为城关区公所、外舍乡政府、外舍村民委员会驻地，是县境内重要商品集散地。126户，812人，其中，畲族6人。村舍依山傍水，小溪上下通航，交通往来便利。清知县袁衔《外卸》诗云："小市日趁虚，负载多群黎；黑棕裹椒笋，青箬包盐齑"又云："瓯船张风帆，来去如凫鸟"。因货物在此进出屯运，古有"内卸"、"外卸"两村。1911年，内卸村被洪水冲毁，幸存外卸。因方言"卸"与舍同音，遂为今名。村口建外舍大桥。昔日有县航运公司、城郊区林业站、造船厂等企业。1992年，属外舍乡外舍村民委员会。2007年，滩坑库区涉淹，村废。其中，部分移居莲都、义乌、宁波、诸暨等地，其余移居县内安置点。原址建外舍新城。

油田 Yóutián　位于红星街道村外舍社区。在外舍东1.5千米，原属外舍乡外舍村民委员会。38户，176人。其中，畲族29人。该村地处山弯，多田。昔日广植乌桕，盛产桕油，故名油田。清同治《景宁县志》载；油田湖，距鹤溪北十里，周围皆石，其深无底。相传与城镇东乌铁岩洞相通。其外又一湖在圩口小溪旁，广而多鱼。滩坑库区淹没前，尚存外油田湖，多泥鳅。村曾有古民居及青花瓷窑址，历史悠久；有建于唐乾符二年(875)普福寺，遗址尚留残墙。2007年，滩坑库区涉淹，村废。移至澄照；市内迁莲都区；市外移至义乌、诸暨及宁波市。原址建外舍新城区。

苦竹垟 Kǔzhúyáng　位于红星街道外舍社区。处外舍东1.2千米，与油田村隔水相望。原属外舍乡外舍村民委员会。9户，42人。昔日村后山多植苦竹，村前为田垟，故名。2008年，滩坑库区涉淹，村废，原址今为王金垟工业产业区块。

半岭 Bànlǐng　位于红星街道坑山后村。处外舍西北5千米，原属外舍乡坑山后村民委员会。2户，16人，其中，畲族9人。村处云景古道泗洲岭半途，故名。北连泗洲岭头，因交通不便村民搬迁，村废。

岭脚　Lǐngjiǎo　位于红星街道坑山后村。处外舍西北 4.7 千米，原属外舍乡坑山后村民委员会。2 户，6 人。村处云景古道泗洲岭岭脚，故名。因交通不便整村搬迁。2008 年，滩坑电站建设，村废。

三丘田　Sānqiūtián　位于红星街道坑山后村。处外舍西北 3.5 千米，原属坑山后村民委员会。2 户，5 人。有三丘田并连得名。2009 年，建高速公路整村搬迁，村废，原址为云景高速公路泗洲岭景宁侧隧道口。

新处　Xīnchù　位于红星街道坑山后村。处外舍西南 5 千米，原属外舍乡坑山后村民委员会。6 户，24 人。先民徙此建新村，故名。西与云和县界，因位置偏僻交通不便整村搬迁，村废。

牛路　Niúlù　位于红星街道坑山后村。处外舍西北 5.3 千米，原属外舍乡坑山后村民委员会。3 户，21 人。村建梅山村西，在新处至田寮村山路之间，昔日村民常在此地放牛，故名。因处地偏远山区交通不便整村搬迁，村废。

白云坦　Báiyúntǎn　位于红星街道坑山后村。处外舍西 2.5 千米，原属外舍乡坑山后村民委员会。3 户，16 人。村旁有巨崖，色为银白，远眺如白云浮空，故名。因交通不便整村搬迁，村废。

北岸　Běiàn　位于红星街道岭北村。处外舍北 0.8 千米，原为外舍乡人民政府、岭北村民委员会驻地。28 户，117 人，其中，畲族 4 人。与外舍村隔溪相望，原有公路与外舍大桥相连。省道云寿线经过村后，因地处小溪之北，靠岸边，故名。2008 年，滩坑库区涉淹，村废。

底官山　Dǐguānshān　位于红星街道岭北村。处外舍西北 4.3 千米，原属外舍乡岭北村民委员会。6 户，21 人。旧时此处山为国有，称官山。六十年代曾为云和林校校址。该校停办，山下建村，与近处官山村有坳底（里）、坳外之别，故称底官山。因交通不便整村搬迁，村废。

官山　Guānshān　位于红星街道岭北村。处外舍西北 3.2 千米，原属外舍乡岭北村民委员会。13 户，55 人。旧时此处山林属国有，而村建于此山坳上，故名。因交通不便村民搬迁村已废。

源头　Yuántóu　位于红星街道岭北村。处外舍西北 4.2 千米，原属岭北村民委员会。5 户，18 人。其地为十二渡源头之一，故名。村处末水源头，山区偏僻，因交通不便整村搬迁，村废。

排路　Páilù　位于红星街道岭北村。处外舍北 3.1 千米，原属外舍乡岭北村民委员会。2 户，9 人。因村处排路旁，故名。村处官山西侧，因交通不便村民搬迁，村废。

排头　Páitóu　位于红星街道岭北村。处外舍北 2.5 千米，原属外舍乡岭北村民委员会。2 户，10 人。村处山道排路一端，故名。因偏僻山区交通不便整村搬迁，村废。

十二渡　Shíèrdù　位于红星街道岭北村。处外舍北 2.7 千米，原属外舍乡岭北村民委员会。7 户，40 人，畲族。村舍分布山坑两侧，坑水中置十二个磴步供行人过坑，故名。2008 年，滩坑库区涉淹，村废。

松树岗　Sōngshùgǎng　位于红星街道岭北村。处外舍西北 2 千米，原属外舍乡岭北村民委员会。3 户，15 人。村旁山岗，漫山松树，故名。因交通不便整村搬迁，村废。

门前塆　Ménqiánwān　位于红星街道岭北村。处外舍北 2.3 千米，原属外舍乡岭北村民委员会。5 户，21 人，畲族。以地形得名。因交通不便整村搬迁，村废。

塆轭岭　Wānèlǐng　位于红星街道岭北村。处外舍西北 1.8 千米，原属外舍乡岭北村民委员会。

1户，4人。该地山岭曲折状如牛轭，故名。因交通不便整村搬迁，村废。

新寮　Xīnliáo　位于红星街道岭北村。处外舍西北1.7千米，原属外舍乡岭北村民委员会。8户，35人。先民从岭村半岭徙此搭寮而居，故名。2008年因滩坑库区涉淹，村废。

枫树山　Fēngshùshān　位于红星街道岭北村。处外舍西北1.5千米，原属外舍乡岭北村民委员会。4户，21人。昔日枫树成林，山因树名，村以山明。2008年，滩坑库区涉淹，村废。

双坑　Shuāngkēng　位于红星街道岭北村。处外舍北1.8千米，原属外舍乡岭北村民委员会。13户，80人。因泗州岭、十二渡两坑水至此汇合，故名。云景高速公路建设，2008年村废。

鸡塆　Īwān　位于红星街道岭北村。处外舍西0.6千米，原属外舍乡岭北村民委员会。3户，13人，其中，畲族7人。古时村后山岗建"公鸡寨"，村处寨下塆地，故名。前临小溪，遥望外舍。每遇春日，李白桃红，风掀绿竹，一地翠竹围村前，四周花果更飘香。为外舍邻近春季出游理想之地。2008年，建滩坑库区村涉淹。

汇头　Huìtóu　位于红星街道岗石村。处外舍东北2.2千米，原属外舍乡岗石村民委员会。2户，10人。处小溪东岸，西汇上游，故名。昔日植桑养蚕为副业。2008年，因滩坑库区涉淹，村废。原址今为千峡湖汇头码头。

竹桥坑　Zhúqiáokēng　位于红星街道岗石村。处外舍东北3千米，原属外舍乡岗石村民委员会。1户，8人。因交通不便村民搬迁，村废。

汇头岗　Huìtóugǎng　位于红星街道岗石村。处外舍东北2千米，原属外舍乡岗石村民委员会。1户，8人。地处汇头村后山岗，故名。昔日地植桑，农户兼养蚕。2008年，滩坑库区涉淹村民搬迁，村废。

杉树塆　Shānshùwān　位于红星街道岗石村。处外舍东北1.7千米，原属外舍乡岗石村民委员会。4户，19人。地处小溪东岸山弯，杉树成林，故名。2008年，滩坑库区涉淹，村废。原址建千峡湖航运码头。

齐岱　Qídài　位于红星街道岗石村。处外舍东北3.2千米，原属外舍乡岗石村民委员会。3户，8人，畲族。相传南北朝齐人后裔为抗争避徭，南迁于此，故名。因交通不便整村搬迁，村废。

潘澳　Pān'ào　位于红星街道岗石村。处外舍东北2.7千米，原属外舍乡岗石村民委员会。2户，13人，其中，畲族12人。初为潘姓村民居住，时修水澳（渠道）数里，故名。畲民建村后，遂用其名。因交通不便整村搬迁，村废。

岭脚　Lǐngjiǎo　位于红星街道岗石村。处外舍东北1.5千米，原属外舍乡岗石村民委员会。14户，65人，畲族。地处油田口石圩岭脚，故名。2008年，因滩坑库区涉淹，村废。

坦头背　Tǎntóubèi　位于红星街道岗石村。处外舍东2.5千米，原属外舍乡岗石村民委员会。11户，48人。村下为悬崖峭壁，方言"坦头"即岩石，故名。因交通不便整村搬迁，村废。

坑底　Kēngdǐ　位于红星街道王金垟村。处外舍东3.5千米，原属外舍乡王金垟村民委员会。5户，29人，其中，畲族17人。地处油田坑支流深谷，故名。因滩坑库区建设，2008年村废。

石梯　Shítī　位于红星街道王金垟村。处外舍东3.7千米，原属王金垟村民委员会。1户，4人，汉族。村前石岭陡如立梯,故名。2008年,滩坑库区涉淹,村废。

坳丘 Aoqiū 位于红星街道王金垟村。处外舍东南3.5千米,原属王金垟村民委员会。1户,6人。村座落在山坳,坳上有一丘田,故名。2008年,滩坑库区建设,村废。

半岭 Bànlǐng 位于红星街道王金垟村。处外舍东南3.8千米,原属王金垟村民委员会。1户,5人。坐落岭中,故名。2008年,滩坑库区涉淹,村废。

白岸 Báiàn 位于红星街道岭北村。处县城东北8.5千米。原为白岸乡人民政府、村民委员会驻地。45户,143人。因村傍溪岸,为白姓开基,故名。盛产花生。县城至陈村乡公路经此。2008年,滩坑库区涉淹,村废。

圩头 Xūtóu 位于红星街道岭北村。处白岸南0.5千米,原属白岸乡白岸村民委员会。9户,54人。村舍座落溪圩水头,故名。通公路。2008年,滩坑库区涉淹,村废。

元头 Yuántóu 位于红星街道岭北村。处白岸东北0.5千米,原属白岸乡白岸村民委员会。2户,6人。2008年,滩坑库区涉淹,村废。

大常 Dàcháng 位于红星街道岗石村。处白岸东2.3千米,原白岸乡大常村民委员会驻地。41户,203人。村傍小溪南岸,据传昔为果园地,围以大墙,方言"常"与"墙"同音,故名。清知县袁衔有诗曰:"十里大常坂,艰哉此岐路。仄径仅盈尺,曲与危岩互。"县城至陈村乡公路从村对岸经过。2008年,滩坑库区涉淹整村移民,村废。

汇下 Huìxià 位于红星街道岗石村。处白岸南1.2千米,原白岸乡汇田村民委员会驻地。27户,130人,其中,畲族62人。处西汇村下游,故名。2008年,滩坑库区涉淹,整村移民,村废。

田头 Tiántóu 位于红星街道岗石村。处白岸东南0.5千米,仅一水之隔,原属白岸乡汇田村民委员会。11户,37人。村址原为田头荒地,故名。2008年,滩坑库区涉淹村民搬迁,村废。

陈坑 Chénkēng 位于红星街道岗石村。处白岸东1.5千米,原属白岸乡汇田村民委员会。16户,67人。沿陈坑分布有上、下、外三个山寮,村以坑名。因交通不便,2008年村民迁移王金垟,村废。

大坪 Dàpíng 位于红星街道岗石村。处白岸东南1.2千米,原属白岸乡汇田村民委员会。17户,64人,其中,畲族16人。因地形得名。交通不便,2008年,村民迁移王金垟,村废。

峰岗 Fēnggǎng 位于红星街道岗石村。处白岸东南1.5千米,原属白岸乡汇田村民委员会。3户,10人。村址所处山岗,村后山峻峰巍,故名。因交通不便,2008年,村民迁移王金垟,村废。

天堂 Tiāntáng 位于红星街道岗石村。处白岸东3千米,原属白岸乡汇田村民委员会。18户,58人。村处十里峻岭之山巅,漫天云雾缭绕,宛如天阙之仙境,故名。2008年,因地处偏远交通不便整村搬迁王金垟,村废。

外田垄 Wàitiánlǒng 位于红星街道岗石村。处白岸东3千米,原属白岸乡汇田村民委员会。1户,7人。村建原田垄外,故名。因交通不便整村搬迁王金垟,村废。

土珠坑 Tǔzhūkēng 位于红星街道岗石村。处白岸东3.5千米,原属白岸乡汇田村民委员会。10户,41人。以坑得名。因交通不便整村搬迁王金垟,村废。

汇边 Huìbiān 位于红星街道岭北村。处白岸南2千米,原属白岸乡西汇村民委员会。村处小溪西岸。每遇洪水，漂浮物汇集于岸边，故名。47户，200人，其中，畲族14人。盛产油茶。县城至陈村公路穿村而过。2008年，滩坑库区涉淹，村废。

后坪 Hòupíng 位于红星街道岭北村。处白岸西南1.5千米，原属白岸乡西汇村民委员会。15户，58人。盛产油茶。2008年，滩坑库区涉淹，村废。

西坑 Xīkēng 位于红星街道岭北村。处白岸西南1.5千米，原属白岸乡西汇村民委员会。12户，77人。处小溪西岸山坑边，以坑得名。云和至景宁老公路(沈北线)从村旁通过，后数次改道。2008年村废，村民搬迁双坑口。2010年4月，县新殡仪馆建成。

香椹山 Xiāngzhēnshān 位于红星街道岭北村。处白岸西南2千米，原属白岸乡西汇村民委员会。6户，30人。昔日林深树密，先民上山种香蕈(香菇)。方言"蕈""椹"同音，故名香椹山。2008年，滩坑库区涉淹，村废。

苦槠岭 Kǔzhūlǐng 位于红星街道岭北村。处白岸西南2.5千米，原属白岸乡西汇村民委员会。3户，10人，畲族。自蕉园村登岭而上，道旁多槠树，果味苦涩，方言"苦槠"。岭因树名，村以岭名。2008年，滩坑库区涉淹，村废。

平头地 Píngtóudì 位于红星街道岭北村。处白岸西南1.7千米，原属白岸乡西汇村民委员会。3户，14人，畲族。以地形得名。2008年，滩坑库区涉淹，村废。

外田头 Wàitiántóu 位于红星街道岭北村。处白岸东北2.5千米，原白岸乡新华村民委员会驻地。13户，69人。村处山外田头，故名。2008年，滩坑库区涉淹，村废。

半岭 Bànlǐng 位于红星街道岭北村。处白岸北4千米，原属白岸乡新华村民委员会。5户，21人。因地处山岭中部，故名。东邻古传坑。因交通不便整村搬迁，村废。

石尖头 Shíjiāntóu 位于红星街道岭北村。处白岸东北3.2千米，原属白岸乡新华村民委员会。8户，43人。因村后有山峰，曰石尖头。村以山名。因交通不便整村搬迁，村废。

干坑 Gànkēng 位于红星街道岭北村。处白岸东北3千米，原属白岸乡新华村民委员会。1户，11人。因坑水干旱，水缺，故名。因交通不便整村搬迁，村废。

岭脚 Lǐngjiǎo 位于红星街道岭北村。处白岸东北4千米，原属白岸乡新华村民委员会。3户，8人。处古传坑西侧，以地理位置得名。因交通不便整村搬迁，村废。

麻坑 Mákēng 位于红星街道岭北村。处白岸东北4千米，原属白岸乡新华村民委员会。4户，17人。昔日坑畔遍地苎麻，故名。因滩坑库区涉淹，处地偏僻，村废。

新寮 Xīnliáo 位于红星街道岭北村。处白岸东北3千米，原属白岸乡新华村民委员会。4户，8人，畲族。处古传坑西岸半山腰，先民在此搭寮安居，故名。2008年，滩坑库区涉淹，村废。

坟山 Fénshān 位于红星街道岭北村。处白岸东北3.5千米，原属白岸乡新华村民委员会。2户，2人，畲族。处古传坑西岸，昔日山地多老坟，故名。2008年，滩坑库区涉淹，村废。

古传坑 Gǔchuánkēng 位于红星街道岭北村。处白岸东北4千米，原属白岸乡新华村民委员会。3户，8人。处古传坑东岸，村因坑名。2008年，滩坑库区涉淹，村废。

杨梅岗 Yángméigǎng 位于红星街道岚头村。处白岸西北1.5千米，原属白岸乡岚头村民委员会。7 户，25 人。村处山岗，昔日此地产杨梅，故名。2008 年，滩坑库区涉淹村民搬迁，村废。

杨赛 Yángsài 位于红星街道岚头村。处白岸西北 1 千米，原属白岸乡岚头村民委员会。2 户，12 人。与杨厂村相邻，因村形似羊赛，故名。方言“赛”即畜禽栏舍。2008 年因交通不便下山移民，村废。

杨厂 Yángchǎng 位于红星街道岚头村。处白岸西北 1.5 千米，原属白岸乡岚头村民委员会。7 户，31 人。村民养羊，办有羊场，以同音称今名。2008 年，因交通不便下山移民，村废。

猫岗 Māogǎng 位于红星街道岚头村。处白岸西北 1.5 千米，原属白岸乡岚头村民委员会。1 户，5 人。昔为林莽，多豹虎。本地称虎为“大毛”，“毛”与“猫”近音，故名。2008 年，因交通不便下山移民，村废。

石埠坑 Shíbùkēng 位于红星街道岭北村。片村，原属白岸乡石龙村民委员会。包括水碓后、田村、外村。滩坑库区涉淹，2008 年村废；同年 8 月建石埠坑码头，通两岸。

水碓后 Shuǐduìhòu 位于红星街道岭北村。处白岸东北 1 千米，原白岸乡石龙村民委员会驻地。13 户，53 人。村西有涧水注入小溪，先人引涧水于村前，建水碓，故名。滩坑库区涉淹，2008 年村废。

田村 Tiáncūn 位于红星街道岭北村。处白岸东北 1 千米，原属白岸乡石龙村民委员会。25 户，81 人。建村时，旁有山田数丘，故名。2008 年滩坑库区涉淹，村废。

外村 Wàicūn 位于红星街道岭北村。处白岸东北 1 千米，原属白岸乡石龙村民委员会。23 户，89 人。处石埠坑片村外侧，故名外村。县城至陈村乡公路经此。滩坑库区涉淹，2008 年村废。

上圩 Shàngxū 位于红星街道小金州村。处县城东北 1.2 千米，原金钟乡人民政府驻地，属金钟村民委员会。7 户，34 人，其中，畲族 2 人。坐落老鹰岩东南麓，处小溪西岸，菉草圩地上首，故名上圩。县城至陈村乡公路经此。2008 年，滩坑库区涉淹村民搬迁，村废。

金钟 Jīnzhōng 位于红星街道小金州村。处上圩南 0.8 千米，原为金钟村民委员会驻地。45 户，158 人，其中，畲族 9 人。地处小溪南岸，村右侧有山如金字，前有巨石蹲于小溪，石下鱼穴，水倾石罅，声若洪钟，以山水之特征，故名金钟。清知县袁衔有诗曰：“夕阳下前峰，金碧耀岩谷。暮途闻溪声，滴沥鸣琴筑”。2008 年，滩坑库区涉淹村民搬迁，村废。

湖边 Húbiān 位于红星街道小金州村。处上圩东 1.3 千米。原属金钟乡金钟村民委员会。10 户，32 人，其中，畲族 7 人。村建小溪东岸，在通天关北麓湖塘山塆岸边，故名。2008 年，因滩坑库区涉淹，村废；同年 7 月湖边码头竣工。

古传 Gǔchuán 位于红星街道小金州村。处上圩西 2.2 千米，原属金钟乡金钟村民委员会。15 户，58 人。吴姓开基，村后山岗，左右高于中央、形成虎包龙之势。古谚传：“虎包龙，出金龙；龙包虎，讨饭牯”。村因出此地形谚传而名。为革命老区村。因滩坑库区涉淹，2008 年村废。2009 年，建古传山庄，古传码头直达对岸通青景庆公路。

古传口 Gǔchuánkǒu 位于红星街道小金州村。处上圩西 2.3 千米，原属金钟乡金钟村民委员会。2 户，11 人。地处古传坑口，故名。景宁至陈村公路经过村前。2008 年，滩坑库区涉淹，村废。

金钟亭　Jīnzhōngtíng　位于红星街道小金州村。处上圩 0.5 千米，原属金钟乡金钟村民委员会。5 户，20 人。村建金钟渡船亭边，故名。昔日景宁至陈村公路过村境。2008 年，滩坑库区涉淹村民搬迁，村废。

高畔垟　Gāopànyáng　位于红星街道小金州村。处上圩东南 0.8 千米，与金钟村隔坑相望。原属金钟乡金钟村民委员会。51 户，138 人。村处通天关西南高坡垟地，因名高坡垟，以谐音变成今名。2008 年，因滩坑库区涉淹，村废；

毛山根　Máoshāngēn　位于红星街道小金州村。处上圩东南 1 千米，原属金钟乡金钟村民委员会。20 户，99 人。地处毛山脚下，故名。2008 年，滩坑库区涉淹，村废。

官渡　Guāndù　位于红星街道小金州村。处上圩西 2.3 千米，原属金钟乡金钟村民委员会。11 户，49 人。与古传口隔溪相望，村前小溪有渡口，昔为官办渡，因名。清知县袁衔有诗云："溪峻苦湍急，峰高类孱顽。兹村冠一邑，奇秀超人寰"。2008 年，滩坑库区涉淹，村废。2008 年 7 月，官渡码头竣工。

畔垟　Pànyáng　位于红星街道小金州村。处上圩西南 1.5 千米，原属金钟乡金钟村民委员会。13 户，51 人。潘姓开基，原名潘垟，以谐音变为今名。2008 年，滩坑库区涉淹，村废。

独山　Dúshān　位于红星街道小金州村。处上圩西南 1.2 千米，原属金钟乡金钟村民委员会。13 户，50 人。村后有山峦突立，故名独山，山以村得名。2008 年，滩坑库区涉淹，村废。

石门楼　Shíménlóu　位于红星街道小金州村。处上圩西南 1.8 千米，原属金钟乡金钟村民委员会。9 户，51 人，畲族。地处两山峡峙之山口，故名。2008 年，滩坑库区涉淹，村废；同年 12 月建成石门楼大桥，通青景庆公路。

毛坑口　Máokēngkǒu　位于红星街道小金州村。处上圩西南 4.2 千米，原属金钟乡金钟村民委员会。2 户，7 人。村建毛坑坑口，故名。2008 年，滩坑库区涉淹，村废。

桥头　Qiáotóu　位于红星街道小金州村。处上圩北 3.5 千米，原属金钟乡岭根村民委员会。22 户，83 人。地处关堂尖西北，山崖呈黄色，故名。2009 因交通不便整村搬迁，村废。

菉草　Lùcǎo　位于红星街道杨绿湖村。处上圩北 1 千米，原属金钟乡菉草村民委员会驻地。69 户，293 人。地处岭根坑口，小溪北岸公路边。古时此地绿草如茵，故名菉草。清知县袁衔有诗云："犄角对金钟，厥名曰绿草。山容倍郁盘，水势相环抱。风帆遥出没，翠竹立如葆。民居太星散，屋角挂梨枣"。2008 年，滩坑库区涉淹，村废；同年 6 月，菉草码头竣工。2009 年，在原址后建新菉草村。

陈源头　Chényuántóu　位于红星街道杨绿湖村。处上圩东北 5.8 千米，原属金钟乡菉草村民委员会。4 户，28 人。陈姓开基，村建耳朵坑源头，故名。交通不便整村搬迁，村废。

上炉　Shànglú　位于红星街道杨绿湖村。处上圩北 4.7 千米，原属金钟乡菉草村民委员会。1 户，5 人。因交通不便整村搬迁，村废。

笋山　Sǔnshān　位于红星街道杨绿湖村。处上圩东北 4.7 千米，原属金钟乡菉草村民委员会。3 户，24 人。叶姓建村，盛产毛竹，故称笋山。因交通不便整村搬迁，村废。

上园　Shàngyuán　位于红星街道杨绿湖村。处上圩北 2.7 千米，原属金钟乡菉草村民委员会。9

户，39 人。2008 年，滩坑库区涉淹，村废。

吴山岗　Wúshāngǎng　位于红星街道杨绿湖村。处上圩北 3 千米，原属金钟乡菉草村民委员会。16 户，84 人。吴姓开基，建村山岗之上，故名。2008 年，滩坑库区涉淹，村废。

吴山前　Wúshānqián　位于红星街道杨绿湖村。处上圩北 2.3 千米，原属金钟乡菉草村民委员会。1 户，5 人。地处吴山岗村前，故名。2008 年，滩坑库区涉淹，村废。

耳朵坑　ěrduǒkēng　位于红星街道杨绿湖村。处上圩东北 4 千米，原属金钟乡菉草村民委员会。3 户，25 人。以坑得名。2008 年，滩坑库区涉淹，村废。

夏山　Xiàshān　位于红星街道杨绿湖村。处上圩北 1.3 千米，原属菉草村民委员会。30 户，141 人。以姓得名。2008 年，滩坑库区涉淹，村废。

东岸　Dōngàn　位于红星街道杨绿湖村。处上圩北 1.5 千米，原属金钟乡菉草村民委员会。35 户，111 人。占姓开基，建村在岭根坑东岸，故名。2008 年，滩坑库区涉淹，村废；同年 4 月东岸码头竣工。

汇头　Huìtóu　位于红星街道杨绿湖村。处上圩北 1.5 千米，原属金钟乡菉草村民委员会。19 户，55 人。村前小溪急弯成汇，故名。景宁至陈村公路过村前。2008 年，滩坑库区涉淹，村废。

大粗　Dàcū　位于红星街道杨绿湖村。处上圩东 2.3 千米，原属金钟乡菉草村民委员会。7 户，41 人。建村于粗石嶙峋之溪涧边，故名。2008 年，滩坑库区涉淹，村废。

大粗口　Dàcūkǒu　位于红星街道杨绿湖村。处上圩东 1.6 千米，原属金钟乡菉草村民委员会。9 户，52 人。村建大粗坑坑口，公路北侧。2008 年，滩坑库区涉淹，村废。

郑山　Zhèngshān　位于红星街道杨绿湖村。处上圩西北 1 千米，原属金钟乡菉草村民委员会。9 户，44 人，其中，畲族 22 人。郑姓开基，村处梁岗头南坳，以姓得名。2008 年，滩坑库区涉淹，村废。

岗头寮　Gǎngtóuliáo　位于红星街道小金州村。处上圩东 4.3 千米，原属金钟乡小粗村民委员会。2 户，7 人。叶姓徙居于小粗后岗搭寮种山，故名。2008 年，滩坑库区涉淹，村废。

外址　Wàizhǐ　位于红星街道小金州村。处上圩东 4 千米，原属金钟乡小粗村民委员会。4 户，25 人，畲族。2008 年，滩坑库区涉淹，村废。

八罗　Bāluó　位于红星街道小金州村。处上圩东 3.8 千米，原属金钟乡小粗村民委员会。6 户，30 人，畲族。有一丘田可年收八箩框稻谷而得名。2008 年，滩坑库区涉淹，村废。

甲头岗　Jiǎtóugǎng　位于红星街道小金州村。处上圩东南 2.8 千米，原属金钟乡陶州村民委员会。9 户，46 人，畲族。钟姓在甲头岗山岗开基建村，以山得名。2008 年，滩坑库区涉淹，村废。

上西山　Shàngxīshān　位于红星街道小金州村。处上圩东 3 千米，原属金钟乡陶州村民委员会。6 户，26 人，畲族。村建在西山上，以山得名。2008 年，滩坑库区涉淹，村废。

岗头　Gǎngtóu　位于红星街道小金州村。处上圩东 3 千米，原属金钟乡陶州村民委员会。1 户，7 人，畲族。西邻金钟凉亭，村建山岗，以地形得名。2008 年，因滩坑库区涉淹，村废。

靛青寮　Diànqīngliáo　位于红星街道小金州村。处上圩东南 4.3 千米，原属金钟乡陶州村民委员会。6 户，15 人，畲族。处仰天湖东北坡山涧峡谷，昔畲民在此搭寮种植靛青，故名。东邻渤海叶处村。因处地偏僻交通不便整村搬迁，村废。

山丘 Shānqiū 位于红星街道金包山村。处上圩东南 6.7 千米，原属金钟乡金包山村民委员会。1 户，4 人。村建山丘坳地，故名。2008 年，因交通不便下山移民，村废。

梅丁岗 Méidīnggǎng 又称梅椎岗。位于红星街道金包山村。处上圩东南 7 千米，原属金钟乡金包山村民委员会。10 户，46 人，其中，畲族 9 人。以山岗得名。2008 年，因交通不便下山移民，村废。

主垟 Zhǔyáng 位于红星街道金包山村。处上圩南 6.8 千米，原属金钟乡金包山村民委员会。1 户，1 人。2008 年，因交通不便下山移民，村废。

铁铺 Tiěpù 位于上圩东南 7 千米。原属金钟乡金包山村民委员会。1 户，9 人。吴姓开基，古时此地有炼铁炉，故名。2008 年，因交通不便下山移民，村废。

箬岱 Ruòdài 位于红星街道金包山村。处上圩南 7.2 千米，原属金钟乡金包山村民委员会。1 户，4 人。毛姓开基，村建箬岱顶西南坡山涧峡谷，箬竹丛生，故名。2008 年，因交通不便下山移民，村废。

小吴山 Xiǎowúshān 位于红星街道大吴山村。处上圩东南 8.5 千米，原属金钟乡大吴山村民委员会。3 户，10 人。处大吴山下，村庄比大吴山小，故名。2008 年因交通不便下山移民，村废。

吴四桥 Wúsìqiáo 位于红星街道大吴山村。处上圩南 10.5 千米，原属金钟乡大吴山村民委员会。3 户，13 人，畲族。钟姓从吴四村分迁于吴四坑石拱桥头建村，故名。2008 年，因交通不便下山移民村废。

叶家弄 Yèjiā Lòng 位于县城中部红星街道域内。东起童弄街，西至人民中路。全长 50 米，宽 1.5 米，鹅卵石路面，今废。童弄街拆迁改建商业区、居民区。

马家弄 Mǎjiā Lòng 位于县城中部红星街道域内。东起童弄街，西至人民中路。全长 50 米，宽 1.5 米，鹅卵石路面，今废。童弄街拆迁改建商业区、居民区。

陈家弄 Chénjiā Lòng 位于县城中部红星街道域内。东起童弄街，西至人民中路。全长 40 米，宽 2.5 米，鹅卵石路面，今废。童弄街拆迁改建商业区、居民区。

鹤溪街道（Hèxī Jiēdào）

县前街 Xiànqián Jiē 位于县城南部鹤溪街道域内。路处旧时县衙前而得名。是鹤溪古城中心地段，北起今钟楼路，南至大众街口，全长 200 米，宽 5 米。旧时后坑之水流经街心，两岸街面出水数米；坑上有丰乐桥、睡仙桥、上桥和下桥等。两岸每隔 2 米许建方塔，以木料连接塔，用作栏杆；塔顶盆状，种花卉，美化街景。今为人民南路。

砖街底 Zhuānjiēdǐ 位于县城南部鹤溪街道域内。南起人民路，北至石印山脚。全长 80 米，宽 2 米，水泥路面，昔日弄口街道砖铺，故名。系居民住宅区。

后街弄 Hòujiē Lòng 位于县城南部鹤溪街道域内。东起人民南路。全长 50 米，宽 1.2 米，水泥路面。弄处人民南路左侧背后而得名。系居民住宅区。

小砖弄 Xiǎozhuān Lòng 位于县城南部鹤溪街道域内。南起石印路，东至山脚，全长 80 米，宽

1米，水泥路面，弄路面砖铺得名。系居住宅民区。

洪家弄　Hóngjiā Lòng　位于县城南部鹤溪街道域内。S形南北向，南起石印路，全长30米，宽1.2米，水泥路面。系居民住宅区。

工商弄　Gōngshāng Lòng　位于县城南部鹤溪街道域内。S形南北向，南起人民路，北至石印路。全长90米，宽0.8米，水泥路面，系居民住宅区。人民南路改道拓宽，今废，辟为商业区。

汤钟弄　Tāngzhōng Lòng　位于县城南部鹤溪街道域内。在人民南路以北。南起人民南路，北至石印路。全长90米，宽1米，水泥路面。人民南路拓宽，今废。

大桥头　Dàqiáotóu　位于鹤位于县城中部红星街道域内。鹤溪街道与红星街道结合部。在寨山桥头东端，故名。已废。现辟为人民广场及商铺。

油田坳　Yóutiánào　位于鹤溪街道鹤溪村。处鹤溪东北1.8千米。原属鹤溪镇鹤溪村民委员会。1户，7人，畲族。村处鹤溪通向油田山坳地，故名。因交通不便村民搬迁，村废。

雷公岩　Léigōngyán　位于鹤溪街道浮丘村。处鹤溪西南1千米，原属鹤溪镇浮丘村民委员会。1户，4人，畲族。村前有块巨石，曾遭雷击，以岩石得名。东北邻钓台岗村。村民搬迁，村废。

金平衕　Jīnpíngtòng　位于鹤溪街道浮丘村。处鹤溪西南1千米。石牛山东麓。原属鹤溪镇浮丘村民委员会。12户，74人，畲族。村民搬迁，村废。

鱼衕　Yútòng　位于鹤溪街道浮丘村。处鹤溪西南1千米，石牛山东麓。原属鹤溪镇浮丘村民委员会。12户，74人，畲族。村民搬迁，村废。

包山　Bāoshān　位于鹤溪街道浮丘村。处鹤溪南2.7千米，原属鹤溪镇浮丘村民委员会。30户，156人，其中，畲族92人。以山得名。因包山矿区开采多年，不宜居住，整村搬迁叶府前金惠小区，村废。

余山　Yúshān　位于鹤溪街道城西村。处鹤溪西南3千米，原属鹤溪镇余山村民委员会。90户，382人 其中，畲族2人。村处包山村后山岗，南邻天堂湖惠明茶基地。徐姓先祖开基，始称徐山，后演变为余山。1998年因交通不便，整村搬迁至云寿公路马岭头隧道口北侧。1999年1月更名为城西村。

潘山岭　Pānshānlǐng　位于鹤溪街道包凤村。处鹤溪南2.2千米，原属鹤溪镇包凤村民委员会。48户，96人，其中，畲族88人。以山岭得名。原为鹤溪主要畲族村落。村处山岗因交通不便，村废。2009年村民整村迁至包凤村。

对门山　Duìménshān　位于鹤溪街道张村村。处张村西0.5千米，原属张春乡张村村民委员会，48户，96人。以山岭得名。村民搬迁，村废。

水亭　Shuǐtíng　位于鹤溪街道三枝树村。处张村西3.7千米，原属张春乡三枝树村民委员会。3户，18人。昔日有涌泉，先民盖亭贮水供路人小憩，止渴；建村居住，村因亭名。南邻荒田湖林业分场。交通不便整村搬迁，村废。

岗头　Gǎngtóu　又名包山。位于鹤溪街道东弄村。处张村东南3.7千米，原属张春乡东弄村民委员会。14户，72人，其中畲族1人。村处山岗顶巅，故名。交通不便整村搬迁，村废。

坑底 Kēngdǐ 位于鹤溪街道王木坑村。处张村东南5千米，原属张春乡王木坑村民委员会。1户，6人。村处王木坑源头，故名。交通不便村民已迁，村废。

陈圩 Chénxū 位于鹤溪街道王木坑村。处张村东南6千米，原属张春乡王木坑村民委员会。9户，55人。以姓氏得名。交通不便整村搬迁，村废。

岭脚 Lǐngjiǎo 位于鹤溪街道滩岭村。处张村东南4千米。原属张春乡滩岭村民委员会。27户，105人，其中，畲族6人。村处梨树坳古道北侧山岭底部，故名。因易发泥石流地质灾害，村废。1994年整村搬迁至鹤溪枫车垮村。

渤海镇(Bóhǎi Zhèn)

城南路 Chéngnán Lù 位于渤海镇渤海村。小溪以北，贯穿渤海镇政府所在地。东西向，宽8米，东至三角丘，西至渤海村头。1997年2月24日命名。2008年，滩坑库区涉淹，已废。

城中路 Chéngzhōng Lù 位于渤海镇渤海村。城南路以北,贯穿渤海村。南北向，宽6米，南至城南路，北至渤海镇小学。1997年2月24日命名。2008年，滩坑库区涉淹，已废。

育才巷 Yùcái Xiàng 位于渤海镇渤海村。城中路以东，由南至北第一条巷。东西向，宽3米，东至城南路，西至城中路。1997年2月24日命名。2008年，滩坑库区涉淹，已废。

高升巷 Gāoshēng Xiàng 位于渤海镇渤海村。城中路以东由南至北第二条巷。东西向，宽2.5米，东至教堂，西至城中路。1997年2月24日命名。2008年，滩坑库区涉淹，已废。

新兴巷 Xīnxìng Xiàng 位于渤海镇渤海村。渤海中学以北，高升巷以东。南北向，宽3.5米，南至城南路，北至顶头处。1997年2月24日命名。2008年，滩坑库区涉淹，已废。

梅花巷 Méihuā Xiàng 位于渤海镇渤海村。镇人民政府东侧。南北向，宽2.5米，南至城南路，北至荷花街。1997年2月24日命名。2008年，滩坑库区涉淹，已废。

荷花街 Héhuā Jiē 位于渤海镇渤海村。城中路与梅花巷之间。东西向，宽6.5米，东至城中路，西至梅花巷。1997年2月24日命名。2008年，滩坑库区涉淹，已废。

鲍岸 Bàoàn 位于渤海镇鲍山头村。处渤海东0.8千米，原属渤海乡鲍山头村民委员会。23户，121人。鲍姓开基，地处小溪南岸，故名。2008年，滩坑库区涉淹移民，村废。

金潭后 Jīntánhòu 位于渤海镇鲍山头村。处渤海东2.7千米，原属渤海乡鲍山头村民委员会。2户，12人。地处小溪金鱼潭后高山坡上，故名。2008年，滩坑库区涉淹移民，村废。

金鸡岩 Jīnjīyán 位于渤海镇鲍山头村。处渤海东南2.5千米，原属渤海乡鲍山头村民委员会。2户，8人。村口有岩名曰“金鸡”，村以岩得名。2008年，滩坑库区涉淹移民，村废。

凸头 Tūtóu 位于渤海镇鲍山头村。处渤海东南1千米，原属渤海乡鲍山头村民委员会。2户，8人，畲族。以山形得名。西北邻鲍岸村。2008年，滩坑库区涉淹移民，村废。

锁匙坑 Suǒshíkēng 位于渤海镇鲍山头村。处渤海东南1.5千米，原属渤海乡鲍山头村民委员会。1户，16人，畲族。以坑得名。2008年，滩坑库区涉淹移民，村废。

王处 Wángchù 位于渤海镇梅坑村。处渤海南1千米，原属渤海乡梅坑村民委员会。10户，84

人。地处梅坑西侧，王姓开基，以姓得名。2008年，滩坑库区移民，村废。

金头会　Jīntóuhuì　位于渤海镇梅坑村。处渤海西北2千米，原属渤海乡叶处村民委员会。8户，48人，畲族。地处小溪南岸，土名井头汇，谐音演变为今名。村处渤海村上游三华里，村前昔日乃小溪汇角，村后危崖陡绝。2008年，滩坑库区移民，村废，同年3月金头会码头竣工。

驮岗后　Tuógǎnghòu　位于渤海镇梅坑村。处渤海西北2千米，原属渤海乡叶处村民委员会。3户，18人，村建大山岗后面，故名。2008年，滩坑库区移民，村废。

渤海坑　Bóhǎikēng　位于渤海镇梅坑村。处渤海西1千米，原属渤海乡叶处村民委员会。33户，152人。村建于渤海坑坑边，以坑得名。昔日陈鎏古道经此。2008年，滩坑库区移民，村废。

竹山　Zhúshān　位于渤海镇梅坑村。处渤海西南1.7千米，原属渤海乡叶处村民委员会。23户，114人，畲族。村之四周，翠竹满山，故名。2008年，滩坑库区移民，村废。

太界基　Tàijièjī　位于渤海镇梅坑村。处渤海西1.3千米，原属渤海乡叶处村民委员会。4户，16人。处渤海坑村北。相传，此地古代出过太监，故称太监基，以方言同音变为太界基。2008年，滩坑库区移民，村废。

四十箩　Sìshíluó　位于渤海镇梅坑村。处渤海西南1.3千米，原属渤海乡叶处村民委员会。2户，8人，畲族，昔日兰姓佃农租种渤海陈姓耕地约13亩，年可收稻谷四十箩筐，故名。东邻渤海八景之蘸岭寨。2008年，滩坑库区移民，村废。

庵岗　Angǎng　位于渤海镇梅坑村。处渤海西南1.3千米，原属渤海乡叶处村民委员会。20户，81人。地处山岗，古有庵堂，故名。2008年，滩坑库区移民，村废。

东畈　Dōngfàn　位于渤海镇梅坑村。处渤海西南1.7千米，原属渤海乡叶处村民委员会。22户，104人。地处渤海坑东侧田畈坡地，故名。2008年，滩坑库区移民，村废。

横岗　Hénggǎng　位于渤海镇梅坑村。处渤海西南1.3千米，原属渤海乡叶处村民委员会。3户，19人，畲族。以地形得名。2008年，滩坑库区移民，村废。

坦门　Tǎnmén　位于渤海镇梅坑村。处渤海西南2.2千米，原属渤海乡叶处村民委员会。4户，14人。地处渤海坑东侧，村口有两岩矗立，形似石门，故名。2008年，滩坑库区移民，村废。

岩头背　Yántóubèi　位于渤海镇梅坑村。处渤海南1.7千米，原属渤海乡叶处村民委员会。1户，7人，畲族。以地形得名。2008年，滩坑库区移民，村废。

石塘口　Shítángkǒu　位于渤海镇石塘山村。处渤海西北3千米，原渤海乡石塘口村民委员会驻地。25户，124人。石塘山坑水向南经本村村口注入小溪，故名“石塘口”。景宁至陈村乡公路沿村而过。2008年，滩坑库区移民，村废。

田埠　Tiánbù　位于渤海镇石塘山村。处渤海西北3.6千米，原属渤海乡石塘口村民委员会。17户，66人。村经田垟可直通小溪埠头，故名“田埠”。景宁至渤海千米经此。2008年，滩坑库区移民，村废。

瓦寮　Wǎliáo　位于渤海镇石塘山村。处渤海西北3千米，原属渤海乡石塘口村民委员会。1户，5人，畲族。村址早年曾建过瓦窑寮，故名。处小溪南岸，与石塘口隔溪相望。2008年，滩坑库区移民，村废。

隔溪 Géxī 位于渤海镇石塘山村。处渤海西北2千米，原属渤海乡石塘口村民委员会。12户，44人，其中，畲族6人。与石塘口隔溪相望，故名。2008年，滩坑库区移民，村废。

渤海 Bóhǎi 处县城东北17千米。海拔125米。渤海区公所、镇（乡）人民政府和村民委员会驻地。5个村民小组，505户，1232人，其中，畲族8人，余为汉族。村建于南宋祥兴元年（1278）。原为蒲草丛生之沼泽地，四周皆山，溪水环流，昔称为"蒲海"，以谐音演变今名。陈姓开基建村，北靠凤山，南临瓯江小溪，通公路，俱舟车之便，为县东北农副产品主要集散地。清知县袁衔"渤海"诗云："前朝通百货，鱼盐称爽垲"。2007年，建滩坑电站涉淹，村民迁往鄞州、诸暨、义乌及莲都、松阳等；部分移居县内。八百年古村变成了水下故园。

旦水 Dànshuǐ 位于渤海镇旦水村。处渤海东面1.2千米，小溪北岸，原渤海乡旦水村民委员会驻地。26户，147人。原名霅水。《景宁县志》记载：霅水花园，在邑下游一都，为明时里人创业，至今花园香径并亭址犹存。清代诗人陈之东云："旧时亭馆人荒倾，留得花园今尚名。茅屋数家村径滑，古垣一带草痕平"。因"霅"字生僻，1958年，改名旦水。景宁至陈村公路经此。2008年，滩坑库区移民，村废；2008年2月旦水码头竣工。

官山 Guānshān 位于渤海镇旦水村。处渤海北4千米，旦水坑东侧，原属渤海乡旦水村民委员会。6户，24人。据传早先邱姓与张姓发生山场纠纷，山场被收回官有，故称官山。2008年，滩坑库区移民，村废。

横岩寨 Héngyánzhài 位于渤海镇旦水村。处渤海东北2.5千米，原属渤海乡旦水村民委员会。8户，32人。地处老鸦尖麓峡谷，坑东悬崖险峻，横档旦水坑，故名横岩寨。2008年，滩坑库区移民，村废。

下斜坪 Xiàxiépíng 位于渤海镇旦水村。处渤海东北2.2千米，原属渤海乡旦水村民委员会。1户，10人。老鸦尖西北坳坪后路下，因地形倾斜，故名下斜坪。2008年，滩坑库区移民，村废。

横路后 Hénglùhòu 位于渤海镇旦水村。处渤海东北1千米，原属渤海乡旦水村民委员会。8户，40人，其中，畲族35人。村建柿木底到渤海的横路之后，故名。2008年，滩坑库区移民，村废。

垟潭 Yángtán 位于渤海镇旦水村。处渤海东北2.3千米，原属渤海乡旦水村民委员会。17户，66人。村前成片田垟上百亩，面临瓯江小溪长潭，故称垟潭。2008年，滩坑库区移民，村废。

外头岭 Wàitóulǐng 位于渤海镇旦水村。处渤海东北1.5千米，原属渤海乡旦水村民委员会。5户，22人，畲族。兰姓人从垟头迁此建村，原名塆头岭，以岭得名，谐音演变为今名。2008年，滩坑库区移民，村废。

外垟 Wàiyáng 位于渤海镇旦水村。处渤海东北2千米，原属渤海乡旦水村民委员会。5户，28人。旦水原有底、外两垟，在外头岭谷内称底垟，谷口溪边称外垟。2008年，滩坑库区移民，村废。

黄狗盘窝 Huánggǒupánwō 位于渤海镇旦水村。处渤海东北1.2千米，原属渤海乡旦水村民委员会。3户，16人。村后山岗形似黄狗盘眠，故名。2008年，滩坑库区移民，村废。

犁斜坑 Líxiékēng 旧名犁锄坑。位于渤海镇旦水村。处渤海东北1.7千米，原属渤海乡旦水村民委员会。6户,28人,畲族。兰姓开基。2008年,滩坑库区移民,村废。

沈坑 Shěnkēng　位于渤海镇旦水村。处渤海西北2.2千米,原属渤海乡沈坑村民委员会。村民委员会驻地。32户,121人。沈姓开基,建村坑边,故名。

磨石塆 Móshíwān　位于渤海镇旦水村。处渤海西北2.6千米,原属渤海乡旦水村民委员会。1户,10人。地处山塆,出产磨刀石,故名。2008年因滩坑库区移民,村废。

塘底塆 Tángdǐwān　位于渤海镇旦水村。处渤海西北1.5千米,原属渤海乡旦水村民委员会。9户,41人,其中,畲族7人,地处北岸村北,池塘后山塆,故名。2008年,滩坑库区移民,村废;同年3月塘底塆码头竣工。

北岸 Běiàn　位于渤海镇旦水村。处渤海西北1.6千米,原属渤海乡旦水村民委员会。24户,110人。地处小溪北岸,故名。2008年,因滩坑库区移民,村废。

牛角塆 Niújiǎowān　位于渤海镇旦水村。处大都西北6千米,原属大都乡外塆村民委员会。1户,5人。村建于山塆,村后山岗形似牛角,故名。因交通不便村民搬迁,村废。

坳头 Aotóu　位于渤海镇旦水村。处大都北2.3千米,原属大都乡鳗段村民委员会。1户,6人。村处黄山头村北,在山坳顶部,故名。因交通不便村民搬迁,村废。

西坑底 Xīkēngdǐ　位于渤海镇旦水村。处大都北2.8千米,原属大都乡鳗段村民委员会。2户,8人,以坑名加方位得名。因交通不便村民搬迁,村废。

大都 Dàdōu　位于渤海镇大都村。处县城东北20千米,原大都乡大都村民委员会驻地。126户,503人,其中,畲族4人。村处小溪南岸,古人以溪水蓄而复流,故称大潴,方言“潴”与“都”同音,故名。村中有始建于元代初期的“沈都录祠堂”。2008年,滩坑库区涉淹,全村移民至莲都、松阳、龙泉及市外鄞州、奉化、诸暨等地,村废。

隔溪 Géxī　位于渤海镇大都村。处大都西北0.5千米,原大都乡人民政府驻地。36户,140人。村处小溪北岸,明、清均称北岸街。明国元年,被洪水冲毁,重建村后,因与大都隔溪相望,故名。1995年5月,建成长146米大都铁索桥,连接大都村,解决两岸来往。2008年,滩坑库区移民,村废。

温州寮 Wēnzhōuliáo　位于渤海镇大都村。处大都东北2.7千米,原属大都乡大都村民委员会。1户,8人。清同治年间,沈姓收养一温州孩童为子,在此搭寮居住,故名。2008年,滩坑库区移民,村废;同年4月温州寮大桥竣工,通青景庆库区复建公路。

底塆 Dǐwān　位于渤海镇大都村。处大都东北3.1千米,原属大都乡大都村民委员会。3户,13人。以山塆得名。2008年,滩坑库区移民,村废。

小均 Xiǎojūn　位于渤海镇大都村。处大都西1.2千米,原属大都乡大都村民委员会。24户,100人,其中,畲族43人。处地田垟称小均垟,乾隆四十七年(1782)畲民在此间山塆建村,村以垟名。2008年,滩坑库区移民,村废。

外山 Wàishān　位于渤海镇大都村。处大都西南0.8千米,原属大都乡大都村民委员会。16户,59人,其中,畲族35人。2008年,滩坑库区移民,村废。

门潭 Méntán　位于渤海镇大都村。处大都东南3千米,原为门潭村民委员会驻地。76户,301

人。朱姓开基，发源于绿桐溪的炉西坑自南向北流经本村，村前两巨石，一名狮山，一名钟山；两山拔地而起，突兀于坑边，隔岸相对峙，宛如巨石门，坑水经此汇流成潭，故名。村旁古代石级山道通文成、青田等地。2008 年，滩坑库区涉淹，村民迁往龙泉、松阳；及市外东阳、奉化等地，村废。

朱鸟窝 Zhūniǎowō 位于渤海镇大都村。处大都东南 3.3 千米，原属大都乡门潭村民委员会。7 户，26 人。朱姓开基，祈愿从此安居乐业，如鸟归巢，故名。2008 年，滩坑库区移民，村废。

田清寮 Tiánqīngliáo 位于渤海镇大都村。处大都南 2.8 千米，原属大都乡门潭村民委员会。1 户，4 人。清代嘉庆初年邱姓先民在此搭寮种植靛青，方言靛青与田清同音，故名。2008 年，滩坑库区移民，村废。

底车 Dǐchē 位于渤海镇大都村。处大都东南 3.8 千米，原属大都乡门潭村民委员会。27 户，129 人。山脚一畈田垟，高于山坑，易干旱，需用水车浇灌，故名。2008 年，滩坑库区移民，村废；同年 7 月在底车村址建成门潭码头。

西山 Xīshān 位于渤海镇大都村。处大都南 3.5 千米，原属大都乡门潭村民委员会。32 户，104 人。村建山岗，处门潭西侧，故名。渤海至东湖通村道路过境。2008 年，滩坑库区移民，村废。

牛栏塆 Niúlánwān 位于渤海镇东湖村。处大都东南 4.3 千米，原属大都乡湖坑村民委员会。4 户，15 人。邻村东山人为方便生产在此建栏圈牛。建村后，称牛栏塆。因交通不便村民搬迁，村废。

坑口 Kēngkǒu 又名丁埠头。位于渤海镇东湖村。处大都东南 4.3 千米，原属大都乡湖坑村民委员会。23 户，103 人。朱姓建村于湖坑坑口，故名。是古时大都通往瑞安、文成、平阳等地必经之路。2008 年，滩坑库区移民，村废。

林圩 Línxū 位于渤海镇东湖村。处大都东南 6 千米，原属大都乡湖坑村民委员会。38 户，159 人。炉西坑流经此间，岸边为圩地，四周山林苍翠，故名林圩。1935 年，红军曾在此间活动，中共浙南特委和浙西南特委领导同志曾在此间工作。为革命老区村。2008 年，滩坑库区移民，村废。

坳头寮 Aotóuliáo 位于渤海镇东湖村。处大都东南 6.3 千米，原属大都乡东山村民委员会。5 户，13 人。祖先在与青田县交界的山坳上搭寮而居，故名。因交通不便村民搬迁，村废。

东坑镇(Dōngkēng Zhèn)

黄寮塆 Huángliáowān 位于东坑镇东坑村。处东坑西北 0.6 千米，原属东坑乡东坑村民委员会。3 户，14 人，畲族。西南邻牛皮天山峰。钟姓先祖开基搭黄茅草寮于山塆安居，故名。因交通不便村民搬迁，村废。

瓦窑坪 Wǎyáopíng 别名狮姑寺。位于东坑镇东坑村。处东坑西北 0.5 千米，原属东坑乡东坑村民委员会。4 户，17 人，畲族。地处牛皮天西麓，村建古瓦窑址山坪地，故名。因交通不便村民搬迁，村废。

驮岩岭 Tuóyánlǐng 位于东坑镇东坑村。处东坑西南 0.8 千米，原属东坑乡东坑村民委员会。4 户，20 人，畲族。村旁山岭有巨石耸立，“大”方言“驮”，故名。因交通不便村民搬迁，村废。

岭后 Lǐnghòu 位于东坑镇马坑村。处东坑西南 1.5 千米，原属东坑乡马坑村民委员会。13 户，

57人，畲族。钟姓在罗山岭后开基建村，故名。因交通不便村民搬迁，村废。

竹后 Zhúhòu 位于东坑镇马坑村。处东坑西南1.3千米，原属东坑乡马坑村民委员会。8户，33人，畲族。村前为毛竹林，故名。因交通不便村民搬迁，村废。

瓦窑岗 Wǎyáogǎng 位于东坑镇马坑村。处东坑西南1.6千米，原属东坑乡马坑村民委员会。3户，9人，畲族。村址昔日曾建瓦窑，故名。因交通不便村民搬迁，村废。

罗步 Luóbù 位于东坑镇何村村。处东坑东北3.5千米，原属东坑乡何村村民委员会。2户，9人，畲族。因交通不便村民搬迁，村废。

柴林脚 Cháilínjiǎo 位于东坑镇何村村。处东坑东北2.5千米，原属东坑乡何村村民委员会。3户，12人，畲族。东邻周胡岭，村处森林茂密的山脚，故名。因交通不便村民搬迁，村废。

沙湾岭头 Shāwānlǐngtóu 位于东坑镇何村村。处东坑东北1.6千米，原属东坑乡何村村民委员会。1户，11人，畲族。村处沙湾山岭顶头，故名。因交通不便村民搬迁，村废。

山斜 Shānxié 位于东坑镇何村村。处东坑东北1.5千米，原属东坑乡何村村民委员会。12户，51人。村建于山岗斜坡上，故名。因交通不便村民搬迁，村废。

包罗山 Bāoluóshān 位于东坑镇何村村。处东坑东1.8千米，原属东坑乡何村村民委员会。4户，22人。本地"玉米"称"包罗"，祖先在此以种包罗为主，故名。因交通不便村民搬迁，村废。

庵基 Anjī 位于东坑镇何村村。处东坑西北2千米，原属东坑乡何村村民委员会。3户，10人，其中，畲族3人。村址昔日为庵堂，故名。因交通不便村民搬迁，村废。

白沙 Báishā 位于东坑镇何村村。处东坑西北1.8千米，原属东坑乡何村村民委员会。2户，14人，畲族。以地多白色沙土为名。因交通不便村民搬迁，村废。

沙湾 Shāwān 位于东坑镇竹埠村。处东坑北2千米，原属东坑乡竹埠村民委员会。14户，60人，其中，畲族13人，地处北溪港，此地溪道弯曲，村建沙滩北岸，故名。因交通不便村民搬迁，村废。

石排 Shípái 位于东坑镇竹埠村。处东坑北4.5千米，原属东坑乡竹埠村民委员会。14户，41人。雷姓开基，村后有天然石壁似牌，故名"石牌"，今由谐音演变成石排。因交通不便村民搬迁，村废。

罗坑 Luókēng 位于东坑镇徐砻村。处东坑东南2.5千米，原属东坑乡徐砻村民委员会。4户，10人。以坑得名。因交通不便村民搬迁，村废。

白岩 Báiyán 位于东坑镇徐砻村。处东坑东北6.8千米，原属东坑乡章坑村民委员会。3户，13人。处于高峰尖南麓，村近白色山岩，故名。1997年，下山脱贫迁至章坑村。

石大柱 Shídàzhù 位于东坑镇徐砻村。处东坑东北4千米，原属东坑乡章坑村民委员会。1户，2人。村旁山岗有石柱耸立，故名。因交通不便村民搬迁，村废。

交椅手 Jiāoyǐshǒu 位于东坑镇徐砻村。处东坑东北6.5千米，原属东坑乡章坑村民委员会。2户，11人。以地形取名。1997年，下山脱贫迁至章坑村。

雷桶库 Léitǒngkù 位于东坑镇北山村。处东坑东北4.5千米，原属东坑乡北山村民委员会。3户，13人，畲族。雷姓开基，四周石壁耸立，形似木桶石库，故名。因交通不便村民搬迁，村废。

牛尾丘 Niúwěiqiū 位于东坑镇北山村。处东坑东北 5.8 千米，原属东坑乡北山村民委员会。1 户，9 人，畲族。雷姓在一片形似“牛尾”的田垟旁建基，故名。因交通不便村民搬迁，村废。

桥下坑 Qiáoxiàkēng 位于东坑镇北山村。处东坑东北 6.3 千米，原属东坑乡北山村民委员会。1 户，7 人，畲族。建村于桥下坑边，故名。因交通不便村民搬迁，村废。

石竹坳 Shízhúào 位于东坑镇杨斜村。处东坑东北 9.6 千米，原属东坑乡杨斜村民委员会。10 户，64 人。徐姓在山坳建村，山坡石竹丛生，故名。因交通不便村民搬迁，村废。

龙潭背 Lóngtánbèi 位于东坑镇白鹤村。处白鹤西南 2.5 千米，原属白鹤乡白鹤村民委员会。16 户，60 人。村处山岗，山下有坑潭名龙潭，村因之名。因交通不便村民搬迁，村废。

驮岗 Tuógǎng 位于东坑镇白鹤村。处白鹤北 2 千米，原属白鹤乡白鹤村民委员会。21 户，90 人。以地形得名。因交通不便村民搬迁，村废。

黄碧岘 Huángbìxiàn 位于东坑镇根底岘村。处白鹤西南 3.6 千米，原属白鹤乡根底岘村民委员会。13 户，44 人。因交通不便村民搬迁，村废。

大垄 Dàlǒng 位于东坑镇汤北村。处北溪东 1.2 千米，原属北溪乡汤北村民委员会。3 户，11 人。村建山垄坳地而得名。因交通不便村民搬迁，村废。

木杓寮 Mùsháoliáo 位于东坑镇方徐村。处北溪南 2.4 千米，原属北溪乡方徐村民委员会。3 户，11 人。先民搭寮而居，以凿厨房用具木杓为业，故名。因交通不便村民搬迁，村废。

罗山后 Luóshānhòu 位于东坑镇罗山村。处东坑西南 3.8 千米，原属东坑乡罗山村民委员会。2 户，20 人。处罗山村后，故名。1997 年，下山脱贫迁至罗山村。

山田 Shāntián 位于东坑镇罗山村。处东坑西南 3 千米，原属东坑乡罗山村民委员会。1 户，1 人。西邻大白坑，村前有山，山边有田，故名。因交通不便村民搬迁，村废。

英川镇（Yīngchuān Zhèn）

下间垟 Xiàjiānyáng 位于英川镇底垟村。处英川东北 3.6 千米，原属英川乡底垟村民委员会。1 户，6 人。村边下格潭边田垟。初名下格垟。因方言“格”与“间”近意，故名。村民搬迁，村废。

坳丘 Aoqiū 位于英川镇王宅村。处英川西南 1 千米，原属英川乡王宅村民委员会。18 户，72 人。因地处山坳田边而名。2012 年，搬迁，村废。

西坑 Xīkēng 位于英川镇金林村。处英川西南 1.8 千米，原属英川乡金林村民委员会。19 户，89 人。地处坑流两岸，故名。2012 年，搬迁，村废。

黄垟 Huángyáng 位于英川镇黄垟口村。处隆川东北 1.2 千米，原属隆川乡黄垟口村民委员会。27 户，128 人。地处昔日遍地黄杨树，故有黄杨村名，后以同音字变成今名。因交通不便整村搬迁，村废。

道堂基 Dàotángjī 位于英川镇黄垟口村。处隆川东 3.7 千米，原属隆川乡黄垟口村民委员会。5 户，21 人。村址昔为道堂废墟，故名。2012 年，异地搬迁，村废。

棕坪 Zōngpíng 位于英川镇白坦村。处隆川北 1 千米，原属隆川乡白坦村民委员会。13 户，79

人。建村屋基原是一片棕树坪，故称棕坪。因交通不便整村搬迁，村废。

里坑 Lǐkēng　位于英川镇寨后村。处隆川西南 3.6 千米，原属隆川乡寨后村民委员会。12 户，62 人。处坑谷纵深之地，故名里坑。2012 年，异地搬迁，村废。

茶堂 Chátáng　位于英川镇木岱口村。处黄湖东南 1.3 千米。原属黄湖乡木耳口村民委员会。2 户，10 人。村处清光绪年间建廊桥桥头，昔为茶堂，故名茶堂。2001 年 10 月，英川电站库区移民至鹤溪街道鹤川小区，村废。

木耳口 Mùěrkǒu　位于英川镇木岱口村。处黄湖南 1.3 千米，原属黄湖乡木耳口村民委员会驻地。93 户，477 人。处木耳山谷口，故名。2001 年 10 月，英川电站库区移民鹤溪街道鹤川小区，村废。

扒窟 Bākū　位于英川镇茶园村。处黄湖西南 4.5 千米，原属黄湖乡茶园村民委员会。3 户，17 人。处地龙泉、庆元、景宁三县界地。村在山岩凹地，形似葫芦瓢，初名瓢窟，因方言近音而演变为扒窟。因交通不便整村搬迁，村废。

金竹坪 Jīnzhúpíng　位于英川镇茶园村。处黄湖西南 4.5 千米，原属黄湖乡茶园村民委员会。2 户，8 人。西与庆元县接壤，昔日此地金竹丛生，故名。因交通不便整村搬迁，村废。

黄场 Huángchǎng　位于英川镇岭头村。以姓氏得名。处葛山西南 3.8 千米，原为葛山乡岭头村民委员会。2013 年 5 月，划属英川镇岭头村民委员会。8 户，42 人。南邻大坪村，因交通不便整村搬迁，村废。

沙湾镇（Shāwān Zhèn）

对面岗 Duìmiàngǎng　位于沙湾镇沙湾村。处沙湾北 1.5 千米，原属沙湾镇沙湾村民委员会。5 户，28 人，畲族。村建沙湾对面的山岗上，故名。因交通不便整村迁至洪畈安置点，村废。

寨坳 Zhàiào　位于沙湾镇沙湾村。处沙湾镇北 1.4 千米，原属沙湾镇沙湾村民委员会。8 户，42 人。村处沙湾至季庄山道旁。古时曾在山坳筑寨，故名。因交通不便整村迁至洪畈，村废。

胡水林 Húshuǐlín　位于沙湾镇张庄村。处沙湾镇北 2 千米，属沙湾镇张庄村民委员会。1 户，6。因胡姓在水岭建村，原称胡水岭，因林木繁茂，演变为现名。因村民搬迁，村废。

岘后 Xiànhòu　位于沙湾镇张庄村。处沙湾镇北 2.4 千米，原属沙湾镇张庄村民委员会。1 户，11 人。村建毛凤岘山岗后，故名。因村民搬迁，村废。

外山头 Wàishāntóu　位于沙湾镇严坑村。处沙湾镇南 2.2 千米，原属沙湾镇严坑村民委员会。2 户，13 人。地处严坑村外山头，以山得名。2008 年，因交通不便整村搬迁至七里，村废。

良岗 Liánggǎng　位于沙湾镇严坑村。处沙湾镇南 2.4 千米，原属沙湾镇严坑村民委员会。4 户，16 人。村处凉岗山坡地，原称“凉岗”，因同音成今名。南连徐山村。2008 年，因交通不便整村搬迁至七里，村废。

朱岱 Zhūdài　位于沙湾镇严坑村。处沙湾镇南 2.6 千米，原属沙湾镇严坑村民委员会。2 户，11 人。以山得名。东邻严坑村。2008 年，因交通不便整村搬迁至七里，村废。

水大下 Shuǐdàxià　位于沙湾镇水井村。处沙湾镇西南 3.6 千米，原属沙湾镇水井村民委员会。

4户，17人。村后有水沟，高于村舍，故名。南与大地乡接壤。因交通不便整村搬迁，村废。

天头岗 Tiāntóugǎng 位于沙湾镇道化村。处沙湾镇西南4千米。原属沙湾镇道化村民委员会。15户，81人。处地高峻之山，以山岗得名。因交通不便整村搬迁，村废。

双坑 Shuāngkēng 位于沙湾镇道化村。处沙湾镇西2.2千米，原属沙湾镇道化村民委员会。3户，16人，畲族。村处小溪半山腰，在两条小坑汇合之处，故名。因交通不便整村搬迁，村废。

瓦窑岗 Wǎyáogǎng 位于沙湾镇七里村。处沙湾镇西南1.5千米，原属沙湾镇七里村民委员会。5户，22人，畲族。在古瓦窑址建村，故名。2001年，因交通不便整村搬迁至七里，村废。

白岩下 Báiyánxià 位于沙湾镇七里村。处沙湾镇西南1.6千米，原属沙湾镇七里村民委员会。4户，18人。地处一块白色石岩之下，故名。2001年，因交通不便整村搬迁至七里，村废。

水竹塆 Shuǐzhúwān 位于沙湾镇毛山头村。处沙湾镇北1.8千米，原属沙湾镇毛山头村民委员会。9户，47人，畲族。兰姓建村于山塆水竹林中，故名。2002年，整村搬迁至七里汇原沙湾区医院旧址，村废。

上周岱 Shàngzhōudài 位于沙湾镇毛山头村。处沙湾镇西北4.6千米，原属沙湾镇毛山头村民委员会。4户，27人。周姓开基，以方位、姓氏、地形得名。因交通不便整村搬迁，村废。

金珠下 Jīnzhūxià 位于沙湾镇毛山头村。处沙湾西北3.4千米，原属沙湾镇毛山头村民委员会。11户，52人。以村后山貌似鸡，称金鸡下，以谐音变为金珠下。因交通不便整村搬迁，村废。

七里坳 Qīlǐào 位于沙湾镇毛山头村。处沙湾镇西北2.5千米，原属沙湾镇毛山头村民委员会。12户，55人。以山名为村名。2003年，整村搬迁至七里汇原沙湾区派出所旧址，村废。

后堆 Hòuduī 位于沙湾镇坑头村。处沙湾镇西北4千米，原属沙湾镇坑头村民委员会。7户，40人。相传村前原有一湖常喷涌泥沙，堆积于岸，故名湖堆，方言“湖”“后”近音，演变成今名。因交通不便村民搬迁，村废。

处后 Chùhòu 位于沙湾镇蔡湖村。处沙湾镇西北6.3千米。原属沙湾镇蔡湖村民委员会。36户，173人，其中，畲族4人。地处蔡湖坑源头，村边有田垟，故名。村处蔡湖垟至坑头山路途中。因交通不便村民搬迁，村废。

鳗段 Mánduàn 位于沙湾镇林斜村。处沙湾镇东北1.3千米，原属沙湾镇林斜村民委员会。11户，70人，畲族。以地形得名。2009年，因交通不便整村搬迁至洪畈，村废。

龙耳尖 Lóngěrjiān 位于沙湾镇上处垟村。处岱根垟东北1.7千米，原属莲川乡上处垟村民委员会。6户，37人。村以山名。2010年，村民下山脱贫，村废。

漈胡垟 Jìhúyáng 位于沙湾镇小地村。处岱根垟东3.2千米，原属莲川乡小地村民委员会。4户，23人。村建鱼仓坑沿漈上首，村前一片田垟，故名。东与大地乡小垟村接壤。因交通不便整村搬迁，村已废。

驮砻塆 Tuólóngwān 位于沙湾镇旺水村。处岱根垟北4千米。原属莲川乡旺水村民委员会。27户，138人。以山得名。北邻鸬鹚乡。因交通不便村民搬迁，村废。

底处 Dǐchù 位于沙湾镇岱根垟西1千米。原属莲川乡莲川村民委员会。3户，20人。在黄水坑源上游，以方位得名。与外处合称为黄水坑。

外处 Wàichù　位于沙湾镇莲川村。处岱根垟西北 0.7 千米。原属莲川乡莲川村民委员会。21 户，106 人。在黄水坑源下游，以方位得名。与底处合称为黄水坑。村头建峡桥三级电站。

大均乡(Dàjun1 Xiāng)

黄寮 Huángliáo　位于大均乡垟坑村。处大均西北 4.8 千米，原属大均乡垟坑村民委员会。9 户，50 人。北与云和县坳头村接壤。据传开基时先祖以黄茅草盖寮而居，故名。因交通不便迁至水碓垟，村废。

垟屺 Yángqǐ　位于大均乡垟坑村。处大均西北 5.8 千米，原属大均乡垟坑村民委员会。14 户，60 人。该村地势高峻，山多荒岩秃壁，昔日为山羊(即麋鹿)出没之地，屺为荒漠之山，"垟"与"羊"同音，故名垟屺。因交通不便迁至水碓垟，村废。

大北坳 Dàběiào　位于大均乡垟坑村。处大均西北 3.3 千米，原属大均乡垟坑村民委员会。2 户，8 人。处于西北尖与汤夫尖之间，以山坳得名。因交通不便村民迁移，村废。

中铺 Zhōngpù　位于大均乡垟坑村。处大均西北 3.8 千米，原属大均乡垟坑村民委员会。4 户，18 人，畲族。村建大均坑中游东侧，地处大北坑至黄寮坑山径中段，昔为樵夫与扛树工小憩之地。铺为山里计程单位，故名。因交通不便村民迁移，村废。

野猪湖 Yězhūhú　位于大均乡垟坑村。处大均西北 5.2 千米，原属大均乡垟坑村民委员会。3 户，15 人。地处白鹤仙尖东麓，北邻垟屺村。据传古时四周林莽，中部一湖泽，野猪常出没林间，结群于湖水中嬉戏，故名。因交通不便迁至水碓垟，村废。

黄八坑 Huángbākēng　位于大均乡新庄村。处大均西南 4.5 千米，原属大均乡新庄村民委员会。14 户，65 人。昔人在坑边建山神庙，神明何八公。方言"何""黄"近音，遂讹为黄八公，故得名黄八坑。西北邻云和县下垟村，南接新亭电站。因交通不便整村迁至新亭，村废。

老鹰岩 Lǎoyīngyán　位于大均乡李宝村。处大均南 2.8 千米，原属大均乡李宝村民委员会。3 户，13 人，其中，畲族 2 人。处梅山尖北坡，有石兀立，为鹰常栖之地，故名。因交通不便整村迁至李婆坑，村废。

梅山岭 Méishānlǐng　位于大均乡大赤坑村。处大均南 2.7 千米，原属大均乡大赤坑村民委员会。27 户，122 人。以山岭得名。因交通不便整村迁至鹤溪街道沐鹤小区，村废。

坑头 Kēngtóu　位于大均乡三格村。处大均北 5.5 千米，原属大均乡三格村民委员会。6 户，44 人。村建漈坑源头，故名。因交通不便整村迁移，村废。

水碓垟坑 Shuǐduìyángkēng　位于大均乡伏坑村。处大均北 5.5 千米，原属大均乡伏坑村民委员会。1 户，6 人。村建坑边，屋后有座水碓，故名。因交通不便村民迁移，村废。

香菇厂 Xiānggūchǎng　位于大均乡伏坑村。处大均北 4.5 千米，原属大均乡伏坑村民委员会。14 户，74 人。牛草湖山北坡，先民在此搭寮种香菇，故名。因交通不便整村迁至伏坑，村废。

白锄渡船头 Báichúdùchuántóu　位于大均乡伏坑村。处大均东北 4.7 千米，原属大均乡伏坑村民委员会。1 户，4 人。处小溪西岸白锄坑口，设渡，故名。村民迁移，村废。

外小赤 Wàixiǎochì 位于大均乡伏坑村。处大均东 3.5 千米，原属大均乡伏坑村民委员会。2 户，4 人。大赤坑潘姓徙居此间，分里外两村统称小赤；村处山外，故名外小赤。因交通不便整村迁至伏坑，村废。

里小赤 Lǐxiǎochì 位于大均乡伏坑村。处大均东 2.5 千米，原属大均乡伏坑村民委员会。2 户，14 人，畲族。大赤坑潘姓徙居此间，分里外两村统称小赤；村处山里，故名里小赤。因交通不便整村迁至伏坑，村废。

伏坑渡船头 Fúkēngdùchuántóu 位于大均乡伏坑村。处大均东北 1.3 千米，原属大均乡伏坑村民委员会。1 户，5 人，畲族。处小溪北岸伏坑口，设渡，故名。因交通不便村民迁移，村废。

南塆 Nánwān 位于大均乡伏坑村。处大均东北 2.2 千米，原属大均乡伏坑村民委员会。1 户，8 人，畲族。处东岗岭角山塆，故名。因交通不便村民迁移，村废。

白泥岗 Báinígǎng 位于大均乡泉坑村。处大均西北 1 千米，原属大均乡泉坑村民委员会。4 户，20 人，其中，畲族 19 人。村后山岗，多白垩坭，故名。因交通不便村民迁移，村废。

毛桐岗 Máotónggǎng 位于大均乡泉坑村。处大均西南 1.3 千米，原属大均乡泉坑村民委员会。4 户，18 人。地处山岗，昔日多种毛桐树，故名。因处地偏僻交通不便村民迁移，村废。

岩背 Yánbèi 位于大均乡泉坑村。处大均南 0.8 千米，原属大均乡泉坑村民委员会。4 户，14 人。处悬崖脊背，上有冷泉，旧名冷水岩背，简称岩背。因山村偏僻交通不便村民迁移，村废。

澄照乡（Chéngzhào Xiāng）

大赤垟 Dàchìyáng 位于澄照乡东升村。处澄照西南 2.2 千米，原为澄照乡东升村民委员会驻地。34 户，150 人。村倚米岩山，面濒大赤坑，坑畔为田垟，故名。建大赤垟水电站一座，容量 200 瓩。因建澄照农民创业园，整村搬迁，村废。

坪坦 Píngtǎn 位于澄照乡东畔村。处澄照西南 3.2 千米，原属澄照乡东畔村民委员会。2 户，6 人。村舍以平坦裸露之岩石为基，方言称岩为坦，故名。因交通不便村民迁移，村废。

山后 Shānhòu 位于澄照乡东升村。处澄照西南 3.5 千米，原属澄照乡东升村民委员会。5 户，21 人，畲族。以方位得名。因地质灾害险情，2011 年，村民搬迁至双港村。

黄坳 Huángào 位于澄照乡金丘村。处澄照南 1.5 千米，原属澄照乡金丘村民委员会。1 户，7 人，畲族。黄姓开基，故名。东邻大畈村。因交通不便村民迁移，村废。

庙坳后 Miàoàohòu 位于澄照乡朱排村。处澄照西南 4.5 千米，原属澄照乡朱排村民委员会。8 户，39 人，其中，畲族 12 人，坦门村后山处坳建有一庙，曾称庙坳，该村处庙后，故名。因交通不便村民迁移，村废。

朱塆头 Zhūwāntóu 位于澄照乡朱排村。处澄照西南 3.9 千米，原属澄照乡朱排村民委员会。4 户，12 人，畲族。朱姓开基，以山得名。西北与大均乡接壤。因交通不便村民迁移，村废。

浅塆 Qiǎnwān 位于澄照乡大东岱村。处澄照西南 4.5 千米，原属澄照乡大东岱村民委员会。2

户，9 人。以地处深塆，后以其反义变成今名。因交通不便村民迁移，村废。

漈根　Jìgēn　位于澄照乡大东岱村。处澄照西南 5 千米，原属澄照乡大东岱村民委员会。7 户，28 人。村处瀑布下，故名漈根。因地质灾害险情，2011 年，搬迁至三石村。

竹桥坑　Zhúqiáokēng　位于澄照乡大东岱村。处澄照南 5 千米，原属澄照乡大东岱村民委员会。3 户，13 人，畲族。村前有小坑，古时曾架设竹桥，故名。因交通不便村民迁移，村废。

上坭山　Shàngníshān　位于澄照乡漈头村。处漈头西南 1.2 千米，原属漈头乡漈头村民委员会。9 户，40 人。因土层特厚称坭山，坡上坡下各有一村，分别称为上坭山、下坭山（属米岩山村委）。东南邻严坑林场。因地质灾害险情，2011 年，整村搬迁双后岗沐鹤小区，村废。

十八漈　Shíbājì　位于澄照乡米岩山村。处漈头村西 2.2 千米，原属漈头乡米岩山村民委员会。12 户，68 人，畲族。村傍大赤坑畔，自坑口至此，落差 450 米，传有十八级瀑布，故名十八漈。东邻下泥山村。因交通不便村民迁移，村废。

炉西坑　Lúxīkēng　位于澄照乡炉西岭村。处漈头东南 3.5 千米，原属漈头乡炉西岭村民委员会。3 户，5 人。村舍零星分布于大赤坑支流炉西坑畔，以坑得名。因交通不便村民迁移，村废。

梅岐乡（Méiqí Xiāng）

石马　Shímǎ　位于梅岐乡梅岐村。处梅岐 0.5 千米，原属梅岐乡梅岐村民委员会。3 户，12 人。处马尖北麓，因山得名。村民外迁，村废。

梁驮伯　Liángtuóbó　位于梅岐乡梅岐村。处梅岐南 2.5 千米，原属梅岐乡梅岐村民委员会。5 户，21 人。原为梁姓开基，之后叶姓徙居于此，为纪念梁公大伯，村因之名。方言“大”与“驮”同音。2006 年，交通不便迁至梅岐村，村废。

驮柿树　Tuóshìshù　位于梅岐乡横坪村。处梅岐东北 4.2 千米，原属梅岐乡横坪村民委员会。1 户，6 人。昔日村口有大柿树，故名。1995 年，交通不便迁至横坪，村废。

木排　Mùpái　位于梅岐乡栋头村。处梅岐东北 2.5 千米，原属梅岐乡栋头村民委员会。7 户，21 人。昔日树木参天，密列村郊道侧，故名。村处乌岩尖南麓，东南邻梅树圩村。1998 年，交通不便迁至外地，村废。

潘公坪　Pāngōngpíng　位于梅岐乡竹山村。处梅岐东北 6 千米，原属梅岐乡竹山村民委员会。3 户，12 人。昔为潘姓开基建屋于山坪，故名。1996 年，交通不便迁至竹山，村废。

三丘　Sānqiū　位于梅岐乡岗楼村。处梅岐西北 3.5 千米，原属梅岐乡岗楼村民委员会。6 户，31 人。以村有畈田三丘得名。西邻古楼村。1996 年，因交通不便迁至鹤溪街道沐鹤小区，村废。

古楼岭根　Gǔlóulǐnggēn　位于梅岐乡岗楼村。处梅岐西北 3 千米，原属梅岐乡岗楼村民委员会。2 户，16 人。处古楼岭脚，故名。西与鹤溪街道王木坑村接壤。2000 年，建龙潭桥水库迁至县城，村废。

郑坑乡（Zhèngkēng Xiāng）

梅岭　Méilǐng　位于郑坑乡柳山村。处郑坑西北 2.2 千米，原属郑坑乡柳山村民委员会。4 户，

11 人，其中，畲族 4 人。村处于郑坑、柳山通往渤海梅坑村山岭途中，故名。因交通不便村民迁移，村废。

田寮 Tiánliáo 位于郑坑乡吴布村。处郑坑东北 4 千米，原属郑坑乡吴布村民委员会。1 户，6 人。明代韦姓在此搭寮种植靛青，称靛寮，演变为田寮。东北与渤海镇接壤，南邻通天坳村。因交通不便村民迁移，村废。

黄山岭根 Huángshānlǐnggēn 位于郑坑乡张坑下村。处郑坑西南 2.7 千米，原属郑坑乡张坑下村民委员会。10 户，58 人。村建黄山岭脚，故名。西与梅岐乡接壤。因交通不便村民迁移，村废。

漈下 Jìxià 位于郑坑乡张坑下村。处郑坑西南 2.7 千米，原属郑坑乡张坑下村民委员会。5 户，37 人，畲族。地处黄山西麓漈下，故名。在郑坑、梅岐、红星三地之界。因交通不便村民迁移，村废。

大漈乡（Dàjì Xiāng）

林源排 Línyuánpái 位于大漈乡茶林村。处大漈东 3.5 千米，原属大漈乡茶林村民委员会。37 户，140 人。林姓在林木繁茂的山塆横排路旁建村，故名。昔日为大漈通往东坑、泰顺主要通道，西邻林源坳，南接猪栏坑、林源排等林区。因交通不便村民迁移，村废。

库莽 Kùmǎng 位于大漈乡茶林村。处大漈东南 3 千米，原属大漈乡茶林村民委员会。22 户，111 人。村处牛山栏南麓，西邻小佐坑。建村于梯田间，四周草木丛生，以地貌命名。因交通不便村民迁移，村废。

田共 Tiángòng 位于大漈乡茶林村。处大漈南 3 千米，原属大漈乡茶林村民委员会。17 户，97 人，村南梯田重叠，方言“共”意为重叠，故名。1997 年，下山脱贫迁移，村废。

黄坭槽 Huángnícáo 位于大漈乡潘宅村。处大漈西北 1.2 千米，原属大漈乡潘宅村民委员会。4 户，20 人。以土质和地形得名。因交通不便村民迁移，村废。

小佐仓 Xiǎozuǒcāng 位于大漈乡小佐村。处大漈南 3.5 千米，原属大漈乡小佐村民委员会。3 户，13 人。村处小佐坑东岸，昔日为小佐村人仓房，故名。因交通不便村民迁移，村废。

景南乡（Jǐngnán Xiāng）

驮砻 Tuólóng 位于景南乡程田村。处忠溪西南 2.7 千米，原属景南乡程田村民委员会。7 户，33 人。在大山垄上开基，方言“驮”同“大”，故名。因交通不便村民迁移，村废。

桥头底 Qiáotóudǐ 位于景南乡缪坑村。处忠溪西 3.5 千米，原属景南乡缪坑村民委员会。21 户，93 人。村近缪坑水口桥，故名。因交通不便村民迁移，村废。

下庄 Xiàzhuāng 位于景南乡鱼漈村。处北垟西 3.7 千米，原属上渔乡鱼漈村民委员会。6 户，27 人。处岭头村北部，西北与雁溪乡接壤，东邻鱼漈坑。1982 年地名普查命名。因交通不便村民迁移，村废。

坑底 Kēngdǐ 位于景南乡鱼漈村。处上垟西南 5.2 千米，原属上渔乡鱼漈村民委员会。5 户，23 人。处中屋村南部，西邻大斗山尖，与家地乡接壤。因交通不便村民迁移，村废。

雁溪乡（Yànxī Xiāng）

山寮坪 Shānliáopíng　位于雁溪乡大丘田村。处雁溪西北 3.3 千米，原属雁溪乡大丘田村民委员会。5 户，21 人。先人搭草寮于山坪，故名。西邻石柱村，北与大漈乡接壤。因交通不便村民迁移，村废。

梨树坪 Líshùpíng　位于雁溪乡柘湾村。处雁溪西 5.2 千米，原属雁溪乡柘塆村民委员会。5 户，38 人。村建山坪上，四周多梨树，故名。因昔日经常有老虎出没，当地俗称老虎为大毛，故又称大毛坳。因处地偏僻交通不便村民迁移，村废。

高坪 Gāopíng　位于雁溪乡黄桐村。处雁溪西北 1.9 千米，原属雁溪乡黄桐村民委员会。4 户，20 人。村建高山荒坪上，故名。西北与大漈乡接壤，因交通不便村民迁移，村废。

鸬鹚乡(Lúcí Xiāng)

垟细丘 Yángxìqiū　位于鸬鹚乡鸬鹚村。处鸬鹚东南 1 千米，原属鸬鹚乡鸬鹚村民委员会。11 户，44 人，其中，畲族 33 人。蓝氏先民租种杨姓四丘山田，初名杨四丘，以方言近音演变为今名。因交通不便整村迁至鸬鹚，村废。

下周岱 Xiàzhōudài　位于鸬鹚乡鸬鹚村。处鸬鹚东 2 千米，原属鸬鹚乡鸬鹚村民委员会。6 户，22 人。周姓开基，建村于山岱，分上、下两村，上周岱为沙湾镇辖境。因交通不便整村迁至鸬鹚，村废。

黄弄 Huángnòng　位于鸬鹚乡夏山头村。处鸬鹚东北 3.7 千米，原属鸬鹚乡夏山头村民委员会。13 户，76 人。地处峡谷，建村黄泥地之上，故名黄弄。北与云和县接壤。因交通不便整村搬迁，村废。

桃园基 Táoyuánjī　位于鸬鹚乡夏山头村。处鸬鹚东北 2.4 千米，原属鸬鹚乡夏山头村民委员会。13 户，69 人。处地水竹岘西麓，昔日成片桃园，故名。2012 年，因交通不便整村迁至鸬鹚，村废。

后龙 Hòulóng　位于鸬鹚乡南坑下村。处鸬鹚北 1.2 千米，原属鸬鹚乡南坑下村民委员会。21 户，87 人。鸬鹚村后有山岗，延绵起伏，如龙飞舞，以山形加方位而名。2011 年，因交通不便整村迁至鸬鹚，村废。

毛窠 Máokē　位于鸬鹚乡南坑下村。处鸬鹚西北 3.3 千米，原属鸬鹚乡南坑下村民委员会。15 户，76 人。村处草莽之地，昔日常有老虎(俗称大毛)出没，故名毛窠，别名麻窠。西邻印章村。2010 年，多数迁至鹤溪街道沐鹤小区、部分移龙泉等地，村废。

牛迹库 Niújìkù　位于鸬鹚乡茶亭村。处鸬鹚西 1.4 千米，原属鸬鹚乡茶亭村民委员会。1 户，7 人。地处溪边，绿草如茵，为牛群常集之"食库"，故名。2012 年，因交通不便整村迁至鸬鹚，村废。

地坤 Dìkūn　位于鸬鹚乡茶亭村。处鸬鹚西南 1.9 千米，原属鸬鹚乡茶亭村民委员会。4 户，17 人，畲族。昔人以其地属八卦之坤而名。2010 年，因交通不便整村迁至鸬鹚，村废。

坳下 Aoxià　位于鸬鹚乡黄桑南村。处鸬鹚东南 2.2 千米，原属鸬鹚乡黄桑南民委员会。4 户，23 人。以地形得名。西连南山村，北至外弄村。因交通不便整村搬迁，村废。

驮坪 Tuópíng　位于鸬鹚乡山下村。处鸬鹚西南 3.5 千米，原属鸬鹚乡山下村民委员会。16 户，69 人，其中，畲族 34 人，以地形得名。西南与英川镇接壤。2010 因交通不便整村迁至鸬鹚，村废。

塔后 Tǎhòu 位于鸬鹚乡山下村。处鸬鹚东北3.1千米，原属鸬鹚乡山下村民委员会。15户，69人。村下有巨大岩石峭壁，方言称“岩皮塔”，故名。南与英川、沙湾两镇接壤。2010年，因处地偏僻交通不便村民迁移，村废。

外弄 Wàinòng 位于鸬鹚乡驮戥村。处鸬鹚东南2.2千米，原属鸬鹚乡驮戥村民委员会。32户，141人，其中，畲族3人。吴氏先祖由鸬鹚迁来此建居，地处鸬鹚水口外，初名外鸬，后因近音而演复成今名。村处英川港南岸，与下周岱村隔溪相望。2010年，因交通不便村民迁回鸬鹚，村废。

大路后 Dàlùhòu 位于鸬鹚乡驮戥村。处鸬鹚东南2.5千米，原属鸬鹚乡驮戥村民委员会。2户，8人。地处大寨尖东北麓，村建在通往鸬鹚的大路后，故名。2012年，因交通不便整村迁至鸬鹚，村废。

梧桐乡(Wútóng Xiāng)

白岩头 Báiyántóu 位于梧桐乡林进村。处梧桐东2.9千米，原属梧桐乡林进村民委员会。3户，29人，畲族。建村于白岩背上，故名。北与大均乡接壤。2010年，因交通不便，村废，村民迁至苦竹坪、梧桐等村。

蟮堂圩 Shàntángxū 位于梧桐乡高演村。处梧桐东南5.6千米，原属梧桐乡高演村民委员会。民国二十年(1931)属第五区高演乡。7户，32人。村处金兰坑东岸圩地山塘边，开基时地下多黄鳝，故名。东与澄照乡接壤。因交通不便整村搬迁，村废。

马里坪 Mǎlǐpíng 位于梧桐乡高演村。处梧桐东南5.9千米，原属梧桐乡高演村民委员会。3户，15人。村处坑沿深谷坪地，昔日为猫狸出没之地，名为猫狸坪，因近音而演变成今名。西邻吴太山村。因交通不便整村搬迁，村废。

龙塆头 Lóngwāntóu 位于梧桐乡王山头村。处梧桐东南1千米，原属梧桐乡王山头村民委员会。5户，25人，畲族。村口山塆垄地形似龙头，故名。1997年，下山脱贫迁金兰村，村废。

叶振 Yèzhèn 位于梧桐乡王山头村。处梧桐东南2千米，原属梧桐乡王山头村民委员会。22户，105人，其中，畲族26人。村处金兰坑西侧半山腰，叶姓先祖来此开基，期望振兴家族，故名“叶振”。2010年，因交通不便整村迁至梧桐及县城等地，村废。

山后寮 Shānhòuliáo 位于梧桐乡山前村。处梧桐西南2.2千米，原属梧桐乡山前村民委员会。4户，20人。村处山坑边，以地理位置得名。南与沙湾镇接壤。2010年，因交通不便整村迁至梧桐，村废。

大塆头 Dàwāntóu 位于梧桐乡梧桐坑村。处梧桐西北3.5千米，原属梧桐乡梧桐坑村民委员会。2户，13人。村处梧桐坑东岸半山腰，以山塆得名。1993年，因交通不便整村迁至梧桐等地，村废。

八条颂 Bātiáosòng 位于梧桐乡梧桐坑村。处梧桐西北2.6千米，原属梧桐乡梧桐坑村民委员会。4户，14人，其中，畲族2人。梧桐坑昔日建有八条小木桥，村处第八条桥头，故名。2010年，因交通不便整村迁至庙圩，村废。

金昌岗 Jīnchānggǎng 位于梧桐乡梧桐坑村。处梧桐西北2.3千米，原属梧桐乡梧桐坑村民委员会。5户,16人,畲族。以山岗得名。2007年,因交通不便整村迁至庙圩,村废。

处基后 Chùjīhòu 位于梧桐乡梧桐坑村。处梧桐西北1.3千米,原属梧桐乡梧桐坑村民委员会。3户,7人。村处处基圩下村,故名。2009年,因交通不便整村迁至庙圩,村废。

处前 Chùqián 位于梧桐乡梧桐坑村。处梧桐北1.2千米,原属梧桐乡梧桐坑村民委员会。8户,35人。在处基后村之前,故名。2008年,因交通不便整村迁至庙圩,村废。

长田 Chángtián 位于梧桐乡梧桐坑村。处梧桐西北3.9千米,原属梧桐乡梧桐坑村民委员会。6户,24人,其中,畲族2人。田畈带伏,以地形得名。西与云和县接壤。2006年,村民迁至庙圩,村废。

标溪乡(Biāoxī Xiāng)

梅坦岗 Méitǎngǎng 位于标溪乡预章村。处标溪北1.2千米,原属标溪乡预章村民委员会。7户,38人。以山岗得名。1997年,下山脱贫迁至门楼口,村废。

窍岩 Qiàoyán 位于标溪乡预章村。处标溪东南1.7千米,原属标溪乡预章村民委员会。26户,132人。柳氏先祖自柳山头徙居此地,建村时旁路边有一座巨石突出,称"窍岩",曾有新娘花轿不巧触岩失事,讳称"巧岩",后改称"窍岩"。1997年,整村迁至砻头等地,村废。

黄山潭 Huángshāntán 位于标溪乡枫林口村。处标溪东南2.9千米,原属标溪乡枫林口村民委员会。5户,20人。先祖由黄麻岗徙此小溪潭边建村,故名。南邻枫林口村。1994年,整村迁至中前潭,村废。

上章 Shàngzhāng 位于标溪乡叶谢村。处标溪东南6.9千米,原属标溪乡叶谢村民委员会。3户,20人。村处叶谢村南山后,2009年,因交通不便村民迁至云和,村废。

白露岗 Báilùgǎng 位于标溪乡处基村。处标溪南3.4千米,原属标溪乡处基村民委员会。4户,22人。村处黄寨尖东麓,以山得名。交通不便整村搬迁,村废。

标溪亭 Biāoxītíng 位于标溪乡标溪村。处标溪西北0.2千米,原属标溪乡标溪村民委员会。10户,41人。与标溪村一水之隔,村边建亭,以亭得名。1993年,因交通不便整村迁至标溪,村废。

坳下 Aoxià 位于标溪乡岱头村。处标溪东南10.5千米,原属标溪乡岱头村民委员会。3户,9人。东邻小佐坑,以地形、方位得名。2009年,因交通不便整村迁至上圩,村废。

砻头 Lóngtóu 位于标溪乡岱头村。处标溪东南10.4千米,原属标溪乡岱头村民委员会。11户,58人。西南邻坳下村。2009年,因交通不便整村迁至上圩,村废。

毛垟乡(Máoyáng Xiāng)

漈头 Jìtóu 位于毛垟乡毛垟村。处毛垟东南1千米,原属毛垟乡毛垟村民委员会。13户,59人。村下有悬岩,方言称岩漈,村居其上,故名。西邻炉西坑涧。交通不便整村搬迁,村废。

仓基 Cāngjī 位于毛垟乡毛垟村。处毛垟西2.8千米,原属毛垟乡毛垟村民委员会。3户,17人。此处原系南排村民仓房基地,故名。交通不便整村搬迁,村废。

章舟粗 Zhāngzhōucū 位于毛垟乡毛垟村。处毛垟西 1.8 千米，原属毛垟乡毛垟村民委员会。5 户，37 人。章姓开基，村形似船，溪边有粗大岩砻，故名。交通不便整村搬迁，村废。

章舟坪 Zhāngzhōupíng 位于毛垟乡毛垟村。处毛垟南 1.8 千米，原属毛垟乡毛垟村民委员会。11 户，65 人。以姓氏、地貌特征得名。交通不便整村搬迁，村废。

南排 Nánpái 位于毛垟乡毛垟村。处毛垟西 2 千米，原属毛垟乡毛垟村民委员会。19 户，101 人，以方位得名。交通不便整村搬迁，村废。

水涵 Shuǐhán 位于毛垟乡燕安村。处毛垟西北 2.6 千米，原属毛垟乡燕安村民委员会。6 户，31 人。昔有水渠流经屋下，故名。西邻库头岭村。2004 年，因交通不便整村迁至新建垟，村废。

库头岭 Kùtóulǐng 位于毛垟乡燕安村。处毛垟西 2.4 千米，原属毛垟乡燕安村民委员会。11 户，63 人。村处库头村后山岭半途，以山岭得名。2004 年，因交通不便整村迁至新建垟，村废。

西山 Xīshān 位于毛垟乡炉西村。处毛垟南 2.6 千米，原属毛垟乡炉西村民委员会。14 户，81 人。处青菜尖西麓，以山得名。南邻陈坪村。2004 年，因处地偏僻交通不便整村迁至新建垟，村废。

黄秀 Huángxiù 位于毛垟乡炉西村。处毛垟南 4.5 千米，原属毛垟乡炉西村民委员会。9 户，37 人。村处黄秀尖北麓，以山得名。1935 年至 1937 年间，红军闽东独立师二纵队建立黄秀游击根据地，在景宁、庆元和福建寿宁一带开展游击斗争。在炉西村建闽东红军景宁馆，已成为红色革命旅游纪念地。2008 年，因处地偏僻交通不便整村迁至炉西，村废。

滴水 Dīshuǐ 位于毛垟乡炉西村。处毛垟南 1.8 千米，原属毛垟乡炉西村民委员会。11 户，58 人。先人筑井接悬崖滴落之水饮用，故名。南邻水牛寮村。处地偏僻交通不便整村搬迁，村废。

新坑 Xīnkēng 位于毛垟乡炉西村。处毛垟南 1.8 千米，原属毛垟乡炉西村民委员会。10 户，54 人。西近炉西坑，新建村坊，故名。交通不便整村搬迁，村废。村边建新坑电站，装机 500 千瓦。

秋炉乡（Qiūlú Xiāng）

交塆寮 Jiāowānliáo 又名百花凸。位于秋炉乡秋炉村。处秋炉西 1.2 千米，原属秋炉乡秋炉村民委员会。9 户，48 人。先民在交塆坑边搭寮种地居住，故名。北邻秋炉坑涧。因山地偏僻交通不便村民搬迁，村废。

田寮 Tiánliáo 位于秋炉乡坑边村。处秋炉南 3.2 千米，原属秋炉乡坑边村民委员会。15 户，77 人。初为农点，在田头搭寮而居，故名。东邻小溪，西与庆元县接壤。2008 年因交通不便整村迁至坑边，村废。

坑下 Kēngxià 原称第二坑。位于秋炉乡第一坑村。处秋炉西北 2.5 千米，原属秋炉乡第一坑村民委员会。3 户，19 人。西邻梅花岗村。交通不便整村搬迁，村废。

派坦 Pàitǎn 位于秋炉乡下圩村。处秋炉东 1.6 千米，原属秋炉乡下圩村民委员会。10 户，40 人。原称塘坦，后遇山洪冲击，毁坏一角，改成破坦，方言“破”与“派”同音，故名。东与毛垟乡接壤。2010 年，因下山脱贫整村迁至鹤溪街道沐鹤小区，村废。

驮奔 Tuóbēn 位于秋炉乡下圩村。处秋炉东 1.5 千米，原属秋炉乡下圩村民委员会。10 户，47

人。建村于大田畔，曾名大畔，以谐音成今名。西南邻凤口村。交通不便整村搬迁，村废。

大地乡（Dàdì Xiāng）

牛坪　Niúpíng　位于大地乡余公岱村。处大地南3千米，原属大地乡余公岱村民委员会。3户，12人。昔日屋后一片草坪，邻村农户在此放牛，故名。1995年，因山区偏僻交通不便村民搬迁，村废。

小垟　Xiǎoyáng　位于大地乡驮垟村。处大地西北3.6千米，原属大地乡驮垟村民委员会。4户，17人。因村有小块田垟而得名。昔日红军曾在村旁进行激烈战斗，至仍留存红军驮垟激战保护遗址。西与沙湾镇接壤。1998年，因交通不便整村迁至驮垟，村废。

余主坑　Yúzhǔkēng　位于大地乡桃垟村。处大地东北4.7千米，原属大地乡桃垟村民委员会。1户，8人。昔日余姓独户居住山坑边，故名。东邻标溪港。1993年，因交通不便迁至丁埠头，村废。

坦坑　Tǎnkēng　位于大地乡叶坑下村。处大地东北3千米，原属大地乡叶坑下村民委员会。1户，8人。东侧近坑，屋旁多岩，故名。1998年，因交通不便搬迁，村废。

家地乡（Jiādì Xiāng）

凉亭下　Liángtíngxià　位于家地乡家地村。处家地西南2.2千米，原属家地乡家地村民委员会。5户，28人。村处凉亭之下，以凉亭及方位得名。2009年，因处地偏僻交通不便村民迁家地，村废。

芎岱栏　Xiōngdàilán　位于家地乡芎岱村。处家地西南3千米，原属家地乡坪坑村民委员会。2户，18人。距芎岱村2.5千米。其山如栏屏，故名。西北邻深度村。2010年，因交通不便整村迁出，村废。

沙潭溪　Shātánxī　位于家地乡坪坑村。处家地南4.5千米，原属家地乡坪坑村民委员会。3户，26人。村处标溪港上游沙潭溪畔，故名。西邻漈下寮村。2009年，因交通不便整村迁移，村废。

九龙乡（Jiǔlóng Xiāng）

高演　Gāoyǎn　位于九龙乡王塆村。处县城东北25千米。原新四乡人民政府驻地。18户，39人。村处坑沿，受历年洪水冲积，堤岸砂石不断演变，形成高坡山地，故名高演。是景宁至新四公路的终点站。2008年，兴建滩坑库区移民安置点。为九龙乡人民政府驻地。

新长汀　Xīnzhǎngtīng　位于九龙乡王塆村。处高演东南2千米，原新四乡新长汀村民委员会驻地。56户，152人。地处大顺坑东岸较长的沙圩地，故名长汀。因重名，更名为新长汀。景宁至新四公路经此。2008年5月，新长汀码头竣工。2012年，异地搬迁至畚斗塆安置点，村废。

畚斗塆　Běndǒuwān　位于九龙乡王塆村。处高演东南0.5千米，原属新四乡新长汀村民委员会。27户，216人。地似畚斗形，村处山塆，故名。2008年，并为滩坑库区移民安置点。

汇角　Huìjiǎo　位于九龙乡王塆村。处高演南0.8千米，原属新四乡新长汀村民委员会。2户，15人。地处大顺坑边，以村地形、水势得名。2008年，滩坑库区涉淹移民，村废。

黄村　Huángcūn　位于九龙乡王塆村。处高演东南2.7千米，原属新四乡新长汀村民委员会。17

户，77 人。早时以人口发展较快，人丁兴旺，故称“旺村”，以谐音演变为黄村。2008 年，滩坑库区涉淹移民，村废。

麻地沿 Mádìyán 位于九龙乡王塆村。处高演西北 2.7 千米，原属新四乡王塆村民委员会。7 户，24 人。古时，村人多种麻，村建麻地边，故名。交通不便整村搬迁，村废。

老处 Lǎochù 位于九龙乡王塆村。处高演西北 2.3 千米，原属新四乡王塆村民委员会。12 户，56 人。先祖开基时，只搭一草寮称老 ，以后在原址就近建村，故名。

黄竹山 Huángzhúshān 位于九龙乡王塆村。处高演东北 1.7 千米，原属新四乡王塆村民委员会。5 户，22 人。地处排山岭西岙，黄竹满山，故名。2012 年，异地搬迁至畚斗塆安置点。

大顺 Dàshùn 位于九龙乡大顺村。处县城东北 27 千米。原大顺乡人民政府、村民委员会驻地。通公路，瓯江小溪流经村前。63 户，322 人，其中，畲族 2 人。地处大顺坑口，河道弯曲，常成水灾。古人为求风调雨顺，故取名大顺。2008 年，滩坑库区涉淹，村废。移民至遂昌、莲都及绍兴等地。昔日繁华商埠，今为千峡湖底。

大顺圩 Dàshùnxū 位于九龙乡大顺村。处大顺北 0.6 千米，原属大顺乡大顺村民委员会。11 户，32 人。梁姓开基，建村于大顺坑西侧圩地上，故名。2008 年，滩坑库区涉淹移民，村废。

活岱 Huódài 位于九龙乡大顺村。处大顺西 0.5 千米，原属大顺乡大顺村民委员会。7 户，33 人。原称外岱，后演变成活岱，以地形得名。2008 年，滩坑库区涉淹移民，村废；同年 6 月活岱码头竣工。

上塆 Shàngwān 位于九龙乡大顺村。处大顺南 0.5 千米，原属大顺乡大顺村民委员会。10 户，39 人。2008 年，滩坑库区涉淹移民，村废。

天堂 Tiāntáng 位于九龙乡大顺村。处大顺西 2.3 千米，原属大顺乡大顺村民委员会。9 户，29 人。因地处山高岭陡难行，如上天堂，故名。2008 年，滩坑库区移民，村废。

上山头 Shàngshāntóu 位于九龙乡大顺村。处大顺西南 1.5 千米，原属大顺乡大顺村民委员会。1 户，8 人。以山得名。交通不便整村搬迁，村废。

下爱山头 Xiààishāntóu 位于九龙乡大顺村。处大顺南 1.5 千米，原属大顺乡大顺村民委员会。4 户，25 人。处下爱附近的山头上，故名。2008 年，滩坑库区涉淹移民，村废。

下爱 Xiààì 位于九龙乡大顺村。处大顺 1.3 千米，原属大顺乡大顺村民委员会。24 户，106 人。原称“友爱”，以谐音变成今名。2008 年，滩坑库区涉淹移民，村废。

门前山 Ménqiánshān 位于九龙乡岭里村。处大顺北 3.7 千米，原属大顺乡岭里村民委员会。1 户，4 人。村建底岸对面山坡，故名。交通不便整村搬迁，村废。

桂根 Guìgēn 位于九龙乡桂根村。处大顺南 0.5 千米，与大顺隔溪相望，原大顺乡桂根村民委员会驻地。41 户，155 人，其中，畲族 2 人。村中多桂树，故名。2008 年，滩坑库区涉淹，村废；同年 7 月建成桂根码头。村民移至遂昌、缙云及永康、绍兴等地。

陈树坑口 Chénshùkēngkǒu 位于九龙乡桂根村。处大顺东 1.7 千米，原属大顺乡桂根村民委员会。4 户，7 人。处于溪南岸陈树坑坑口，故名。2008 年，滩坑库区涉淹移民，村废。

包山 Bāoshān 位于九龙乡桂根村。处大顺东1.3千米,原属大顺乡桂根村民委员会。9户,30人。村庄四面环山,故名。2008年,滩坑库区涉淹移民,村废。

陈树坑 Chénshùkēng 位于九龙乡桂根村。处大顺东1.7千米,原属大顺乡桂根村民委员会。5户,27人。以坑得名。2008年,滩坑库区涉淹移民,村废。

西岙 Xīào 位于九龙乡桂根村。处大顺东0.5千米,原属大顺乡桂根村民委员会。6户,27人。村建包山西边,故名。2008年,滩坑库区涉淹移民,村废。

上桂根 Shàngguìgēn 位于九龙乡桂根村。处大顺0.8千米,原属大顺乡桂根村民委员会。9户,43人。桂根上村,故名。2008年因滩坑库区涉淹移民,村废。

万田塆 Wàntiánwān 位于九龙乡桂根村。处大顺南1.6千米,原属大顺乡桂根村民委员会。3户,8人。该村有一塆田,属马姓人所有,故称"马田塆",村以田得名。谐音变成今名。

百步岭 Bǎibùlǐng 位于九龙乡桂根村。处大顺南2.6千米,原属大顺乡桂根村民委员会。4户,11人。石灵寨东坳有段石级岭,约百步,故名。交通不便整村搬迁,村废。

坑口 Kēngkǒu 位于九龙乡大顺村。处大顺西南3.8千米,炉西坑村民委员会驻地。31户,115人。处于炉西坑坑口,故名。2008年,滩坑库区涉淹村废。移民至遂昌、莲都及永康、绍兴等地。

八角岭头 Bājiǎolǐngtóu 位于九龙乡大顺村。处大顺西4.2千米,原属大顺乡炉西坑村民委员会。2户,9人。处于四周八峰对峙的山岭中,形成八角,故名。2008年,滩坑库区涉淹移民,村废。

岩头背 Yántóubèi 位于九龙乡大顺村。处大顺西南3千米,原属大顺乡炉西坑村民委员会。10户,49人。2008年,滩坑库区涉淹移民,村废。

驮汇 Tuóhuì 位于九龙乡大顺村。处大顺西南3.3千米,原属大顺乡炉西坑村民委员会。5户,18人。地处小溪北岸汇角,水流回旋,故名。2008年,滩坑库区涉淹移民,村废。

炉西峡 Lúxīxiá 位于九龙乡大顺村。处大顺西南2.7千米,原属大顺乡炉西坑村民委员会。34户,138人。处于小溪北岸炉西坑对面山峡,故名。2008年,滩坑库区涉淹移民,村废。

外岗 Wàigǎng 位于九龙乡大顺村。处大顺西南4.2千米,原属大顺乡炉西坑村民委员会。4户,26人。处于八角岭头外岗。故名。2008年,滩坑库区涉淹移民,村废。

渡船头 Dùchuántóu 位于九龙乡大顺村。处大顺西南4.2千米。原属大顺乡炉西坑村民委员会。4户,26人。处于炉西坑口渡口,故名。昔日为炉西峡出入口,原有公路沿坑通门潭、林圩等地。2008年,滩坑库区涉淹移民,村废。

湖丘 Húqiū 位于九龙乡大顺村。处大顺西南4.8千米,原属大顺乡炉西坑村民委员会。7户,36人。2008年,滩坑库区涉淹移民,村废。

隔溪寮 Géxīliáo 位于九龙乡大顺村。处大顺南5.3千米,原属大顺乡炉西坑村民委员会。3户,10人。处于炉西坑北岸,与朱岭下隔溪相望,故名。2008年,滩坑库区涉淹移民,村废。

水头 Shuǐtóu 位于九龙乡大顺村。处大顺西南5.3千米,原属大顺乡炉西坑村民委员会。1户,9人。地处炉西坑支流上游,故名。2008年,滩坑库区涉淹移民,村废。

朱岭下 Zhūlǐngxià 位于九龙乡大顺村。处大顺西南5.3千米,原属大顺乡炉西坑村民委员会。13 户，55 人。地处炉西坑边朱岭脚，故名。2008 年，滩坑库区涉淹移民，村废。

官岩圩 Guānyánxū 位于九龙乡大顺村。处大顺西南 6 千米，原属大顺乡炉西坑村民委员会。5 户，24 人。处炉西坑边绿林圩地，旁有巨岩如官印，故名。2008 年，滩坑库区涉淹移民，村废。

石寮 Shíliáo 位于九龙乡大顺村。处大顺西南 6.1 千米，原属大顺乡炉西坑村民委员会。6 户，20 人。炉西坑东山坡，古时村民搭寮于岩背上，故名。2008 年，滩坑库区涉淹移民，村废。

半岭 Bànlǐng 位于九龙乡田坑村。处大顺南 4 千米，原属大顺乡田坑村民委员会。3 户，18 人。处于田坑岭中，故名。交通不便整村搬迁，村废。

圭背 Guībèi 位于九龙乡鲍岸村。处大顺北 1 千米，原大顺乡圭背村民委员会驻地。3 8 户，180 人，胡、梁、季、蔡、袁、张、王、叶、黄、刘、李、郑等姓。该村前有两座小山形似乌龟，称“龟背”。明时，里人认为“龟”字不雅，更名为圭背。2008 年，滩坑库区涉淹，村废。移民至遂昌、莲都、缙云及绍兴、永康等地。

大顺底 Dàshùndǐ 位于九龙乡鲍岸村。处大顺北 1.2 千米，原属大顺乡圭背村民委员会。19 户，84 人。处大顺村源头深谷，故名。2008 年，滩坑库区涉淹移民，村废。

外桃源 Wàitáoyuán 位于九龙乡鲍岸村。处大顺北 1.2 千米，原属大顺乡圭背村民委员会。4 户，23 人。2008 年，滩坑库区涉淹移民，村废。

底桃源 Dǐtáoyuán 位于九龙乡鲍岸村。处大顺北 2 千米，原属大顺乡圭背村民委员会。2 户，10 人。2008 年，滩坑库区涉淹移民，村废。

上桃源 Shàngtáoyuán 又名岩头背。位于九龙乡鲍岸村。处大顺东北 1.6 千米，原属大顺乡圭背村民委员会。3 户，18 人。2008 年，滩坑库区涉淹移民，村废。

蟹壳背 Xièkébèi 位于九龙乡鲍岸村。处大顺东北 2.7 千米，原属大顺乡圭背村民委员会。4 户，23 人。地形似蟹壳，故名。2008 年，滩坑库区涉淹移民，村废。

半圩 Bànxū 位于九龙乡鲍岸村。处大顺西北 1.5 千米，原属大顺乡圭背村民委员会。7 户，34 人。2008 年，滩坑库区涉淹移民，村废。

官圩 Guānxū 位于九龙乡鲍岸村。处大顺东 2 千米，原属大顺乡圭背村民委员会。44 户，194 人。据传明朝天顺年间，浙、赣、闽三省解粮官叶追谱（黄寮村人）因失言，得罪进士、处州知府季临（圭背村人），两位朝廷官员在此圩地决斗，故名官圩。2008 年，滩坑库区涉淹移民，村废。

高塘 Gāotáng 位于九龙乡鲍岸村。处大顺西 1.3 千米，原属大顺乡圭背村民委员会。3 户，10 人。村建高山的山塘边，故名。2008 年，滩坑库区涉淹移民，村废。

顺利 Shùnlì 位于九龙乡顺利村。处县城东北 33 千米。原顺利乡人民政府、村民委员会驻地。29 户，550 人，其中，畲族 16 人。该村旧时称“小顺”，方言“小”“少”同音，后又遭火灾，村民凝村名不利，改为现名。2008 年，滩坑库区涉淹移民，村废。

双山 Shuāngshān 位于九龙乡顺利村。处顺利东北 2.2 千米，原属顺利乡顺利村民委员会。16 户，64 人。地处两山对峙处，故名双山。2008 年，滩坑库区涉淹移民，村废。

萍田 Píngtián 位于九龙乡顺利村。处顺利东北 1.8 千米，原属顺利乡顺利村民委员会。20 户，

95人。其地田间多萍，故名。2008年，滩坑库区涉淹移民，村废。

隔坑　Gékēng　位于九龙乡顺利村。处顺利北0.2千米，原属顺利乡顺利村民委员会。18户，128人，其中，畲族23人。与顺利村一水之隔，南北相望，故名。2008年，滩坑库区涉淹移民，村废。

下塘　Xiàtáng　位于九龙乡顺利村。处顺利西南1.5千米，原属顺利乡顺利村民委员会。2户，16人。2008年，滩坑库区涉淹移民，村废。

官路头　Guānlùtóu　位于九龙乡顺利村。处顺利西0.3千米，原属顺利乡顺利村民委员会。25户，119人。据传明天顺年间，两官在官圩厮杀，一官败，退至此地被杀，曾称"官落头"。以谐音变为今名。2008年，滩坑库区涉淹移民，村废。

洞桥会　Dòngqiáohuì　位于九龙乡顺利村。处顺利东南0.6千米，原属顺利乡顺利村民委员会。2户，12人。村处小坑石拱桥内侧。村前瓯江小溪塆，河床狭窄，流水湍急，形成大汇角，名洞桥汇。以同音演变成洞桥会。在此地设县木材检查站。2008年，滩坑库区涉淹移民，村废。

坦垄　Tǎnlǒng　位于九龙乡顺利村。处顺利东南1.1千米，原属顺利乡顺利村民委员会。28户，134人。地处小坑山边，四周多岩垄，故名。东邻高山村。2008年，滩坑库区涉淹移民，村废。

高山　Gāoshān　位于九龙乡顺利村。处顺利东南1.4千米，原属顺利乡顺利村民委员会。4户，19人。处于小溪东面高坡之上，故名。2008年，滩坑库区涉淹移民，村废。

佛堂根　Fótánggēn　位于九龙乡顺利村。处顺利东南1千米，原属顺利乡顺利村民委员会。21户，86人。地处高山岭脚，古时，山边建有佛堂，故名。2008年，滩坑库区涉淹移民，村废。

黄寮　Huángliáo　位于九龙乡库坪村。处顺利北3.8千米，原顺利乡黄寮村民委员会驻地。81户，368人，其中，畲族2人。此地山环水抱，山有将军玉印，地似望月犀牛，前人曾有"客来漫说庐山胜，风景依稀在此间"之句。系辛亥革命烈士叶仰高故乡，为革命老区村。2008年，滩坑库区涉淹，移民至松阳、莲都及永康、奉化等地。千年古村今已废之。

满头垒　Mǎntóulěi　位于九龙乡库坪村。处顺利北4.8千米，原属顺利乡黄寮村民委员会。14户，55人。此地有八个小山岗，形似馒头垒叠，"馒""满"方言同音，故名。2008年，滩坑库区涉淹移民，村废。

下竹坑　Xiàzhúkēng　位于九龙乡库坪村。处顺利北4.3千米，原属顺利乡黄寮村民委员会。4户，26人。盛产毛竹，故名。分上、下竹坑。2008年，滩坑库区涉淹移民，村废。

上竹坑　Shàngzhúkēng　位于九龙乡库坪村。处顺利北4.2千米，原属顺利乡黄寮村民委员会。4户，28人。村处下竹坑村之上，故名。2008年，滩坑库区涉淹移民，村废。

鲍岸　Bàoàn　位于九龙乡鲍岸村。处顺利西南1千米，原顺利乡鲍岸村民委员会驻地。42户，244人。地处小溪南岸圩地，鲍姓开基建村，故名。建国初，渤海区公所驻此。2008年，滩坑库区涉淹，移民至松阳、莲都及浦江、义乌等。村废。

罗埠垟　Luóbùyáng　位于九龙乡鲍岸村。处顺利西1.3千米，原属顺利乡鲍岸村民委员会。22户，79人。处于小溪北岸1.3千米。22户，79人，汉族。处于小溪北岸埠头，此地原有两处罗姓古坟，村建坟边田垟，故名。2008年，滩坑库区涉淹移民，村废。

乌泥 Wūní 位于九龙乡鲍岸村。处顺利西南 2.5 千米，原属顺利乡鲍岸村民委员会。16 户，77 人。村处小溪转汇处水涨时常有污泥淤积，故名。2008 年，滩坑库区涉淹移民，村废。

岩齿 Yánchǐ 位于九龙乡鲍岸村。处顺利西南 2.5 千米，原属顺利乡鲍岸村民委员会。1 户，8 人。处地怪石嶙峋，尖锐如齿，故名。2008 年，滩坑库区涉淹移民，村废。

草岸圩 Cǎoànxū 位于九龙乡鲍岸村。处顺利南 1.8 千米，原属顺利乡鲍岸村民委员会。10 户，44 人。村旁杂草丛生，为溪圩地，故名。2008 年，滩坑库区涉淹移民，村废。

金田 Jīntián 位于九龙乡鲍岸村。处顺利北 1.6 千米，原顺利乡金田村民委员会驻地。84 户，400 人。地处岩面顶峰东麓，小顺坑南岸。金氏垦田建村，故名。为金田渔灯发源地。金田渔灯传数百年，已列入县级非物质文化遗产保护名录。古人曾题有金田名联，联曰："金田临水望，田菽自飘香"。金田武术代代相传，流传至今。2008 年，滩坑库区涉淹，移民至莲都、松阳、遂昌及永康、奉化等地。古村已成水下故园。

上后坑 Shànghòukēng 位于九龙乡鲍岸村。处顺利北 4.2 千米，原属顺利乡金田村民委员会。8 户，24 人，其中，畲族 3 人。以坑得名。2008 年，滩坑库区涉淹移民，村废。

下后坑 Xiàhòukēng 位于九龙乡鲍岸村。处顺利北 3.3 千米，原属顺利乡金田村民委员会。4 户，16 人。以坑得名。2008 年，滩坑库区涉淹移民，村废。

底樟 Dǐzhāng 位于九龙乡鲍岸村。处顺利西北 5.1 千米，原属顺利乡金田村民委员会。3 户，18 人。该处一座高山，多樟树，村处山脚，故名。交通不便整村搬迁，村废。

坭翁 Níwēng 位于九龙乡鲍岸村。处顺利北 4.3 千米，原属顺利乡金田村民委员会。18 户，92 人。2008 年，滩坑库区涉淹移民，村废。

半岭源 Bànlǐngyuán 位于九龙乡鲍岸村。处顺利东北 3 千米，原属顺利乡金田村民委员会。1 户，4 人。坑源直通青田桐树岭，建村于岭中，故名。交通不便整村搬迁，村废。

松山底 Sōngshāndǐ 位于九龙乡鲍岸村。处顺利西北 4.5 千米，原属顺利乡金田村民委员会。5 户，22 人。2008 年，滩坑库区涉淹移民，村废。

乌岗 Wūgǎng 位于九龙乡鲍岸村。处顺利西北 3.5 千米，原属顺利乡金田村民委员会。8 户，30 人。村建乌鸦岗上，故名。2008 年，滩坑库区涉淹移民，村废。

外山 Wàishān 位于九龙乡鲍岸村。处顺利西北 3.7 千米，原属顺利乡金田村民委员会。12 户，57 人。2008 年，滩坑库区涉淹移民，村废。

洪念 Hóngniàn 位于九龙乡鲍岸村。处顺利西北 3 千米，原属顺利乡金田村民委员会。2 户，8 人。2008 年，滩坑库区涉淹移民，村废。

黄山源 Huángshānyuán 位于九龙乡鲍岸村。处顺利西北 2.3 千米，原属顺利乡金田村民委员会。2 户，5 人。地处黄山坑源头，故名。2008 年，滩坑库区涉淹移民，村废。

宋寮 Sòngliáo 位于九龙乡鲍岸村。处顺利北 2.6 千米，原属顺利乡金田村民委员会。20 户，81 人。相传宋时搭寮，建村故名。2008 年，滩坑库区涉淹移民，村废。

茅洪坑 Máohóngkēng 位于九龙乡鲍岸村。处顺利西北 3.3 千米，原属顺利乡金田村民委员会。3户，9人。古时该处茅草丛生，小坑经常发洪水，故名。2008年，滩坑库区涉淹移民，村废。

陈村 Chéncūn 位于九龙乡鹤口村。处县城东北33.2千米，原陈村乡人民政府、陈村村民委员会驻地。112户，450人，其中，畲族3人。明景泰年间，陈姓开基建村，故名。2008年，滩坑库区涉淹，村废。移民至县内澄照，县外松阳、莲都及绍兴、义乌等地。昔日政府驻地，今变滩坑库区。

村头 Cūntóu 位于九龙乡鹤口村。处陈村北0.4千米，与陈村咫尺为邻，原属陈村乡陈村村民委员会。19户，107人。以地处陈村村头而得名。2008年，滩坑库区涉淹移民，村废。

竹园下 Zhúyuánxià 位于九龙乡鹤口村。处陈村南0.2千米，与陈村隔坑为邻，原属陈村乡陈村村民委员会。10户，47人。村之四周遍植毛竹、故名。2008年，滩坑库区涉淹移民，村废。

松潭 Sōngtán 位于九龙乡鹤口村。处陈村南1千米，原属陈村乡陈村村民委员会。32户，125人。2008年，滩坑库区涉淹移民，村废。

下塆 Xiàwān 位于九龙乡鹤口村。处陈村南1.2千米。原属陈村乡陈村村民委员会。32户，132人。地处陈村下首小溪东岸，山塆谷口，故名。2008年，滩坑库区涉淹移民，村废。

三条坑 Sāntiáokēng 位于九龙乡鹤口村。处陈村东南1.5千米，原属陈村乡陈村村民委员会。9户，44人。建村于三条坑涧汇合之处，故名。2008年，滩坑库区涉淹移民，村废。

蛤蟆头 Hámátóu 位于九龙乡鹤口村。处陈村东南1.2千米，原属陈村乡陈村村民委员会。10户，45人。村旁山形似蛤蟆，故名。2008年，滩坑库区涉淹移民，村废。

下沫 Xiàmò 位于九龙乡鹤口村。处陈村西南1.5千米，原属陈村乡陈村村民委员会。3户，9人，畲族。北与蛤蟆头村相邻。1982年地名普查命名。2008年因滩坑库区涉淹移民，村废。

驮坳 Tuóào 位于九龙乡鹤口村。处陈村南2千米，原属陈村乡陈村村民委员会。13户，56人，其中，畲族3人。地处两山对峙的峡谷坳门，称“大坳”，方言“大”“驮”同音，故名。2008年，滩坑库区涉淹移民，村废。

上鹤口 Shànghèkǒu 位于九龙乡鹤口村。处陈村南7千米，原属陈村乡鹤口村民委员会驻地。22户，110人。《景宁县志》载，景宁县境古称“鹤溪洞天”。此地系与青田县交界处，故名鹤口。分上、下鹤口。2008年，滩坑库区涉淹移民，村废。

下鹤口 Xiàhèkǒu 位于九龙乡鹤口村。处陈村南7.3千米，原属陈村乡鹤口村民委员会。27户，118人。村处上鹤口村下游，故名。2008年，滩坑库区涉淹移民，村废。

下徐坳 Xiàxúào 位于九龙乡鹤口村。处陈村南6.2千米，原属陈村乡鹤口村民委员会。20户，84人。2008年，滩坑库区涉淹移民，村废。

乌岩 Wūyán 位于九龙乡鹤口村。处陈村南6.7千米，原属陈村乡鹤口村民委员会。16户，102人。村后有乌黑巨石，故名乌岩。2007年10月在乌岩村址建成鹤口码头，便于村民往来。2008年，滩坑库区涉淹移民，村废。

石岭 Shílǐng 位于九龙乡鹤口村。处陈村南6.8千米，原属陈村乡鹤口村民委员会。2户，6人。村南为石筑山岭，通下鹤口村，故名。2008年，滩坑库区涉淹移民，村废。

金山岗 Jīnshāngǎng 位于九龙乡鹤口村。处陈村南6.8千米，原属陈村乡鹤口村民委员会。1

户，9 人。村建金山山岗之上，故名。2008 年，滩坑库区涉淹移民，村废。

大垟山 Dàyángshān 位于九龙乡鹤口村。处陈村西南 6.3 千米，原属陈村乡鹤口村民委员会。31 户，140 人。村处山峦四周为田垟，故名。2008 年，滩坑库区涉淹移民，村废。

葛坑 Gěkēng 位于九龙乡鹤口村。处陈村西南 5 千米，原属陈村乡鹤口村民委员会。11 户，38 人。沿坑葛藤蔓生，故名。交通不便整村搬迁，村废。

井边 Jǐngbiān 位于九龙乡鹤口村。片村，包括下村、四面屋、竹园 3 村。据传，建村时村边有口古井，故名“井边”。2008 年，滩坑库区涉淹移民，村废。

下村 Xiàcūn 位于九龙乡鹤口村。处陈村南 4.5 千米，原陈村乡井边村民委员会驻地，26 户，103 人，其中，畲族 2 人。村建渡船头对岸下游，故名。2008 年，滩坑库区涉淹移民，村废。

四面屋 Sìmiànwū 位于九龙乡鹤口村。处陈村南 3.2 千米，原属陈村乡井边村民委员会。31 户，113 人。村中旧时建有一座四合院，以屋为名。2008 年，滩坑库区涉淹移民，村废。

竹园 Zhúyuán 位于九龙乡鹤口村。处陈村南 3.7 千米，原属陈村乡井边村民委员会。20 户，72 人。村前遍植毛竹，故名。2008 年，滩坑库区涉淹移民，村废。

朱村 Zhūcūn 位于九龙乡鹤口村。处陈村南 2 千米，原属陈村乡塘堡村民委员会。32 户，135 人。以姓氏得名。2008 年，滩坑库区涉淹移民，村废；同年 3 月建成朱村码头，方便千峡湖两岸村民往来。

塘堡 Tángbǎo 位于九龙乡鹤口村。处陈村南 3.4 千米，原陈村乡塘堡村民委员会驻地。35 户，180 人。因村中古时曾建城堡在水塘边，故名。陈村至鹤口公路过村境。2008 年，滩坑库区涉淹移民，村废。

渡船头 Dùchuántóu 位于九龙乡鹤口村。处陈村南 4 千米，在塘堡村南部。原属陈村乡塘堡村民委员会。17 户，50 人。村前即为渡口，故名。2008 年，滩坑库区涉淹移民，村废。

水碓坑 Shuǐduìkēng 位于九龙乡鹤口村。处陈村南 5 千米，原属陈村乡井边村民委员会。12 户，62 人。古时坑口建有水碓，故名。处樟树塆村上首。2008 年，滩坑库区涉淹移民，村废。

方寮 Fāngliáo 位于九龙乡鹤口村。处陈村西南 5.3 千米，原属陈村乡井边村民委员会。10 户，58 人。村东南方建有方寮凉亭。2007 年 12 月，建成方寮码头。2008 年，滩坑库区涉淹移民，村废。

樟树塆 Zhāngshùwān 位于九龙乡鹤口村。处陈村南 5.2 千米，原属陈村乡井边村民委员会。4 户，17 人。地处山湾，村口有古樟，故名。2008 年，滩坑库区涉淹移民，村废。

坑心岗 Kēngxīngǎng 位于九龙乡鹤口村。处陈村南 6 千米，原属陈村乡井边村民委员会。21 户，89 人。处地徐岙村后山岗，山脚为两条溪坑交叉，故名。2008 年，滩坑库区涉淹移民，村废。

徐坳 Xúào 位于九龙乡鹤口村。处陈村南 6 千米，原属陈村乡井边村民委员会。21 户，103 人。村建小坑北侧，南为下徐岙村。与水碓坑村昔日以鲤鱼山为界。2008 年，滩坑库区涉淹移民，村废，今均为水下世界。

滩头 Tāntóu 位于九龙乡鹤口村。处陈村南 6 千米，原属陈村乡塘堡村民委员会。村处小溪滩头，故名。在瓯江小溪东侧，处陈村至鹤口公路边，与徐岙村隔溪相望。26 户，41 人。2008 年，滩坑库区涉淹移民，村废。

第四节　革命老区

景宁县革命老区村一览

表 7-7

现属乡镇（街道）	原属乡镇	原村民委员会
红星街道	金钟乡	潘坑、徐山、杨山、岭根、小粗、陶州、金包山、大吴山、金钟村的古传自然村
	外舍乡	岭北、坑山后、金村
	白岸乡	白岸、新华、岚头、石龙、西汇、汇田
鹤溪街道	张春乡	东弄、敕木山、王木坑、张村村的双后岗自然村
渤海镇	大都乡	大都、外塆、后垄、鳗段、门潭、湖坑、东山
	渤海乡	渤海、石塘山、石塘口、沈坑、旦水、叶处、鲍山头、梅坑、安亭
东坑镇	东坑乡	竹埠、章坑、杨斜、北山、马坑、罗山、东坑、何村、徐砻
	北溪乡	吴山头、大张坑、方徐
	白鹤乡	白鹤、深垟、桃源
英川镇	英川镇	榅堆、茶园、黄谢圩、木耳口、鲍岱、石漈、外处坳、后坑、寨后、张川、凤垟、隆上、叶坪头、董川
大均乡	大均乡	垟坑、伏叶、泉坑村的茶子栟自然村
澄照乡	漈头乡	炉西岭、张后山、仙山
梅岐乡	梅岐乡	梅岐、竹山、桂远、栋头、岗楼、潘坪、留钱、鹤崇
郑坑乡	郑坑乡	郑坑、吴布、柳山、张坑下、羊角岗
景南乡	景南乡	忠溪、缪坑、程田、东塘
雁溪乡	雁溪乡	雁溪、黄桐、石梯、梅坞、浮亭岗
梧桐乡	梧桐乡	王山头
标溪乡	标溪乡	叶谢、岱头、预章、处基、马山
毛垟乡	毛垟乡	库头、上坑头、炉西、沙垟、陈坪
秋炉乡	秋炉乡	秋炉、半山、第一坑、新塘垟、下圩、伏岩、坑边
大地乡	大地乡	大地、驮垟、柳山头、净水、张坑、郑公垟、余公岱、水溪
家地乡	家地乡	坪坑、苎岱、家地

续表 7–7

现属乡镇（街道）	原属乡镇	原村民委员会
九龙乡	新四乡	新长汀、高沈、王塆、半岭、高岩
	顺利乡	顺利、鲍岸、金山、金田、黄寮、库坪
	陈村乡	陈村、后坪、塘堡、井边、鹤口
	大顺乡	大顺、岭里、圭背、桂根、炉西坑、田坑、徐垟

注：

1.中国革命老根据地村简称革命老区或老区。经景宁畲族自治县人民政府〔1986〕22 号、32 号文件和丽水地区民政局〔1995〕9 号、〔1996〕81 号文件批准，全县先后共有 147 个村为革命老区村。

2.因行政区划调整，新四、大顺、顺利、陈村 4 乡合并为九龙乡；金钟、白岸、外舍 3 乡并入为红星街道；渤海、大都 2 乡合并为渤海镇；东坑、北溪、白鹤 3 乡合并为东坑镇；张春乡并入鹤溪街道；漈头乡并入澄照乡。

3.本表所列老区村，按文件下达时所属乡镇建制分类。

第八章 地名艺文

DIMINGYIWEN

第一节　历代地名诗词

鹤 溪 诗 文 选

鹤 溪 八 景

鹤 溪 春 水

清·潘　援

沐鹤仙人去不还，　沐鹤溪水清且闲。
细柳青青照晴址，　落花点点浮沦澜。
我来访古寻仙趾，　逝者如斯契深理。
振衣吟啸过芳洲，　绿阴白鹭惊飞起。

莘 岭 寒 泉

清·张九华

洞天门内锁双峦，　中有丁泠玉液湍。
岩脉流膏香淡淡，　石花迸乳韵珊珊。
露华沁齿三秋冷，　雪味浇脾六月寒。
一勺可人怜益爽，　碧粘格是蕊刚丹。

石 印 呈 祥

清·潘　援

何年天星坠林口，　化为石印形如斗。
藓纹苔篆由天钟，　雾锁云封仗神守。
乾坤清气储休祥，　兆叶令尹多贤良。
只今民牧有召杜，　喜看此石生辉光。

卓 峰 拱 秀

清·张九华

南山拥翠广庭前，　灵劈千寻别有天。

螺髻何年孤拔地，　莲华终古碧参天。
行惊扑亚浮云上，　坐爱亭盈落照边。
柱笏相看真秀绝，　支空一朵卓寒烟。

鸦顶晴云

清·潘　援

鸦峰削出青芙蓉，　摩空万丈如飞龙。
上有晴云自天下，　倚岩傍树时相从。
晓来高叠连山起，　映日曈胧散文绮。
画阑时向醉中看，　疑是香飞翠屏里。

敕峦霁雪

清·张九华

敕峦云净雪皑皑，　更得晴辉照槛来。
一路珠帘迎霁卷，　千寻瑶岛倚天开。
黛痕傅粉遥临镜，　树色添花遍误梅。
此日看山较明白，　浮岚改尽况纤埃。

牛峤朝岚

清·潘　援

危墩奔突临碧湾，　亭亭屹立烟霞间。
奇树春深翠阴密，　钓台迹古浮云间。
大化融融气清淑，　掩映浮岚侵晴旭。
有时黄鹤忽飞来，　金衣点破苍苔绿。

铁岩夕照

清·潘　援

壮哉危岩露天表，　春草不生秋藓老。
金鸦啣火落西峰，　犹挂余晖在林梢。
霞光遥映高苍苍，　众山罗列皆下方。
安得乘风上绝顶，　直凌倒影观扶桑。

来源：《景宁畲族自治县地名志》(1990版)

金仙寺壁浮槎

明·钟夏嵩

宝塔金仙寺，　珠林玉帝京。
宿云屯画壁，　叠嶂倚雕甍。
蟠木龟蛇穴，　诸天日月明。
夜深僧礼斗，　钟磬隔夜声。

碧苔庵

清·夏禅周

杉皮为屋竹为墙，鼎沸松风沦茗香。
似有稣门长啸客，清音半落水云乡。

来源：景宁文史第十六辑《金奖惠明茶》

敕峦对雪

明·钟夏嵩

敕木高千仞，　瑶台半壁天。
壑深埋虎豹，　树冻斂云烟。
色影芙蓉嶂，　寒对碧玉泉。
凭阑闲引眺，　端喜兆丰年。

步豸山

清·袁衔

出郭即登陟，　大山宫小山。
偶随白云去，　更与斜阳远。
鸟雀疏林满，　牛羊野色闲，
清溪如有意，　向暮水潺潺。

石印山

明·钟夏嵩

何年开石印，　图象自天分。
护花灵光迹，　苔封古篆文。
琢磨思大雅，　巉峭倚高文。
从桂森森处，　遥看五色云。

敕木山

明·潘 倧

独跨群峰耸碧霄，　望通海岛伏青鳌。
金衔落日阳初出，　玉压危岑雪未消。
林雨欲来秋气早，　天阊不远桂香饶。
幽寒可避人间暑，　清秘神功只自高。

来源：《丽水地区地名通览》(1986 版)

五都道中

清·袁 衔

崔嵬日登陟，　总是主恩深。
祗惜穷荒吏，　难为将母心。
岭云愁里望，　淮水梦中寻。
霜雪欺游子，　初来鬓上侵。
空濛不辨路，　俯首看云生。
百折羊肠斗，　千峰鸟道倾。
仆夫嗟足茧，　故宦屡魂惊。
沉复潇潇雨，　竹鸡罔外鸣。
穹阴疑酿雪，　弥漫四山云。
泉响天垂暮，　林寒路不分。
溪流遥入越，　山势远连闽。
谁写炎荒险，　淮南旧有文。
托宿穷山里，　垣欹屋复斜。
乱鸦争噪客，　老犊暮还家。
山色当门黑，　溪声意夜烨。
岁寒心不惮，　蒲宦走天涯。
一瀑从天落，　空山万古音。
峰峦张鸟翼，　雷雨助龙吟。
卷石似成底，　沈竿莫测深。
何当秋月满，　终夜此鸣琴。
屋向悬岩架，　溪从树梢飞。
携筐收芋去，　荷蓧种杉归。
峝妇余银鬓，　山民尚葛衣。

野梅开涧曲，　清瘦不能肥。
回首长安路，　良朋眼最青。
月残趋太液，　雪满醉旗亭。
有梦争王室，　无才厕汉庭。
空山今独宿，　猿哭不敢听。

外　卸

清·严用光

水陆交衝地，　征夫渡口催。
孤帆随鸟至，　小市傍溪开。
路指青山外，　舟停绿浪隈。
家乡知未远，　客思漫低回。

乌铁岩

明·钟夏嵩

绝壁真仙宅，　连天鸟道峨。
朝霏芳径隐，　斜日乱峰奇。
云桂含苍蔼，　烟萝添碧枝。
山城疑北固，　清影接参差。

洞天门

清·张　琢

雄关西峙壮名邦，　楼阁巍峨俯大荒，
一洞天开为锁钥，　群山地涌作金汤。
人家历落村烟起，　殿角参差树影藏，
宛似秦城关百二，　弃儒豪兴觉飞扬。

敕木山

清·潘可筠

天南云际耸高峰，　秀发孙技百万龙。
到景频教全抹额，　严冬常借玉为容。
香泉验雨留仙躅，　献木通灵获帝封。
紫翠千秋浑不改，　荣华空自爱纤浓。

鹤溪闲步遂至叶府前

清·袁　衔

行进平桥到草堂，　家家䆉䆉总登场。
丹枫霜染初生色，　朱橘风来倍送香。
放鹤亭空犹可指，　养鱼陂在已全荒。
秋花偏地芒鞋软，　为访溪邊黄四娘。

石乳洞诗

清·陈元颖

汤仙遗迹著山巅，　滴乳峰头雨泽绵。
睡起庵僧天欲晓，　雪花端合兆丰年。

石　印

清·张　琢

一官碌碌系天涯，事简庭闲早放衙。
惟有秋山一片石，年年相对夕阳斜。

鸦　峰

清·陈元颖

立雪门墙文战鏖，　鸦峰面处讲高堂。
拟将一段烟岚色，　都付文澜作巨涛。

石牛山

明·潘　琴

山前山后绽桃花，　长卧芳林照落霞。
万顷有春望来耜，　四方无事溥禾麻。
云笔峭角横芳草，　乌弄清声度远莎。
赢得秋来金气稳，　衔香望月报登科。

鹤溪懷古

清·严思正

把钓浣纱俱陈迹，　一带溪光依旧碧。

溪旁花鸟为谁忙，　过眼棖觸诗人筆。
鹤溪自昔属芝田，　浮丘遁跡是何年。
维石成台势突兀，　天然矗立水之边。
垂轮持竿钓烟水，　百代茫茫疇可比。
飞升事宜涉荒诞，　沐鹤仙人呼不起。
浣纱石上问前因，　谢公嘲女此溪滨。
娉婷仙子今何在，　酬答留诗字字新。
招鹤来归潘太守，　浩歌俊逸词三首。
思解缨络追仙风，　节概凛然真罕有。
沧桑换劫感凄凉，　賸水残山付夕阳。
访古更向芳洲过，　溪流鸣咽起愁肠。
往事转瞋何足数，　鹤去潭空餘沙土。
梅花惨淡松花青，　惟有高风足千古。

登石印山歌

清·吴道林

沐鹤溪畔山连连，　　有石昂昂头向天。
石印名字更奇古，　　是汉是唐不计年。
山能生石山无缝，　　石能上山石不动。
天造地设此一卷，　　且把诗句从头诵。
石乎石乎太郎当，　　天道尚圆尔尚方。
相君之面将与相，　　位置当贡白玉堂。
何以当道官场非汝有，蹉跎甘向空山老。
不入城市不登坛，　　人不负石石自负。
石闻此语笑辗然，　　天之生我胡为焉？
世事升沉各有定，　　何如硁硁守其坚。
君不见会稽新来朱太守，尝怀印绶见故友。
拖紫纤青无几时，　　此印已入他人手。
又不见位尊金多苏秦子，印佩六国世谁似？
三间破屋相公门，　　一畦寒菜故侯第。
我昔与石为比邻，　　我今呼石作主人。
试看潦倒名场者，　　同是风霜阅历身。

惠明寺茶歌

清·严用光

敕木峰高插苍旻，　南泉列岫排嶙峋，
古柏老松何足数，　山中茶叶殊超伦。
神僧种子忘年代，　灵根妙蕴先天春。
棲真庵接惠明寺，　脂柯肉叶无丝尘。
滋云蓄雾灌泉液，　嫩芽初出含清真。
寒食清明都过了，　采焙谷雨趁芳辰。
雀舌龙团分次第，　纸封瓶贮标题新。
寺里老僧偏解事，　新茗向我笑言亲；
呼僮官井汲泉煮，　石乳清冷浮圆匀。
旗枪一一相排列，　满瓯色味良精醇。
我闻当年陆羽著茶经，苦荈香茗多良因；
四十三品别高下，　千秋俎豆祀茶神；
洛阳卢仝最相识，　饮过七碗无逡巡。
二公不到南泉地，　坐令异卉嗟沉沦。
又闻武夷罗岕多佳品，年年纳贡旧章循；
入京马上争矜贵，　黄封红裹呈枫宸。
浙江自昔产佳茗，　天台天目若比邻；
龙井雁湖俱清绝，　往往茶事谈纷纶。
此山僻在东南奥，　抱奇孕美无由伸；
仙人株生灵异石，　欲传韵事难其人。
我作此歌示山衲，　辞冗语拙空铺陈。
茶兮茶兮莫嫌知己少，灵茅秀液今沾唇，
会须品题到仙客，　玉堂清宴娱嘉宾。
我且与茶坚久约，　名山空谷长此藏奇珍。

石　印　歌

清·严用光

鹤诸群山高峨峨，　桂山横亘俯清波。
有石一拳方而古，　天然卓立山之坡。
石印名字耳久熟，　挈伴登山欣寓目。
好古缅怀令尹贤，　篆刻模糊难卒读。

苔痕斑驳藓纹苍，　坐镇名山阅星霜。
品题一经价十倍，　居然顽石亦生光。
我抚此石三叹息，　不生名邦降僻域。
云蒸霞蔚年覆年，　管领洞天谁赏识。
倘或搜奇索异逢米颠，　呼兄肃拜定流连，
不然封候拜相寻常事，　置身合在玉堂前，
石闻我言龈然起，　君请静听谈妙理：
荣华转瞬如浮云，　累累若若何足恃！
君不闻山头石甕本天成，家家春酿满越城，
骚客游人到今说，　维石能标万古名，
又不闻异人崛起在浙右，铁券金书今何有？
长留石镜照人间，　直与天地同悠久，
可知人杰地效灵？　石兮石兮垂芳馨，
天荒地老印长生，　细视篆镂拟模型！

招　鹤　辞

明·潘　琴

吾乡旧称沐鹤溪，世传浮丘伯养鹤日浴于溪，故名。仙去鹤亦遂往。余宦游已久，霜色侵鬓，既倦于游，亦可归矣！而鹤乃奋寥廓，蒲云汉，久而未归。岂以时不古若见遗耶？抑以鹤之狗食而忘返耶？概彼仙纵，惟鹤乃著，爰作招鹤辞三章，异日得遂解组，与一二知己，坐松阴白石上，汲溪泉煮山茗石鼎中，命小童击筑而歌以招之。鹤如有知，当联翩来归，与吾侪徜徉以永年，使清溪之灵不蹙额于樵童牧叟之濯足也。抑闻之上世无仙，仙皆出近世，又安知不有若浮丘者出遗世，驭气为鹤之主人也耶?！鹤哉，鹤哉，无患乎古今人不相及也！

鹤兮，尔来！好溪流水清无涯，锦鳞戢戢冲紫苔，松花初老芙蓉开，沄沄细浪香扑鳃。虞罹既远无防猜，天门万里高崔巍，日月闪铄金银台，尔翼已倦身已骀。霜衣霞顶多尘埃，毋徒骋尔仙骥才，欲凌倒景窥蓬莱。尔鹤兮，归来！无徒使我怅望时兴怀！

尔鹤归来兮，勿迟。嗟尔一出今几时？故居芜秽久勿治，乘轩有辱人共嗤；宠深禄极危所基，尔何翩翩如未知？云逵雾海恣远飞，流行坎止当见几；停餐不惜禁脔肥，彼梁有鱼勿朵颐。雁鹜醒饱不若饥，溪水可浴松可依，腰缠不重无我疑。鹤归兮，莫迟。爰止爰止慰我思！

尔鹤归来兮，毋久留。食力思义为远猷，胡为久淹兰杜洲？高举欲篮文鹓俦，物各有分苦外求。琼浆玉饮徒增忧，景升千里称大牛，负重不若羸?优。涂泽立伏陪仙驺，蒲功厚享志莫酬。金笼鹦鹉口起羞，密云不雨惭鸣鸠，尔当量力早自休。鹤归来，毋久留！

来源：《景宁畲族自治县地名志》(1990版)

浮丘伯钓台歌

清·王维球

豸山山之麓，　巨石累如台。
面削平坦边不侧，　上有一人把钓临溪隈。
羽衣芒屩箕裾坐，　鲸鲵拨浪掀风来。
闻是道者浮丘伯，　还丹曾脱尘凡胎。
回身拍手谢俦侣，　一声长啸沧波开。
蓬瀛弱水三万里，　乘兴亦向溪湾廻。
偶拂台石重理钓，　鸥浮鹭宿无惊猜。
钓罢还骑赤鲤去，遂令此台灵气万古相依偎。
我今访胜登层嵬，　攀萝披棘剔鲜苔。
欲投长竿巨浪堆，　神鳌屼立风喧豗。
身无仙骨犹徘徊，　搔首盼望仙云颓。
但觉水声激激，　清月出岭风花催。

来源：《景宁县续志》

石 印 赋

以桂山之岭有石如印为韵

县治之巅林峦之际有石印焉似斗端方如屏峭厉天然圭角可嘗斲自神工云与绾缄毋乃锡從上帝取擕曾有何人摩抚不知几世命职在龙纪烏司而外爵可封松钟祥於鸦峰鹤渚之间山原名桂原夫印也者或铸金纍若或刻玉斓斑或银章異制或墨绶同頒要皆捧從殿陛佩向朝班鐫刻须资夫匠手移封比禀于宸颜從未有在巘在岡独擅钓镕于大造不雕不斲忽驚攻错于他山若夫山之有石也粼粼落落怪怪奇奇为反为侧或斜或攲花间点缀林下参差然九华壶中祇供文人之雅赏万石亭下徒誇遷客之环辞顾安得品齐模范器重鼎彝名称俨锡于九重臣钦咸若位置独高于一邑人皆仰之而不谓灵钟于地秀啟自天一方宛若四角端然绶绾薜蘿说法则俨徵头点篆苔藓摩空而恍欲腰悬推来一品荣膺夫孰望而拜下矗处三霄高拱允宜捧日以凌巅则见县署啟其前黌宫环其石既蒸化日于琴堂复映文星于奎斗峦曾称敕方看万笏森罗桥亦名官且喜双流环绶绾铸谢铁岩之嶂刻画分明安排借卓笔之峰图书富有时或及第花红科名草碧翦圭之桐叶遥联列序之魁阴遍积拨印泥于霞绮色极丹红倒印月于溪光体原清白若神禹印封于岳龟实负泥比梁相印堕自天鹊偏化石之若石梯表石笠凌虚石牌迤逦石柱崎墟莫不归兹统辖隷此簿书十八公管领有松头衔丕显千户侯关防问竹掌握匪疏方诸十丈石莲尊崇孰若例以千寻石筍贵重奚如迄今天末高标峰头静镇八景争奇七都同观底须玉蕴早徵人瑞辉煌不假金相以极天章朗润忆当人张公镌墨固曾字字有稜昭来兹才子摩挲有不心心相印也哉

来源：《景宁县续志》 清·叶笃勋

浮丘考

前志载汉浮丘伯携双鹤隐此，姓氏平生略而未详，后世仅以神仙相拟议。按《汉书》：楚元王尝与鲁穆生、白生、申公俱受诗于浮丘伯。伯者，孙卿门人也，服虔曰：浮丘伯，秦时儒生。沈钦韩曰：《盐铁论·毁学篇》李斯与包丘子不免于瓮牖蒿庐。陆贾《新语·资质篇》：鲍丘之德行，非不高于李斯、赵高也，然伏隐于蒿庐之下而不录于世，利口之臣害之也。王氏益吾曰：包浮同声，即一人也。又按《郑氏通志·氏族》：略浮丘氏之下，采汉书之说，兼存列仙传太子晋之说，又载楚苞丘先生亦称荀卿弟子。窃以为"苞"与"浮"同声，不应荀卿门下同时有"浮丘"，又有同声相似之"苞丘"系之。楚者，即以楚元王受诗之故。观此，"包"与"苞"为子划之增减，与"鲍"则声之高下，而"包丘"、"鲍丘"、"浮丘"，俱同一人，即包姓抑鲍姓也。"伯"与"子"或"先生"则尊之之称无差别也。伯及身师事大儒，观其从游之盛，固一代大师，实有其事有其人，不必辄以神仙辟谷，驾鹤上升相比传。稽古千载之前，轶事遗闻，稍资参订矣！

来源：《景宁畲族自治县地名志》(1990版) 清·柳景元

始出县六首

清·袁衔

外　鉡

千瀑汇为坑，　千坑流入溪。
一溪入永嘉，　赴海不复西。
小市日趁虚，　负载多群黎。
黑棕裹椒笋，　青箬包盐齑。
鸥船张风帆，　来去如凫鹥；
飞泉穿石流，　青山与云齐。
虽无留子嗟，　种麻尚满畦；
我昔此之官，　春暮仑庚啼。
日月曾几何？　新秋雨凄凄。
回首望荒城，　隐约闻鸣鸡。
山店有贤主，　汤饼相招携；
我亦有田园，　言归扶耕犁。

大　常

十里大常坂，　艰哉此岐路；
仄径仅盈尺，　曲与危岩互。
左转拒倾崖，　右折碍欹树；

崩沙渍泉水，　沮洳那容步。
舆夫苦延缘，　侧进展蛇蚹。
窥溪心欲碎，　触石足垂仆。
攀枝作猱升，　蹈空辄狼顾；
秋暑犹烁金，　浑汗湿衣袴。
陟阻艰仆痡，　行役古所赋。
惜无叱驭才，　终有垂堂惧。
永怀凛冰渊，　出险常瞿瞿。

官　渡

溪峻苦湍急，　峰高类孱顽。
兹村冠一邑，　奇秀超人寰。
水碧旋玉镜，　山转青螺鬟。
山水互辉映，　好鸟鸣喧喧。
佳树叠松桧，　芳草罗蘅蕳。
野饮就村店，　唤渡临前湾。
空翠挹衣袂，　凉风鲜襟颜。
雨霁树犹泫，　云合峰成环。
昔徂富春渚，　扣弦渔渚间。
清景倏再过，　薄宦天非悭。
何须嗟藿禽，　乐此须臾闲。

金　钟

出险得夷坦，　缘溪开大麓；
居民近百家，　鱼鳞列瓦屋。
竹树甚繁衍，　楼阁颇连属；
黄黍苗始抽，　胡麻穗未熟。
兹村昔家温，　尔乃食无粥；
买斧入采山，　余事及种稑。
危径过悬崖，　包山遥在目；
寻仇逞雀角，　摄治辄狙伏。
民贫惭抚字，　俗嚣愧食禄；
夕阳下前峰，　金碧耀岩谷。
暮途闻溪声，　滴沥鸣琴筑。

绿　草

犄角对金钟，　厥名曰绿草。
山容倍郁盘，　水势相环抱。
风帆遥出没，　翠竹立如葆。
民居太星散，　屋角挂梨枣。
当门树苞栩，　肃肃集飞鸨。
林端见佛刹，　参差露檐橑。
不闻清钟声，　溪流鸣浩浩。
鹞岩色丹碧，　高欲磨苍昊。
旌旗骇荒村，　窥伺杂翁媪。
野花颇骈娟，　衣巾映綦缟。
是时秋正初，　皇天成万宝。
芃芃膏阴雨，　山田垂早稻。
富岁宜多赖，　吾欲告父老。

渤　海

枕溪东赴瓯，　有集名渤海。
合村仅一姓，　聚族逾百载。
我来路崎岖，　解装时已亥。
风遥火明灭，　水黑船款乃。
妇孺满墙头，　燃炬窥邑宰。
前朝通百货，　鱼盐称爽垲。
商市今已芜，　里门犹未改。
岂惟无鸡豚，　至乃阙醯醢。
楼阁昔雕绘，　剥落失光彩。
牛羊瘠莫收，　司牧讵无罪。
夜深聊就枕，　飞瀑声磊磊。
明发山更高，　豫忧仆夫殆。

来源:《景宁县续志》

英川古诗选

葛山八景

清·柳光华

茗峰拱秀

看山宜香葛山登，　岭上一级绿满层。
拥翠层层天末起，　三方环拱更崚嶒。

桂石凌霄

间来振衣一千刃，　片石卓然踞雄峻。
撑柱云霞星汉间，　气含山山风雨润。

云海奇观

穹庐天净细霰收，　红日晴空云散浮。
驻脚朝霞天之表，　群山拔雾露出头。

仙山远眺

远眺更宜出此山，　茫茫四顾天回荡。
晴空万里一物无，　眼下万重千叠嶂。

清溪把钓

稻花落水育肥鱼，　箬笠竹筐趁赤晖。
钓起金鱼盈大尺，　岭长日暮未思归。

鲁亩看耘

山田鳞垒缘山起，　百转千盘恋万山。
吹雨东风桃杏里，　其耘万耦彩云间。

祠桂秋芳

何年桂树老村西，　荫映宗祠绿碧畦。
遥与屯东新长者，　万斛金粟滚玉犀。

庵钟晚响

山庵幽静傍村乌，　满院苍苔长闭户。
老道说庐少长才，　考伐旦晚仇钟鼓。

隆川杂咏（七首）

清·柳景元

诸葛当年起卧龙，　隆中山水最葱茏。
此间名谓原相似，　应有人才奕世钟。

宅俊峰高似北辰，　端庄整肃望如神。
山川灵秀非无标，　累叶常钟异等人。

奇石嶒崚镇宅中，　原来岩穴有终童。
科名鼎盛非常易，　一笴当年冀北空。

莘莘俊彦妙婵联，　学府清高望若仙。
犹有风雌能继帆，　潜龙孕毓在清渊。

出山泉比在山清，　司理能如廷尉平。
海溢仙霞都著绩，　投钱舆诵送行旌。

合涧桥联似砥平，　双溪交至水流清。
分明一幅沧浪画，　为待高人可濯缨。

此间到底有淳风，　敬礼斯文里巷同。
道左相逢嫌尔汝，　先生两字互推崇。

隆川即景

清·柳景元

依山筑阁见平川，　四面窗开灝气鲜。
楼内吟诗楼外月，　忽疑身在七重天。

登隆下坳远眺

清·柳景元

隆川佳胜处，　乃在此山坳。
非远亦非近，　非低亦非高。
我来欲登徙，　散步出村郊。
迤逦向前去，　攀跻未云劳。
秋色正佳丽，　黄红叶未凋。
俯视隆下村，　楼阁若绘雕。
其后箬寮峰，　卓立耸云霄。
隆落忽腾踔，　一伏一轩翘。
到村更雄骜，　踞虎复蟠蛟。

回眸一顾盼，　境界阔而超。
大溪水奔流，　远听鸣玉交。
梅漴与坑口，　各各架长桥。
村舍殊幽然，　犬吠闻嗥嗥。
此山临四面，　仿佛若园峤。
到此豁襟怀，　宠辱一时消。
乐哉此游玩，　归兴亦陶陶。
同行得厖耆，　强健若松乔。
策杖循原径，　须发风飘飘。
相期更登临，　步履兢脚腰。

来源:《景宁畲族自治县地名志》(1990 版)

大漈诗抄

雪花飞瀑

明·谭民

漈峰位处万山头，　雾锁云迷看不周。
路近星辰天际过，　身在烟雾洞里游。
手伸可攀蟾宫桂，　足举就登海底鳌。
百丈悬崖飞瀑泻，　三夏无署若无秋。

最上山咏

清·潘钟俊

最上山高凌太空，　蜿蜒发脉四旁通。
曙光枭枭云霄近，　晦雾冥冥烟雨中。
卓牵撑天神女境，　纵横压地愚公功。
从今我亦忘情者，　仰企心猿探碧空。

漈川观瀑

清·李璜

散步云烟径，　欣从远壑逝。
万山随地耸，　一水拍天浮。
瀑拟匡庐胜，　川同蜀峡流。

始知槃涧叟，　偏得据清幽。

石马潜渡

清·梅盐

天然一石眠地，　任尔鞭扑不返。

牧童睡起朦胧，　识得非马骇异。

悬崖观瀑

清·王按卿

竟岁刀笔肋，　悬崖看飞瀑。

一览天地宽，　万事都可足。

溹川观瀑

清·赵士霖

三山围处一泉通，　飞瀑喷花气势雄。

应是玉龙刚斗罢，　粉粉鳞甲散虚空。

溹川观瀑

清·赵师台

其一

两山环峙水流通，　白练高飞气象雄。

初说银河天上泻，　还疑柳絮倒悬空。

其二

万派流来一口并，　依稀瀑布画难成。

而今幸遇师台鉴，　山色光辉水色明。

溹川瀑布

清•梅开鼎

苍崖数丈瀑奔流，　如布高悬散未收。

飞出细丝垂万古，　喷来密缕挂千秋。

耳边乍觉机声振，　望里犹疑练綵浮。

恰如银河天外落，　粉粉经纬有皇猷。

龙舌喷珠

清·梅开鼎

龙溪古迹素传呼，　伸舌奔流似喷珠。
点点圆光疑甲散，　粉粉的砾讶星殊。
依稀鱼目波中跳，　仿佛蚌胎水面趋。
累累水从颔底出，　风前飞跃类锱铢。

大漈观瀑

清·张　琢

叠雪喷珠景最奇，　我来相对却相宜。
胸中俗尘多如许，　借与清泉一洗之。

祠门古柏

清·梅芝华

古柏参天傲岁寒，　苍苍黛色拥门阑。
左奇右偶同昭穆，　荫暎千秋壮厥观。

时思院怀古

清·梅开鼎

宝殿恢宏古刹幽，　时思旌院著千秋。
清风淡淡谁堪擬，　高节昭昭莫与俦。
胜地流光彰孝德，　名庐受敕仰皇猷。
钟声鼓韶今犹振，　堪向祗园切静修。

小佐村

清·严用光

千叠层峦百转湾，　鹤溪深处众峰环。
家居梅岘云山里，　久在楂川烟水间。
竹里风光开画本，　桃源仙境隔尘寰。
耕田识字推吾辈，　为士为农未许开。

过时思寺

清·严用光

层崖远上最高山，　十里平畴碧几塆。
隐隐寺藏红树里，　沉沉钟出白云间。
青缠墙壁藤萝古，　翠映峰门松柏间。
翘见时思题额在，　文成遗墨快瞻攀。

寺门时思道场四字刘文成笔也

千秋岁·爱山亭

清·严廷望

高亭清丽，耸立参天漈。
闲登临，偶息憩，层峦排黛影。
远岫堆云鬓，论山光，千般触目真无计。

此地蟠形势，阴睛皆可契。
环缘树，看月桂，松岭挹朝岚。
蓬峰开夕雾，愿从今，时时，结伴来遥睇。

渤海古诗文录

咏渤海八景

清·陈之东

凤山耸翠

锵锵自昔卜和鸣，　裔衍於今山亦名，
五色文舒云气嗡，　九苞艳发野花明。
西庐岐下南空吊，　南渡临安凡战争，
何似此邦栖恩稳，　高岗终古乐承平。

醮岭团青

一峰陡绝势犮嶐，　俯瞰澄潭澈远空，
雨湿乔林千树碧，　山衝夕照半边红。
幽崖渐入鸟桐语，　石磴斜穿路忽通，
绝项相传曾避寇，　百年陈迹付秋风。

带水环波

潆洄带水碧波浮，　环绕村前一道流，
练影拖来沙路曲，　山腰束断浪花柔。
春风絲绾長堤柳，　夜月帆移估客舟，
最好元霄筲管集，　水灯齐放水晶毬。

灵岩肖像

苔衣斑驳近模糊，　远眺岩前景果殊，
珠履乍惊名宦立，　云鬟偏与美人俱。
烟消朱紫形全露，　雨过丹青笔乍儒，
我俗大书鎸石上，　东山挟妓此真图。

仙宫幽憩

無事仙宫试往还，　小桥斜度入云关，
炉烟惹袖红尘隔，　花气薰人白晝闲。
夹道乔柯相掩映，　忘机好鸟自绵蠻，
客来漫说卢山胜，　风景依稀在此间。

杰阁闲临

三层杰阁耸云隈，　每一登临眼界开，
槛外桂香风送过，　潮头桃浪雪翻来。
凌云劍气辉东壁，　射斗文光接上台，
到此不禁诗兴剧，　衹今谁擅摘仙才。

梵刹回龙

中流矗立峭芙蓉，　古刹沉沉起暮钟，
竹径无人谁放鹤，　烟峦有意复回龙。
溪环寺岭气全湿，　云到山门情亦傭，
惆怅栖霞亭畔过，　明月不复照孤松。

石龛凝液

翼翼危亭峻山巅，　石龛方正何天然，
十里兰拖潭下水，　半泓碧审座中泉，
冷涵秋月禅心映，　净灑楊枝法界连，
我亦俗来分一滴，　小窗点易把朱研。

渤海八景释文

凤山耸翠　山脉来处甚远，至此忽耸如凤形，邑志载为一都胜处，在渤海村后。

藨岭团青　孤峰削秀，俯瞰澄潭，丛林密集，树木阴翳，盛夏不见日影。山影倒映小溪澄潭，风景如画。清康熙年间有蔡、林二寇占山作寨，掠夺居人，每避其上，故里人至今犹称为“蘸岭寨”，见载邑志。

带水环波　溪流多急濑，此独萦回似带，环绕村前。先人在急流转弯处溪滩上，用方形块石砌一块形似腰带头状如玉玺的平坛，约30余平方米。古时每岁上元夜，陈氏族人于此放水灯，星光灯影交相辉映，鼎沸人声与潺潺水声相和鸣，颇为壮观。

灵岩肖像　凤山西麓，悬崖峭立，遥望五显岩壁间，有金黄色人物肖像，一是袅娜美人，一是纯真童子，栩栩如生，宛然如画。天然奇绝，见载邑志。

仙宫幽憩　马仙宫位于大樟树下，小石桥边，占地六亩，造型别致，庄严肃穆。宫塑马仙神像，慈眉善目，栩栩如生。小桥百蹬，掩映乔柯，水色山光，鸣声下上，游憩期间，饶有尘外幽趣。毁于民国壬子年（1912）洪水。原址后建渤海区中心医院。

杰阁闲临　村尾建文昌阁一座，阁三楼。底层奉关帝，中层奉文昌，顶层奉魁星。登临远眺，万象森罗。后坍塌。遗址改建渤海中学厨房。

梵刹回龙　村尾回龙山，中流矗立，空无所依，昔人建庵于此山上，名曰回龙庵，取其形也。未至庵先过栖霞岭，峻壁悬崖危亭翼然，舟行望之景堪入画。

石龛凝液　峻岭危岩一亭陡绝，曰金头亭。亭内石龛，天然方立，高广皆丈余，深可八九尺，中朔大士神像。亭内石壁间渗出露珠清泉，凝集在石窟内，行人藉以止渴。

来源：景宁文史第十二辑《水下故园》

栖霞亭忆古松

清·陈之东

盖影幢幢耸翠微，　至今回首景全非，
百年鳞甲霜中老，　一夜虬龙天外飞。
尘世几回伤往事。　寺门此后怅斜晖，
剧怜唳唳孤栖鹤，　犹自多情月下归。

花园怀古

清·陈之东

旧时亭馆久荒倾，　留得花园今尚名，
茅屋数家村迳滑，　古垣一带草痕平。
香山埋没春卷主，　夕照凄凉鸟自明，
异代兴衰何足数，　莎根蟋蟀又秋声。

渤海即景

清·陈之东

有宋迁乔卜此区，　一村烟火属回图。

石瓮凝液钟偏秀，　带水环波景自殊。
凤向灵岩衔赤日，　龙回渤海吐明珠。
群英漫却梯云路，　蘸岭依稀接汉衢。

毛垟诗选

带溪十咏

同治乙丑　胡述文 琴坨

公元 1885 年

（一）苍龙捲水

百年地辟有奇功，　一姓人家尽画中。
蔼蔼红云凝瑞气，　苍龙水上捲晴空。

（二）伏虎饮泉

崚嶒之势爪牙分，　雄踞常空百兽群。
更作惊人风一啸，　东溪飞雨北溪云。

（三）东山挂榜

春山一幅向东障，　似榜高悬纸色苍。
共羡登瀛唐学士，　千秋博得姓名香。

（四）渡品浮槎

解纶蓬莱第一洲，　松桅雾罩几春秋。
斗中已属乘槎客，　渡口何年又系舟。

（五）前对笔峰

笔峰高耸独超群，　势欲千霄入紫云。
亘古书空天作纸，　朝朝看写太平文。

（六）后倚画屏

混元神巧本无形，　匠山西山作画屏。
曾是当时云母瑞，　彩云犹护旧楼亭。

（七）双印呈奇

渡口渡头两印章，　双双对烁水中央。
苔缠蚪字何年铸，　绝胜金腰斗大黄。

（八）一笏献瑞

亭亭玉立欲朝天，　对拱丰碑不计年。
诗学家传看授受，　他时便兆列班联。

（九）长溪环带

门前春涨满芳津，　如带廻环漾藻苹。
琤琮水韻凝玉韻，　兰堂指日看垂绅。

（十）合涧垂虹

对门小涧隔重山，　雨后洪涛欲济艰。
仗汝填桥支鹊石，　虹悬一缕任来还。

祠边小亭即景

同治乙丑　吴敦淳　英川晴湖

天然结构小亭横，　旁岸临溪境界清，
看渡一篙新浪满，　对山千树绿荫成。
樟当祠畔常棲鹊，　漫携尊酒听泉声。

录《走南闯北带溪人》

高演古诗选

八景五言古

荀里　王星联

古木朝晖

古木争天立，　难将甲子考。
只为置身高，　惯见曦轮早。
清厰午荫中，　树根读书好。

雾冈夕照

夕阳到西山，　螺端齐照耀。
雾冈巍然来，　势独居其要。
徒倚望晴空，　一派红於烧。

金峰晴岚

山形如星角，　舒拱排一座。
日出清如洗，　岚头撑樸亚。
白云似有心，　往来如避舍。

鳳山霁雪

天公为玉戏，　一夜千山白。
太阳遍地来，　瑗瑶化为液。
年年鳳出沟，　皑皑有雪积。

豸顶间眺

山势匝彄环，　圈豚排竹树。
稻田青摺叠，　万瓦鳞鳞露。
一览快双眸，　相将豸顶去。

云庵幽憩

欲撲三斗尘，　须入云庵内。
诸佛与众真，　一一瞻意态。
不风人自凉，　既来还思再。

叠石呈奇

此石谁叠来，　迹奇理殊怪。
岂是姱娥移，　举之如石芥。
倘遇米南宫，　想当一百拜。

三桥环胜

山川须锁钥，　结撰可凌空。
桥成三虹影，　更教气象雄。

倘有骑驴客，　诗思将毋同。

选自《任氏族谱》

咏演峰八景

清·严用光

古木朝晖

乔木森森直矗天，　结根早历宋元年；
苍枝叠叠迎朝旭，　翠盖层层罩晓烟。
异质奚须梁栋选，　奇材常荫子孙贤；
芳祠讬庇钟英哲，　长卜千秋世泽绵。

雾冈夕照

常年雾气锁高岗，　岫岑回环位震方；
旭日朝升岚蔼蔼，　斜阳返照色苍苍。
千重霞彩飘余绮，　万叠云容映未光；
最爱彼苍留晚景，　天然一幅画图张。

金峰晴岚

金星下降拱村前，　山以形名得气先；
一带晴光常缭绕，　四时佳气最暄妍。
发祥祖德始谋远，　启秀孙枝衍庆全；
济济英才当蔚起，　地灵人杰不虚传。

鳳山霁雪

果然飞凤集林端，　天劈佳城瑞蔼团；
积雪新逢开齐景，　祥云时见护重峦。
九苞定卜文明启，　五色还教锦绣攒；
鹊起人才应自有，　羽仪长沐圣恩宽。

豸顶间眺

山龙远自闽中来，　发脉分支吉壤开；
地以凤飞称吉穴，　形如豸伏产英才。
凭临已踞全村胜，　俯眺还应一览该；

如此名区真觉少，　扶舆清淑原栽培。

云庵幽憩

迴龙桥畔送钟声，　宝刹犹存旧日名；
四面云山含古意，　一林烟树喜朝晴。
新诗赋就思成佛，　佳趣觅来快适情；
久憩不嫌归太晚，　远峰犹掛夕阳明。

叠石呈奇

嶙峋四面总擎空，　石叠巍然夺化工；
壶囊九华差仿佛，　洞天一品见玲珑。
搜奇康乐襟怀旷，　下拜襄阳意态雄；
卓立千秋名不朽，　桂山石印合相同。

三桥环胜

峰环涧绕本多情，　叠建三桥似列城；
仙岫平围螺髻合，　金山对峙翠眉横。
携尊来访嫩云径，　曳杖去听流水声；
驷马高车何日过，　题余弥觉畅游情。

录《任氏族谱》

春日登仙岫山

清·严品端

演峰名胜本天然，　趁早登临景物鲜。
飞凤山前临旭日，　雾岗坳上宅神仙。
莺藏密树流娇语，　秋满平畴罩晓烟。
最好三桥桥上望，　輞川风景画难传。

录《任氏族谱》

飞 凤 山

清·严用光

镇山景邑号鸦峰，　飞凤俨然此地逢。
待到三春花木发，　文明五色现重重。

高演风景

清·徐俊秀

贵乡合邑早传名，　飞凤山棲似欲鸣。
满室古香人有会，　长虹水口暮烟横。

金字山

清·严用光

化石名传忆昔年，　金星倏尔坠山前。
钟灵毓秀原非偶，　世泽绵绵裕后贤。

高演村

清·严用光

万山堆案月轮高，　胜日来游意气豪。
突兀奇峰环四面，　长空乔木捲寒涛。

录《任氏族谱》

高演任祠公燕

清·吴裕中

济济英才序一堂，　欣看桃李总成行。
漫言耕鑿人情古，　尤见诗书世泽长。
俎豆适当轮奂美，　簪裾如带藻芹香。
到来莫道催科俗，　樽酒論文快举觞。

注：时任族来会者明经二廪膳生九附生三十餘人

选《景宁县续志》

沙湾古诗选

沙川八景

双凤朝阳

舜赓来儀乐奏韶，　羲皇蜗阁亦曾遭。
而今落迹予乡后，　一对凤凰欲共巢。

伏狮耸案

天生吉兽在河东， 开口回头振威风。
几时遣到沙湾里， 伏守门前障一封。

三星拱照

古貌清奇恍逼真， 巉岩连接似星辰。
年年面目都如旧， 应是灵钟福寿人。

半月澄光

积善从来天不悭， 祖宗邱墓是仙寰。
白沙片土圆如月， 一半啣山一半弯。

带水潆洄

好山好水足繫留， 吾儕生长在沙洲。
多情最是清溪水， 不绕村边不转流。

雷滩鼓浪

龙门跳过忽闻雷， 疑是神烧鲤尾?纔。
路上行人惊胆破， 中流柱石出头来。

石佛点头

如来说法石点头， 文武圣经感亦犹。
总是心肠坚似鐵， 也应侧耳听因由。

奎阁凌霄

一层更上一层楼， 映入清溪枕碧流。
高处最宜舒老眼， 时来策杖自优游。

来源：沙湾《柳氏宗谱》

沙 湾 放 船

清·端木国瑚

恰好新晴放野航， 轻鸥个个出回塘。
一溪绿水皆春雨， 两岸青山半夕阳。
时节刚逢挑菜好， 女儿多见采茶忙。
沙头剩有桃花片， 流出村来百里香。

送柳生子宗回沙湾

清·袁 衔(邑令)

荒城无客到， 明日尔偏归。
清水清逾急， 秋山绿不肥。

危途猿正啸，　小市乌应飞。
相送知何处，　苍苍望翠微。
二载戀山路，　惟生可与言。
斜阳时策杖，　落日每开樽。
沧海前期大，　青山旧约存。
莫将剪烛话，　轻与俗人論。

来源：沙湾《柳氏宗谱》

大均古代诗文

大均佳境

大均佳境势优游，　派出英贤历几秋。
出入巍然乘荦确，　安居迢速起朱楼。
晨昏灯火书声美，　早晚壶觞乐韵悠。
最灵汤公天上坐，　清江一曲抱村流。

杰阁撑云

直上霄峦一径通，　危楼突兀瞰西东。
四面云山凭远眺，　登临恍在画图中。

均潭印月

清潭皓月一轮开，　上下空明绝点埃。
赤壁之游无此乐，　泛舟良夜久低徊。

鸦顶开祥

三峯云外插，　鸦嘴状奇新。
卓立开生面，　高撑净俗尘。
成形应得气，　如睇总宜春。
奕叶人文起，　钟灵信有真。

龙岗叠翠

习习熏风众木号，　沿冈古树倚云高。
纳凉有客穿林去，　快听空中万顷涛。

屋崖瀑布

一道飞泉日夜流， 珠玑点点挂峰头。
幸逢灵运来题胜， 胜迹长留天地秋。

浮 伞 渡

清·许之龙

古渡盈盈欲问津， 相传浮伞旧仙真。
清溪屈曲潆村外， 奇石峥嵘镇水濱。
几幅蒲帆风势稳， 一嵩桃浪涨痕新。
临流何必苇杭泳， 胜蹟于今纪大均。

夏日过均川谒马仙寺

清·陈之东

赤日腾腾炎火流， 居人困惫行人休。
我行选胜不知暑， 笋舆直向均川游。
均川四面竞拱护， 人家俱在云深处。
潆洄一道澄溪流， 居人指点浮伞渡。
浮伞渡前水奔激， 说是旧时马仙迹。
仙已去兮迹长流， 赫赫威灵今犹昔。
我读唐时阳冰碑， 仙之感应早称奇。
由来孝德天可格， 芳躅永为千古垂。
矧慈山水清且粹， 淑气钟成倍灵异。
谒罢仙颜还复来， 夕阳已向西山坠。

登大均渡口

秋宗章

遥听前滩急浪催， 轻艭稳渡去还回。
千岩万壑争迎客， 我自山阴道上来。

注:秋宗章,绍兴人,系秋瑾胞弟。

化 川 八 景 诗

道化尖耸

卓峰独秀势参天， 特地周围象万千。

映日浓螺开图画，　崔春好鸟奏管弦。
危岩壁立重重合，　白云深处淡淡连。
约伴同人登绝顶，　踌躇双足步不前。

纱帽岩高

神斤鬼斧夺天功，　琢出乌纱傍屋东。
执惠敢书容不改，　亲戎助祭礼益隆。
拟诸鹤锦全无异，　譬彼犀瓶自然同。
造化如其注意此，　一经大用万国崇。

旗关古寨

北方古寨号旗关，　秀发高峰翠屏环。
胜地重游人意好，　柴门渐入路莹弯。
村中老少避乱去，　防堵乡兵奏凯还。
目此高低留古迹，　和气尚可满人寰。

河边仙碓

仙人碓趾始何时，　宣德年间就有之。
浩水冲来全无恙，　沙泥不入更称奇。
宫前古树遮风雨，　水面生岩作地基。
或有经过道及者，　查明邑志四方知。

牛塘早雾

石牛塔石自成花，　长卧塘中照落霞。
早雾负犁忘耒耜，　晚烟牴犊溥禾麻。
经年独锯墓窟镇，　日间遥看野人家。
渐出亟关长在此，　涂泥求雨走黄沙。

马头夕照

龙文虎脊客心警，　日夕照临分外明。
颔缀银花长遗跡，　蹄翻碧玉甬不鸣。
惟因指鹿全身稳，　不管为龙万里程。
此是山形真面目，　所为特地作幹城。

华峰启秀

寻幽几辈费疑猜，　羡尔华峰去又来。
雨湿乔林元帝阁，　山衔夕照秘书台。
北方渐人多古墓，　南渡斜穿近蓬莱。
若箇写真苔壁上，　天然一幅画图开。

笔架呈奇

文星偏照化村坊，　笔架俨然现此方。
螺髻平围横翠阁，　鸦鬟耸峙映明堂。
玉成一带清高色，　绣出三峰巧样妆。
坐对西山来爽气，　定占氏族姓名扬。

摘录《韦氏族谱》

地 名 楹 联

地 名 联

清·柳光华

黄水流烂泥满山堆吓煞一斋郎；
道化铸金钟响七里惊倒众仙姑。

小地村大门联

圣恩春浩大；文治日光华。

大支村大门联

清·柳景元

四壁云山王摩诘画；　三春花鸟杜工部诗。

鲍岸村联

民国·沈玉泉

四面青山三面水；　一村绿竹半村松。

渤海村联

清：陈之东

凤山毓秀千秋衣冠人物；　带水长流奕世诗礼传家。

道化村联

清：韦芳烈

豹隐山南不日变形冲雾气；　龙潜海北一时舒角向天飞。

葛山岱头村联

清：宗谱

三阳从地起；　五福自天来。

金仙寺联

元·昌平王萱龄

寺号金仙别一天；　偶随鹤步出溪前。

金身丈六开生面；　指点芙蓉彼岸妍。

鼓钟风送楼台耸；　日月光侵塔影悬。

大均浮伞祠马仙宫联

民国·黄祖培

浮伞济人渺渺芳迹仙去矣；

临流问渡茫茫世事我安之。

杰阁踞龙冈列樟环溪恰似画图留粉本；

鞘轩游鹤水急流唤渡愧无舟楫济苍生。

秋炉马仙宫联

浮伞馈羹仙迹著横山千秋不朽；

镇蛇保赤佛恩敷临水万古无穷。

毛垟行宫联

百里馈羹昭孝德；一时浮伞显神功。

宫前笔峰正拱，　此地人文兴蔚起；

殿后榜山高悬，　佑我族甲第联登。

小地马天仙殿联

百里馈羹循孝道；　千秋浮伞著仙踪。

民国廿一年

大均观音阁联

香烟青锁瓶中柳；　灯影红浮座上莲。

杨柳枝头甘雨洒；　莲花座上慧风生。

大均浮伞祠楹联

清·柳景元

其　一

古今异宜，中外异制，孝道本大同，虽雕题无可匪议。

天空可渡，海底可潜，人群竞进化，知浮伞並不荒唐。

其　二

纫绩奉慈帏，此地似闻机轧轧；飞升留圣迹，大江如见伞浮浮。

其　三

浮伞济人，渺渺芳迹仙去矣；临流问渡，茫茫世路我安之。

其　四

古渡依然，只惜春水桃花，杳渺已迷途远近；

仙人何去，为想高空环佩，天际时响玉聪珑。

佚　名

杰阁踞龙冈，列嶂环溪，恰似画图留粉本；

輶轩游鹤水，急流唤渡，愧无舟楫济苍生。

大均节孝联

谐伉俪早痛钗分冰蘖自持不愧旌扬钜典；

扶孩提克尊获教箕裘永绍洵称巾帼完人。

清·《李氏宗祠》

沙湾朝阳台联

一水潆环半月献瑞；　两山并峙双凤朝阳。

柳繁叶茂群芳竞艳瑞徵地杰人灵；　山明水秀万象呈新喜见海晏河清。

乘飞凤博古浪山河壮力；　跨伏虎惊石佛台阁峥嵘。

民国·均川李恒元

旺水观音庙联

座上莲花占断西方三月景；　瓶中杨柳分来南海一枝梅。

明·万历年间

香云庵联

清·周舜毛

丈室春深花影蝉声俱寂；　禅关丁画永松崔梦同清。

孔庙联

功垂万世；　道冠百王。

一照汇山川百代文人渊薮；　两极开宇宙万克吾道宫墙。

夫子贤于尧舜远；　至诚可与天地参。

道若江河随地可成洙泗；　圣如日象普天皆有春秋。

大哉夫子之功百世权衡六经羽翼；　远矣斯文之统周程私淑孔孟闻知。

祖述尧舜宪章文武；　德参造化道冠古今。

武侯庙联

已知天定三分鼎；　犹竭人谋六出师。

清·《景宁县志》

城隍庙联

雪呈风威，白占田园无几日；　云乘雨势，黑满天地不多时。

为人果有良心初一十五何用你烧香点烛；　做事若无天理半夜三更须防我铁链钢叉。

夜黑烟黑煤黑墨黑肝胆赤；　天白雪白米白银白眼睛乌。

英川三合堂联

永久威德威永久；　深山仰信仰山深。

帝德巍峨护国佑民昭文化；　神功浩荡千秋万古仰英灵。

观马显威春客灵重增福寿；　春发萌芽观马送子求心应。

清·吴爱郁

漈头畲汉行宫联

米岩秀毓徵福地；　灵钟漈水兆文人。

大均李氏宗祠联

簪缨奕代辉煌千载犹称盛；　朱紫满门锦绣百世尚流芳。

清·《李氏宗祠》

西陲望族胜地迁乔应毓秀；　北海名流世德传家自发祥。

清·《李氏宗祠》

要好儿孙须从尊祖敬老起；　欲光门第还是读书绩善好。

清·《李氏宗祠》

同祖同宗同根生；　隔水隔山不隔情。

清·《李氏宗祠》

叶府前叶翥庙联

明·宋肃国

玉叶流芳远；　金枝衍庆长。

沙湾柳氏宗祠联

清·《柳氏宗祠》

沙水流源远；　湾垣培本深。

谥以惠稱弈世贤名不朽；　忠能笔谏历朝史册犹光。

河东衍派子孙作求世德；　柳下阀传昭穆不坠宗风。

名齐分正当追三鳳；　德立功彰须仿二龙。

系傳柳下缅先世和励鄙宽簿敦百世闻风興景仰；

派衍沙川愿后嗣孝思继志述事千秋饮水识渊源。

毛垟毛氏宗祠联

吾祖派衍先周瓜瓞绵自岐山出；　翼公基开晚宋构堂创於带水来。

清·《毛氏宗祠》

采其蘋分聊以祀而以享；　剪夫韭也乃于豆而于登。

清·《毛氏宗祠》

入此门尊宗敬祖；　出斯户睦族和亲。

清·《毛氏宗祠》

山连水林荫苍翠凤鸣翅展；　水映山半月环溪人悦颜开。

清·《毛氏宗祠》

端正儀荣步履稳；　整肃衣冠文质彬。

清·《毛氏宗祠》

山接浙闽沿龙脉直通景邑；　水连寿庆之带溪流向青欧。

清·《毛氏宗祠》

祠堂门联

礼门义路家规矩；　智山仁水古画图。

清·《毛氏宗祠》

大漈潘氏祠堂联二副

清·林齐松

门迎雨露滋乔木；　祠历箕裘有世臣。

清·萧汝馨

阀阅著清曹俎豆犹传宫膳渥；　宗公称牧百衣冠长映部韬光。

百岁门潘氏祠堂联

清·潘可藻

骏奔对越肃肃雍雍凡长幼有誉处矣；　燕翼贻谋永永继继愿子孙勿替引之。

张川周氏祠堂联

清:周氏宗谱

川流浩荡追溯斯源思渭水；　功业辉煌瞻观是族意周源。

大都沈氏祠堂联

溯聘季遗封家传世德；　擅潴川胜境门纳溪流。

清·乾隆《沈氏宗祠》

敬其所尊爱其所亲迩之为仁人孝子；　顺移于长孝移于君远之即义士忠臣。

清·《沈氏宗祠》

宋元明三朝显赫；　帝蒸尝百代流传。

清·《沈氏宗祠》

刘氏祠堂联

左而昭右而穆我子我孙当画尊卑次第；　木也本水也源尔夫尔妇须知叔伯同根。

念祖宗忧劳创业留贻百千年多酬壮志；　翼子孙勤俭守成继述亿万载永振纲常。
教诗说理大能佑启后人真是宗功祖德；　扬露感霜不敢遗忘前烈乃为孝子慈孙。

清·《刘氏宗谱》

道化韦氏祠堂联

春祭秋尊遵万古圣贤礼乐；　左昭右穆序一家世代源流。

清·《韦氏宗谱》

大漈梅氏宗祠楹联

清·黄寿之

礨阀阅起家，紫电摇铃，高第丕乖景曜；
奉篨赏假庙，黄流注玉，好修式荐明馨。

榅堆柳氏祠堂联

清·柳光华

祠外廻流狮象大；　屋后拱秀马峰高。

仙姑圩柳景陶墓联

清·吴国光

三径于今辟此土；　百岁之后归其居。

清·柳桥鸿

一团明月来洲渚；　万顷松风作水琴。

清·佚　名

螺旋山色仙擐髻；　镜底溪光月满洲。

渤海陈坦庵墓联

明·陈　佑

凤山藏秀气；　带水绕佳城。

畲山坟联

马鬣牛眠天生杰穴启兰馨；　龙盘虎踞地辟良巢留樾荫。

陈村章山岭坟联

民国·沈玉泉

章山岭上卜牛眠；　石水岗头封马鬣。

外舍叶向荣墓联

清·嘉庆年维翰题

叠嶂层峦尽是鐘靈毓秀； 苍松翠柏莫非密葉繁枝。

第二节 地名碑文

护国夫人庙碑记

李阳冰

护国夫人马氏，括苍下邑鸬鹚人也。地之距郡与邑有三百里，源深水纡，山高路阻，猿猱纷纷，虎狼相尾，居民鲜少。鸬鹚水鸟善捕鱼，因名。其地，即夫人故居也，自仙居之，异兽屏踪，仙踪既往而并存焉！

肃宗上元间，连岁苦旱。郡守太子率更令司马公，与郡属令遍祷境内之灵，湫未沾之间，有二老告诸石马公曰：某之下邑有马氏之祠，与井里人祷有所验。郡守遣吏与二老抵祠，所致享礼末，旋踵合境告足公异之，乃复命二老至黄堂问仙姑，始终出处之迹。二老曰：某儿时闻诸故老云，仙家贫事姑行工辟机杼事，以致养家；距鹤溪百有余里，晨往夕返，至食以羹与姑，如出釜甑。然水潦泛滥，船断桨摧，辄倒其伞，以自载望之，若隐隐云雾间，人莫有知者，后莫识其所往。忽里人见之，井所自言名在仙籍邻邦，合为我祠，我其福汝由是里人共立祠以祭之，故时无疫病所种，必稔则地稍辟，日有自他乡至者，采于山获栋梁之材，钓于水美鲜鳞之食，含哺鼓腹，不知帝力之有在矣！

于是乡人为戍卒者，事仙益谨遂立边功得美官，以阳府助国疏神，善以告诸当路者，诸闻于朝乃赐命护国夫人。并其纶诰以进之司马公，敬开其函，以语阳冰，时为缙云令，并记之以垂不朽，因为之歌曰：

鸬山苍苍，鸬水茫茫，阴府助国兮，于日月而齐光。

注：此碑记旧在卢山，明天顺间，镌碑于庙。李阳冰，字少温，赵郡(今河北赵县)人，生卒不详。唐代文字学家、书法家。曾为缙云令、当涂令。历集贤院学士，晚年为少监，人称李监。

三合堂碑文

浙江处州府龙、庆、景三县多人在广东省韶州府等处理香菇生理，从前未建公馆，近今议粮厘金置买栈房一所，在韶州府内，土名风度街花楼上大街，名为三合堂，盖取三县合置之义也。业虽三邑所公共，契必归一家以存，拾因凭公议，将原契样勒石竖碑于景邑包坑口五显灵官大帝庙侧久远得以查考，不至湮没无籍云。古屋一座，门前铺面一间，在于韶州府城内风度街花楼上大街，坐东朝西，前至官街，后至张相祠，小坪一块，宽一丈三尺，深一丈五尺。左至邓宅，右至邓宅为界，中前至黄宅铺陈宅铺，铺面宽八尺三寸，深长二丈五左右。正厅宽一丈三尺深长；深二丈五尺二寸；二厅宽一丈三尺，深长二丈五尺二寸；右相挨邻到角截界；三厅宽一丈三尺，连厨房深长二丈四尺；右厢阔七尺一寸，连五室。四至分明，一直连铺共四栋，上有横梁瓦盖，中首楼栅楼板明窗花门窗，下有丹墀，天井四面基址齐全。进价翻银九佰一拾六元，搭碎共重六伯六十四两正。由韶平司马经手况足其包交于卖主蔡廷桂父子及亲人接受。“三合堂”契业属出卖方、承买方和证人三家，三面言明，明买明卖，一买干休，永断葛藤，任从三会堂整修起创，住居客寓，权租管业。

摘自《畲乡景宁楹联集》

崇山金仙寺兴造碑碑文

咸淳甲子，鼎构丈室，翻盖大殿，初谋立涌壁乏材，忽天大雨，溪流暴涨，泛出一枯，槎质甚坚。贞通志载续郡志，槎长十余丈，而围半之横于寺前，质类沉香，形如怪石，遇一异事，剖而碎之，叠于壁间，成云霞岩壑之状。中塑大士罗汉诸像，浑若天成，一尘不染，亦奇观也，然今已久失所矣！

元大德十年(1306)，永嘉江心龙翔兴庆禅寺住持了万撰，雁荡山能仁禅寺住持清塞书，杭州净慈报恩光孝禅寺住持元熙题。耆旧清澈元圯首座。普容都寺可亲立石，永嘉王说友刊。

金仙寺志

崇山之麓有禅院焉，曰金仙寺，夫寺名金仙者，何益谓绩也，何以言之曰绩胜。余忆尚党包氏讳大，字宏模，六朝梁季人也。由丹阳避地崇山之下居，传二世其子讳八儿，字希騆，其为人也尚释道、乐施助。於唐初贞观元年春，每夜静时空中闻钟声梵语，遂悟为飞锡机兆，致斋奉道修疏。忽一日间，僧来募化本住基址，遂允诸徒居呇湖半岭，僧又湮没无闻，此一胜绩也！於是，涓吉是年之秋九月十六，改屋为庵，曰崇山庵。騆思父墓既厝於此家庙，可复建於此，一为寺庵，一为墓庵，将田产一百八十四亩并近庵园地山场施捨入庵。招僧修持，并奉墓庙香灯。迨历前唐、后梁、后唐、后晋、后汉、后周以迄。后宋咸平元年，经始改建时忽大雨，沫鹤溪泛流枯木数十章，外质坚、内纹异因取裁而削之，附丽殿壁以位罗汉，霞纹灿著，妙若天成，此又一胜迹也！非仙而何故？改庵为寺名曰金仙寺。况乎东望罗黛耸拔秀削，势欲参天，其下左旁之山岩若似铁者，有之石如印者；有之回望寺西，孤峰特耸，俨如鸦立，左侧山如金字，右侧山似豸形；南望远山敉峦之峭拔尤美，汤女仙在此飞昇，女迹尚著；坦石西南之下，有石如牛驯伏山巅，白鹤仙即石驰鹤飞；举北望架山三峰削，出形似笔架；其东北有石如狮象出天然，而且四面旋绕，山远若近蝉为声应，地阔而幽，又非天造地设，更为境之一胜，欤居是区也！遗世孤立，宜其羽化而登仙无何？历我国朝世运衰兮，真真浮图兮！虽然气运之盛衰，有定削而必复，有此瑰奇大观，有必法界庄严法云拥护者矣！况当日广辟福田，捨基拔产，故大有功于佛门，岂神明任其废坠，而弗使其永垂千载乎！余故从而歌之曰：云山苍苍，流水泱泱。包公之德，山高水长。

大清光绪七年辛巳之秋月 谷旦

秉贡生亦瞻沈照莲盥沫 谨识

惠明寺重修志

敕木山，浙南之形胜，唐高僧惠明，择其精华孕聚处，结寮修禅，植茶施善。乡民感其德，咸通年间，以其名筑寺，风霜千载，香火不绝；惜逢浩劫，一朝斯毁。驻足此间，风展劲松，云笼笔岫；畲家村上，畲家风古，惠明庄前，惠明茶奇。际逢千年华交，国运昌隆，百业趋旺，有识之士，呼吁应时而作，乃多方筹资，于古刹旧址，重起殿阁，再塑法身，期以绍隆古雅，添色畲乡，招徕游旅，延泽梓桑。各方贤达，本土村民，俱出力助资，历三载而成。开光之日，特为誌碑补白。

公元二〇〇一年秋　五届政府县长蓝春土谨笔

石印山爱心碑记

县城鹤溪，依山曰：石印山，石印生焉，鹤水潆洄，敕峰遥望，林木葱茏，鸟兽嬉之，恩泽邑人。然岁月沧桑，砍伐垦荒，肌骨裸露，水土流失，山色垂垂暮矣。畲（族自治）县设立，重视（城区）绿化、美化，石印再披绿装。向阳东隅，仍不草颓废，风景大煞。县广播电视台，担当道义，倡导观众，参与公益，捐款植树。一呼既出，云集响应，捐款数万，春燕衔泥，集腋成裘，爱心汇集，且呼且做，植樟千株，此举永续，不遗余力。一草一木，永寄爱心，勒石铭记，百感於斯。

景宁县广播电视台

二零零五年三月

梅崇桥遗址碑文

巍巍群山，沟壑英川，阡陌交通，廊桥建焉。

梅崇桥建于清嘉庆七年（公元 1802 年），属木拱廊桥。东西走向，跨英川港上。桥全长三十九米，宽五米，拱跨三十三点四米，矢高五点二米，廊屋十七间，四柱九檩，五架抬梁，屋面两坡悬山顶。该桥采用北宋时期桥梁三节苗、五节苗、剪刀撑的木拱架建造术，受力均匀，功能完备，造型美观；且以短梁木构件之间穿插挤压的构造形式，形成大跨度拱架，使木拱廊桥横卧山涧，固如金汤，犹雨后“长虹”，颇为壮观。

上世纪八十年代初，桥梁界权威唐寰澄先生实地调查和测绘梅崇桥，后又将其收录到《中国科技史·桥梁卷》，作为木拱廊桥经典而引证。而我国著名的桥梁泰斗茅以升先生竟以“中国古代木拱廊桥技术之典范”收入其主编的《中国古桥技术史》，梅崇桥之历史和文化价值略见非凡之一斑。一九八七年十一月三十日，景宁畲族自治县人民政府公布其为第二批县级文物保护单位；乙酉年端午节中午（公元 2005 年 6 月 10 日）烧毁于梅崇桥周边村民的祭祀活动。

呜呼！百年文明，毁于香烛，教训深矣，今于遗址，立碑铭记。

外舍防护工程碑记

景邑多山，风岭叠翠，素有“九山半水半分田”之称。今畲汉同心、政通人和、百业待兴、雄飞在即，然紧缺的土地资源严重制约了畲乡经济社会的发展。

二十一世纪初，恰逢国家建设浙南的最大扶贫项目滩坑水电站动工兴建，外舍的大片土地将淹没在万顷碧波之下。七届县委、县政府审时度势，迎难而上，以科学发展观为指导，果断决策建设外舍防护工程。

公元二零零六年三月八日，县委书记武昌、县长钟昌明主持仪式，外舍防护工程鸣炮动工。春秋代序，三易寒暑，历经一千多个奋战的昼夜，劈山凿河，筑坝围滩，共挖山填土七百六十万方，浇筑二十九米高的大坝二千一百九十米，新凿一条宽二百五十米、长一千五百的河道，于二零零八年十一月三十日完成造地四千五百亩。在县委、县政府的坚强领导下，全县上下众志成城、顽强拼搏，终于变沧海为桑田，实现了再造一个县城的宏愿！

饮水思源，洪恩永佩。三年来。浙江省委、省政府，丽水市委、市政府，省发改委、财政厅、水利厅、民宗委等部门情系畲乡、鼎力支持。建设期间，时任浙江省委书记、赵洪祝和省长吕祖善等省领导，时任市委书记楼阳生、陈荣高和市长刘希平、卢子跃等市领导，都先后亲临现场视察指导，殷切关怀……

防护工程的建成，功在当代，利在千秋，为景宁的未来赢得了宝贵的发展空间！展望未来，一座生机勃勃的现代化新城将拔地而起，似一颗璀璨的明珠镶嵌在美丽的千峡湖畔！

千秋伟业，八方玉成；抚今忆昔，心存感恩；

欲彰义道，而励后人；勒石铭记，百世流传。

中共景宁畲族自治县委
景宁畲族自治县人民政府
二零零九年五月八日立

畲乡廊桥记

巍巍敕峰，锦绣鹤溪，泽被畲乡。古浮丘垂钓，今两岸楼宇纵横，流光辉映。自古畲乡多廊桥，碧波横卧，架通沟壑，联接民生。

欣逢此盛世，党恩泽厚，畲乡旧貌换新颜。新建廊桥焉，南依鹤溪古镇，北倚外舍新城，西枕松涛，北联阡陌。嘉木桁架，雕梁画栋，进城入景，古风扑面，肃穆城郭，凭添一脉妖娆风情。以廊为情，自是曲径通幽，浮雕若现，总览日月光华。

桥连桥，心连心，畲汉人民百业兴，不求奢华之富贵，不慕虚妄之浮名，但祈畲乡锦绣人宁，黎民幸福安康。是为记。

中共景宁畲族自治县委
景宁畲族自治县人民政府
二零一一年十月

鹤溪孔庙修缮记

沐鹤胜地，文脉悠悠；孔庙修缮，旨在弘扬深厚文化底蕴。

鹤溪，起源于汉初隐士浮丘伯，“磊石垂钓，沐鹤于溪”，谓之“沐鹤溪”。此为景宁于兹之溯源，唐朝景云二年（711 年），始置沐鹤乡，距今已有一千三百年历史。现为景宁畲族自治县政治文化中心。二零一零年底列入全国第四批历史文化名镇。

鹤溪孔庙，历经坎坷，几度修建。明景泰三年（1452 年）景宁设县，始建孔庙于城西北。崇祯十四年（1641 年）因柱毁倾覆，迁建城北承恩门（今学田）。清乾隆二十一年（1756 年）再迁城东敬仙宫左。道光二十五年（1845 年）正殿及东廊庑坍塌殆尽，遂于道光二十七年（1847 年）重建于城内上桥头。坐东朝西，内有大成殿、两庑、泮池、状元桥、棂星门、万仞宫、祭器库等，占地一千余平方米。明清时期为祭孔尊孔之所，亦辟为痒学，兼传学授道之学府。景邑文风日上，人才辈出。后虽经“文革”浩劫，并曾相继辟为文化馆、图书馆、老年活动室等，孔庙旧址保护苟延勉强。但由于年久失修，几近濒于损毁。

为保护文化遗产，传承弘扬优秀传统文化，激励后人尊儒重教，二零零九年，县委、县政府决定全面修缮鹤溪孔庙。遵循历史文化记载，结合孔庙旧时风貌，精心设计与施工。自公元二零一零年十月二十八日开工，筹建修复了义路、礼门、棂星门（照壁）、泮池、状元桥、东西庑（厢房）、大成门和大成殿等建筑。并将发掘出土或者保存的古代文物归位安置。工程历时一年，至二零一一年十月二十八日告竣。如今，历经风雨的孔庙修葺一新，矗立在鹤溪街头，朝晖夕照，红墙青瓦，雕栏画栋，古韵悠然。

鹤溪孔庙的全面修复，表为相仿继承，实为光大发扬，既承文脉，又敦教化，为鹤溪这座“全国历史文化名镇”平添了几多古韵遗风，必将有力促进景宁“全国畲族文化基地”，建设和“文化畲乡”的繁荣和发展。特立此碑，以作纪念。

中共景宁畲族自治县委
景宁畲族自治县人民政府
二零一一年十月

第九章 附录

FULU

第一节 主要畲族村简介

景宁畲族自治县于1984年6月设立，为全国第一个畲族区域自治地方。2014年全县总户数60771户，总人口173331人。全县乡、镇(街道)21个，现有民族工作乡、镇(街道)11个，占全县乡、镇(街道)数52.38%。其中县民族工作重点乡、镇(街道)有红星、鹤溪、东坑、大均、澄照、郑坑、梧桐7个。全县村民委员会254个，其中，县民族村46个，占全县村民委员会数18.11%；全县少数民族人口1.95万人，其中，畲族人口18210人，占全县总人口10.51%。

李宝 Lǐbǎo 为国家级民族特色村寨。位于县城西南部大均乡境内。距县城11.2千米，海拔500米。该村民族特色非常浓郁，民歌内容丰富多彩，是畲族百科全书。李宝村作为中国畲乡之窗4A级景区中“看民族古舞，探神秘畲寨”为主题延伸景点，在充分考虑村落原有空间格局，尊重自然山地特色的前提下，以“一轴、二心、三片区”为总体格局，通过全村房屋立面改造，将畲族元素运用到畲寨整体民房外观建筑中；通过村庄环境整治，美化环境、提升形象，逐步使李宝村成为“畲乡之窗”景区新景点，大力发展乡村旅游业，以此作为新的经济增长点。

深垟 Shēnyáng 为国家级民族特色村寨。位于县城南部东坑镇境内。距县城17.5千米，海拔700米，森林覆盖率达83%，是典型的浙南山村。该村青山环抱，绿水绕村，环境整洁，交通便捷。这里有别具特色石砌民居群落，畲族先民就地取材，以石头建家园，房屋、院墙，田埂、道路都用石头砌成，古老建筑存留至今，有“石寨”之誉。这里畲族文化浓郁，村民自创畲医畲药展示馆，汇聚畲族农耕劳作和畲族医药文化，集中展现畲族悠久历史，每年吸引大批外地宾客前来旅游观光。建有村美术摄影写生基地，把美丽乡村用图画和照片传播出去。先后荣获省乡村旅游特色村、市十大美丽生态村等称号。

马坑 Mǎkēng 为国家级民族特色村寨。位于县城东南部东坑镇境内。距县城22.5千米，海拔630米，是典型畲汉混居村。村完成村主要道路硬化、绿化、亮化工程，农户门前都珍惜树种红豆杉；完成村寨门楼、文化中心广场、八角亭、廊桥、河道护栏、卵石人行道等特色基础设施建设；完成房屋石修砌、畲族图腾、彩带等外墙装饰；开展“五水共治”，村内违章建筑统一拆除；完成农家乐特色民宿、乡村旅游接待中心、村民活动室等建设。这里有“爱情小镇”美誉，数度举办马坑“爱在心田”特色文化节。

东弄 Dōnglòng 为国家级民族特色村寨。畲乡旅游定位“文寨”，位于县城东南部鹤溪街道境内。距县城5千米，海拔437米。是县内畲族历史人文保存最完好畲族古村，主要资源有原始畲族建筑、名木古树，“三月三”对歌节，村内有蓝氏宗祠、汤三公庙等，是省级非遗旅游景区。村内利用老村建筑布局及道路体系，在良好古树群为特征的生态环境中，按照新畲式建筑打造畲乡度假隐士村，建民宿留住游客。新建文化广场及峡谷漂流，完善畲寨石岭等。

周湖 Zhōuhú 畲乡旅游定位“食寨”，位于县城南部鹤溪街道境内。距县城6千米，海拔347米。是独具田园风光特色小畲村，村内种养殖业发达，民风淳朴，村民热情好客。结合畲族传统饮食文化、畲族传统娱乐文化，在规划中将其定位为“食寨”，借助三面环山、一面临鹤溪景观，打造成集餐饮、畲式风情住宿、娱乐等服务为依托的畲家乐综合体。主要开展周湖至敕木山游步道、鸡仔岭至周湖村道路建设、村容环境整治等。

双后岗 Shuānghòugǎng　畲乡旅游定位“动寨”，位于县城东南部鹤溪街道境内。距离县城仅3千米，海拔310米。村内旅游资源丰富，有参天古木南方红豆杉，保存较好彩带作坊、畲乡廊桥，非物质文化遗产（山歌）传承代表人蓝陈启。利用该村现有资源，结合传统畲族体育文化，提炼并挖掘畲族武术、赶野猪等畲族体育项目，将其打造成为畲乡运动场。完善进村道路拓宽工程建设，开展村寨外立面改造，环村游步道等建设。

敕木山 Chìmùshān　畲乡旅游定位“仙寨”，位于县城西南部鹤溪街道境内。距县城13千米，海拔770米。这里风景优美，茶香满山，是养生修心避暑胜地。该村文化底蕴深厚，现已列为省级重点文化村落，是自然畲族民居博物馆。依据村庄资源分布特色，村寨策划思路是以观光、度假为主导，按照品质生活引领开发模式，通过观云海、敕木山度假，以及登敕木山顶峰等旅游产品开发，发展登山休闲度假游。

惠明寺 Huìmíngsì　畲乡旅游定位“禅寨”，位于县城东南鹤溪街道境内。距离县城5.5千米，海拔633米。村因惠明寺而得名，是金奖惠明茶主要产地，村有一株千年白茶茶王，该村茶文化、茶生活、茶符号元素已成为古村特征。借助名茶品牌和产茶基地，整合村原生态自然景观、宗教建筑等资源。构建禅修养生、禅茶文化、茶山观光、茶产品交易等旅游主导的多种产业模式。形成国际金奖惠明茶品赏观光基地，将惠明寺打造成畲乡景宁风情旅游修心、度假、观光山寨。已新建门楼、停车场、休闲长廊、禅茶馆等。

包凤 Bāofèng　畲乡旅游定位“吉寨”，位于县城西部鹤溪街道境内。距县城5千米，海拔243米，是全县畲族聚居村，是浙江畲族发祥地。这里自然景观优美，民俗民风淳朴，人文、自然、土特产资源丰富，在建设中以“畲族雷姓最早迁入地”为出发点，改建为吉祥如意村寨。结合老村和新村之间良好自然生态景观和地形条件，以畲族文化特征为设计元素，以观光接待、畲民生活体验旅游开发形式，建设高端养生山谷度假村、人文体验村。已改造全村民居外立面，推出竹筒火焰餐美食系列，打造畲族特色美食山寨。

金丘 Jīnqiū　畲乡旅游定位“喜寨”，位于县城南部澄照乡境内。距县城6.8千米，海拔450米。是南宋畲民迁来景宁聚居地，是蓝姓畲民入浙最早发祥地，畲族风情蕴藏丰富，拥有蓝氏宗祠、夏氏和潘氏古宅等村落古建筑。结合封金山旅游资源再开发，以畲族婚庆为策划点，把畲族婚嫁、畲族舞歌等独特畲族婚俗文化进行提升，打造具有娱乐性和体验性金丘畲族婚俗体验园。

大张坑 Dàzhāngkēng　畲乡旅游定位“红寨”，位于县城东南部东坑镇境内。距离县城10.6千米，海拔930米。这里文化底蕴厚重，红色旅游资源丰富。村庄建设围绕“红色文化主题，通过恢复大集体劳动，劳动带有趣味性，激起经历那个集体化时代人群的回忆，发展具有地方独特“红色文化”旅游项目。主要新建停车场、村寨亮化工程、游步道建设、改造人民大会堂及民宿等。接待省电视台节目与拍摄《青山》微电影外景拍摄场地等，接待会议10数次，旅游接待能力提高，村寨知名度不断扩大。

景宁畲族自治县民族村一览

单位：户、人

序号	乡镇名称	村名	户数	人口总数	畲族人口	备注
1	鹤溪街道	包凤	141	410	376	
		浮丘	241	677	408	
		旱塔	186	373	267	
		双后岗	129	385	311	
		东弄	143	423	333	
		周湖	78	265	196	
		惠明寺	89	332	253	
		敕木山	76	279	209	
		滩岭	167	476	327	
		三枝树	157	403	157	
2	红星街道	王金垟	328	1078	307	
		岭北	137	377	243	
		岗石	268	695	285	
		小金洲	263	744	208	
		大吴山	126	439	136	
		城北	369	806	449	
3	东坑镇	大张坑	85	225	177	
		吴山头	82	228	185	
		竹埠	48	121	105	
		何村	293	876	423	
		马坑	226	638	268	
		深垟	267	833	216	
		桃源	152	375	138	
4	渤海镇	安亭	324	1217	473	
5	沙湾镇	张庄	164	641	277	
6	英川镇	新村	79	244	202	
7	澄照乡	张后山	125	313	282	
		金丘	310	779	341	
		四格	168	376	134	
		米岩山	134	389	315	
		大东岱	138	426	135	
		三石	788	1651	285	
		东升	213	406	93	

续表

序号	乡镇名称	村名	户数	人口总数	畲族人口	备注
8	郑坑乡	郑坑	262	805	304	
		柳山	254	818	325	
		吴布	256	877	383	
		羊角岗	125	315	116	
9	鸬鹚乡	驮戥	106	355	172	
10	梧桐乡	东源	139	424	261	
		王山头	132	411	212	
		林进	175	559	209	
		丘兰	209	503	225	
11	大均乡	伏叶	269	825	395	
		泉坑	266	705	377	
		李宝	163	505	441	
		三格	74	244	153	

第二节 法规文件选编

浙江省人民政府(通知)

浙政发〔1988〕72号

关于确定永嘉县等三十个县(市、区)为革命老根据地县(市、区)的通知

各市、县人民政府，各地区行政公署，省政府直属各单位：

经省老区工作领导小组审核研究，省人民政府批准，确定下列三十个县(市、区)为革命老根据地县(市、区)：

丽水地区：庆元县、遂昌县、松阳县、景宁畲族自治县、龙泉县、缙云县、青田县、丽水市、云和县。

温州市：永嘉县、平阳县、苍南县、文成县、瑞安市、泰顺县、瓯海县、乐清县。

宁波市：余姚市、慈溪县、镇海区。

金华市：永康县、义乌县、武义县。

绍兴市：诸暨县、上虞县。

湖州市：长兴县、安吉县。

衢州市：开化县。

杭州市：淳安县。

台州地区：仙居县。

希望上述县(市、区)的干部、群众继续发扬革命传统，坚持改革，艰苦创业，加快经济发展步伐，为祖国的现代化事业作出新的贡献。

浙江省人民政府

一九八八年五月十三日

浙江省人民政府文件

浙政函〔2009〕129号

浙江省人民政府
关于将鹤溪镇列为省级历史文化名镇的批复

景宁畲族自治县人民政府：

你县《关于鹤溪镇申报浙江省历史文化名镇的请示》(景政〔2009〕13号)悉。现批复如下：

一、同意将鹤溪镇申报浙江省历史文化名镇。

二、鹤溪镇历史悠久，文化遗产丰富，民族特色鲜明，传统格局与历史风貌完整，具有重要的历史文化价值。你县要按照《历史文化名城名镇名村保护条例》(国务院令第524号)等有关法律法规的要求，抓紧编制鹤溪历史文化名镇保护规划。在规划建设中，要正确处理经济社会发展与历史文化遗产保护的关系，注重体现民族文化特色和地方传统风貌，不得进行与历史文化名镇保护不相协调的各项建设活动。

三、你县要进一步加强历史文化名镇的宣传，增强全社会保护历史文化遗产的意识。要进一步理顺和完善历史文化名镇保护管理机构，建立健全保护建设的科学决策和实施机制。

浙江省人民政府

二〇〇九年九月八日

浙江省丽水地区民政局文件

丽地民〔1986〕35号

关于对景宁畲族自治县革命老区乡的批复

景宁畲族自治县人民政府：

经县政府研究同意，景民〔1986〕28号文件上报《关于要求划定新四等二十二个乡为革命老区乡的报告》收悉。经研究同意：新四、景南、雁溪、陈村、秋炉、大地、毛垟、东坑、梅岐、渤海、大顺、顺利、大都、郑坑、家地等十五个乡为第二次国内革命战争时期的老区乡；标溪、外舍、白岸、漈头、金钟、白鹤、北溪等七个乡为抗日战争时期的老区乡。请你们按照党和国家关于革命老区的有关政策规定，在安排生产和生活方面，对革命老区人民给予必要的扶持和照顾，并教育鼓励革命老区人民坚持两个文明建设，自力更生，治穷致富。

丽水地区民政局

一九八六年七月二十九日

浙江省丽水地区民政局文件

丽地民〔1995〕9号

关于同意英川镇温堆等14个村为革命老根据地村的批复

景宁县民政局：

你局《关于要求认定英川镇14个村为革命老区村的请示》收悉。根据浙民函字〔84〕61号文，关于划定革命老根据地村的条件和浙民民字〔87〕11号文关于审批革命老区乡、村权限的通知，通过实地调查，查阅历史资料，听取当地干部、群众的意见，经研究，同意英川镇所辖的温堆、茶园、黄谢圩、木耳口、鲍岱、石漈、外处坳、后坑、寨后、张坑、凤垟、隆上、叶坪头、东岱十四个村为革命老根据地村。

特此批复

丽水地区民政局

一九九五年三月十七日

浙江省丽水地区民政局文件

丽地民〔1996〕81 号

关于同意何村、徐隆、东坑村为老革命根据地村的批复

景宁县民政局:

你局《关于要求认定东坑镇何村、徐隆、东坑村为革命老区村的请示》收悉。根据浙民函字〔84〕61 号文,关于划定革命老根据地村的条件和浙民民字〔87〕11 号文关于审批革命老区乡、村权限的通知精神,通过实地调查,查阅历史资料,听取当地干部、群众的意见,经研究,并请示行署领导,同意东坑镇所辖的何村、徐隆、东坑村为革命老根据地村。并希他们发扬光荣传统,为两个文明建设作出新贡献。

特此批复

丽水地区民政局

一九九六年十二月十日

景宁畲族自治县人民政府(批复)

景政批〔1986〕22号

关于划定渤海区王塆等五十二个行政村为革命老区村的批复

渤海区公所：

你区要求划定王塆等五十二个行政村为革命老区村的报告悉。根据省民政厅浙民函字〔1984〕61号文件中关于划定革命老根据地县、乡、村的标准，即第二次国内革命战争和抗日战争时期，曾经有党的组织、有革命武装、发动群众进行了打土豪、分田地、分粮食；进行了减租减息运动，建立了抗日民主政权，进行了武装斗争，坚持一年以上时间的，可定作革命老根据地的规定，经研究同意划定你区王塆等五十二个行政村为革命老区村。村名列下：

新四乡：王塆、高沈、新长汀、半岭、高岩；

顺利乡：顺利、库坪、黄寮、金田、鲍岸、金山；

陈村乡：陈村、后坪、塘堡、井边、鹤口；

大顺乡：大顺、岭里、圭背、炉西坑、徐垟、桂根、田坑；

大都乡：大都、外湾、后垄、东山、鳗段、门潭、湖坑

郑坑乡：郑坑、吴布、柳山、张坑下、羊角岗；

渤海乡：安亭、叶处、鲍山头、梅坑、沈坑、旦水、石塘山、石塘口、渤海；

金钟乡：潘坑、徐山、岭根、杨山、大吴山、陶州、金包山、小粗、金钟村委的古传自然村。

景宁畲族自治县人民政府

一九八六年五月二十四日

景宁畲族自治县人民政府(批复)

景政批〔1986〕32 号

关于划定梅岐等七十二个行政村为革命老区村的批复

城郊、东坑、沙湾区公所:

根据城郊、东坑、沙湾区、乡上报要求划定梅岐等七十二个行政村为革命老区村的报告及有关资料,参照省民政厅浙民函字〔1984〕61 号文件中关于划定革命老根据地县、乡、村的标准,即第二次国内革命战争和抗日战争时期,曾经有党的组织、有革命武装、发动群众进行了打土豪、分田地、分粮食;进行了减租减息运动,建立了抗日武装政权,进行了武装斗争,坚持一年以上时间的,可定作革命老根据地的规定。经研究同意划定城郊、东坑、沙湾区的梅岐等七十二个行政村为革命老区村。村名如下:

梅岐乡:梅岐、竹山、桂远、岗楼、栋头、鹤崇、潘坪、留钱。

白岸乡:岚头、白岸、新华、石龙、西汇、汇田。

大均乡:垟坑、伏叶、泉坑村委茶子样自然村。

张春乡:东弄、敕木山、王木坑、张村村委双后岗自然村。

外舍乡:岭北、坑山后、金村。

漈头乡:炉西岭、张后山、仙山。

东坑乡:竹埠、章坑、杨斜、北山、马坑、罗山、东坑、何村、徐砻。

北溪乡:大张坑、吴山头、方徐。

景南乡:忠溪、缪坑、程田、东塘。

家地乡:坪坑、苎岱、家地。

雁溪乡:雁溪、黄桐、石梯、梅坞、浮亭岗。

白鹤乡:白鹤、深垟、桃源。

梧桐乡:王山头。

大地乡:大地、驮垟、柳山头、净水、张坑、郑公垟、余公岱、水溪。

毛垟乡：库头、上坑头、炉西、沙垟、陈坪。

秋炉乡：秋炉、半山、第一坑、新塘垟、下圩、伏岩、坑边。

标溪乡：叶谢、岱头、预章、处基、马山。

景宁畲族自治县人民政府

一九八六年六月二十四日

景宁畲族自治县人民政府文件

景政发〔2014〕13号

景宁畲族自治县人民政府
关于公布第七批县级文物保护单位的通知

各乡镇人民政府、街道办事处，县政府直属各单位：

文物是文化遗产的重要组成部分，保护和利用好文物对于继承和发扬优秀文化，促进社会主义精神文明建设，具有重要而深远的意义。根据《中华人民共和国文物保护法》和《浙江省文物保护管理条列》等法律法规，以及第三次文物普查成果，县政府决定将英川堰等十九处具有重要保护价值的古建筑确定为景宁县第七批县级文物保护单位。同时，因为行政区划调整、文保单位变更等原因，对第一批至第六批县级文物保护单位名单进行重新公布。

各乡镇（街道）、各有关单位要认真贯彻落实“保护为主、抢救第一、合理利用、加强管理”的文物工作方针，切实做好文物保护单位的保护管理与合理利用工作，促进我县文物保护事业健康发展。

附件：1.景宁畲族自治县第七批县级文物保护单位名单（略）

2.景宁畲族自治县第一批至第六批县级文物保护单位名单（略）

景宁畲族自治县人民政府

2014年2月23日

景宁畲族自治县机构编制委员会文件

景编〔1993〕20号

关于同意组建景宁畲族自治县地名委员会办公室的批复

县民政局：

你局景民〔1993〕6号《关于要求建立景宁畲族自治县地名委员会办公室的请示》收悉。

为加强地名管理，使我县的地名管理工作走上标准化、规范化、法制化。根据劳动人事部〔87〕142号文件精神，经研究，同意组建景宁畲族自治县地名委员会办公室，属股级全民事业单位、核定事业人员编制2名，隶属于县民政局领导，所需人员会同人事部门择优匹配，希抓紧组建，以便工作开展。

此 复

景宁畲族自治县机构编制委员会

一九九三年十月二十日

景宁畲族自治县人民政府办公室文件

景政办〔1994〕34号

关于公布地名委员会组成人员的通知

县机关各部门，各镇乡人民政府，县直各厂矿、企事业单位：

为了加强对地名工作的领导，使我县地名工作逐步走上正常化、规范化，更好地为经济工作服务。经县府研究将地名委员会组成人员公布如下：

主　任：吴利文　　县政府

副主任：毛海林　　县府办

王宗绍　　民政局

成　员：胡　平　　计　委

郑马隆　　财税局

杨正荣　　公安局

程起进　　交通局

周乃忠　　土管局

王跃飞　　水电局

李光华　　城建局

李　深　　广电局

梅岐美　　邮电局

雷松和　　鹤溪镇

毛大阳　　民政局

下设地名办公室，毛大阳同志任主任。

景宁畲族自治县人民政府办公室

一九九四年五月三日

景宁畲族自治县人民政府办公室(通知)

景政办〔1998〕71号

关于调整县地名委员会组成人员的通知

各镇乡政府,县政府各部门,各县直单位:

鉴于人事变动和工作需要,经县府研究决定调整县地名委员会组成人员。现将调整后的成员名单公布如下:

主　任:周士广

副主任:严益民　(县府办)

何俊仁　(民政局)

成　员:胡　平　(计　委)

杨正荣　(公安局)

蓝细林　(土管局)

潘晓泉　(财税局)

陈叶良　(水电局)

程起进　(交通局)

李光华　(建设局)

韦定康　(邮政局)

林丽亚　(广电局)

季必岳　(鹤溪镇)

陈定河　(民政局)

县地名委员会下设办公室,陈定河任办公室副主任。

景宁畲族自治县人民政府办公室

一九九八年九月三十日

中华人民共和国国务院

国发〔1979〕305号

国务院关于地名命名、更名的暂行规定的通知

各省、市、自治区革命委员会(人民政府),国务院各部委,各直属机构:

现将《国务院关于地名命名、更名的暂行规定》发给你们,望遵照执行。

一九七九年十二月二十五日

国务院关于地名命名、更名的暂行规定

第一章　总　则

第一条　为了加强对全国地名的统一管理，做好地名的命名、更名工作，以利于社会主义现代化建设，特制定本规定。

第二条　地名的命名、更名工作，关系到国家领土主权和国际交往，关系到国家的经济建设和国防建设，关系到民族团结和人民的日常生活，是一项政治性、政策性、科学性都很强的工作。必须严肃对待，认真做好。

第三条　地名是历史形成的，应当以历史唯物主义的观点正确对待，以保持地名的稳定性。地名的命名、更名要慎重对待，要从实际出发，深入调查研究、充分走群众路线，严格履行审批手续，不得擅自决定。

第四条　本规定适用于地理实体名称、居民地名称、行政区划名称和各专业部门使用的台站港场名称。

第二章　地名的命名

第五条　地名的命名，要注意反映社会主义革命和建设的成就，反映当地历史、文化和地理特征。

第六条　一般不以人名作地名。禁止用国家领导人的名字命名地名。

第七条　省以下各级行政区划的名称、各专业部门使用的台站港场名称一般要与当地地名统一，派生地名一般要与主地名统一。

第八条　全国县以上名称、一个地区内公社名称、一个县内生产大队名称不重名，一个市内的街道、胡同不重名。在上述范围内，避免用同音汉字命名地名。

第九条　公社、生产大队、生产队的名称一般按照当地地名命名，不用序数命名(一个自然村内有数个大队、生产队的情况例外)。

第十条　地名命名要简明确切。不用生僻字和字形、字音容易混淆的字。

第三章　地名的更名

第十一条　凡属于下列情况的地名，必须予以更改：

(1)有损我国主权和民族尊严的；

(2)带有民族歧视性、妨碍民族团结的；

(3)带有侮辱劳动人民或极端庸俗性质的；

(4)其他违背国家方针政策的。

第十二条 凡不符合本规定第七、八、九、十条精神的，原则上应予更名。

第十三条 一地多名，一名多写以及少数民族地区的地名音译不准(译名还不稳定)、用字不当的，应予调整。

第十四条 纪念革命先烈，一般不更改地名。但已用烈士名字命名的地方，并履行了一定审批手续，群众称呼已成习惯的，仍可沿用。

第十五条 对于不是明显属于上述范围的可改可不改的地名，一律不要更改。

第四章 地名命名、更名的审批程序和权限

第十六条 地理实体名称的命名、更名按下列程序办理：

(1)凡位处边疆地区的或在国内著名的山脉、河流、湖泊、岛屿、海湾、海峡等名称，由有关省、自治区、直辖市人民政府提出具体意见，报国务院审批；同时抄送中国地名委员会、民政部和外交部。

(2)涉及两个或两个以上的省、自治区、直辖市范围的山脉、河流、湖泊等的名称，由有关省、自治区、直辖市人民政府单独或共同报国务院审批；同时抄送中国地名委员会和民政部。

(3)位于一个省、自治区、直辖市范围内不属于本条(1)款情况的山脉、河流、湖泊等的名称，由所在省、自治区、直辖市人民政府审批；并抄送中国地名委员会和民政部。

第十七条 行政区划名称的命名、更名，按照行政区划变动的审批程序和权限办理，同时抄送中国地名委员会。建国以来还未签订新的边界条约的边境地区县、市以下地名的命名和更名，由有关省、自治区人民政府提出意见报国务院审批。

第十八条 各专业部门使用的台站港场名称，由各专业部门征求所在地县、市人民政府和所在省、自治区、直辖市地名领导小组的意见后，提出适当名称，报各专业部门的上级主管部门审批；并由主管部门定期汇总抄送中国地名委员会。

第十九条 各级人民政府和各专业部门在报批上述地名时，应将命名、更名理由，包括拟废止的旧名和拟采用的新名的涵义、来源等加以说明。

第二十条 认真做好更改旧名、启用新名的宣传教育工作，并将所命名、更名的地名及时通报有关部门。有些新改的地名群众不熟悉时，可加注旧名，作为过渡。

第五章 附 则

第二十一条 各省、自治区、直辖市人民政府，可以根据本规定，结合本地区的实际情况，制定具体实施办法，并抄送中国地名委员会。

第二十二条 本规定在实施中遇到的具体问题，由中国地名委员会会同有关部门研究答复。

第二十三条 本规定自颁发之日起实行。过去有关规定与本规定不符的，以本规定为准。

中华人民共和国国务院

国发〔1985〕8号

国务院关于行政区划管理规定的通知

第一条 为了加强行政区划的管理，根据《中华人民共和国宪法》和《中华人民共和国地方各级人民代表大会和地方各级人民政府组织法》的有关规定，制定本规定。

第二条 行政区划应保持稳定。必须变更时，应本着有利于社会主义现代化建设，有利于行政管理，有利于民族团结，有利于巩固国防的原则，制订变更方案，逐级上报审批。

第三条 省、自治区、直辖市的设立、撤销、更名，报全国人民代表大会审议决定。

第四条 下列行政区划的变更由国务院审批：

（一）省、自治区、直辖市的行政区域界线的变更，省、自治区人民政府驻地的迁移；

（二）自治州、县、自治县、市、市辖区的设立、撤销、更名和隶属关系的变更以及自治州、县、自治县、市人民政府驻地的迁移；

（三）自治州、自治县的行政区域界线的变更，县、市的行政区域界线的重大变更；

（四）凡涉及海岸线、海岛、边疆要地、重要资源地区及特殊情况地区的隶属关系或行政区域界线的变更。

第五条 县、市、市辖区的部分行政区域界线的变更，国务院授权省、自治区、直辖市人民政府审批；批准变更时，同时报送民政部备案。乡、民族乡、镇的设立、撤销、更名和行政区域界线的变更，乡、民族乡、镇人民政府驻地的迁移，由省、自治区、直辖市人民政府审批。

第六条 行政公署、区公所、街道办事处的撤销、更名、驻地迁移，由依法批准设立各该派出机关的人民政府审批。

第七条 变更行政区划向上级人民政府报告的内容应包括：变更的理由、范围，隶属关系，政治经济情况，人口和面积数字，拟变更的行政区域界线地图，以及县级和县级以上人民政府（含行政公署）的报告或意见等。

第八条 各级民政部门分级负责行政区划的管理工作。各级民政部门在承办行政区划变更的工作时，应根据情况分别同民族、人事、财政、外事、城乡建设、地名等有关部门联系洽商；在承办民族自治地方的行政区划变更的工作时，应同民族自治地方的自治机关和有关民族的代表充分协商拟定。各级民政部门,应建立完整的行政区划档案。

第九条　本规定由民政部负责解释。

第十条　本规定自发布之日起施行。

一九八五年一月十五日

中华人民共和国国务院令

第353号

现公布《行政区域界线管理条例》，自2002年7月1日起施行。

总　理　朱镕基

行政区域界线管理条例

第一条　为了巩固行政区域界线勘定成果，加强行政区域界线管理，维护行政区域界线附近地区稳定，制定本条例。

第二条　本条例所称行政区域界线，是指国务院或者省、自治区、直辖市人民政府批准的行政区域毗邻的各有关人民政府行使行政区域管辖权的分界线。

地方各级人民政府必须严格执行行政区域界线批准文件和行政区域界线协议书的各项规定，维护行政区域界线的严肃性、稳定性。任何组织或者个人不得擅自变更行政区域界线。

第三条　国务院民政部门负责全国行政区域界线管理工作。县级以上地方各级人民政府民政部门负责本行政区域界线管理工作。

第四条　行政区域界线勘定后，应当以通告和行政区域界线详图予以公布。

省、自治区、直辖市之间的行政区域界线由国务院民政部门公布，由毗邻的省、自治区、直辖市人民政府共同管理。省、自治区、直辖市范围内的行政区域界线由省、自治区、直辖市人民政府公布，由毗邻的自治州、县(自治县)、市、市辖区人民政府共同管理。

第五条　行政区域界线的实地位置，以界桩以及作为行政区域界线标志的河流、沟渠、道路等线状地物和行政区域界线协议书中明确规定作为指示行政区域界线走向的其他标志物标定。

第六条　任何组织或者个人不得擅自移动或者损坏界桩。非法移动界桩的，其行为无效。

行政区域界线毗邻的各有关人民政府应当按照行政区域界线协议书的规定，对界桩进行分工管理。对损坏的界桩，由分工管理该界桩的一方在毗邻方在场的情况下修复。

因建设、开发等原因需要移动或者增设界桩的，行政区域界线毗邻的各有关人民政府应当协商一致，共同测绘，增补档案资料，并报该行政区域界线的批准机关备案。

第七条 行政区域界线毗邻的任何一方不得擅自改变作为行政区域界线标志的河流、沟渠、道路等线状地物；因自然原因或者其他原因改变的，应当保持行政区域界线协议书划定的界线位置不变，行政区域界线协议书中另有约定的除外。

第八条 行政区域界线协议书中明确规定作为指示行政区域界线走向的其他标志物，应当维持原貌。因自然原因或者其他原因使标志物发生变化的，有关县级以上人民政府民政部门应当组织修测，确定新的标志物，并报该行政区域界线的批准机关备案。

第九条 依照《国务院关于行政区划管理的规定》经批准变更行政区域界线的，毗邻的各有关人民政府应当按照勘界测绘技术规范进行测绘，埋设界桩，签订协议书，并将协议书报批准变更该行政区域界线的机关备案。

第十条 生产、建设用地需要横跨行政区域界线的，应当事先征得毗邻的各有关人民政府同意，分别办理审批手续，并报该行政区域界线的批准机关备案。

第十一条 行政区域界线勘定确认属于某一行政区域但不与该行政区域相连的地域或者由一方使用管理但位于毗邻行政区域内的地域，其使用管理按照各有关人民政府签订的行政区域界线协议书有关规定或者该行政区域界线的批准机关的决定执行。

第十二条 行政区域界线毗邻的县级以上地方各级人民政府应当建立行政区域界线联合检查制度，每 5 年联合检查一次。遇有影响行政区域界线实地走向的自然灾害、河流改道、道路变化等特殊情况，由行政区域界线毗邻的各有关人民政府共同对行政区域界线的特定地段随时安排联合检查。联合检查的结果，由参加检查的各地方人民政府共同报送该行政区域界线的批准机关备案。

第十三条 勘定行政区域界线以及行政区域界线管理中形成的协议书、工作图、界线标志记录、备案材料、批准文件以及其他与勘界记录有关的材料，应当按照有关档案管理的法律、行政法规的规定立卷归档，妥善保管。

第十四条 行政区域界线详图是反映县级以上行政区域界线标准画法的国家专题地图。任何涉及行政区域界线的地图，其行政区域界线画法一律以行政区域界线详图为准绘制。

国务院民政部门负责编制省、自治区、直辖市行政区域界线详图；省、自治区、直辖市人民政府民政部门负责编制本行政区域内的行政区域界线详图。

第十五条 因对行政区域界线实地位置认定不一致引发的争议，由该行政区域界线的批准机关依照该行政区域界线协议书的有关规定处理。

第十六条 违反本条例的规定，有关国家机关工作人员在行政区域界线管理中有下列行为之一的，根据不同情节，依法给予记大过、降级或者撤职的行政处分；致使公共财产、国家和人民利益遭受重大损失的，依照刑法关于滥用职权罪、玩忽职守罪的规定，依法追究刑事责任：

（一）不履行行政区域界线批准文件和行政区域界线协议书规定的义务，或者不执行行政区域界线的批准机关的决定的；

（二）不依法公布批准的行政区域界线的；

（三）擅自移动、改变行政区域界线标志，或者命令、指使他人擅自移动、改变行政区域界线标志，或者发现他人擅自移动、改变行政区域界线标志不予制止的；

（四）毗邻方未在场时，擅自维修行政区域界线标志的。

第十七条 违反本条例的规定，故意损毁或者擅自移动界桩或者其他行政区域界线标志物的，应当支付修复标志物的费用，并由所在地负责管理该行政区域界线标志的人民政府民政部门处1000元以下的罚款；构成违反治安管理行为的，并依法给予治安管理处罚。

第十八条 违反本条例的规定，擅自编制行政区域界线详图，或者绘制的地图的行政区域界线的画法与行政区域界线详图的画法不一致的，由有关人民政府民政部门责令停止违法行为，没收违法编制的行政区域界线详图和违法所得，并处1万元以下的罚款。

第十九条 乡、民族乡、镇行政区域界线的管理，参照本条例的有关规定执行。

第二十条 本条例自2002年7月1日起施行。

民政部关于加强地名文化建设的意见

（民发〔2012〕106号）

各省、自治区、直辖市民政厅（局），北京、天津、上海地名工作主管部门，新疆生产建设兵团民政局：

为认真贯彻落实党的十七届六中全会精神和第十三次全国民政会议精神，促进新时期地名文化繁荣发展，充分发挥地名文化对地名工作的引领和推动作用，现就加强地名文化建设提出如下意见。

一、充分认识地名文化建设的重要意义

文化是民族的血脉，是人民的精神家园。地名作为一种社会文化形态和文化载体，记录着人类社会发展的历程、民族的变迁与融合、人们生活环境的发展变化，是重要的民族文化遗产。我国地名文化内涵丰富，源远流长，是中华民族文化的重要组成部分，在社会主义文化建设中具有重要地位和作用。

党的十七届六中全会作出推动社会主义文化大发展大繁荣、努力建设社会主义文化强国的战略部署，对于开创中国特色社会主义事业新局面，实现中华民族伟大复兴具有重大而深远的意义。在新形势下，加强地名文化建设，是贯彻落实党的十七届六中全会精神、促进社会主义文化大发展大繁荣、发展社会主义先进文化的重要举措；是传承和弘扬中华文化、增强国家文化软实力、提高国民对中华民族文化的认同感、自豪感的重要手段；是增强地名工作发展活力与动力、推动地名工作可持续发展的重要途径。

近年来，各地积极开展地名文化建设活动，形成了一批地名文化成果。但是，我国地名文化建设工作仍处于起步阶段，地名文化建设的系统性不强，地区发展不平衡，整体作用发挥不够，地名文化理论研究需要深化，地名文化遗产保护工作亟需加强，地名文化的发展现状与社会需求尚有较大差距，加强地名文化建设显得十分重要而迫切。各地要进一步加深对十七届六中全会精神的理解，充分认识地名文化的历史地位，充分理解地名文化与地名工作的密切关系，认真谋划、切实做好地名文化建设有关工作。

二、地名文化建设的指导思想、总体目标和基本原则

（一）指导思想。

高举中国特色社会主义伟大旗帜，以邓小平理论和"三个代表"重要思想为指导，深入贯彻落实科学发展观和党的十七届六中全会精神，坚持社会主义先进文化前进方向，以继承发展为主题，以保护与发展、传承与创新、传播与交流为主线，以满足人民群众地名文化需求为出发点和落脚点，以地名文化遗产保护为重点，促进地名文化发展繁荣，以地名文化建设引领地名事业科学发展，充分发挥地名文化在弘扬中华民族文化、建设社会主义先进文化中的积极作用。

（二）总体目标。

经过3至5年的努力，地名文化管理体制和工作机制进一步完善，地名文化工作队伍不断发展壮大，地名文化遗产得到有效保护和利用，地名文化产品和文化活动丰富多彩，地名文化产业形成规模，地名文化理论研究不断深入，地名文化的影响力进一步加大，形成地名文化发展繁荣、推动地名工作科学发展的良好局面。

（三）基本原则。

一是坚持围绕中心，服务大局。围绕服务党和国家中心工作，把地名文化建设融入到社会主义文化大发展大繁荣大局和地名事业发展的全过程，发挥先进文化对地名管理、服务、科研等工作的引领和推动作用，提高地名文化服务水平。

二是坚持以人为本，广泛参与。牢固树立以人为本的思想，突出公益属性，满足人民群众对地名文化的需求。加强合作共建，广泛动员社会各界力量，鼓励引导企事业单位以及热心于地名文化的各界人士积极参与地名文化建设，形成地名文化建设合力。

三是坚持继承创新，科学发展。坚持继承传统与创新发展相统一，继承和发扬优秀传统地名文化，不断丰富地名文化内涵和外延，拓展地名文化建设的途径和方法，保持民族性、体现时代性，大力激发文化创造活力，在继承中创新，在创新中发展。

四是坚持因地制宜，突出特色。紧密结合各地的实际情况，充分挖掘利用各类地名文化资源，开展多层次、多样化的地名文化建设，体现地方特色，建设特色鲜明、丰富多彩的地名文化。

三、地名文化建设的主要任务

（一）做好地名文化遗产保护工作。在全国全面开展地名文化遗产保护工作。制定地名文化遗产保护规划，完善地名文化遗产保护有关标准规范，分期分批开展各类地名文化遗产保护，重点做好千年古城（都）、千年古县、千年古镇、千年古村落、甲骨文和金文地名、少数民族语地名、著名山川地名、近现代重要地名文化遗产的认定和保护工作。

（二）加强新生地名文化建设。编制实施地名规划，加强地名命名更名管理，完善地名命名更名制度，处理好地名保护与命名更名的关系，在继承优秀传统地名文化的基础上，提升新生地名的文化内涵，推进地名文化创新发展。

（三）深化地名文化研究。加强地名基础理论研究，深入探索和把握地名文化建设规律，研究地名文化内涵和特征。广泛开展地名文化资源的调查、挖掘、整理和研究工作。有计划、有组织的开展地名文化专题调查研究，充分发挥科研机构、行业协会等有关单位的优势和力量，力争推出一批有价值的研究成果。树立理论指导实践、服务实践的理念，将理论研究与业务工作相结合，为地名文化发展提供理论支持和方法指导。

（四）开发地名文化产品。积极编制地名图、录、典、志等各类地名图书，开展地名网站、电话查询、地名触摸屏等地名信息化服务，拍摄制作地名文化专题片等影视音像作品，提供形式多样、内容丰富、适合群众需要的地名文化产品。

（五）开展丰富多彩的地名文化活动。积极搭建文化活动平台，不断丰富文化活动载体，开展形式生动活泼、群众喜闻乐见的文化活动，如地名文化展览、地名文化征文、优秀地名认定等，为群众提供丰富多彩的地名文化服务。

（六）推动地名文化产业发展。坚持社会效益与经济效益相统一，挖掘整合地名文化资源，打造地名文化品牌，重点建设一批地名文化产业项目，开发富有特色的出版物、音像制品、导航查询软件、专题会展、主题公园、节庆活动、主题旅游产品等地名文化及其衍生产品，逐步壮大地名文化产业规模。利用数字化、信息化、网络化等现代技术，发展文化创意、移动媒体、电子读物、动漫游戏等新兴地名文化业态。

（七）加强地名文化人才队伍建设。开展大规模的干部培训工作，鼓励和支持干部提高素质，培养地名文化人才，打造一支富有特色、充满活力的地名文化人才队伍。采取有效措施，树立和宣传地名文化建设的先进典型，充分发挥先进典型的示范和引领作用。发挥民间地名爱好者在活跃地名文化方面的作用，巩固和发展地名文化的群众基础。

（八）加强地名文化对外交流与合作。推进地名国际标准化建设，规范地名罗马字母拼写，制作一批高质量中国地名文化宣传外文读本和音像制品，促进地名文化海外传播和交流。加强与联合国地名组织、教科文组织和国外相关组织的交流与合作，学习借鉴国际地名文化研究学术成果和实践经验，主动展示我国地名文化发展，增强中华文化的影响力、认同感。

四、加强地名文化建设的保障措施

（一）加强领导，保障投入。地名文化建设是一项系统工程和长期任务。各级领导干部要进一步提高认识，把地名文化建设纳入重要议事日程，作为地名事业发展的重要内容抓紧抓好。要加强领导，认真研究解决地名文化建设中的各种实际问题，制定地名文化建设方案，明确发展目标。各地地名管理部门要积极向本级财政部门争取将地名文化建设经费纳入本级财政年度预算，加大财政经费投入力度，同时积极鼓励和引导社会资金参与地名文化建设，建立多渠道、多方式的地名文化建设经费投入机制。

（二）健全机制，规范管理。创新地名文化工作理念，拓展工作思路，加强地名文化发展制度建设，构建地名文化建设长效机制，推动地名文化建设的法制化、规范化、制度化。制定支持地名文化发展的优惠政策和相关配套措施，把地名文化建设作为地名工作的重要内容，加大考核力度，确保任务落实，为地名文化建设营造良好的政策环境和制度环境。

（三）统筹安排，融合发展。充分发挥先进文化在引领前进方向、凝聚奋斗力量、推动事业发展中的重要作用，把地名文化建设与地名标志设置、地名规划、地名信息化等地名管理和服务工作相结合，使文化的精神和力量渗透到地名工作的各个领域、各个环节、各个方面，在地名管理服务中发展地名文化，以地名文化发展繁荣推进地名工作科学发展。

（四）注重总结，加强宣传。要认真总结推广各地先进经验，积极探索加强地名文化建设的方法和途径，引导地名文化建设健康有序发展。通过报刊、网站等媒体，广泛宣传加强地名文化建设的重大意义，广泛宣传各地的好做法、好经验，广泛传播地名文化知识，提高社会对地名文化的认识，扩大地名文化影响力，为地名文化建设创造良好的舆论环境。

二〇一二年六月十八日

浙江省人民政府文件

浙政发〔1999〕40号

浙江省人民政府
关于乡镇等行政区划管理有关问题的通知

各市、县人民政府，丽水地区行政公署，省民政厅：

为了进一步加强我省行政区划管理工作，根据国务院有关规定，省政府决定：乡、民族乡、镇的设立、撤销、更名和行政区域界线的变更，县、市、市辖区的部分行政区域界线的变更（其中自治县行政区域界线的变更由国务院审批），乡、民族乡、镇人民政府驻地的迁移，均由所在县（市、区）人民政府上报市（地）人民政府（行政公署）审核，再由市（地）人民政府（行政公署）上报省人民政府审批。

浙江省人民政府

一九九九年三月三日

浙江省人民政府令

第 309 号

浙江省人民政府令第 309 号《浙江省地名管理办法》已经省人民政府第 100 次常务会议审议通过，现予公布，自 2013 年 2 月 1 日起施行。

省长 夏宝龙

2012 年 12 月 18 日

浙江省地名管理办法

第一章 总 则

第一条 为了加强地名管理，实现地名的规范化、标准化，方便人民群众生产生活，适应经济社会发展的需要，根据有关法律、法规的规定，结合本省实际，制定本办法。

第二条 本办法适用于本省行政区域内的地名管理工作。海域地名的管理，国家和省人民政府另有规定的，从其规定。

本办法所称地名，是指为社会公众指示具有特定方位或者地域范围的地理实体名称。

第三条 地名管理工作应当遵循规范化、标准化的要求，兼顾历史和现状，尊重群众意愿，保持地名的相对稳定和延续，保护和传承优秀的地名文化，提高公共服务水平。

第四条 县级以上人民政府应当加强对地名管理工作的组织领导，建立健全地名管理工作协调机制，将地名管理工作所需经费列入本级财政预算。

乡（镇）人民政府、街道办事处应当按照规定职责做好地名管理相关工作。

第五条 县级以上人民政府民政部门是地名主管部门，负责本行政区域地名工作的统一管理；具体工作可以委托依法设立的地名管理工作机构承担。

县级以上人民政府交通运输、住房和城乡建设、农业、林业、水利、旅游、环境保护、工商行政管理、公安等有关主管部门负责本部门职责范围内的地名管理工作。

县级以上人民政府财政、国土资源、文化、档案管理等其他有关部门按照各自职责做好地名管理相关工作。

第六条 县级以上人民政府及其民政部门应当组织调查地名文化遗产，建立地名文化遗产保护名录，采取有效措施予以保护。

第七条 县级以上人民政府及其民政部门和有关主管部门在地名管理工作中，应当建立健全公众参与、专家咨询等工作机制，听取公众和专家的意见。

第二章 地名规划与命名标准

第八条 城市、镇应当编制地名规划。城市地名规划由设区的市、县(市)民政部门组织有关部门编制，报本级人民政府批准后公布实施。镇地名规划由镇人民政府组织编制，经县(市、区)民政部门审核后，报县(市、区)人民政府批准后公布实施。

地名规划应当包括规划原则、地名体系及其空间布局、道路名称、地名标志、地名文化遗产保护等内容。

第九条 地名规划应当以城市、镇总体规划明确的内容作为规划依据。城市、镇详细规划涉及地名命名的，应当与地名规划确定的名称相衔接；规划编制部门应当征求同级民政部门意见。

工业、农业、水利、交通、土地利用、旅游等专项规划，涉及地名命名的，应当与地名规划确定的名称相衔接；有关主管部门应当征求同级民政部门意见。

第十条 地名的命名应当符合地名规划的要求，反映当地历史、文化、地理等特征，含义健康，不得损害国家主权、领土完整和公共利益。

第十一条 地名的命名应当一地一名。

一地多名、一名多写的，应当进行标准化处理。

第十二条 地名的命名应当名实相符。

派生地名应当与主地名相协调；含有行政区域、区片或者道路(含街、巷、桥梁、隧道、轨道交通线路，下同)名称的，应当位于该行政区域、区片范围内或者该道路沿线。

乡(镇)人民政府、街道办事处名称不得使用非乡(镇)人民政府驻地、非街道办事处所在街巷名称。

具有地名意义的车站、港口、码头、机场、水库等名称应当与所在地名称一致。

使用大厦、公寓、花园、庄园、别墅、中心、苑、居等通名的住宅小区(楼)、建筑物，应当具备与通名相适应的占地面积、总建筑面积、高度、绿地率等条件和功能。住宅小区(楼)、建筑物通名的使用标准由省民政部门制定。

第十三条 一般不以人名作地名。禁止以国家领导人的名字以及外国的地名和人名作为地名。

第十四条 下列地名不得重名，并避免使用近似、易混淆的名称：

(一)省内行政区域和重要自然地理实体名称；

(二)同一县(市、区)内的社区、村(居)民委员会辖区名称；

(三)同一乡(镇)内的自然村名称;

(四)同一城市、镇内的道路、住宅小区(楼)、建筑物名称。

第十五条 地名用字应当使用规范汉字,避免使用生僻或者易产生歧义的字。

汉语地名的罗马字母拼写,应当按照《汉语拼音方案》和《中国地名汉语拼音字母拼写规则》执行。

少数民族地名和外国语地名的汉字译写,按照国家有关规定执行。

第三章 地名命名、更名和销名程序

第十六条 山、河、湖、内陆岛屿等自然地理实体需要命名的,由县级以上人民政府民政部门予以命名;跨行政区域的,由相邻各方的民政部门报共同的上一级民政部门予以命名。

第十七条 行政区域名称,由申请设立行政区划的人民政府提出,报有审批权的人民政府在依法批准设立行政区划时一并确定。

社区、村(居)民委员会辖区名称,由申请设立社区、村(居)民委员会的乡(镇)人民政府或者街道办事处提出,经县(市、区)民政部门审核后,报县(市、区)人民政府在依法批准设立社区、村(居)民委员会时一并确定。

工业区、开发区、保税区、风景名胜区、自然保护区等名称,由申请设立该区的行政机关提出,经有关主管部门征求同级民政部门意见后,报有审批权的行政机关在依法批准设立该区时一并确定。

自然村名称,由乡(镇)人民政府或者街道办事处提出申请,经县(市、区)民政部门审核后,报县(市、区)人民政府审批。

第十八条 铁路、公路、航道、港口、渡口、车站、机场、水库、堤坝、海塘、水闸、电站、通讯基站、公园、公共广场等具有地名意义的专业设施名称,由建设单位或者有关专业主管部门征求同级民政部门意见后,报有审批权的专业主管部门在依法批准建设专业设施时一并确定。

第十九条 新建道路,地名规划已确定名称的,建设单位或者有关主管部门在申请立项时应当使用地名规划确定的名称,并在建成交付使用前向设区的市、县(市)民政部门办理正式命名手续;未确定名称的,建设单位或者有关主管部门应当在申请立项时提出道路预命名方案并征求设区的市、县(市)民政部门意见后确定和使用预命名的名称,在建成交付使用前向设区的市、县(市)民政部门办理正式命名手续。

已建道路无名的,由设区的市、县(市)民政部门予以命名。设区的市、县(市)民政部门在道路命名前应当将命名方案向社会公示,并征求有关主管部门意见。

第二十条 住宅小区(楼)、公开销售的建筑物以及其他需要命名的大型建筑物名称,由建设单位提出申请,报设区的市、县(市)民政部门审批。建设单位申请发布涉及住宅小区(楼)、建筑物地名的广告,申请办理商品房预售许可证、房地产权属证书以及门(楼)牌的,应当向有关主管部门出示地名批准文件。

已建住宅小区(楼)、建筑物未命名,其所有权人或者物业所在的业主大会要求命名的,分别由所有权人或者其委托管理的单位、业主大会或者其授权的业主委员会提出申请，报设区的市、县(市)民政部门审批。

第二十一条 申请住宅小区(楼)、建筑物命名的，应当提交下列材料：

(一)建设用地和建设工程规划许可文件及总平面图；

(二)拟用地名的用字、拼音、含义的说明；

(三)其他与申请命名相关的材料。

设区的市、县(市)民政部门应当自收到申请之日起10个工作日内作出审批决定。对符合要求的名称，应当予以批准，并出具批准文件；对不符合要求的名称，应当不予批准，书面告知申请人并说明理由。但是，征求利害关系人及有关方面意见或者进行协调所需的时间除外。

第二十二条 门(楼)牌号码由县(市、区)民政部门或者乡(镇)人民政府、街道办事处按照国家和省有关规定统一编制。

第二十三条 地名确定后无特殊理由不得更名。

地名损害国家主权、领土完整和公共利益的，或者含义不健康的，或者有本办法第十四条规定重名情形的，应当更名。

地理实体因改造、拆除，其名称与改变后状态明显不符的，可以更名。

专有部分占建筑物总面积三分之二以上且占总人数三分之二以上的业主同意，并提供业主大会决议的，住宅小区(楼)、建筑物可以更名。

第二十四条 地名更名程序按照地名命名的相关规定执行。

对本办法第二十三条第二款规定的情形，地名所在地设区的市、县(市、区)民政部门应当发出地名更名通知书，有关单位或者个人应当自收到通知书之日起2个月内办理地名更名手续。

第二十五条 因自然地理实体变化、行政区划调整和城乡建设等原因而不使用的地名，由县级以上人民政府民政部门根据职责予以销名。

第二十六条 地名文化遗产保护名录中在用地名的更名应当严格控制；不使用的地名，县级以上人民政府民政部门和有关主管部门应当采取就近移用、优先启用、挂牌立碑等措施予以保护。

地名文化遗产保护名录涉及的地理实体拆除重建或者迁移后重新命名的，应当优先使用原地名。

第二十七条 有关主管部门按照本办法第十七条第三款、第十八条、第二十三条的规定对地名进行命名、更名的，应当在命名、更名后10个工作日内报同级民政部门备案；民政部门发现备案的地名不符合规定要求的，应当要求或者建议审批机关予以纠正。

第二十八条 县级以上人民政府民政部门和有关主管部门应当及时向社会公布命名、更名和注销的地名信息，同时抄告同级公安、住房和城乡建设、工商行政管理、测绘与地理信息、邮政等相关管理部门。

因行政机关依照职权主动作出地名命名、更名和注销决定，致使公民、法人和其他组织的居民身份证、营业执照、房地产权属证书等证照和批文的地名信息需要作相应变更的，县级以上人民政府民政部门和有关主管部门应当根据公民、法人和其他组织的申请，在各自职责范围内免费为其提供出具相关地名证明或者换发证照和批文等服务，但法律、行政法规另有规定的除外。

第四章　标准地名的使用和监督

第二十九条　依法命名、更名的地名为标准地名。本办法实施前已经使用并由县级以上人民政府民政部门编入地名录（志、图）或者地名数据库的地名，视同标准地名。

县级以上人民政府民政部门和有关主管部门应当采取措施，宣传、推广和监督使用标准地名。

第三十条　下列情形使用的地名应当是标准地名：

（一）地名标志、交通标志；

（二）地图、电话号码簿、交通时刻表、邮政编码簿等出版物；

（三）国家机关、企业事业单位、人民团体制发的公文、证照及其他法律文书；

（四）媒体广告、户外广告；

（五）其他应当使用标准地名的情形。

第三十一条　重要自然地理实体、行政区域界位、社区、村（居）委员会辖区、风景名胜区、自然保护区、专业设施、道路等，应当按照国家和省规定的有关标准设置地名标志。

第三十二条　道路、门（楼）牌地名标志由设区的市、县（市、区）民政部门或者乡（镇）人民政府、街道办事处负责设置和管理。其他地名标志由提出地名命名申请的单位或者有关主管部门负责设置和管理。

属于建设项目的地理实体地名标志，应当在建设项目竣工验收前设置完成。

第三十三条　任何单位和个人不得涂改、遮盖、损毁或者擅自设置、移动、拆除地名标志。因施工等原因确需移动、拆除地名标志的，应当事先征得设置单位或者管理单位同意，并在施工结束前恢复原状，所需费用由工程建设单位承担。

地名标志管理单位应当保持地名标志的清晰和完好，发现损坏或者字迹残缺不清的，应当及时予以更新。

第三十四条　县级以上人民政府民政部门应当建立本行政区域的地名数据库，及时更新地名信息，保证地名信息的真实、准确。

县级以上人民政府民政部门和有关主管部门应当加强地名信息协作，实现地名信息资源共享。

县级以上人民政府民政部门和有关主管部门可以通过设立地名网站、地名信息电子显示屏、地名问路电话等方式，向社会提供地名信息服务。

第三十五条　县级以上人民政府民政部门和有关主管部门负责出版本行政区域或者本系统的标准地名出版物。其他任何单位和个人不得出版标准地名出版物。

第三十六条　县级以上人民政府民政部门和有关主管部门应当按照国家和省有关规定，建立健全档案管理制度，加强地名档案的收集、整理和保存工作，维护地名档案的完整、系统和安全。

县级以上人民政府档案管理部门应当加强对地名档案管理工作的指导和监督。

第五章　法律责任

第三十七条　单位和个人违反本办法规定，有下列行为之一的，由县级以上人民政府民政部门予以行政处罚，法律、法规另有规定的，从其规定：

（一）擅自命名或者更名住宅小区（楼）、建筑物名称的，责令其停止使用、限期改正；逾期不改正的，撤销其名称，并对经营性的违法行为处1万元以上5万元以下的罚款，对非经营性的违法行为处2000元的罚款。

（二）未按照规定使用标准地名的，责令限期改正；逾期不改正的，对经营性的违法行为处1万元以上5万元以下的罚款，对非经营性的违法行为处2000元的罚款。

（三）擅自编制或者更改门（楼）牌号码的，责令限期改正；逾期不改正的，对个人处500元的罚款，对单位处2000元的罚款。

第三十八条　涂改、遮挡、损毁或者擅自设置、移动、拆除地名标志的，由县级以上人民政府民政部门和有关主管部门按照各自职责责令限期改正；逾期不改正的，处500元以上2000元以下的罚款；造成经济损失的，应当依法赔偿。法律、法规另有规定的，从其规定。

第三十九条　行政机关及其工作人员违反本办法规定，有下列行为之一的，由有权机关责令改正；情节严重的，对直接负责的主管人员和其他直接责任人员依法给予处分：

（一）未按照规定权限和程序实施地名命名、更名审批的；

（二）未按照规定职责设置和管理地名标志的；

（三）违法收费的；

（四）其他滥用职权、玩忽职守、徇私舞弊的行为。

第六章　附　　则

第四十条　本办法自2013年2月1日起施行。

浙江省民政厅
关于印发《浙江省门牌管理规定》的通知

浙民区〔2013〕77号

各市、县(市、区)民政局:

为了更好地贯彻落实《浙江省地名管理办法》,实现门牌标准化、规范化管理,不断提高地名管理水平,我厅制定了《浙江省门牌管理规定》。现印发你们,请遵照执行。

附件:浙江省门牌证样式

浙江省民政厅

2013年4月8日

浙江省门牌管理规定

第一条 为了加强全省门牌管理工作,实现门牌编制、设置的科学化、标准化和规范化,根据国家有关规定和《浙江省地名管理办法》,制定本规定。

第二条 本规定适用于全省行政区域内门牌的编制、设置和管理工作。

第三条 本规定所称门牌,是指建筑物编码名称标志,包括门牌、楼牌、楼单元牌、楼层牌和室户牌等。

第四条 浙江省民政厅主管全省门牌管理工作;各县(市、区)民政部门或乡(镇)人民政府、街道办事处负责本辖区内的门牌编制、设置和管理工作,具体职责和分工由各市、县(市、区)民政部门规定。

第五条 经门牌管理单位编制、设置的门牌是法定地名标志物。任何单位和个人不得擅自编制、设置、变更、拆除或者损毁门牌。

第六条 全省范围内各类单位建筑物和个人住宅均应编制、设置门牌。门牌实行一牌一证制度。门牌证是门牌的副本,是户籍登记、房地产确认地址、工商登记和邮电通讯管理等查核标准地名(地址)的重要依据。

第七条 需要编制、设置门牌的建筑物，由建设单位或产权所有人向所在地门牌管理单位提出编制、设置门牌的申请，门牌管理单位应在收到申请要求10个工作日内完成。如遇特殊情况不能编制，应向申请人作出说明，并编制临时门牌。

新建建筑物的门牌，应当在建筑物交付使用前设置完成。

对在建或规划中的道路两侧建筑物，市、县（市、区）民政部门应根据实际情况做好门牌的规划编制工作。

第八条 因地理实体、地名、建筑物所有权人发生变化等原因而需要变更门牌（门牌证），由当事人持门牌证向所在地门牌管理单位办理相关手续，门牌管理单位审核同意后，在3个工作日内予以更换门牌（门牌证）。

第九条 门牌、门牌证遗失或破损，应及时到门牌管理单位申报补发或更换。

第十条 门牌编制应科学、有序。门牌编码可采用序数编码或量化编码（也称距离编码）进行。采用序数编码的，从路（街、巷）起点起，每户一号；采用量化编码的，以路（街、巷）起点到门户中心线距离量算，每2米为一个号。按照自东向西、自南向北，左单右双的原则编号。

第十一条 门牌的规格样式、文字书写和设置安装应符合国家相关规定和标准。门牌证由门牌管理单位按照省民政厅统一规定的样式印制。

第十二条 门牌管理单位应为本辖区内的门牌建立档案；市、县（市、区）民政部门应及时将门牌编制、设置有关资料汇总归档、保管，并视情向有关单位和个人提供查询服务。

第十三条 门牌管理工作实行定期检查制度。市、县（市、区）民政部门负责对本辖区内的门牌设置、管理工作进行定期检查。省民政厅对全省门牌设置、管理工作进行抽检。

第十四条 门牌设置、管理所需经费应当列入本级财政预算。

第十五条 对违反本规定有关条款的单位和个人，按国家和省有关规定予以处罚。

第十六条 各市、县(市、区)民政部门应根据本规定，制定门牌管理的实施细则。

第十七条 本规定自2013年5月1日起正式施行。

丽水市人民政府办公室文件

丽政办发〔2015〕22号

丽水市人民政府办公室
关于印发丽水市地名管理办法的通知

各县(市、区)人民政府,市政府直属各单位:

《丽水市地名管理办法》已经市政府第36次常务会议审议通过,现印发给你们,请认真遵照执行。

丽水市人民政府办公室

2015年2月26日

(此件公开发布)

丽水市地名管理办法

第一章　总　　则

第一条　为了加强地名管理,实现地名的规范化、标准化,方便人民群众生产生活,适应经济社会发展的需要,根据《地名管理条例》和《浙江省地名管理办法》等规定,结合本市实际,制定本办法。

第二条　本办法适用于本市行政区域内的地名管理工作。

本办法所称地名,是指为社会公众指示具有特定方位或者地域范围的地理实体名称。

第三条　地名管理工作应当遵循规范化、标准化的要求,兼顾历史和现状,尊重群众意愿,保持地名的相对稳定和延续,保护和传承优秀的地名文化,提高公共服务水平。

第四条 市、县(市、区)人民政府应当加强对地名管理工作的组织领导,建立健全地名管理工作协调机制,将地名管理工作所需经费列入本级财政预算。

乡(镇)人民政府、街道办事处应当按照规定职责做好地名管理相关工作。

第五条 市、县(市、区)民政部门是地名主管部门,负责本行政区域地名工作的统一管理。具体工作可以委托依法设立的地名管理工作机构承担。

市、县(市、区)民政部门应当设立地名管理工作机构,配备与地名管理任务相适应的工作人员。

第六条 市、县(市、区)人民政府及其民政部门应当组织调查地名文化遗产,建立地名文化遗产保护名录,采取有效措施予以保护。

第七条 市、县(市、区)人民政府及其民政部门和有关主管部门在地名管理工作中,应当建立健全公众参与、专家咨询等工作机制,听取公众和专家的意见。

第二章　职责分工

第八条 民政部门应当履行下列地名管理职责:

(一)贯彻实施地名管理法律、法规,编制、组织实施地名规划;

(二)承办地名命名、更名、销名的审批工作,负责道路、门(楼)牌等地名标志设置与管理;

(三)负责同级地名管理协调机构的日常工作,指导专业部门的地名管理工作;

(四)公布标准地名,推广和监督标准地名使用,开展地名信息公共服务;

(五)建立和管理地名档案,审定和组织编纂地名图书资料,开展地名学术研究;

(六)依法查处地名违法行为。

第九条 有关部门按照各自职责,做好地名管理相关工作:

(一)发改部门:督促建设单位在计划立项及基建项目审批中使用标准地名办理立项手续。

(二)教育部门:负责按照国家语言文字要求对各类标准地名用字和拼注的规范使用情况进行督查。

(三)公安部门:负责在户籍登记管理、交通指示牌设置中使用标准地名。

(四)财政部门:负责地名管理、地名标志设置和维护等专项业务工作经费的落实及监督。

(五)国土资源部门:负责办理土地使用权登记和建设项目用地复核验收时涉及道路、建筑物名称时坚持使用标准地名。

(六)住房和城乡建设部门:负责城市道路、桥梁等市政设施名称的申报;在办理产权登记或者审批事项中涉及市政道路、桥梁、住宅区、建筑物名称时坚持使用标准地名。

(七)规划部门:协助做好地名规划编制工作;督促建设单位在办理建设项目相关许可证时使用民政部门核准的地名。

(八)交通运输部门:负责公路、桥梁等交通设施名称的申报或审批,并根据标准地名规范设置桥梁、交通、公共交通站点标志。

(九)农业、林业、水利、旅游:各自负责本部门职责范围内的农业、林业、水利设施和景点等专业地名申报或审批、设标等管理工作。

（十）环境保护部门：负责在环保项目评价、审批中坚持使用标准地名。

（十一）文化部门：协助做好地名文化遗产保护工作。

（十二）市场监督管理部门：负责在办理企业工商注册、户外广告发布审批中坚持使用标准地名。

（十三）档案管理部门：负责地名档案的监督和业务指导。

（十四）邮政管理部门：负责新建住宅区的通邮地名核查，并指导、监督当地邮政企业以民政部门提供的标准地名为申请人办理通邮手续。

第十条 乡（镇）人民政府、街道办事处负责辖区内地名命名（更名）申报和门牌证发放等有关工作；协助民政部门做好地名标志设置管理工作。

第十一条 新闻媒体在各类新闻中或信息发布时使用标准地名；在发布房地产媒体广告时涉及房地产项目名称的，应当查验标准地名批准证明；未提供标准地名批准证明的，不予发布。

第三章 地名规划与命名标准

第十二条 城市、镇应当编制地名规划。城市地名规划由设区的市、县（市）民政部门组织有关部门编制，报本级人民政府批准后公布实施。镇地名规划由镇人民政府组织编制，经县（市、区）民政部门审核后，报县（市、区）人民政府批准后公布实施。

地名规划应当包括规划原则、地名体系及其空间布局、道路名称、地名标志、地名文化遗产保护等内容。

第十三条 地名规划应当以城市、镇总体规划明确的内容作为规划依据。城市、镇详细规划涉及地名命名的，应当与地名规划确定的名称相衔接；规划编制部门应当征求同级民政部门意见。

工业、农业、水利、交通、土地利用、旅游等专项规划，涉及地名命名的，应当与地名规划确定的名称相衔接；有关主管部门应当征求同级民政部门意见。

第十四条 地名的命名应当符合地名规划的要求，反映当地历史、文化、地理等特征，含义健康，不得损害国家主权、领土完整和公共利益；不得使用阿拉伯数字、外文字符、标点符号等非汉字字符（少数民族文字除外）作专名；不得叠加使用通名或缺失通名。

一般不以人名作地名。禁止以国家领导人的名字以及外国的地名和人名作为地名。

第十五条 地名由专名和通名两部分组成。

地名的命名应当一地一名。

一地多名、一名多写的，应当进行标准化处理。

第十六条 地名的命名应当名实相符，派生地名应当与主地名相协调。

（一）含有行政区域、区片或者道路（含街、巷、桥梁、隧道、轨道交通线路，下同）名称的，应当位于该行政区域、区片范围内或者该道路沿线。

（二）乡（镇）人民政府、街道办事处名称不得使用非乡（镇）人民政府驻地、非街道办事处所在街巷名称。

（三）具有地名意义的车站、港口、码头、机场、水库等名称应当与所在地名称一致。

第十七条 住宅小区(楼)、建筑物,应当具备与通名相适应的占地面积、总建筑面积、高度、绿地率等条件和功能:

(一)大厦、大楼、商厦:大厦是指高度在15层以上或总建筑面积在1.5万平方米以上的高层或大型楼宇。高度在10层以上或总建筑面积在1万平方米以上并具有地名意义的,可称为大楼;以商贸为主或低层为商场、高层为办公用房的高层建筑物,可称为商厦。

(二)中心:指某种功能在一个区域或某一行业中居主导地位且有较大规模的建筑物(群)。其占地面积应在1万平方米以上或总建筑面积在4万平方米以上。

(三)城:指封闭式或半封闭式的大型商贸建筑物(群)。其占地面积应在10万平方米以上。

(四)广场:指供市民休闲的具有一定规模的公共场地。当用于具有配套公共场地的建筑物(群)的通名时,须兼具3个条件:1、占地面积应在1万平方米以上或总建筑面积在6万平方米以上;2、具有3千平方米以上的整块公共场地(不包括停车场);3、在通名前应冠以功能性词语,如××商务广场、××娱乐广场等。

(五)小区:指具有较完善的基础设施和公共服务设施的住宅区。市区小区的总建筑面积应在5万平方米以上,县(市)小区的总建筑面积应在3万平方米以上。

(六)花园:指绿化面积占总用地面积40%以上的住宅区。其占地面积应在2万平方米以上或总建筑面积在10万平方米以上。

(七)苑、园:总建筑面积在2万平方米以上的住宅楼群,可根据实际情况用“苑、园、庄、阁、庐、舍、居、坊、里、楼、邸、轩、庭、堡、榭、筑”等作通名,其中“园、居、坊、里、榭、轩、阁”也可用于规模较大的住宅区内部组团的通名。

(八)公寓:指单一高层住宅楼或占地范围较小的住宅楼群。其占地面积应在5千平方米以上、1万平方米以下,或总建筑面积在1万平方米以上、5万平方米以下。

(九)湾:指依水而建、环境优雅,总建筑面积在2万平方米以上的住宅楼群。

(十)山庄:指依山而建、环境优雅,总建筑面积在1万平方米以上,绿地率在45%以上的低层高级住宅区。

(十一)别墅、庄园:指拥有花园的园林式低层高级住宅区。其总建筑面积应在1万平方米以上,花圃、绿化面积不低于占地面积的50%。

对达不到上述通名标准的建筑物、住宅小区(楼)不单独命名,但应当予以门牌编号。

第十八条 下列地名不得重名,并避免使用近似、易混淆的名称:

(一)全市范围内的乡(镇)、街道名称和重要自然地理实体名称;

(二)同一县(市、区)内的社区、村(居)民委员会辖区名称;

(三)同一乡(镇)、街道内的自然村名称;

(四)同一城市、镇内的道路、住宅小区(楼)、建筑物及广场、公园名称。

第十九条 地名用字应当使用规范汉字,避免使用生僻或者易产生歧义的字。

汉语地名的罗马字母拼写,应当按照《汉语拼音方案》和《中国地名汉语拼音字母拼写规则》执行。

少数民族地名和外国语地名的汉字译写，按照国家有关规定执行。

第四章　地名命名、更名和销名程序

第二十条　山、河、湖、内陆岛屿等自然地理实体需要命名的，由市、县（市、区）民政部门予以命名；跨行政区域的，由相邻各方的民政部门报上一级民政部门予以命名。

第二十一条　行政区域名称，由申请设立行政区划的人民政府提出，报有审批权的人民政府在依法批准设立行政区划时一并确定。

社区、村（居）民委员会辖区名称，由申请设立社区、村（居）民委员会的乡（镇）人民政府或者街道办事处提出，经县（市、区）民政部门审核后，报县（市、区）人民政府在依法批准设立社区、村（居）民委员会时一并确定。

工业区、开发区、风景名胜区、自然保护区等名称，由申请设立该区的行政机关提出，经有关主管部门征求同级民政部门意见后，报有审批权的行政机关在依法批准设立该区时一并确定。

自然村名称，由乡（镇）人民政府或者街道办事处提出申请，经县（市、区）民政部门审核后，报县（市、区）人民政府审批。

第二十二条　铁路、公路、航道、港口、渡口、车站、机场、水库、堤坝、海塘、水闸、电站、通讯基站、市场、公园、公共广场等具有地名意义的专业设施名称，由建设单位或者有关专业主管部门征求同级民政部门意见后，报有审批权的专业主管部门在依法批准建设专业设施时一并确定。

第二十三条　新建道路，地名规划已确定名称的，建设单位或者有关主管部门在申请立项时应当使用地名规划确定的名称，并在建成交付使用前向市、县（市、区）民政部门办理正式命名手续；未确定名称的，建设单位或者有关主管部门应当在申请立项时提出道路预命名方案并征求市、县（市、区）民政部门意见后确定和使用预命名的名称，在建成交付使用前向市、县（市、区）民政部门办理正式命名手续。

已建道路无名的，由市、县（市、区）民政部门予以命名。市、县（市、区）民政部门在道路命名前应当将命名方案向社会公示，并征求有关主管部门意见。

第二十四条　住宅小区（楼）、公开销售的建筑物以及其他需要命名的大型建筑物名称，由建设单位提出申请，报市、县（市、区）民政部门审批。建设单位申请发布涉及住宅小区（楼）、建筑物地名的广告，申请办理商品房预售许可证、房地产权属证书以及门（楼）牌的，应当向有关主管部门出示地名批准文件或核准依据。

已建住宅小区（楼）、建筑物未命名，其所有权人或者物业所在的业主大会要求命名的，分别由所有权人或者其委托管理的单位、业主大会或者其授权的业主委员会提出申请，报市、县（市、区）民政部门审批。

第二十五条　申请住宅小区（楼）、建筑物命名的，应当提交下列材料：

（一）建设用地和建设工程规划许可文件及总平面图；

（二）拟用地名的用字、拼音、含义的说明；

（三）其他与申请命名相关的材料。

民政部门应当自收到申请之日起10个工作日内作出审批决定。对符合要求的名称，应当予以批准，并出具批准文件；对不符合要求的名称，应当不予批准，书面告知申请人并说明理由。但是，征求利害关系人及有关方面意见或者进行协调所需的时间除外。

第二十六条 门（楼）牌号码由县（市、区）民政部门或者乡镇政府、街道办事处按照国家和省有关规定统一编制。产权单位或个人需设置门（楼）牌的，应持房产证、土地证等资料向当地民政部门或者乡镇政府、街道办事处申请，由当地民政部门或者乡镇政府、街道办事处按照规定办理地址编码，并核发《门牌证》。其中新建住宅区、建筑物由建设开发单位统一申请。

第二十七条 地名确定后无特殊理由不得更名。

地名损害国家主权、领土完整和公共利益的，或者含义不健康的，或者有本办法第十八条规定重名情形的，应当更名。

地理实体因改造、拆除，其名称与改变后状态明显不符的，可以更名。

专有部分占建筑物总面积三分之二以上且占总人数三分之二以上的业主同意，并提供业主大会决议的，住宅小区（楼）、建筑物可以更名。

第二十八条 地名更名程序按照地名命名的相关规定执行。

对本办法第二十七条第二款规定的情形，地名所在地的市、县（市、区）民政部门应当发出地名更名通知书，有关单位或者个人应当自收到通知书之日起2个月内办理地名更名手续。

第二十九条 因自然地理实体变化、行政区划调整和城乡建设等原因而不使用的地名，由市、县（市、区）民政部门根据职责予以销名。

第三十条 地名文化遗产保护名录中在用地名的更名应当严格控制；不使用的地名，市、县（市、区）民政部门和有关主管部门应当采取就近移用、优先启用、挂牌立碑等措施予以保护。

地名文化遗产保护名录涉及的地理实体拆除重建或者迁移后重新命名的，应当优先使用原地名。

第三十一条 有关主管部门按照本办法第二十一条第三款、第二十二条、第二十七条的规定对地名进行命名、更名的，应当在命名、更名后10个工作日内报同级民政部门备案；民政部门发现备案的地名不符合规定要求的，应当要求或者建议审批机关予以纠正。

第三十二条 市、县（市、区）民政部门和有关主管部门应当及时向社会公布命名、更名和注销的地名信息，同时抄告同级公安、住房和城乡建设、市场监督管理、测绘与地理信息、邮政等相关管理部门。

因行政机关依照职权主动作出地名命名、更名和销名决定，致使公民、法人和其他组织的居民身份证、营业执照、房地产权属证书等证照和批文的地名信息需要作相应变更的，市、县（市、区）民政部门和有关主管部门应当根据公民、法人和其他组织的申请，在各自职责范围内免费为其提供出具相关地名证明或者换发证照和批文等服务，但法律、行政法规另有规定的除外。

第五章 标准地名的使用和监督

第三十三条 依法命名、更名的地名为标准地名。本办法实施前已经使用并由民政部门编入地名录(志、图)或者地名数据库的地名,视同标准地名。

民政部门和有关主管部门应当采取措施,宣传、推广和监督使用标准地名。

第三十四条 下列情形使用的地名应当是标准地名:

(一)地名标志、交通标志;

(二)地图、电话号码簿、交通时刻表、邮政编码簿等出版物;

(三)国家机关、企业事业单位、人民团体制发的公文、证照及其他法律文书;

(四)媒体广告、户外广告;

(五)其他应当使用标准地名的情形。

第三十五条 重要自然地理实体、行政区域界位、社区、村(居)委员会辖区、风景名胜区、自然保护区、专业设施、道路等,应当按照国家和省规定的有关标准设置地名标志。

第三十六条 道路、门(楼)牌地名标志由市、县(市、区)民政部门或者乡(镇)人民政府、街道办事处负责设置和管理。其他地名标志由提出地名命名申请的单位或者有关主管部门负责设置和管理。

属于建设项目的地理实体地名标志,应当在建设项目竣工验收前设置完成。

第三十七条 任何单位和个人不得涂改、遮盖、损毁或者擅自设置、移动、拆除地名标志。因施工等原因确需移动、拆除地名标志的,应当事先征得设置单位或者管理单位同意,并在施工结束前恢复原状,所需费用由工程建设单位承担。

地名标志管理单位应当保持地名标志的清晰和完好,发现损坏或者字迹残缺不清的,应当及时予以更新。

第三十八条 市、县(市、区)民政部门应当建立本行政区域的地名数据库,及时更新地名信息,保证地名信息的真实、准确。

市、县(市、区)民政部门和有关主管部门应当加强地名信息协作,实现地名信息资源共享。

市、县(市、区)民政部门和有关主管部门可以通过设立地名网站、地名信息电子显示屏、地名问路电话等方式,向社会提供地名信息服务。

第三十九条 市、县(市、区)民政部门和有关主管部门负责出版本行政区域或者本系统的标准地名出版物。其他任何单位和个人不得出版标准地名出版物。

第四十条 市、县(市、区)民政部门和有关主管部门应当按照国家和省有关规定,建立健全档案管理制度,加强地名档案的收集、整理和保存工作,维护地名档案的完整、系统和安全。

市、县(市、区)档案管理部门应当加强对地名档案管理工作的指导和监督。

第四十一条 单位和个人违反本办法规定的,按照《地名管理条例》《浙江省地名管理办法》等有关规定予以处罚。

第六章 附 则

第四十二条 本办法自发布之日起施行。2008 年 9 月 1 日发布的《丽水市地名管理办法》(丽政令〔2008〕55 号)同时废止。

景宁畲族自治县人民政府办公室文件

景政办发〔2011〕30号

关于成立景宁畲族自治县第二次地名普查工作领导小组的通知

各乡镇人民政府、管理区，县政府直属各单位：

根据《浙江省人民政府办公厅关于开展第二次全省地名普查工作的通知》(浙政办发〔2010〕83号)、《丽水市人民政府办公室关于印发丽水市第二次全省地名普查工作实施方案的通知》(丽政办发〔2010〕5号)等文件精神，经研究，决定成立景宁畲族自治县第二次地名普查工作领导小组。现将领导小组成员名单通知如下：

组　长：江少伟

副组长：杨仲敏(县府办副主任)

李光松(县民政局局长)

成　员：陈华星(县财政局副局长)

梁一春(县民政局副局长)

张昌龄(县公安局副局长)

叶华青(县国土局副局长)

柳晓杰(县建设局副局长)

项秀梅(县交通局副局长)

商晓云(县农业局副局长)

梅盛青(县林业局副局长)

叶梅娟(县水利局副局长)

叶金海(县旅游局副局长)

张兆清(县人劳社保局副局长)

陈战耕(县文广出版局副局长)

林兴忠(县卫生局副局长)

吴广伟(县教育局副局长)

孙岳仁(县电力局副局长)

何雪华(县档案局副局长)

杨一平(县统计局副局长)

雷利德(县民宗局副局长)

毛玉海(县工商局副局长)

丁敏姣(县质监局纪委书记、副局长)

朱益龙(畲乡报社副总编辑)

赵伟峰(县电视台副台长)

雷献亮(鹤溪镇党委委员、人武部长)

孙 义(县人武部后勤科长)

领导小组下设办公室,办公室设在县民政局,梁一春同志任办公室主任。领导小组成员如有变动,由该单位接任者自然替换。

二〇一一年三月二十八日

景宁畲族自治县人民政府办公室文件

景政办发〔2011〕31号

景宁畲族自治县人民政府办公室关于印发
景宁畲族自治县第二次地名普查工作实施方案的通知

各乡镇人民政府、管理区，县政府直属各单位：

《景宁畲族自治县第二次地名普查工作实施方案》已经县政府同意，现印发给你们，请结合实际，认真贯彻执行。

二〇一一年三月二十八日

景宁畲族自治县第二次地名普查工作实施方案

为做好全县第二次地名普查工作，根据《浙江省人民政府办公厅关于开展第二次全省地名普查工作的通知》（浙政办发〔2010〕83号）文件要求，结合我县实际，特制定本方案。

一、普查目的与原则

（一）普查目的。全面查清全县行政区域范围内的各类地名基础数据，对已有地名相关信息进行全面补充、更新和完善，对有地无名、有名无地、一地多名、重名同音、用字不当等问题进行标准化处理；对重要地理实体设立规范标准的地名标志；建立现势性强、符合标准化要求、处理系统先进的地名信息系统。

（二）普查原则。按照全省地名普查工作要求，普查工作本着统筹安排、先点后面，统一标准、规范作业，注重质量、促进应用的原则开展。

二、普查内容与方法

（一）普查内容。本次地名普查内容包括自然地理实体和人文地理实体两大门类，共涉及11个大类、56个子类，主要包括：

1. 行政区域名称(县,镇、乡);

2. 群众自治组织名称(村委会、社区、居委会);

3. 非行政区域名称(矿区,农场、林场,工业区、开发区、贸易区);

4. 居民点名称(城镇、农村);

5. 交通运输设施名称(公路、街巷、汽车站、加油站、停车场、桥梁、隧道、渡口);

6. 水利、电力设施名称(井、水库、水渠、堤坝、发电站);

7. 纪念地与风景点名称(自然保护区、纪念馆、烈士陵园、古迹、寺、庙、公园、风景区);

8. 建筑物名称(有地名意义的大型建筑物、建筑群和 10 层以上高层建筑物,亭、台、碑,广场、体育场);

9. 单位名称(党政机关、民间组织、事业单位、企业单位);

10. 陆地水系名称(河流、湖泊、瀑布、峡谷);

11. 陆地地形名称(山峰、山口、沼泽、地片、洞穴)。

(二) 普查方法。根据我县实际情况,选择由政府直接组织和购买服务相结合形式,委托有资质的相关单位进行地名外业普查 、地名数据库建设及成果转化利用工作,各乡镇(管理区)和有关部门也要按照全县地名普查工作统一部署,成立地名普查工作机构,制订地名普查方案。各单位根据地名普查工作量组建普查队伍,做好普查对象资料搜集准备工作。县民政部门负责县地名普查工作人员培训工作。

三、普查时间与计划

普查工作从 2011 年 3 月开始,至 2012 年 12 月结束,具体工作计划如下:

(一)宣传发动阶段: 2011 年 3 月—2011 年 7 月。

1. 成立全县第二次地名普查工作领导小组及其办公室;

2. 制订全县第二次地名普查工作实施方案;

3. 确定普查人员,动员部署开展地名普查工作。对地名普查人员进行业务培训工作;

4. 做好所需地形图、电脑等必要的准备及相关地名资料的采购、搜集整理工作;

5. 认真做好地方志书、文件档案、书籍典故、历史资料、规划图纸等资料搜集工作的基础上,各乡镇(管理区) 和各有关部门根据全省第二次地名普查工作规程要求,全面开展地名普查工作,完成《全省第二次地名普查地名成果表》《全省第二次地名普查地名标志登记表》填写和拍摄相应的图像视频资料,整理上报县地名普查办。期间,需协助地名普查办工作人员进行野外数据采集。

6. 做好其他准备工作。

(二)组织实施阶段: 2011 年 8 月—2011 年 12 月。

根据国家和省地名管理的有关法规和规定,按照地名命名更名权限和程序,对普查的地名进行审定和标准化处理。将地名文字和图形信息及多媒体数据录入国家地名数据库。根据普查成果和工作图,修改矢量地图上的地名标记和变化的地物。依据国家和省有关地名标志标准,对重要地理实体设置地名标志。起草地名普查工作总结及地名普查成果上报审批报告。按工作规程要求,逐级上报全省第二次地名普查领导小组办公室验收，并完成普查成果资料的立卷归档工作 。

（三）总结评估阶段：2012 年 1 月—2012 年 12 月。

成果利用开发工作：编纂出版标准地名图集和地名志，开展地名管理系统建设研制及开发其它地名公共服务产品。

四、实施步骤

（一）制定方案。根据全省统一部署，结合本地实际，科学制定地名普查实施方案，经市地名普查工作领导小组审批，并报省地名普查工作领导小组备案。

（二）培训人员。县民政部门负责地名普查工作人员培训工作。采取从相关单位抽调或社会招聘等形式招募普查员、联络员，根据本地地名普查工作量组建精干的普查员队伍。

（三）收集整理资料。全面收集与地名相关的历史沿革、名称由来以及相关属性信息资料，包括第一次地名普查、地名补查与资料更新的成果、历年地名命名更名文件和资料、地名志、地名录、地图、专业志等，并对资料进行整理、甄别、论证和审定，编写地名普查目录，填写地名登记表。

（四）实地踏勘。普查员实地开展地名数据外业调查，查清地名的位置、范围和相关信息，做好地图校对标注工作。

（五）地名标准化处理。根据国家、省、市地名管理的有关法规和规定，按照地名命名、更名权限和程序，对普查的地名进行审定和标准化处理，并在工作图上进行标注。

（六）设立地名标志。依据国家和省、市有关地名标志标准，对重要地理实体设置地名标志，具体由县地名普查领导小组办公室分类处理。

（七）建立地名数据库。将地名文字和图形信息及多媒体数据导入国家地名数据库。根据普查成果和工作图，修改矢量地图上的地名注记和变化的地物。

（八）整理资料，制作成果。

1. 整理普查工作文件、资料，分类归档；

2. 填写各类普查成果表；

3. 标绘地名普查成果图表；

4. 对普查成果和文件资料进行数字化处理；

5. 起草地名普查工作总结；

6. 起草地名普查成果上报审批报告。

（九）检查验收。地名普查成果由县级先行自查，经市地名普查领导小组办公室预验收合格后，报省普查工作领导小组办公室验收。

（十）上报归档。普查成果验收合格后，按照工作规程要求，

逐级上报，并完成普查成果资料立卷归档工作。

（十一）成果利用开发。

1. 编纂出版本县标准地名图集、地名录和地名志；

2. 如条件许可，开展地名管理系统建设。

五、普查组织领导

全县第二次地名普查工作由全县第二次地名普查工作领导小组组织实施。领导小组办公室设在县民政局，承担领导小组日常工作。有关单位和各乡镇（管理区）要确定1名或多名地名普查联络员，负责向县地名普查办提供本单位有关的地名普查资料。

（一）县第二次地名普查工作领导小组职责。

1. 组织部署全县第二次地名普查工作；

2. 协调解决普查工作中遇到的重大问题；

3. 承办浙江省、丽水市第二次地名普查工作领导小组交办的有关工作。

（二）县第二次地名普查工作领导小组办公室职责。

1. 提出地名普查工作中重大事项的意见、建议，负责向领导小组报告工作；

2. 拟定全县第二次地名普查工作实施方案；

3. 负责领导小组成员单位的联系协调；

4. 承担对地名普查工作的业务指导、检查验收和成果上报；

5. 负责地名普查有关会议的组织和地名普查重大问题的调研、论证；

6. 负责建立全县第二次标准地名数据库工作；

7. 组织编制全县标准地名的图集、地名志等；

8. 承担领导小组交办的其他工作。

（三）景宁畲族自治县第二次地名普查工作领导小组成员单位职责。

县民政局：承担县第二次地名普查工作领导小组办公室工作。

县公安局：负责配合民政部门做好地名普查相关工作。在地名标准化过程中，负责居民身份证、户口簿等法定证件的变更工作。

县财政局：负责落实第二次地名普查工作经费保障工作。

县国土局：负责提供1:10000比例尺含村界地图及有关地名普查的地图，协助做好矿区名称、土地面积等相关资料收集汇总、提供工作。

县建设局：负责提供全县城区1:500比例尺矢量地图及其他有关地名的地图资料，做好城建档案地名名称等相关资料的收集汇总、提供工作，协助做好城区路、街、巷标志牌信息资料，建筑物（亭、台、碑、塔、广场、体育场、桥梁）、停车场名称等相关资料收集汇总、提供工作。在地名标准化过程中，负责房产证等法定证件的变更工作。

县交通局：协助做好交通运输类（公路、汽车站、渡口、桥梁、隧道）名称等相关资料收集汇总、提供工作。

县水利局：协助做好水利设施（池塘、水库、蓄〈泻〉洪区、水渠、堤坝、发电站）及陆地水系（河流、湖泊、湖岛、井、泉、峡谷）名称等相关资料收集汇总、提供工作。

县农业局：协助做好有关陆地地形（山脉、山峰、沼泽、森林、洞穴）及农场、渔场名称等相关资料收集汇总、提供工作。

县林业局：协助做好有关陆地地形（山脉、山峰、沼泽、森林、洞穴）及自然保护区、国有林场名称等相关资料收集汇总、提供工作。

县旅游局：协助做好A级旅游景区、省级以上旅游度假区名称的相关资料收集汇总、提供工作。

县人劳社保局：负责党政机关和事业单位（除教育、卫生类外）等名称的调查登记和资料核实确认等工作。

县文广出版局：负责各类文化设施地名、重点文物保护单位、文物点的名称调查登记和资料核实确认等工作；协助做好提供各行政区域内非物质文化遗产、民间文学等文化属性信息的采集与资料提供工作。

县卫生局：负责重点卫生设施等名称的调查登记和资料核实确认等工作。

县教育局：负责教育类单位名称的调查登记和资料核实确认等工作。

县电力局：负责电力设施名称的调查登记和资料核实确认等工作。

县档案局：负责做好历史资料的提供及考证工作。

县统计局：负责提供全县基本单位调查的信息资料，协助做好普查方法、技术规范的指导工作。

县民宗局：协助做好少数民族地区，庙宇、教堂等民族宗教场所地名普查工作。

县工商局：协助做好具有地名意义的企业单位（含大型民营企业）名称等相关资料收集汇总、提供工作。

县质监局：协助做好基本单位的名称、编码的审核，为地名普查提供相关资料。

畲乡报社、广播电视台：协助做好地名普查宣传工作，开展地名普查工作的宣传报道。

鹤溪镇政府：协助做好辖区内地名普查协调工作，配合县民政局完成地名普查相关事务。

县人武部：协助做好特殊地区地名普查和地名标志设置等工作。

（四）乡镇、村、社区（居委会）地名普查工作职责。

乡镇（管理区）：负责指导行政村、社区（居委会）进行道路、桥梁、居民点、自然村、群众自治组织名称等地名资料的核实、汇总上报工作。

村、社区（居委会）：负责管辖范围内的道路、桥梁、居民点、自然村、群众自治组织名称等相关资料调查、登记、上报工作。

广大普查人员要深入实地，认真开展地名调查、信息收集等工作，严守工作纪律，保守国家秘密，如实填报普查数据，不得编造、伪造、篡改普查资料，确保普查数据真实可靠。

景宁畲族自治县人民政府文件

景政发〔2014〕30号

景宁畲族自治县人民政府
关于印发《景宁畲族自治县地名管理实施细则》的通知

各乡镇人民政府、街道办事处，县政府直属各单位：

现将《景宁畲族自治县地名管理实施细则》印发给你们，请结合实际，认真贯彻执行。

景宁畲族自治县人民政府

2014年11月3日

景宁畲族自治县地名管理实施细则

第一章　总　　则

第一条　为加强地名管理，实现地名的规范化、标准化，方便群众生产生活，适应县域经济社会发展需要，根据国务院《地名管理条例》和《浙江省地名管理办法》的规定，结合本县实际，特制定本细则。

第二条　本细则适用于本县行政区域内的地名管理工作。

地名管理包括地名的命名、更名、销名，标准地名的使用和监督，地名标志的设置及相关的管理活动。

第三条　本细则所称地名，是指为社会公众指示具有特定方位或者地域范围的地理实体名称。地名包括：

（一）山地、丘陵、盆地等地形区域名称，山、河流、湖、岛等地形实体名称，山峰、山洞、山口（岭）、山谷、库湾等地形实体局部名称和其他自然地理实体名称；（二）县、乡镇（街道）各级行政区域名称和村、社区名称；（三）各类经济区域名称；（四）乡镇（街道）、自然村、住宅区，城区和各类经济区域内的广场、街、路、巷、弄、区片等名称；（五）十层以上的建筑物和其他需命名的大型建筑物名称；（六）公路、航道、隧道、大中型桥梁、立交工程、汽车站、水文站、气象站、码头、水库、江堤、大中型引水工程、市政、水电设施名称；（七）具有地名意义的农场、林场、牧场、渔场、专业市场等名称；（八）公园、风景名胜区、旅游区、自然保护区、名胜古迹、纪念地等名称。

第四条 县人民政府组织领导全县地名管理工作，建立完善“政府主导，民政主管，部门协作，社会参与”的地名管理工作协调机制，地名管理工作所需经费列入县财政预算。

第五条 县民政局是地名主管部门，负责本县地名工作的统一管理，具体工作由县地名委员会办公室承担。县地名委员会办公室（以下简称县地名办）主要职责为：

（一）贯彻执行国家和省、市有关地名管理的方针、政策、法律、法规；负责县地名委员会的日常工作；（二）承办县人民政府审批的地名命名和更名事项，对本县各类地名命名和更名进行审核、申报，公布标准地名；检查、监督标准地名的使用；（三）编制地名规划，并组织实施；（四）按国家标准设置、管理地名标志，核发《门牌证》；（五）调查、收集、整理地名资料，编纂地名志、书、图，审核地名密集的出版物；（六）建立管理地名档案和资料，组织地名学术研究，提供地名咨询服务；（七）建立提升地名数据库信息系统，管理和维护地名网站（或网页）。

公安、发改、建设、交通运输、市场监督管理、旅游、环保、文广新、电力、邮政、电信、农业、林业、水利等有关主管部门负责本部门职责范围内的地名管理工作；财政、国土、档案等其他有关部门按照各自职责做好地名管理相关工作。

第六条 乡（镇）人民政府、街道办事处负责本辖区的地名工作，县有关部门和各类经济区域、旅游区、风景名胜区等管理部门应当指定专人负责本部门或者本范围的地名管理工作，业务上接受县地名管理机构的检查指导。

第七条 地名规划与城乡规划应当同步进行，城建部门在进行各类建设规划时，要会同县民政局作出相应的地名规划，规划的名称未批准前，任何单位不得向社会公开宣传和使用。

加强地名文化遗产的组织调查，建立地名文化遗产保护名录，并采取有效措施予以保护。

第二章　地名命名和更名的原则

第八条 地名的命名应当符合下列原则：

（一）符合国家与社会的利益，符合地名规划的要求，反映本县历史、文化、地理等特征，含义健康，不得损害国家主权、领土完整和公共利益。

（二）地名应由专名和通名两部分组成，通名用字应真实反映所称地理实体的类别。地名的命名应当一地一名，名实相符。

派生地名应当与主地名相协调；含有行政区域、区片或者道路（含街、巷、桥梁、隧道等交通线路)名称的,应当位于该行政区域、区片范围内或者该道路沿线。

乡(镇)人民政府、街道办事处名称不得使用非乡(镇)人民政府驻地、非街道办事处所在街巷名称。

具有地名意义的车站、码头、渡口、水库等名称应当与所在地名称一致。

使用大道、街、路、巷、弄等通名的道路和使用小区、度假村、山庄、公寓、别墅、园、苑、院、居等及城、大厦、中心、馆、宫等通名的住宅小区(楼)、建筑物,应当具备与通名相适应的条件和功能。道路、住宅小区(楼)、建筑物的通名使用标准依据《景宁畲族自治县地名总体规划(2007-2020)》(景政办发〔2010〕13号)制定的标准。

1."大道、街、路、巷、弄"通名的使用规范:

①新建主次道路的通名命名,东西走向的称"街",南北走向的称"路"(含其他走向的道路)。

②街或路红线宽度应在12米以上。12米以下称弄或巷。

③使用"大道"通名的路,属高规格交通主干道,红线宽度应在30米、长度2000米以上;长度超过3000米的路(街)、5000米的大道(大街),如系道路延伸部分,可按延伸方向,在通名前加方位词。可以以方位词(南、中、北;东、中、西)区分段位;

2.住宅区和商用楼盘的通名使用规范:

①基础设施完善的住宅区,占地面积3万平方米以上,可用"小区"或"花苑"作通名。

②占地面积在1万平方米以上的住宅小区,可用"园"或"苑"作通名;占地面积在1万平方米以下的豪华高级住宅,可用"公寓"作通名;达不到以上量化指标的住宅区或在较大小区内还要分块命名的可选用"院、居、庭、坊、楼、阁、舍、庄、宅、庐、邸、轩、堡、府、榭、湾、排屋"等作通名。

③在郊区或风景区供度假使用的大型旅游场所,占地面积2万平方米以上,有较完善的配套设施的,可用"度假村"作通名。

园林式低层高级住宅区,花圃、绿地面积一般应不低于占地面积50%,可用"别墅"作通名;依山而建、环境优雅的可称"山庄"。

④占地在5万平方米以上,封闭式或半封闭式的大型商贸建筑物(群),可用"城"作通名。

⑤高度在10层以上或总建筑面积在5000平方米以上的高层或大型楼宇,可用"大厦"作通名;达不到上述量化指标,但在当地又属突出建筑物,并具有地名意义的,可用"大楼"作通名;以商贸为主或低层为商场,高层为办公用房的高层建筑物,可用"商厦"作通名。

⑥某种功能在一个区域或某一行业中居主导地位且规模较大的建筑物(群),其占地面积一般不少于6000平方米或建筑面积在4万平方米以上,可用"中心(商场)"作通名。

以文化、教育、娱乐、体育等功能为主的建筑物,可用"馆、宫"作通名。

⑦广场是指县城中供市民休闲的具有一定规模的公共场地。当借用"广场"此词作指具有配套公共场地的建筑物(群)时,要求其占地面积应在1万平方米以上或建筑面积在6万平方米以上,并具有3000平方米以上的整块公共场地(不包括停车场)。并在通名前应冠以功能性词语,如××商务广场、××娱乐广场、××假日广场等。

⑧其它公共设施的通名:

公园：花木绿地面积应有占总面积65%以上。用于集会、供群众休息、文体活动和进行宣传教育以及节日游园等活动的场所。

⑨通名不得重叠使用，如××广场花园、××花园大厦、××广场大厦等，均属通名重叠现象，应避免出现。

（三）一般不以人名作地名，禁止以国家领导人的名字以及外国地名和人名作地名。

不以著名的山脉、河流等自然地理实体名称作行政区域专名；自然地理实体的范围超出本行政区域的，亦不以其名称作本行政区域专名。

（四）下列地名不得重名，并避免使用近似、易混淆的名称：

①省内行政区域和重要自然地理实体名称；

②县内的社区、村（居）民委员会辖区名称；

③同一乡（镇）、街道内的自然村名称；

④县城区、镇内的道路、住宅小区（楼）、建筑物名称。

（五）地名用字应当使用规范汉字，避免使用生僻或者易产生歧义的字。

第九条 地名确定后无特殊理由不得更名。有下列情形的应当更名：

（一）凡有损国家主权、领土完整、民族尊严和公共利益的，或者含义不健康的，带有民族歧视性质和妨碍民族团结的，带有侮辱劳动人民性质和庸俗的，以及违背国家方针、政策的地名，应当更名；（二）不符合本细则第八条规定的地名，应当更名；（三）一地多名、一名多写的，应当确定一个统一的名称和用字。

第三章 地名命名、更名和销名的申报与审批程序

第十条 地名的命名、更名和销名应按规定的程序进行申报与审批，未经批准，任何单位和个人不得擅自对地名进行命名、更名和销名。未经批准命名、更名的地名，不得作广告宣传和使用。

第十一条 行政区域名称，按照《国务院关于行政区划管理的规定》办理；由县人民政府提出，报市人民政府在依法批准设立行政区划时一并确定。

第十二条 工业区、开发区、风景名胜区、自然保护区等名称，由申请设立该区的主管部门提出意见，征求县民政局意见后，报有审批权的专业主管部门在依法批准设立时一并确定。

第十三条 社区、村（居）民委员会、自然村名称，由乡（镇）人民政府、街道办事处提出申请，经县民政局审核后，报县人民政府审批。

第十四条 县内山、河、湖、内陆岛屿等自然地理实体需要命名的，由相关部门提出意见，经县地名办审核，报县民政局审批；跨行政区域的，由相邻各方的民政局报市民政局审批。

第十五条 铁路、公路、桥梁、隧道、立交工程、航道、码头、渡口、车站、停车场、专业市场、广场、公园、水库、堤坝、山塘、水闸、电站、通讯基站、纪念地、遗址等具有地名意义的专业设施名称，由建设单位或者有关专业主管部门在发展和改革部门立项审批（备案）时提出，征求县民政局意见后，报有审批权的专业主管部门在依法批准建设专业设施时一并确定。

第十六条 县城区、建制镇内街、路、巷、弄、住宅区、建筑物以及其他需要命名的大型建筑物等名称，《景宁畲族自治县地名总体规划(2007—2020年)》(景政办发〔2013〕13号)已确定名称的，建设单位或者有关主管部门在申请立项时应当使用地名规划确定的名称；未确定名称的，建设单位或者有关主管部门应当在申请立项时提出预命名方案，并征求县民政局意见后，确定和使用预命名的名称。在建成交付使用前由建设单位或主管部门提出申报意见，经县地名办审核后，报县民政局审批。

已建道路无名的，由县民政部门予以命名。县民政部门在道路命名前应当征求有关主管部门意见，并将命名方案向社会公示。

第十七条 地名文化遗产保护名录中在用地名的更名应当严格控制；不使用的地名，县民政局和有关主管部门应当采取就近移用、优先启用、挂牌立碑等措施予以保护。

地名文化遗产保护名录涉及的地理实体拆除重建或者迁移后重新命名的，应当优先使用原地名。

第十八条 申请住宅小区(楼)、建筑物命名的，应当提交下列材料：

(一)建设用地和建设工程规划许可文件及总平面图；(二)拟用地名的用字、拼音、含义的说明；(三)其他与申请命名相关的材料。

县民政局应当自收到申请之日起10个工作日内作出审批决定。对符合要求的名称，应当予以批准，并出具批准文件；对不符合要求的名称，应当不予批准，书面告知申请人并说明理由。但征求利害关系人及有关方面意见或者进行协调所需的时间除外。

第十九条 有关主管部门按照本细则第十二条、第十五条的规定对地名进行命名、更名的，应当在命名、更名后10个工作日内报县民政局备案；县民政局发现备案的地名不符合规定要求的，应当要求或者建议审批机关予以纠正。

第二十条 因自然地理实体变化、行政区划调整和城乡建设等原因而不使用的地名，由县民政局根据职责予以销名。

地名更名、销名程序按照地名命名的相关规定执行。

第二十一条 县民政局和有关主管部门应当及时向社会公布命名、更名和注销的地名信息，同时抄告县发改、公安、建设、国土、市场监督管理、邮政、电信等相关管理部门。

因行政机关依照职权主动作出地名命名、更名和注销决定，致使公民、法人和其他组织的居民身份证、营业执照、房地产权属证书等证照和批文的地名信息需要作相应变更的，县民政局和有关主管部门应当根据公民、法人和其他组织的申请，在各自职责范围内免费为其提供出具相关地名证明或者换发证照和批文等服务，但法律、行政法规另有规定的除外。

第四章 地名标志的设置和管理

第二十二条 重要自然地理实体、行政区域界位、社区、村(居)委员会辖区、风景名胜区、自然保护区、专业设施、道路等，应当按照国家和省规定的有关标准设置地名标志。

(一)住宅小区地名标志，含幢牌、单元牌、户牌、门牌、小区牌(示意图)，由开发单位申报，自然村门牌由村民委员会、乡镇人民政府编排申报，县地名办进行审核、设置及监督管理。

门楼牌设置后，由房屋产权归属单位或个人维护，凡无门楼牌或损坏的应向县地名办提出申请。门牌证申请由房屋产权单位或个人持房产证、土地证原件到县行政中心民政窗口办理，其中新建商品房由房地产开发公司按产权户名统一申报办理。

（二）县城中的街、路、巷、弄包括平面分布图以及乡镇、街道村指路牌等地名标志，由县地名办负责设置和管理。

（三）其他地名标志由提出地名命名申请的单位或者有关主管部门负责设置和管理。

（四）乡（镇）人民政府、街道办事处负责做好本辖区地名标志的设置和管理工作。

第二十三条 各类地名标志的式样、布局、书写内容应符合GB17733–2008《地名标志》国家标准。

第二十四条 任何单位和个人不得涂改、遮盖、损毁或者擅自设置、移动、拆除地名标志。因施工等原因确需移动、拆除地名标志的，应当事先征得设置单位或者管理单位同意，并在施工结束前恢复原状，所需费用由工程建设单位承担。

地名标志管理单位应当保持地名标志的清晰和完好，发现损坏或者字迹残缺不清的，应当及时予以更新。

第五章 标准地名的使用和监督

第二十五条 标准地名应按国家规范汉字书写，其罗马字母拼写应当以国家公布的《汉语拼音方案》和《中国地名汉语拼音字母拼写规则》拼写。禁止用外语拼写地名，对已公布的标准地名，各单位、团体和个人应及时准确地使用，不得任意更改书写形式，也不得使用旧地名。

少数民族地名和外国语地名的汉字译写，按照国家有关规定执行。

第二十六条 县民政局和有关主管部门应当采取措施，宣传、推广和监督使用标准地名。下列情形使用的地名应当是标准地名：

（一）地名标志、交通标志；（二）地图、电话号码簿、交通时刻表、邮政编码簿等出版物；（三）县机关、企业事业单位、人民团体制发的公文、证照及其他法律文书；（四）媒体广告、户外广告；（五）其他应当使用标准地名的情形。

第二十七条 县民政局应当建立本行政区域的地名数据库，及时更新地名信息，保证地名信息的真实、准确。

县民政局和有关主管部门应当加强地名信息协作，实现地名信息资源共享。同时可以通过设立地名网站、地名信息电子显示屏、地名问路电话等方式，向社会提供地名信息服务。

县民政局和有关主管部门负责出版县行政区域或者本系统的标准地名出版物。其他任何单位和个人不得出版标准地名出版物。

第二十八条 县民政局和有关主管部门应当按照国家和省有关规定，建立健全档案管理制度，加强地名档案的收集、整理和保存工作，维护地名档案的完整、系统和安全。

县档案管理部门应当加强对地名档案管理工作的指导和监督。

第六章 法律责任

第二十九条 单位或个人违反本细则规定的，有下列行为之一的，由县民政部门依据《浙江省地名管理办法》第三十七、三十八条规定给予行政处罚。

第三十条 行政机关及其工作人员违反本细则规定，有下列行为之一的，由有权机关责令改正；情节严重的，对直接负责的主管人员和其他直接责任人员依法给予处分：

（一）未按照规定权限和程序实施地名命名、更名审批的；（二）未按照规定职责设置和管理地名标志的；（三）违法收费的；（四）其他滥用职权、玩忽职守、徇私舞弊的行为。

第七章 附 则

第三十一条 本细则自2014年12月1日起施行。1994年11月14日县人民政府发布的《景宁畲族自治县地名管理规定》（景政〔1994〕141号）自本细则施行之日起废止。

景宁畲族自治县人民政府办公室　　　　2014年1月10日印发

景宁畲族自治县人民政府文件

景政〔1984〕144 号

关于调整梅漈村行政区划的批复

英川乡人民政府：

你乡关于要求调整梅漈村行政区划的报告收悉。

经县人民政府研究，同意将梅漈村的新村、梅库、新塘垟三个自然村（原第五、第六、第七等三个生产队），管辖五十八户（畲族五十户），二百四十八人（畲族二百一十人），耕地面积一百一十七亩划出，建立新村村民委员会，村民委员会设在新村村。其余原第一、二、三、四生产队（村民小组）五十五户二百五十八人，耕地面积一百四十一亩仍为梅漈村民委员会，村民委员会设在梅漈村。

望乡政府加强分村工作的领导，加强畲汉两族人民的团结，互相协助，发扬团结友爱的精神，认真负责地处理好原集体财产。

景宁畲族自治县人民政府

一九八四年十二月三十一日

景宁畲族自治县人民政府(批复)

景政批〔1989〕29号

关于同意叶桥乡陈村村民委员会更名的批复

叶桥乡政府：

你乡关于要求陈村村委更名为陈田村委的请示收悉。

经研究，同意你乡陈村村民委员会更名为陈田村民委员会。

景宁畲族自治县人民政府

一九八九年十二月十一日

景宁畲族自治县人民政府(批复)

景政批〔1989〕30号

关于同意分设白沙岱村民委员会的批复

澄照乡政府:

你乡关于要求分设白沙岱村民委员会的请示收悉。

经研究。同意现梅枫村民委员会中,白沙岱自然村划出建立白沙岱村民委员会。该村管辖原第5、6、7三个村民小组,共40户,168人,耕地面积137亩,山林面积1933亩;其余原1、2、3、4四个村民小组,共55户,236人,耕地面积222亩,山林面积6683亩,仍由梅枫村民委员会管辖。

望乡政府加强对分设工作的领导,处理好原村民委员会的财产、债权,促进邻村的团结。同时,要依照村民委员会组织法(试行)和省实施办法的规定,指导好全体村民依法选好自己的自治组织村民委员会。

景宁畲族自治县人民政府

一九八九年十二月十一日

景宁畲族自治县人民政府(批复)

景政批〔1990〕1号

关于同意下圩村民委员会分设为坑边、下圩、伏岩三个村民委员会的批复

秋炉乡政府:

你乡关于要求下圩村民委员会要求分设的请示悉。

经研究,同意下圩村民委员会调整为坑边、下圩、伏岩三个村民委员会。坑边村民委员会管辖田寮、湖后、坑边3个自然村,原第一、二、三、四4个村民小组,71户306人,耕地588.8亩,其中水田121.2亩,山林2477亩,村委设坑边村;下圩村民委员会,管辖五大洋、凤口、派坦、驮奔、桥局、下圩自然村,原第五、六、七、八、九5个村民小组,114户562人,耕地571亩,其中水田178.5亩,山林2603亩,村委设下圩村;伏岩村民委员会,管辖伏岩上处、伏岩下处、伏岩口、火山岩自然村,原第十、十一、十二、十三4个村民小组,83户414人,耕地1270.9亩,其中水田152.1亩,山林7294亩,村委设在伏岩村。

望乡政府加强对分设工作的领导,妥善处理好原村委的集体财产、债权债务,促进邻村的团结。同时,根据村民委员会组织法和省实施办法,指导广大村民依法选好自己的自治组织村民委员会。

景宁畲族自治县人民政府

一九九〇年一月三日

景宁畲族自治县人民政府(批复)

景政批〔1990〕23号

关于同意分设赤岩、半岱两村民委员会的批　　复

莲川乡人民政府:

你乡要求分设赤岩、半岱两村民委员会的请示悉。

经研究:同意从原小地村民委员会中,划出赤岩片建立赤岩村民委员会,村委设赤岩村。该村辖赤岩、下村、寨后三个自然村,共79户386人,耕地199亩,山林4790亩。原小地村委中的131户633人,耕地287亩,山林12186.3亩仍为小地村委,管辖小地、际胡洋两个自然村。

同意从原上处垟村民委员会中,划出半岱、杨梅突两个自然村建立半岱村民委员会,村委设半岱村。该村辖67户296人,耕地148亩,山林1794.2亩。原上处垟、岱头、水平、龙耳尖四个自然村,仍属上处垟村委,该村委辖121户524人,耕地302.5亩,山林3812.77亩。

望莲川乡政府加强领导,妥善处理好原村委的山林、财产和债权债务,搞好邻村的团结,并按照《村民委员会组织法》和省实施办法,指导全体村民直接选举产生村民的自治组织村民委员会。

景宁畲族自治县人民政府

一九九〇年十一月二十日

景宁畲族自治县人民政府(批复)

景政批〔1991〕3号

关于同意柳山头村民委员会分设为粗垟、柳山头两个村民委员会的批复

大地乡人民政府:

你乡关于要求柳山头村民委员会分设为粗垟、柳山头两个村民委员会的请示悉。

经研究:同意从原柳山头村民委员会划分洋白岱、粗赛、曲斗、金坑自然村设立粗垟村民委员会,村委设洋白岱村。该村辖73户,338人,耕地面积272亩,山林面积5942亩。柳山头村民委员会辖柳山头村四个村民小组,75户,312人,耕地面积241亩,山林面积6742亩。

望大地乡政府切实加强领导,妥善处理好原村委的山林、财产和债权债务,搞好邻村的团结。按照《村民委员会组织法》,指导全体村民直接选举产生村民的自治组织村民委员会。

景宁畲族自治县人民政府

一九九一年三月二十九日

景宁畲族自治县人民政府(批复)

景政批〔1991〕4号

关于同意留钱村民委员会分设为高闫、留钱两个村民委员会的批复

梅岐乡人民政府：

你乡要求分设高闫、留钱两个村民委员会的请示悉。

经研究：同意从原留钱村民委员会中划分石闫、高山两自然村，设立高闫村民委员会，村委设石闫村。该村辖88户，333人，耕地面积272.1亩，山林面积5065亩。原留钱村委中的李山头、外山、太山顶三个自然村仍属留钱村委管辖。该村现辖五个村民小组，68户，324人，耕地面积287.5亩，山林面积4010亩。

望梅岐乡政府切实加强领导，妥善处理好原村委的山林、财产和债权债务，搞好团结，并按照《村民委员会组织法》，指导全体村民直接选举产生村民的自治组织村民委员会。

景宁畲族自治县人民政府

一九九一年三月二十九日

景宁畲族自治县人民政府(批复)

景政批〔1991〕7号

关于同意张村村民委员会分设为周湖、双后岗、旱塔、张村四个村民委员会的批复

张春乡人民政府:

你乡关于要求将张村村民委员会分设为周湖、双后岗、旱塔、张村四个村民委员会的请示悉。

经研究,同意从原张村村民委员会的1、2、3、4四个村民小组划出,建立周湖村民委员会,村委设周湖村。该村辖四个村民小组,59户,248人,耕地面积219.65亩,山林面积1570亩。

从原张村村民委员会划出5、6、7、8四个村民小组,建立双后岗村民委员会,村委设双后岗村。该村辖双后岗、乌桥路两个自然村,4个村民小组,61户,298人,耕地面积213.16亩,山林面积1914亩。

从原张村村民委员会的9、10、11、12四个村民小组仍属张村村民委员会,村委设张村村。该村辖张村上、下村和对门山3个自然村,4个村民小组,87户,351人,耕地面积191.58亩,山林面积1927亩。

从原张村村民委员会划出13、14、15、16四个村民小组,建立旱塔村民委员会,村委设旱岗村。该村辖旱岗、塔堋两个自然村,四个村民小组,59户,279人,耕地面积197.52亩,山林面积1478亩。

望张春乡政府切实加强领导,妥善处理好原村民委员会的山林、土地、财产和债权债务,搞好邻村团结。按照《村民委员会组织法》指导全体村民选举产生村民委员会。

景宁畲族自治县人民政府

一九九一年四月十九日

景宁畲族自治县人民政府(批复)

景政批〔1991〕15 号

关于同意赤梅村民委员会分设为梅山、大赤坑两个村民委员会的批复

大均乡人民政府:

你乡要求赤梅村民委员会分设为梅山、大赤坑两个村民委员会的请示悉。

经研究,同意将原赤梅村委的梅山、溪下坑、阔岙、湖平、十五秤五个自然村,7 个村民小组,建立梅山村民委员会,村委设梅山村。该村委辖 113 户,422 人,耕地面积 413.2 亩,山林面积 5214.5 亩。

同意将原赤梅村委的大赤坑、梅山岭、岭脚、外洋四个自然村,5 个村民小组,建立大赤坑村民委员会,村委设大赤坑村。该村委辖 94 户,312 人,耕地面积 255.4 亩,山林面积 4516.7 亩。

望大均乡政府加强领导,妥善处理好原村民委员会的山林、土地、财产和债权债务,搞好邻村团结。按照《村民委员会组织法》指导全体村民选举产生村民委员会。

景宁畲族自治县人民政府

一九九一年七月十七日

景宁畲族自治县人民政府(批复)

景政批〔1991〕28 号

关于同意增设居委会的批复

鹤溪镇人民政府：

关于要求增设居委会的报告悉。

鹤溪镇是我县的政治、经济、文化中心，抓好居委会建设尤为重要。经县长办公会议研究同意增设南门、后山二个居民委员会。除浮丘、金仙寺、城郊三居委范围不变外，其余七个居委会划分如下：

居委名称	四　至	户数	人数	临时户数	临时人数
百 岁	东至大众街直上百岁门，南至梅庄亭，西至鹤溪，北至南门弄直出鹤溪。	230	740	164	442
百 塔	东至人民南路直上后坑，南至敬山宫顶，西至大众街直上百岁门至敕木山路，北至上桥头三角店。	261	633	178	485
南 门	东至人民南路，南至南门弄直出鹤溪，西至鹤溪，北至人民广场。	210	570	177	480
垟 后	东至石印山脚，南至后坑顶，西至人民南路，北至少年宫。	256	584	163	439
仙 童	东至环城东路，南至少年宫，西至人民中路，北至复兴东路。	272	814	182	507
后 山	东至县中队山脚，南至复兴东路，西至人民北路，北至鸭卵坑。	370	1282	150	400
新 城	东人民中路至，南至人民广场，西至鹤溪，北至新城最下端。	656	1441	185	515

景宁畲族自治县人民政府

一九九一年八月三十一日

景宁畲族自治县人民政府(批复)

景政批〔1996〕15号

关于同意建立东坑镇第一居民委员会的批复

东坑镇人民政府:

你镇《关于要求建立东坑镇第一居民委员会的请示》收悉。经研究,同意建立东坑镇的利益居民委员会,居委会设东坑镇政府驻地。

希望东坑镇人民政府按照《中华人民共和国城市居民委员会组织法》,指导全体居民直接选举产生居民委员会。使居民委员会真正成为居民自我管理、自我教育、自我服务的基层群众性自治组织。

景宁畲族自治县人民政府

一九九六年八月二十一日

景宁畲族自治县人民政府(批复)

景政批〔1996〕16 号

关于同意建立渤海镇政府居民委员会的批复

渤海镇人民政府:

你镇《关于要求批复渤海镇居民委员会的请示》收悉。经研究,同意建立渤海镇居民委员会,居委会设渤海镇人民政府驻地。居民委员会是居民自我管理、自我教育、自我服务的基层群众性自治组织。希望渤海镇人民政府按照《中华人民共和国城市居民委员会组织法》,指导全体居民直接选举产生居民委员会。

景宁畲族自治县人民政府

一九九六年七月二十六日

景宁畲族自治县人民政府(批复)

景政发〔1999〕3号

关于同意鹤溪镇余山行政村更名为城西行政村的批复

鹤溪镇人民政府:

鹤政发〔1999〕1号"关于要求将余山村更名为城西村的请示"悉。为有利于新村建设,同时使新村地名与其地理位置相适应,经研究,决定你镇余山行政村更名为城西行政村。

景宁畲族自治县人民政府

一九九九年一月七日

景宁畲族自治县人民政府(批复)

景政批〔1996〕25号

关于同意沙湾镇政府所在地街道命名的批复

沙湾镇人民政府:

你镇关于要求给沙湾镇政府所在地街道命名的请示悉。经研究,同意你镇政府所在地下列十二条街道的命名:

一、贯穿镇政府所在地的东西向街道(东至沙湾大桥桥头,西至村头),路名为“朝阳街”。

二、小溪以北由东自西第一条南北向横路(南至朝阳街,北至农机站),路名为“文化巷”。

三、小溪以北由东自西第二条南北向横路(南至朝阳街,北至山边),路名为“新建巷”。

四、小溪以北由东自西第三条南北向横路(南至小溪岸边,北至山边),路名为“贡元巷”。

五、小溪以北由东自西第四条南北向横路(南至小溪岸边,北至山边),路名为“和平巷”。

六、小溪以北由东自西第五条南北向横路(南至小溪岸边,北至山边),路名为“树林巷”。

七、小溪以北由东自西第六条南北向横路(南至小溪岸边,北至山边),路名为“中心巷”。

八、小溪以北由东自西第七条南北向横路(南至小溪岸边,北至山边),路名为“团结巷”。

九、小溪以北由东自西第八条南北向横路(南至小溪岸边,北至山边),路名为“光明巷”。

十、小溪以北由东自西第九条南北向横路(南至小溪岸边,北至山边),路名为“驮处巷”。

十一、小溪以北由东自西第十条南北向横路(南至朝阳街,北至山边),路名为“柳家巷”。

十二、小溪以北由东自西第十一条南北向横路(南至朝阳街,北至山边),路名为“上街巷”。

景宁畲族自治县人民政府

一九九六年十一月十一日

景宁畲族自治县人民政府办公室文件

景政办〔1996〕45号

关于给县城规划区内街道命名和更名的通知

鹤溪镇政府，县政府各部门，县属各企事业单位：

随着城镇建设的迅速发展，新建厂区、住宅小区的不断增加，县城面貌有了较大的变化，但同时也存在有路无名等现象，给邮电、交通及人民日常生活带来诸多不便。因此，根据《浙江省地名管理办法》和《景宁畲族自治县地名管理规定》，现经县人民政府批准，决定给下列18条无名街道予以命名：

民族经济开发区团结路与环城北路之间的东西向16米宽横路（东至环城东路、西至鹤溪北路），路名为“胜利路”。

民族经济经开区曙光路以北南北向6米宽（南至曙光路、北至胜利路），路名为“兴工路”。

民族经济开发区人民北路以西第一条南北向8米宽（南至团结路、北至环城北路），路名为“新华路”。（由建设路至惠明路延伸至环城北路）。

民族经济开发区鹤溪镇小学以北南北向6米宽（南至惠明路、北至团结路），路名为“育英路”。

环城西路与金仙路之间从北至南第一条东西向6米宽横路（东至环城西路、西至农场），路名为“金仙一弄”。

环城西路与金仙路之间从北至南第二条东西向6米宽横路（东至环城西路、西至农场），路名为“金仙二弄”。

环城西路与金仙路之间从北至南第三条东西向6米宽横路（东至环城西路、西至金仙路），路名为“金仙三弄”。

燃料公司以北第一条（从南至北）东西向2.5米宽横路（东至环城西路、西至山脚），路名为“岭脚新村一弄”。

燃料公司以北第二条（从南至北）东西向2.5米宽横路（东至环城西路、西至山脚），路名为“岭脚新村二弄”。

燃料公司以北第三条（从南至北）东西向2.5米宽横路（东至环城西路、西至山脚），路名为“岭脚新村三弄”。

燃料公司以北第四条(从南至北)东西向 2.5 米宽横路(东至环城西路、西至山脚),路名为“岭脚新村四弄”。

燃料公司以北第五条(从南至北)东西向 2.5 米宽横路(东至环城西路、西至山脚),路名为“岭脚新村五弄”。

燃料公司以北第六条(从南至北)东西向 2.5 米宽横路(东至环城西路、西至山脚),路名为“岭脚新村六弄”。

燃料公司以北第七条(从南至北)东西向 2.5 米宽横路(东至环城西路、西至山脚),路名为“岭脚新村七弄”。

燃料公司以北第八条(从南至北)东西向 2.5 米宽横路(东至环城西路、西至山脚),路名为“岭脚新村八弄”。

燃料公司以北第九条(从南至北)东西向 2.5 米宽横路(东至环城西路、西至山脚),路名为“岭脚新村九弄”。

小商品农贸市场以南东西向 6 米宽横路(东至人民南路、西至鹤溪南路),路名为“市场路”

民族经济经开区曙光路与惠明路之间东西向 6 米宽(东至新华路、北至兴工路),路名为“西门弄”。

因地与名不符,新车站南面李宅村背面东西向 6 米宽之“豸山路”(东至环城西路、西至山脚),更名为“果园路”,并将西面延伸至水果队。

上列街道名称为标准化地名,各单位必须遵照使用,不得擅自更改,否则将按《浙江省地名管理办法》第二十二条有关规定予以处罚。

一九九六年五月二十日

景宁畲族自治县人民政府办公室文件

景政办〔1996〕78号

关于县城新兴路和曙光路更名的通知

鹤溪镇政府，县政府各部门，县属各企事业单位：

为加强地名管理，有利于社会交往，原邮电局北面东西向新兴路（东至人民中路，西至新华路）和曙光路（东至新华路，西至鹤溪中路），因两路相连，且两路总长不足500米，不符合地名命名规范化、层次化的要求。

鉴于上述情况，现根据群众要求，经县政府研究，决定将新兴路和曙光路更名为邮电路（东至人民中路，西至鹤溪中路），希各知照。

景宁畲族自治县人民政府办公室

一九九六年十月二十一日

景宁畲族自治县人民政府(批复)

景政批〔1997〕2号

关于同意英川镇政府所在地街道命名的批复

英川镇人民政府：

你镇关于要求批复英川镇政府所在地街道命名的请示悉。经研究，同意你镇政府所在地下列六条街道的命名：

一、小溪以北贯穿英川镇政府所在地的东西向8米宽街道(东至英川大桥，西至印坛桥)，路名为“双桥街”。

二、双桥街以北东西向街道(东至双桥街，西至镇供电所)，路名为“川中路”。

三、川中路以北由东至西第一条南北向横街(南至川中路，北至山脚)，路名为“川北一巷”。

四、川中路以北由东至西第二条南北向横街(南至川中路，北至山脚)，路名为“川北二巷”。

五、川中路以北由西至东第一条南北向街道(南至双桥街，北至川中路)，路名为“川南二巷”。

六、川中路以北由西至东第二条南北向街道(南至川南二巷，北至川中路)，路名为“川南一巷”。

景宁畲族自治县人民政府

一九九七年二月二十四日

景宁畲族自治县人民政府(批复)

景政批〔1997〕3号

关于同意渤海镇政府所在地街道命名的批复

渤海镇政府:

你镇关于要求批复渤海镇政府所在地街道命名的请示悉。经研究,同意你镇政府所在地下列七条街道的命名:

一、小溪以北贯穿渤海镇政府所在地的东西向8米宽街道(东至三角丘,西至渤海村头),路名为"城南路"。

二、城南路以北贯穿渤海村的南北向6米宽街道(南至城南路,北至渤海镇小学),路名为"城中路"。

三、城中路以东由南至北第一条东西向3米宽街道(东至城南路,西至城中路),路名为"育才巷"。

四、城中路以东由南至北第二条东西向2.5米宽街道(东至教堂,西至城中路),路名为"高升巷"。

五、渤海中学以北高升巷以东的南北向道路(南至城南路,北至顶头处),路名为"新兴巷"。

六、镇人民政府东侧的南北向街道(南至城南路,北至荷花街),路名为"梅花巷"。

七、城中路与梅花巷之间的东西向街道(东至城中路,西至梅花巷),路名为"荷花街"。

景宁畲族自治县人民政府

一九九七年二月二十四日

景宁畲族自治县人民政府文件

景政发〔2002〕30号

景宁畲族自治县人民政府
关于设立英川镇木岱口行政村的通知

各乡镇人民政府，县政府直属各单位：

由于英川一级电站建设，地处库区淹没线以下原木耳口行政村的木耳口、茶堂自然村已整体迁移。根据英川镇政府及当地群众的要求，经研究，决定撤销木耳口行政村，设立木岱口行政村，辖原木耳口行政村的岱头岗、木耳山、洪山场、西坑口四个自然村、四个村民小组，村委驻地岱头岗村。

要求英川镇政府切实加强领导，妥善处理好原行政村的山林、财产和债权、债务等问题，并按照《村民委员会组织法》等有关法律法规，指导村民依法选举产生新的村民委员会。

景宁畲族自治县人民政府

二〇〇二年六月二十七日

景宁畲族自治县人民政府办公室文件

景政办发〔2004〕71 号

景宁畲族自治县人民政府办公室
关于给东坑镇政府所在地街道广场命名和更名的通知

各乡镇人民政府，县政府直属各单位：

随着城镇建设的迅速发展，新建街道、经济开发区、居民住宅小区不断增加，城镇乡村面貌有了较大变化。但同时也存在有地无名，有村无名现象，给通讯、社会交往及人民日常生活带来不便。因此，根据《浙江省地名管理办法》和《景宁畲族自治县地名管理规定》，经县人民政府批准，决定给东坑镇七条无名街道、广场予以命名：

东坑镇派出所以南，东西向长 300 米，宽 20 米的横路（东至文化路，西至东坑小坑桥头），路名为“集仕路”。

东坑镇政府以东，南北向长 630 米，宽 8 米的直路（南至环城西路南端，北至集仕路），路名为“文化路”。

东坑镇卫生院以东，南北向长 480 米，宽 10 米的直路（南至景泰公路，北至瑞东公路），路名为“工业路”。

东坑镇小坑以东，南北向长 440 米，宽 12 米的直路（南至文化路，北至景泰公路），路名为“河东路”。

东坑镇小坑以西，南北向长 700 米，宽 12 米的直路（南至东坑供电所，北至环城西路），路名为“河西路”。

东坑中学东侧，南西向长 320 米，宽 10 米的直路（南至马坑，西至环城西路），路名为“马坑路”。

东坑镇的中心广场面积 0.2 公顷，被省政府列入“欠发达乡镇奔小康工程”，得到宁波市集仕镇的大力支持，特命名为“集仕广场”。

二〇〇四年五月二十四日

景宁畲族自治县人民政府办公室文件

景政办发〔2004〕86号

景宁畲族自治县人民政府办公室
关于对县城规划区部分街道 小区 专业市场 桥梁命名的通知

各乡镇人民政府，县政府直属各单位：

随着城镇建设的迅速发展，新建道路、住宅小区、专业市场和桥梁的不断增加，县城面貌发生了很大变化，同时也存在有路无名的现象，给市场经济建设和人民日常生活带来诸多不便。根据《浙江省地名管理办法》、《丽水市地名管理办法》和《景宁畲族自治县地名管理规定》，经县政府研究，决定对县城下列31处街道、小区、专业市场和桥梁予以命名：

一、城南社区石印山以南，东西向长870米，宽16米横路（东至环城东路，西至人民南路），路名为“石印路”。

二、城南社区环城南路以北东西向长400米，宽12米横路（东至环城东路，西至人民南路），路名为“中洋路”。

三、城南社区环城南路以南，东西向长90米，宽12米横路（东至环城东路，西至鹤溪南路），路名为“鹤川路”。

四、城南社区鹤川路以南，东西向长950米，宽16米横路（东至环城东路〔敬山宫后〕，西至鹤溪南路），路名为“宝石路”。

五、城南社区宝石路以南，东西向长260米，宽12米（东至茶山脚，西至鹤溪南路），路名为“庆丰路”。

六、城南社区庆丰路以南，东西向长330米，宽12米（东至茶山脚，西至鹤溪南路），路名为“民族路”。

七、仙童社区石印山广场以南，东西向长80米，宽12米横路（东至人民中路，西至寨山桥头横路），路名为“钟楼路”。

八、仙童社区烟草大楼以北第一条（从南至北），东西向长70米，宽6米横路（东至童弄街，西至人民中路），路名为“童弄街一弄”。

九、仙童社区烟草大楼以北第二条(从南至北),东西向长70米,宽6米横路(东至童弄街,西至人民中路),路名为“童弄街二弄”。

十、仙童社区烟草大楼以北第三条(从南至北),东西向长75米,宽6米横路(东至童弄街,西至人民中路),路名为“童弄街三弄”。

十一、仙童社区烟草大楼以北第四条(从南至北),东西向长80米,宽6米横路(东至童弄街,西至人民中路),路名为“童弄街四弄”。

十二、红星社区国税局以南东西向长150米,宽6米横路(东至新华路,西至兴工路),路名为“新兴弄”。

十三、城西社区气象局以南东西向6米宽的横路(东至金仙路,西至山脚),路名为“金仙四弄”。

十四、城西社区气象局以南第二条东西向6米宽的横路(东至金仙路,西至山脚),路名为“金仙五弄”。

十五、城南社区景建以南东西向,4孔水泥桥面铁管栏杆,宽9米,长70米,(东至鹤溪南路,西至浮丘路),桥名为“鹤溪桥”。

十六、城南社区辖区东至敬山宫后,南至茶山脚,西至人民南路,北至环城南路范围(英川移民新村),命名为“鹤川小区”。

十七、城南社区辖区东至人民南路,南至民族路,西至鹤溪南路,北至环城南路范围,命名为“鹤溪小区”。

十八、红星社区辖区东至环城东路,南至复兴东路,西至红星路,北至惠明东路范围,命名为“安居小区”。

十九、红星社区辖区东至环城东路,南至团结路,西至人民北路,北至环城北路范围,命名为“玄坛殿小区”。

二十、红星社区辖区东至人民中路,南至惠明路,西至鹤溪中路,北至团结西路范围,命名为“新华小区”。

二十一、红星社区辖区东至人民北路,南至团结西路,西至鹤溪北路,北至环城北路范围,命名为“团结小区”。

二十二、红星社区辖区东至环城东路山脚,南至复兴东路,西至人民中路,北至团结东路范围,命名为“学田小区”。

二十三、红星社区辖区东至红星路,南至惠明路,西至育英路,北至团结东路范围(共8幢),命名为“园丁新区”。

二十四、城西社区辖区东至环城西路,南至金仙一弄,西至县良种场,北石油公司加油站金仙路北范围,命名为“金仙小区”。

二十五、城西社区辖区东至环城西路,南至车站路,西至山脚,北至金仙一弄范围,命名为“城西小区”。

二十六、城西社区辖区东至环城西路,南至寨山脚,西至水果队,北至车站范围,命名为“李宅小区”。

二十七、城西社区辖区东至浮丘路，南至叶府前小溪，西至环城西路，北至寨山桥头范围，命名为“商业小区”。

二十八、城西社区辖区原商业小区以南叶府前村及造纸厂宿舍范围，命名为“叶府前小区”。

二十九、城西社区辖区东至浮丘路，南至傍山脚，西至造纸厂，北至叶府前小溪范围，命名为“鹤溪花园”。

三十、商业大楼以南东至人民南路，南至市场路，西至鹤溪南路，北至石印山广场范围，命名为“商贸城”。

三十一、县保险公司以北东至兴工路，南至新兴弄，西至停车场，北至团结西路山珍批发市场范围，命名为“绿色食品市场”。

以上街道、小区、桥梁、专业市场为标准化地名，各单位必须遵照使用，不得擅自更改。

二〇〇四年六月二十八日

景宁畲族自治县人民政府办公室文件

景政办发〔2005〕80号

景宁畲族自治县人民政府办公室
关于县城规划区部分小区、街道命名的通知

各乡镇人民政府，县政府直属各单位：

随着城镇建设的迅速发展，住宅小区不断增加，城区面貌发生了很大变化，同时也存在有路无名的现象，给市场经济建设和人民日常生活带来诸多不便。根据《浙江省地名管理办法》《丽水市地名管理办法》和《景宁畲族自治县地名管理规定》和城乡规划与地面规划必须同步进行的要求，经县政府研究，决定对县城下列住宅小区、街道予以命名。

一、红星社区辖区东至新华路，南至团结路，西至鹤溪北路，北至环城北路范围，命名为“永安小区”。

二、红星社区以西，南北向长200米，宽10米直路（南至惠明路，北至团结路），路名为“永胜路”。

以上小区、街道为标准地名，各单位必须遵照使用，不得擅自更改。

二〇〇五年七月二十六日

景宁畲族自治县人民政府办公室文件

景政办发〔2005〕126号

景宁畲族自治县人民政府办公室
关于县城规划区住宅小区命名的通知

各乡镇人民政府，县政府直属各单位：

根据《浙江省地名管理办法》、《丽水市地名管理办法》和《景宁畲族自治县地名管理规定》，经研究，决定将城南社区范围内东至石印山山脚，南至民主弄，西至人民南路、石印路，北至石印山公园的新建住宅、商业区命名为“石印山小区”。

此小区名称为标准地名，各单位必须遵照使用，不得擅自更改。

二〇〇五年十一月二十二日

景宁畲族自治县人民政府办公室文件

景政办发〔2006〕37号

景宁畲族自治县人民政府办公室
关于县城住宅小区和乡镇街道命名更名的通知

各乡镇人民政府，县政府直属各单位：

根据《浙江省地名管理办法》、《丽水市地名管理办法》和《景宁畲族自治县地名管理规定》，经研究，决定对县城、沙湾镇七里村、大均乡大均村等八处住宅小区、街道予以更名命名：

一、县城永安小区更名为"阳光城小区"。（东至新华路，南至团结西路，西至鹤溪北路，北至环城北路）。

二、沙湾镇东信沙湾大桥以南，南北向长200米，宽12米（南至庆景公路，北至东信沙湾大桥桥头），路名为"新建路"。

三、七里村瓯江小溪以南，东西向长500米，宽8米（东至东信沙湾大桥，西至过境公路石路桥），路名为"河滨路"。

四、七里村河滨路以南，东西向长350米，宽14米（东至新建路，西至石路桥桥头），路名为"七里街"。

五、七里村七里街以南，东西向长380米，宽8米（庆景公路穿村过境路段），路名为"大众路"。

六、七里村河滨路以南，东西向长320米，宽1.2米（东至新建路，西至村头），路名为"香樟弄"。

七、七里村大众路以南，南北向长230米，宽1.2米（南至七里电站，北至大众路），路名为"水碓弄"。

八、大均乡大均村以北，东西向长150米，宽12米（东至庆景公路，西至镇龙街），路名为"科协路"。

以上小区、街道、巷弄为标准地名，各单位必须遵照使用，不得擅自更改。

二〇〇六年五月二十二日

景宁畲族自治县人民政府办公室文件

景政办发〔2008〕38号

景宁畲族自治县人民政府办公室
关于鹤溪镇、九龙乡街道住宅小区更名命名的通知

各乡镇人民政府、管理区，县政府直属各单位：

根据《浙江省地名管理办法》、《丽水市地名管理办法》和《景宁畲族自治县地名管理规定》等相关法律法规的规定，决定对鹤溪镇、九龙乡街道住宅小区予以更名命名：

一、鹤溪镇城西社区辖区的移民住宅区，东至山脚，南至包凤村尾，西至环城西路，北至叶府前小区，命名为“金惠小区”。

二、九龙乡政府办公大楼以北。东西向长800米，宽16米，北至九龙乡校食堂外路口，东至村尾，路名为“龙翔路”；龙翔路以北，东西向长430米，宽9米，东至村尾，西至龙翔路，路名为“龙腾路”；龙腾路以北，东西向长460米，宽11米，东至村尾，西至龙翔路，路名为“龙海路”；龙海路以北，东西向长610米，宽20米，东至桥头，西至高沈公路口，路名为“龙湖路”；九龙乡新长汀村高演自然村移民住宅区，东至村尾，南至畲斗塆，西至去高沈路口，北至“龙湖路”，命名为“九龙小区”。

以上小区、街道为标准地名，各单位必须遵照使用，不得擅自更改。

二〇〇八年六月二日

景宁畲族自治县民政局文件

景民发〔2010〕10号

景宁畲族自治县民政局
关于鹤溪镇和外舍管理区住宅小区命名的通知

各乡镇人民政府、(外舍管理区),县政府各单位:

根据《根浙江省地名管理办法》《丽水市地名管理办法》和《景宁畲族自治县地名管理规定》,决定对鹤溪镇居民住宅区、外舍管理区滩坑库区移民住宅区予以命名。

一、鹤溪镇原浙江丹迪琳服饰有限公司的厂区住宅区命名为“金丰花苑”,范围为东至人民北路,南至胜利路,西至新华路,北至大自然食品公司厂区。

二、垟外舍管理区王金 片滩坑库区移民住宅区命名为“金都小区”,分别设A区、B区、C区。上述名称从即日起正式使用。机关行文、公安户籍、邮电通信、新闻报道、房产土地权证、社会交往等统一使用命名的标准名称。

二〇一〇年三月二十四日

抄送:县委各部门,县人大常委会、县政协办公室,县人武部,县法院,县检察院。

景宁畲族自治县民政局办公室　　2010年3月24日印发

景宁畲族自治县民政局文件

景民发〔2010〕20号

景宁畲族自治县民政局
关于鹤溪镇住宅小区命名的通知

各乡镇人民政府(外舍管理区),县政府各单位:

根据《浙江省地名管理办法》、《丽水市地名管理办法》和《景宁畲族自治县地名管理规定》,决定对城南开发区的居民住宅小区予以命名:

鹤溪镇人民南路以西,宝石路以南的居民住宅小区命名为"金园丽景"小区,范围为东至人民南路,南至民族路,西至鹤溪南路,北至宝石路。

上述名称从即日起正式使用。机关行文、公安户籍、邮电通讯、新闻报道、房产土地权证、社会交往等统一使用命名的标准名称。

景宁畲族自治县民政局

二〇一〇年五月十四日

景宁畲族自治县民政局文件

景民发〔2010〕30号

景宁畲族自治县民政局
关于鹤溪镇鑫景商城命名的通知

各乡镇人民政府(管理区):

根据《浙江省地名管理办法》、《丽水市地名管理办法》和《景宁畲族自治县地名管理规定》,决定对鹤溪镇人民南路以西区块的商贸和住宅区予以命名:

鹤溪镇人民南路以西区块商贸和住宅区,东至人民南路,南至县实验一小,西至鹤溪南路,北至市场路,命名为"鑫景商城"。

以上地名为标准地名,任何单位和个人必须遵照使用,不得擅自更改。

景宁畲族自治县民政局

二〇一〇年九月十九日

景宁畲族自治县民政局文件

景民发〔2011〕16号

景宁畲族自治县民政局
关于鹤溪镇住宅区命名的通知

各乡镇人民政府、(外舍管理区),县政府各单位:

根据《根浙江省地名管理办法》、《丽水市地名管理办法》和《景宁畲族自治县地名管理规定》,决定对鹤溪镇人民北路以西,嘉禾服装厂以北,新华路以东,胜利路以南的居民住宅区予以命名,名称为“金信丽苑”。

上述名称从即日起正式使用。机关行文、公安户籍、邮电通信、新闻报道、房产土地权证、社会交往等统一使用命名的标准名称。

二〇一一年五月五日

景宁畲族自治县民政局办公室　　2011年5月5日印发

景宁畲族自治县民政局文件

景民发〔2011〕28号

景宁畲族自治县民政局
关于鹤溪镇红星路住宅区命名的通知

各乡镇人民政府(外舍管理区):

根据《浙江省地名管理办法》、《丽水市地名管理办法》和《景宁畲族自治县地名管理规定》,决定对鹤溪镇红星路以西,县实验幼儿园以东,胜利路以南,团结东路以北的居民住宅区予以命名,名称为"红星文锦苑"。

上述名称为标准名称,从即日起正式使用。机关行文、公安户籍、邮电通讯、新闻报道、房产土地权证、社会交往等统一使用命名的标准名称。

景宁畲族自治县民政局

二〇一一年八月十日

景宁畲族自治县民政局文件

景民发〔2011〕30号

景宁畲族自治县民政局
关于鹤溪镇城南商业区住宅区命名的通知

各乡镇人民政府(外舍管理区),县直属各单位:

根据《浙江省地名管理办法》、《丽水市地名管理办法》和《景宁畲族自治县地名管理规定》,决定对鹤溪镇城南区块商业区、三枝树住宅区道路予以命名:

一、鹤溪镇城南区块,东至大众街,南至环城南路,西至鹤溪南路,北至县第一实验小学、中洋路,位于人民南路东侧命名为“金格万品城”;人民南路西侧命名为“金格百汇城”。

二、鹤溪镇三枝树住宅区南北向道路,南至三枝树村头,北接人民南路,宽12米,长600米,命名为“青松路”。

以上命名为标准名称,从即日起正式使用。机关单位行文、公安户籍、邮电通信、新闻报道、房产土地权证、社会交往等统一使用命名的标准名称。

二〇一一年九月八日

抄送:县委各部门,县人大常委会、县政协办公室,县人武部、县法院、县检察院。

景宁畲族自治县民政局办公室 2011年9月8日印发

景宁畲族自治县民政局文件

景民发〔2012〕23 号

景宁畲族自治县民政局
关于县城商贸区住宅小区乡镇道路命名的通知

各乡镇人民政府、街道办事处、县政府各单位：

根据《浙江省地名管理办法》、《丽水市地名管理办法》和《景宁畲族自治县地名管理规定》，决定对鹤溪街道的居民住宅小区和红星街道的商贸市场，以及鸬鹚乡道路予以命名。

一、鹤溪街道人民南路东侧，张村片开发区内，东至双后岗村后山脚，南至双后岗村村道，西至人民南路，北至万春路北端的居民住宅小区，命名为“沐鹤小区”。“沐鹤小区”以万春路、住宅小区中小溪为界，划分为 A、B、C、D 四区。

二、红星街道人民北路东侧，东至环城东路，南至县消防队，西至人民北路，北至环城北路的商贸市场和住宅综合区命名为“景融家园”。

三、鸬鹚乡政府驻地，南至英川港小溪，北至下村桥头，宽 8 米，长 200 米的南北向道路，命名为“文化路”。

上述名称为标准地名，从即日起正式使用。机关行文、公安户籍、邮电通信、新闻报道、房产土地权证、社会交往等统一使用命名的标准名称。

二〇一二年七月三日

抄送：县委各部门、县人大常委会、县政协办公室，县人武部，县法院，县检察院，北京润通房地产开发有限公司。

景宁畲族自治县民政局办公室　　2012 年 7 月 3 日印发

景宁畲族自治县民政局文件

景民发〔2012〕44号

景宁畲族自治县民政局
关于鹤溪街道住宅小区命名的通知

各乡镇人民政府、街道办事处，县政府各单位：

根据《浙江省地名管理办法》、《丽水市地名管理办法》和《景宁畲族自治县地名管理规定》，决定对鹤溪街道人民南路东侧旱塔片居民住宅小区予以命名：

鹤溪街道人民南路东侧旱塔片居民住宅小区，东至茶山路，南至旱塔路（景宁中学以北），西至人民南路，北至民族路，命名为“旱塔小区”。

上述名称为标准名称，从即日起正式使用。机关行文、公安户籍、邮电通讯、新闻报道、房产土地权证、社会交往等必须统一使用命名的标准名称。

景宁畲族自治县民政局

二〇一二年十二月十七日

景宁畲族自治县民政局文件

景民发〔2013〕8号

景宁畲族自治县民政局
关于红星街道商业住宅区命名的通知

各乡镇人民政府、街道办事处，县政府直属各单位：

根据《浙江省地名管理办法》《丽水市地名管理办法》和《景宁畲族自治县地名管理规定》，决定对红星街道环城北路北侧的住宅区和道路予以命名：

一、红星街道人民北路以西，新田路以南，环城北路北侧的商业和住宅区，命名为“景融时代广场”。

二、景融时代广场内，东西向道路，长200米，宽15米，命名为“廊桥步行街”。

上述名称从即日起正式使用。机关行文、公安户籍、邮电通信、新闻报道、房产土地权证、社会交往等统一使用命名的标准名称。

二〇一三年三月二十日

景宁畲族自治县民政局办公室　　2013年3月21日印发

景宁畲族自治县民政局文件

景民发〔2013〕20号

景宁畲族自治县民政局
关于红星街道住宅区命名的通知

各乡镇人民政府、街道办事处，县政府各单位：

根据《浙江省地名管理办法》《丽水市地名管理办法》和《景宁畲族自治县地名管理规定》，决定对红星街道人民北路新田拆迁新建安置住宅区予以命名：

红星街道人民北路东侧，东至山脚、南至环城北路居民楼、西至人民北路、北至凤凰大道的新建住宅区。命名为“新田小区”。

上述名称从即日起正式使用。机关行文、公安户籍、邮电通信、新闻报道、房产土地权证、社会交往等必须统一使用命名的标准名称。

二〇一三年五月二十日

抄送：县委办，县人大办，县府办，县政协办。

景宁畲族自治县民政局办公室 2013年月5日20印发

景宁畲族自治县人民政府文件

景政发〔2013〕31号

景宁畲族自治县人民政府
关于给红星街道西汇开发点命名的通知

各乡镇人民政府、街道办事处,县政府直属各单位:

根据《浙江省地名管理办法》、《丽水市地名管理办法》和《景宁畲族自治县地名管理规定》,经景宁畲族自治县地名委员会办公室审核,县政府决定将红星街道西汇开发点命名为“西汇度假村”。

上述名称从即日起正式使用机关行文、公安户籍、邮电通信、新闻报道、房产土地权证、社会交往等统一使用命名后的标准名称,不得擅自更改、简化。

二〇一三年九月六日

抄送:县委各部门,县人大常委会、县政协办公室,县人武部,县法院,县检察院。

景宁畲族自治县人民政府办公室　　2013年9月6日印发

景宁畲族自治县民政局文件

景民发〔2013〕50号

景宁畲族自治县民政局
关于城区道路和住宅区命名的通知

各乡镇人民政府、街道办事处，县政府各单位：

根据《浙江省地名管理办法》、《丽水市地名管理办法》和《景宁畲族自治县地名管理规定》，决定对城区道路、住宅区予以命名：

1、红星街道城北110KV工业功能区道路命名为“富林路”。南北向，宽12米，长240米，水泥路面，南至团结东路，北至胜利路。

2、鹤溪街道人民南路以东，鹤溪小区B区（滩岭村岭脚下山脱贫安置点）以南，茶山路以西，民族路以北住宅区命名为“亲亲家园”。住宅区占地面积20528平方米，建筑面积69284平方米。

上述名称从即日起正式使用。机关行文、公安户籍、邮电通讯、新闻报道、房产土地权证、社会交往等统一使用命名的标准名称。

景宁畲族自治县民政局

二〇一三年十月二十四日

景宁畲族自治县民政局文件

景民发〔2014〕25号

景宁畲族自治县民政局
关于红星街道住宅区命名的通知

各乡镇人民政府、街道办事处，县政府各单位：

根据《浙江省地名管理办法》《丽水市地名管理办法》和《景宁畲族自治县地名管理规定》，决定对红星街道新华路新建住宅区予以命名：

红星街道新华路西侧，东至新华路、南至复兴西路居民楼、西至县发改局、北至县民政局福利院新建住宅区，命名为“紫竹居”。

上述名称从即日起正式使用。机关行文、公安户籍、邮电通信、新闻报道、房产土地权证、社会交往等必须统一使用命名的标准名称。

二〇一四年七月二十一日

抄送：县委办，县人大办，县府办，县政协办。

景宁畲族自治县民政局办公室　　2014年7月24日印发

景宁畲族自治县民政局文件

景民发〔2014〕29 号

景宁畲族自治县民政局
关于红星街道新建住宅区命名的通知

各乡镇人民政府、街道办事处、县政府各单位：

根据《浙江省地名管理办法》、《丽水市地名管理办法》和《景宁畲族自治县地名管理规定》，决定对红星街道人民北路、外舍路新建楼房、住宅区予以命名：

一、红星街道人民北路东侧，东至新田小区、南至新田路、西至人民北路、北至凤凰大道的新建楼房。命名为“凤凰大厦”。

二、红星街道外舍路东侧，东至山脚、南至农贸市场（规划垟场地）、西至外舍路、北至金 路的新建楼房住宅区。命名为“天元府”。

上述名称从即日起正式使用。机关行文、公安户籍、邮电通信、新闻报道、房产土地权证、社会交往等必须统一使用命名的标准名称。

二〇一四年九月二十二日

抄送：县委各部门，县人大办，县政协办，县人武部，县法院，县检察院。

景宁畲族自治县民政局办公室　　　　2014 年 9 月 22 日印发

景宁畲族自治县地名委员会文件

景地〔1995〕1号

关于大均乡坑头等自然村予以更名的通知

各乡（镇）人民政府，各行政、企事业单位：

为适应社会和经济发展的需要，贯彻《浙江省地名管理办法》推进地名标准化，目前，对全县各乡镇所辖村委及自然村名称进行了审查，现查悉，坑头村（大均乡）等12个自然村在同一乡范围内存在重名现象，不符合《浙江省地名管理办法》第七条有关规定，鹤溪镇双后垟等81个村名，不符合《浙江省地名管理办法》第六条、第八条的有关规定。经研究，同意通过各有关乡镇申报的坑头村等12个自然村更名，决定将双后垟等81个村名中的“垟”字全部改用“岗”字。

更名自然村如下：

原自然村名称	更改后自然村名称	所属村委会	所属乡镇
坑　头	伏叶坑头	伏　叶	大　均
毛桐垟	中央外岗	泉　坑	大　均
外　垟	利　垟	徐　垟	大　均
半　岭	小半岭	田　坑	大　均
半　岭	柳山岭	柳　山	郑　坑
半　岭	九丰岭	坑山后	外　舍
半　岭	半　山	王金垟	外　舍
半　岭	新半岭	新　华	外　舍
岭　脚	岗　脚	坑山后	外　舍
岭　脚	石圩新村	岗　石	外　舍
新　寮	新　处	岭　北	外　舍
坑　底	小　源	王金垟	外　舍

"埄"字改"岗"字的村如下：

乡（镇）	原名称	更改后名称	乡（镇）	原名称	更改后名称
鹤溪	钓台埄	钓台岗	外舍	松树埄	松树岗
	双后埄	双后岗		鸦鹊埄	鸦鹊岗
	旱埄	旱岗		汇头埄	汇头岗
	埄头	岗头		犁头埄	犁头岗
	埄尾	岗尾		杨梅埄	杨梅岗
沙湾	对面埄	对面岗		坳丘埄	坳丘岗
	苦槠埄	苦槠岗		峰埄	峰岗
	瓦窑	瓦窑岗		猫埄	猫岗
	天头埄	天头岗		香埄	香岗
	良埄	良岗		东埄	东岗
梅岐	瑶埄	瑶岗		埄后	岗后
	埄楼	岗楼	澄照	外福埄	外福岗
大均	中央外埄	中央外岗	渤海	上朱山埄	上朱山岗
	中央埄	中央岗		下朱山埄	下朱山岗
	毛桐埄	毛桐岗		瓦窑埄	瓦窑岗
	白坭埄	白坭岗		庵埄	庵岗
	骨埄	骨岗		包埄	包岗
	东埄	东岗		横埄	横岗
	前埄	前岗		埄头	岗头
	树埄	树岗		驮埄后	驮岗后
	横埄	横岗		上埄隆	上岗隆
梧桐	金昌埄	金昌岗	陈村	坑心埄	坑心岗
	茶树埄	茶树岗		上朱埄	上朱岗
	枇杷埄	枇杷岗		金山埄	金山岗
	白沙埄	白沙岗		乌埄	乌岗
	面丘埄	面丘岗	大地	外埄	外岗
	坑底埄	坑底岗		爬拿埄	爬拿岗
	驮埄	驮岗	郑坑	羊角埄	羊角岗
	山埄头	山岗头		毛桐埄	毛桐岗

乡(镇)	原名称	更改后名称	乡(镇)	原名称	更改后名称
英川	处后埄	处后岗	葛山	梅花埄	梅花岗
	东岱埄	东岱岗		埄头	岗头
	岱头埄	岱头岗	鸬鹚	底埄	底岗
	坴埄	坴岗		罗埄头	罗岗头
东坑	瓦窑埄	瓦窑岗	景南	何寮埄	何寮岗
	驮埄	驮岗	标溪	梅坦埄	梅坦岗
秋炉	梅花埄	梅花岗		白露埄	白露岗
金钟	吴山埄	吴山岗	大顺	外埄	外岗
	甲头埄	甲头岗		横埄	横岗
	梅丁埄	梅丁岗		北山埄	北山岗
	埄头寮	岗头寮	雁溪	浮亭埄	浮亭岗
	埄头	岗头			

上列更改后地名属法定标准化地名，各单位今后必须遵照使用，不得再使用原名称，否则，将按《浙江省地名管理办法》第二十二条的有关规定予以处罚。

景宁畲族自治县地名委员会

1995年8月30日

景宁畲族自治县地名委员会办公室文件

景地办〔2018〕2号

景宁畲族自治县地名委员会办公室
关于全县地名生僻字更改的通知

各乡镇(街道),有关单位:

为适应社会和经济发展的需要,深入贯彻《浙江省地名管理办法》,推进我县地名标准化,经研究,决定将全县涉及“硦、闲、⿰耒森”的地名生僻字分别改用“栋”、“处”、“柈”。

从即日起正式使用更改生僻字后的地名,请各乡镇、街道和有关单位按照要求进行标准化整改。机关行文、公安户籍、邮电通信、新闻报道、相关证照、社会交往等必须统一使用规范的标准名称。

(此件公开发布)

景宁畲族自治县地名委员会办公室

2018年11月12日

后 记

新版《景宁畲族自治县地名志》,在县委、县政府的正确领导和县地名委员会、县民政局的重视支持下,前后历经六年,终于出版发行。

2015年3月,县地名委员会根据景宁行政区域的调整及重点工程建设,新地名不断涌现,一些偏远村名消失的实际,研究决定抽调人员组成新地名志编纂组,聘任几名退休老同志着手搜集资料,先后赴丽水市及云和县相关部门,通过摘抄、复印及交换电子文档等方式,征集到图片120张,采集十一大类五十六个子类的地名信息2369条文字资料,形成新地名志初稿共八卷,约121万余字。由于人员变动等原因,新版地名志编纂工作一度中止。

2018年8月,新版地名志的编纂工作再度启动,再次抽调人员对所搜集的资料图片全面进行甄别、补充和完善,将原来的八卷,分设为九章五十七节,形成送审稿,送地名委员会成员单位、乡镇(街道)审核修改,几上几下,广泛征求意见,于2020年6月,完稿付梓。

编纂地名志是一项艰辛的科学文字工程,需要编纂人员反复校核,精心斟酌。一批老同志不辞艰辛,认真执着,无私奉献,为新版《景宁畲族自治县地名志》的编纂倾注了心血,30多个部门和单位为本志书提供了文字资料,廖跃平、王艳提供了图片,在此一并表示衷心的感谢!

由于编纂工作经验不足,资料短缺,错漏之处在所难免,谨请读者指正。

编　者